中国共青团年鉴
2009

共青团中央 编

中国青年出版社

(京)新登字 083 号

图书在版编目(CIP)数据

中国共青团年鉴（2009）/共青团中央编．—北京：中国青年出版社，2010．8
ISBN 978-7-5006-9475-5

Ⅰ．①中…　Ⅱ．①共…　Ⅲ．①中国共产主义青年团－年鉴－2009
Ⅳ．①D29－54

中国版本图书馆 CIP 数据核字（2010）第 153414 号

*

中国青年出版社 出版 发行
社址：北京东四 12 条 21 号　邮政编码：100708
网址：www. cyp. com. cn
编辑部电话：（010）57350504　门市部电话：（010）57350370
北京顺诚彩色印刷有限公司印刷　新华书店经销

*

787×1092　1/16　42 印张　13 插页　900 千字
2010 年 8 月北京第 1 版　2010 年 8 月北京第 1 次印刷
定价：260.00 元
本图书如有任何印装质量问题，请与印务中心质检部联系调换
联系电话：(010)57350337

《中国共青团年鉴》（2009）

编辑说明

一、《中国共青团年鉴》是全面反映中国共青团工作情况的大型工具书。其宗旨是为各级团组织开展工作提供理论政策指导、工作经验和有关信息，为社会各界提供中国共青团的有关资料。

二、本年鉴共分7个部分：

1. 特载部分，收录了党和国家领导人关于共青团工作和青年工作的重要讲话和指示。

2. 团中央书记处领导讲话部分，收录了团中央书记处领导同志的有关讲话。

3. 重要文件部分，收录了团中央以及与其他相关单位联合下发的重要文件。

4. 重点工作概述部分，记录了团中央开展的重点工作和重点活动。

5. 重要表彰部分，收录了团中央单独表彰及与其他相关部门联合表彰的先进集体和先进个人。

6. 省级团委工作简介部分，记录了各省级团委开展的主要工作情况。

7. 附录部分，为共青团工作大事记。

三、《中国共青团年鉴》记录的只是共青团工作的概况，为了解和研究共青团工作提供一个基本的线索，对于大量的具体工作特别是各地团组织开展的工作，因为篇幅原因未能详尽收录。

四、本年鉴由团中央机关各部门、各省级团委提供材料。团中央办公厅负责材料整理和编辑工作。

《中国共青团年鉴》涉及面广，资料收集工作繁杂，工作中难免会有差错和疏漏，不当之处，敬请批评指正。

2010年6月

∧ 2009年5月4日，胡锦涛、吴邦国、温家宝、贾庆林、李长春、习近平、李克强、贺国强、周永康等党和国家领导人出席纪念五四运动90周年大会

∧ 2009 年 10 月 7 日，胡锦涛总书记慰问参加国庆 60 周年活动的青年志愿者

∧2009年12月10日，国家主席胡锦涛会见应中联部和全国青联邀请来访的日本民主党代表团暨第16次"长城计划"友好交流使节团全体成员

∧ 2009年8月14日，温家宝总理为援非青年志愿者服务队授旗

∧ 2009年2月16日，中共中央政治局委员、全国人大常委会副委员长王兆国接见第19届“中国十大杰出青年”获得者

∧ 2009年12月9日，中共中央政治局委员、全国人大常委会副委员长王兆国，中共中央政治局委员、国务委员刘延东出席第六届中国青少年科技创新奖颁奖大会

∧ 2009年11月13日，中共中央政治局委员、中央书记处书记、中央组织部部长李源潮接见参加“博士服务团”工作10周年纪念座谈会暨第10批“博士服务团”成员培训动员会议的全体代表

∧ 2009 年 12 月 11 日，陆昊同志在北京市新发地农产品批发市场调研河南省驻外团工委工作

∨ 2009 年 8 月 26 日，王晓同志在安徽长丰县岗集镇大学生返乡创业基地调研

∧ 2009 年 5 月 21 日，贺军科同志在浙江台州市椒江区调研团的基层组织建设

∨ 2009 年 12 月 16 日，卢雍政同志在广西钦州就中职共青团工作调研

∧ 2009年6月1日，罗梅同志在北京市白家庄小学参加“歌唱祖国庆六一”全国统一主题队日活动

∨ 2009年5月21日，汪鸿雁同志在河北新乐市调研农村共青团工作

∧ 2009年7月30日，周长奎同志在湖南卫视就运用现代传媒和艺术时尚元素加强对青少年的思想引导等工作进行调研

∨ 2009年2月16日，第五届中国青年创业奖颁奖仪式在北京举行

∧ 2009 年 2 月 24 日，2009 年中央综治委预防青少年违法犯罪工作领导小组全体会议在北京召开

∨ 2009 年“3·15”期间，全国青年文明号集体积极开展“百城万店青年文明号信用示范周”活动

∧ 2009 年 4 月 23 日，第六届“奉献者风采——大学生志愿服务西部计划优秀志愿者事迹报告团”座谈会在北京举行

∨ 2009 年 5 月 4 日，第十三届中国青年五四奖章暨 2008 年度全国优秀共青团员、全国优秀共青团干部、全国五四红旗团委（团支部）颁奖仪式在北京举行

∧ 2009 年 5 月 4 日，"我与祖国共奋进——纪念五四运动九十周年" 主题歌会在北京大学举行

∨ 2009 年 5 月 9 日，"全国防灾减灾志愿服务周" 主题活动启动

∧ 2009 年 5 月 14 日，纪念全国青联成立 60 周年座谈会在北京举行

∨ 2009 年 5 月 19 日至 26 日，第四届中国—东盟青年营活动在华举办，来自东盟十国的青年代表参加"中国—东盟青年西江黄金水道放生鱼苗环保活动"

∧ 2009 年 6 月 1 日，全国少工委开展“歌唱祖国庆六一”统一主题队会活动

∨ 2009 年 6 月 30 日，中国青年创业就业基金会成立

∧ 2009年8月4日，团中央下发《大学生骨干培养工作实施细则》，将理论学习、社会实践、社会观察、红色教育等列为主要培养方式。图为大学生骨干培养学校学员赴井冈山北山烈士陵园缅怀革命先烈

∨ 2009年8月4日至7日，团中央与中国农业银行在吉林长春市举办小额贷款支持农村青年创业管理培训班

∧ 2009 年 10 月 13 日，团中央、全国少工委在北京召开纪念中国少年先锋队建队 60 周年座谈会

∨ 2009 年 10 月 14 日，由团中央、全国青联、总政歌舞团共同主办的“祖国万岁——团中央、全国青联志愿者艺术团赴西柏坡慰问演出”在河北省平山县西柏坡纪念馆广场举行

∧ 2009 年 10 月 16 日，中国青年企业家协会第十次会员代表大会在北京召开

∨ 2009 年 11 月 19 日，希望工程 20 年座谈会在北京举行

∧ 2009年12月5日，共青团基层组织建设和基层工作试点单位“E网青声”网络团委举行动漫狂欢季活动

目　　录

第一部分　特载

第二部分　团中央书记处领导讲话

罗梅同志讲话

汪鸿雁同志讲话

周长奎同志讲话

第三部分　重要文件

一、综合

二、组织

三、宣传

四、城市

五、农村

第四部分　重点工作概述

第五部分　重要表彰

第六部分　省级团委工作简介

第一部分

特　　载

在同中国农业大学师生代表座谈时的讲话

2009年5月2日

胡锦涛

老师们，同学们：

在五四青年节即将到来之际，很高兴来到中国农业大学，来到充满活力的青年朋友中间。借此机会，我代表党中央，向中国农业大学全体师生员工表示诚挚的问候！向全国各族各界青年致以节日的祝贺！

刚才，学校领导和师生代表作了很好的发言，听了以后很受启发。特别是在农村基层工作的大学生村官代表谈了自己的实践体会，即将到农村基层工作的毕业生代表谈了自己的人生选择，你们奉献祖国、服务人民的思想和行动令人十分感动。

今年是五四运动90周年。五四运动拉开了中国新民主主义革命的序幕，促进了马克思主义在中国的传播，为中国共产党的成立作了思想上和干部上的准备，在中国历史发展进程中树立了一座丰碑。五四运动以来，一代又一代有志青年和青年学生，在中国共产党领导下，在爱国、进步、民主、科学的五四精神感召下，心系民族命运，心系国家发展，心系人民福祉，用青春和热血书写了中国青年运动的壮丽篇章。在新民主主义革命时期，广大革命青年冲锋陷阵、浴血奋战，为实现民族独立和人民解放建立了不朽功勋。在社会主义建设时期，各条战线上的广大青年勇挑重担、艰苦创业，为促进经济发展和社会进步发挥了生力军和突击队作用。在改革开放历史新时期，当代青年解放思想、开拓进取，为推动改革开放和社会主义现代化建设事业作出了突出贡献。特别值得一提的是，在很不寻常、很不平凡的2008年，面对筹办北京奥运会和残奥会、抗击四川汶川特大地震等一系列大事、难事、急事，广大青年和青年学生自觉担当、奋勇向前，表现出强烈的爱国热情、高度的社会责任感、崇高的奉献精神，向祖国和人民、向全世界展示了当代中国青年崭新的精神风貌和优秀的整体形象。五四运动以来90年的历史、新中国成立以来60年的历史、改革开放以来30年的历史都充分表明，青年确实是我国社会中最积极、最活跃、最有生气的一支力量，确实是值得信赖、堪当重任、大有希望的！祖国为有这样的青年而骄傲，党和人民为有这样的青年而自豪！

当前，我国发展正站在一个新的历史起点上。从国际看，当今世界正处在大变革大调整之中，特别是当前国际金融危机不断蔓延和深化，由此带来的国际经济政治格局演变十分深刻复杂。从国内看，经过不懈努力，我国取得了举世瞩目的发展成就，综合国力大幅提升，人民生活不断改善，国际地位显著提高，但我国总体上仍处于社会主义初级阶段，前进道路上还面临不少突出矛盾和问题，尤其是受这场国际金融危机影响，我国经济发展遇到不少困难。中央在全面分析当前国际国内形势的基础上，提出了把保持经济平稳较快发展作为今年经济工作的首要任务，制定并实施了保增长、保民生、保稳定的一系列政策措施，并初步见到了成效。只要全党全国各族人民坚定信心、同心协力、攻坚克难，就一定能够化危为机、逆境奋起，推动我国经济社会发展取得新进展、迈上新台阶。

实现中华民族伟大复兴，是五四运动以来一代又一代中国青年矢志追求并为之顽强奋斗的宏伟理想。现在，实现这一宏伟理想的光明前景已经展现在我们面前。当代青年对五四运动最好的纪念、对五四先驱最好的告慰，就是要在党的领导下，以执著的信念、优良的品德、丰富的知识、过硬的本领，勇敢地担负起历史重任，同广大人民群众一道，奋力开创中国特色社会主义事业新局面，让伟大的五四精神在振兴中华新的实践中放射出更加夺目的时代光芒。

在开创祖国美好未来的征程上，青年学生责任重大、使命光荣。下面，我给农大同学和全国广大青年学生提几点希望。

第一，希望同学们把爱国主义作为始终高扬的光辉旗帜。爱国主义是民族精神的集中体现，也是五四精神的核心内容。正是因为有爱国主义这一强大精神支柱，我们中华民族才能历经磨难而生生不息。青年学生素有光荣的爱国传统，历来以爱国报国为己任，这是非常可贵的，应当继续发扬光大。在当代中国，爱国主义最鲜明的主题就是不断发展中国特色社会主义，在改革开放中加快推进社会主义现代化，全面建设小康社会，把中华民族伟大复兴的宏伟蓝图变成美好现实。希望广大青年学生把个人理想融入全民族的共同理想之中，坚定中国特色社会主义信念，积极投身改革开放和社会主义现代化建设，在为祖国、为人民的不懈奋斗中实现自己的人生价值。

第二，希望同学们把勤奋学习作为人生进步的重要阶梯。“立身百行，以学为基。”一个人能有多大发展，能为社会作出多大贡献，很大程度上取决于这个人学习抓得紧不紧、知识基础打得牢不牢。当今世界，科技进步日新月异，知识更新步伐加快，我国现代化建设呼唤大批高素质人才。因此，学习比以往任何时候都显得更加重要而紧迫。同学们不仅要刻苦钻研专业知识，而且要努力学习中国特色社会主义理论；不仅要注重学习祖国优秀传统文化，而且要广泛吸收各国优秀文明成果；不仅要认真学习知识技能，而且要注意掌握科学方法。只要大家勤于学习、敏于求知，不断积累新知识、增强新本领，就一定能奠定人生进步的根基，成为国家建设需要的有用人才。

第三，希望同学们把深入实践作为成长成才的必由之路。古人讲，既要“读万卷书”，又要“行万里路”。这在一定程度上揭示了人才成长的规律。古往今来凡成大事者，无不经过社会实践的历练和艰苦环境的考验。五四运动昭示的青年运动正确方向，就是在党的领导下，走与工农群众相结合、与中国革命实践相结合的道路。当代青年学生要健康成长、茁壮成才，仍然必须坚持这个正确方向、这条正确道路。对青年学生来说，基层一线是了解国情、增长本领的最好课堂，是磨炼意志、汲取力量的火热熔炉，是施展才华、开拓创业的广阔天地。只有深入到基层中去，深入到群众中去，才能加深对社会的认识，增进同人民群众的感情，提高解决实际问题的能力。近年来，不少高校毕业生积极响应党和政府号召，主动到基层一线去工作，作出了显著成绩，加快了成长成才步伐。希望更多同学以他们为榜样，自觉到基层一线去发挥才干，到艰苦的环境里去经受锻炼，到祖国和人民最需要的地方去建功立业，切实走好迈向社会的第一步，开辟事业发展的新天地。

第四，希望同学们把奉献社会作为不懈追求的优良品德。只有勇于担当、甘于奉献，才能真正体验到人生的快乐和幸福，成为品德高尚、精神充实的人。在我们社会主义社会里，既尊重个性、承认物质利益，更倡导互助友爱、崇尚奉献精神。一个人如果不能正确处理集体和个人、奉献和索取的关系，片面强调个人设计，过于追求个人利益，他的人生道路只会越走越窄。希望同学们自觉践行社会主义荣辱观，带头倡导社会公德、职业道德、家庭美德、个人品德，多做关心集体、热心公益、扶贫济困、见义勇为的好事，真正尽到对国家、对社会、对人民应尽的责任和义务，以自己的行动影响和带动更多的人，为发展社会主义和谐人际关系、形成文明进步的良好社会风尚贡献一份力量。

青年是祖国的未来和民族的希望，青年学生是国家的宝贵人才资源。各级党委和政府要从党和国家事业薪火相传、后继有人的战略高度，对青年和青年学生高度重视、充分信任、热情关怀、严格要求，更好地发挥青年和青年学生的积极作用，努力培养造就中国特色社会主义事业合格建设者和接班人。各级共青团组织要认真做好青年和青年学生工作，加强教育引导，主动提供服务，切实维护他们的合法权益。学校和教师要注重把教书和育人结合起来，帮助青年学生德智体美全面发展。社会各界都要关心爱护青年和青年学生，为他们健康成长营造良好社会环境。

中国农业大学是我国现代高等农业教育的发源地，有着光荣的历史和优良的传统。新中国成立以来特别是改革开放以来，中国农业大学认真贯彻党的教育方针，始终坚持社会主义办学方向，以服务“三农”为宗旨，着力提高办学水平，培养了一大批农业科技和管理人才，取得了一大批重要科研成果，在我国农业教育、科研以及技术推广等方面发挥了重要作用。希望同志们坚持以邓小平理论和“三个代表”重要思想为指导，深入贯彻落实科学发展观，继续秉承“解民生之多艰，育天下之英才”的校训，加快建设世界一流农业大学步伐，为推进社会主义新农村建设、为实现全面建设小康社会奋斗目标作出新的更大贡献。

青年朋友们、同学们，伟大的事业召唤着你们，光荣的使命激励着你们。党和人民相信你们一定会不负重托、不辱使命，高举中国特色社会主义伟大旗帜，大力弘扬伟大五四精神，在实现中华民族伟大复兴的历史征程上谱写出更加辉煌的青春乐章。

致中国少年先锋队建队60周年的贺信

2009年10月12日

胡锦涛

全国少先队员和广大少先队工作者：

在中国少年先锋队建队60周年的时候，我代表党中央，向全国少先队员表示热烈的祝贺！向为红领巾事业付出心血和汗水的广大少先队工作者表示诚挚的问候！

少先队是我们党在新中国成立伊始创立的少年儿童群众组织。60年来，在党的领导下，在共青团的带领下，少先队主动适应时代要求，充分发挥自身优势，广泛开展一系列适合少年儿童特点的活动，为促进少年儿童健康成长发挥了不可替代的重要作用。60年来，在党的阳光雨露哺育下，在星星火炬照耀下，一代又一代少先队员开启了人生的奋斗航程，逐步成长为党和人民需要的合格建设者和可靠接班人，为推进我国社会主义革命、建设、改革事业作出了突出贡献。

经过60年的奋斗，中国特色社会主义事业取得了举世瞩目的巨大成就。要实现中华民族伟大复兴的宏伟目标，还需要一代又一代人长期艰苦奋斗。今天的预备队必将成为明天的生力军。希望全国少先队员牢记党和人民的重托，在德、智、体、美等方面全面发展，争当热爱祖国、理想远大的好少年，争当勤奋学习、追求上进的好少年，争当品德优良、团结友爱的好少年，争当体魄强健、活泼开朗的好少年，时刻准备着为建设富强民主文明和谐的社会主义现代化国家贡献智慧和力量。

少先队组织和少先队工作者要大力发扬优良传统，积极探索当代少年儿童成长规律，不断开创少先队工作的新局面。共青团组织要切实履行全团带队的光荣职责，更好地发挥少先队团结、教育、引导少年儿童的重要作用。

我相信，有党和政府的高度重视，有全社会的热情关爱，有全国少先队员的共同努力，星星火炬在发展中国特色社会主义的伟大进程中一定能够放射出更加灿烂的光芒！

在第三届中非青年联欢节开幕式暨中国援非青年志愿者出征仪式上的讲话

2009年8月14日

温家宝

青年朋友们，女士们，先生们：

首先，我代表中国政府对第三届中非青年联欢节开幕表示热烈祝贺！这是中非青年的节日，也是全体中非人民的节日。在这里同大家一起分享快乐，共叙友情，非常高兴。我要对远道而来的非洲朋友们说，中非是一家，欢迎你们到家看看！祝你们与中国朋友们共同度过一段欢乐美好的时光。

举办中非青年联欢节是2003年我担任总理后，在中非合作论坛第二届部长级会议上提出的倡议。它已成为中非青年相互交流学习、共同进步的重要平台，为加深中非友谊发挥了积极作用。我祝愿联欢节越办越好，中国政府将为此继续提供支持和帮助。

中国和非洲虽然相隔万水千山，但相似的遭遇以及对民族独立、和平发展的共同追求使我们走到一起。半个多世纪以来，双方相互同情，相互支持，团结奋斗，结下深厚友谊，经受住了各种严峻考验。我常讲，中国不是近年来突然出现在非洲的。上世纪五六十年代，当中国还十分贫困的时候，就开始向非洲提供无私援助，有许多中国建设者永远长眠在了非洲。非洲国家也不是今天才支持中国的。毛泽东主席曾经形象地比喻，是非洲兄弟们把中国抬进了联合国。青年朋友们要了解和牢记这段历史，增强携手前进的信心和力量。

中非友好的核心是相互尊重、平等相待。国家之间、民族之间、人与人之间，尊重和平等都是赢得友谊和信任的基础，是通往交流与合作的桥梁。青年朋友们要懂得这个真谛，以谦虚谨慎的态度相互学习，用开放包容的心态对待差异，设身处地为他人着想，真心诚意帮助朋友，这样你们就会拥有幸福快乐，也会给别人带来幸福快乐，结交更多的好朋友、好伙伴。

中非友好需要新的内涵和活力。中国和非洲在发展，世界每天都在变化。特别是当前这场罕见的国际金融危机对国际政治、经济格局产生了深刻影响，给中非关系也带来了机遇和挑战。青年朋友们风华正茂，要面向未来，迎难而上，勇于探索，为建设中非新型战略伙伴关系贡献自己的智慧和力量。

今天在座的还有即将赴非洲工作的中国青年志愿者。你们以行动体现了中国青年志存高远、不畏艰难、乐于奉献的精神风貌和对非洲人民的深厚情谊。希望你们用所学的知识和技能为非洲人民提供真诚、周到、高质量的服务，赢得友谊和信任。同时虚心向非洲人民学习，开拓视野，陶冶情操，增长才干。我期待着你们的好消息，并借此机会向即将赴非洲和已经在非洲工作的全体中国青年志愿者们表示亲切问候和良好祝愿。

青年是国家和民族的希望，承载着中非友好的未来。希望你们肩负起历史使命，通过不懈努力，共同开创更加美好的明天！

谢谢大家！

在纪念五四运动 90 周年大会上的讲话

2009 年 5 月 4 日

李长春

同志们，青年朋友们：

今天，我们在这里集会，隆重纪念五四运动 90 周年，庆祝五四青年节。我代表党中央、国务院，向全国各族青年致以节日的祝贺和亲切的问候！

在五四运动 90 周年之际，我们回顾历史，缅怀先烈，进一步弘扬伟大的五四精神，这对于激励广大青年同全国各族人民一道，满怀信心地为夺取全面建设小康社会新胜利、开创中国特色社会主义事业新局面、实现中华民族伟大复兴而不懈奋斗，具有十分重要的意义。

90 年前爆发的五四运动，是以一批先进青年知识分子为先锋、广大人民群众共同参与的彻底反帝反封建的伟大爱国革命运动。1840 年鸦片战争以后，由于西方列强的侵略和封建统治的腐朽，中国逐步沦为半殖民地半封建社会，国家积贫积弱，社会战乱不已，人民生灵涂炭。从鸦片战争到辛亥革命的 70 多年间，无数志士仁人进行了不屈不挠、英勇顽强的斗争，表现出中国人民不甘忍受侵略压迫的顽强反抗精神和救亡图存的强烈爱国精神，但由于种种原因，这些斗争都没有完成反帝反封建的历史使命，中国期待着新的社会力量寻找先进理论，以开辟救国救民、振兴中华的道路。五四运动就是在这样的历史背景下爆发的。1919 年 5 月 4 日，为反抗西方列强在巴黎和会上对中国主权的践踏，数千名北京青年学生涌上街头，高喊“外争国权、内惩国贼”等口号，进行了英勇的抗争，由此掀起一场有工人阶级、小资产阶级、民族资产阶级和其他爱国人士广泛参加的全国性群众斗争。具有划时代意义的五四运动，揭开了中国人民彻底反帝反封建的崭新篇章，标志着中国新民主主义革命的伟大开端。

90年前爆发的五四运动，也是一场伟大的思想解放运动和新文化运动。五四运动猛烈地冲击和荡涤了几千年来的封建旧礼教、旧道德、旧思想、旧文化，为新思想、新文化在中国的广泛传播开辟了道路。许多追求真理、追求进步的人们，开始用新的眼光看中国、看世界，从对各种社会思潮、政治主张和政治力量的鉴别中认真思考，逐步看到西方种种社会弊端，开始怀疑资产阶级共和国的救国方案。一批先进的青年知识分子，从俄国十月革命的胜利中，看到了马克思主义的伟大力量，看到了国家民族的前途和希望，从而自觉接受马克思主义，积极传播马克思主义，促进马克思主义同中国工人运动的结合。这为中国共产党的成立提供了思想上和干部上的准备，并使社会主义思想成为五四运动后新文化运动的主流。

90年前爆发的五四运动，孕育了爱国、进步、民主、科学的伟大五四精神。五四时期，革命青年为争取民族独立、维护国家主权和领土完整而奋不顾身，为反对帝国主义的奴役和封建军阀政府的卖国行径而奔走呼号；先进青年知识分子高举民主和科学的旗帜，积极探索指导中国人民根本改变受奴役、受压迫地位的科学真理和发展道路。他们以高尚的爱国情操和大无畏的英雄气概，诠释了五四精神的丰富内涵，树立了一座推动中国历史进步的不朽丰碑。这是中华民族百折不挠、自强不息的民族精神的生动写照，是抵御外侮、赢得民族独立和人民解放的强大精神支柱，是激励全体中国人民为实现中华民族伟大复兴而团结奋斗的宝贵精神财富。

同志们、青年朋友们！

在五四运动开启的波澜壮阔的革命洪流中，中国共产党应运而生。领导反帝反封建的革命斗争、争取民族独立和人民解放、实现中华民族伟大复兴的庄严使命，历史地落到了中国共产党的身上，中国革命从此进入了崭新的发展阶段。中国共产党带领全国各族人民夺取了新民主主义革命的胜利，建立了新中国，全面确立了社会主义基本制度，开创了中国特色社会主义事业，实现了五四先驱们不懈追求的民族独立和人民解放的奋斗目标，找到了五四先驱们矢志探索的国家富强、民族振兴和人民幸福的正确道路。五四运动以来的90年，是中国共产党坚持马克思主义基本原理同中国具体实际相结合，不断探索救亡图存、强国富民道路的90年；是中国共产党领导全国各族人民，经过艰苦卓绝的奋斗，不断夺取革命、建设、改革事业新胜利，为实现中华民族伟大复兴不懈奋斗的90年。

90年的历史昭示我们，坚持中国共产党的领导，始终是推动我国各项事业不断前进的根本保证。五四运动以来，中国之所以能够实现从悲惨境遇向光明前途的伟大历史转变，就是因为有了中国共产党的领导。没有共产党，就没有新中国，就没有祖国的繁荣富强和全国各族人民的幸福生活，这是中国人民从长期奋斗历程中得出的最基本最重要的结论。在新的历史条件下，我们党坚持解放思想、实事求是、与时俱进，以改革创新精神加强党的自身建设，不断提高党的执政能力、保持和发展党的先进性，使党始终走在时代发展的前列，始终成为中国特色社会主义事业的坚强领导核心。只要我们毫不动摇地坚持党的领导，就一定能够实现中华民族的伟大复兴。

90年的历史昭示我们，坚持马克思主义基本原理同中国具体实际相结合，不断推进马克思主义中国化，是推动我国各项事业不断前进的强大动力。马克思主义是我们认识和改造世界的强大思想武器。同时，马克思主义只有同本国国情和时代特征紧密结合，在实践中不断丰富和发展，才能更好发挥指导实践的作用。在中国革命、建设、改革的历史进程中，我们党既坚持马克思主义基本原理，又始终根据中国实际和时代发展推进马克思主义中国化，形成了毛泽东思想和中国特色社会主义理论体系，不断开辟马克思主义新境界，指引我们的事业从胜利走向胜利。实践证明，马克思主义只有与中国国情相结合、与时代发展同进步、与人民群众共命运，才能焕发出强大的生命力、创造力、感召力，才能指引党和人民的事业不断开拓更为广阔的发展前景。

90年的历史昭示我们，坚持走中国特色社会主义道路，是实现国家富强、民族振兴、人民幸福唯一正确的选择。走什么样的道路，选择什么发展方向，关系到一个国家、一个民族的前途命运。中国共产党成立后，我们党带领全国各族人民，完成了新民主主义革命任务，实现了民族独立和人民解放，建立了中华人民共和国。新中国成立后，党领导人民创造性地实现了由新民主主义到社会主义的转变，全面确立了社会主义基本制度，使占世界人口四分之一的东方大国进入了社会主义社会。党的十一届三中全会以来，经过艰辛求索，我们终于走上了中国特色社会主义这条来之不易的复兴之路。中国特色社会主义道路，延续并从根本上发展了近代以来无数仁人志士的期盼和追求，凝结着五四运动以来千千万万革命先烈的奋斗和牺牲，承载着一代又一代中国共产党人的理想和探索，我们应该倍加珍惜。只要我们不动摇、不懈怠、不折腾，坚定不移地推进改革开放，坚定不移地走中国特色社会主义道路，就一定能够实现国家富强、民族振兴、人民幸福的宏伟蓝图和奋斗目标。

90年的历史昭示我们，青年始终是我国社会中最积极、最活跃、最有生气的力量，是祖国和民族的未来，是我们事业兴旺发达的希望。中国共产党成立以来，中国青年紧紧围绕党在不同历史时期的中心任务，不断弘扬五四精神，为中国革命、建设、改革事业作出了重要贡献。在新民主主义革命时期，广大革命青年抛头颅、洒热血，为民族独立、人民解放、建立新中国冲锋陷阵，英勇奋斗。在社会主义建设时期，广大青年焕发出巨大的建设热情，为建设新中国、建设社会主义忘我劳动，艰苦创业。在改革开放历史新时期，广大青年以实现祖国的繁荣富强为己任，在现代化建设的各条战线上勤勉工作，开拓进取，用智慧、汗水谱写了一曲曲感人肺腑的青春乐章。尤其令人难忘的是，在去年气壮山河的抗震救灾斗争中，广大青年表现出顽强的奋斗意志和崇高的奉献精神，涌现出许多可歌可泣的感人事迹，为夺取抗震救灾斗争的胜利作出了重要贡献；在筹办北京奥运会、残奥会期间，广大青年和青年志愿者以强烈的使命感、荣誉感、责任感，真心奉献，友爱互助，向世界展现了当代中国青年的时代风采和精神面貌。历史充分证明，中国青年在中国社会伟大变革和发展进步中创造了永载史册的光荣业绩，不愧为中国革命、建设、改革的生力军和突击队！

同志们、青年朋友们！

今年是新中国成立60周年。60年来特别是改革开放30年来，中国共产党带领全国各族人民不懈努力和奋斗，我国社会主义建设取得辉煌成就，综合国力大幅提升，人民生活不断改善，国际地位显著提高，中国人民的面貌、社会主义中国的面貌、中国共产党的面貌发生了历史性变化，谱写了中华民族发展史上最壮丽的篇章。当前，全党全国各族人民正在全面贯彻党的十七大精神，高举中国特色社会主义伟大旗帜，以邓小平理论和“三个代表”重要思想为指导，深入贯彻落实科学发展观，全面推进社会主义经济建设、政治建设、文化建设、社会建设以及生态文明建设和党的建设，努力夺取全面建设小康社会新胜利，不断开创中国特色社会主义事业新局面。党和国家的事业发展站在了一个新的历史起点上。

同时也要清醒地看到，我国仍处于并将长期处于社会主义初级阶段的基本国情没有变，人民日益增长的物质文化需要同落后的社会生产之间的矛盾这一社会主要矛盾没有变。当前，国际金融危机还在发展和蔓延，对我国经济的影响还在加深。在前进道路上，我们还会遇到这样那样的困难和风险，改革发展任重道远。我们一定要坚定信心，奋发进取，迎难而上，在迎接挑战、攻坚克难中实现党和国家事业的新发展。

党和国家事业发展离不开青年。我们党领导人民进行革命、建设、改革所取得的辉煌成就，都包含着一代又一代青年的奋斗业绩。在新的历史条件下，党和国家希望当代青年进一步弘扬五四精神，按照胡锦涛总书记提出的要求，把爱国主义作为始终高扬的光辉旗帜，把勤奋学习作为人生进步的重要阶梯，把深入实践作为成长成才的必由之路，把奉献社会作为不懈追求的优良品德，努力成为理想远大、信念坚定的新一代，品德高尚、意志顽强的新一代，视野开阔、知识丰富的新一代，开拓进取、艰苦创业的新一代，切实肩负起时代赋予的光荣使命。

当代青年要自觉用中国特色社会主义理论体系武装头脑，努力成为中国特色社会主义共同理想的坚定信仰者。中国特色社会主义理论体系，坚持和发展了马克思列宁主义、毛泽东思想，凝结了几代中国共产党人带领全国各族人民不懈探索实践的智慧和心血，是马克思主义中国化最新成果，是我们最可宝贵的政治和精神财富，是全国各族人民团结奋斗的共同思想基础。当代青年必须自觉用中国特色社会主义理论体系武装头脑，深刻理解是历史和人民选择了马克思主义、选择了中国共产党、选择了社会主义道路，深刻理解只有社会主义才能救中国，只有改革开放才能发展中国、发展社会主义、发展马克思主义，进一步坚定在中国共产党领导下、走中国特色社会主义道路、实现中华民族伟大复兴的共同理想。要牢固树立正确的世界观、人生观、价值观，自觉把个人的人生追求同祖国和民族的前途命运联系起来，在建设中国特色社会主义伟大事业中贡献青春和智慧，在推动历史进步中实现自己的人生价值。

当代青年要积极投身全面建设小康社会伟大实践，努力成为科学发展观的忠实执行者。科学发展观，是对党的三代中央领导集体关于发展的重要思想的继承和发展，是马克思主义关于发展的世界观和方法论的集中体现，是同马克思列宁主义、毛泽东思想、邓小平理论和“三个代表”重要思想既一脉相承又与时俱进的科学理论，是我国经济社会发展的重要指导方针，是发展中国特色社会主义必须坚持和贯彻的重大战略思想。青年作为推动社会发展进步最富活力、最具创造性的群体，在贯彻落实科学发展观、推动经济社会又好又快发展中肩负着义不容辞的历史重任。广大青年应当全面把握科学发展观的科学内涵、精神实质和根本要求，切实增强贯彻落实科学发展观的自觉性和坚定性，把科学发展观的要求落实到全面建设小康社会的具体实践中，在继续解放思想、坚持改革开放、推动科学发展、促进社会和谐中充分发挥积极性主动性创造性。保持经济平稳较快发展是今年经济工作的首要任务。广大青年要更加自觉地贯彻落实科学发展观，坚定必胜信心、勇于面对挑战，在保增长、保民生、保稳定的各项工作中发挥积极作用，为保持经济平稳较快发展作出应有贡献。

当代青年要勤奋刻苦学习，努力成为党和国家事业的合格建设者。青年是中国特色社会主义事业的建设者和接班人，青年的茁壮成长决定着我们民族和国家的未来。青年时期是人生中最好的学习时光。在科技进步日新月异、国际竞争日趋激烈的情况下，广大青年要倍加珍惜大好光阴，把学习当做首要任务，努力学习一切对报效祖国、服务人民、奉献社会、健康成长有用的知识，不断完善知识结构，打牢知识基础。要深入钻研各种专业知识，用人类一切优秀文明成果和先进科学文化知识丰富自己，使自己的知识结构适应时代发展的要求，不断提高自身的综合素质，不断增强为祖国和人民服务的本领。要努力向书本学习，向实践学习，向人民群众学习，把“读万卷书”与“行万里路”结合起来，自觉到祖国和人民最需要的地方，到改革开放和现代化建设的第一线，到条件艰苦、情况复杂而又大有可为的地方，了解国情、体察民意，锤炼意志、增长才干，在实践中汲取丰富营养、提高综合素质，真正成为脚踏实地、勤于学习、善于创造、甘于奉献的新一代建设人才。

当代青年要勇于开拓创新，努力成为建设创新型国家的积极推动者。创新是一个民族进步的灵魂，是一个国家兴旺发达的不竭动力。青年是思维最活跃、求新愿望最强烈、最富创新意识的群体。提高民族自主创新能力，建设创新型国家，关键在人才，希望在青年。科教兴国战略和人才强国战略的深入实施，经济社会发展对创新的热切呼唤，为青年创新能力的培养和创新人才的涌现创造了良好机遇，开辟了广阔舞台。当代青年要充分发挥自身优势，着力在培养创新意识、挖掘创新潜能、提高创新能力上下功夫，以一往无前的进取精神投身到创新实践中去。要不断解放思想，敢于探索和突破，勇于扬弃和变革，在知识创新、技术创新、制度创新、管理创新和其他各方面创新中发挥聪明才智。要争做创业的先锋，脚踏实地、勤勉敬业、锐意进取、争创一流，在新兴产业、新兴领域闯新路、创新业，为转变经济发展方式、提高我国综合实力和国际竞争力作出应有贡献。

当代青年要注重道德修养，努力成为社会主义核心价值体系的模范践行者。青年时期是形成良好思想道德品质的关键时期。在改革开放和发展社会主义市场经济的条件下，在世界范围各种思想文化交流交融交锋更加频繁的情况下，处在人生起步阶段的青年，既要注重增长才干，又要注重培养优良品德，解决好立身做人的问题，为报效祖国、服务人民、奉献社会奠定坚实的思想道德基础。广大青年要积极践行社会主义核心价值体系，自觉弘扬以爱国主义为核心的民族精神和以改革创新为核心的时代精神，自觉传承中华民族传统美德，自觉加强社会公德、职业道德、家庭美德、个人品德建设，积极践行社会主义荣辱观，使党和人民在长期奋斗中形成的光荣传统代代相传、薪火永续。要带头倡导健康文明科学的生活方式，自觉抵制拜金主义、享乐主义和个人主义思想侵蚀，努力做一个精神充实、志向高远的人。要积极投身群众性精神文明创建活动，积极参与社会公益和社会志愿者活动，从小事做起，从身边做起，大力发扬团结互助、扶贫济困、平等友爱、诚信和谐的社会风尚，为提高社会现代文明程度发挥重要作用。

同志们、青年朋友们！

我们党从诞生之日起，就始终坚持赢得青年就能赢得未来的战略思想，牢牢把握中国青年运动的正确方向，指引青年健康成长，从而使我们党的事业后继有人、生机勃勃。各级党委政府要热情关心青年，正确引导青年，真心帮助青年，特别是要努力解决他们在学习、工作和就业创业中遇到的实际困难，千方百计为青年的成长成才、干事创业创造条件。

共青团是党领导的先进青年的群众组织，团结带领各族青年为党的事业而奋斗是共青团的光荣任务。长期以来，共青团组织紧紧围绕党在不同历史时期的中心任务，团结带领青年积极投身中国革命、建设和改革的伟大事业，充分发挥了党的助手和后备军作用。在新的历史条件下，共青团组织要牢牢把握不断巩固和扩大党执政的阶级基础和群众基础这一根本要求，认真研究和解决共青团工作面临的新情况新问题，切实履行好团结青年、组织青年、引导青年、服务青年和维护青少年合法权益的职能，不断创新工作思路，丰富活动载体，打牢组织基础，努力把广大青年紧紧团结在党的周围。

伟大的五四精神历久弥新，宏伟的民族振兴大业催人奋进。让我们在以胡锦涛同志为总书记的党中央坚强领导下，高举中国特色社会主义伟大旗帜，以邓小平理论和“三个代表”重要思想为指导，深入贯彻落实科学发展观，大力弘扬伟大的五四精神，在夺取全面建设小康社会新胜利、开创中国特色社会主义事业新局面、实现中华民族伟大复兴的征程中，不断谱写无愧于前辈、无愧于时代的更加辉煌的篇章！

在全国青联十届五次常委（扩大）会议上的讲话

2009年2月16日

王兆国

各位委员，同志们：

今天，和全国青联常委以及第19届中国十大杰出青年欢聚一堂，我感到格外高兴。首先，我向获奖的青年朋友表示热烈的祝贺！

刚才，见到了新选出的十大杰出青年和杰出青年农民、青年创业奖获得者，又听了几位同志的发言，我为大家所作的努力和取得的成绩感到欣慰。十大杰出青年有的在紧急关头挺身而出、舍生忘死，勇于承担急难险重的任务；有的辛勤探索、大胆实践，在国家重点建设项目中作出突出贡献；有的刻苦钻研、自主创新，勇攀科学技术的高峰，站到国际科技的前沿；有的在平凡的岗位爱岗敬业、默默奉献，干出了不平凡的业绩；有的顽强拼搏、奋勇争先，为祖国和人民赢得荣誉。在你们身上，集中体现了当代青年追求理想、报效祖国，服务人民、无私奉献，艰苦奋斗、锐意进取的时代风貌，你们是广大青年学习的榜样！

这次全国青联常委（扩大）会议，认真学习贯彻党的十七大、十七届三中全会和中央经济工作会议精神，总结过去一年工作，安排部署今年任务，选举产生新的领导成员，这对青联组织发展和做好青年工作都具有重要意义。借此机会，我向新当选的全国青联主席、副主席表示祝贺，并祝愿卸任的全国青联主席、副主席在新的岗位上取得更大的成绩！

2008年是党和国家事业发展进程中很不寻常、很不平凡的一年。全党全国人民在以胡锦涛同志为总书记的党中央领导下，积极应对国际国内多方面严峻挑战，成功抗击南方部分地区严重低温雨雪冰冻灾害、四川汶川特大地震，成功举办北京奥运会、残奥会，成功完成神舟七号载人航天飞行任务，制定推进农村改革发展若干重大问题的决定，隆重纪念改革开放30周年，沉着应对国际金融危机冲击。这些成就的取得，充分展示了中国特色社会主义的蓬勃生机和活力。

2008年也是青联工作取得新成绩的一年，各级青联组织在开展形势政策教育、培养举荐青年人才、拓展与港澳台和国外青少年交流、加强青联自身建设等方面做了大量扎实有效的工作。特别是广泛凝聚各族各界青年力量，积极服务抗震救灾和北京奥运会、残奥会，围绕应对国际金融危机献计出力，很好地服务了党和国家工作大局。在这里，我代表党中央，向各级青联组织、广大青联委员和青联干部表示亲切的问候！

今年是新中国成立60周年，是应对国际国内重大挑战、推动党和国家事业实现新发展的关键一年。在座各位都是各个领域、各行各业青年当中的代表人士，应当在全国青年中发挥模范带头作用，坚定信心、共克时艰，同舟共济、应对挑战，为经济社会平稳较快发展作出应有贡献。在这里，向大家提几点希望。

一、要坚定信念、增强信心，始终走中国特色社会主义道路

新中国成立60年特别是改革开放30年来，我们党带领全国各族人民，以一往无前的进取精神推进改革开放伟大事业，我国经济发展社会进步，人民生活水平逐步改善，综合国力显著增强，国际地位不断提高，取得了举世瞩目的伟大成就。取得这一切成绩和进步的根本原因，就是我们党开辟了中国特色社会主义道路，形成了中国特色社会主义理论体系。这条道路，是引领当代中国富国强民的正确道路，是引领中国人民在前进中不断克服困难、走向胜利的正确道路，是引领中华民族伟大复兴的正确道路。中国百年来变迁的实践证明了在中国共产党领导下走中国特色社会主义道路是正确的，这条道路极大地增强了中华民族的民族自豪感和民族自信心。中国特色社会主义理论体系，是马克思主义中国化的最新理论成果。青联常委要坚定不移地走中国特色社会主义道路，坚持不懈地用中国特色社会主义理论体系武装头脑，深入学习、全面理解科学发展观的科学内涵、精神实质和根本要求，善于运用科学发展观分析和解决实际问题，更好地把科学发展观的要求落实到坚持改革开放、推动科学发展、促进社会和谐的伟大实践之中。

当前，国际金融危机对我国经济社会产生了重大影响。我们有中国共产党的坚强领导，有中国特色社会主义理论武装，有中国特色社会主义制度可以集中力量办大事的优势，有改革开放30年持续快速发展积累的雄厚物质基础和综合国力，有中华民族同舟共济、自强不息的伟大精神，全国人民一定能够在党中央、国务院的带领下，趋利避害、妥善应对、战胜危机。青联常委既要清醒地看到经济发展面临来自国际国内的严重困难和严峻挑战，又要充分认识逆境中蕴含的重大机遇和有利条件，把思想和行动统一到中央对国内外经济形势的分析判断上来，统一到中央决策和部署上来，树立战胜困难的坚定信心，为改革开放和现代化建设作出新的更大贡献。

二、要奋发进取、争创一流，矢志攀登事业发展的新高峰

当前，党和国家的事业正处在一个机遇和挑战并存的关键时期。越是在这样的关键时期，越是需要我们国家和民族展示智慧和竞争力，越是需要一大批有胆有识、扎实奋斗的人才。青联常委是各领域青年的佼佼者，拥有良好的事业发展基础，应当进一步增强发展事业的紧迫感和责任感，变压力为动力，与全国人民一道，齐心协力，共克时艰，努力创造无愧于时代、无愧于人民的崭新业绩。

要锐意创新。事业发展无止境，过去的成功不代表今后的成功，只有创新创造才能开辟事业发展的崭新天地。要增强创新意识，不断拓宽视野，瞄准经济社会发展前沿，顺应全球化、信息化、网络化的时代潮流，特别是要按照建设创新型国家、走新型工业化道路的要求，主动开展创新实践，积极参与知识创新、技术创新和管理创新，为提高我国的自主创新能力贡献智慧和力量。

要艰苦创业。事业的山峰有多高，奋斗的道路就有多远。事业发展没有平坦的道路可走，历来充满艰辛与坎坷，必定付出辛劳和汗水。要清醒认识到事业越往上发展，要求的条件越苛刻，面临的困难越大。要始终保持锐意创新、开拓进取、顽强拼搏、奋斗不息的精神状态，敢于战胜前进道路上的艰难险阻，勇于探索，敢于创新，扎实工作，不断实现事业发展的新业绩。

三、要加强修养、争做表率，树立良好的社会形象

全国青联常委，不仅是一种荣誉，更是一种责任。这就要求大家必须严格要求自己，以成功的业绩为当代青年作出表率，以模范的言行树立良好的社会形象，带动更多的青年共同成长进步。

要始终加强学习。在科技进步日新月异、知识更新步伐加快、社会竞争日益激烈的形势下，要想成就一番事业，必须拥有真才实学。青联常委一定要切实增强紧迫感和忧患意识，树立终身学习的观念，不断学习新知识、掌握新本领，包括现代金融知识，新的科学技术和新的管理知识，努力提高适应改革开放和现代化建设的全面素质。

要努力锤炼品格。青联常委的言行关乎青联组织形象，在广大青少年乃至全社会中有着较大影响。你们要有远大坚定的理想追求，努力践行社会主义荣辱观，不断提升自身的精神境界和人格力量。要严格自律，把艰苦朴素作为一种习惯，把诚实守信作为一种准则，时刻注意自己的言行举止，经得住政治、事业、名利和生活的考验，努力成为青年的学习榜样和道德楷模。

要积极奉献社会。青联常委在事业上的建树和成就，既有自己的努力奋斗，也离不开各方面的支持和帮助，理应更多地关爱他人、奉献社会。当前，我国正处于经济社会发展的关键阶段，也出现了一些发展中的矛盾、困难和问题。你们要从自己的工作和事业出发，模范地承担起社会责任，积极参加各种公益活动，帮助群众解决就业、生活等方面遇到的实际困难，为促进国民经济平稳较快发展、维护社会和谐稳定尽心尽力。

今年是全国青联成立60周年。各级青联组织要总结历史经验，把握发展规律，继承优良传统，推动青联事业不断焕发新的生机活力。要创新工作思路，认真研究经济社会变革和青年发展变化对青联工作带来的深刻影响，以更宽广的世界眼光、更系统的全局观念、更长远的战略思维来谋划和推进工作。要加强自身建设，主动适应新形势新任务的要求，进一步明确功能定位，完善组织体系，健全工作机制，树立扎实作风，不断增强青联组织的吸引力、凝聚力和影响力。各级党委和政府要从事关党和国家事业后继有人的战略高度，充分认识做好新形势下共青团和青联工作的重要意义，认真研究青联工作中的重要问题，帮助青联解决遇到的实际困难，为青联事业的长远发展创造良好的条件。

青年朋友们，同志们，新的一年充满挑战，充满希望。让我们紧密团结在以胡锦涛同志为总书记的党中央周围，高举中国特色社会主义伟大旗帜，以邓小平理论和“三个代表”重要思想为指导，深入贯彻落实科学发展观，团结一心，开拓进取，以优异成绩向新中国60华诞献礼！

在第六届“奉献者风采——西部计划优秀志愿者事迹报告团”座谈会上的讲话

2009年4月23日

王兆国

刚才,6位扎根基层就业创业的优秀大学生志愿者代表作了精彩发言,饱含着报效祖国的豪情,充满着对西部人民的深情,洋溢着青春与奉献的激情,听了以后,我和大家一样很受感动。

“西部计划”自2003年开始实施的6年来,得到了党中央、国务院的亲切关怀和高度重视。2005年7月,胡锦涛总书记对“西部计划”作出重要指示,为“西部计划”进一步发展指明了方向。在各级党委、政府的大力支持和有关部门的积极配合下,“西部计划”各项工作稳步推进,规模不断扩大,领域不断拓宽,综合效益日益显现,“西部计划”在培养青年人才,弘扬社会新风,服务西部地区经济社会发展,促进大学生到基层就业创业等方面发挥了积极作用,在当代大学生中产生了强烈的反响。

6年来,已经有近10万大学生志愿者发扬“奉献、友爱、互助、进步”的志愿精神,积极参加“西部计划”,向基层学习、向实践学习、向当地干部群众学习,在各自岗位上做出了优异的成绩。有的刻苦钻研,教书育人,成为当地学校的骨干教师;有的学以致用,精益求精,成为当地医术精湛的医生;有的勇于创新,攀登高峰,成为当地农业科技专家;有的自主创业,引进技术、资金和项目,成为当地兴业致富的带头人;有的勤奋工作,锐意进取,成为基层的领导干部;有的面对自然灾害挺身而出,成为抗震救灾的先进人物。我对你们的成长和进步感到高兴,对你们的选择和奉献表示敬意,并通过你们向在基层服务的全体大学生志愿者们表示亲切的问候!

在当前国际金融危机持续蔓延,高校毕业生就业压力十分严峻的形势下,党中央、国务院高度重视高校毕业生就业工作。这次,中组部、中宣部、团中央、教育部、财政部、人力资源和社会保障部等单位联合举办“奉献者风采——西部计划优秀志愿者事迹报告团”活动,引导广大高校毕业生到基层就业创业,意义尤为重大。希望大家在巡回报告期间,用你们的亲身经历和感受,鼓舞更多的大学生投身西部和基层,展现当代青年风采,建功立业成才。

借此机会,我简要谈三点意见:

一、希望广大高校毕业生在步入社会的起点上坚定理想信念,把握人生方向

理想信念是一个人的精神支柱,树立崇高的理想是实现人生价值、报效祖国、服务人民、奉献社会的力量源泉。广大高校毕业生即将步入社会,只有把个人的追求与国家民族的前途命运紧密结合起来,把个人的进步融入到与人民共同奋斗的事业之中,才能把握正确的人生方向,真正实现人生的价值。希望广大高校毕业生按照胡锦涛总书记“四个新一代”的要求,坚持用马克思主义中国化的最新成果武装自己,深刻理解中国特色社会主义理论体系,努力用社会主义核心价值体系规范自己,树立正确的世界观、人生观、价值观,把个人的远大理想建立在祖国和人民需要的基础上,听从党和国家的召唤,迈出人生坚实的一步,到西部去、到基层去、到祖国和人民最需要的地方去,施展才华、报效祖国、服务人民。

二、希望广大高校毕业生在火热生动的实践中发挥才智、增强本领

西部和基层是广大青年在火热生动的实践中展现青春才华、发挥聪明才智、丰富人生阅历、提升能力素质的大舞台。广大高校毕业生要抓住西部地区需要人才的机遇，投身基层，深入群众，把自己在学校掌握的科学文化知识付诸实践、奉献社会，把自身蕴藏的创造活力最大限度地发挥出来，在西部广阔的舞台上建功立业。要在实践中汲取营养，检验知识、丰富阅历、增强本领，努力了解基层的实际情况，了解人民群众的需要，坚持做到学以致用，在实践中脚踏实地，扎实工作，不断培养创新精神，提高创新能力，使自己努力成长为全面建设小康社会的有用之才，成长为中国特色社会主义事业的合格建设者。

三、希望广大高校毕业生在艰难困苦的条件下砥砺意志、磨练品格

坚强的意志是事业成功的保证，优秀的品格是成才的关键。必须看到，实施“西部计划”的有些地方条件还很艰苦，大家在具体的工作中还会遇到这样那样的困难，面临难以预想的考验和挑战，甚至还会遭受挫折和失败。只有经受住困难和风浪的考验，青年一代才能肩负起党和国家赋予的历史使命。希望高校毕业生树立迎难而上的勇气，选择西部、选择基层砥砺自己的意志、磨练自己的品格，在实践中努力加强自身修养，学习西部人民热情淳朴、勤劳勇敢的优秀品质，学习基层干部顽强拼搏、自强不息的进取精神，学习单位同事爱岗敬业、奉献进取的工作热情，为自己的成长发展积蓄力量。特别是要勇于在艰苦的环境和条件下开展工作，在逆境中经受考验，培育坚韧不拔、百折不挠的坚强意志，锤炼吃苦耐劳、艰苦奋斗的精神品格，为自己的健康成长和事业发展打下坚实的基础。

推进“西部计划”的实施，事关促进大学生就业全局，必须引起全社会的重视。各级党委、政府和有关部门、共青团组织，要增强政治意识、大局意识、责任意识，落实好党中央、国务院有关高校毕业生就业工作的要求，进一步加大“西部计划”实施力度，发挥“西部计划”等引导高校毕业生到基层服务项目的示范引导作用，切实做好高校毕业生就业创业服务工作。对西部计划志愿者，要在工作上支持，生活上关心，解决好他们在基层工作、生活中的实际困难，为他们立足基层、锻炼成长提供良好的条件和环境。

同志们、同学们，祖国的西部天地广阔，大有作为。让我们在以胡锦涛同志为总书记的党中央领导下，高举中国特色社会主义伟大旗帜，坚持以邓小平理论和“三个代表”重要思想为指导，深入贯彻落实科学发展观，把思想和行动统一到党中央、国务院的部署上来，迎难而上、扎实工作，做出无愧于党、无愧于国家、无愧于人民、无愧于时代的贡献！

祝报告团巡回报告活动圆满成功，谢谢大家！

在纪念全国青联成立60周年座谈会上的讲话

2009年5月14日

王兆国

今天，大家欢聚一堂，隆重纪念全国青联成立60周年。刚才，各位代表从不同的角度，对全国青联60年来的风雨历程和巨大成就进行了简要的回顾和总结，我听了之后深有同感，也十分振奋。首先，我代表党中央，向参加座谈会的各位青年朋友、同志们，向各族各界青年，向港澳台青年同胞、海外青年侨胞，表示热烈的祝贺和良好的祝愿！向广大青联工作者和关心支持青联事业的各界人士，表示诚挚的问候！

我们党历来高度重视青年工作。党的三代领导核心始终坚持赢得青年就能赢得未来的战略思想，牢牢把握中国青年运动的正确方向，指引一代又一代青年在中国革命、建设和改革的伟大历史进程中健康成长、建功立业。在新的历史条件下，以胡锦涛同志为总书记的党中央从全面建设小康社会、实现中华民族伟大复兴的战略高度，非常关心和重视青年工作。前不久，胡锦涛总书记在参加五四运动90周年纪念活动时发表重要讲话，高度评价了五四运动的伟大历史功绩，充分肯定了中国青年运动在党的领导下走过的光荣历程和当代青年崭新的精神风貌，希望广大青年切实把爱国主义作为始终高扬的光辉旗帜，把勤奋学习作为人生进步的重要阶梯，把深入实践作为成长成才的必由之路，把奉献社会作为不懈追求的优良品德，为夺取全面建设小康社会的新胜利作出应有的贡献。李长春同志在纪念五四运动90周年大会上代表党中央发表重要讲话，深刻总结了五四运动90年来党领导全国人民取得的辉煌成就和重要启示，号召全国广大青年努力成为中国特色社会主义共同理想的坚定信仰者、科学发展观的忠实执行者、党和国家事业的合格建设者、建设创新型国家的积极推动者、社会主义核心价值体系的模范践行者。各级青联组织和广大青年一定要认真学习、深刻领会、抓好落实。

60年前，全国青联的成立是中国青年运动发展史上的一件大事，标志着中国青年运动进入了一个新的阶段。60年来，伴随党和国家事业前进的步伐，青联组织始终高举爱国主义、社会主义旗帜，团结凝聚一代又一代青年紧紧围绕党在各个历史时期的中心任务，不断激发青年的建设热情和创造活力，充分发挥青年的生力军和突击队作用，在国家富强和民族振兴的宏伟征程中谱写了激昂壮丽的青春乐章。

特别是改革开放新时期，青联组织主动适应形势的发展变化，不断拓展工作领域，积极探索工作载体，推动青联事业不断焕发蓬勃的生机与活力。适应改革开放和社会主义市场经济条件下青年思想观念的新变化，青联组织始终坚持用爱国主义和社会主义引导青年，不失时机地开展“五讲四美三热爱”、“我与祖国共奋进”等主题教育实践活动，把青年的爱国热情引导到投身社会主义现代化建设的宏伟事业之中。围绕现代化建设和科教兴国、人才强国战略的实施，青联组织广泛开展青年突击队、杰出青年评选、岗位竞赛、科技创新、博士服务团、海外学人回国创业等活动，在吸引青年人才、培养青年人才、举荐青年人才、发挥青年人才作用方面作出了积极贡献。根据社会主义精神文明建设、构建社会主义和谐社会的要求，青联组织充分发挥青年引领社会风气之先的作用，创造性地开展了志愿服务、希望工程等活动，促进了良好社会风尚的形成，促进了和谐社会建设。着眼于凝聚海内外中华青年报效祖国的强大力量，青联组织利用海内外中华青年汇长城、两岸青年联欢节、各族青年团结进步奖评选、“同心同根万里行”等活动载体，不断增进各族各界青年之间的团结合作，不断发展壮大青年爱国统一战线。这些优异成绩的取得充分证明，全国青联成立以来的60年，是团结带领青年积极投身祖国富强、民族振兴大业的60年，是促进青年成长成才、建功立业的60年，是一届又一届青联团结奋斗、留下坚实足迹的60年！

60年来，青联作为党领导下的基本人民团体之一，努力履行组织青年、引导青年、服务青年和维护青年合法权益的基本职责，在实践中形成了许多很好的经验，这也是新形势下进一步做好青联工作必须遵循的基本原则。

第一，必须始终坚持党的领导。中国共产党是中国特色社会主义事业的领导核心。青联从成立开始，就在党的领导下不断发展壮大。60年来青联工作取得一切成绩和进步的根本原因，就是坚持了党的领导。同时，根据党的要求，共青团在青联组织中发挥核心作用，从而使青联事业的蓬勃发展与共青团的作用密不可分。面对新形势新任务，青联组织只有坚持党的领导，以邓小平理论和“三个代表”重要思想为指导，深入贯彻落实科学发展观，坚决贯彻党的路线方针政策，才能始终保持正确的前进方向；只有进一步巩固和发挥共青团组织的作用，才能始终履行好党赋予的重要职责，更广泛地把各族各界青年团结凝聚在党的周围。

第二，必须高举爱国主义和社会主义旗帜。爱国主义是中华民族团结统一的精神纽带，社会主义是我国各族人民的历史选择。青联只有高举爱国主义、社会主义旗帜，才能把不同界别、不同民族、不同信仰、不同地域的青年最大限度地团结凝聚起来，汇集成实现民族复兴的强大力量，把青年爱国统一战线组织的职责履行好。在当代中国，爱国主义和社会主义本质上是统一的。只有引领青年走中国特色社会主义道路，才能把他们的爱国之情、强国之志转化为报效祖国、服务人民的实际行动。

第三，必须紧紧围绕党政工作大局创造性地开展工作。青联事业的发展始终离不开党和国家事业的发展。60年来，青联工作坚持在党政工作大局中去思考、去把握、去推进，努力找准工作切入点，为经济社会发展作出了积极贡献。同时，青联工作注重结合自身的特点，充分发挥广泛联络优势、人才智力优势、代表协调优势，广泛调动青年中的一切积极因素，积极为青年人才施展才华搭建舞台，代表和维护青年的合法权益，团结带领广大青年在改革开放和社会主义现代化建设中充分发挥了生力军和突击队作用。

第四，必须坚持竭诚服务青年、服务青联委员。青年是青联组织存在的基础，只有把服务青年作为全部工作的出发点和落脚点，及时了解和反映青年的意愿诉求，切实代表和维护好青年的具体利益，千方百计为青年成长成才做实事、办好事、解难事，才能获得青年的认可、拥护和支持。青联委员是青联工作的重要力量，青联组织只有在服务广大青年的同时，为青联委员的成长发展牵线搭桥、搭建舞台，才能进一步增强他们的组织归属感和责任感，在青联事业发展中发挥更大的作用。

青年朋友们、同志们，我们即将迎来新中国60周年华诞。新中国60年特别是改革开放30年以来，我们伟大的祖国发生了历史性巨变，综合国力大幅提升，人民生活不断改善，国际地位显著提高，中国特色社会主义事业焕发出勃勃生机。当前，我国正站在新的发展起点上。在新形势下，青联组织要大力弘扬“爱国、团结、进步”的光荣传统，团结凝聚各族各界青年牢记使命，坚定信心，奋发有为，为夺取全面建设小康社会新胜利、开创中国特色社会主义事业新局面、实现中华民族伟大复兴作出新的更大的贡献。

一、要打牢各族各界青年共同奋斗的思想基础。共同的思想基础，是实现国家富强、民族复兴的强大动力，是凝聚精神、汇聚力量的重要前提。经过新中国60年特别是改革开放30多年的艰辛探索，我们党带领人民成功开辟了中国特色社会主义道路，形成了中国特色社会主义理论体系。这条道路，是实现民族振兴、国家富强、人民幸福、社会和谐的唯一正确道路；这个理论体系，是全国各族人民团结奋斗的共同思想基础。青联是各族各界青年广泛的爱国统一战线组织，不同领域、不同群体青年的思想观念和价值取向不尽相同。越是这样，越需要巩固广大青年团结奋斗的思想基础，使他们对中国特色社会主义事业做到思想上坚信不移、行动上坚定不移。要引导广大青年特别是青联委员，全面认识改革开放30多年来取得的伟大成就，进一步增强民族自尊心、自信心和自豪感，进一步坚定跟党走中国特色社会主义道路、实现中华民族伟大复兴的信念；要不断增强责任感和使命感，把个人的成长进步同祖国和民族的前途命运联系起来，实现人生的最大价值；要正确认识当前国际国内形势特别是国际金融危机的影响，既清醒地看到经济发展面临的严重困难和严峻挑战，又充分认识逆境中蕴含的重大机遇和有利条件，进一步增强发展事业的紧迫感和责任感，与全国人民一道，齐心协力，共克时艰，努力创造崭新业绩。

二、要组织动员青年在全面建设小康社会中建功立业。当前，全党全国各族人民正高举中国特色社会主义伟大旗帜，为夺取全面建设小康社会新胜利而努力奋斗。青联组织联系着广大青年，汇聚了科技、教育、企业、文化、体育等各个方面的优秀青年人才。青联要把青年中蕴藏的积极性、主动性、创造性充分调动起来，在全面建设小康社会的进程中多作贡献。要引导青年争做创业的先锋，立足岗位，埋头苦干，争创一流工作业绩，特别是在就业创业面临困难的情况下，更要动员青年到农村、到基层、到企业、到生产一线就业，帮助青年艰苦创业。要引导青年争做创新的先锋，发挥青联的人才智力优势，带领青年投身创新实践，提高创新能力，在科技创新、制度创新、管理创新和其他各方面创新中发挥聪明才智。要引导青年争做弘扬文明新风的先锋，发扬开风气之先的光荣传统，从小事做起，从身边做起，热心参与志愿服务和社会公益事业，大力发扬团结互助、扶贫济困、平等友爱、诚信和谐的社会风尚。

三、要大力培养高素质的青年人才大军。人才是立业之本、发展之基，是现代化建设最可宝贵的资源。培养和造就大批优秀青年人才，是我们党和国家事业兴旺发达的希望所在。青联要主动适应时代对人才的呼唤，把培养青年人才作为主线，贯穿于全部工作的始终。要大力培养青年人才，针对青年的实际需求，把握青年人才成长规律，积极为青年成长成才搭建舞台、创造条件，引导青年勤奋学习、钻研业务，坚持走与实践相结合、与人民群众相结合的正确道路，在艰苦的环境和条件下经受考验，在实践中汲取营养、提高素质，真正成为新一代合格建设人才。要积极宣传青年人才，充分发挥青年人才的示范导向作用，带动更多的青年发奋成才，促进大批高素质青年人才脱颖而出。要广泛吸引青年人才，进一步拓宽视野，把握好吸引海外各方面青年人才的机遇，积极为他们回国创业或以各种方式为国服务牵线搭桥、提供帮助。

四、要努力促进中华青年的大团结大联合。青联是最广泛的青年爱国统一战线组织，要把不同阶层、不同信仰、不同民族等不同青年群体都凝聚起来，把一切拥护社会主义的青年，一切热爱祖国、拥护祖国统一的青年都团结起来，把他们的积极性引导到推进祖国现代化建设上来，引导到完成祖国统一大业上来。要坚定不移地贯彻“一国两制”方针，深化与港澳青年的交流，不断增强他们的国家观念和民族意识，使港澳同胞爱国爱港、爱国爱澳的光荣传统薪火相传。要牢牢把握两岸关系和平发展的主题，抓住难得的历史机遇，推动两岸青年扩大交流、深化合作，共同担当起促进祖国和平统一的历史重任。要引导海外青年侨胞大力发扬爱国爱乡优良传统，不断激发民族自信心和自豪感，在弘扬中华文化、增进友好交往、促进祖国统一等方面发挥积极作用。

在新的历史条件下，青联的工作环境、工作对象都发生了深刻变化。面临新形势新任务，青联必须以改革创新的精神切实加强自身建设。要着力研究青联工作遇到的新情况新问题，解放思想，实事求是，与时俱进，不断创新工作思路和工作方法。要着力加强青联组织的能力建设，切实提高组织青年、引导青年、服务青年、维护青年合法权益的能力和水平。要着力加强青联队伍建设，完善委员选拔机制，加强对委员的引导和服务，提高组织的公信力和影响力。要着力加强青联的组织建设，不断完善组织体系，健全工作机制，进一步提高组织的吸引力和凝聚力。

青联委员是各族各界、各行各业优秀青年的代表，是青联事业的骨干力量。青联委员要增强大局意识，时刻心系民族命运、心系国家发展、心系人民福祉，把自己的事业与国家民族的发展紧密相连，以更大的作为、更加优异的成绩，为推动经济社会发展作贡献。要增强表率意识，严格要求自己，注意自己的一言一行，不断锤炼道德品格，不断提升素质修养，树立良好的社会形象，经得起政治的考验、事业的考验、名利的考验、生活的考验，以模范的思想和行为带动更多青年共同成长进步。要增强责任意识，始终牢记自己是整个社会的一分子，是青联组织的成员，增强社会责任感，切实履行委员职责，积极为社会出力、为组织添彩。

青联是党领导下的重要的人民团体，是党的群众工作的重要力量。各级党委和政府要从巩固和扩大党执政的青年群众基础的战略高度，进一步支持共青团和青联工作，及时解决工作中存在的实际困难和问题。共青团是青联组织的核心力量，要切实履行党赋予的重要职责，把广大青年团结凝聚在党的周围。社会各界要一如既往地关心青年成长发展，共同营造青联事业蓬勃发展的良好氛围。

青年朋友们、同志们，青联事业是青年的事业，是大有希望的事业。让我们紧密地团结在以胡锦涛同志为总书记的党中央周围，高举中国特色社会主义伟大旗帜，坚持以邓小平理论和“三个代表”重要思想为指导，深入贯彻落实科学发展观，求真务实，开拓进取，为夺取全面建设小康社会新胜利、创造中华民族的美好未来而努力奋斗，以优异成绩迎接新中国成立60周年！

在纪念中国少年先锋队建队60周年座谈会上的讲话

2009年10月13日

王兆国

在举国上下隆重庆祝新中国成立60周年活动取得圆满成功之际,中国少年先锋队迎来了建队60周年。这不仅是广大少先队员的喜庆之日,也是关系祖国未来发展的大事。刚才,几位少先队员、辅导员老师和少先队工作者代表作了很好的发言,充分反映了当代少年儿童健康向上的精神风貌,反映了少先队工作者、辅导员对少年儿童倾注的心血和汗水,也反映了在共青团的带领下少先队事业取得的优异成绩。借此机会,我向全国各族少年儿童和广大辅导员、少先队工作者表示亲切的问候!向这次受到表彰的优秀少先队员、辅导员、少先队集体和“少先队工作突出贡献”荣誉获得者表示热烈的祝贺!

党和国家始终关心少年儿童的健康成长,高度重视少先队事业的发展。60年前的今天,在党的亲切关怀和悉心爱护下,少先队组织成立了。毛泽东同志号召少年儿童“好好学习,天天向上”。邓小平同志殷切希望全国的少年儿童“立志做有理想、有道德、有知识、有体力的人,立志为人民作贡献,为祖国作贡献,为人类作贡献”。江泽民同志深情寄语广大少年儿童“星星火炬,代代相传”。党的十六大以来,以胡锦涛同志为总书记的党中央高度重视少年儿童工作。在少先队建队60周年之际,胡锦涛总书记专门发来贺信,要求少先队组织和少先队工作者团结引导全国少先队员牢记党和人民的重托,在德、智、体、美等方面全面发展,争当热爱祖国、理想远大的好少年,争当勤奋学习、追求上进的好少年,争当品德优良、团结友爱的好少年,争当体魄强健、活泼开朗的好少年,时刻准备着为建设富强民主文明和谐的社会主义现代化国家贡献智慧和力量。所有这些指示和要求,都为少年儿童的健康成长、少先队事业的不断发展指明了方向,各级共青团和少先队组织一定要认真学习领会胡锦涛总书记的贺信,切实贯彻落实,把少先队工作提高到一个新水平。

60年来,少先队在党的亲切关怀下,在共青团的带领下,始终围绕为党的事业培养合格建设者和可靠接班人的目标,主动适应时代发展的新特点和少年儿童的新变化,开展了“红领巾心向党”、“祖国发展我成长”、“雏鹰行动”、“学雷锋”、“创造杯”竞赛、“手拉手”等主题鲜明、生动活泼、丰富多彩的教育实践活动,在少年儿童当中产生了强大的影响力和凝聚力,涌现出了一代又一代少年儿童的先进典型。广大辅导员、少先队工作者怀着对党的事业的忠诚、对少先队事业的热爱,在平凡的岗位上辛勤耕耘、无私奉献,为促进一代又一代少年儿童健康成长发挥了重要作用。少先队60年的历程充分说明,党的关心重视始终是少先队事业蓬勃发展的根本保证,只有坚持以科学理论为指导,紧紧围绕党和国家事业发展的需要,少先队工作才能始终保持正确的前进方向;祖国的发展始终是少年儿童成长进步的重要条件,只有综合国力不断增强、人民生活不断改善,少年儿童才能拥有更加良好的成长环境;培养建设者和接班人始终是少先队工作的根本目标,只有围绕这一目标找准工作着力点,少先队工作才能始终保持生机与活力。实践证明,中国少先队的60年,是团结、教育、引导亿万少年儿童茁壮成长、追求进步的60年,是不断为党和国家的事业输送合格建设者和可靠接班人的60年！

新中国成立60年来，我们党团结带领全国各族人民艰苦奋斗，发奋图强，我国社会主义建设取得了举世瞩目的伟大成就。当前，我们正处在进一步发展的重要战略机遇期，在新的历史起点上向前迈进。到我们党成立100年时，要建成惠及十几亿人口的更高水平的小康社会；到新中国成立100年时基本实现现代化，建成富强民主文明和谐的社会主义现代化国家。当代少年儿童的成长历程，将与实现这一宏伟目标的伟大进程紧紧相随。希望全国亿万少年儿童牢记胡锦涛总书记的要求，勤奋学习、快乐生活、全面发展，努力成为党和人民需要的合格建设者和可靠接班人。

站在新的历史起点上，各级少先队组织要继承和发扬光荣传统，不断提高创新能力和服务水平，通过卓有成效的工作，帮助广大少年儿童茁壮成长、发奋成才。

一、要始终坚持以理想信念教育为核心，着力引导广大少年儿童心向党、心向祖国。少先队是少年儿童健康成长的摇篮，肩负着为党和国家的事业培养接班人和预备队的神圣职责。要把培养少年儿童对党、对祖国的感情作为首要工作任务，用社会主义核心价值体系教育少年儿童，用新中国成立60年取得的辉煌成就激励少年儿童，深入开展“红领巾心向党”、“祖国发展我成长”等主题教育实践活动，用少年儿童身边的鲜活事例、易于接受的方式、喜闻乐见的语言，引导少年儿童发自内心地热爱党、热爱祖国、热爱人民，立志继承无数先辈英烈们开创的伟大基业。当前特别要在各族少年儿童中深入开展民族团结教育，从小培养他们对中华民族大家庭的深厚感情，让各族少年儿童在共同团结奋斗、共同繁荣发展的环境中健康成长。

二、要始终坚持以培养综合素质为导向，大力提高广大少年儿童的全面素质。提高少年儿童的综合素质，是少先队工作的优良传统。要从自身特点和工作实际出发，坚持实践育人的基本途径，努力提高少年儿童的思想道德素质、科学文化素质和健康素质。要进一步加强少年儿童思想道德教育，充分发挥先进典型的榜样作用，引导少年儿童从一点一滴的小事、好事做起，养成良好的道德行为习惯。要在少年儿童中广泛开展吸引力强、参与性强的读书学习和科学实践活动，切实提高他们的学习能力和科学意识。要引导广大少年儿童养成良好的生活习惯，积极参加各种形式的体育锻炼，不断增强体质、强健体魄。

三、要始终坚持一切为了少年儿童，不断提高竭诚为他们健康成长服务的能力水平。少先队是少年儿童自己的组织，少先队员是少先队组织的主人。要坚持少年性、群众性的工作方向，充分尊重少年儿童的主体地位，充分考虑少年儿童的特点，引导少先队员自己管理自己，自己教育自己，自主开展活动。要认真研究和把握少年儿童的情感、意识、信念形成的规律，使少先队工作的内容和方式与少年儿童身心发展规律相适应，打牢少先队工作的科学基础。要把竭诚为少年儿童服务作为少先队工作的出发点和落脚点，高度关注少年儿童成长中遇到的问题，深入开展手拉手、希望工程等工作，努力帮助他们解决实际困难，把党的温暖及时送到少年儿童的心坎上。

四、要始终坚持以改革创新为动力，进一步加强少先队自身建设。在新的历史条件下，少年儿童的成长面临着社会上各种思想和事物的影响，他们的生理、心理和行为呈现出许多新特点。少先队组织要以改革创新的精神大力加强自身建设，不断创新工作方式方法，防止行政化、成人化倾向，使少先队工作更好地适应当代少年儿童的新变化。要切实加强少先队基层组织建设和基层工作，不断增强对少年儿童的吸引力、凝聚力和影响力。要大力加强辅导员和少先队工作者队伍建设，进一步突出专业性和职业化特点，不断提高辅导员和少先队工作者队伍的整体素质。要充分利用社会力量开展工作，培育和发展校外辅导员队伍，发挥好各类少年儿童校外活动阵地的作用，积极争取社会各个方面为少先队开展工作提供条件。

全团带队是党赋予共青团的重要职责。各级团组织要进一步重视和加强对少先队工作的领导和指导，从思想、组织、工作、队伍以及作风上带好少先队，加大对少先队工作的支持力度，努力使少先队成为共青团组织上和工作上的重要基础。

少年儿童是祖国的未来，民族的希望。各级党委和政府要从党和国家事业后继有人的高度，切实关心和重视少年儿童工作，为少先队工作提供支持和保障。各级教育行政部门和学校要把少先队工作切实纳入中小学校总体工作之中，为少先队开展工作创造条件。社会各个方面要共同努力，齐抓共管，努力形成全社会关心少年儿童、爱护少年儿童、帮助少年儿童的氛围和合力。

少先队员朋友们、辅导员老师们、同志们，伴随着祖国发展的步伐，少先队事业已经掀开了新的一页。希望全国广大少先队员们在党的阳光雨露哺育下，在祖国大家庭的温暖怀抱中，今天是鲜艳的红领巾，明天成为推进党和国家事业的生力军；希望广大辅导员老师和少先队工作者始终牢记党和国家的嘱托，用爱心、智慧和汗水，辛勤浇灌祖国的未来和希望，精心培育中国特色社会主义事业的合格建设者和可靠接班人，努力开创中华民族美好的明天！

在中国青年企业家协会第十次会员代表大会上的讲话

2009年10月16日

王兆国

在新中国成立60周年庆典活动取得圆满成功之际，中国青年企业家协会第十次会员代表大会今天隆重开幕了。首先，我向大会的召开表示热烈的祝贺！向在座的各位代表，并通过你们向全国广大青年企业家朋友们表示诚挚的问候！

新中国成立60年来，特别是改革开放30多年来，党和政府坚持和完善公有制为主体、多种所有制经济共同发展的基本经济制度，毫不动摇地巩固和发展公有制经济，毫不动摇地鼓励、支持、引导非公有制经济发展，我国各种类型企业数量不断增加，企业规模日益扩大，逐步成为发展经济的重要力量、扩大就业的重要渠道、财政增收的重要来源、自主创新的重要源泉。伴随着这一历史进程，广大青年企业家活跃在经济建设的各个领域，坚持科学发展，加强自主创新，履行社会责任，参与国际竞争，日益成为改革开放和现代化建设中一支生机勃勃的力量。多年来，青企协在共青团的带领下，坚持服务党和国家工作大局、服务青年企业家成长发展的宗旨，不断创新工作思路和方式，积极为青年企业家学习交流、发展事业、奉献社会搭建平台，团结、凝聚、引导广大青年企业家为推动经济社会发展作出了积极贡献。

去年以来，面对国际金融危机的冲击，党中央审时度势、沉着应对，及时调整宏观经济政策，出台了一系列保增长、保民生、保稳定的重大举措，及时扭转了经济增速下滑的趋势，推动我国经济发展出现了企稳向好的势头。党和政府历来高度重视发挥中小企业在经济社会发展中的作用，在应对危机的过程中，国务院专门下发了《关于进一步促进中小企业发展的若干意见》，出台了29项扶持中小企业发展的政策措施，为中小企业乃至国民经济的健康发展注入了新的活力。同时我们也要看到，世界范围的经济全面复苏仍然是一个漫长曲折的过程，我国经济回升基础还不稳定、不巩固、不平衡。广大青年企业家一定要保持清醒的头脑，不断增强忧患意识和风险意识，坚定在党的领导下战胜困难的信心和决心，积极寻找和把握逆境中蕴含的重大机遇和有利条件，充分发挥自身优势，为保持经济平稳较快发展作出积极的贡献。借此机会，我向广大青年企业家提四点希望。

一、要自觉把个人事业的发展融入国家建设的大局。党的领导、国家的发展始终是我国企业发展壮大、企业家成就事业的前提和基础。当代青年企业家成长、创业、发展于改革开放、推进社会主义市场经济的伟大时代，正是在党的指引下、在伟大祖国的快速发展进程中，才取得了今天自身事业发展的不凡业绩。广大青年企业家要饮水思源，热爱党，拥护党的领导，努力用马克思主义中国化最新成果武装头脑，认真学习实践科学发展观，不断增强贯彻党的路线方针政策的自觉性和坚定性。要树立远大理想，不断增进对中国特色社会主义的政治认同和思想认同，打牢与全国各族人民一道团结奋斗的共同思想基础，把自身的事业追求同国家发展的宏伟目标结合起来，在与祖国共奋进的实践中实现人生最大价值。要增强责任意识，充分认识到我国仍处于并将长期处于社会主义初级阶段的基本国情，正确看待改革发展进程中遇到的各种矛盾和问题，切实增强为全面建设小康社会作贡献的责任感和使命感。

二、要积极为保持经济平稳较快发展作贡献。保持经济平稳较快发展是当前经济工作的首要任务。要实现这一目标，企业是关键环节。广大青年企业家要始终坚持改革方向，坚定不移地拥护改革、支持改革、推进改革，勇于探索，敢闯敢试，努力在健全和完善充满活力、富有效率、更加开放、有利于科学发展的体制机制中发挥积极作用。要大力推进自主创新，努力开发具有自主知识产权的技术和产品，积极培育和发展自主品牌，不断提升企业核心竞争力。要加快转变企业发展模式，把握国家产业发展方向，抓住国家实施十大产业振兴计划的契机，主动淘汰高能耗、高污染、低效益的落后生产能力，积极发展绿色经济、低碳经济、循环经济产业，形成低投入、低消耗、低排放和高效率的发展方式，推动企业可持续发展。要加大资本投入，消除观望情绪，积极投资兴业，特别是要向符合国家产业政策、对就业有重要促进作用的中小企业和劳动密集型产业加大投入，与政府投入形成推动经济增长的合力，在新一轮经济发展中抢占先机。

三、要履行社会责任，促进社会和谐。企业的生存发展，离不开和谐的环境。企业与职工既是矛盾统一体，也是利益共同体。一个优秀的企业家必须学会尊重职工、爱护职工，充分调动职工的积极性，努力实现企业发展与维护职工权益的统一。企业改革的不断深入，特别是战胜国际金融危机的不利影响，更需要企业家与职工齐心协力、共克时艰。广大青年企业家要充分尊重职工的主体地位，把以人为本贯穿于企业发展的全过程，增进与职工的感情，激发职工的创造热情，切实维护职工合法权益，努力在企业形成规范有序、公正合理、互利共赢、和谐稳定的社会主义新型劳动关系，不断增强企业的凝聚力和竞争力。在维护好企业内部和谐稳定的同时，要自觉承担社会责任，积极参与社会扶贫开发和公益慈善事业，以自身的实际行动回报社会、服务人民。特别是当前要注意发挥企业的优势，积极为青年提供就业、见习和培训的机会，努力为促进青年就业创业作出应有的贡献。

四、要加强自身修养，提高综合素质。企业家是企业的灵魂。企业家的素质直接关系到企业的兴衰成败和社会形象。广大青年企业家要加强学习，适应科技进步日新月异、知识更新大大加快、社会竞争日趋激烈的新形势，积极拓宽视野，把握本行业本领域的最新发展趋势，学习掌握先进的产业理论、科技知识和管理经验，不断提高管理能力和专业水平。要努力锤炼品格，大力弘扬中华民族传统美德，积极践行社会主义荣辱观，坚持爱国、敬业、诚信、友善等道德规范，不断提升自己的精神境界，努力做高尚的人，做有益于社会和人民的人。要始终保持积极进取、不怕困难、勇于拼搏的精神状态，倡导艰苦奋斗、健康向上的生活方式，经受住政治、事业、名利、生活上的考验。

党和政府历来高度重视企业家队伍建设。青年企业家是企业家队伍的重要组成部分，是社会的宝贵财富。各级党委和政府要保护好青年企业家创业兴业的热情，积极为他们成长发展创造良好条件。共青团要进一步加强对青企协工作的领导，注重发挥青企协作为青年企业家群众组织的特点和优势，指导和支持青企协组织按照章程独立自主、创造性地开展工作。各级青企协组织要创新工作思路，丰富活动形式，努力为青年企业家发展事业、发挥作用搭建平台。要不断增强青企协组织的吸引力、凝聚力和影响力，广泛联系各领域、各行业的青年企业家，努力把更多的青年企业家团结凝聚在党的周围。

同志们、青年企业家朋友们，党和国家的宏伟事业为企业的发展壮大提供了难得的机遇，为青年企业家提供了施展才华的广阔舞台。希望广大青年企业家抓住机遇，开拓进取，以更加昂扬的精神状态，积极投身经济建设的主战场，不断创造更加辉煌的业绩，为全面建设小康社会作出新的更大的贡献！

在希望工程20周年座谈会上的讲话

2009年11月19日

王兆国

今天，共青团中央、中国青少年发展基金会在这里举行希望工程20周年座谈会，这对于进一步推动希望工程这项利国利民的崇高事业在新形势下实现新发展具有重要意义。首先，我向获得“希望工程20年特殊贡献奖”的受助学生、教师、志愿者、捐赠人表示热烈的祝贺！向20年来为希望工程付出心血和汗水的各级团干部和希望工程的工作人员表示诚挚的问候！向所有为希望工程踊跃捐赠的企业、社会各界人士、海内外有识之士表示感谢和致敬！

希望工程是共青团发起倡导并组织实施的一项社会公益事业，在20年发展历程中一直受到党中央的高度重视和亲切关怀。邓小平同志为希望工程亲笔题名，并两次以“一个老共产党员”的名义向希望工程捐款。江泽民同志为希望工程题词，号召全社会“支持希望工程，关心孩子成长”。在新的历史条件下，胡锦涛同志提出要从实施科教兴国战略的高度，从培养和造就千百万社会主义事业建设者和接班人的战略高度,努力把希望工程这项事业办得更好。这是对希望工程的殷切希望,也为希望工程的发展指明了方向。

20年来,希望工程坚持"资助贫困地区失学儿童重返校园,建设希望小学,改善农村办学条件"的宗旨,积极动员社会各界、海内外团体、企业和个人广泛参与,募集资金超过56亿元,援建希望小学15900多所,资助失学孩子340多万名,为促进贫困地区基础教育事业的发展、弘扬社会新风、服务青少年成长发展作出了重要贡献,受到了全社会的高度评价,已经成为我国社会参与最广泛、最富有影响力的公益事业,已经成为加强社会主义精神文明建设的重要载体,已经成为动员社会力量服务青少年成长发展的有效途径。

希望工程20年的发展历程创造了很多宝贵经验,对于做好新形势下的青少年工作具有重要的启示意义。

始终坚持围绕中心、服务大局,是希望工程必须牢牢把握的正确方向。我们党和政府始终高度重视教育事业,在改革开放的新形势下提出了普及九年义务教育的目标,大力实施科教兴国战略和人才强国战略,我国教育事业取得了巨大成就。但是,由于我国仍然处于并将长期处于社会主义初级阶段,地区间发展不平衡、城乡发展不平衡的现象仍然存在,尤其是农村地区教育设施落后、适龄少年儿童因贫失学的情况比较突出。共青团组织抓住扶贫助教这个切入点,发起实施希望工程,体现了党政工作大局的要求,赢得了党和政府的支持,赢得人民群众的赞誉。

始终坚持弘扬社会文明新风,是希望工程发挥作用、体现价值的优势所在。希望工程的意义,不仅体现在建造希望小学和资助贫困学生的数量上,更可贵的是,它在全社会架起了爱心互助的桥梁,倡导和弘扬了尊师重教、扶贫济困、助人为乐的传统美德和时代新风。特别是在社会主义市场经济快速发展、社会价值取向日益多样的历史条件下,这种美德和新风是最可宝贵的精神财富。

始终坚持服务青少年特别是有特殊困难的青少年,是希望工程的根本立足点。青少年一代的健康成长,是党和国家事业发展的希望所在。帮助青少年特别是有特殊困难的青少年解决学习、生活中遇到的实际问题,是共青团的重要职责。希望工程在20年的发展历程中,始终把关注目光和工作重心放在因贫失学的青少年身上,帮助一大批贫困青少年圆了上学梦,把党的关心和温暖送到青少年的心坎上。实践充分证明,只要坚持眼睛向下,充分关注青少年最普遍、最迫切的需求,就能牢牢地把握住公益事业最牵动人心的主题,就能始终保持事业发展的不竭动力。

始终坚持社会化的动员机制,是希望工程保持吸引力、影响力的重要源泉。希望工程是社会各界共同参与、共同推动的事业,20年来从无到有、从小到大,形成了越来越强的吸引力和社会影响力。这主要是因为希望工程坚持了社会化的方向,走出了一条社会化筹资、社会化救助和取之于社会、用之于社会的道路,从而使这项崇高的事业实现了持久的发展。

当前,党和国家事业的发展正处在一个新的历史起点上,我国综合国力大幅跃升,人民生活明显改善,国际地位显著提高。党的十七大报告明确提出,要加快推进以改善民生为重点的社会建设,优先发展教育,建设人力资源强国。这为希望工程的发展提供了广阔空间,也提出了新的要求。各级团组织和青基会要切实增强责任感和使命感,深入总结希望工程20年来积累的好做法、好经验,深化主题,丰富内涵,创新载体,加强管理,推动希望工程不断取得新的发展。

一、要紧紧围绕科教兴国、人才强国战略的实施,帮助更多的青少年成长成才。实施科教兴国、人才强国战略,教育是根本,需要培养造就千百万年轻一代的高素质人才。希望工程作为扶贫助学的公益事业，要始终围绕这一目标，进一步加大工作力度，拓展工作领域，促进青少年健康成长，努力为改革开放和社会主义现代化建设培养合格的建设者并输送更多青年人才。当前，在党和政府的高度重视和社会各界的积极参与支持下，我国已经全面普及九年义务教育，教育事业进入了新的发展阶段。面对新情况新问题，希望工程要积极探索参与教育事业发展新的切入点和增长点，保持自身的生机与活力，坚持面向有特殊困难的青少年群体，更多地关注老少边穷地区，积极服务不同层次青少年受教育的需求，帮助他们解决学习、生活中的实际困难，让他们学习更多知识，练就过硬本领，努力成为国家建设的栋梁之材。

二、要牢牢把握社会主义核心价值体系的新要求，进一步弘扬时代新风。社会主义市场经济越发展，人们的物质生活越丰富，加强社会主义精神文明建设的任务也就越迫切。积极践行社会主义荣辱观是社会主义核心价值体系建设的重要内容。要进一步挖掘希望工程所蕴含的丰富精神价值和道德内涵，充分发挥希望工程在加强社会主义精神文明建设方面的独特作用。要动员更多的群众特别是青少年参与到这项事业中来，让他们在实践中培养高尚情操。要加大宣传力度，深入宣传20年来涌现出来的典型人物和感人事迹，充分激发社会各界支持社会公益事业、关心青少年成长的热情，进一步促进社会良好道德风尚的形成。

三、要主动适应社会发展的趋势，进一步提高社会动员能力。当前，全社会参与公益事业的热情持续高涨，各种民间公益性组织不断兴起。要准确把握我国社会公益事业发展的趋势和规律，找准社会公众有效参与的切入点，积极探索形成科学、系统、稳定的社会化动员新机制，不断扩大希望工程的筹款和资助规模，为希望工程的持续发展提供有力保障。要进一步发挥希望工程志愿者的作用，广泛吸收热心公益事业、社会责任感强、有奉献精神的群众加入希望工程志愿者队伍，进一步壮大社会工作力量。要注重运用互联网等现代科技和传媒手段，积极探索方便、快捷、高效的社会动员方式和渠道，不断扩大希望工程的影响面和参与面。

四、要以高度的责任感和事业心，切实加强希望工程的管理和建设。希望工程凝聚着社会方方面面的爱心和信任。20年来，希望工程的工作内容、项目规模和业务范围不断扩大，社会关注度日益提高，坚持科学化、规范化管理显得更加重要。希望工程要以对全社会高度负责的态度，严格执行国家有关法规和各项内部规章制度，用好每一笔捐款，资助好每一位困难学生，建设好每一所希望学校，以良好的形象取信于社会，使希望工程成为名副其实的“阳光工程”、“放心工程”。要大力加强队伍建设，进一步优化人才结构，注重教育培养工作人员的进取意识、奉献意识和自律意识，努力建设一支高素质的专业化工作者队伍。

希望工程是一项利国利民、造福后代的崇高事业，需要全社会用责任和爱心去推动。各级党委和政府要充分认识到希望工程在促进经济社会发展中的重要作用，满腔热忱地继续关心希望工程的各项工作，积极为希望工程的发展提供更多的支持和保障。各级团组织要加强对青基会的领导，指导希望工程进一步加强项目管理、完善运作机制、创新工作方法，促进希望工程实现更大发展。社会各个方面都要积极支持和参与希望工程，使之成为社会参与度更高、社会影响力更强的社会公益事业，为青少年一代的健康成长创造良好的社会环境。

同志们、朋友们，我们坚信，有党和政府的关心支持，有社会各界的广泛参与，有各级团组织、青基会工作人员的辛勤努力，希望工程一定能够取得更好的成绩，一定能够为实现全面建设小康社会的宏伟目标作出新的更大的贡献！

让人才到西部去的路越走越宽

——在接见博士服务团10周年纪念座谈会代表时的讲话

2009年11月13日

李源潮

今天我们在这里纪念博士服务团成立10周年。我和陆昊同志、李智勇同志代表中组部、团中央,向参加历届博士服务团的同志们表示衷心感谢,向刚刚归来的第九批博士服务团的同志们表示亲切慰问,向即将出征的第十批博士服务团的同志们表示热烈欢送。

选派博士服务团是中组部、团中央按照中央要求,贯彻落实西部大开发战略和人才强国战略的一项重要举措。10年来,已经选派1000多名博士,分赴西部12个省区市和部分革命老区、少数民族地区服务锻炼,为推动西部发展做出了很大贡献,在发挥人才作用方面探索了重要经验。一是创造了一种人才工作服务西部大开发的新模式;二是开辟了一条促进高层次人才锻炼成长的新途径;三是形成了一个经济开发、科技开发、人才开发有效结合的新机制。

中央正在研究制定新的10年深入推进西部大开发的政策。西部地区要加快发展、科学发展、和谐发展,最紧缺的是人才资源,尤其是高层次人才。因此,要把人才支持摆在更加重要的位置,让人才到西部去的路越走越宽。要继续精心做好选派博士服务团工作,提高针对性、实效性,鼓励更多的优秀人才到西部去。

西部虽然条件艰苦,但西部是一个广阔的舞台,拥有各类人才施展才华的空间和机遇。希望第十批博士服务团的同志虚心向当地干部群众学习,充分发挥自己的知识优势和专业特长,为推动西部科技进步、经济发展和人才培养多做贡献。同时,加深对国情的了解和对人民群众的感情,在实践中磨练意志、增长才干。

派出单位对参加博士服务团的同志,要多关心、多支持、多帮助,为他们解除后顾之忧;对回来的同志,要安排好、使用好。接收单位要把博士服务团的同志当自己人,热情关心,严格要求,放手使用。中组部、团中央和各有关部门要积极配合,共同努力把博士服务团工作做好。

第二部分

团中央书记处领导讲话

陆昊在全国共青团农村工作会议上的讲话

2009年1月6日,根据录音整理

新年伊始,全团就召开农村工作会议,是有着重要考虑的。这次会议的主要任务是,深入贯彻党的十七大、十七届三中全会和中央经济工作会议精神,认真贯彻党中央书记处的重要指示精神,以及王兆国同志在团十六届二中全会上的重要讲话精神,围绕贯彻落实团十六届二中全会对未来五年共青团工作作出的总体安排和要求,研究部署明年和今后一个时期的农村共青团工作。

近年来,农村共青团工作面临着比团的其他工作领域更大更多的挑战和困难,同时,在农村共青团工作中也涌现出大量富有创造精神和创新活力的好经验、好做法。各级农村共青团组织牢牢把握党的农村工作中心任务,积极开展了科技进农村、培养农村青年致富带头人、通过有效的信息和培训服务促进农村青年就业创业、农村青年文化活动等工作。特别是在加强农村基层团组织建设、切实增强对广大青年的吸引凝聚等方面,进行了富有成效的探索和努力,推出了一系列很有影响的品牌工作,比如青春建功新农村行动、保持母亲河行动、帮助农村青年增收成才活动、乡村青年文化节等等。尽管农村共青团工作整体上遇到了很多挑战,但是在局部地区、在相当一部分基层组织当中都表现出了很强的创造活力,开展的很多工作积极有效地支持了所在地区党委、政府的中心工作,取得了明显的工作成效。这些成绩的取得,充分体现了农村共青团组织和团干部面对困难毫不退缩、面对挑战积极进取的良好精神状态和工作作风。借此机会,我代表团中央书记处,向长期工作在农村战线的各级共青团组织和团干部表示衷心的感谢和敬意!

刚才,六位同志作了很好的经验介绍。关于今后农村共青团工作的具体安排,汪鸿雁同志将作详细的部署,大家要认真抓好落实。在这里,我结合前一阶段调研的积累和感受,结合对党中央精神的理解和对共青团总体工作的思考,谈三点意见。

一、做好新形势下农村共青团工作必须注意把握的重要背景

1.从正确认识党团关系出发,深刻领会和准确把握党中央对农村工作的一系列重要要求和工作部署。党中央历来高度重视农村工作,特别是党的十七届三中全会专门研究了新形势下推进农村改革发展的若干重大问题,作出了《中共中央关于推进农村改革发展若干重大问题的决定》。《决定》集中了全党的智慧和共识,深刻总结了30年农村改革发展的伟大实践和基本经验,深入分析了当前深化农村改革发展面临的矛盾和问题。共青团作为执政党的青年组织,对于党的十七届三中全会作出的重大战略部署,必须认真学习领会,并且要结合实际工作切实贯彻落实。为此,团中央常委会作出了《关于学习贯彻党的十七届三中全会精神在推进农村改革发展中充分发挥共青

团组织作用的决议》，各级团组织要切实抓好落实。

学习贯彻党中央的要求和部署，要注意避免两种倾向。一是避免一般化、表面化的学习理解，只满足于看过文件、学会新词；二是避免生搬硬套、寻章摘句，文件怎么说就怎么做，文件说多少就做多少。真正意义上的学习领会，不是简单的看一遍、读一遍，而是要准确把握精神实质，了解重要表述和分析过程，同时还要结合工作进行深入思考，善于把中央的文件读短、读深、读实；同时，还要善于把中央宏观性、全局性的战略举措与本战线、本地区的实际情况、长期工作积累结合起来，在把握核心精神实质的基础上找具体的切入点，把大的工作原则变成具体可行的推进措施。因此，大家要认认真真地学习原文，特别注意在学习中明确党推进新形势下农村改革发展的指导思想、目标任务、重大原则，同时还要联系工作实际和典型经验，不断深化认识。我们只有把握好30年来中国农村发生的根本性变化，把握好党对农村工作的根本要求，才能保证正确的工作方向，找到准确的工作切入点。

2. 从未来五年共青团工作的总体布局出发，研究和推进农村共青团工作。团十六届二中全会充分贯彻落实团十六大精神，审议通过了《共青团工作五年纲要（2009—2013）》。这个纲要是在团十六大之后半年时间里，对共青团工作中的根本性问题和主要矛盾进行深入调研与思考后形成的，对一些问题的认识在团十六大报告的基础上有了进一步的深化，对未来五年共青团工作进行了总体部署。这既是我们这次会议的基本背景，也应当成为今后农村共青团工作的指导原则。我们必须避免总体思路与具体落实之间"两张皮"的现象，努力找到战线工作与全团总体部署之间方向一致、科学合理的结合路径。在团十六届二中全会分组讨论过程中，我们发现在部分同志当中，仍然存在一些片面的认识，因此，全团必须在一些重要问题上进一步统一和深化认识。

第一，要在党的事业大局中把握好团的组织功能和组织活力的根本标志。共青团的组织功能、组织活力的根本标志，一是与青年的关系，二是在青年中真正的影响力。进一步说，一是与广大青年的关系，二是在广大青年中真正的影响力。这里有着重要的量变质变关系，"量"不够，就达不到"质"的要求。在判断组织功能和组织活力的过程中，认识上最容易出现一个问题，就是把青年、极少数青年、少数青年和广大青年混为一谈，这种对工作对象认识上的不到位，会使我们对共青团组织功能和组织活力的状况产生不正确的判断。比如，在青年创业贷款工作中，我们不能把注意力集中在一次性贷款几百万、上千万的个案上，必须更加关注只贷5万、10万的小项目，因为只有小额贷款才具有普遍性，才能覆盖更多青年，从而在本质意义上履行组织功能、增强组织活力。

第二，要履行胡锦涛总书记提出的四项职能，当前最重要的是组织青年。四项职能不是简单并列的，是一个既有逻辑前提、又紧密联系的体系，组织青年是重要任务也是重要前提，与服务青年、维护青少年权益相互促进，以此为基础来实现引导青年的根本任务，使广大青年坚定走中国特色社会主义道路的信念。共青团组织只有具备广泛覆盖的组织网络、较强的组织活力和吸引力、影响力，才能实现通过共青团组织对青年的有效引导。

第三，要把握好组织青年与组织青年作贡献的关系。青年在社会生活中贡献力量，与共青团把青年组织起来发挥作用、贡献力量之间，有联系，但不完全一致，不能简单把青年发挥作用都等同于共青团组织带领青年发挥作用。同时，共青团只组织少数青年作贡献与组织广大青年作贡献也不一样，其中也有量变和质变的关系，如果"量"达不到一定程度，就不能简单地认为青年的贡献是在共青团的组织下作出的。在组织青年方面，目前的挑战和主要矛盾不是怎么作贡献的问题，而是怎么组织的问题，只要能够把青年广泛有效地组织动员起来，我们就能够带领青年为党和国家工作大局作出积极贡献。

第四，要善于把组织化动员方式与社会化动员方式结合起来。一个政党、政治组织和民众之间，动员方式主要有三种：国家动员方式、社会化动员方式和组织化动员方式。在社会化动员方式中，共青团有重要的创造，以志愿者、希望工程、保护母亲河为标志，形成了一种在经济社会变革下、在市场经济条件下的新的社会化动员方式。当前，我们最大的挑战来自于组织化动员方式。共青团作为执政党的青年组织，如果失去了为党组织动员各个领域、各类社会组织中的青年的本领，就会失去组织功能。组织功能首先应体现在能与各种普通青年人保持合理关系，就是联系、组织、团结、发动的状态和能力，就是胡锦涛总书记提出的团的基层组织网络覆盖全体青年的问题。社会化动员方式与组织化动员方式的结合，一是团的工作、活动与组织建设的结合，二是团的组织网络覆盖与团在青年中影响力的结合，三是把青年组织起来和组织起来作贡献的结合，四是履行好四项职能的结合。因为这两种动员方式的结合，既包含着通过组织网络与广大青年的联系，也包含着通过组织的某一个层级与某些特定青年之间的联系；既体现了与广大青年的联系方式，也体现着对广大青年的影响渠道，因为影响既可以通过组织网络实现，又可以通过特定工作和活动对特定青年群体实现；既体现着对青年的组织方式，也体现着对青年组织起来以后开展工作活动和作贡献的方式。

第五，要把加强基层组织建设和基层活动作为工作突破口。从共青团作为执政党的青年组织、与党的事业有着本质联系的角度，从团的组织功能和组织活力根本标志的角度，从四项职能实现前提和“两个全体青年”目标任务的角度，从真正广泛有效地把广大青年组织动员起来作贡献的实现前提的角度，从两种动员方式相结合、克服组织化动员薄弱问题的角度，从团与广大青年最普遍联系的路径、载体、渠道和边界关系的角度，我们当前必须把加强团的基层组织建设和增强基层工作活力作为工作突破口。我们从来没有理想化地认为这项工作一抓就灵，也从不认为这个根本目标可以放弃，同时我们始终坚定地认为，只要全团有充分的共识和有力度的行动，局面就会逐步改善。特别要注意的是，从上述六个角度来看，我们加强基层组织建设和基层工作并不等同于行政工作中的“抓基层、打基础”，而是关系组织功能和组织活力的问题，是团与广大青年比较稳定的联系路径的问题。我们要认识到，搞活动、社会化动员可以联系青年，但是这不够，要联系更广大的青年还要靠团的基层组织和基层工作，因为广大青年与共青团保持联系的路径、载体、渠道、边界在基层。现在全团在这项工作的认识上基本没有分歧，有反映的是认为这项工作比较难，这是正常的。是难，但它是根本，就需要我们迎着困难上，下最大决心、尽最大努力。

第六，要进一步深化对促进青年就业创业工作的认识。服务青年是共青团的重要职能，全团要选一个普遍性的、带有共性的问题作为切入点，切实提高服务青年的能力和水平。我国是人口大国、是劳动力大国，无论经济形势如何变化，无论有无金融危机，就业问题始终是一个长期性战略课题，也始终是青年最普遍、最迫切的需求。因此，从共青团履行服务青年职能的普遍性角度考虑，从就业问题是我国青年的一个长期性战略课题的角度考虑，从党政关心、社会关注、青年关切的结合点考虑，从全团所具备的社会化动员能力的角度考虑，从全团已经具有很好的工作探索和工作积累角度考虑，从共青团工作融入市场经济主战场的合理适度切入点的角度考虑，共青团当前必须把促进青年就业创业作为重中之重，高举促进青年就业创业的旗帜不动摇。

同时，全团在加强团的基层组织建设和基层工作、促进青年就业创业这两项重点工作上，不仅要统一认识，更要统一行动，要懂得大局，懂得取舍。一方面，抓基层突破口的方向选择、工作力度、组织落实必须统一；另一方面，促进青年就业创业的工作方向、重要工作安排和品牌必须统一。

3. 从当前国际金融危机背景出发，深刻领会和准确把握党中央书记处对共青团工作提出的新的明确要求。今年以来，我国经济受到国际金融危机的影响，面临着多年来没有遇到过的重大挑战。特别是在就业问题上，金融危机造成的冲击很大，形势比较严峻。目前，第一轮次对于出口企业的影响已经非常明显，第二轮次对于给出口企业提供原材料和中间产值的企业的影响也日益显现。正是在这样的背景下，去年底，党中央书记处在听取工作汇报时，明确要求团组织动员广大青年为保持经济平稳较快增长作贡献，要关注返乡青年农民工的问题。我们必须迎着困难上，切实抓好贯彻落实。

今年农村共青团工作的任务很重，在团十六届二中全会之后、新年刚开始就召开全团农村共青团工作会议，就是因为春节前是农民工返乡的高峰期，春节后大量青年农民工留在农村无法实现就业，将会成为一个较大的社会问题，我们必须早做准备，尽心尽力，有所作为。

二、农村共青团工作需要重点把握的关键问题

农村共青团工作涉及面很广，在组织青年、引导青年、服务青年、维护青少年合法权益的各个方面都有许多重要工作。对此，《共青团工作五年纲要》已经作了全面部署。在这里，我只强调三个关键问题。

1. 要以农村青年不甘于现状、敢闯敢试、渴望致富为根本动力，充分发挥他们在农村改革发展中的生力军作用。通过调研，我们有一个非常强烈的感受，就是当前尽管农村共青团工作面临着许多挑战，但是恰恰是在这个领域，我们最能够使农村青年通过团组织发挥生力军作用。一是由于农村青年普遍不甘于现状。在当前工业化、城镇化、信息化的进程中，广大农村青年突出感受到了城乡差距，内心自然就会产生渴望改变的愿望。二是由于农村的组织化程度比较低。基于这两个原因，农村青年就会努力去闯去试。在闯和试的过程中，就会逐渐意识到组织力量大于个人力量，从而产生组织起来干事业的要求，这就需要组织帮助。所以，在农村通过团组织带领广大农村青年发挥生力军作用，在逻辑上、技术路径上、经验上都是充分的，这是新时期农村共青团工作最重要的切入点。

2. 要深入研究和探索加强农村基层团组织建设和基层工作的有效载体和具体路径。做好新形势下团的工作，关键是加强基层组织建设和基层工作。各地团组织要坚持全团加强基层组织建设和基层工作电视电话会议上提出的9条原则和农村工作6条经验，深入推进农村共青团工作。这里，我再强调6条具体路径。

一是要注重探索党建带团建的新方法。党建带团建是非常重要的原则，我们要努力争取各级党委在制度安排、干部配备、工作指导上的带动。从团自身的角度，要注意在工作空间、工作内容上尽量与党建相融合，同时，各地团组织还要积极争取乡镇团委的集中换届，这是加强农村基层组织建设和基层工作的一个比较有效的办法，能够引起上级党委更大的重视，获得更大的支持。

二是要善于把农村青年内在的、客观的沟通方式作为组织载体。青年的联络方式是家乡的，我们就把家乡联络方式作为组织载体；青年是通过产业链聚集在一起的，我们就把产业链作为组织载体，等等。只要青年是通过某种方式聚集在一起的，就可以把这种方式作为载体。把握住这一条，就解决了组织载体和工作方向问题。

三是要进一步加强乡镇一级团的委员会建设。现在许多乡镇一级的团委书记，一周干团的工作不超过一天，身兼数职，电话打不起，对团的工作、对青年工作感情不深。由他们来做团的工作，基层团的工作肯定缺乏活力。要解决这个问题，有一个过渡的办法，就是切实把乡镇一级团的委员会认真组建起来，把优秀的村团支部书记和热心于共青团工作的青年能人吸纳进来，组成一个10人左右的乡镇团委会，由他们借助社会资源推动工作。

四是要切实把团的基层组织建设和基层工作结合起来。结合的方式有多种，以资源的吸纳和使用为例：团中央、省级和地市级团委在吸纳社会资源方面有优势，所以通过社会化动员方式来募集资源的工作要由这些团的领导机关来做；资源募集之后，要交给团县委来使用。同样，见习基地也好，基金也好，培训的资源也好，都应当用来加强基层建设，反过来又以建设促进工作。

五是要注重发挥青年能人的作用。这是一个战略性的前提。农村共青团很重要的一项工作，就是联络各种能人，找能人建组织，使能人成为团组织的成员。我们要善于运用组织的影响力，千方百计把那些看准的青年能人争取到团组织里来。

六是要注意发挥大学生村官的作用。党中央对大学生村官工作高度重视，中央领导同志多次作出重要批示。虽然我们不是牵头部门，但是要善于借助力量，做好几项工作。第一，要给大学生村官创造沟通交流的条件。不仅要有网上交流，更要有现实交流。第二，要借助他们推广知识、技能和文化。第三，要和当地的党组织合作，对大学生村官开展必要的培训。这个任务主要由乡镇团委来承担。大学生村官也不一定都兼团支部书记，能适合兼的就想办法让他兼，刚到村里还不熟悉情况的就不用兼。

现在，各地团组织在加强农村基层组织建设和基层工作中都有一些好的经验和做法，但仅有点上的经验是不够的，必须努力把点上的经验变成普遍性的规律。团中央书记处下了决心，每一批下基层蹲点工作的团干部回来，都要召开研讨会，一批一批地开，一定要把规律挖掘出来。比如，村企联建、乡企联建、村校联建等各种联建都是有效的方式，但为什么不能联建到更普遍的基层，联建的普遍规律是什么？比如，党建带团建具体怎么带，解决哪些具体路径？比如，如何既善于在专业合作组织中建团组织，又敢于用专业合作组织的方式来直接建团组织？比如，对外出务工青年的团建问题一定要破题，到底是由输出地负责建，还是由流入地负责建？这些都需要我们不断挖掘和提炼规律。总之，要努力实现胡锦涛总书记提出的"力争使团的基层组织网络覆盖全体青年，使团的各项工作和活动影响全体青年"的重要要求。

3. 要切实把促进青年就业创业作为当前农村共青团工作的重要任务。第一，农村团组织也要把促进青年就业创业作为工作的重中之重。第二，越是在农村基层，越要注意把青年不甘于现状的根本动力和青年创业、外出就业结合起来。第三，要善于把我们掌握的各种资源向就业、创业倾斜集中。团中央向人力资源和社会保障部争取到了20万农村青年的培训指标，还将联合科技部推出一些重要的合作项目，这些资源都要和农村团的工作结合。第四，团中央和省级、地市级团委要组织一些农村宣讲团，到各地开展针对性强的致富技能培训和创业典型宣传。典型一定要找那些和农村青年比较贴近的、可学的人。

三、当前要着力做好的几项工作

当前，受到金融危机的影响，农民工返乡

将迎来一个高峰。各级团组织要迅速行动起来,集中精力,迎难而上,做好促进返乡务工青年就业创业的有关准备工作。

1. 大力推进农村青年创业小额贷款项目。金融深化是金融制度创新的过程,对经济发展有着重要作用。解决我国就业问题,在金融深化领域有一个重要的切入点,就是小额贷款支持创业。当前,我们服务农村青年创业,主要是从小额贷款的担保方式上找切入点。最近,团中央和银监会出台了一个重要文件,在金融担保方式方面作出了制度创新,比如自然人担保、联保、互保、有经济组织的担保行为等。当然,只有制度创新和突破还不够,更重要的是要靠各级团组织有效的组织推动,善于把社会化动员和组织化动员结合起来。同时,要做好农村青年创业小额贷款的工作,各级团组织还必须充分发挥农村信用社的作用,抓住它们培养、挖掘未来成长型小企业,寻找未来优质客户的需求,充分调动和发挥它们在发放农村青年创业小额贷款方面的积极性。

2. 切实加强返乡青年农民工培训。共青团不能直接出台政策,为返乡青年农民工创造就业条件,也不可能直接提供就业岗位,我们服务返乡青年农民工就业的主要切入点应该是培训。我们要提一个目标:2009 年全团要为100 万返乡青年农民工提供培训。培训要达到3 个标准:一是培训要在三天以上;二是由团组织主导,可以借助各种力量共同开展;三是接受培训的返乡青年农民工必须是各级团组织特别是基层团组织联系的。这是最重要的标准。因为培训的过程就是基层组织网络覆盖青年的过程,就是共青团组织活动影响青年的过程,必须在这一过程中进一步密切共青团跟普通青年的关系,切实增强对广大青年的吸引和凝聚。这是本质环节,不能轻视和忽略。按照这三条标准完成100 万的指标是不轻松的,各级团组织要认真研究,特别是要落实好经费保障问题。培训工作春节后要正式启动,节前要做好相关准备工作。

在这里,我要强调一点,春节前各级团组织之间不允许进行任何形式的互相拜年活动,特别是不能以“汇报”工作为由到上级领导机关走访拜年。与上级团委班子的重要交流要安排在春节后,省级团委述职的时候,团中央会与大家非常坦诚地开展工作交流。我们一定要真正领会党中央对团干部的作风要求,从没有必要的应酬和迎来送往中解放出来,集中精力抓重点工作,抽出时间认真学习。

当前,培训工作时间紧、任务重,我们还没有做好相应的资源保障,目前工作的难点就在争取和分配资源。对于现有资源的分配,要坚持两条原则:一是目标原则,一是历史原则,并且还要结合各地团组织的主动性和战斗力综合考虑。同时,各级团组织特别是地市级以上领导机关,要积极筹措资源。

3. 尽快建立共青团“青年就业创业见习基地”。既要重视创业对就业的带动,也要看到必要的就业经验和技能的积累对创业的促进。据有关研究机构的调查,就业后再创业的人与直接创业的人之间的比例是129∶4,这也是我们搞见习基地的重要依据。全团要把就业创业见习基地作为一个统一品牌推动。征集基地这项工作只到地市一级,县一级不用开展。在建立基地中必须注意几个原则。一是要采取双赢的模式,包括满足企业扩张对劳动力的合理需求、对社会荣誉的追求等等,同时又不给企业造成过多的负担。我们之所以提出见习基地的培训期是两到三个月,就是考虑到时间太长会浪费很多资源,把实习者也耽误了。二是要遵循广泛性和务实的原则。不贪大求全,10 人以上就可以授予见习基地的牌子;对于基地可以提供的岗位和工种设计,我们要做深入研究,要有一定的技术和技能含量。三是要注意把工作活动和组织建设紧密结合,扩大团的影响。为了让更多的同志熟悉企业的用工关系、劳动关系和青年的就业经验对创业的重要作用，我们将通过详细文件和标准的合约文本来指导各地建设基地。这些基地，重点要针对有创业意向的青年以及经济困难、就业有困难的青年。

4. 建立由共青团主导的长期性、制度化的培训基地。这种培训基地必须是共青团主导的，不是挂个牌子就行的。考虑到这项任务本身的难度以及时间的紧迫，我们今年不作硬性要求。农村当前最硬性的要求就是全力以赴推小额贷款，全力以赴开展培训。团中央将与团省委研究，组织一些专家、青年致富带头人和返乡创业带头人，帮助县、乡团组织在科技致富上做一些促进工作。我们还将与科技部继续沟通，争取技术培训方面的资源支持。

同志们，今年农村共青团工作任务艰巨，困难很多，希望农村战线的同志继续发扬好的传统，敢于迎着困难上，创造性地开展工作。我们既要清醒正视存在的问题和困难，更要坚定信心。这种信心来自四个方面：一是团的事业在党的事业格局中的重要位置；二是党中央书记处、中央领导同志对我们的工作要求非常明确，对我们的工作方向充分肯定；三是全团蕴藏着巨大的创造活力；四是广大团干部对团的事业非常热爱，有着强烈的敬业精神和工作激情。因此，团中央书记处认为，只要全团目标一致、互相支持、脚踏实地、持之以恒地按照既定的工作方向前进，农村共青团的工作一定会不断实现新的突破、取得新的成绩！

陆昊在2009年全国城市战线共青团工作会议上的讲话

2009年1月15日

同志们：

今天，我们在这里召开全国城市战线共青团工作会议，是为了深入贯彻落实党的十七届三中全会和中央经济工作会议精神，深入贯彻团的十六届二中全会精神，分析研究当前城市共青团工作面临的新情况新问题，理清做好新形势下城市共青团工作的思路，安排和部署今年和今后一个时期城市共青团工作，推动城市共青团工作实现新发展。

城市共青团工作指导体系调整以来，城市战线各级团组织按照团中央的要求，坚持区域化整体推进，强化社区在城市共青团工作中的基础地位，认真梳理和整合各项工作品牌，初步实现了从各自为战的青工工作、社区工作、志愿者工作向整体推进的城市共青团工作的转型，取得了明显成效。特别是团的十六大以来，紧紧围绕团中央书记处的各项重点工作部署，在掌握城市不同领域青年的思想状况、加强城市社区和企业基层团的组织建设、促进青年就业创业等方面做了大量工作，为共青团事业发展作出了积极贡献。

在这次会上，军科同志将就下一步城市战线团的工作做出具体部署和安排。这里，我结合近期思考讲几点意见，和大家一起交流探讨。

一、深刻领会党中央要求和全团工作的总体布局

胡锦涛总书记去年6月14日的重要讲话，对在新形势下推动共青团事业实现新发展提出了一系列重要要求，特别强调共青团要“进一步提高组织青年、引导青年、服务青年、维护青少年合法权益的能力和水平”，要“大力加强自身建设，坚持眼睛向下、重心下移，力争

使团的基层组织网络覆盖全体青年，使团的各项工作和活动影响全体青年”。这些重要思想，既有很强的理论指导性，又有很强的现实针对性；既体现了党对共青团工作的一贯要求，又体现了对共青团应对新挑战、克服薄弱环节的新要求。团十六大以来，全团深刻领会胡锦涛总书记重要讲话精神，认真开展调查研究，深入思考和推进工作。去年年底，我们召开了团十六届二中全会，审议通过了《共青团工作五年纲要(2009—2013)》。这个纲要是对共青团工作中的根本性问题和主要矛盾进行深入调研与思考后形成的，对一些问题的认识在团十六大报告的基础上有了进一步的深化，对未来五年共青团工作进行了总体部署。

党中央的要求和团十六届二中全会精神，是我们召开这次城市战线工作会议的基本背景，做好今后城市共青团工作要努力在党的事业大局和团的总体部署中找准位置，明确方向。我们必须避免总体思路与具体落实之间“两张皮”的现象，努力找到战线工作与全团总体部署之间方向一致、科学合理的结合路径。在团十六届二中全会分组讨论过程中，我们发现在部分同志当中，仍然存在一些片面的或者是不全面的认识，因此，全团必须在一些重要问题上进一步统一和深化认识。

1. 要在党的事业大局中把握好团的组织功能和组织活力的根本标志。共青团的组织功能、组织活力的根本标志，一是与青年的关系，二是在青年中真正的影响力。进一步说，一是与广大青年的关系，二是在广大青年中真正的影响力。这里有着重要的量变质变关系，“量”不够，就达不到“质”的要求。在判断组织功能和组织活力的过程中，认识上最容易出现一个问题，就是把青年、极少数青年、少数青年和广大青年混为一谈，这种对工作对象认识上的不到位，会使我们对共青团组织功能和组织活力的状况产生不正确的判断。

2. 要履行胡锦涛总书记提出的四项职能，当前最重要的是组织青年。四项职能不是简单并列的，是一个既有逻辑前提、又紧密联系的体系，组织青年是重要任务也是重要前提，与服务青年、维护青年权益相互促进，以此为基础来实现引导青年的根本任务，使广大青年坚定走中国特色社会主义道路的信念。引导青年是要有基础的，不是任何一个组织都能必然引导青年的。共青团组织只有具备广泛覆盖的组织网络、较强的组织活力和吸引力、影响力，才能实现通过共青团组织对青年的有效引导。

3. 要把握好组织青年与组织青年作贡献的关系。青年在社会生活中贡献力量，与共青团把青年组织起来发挥作用、贡献力量之间，有联系，但不完全一致，不能简单把青年发挥作用都等同于共青团组织带领青年发挥作用。同时，共青团只组织少数青年作贡献与组织广大青年作贡献也不一样，其中也有量变和质变的关系，如果“量”达不到一定程度，就不能简单地认为青年的贡献是在共青团的组织下作出的。在组织青年方面，目前的挑战和主要矛盾不是怎么作贡献的问题，而是怎么组织的问题，只要能够把青年广泛有效地组织动员起来，我们就能够带领青年为党和国家工作大局作出积极贡献。

4. 要善于把组织化动员方式与社会化动员方式结合起来。这两种动员方式的结合，表现出来，一是团的工作、活动与组织建设的结合，二是团的组织网络覆盖与团在青年中影响力的结合，三是把青年组织起来和组织起来作贡献的结合，四是履行好四项职能的结合。因为这两种动员方式的结合，既包含着通过组织网络与广大青年的联系，也包含着通过组织的某一个层级与某些特定青年之间的联系；既体现了与广大青年的联系方式，也体现着对广大青年的影响渠道，因为影响既可以通过组织网络实现，又可以通过特定工作和活动对特定青年群体实现；既体现着对青年的组织方式，也体现着对青年组织起来以后开展工作活动和作贡献的方式。比如,志愿服务要么是为了扶危济困,要么是为了敬老爱幼,要么是为了公益事业,要么是为了服务西部农村,要么是为了抗震救灾,要么是为了服务奥运会或者下一步的世博会,等等,但志愿者既可以通过组织体系层层招募,也可以通过社会化方式招募。

在社会化动员方面,当前我们要坚持和深化好品牌,还要注意把好品牌、好活动从技术路径上与共青团组织联系在一起,才能实现胡锦涛总书记提出的"力争使团的工作和活动影响全体青年"的目标。如果忽略了品牌活动和团组织本身的关系,久而久之就会使我们的影响力下降。我们可以考虑以适当的方式在希望工程、中青旅等事业中加上"共青团"的因素和标识,努力使所有团的好活动、好品牌都在提高共青团组织的影响力中发挥作用,否则多少代团干部努力积累下来的信誉和影响就会不知不觉地减弱甚至丢掉。

在组织化动员方面,我们要看到这是当前面临的更为根本的挑战,也是我们最为薄弱的环节。自团十一大以来,每次团代会讲组织建设都用了很重的笔墨。现在,基层的组织覆盖和工作活力仍然很不乐观,不是我们放松了,而是挑战更大了。我们必须看清楚挑战在哪里。社会在变革,社会政治化程度在变化,我们作为一个思想性、政治性很强的组织,对青年的吸引和凝聚自然会受到影响。现在各地基层有很多好创造,但同样必须高度重视基层工作创造与基层团组织建设联系的技术路径,否则这些好创造也不必然就会形成大的影响力。

5.要把加强基层组织建设和基层活动作为工作突破口。从共青团作为执政党的青年组织、与党的事业有着本质联系的角度,从团的组织功能和组织活力根本标志的角度,从四项职能实现前提和"两个全体青年"目标任务的角度,从真正广泛有效地把广大青年组织动员起来作贡献的实现前提的角度,从两种动员方式相结合、克服组织化动员薄弱问题的角度,从团与广大青年最普遍联系的路径、载体、渠道和边界关系的角度,我们当前必须把加强团的基层组织建设和增强基层工作活力作为工作突破口。我们从来没有理想化地认为这项工作一抓就灵,也从不认为这个根本目标可以放弃,同时我们始终坚定地认为,只要全团有充分的共识和有力度的行动,局面就会逐步改善。

特别要注意的是,从上述六个角度来看,我们加强基层组织建设和基层工作并不等同于行政工作中的"抓基层、打基础",而是关系组织功能和组织活力的问题,是团与广大青年比较稳定的联系路径的问题。我们要认识到,搞活动、社会化动员可以联系青年,但是这不够,要联系更广大的青年还要靠团的基层组织和基层工作,因为广大青年与共青团保持联系的路径、载体、渠道、边界在基层。现在全团在这项工作的认识上基本没有分歧,有反映的是认为这项工作比较难,这是正常的。是难,但它是根本,就需要我们迎着困难上,下最大决心、尽最大努力。

6.要进一步深化对促进就业创业工作的认识。服务青年是共青团的重要职能,全团要选一个普遍性的、带有共性的问题作为切入点,切实提高服务青年的能力和水平。我国是人口大国、是劳动力大国,无论经济形势如何变化,无论有无金融危机,就业问题始终是一个长期性战略课题,也始终是青年最普遍、最迫切的需求。因此,从共青团履行服务青年职能的普遍性角度考虑,从就业问题是我国青年的一个长期性战略课题的角度考虑,从党政关心、社会关注、青年关切的结合点考虑,从全团所具备的社会化动员能力的角度考虑,从全团已经具有很好的工作探索和工作积累角度考虑,从共青团工作融入市场经济主战场的合理适度切入点的角度考虑,共青团当前必须把促进青年就业创业作为重中之重,高举促进青年就业创业的旗帜不动摇。

需要注意的是,我们促进青年就业创业,不是大包大揽,我们从来没有一厢情愿地认为仅靠团的力量就可以解决所有青年的就业问题。促进就业创业总体上还是一个经济问题,政府承担着降低失业率的主要职责,共青团主要是尽最大努力为党政分忧、为青年解难。我们要遵循市场规律,对商业模式进行巧妙设计,兼顾就业创业双方的利益。我们要重点关注大学生和青年农民工两个群体的就业工作。

总之,对于上述这些重要问题,全团现在已有共识,但是还需要更好地深化、更好地统一,这样才能变成一种自觉,变成一种意识,这样工作才会更加主动。如果没有想透,就不会成为一种自觉,就不会迸发出解决问题的方法。

二、准确把握城市战线共青团工作面临的形势和任务

城市战线的共青团工作,可以用三句话来概括,那就是责任大、挑战多、任务重。

责任大,主要是因为城市聚集了青年的绝大多数,在实现团的总体功能和"两个全体青年"的目标中,自然要承担较重的责任。截至2007年底,我国的城市化率已经达到44.9%,如果考虑到还有1亿左右的青年农民在城里务工,还有大量的农村大学生在城市里学习,那么估计在城市居住的青年占全国青年总数的60%以上。从团员的情况来看,我们估计,职业青年中的团员在城市占大多数。面对这么庞大的服务对象,城市战线的同志们应该感受到肩上的担子是沉甸甸的。

挑战多,是因为城市是我们国家经济社会发展最活跃的领域,共青团面临的新挑战新问题都会在城市战线集中反映,都需要城市战线直接面对。概括来看,城市战线面临的挑战有两大方面。一是城市团的组织网络还不适应青年分布的变化,大量青年游离在团组织之外。应该说,共青团对机关事业单位、国有企业等领域团员青年的覆盖是普遍的,但对大量"两新"组织的从业青年和许多从事个体经营青年来说,仍然有大量空白。二是青年群体日益分化,需求日益多样,城市团组织在吸引、凝聚、服务、影响青年上能力欠缺。与30年前一个青工的概念就可以覆盖所有城市职业青年的情况相比,现在城市中的青年可谓多种多样。从事不同工作的青年在所思所想上是不一样的,即便是从事同一职业,处于不同的状态,他们的所需所求也有明显的差异。与青年多样化的需求相比,我们在引导服务青年上明显力不从心。一方面,社会各方面都在面向青年开展工作,政府强调公共管理和社会服务,市场机制满足了青年人的很多利益,社会组织服务了青年的很多兴趣;另一方面,我们团组织特别是基层团组织却面临着阵地和经费严重不足、整合社会力量的能力有限等问题,这使团组织对青年的吸引力和凝聚力大为削弱。

重要的责任、严峻的形势,赋予了城市战线繁重的任务。各级团组织要认真思考吸引青年的路径问题,深入分析城市青年和过去相比发生的新变化,在研究把握城市青年工作、学习、生活方式的基础上找准工作切入点。要牢牢把握总书记提出的明确要求,着眼于覆盖全体青年,采取更加灵活的措施,健全团的组织网络和体系,重点把加强基层组织建设和基层活动作为工作突破口,广泛有效地把青年特别是游离在团组织之外的青年覆盖起来;着眼于影响全体青年,要把青年中带有普遍性、共性的问题作为切入点,把组织化动员方式与社会化动员方式结合起来,把握好组织青年与组织青年作贡献的关系,在全团合力推动工作中提高组织、引导、服务青年和维护青少年合法权益的能力,真正实现对青年本质意义上的吸引和凝聚。

三、切实加强城市团的基层组织建设和基层工作

城市团组织主要分布在企业、社区和机关

事业单位等几个领域，下面，我分别就这几个领域团的基层组织建设和工作谈一些意见。

（一）关于企业团组织建设和工作

企业是共青团的传统工作领域，做好企业共青团工作意义重大。改革开放以来，随着经济体制改革和现代企业制度的不断深化，企业的所有制形式、管理体制和经营机制发生了深刻变化，企业团组织的存在形态、工作模式和发挥作用的路径发生了较大调整，面临着许多新的问题和挑战。国有企业团的工作基础较好，但随着企业改革的不断深化，存在团组织机构被撤销或合并、专职团干部数量锐减、团的工作缺乏活力的现象。非公有制企业迅猛发展，量多面广，但团的组织建设落后于党组织建设的步伐，存在组织设置不健全、工作力量较弱、流动团员的教育管理有待加强等突出问题。我们要认真分析、准确把握企业共青团工作面临的问题和挑战，把企业共青团工作放到当前经济社会发展的大背景去思考，放到企业改革发展的过程中去谋划，放到企业青工的新变化下来部署，推动团的组织建设和各项工作实现新发展。

1. 要以服务企业生产经营为前提，找准服务企业与服务青年的结合点。这是由企业组织的性质以及市场经济发展的基本要求决定的。企业是典型的经济组织，企业的效益直接决定着企业的生存发展和青年职工利益的实现。因此，一定要把服务企业生产经营作为前提，引导青年职工努力工作，帮助企业创效益。在这个问题上，企业团组织有很多切入点，比如开展青年岗位能手、青年文明号活动，帮助职工提高技能、培育职业精神；比如开展文化活动，帮助企业增强凝聚力。去年7月份，我在江西、湖南考察时发现，许多企业在这些方面有很多好的做法。企业共青团工作要着眼于企业是纯经济组织的特点，围绕企业生存发展的根本任务，以服务企业青年成长进而为企业发展作出更大贡献为突破口，创造性地开展工作，要善于在青年中倡导适应企业在激烈竞争中生存发展的新观念，特别是与企业激励约束机制、用人机制、决策和决策的执行机制相适应的思想观念，帮助青年提高技能，提升岗位价值，做到服务企业与服务青年相结合。要致力于培养企业青年人的职业意识。

2. 结合企业特点，大力开展思想性活动、技能性活动，开展好文体娱乐活动。企业中团的工作，首要的是思想工作。在这方面，企业团组织有非常重要的工作空间。比如，在国有企业，要引导广大青年树立竞争观念，树立一切为了客户需求的观念，帮助广大青年适应市场机制、适应严格的管理。在民营企业，要重点解决适应家族式管理的问题，着力形成强大的凝聚力。在合资企业，要特别了解母公司的文化跟所在地企业文化之间的差异，帮助企业青年提高适应能力。技能性的工作，是青年欢迎的，也是企业需要的。团组织开展技能性工作，要服从思想性的要求，要找企业中具有普遍性的技能需求。在这方面，我们可以从市场推广、市场开发、保障产品质量、开发新产品等多方面入手，选准切入点，广泛开展培训、竞赛、技能鉴定等活动。强调思想性、技能性活动，并不是否定娱乐性活动。团组织开展一些娱乐活动，活跃职工的业余文化生活，也是必要的，但要注意不能靠娱乐性活动替代思想性、技能性工作，特别要注意结合自己企业的特点开展好娱乐性活动。

3. 企业团的组织制度设计和专兼职干部配备要有利于企业团委掌握生产经营的重要情况，同时又能够善于动员、借助企业内部各种资源。我去一个民营企业调研，发现一个团支部设了三个生产委员，这是很好的创造，为什么？因为青年人都在生产车间里，一个车间就有一个重要的团组织，所以一个团支部里有组织委员，还要有三个生产委员。在湖南株洲动力厂，团组织有一个很好的设计，团委书记专职，兼职的副书记在企业的生产、经营等主要岗位上。这既能够解决企业团工作力量不足的问题，又能够使企业团组织围绕生产经营开展工作，从机制上保证了企业团组织能及时了解企业生产经营的重点和难点，有针对性地开展工作。

4. 要分析市场经济条件下各类经济组织的经济活动和商业模式的新变化，在高度集中的产业链条上寻找企业共青团工作的切入点。随着市场经济的深化，各类经济组织在运行机制和模式上有许多新的特点，基层团组织建设和基层工作能够从中找到许多新的切入点。比如，在一些大型制造企业，可以以组装厂的团建为着力点，带动各零配件厂的团建；在一些大型物业公司负责社区公共管理的情况下，可以依托公司推进社区团建；在一些连锁企业中，可以抓住母公司的团的建设，带动各子公司的团建。许多地区往往都会形成比较集中的产业链，大家要给予高度关注并努力寻找工作切入点，做好服务中心与服务青年相结合的文章。

5. 根据青年喜欢的沟通、交流、联络和聚集的新方式，大胆探索和创新企业团组织建设的有效载体和途径。在企业中，青年职工是比较活跃的群体，易于接受新事物，对社会时尚有较高的接受度。我们要适应青年的新变化，以走进青年为根本，找到最受青年欢迎的沟通、交流、联络和聚集方式，大胆推动团建创新和工作创新。一是要善于运用互联网来创新基层团组织建设和基层工作，充分发挥即时通讯工具、博客、播客、电子杂志等工具的作用，通过网络凝聚青年、覆盖青年。二是要充分借鉴自组织的运行方式和成功经验，在团组织中营造宽松、自由、参与、自主的氛围。在条件成熟的自组织中建立团组织。三是在进城务工青年、流动青年比较集中的地方，要积极探索流动建团、联合建团等新方式，鼓励企业青年之间加强交流，取长补短，互通有无。

6. 要把解决青年职工思想问题放在首位，善于把党团组织的政治主张转化为青年职工易于接受的工作理念。企业青年职工的思想工作一定要结合企业实际，注重转化为符合岗位特点的理念。比如，讲职业精神，就比讲奉献精神更易于接受；在高危岗位讲安全生产，就比讲守纪律更易于接受；对国有企业，要引导青年职工适应国企改革趋势和新的竞争机制，转变观念；对民营企业，要增强企业的凝聚力、向心力；对外资企业，要着重把海外母公司的文化与所在地企业的文化相结合。

7. 要关注企业生产经营和职工成长发展中的“小事”。团的工作有时需要轰轰烈烈，但更重要的是扎实有效。我们要善于抓一些具有共性的“小事”，这些“小事”实际上很管事。要从“小事”做起，在“小事”上花心思、做文章，使所有“大事”都体现在“小事”上。只要深入细致、长期坚持，就能增强青年职工对团组织的认同感和归属感。

8. 要面向普通青年，努力帮助青年职工解决成长发展中遇到的实际困难和问题。企业的青年工作，不仅要关注“高端青年”，更要把目光投向最广大的普通青年职工，通过建立技工协会、加强技能培训、帮扶困难家庭等多种方式，促进青年职工的成长发展。

9. 把团的有影响力的工作和活动与团的建设结合起来，善于把工作成效转化为组织建设成果。加强基层团组织建设和基层工作的最终目标，是吸引凝聚青年，是要把青年最广泛地团结起来跟党走，为实现中华民族伟大复兴而奋斗。所以，要努力把团的有影响力的工作和活动与团的建设结合起来、共同推进，这就要求我们的活动要实，活动要往下放。比如，许多团干部反映，在“两新”组织中建团有一定难度，可以考虑先在其中开展青年岗位能手、青年文明号等活动，先用活动来吸引和影响一部分青年，条件成熟的时候再建立团组织。

做好企业团的组织建设和工作，需要充分

尊重企业的创造力,鼓励各企业积极探索、大胆创新。企业团组织和团干部最直接接触青年的变化,最直接感受经济社会的变革带来的挑战。团的领导机关要鼓励企业团组织和团干部摆脱思想束缚,不断探索,只要是有利于把最大多数青年吸引和凝聚起来的探索,团的领导机关都要认真总结和推广,把企业的创造转化为全团的智慧和行动。

(二)关于社区团组织建设和工作

社区的重要性大家都有一定的共识。但是,目前社区团的工作总体上看还处于探索阶段,我们在社区的组织设置、人员配备等方面都很薄弱。社区团的建设和工作还是个比较新的课题,需要我们集中全团智慧来破解。

1. 要争取党建带动。近年来,党建工作在社区的突破力度比较大、成果比较多,探索了党建工作协调委员会、社区工作站等新方式,我们要注重借助这些新格局和新成果,注意社区基层党、政组织与团组织的制度安排、团干部配备,争取党组织的指导、支持和推动,探索团建的新载体、新途径。

2. 要把握好社区的根本任务和功能,注意围绕社区安全性、便利性、健康性、娱乐性、互助性等功能开展工作。社区是若干类别的社会组织和居民居住空间的组合。社区里可能有机关,有学校,有企业,各自履行着自己的职能,但也是居民居住的空间,其基本的目标就是和谐。要实现和谐,从居住功能角度,就要解决便利性、安全性、健康性、娱乐性、互助性等问题。社区团的建设和工作,要围绕这一属性研究把握切入点。同时,要把社区团的工作放在对区域内最普通青年的关注上,针对他们的兴趣需求和合理诉求创造性地开展工作。基层团组织创造性地开展了很多活动,很多经验值得认真总结和提炼。比如,江西赣州市社区青少年工作的“114 模式”、南昌市西湖区团委“地校共建”实践活动、南昌市东湖区团委“东青在线”网络凝聚青年等创新活动就是有益实践,这些成功经验的背后,都体现着基层团干部对工作全身心的投入和对普通青年的关注。

3. 要探索社区内团组织的联建。团组织不能脱离于社会生活之外,要围绕区域内重要的经济和社会活动载体,主动去建立团组织。团的覆盖不怕重复,就怕覆盖不到。一是要发挥社区青年工作协调机制的作用。可以由街道团组织把社区内的企业、机关、学校等团组织都纳入进来,建立青年工作协调委员会,推进社区内不同类别组织之间进行团组织联建。二是要针对青年在楼宇、市场、商业区等分布集中的情况进行联建。团杭州市下城区委、团宁波市海曙区委围绕特色商业街区、楼宇、区域内最有示范性和战略性的企业建立基层团组织,这种通过楼宇建团以及片区建团的形式很好。

4. 结合青少年社会工作者、志愿者工作机制,探索社区团的工作。在社区开展团的工作,关键是要有人、有队伍。短期来看,在社区中健全专职团干部队伍是不现实的。我们要考虑充分发挥青少年社会工作者、青年志愿者的作用。要把他们的热情、精神和专长、服务时间有机结合,通过社区团组织制度化和组织化的安排转化为长效服务机制。

5. 要依托各类青年社团建立团的组织。社区往往聚集着各类青年社团组织,通过参与组织开展社团的青年活动,逐步在青年社团中建立起团的组织,是一种以共青团为核心,吸引、凝聚青年的好方式,很有创造性。我在浙江调研,发现当地团组织有很多好的创造。比如,黄龙国际商务区是杭州的一个新兴楼宇商务区,云集了世贸中心、黄龙世纪广场、嘉华国际、公元大厦等众多的综合性商务楼宇,其中规模以上企业就有 400 余家,工作在其中的年轻人根据各自的兴趣爱好形成了“羽”众不同、篮板一族、“爱心加速”等青年社团。团西湖区委对各类青年社团加以整合、归并,组建成一个在团区委指导下的新型的青年社团联盟,开展职业心理辅导、职业技能提高、青年沟通技巧交流等活动,把大批青年吸引在团组织周围。我们可以先帮助青年成立交流性组织,再在交流性组织中探索成立团组织。

6. 要关注政府部分青少年社会事务的转移。现在,政府一部分公共服务的职能交给社会组织来承担。共青团是政治性、群众性和政府青少年社会事务相结合的组织,有条件的社区团组织要积极承接政府职能的转移。比如,预防青少年违法犯罪工作,基础在社区。这方面的事务共青团要承担下来。在这方面,各地已经有了很多好的探索。比如,团上海市委采用政府购买服务的方式,运用社会化的管理思路和运作手段,通过对各区县预防办、团区县委的工作指导和购买阳光中心等社团的相关专业服务,承担全市预防社区青少年违法犯罪以及社区青少年维权和保护等工作,取得了很好的成效。

(三)关于机关事业单位团组织建设和工作

机关共青团工作包括各级党政机关、人民团体及所属事业单位团的工作。机关是政治、经济和文化发展的枢纽,担负着制定政策、指导服务基层工作、维护经济运行秩序、促进经济社会发展的重要职责。机关青年是机关运转和建设的骨干,他们政治素质高、知识层次高、综合素质高,而且在机关工作人员中,团员青年占很大比例。据不完全统计,截至2007年底,党政机关和社会团体的团员数将近300万,而机关的青年数要远比团员数量大,他们在许多岗位上发挥着重要的作用。做好机关事业单位中的共青团工作,各地都有很好的探索。这里强调两点。

1. 要把握每一个机关事业单位的根本任务和功能,着力提高机关事业单位中青年的学习能力、文字表述能力、组织协调能力和调查研究的基本功。机关一般的任务、功能是决策和支持决策,核心工作是出政策、出工作方案、发文件。事业单位要具体看一个单位的性质,企业化的事业单位和社会公益性的事业单位,在根本功能和任务上是有显著区别的。对在机关事业单位工作的青年来说,从工作需要出发,最迫切的是要提高学习能力、文字表述能力、组织协调能力和调查研究的基本功。在学习上,目前机关事业单位青年存在的最大问题是学什么。学习不能漫无目的,也不能完全从兴趣出发,只有和工作结合起来,让学习和工作相互促进,才是机关事业单位团组织要努力引导的方向。文字表达能力、组织协调能力、调查研究的能力也是出于同样的考虑。机关事业单位团组织要着眼于此,认真研究青年干部的成长规律,大力开展能力培训、竞赛活动,加强对青年人才的培养。

2. 要结合实际情况加强工作制度设计,面向广大青年开展工作。1998年机构改革后,机关事业单位都发生了较大的变化。其中一个重要的方面是机关团青比例逐渐下降。由于编制的限制和公务员录用政策的调整,新进机关工作的人员已不限于应届高校毕业生,机关干部中,青年人数上升,团员人数却逐渐下降,团青比例发生了较大变化,机关的团员多数分布在直属的企事业单位,部分单位甚至出现了没有团员的现象。应对这种情况,我们要坚持"党建带团建",把机关团的建设纳入党组织建设的总体规划,根据党组织设置方式的调整及时调整团组织的布局。要注重制度上的创新,针对不少机关存在着"青年多、团员少"的现象,探索和推进建立青年工作领导小组、青年工作部、青年工作委员会、青年读书会等新的青年组织形式,创新团的组织设置,延伸团组织工作手臂,有效加强和活跃机关青年工作。

四、全力做好促进青年就业创业的各项工作

目前,青年关心的最紧迫问题,就是就业创业问题。团的十六届二中全会明确提出,全团要举起促进青年就业创业的旗帜，把促进青年就业创业作为服务青年的重中之重。城市是青年就业创业的主战场，就业岗位基本上都是由城市提供的，就业压力也主要集中在城市。今年，青年的就业压力持续增大，全国有1300万城镇新增劳动力，800万下岗失业人员中青年也占相当比例，进城农民工的主体是青年。尽管今年预计能够实现城镇新增就业900万人，仍有较大的岗位缺口。城市战线各级团组织要按照全团的总体部署，调动一切可以调动的资源，在全团促进青年就业创业中发挥好主要作用。做好这项工作，要把握好以下几个方面。

1. 坚持服务就业与促进创业相结合。创业具有就业倍增效应，崇尚创业是新时期青年的突出特点，我们要创造条件，引导青年积极投身创业的实践，以此为基础带动更多的青年就业。同时也要看到，创业也需要就业经验、技能的积累。在推动青年就业创业中，要把服务就业与促进创业有机结合起来，在技术路径上考虑建立就业、创业间的动态转换机制，既要高度重视创业对就业的带动作用，又要重视就业技能对创业的影响。比如，现在我们设计的共青团"青年就业创业见习基地"项目就是为青年提供与专业、能力相匹配的见习岗位，引导他们参与岗位锻炼，为未来创业积累经验。

2. 坚持借助政府力量与运用市场机制相结合。就业创业是政府的重要职能。共青团做好青年就业创业工作，必须善于在政府工作格局中找准切入点。要注重发挥共青团政治地位特殊、组织体系健全、联系青年密切等方面的优势，加强与有关政府部门的联系与合作，推动出台鼓励青年就业创业的政策，想方设法帮助青年就业创业。比如，人力资源和社会保障部、财政部等部门即将出台系统性促进就业政策，从开发公共服务岗位等方面对就业创业工作进行整体部署。我们要考虑的是，共青团在其中能找到怎样的切入点，能否从开发社区青少年事务岗位的角度来协助政府做好工作。同时，我们也要看到，就业创业问题最终要通过市场来解决，团干部要切实增强运用市场机制的意识和能力。比如，在实施青年创业小额贷款项目中，要充分考虑银行的利益，研究解决小额贷款的担保方式创新和解决风险控制等问题；再比如，在与市场主体合作时，要善于从商业模式中找到共青团与社会力量的结合点，充分考虑把荣誉感、责任感与尊重其合理经济利益结合起来，建立起与各类市场主体在促进青年就业创业方面的稳固合作关系。

3. 坚持组织化动员与社会化动员相结合。组织化动员是共青团的最根本动员方式，社会化动员是共青团的重要优势。目前，我们团组织开展的很多活动，是以社会化的方式向社会、向青年推出的，效果很好。但是调研发现，很多活动有较大的社会影响，但是主办活动的团组织却无人知晓。甚至有的青年乐于参加我们的活动，但是对团组织却在心理上有排斥。这种现象是我们不愿意看到的。究其原因，是在开展活动过程中，我们没有把活动和建设结合起来，没有把社会化动员与组织化动员结合起来。开展服务青年就业创业工作，要注意避免工作和建设相脱节的问题，既要探索组织化动员的新途径，又要探索社会化动员的新方式，并把两者有机地结合起来，相互促进。我们要求，团中央和省级团委要建立"青年就业创业基金"，主要是考虑团中央、团省委在社会化动员能力上要强于市、县团组织，因此把募集资金的任务主要交给这两级。基金的使用，要交给市、县及以下的团组织，这主要是考虑到基层团组织直接接触青年，在掌握青年需求、听取青年意见、服务青年就业创业上具有优势，希望基层团组织以组织化的方式把基金用好，同时增强基层团组织的活力，更好地吸引和凝聚青年。

4. 坚持发挥典型示范作用与让青年普遍受益相结合。榜样的示范经验激励人成长，成功创业者的经历永远是追求创业梦想的青年津津乐道的话题。共青团组织引导青年，发挥典型示范作用要触及人的心灵，真实格外重要，一定要注意把那些可敬、可亲、可学的典型选出来。最近，团中央正在与人力资源和社会保障部联合开展第五届"中国青年创业奖"的评选。这次评选注重创业过程，把那些白手起家、创业维艰的典型选择出来，可能他们的企业还不大，但是他们的事迹可以激励人，他们的成绩是普通青年通过努力也可以达到的。这样就可以带动更多的青年走向创业之路，实现创业梦想。在示范引导的同时，我们设计和推动工作都要认真考虑普遍性原则。我们实施的青年创业小额贷款性项目，贷出500万给一个人与用每笔5万元的贷款分别给100位青年，我认为后者更有意义，因为它更有普遍性，可以覆盖和帮助到更多的青年，让他们感受到团组织的服务。城市团组织影响服务广大青年，就要从众多领域中找出全团最好的促进就业创业工作的切入点，鼓励有就业创业意愿的青年到基层积累，磨炼意志，积累经验。

这里我要着重强调一下共青团"青年就业创业见习基地"建设的问题。做好这项工作，企业团组织要发挥重要作用。希望各位企业团干部把思想统一到团的十六届二中全会和团中央书记处的有关部署上来，站在维护社会稳定、履行社会责任的高度，把建立基地作为当前的一项重点工作抓紧抓实。一是要迅速行动起来。要按照团中央制定的方案和下发的通知要求，积极争取企业负责人和人力资源等有关部门的支持，拿出符合青年见习条件的岗位，建立起规范、有效的青年就业创业见习基地。二是要保证运转良好。企业团组织要和驻地团委或高校团委对接好，努力使见习青年的专业背景和见习岗位相吻合，并尽可能为见习青年提供学习、生活必需的基本条件，确保见习青年能够学有所获。三是要发挥好示范带动作用。在座的各位企业团委书记都是本地区、本行业骨干企业的团委负责人，都是精心挑选出来参加本次会议的，要带头建立好基地，形成良好的导向。

省、市、区级团委在"青年就业创业见习基地"工作中要明确分工，相互配合。建立基地的工作主要是由团中央、团省委和团市委完成的，这个任务不要下派给区级团委，更不能放到基层。团中央、团省委要做好统筹协调、政策把关、制度保障和舆论宣传等工作，市、区团委在实现人员对接、岗位对接上要承担更重的责任。在建立过程中各级团组织要注意几个原则。一是要采取双赢的模式，包括满足企业扩张对劳动力的合理需求、对社会荣誉的追求等等，同时又不给企业造成过多的负担。我们之所以提出见习基地的培训期是两到三个月，就是考虑到时间太长会浪费很多资源，把见习者也耽误了。二是要遵循广泛性和具体性的原则。不贪大求全，10人以上就可以授牌；对于基地可以提供的岗位和工种设计，我们要做深入研究，要有所选择，要有一定的技术技能含量，要对青年的未来就业创业有利。三是要注意把工作活动和组织建设紧密结合，扩大团的影响。为了让更多的同志熟悉企业的用工关系、劳动关系和青年的就业经验对创业的重要作用，我们将通过详细文件和标准的合约文本来指导各地建设基地。这些基地，重点要针对有创业意向的青年以及经济困难、就业有困难的青年。

今年城市共青团工作任务艰巨，挑战很多。希望城市战线的同志们求真务实、吃苦耐劳、勇挑重担，敢于迎着困难上，创造性地开展工作。我们既要头脑清醒，正视存在的问题和困难，更要坚定信心。这种信心来自四个方面：一是团的事业在党的事业格局中的重要位置；二是党中央书记处、中央领导同志对我们的工作要求非常明确，对我们的工作方向充分肯定；三是全团蕴藏着巨大的创造活力；四是广大团干部对团的事业非常热爱，有着强烈的敬业精神和工作激情。

同志们，团中央书记处相信，只要各级团组织目标一致、互相支持、脚踏实地、持之以恒地按照既定方向前进，城市战线一定能够肩负起全团赋予的光荣任务，城市共青团的工作一定会实现新的突破、取得新的成绩！

陆昊在团中央机关2008年度总结表彰大会上的讲话

2009年1月16日，根据录音整理

同志们：

今天，我们按照机关过去工作的惯例，在这里召开团中央机关2008年度总结表彰大会。刚才军科同志代表书记处作了很好的讲话，我完全赞同。2008年在中国的发展历程中是很不平凡的一年，在我们团的发展历程中也有着重要的意义。团中央机关的全体同志在2008年的工作中付出了艰苦的努力，极大地支持了全团决策指挥中心的工作。大家适应各种变化、付出辛苦劳动，最终取得了优异的工作成绩，充分表明了团中央机关干部是一支有战斗力的队伍，是勤奋敬业、能够肩负起全团领导机关的工作使命和职责的队伍！在此，我代表书记处向在过去一年获得表彰的先进单位和个人表示热烈的祝贺！对机关全体同志包括挂职干部和基层借调的同志在过去一年里为团中央机关整体工作所作出的重要贡献表示衷心的感谢！

刚才军科同志对团中央机关的具体工作作了全面部署，目标明确，内容具体，请大家抓好贯彻落实。下面，结合团十六大以来书记处同志对团中央机关的自身建设进行的思考、形成的共识，我再强调几点。

一、要充分认识和发挥团中央机关作为全团最高领导机关的重要作用和责任

第一，团中央机关是支持全团最高决策过程的重要思想库。共青团是执政党的青年组织，承担着团结带领广大青年坚定跟党走中国特色社会主义道路的重要使命。团中央机关作为全团最高领导机关，责任重大。团中央机关能不能对全团发展过程中一系列根本性、全局性和战略性问题作深入思考和研究，在很大程度上决定着全团的决策能不能适应当前的形势和任务，能不能妥善应对我们面临的新挑战新要求。思考问题一般化，或者过于具体化，或者比较肤浅，不能把握好规律，甚至首先不能挖掘好经验，作为全团的领导机关，肯定是不称职的。同样是处长，身处基层，那就是局部，更多的是具体工作，不需要对全局性、根本性、战略性的问题作更多的判断。但是我们就不一样，团中央机关的每个部门、每个处室，都要对各方面的信息作选择、作研究、作判断，都要研究重大、全局、根本的问题，而形成的决定、开展的工作，也会产生全局性、重要的影响。因此，基层工作的同志和机关工作的同志，关注的重点、工作的重心，是不同的。这并不仅是因为所处的位置不同，关键是职责不同。正因为如此，深入思考和研究根本性、全局性、战略性问题，为全团最高决策过程提供有力支持，是团中央机关不可替代的重要职责。

第二，团中央机关是部署推动工作的作战部。根据中央的指示精神、集中全团的智慧作出的重要判断和部署，需要团中央机关的各个职能部门充分发挥作战部的职能，全力推动工作的落实。在这一点上，团中央机关的同志发挥了很好的表率作用。比如召开团的十六大，组织严密，工作有序，克服各种干扰，确保了会议的圆满成功，这是经得起考验的表现；还有奥运志愿者工作，拼得不容易，干得很成功，社会反映很好；最近团中央部署的帮助返乡农民工就业创业、建立共青团“青年就业创业见习基地”、维护高校稳定等各项工作，机关各部门都能不辞辛劳、全力以赴、克服困难，推动工作不断取得新进展。实践证明，团中央机关的同志基本功是扎实的，综合素质是优秀的，也是经得起实际工作检验的。

第三，团中央机关是全团重大问题的风向标。共青团是一个拥有7000多万成员的群众组织，团员青年和团干部年龄都比较轻，具有朝气和活力，对团中央充满期待。我们带什么头，如何回应大家的期待，要有清醒的认识。团中央机关要做全团重大问题的风向标，主要把握三个关键点：一是用人导向；二是机关风气；三是工作方式，即抓什么样的重点工作，什么时候抓，用什么样的态度抓。在这些方面，团中央机关做得好不好，会影响那些长期关注我们、对共青团充满热情、即便在艰苦物质条件下仍然执著工作的可敬的团干部。正是因为广大基层团组织和基层团干部的辛勤工作，凸显了团中央的地位，奠定了共青团在党的事业中的位置，造就了团中央机关在全团的成就和荣誉。因此我们要特别清醒地认识到，对于团中央机关的光荣传统、优良作风、良好的素质和能力，一定要坚持并发扬光大；对于我们目前存在的问题和缺点，一定要努力改正，以便向全团发出准确的信号，给全团做好表率，切实起到风向标的作用。

二、要在关心爱护和严格要求的结合中，不断促进团中央机关干部的健康成长

团中央机关的根本要素是人，不同的人，会给全团的工作带来不同的影响。相同的人在这个机关大楼里，用不同的方法干，也会给全团带来不同的影响。干法不一样，团中央机关在全团发挥的影响也不一样，关键在人、在干部。所以机关建设的重中之重，是促进机关干部的健康成长。我们的事业既要靠很多年轻干部去推动，年轻干部又要在推动事业发展的进程中健康成长。共青团的事业发展和共青团干部的健康成长都是重要的。共青团是党的助手和后备军，我们在推动事业发展的过程当中，始终担负着为党培养年轻干部的任务。目前，共青团仍然是干部队伍中优秀年轻干部最集中的地方。长期以来，团中央书记处高度重视机关干部的培养，进行了深入的研究，做了大量的探索，取得了明显的成效。当前，我们要坚持不懈地抓好团中央机关干部的成长观教育，大力促进机关干部的健康成长。重点抓好以下环节。

第一，要始终牢记党的要求。始终牢记党的要求对团干部来说，是首要的，也是最基本的。党的要求是具体的，明确的，绝不是抽象的。团中央机关干部必须始终牢记胡锦涛总书记提出的“忠诚党的事业、热爱团的岗位、竭诚服务青年”和“政治上要坚定、作风上要扎实、自律上要严格”的要求，对照这些要求查找自身存在的差距和不足，明确个人的努力方向，切实将党的要求落实到具体的工作中，落实到自身的行动中。

第二，要不断完善能力结构。能力结构对个人和个人的成长发展具有非常重要的作用。人与人工作能力的差别，很大程度上是能力结构的差别。能力结构逐渐变化，从量变到质变，影响和制约着个人总体能力水平的提高。当前，我们要善于把对重大理论问题的学习能力、研究能力和在一线观察问题、分析问题的能力结合起来，把较高层级的理论学习过程和具体的实践感受过程结合起来，通过学习和实践，完善能力结构，提升综合素质。

第三，要特别注重锤炼良好作风。加强作风建设对团干部尤其是团中央机关干部来说，具有特别重大的意义。我们的作风一旦出问题，对团的事业有百害而无一利，对自身成长有百害而无一利。我们对此一定要有清醒的认识，认真对照胡锦涛总书记在中纪委三次全会上提到的作风不好六个方面的表现，深刻反省自己存在不存在作风问题、在哪些方面存在问题、在多大程度上存在问题等，不断加强党性修养，树立和弘扬良好作风。当前，要切实从不必要的应酬和迎来送往中解放出来，心无旁骛地抓工作、练本领，注重良好作风的养成。

三、要切实加强团中央机关的自身建设

团中央机关地位特殊、任务艰巨、使命光荣。团中央机关内部管理和建设的成效如何，直接影响团中央机关干部的健康成长，关系到共青团事业的长远发展。书记处对机关的内部管理和建设高度重视，明确要求机关党委等职能部门要充分发挥作用，推动机关建设不断迈上新台阶。

第一，要始终与党中央保持高度一致。首先是思想上保持一致。尤其是当思想认识上还没有真正一致时，要敢于面对，深刻剖析原因，通过学习和实践，不断提高认识，努力实现内心里的一致。其次是在言语上保持一致。要严格遵守党的纪律，对外表态口径要一致。第三，在行动上保持一致。这是最重要的一致。要在深刻领会党中央重大决策部署精神实质的基础上，自觉将党的要求落实到各自的实际工作中，体现在个人的具体行动上。比如说，按照全团的统一部署和要求，认真做好春节期间返乡农民工培训、建立青年就业创业见习基地等工作，就是与党中央在行动上保持高度一致的具体体现。

第二，要形成良好的机关风气。风气对于团中央机关至关重要。风气的好坏不仅事关团中央机关的内部建设成效，更影响着全团的风气和形象。第一要讲正气。这是关系到共青团事业兴衰成败的大事，书记处对此高度重视，并身体力行。讲正气，关键在干部问题。在干部问题上，一定要坚持原则性，坚决反对任人唯亲，搞哥们义气，搞小圈子、小团体，坚决反对在用人问题上乱猜测、乱议论，说话要负责任。个人在干部问题上，一定要有心胸，冷静看待职务升迁，理性对待个人发展。书记处在这方面要率先垂范，请大家监督。第二要讲学习。加强学习对于机关年轻干部来说是首要任务。我们之所以对一些问题认识不够，研究不透，对中央的精神领会不够深刻、把握不够准确，归根结底与我们的学习功底有关。要坚持举办一月一次的书记处集体学习和年轻干部读书学习交流会，注重前沿性、战略性课题的学习与各学科基本理论学习的有机结合，同时发挥好部门党支部、团支部作用，不断夯实机关干部的理论根底，增强工作能力。第三要讲务实。求真务实是党对团干部的基本要求，团中央机关干部要做好表率。要说真话、办实事，出实招、求实效，否则，推进工作、发挥作用就无从谈起。第四要讲纪律。纪律是组织存在与发展的前提和保障，长期的有组织无纪律最终会导致组织的瘫痪。团中央作出的重大决策部署，全团要认真贯彻落实，机关各部门要按要求高质量完成。这是团的纪律的基本要求，要在实际工作中进一步强化纪律意识、完善相关制度。总之，我们要特别强调抓好上述四方面的工作，努力形成良好的机关风气，保证机关干部既努力工作，又心情愉快。

第三，要充分展现机关的活力。机关党委等职能部门在这方面肩负着重要职责，要充分发挥作用。要围绕大家的兴趣爱好和不同需求，广泛开展丰富多彩的文体活动，为大家展示个人才华、增进沟通交流搭建平台。领导同志要切实关心年轻同志，为他们的健康成长创造良好的条件，同时腾出更多的时间，与年轻干部一道参加学习锻炼。年轻同志要珍惜、利用好有利条件,充分展现朝气和活力,养成健康的生活方式,为以饱满的精神状态投入工作提供有力保障。

最后,希望团中央机关的同志发扬"实事求是,朝气蓬勃"的优良传统,坦诚相待,胸怀宽广,讲团结,讲正气,在相对宽松的氛围里,与诸多有才华的同志互相学习、相互交流、愉快工作、健康成长。我们书记处一方面要为大家创造更好的条件,另一方面也会以身作则,为大家带个好头。

陆昊在全国青联十届五次常委(扩大)会议上的讲话

2009年2月16日,根据录音整理

今天,我参加这次全国青联常委会,主要是来认识和看望各位青联常委,并代表团中央书记处,就一些关系青联事业发展的重要问题与大家进行交流探讨。上午,中共中央政治局委员王兆国同志出席了会议,并发表了重要讲话。希望大家深刻领会讲话精神,结合自己工作实际认真贯彻落实。

我看了王晓同志的工作报告,刚才又听了各界别的工作汇报,确实感受到了新形势下青联事业发展的生机与活力。近年来,青联组织在党的领导下,紧紧围绕党和国家工作大局和青年工作全局,全面推进各项工作和建设,在开展青年爱国主义教育、形势政策教育、民族团结教育方面,在培养举荐青年人才、发挥青年人才优势为推动经济社会发展作贡献方面,在帮助青年解决实际困难、推动社会公益事业方面,在拓展港澳台青年交流和青年国际交流方面,都做了大量扎实有效的工作,青联组织的凝聚力、影响力不断增强,为巩固和发展广泛的青年爱国统一战线作出了积极的贡献。特别是去年,各级青联组织和广大青联委员充分发挥自身的优势,积极投身抗击严重低温雨雪冰冻灾害和抗震救灾斗争,很好地履行了政治责任、社会责任,充分展示了青联组织和青联委员的良好形象。这些成绩的取得,是广大青联委员和青联干部共同努力的结果,其中也包含着杨岳同志在内的历届老主席、老委员的心血和汗水。在此,我代表团中央书记处,向广大青联委员和青联干部表示诚挚的问候,向卸任的青联领导同志和青联委员们表示衷心的感谢,并祝愿他们在各自的岗位上不断取得新的成绩!

我与青联也有一些渊源,记得是10年前,在北京市七届青联做过副主席,也做过全国青联常委。在参与青联活动的过程中,我切身感受到青联的两个特点。第一,青联是一个十分光荣和神圣的组织,汇聚了大批各界优秀青年代表人士,肩负着广泛团结凝聚海内外中华青年,为国家富强、民族振兴而奋斗的神圣使命。第二,青联是个温暖的大家庭,委员之间相互关心、相互支持,建立了很深的友谊,对委员个人的事业发展给予了很大的支持。

当前,青联事业的发展空间十分广阔,同时也面临着许多新的挑战。新形势下,如何按照党的要求,进一步履行好青联章程规定的基本任务,是我们必须认真思考的课题。下面,我结合学习青联章程的体会,也结合近期参加与青联委员座谈会的体会,谈一些个人思考,供大家参考。

一、对于共青团工作中战略性、根本性问题的思考

青联章程中明确规定，全国青联是党领导下的基本人民团体，是以中国共产主义青年团为核心力量的各青年团体的联合组织。从这个意义上讲，青联事业的发展与共青团工作的开展紧密相连。去年12月5日，中共中央政治局常委、书记处书记习近平同志主持召开党中央书记处会议，听取了团中央书记处对未来五年工作的基本考虑，对于我们的工作思路和布局给予了充分肯定。在这里，我就新一届团中央书记处对共青团工作中战略性、根本性问题的思考，向大家作简要介绍。

团十六大以来，我们深入学习领会胡锦涛总书记在同团中央新一届领导班子成员和团十六大部分代表座谈时的重要讲话精神，认真思考"进一步提高组织青年、引导青年、服务青年、维护青少年合法权益的能力和水平"、"大力加强自身建设，坚持眼睛向下、重心下移，力争使团的基层组织网络覆盖全体青年，使团的各项工作和活动影响全体青年"的重要要求。我们认为，这些重要要求，既体现了党对共青团工作的一贯要求，又体现了对共青团应对新挑战、克服薄弱环节的新要求。

当前，共青团事业发展面临着许多新挑战，我们认为，本质上来自三个方面：一是我们党的历史方位发生了变化，从革命党向执政党转变，从计划经济条件下的执政党向市场经济条件下的执政党转变，党为人民服务的宗旨主要是通过执政行为来实现的。党、团有特殊而紧密的关系，但团还没有完全适应党的历史方位的转变。二是青年的政治意识表达方式发生了新变化，常态下政治意识淡化，出现重大事件时会有极端化表达。在这种背景下，共青团作为思想性、政治性很强的组织，如何真正地吸引凝聚青年，也面临着严峻挑战。三是科技进步特别是信息技术发展对青年的生活方式、行为方式、交流方式和聚集方式带来了深刻影响，网络和新媒体已经成为青年的生活方式和环境，过去传统的空间聚集方式、行政化组织体系中的聚集方式受到了严峻挑战。在共青团所面临的这些挑战中，有些挑战对青联工作也是有影响的。

为了应对这些挑战，根据党中央书记处的一系列重要指示精神，我们开展了深入的调查研究，认为团的工作一定要注意两个重要问题。第一，要紧紧围绕每一类社会组织的根本任务和根本功能找到工作切入点。在农村，要充分认识到，农村组织化程度还比较低，必须以农村青年不甘于现状、渴望有新的发展为根本动力，敢闯敢试，努力为团建创新找到组织化载体。在企业，团组织必须以企业生产经营为前提，找到服务青年和服务企业的结合点，开展好思想性、技能性、娱乐性活动。在社区，要围绕有居住功能的社区的安全性、便利性、娱乐性、健康性和互助性找工作切入点。第二，要根据青年喜欢的沟通、交流、联络和聚集的新方式，大胆探索和创新基层团组织建设的有效载体和途径，从而实现对青年的吸引凝聚。通过调研发现，全团特别是基层在这方面有很多好的经验，需要推广；青联组织也提供了许多值得借鉴的经验。

在具体工作部署上，团中央确定了两项全团重点工作。一是从团的组织功能和组织活力根本标志的角度，从团与广大青年最普遍联系的路径、载体、渠道和边界关系的角度等方面考虑，全团都要将加强基层组织建设和增强基层工作活力作为工作突破口。全团要在两年内分4批派出2800多名地市级以上领导机关的同志到基层支持工作，探索在新的经济社会变革面前与广大青年的合理关系，这是当前很重要的任务。二是在全团举起促进青年就业创业的旗帜。服务青年是团的重要职能，全团要选择一个普遍性的、带有共性的问题作为切入点。我国是人口大国、劳动力大国，就业问题始终是长期性的战略问题。世界银行

2007年发展报告也指出,全球青年共性的利益切入点是就业创业和职业生涯发展问题。所以,全团要把促进青年就业创业作为服务青年的重中之重来推进。当前着力抓了4项工作。一是与银监会联合出台关于农村青年创业小额贷款的探索创新性的文件,在联保、互保、自然人担保、有一定经济功能的经济组织的担保等方面,为解决农村青年小额贷款问题作出了新的制度探索。二是广泛发动社会力量,建立青年就业见习基地,第一批已经公布了2000多家就业见习基地,近5万个岗位。开展这项工作的基本考虑是,一方面要看到创业对就业的重要带动作用,另一方面也要看到就业技能和经验的积累对创业构成重要的促进。有关学术机构的研究报告表明,国内初次创业和就业之后再创业的比例是4: 129,中国的TEA指数不超过13%。所以做这项工作,就是要对有创业意愿的青年提供必要的就业经验的积累,同时为企业扩张性招工,提供合理的选择和观察的条件。这项工作得到了在座的许多青联委员的支持,在这里我要感谢大家。三是大力开展青年农民工培训。中国是一个劳动力人口大国,但还不是人力资源大国,大量农村劳动力没有经过任何培训。共青团开展这项工作主要是配合政府,对青年农民工进行系统培训,使他们掌握技能。四是创立中国青年就业创业基金。这个基金是个重要的旗帜,目的是要继续发挥好共青团和青联组织社会化动员的能力,集中社会力量,为青年就业创业提供必要的支持。

二、对于履行青联章程需要重点思考和解决的课题

全国青联章程对自身的基本任务作出了明确的规定,归结起来,主要是三个方面:一是坚持青联组织的思想旗帜。就是要高举爱国主义、社会主义的旗帜,团结、教育各族各界青年,鼓励青年学习马列主义、毛泽东思想、邓小平理论和"三个代表"重要思想。二是代表和维护青年的合法权益。这要求青联组织在实际工作中,深入研究如何拓展代表和维护权益的技术路径,特别是要研究如何发挥好政协青联界别委员和青联委员中人大代表的作用的问题。三是为青年的成长成才提供有效服务。这要求青联组织不仅要服务委员,还要引导广大青年积极健康地参与社会生活,努力为各族各界青年健康成长、奋发成才服务。

如何进一步完成好章程规定的这些基本任务,扩大青联组织在全社会的影响力、吸引力、凝聚力,需要我们共同思考和探索。近年来,经过各级青联组织和广大青联委员的共同努力,全国青联在履行任务中取得了很好的成绩。但同时,仍然需要我们认真研究两个方面的重要课题。

1. 要认真研究如何更好地为青联委员的成长发展提供服务。当前我们的委员选拔机制决定了全国青联委员大多是某一个社会领域的优秀代表,都有很好的专业成就和社会贡献,是青联工作的重要力量。促进青联委员成长发展,是青联工作的重要内容,是增强青联组织凝聚力和影响力的重要条件,也是青联组织引导和服务各族各界青年成长成才的重要前提。在新形势下,更好地服务青联委员,关键要从四个方面努力。

一是要强化思想旗帜对于青联委员的引领。帮助青联委员树立正确的思想旗帜,是服务他们成长发展的根本。青联内部会有不同的思想,但是在根本方向上必须一致。我们要高举爱国主义、社会主义的旗帜,引导青联委员在思想上增强对中国特色社会主义道路的内心认同,在行动上为国家的改革发展稳定服务,为实现中华民族伟大复兴而奋斗。这是青联组织的政治性的集中体现,也是青联吸引、凝聚和影响青年才俊的根本所在。

二是要引导青联委员树立共同的文化精神和价值观。共同的文化精神和价值观对于青联组织的意义,不仅在于可以增强组织内部的凝聚力,而且更体现在通过这一载体可以对广大青年产生影响。长期以来,青联在实践中形成了自己的光荣传统,得到了青联委员的普遍认同,渗透在组织的文化和价值观之中,使得青联组织始终保持着良好的形象和社会影响力。我认为当今时代物质财富的创造是促进社会进步的重要力量,但是,无论社会物质财富增长如何迅猛,物质终究不能完全替代精神的力量。青联是一个大家庭,是青年代表人士聚集的组织,每一位青联委员都必须首先履行好各自重要的社会角色。因此,青联组织对于广大青年的影响力首先并不是体现在一个个具体的工作项目上,而是体现在由每一位委员身上所具有的精神闪光点汇聚而成的共同价值观的感召上。青联组织要根据经济社会和青联工作的新发展,进一步归纳、提炼青联的共同价值观,使之成为每一位青联委员行为准则和习惯,共同提升我们的精神境界和人格力量。比如,我们是否要倡导平等和包容的精神。不论大家在各自社会领域有多么重大的成就,但在青联这个大家庭里是平等的、相互包容的,同时在社会上、在广大青年中也要保持平等的意识和包容的态度。这对于倡导公平正义和法制精神,对于构建社会主义和谐社会也有重要的促进作用。比如,我们是否要倡导职业精神。大家来自各行各业,走向成功的道路各不相同,但是我相信有一点是相通的,就是都具备了职业精神。这是市场经济条件下支撑人们干成事、干好事的重要基础,也是激励大家取得更大成就的精神力量。比如,我们是否还要倡导奉献精神。长期以来,青联组织开展了很多公益事业,其中可以抽象出来的一条精神准则就是奉献。

三是要帮助青联委员全面提高能力素质。青联委员都是各个领域、各个行业中的青年代表人士,在能力素质上都有着很好的基础。大家相聚在青联,就是走进了一个新的学习天地、巨大的能量交换组织,在相互激励中可以获得更多的知识、更宽的视野、更高的本领。青联组织要引导青联委员树立终身学习的观念,增强学习的紧迫感和责任感;要搭建更多的相互学习、相互交流的平台,引导他们相互碰撞和激发出智慧的火花、创造的活力,实现共同成长进步。

四是要帮助青联委员解决成长发展中的实际困难和问题。青联委员在学习、工作和生活中,也会遇到一些困难和问题。青联组织要密切与委员的联系,了解委员的需求和愿望,主动为委员着想,为他们切实提供实实在在的服务。总之,青联组织要努力成为青联委员之家,尽可能地帮助每一位委员在成长发展的道路上走得更加温暖、更加踏实。

2. 要认真研究如何通过委员个人发挥作用和青联组织的整体工作,不断扩大青联组织的影响,进而实现对广大青年的引导、服务和维权。扩大青联组织的影响,是青联引导、服务和维护广大青年权益的重要前提。要扩大青联组织的影响,关键是从三个方面进行努力。

一是青联委员个人的事业要发展好。青联委员个人的影响力与青联组织整体的影响力之间紧密相连,只有青联组织的整体影响力大,青联委员个人才能获得荣誉;同时,青联委员个人事业发展得好,也能为青联事业增光添彩,帮助青联组织扩大影响力。这里,我要强调一点,青联委员是青联工作的主体,青联委员的热诚参与是青联事业发展的动力。青联委员要处理好自身职业角色和担任青联委员的关系,尽管大家在事业上都很忙,社会活动也很多,但加入青联就意味着对青联事业肩负起了一份责任,所以要尽可能为青联事业的发展献计出力。

二是青联组织的整体性工作要开展好。在当前社会生活日益丰富多样的情况下,我们的工作和活动必须具备系统性、整体性、持久性,只有这样,才能真正提高青联组织的影响力。今后，要从三个方面推进整体性工作的开展。

在工作设计上，要主题鲜明，坚持围绕党政工作大局、面向广大普通青年。全国青联要从党政工作大局的要求出发，从广大普通青年的需要出发，从青联组织的优势出发，深入了解各地青联工作的好经验、好创造，整合各方资源，设计和推出党政肯定、社会认可、青年欢迎的活动。这里，我想着重强调的是坚持面向广大普通青年。我们要认识到，青联作为一个青年统一战线组织，一定要深深植根于广大青年当中，最广泛地团结凝聚青年，努力为各族各界青年成长成才服务，这是青联组织的根本职责所在。如果我们自我封闭，脱离了普通青年，只是局限于青联委员的"小社会"、"小圈子"，那么青联组织就失去了存在价值。

在工作形式上，要丰富多彩，组织青联委员多开展活动。关键是要靠各个界别组多开展活动，可考虑建立属地界别组，提高开展活动的便利性和有效性，全国青联重点是要发挥好指导和统筹协调作用。

在工作推进上，要深入持久，坚持品牌化发展。对于那些在实践中受到广泛好评，真正过得硬、叫得响的工作，要集中力量、整合资源，有声有色、深入持久地开展下去。比如，近年来全国青联开展了"十大杰出青年"评选表彰、青联志愿者艺术团、青联委员灾区行、"科技之光"青年专家服务团、青春导航、"两岸青年联欢节"等工作，在社会上产生了较大的影响。要经过几年、十几年甚至几十年的坚持，使之成为在全社会都具有广泛影响力的工作品牌。

三是要善于借助社会传媒的力量。在越来越讲究吸引眼球的"注意力经济"时代，传媒的作用越来越突出。青联既要使工作和活动本身很好，还要让更多的青年知道，从而影响更多的青年。这就需要充分发挥传媒的力量，把好的工作和活动宣传出去。要加强青联组织内部的传媒建设，积极支持和参与构建影响全体青少年的团属传媒体系，善于借助社会主流媒体的力量开展工作，既要有传统媒体，更要注重借助青年人喜欢的新媒体，不断扩大青联的社会影响力。

三、把握好青联工作的基本方法和原则

在青联事业长期发展的历程中，各级青联组织探索了许多好做法、好经验，也形成了一些应当遵守的工作原则。经过近期的调研，我想有下面一些原则请青联组织在今后的工作中注意考虑和运用。

1. 既要善于强化感情纽带，又要善于以此为基础建立理性认同。青联组织最重要的功能和作用，是其政治性的功能，就是要努力实现全国各族各界青年的团结和凝聚，共同推进中国特色社会主义事业的发展。要实现这一目标，不仅需要情感上的联谊、专业上的互助、兴趣上的相投，更需要思想层面、信念层面的团结和凝聚，就是要使各族各界青年从内心里树立起对跟党走中国特色社会主义道路的理性认同。因此，密切感情联络是青联工作的重要基础和手段，建立理性认同是青联工作的重要目标。今后，青联组织一方面要开展好内部交流联谊工作，进一步强化与委员之间的感情纽带；另一方面要充分认识到一个组织最重要的凝聚力在于建立理性认同，并且青联是一个讲政治、讲方向、有理想的组织，必须始终高举爱国主义、社会主义的旗帜，使各族各界青年从内心里认同中国特色社会主义事业。

2. 既要善于加强个人友好，又要善于使之固化为组织化的整体力量。我有一个非常深刻的感受，青联组织对于青联委员和各行各业优秀青年的动员力是很强的。这从去年抗震救灾动员捐款中可以充分体现出来，在团中央书记处的号召下，不到6个小时青联委员们的捐款就超过1400万。但是，我们也要看到，这种动员力很大程度上来自于个人之间的友好关系，因此，这种动员力对于组织来说并不稳定，本质上还属于一种社会化动员方式。因此，青联组织要研究和探索把加强个人友好关系与形成青联组织组织化整体力量的技术路径，使青联组织内部的个人间友好组织化、制度化，使之成为组织开展工作的稳定和整体力量。当然，全国青联不是行政化组织，也不是政党组织，强调个人友好是非常重要的，但关键要结合好，只有这样，青联事业才能不因人的改变而改变，实现长久发展。

3. 既要善于支持和联络委员，又要善于通过委员的作用扩大青联组织对于广大青年的影响力。为委员服务是青联组织的重要责任。同时，更为重要的是，青联的基本任务之一，是为广大青年的成长成才服务。因此，青联工作如果总是着眼于青年精英，脱离了普通青年，就会与青联的基本任务背道而驰，就会失去发展的根基。那么，如何建立青联组织与广大青年之间的联系？我们的一个重要优势就是青年人才集中，许多青联委员在受众群体中有着重要影响，是当代青年学习的榜样和心目中的偶像。青联组织要善于通过他们在各自受众群体中的辐射带动作用，扩大青联组织在更广泛的青年中的影响力。

4. 既要开展丰富多彩的活动，又要坚持活动的主题鲜明。丰富多彩是前提，主题鲜明是体现整个组织吸引力、凝聚力、影响力的技术路径。开展活动是青联组织推进工作的重要载体，也是青联组织的重要优势。活动丰富多彩，才能推动工作活跃，才能增强青联组织的感召力。青联委员作为各族各界的青年代表人士，在他们当中蕴藏着大量的智慧和创意。青联组织要充分挖掘这一宝贵资源，把各界别、各领域、各行业的活动办得丰富多彩、有声有色，从而影响和带动更广泛的青年。同时，青联组织作为党领导下的青年组织，政治性强是一个鲜明特点。因此，我们不能为了联谊而活动，开展的每一次活动都必须要有明确的主题，突出青联组织的精神追求和价值。具体来讲，就是要围绕党和政府的中心工作，切实做到服务大局、服务青年，团结凝聚各族各界青年为中国特色社会主义事业而奋斗。

5. 既要营造组织内部平等、和谐、友好、宽松的环境，又要强调青联组织整体的影响力和必要的纪律约束。青联组织有自己的特殊性。从组织性质来看，青联是统一战线组织，强调的是团结合作；从成员构成来看，绝大多数的青联委员都有各自领域非常繁忙的本职工作，主要精力不可能放在青联工作上。正是考虑了这一特点，青联组织形成了较为宽松的内部环境和氛围，通过平等沟通协商的方式来组织委员参与青联工作，充分尊重常委、委员的意愿。但是，我们必须认识到，青联也是一个思想性、政治性的组织，不是一个俱乐部，对于组织成员基本的纪律要求，是组织存在的必备基础。因此，青联组织要在充分尊重青联委员履行各自社会角色的规则的基础上，认真思考如何把委员们分散的热情通过合理的制度设计变成整体力量；要进一步完善界别工作等内部制度建设，加强组织内部必要的纪律约束；青联委员在安排好本职工作的基础上，要按照青联章程的基本要求，更加积极、主动、灵活地参加青联工作，为实现组织的基本任务而共同努力。

各位常委、委员，朋友们，新形势下青联事业的发展面临新的机遇和挑战。我相信，在党中央的重视和关怀下，在各级青联组织和青联委员的共同努力下，青联工作一定能够不断开创新局面。团中央愿意尽最大努力支持青联组织开展工作，支持青联委员在事业上有更大的发展。

陆昊在 2009 年全团青年志愿者工作会议上的讲话

2009 年 2 月 17 日，根据录音整理

今天，我们在这里召开全团青年志愿者工作会议，主要对当前志愿者工作的新形势、新情况进行研究和分析，把握好推动青年志愿者工作的有利时机，进一步贯彻好团的十六大和十六届二中全会精神，把青年志愿者工作推向一个新的发展阶段。

这些年来，青年志愿者工作对推动全团整体工作起到了重要作用，特别是在去年抗击低温雨雪冰冻灾害，抗击汶川特大地震灾害和举办北京奥运会、残奥会的过程中，共青团系统所组织的志愿服务工作为国家赢得了荣誉，为新一代青年人赢得了广泛赞誉。各级团组织付出了极大的心血和努力，分管这项工作的很多团干部长期在一线直接指挥工作，与广大志愿者同甘苦共奋斗，表现了很高的领导素质和吃苦精神。也正是在大家这种共同努力下，才为我们整个共青团的志愿者工作赢得了声誉。借这个机会，我代表团中央书记处，向我们共青团组织各级干部为推动青年志愿者工作所付出的艰苦努力表示衷心的感谢和崇高的敬意。

今天借此机会强调几个问题，整个工作部署都按雍政同志讲的来落实，我不讲具体的工作考虑了，因为这项工作组织推动的很好，有长期的积累，工作体系比较清晰，工作安排也都很明确。

一、充分认识青年志愿者工作在全团整体工作格局中极其重要的地位

从 1993 年共青团组织向全社会推动志愿服务这项工作开始，到现在有 16 年了，青年志愿者工作在整个共青团事业的发展历程当中发挥了极其重要的作用，处于极其重要的地位。正如中央领导同志的讲话指出，青年志愿者行动是党领导的共青团创新工作领域、服务社会需求的一大创举。

志愿服务创造了一种新的有效的社会化动员机制和方式。共青团组织紧跟经济社会变革步伐，顺应了当代青年思维方式、生活方式和行为方式的变化，把握了青年参与社会、服务社会的理想追求，通过志愿服务这一青年乐于参与的活动载体，采取社会化动员方式面向广大青年进行了组织和动员，引导青年在服务和奉献过程中体现价值、完善自我，实现了精神引领和组织青年为社会作贡献的有机结合。特别是在抗击汶川地震工作当中，社会化动员体现的非常充分。由于这些年青年志愿者工作的深入推动，形成了一种非常重要的新的社会动员机制和动员方式，这是我们为党的事业做出的重大贡献。

志愿服务创造了一种新的经济社会变革中精神文明建设的有效载体。在经济社会深刻变革面前，在人的思想多元、多样、多变的背景下，加强精神文明建设面临新的挑战。志愿服务适应当代青年自主意识不断增强的特点，根据青年喜欢的沟通、交流、联络和聚集的新方式，充分尊重青年的意愿，平等地加以引导，很好地发挥了志愿服务引导人、培养人、凝聚人的功能，促进了社会文明、增进社会和谐。正因为这一点，共青团推动的志愿服务成为精神文明建设的有效载体，志愿服务才能够上升到党的事业的高度。

志愿服务创造了一种新的为当代青年人所喜爱和接受的精神时尚。志愿服务抓住了青年人的内心，符合青年人在本质上追求时尚的精神需求，但又不是一般意义上以流行和新颖为标志的时尚，是有精神层面内在支持的。我们所处的时代，无论物质财富多么丰富和发

达，物质终究不能完全替代人的精神，精神力量同样对社会进步起到重要作用。共青团组织作为一个以思想性、政治性为标志的重要青年组织，推动全社会形成了一种为广大青年人所喜爱的，所接受的精神时尚。青年在追求时尚的过程中，自身也获得了提升，这是一个非常了不起的创造。

二、准确把握在党中央高度重视下形成的志愿服务工作新格局和新机遇

最近，中央文明委下发了《关于深入开展志愿服务活动的意见》，标志着在党的事业的总体格局中，志愿服务被摆到了一个极其重要位置，使得志愿服务从十六届六中全会决议、十七大报告的重要表述，发展为新的现实的工作格局。《意见》把支持共青团推动青年志愿者事业，转变为从加强社会主义精神文明建设的战略高度来直接推动全社会的志愿服务工作，把志愿服务作为加强社会主义精神文明建设的重要载体和工作方式。应该看到，由共青团推动的志愿服务工作，能为党的事业所接受并上升为党的事业，在共青团的历史上，这种重要的工作载体是不多的。青年志愿者工作能依靠我们的工作创造转化为党的工作、党的事业当中的一个部分，那是我们很重要的荣誉，也是对我们工作充分的肯定和褒扬。

首先，要善于把我们的工作放在党的事业的大格局当中去思考。中国共青团是党的青年群众组织，与党有着特殊而紧密的关系，共青团的工作如何在党的事业的大背景下找准位置、找准工作切入点，是全体团干部应当考虑的首要问题。作为党的助手和后备军，从党的事业的格局中来看待青年志愿者工作，当前是一个重要的转折点，在新格局下面临新机遇。如果说过去我们只从工作理念、工作目标上来思考青年志愿者工作就够了，那么现在，我们要把对志愿服务事业的深厚感情和在新的事业发展格局中理性定位结合起来，要善于把我们所做的志愿服务工作，直接摆在党加强社会主义精神文明建设的大格局中来思考，在新的工作格局当中去找准我们志愿服务的定位、载体、路径等等，推动志愿服务事业科学发展。

其次，要认真思考志愿服务新格局下共青团的工作积累、组织优势和工作切入点。在新的工作格局下，很重要的是要认真总结思考全团，包括各级团组织在这么多年的志愿服务工作当中，我们有什么样的最重要的工作积累？我们有什么样的根本上的明确意义上的组织优势？我们在党推动志愿服务工作开展的过程中，又有哪些好的工作切入点？不能因为由中央精神文明委员会有了总体部署，我们就失去了工作的主观能动性，甚至产生工作惰性和懈怠情绪。中央推动工作是有过程的，从宏观到具体，先体制再格局，然后演变成具体工作方式。在这个背景下，每一级团组织的工作重点、工作效果等都不一样，工作积累也就会不一样。因此，各级团组织一定要从实际出发来思考和把握好我们的工作积累、组织优势和工作切入点，在志愿服务事业发展中发挥好引领作用。

第三，继续抓住志愿服务本质规律，大胆探索创新。志愿服务的本质到底是什么？是一种什么精神境界？是一种什么组织方式？是一种什么表现方式？精神的东西怎么表现？为什么这种方式就能让大家喜欢和接受？需要我们认真去研究和探索。我感到，志愿服务之所以为广大青年乐于接受并自觉参与，是因为它顺应了青年的内心需求，尊重了青年的自主选择，采取了社会化动员等有效形式。我们要有坚定的信心，不管工作格局如何变化，都要抓住志愿服务的本质规律，紧紧把握青年内心需求的变化，大胆探索，不断创新社会化动员的手段与方式，这是我们共青团组织推动志愿者服务工作要牢牢把握的一个重要方向。

当前，我们在推动工作中，要把握好精神层面的基本标准和度，防止“两种倾向”。一种是志愿服务行政化倾向和被“志愿化”的倾向。志愿服务不能变成一种行政化的工作，行政化方式的极端表达就是法律义务，就是人人必须干的。我们要是都把它变成绝大多数、甚至每一个公民的一种义务的时候，志愿服务就可能会变味。青年志愿者工作一定要突出志愿，不能“被志愿”。志愿精神的体现也要把握好度，“奉献、友爱、互助、进步”要有一个合理的度的掌握，精神时尚也有一个先后的问题，关键要体现内心的感召力。比如，号召所有的共青团员做一次志愿工作，这个是可以的，但是把全体共青团员都变成长期志愿者，这就不太现实。另外，还要防止志愿服务的泛化，以及不切实际提过高的工作要求，我们不能脱离现实做工作设计，否则的话它的普遍性就会受到挑战。

三、当前需要强调的几个问题

第一，努力探索把志愿者的精神、热情、专长和服务时间有机结合，通过团组织的制度化安排转化为长效服务的机制。

这是当前共青团开展青年志愿者工作中要特别重视的问题。一个人有志愿精神，就会对干某些事有热情，有了热情还得说你会什么，也就是特长问题。还有一点很重要，就是服务时间。不是每个人每天都有固定时间做志愿服务的，每个人都有他的第一社会角色和职业角色，不能把志愿服务和第一角色搞混淆了。要善于把加强个人兴趣爱好，演变为一种组织化的整体力量。如果全社会的每一个志愿者都是发散的行为，必然造成志愿服务的无序和低效，造成公益资源的浪费。我们组织者的智慧就是要善于把分散的、蕴藏在整个广大青年当中的精神、热情、专长，和每一个人的完全不同的动态的服务时间有机结合起来，通过一种有效的机制化的安排变为一种巨大的服务力量，从而为社会做出更大的贡献。在此强调一下志愿者注册问题，关键要便捷和有效，不要为注册而注册，追求表面形式和数字，志愿者工作最终要体现在为社会干了什么。

第二，重要工作品牌化，突出整体性和持久性。

青年志愿者工作既要丰富多彩，又要主题鲜明；既要有效动员，又要有整体性、持久性。共青团内部积累了很多很好的品牌，像大学生志愿服务西部计划、志愿服务海外计划等等。比如，西部计划在新疆生产建设兵团已经成为一种吸引人才的重要途径。为什么？这还是要回到人的本性上去讲。让一个热血青年现在突然就去西部，一呆一辈子，不是很现实的。但如果说在那里工作一年，做一些贡献，还是很受人尊敬的。这一年由于在那里真心的投入，会产生情感关系，认同了那里的人和事，被他们所感染，形成一种很正常的人的情感联系的时候，他就有可能继续作出抉择，继续留下，这就是一种合理的，符合人性的本质的过程。我们在设计工作项目时，一定要搞清楚人的基本的情感关系和认知规律，尊重人的内心需求和成长需要，才会有生命力和持久性。

面临新的发展形势和机遇，我们要进一步深化青年志愿者工作中的品牌项目，要形成品牌的认同感和影响力。但好品牌、好活动要注意从技术路径上与共青团组织联系在一起，在提高共青团的影响力上发挥作用，打上鲜明的共青团烙印，否则多少代团干部努力积累下来的信誉和影响就会不知不觉中减弱甚至丢掉。加强品牌建设，还要注意有所为有所不为，把社会需要、青年能为，又有一定工作基础的工作做深做透，形成工作合力，避免一般化和表面化，更要避免形式主义。

品牌建设要有层次性和整体性，不能一刀切，上下一般齐。团中央层面要抓全团一些重大的标志性品牌，各地一定要支持。比如，当前在抓基层组织建设和促进青年就业创业的问题上，团内必须整体行动，没有商量的余地。在抓志愿者工作品牌上要分层级抓，第一个层级上，全团最重要的标志性的品牌，团中央全力抓，请各地支持。在新阶段，共青团从策略上必须考虑的是在志愿者工作当中干出几个响当当的品牌，继续保持我们在志愿服务工作当中的领先格局。第二个层级就是每个地区从实际出发,把某些领域很好的工作积累集中起来突出品牌。需要指出的是,很分散的行动,如果能突出一个整体性的品牌,是能做强做大的。比如说助残志愿服务行动,要起一个响当当的名字,做一个响当当的品牌。把我们现在开展的比较好的很有普遍性的,有广泛基础的志愿活动项目理一理,看看哪几件我们基础好、积累多,全团都在普遍参与,然后把品牌集中凸显出来,体现整体性。品牌不要过多过滥,全团有几个就够了,各地既有全团的,再有两三个自己的也就够了。

第三,把青年志愿者工作和全团重要工作结合起来。

当前最重要的工作就是两件事,一个是狠抓团的基层组织建设,另一个就是促进青年就业创业。组织建设今年全团要推五条战线,五条线各100个组织建设试点,这件事就一定是要扭住不放的,绝对不能松。每一批700人下去要真正到位,要把志愿服务与团的基层工作有机结合起来,要善于把志愿服务作为实现总书记提出的两个"全体青年"工作目标的一个重要手段和载体,这就是看我们结合的本领。全团都要高度重视青年志愿者工作,坚持组织化动员和社会化动员相结合,不要简单地就志愿者工作论志愿者工作。特别是要把它作为一种载体和手段融在我们整个工作体系当中,比如,抓基层建设怎么结合?农村、社区的联建体制怎么结合?我们可以依靠志愿者骨干来开展团建工作。还有在青年就业创业上,志愿者工作如何参与,设计什么样的工作项目和载体?我们一定要突破部门界限,一定要把青年志愿者工作与重要战线工作融在一起,形成有机的整体的工作力量。青年志愿者工作部门平时就要做两类事情,一类是专门的,负责品牌推广、重大活动的组织。另一类就是要想办法让青年志愿者工作完全融到全团最重要的工作品牌当中。我们在设计工作品牌和项目类别时,要想办法突出志愿者的位置和作用,要研究青年内心的本质诉求,尊重青年的意愿,既要在工作领域上结合,也要在方式、载体、品牌上把它结合好。

总之,通过这次会议,我希望大家认认真真地作一些总结和思考,把全团多年来推动青年志愿者工作好做法、好经验,转化为对本质问题的分析;把好的工作思路转化为推动我们全团整体工作和青年志愿者工作的方案设计和品牌设计。我们相信,有这么好的工作积累,有我们在全团工作事业当中的重要地位,有我们青年志愿者工作的重要创造,再有我们这些同志扎扎实实为青年志愿者工作保持的这种热情、付出的心血,共青团组织的青年志愿者工作,一定会在我们这一批团干部的工作努力当中推向新的发展。

陆昊在全国少工委五届五次全委会上的讲话

2009年2月23日,根据录音整理

在少先队建队60周年之际,全国少工委在这里召开五届五次全委会,认真回顾和总结近年来少先队工作所取得的重要成绩、好经验、好做法,认真思考和研究少先队工作中一些重要问题。这次会议得到了教育部的高度重视,教育部副部长陈小娅同志出席会议,并对少先队工作在整个教育事业格局中的重要地位、应当发挥的作用以及少先队辅导员队伍建设等问题讲了非常重要的意见，大家要认真学习领会。江苏省委、省政府和无锡市委、市政府对这次会议也非常重视并给予了大力支持，省委副书记、组织部长王国生同志，省委常委、无锡市委书记杨卫泽同志都出席了会议，王国生同志还就江苏的发展情况以及少先队工作的重要做法作了很好的介绍，听后很受鼓舞。

团十六大以来，新一届团中央书记处按照中央的要求，多次就做好新形势下少先队工作进行调研，与许多少先队工作者进行了深入交流。总体感到，近年来，在各级党组织的领导下，在各级团组织带领下，在各级教育部门的关心、支持下，各级少先队组织深入贯彻中央8号文件精神，坚持以加强未成年人思想道德建设为核心，广泛开展了丰富多彩、富有成效的工作和活动，特别是开展了“手拉手”、“雏鹰争章”、“星星火炬代代相传”、“祖国发展我成长”等品牌活动，探索了体验教育、红领巾小社团等组织和引导少年儿童的新的方式和载体，配合有关部门在服务和维护少年儿童合法权益方面做了大量的工作。同时，各级少先队组织坚持全队抓基层、全队抓落实，不断巩固和完善自身组织体系，大力发展社会化工作力量，在自身建设方面取得了扎实成效。我还特别感受到了少先队辅导员这支重要队伍对少先队工作所做出的重要贡献。长期以来，少先队辅导员们本着对少先队事业的执着和热爱，为少先队工作付出了大量心血，有的甚至献出了毕生精力，不仅为少先队事业发展做出了重要贡献，也对广大少年儿童成长做了极其宝贵、重要的工作。借此机会，我代表团中央书记处，向为少先队事业辛苦工作的少先队辅导员、工作者们，表示衷心的感谢和诚挚的敬意！

少先队事业非常重要。胡锦涛总书记曾经深刻指出，少先队事业的蓬勃发展，是党的事业始终保持生机和活力的重要源泉；少年儿童的健康成长，是国家和民族永远兴旺发达的希望所在。我理解，少先队工作是促进少年儿童健康成长的一项非常重要的工作，是党的教育事业和中国特色社会主义教育事业的重要组成部分。关于今后一段时间的少先队工作，大家要贯彻落实罗梅同志和陈小娅同志的讲话要求。今天在这里，我与大家交换一些认识和看法，以及这段时间调研和接触少先队工作以后的一些想法，供大家参考。

一、深入研究少先队工作的根本任务

长期以来，少先队工作内容非常丰富，有很多很好的创造。当前，我们要紧紧抓住少先队建队60周年的重要契机，在过去工作的基础上，跟上时代发展变化的步伐，认真思考新的历史条件下少先队工作的根本任务。特别是要善于在党政工作的大格局和背景下，找准少先队工作与教育行政部门、妇联组织以及其他社会力量在促进少年儿童健康成长方面的结合点、切入点以及不同的侧重点。少先队工作与基础教育中的德育工作有类似的、共同的地方，但又有所不同；与妇联组织对妇女儿童权益保护工作有结合的地方，但又有很大不同。所以，到底新的历史条件下少先队工作的根本任务是什么，需要全队认真研究思考。

把握好这个问题，基本的依据是队章，任何一个组织的根本任务基本上都是在章程中明确规定的；同时，要依据党中央多年来对共青团工作、对青少年思想教育工作的总体要求以及中央8号文件、16号文件的总体要求。团中央书记处对此进行了认真研究，形成的初步思考集中体现在了《共青团工作五年纲要(2009—2013)》上。我们认为，少先队工作的根本任务体现在两个层次上。

第一个层次是引导少年儿童有爱心，养成良好的道德行为习惯，增强国家意识、科学意识、劳动意识。这是最基本的层面，与国民教育有共同之处，与队章的规定也是一致的。队章中讲“五爱”：爱祖国、爱人民、爱劳动、爱科学、爱护公共财物。除了爱护公共财物从时代性角度来看需要重新审慎思考外，其他4点与我们所提的目标在本质上是一致的。

有爱心是对爱人民这一抽象概念的具体化。从一个孩子成长发展的感知规律来看，少年儿童对于爱心的理解和实践都是具体的，小时候有爱心，长大后就能不断延伸；爱父母，才会爱身边的人，将来就能爱人民。我们开展爱心教育，就是要让少年儿童学会关心别人，做事要为别人着想。

国家意识就是队章中讲的爱祖国。我们开展国家意识教育，就是要引导少年儿童认识到自身的生活和未来成长发展在很大程度上与国家的发展和繁荣、国家的命运紧密结合在一起，从而引导他们大了以后能将个人理想奋斗与祖国和人民的命运联系在一起。

科学意识对我们民族的发展至关重要。小时候没有科学意识，长大了不可能有科学精神；没有科学精神，也不可能有创新精神，更不会有实事求是的理论勇气和为人正直的品格。我们开展科学意识教育，就是要找到让少年儿童对科学进行实践体验的载体，让他们从小就懂得事物发展是有规律的，从而研究规律，按照规律办事。比如，一些城市的少年宫实践体验项目设计非常科学，把很多复杂的推理原理，变成了简单直观的形象，达到了寓教于乐的效果。

劳动意识是少年儿童形成完善人格的必备素质。我们开展劳动意识教育，就是要让少年儿童懂得财富是劳动创造的、幸福生活是劳动创造的，同时，随着时代的发展，劳动方式有很多种，种地、扫地是劳动，读书、学习、思考问题也是劳动。

此外，有条件的少先队组织要在少年儿童中培养审美意识。我认为，我国在素质教育方面可以获得较大提升的有两个方面，一是科学意识，二是审美意识。就操作层面的普遍性来讲，要面向所有少年儿童培养科学意识，同时，在有条件的地方，比如发达地区和大城市，要进一步探索开展审美意识教育。审美意识教育的形式和载体是丰富多彩的，可以体现在方方面面。比如，在少年儿童活动场所的设计当中，布局、建筑格调、色彩丰富程度甚至工作人员服装的水准，都会对孩子产生重要的视觉感官刺激，从而渗透对少年儿童审美意识的培养。

第二个层次是灌输培养少年儿童对党和社会主义祖国的朴素感情。我们在深入学习胡锦涛总书记在同团中央新一届领导班子成员和团十六大部分代表座谈时的重要讲话精神、党中央书记处多年来对共青团工作的重要指示精神以及党中央关于青少年思想教育工作的一系列文件精神的过程中，进一步认识到，这一层次的目标是少先队组织不能忽略、始终要坚持的根本任务。只有认清了这一点，我们才能找到不同于教育行政部门完整的德育教育和妇联组织妇女儿童权益保护工作的侧重点。作为一个思想性、政治性很强的组织，少先队要强调思想层面，特别要注重党、团、队的组织意识衔接，非常重要的是灌输培养少年儿童对党和社会主义祖国的朴素感情。在这个问题上不能动摇、不能含糊、不能放弃、不能遗忘，不能在五彩缤纷、丰富多彩的活动过程当中丢掉这一根本任务。

同时，这两个层次的根本任务又可以分解为素质、精神、思想这三个层面。科学意识、劳动意识、审美意识属于素质层面。有爱心、良好的道德行为习惯属于精神层面。我们必须承认，物质财富的创造一定会为人类社会进步起到重要作用，但是物质财富无论多么丰富，物质终究不能完全替代精神。我们在精神层面，要着力塑造和培养少年儿童有爱心、有良好的道德和行为习惯。灌输培养少年儿童对党和社会主义祖国的朴素感情属于思想层面。党中央始终要求我们做好青少年的思想教育工作，引导青少年坚定跟党走中国特色社会主义道路。我们每次代表大会也都在强调旗帜、理论、道路和信念的问题。但是信念在少年儿童这个年龄段是不可能坚定形成的,即便有一些萌芽,也不稳定。尽管如此,仍需要我们在这个阶段,从思想层面,注重对少年儿童党、团、队组织意识的衔接,非常重要的是要灌输培养少年儿童对党和社会主义祖国的朴素感情。

总之,根据我们整体工作的经验总结,结合各个方面的工作考虑,少先队的全部工作都要围绕根本任务来展开,在这两个层次上下功夫。同时,在设计工作和载体时,还要考虑少年儿童的认知水平和接受规律,体现丰富多彩,讲究工作的方式方法。

二、深入研究、始终坚持推动少先队工作的重要思想方法

思想方法的问题,党的要求是一贯的、明确的,根本上就是要坚持党的思想路线,解放思想、实事求是、与时俱进。这不是抽象地讲12个字,而是要在工作中找到结合点。

第一,要研究如何做到解放思想。在少先队工作中,要把握本质,敢于突破传统行为习惯、思维方式的束缚,创造性地开展工作,要有这个勇气。过去的工作中,很多理念和做法是经典的,是可以不变的,但表现方式仍然可以变,以适应新的情况。

第二,要研究如何做到实事求是。真正做到实事求是,是非常不容易的,不仅是勇气问题,还需要有科学精神、追求真理的执着信念和科学方法、科学规律的支持。当前在实事求是的问题上,最重要是两点:

一是要研究和把握少年儿童的认知、意识、信念、情感形成的一般规律。少先队工作离开这些规律谈实事求是,基本是不可能的。二是要研究如何在工作设计、工作组织、工作安排上求实效。少先队工作一定要求实效,不要求热闹,也不看活动规模有多大。我们一定要清楚,党交给我们的工作,是为了孩子的,不是做给别人看的。所以,在实事求是的问题上,遵循规律和坚持工作的实效性是我们当前需要认真总结、思考、坚持的。

特别要注重研究少年儿童认知、意识、信念、情感形成的一般规律。昨天和专家讨论,儿童心理学的几个观点很重要:一是弗洛伊德的潜意识理论强调,潜意识的形成越早越好,灌输可以从3—5岁开始。二是青春期前的灌输比较容易接受,但到了青春期以后,价值分析的方法比灌输会更有效。三是国外开展的道德训练课程值得借鉴。我们在灌输方面总体上做得是比较好的,但也存在一些问题。灌输有四种可能性:一是意识的持续强化;二是意识的持续淡化;三是形成逆反;四是根本没有灌输进去。产生哪种可能性,关键在于我们是否遵循少年儿童的心理发展规律、情感接受规律。比如,在6—14岁这个年龄段,要强调朴素感情,不可能有太多的理性认同。这样的规律到底有哪些,全国少工委要集中全队的智慧,在教育部指导下,研究最基本的儿童心理学关于认知、意识、信念、情感的重要理论。

实事求是地把握规律性是极其重要的,工作作风求真务实也要特别强调。活动不要看似热闹、场面宏大,关键要符合规律。有的辅导员总结出"我们的少先队"、"快乐的少先队"、"难忘的少先队",关键是怎么成为"我们的"、"快乐的"、"难忘的",而且又不忘我们的根本任务要求。

第三,要研究如何做到与时俱进。党中央反复强调,各项工作要体现时代性、把握规律性、富于创造性。时代性就是与时俱进的问题。少先队队歌里没有出现"共产党",我觉得是个遗憾,因为漏掉了一次次通过唱队歌进行灌输的好机会;出现了两次"敌人",但很多孩子不知道"敌人"是谁,"敌人"在哪。据初步统计,我们的调查问卷中有29%低年级的孩子认为现在就在共产主义,这种意识肯定与队歌的灌输有直接关系。在对少年儿童进行灌输和培养情感当中,要强调内容的简单、易于接受,否则不会形成强烈的意识信号。这就需要我们认真思考,队章中要求少先队员爱护公共财物,但什么是公共财物,私有的财物就可以不爱护?恐怕不行。宪法规定要爱祖国、爱人民、爱劳动、爱科学、爱社会主义。现行队章中的“五爱”与之不一样,我们需要与时俱进地思考队章的内容,请示中央后,队章中的个别文字表述是可以讨论的。给40岁左右的人讲近代史、新中国,感受就不如老同志强,但是讲改革开放就有强烈的共鸣;给现在的孩子讲改革开放,也不好讲。在这些问题上,建立与时俱进的重要思想方法应该有所体现,有所要求,该变的东西要变。全国少工委要研究这些少先队工作的根本问题,各地的工作活动要从实际出发,五彩缤纷,富有创造和活力。希望大家对重大的、根本的问题多做研究,在理解党的思想路线时最重要的是找到工作结合点,想出在什么地方下功夫,在工作方法上特别强调敢于创新、把握规律、紧跟时代发展步伐。

三、认真研究实现根本任务的有效载体

1. 要认真研究灌输培养少年儿童对党和社会主义祖国朴素感情的有效方式。归根结底是要把握好少年儿童意识和情感形成的基本规律。要研究培养灌输意识、情感的基本规律,找到有效方式,防止无效灌输,甚至形成逆反。建议搞一个队日活动的策划,集中研究怎样跟孩子讲共产党、讲社会主义祖国。在调研过程中,我听了很多辅导员的介绍,其中有一个在一年级学生中的版本是“党是太阳,我是花”,感觉能够形象地把党与少年儿童的关系说清楚,但对于高年级的小学生就不一定有效。要研究祖国和社会主义的联系,在灌输中把祖国与社会主义结合起来,告诉孩子我们的祖国就是社会主义祖国。

2. 要认真研究培养少年儿童有爱心、良好行为习惯特别是国家意识、科学意识、劳动意识的有效载体。以青年工作为例,中央领导同志指出,青年志愿者是党领导的青年组织在新的经济社会发展阶段的一个重大创举。我理解,就是创造了新的有效的社会化动员方式,创造了适应经济社会变革的新的精神文明建设有效载体,同时也创造了一种为广大青年所喜爱的新的精神时尚。我不赞成把志愿者“行政化”或“被志愿化”,搞人人都注册,那就不是真正的志愿。在爱心、良好行为习惯、国家意识、科学意识、劳动意识等问题上也是一样,不能强迫,这都需要我们认真思考。总之,对于基本的品德培养,要把少年儿童的意识、精神的形成规律找出来,然后按照规律作出新的设计。

3. 少先队活动既要丰富多彩,又要主题鲜明。丰富多彩是我们开展活动的擅长,但是,怎样突出活动主题是需要我们认真研究的问题。围绕少先队的根本任务,可以在两个层次的目标上找到很多重要主题,但不可能相应地开展很多活动,因为少先队的活动时间是有限的。少先队工作是教育工作的一个组成部分,不是全部的学校教育,不能替代基础教育,少年儿童思想品德再好,学习不好,同样不能成为合格的建设者。我们要在有限的工作活动的时间和范围内,突出每一次活动的主题。如果活动突出的是培养孩子有爱心的主题,那就想办法从儿童的心理规律出发体现爱心;如果活动突出的是培养孩子科学意识的主题,那就找到相应的有效方法;如果活动突出的是培养孩子对党和社会主义祖国朴素感情的主题,那就探索例如与党员“手拉手”之类的载体。总之,决定少先队工作和活动成效的关键,在于怎样能够做到主题鲜明。

4. 要高度重视少年儿童新的生活方式和受影响的载体。这次团中央组织的少年儿童调查反映,对低年龄少年儿童影响最大的三类人是家长、老师和明星。这就需要我们认真思考,既然孩子们认同明星、关注明星,那么我们就要研究怎样使明星成为我们对少年儿童渗透和传播意识的重要载体。再比如,现在互联网等新媒体已经成为孩子们新的生活方式和成长环境，据有关部门统计，现在手机上网70%是未成年人，这就需要我们认真研究少先队工作如何向新媒体进军。总之，我们要高度重视少年儿童新的生活方式和受影响的载体，充分运用电视少儿频道、广播、报刊、网络、手机报、手机短片、公益广告等大众传媒，充分发挥互联网和新媒体的作用，通过儿歌、游戏、动漫等少年儿童感兴趣的方式，借助明星的影响力，影响和引导少年儿童。全国少工委要认真总结全队在这方面的好经验、好探索。

5. 要在加强阵地建设上采取新举措。和几十年前比，现在的少先队的阵地建设好多了，这离不开各地党委政府的大力支持。在阵地建设上我们不能走偏，要围绕根本任务，抓住少先队事业的本质，善于在党和国家教育事业的总体格局中找到有效、适度的切入点，把握好度，用好各种阵地。

6. 要借助各种社会力量共同推进少先队工作。要认真研究学校教育、家庭教育、社会教育不同的角度和功能。在知识传授上，学校毫无疑问是权威；在受影响上，家庭很重要；社会不是抽象的，新媒体、互联网、明星，就是社会的组成部分，都会对少年儿童产生重要影响。当前，我们要综合考虑从文化层面、娱乐方面、影视方面等不同角度来影响少年儿童。日前，我们和教育部门协商后，成立了一个少先队的工作指导机构，就是要把其他行政力量结合起来、把能够动员的社会力量结合起来，充分发挥各方力量支持帮助少先队工作，共同找准少先队工作的切入点，归根结底是要把思想性、知识性、娱乐性、时尚性结合好。孩子喜欢娱乐，就在娱乐当中体现思想意识方面的教育；喜欢知识，就在知识当中体现；喜欢时尚，就在时尚当中体现。

四、加强少先队工作队伍建设

辅导员队伍是少先队工作最为重要的工作力量，基本上决定着我们的工作成效。不管党委政府如何重视，不管我们怎么做，真正面对孩子的，是一线的辅导员。我们不能只简单地强调少先队辅导员的重要性，更重要的是，要回答少先队辅导员的职业素质、职业成长路径是什么。

对于由什么人治校的问题，我赞同一些领导同志的看法，应该是教育家治校。少先队辅导员是什么工作？在社会主义市场经济条件下是什么职业？要把少先队辅导员的职业角色、职业生涯的路径、职业精神、职业素质概括出来。扬州做得很好，探索了一条路径，之所以市委、市政府把辅导员列入考核级别、职称体系，是有科学依据的，就是一种综合的、少年儿童教育的职业路径，特别是思想、品格和素质教育的路径，是靠近教育家的一种路径。昨天江苏的同志讲，江苏有大量辅导员成为中小学校长，要做大量的实证分析，看看到底有多少人，然后归纳为什么，里面有什么职业路径、职业素质、职业精神要求。如果其他只懂专业知识的老师不适合做少先队工作的话，我们要正面回答什么人更适合做少先队工作。除了人格、性格特征外，需要什么样的专业素质支持。最基本的是要懂儿童心理学的专业基础知识。有些老辅导员退休以后还在考心理咨询师，我很感动，这能说明一些问题。

我们要从学科建设、职业特征、职业素质特别是职业素质所需要的合理的知识结构来考虑，少先队辅导员应当具备什么样的素质，从这个角度来考虑我们的队伍建设，而不是简单地说重要，要计工作量。计工作量不是根本问题，根本问题是研究出优秀的、合格的少先队辅导员所应该具备的知识结构、专业素质。要从这个角度来归纳分析当前队伍建设中存在的问题和需要加强的环节。辅导员首先要是一名好教师，有自己的教学特长，或者教语文、数学或者其他课程；第二，需要具备做好少年儿童工作、实现少先队工作根本任务所需要具备的其他专业知识和工作素质；当然还有性格特征，必须喜欢孩子。各地可以结合自己的实际深入探索和创新，方向可从职业角色入手，找职业素质所需要的特定的合理的专业水平。国外有大量专业的青少年工作者，并不是什么事都要有职称。但作为一种职业倾向，可能需要一种重要的激励方式。如果职称是重要的唯一的职业激励方式，我们可以来探讨专业化问题。还有什么样的激励方式，在这一点上可以做深入研究。比如江苏可以做调研，有大量的辅导员成长为校长，说明少先队工作至少在小学阶段，是支持教育家成长路径的一个渠道，不能说是全部渠道，但至少是一个渠道，培养的是对小学生的综合教育的教育家的一个成长路径。

如何解释这种现象？因为教育家的成长，既要强调有某一学科的专业知识，又要强调对教育的综合学习研究和把握，懂得在小学阶段的教育规律，善于运用这些教育规律设计教育载体，渗透各种重要的基本素质包括国民教育当中的重要素质。这个问题现在说可能还不成熟，提出来请大家从现实出发，研究整个少先队辅导员成长的职业生涯、职业路径、职业发展道路，然后归纳分析总结，研究出结论。也可与有关重要的教育研究机构合作，再做一些深入的调查研究，逐步推动少先队辅导员队伍的整体建设。希望教育行政部门关切、支持这件事。我们总体的教育目标是一致的，需要不同的路径来使总体目标得到根本实现。

希望各级少先队组织加强对少先队辅导员的关心、爱护和培养。他们是做人的工作，有很强的不确定性；他们是做人的思想工作，不一定都能在硬件问题上立刻体现出成绩；他们做的是长远的重要工作，怎样建立一整套科学有效的激励方式，这都值得我们和教育行政部门共同来探讨和研究。我们不能“近视”、不能短期看问题，总要看到哪些有效和有益的工作会在未来和长远发生重要作用，这也是教育规律本身。少先队工作对促进少年儿童的素质教育是一个重要的角度，虽然不是素质教育的全部内容，但是素质教育的重要组成部分，需要有很好的职业素质来支持和推动。

总之，今年是少先队工作发展进程中的重要契机，明年要召开全国少先队代表大会，党中央领导同志非常关注。希望大家在过去的基础上，认真总结经验，总结规律，勇于探索和创新，在教育部门的支持、指导下，在社会各方面的支持、关心和帮助下，把少先队事业推向新的发展。

陆昊在全团促进青年就业创业工作电视电话会议上的讲话

2009年3月17日

同志们：

促进青年就业创业，是共青团贯彻落实党中央书记处重要指示精神，举全团之力推进的一项长期性、战略性任务，也是共青团组织贯彻今年全国“两会”精神的一项重要工作部署。团十六大以来，全团积极行动，努力创新，做了大量扎实有效的工作，目前总体上形成了良好的工作态势。但是，从各地团组织反映的情况看，在具体工作中仍然不同程度地存在着一些问题，需要引起我们的高度重视。首先是认识上的问题，有人把这项工作理解为一项短期行为，不是长期工作。团中央书记处在任何场合、任何会议上，都强调促进青年就业创业工作是全团的一项长期性、战略性工作，无论有没有金融危机，都要抓好这项工作。同时，还存在着操作上和工作态度上的问题。全团要认真总结前一阶段工作开展过程中的好经验、好做法，有针对性地解决在思想认识、实际操作、工作态度等方面存在的问题，全力扎实推进促进青年就业创业工作。

近段时间，我们做了一些调查，听取了一些团的领导机关负责同志和基层团干部的意见，就一些重要问题进行了认真研究。今天，专门召开电视电话会议，从团中央一直开到县级团委，主要是和大家一起研究和讨论怎样做、做什么的问题，进一步部署和推进青年就业创业工作。下面，我代表团中央书记处，讲三点意见。

一、进一步把思想和行动统一到团中央关于促进青年就业创业的工作部署上来

团十六大上，我们提出要调动一切可以调动的资源，全面推进青年就业创业工作。之后，在研讨会、二中全会、各战线工作会上又进行多次研究和部署，明确提出：全团要高举促进青年就业创业的旗帜，把促进青年就业创业作为服务青年工作的重中之重。之所以要以这样的重视程度、决心、力量来推进这项工作，主要是基于三个方面的考虑。

第一，做好这项工作，是共青团服务党政工作大局的重要切入点。我国是一个人口大国、劳动力大国，无论经济形势如何，无论有没有金融危机，就业问题都始终是一个长期性的战略课题。从静态来看，劳动力总量供大于求的状况长期存在。我国每年能够解决新增就业800万—1000万人，大体上是GDP每增加一个百分点，能够解决100万新增劳动力的就业，而从有关方面的统计看，每年新增劳动力人口总计超过2000万，其中存在很大的就业缺口。从动态来看，一方面，农村仍然有大量的剩余劳动力没有实现有意愿的转移就业，大致在1亿—1.2亿之间；另一方面，我国目前出现了很强的技术进步趋势，随着产业发展和技术升级，将会进一步“挤出”和替代劳动力需求，从而进一步加剧就业紧张的形势。特别是当前，受国际金融危机的影响，我国就业形势显得更加严峻。在这种形势下，能否最大范围地实现就业，是关系国计民生与社会和谐的大事。青年是新增就业的主体，新增就业问题主要是青年问题。因此，我们必须抓住促进青年就业创业这项工作，扎扎实实地为党政工作大局做出力所能及的贡献。

第二，做好这项工作，是共青团履行服务青年和维护青年权益职能的重要着力点。胡锦涛总书记对共青团提出了组织青年、引导青年、服务青年和维护青少年合法权益四项基本职能。履行好服务青年和维护青年权益的职能，必须从实现青年普遍性的、带有共性的利益诉求入手。当前，青年最关心、最现实、最紧迫的需求，就是就业创业。全团经过反复认真的研究，把促进青年就业创业作为服务青年的战略任务和重中之重。什么叫战略，什么叫重中之重？就是指在服务青年的工作中，其他的工作可以暂时不做，但促进青年就业创业工作要做好。当然，各地团组织在服务青年的长期工作积累中形成了一些好品牌、好做法可以坚持，但是要做好权衡，要突出现在的战略任务。现在，对于促进青年就业创业工作，已经不是一个需要讨论的问题，而是一个必须执行的任务，全团必须集中力量，动员一切可以动员的社会资源，为青年就业创业提供实实在在的帮助。

团组织开展的促进青年就业创业工作仅仅是全社会共同努力中的有限的一部分。要促进青年就业创业，归根到底要靠党和国家有效的经济政策和全社会的共同努力来实现。因此，我们在“两会”前向人大代表和政协委员提出了促进青年就业创业的建议，希望国家的财政政策、投资政策、产业政策进一步兼顾对就业的拉动作用，充分考虑不同产业类别的单位投资额对就业拉动的不同作用，使财政投资能够更加明确、更加具体地转化为促进就业的效应；希望进一步出台能够缓解就业压力，可产生短期、弹性、灵活就业机会的就业促进政策；希望给予部分金融机构必要的激励和成本控制支持，促进金融机构在支持创业小额贷款方面有更大的作为，以支持有效创业，等等。总之，我们要依靠各级党政的力量，争取全社会的支持，共同促进青年就业创业。

第三，做好这项工作，是党中央交给我们的一项重要任务。去年 12 月 5 日，党中央书记处在听取团中央工作汇报时对我们做好促进青年就业创业工作的要求非常具体、非常明确，要求团组织充分发挥社会动员能力和组织体系的优势，尽最大可能为青年就业创业提供支持。中共中央政治局委员王兆国同志也多次强调，共青团要千方百计为广大青年提供就业服务，在促进青年就业创业方面有更大作为。今年的《政府工作报告》也明确提出，要实行更加积极的就业政策，把促进增长与扩大就业、改善民生紧密结合起来，千方百计促进就业，力争实现城镇新增就业 900 万以上。要帮助更多人实现就业，首先取决于国家的宏观经济政策，但仅靠国家的政策还不能完全解决就业中存在的所有问题，还需要全社会的共同努力。共青团组织也应承担自己的责任，尽最大努力，坚决落实好中央的要求。

对于做好青年就业创业工作，现在全团已经形成了共识。但是，仅有共识是不够的，关键是要把共识变成一种自觉，变成一种坚决的行动。只有这样，我们才能更加主动地做好这项工作，才能在工作方向、重要工作安排、组织落实上统一行动。我再强调一下在团十六届二中全会上讲的观点，从共青团履行服务青年职能的普遍性角度考虑，从就业问题是我国青年的一个长期性战略课题的角度考虑，从党政关心、社会关注、青年关切的结合点考虑，从全团所具备的社会化动员能力的角度考虑，从全团已经具有很好的工作探索和工作积累角度考虑，从共青团工作融入市场经济主战场的合理适度切入点的角度考虑，全团当前必须把促进青年就业创业作为重中之重，高举促进青年就业创业的旗帜不动摇。

二、扎扎实实做好促进青年就业创业的各项重点工作

首先，针对一些认识上的问题，和大家进一步交流。第一，在促进青年就业创业工作中，既要看到创业对就业有带动作用，又要看到一定就业经验和技能的积累对成功创业的支撑作用。有关学术机构的调查显示，青年人当中直接创业的与就业以后再创业的比例是 4∶129，我国的 TEA 指数是 16，大学生创业成功率在 2%—3%，有创业意愿的大学生比例在 7% 以下。这充分说明了就业与创业的关系。第二，要努力找到青年就业创业过程中的实质性需要与共青团有所作为之间的结合点，注意把握共青团发挥社会化动员优势促进青年就业创业与政府履行促进就业职责之间的区别。共青团组织最根本的优势是社会动员能力，不是行政权力和资源的分配过程，也不是财政支出过程，这是我们考虑问题、谋划工作的重要前提。第三，要充分尊重市场合作主体的利益诉求，善于把共青团工作的组织运行模式与运用市场经济条件下促进青年就业创业的商业模式结合起来，保证促进青年就业创业工作的普遍性和持久性。就业创业工作融入整个宏观经济运行当中，肯定会涉及微观市场主体的利益机制和利益诉求，在这个问题上，千万不要被一些点上的、不可推广的、表面上的社会责任所迷惑。比如建立青年就业创业见习基地，企业最根本的利益有两个方面。一是企业在扩张过程当中每年都会有合理的用工需求，需要一个适当时间段的选择过程，对可能选用的员工进行比较全面的判断。二是通过广告效应，进一步表达企业自身的社会责任。把握

好这些利益诉求，促进青年就业创业工作才能得到持久的支持和发展。

在进一步统一思想认识的基础上，全团要抓好五项重点工作。

1. 关于青年就业创业见习基地建设。青年就业创业见习基地建设是当前全团一项非常重要的工作，是全团重要的工作品牌，必须全力推动。目前，经过全团的共同努力，现在已经面向社会公布了2批、4083个见习基地，可以向青年提供超过12万个见习岗位，截至2月底，已经有5805名青年到岗见习。此外，学校战线目前还有2019个大学生见习基地已经建立但尚未公布，可以向大学生提供超过7万个见习岗位。

青年就业创业见习基地建设，在社会上引起了良好的反响，各级党政对这项工作也给予了充分的肯定。但是，在具体操作过程中，一些团组织和团干部还存在着不正确的认识和做法，集中反映在，有的同志把建设见习基地看做是“挂牌工程”，只关心挂牌单位的数量，不重视见习岗位与青年就业的匹配度以及青年见习的实际效果。针对这些问题，团中央起草了《共青团“青年就业创业见习基地”实施细则（试行）》，正在征求有关团委的意见。团的各级领导机关要进一步统一认识，精心指导，严格把关，认真面对和处理工作中遇到的困难和问题。全团要加大工作力度，经过持续的努力，争取创造出共青团新的工作品牌。在这里，我着重强调三点。

第一，建设青年就业创业见习基地，是青年职业生涯起步阶段需要规范、并且团组织有能力提供规范的环节，要么为青年就业提供条件，要么为青年创业积累技能和经验。同时，从普遍性和持久性出发，我们在工作设计过程中也充分考虑了企业能够承受的合理负担。比如，一个见习基地只需要提供10个左右的岗位，对于企业来讲，相关保险、生活补助方面的成本是能够承受的。

第二，注重团的不同层级在工作上的衔接，特别强调地市级团委要切实担负起对接的责任，县级团委要做好见习人员的组织工作，努力把工作与组织建设融为一体，使之成为落实“两个全体青年”要求的具体路径。有的同志提出，基地建好之后，青年可以直接和基地对接，不用团组织介入，这样更有效率。我们认为，从共青团落实“两个全体青年”要求的战略考虑出发，不能省略基层团组织参与对接这一过程。因为这个过程是普通青年找基层团组织的过程，是共青团工作活动影响广大青年的过程。在对接问题上，团中央、团省委不直接对接基地，任务主要由团市委、团县委来完成，其中最关键的是地市一级的团组织，必须做好信息汇集、协调对接等方面的工作。

第三，注重在基地建设中发挥共青团组织的社会化动员能力，推进过程不能变成行政化再分配资源的过程。团组织建青年就业创业见习基地，是在发挥社会化动员优势的基础上，结合企业利益诉求和社会责任所进行的一个工作项目设计，在建设过程中不能主要考虑动用或分配财政资源，否则就失去了共青团组织的特色。

2. 关于青年创业小额贷款项目。青年创业，一靠意愿，二靠能力，三靠条件。青年的意愿我们是不能完全改变的，共青团推进青年创业小额贷款项目，关键是为有创业意愿的青年提供必要的条件。今年以来，一些地方的团组织特别是东部沿海地区的团组织，加强与农村信用社、中国邮政储蓄银行、农业发展银行等金融机构的联系，创新和完善小额贷款担保的方式方法，大力推进农村青年创业小额贷款工作。截至3月10日，全国绝大多数省级团委与当地银行业监管部门和金融机构进行了商谈，其中河南、四川、江西、安徽、湖北、吉林、重庆、甘肃、宁夏等28个省级团委已与银行业金融机构开展了合作。可以说，青年创业小额贷款项目迈出了坚实的一步。

今后，在工作推进过程中要注意把握四点。一是要研究小额贷款的担保制度。团中央与银监会联合出台的《关于实施农村青年创业小额贷款的指导意见》，不是工作号召的文件，而是制度创新的文件，主要的创新点就是小额创业贷款的担保方式，担保方式的创新为更多青年人得到创业贷款提供了机会。二是要找准工作载体，善于与农信社等有关金融机构合作，但不介入具体的贷款审核过程，主要通过团组织网络推荐创业青年及项目。三是要充分考虑各地的文化传统差异，尊重青年的创业意愿，因地、因人开展相关工作。我们在全团统一部署开展这项工作，为青年创业创造条件，但是由于各地的文化传统不同，决定了青年的创业需求、风险意识也存在很大差异。因此，在小额贷款工作上，我们不要求每个地方都做到有同样的信贷规模，但要求一致推动。四是要加强基层团干部和青年创业人的金融培训工作。团中央已经下发了《关于做好农村青年创业小额贷款培训工作的通知》，金融培训指导手册和专题 DVD 已编写录制完毕。各省级团委要充分发挥这批教材的作用，充分利用各级团校等培训阵地和召开各类会议的机会，广泛组织基层团干部开展关于小额贷款的金融培训。基层团干部不要有顾虑和畏难情绪，做好小额贷款工作关键是学习和总结经验，这个过程也是我们提高参与经济活动本领的过程。

3. 关于青年就业创业技能培训。开展培训是共青团促进青年就业创业工作的传统内容。团中央已经与人力资源和社会保障部联合发文。从今年春天开始，农村青年春季培训工作全面展开。据各地团组织上报的数字，截至 3 月 10 日，全团共培训农村青年 73. 7 万人，其中以团组织为主培训的有 56. 9 万人。在城市青年培训方面，我们努力将培训纳入现在已有的技能职业培训政策序列。团中央还将联合中国烹饪协会等 3 家行业协会，募集 6 万多个岗位；建立 96 家“宝健自主创业生活馆”，扶持一批青年成功创业，并带动部分下岗和失业青年实现就业。

在下一步的推进过程中，我们要注意把握四点。第一，要真心对普通青年负责，培训时间要在 1 周左右，为青年提供一点实实在在的帮助和指导。因为培训不能完全保障就业，所以培训要有足够的技能支持，至少要有 3 天以上时间。第二，接受培训的青年必须是团组织联系的，不能简单把培训交给社会机构。这既反映了对工作的认识水平，也体现了工作落实水平。这项工作是满足普通青年利益诉求的机会，在推进过程中要始终体现“两个全体青年”的工作内涵。第三，要积极借助政府力量，争取获得更多的政策资源；同时做好操作环节的各项工作，上级团组织负责协调，同级团组织做好沟通衔接。当前，中央实施了更加积极的就业政策，今年财政投入 420 亿元资金，其中培训占了重要份额，因此政府资源是很丰富的，需要我们去争取。在这个过程中，两个环节很重要。一是上级部门要积极协调项目；二是各级团组织要与同级劳动人事部门做好沟通衔接，保证操作落实到位。第四，要善于与某些特定产业经济组织的扩张性用工需求和新商业模式相结合，进一步挖掘培训资源，努力使培训与就业相结合。需要强调的是，由于各地情况不同，我们不会拿培训数量做唯一的评价指标，工作努力程度、推动力度是更加重要的评价标准。

4. 关于青年创业就业基金会。建立团中央和省（区、市）两级青年创业就业基金会，在团十六届二中全会和《共青团工作五年纲要》上都已经十分明确。从目前全团推进的情况看，辽宁、河南、江西、云南、重庆 5 个省、市已经开始筹备成立青年创业就业基金会。

我们在近期的调研中发现，对于设立青年创业就业基金会，各地团组织在认识上、行动上还是存在不一致的地方。一是有的地方已经积极行动起来；二是有的地方不想建立基金会，只想在现有青基会之下成立一个新的基金项目；三是有的地方根本就没有行动起来，还在犹豫和观望。存在这些现象，说明各地团组织有的有畏难情绪、有的是嫌麻烦。最近，团中央书记处再次充分听取了各地的意见，研究决定，团中央6月底前成立中国青年创业就业基金会，各团省（区、市）委年底前也要成立省级青年创业就业基金会。我们认为，建立青年创业就业基金会是非常必要的，也是可行的。

第一，成立青年创业就业基金会，是共青团发挥社会化动员优势募集资金的重要载体。根据以往的经验，团组织募集资金，有的整体性很强，有的随机性比较大。成立青年创业就业基金会，就是要形成整体性募集资金的工作机制，使共青团通过社会化动员方式促进青年就业创业工作机制化、长期化。

第二，团省（区、市）委成立青年创业就业基金会，在启动资金、注册、管理等问题上不存在无法解决的困难。一是在启动资金上，根据基金会成立的有关规定，省里仅需400万元就可以成立一个基金会，这对于省级团委来讲并不难。团中央没有硬性要求各地都成立一个资金数额庞大的基金会，只是希望各地从自身实际出发量力而行，不搞简单的规模攀比。二是在注册上，省级青年创业就业基金会是公募基金会，依据《基金会管理条例》进行申报和登记注册，符合民政部门的注册要求。而且青年就业创业本身就是当地党政关心的大事，相信民政部门也会予以大力支持。如果省级团委遇到了阻碍，团中央会出面与当地政府进行协商和沟通。三是在管理上，由于青年创业就业基金会的资金主要通过直接支出、投资或担保等形式帮助青年创业就业，并不独立经营项目，所以需要的人力、管理成本并不多。另外，各个省级团委对基金会的管理并不陌生，近些年来在实践中积累了许多好经验好做法。

第三，青年创业就业基金会是管理型、控制型机构，本身不运作项目，获得的资源都要往下放，支持基层团组织开展相关工作。和青少年发展基金会完全不同，青基会独立经营项目，目前已经形成了特有的工作领域，以及比较完整的运作体系和管理模式，应当保持其延续性、独立性和自身特色。我们不能把两种完全不同的基金会混在一起，以免影响各自的发展。

5. 关于青年创业国际计划（YBC）。YBC项目的本质是培养青年创业带头人，是把共青团社会化动员能力和培养青年创业带头人的专业化过程相结合的有效模式，具有专业化、标准化、递进式、可复制的特点。项目实施5年来，社会化程度较高，形成了较完整的知识、管理体系和较广泛的服务网络，在全国9个省（区、市）成立了18个地方办公室和22个服务站，招募了2000余名企业家成为志愿者导师，累计培训创业青年15万余人，共扶持青年创建了605个中小企业，创造了6000多个就业岗位。各地在项目的推进模式上进行了大胆创新，探索了许多好经验、好做法。比如福建、辽宁、昆明等地，不仅团组织与各方面社会力量建立了良好的伙伴关系，同时地方政府也热情支持、积极推动，形成了非常有效的企业家动员方式和实施项目的组织载体。

各级团组织要充分认识到YBC项目，也就是青年创业带头人的专业化培育过程，是全团促进青年就业创业特别是促进青年成功创业的一个重要项目，也是我们促进青年就业创业工作整体中的一个重要组成部分。经过近五年的成功探索，今后有条件的地区特别是大中城市可以积极推进，全国项目办要给予必要的指导和支持，青年创业就业基金也要有必要的投入来支持这项工作。

三、全团要以高度的责任感和良好的精神状态做好促进青年就业创业工作

能否做好促进青年就业创业工作，最终取决于广大团干部的责任感和精神状态。在这里，我提四点要求。

1. 要强化真正意义的政治意识、大局意识。我们不能把讲政治、顾大局当做口号和套话来说。什么是真正意义的政治意识和大局意识？政治意识，就是要在这项工作中把政治战略与政治策略结合起来，既体现党政工作大局的要求，又体现胡锦涛总书记对我们提出的“两个全体青年”的目标。从战略上看，促进青年就业创业是当前和今后相当长一个时期青年最普遍、最迫切的需求，其他任何服务青年的工作都不能替代促进青年就业创业工作。从策略上看，要把实现“两个全体青年”的目标与具体工作紧密结合，通过工作载体来加强基层团组织与广大普通青年的联系。大局意识，一是要处理好与党政工作大局结合的问题，二是要处理好全团工作整体性的问题。我们要从党政工作大局出发谋划和推进工作，对于全团性的重点工作，要目标一致、互相支持、共同推进。我们为什么要集中公布见习基地和相关岗位，就是要体现全团工作的整体性；为什么要求各地都成立基金会，因为要举起这面旗帜，光靠一级团组织不行，必须全团统一行动。因此，能不能强化真正意义的政治意识、大局意识，是当前考验各级团组织和团干部的一个重要标志。

2. 要增强纪律观念。我们是一个全国性的组织，依靠什么体现战斗力、凝聚力？我们要清醒地认识到，团组织战斗力、凝聚力的维系，始终不能离开有逻辑顺序的三条：一靠信念，也就是认识；二靠规则，也就是纪律；三靠感情，也就是友谊。这个顺序不能颠倒。当前要更加突出认识和纪律。团干部都是党的干部，都要接受党内严格政治生活的训练，我们有许多接受这种训练的机会，比如，对全团整体性工作的落实情况就是一次训练机会，在每件具体工作中能否有真正意义上的政治意识、大局意识就是机会。只有这样，我们这个组织才能始终保持生机与活力；也只有这样，才能把那些真正为党的事业、为共青团工作勤奋工作、努力奋斗的同志凸显出来。团中央在全团部署的一致性的重点工作并不多，当前只有加强基层组织建设和基层工作、促进青年就业创业这两项。全团对于这两项工作在思想认识上是一致的，关键是在工作方向、重要工作安排和品牌方面必须统一，必须不折不扣地按照团中央的统一部署扎实推进，这是全团必须遵守的纪律要求。

3. 要锤炼真抓实干、勇挑重担的工作作风。我们要认真思考，为什么党中央书记处对团干部提出了“求真务实、吃苦耐劳、勇挑重担”的要求，哪些是一贯性的要求，哪些是针对性的要求，团干部身上存在着哪些差距？我们要对照工作来思考、来落实。比如，促进青年就业创业工作，这不是相对抽象的工作，而是为青年办实事、可以量化的具体任务，不仅要有表态，更要有行动。对于这项工作，我们提出了许多具体明确的要求，这些要求不是靠想出来、写出来、喊出来的，也不是一两次看似轰轰烈烈的活动能够完成的，而是要实实在在地干出来、是要吃苦吃出来。从各地反映的问题来看，可能有的同志有畏难情绪，有的同志嫌麻烦，也可能有的同志有顾虑，可以说确实面临着能不能做到真抓实干、吃苦耐劳、勇挑重担的考验。我们一直强调抓团干部的作风建设，能不能在促进青年就业创业工作中取得实效，就是对全团工作作风的一次重要检验。因此，我们在工作推进过程中无论遇到什么困难，都不能绕、不能躲，必须迎难而上，全身心地投入，扎扎实实地帮助更多的青年实现就业创业，切实为党政分忧、为青年解难。

4. 要善于结合工作努力学习、提高本领。我们的学习一定不能抽象地学习，必须结合工作中遇到的专业知识和实际问题来学。对于促进青年就业创业工作，就需要一些经济领域的专业知识来支撑。团的工作涉及面很宽，需要学习的东西很多，如果忙于应酬，就没有时间加强学习、研究问题。我们要把在促进青年就业创业工作中遇到的困难和问题,作为我们学习相关专业知识的机会,静下心来研究问题,把与促进就业创业相关的经济、金融等方面的知识学明白,既能够推进工作,又能够增长本领。各级团组织开展的各种培训班,要增加与重点工作相关的知识培训,加强政党、政治组织基本理论的培训,进一步增强培训的针对性和实效性。总之,希望大家在扎扎实实地推进工作中努力学习、做出贡献、提高本领。

谢谢同志们。

陆昊在全团基层组织建设和基层工作研讨会暨全团组织工作会议上的讲话

2009 年 3 月 24 日

经团中央书记处研究,决定召开全团基层组织建设和基层工作研讨会暨全团组织工作会议。昨天,书记处同志分头参加了各个小组的讨论,和大家共同就一些重要问题进行了交流和研讨,总体感觉会议开得很有必要,也很有成效。大家对前一段时间全团加强基层组织建设和基层工作、特别是驻点工作进行了比较深入的研讨,总结了很多很好的经验和直观的感受,也提出了不少有针对性的意见。下面,我代表书记处,谈两个问题。

一、全面加强基层组织建设和基层工作

加强基层组织建设和基层工作,是团十六大之后,新一届团中央书记处深入贯彻胡锦涛总书记对共青团提出的“大力加强自身建设,坚持眼睛向下、重心下移,力争使团的基层组织网络覆盖全体青年,使团的各项工作和活动影响全体青年”的重要指示精神,在全团首先着重部署的一项重点工作,也是向全团发出的第一个最重要、最强烈的工作信号,是共青团在当前以及未来几年要坚持不懈、狠抓落实的重要工作任务。

(一)目前的工作态势和存在的问题

在全团的共同努力下,基层组织建设稳步推进,呈现出良好的工作态势,取得了初步成效。主要表现在:全团在认识上有了进一步深化;团的各级领导机关开始以更大的力度来支持基层开展工作;对多年来基层组织建设和基层工作中形成的好经验好做法进行了必要的总结,归纳出一系列重要的指导性原则;在各地得到了党委分管领导的肯定和支持,部分地区还出台了一些支持基层团组织建设和基层团工作的新的推进措施和工作制度。

当然,我们也发现了工作中存在的一些问题。第一,部分团的领导机关的同志对于加强基层组织建设、做好基层工作的认识还不完全到位,仍然把它当做一个阶段性工作,或者仅仅把它当做一项重要的基础工作。第二,部分同志认识到基层组织建设非常重要,但是当工作中遇到困难时信心不够,不是迎难而上而是知难而退。第三,有的同志认识很到位,也不想后退,但工作还是局限于培养点上的典型经验,没有以更大的力度进行推广,没能在更大的范围内实现这些经验。第四,客观上还存在着支持基层工作力度不够的情况,基层开展工作的条件、资源有限的局面仍未从根本上改变。团中央在去年做了很大努力,很多省级团委也采取了进一步的跟进措施,但还远远不够。第五,还没有完全将基层认可的好的工作支持方式转变为制度安排,形成长效机制。第六,县一级特别是县以下的乡镇一级团组织,在工作思路、工作方法上还需要进一步提高,有时候还不能真正把基层团的工作和建设紧密结合起来。这个问题很重要,基层的同志要特别注意,一定要善于把工作、活动和组织建设有机结合起来,要能够帮助下一个层级的团组织在工作上作出必要的长远考虑,而不只是让下级简单地参与面上的活动。共青团是要搞活动,问题是搞什么样的活动?什么样的活动放在哪个层级?这是关键。在团内有一个很危险的思想倾向,就是把与少数青年的联系等同于与广大青年的联系。如果眼睛只盯着参加具体活动的少数青年,忽略了更大范围内的组织覆盖,最后就只能保持同少数青年的联系,从而丢掉广大的青年群众。

（二）对加强基层组织建设的认识

关于对加强基层组织建设的认识,在团的十六届二中全会上我们作了六点归纳,即要从共青团作为执政党的青年组织、与党的事业有着本质联系的角度,从团的组织功能和组织活力根本标志的角度,从四项职能实现前提和"两个全体青年"目标任务的角度,从真正广泛有效地把广大青年组织动员起来作贡献的实现前提的角度,从两种动员方式相结合、克服组织化动员薄弱问题的角度,从团与广大青年最普遍联系的路径、载体、渠道和边界关系的角度,充分认识加强基层组织建设和增强基层工作活力的重要意义。这里要特别强调一个看法,希望全团的领导机关的同志能达成统一。如果一定要把基层组织建设比作一项工程的话,那么书记处非常清醒、坚定地认为,这项工程绝不是一般意义的"基础工程",在当前是团组织的"活力工程"、"生命力工程"。

共青团活力的根本评价标准在于我们与广大青年的关系,基层的组织建设和工作恰恰处于团组织与广大青年的边界上。我们是否具有活力也不以我们的评价为准,而在于党的评价,在于青年怎么看我们。在这个问题上,同志们一定要格外清醒。我们分析过新的历史时期共青团面临的三大挑战,其中第一条就是党的历史方位发生了变化,从革命党向执政党转变,特别是从计划经济条件下的执政党向市场经济条件下的执政党转变。在新的历史条件下,党可以通过执政行为在执政过程中实现为人民服务的根本宗旨,体现组织的生命力、战斗力。共青团没有这个转换路径,我们作为执政党的青年群众组织,根本任务就是巩固党执政的青年群众基础,团结带领广大青年为实现中华民族的伟大复兴而奋斗。如果我们不能像总书记要求的那样组织、联系、覆盖、引导广大青年,就无法完成这一政治使命,也就无法从根本上体现组织的生命力。在市场经济条件下,共青团作为党领导的全国统一的青年群众组织,一方面是有权威性的,但导致权威性的垄断因素在另一方面也很容易会出现官僚化的倾向。这就是一个事物的两个方面,全团对此必须要有足够清醒的认识。如果我们的认识不到位、工作不到位,必然会脱离广大青年。胡锦涛总书记在纪念党的十一届三中全会召开30周年大会上的重要讲话中深刻指出:"过去先进不等于现在先进,现在先进不等于永远先进;过去拥有不等于现在拥有,现在拥有不等于永远拥有。"这是党的中央领导集体对忧患意识的表达,全团的同志一定要牢牢记住。我们作为团的领导机关,对于共青团的发展同样也要有足够的忧患意识。

基于此,我们要从以下几个方面深化对抓基层组织建设和基层工作的认识。

第一,抓基层是一项艰巨的任务,需要有力度,有韧劲。当前我们面临的很多挑战,不是现在才有的,也不是我们主观忽略而导致的,问题主要来自经济社会已经发生的深刻变革。所以,抓这项工作必然面临很多困难,必须要反复抓、抓反复。这本质上也是一场战斗,没有硝烟的战斗。实事求是地讲,在局部地区的局部领域，我们的阵地丢得很厉害，简单说，青年不喜欢、不参与就是丢掉阵地的表现。所以，对于抓基层组织建设和基层工作，我们光认识到位还不行，还必须要拿出最大决心，用最大力量，持之以恒地抓好。

第二，抓基层需要对社会生活的变化进行深刻把握，并对团的组织行为方式不断进行创新。抓基层不是常规性工作，是一项创造性工作，离不开对社会生活的深刻把握，离不开对青年的思想意识、生活方式的深入观察和判断，离不开对团的组织行为方式、团的建设理论的不断创新。我们工作的老套路不能丢，但是只靠老套路也不行。全团一定要认真研究我们在全团加强基层组织建设和基层工作电视电话会议上提出的9条原则，再加上我们在浙江发现的第10条，就是先帮助青年成立交流性组织，再在具备条件的青年组织当中探索成立团组织。同时，全团也要认真研究我们总结出来的吸引凝聚青年的5个途径。这些都是基于全团、也包括对西方政党的青年组织的工作规律和经验总结而得出来的，需要认真加以思考研究。现在有很多问题需要我们思考，比如，在一些青年中风靡的“杀人游戏”，为什么能够吸引那么多人？游戏过程中培养了参与人的什么技能和意识？比如，市场经济条件下，青年人为什么要加入一个群众性组织？比如，随着市场经济条件下全社会政治化程度的下降，青年在遇到重大政治问题才出现极端性表达的情况下，我们这种政治性、思想性组织怎么吸引人？比如，对政治不感兴趣的青年人为什么要参加政治性组织？这都要求我们既要讲政治，又要善于把政治跟生活相结合，从中找到解决问题的方案。要做到这点，只靠常规的方式，不进行创新是根本没有可能的。

第三，创新之后还要善于挖掘经验，总结规律。很多政治家、哲学家、思想家讲得很深刻，政治的本质就是人性。政治工作不能完全背离人性，也不能把自己的思想强加给别人。团的工作也一定不能违背青年的意愿，要在吸引凝聚青年的5条路径的基础上，继续总结规律，不断探索在市场经济条件下执政党的青年组织吸引凝聚青年的新途径。吸引凝聚青年这个题目不破，团组织的生命力还会受到挑战。

第四，抓基层既要靠制度保障，又要靠干部的创造活力。制度不是万能的，很多制度制定出来，最终都没能有效落实，问题出在执行上，出在人上。所以关键还是要靠制度和人的有机结合，靠干部的创造力。

（三）关于驻点工作

今年我们抓团的基层组织建设和基层工作，只有四件事。第一件，把驻点工作更深入、更持久、更广泛、更有效地推动下去；第二件，在全团开展不同类别的基层组织建设和工作的试点；第三件，借助中央组织部的力量，争取今年召开全国党建带团建工作会议；第四件，再给基层提供一些开展工作的条件支持。

从大家的交流和我们调研的情况来看，驻点工作总体上取得了一定的成效，在某些地方成效还比较显著。具体来说，有以下几点。第一，在一定程度上优化了县级团委的工作环境。驻点干部下到县里，县委领导肯定还是重视的，当然认识不完全一样，支持也不完全一样。总体上看，驻点干部多多少少都为县级团委带去了一定的支持，很多驻点干部还推动出台或完善了党建带团建的文件，在项目、资金方面给了一些帮助，帮助县级团委优化了环境。第二，提供了具体的指导，在一定程度推动了县级团委工作。驻点干部带来了一些好的经验和好的思路，使基层团干部在思想观念上有了新的变化，这一点大家普遍都是赞同的。第三，进一步激发了基层团干部的工作状态和激情。第四，在一定程度上帮助县级团委提高了工作执行力。

大家在讨论中也提到一些问题，我归纳一下，大概有这样一些，有的是问题，有的是我们感到还有必要给大家强调的。

第一，为什么不安排挂职？我们的基本考虑是要让驻点干部能够全身心地投入基层团的工作，真正达到锻炼干部和推动工作的目的。如果是挂职，大家可能会陷于具体职责带来的各种事务之中，起不到全面了解情况、推动工作的作用。还有一点，驻点干部中有近一半是处级干部，挂任团县委副书记不合适，挂任县委分管领导也不合适，那样大家就没有可能把精力全部用到共青团工作上了。

第二，驻点干部的职责是什么？我们已经讲得很明确，就是了解情况、介绍经验、探索创新、锻炼成长、推动工作。这些要求是我们经过反复研究后确定的，既具有很强的针对性，又具有很强的概括性，同时留有一定的空间，希望驻点干部们认真领会。有的同志提出来希望把"争取支持"单列，我们认为这不妥，实际上它已经包含在"推动工作"的要求中了。

第三，大家希望多给一些支持。这个意见是对的，全团要努力给基层创造新的资源和条件。今年，当我们把工作套路摸得更清楚的时候，当驻点工作和县级团委的工作跟当地党政工作大局结合得更紧密的时候，我们还要通过一定的方式，通过合适的切入点，为基层提供必要支持。但基层的同志也不能完全"等、靠、要"，要充分发挥自己的主观能动性和创造性。我们为基层提供支持的根本目的还是希望帮助基层组织把工作做好，基层的同志也一定要清醒地认识到，只有取得良好的工作业绩，才能真正赢得党政的认可。

第四，不能只局限于给基层办几件实事，要注意从面上对工作的推动。团的工作不能急功近利，只要按照正确的方向扎扎实实地做，积累到一定程度就会见效，就会慢慢改变局面。探索创新的工作可以在点上做，但总结经验一定要全面，一定要立足推动区域内团的整体工作发展来实施驻点工作。

第五，特别要强调团的工作和建设的有机结合。如果不把团的工作和建设有机结合，团的工作就不会深入扎实，团的建设就不会有生命力。当前全团推动的创业就业工作，就是我们为县级团委提供的一个很好的工作载体。组织青年的工作为什么一定要由县级团委做？就是要使县级团委直接面对青年，这一点县级团委要牢牢把握住，努力将工作成果转化为建设成果。

第六，驻点干部与县级团委的关系。我们已经明确，这两者是指导与被指导的关系，不完全是领导关系。在充分听取县级党委意见的前提下，处级驻点干部可以充分指导县级团委的工作，其他驻点干部可以全面参与工作并充分发表工作意见。

第七，驻点干部要勇于创新。我们发现，有相当一部分驻点的同志对创造性开展工作想得不是太多，借鉴经验的程度不够，用老办法比较多。这一点在今后的驻点工作中要加以改进。

第八，驻点干部要敢于碰难题。只有不回避问题和困难，才真正能起到锻炼干部的作用。那些常规性的工作，可以由团县委去做。

关于第二批驻点工作，我再强调几点。第一，不要理想化地认为驻点是万能的。它仅仅是改变工作现状、推动工作的一个重要手段，但不是全部手段。第二，也不要理想化地认为驻点的每一个同志都非常优秀，这不可能，就像我们每一个层级的干部不可能都是同样的水准、同样的工作状态、采用同样的工作方法。第三，驻点干部的培训现在越发显得重要，团省委书记要直接给驻点干部进行培训，这是今天提的一个明确要求。我们的干部基本素质都很好，要看怎么带，怎么培养。比如，驻点之后如何和党政领导进行沟通，沟通什么、怎么说都很重要，需要提前进行培训。第四，要明确驻点工作的规范动作。我们围绕怎样完成好五项任务，制定了一个驻点干部工作的细化要求，已经提交大家讨论。第五，省级、市级两级团委要认真负责地选拔人选，真正让熟悉团的工作、具有一定工作经验的干部驻点指导工作，不能纯粹从锻炼干部的角度考虑，还要从推动基层工作的角度考虑。

（四）关于基层团建试点工作

今年，团中央将在全团开展为期一年的基层团建试点工作，这是全团加强基层组织建设的另一项重要工作。实施方案已经征求各地意见，我着重强调一下在实施过程中要注意把握的三个方面的问题。

第一，在传统的战线领域要试新招，特别要注意总结新的重要的工作原则。比如在企业，要注意总结思想引导型、技能提高型的工作怎么开展；在社区，要注意如何结合社区安全性、便利性、互助性、娱乐性的不同功能开展工作。

第二，在统筹城乡、青年自组织、两新组织、网络团建等新兴领域要敢于直面新情况新形势对团的建设带来的新挑战，敢于碰本质问题、碰难点问题。试验没有对错之说，也不是说一定要成功。比如统筹城乡，到底怎么统筹？在哪个点上下功夫？还有青年自组织、两新组织、网络组织等，这些问题坚决要碰。网络建团也好，网络团建也好，是在网络上形成组织机制，还是作为开展活动的方式？都可以探索。在农村，要在专业合作组织、协会组织里探索普遍性的团建原则。总之，抓试点就要实事求是地抓，有力地抓，敢于碰本质问题，敢于碰难点问题，敢于碰新问题。

第三，试点工作一定要与总书记讲的团的四项基本职能结合起来，不能脱离。围绕如何通过加强基层建设增强共青团组织青年、引导青年、服务青年、维护青年合法权益的能力，我希望各地在试点工作中能做两次安排。第一次，团省委的同志回去后，分片交流一次。团中央的文件有些可能适合这个地方，有些可能不适合，有些可能和你们强调的不一致，希望团省委的同志一起对试点工作好好地研究一下。如果省里感觉还有一些非常鲜明的内容，我们表达或者重视不够的话，可以在当地突出出来。第二次，在试点进行半年以后，把所有试点单位负责同志找到一起，沟通一次，掌握控制试点的进程。

二、关于团的组织工作

关于当前的组织工作，我强调以下三个问题。

（一）从根本上把握共青团组织的功能

全团要充分认识共青团组织的根本任务和功能，特别是团的领导机关的同志要认真思考团的根本职责、任务、功能和实现路径等重大课题。当前要突出强调两点：

第一，要认真学习领会党中央的重要指示精神，坚决贯彻党中央的要求，准确把握团的根本任务和基本职能。总书记提出的“两个全体青年”、“四项基本职能”的要求要不折不扣地进行贯彻，不能流于形式。不能回避团的组织功能，只继承或者简单地继承一些工作方式，所有好的工作方式都是围绕组织的本质功能延伸出来的。我们既要看到党团关系丝毫没有改变，共青团作为党的助手和后备军的性质丝毫没有改变，从而进一步坚定信心，又要看到当前团组织面临的新形势、新任务和新挑战，准确把握团组织的根本职责和根本功能及活力要求之所在。

第二，要认真贯彻执行团的中央委员会所作出的重要决议，推动全团重点工作的落实，切实把行动统一到实现团的根本任务和基本职能的展开路径上来。当前，在团的基层组织建设和基层工作上，在服务青年就业创业问题上，对团的中央委员会确定的工作方向，可以保留意见，但是必须认真贯彻执行。

（二）组织工作要强调信念和纪律

我们靠什么维系共青团这样一个庞大的思想性、政治性组织？我们感觉要靠三条：一靠共同的信仰、二靠纪律、三靠友谊，当前要更加强调的是信仰和纪律，没有共同的信仰和严明的纪律,团组织就不可能有凝聚力、战斗力。作为执政党的青年群众组织,我们要从信仰上坚定中国特色社会主义道路,如果没有共同的信仰,丧失了共同的认识基础,团就从根本上失去了战斗力。团内既要强调平等、民主、和谐的氛围,又要有必要的纪律约束,既要有感情纽带,又要强调理性认同,这是共青团组织运行的重要基础。在纪律问题上,我们必须在这里进行强调,强调团的组织意识,强调严肃的党内政治生活准则。推动工作、转变作风必须靠明确的措施和严格的纪律,而不能只是靠口头说教。在首批驻点工作中,很多驻点干部表现优秀,肯吃苦,不怕累,受到了锻炼,学到了本领,推动了工作;但是也有少数同志没有认真履行驻点工作职责,没有很好地完成驻点工作任务,对于这些同志,我们将在团内进行通报批评。这件事,第一考验的是团中央书记处,考验我们的党性和原则性,考验我们在基本是非面前的立场,考验我们查清事实、区分情况的能力,考验我们抓工作是不是只靠说教而没有具体措施,考验我们敢不敢碰矛盾。这几条同样也在考验省级团委领导班子,特别是主要负责同志。

(三)关于干部队伍建设

共青团的岗位是一个锻炼的岗位,是不是每个干部都能得到锻炼,我看不必然,关键取决于干部怎么干、领导怎么带。关于加强干部队伍建设问题,这里我主要强调几点。

第一,各级团干部要珍惜团的工作岗位,在全身心投入工作的过程中锻炼工作能力。共青团的工作跨度大,涉及社会生活的各个领域,在团的岗位上能锻炼很多能力。一是讲政治的能力。不能说一套做一套,不能上有政策下有对策。二是群众工作的能力。共青团是为党做青年群众工作的,提高群众工作本领是组织属性的本质要求。群众工作能力的训练归根结底要靠跟群众的接触,靠深入基层,深入群众,善于与普通青年沟通交流,用正确的政治主张影响他们。三是社会动员的能力。共青团组织开展工作,不能简单地通过行政化手段,而是要通过社会动员能力,我们在青年就业创业见习基地建设中,练的就是这个本领。在党的工作格局里,就是需要行政部门、群众组织通过不同的工作方式形成工作合力。四是组织协调的能力。哪些事情需要和政府部门沟通,哪些事情需要和分管领导沟通,练的就是协调各方、推动工作的本领。五是意识形态工作的能力。在团的岗位上可以培养对重大的社会问题、社会思潮的思考能力,培养深刻的社会观察能力。六是介入经济工作能力。我们在全力推进青年就业创业的工作中就可以学习很多经济方面的知识,培养锻炼实践经济工作能力。在服务青年就业创业中,有些干部反映不太熟悉专业术语,这很正常,但是只要肯钻研,就学到了本领,也熟悉、介入了经济工作。怕的就是不敢碰,不敢碰就学不到本领。

第二,要在遇到矛盾、困难、挑战时不回避、不退让的过程中增长本领,在克服困难、应对挑战的过程中增长才干。现在我们遇到了一些难题,要求我们必须敢于碰根本性问题,碰如何引导青年走中国特色社会主义道路、坚定中国特色社会主义共同理想的根本性问题。这个问题不能绕开,不能回避,要善于把握各种社会思潮的本质倾向并吸收其合理成分,善于将引导青年和对青年思想的尊重结合起来,还要帮助青年通过社会观察和社会思考形成更加理性、更加深刻、更加稳定的思想。关于干部成长与才能增长,要让年轻干部清醒地认识到,职级的变动与本领的增长没有必然联系,本领是在实践中锻炼出来的,要特别注重通过工作中的思考来提高自己。

第三,关于带队伍的问题。各个层级的领导同志都要有强烈的带队伍意识,特别是团省委书记一定要把队伍带好,这是我们对组织的责任。带好队伍,归根结底,一是严格要求,避免不良社会风气对团干部队伍的侵蚀;二是通过工作来带,要将发现的优秀干部放在不同层级的岗位上全面进行培养,一方面培养干部的宏观思维、全局意识,另一方面在基层实践中培养干部对各领域本质问题的思考认识能力,帮助干部从思想到操作层面都能全面提高。

第四,要强调作风问题。团干部队伍中存在的作风问题,有很多是受不良社会风气的影响,但也有团干部自身的问题。对照胡锦涛总书记在今年年初中纪委三次全会上的重要讲话精神,尤其是总书记列举的作风方面的6种表现形式,我们要认真查找,一条条加以改进。要认真把握工作的方向和工作本质,真正做到求真务实、吃苦耐劳、勇挑重担。

第五,关于组织纪律问题。全团要从两个角度认真研究这个问题,一是如何保持上下一致,特别是在重大问题上一致的问题;二是如何建立干部队伍管理上的衔接机制问题。这些问题关系到我们组织的整体战斗力。当前,全团加强组织纪律性,关键是要充分落实好干部协管制度。一是要切实发挥协管职能。在现有的制度安排下,对于协管的职责规定是清楚的,拿准了的就要用。二是要将人事协管和工作协管结合起来。不能只把协管用在考察任用干部上,还要用在日常重要工作的评价考核上。今年开始,团中央将要求省级团委班子到团中央作年中述职,同时,也赋予驻点干部对驻点县级团委工作的直接的综合评价权。三是不能滥用协管权。我们不随意进行全面的工作考核,但是在重点工作项目上可以进行考核,并要体现出考核的科学性,既能让全团在重大工作方向上保持一致,又要为基层保留一定的灵活空间。四是协管要体现在纪律要求上,重大工作的推动要有纪律要求。要建立与下一级党政部门的沟通机制,对违反纪律、情节严重的要向同级党委通报。

第六,注重加强团干部培训。做好团干部培训极其重要,团中央已经制定今年的培训计划,重点是对县级团委书记进行培训,团中央书记处和各省级团委书记班子同志都要亲自授课,培训内容要具有较强的针对性、实效性,努力提高各级团干部的业务水平,胜任岗位要求。

以最大的决心支持和推动团的基层组织建设和基层工作,切实增强对广大青年的吸引和凝聚,是团中央书记处学习领会党中央指示精神作出的重要部署,我相信,只要全团上下统一思想,统一行动,坚持不懈、不折不扣地推进、落实,共青团基层组织建设和基层工作一定能取得新的成绩。

陆昊在共青团宣传工作会议上的讲话

2009年4月9日,根据录音整理

这次会议的主要任务是:深入学习贯彻党中央关于做好宣传思想工作的一系列重要精神,根据团十六大、团十六届二中全会的总体思路和安排,重点研究和部署引导青年的工作。

团十六大后,全团的主要工作侧重点突出地放在加强团的基层组织建设和基层工作、促进青年就业创业两项重点工作上。这么安排,不是说其他工作不重要,而是基于两个方面的考虑。一是组织青年工作是做好其他各项工作的重要前提；国际金融危机背景下服务青年就业创业的任务比常态下更为突出。胡锦涛总书记对共青团提出了组织青年、引导青年、服务青年和维护青少年合法权益四项职能作用，以及“力争使团的基层组织网络覆盖全体青年，使团的各项工作和活动影响全体青年”的要求。团中央书记处理解，这四项职能之间具有重要的逻辑关系，四项职能都非常重要，但不能简单地并列推动工作。全团当前遇到的最直接、最现实的挑战，首先来自于对青年的组织问题。虽然就点上的经验而言，各地都有不少非常优秀的团建典型，但挑战主要是在普遍性上。考虑到全面扎实的思想引导工作必须以组织青年为重要前提，在引导青年的问题上，全团在安排做好面上常规性工作后，暂时没有做更加深入细致的部署。二是扎实推进新形势下的引导青年工作，需要进一步调查研究、思考规律，做认真、深入、充分的工作准备。近年来，共青团紧紧围绕理想信念教育这一核心，坚持正面引导，尊重青年特点，善于抓住重大契机，积极开展“我与祖国共奋进”等主题鲜明的教育活动，注重选树典型、培养骨干，引导青年工作积累了宝贵经验，取得了重要成绩。同时我们也清醒地意识到，要真正实现对青年最本质、最核心意义上的思想引导，难度很大，不能做简单处理和一般性布置。正是基于这样的考虑，前一阶段团中央在抓好常规性的引导青年工作的同时，着重做了五个方面的研究和准备工作：

一是召开了加强共青团宣传舆论阵地建设电视电话会议，就构建影响全体青年的传媒体系作出了安排部署。二是在全国范围开展了针对大学生、企业青年、进城务工青年、农村青年的大样本调查，发放了4万份问卷，对四类青年群体当前的思想状况作了比较客观、深入的了解和分析，形成了调查报告并上报中央。三是专门针对影响青年思想意识的路径进行了万份问卷调查，对青年的主要信息来源渠道、影响青年思想意识的主要因素等进行了深入的调查研究。四是探寻不同年龄段青少年的身心特点和成长规律，探索构建从小学、中学到大学的团队一体化分层教育体系。对万名少年儿童的思想意识做了问卷调查，发现了一些重要问题，也上报了中央。对学校共青团、少先队组织在每一个层级开展思想引导工作的目标、任务、内容等进行了研究和部署。五是结合国际国内形势的新发展和全团重大工作任务，组织了七次团中央书记处集体学习，就“从党团关系和青年运动的发展看新时期共青团工作”、“当代青年的新特点、新变化”、“科学发展观的理论与实践”、“我国就业形势与青年就业问题”、“世界金融危机与我国经济发展”、“新媒体的发展及对青年的影响”、“当代中国社会思潮的演变及影响”等重大选题进行了集中学习和研讨，带动全团密切关注意识形态领域的一系列重大问题，进而深入思考共青团工作中一些带有战略性和根本性的问题。

应当说，通过这些准备工作，我们初步形成了下一阶段引导青年工作的基本思路，但深入推进这项难度很大、挑战性很强的工作，还需要我们进一步探索创新。

下午，长奎同志将就今年团的宣传工作作出具体安排和部署。这里，我结合前一阶段的研究和思考谈四点意见。

一、深刻认识引导青年工作的重大意义和面临的挑战

做好引导青年工作，是党对共青团的一贯要求，是党赋予共青团的光荣任务。党中央历来高度重视引导青年的工作，在新时期始终强调共青团要坚持以理想信念教育为核心，坚持不懈地引导广大青年跟党走中国特色社会主义道路。

做好引导青年工作，是贯彻胡锦涛总书记在同团中央新一届领导班子成员和团十六大部分代表座谈时重要讲话精神的重要内容。

胡锦涛总书记在讲话中要求共青团“要全面履行职能作用,着眼新的形势和任务,进一步提高组织青年、引导青年、服务青年和维护青少年合法权益的能力和水平”。做好团的工作,必须全面履行胡锦涛总书记提出的四项基本职能。团中央书记处理解,这些职能既有逻辑前提、又紧密联系,其中,组织青年是重要任务也是重要前提,与服务青年、维护青少年合法权益之间相互促进,而引导青年是根本任务。

做好引导青年工作,是共青团组织属性的必然要求。共青团是执政党的青年组织,是思想性、政治性很强的组织,引导青年是共青团组织思想性、政治性的集中体现。在任何时候、任何情况下,只有把引导青年的任务抓好了,才符合团的根本属性,在本质意义上实现团的思想性、政治性功能。

各级团组织和广大团干部要牢牢把握引导青年这一根本任务,以高度的政治责任感,大力创新新形势下的引导青年工作。团的领导机关、基层组织,团的各条战线、各个部门,都承担着引导青年的任务,都要有引导青年和为引导青年服务的意识,团的宣传战线更是责无旁贷。要清醒地认识到,在新形势下,共青团引导青年工作面临着许多新的情况和深层次的挑战。

首先,在全球化深入发展、我国经济社会加速转型的双重作用下,引导青年工作面临的环境更为复杂多样。新形势下,随着我国经济体制深刻变革、社会结构深刻变动、利益格局深刻调整,人们在思想认识、道德选择、价值取向等方面的独立性、多样性、多变性、差异性日益增强。世界范围内不同思想文化之间的交流、交融、交锋日趋频繁,国内思想文化的多样性与复杂性也进一步凸显,各种社会思潮日益活跃。在这一大背景下,构建社会主义核心价值体系、增强社会主义意识形态吸引力和凝聚力的任务更加繁重。还要看到,经济和社会生活中的热点和难点不断,一些深层次矛盾还没有得到根本解决,一些与群众切身利益密切相关的民生问题不时出现,也必然直接或间接地反映到人们的思想上来。复杂多样的社会思想环境必然对青年产生重要影响,也使共青团引导青年的工作面临着新的挑战。

其次,共青团组织面临的三个方面的本质性挑战,都会在引导青年工作中得到体现。当前共青团事业发展面临着许多新挑战,本质上来自三个方面:一是我们党的历史方位发生了变化,从革命党向执政党转变,从计划经济条件下的执政党向市场经济条件下的执政党转变;二是青年的政治意识表达方式发生了新变化,常态下政治意识淡化,出现重大事件时会有极端化表达;三是科技进步特别是信息技术发展对青年的生活方式、行为方式、交流方式和聚集方式带来了深刻影响。这些本质性挑战是共青团事业整体所面临的,自然会对引导青年工作产生极为深刻的影响。具体来说,一是共青团对青年的组织覆盖程度受到了严峻挑战,团组织与青年联系的紧密度在降低,以组织化方式引导青年工作难以贴上青年的“人”,因此就难以“入脑、入心”。二是青年对政治的关注度有所下降,引导青年政治态度的工作常常被青年自身淡化。三是在信息技术迅猛发展条件下,青年聚集和交流方式发生了革命性变化,给引导青年的传统工作路径带来了全新的挑战,拓展新的途径、渠道和载体的任务非常艰巨。

面对这些新形势、新挑战,共青团开展的引导青年工作仍然存在着不少不适应的地方,还存在着薄弱环节和亟待研究解决的问题,需要我们在今后的工作中切实有所加强。

二、引导青年工作必须注意把握的重要原则

分析归纳共青团近年来的基本做法和经验,应对工作中遇到的新情况新问题,引导青年工作必须注意把握好以下重要原则。

1. 要充分体现党对青年思想意识的核心

要求。作为执政党的青年组织，共青团开展引导青年工作必须以坚定广大青年跟党走中国特色社会主义道路的理想信念为核心，引导青年始终坚持爱国主义、社会主义和党的领导的有机统一，把民族精神和时代精神结合起来，把个人成就和社会责任结合起来，不断巩固和扩大党执政的青年群众基础，团结带领青年为实现中华民族伟大复兴而奋斗。

2. 要符合青年思想意识的形成规律。要把握科学性，努力使引导青年的工作符合青年思想意识的形成规律。比如，青春期前的灌输比较容易接受，进入青春期以后，价值分析的方法比灌输更有效。实践表明，灌输有四种可能的结果，一是意识的持续强化，二是意识的持续淡化，三是形成逆反，四是无效灌输。这就要求我们掌握灌输的有效时机，注重运用科学有效的灌输方式。比如，在思想传播和思想引导的过程中，思想理论本身的正确性固然重要，但传播者之间的友谊、情感和信任等因素同样起着重要作用，这就要求我们在工作中既要旗帜鲜明、坚持不懈地用科学的理论和正确的思想引导青年，还要通过组织化覆盖，通过各级组织及其骨干成员与青年形成的友谊、情感和信任影响青年的思想和行动。比如，青年最容易受到那些与自身经历和背景相似的榜样的影响，这就要求我们注重从青少年生活中挖掘可亲、可信、可学的各级各类典型。需要注意的是，青年思想意识的形成规律并非一成不变，对规律的运用也要与时俱进。

3. 要把握不同青年群体的差异。开展思想引导工作，必须体现不同青年群体的差异。今天，青年高度流动、高度分化，不同领域青年存在的思想问题各不相同，职业背景和社会阅历各不相同，思维方式和行为习惯也各不相同。我们要根据不同领域青年群体的显著差异，确定不同层次、不同侧重的引导目标和引导方法，有针对性地开展工作。

4. 要紧扣青年思想意识的关键点。教育引导青年不能笼而统之，不能搞简单化、一般化、整体化。青年思想认识上的偏差，往往是由于对一些关键问题存在思想困惑导致的。增强引导青年的针对性和实效性，就要找准青年的思想症结和具体的思想问题，抓住青年思想意识中的关键点开展引导工作。一个方面的思想问题，可能包含着多个具体的思想意识关键点。要努力把青年思想意识中具有普遍性的关键点找出来，深入分析这些关键点背后的深层次原因和逻辑关系，找到解决青年思想问题的路径和方法，帮助青年走出思想困惑，形成正确的思想认识。

5. 要把引导青年和尊重青年结合起来。引导青年所要达到的目标，是青年内心里的真正信仰和认同，这种信仰和认同必须建立在我们对青年充分尊重、所开展的工作得到青年真心欢迎、使青年心悦诚服的基础上。团的二大通过的《教育及宣传决议案》，里面所列举的工作方式方法就包括了刊物、小册子、群众集会、个人谈话、晚会、讲故事、娱乐、讲演、辩论会、讨论会、游艺会、公众旅行、体育运动会等等。说明在团的成立之初，教育引导青年的工作就注意到要尊重青年的特点。今天的青年，从个人到群体，从思想方式、行为方式到生活方式，都日益发生着广泛、深刻的变化，甚至有人说，相差几年就是“一代”。尊重青年，就要尊重青年思想的独立性、选择性、多变性、差异性，深入研究、准确把握当代青年的新特点新变化，从青年的思想实际和基本特征出发，善于运用青年人喜欢的沟通、联络、交流、聚集方式，善于运用青年人喜欢的语言风格和逻辑与青年交流，善于用真理的力量去影响青年。比如，对于中央提出的“六个为什么”，我们就要善于用不同类别青年的话语进行“翻译”，努力形成青年易于接受的“六个为什么”的不同类别青年版。只有把引导青年和尊重青年有机结合起来，才能真正走进青年，在本质意义上实现对青年的引导、吸引和凝聚。

6. 要突出时代特色。青年总是站在时代的前列，正是在这个意义上，恩格斯说“时代的性格就是青年的性格”。引导青年的工作只有紧紧跟上时代步伐，才能有力吸引青年、感染青年。一要善于用青年喜欢的话语体系来创新教育内容的表达方式。二要善于运用互联网、手机等新媒体，不断创新引导的手段和途径。三要善于把时尚元素注入引导工作中来，比如北京奥运会期间的“微笑圈”，就是共青团创造和运用时尚元素引导青年的很好案例。要进一步增强团属媒体的时尚色彩，中国青年网要注重思想性、娱乐性和时尚性的结合，增强对青年的吸引力；《中国少年报》要实现思想性和趣味性、娱乐性的统一，真正为少年所喜爱。青少年崇拜明星，我们还要研究怎样在引导工作中发挥明星的积极作用。

7. 要把组织化引导和社会化引导结合起来。社会化引导是共青团工作的重要创造，要进一步拓展社会化引导的活动载体，不断改进方式、方法，切实扩大覆盖面、增强针对性。在当前形势下，必须注意进一步巩固和强化组织化引导。团的组织是引导青年的主阵地，这在任何时候都不能改变。要注重扩大对青年的组织覆盖，让青年在组织体系内接受教育，并努力通过各级组织及其骨干成员与青年形成的友谊、情感和信任更好地影响青年的思想和行动。

8. 要注重引导青年进行正确的社会观察。人们的行为是以他们对现实的认知为基础，个体不仅通过直接经验而且通过间接经验来认知现实。这就启示我们，引导青年的社会观察非常重要。青年的切身经历和直接感受对其思想意识的形成起着重要作用，但这种经历和感受毕竟是有限的。青年政治态度、价值观念、行为方式的形成，更多源于自身对社会的观察，源于通过社会观察而逐步形成的认识。在传媒时代，青年接受的社会信息广泛而复杂，社会观察在青年认识社会中所起的作用更为突出。因此，必须把帮助青年进行正确的社会观察作为对青年进行思想引导的重要任务，针对青年在社会观察中看到的现象与所接受的正面教育存在的一些反差，帮助青年客观分析、正确看待社会现象，使他们的认识更理性、更深刻、更稳定。

9. 要把家庭教育、学校教育和社会教育结合起来。家庭教育、学校教育和社会教育都是我国青少年教育格局中的重要组成部分，各有优势，互相影响，也互相补充。家庭教育是教育的起点和基础。调查显示，家庭对青年思想意识形成的影响处在首要位置，因此我们要积极探索影响家庭教育的路径。学校教育在一定意义上对青年思想意识的形成起着关键作用，要进一步发挥团组织在学校教育中的重要作用。社会教育的影响最为广泛，特别是在经济社会深刻变革、社会生活丰富多彩的形势下，社会教育对青少年思想意识的影响更加显著。要认真研究社会教育的新变化，深入分析社会上影响青少年的各种因素和源头，找准“社会”在哪里，努力探索社会教育新的路径和载体。

10. 要把握不同层级团组织在引导青年工作中的不同侧重，基层团组织在引导青年时特别要善于创造活动载体。团的领导机关要在抓方向、搞研究、出思路等方面多下功夫。基层团组织处在共青团与青年的边界上，处在引导青年的第一线，对青年特点、需求、兴趣、爱好等的了解和感受最为直接和深刻，要特别善于通过丰富多彩的活动载体来引导青年。

三、努力探索创新新形势下的引导青年工作

2009 年引导青年工作的基本考虑是，紧紧围绕庆祝新中国成立 60 周年这一重大契机，全面贯彻落实中共中央办公厅转发的《中央宣传部关于围绕庆祝新中国成立 60 周年深入开展群众性爱国主义教育活动的意见》精神，以“我与祖国共奋进”主题教育实践活动为统揽，

在青少年中广泛开展群众性爱国主义教育活动,深入探索推进分类引导青年、构建团队一体化分层教育体系、引导青年进行正确社会观察、通过社会教育引导青少年的新途径、构建影响全体青年的传媒体系等各项重点工作。

1. 深入推进分类引导青年

二中全会上,我们对分群体引导青年提出了要求。今年,主要针对大学生、企业青年、进城务工青年、农村青年四类青年群体,开展分类引导试点工作,探索如何根据各类青年群体的思想实际及其所在社会组织的根本任务和功能,将思想引导工作具体化地落实到各类青年群体身上。

对于大学生,引导工作的重点任务,一是要把爱国主义和社会主义结合起来,二是要把民族精神和时代精神结合起来,三是要把个人成就和社会责任结合起来。在方法上,要注重探索系统的、有理论说服力的、有实践支持的结合方式,注重运用历史的、现实的、学术的逻辑开展思想引导,注意对学生个人价值的尊重,把教育引导和帮助他们成长结合起来。

对于企业青年,要着重引导他们把个人成长与企业发展和国家建设的目标结合起来,爱岗敬业,诚实守信,弘扬职业文明。在方法上,要特别注意结合企业实际和岗位特点,把党团组织的政治主张转化为企业青年易于接受的“小道理”。比如,对青年职工来说,讲职业精神,就比讲奉献精神更易于接受;在高危岗位讲安全生产,就比讲守纪律更易于接受。同时,要关注企业生产经营和职工成长发展中的“小事”,努力帮助青年职工解决在成长发展中遇到的实际困难和问题。

对于进城务工青年,要着重引导他们学习党的政策,正确看待我国改革和发展中出现的问题,增强自信心和遵纪守法意识,培养文明观念和创业精神。在方法上,要注重表达上的言简意赅、生动形象、通俗易懂。要把思想引导工作与帮助进城务工青年解决学习、就业、文化生活、权益维护等方面遇到的实际困难和问题结合起来。

对于农村青年,要着重引导他们学习党的农村政策和党对新农村建设的根本要求,增强科技致富意识,倡导科学文明的生产生活方式。在方法上,要注重运用农民化的语言和逻辑来讲道理,同样也要注重表达上的言简意赅、生动形象、通俗易懂。要努力帮助农村青年解决在信息、技术、培训、转移就业、创业等方面遇到的实际困难和问题。

今年试点工作中有三个方面的任务尤为重要。一是要进一步掌握各类青年群体关心的重要问题和思想症结,把他们的思想状况摸清摸透。二是要围绕四类青年群体思想意识的关键点,运用各类青年群体习惯的语言和逻辑,作出有深度、有说服力的解答,争取形成一个思想性、实践性和现实针对性强的分类引导大纲,为下一步开展工作提供指导。三是要根据试点单位的实际情况,从方法、形式、途径、载体等方面大力创新引导青年工作。

分类引导青年工作涉及团的各条战线。团的宣传部门要做好统筹、协调、指导和具体推进工作,城青、农青、学校等有关战线要全力配合,切实负起责任,把分类引导工作落到实处。

2. 构建团队一体化分层教育体系

学生时期是青少年树立正确思想观念的关键时期,学校又具有组织化程度高、团队组织健全的特点和优势。我们如果能够充分利用从小学到大学 16 年的时间实施有效引导,就能够在青少年成长过程中打下共产党、共青团、少先队的深刻烙印,为他们步入社会后乃至一生的健康成长发展打下坚实的基础。实现这样的目标,关键是要遵循不同年龄段青少年的身心特点和成长规律,使团队组织在每一个层级的任务既各有侧重、又有效衔接,构建团队一体化分层教育体系。在实践中,要注重把握以下两个方面:

一是准确把握不同层级青少年思想引导的不同侧重。从儿童、少年到青年，是人的思想意识和心理急剧发展变化的时期，不同年龄段青少年的思想和心理特点具有显著差异，与之相适应，思想引导工作也必须体现层级上的差异性。对于少年儿童，要遵循少年儿童意识、情感形成的基本规律，着重灌输培养他们对党和社会主义祖国的朴素感情，引导他们有爱心、养成良好的道德行为习惯，增强国家意识、科学意识、劳动意识和审美意识。对于中学生，要根据他们自我意识初步觉醒并逐渐增强、抽象思维逐渐形成的特点，培养他们对党、社会主义更加清晰的认识，初步形成为建设中国特色社会主义而努力学习的理想，树立民族自尊心、自豪感，形成将个人成长发展融入国家发展进程的意识。对大学生，在分类引导青年中已经讲到了，要坚持社会实践与社会观察相结合，注重探索系统的、有理论说服力的、有实践支持的结合方式，引导他们始终坚持爱国主义、社会主义和党的领导的高度统一，把民族精神和时代精神相结合、个人成就和社会责任相结合，坚定跟党走中国特色社会主义道路的理想信念。

二是实现共青团、少先队组织在思想引导上的一体化衔接。人的思想认识需要有一个从感性到理性、从简单到深刻的不断积累和提升的过程。小时候有了对党和社会主义的朴素感情，就能为长大后更好地坚定跟党走中国特色社会主义道路的理想信念打下基础；小时候有了深厚的国家意识，就能为长大后更好地坚持爱国主义和爱党爱社会主义的统一打下基础。在小学、中学到大学的不同阶段，共青团、少先队的工作内容和方法固然要有不同侧重，但是爱国主义、道德品质、理想信念等方面的基本要求要贯穿始终。要按照“系统规划、有效衔接、分层实施”的要求，使共青团、少先队在不同层级的引导目标和内容既体现层次上的差异性，又体现灵魂上的连贯性、一致性。

3.探索引导青年进行正确的社会观察

人的思想意识的形成主要通过三个渠道，一个是理论学习，一个是社会观察，一个是亲身参与实践。以前的工作中，我们在理论学习和社会实践方面下了很大功夫。今年，我们要在引导青年的社会观察方面作出尝试和努力。

引导青年的社会观察，首先要找准青年普遍关心的理论和现实问题。青年所关注的许多现实问题实际上往往与理论问题密切相关，要善于把青年中带有普遍性的重大思想困惑找出来。其次，要找准解答路径。青年对自己关心的理论和现实问题的认识偏差，有的可能是由于对历史不熟悉，或者是对理论没搞通，或者是对现实不够了解等等，导致看法不够深刻和全面。要紧密结合青年的思想实际，对他们的思想困惑进行有针对性、有说服力的分析和解答，帮助他们形成正确的社会观察结论。下一阶段，团中央准备组织专家学者对青年关心的重大理论和现实问题进行解答，并运用媒体的力量，对青年的社会观察予以正面引导。

4.探索通过社会教育引导青少年的新途径

社会教育在青少年的思想意识形成、在青少年社会化过程中发挥着重要作用。一是引导青少年形成正确的思想意识。社会上各种教育基地、教育机构、媒体传播的文化产品和信息等，都能对青少年的思想意识产生影响。这其中有两个层面，首先是意识层面，即国家意识、科学意识、劳动意识等，有条件的地方还包括审美意识；其次是价值层面，即社会主义核心价值体系。二是引导青年学习社会规范和必要的社会化技能。通过角色扮演、社会体验、成长辅导、技能培训、素质拓展等社会教育活动，帮助青少年熟悉和掌握社会规范，提高对社会环境的适应能力、与他人交往协调能力和就业发展能力。三是发展青少年的个性爱好。有条件的地方可以通过专业化的培训手段，促使青少年提高审美意识、艺术专长和其他特殊技能，更好地促进青少年人格完善和全面发展。

各级团组织要高度重视社会教育的重要功能，要充分发挥青少年宫等传统教育阵地的作用。同时要高度关注客观上已经存在的各类事实上已对青少年进行着“社会教育”的场所和途径。注重各种途径下社会教育产品的开发创新，努力通过社会教育路径引导青少年。

5. 构建影响全体青年的传媒体系

传递路径是引导青年工作十分关键的环节。我们要实现“使团的工作和活动影响全体青年”的目标，就必须充分借助传媒的力量，努力构建影响全体青年的传媒体系。对这项工作，团中央已经在去年召开的全团电视电话会议上进行了专项部署。这里我再强调三点：

一是要切实巩固团属报刊阵地，这是我们影响青年的基本依靠力量。二是要充分借助党报、电视台、广播电台等社会上重要、有效的主流媒体，推出更多的青少年专题节目。三是要下决心抽调骨干力量加强互联网、手机等新媒体建设。近年来，随着信息技术迅猛发展，互联网、手机等各种新媒体不断涌现，发展速度之快、变化频率之高、影响范围之广都远远超过了传统媒体，对青少年的生活方式、行为模式、思维方式、动员方式产生了广泛深刻的影响。特别值得关注的是，网站、网络跟帖、博客、播客等，已经成为青年发表思想言论的重要园地，成为影响青年思想意识的重要渠道，成为不同意识形态与我们争夺青年的重要场所。与互联网影响青年的广泛、激烈和深刻程度相比，共青团在利用新媒体引导青年方面还存在很大的差距。各级团组织和团属传媒机构要增强责任感和紧迫感，认真思考，深入研究，加快步伐，高度重视网络游戏、短视频等重要载体，大力运用网络即时通讯、博客、手机媒体等新工具，逐步建立起传统手段和新媒体充分融合，多层次、广覆盖的引导动员体系，更加主动和有效地运用新媒体做好新形势下的引导青年工作。

四、不断提高做好引导青年工作的能力和水平

做好引导青年的工作，对我们团的干部队伍提出了很高的要求。在此，我向大家提几点希望。

一要增强政治意识、大局意识和责任意识。引导青年是一项政治性很强的工作，直接关系到能否履行好团的根本职责。广大团干部特别是宣传战线的同志们，要切实增强政治敏锐性和政治鉴别力，增强围绕中心、服务大局的观念，增强为党做好青年群众工作的责任感。特别是面对今年的新形势，广大团干部要按照中央的要求，切实加强对青年的正面引导，及时跟踪青年群体中的舆情和思想动态，积极主动地开展工作，努力把青年的思想统一到中央对形势的分析判断上来，把青年的行动统一到中央的一系列决策部署上来，为促进经济平稳较快发展、维护社会和谐稳定作贡献。

二要勤于学习，不断提高思想理论水平。引导青年工作思想性、理论性很强。扎实的理论功底，是做好这项工作的基本功。既要认真学习党的科学理论，深入学习贯彻科学发展观，又要注意学习主流社会科学的基本理论工具和方法，努力形成支持思想引导工作的合理理论背景和知识结构。团的宣传战线的同志们要走在学习理论、调查研究的前列，不能只停留在对一些表面现象和问题的一般性了解上，而要努力洞察和熟悉社会生活，善于运用基本理论认识和分析现象背后的本质与根源。要善于运用专家学者的力量为我们的工作提供专业指导和理论支持，运用社会科学的有关知识和工具开展引导青年的工作，努力使工作更加符合规律、更具有科学性。

三要通过学习、观察和思考，借助组织的整体力量，努力使自身形成更加理性、深刻、稳定的思想认识。刻苦学习、仔细观察和深入思考，是提高思想认识水平的基本途径。引导青年，自己的思想就要走在青年的前面。团的干部只有做到理性看待事物，深刻把握现象背后的本质，有比较稳定而不是随意变化的认识，才能赢得青年的尊重和信赖，才能有效引导青年。

四要求真务实、敢于碰硬。做好意识形态领域的工作，尤其要强调真抓实干。一要注重积累，从青年关心的一个个具体的理论和现实问题入手，扎扎实实地帮助青年解决思想问题和实际问题，多做抓根本、管长远的工作。二要敢于碰硬，对于青年思想意识中的深层次、根本性、关键性问题，要敢于进行思想碰撞和交锋。在思想引导的重大问题上，一定要有前进一步是一步的决心和勇气。

五要与时俱进、着力创新。引导青年的思想，自己首先要站在时代的前沿。要善于从经济社会进步和世界发展的潮流中捕捉新信息、运用新素材、探索新视角，使引导工作富有新意、为青年所喜欢。对于不适应形势甚至失灵的老套路、老办法，要坚决摒弃；对于有效的传统做法和经验，要善于坚持其本质而不是简单地重复具体形式；对于伴随经济社会发展出现的新领域、新载体、新工具，要大胆探索、尝试和使用。基层的团组织和团干部处在经济社会变革的前沿，直接面对青年开展工作，尤其要敢闯敢试，敢于打破条条框框的束缚，积极探索创造新的办法和经验。

六要真正深入青年，善于和普通青年进行思想交流。做群众工作，从根本上要靠与群众进行有效的思想沟通、靠对群众的深厚感情。广大团干部要多走到青年群众中去，多和普通青年交朋友，心里装着普通青年，真正了解他们所思所想，避免完全高端化、高龄化倾向。引导青年群众，就要具备与普通青年面对面沟通和对话的能力，懂得运用青年熟悉的语言和逻辑来诠释道理，要在同普通青年群众广泛的、近距离的思想交流中真正赢得他们的信任和认同。

同志们，今年是全团着力创新引导青年工作的探索之年，团的宣传工作任务很重。团中央书记处相信，只要大家统一认识、齐心协力、脚踏实地、持之以恒地沿着共同的目标努力，我们的工作一定会取得新的突破，实现新的发展。

陆昊在深入开展群众性爱国主义教育活动电视电话会议上的讲话

2009年4月14日

中央办公厅日前转发了《中央宣传部关于围绕庆祝新中国成立60周年深入开展群众性爱国主义教育活动的意见》，中宣部今天又专门召开电视电话会议进行部署，充分体现了中央对这项工作的高度重视。各级共青团组织要认真贯彻落实中央精神和刘云山同志在这次会上的重要讲话要求。下面我就共青团组织进一步在青少年中广泛深入地开展群众性爱国主义教育活动讲几点初步意见，具体工作部署待今天会后另行安排。

一、牢牢把握爱国主义教育的核心内容

中办转发的《意见》中明确提出了这次教育活动的主要内容，即深入开展热爱中国共产党、建立社会主义新中国的重大历史意义、新

中国成立60年特别是改革开放30年辉煌成就、中国特色社会主义、民族精神和时代精神、基本国情和形势政策等重要内容的宣传教育。我们体会到，这些内容有很强的现实针对性，当前在广大青年中开展爱国主义教育，关键是要引导他们把爱国主义、社会主义和党的领导三者统一起来。团中央前一阶段对大学生、企业青年、进城务工青年、农村青年四类青年群体开展的大样本、分类别思想状况调查显示，坚持爱国主义几乎得到所有青年的认同，而对于坚持爱国主义、社会主义两者统一和自觉地将坚持爱国主义、社会主义、党的领导三者统一起来，虽然绝大多数青年表示认同，但比例却在依次递减。因此，我们感到，在广大青年中弘扬爱国主义光荣传统，应着力在坚定青年跟党走中国特色社会主义道路的信念上下功夫。同时，针对青年所处的成长阶段和思想实际，也要注意引导广大青年把民族精神与时代精神结合起来，把个人成就和社会责任结合起来，按照党指引的方向健康成长。

二、共青团开展爱国主义教育活动需注重把握的一些方法

一是注重分类引导。不同青年群体的职业背景、受教育程度和社会阅历不同，对爱国主义的理解深度和关注侧重存在差异。我们初步感到，在关注自身成长发展的同时，大学生更多关注国家的发展道路问题，企业青年更多关注国家经济形势和企业自身发展问题，进城务工青年更多关注社会保障和社会公平问题，农村青年更多关注新农村建设的政策和致富问题。为此，应紧扣不同青年群体在坚持爱国主义、社会主义和党的领导三者统一问题上的思想意识关键点，善于把党主张的“大道理”转化为各个青年群体易于接受的“小道理”。比如，对大学生，要注重运用历史的、现实的、学术的逻辑；对企业青年，要善于结合企业和所在行业的发展进程；对进城务工青年和农村青年，要注意结合所在家乡的发展变化，多运用他们熟悉的语言和表达习惯，做到简明、通俗。

二是注重分层教育。共青团、少先队组织开展爱国主义教育活动，应遵循不同年龄段青少年的身心特点和成长规律，努力使不同阶段的教育内容既各有侧重，又有效衔接。灌输教育对于不同年龄段青少年的效果是有较大区别的。具体讲，有四种可能的结果，一是意识的持续强化，二是意识的持续淡化，三是形成逆反，四是无效灌输。这就要求我们掌握灌输的有效时机，注重运用科学有效的方式。对于少年儿童，要通过积极有效的灌输，培养他们对党和社会主义祖国的朴素感情，引导他们增强国家意识；对于中学生，要注意到进入青春期后价值分析的方法会比灌输更有效，努力使他们对党和社会主义的认识更清晰；对于大学生，则要侧重于理性分析，帮助他们坚定跟党走中国特色社会主义道路的理想信念。

三是注重引导青年进行正确的社会观察。团中央近期针对影响青年思想意识形成的路径进行的调查显示，有31.3%的青年把“自己对社会的观察”当做成长过程中形成认识和看法的主要来源，仅次于家庭和学校的影响，远高于各类“青春偶像”的示范。因此，帮助青年形成正确的社会观察结论，是对青年进行爱国主义教育的重要路径。特别是在传媒时代，青年接受的社会信息广泛而复杂，帮助青年客观分析、正确看待社会现象十分重要。应针对青年普遍关心的重大问题，以及青年在社会观察中看到的现实与所接受的正面教育的一些反差，对青年进行有针对性的引导，帮助青年既看到新中国成立60年特别是改革开放30年来取得的巨大成就，又充分了解我国处于社会主义初级阶段的基本国情和作为发展中国家的基本特征，努力使他们对存在问题的认识更深刻、更理性、更稳定。

四是注重突出时代特色。对青年开展爱国主义教育，要紧跟时代步伐、突出时代特色。

在内容上要有时代感，善于运用青年喜欢的话语体系来丰富教育内容的表达方式；在教育引导的手段、路径上要善于创新，大力运用互联网、手机等新媒体，注意运用网络游戏、视频短片等新方式；同时，要善于把各类时尚元素注入爱国主义教育活动中来，切实增强对青年的吸引力和感染力。

三、广泛发动基层团组织把丰富多彩的活动作为教育载体，吸引更多普通青年直接参与

要增强这次爱国主义教育的群众性，用丰富多彩的活动吸引更多普通青年直接参与，在组织好面上重要典型活动的同时，还要特别注重广泛发动基层团组织。我们将指导和推动各级团组织特别是基层团组织，结合纪念五四运动90周年以及少先队建队60周年，在"五四"、"六一"、"七一"、"八一"、"十一"等重要时间节点，按照"逐次推进、形成热潮"的原则，组织开展丰富多彩、主题突出的青少年爱国主义教育活动。一是广泛开展宣讲活动。邀请"五老"人员为青少年宣讲革命历史和光荣传统，组织自主创业大学毕业生、大学生"村官"等到高校座谈交流，邀请专家学者举办形势报告、政策宣讲，引导青年在重温历史、把握形势的过程中坚定信心、凝聚力量。二是组织开展富有青年特色的群众性活动。开展"青春红歌会"等文化活动，进行入队、入团、18岁成人等仪式教育，组织青少年参观爱国主义教育基地和各类成就展览，组织"红色旅游"活动，组织大中学生开展以了解国情、感受成就为内容的社会实践活动，使青少年在潜移默化中升华爱国情感。三是开展典型引导。开展青年五四奖章、十大杰出青年等典型评选表彰，广泛征集、大力宣传普通青年的青春创业故事、成才故事、奉献故事，激发青年的爱国之情、报国之志。四是充分发挥各级团属新闻出版阵地的作用。紧紧围绕活动主题，加大新闻宣传力度，坚持正确导向，营造浓厚氛围。积极探索通过媒体引导青年的社会观察，出版"红色经典"系列作品，抽调骨干力量投入互联网、手机等新媒体建设，开发以爱国主义为主题的网络游戏，充分运用"血铸中华"、"民族魂"等团属爱国主义网站开展"网上祭英烈"等活动，使爱国主义教育更加贴近青少年、富有感染力。五是引导青年将爱国之情化为报国之行。动员和组织青年开展岗位建功、文明创建、生态环保、志愿服务等活动，把对伟大祖国的深厚感情转化为报效祖国、服务人民的具体行动。

陆昊在2009年共青团权益工作会议上的讲话

2009年4月24日，根据录音整理

今天，我们在这里召开全团权益工作会议，是为了进一步深刻领会胡锦涛总书记去年6月14日的重要讲话精神，认真贯彻落实团十六大和十六届二中全会精神，对今后一个时期的维护青少年权益工作做出部署。权益工作在共青团的工作格局中非常重要，为了把这项工作思考研究得更透彻，前一段时间，权益部按团中央书记处的要求，一直在做认真的调查研究和工作思考。书记处专门听取了权益部三次工作汇报，对如何进一步做好权益工作形成了比较一致的认识。下面我讲四个问题。

一、要认真总结和思考共青团组织在维护青少年权益工作方面重要的经验

团的各项工作都有很多宝贵的经验，为什么在权益工作中，我们单独把这个问题提出来？因为权益工作既是共青团总体工作重要的组成部分，又在工作开展方式上有自己鲜明的特点。这么多年来，权益工作有很宝贵的经验，值得我们认真总结、思考和继承。

第一，权益工作的一条重要经验，就是通过长期努力推动制定了一系列重要的维护青少年权益的法律法规。这些年，我们把对一些重大问题的思考和认识长期持续推动下去，最终变成国家的法律法规。这是共青团维权工作的一项重要成就。1980年团中央就提出了制定《青少年保护法》的建议。1987年团中央、国家教委分别进行有关青少年保护立法的调研起草工作。到1991年，经过11年的时间，七届全国人大常委会第二十一次会议审议通过了《未成年人保护法》。此后，共青团又开始关注预防青少年违法犯罪问题，做了长期的大量的工作。《预防未成年人犯罪法》是1999年颁布实施的，但其最早的准备工作可以追溯到1979年。经过将近20年时间的努力，推动了两部维护青少年权益的法律的制定，这是共青团维护青少年权益工作取得的重大成就。

第二，坚持并努力探索了维护青少年权益的制度性安排。比如，在推动贯彻落实法律法规方面，团中央层级有一个重要的制度性安排，就是设在团中央的中央综治委预防青少年违法犯罪工作领导小组办公室。领导小组每次会议都是中央有关部委的负责同志参加，全国人大的领导同志做工作部署。依靠这个重要的工作抓手，能够把我们政权结构、党政组织结构中的力量有机地调动起来，围绕我们的工作对象和工作重点来开展相关工作，这是很不容易的，也很有效果。省一级也都有很好的相应的制度安排，成立了预防办和未保办。虽然中央层级还没有设立未成年人保护工作的专门机构，但是没有关系，这些综合性的工作主要不在于形式，重要的在于工作本身。

再比如，今年开展的"共青团与人大代表、政协委员面对面"交流活动，也是我们对制度性安排的积极探索。今年是第一次开展这项工作，我们严格限定在全国青联委员中在京的人大代表、政协委员中开展交流沟通活动，加上适度的宣传，效果很好。我们背后有庞大的青年群体，我们代表广大青年与人大代表、政协委员面对面沟通交流，是有权威性的。我们要多用、用足、用好这种权威性。今年"两会"期间，团中央书记处跟政协共青团青联界别组的委员们开了一次会，毫无保留地强调了共青团对青年就业创业问题的几个重要认识，希望他们在"两会"上能够体现共青团的意见。虽然委员们都是各界知名人士，但既然是代表共青团青联界别参加全国政协会议，就要充分考虑共青团组织对有关问题的重要意见，就要对组织负责，履行组织职责。这些都是制度安排，制度安排是我们很重要的一种工作方式。

第三，坚持社会化动员方式，积极整合、协调各种社会力量，努力推动形成了齐抓共管的工作格局。这也是一条很好的经验。权益工作靠共青团一个组织肯定是不够的，我们不是权力部门，这就要求我们必须充分发挥团组织在社会化动员方面的优势，整合各方面的力量和资源，形成合力，共同开展维护青少年权益工作。比如我们开展的创建"优秀青少年维权岗"等工作，就是用社会化的动员机制广泛发动社会力量参与维权工作，把与青少年相关的一些工作环节、岗位、组织和人员调动起来，让他们都来关心这个事情，这是很好的一种思路。再比如我们搞的"12355"，虽然是试点探索阶段，但有些城市做得还是很不错的，当青少年遇到社会、心理等问题时，共青团组织至少可以通过社会化动员的方式为他们提供咨询服务、维护权益。关于"12355"还要进行深入的调查研究，把各方面的基础数据弄清楚，用实证分析、规范分析的方法，进行定性、定量的分析，为决策提供清晰的事实依据。

以上这些都是我们过去积累的重要经验，需要继续长期坚持并进一步深入系统地总结、思考。同时要积极探索把这些重要经验和工作方式变成制度性安排，乃至上升为法律法规。这些工作都具有长期性的特点，有些同志可能会担心，在我这一届任期内制度性安排出不来怎么办？其实，你这一届不能代表什么，共青团组织整体的工作才是最重要的。有些工作局部地区做得好的可以先行探索，通过推动制定地方性法规或者地方政府的规章来逐步实现制度性安排。

二、高度重视权益工作在共青团工作格局中的重要地位，把握好实现权益工作职能的工作特点

党对共青团提出组织青年、引导青年、服务青年、维护青少年合法权益的四项职能。维护青少年合法权益，是共青团的一项重要工作。进一步思考团的四项职能的关系，我们提出，组织青年是重要任务和重要前提，与服务青年、维护青少年合法权益之间相互促进。引导青年是根本任务。团的总体工作布局就是围绕这四项职能展开的，但实现每一项职能的工作路径和工作方式并不是完全相同的。维护青少年合法权益的职能在团的工作格局中占有非常重要的位置，同时它有实现职能自身的工作方式，我们要准确把握这些工作方式的特点。

维护青少年合法权益工作具有长期性、整体性的特点。从内容和形式上看，团的维权工作与团的其他战线的工作有十分明显的区别，与学校部、少年部、城市青年工作部、农村青年工作部等部门的工作有很大不同，十分强调长期性、整体性。回顾权益工作历史可以发现，要干成一件事，必须进行长期准备、不懈努力。未成年人保护法就是经过长达 11 年的扎实工作才出台的，如果都以短期政绩观的态度和方式来做这项工作，恐怕很难成功推动法律的制定。所以大家做权益工作，不必有什么顾虑，不要看你的工作没有经常上会，不要说你的工作没有天天在报纸上报道就不重要。因为实现职能的方式不同。经过长期努力，如果能推动制定一部法律或法规，那就是权益工作很了不起的成绩。

维护青少年合法权益工作要求坚持扎实调研、系统思考。从权益工作的内容看，一方面，涉及的往往是法律法规等制度力量，打交道的往往是立法、司法、行政等部门。另一方面，涉及的往往是普遍性的权益问题，打交道的往往是数量庞大、情况复杂的规模性群体。因此，这项工作强调权威性、科学性，始终要求深入的、准确的、扎实的调研，系统的思考和比较。大家在一起讨论权益工作，讲得深不深、透不透、准不准，数据清晰不清晰、准确不准确，调查合理不合理、深入不深入，都需要大量的前期准备工作，并不是简单地埋头写几天讲话稿就可以的。没有长期扎实的调研和系统的思考，我们无论是向人大代表、政协委员还是有关部门提供意见、建议以及数据、材料等等，都不可能有很强的说服力。

维护青少年合法权益工作具有非活动性的特点。权益工作本质上不是以搞活动的方式来推动的，而是需要长期深入调研，经常与有关部门沟通协商、讨论研究、交流情况、交换意见等。因此权益工作本身并不经常性地做报道，但一旦在法律法规以及政策措施等方面取得突破，就是维护青少年合法权益实实在在的成绩，将广泛、深刻地影响到最广大的青少年。当然，有些维权工作内容也是需要搞活动的，比如新法律法规出台时需要在全国范围内进行宣传，青少年法律意识、公民意识、自护意识等的培养，也需要一定的活动载体。但总的来看，团的其他工作还不可以讲非活动性，团的权益工作就可以明确讲，就是活动载体和非活动方式的结合，而且更多的情况可能是非活动方式。

三、维护青少年权益工作要把握好一些重要的原则

团的十六届二中全会提出维护青少年合法权益要坚持“三个结合”，一要注重把维护青少年合法权益与引导青年的有序政治参与结合起来；二要把关注个案与关注普遍性的权益问题结合起来；三要把代表和反映青少年的普遍性利益诉求与相关法律法规的贯彻落实结合起来。“三个结合”是最重要的三个原则，要好好坚持。近来我们反复在讲这“三个结合”，今天就不展开说了。要特别注意引导青年有序政治参与问题。对法律法规的贯彻落实我们一定要心中有数，要在准确把握国家发展阶段和基本国情的基础上，进一步充分了解现有法律法规人民群众特别是广大青少年知道不知道、有没有制度性的安排或办法来推动实施、在实施过程中存在什么问题或哪些方面做得较好等等，这些对全面落实好“三个结合”都非常重要。

四要探索建立维护青少年合法权益的制度性安排。维权工作有整体性的特点，一定要通过制度来实现，希望我们把现有的制度安排用够用好，在这方面目前还存在很大的差距。就拿“共青团与人大代表、政协委员面对面”交流沟通的制度安排来说，第一“听”的机制还没完全解决。你这些意见是从哪儿听来的？听谁说的？这些意见在多大程度上能反映普遍性问题？下次搞“面对面”交流可以把农民工找来，把普通青年找来，听听人家怎么说。在和人大代表、政协委员“面对面”之前，我们要先听明白了再说出去。这些方面下一步都还需要努力完善。其次“说”的制度安排中也存在明显问题，其中首先要解决代表、委员各说各的，意见不集中的问题。比如我们这次关注的青年就业创业问题，如果仍然是几十个人一人一个声音，就不可能在“两会”上形成有影响力的提案。如果大家都说这一件事，不光我们说，还影响更多的政协委员和人大代表说，形成一致，就能靠真理本身的魅力和整体力量推动相关工作，影响决策者了。当然还有一个组织意识问题，我们不能对其他的人大代表、政协委员提组织意识，但对于代表共青团青联界别的政协委员就可以提，这是一个组织赋予的重大责任。这个组织是谁？不光是共青团，而是整个青年人，是他们赋予了我们很多重大的责任。所以我们讲“面对面”的制度安排要不断完善，还要继续探索更加有效的制度安排，要靠比较硬的制度安排来解决问题。

五要把握好三个工作节奏。一是深入准确的调查研究；二是建设性地提出适度、合理的工作建议和意见；三是把握时机、区分问题，有选择性地公开做组织呼吁。去碰一些涉及普遍性权益的敏感群体和问题时，需要讲方式方法，虽然问题很重要，也一定会引起社会共鸣，但不能冒冒失失地提。如果深入细致的调查研究不够，内部形成共识不够，事实依据或时机把握得不好，一呼吁就会捅娄子、出问题。我们要认真把握好这些节奏，有事实，有依据，还得有建议。如果只反映问题、提意见，我们的本事不就跟一般的批评者一样了。我们这么大的组织，难道就只知道提问题和批评吗？这远远不够，我们还需要深入调研思考，准确把握节奏和时机，在我们的能力范围内提出解决问题的建议。

六要关注弱势群体中具有普遍性的权益问题。不是简单地提关注弱势群体，弱势群体很多，我们需要关注的是具有普遍性的问题。对于这些问题，要充分权衡哪些问题更集中、更突出、更具有普遍性。要注意把握好上面提到的三个节奏，第一要调查研究，把问题说清楚；第二要思考可以提出什么样的建议和办法；第三要考虑哪些方面的问题可以直接呼吁。关注弱势群体的普遍性利益也要这么考虑。

七要善于运用社会化动员方式，调动社会各方面力量，形成维权的整体队伍。在这方面共青团做得比一般部门要强，虽然我们的队伍平均年龄比较年轻，平时对社会矛盾的触及不一定那么直接，但我们具有社会化动员的优势，可以广泛结合各种力量。调查研究可以动用社会力量，但既要注意调研课题本身的敏感程度，也要充分考虑参与调研的社会力量在各方面是否成熟、可靠，避免出现个别人因急于发表学术成果，或者急于引起重大社会关注，把一些没完全想清楚的内容以不适当的方式表达出去。

八要高度重视对普遍性权益问题、涉及大规模青少年群体利益的重大问题的深入研究。这要当做权益工作一个重要的工作内容，单独突出出来。要努力做到定性分析和定量分析相结合，实证分析和规范分析相结合。不管做什么事情，一定要深入、准确地把问题研究清楚。在未成年人保护、预防青少年违法犯罪方面，目前都有一些制度安排和经费，我们不一定能直接做很多事情，但可以组织一些力量，深入实际，扎扎实实地开展一些重大问题的调查研究，形成能直接报中央的有分量的报告。比如明年"两会"我们到底说什么，就需要我们从现在开始做认真的调研和思考。拿一两件事深入细致地调查和思考是很训练人的，这项工作在团中央书记处看来，是很有必要的，是权益工作一个重要的部分。

四、下一步要做好的几项主要工作

一是全团要确立几个重大的普遍性权益问题，长期关注，深入研究，在充分把握发展阶段的基础上，争取对一些重大问题拿出中期调研成果。在全国范围内，比如说结合未成年人保护法的贯彻、预防青少年违法犯罪、青年就业创业以及大规模青年农民工群体在全国的流动所带来的一系列心理、生理、权益等方面问题，团中央权益部在充分征求地方团委意见的基础上，确定一些题目长期关注，共同研究。像中小学生负担过重等问题矛盾都很尖锐，很突出，这些问题如果我们能在预防青少年违法犯罪领导小组会议上拿出有分量的调查结果，我相信会引起共鸣的。今年全团要确定几个题目，做中期调研，太长了也不行，今年拿不出来，明年总得拿出来。省里也确定几个题目。这应该作为我们最基本的工作储备。

二要逐步完善"共青团与人大代表、政协委员面对面"交流沟通的机制，认真研究收集青少年普遍性利益诉求阶段如何"听"和利用现有制度性安排如何"说"的问题。听的机制怎么完善？说的机制怎么完善？在会上说的机制怎么完善？这些都需要认真研究。特别要考虑怎么在政协界别组内引导大家把注意力集中到我们最重要的一些题目上，以形成合力。个人影响力再大、知名度再高，但一个人说的事跟50个人说的事分量是不一样的。要强调共识，共识的背后就是有效的政治参与。

三是抓紧研究有关青少年权益的重要法律法规的具体落实情况。不仅仅是我们常说的"两法"，在不同层级、不同部门的法律法规性文件中还有很多相关内容，请团中央权益部做一个系统梳理发给地方，做一些指导，使大家明白和青少年相关的主要法律法规有哪些，相关条款是什么。有的同志可能刚到共青团来，对有些法律法规原来不熟悉或者根本不知道，分管书记也不一定都长期管权益工作，权益部部长也不一定都是一直在做这件事。这方面需要团中央权益部做一些培训。在此基础上，团中央权益部和各省都要从实际出发，深入调研在现有法律法规的落实上还存在什么问题，到底落实得好不好；同时我们还可以集中全团的智慧，看看还有什么样的法律法规在已有的法律体系中不能实现的，思考需不需要推动制定新的法规。

四要结合研究农村青年中心建设等问题，按照服务、咨询和维权相结合的要求，进一步探索"12355"青少年服务台的发展方向。青年中心的事情团中央做了工作部署，不能丢。青年中心最大的问题就是它的性质，我听了各方面的意见，至少在农村是很需要这么一个载体的。青年中心也好，“12355”也好，怎么跟维权工作结合好？把服务、咨询、维护权益结合起来，看来现在是“12355”的一个基本方向。

五要继续探索和推动权益工作品牌的建设和发展。“12355”、青少年维权岗这些品牌都要充分发挥作用，努力做深、做透。“12355”还得再讨论一下，把基本问题说清楚。团中央为什么不随便地统一号召，大家要理解，我们很忌讳给大家布置那些让你们无条件做或根本做不了的事，但各个方面的积极探索还是需要鼓励的。

我要讲的就是这些，基本思考都是书记处讨论过的。具体的工作安排和部署王晓同志下午还要讲。希望大家充分讨论，尽快确定今年要做哪些事，抓紧行动起来。

陆昊在全国中等职业学校德育工作会议上的讲话

2009 年 6 月 30 日

这次全国中等职业学校德育工作会议的召开，是我国中等职业教育发展中的一件大事，对于促进中等职业教育德育工作将会起到积极作用，也为共青团组织加强和改进中等职业学校团的工作提供了一个重要契机。刚才，传达了延东同志对本次会议的重要指示，我们要认真学习领会，坚决贯彻落实。周济同志的报告讲得很全面、很深刻，对我们有很大的启发，也请各级团组织认真学习贯彻。下面，我代表共青团中央，就如何贯彻落实中央领导同志重要指示精神，进一步落实中央 8 号文件精神，配合教育部等部门加强中职学生思想道德教育讲几点认识，与同志们交流。

一、充分认识做好中等职业学校德育工作的重要意义

近年来，党中央、国务院高度重视职业教育工作，教育系统把发展中等职业教育作为教育事业改革和发展的重要战略突破口，推动中等职业教育的规模迅速扩大、改革不断深入、质量日益提高。我们感到，中等职业教育的快速发展，是教育事业充分把握我国经济社会发展的结构性要求、深入贯彻落实科学发展观的具体体现。我们看到，随着我国经济社会的发展进步，人们的生活内容、生活方式日益多样化，人们对社会服务和产品的需求也出现了日益多样化的发展趋势。教育事业的发展必然要适应这种多样化的需求。实施教育结构特别是高中阶段教育结构的战略调整，大力发展中等职业教育，符合了我国经济社会发展的阶段性特征和结构性要求，对于推动科学发展、促进社会和谐具有十分重大的意义。

加强中等职业学校德育工作，是确保我国未来产业大军素质的重要举措，是培养中国特色社会主义事业合格建设者和接班人的重要要求。目前，中等职业学校在校生人数超过 2000 万，与普通高中教育规模大体相当。这么一个庞大的青年群体，能不能具备健康、积极、向上的思想道德素质，直接关系到我国未来产业大军的整体素质，关系到经济社会发展的全局。这一庞大的青年群体，是否在内心里认同党的领导，认同社会主义制度，能否逐步坚定跟党走中国特色社会主义道路的信念，直接关系到能否确保中国特色社会主义事业兴旺发达、后继有人。做好中职学生的德育工作，是一项重大而紧迫的战略任务。

各级共青团组织要充分认识中等职业教育事业快速发展的重大意义，充分认识加强中等职业学校德育工作的重要性和紧迫性，把中等职业学校共青团工作摆在更加重要的位置，深入研究中职学生的特点，积极投身到中职德育工作中来。

二、准确把握中等职业学校共青团工作的切入点

新的时代条件下，中央要求共青团的根本职责就是不断巩固和扩大党执政的青年群众基础，团结带领青年为实现中华民族伟大复兴而奋斗。胡锦涛总书记明确要求各级团组织要履行好组织青年、引导青年、服务青年、维护青少年合法权益的工作职能。面对2000多万中职学生，加强对他们的思想道德教育，增强对他们的吸引和凝聚，引导他们坚定地跟党走中国特色社会主义道路，是共青团组织履行根本职责的必然要求，也是贯彻落实党中央要求的具体体现。

探索团组织在社会生活中发挥作用，我们强调一定要以团组织所在社会组织的根本任务功能和青年的根本利益诉求来设计工作的切入点。在学校，育人是根本任务。中等职业学校的根本任务在与其他学校总体一致的同时，又具有自己鲜明的特征。我们理解，中等职业学校的育人任务，大体上有四个层级的目标。一是必需的职业技能。学有所长，技有所专，是中职学生通过学习应该达到的基本要求，是安身立命的根本，也是未来成长发展的基础。二是良好的道德品格。首先要有社会公德，有公民意识，有法纪观念；进而要有职业意识、职业道德、职业精神；还要有一定的精神追求，有一些奉献精神。三是适应未来职业生涯发展所需要的社会化技能。要具备一定的沟通能力、表达能力、与人交流的能力，如果要求再高一点，还要有一定的组织能力、协调能力。四是理想信念。要认同中国特色社会主义道路，在此基础上逐步坚定跟党走中国特色社会主义道路的信念。这四个层级的目标具有一定的递进性。共青团组织要围绕这四个层级找准切入点，设计工作载体。要注意一年级进校和毕业前两个阶段，前者注重校内生活、学习生涯的指导帮助，后者注重帮助学生进行合理的职业生涯设计，做好面对社会矛盾考验的准备。

一是在职业技能方面，要以激发学生学习动力为切入点，把帮助学生了解市场经济、了解社会生活、了解社会生活的发展趋势与帮助他们增强自信心结合起来。团中央近期在全国10个省份对1万名中职学生的思想状况进行了问卷调查，结果显示，对未来发展感到迷茫的中职学生占到近30%。许多中职学生自信心不足、人际交往能力欠缺、孤独感较强，直接影响到他们的学习动力和学习效果。进一步调研发现，造成这种状况的原因主要在于学生看不到发展的希望，根本上是因为学生对现代社会生活需求变化缺乏了解。现代市场经济强调社会分工，分工创造效率。市场经济条件下人力资源的评价准则，是个人在相互不可替代的不同社会分工体系中的能力素质。中职学生都要经过相对专业、系统的技能训练，可以为将来发展打下很好的基础。只要干一行、爱一行、钻一行、精一行，中职学生一定会有所作为。不少在大城市星级酒店工作的西点师月收入可以达到1万元，在北京华清池工作的修脚师傅的月收入超过8000元，大都市美发店中只有初中文化程度的理发师之间互称老师，较高水平造型师的月收入很多超过万元，靠一技之长成功创业的例子数不胜数。动力来自于希望。共青团组织要帮助学生认清社会生活发展的趋势，帮助学生看清职业发展的美好前景，让他们真正懂得市场经济条件下“三百六十行、行行出状元”，行行只要干得好，也都会有合理经济收入的道理，从而激发学习成才的内在动力。

二是在道德品格方面，要把开展普遍性教育和发挥典型带动作用结合起来，注重发挥文化活动、文化产品潜移默化的引导作用。在普遍性教育中，首先要强调精神追求。要让学生认识到，当今时代，物质财富的创造对于促进社会进步具有重要作用，但是，无论物质财富如何丰富，物质终究不能完全替代精神的力量。只有在创造和享受物质财富的同时具备崇高的精神追求，才能在自身成长的道路上勇于克服困难。要让学生认识到，实现自身的价值，得到社会的认可，关键是要有本领、有良好的品格和社会责任感。有精神追求，就能有效减少绝对物质化带来的消极影响；有社会责任感，就不会被绝对利己主义所左右。在运用典型开展教育工作中，要特别注意典型的可亲、可敬、可学，尤其是可学。要善于从校友、老乡、普通劳动者等身边的先进人物中挖掘树立典型，距离越近，越能激发学习典型的动力。在文化育人工作中，我们开展的文化活动、生产推荐的文化产品要更好地实现思想性、娱乐性和时尚性的有机结合，更加贴近中等职业学校学生的生活，与年轻人有关的文化产品题材不宜都是高级白领，都是高楼大厦，都是都市生活，要更多地贴近农村、贴近城镇、贴近中职学生的生活和职业，这样才能在中职学生中产生广泛共鸣，才能起到育人效果。

三是在社会化技能方面，要以兴趣爱好为载体，通过开展丰富多彩的活动，帮助学生拓展素质，适应未来职业生涯发展的需要。我们经过思考，归纳出共青团吸引凝聚青年的五个重要路径。一要靠先进思想，二要靠对青年合理利益诉求的尊重和服务，三要靠对青年特有兴趣的满足，四要靠对青年职业生涯发展所需社会化技能的培养，五要靠团干部的人格魅力和对青年的感情。其中，社会化技能培养这一条，是我们在和西方政党、青年组织和青年问题专家的交流中总结出来的，对于中职学校团组织吸引凝聚学生来说十分重要。社会化技能包括沟通、表达、交流以及组织、协调等能力。这些技能都是一个人走向社会所必不可少的。我们调查发现，中职学生年龄小、来自农村的孩子多、与外界接触少，在社会化技能上比较缺乏。而这项能力，恰恰是他们在走向工作岗位时所迫切需要的。社会化技能在书本上不容易学到，需要在与人、与社会的接触中，在一定的多个人组成的组织中通过一定的训练获得。共青团组织要以他们的兴趣爱好为载体，广泛开展丰富多彩的文体活动、实践活动、志愿服务活动，引导学生在参与活动、组织活动的过程中表现自己、与人合作、熟悉社会，为他们掌握各种将来职业生涯发展所必需的社会化技能搭建平台。

四是在理想信念方面，要以帮助学生理性、全面地认识社会现象为切入点，把组织学生参加必要的理论学习、积极参与社会实践和对学生进行全面的社会观察引导结合起来。人的思想意识的形成，一是来自于学习，二是来自于个人的亲身感受，三是来自于他所看到的社会观察。随着传媒时代的到来，学生接受的社会信息广泛而复杂，因此，引导学生进行正确的社会观察就显得十分重要。调查显示，超过一半的中职学生获取外界信息的主要渠道是网络。这就需要我们在引导学生进行必要的理论学习、参加社会实践的同时，对学生日常社会观察进行积极引导，特别要针对学生感到困惑的社会热点问题和现象，引导他们客观分析、正确看待，努力使他们的认识更理性、更全面、更稳定。开展思想引导，一要找准中职学生思想意识的关键点，引导学生始终坚持爱国主义、社会主义和党的领导的有机统一。前一阶段团中央对青年群体思想状况进行了大样本量的问卷调查，结果显示，尽管爱国主义几乎得到所有被调查青年的认同，但认为应该始终坚持“爱国主义、社会主义和共产党领导相统一”的青年比例不足70%。二是要把握中职学生认知、意识、信念、情感形成的一般规律。心理学理论和实践表明,人在青春期以前比较易于接受灌输的方法,但到了青春期以后,价值分析的方法更为有效。三是既要注重真理本身的魅力,还要看到感情、信任、友谊在真理传播中的重要作用。四是要注重运用情感、时尚、艺术的力量传播重要思想准则。五是通过引导学生了解感受家乡、所在地区、所在行业变化发展的实际,培养他们对党、对社会主义更加清晰的认识,强化他们对中国特色社会主义道路的认同。

三、切实加强中等职业学校共青团组织建设

加强中等职业学校团的组织建设,一靠工作制度和工作条件,二靠工作内容设计,三靠团干部队伍。

在工作制度和工作条件上,主要靠学校党政组织的支持。党建带团建是加强基层团的工作和组织建设的根本制度保障,在中等职业学校,团组织要积极争取学校党组织在制度安排、干部配备、工作条件创造、工作指导四个方面的支持。我们希望学校党委有专人分管共青团工作,定期听取团的工作汇报,研究团的工作,团委书记的岗位应由专人担任。要紧跟党建步伐,有党组织的学校要求全部建立团组织。在这里,我衷心希望各级教育行政部门、学校在长期以来给予共青团工作大力支持的基础上,给共青团工作以更多的关心、指导和帮助,为团组织在中等职业学校德育工作中发挥作用创造更好的条件。

在工作内容设计方面,团的各级组织都要发挥作用。全团要把中等职业学校共青团工作摆在更加重要的位置,帮助中职学校团组织围绕我刚才所讲的四个切入点,合理设计工作内容、工作载体和工作路径。省市两级团组织要有专人负责中职共青团工作,通过建立工作例会、经验交流会、确定联系点等方式,切实加强对中职学校共青团工作的指导,把更多资源向中职学校倾斜。今年6月至明年6月,团中央在全国开展基层组织建设和基层工作试点工作,学校战线确定了大、中学校试点单位200家,其中中等职业学校有50家。各级团组织要抓住这次会议的契机,按照试点工作方案的要求,扎扎实实完成好试点工作的各项任务,带动中职共青团工作实现新发展。

在干部队伍上,重点要选好团委书记。中职学校团委书记的选拔要综合考虑三个条件:一是热爱青年工作,二是有一定的创造性,三是有一定的社会阅历,熟悉所在学校相关社会领域的情况。这里我要强调一点,担任团委书记的人选,要强调年轻,但也不能唯年龄论。年轻有有利的一面,容易和学生沟通交流,但过于年轻,也难免会有对思想工作规律不了解、对社会生活不熟悉、对社会观察不深刻的一面。团干部如果仅仅是深入了学生,却不能有效引导学生,还是做不好团的工作。在基层团干部任职年龄上,我们要力戒形式主义,不能简单地以年龄画线。

同志们,中央领导同志对加强中等职业学校德育工作提出了明确要求,教育部也做出了全面部署和安排。团中央和各级团组织有信心配合各有关方面做好中职德育工作。我们将认真贯彻落实中央领导同志的一系列重要指示精神和这次会议精神,牢牢把握科学发展观对中等职业教育的本质要求,以高度的政治责任感和使命感,以对青年学生成长发展高度负责的精神,扎实做好工作,为加强中职学生德育工作作出积极贡献。

陆昊在中国青年创业就业基金会成立仪式上的讲话

2009 年 6 月 30 日，根据录音整理

在党中央的亲切关怀下，在有关方面、特别是捐助企业的大力支持下，今天，中国青年创业就业基金会正式成立了！首先我代表团中央对捐助企业为中国青年创业就业基金会成立给予的极大帮助和宝贵支持表示我们由衷的感谢和敬意！

刚才，兆国同志在会前会见了基金会原始基金发起人代表，对促进青年创业就业工作和基金会的运行发表了非常重要的意见，几位捐助企业的代表也作了很好的发言，表达了对这项事业的深刻理解和重要支持，这都使我们很受感动，很受鼓舞！

团中央倡议发起建立中国青年创业就业基金会主要有三点基本的考虑。

第一，中国是一个人口大国，是劳动力大国，无论经济形势如何变化，就业问题始终是中国经济发展在转型阶段所面临的长期战略性课题。我们不仅要看到由于人口自然增长所带来的就业需求，看到中国城市化进程中劳动力转移所带来的就业需求，也要看到中国已经进入了工业化阶段，由于技术进步、资本构成变化带来的新的就业需求。我们要深刻认识到中央对中国就业问题的战略部署是全面、客观的，不仅强调充分发挥市场机制的作用，强调宏观经济政策，同时采取积极的就业促进政策，还强调要动员企业和社会的力量来共同促进就业工作。共青团作为中国共产党领导下的重要的青年组织，我们应尽自己最大的力量，动员各种社会力量来共同承担起促进青年就业和创业的工作责任。

第二，胡锦涛总书记对共青团组织的基本职能有明确的要求，特别提出我们要组织青年、引导青年、服务青年和维护好青少年的合法权益。根据共青团组织多年来的工作调查和工作积累，我们发现中国青年在就业创业方面有着最普遍的共同的利益诉求，这些诉求在 2007 年世界银行的发展报告中、在全球范围内也得到了普遍认同。因此，去年以来共青团按照党中央的要求，按照兆国同志的指示，将促进青年就业创业工作作为服务青年的重中之重，在服务青年领域高举促进青年就业创业的旗帜。在中央有关部门的支持下，我们也力所能及地开展了一些有益的工作和探索，比如今年的 150 万左右返乡农民工的培训；跟银监会合作已经发放了 50 亿元农村青年创业的小额贷款，惠及了 10 多万农村青年；已经建设了 1.5 万多个共青团的青年就业创业见习基地，为 42 万名青年提供了就业创业见习岗位；还有青年创业带头人的商业计划——YBC 项目等等。当然，我们深知共青团组织做的这些工作都是社会各界共同努力中的一部分。

第三，共青团组织在多年的工作积累中有一个很重要的创造，就是用社会化动员的方式来开展重要工作，先后创造了希望工程、青年志愿者、保护母亲河等一系列有效利用社会化动员机制开展工作的很好的范例。我们将继承这些重要的工作传统，把共青团过去创造出来的很好的工作方式，结合新的工作需要继续坚持下去。中国青年创业就业基金会就是共青团组织利用社会化动员机制广泛募集社会资源、促进青年就业创业采取的一项重要措施。

在座诸位所在的企业都是行业中的标志性企业，也是各类所有制企业中的代表性企业。大家不仅在产业发展方面有着自己的独到理解和工作推动，对青年就业创业问题也有

着很深刻的认识和把握。我们衷心希望基金会成立以后,能够采用科学管理、规范运作的方式,集中大家的商业智慧,集中大家对青年就业创业问题关键环节的深刻把握,使大家不仅贡献资金,贡献企业的商业力量,还要贡献智慧,一起更好地促进中国青年就业创业,使中国更多的普通青年得到我们基金会和基金会所支持的这项重要事业的有效帮助。

我们深知,尽管基金会的各位原始基金发起人都是在海内外有影响力的优秀企业,但是在当前国际金融危机的影响下,大家捐助1000万元资金也还是在一定程度上克服了某些困难。我们感到,大家捐助这项事业不仅仅是出于对中国长期发展的重大经济问题的重要共识,也不仅仅是大家所表现出的重要的社会责任,也包含着大家对中国青年就业创业工作的支持和对共青团工作所给予的重要支持。

最后,我在这里再一次代表团中央向大家的捐助表示衷心的感谢!

谢谢大家!

陆昊在统筹城乡、青年自组织和互联网团建试点工作研讨会上的讲话

2009年7月15日,根据录音整理

同志们,今天的研讨会是一个思想交流、碰撞的会议,目的就是要分析矛盾,破解难题。我先谈几点看法,具体工作由军科同志进行部署。

一、充分认识和把握团建试点工作的重要意义

1. 试点工作是更好地履行团的根本职责的必然要求

在新的历史条件下,共青团的发展面临着许多新的情况和挑战,全团上下一定要站在新的历史条件下做好党的青年群众工作的战略高度,充分认识团建试点工作的重要意义。团建试点不是为试点而试点,从根本上讲是在新的历史条件下履行共青团的根本职责的必然要求。作为党领导的先进青年的群众组织,共青团要履行好胡锦涛总书记提出的组织青年、引导青年、服务青年和维护青少年合法权益的工作职能,首先就要做到广泛联系青年,这是我们的一项基础任务,也是开展全部工作的重要前提。这一点在重大考验面前就会表现得极其清楚,比如当遇到重大事件时,我们不难想象,团组织能联系到的青年或青年自组织是什么表现?没有联系到的又是什么表现?所以联系青年实际上是我们这个组织首要的任务。要做到有效联系青年就必须与团的组织化载体紧密结合起来。历史经验表明,组织化载体不进行创新,共青团就不可能更广泛地联系青年,也就无法完成党交给我们的任务。对此,广大团干部和各级团组织必须保持清醒认识。在实际工作中,联系青年必须坚持广泛地联系普通青年,决不能只搞高端化,只有加强对广大普通青年的联系,才能从根本上体现党对我们的工作要求,体现团干部的政治素质和工作境界。当前,团的基层组织建设确实面临着很多新的问题和挑战,各级团组织和团干部要树立起为事业、为信仰而工作的决心。

2. 试点工作是适应青年群体分布、聚集、沟通、联络方式新变化的必然要求

我们经常听到一种说法，认为基层团建工作难就难在没青年。这个问题根本就不成立。村里没青年，中心镇没青年吗？城市里没青年吗？实际上不是没青年了，而是青年群体的聚集方式、分布方式发生了变化。共青团的组织工作格局要服从于总体工作目标，为了实现有效联系广大青年的工作目标，各级团组织就必须要适应青年群体的新变化，通过开展试点工作积极探索能够有效联系最广大青年的新型组织化载体。

需要指出的是，我们对试点工作要有正确的认识，试点是一项创新工作，不是一种荣誉，在这个过程中会暴露出我们工作中存在的很多问题，也可能会遇到很多困难、甚至失败，但我们一定要从把握团的根本职责出发，扎实做好工作，绝对不能走过场，使试点工作流于形式。团的工作具有极强的思想性和政治性，与党的事业息息相关，因此，我们一定要以高度的历史责任感充分认识和把握试点工作的重要意义，以实际行动推动工作的发展。

二、试点工作要体现凝聚全团智慧的一系列重要思想认识

团的十六大后，团中央书记处对许多根本性、全局性、战略性的问题进行了深入思考，并集中全团智慧，对共青团面临的重大挑战、共青团吸引和凝聚青年的基本路径、基层组织建设和基层工作应注意和把握的原则等进行了归纳和总结，形成了许多重要成果。大家要认真学习领会，体现到试点工作中。

要善于借助党建工作近年来在基层形成的新格局和新成果，比如在统筹城乡党建方面，很多地方的党组织都探索出了一些好的经验做法，团建试点工作必须要积极争取党建带动，注意在工作空间、工作内容上尽量与党建格局相融合。各级团组织要从做好党的群众工作的角度，积极向党委分管领导汇报团建试点工作情况，争取同级党组织的支持。

要善于通过对青年重要需求的把握，实现对青年的吸引和凝聚。比如，人为什么要加入组织？在与欧洲政治家进行交流时，我曾经提出一个问题，不同政党的政治主张之间差别不大，青年为什么要加入某个政党的青年组织，而不是别的政党的青年组织？说到底是这个组织具有一些独特的东西。这些东西是什么呢？青年人为什么要加入一个组织呢？能得到什么呢？欧洲青年问题专家最终回答我们的是，很重要的一点就是适应未来职业生涯所需要的一些社会化技能的培养。在座的团干部也一样，很多人从中学就开始做学生工作和团的工作，许多社会化技能，包括沟通、交流、表达、组织、协调甚至妥协的能力，就是在这些具体过程中培养出来的。我们吸收了这一点，归纳总结出共青团吸引凝聚青年的五条路径。

要善于借助情感力量开展工作。做好共青团组织工作除了运用社会化动员手段外，还有一个重要的方面就是要抓住人类的情感力量，特别是对亲人、对家乡的伟大的情感力量。情感是思想的一部分，没有情感力量，缺乏对情感的认识和把握，思想工作不可能做好。

试点工作千头万绪，具体工作中应坚持两条原则，一是原则性和灵活性结合，以原则性为前提；二是要善于把复杂问题拆分成具体问题。我希望各试点单位的负责同志在试点工作中要特别注意工作方法，善于将复杂问题分解为简单问题，结合实际，有针对性地开展工作。

三、试点工作要善于抓住最本质性工作要求

试点工作的最终目的是探索解决在青年群体中的组织载体问题。因此，一定要抓住最本质的工作要求。具体到新领域三类试点而言，核心目标就是能不能在统筹城乡范畴的青年人中建立团组织，能不能在网络上探索出团的组织建设方式，能不能在自组织中探索出团的组织建设方式，其他问题都要围绕和服从于这个根本目标。

1. 关于统筹城乡团建试点

统筹城乡团建试点工作到底要解决什么问题？我考虑主要有以下几个要素：

第一，青年在合理范围内的流动性问题。统筹城乡经济社会发展的一些思想、资源、方法、路径，可以作为统筹城乡团建的依托载体，但必须要注意将统筹城乡发展问题与统筹城乡团建问题区分开来，不能简单地将两者混为一谈。统筹城乡团建，实际上是为了解决青年在合理范围内的流动带来的问题。这里面，第一是合理范围，统筹城乡团建是在一定区域内或具有一定的人员流动关联度的地方之间进行的；第二是流动性，具体地讲，就是大量农村青年从村里流动到中心镇、县城、大城市，从第一产业转移到第二、第三产业。我们的团建试点工作中心任务就是要解决这些合理范围内的流动后的组织载体问题。

第二，把握好青年流动性的规律，把握好这种流动性是靠什么规律实现的。青年群体的流动具有一定的内在规律，比如说从职业分布上，北京的搬家公司很多从业人员是四川籍，从事保姆行业的很多是安徽籍，建筑业中的农民工很多是河南籍。要挖掘出流动性的规律，就必须要深入流动青年之中，与流动青年进行深入沟通，关注他们的实际需求。这就要求我们切实转变工作作风，真正做到深入普通青年，联系普通青年。

第三，在流动性规律中挖掘具有一致性的因素和载体。比如说，同乡会就是流动过程中一致性的一个重要体现。我们要注意在流动过程当中挖掘类似的一致性因素和载体，将这些一致性因素和团的组织载体有机结合。

第四，在流动性规律中要特别注意借助和发挥亲情、情感的力量。做群众思想政治工作，人与人之间有些最根本的东西如情感、信任、友谊等不能丢，我们既要特别强调真理本身的魅力，又要注意情感、信任、友谊在真理传播中的重要作用，不能把政治说得太抽象，总是说一些抽象的大话、空话的干部，最终只能成为小官僚，在群众那里不会有真正的影响力。在贵州调研的时候，我和一个城乡结合部的村团支部书记说，可以尝试将村里发生的重要的事儿用手机短信的方式给本村外出务工青年发过去，虽然这些事情很小，但是一定会引起他们的兴趣，这就是亲情、情感的天然力量。

第五，找到合适的工作、生活或产业载体，把流动的一致性因素和这个载体相结合，然后再叠加上团组织的工作职能。团组织不能只是一个抽象的组织，必须要在城乡统筹过程中依托一个具体的工作载体，或者一个产业专业化的组织载体，只有这样建立起的团组织才有生命力。

关于统筹城乡过程中的流动团员管理问题，决不能抽象地就管理谈管理，要抓住主要矛盾，首先要抓好组织存在，并解决好组织存在与流动的内在一致性，与青年工作、生活或产业载体相结合的问题，以多种方式实现对流动团员的组织覆盖，在此基础上做好联系、服务、管理工作。在这个问题上，大家既要从实际出发，也要解放思想。当前统筹城乡团建中的主要矛盾还是青年流动背景下的组织设置问题，我们要通过试点工作重点破解这一难题。

2. 关于青年自组织团建试点

青年自组织是最典型的市场经济条件下青年沟通、交流、聚集和联络的新载体。其中有些是组织载体，有些是松散的联络载体、聚集载体。对于自组织团建试点，要注意把握以下几个方面：

第一，要非常鲜明地提出团的根本主张和工作职能。自组织试点工作中遇到的第一个问题就是自组织对共青团在思想上的认同问题。我们必须要鲜明地强调团组织既有思想性、政治性、先进性的一面，又有群众性的一面。一方面，要向自组织明确表达共青团组织的政治主张是团结带领广大青年为实现中华民族的伟大复兴而奋斗，我们的基本职能是组织青年、引导青年、服务青年和维护青少年合法权益，团组织与青年自组织在主张和职能上并不矛盾。维系共青团组织体系一靠基本信念，二靠组织规则，三靠个人友谊，这同样也适用于处理团组织和普通青年、青年自组织的关系。另一方面，团组织要努力将自身的官僚化、行政化的色彩淡化到最低程度，进一步突出群众组织的特点，通过充分的沟通交流，赢得青年自组织的认可。

第二，要注意对青年自组织的尊重和合理利益诉求的服务。在与青年自组织的沟通中，不能认为我们是执政党的青年组织，就可以靠行政化命令对自组织进行要求，必须要靠对青年自组织的尊重和合理利益诉求的服务来建立与青年自组织的合作关系。

第三，要善于通过联系、沟通建立与青年自组织的情感联系。一个组织的生命力包括信仰、规则和情感，情感因素是组织因素当中的重要力量，团组织在与自组织进行联系、沟通的时候，需要特别注意形成情感联系。

第四，要善于将情感纽带和团的政治主张与工作职能相结合，让青年自组织理解和接受共青团。

第五，要善于挖掘青年自组织对团组织的需求。我们初步总结出两条需求，一是青年自组织可以借助团的公信力开展活动，二是团组织可以通过适当的调度为青年自组织提供一些公共资源。在这方面，我们还要继续深入挖掘。

第六，要善于团结好青年自组织的领头人、核心成员。一般来说，青年自组织都是一两个领头人领导的，其核心成员在组织内部发挥着不可替代的重要作用，一定要善于把这些人团结联络起来。

第七，要有针对性地为青年自组织活动的便利性提供一些力所能及的帮助，并以此为基础，探索建立团组织。要在积极争取党政支持，为自组织开展活动提供一些力所能及的帮助的基础上，探索在那些政治主张与我们比较一致或者没有政治主张的青年自组织中建立团组织。

关于自组织团建的工作路径问题，关键是三条：第一要注意对自组织的尊重、沟通和联络；第二要敢于在条件成熟的自组织当中建团组织；第三要敢于用建自组织的方式来建团组织。需要注意的是，有一些自组织本身是一种松散的联络载体，不一定非要在其中建立团组织，重点任务是加强沟通联络。此外，还要注意将青年自组织工作与团的组织建设格局结合起来，可以考虑把优秀的青年自组织负责人吸纳进入团的某个组织层级的委员会，甚至选配为基层团组织的副书记。这方面可以大胆尝试，不必有太多顾虑，因为这是组织格局服从我们重要工作目标的要求，也是共青团组织群众性的体现。

3. 关于互联网团建试点

互联网团建试点是一个很难的题目，青年在互联网上有着比较频繁的联系、沟通、活动，近年来很多诱发群体性事件的煽动性、蛊惑性言论最早也是通过互联网进行传播的，所以对于互联网这个载体我们绝对不能忽略，必须要通过试点工作积极探索团的组织载体在互联网上实现的有效途径，充分依托互联网实现团组织对团员青年的联络、吸引和凝聚。

第一，要实现团组织在网络上的存在，并通过网络途径有效联系团员青年。至于这种存在是实体的还是虚拟的，除了在网络上有活动，需不需要在网络之外的物理空间上存在和发生活动，这都可以在试点过程中进行探索，今天不要下定论。再比如说，是把这种存在作为一个组织载体还是作为一个组织的联络载体？这也可以探索，也不用下定论。互联网是一种重要的联络手段，现在很多实体团组织依托互联网对组织成员进行联络，团组织的这种网络存在就是一种联络载体。此外,还可以依托互联网建立一个新的团组织,把具有共同兴趣、关注话题的青年群体中的团员联系起来,并通过这些团员联系群体中的其他青年,团组织的这种存在就是一种组织载体。总之,网络团建归根结底要解决一件事,就是在网络上实现团的组织存在,注意力的存在、共同意识的存在、联络方式的存在、物理存在、虚拟存在都可以称为组织存在。在组织实现的基础上,还要善于通过网络来联系青年、联系团员。网络团建面临的一个最根本的挑战是对网络团组织的根本任务、功能的质疑。我们在开展试点工作的过程中,要注意结合团组织的四项基本职能做好沟通交流工作。团组织具有公信力,可以向某一个层级的政治组织反映网上团员青年的利益诉求,帮助网上的团员青年维护合法权益,这些都是网络团组织发挥职能作用的重要切入点。

第二,要充分挖掘网络性组织的本质性功能。要认真思考网络上为什么会形成组织,网络上形成组织与不形成组织有什么本质区别,团的职能是否能够在网络上实现?只有深入挖掘网络性组织在其成员个体发展中不可替代的作用,我们才能找到网络性共青团组织吸引凝聚青年的重要路径。

第三,允许网络团组织的相对松散、跨地域,这方面不用顾虑太多,这是由网络的特点决定的,也是团组织的群众性的一面。

第四,要善于挖掘网络性组织成员的内在一致性,靠内在一致性建立规模合适的网络团组织,不能简单地为了全覆盖就忽略组织的内在一致性。无论是网络性组织还是自组织,都要深入挖掘其组织成员的共同点,内在一致性是使组织成员经常发生联系、进行聚集的根本原因,无论是兴趣一致性、空间一致性、籍贯一致性,都可以成为建立团组织的出发点和依据。

同志们,统筹城乡、青年自组织、互联网团建试点工作,是共青团在新的历史条件下应对新挑战而进行的重要探索,在工作中必然会遇到很多困难和挑战。大家要从做好党的青年群众工作的高度认识试点工作的重要性,紧紧围绕在青年群体中实现组织建设载体的根本任务,在实践中注意继续探索、挖掘、提炼新的工作方法。

试点工作最后还是要落实到基层组织建设上,借此机会,我想就进一步加强基层组织建设再强调两个问题:

第一,基层的工作一靠制度条件,二靠内容设计,三靠团的干部。关于制度条件,主要靠大家从党政那里争取,这就要求各级团组织尤其是团的各级领导机关认真研究党中央最近一个时期对共青团工作的指示,善于把握党对群众工作的本质要求来设计和开展工作,否则就无法争取到党政支持。关于工作内容设计,主要靠团的自身,必须要认真研究农村、学校、社区等各种社会组织的根本功能,结合实际设计好团的各项工作内容。关于团的干部,我们认为年轻化固然好,但是也不能唯年龄,特别是对于最基层的团干部不要过分强调年龄,干部年轻有其便于融入青年的一面,但也有对社会生活了解得不够,对思想传播的规律掌握不够的另一面,所以我们在出台政策文件的时候,不要对基层团干部的任职年龄卡得太死。

第二,各级团的领导机关要想尽一切办法把所能调动的资源放到基层,努力为基层团组织和基层工作提供实实在在的支持。基层团组织十分困难,如果没有相应的工作资源和工作条件,就没办法针对青年、自组织的利益诉求提供必要的服务。所以,我们希望团的领导机关要尽可能避免将资源用于开展只有少数人参加的活动,每年只要开展两三个标志性的活动就可以了,要尽量将资源下放给基层。

陆昊在第六届中国公民道德论坛上的讲话

2009 年 9 月 22 日

在举国上下喜迎新中国成立 60 周年之际,中宣部举办第六届中国公民道德论坛,就"弘扬爱国主义精神,推进公民道德建设"展开探讨,具有十分重要的意义。

青少年爱国主义教育历来是共青团的重要工作内容。共青团按照党中央要求,近年来广泛深入地开展了"我与祖国共奋进"主题教育实践活动,今年又围绕庆祝新中国成立 60 周年在青少年中集中开展了群众性爱国主义教育活动,爱国主义精神在青少年中不断得到弘扬。借此机会,我就加强青少年爱国主义教育、推进青少年思想道德建设工作谈几点体会,与大家交流。

一、充分认识爱国主义教育在公民道德建设中的重要地位

在市场经济条件下,社会关系的调节主要有三种方式:市场调节、政府调节和道德调节。道德影响并调整着个人与他人、与社会、与国家的关系。其中,国家的发展状况对公民的发展具有根本性的影响,而公民对国家的态度如何也直接关系到国家的兴衰。因此,如何处理个人与国家的关系是道德建设中的一个基本的重要命题。在"爱国守法、明礼诚信、团结友善、勤俭自强、敬业奉献"的公民基本道德规范中,"爱国"居于首要位置;在《公民道德建设实施纲要》提出的社会主义道德建设的五项基本要求中,"爱祖国"居于首要位置;在社会主义荣辱观"八荣八耻"的具体要求中,"以热爱祖国为荣、以危害祖国为耻"也居于首要位置。这些都说明,爱国是公民道德的一个最基本、最重要的规范。

爱国、报国是中华民族的优良道德传统。各个历史时期,无数仁人志士书写的"国而忘家,公而忘私"、"爱国如家"、"精忠报国"、"天下兴亡,匹夫有责"的爱国情怀,在中华民族的史册中熠熠生辉。爱国情感已经深深融入了一代代华夏子孙的精神血脉,成为中华民族的整体品格。

新中国成立后,尤其是改革开放以来,我国日益发展强大,中国人民的民族自信心和自豪感不断增强。当前,我国正处于发展的重要战略机遇期,迫切需要进一步弘扬爱国主义精神,增进团结,凝聚力量。我们要适应国家发展的要求,大力加强爱国主义教育,为全面建设小康社会的伟大实践注入强大精神动力。

二、深入挖掘爱国主义的时代内涵

不同历史时期,国家所处的形势和面临的根本任务不同,爱国主义有不同的内涵和不同的表达方式。我们开展青少年爱国主义教育,必须立足新的时代背景,赋予悠久的爱国主义传统新的时代内涵。

首先,要引导青少年把坚持爱国主义与坚持中国特色社会主义、坚持党的领导统一起来。新中国成立 60 年来,特别是改革开放 30 年来,中国的建设和改革事业取得了辉煌的成就,人民的生活水平总体上取得了翻天覆地的变化。从 1978 年到 2008 年,我国国内生产总值年均增长 9.8%,占世界经济的份额从 1.8%提高到 6.4%,成为世界第三大经济体。迄今为止,全球范围内能够连续 25 年保持 7%以上经济增长率的经济体只有 13 个。从世界历史的发展进程看,如此奇迹般的成就是少有的,这些成就的取得对于任何一个国家、任何一个执政党都不是必然的。要让广大青少年认识到,今天欣欣向荣的国家面貌和安居乐业的人民生活,不是自然而然得来的,从根本上

靠的是中国共产党领导，靠的是中国特色社会主义的制度，没有共产党领导和社会主义制度作为根本保障，这样的成就是难以想象的。在当代中国，爱国就是要爱共产党领导的社会主义祖国，就是要坚定不移地跟党走中国特色社会主义道路。

其次，要引导青少年把弘扬民族精神与时代精神结合起来。当今时代，经济全球化浪潮势不可挡，世界各国的联系从来没有像今天这样紧密，利益从来没有像今天这样互相依存，已经没有哪一个国家可以完全依靠自有的资源实现发展，没有哪一个国家可以封闭式地独自完成自身现代化的进程。在这样的时代弘扬爱国主义精神，就要引导青少年树立全球视野，主动融入和平、发展、合作的时代潮流，既有强烈的民族自尊心、自信心、自豪感，又有理性、平和、开放的国民心态，善于从国家、民族的根本利益、长远利益出发考虑和处理问题，善于与其他国家及其人民和谐共处、合作共赢。还要看到，爱国情感的表达方式总是和时代的主旋律紧密相连，时代发展、条件变化给爱国的表达方式带来了根本性的变化。革命和战争年代，时代的主旋律是救亡图存和人民解放，需要各族人民特别是青年去斗争，甚至去浴血奋战。今天，时代主旋律是建设富强、民主、文明、和谐的现代化国家，需要广大青少年用坚持改革、推动发展、促进和谐、维护稳定的实际行动来表达自己的爱国热情。当前，特别要引导各族青少年深刻认识和维护我国统一多民族国家的传统，牢固树立“三个离不开”的思想，使民族团结的精神在青少年中代代相传，发扬光大。

第三，要引导青少年把爱国精神落实到建设国家的实践和奋斗上来。在充分认识我国发展取得的辉煌成就的同时，还要看到发展进程中存在的困难和问题，特别是要看到与世界发达国家仍然存在的巨大差距。目前，虽然我国经济总规模已居世界前列，但人均水平还不及世界水平的1/3，不到美日等发达国家的1/10，这个水平仅相当于美国上个世纪40年代初、日本上个世纪60年代中后期和韩国上个世纪80年代后期的水平。要引导青少年清醒认识我国仍处于社会主义初级阶段和作为发展中国家的基本国情，准确把握我国在世界发展进程中的定位，始终保持忧患意识，切实增强奋斗精神，以实际行动报效祖国。引导青少年发奋学习、钻研本领、努力成材，勇于到基层去、到西部去、到祖国和人民最需要的地方去发挥作用、建功立业。

归结起来，青少年爱国主义教育必须紧紧跟上时代发展的步伐，不断丰富时代内涵，从新形势下党和国家事业发展的要求出发，使青少年对国家的政治制度和发展道路更有信心，对国家发展的内外部条件、国家和民族的根本利益把握得更为准确，对爱国热情的表达方式更加务实，从而使青少年对爱国主义的认识更理性、更深刻、更全面、更稳定。

三、青少年爱国主义教育在方式上需要注意把握的几个问题

1. 尊重广大青少年的主体地位。公民道德建设的主体是公民，开展公民道德建设要充分依靠人民群众。爱国主义精神普遍存在于民众之中，我们对青少年的爱国主义品格要有充分的信心。由于青少年自身的特点，他们往往用年轻人特有的语言、逻辑、形式和途径来诠释和表达自己的爱国情感。开展青少年爱国主义教育工作，一定要把蕴藏在青少年中的爱国热情和爱国主义教育资源充分挖掘出来。要善于发现、挖掘、褒奖、弘扬那些存在于青少年群体中的爱国元素，使青少年的爱国行为得到宣传和彰显，使符合青少年特点、易于为青少年接受的爱国主义教育活动得到推广。这也是青年群众工作的重要工作方法。

2. 注重从青少年的日常生活入手。开展青少年爱国主义教育，要符合青少年思想意识的形成规律。青少年对爱国的理解和实践，往往是从生活中具体的人和事开始的。我们要善于“由小及大”，注重从青少年身边的小事出发进行点滴渗透，使青少年的爱国情感逐步得到理性升华。比如，要从爱家乡教育入手，引导青少年认识爱家乡与爱祖国的关系，进而培养他们对祖国的朴素感情；要引导青少年认识到自身的生活和未来成长发展很大程度上与国家的发展和繁荣、国家的命运是紧密联系在一起的，从而引导他们把个人的理想和奋斗定位在国家的整体发展中；要引导青少年从爱父母爱亲人开始，从小有爱心，长大以后才能更好地爱人民、爱祖国。

3. 善于运用情感、艺术、时尚元素和新途径、新载体。加强青少年思想教育工作，既要看到真理本身的魅力，又要看到感情、信任、友谊在真理传播中的作用，还要善于运用情感、艺术和时尚的元素传播重要的思想准则。不仅要解决好说什么的问题，还要解决好谁来说、怎么说的问题。近年来各级宣传部门推出了不少主旋律题材的影视、文化、艺术作品，深受人民群众欢迎，它们对青少年的感染力和影响力要远远大于那些空话套话。还要看到，随着科技不断进步和互联网、手机等新媒体的蓬勃兴起，当代青少年的沟通、交流、联络和聚集方式发生了深刻变化。我们要适应青少年的新变化、新特点，善于运用网络即时通讯、短视频、手机报、手机短信等青少年喜爱的路径和载体，不断创新爱国主义教育的手段和形式，使爱国主义教育活动真正走进青少年、更好地影响青少年。

陆昊在共青城产业规划发布暨招商说明会上的讲话

2009年10月16日，根据录音整理

团中央书记处经过认真考虑，决定在中国青年企业家协会第十次会员代表大会闭幕之际，召开促进共青城发展的产业规划发布暨招商说明会。刚才几位同志从不同的角度介绍了共青城目前发展状况和对发展前景的判断，讲得都非常好。我相信在座的各位青年企业家朋友都能够切实感受到江西省委、省政府对发展共青城事业的真挚情感、高度重视和有力措施。借此机会，我谨代表团中央向江西省委、省政府多年以来，特别是去年以来对共青城发展所给予的大力支持和有力推动，表示由衷的感谢！下面，我跟大家交流三个方面的认识，供同志们参考。

一、共同推动共青城发展的考虑

团中央参与和支持共青城建设，主要有三点考虑：一是胡锦涛总书记明确指示“要把我们共青城建设成为在国内外享有盛誉的现代化的社会主义开发区”。多位中央领导同志对共青城发展提出了明确的希望和要求。二是共青团组织和共青城之间有着天然的关系。中国只有这么一个区域，用共青城命名。把一个地区跟一个特定的组织、人物相联系，这不是中国所独有的，不少国家也如此，其中还是体现了一种重要的精神联系。三是共青城是中国青年人创业精神的一面旗帜。共青城的发展史是一部以青年为主体的创业史，蕴涵着中国青年艰苦创业的精神。当前我国尽管经济总量已经位居世界前列，但仍处于社会主义初级阶段，作为发展中国家的基本国情没有改变。发展阶段不可逾越，发展所需要的精神力量不可替代。我们丝毫不能否认物质财富的创造对社会进步的巨大推动作用,但我们也要看到,不管物质财富创造多么巨大和丰富,物质终究不能完全替代精神力量。因此在当前阶段,弘扬中国青年人的创业精神是需要的。

正是基于这些考虑,特别是在江西省委主要领导同志的倡议下,江西省和团中央决定共同推动共青城发展。当然,主要工作是江西省委、省政府在抓,团中央在积极参与配合。由于共青团组织直接参与经济社会发展工作力量有限,我们特别真诚欢迎在座的青年企业家更加关注、支持、参与和推动共青城发展。

二、当前共青城具备的有利条件

增加投资对于一个企业来讲不是很容易的事情,这一点我们是理解的。区域之间的投资竞争也很强,这一点我们也是理解的。共青城有什么值得青年企业家注意的地方?对此,我想谈谈个人的认识。我们认为到任何一个区域投资,总有两个问题是需要关注和研究的,一个是企业发展的技术性成本,另一个是制度成本或者是制度效率。

1. 关于企业发展的技术性成本。一个区域产业发展的技术性成本,主要包括要素条件、市场条件、产业氛围条件,等等。从目前我们的分析来看,企业在共青城发展的技术成本总体是比较好的,主要有以下几个特点:

一是共青城已经有了一定的产业基础。共青城有些产业初步具备了一定的聚集效应,有些产业具备很好的开发前景,特别是去年以来固定资产投资强劲,产业项目相继开工,出现了高速增长的全新局面。这些成绩的取得,是江西各有关部门鼎力支持的结果。我看了共青城去年以来的主要经济指标、项目落地的情况,非常敬佩江西省委、省政府推动工作的水平和力度。去年以来,苏荣同志、新雄同志都对共青城的发展提出一系列重要的工作要求,宪魁同志先后11次到共青城现场办公,江西省很多部门都拿出了最大限度的支持措施,所以出现了这么好的发展态势。

二是共青城具备充分的生产要素条件。我们反复跟规划组和江西同志进行过交流和研究,共青城的水电资源、土地资源和劳动力等生产要素条件是非常充分的,价格水平是合理的,也是有竞争力的,完全可以支持一些重大项目在共青城形成生产规模,产生投资收益,这不是哪一个地方都具备的。

三是共青城的区位、交通和生态条件是很好的。共青城天然具备的区位条件,这点大家从前面同志的介绍中会有清晰印象,当然大家还可以去深入关注和研究。共青城生态条件好、生产要素条件供应充分,去过的同志都有切身感受,在目前同时拥有这样条件的地方是有限的。只讲生态好,这不难;只讲生产要素条件供应充分也不难;但是两者都兼备的地区,在我的印象当中并不是很多。特别要提出,今年9月国务院通过了《关于促进中部地区崛起规划》,指出要加快形成沿长江和陇海,京广和京九"两横两纵"经济带。共青城处于国家促进中部地区崛起"两横两纵"经济带的交汇地区,国家实施中部崛起战略必将对九江乃至共青城发展产生较大的拉动作用。

四是共青城具备将政治优势转化为注意力经济优势的条件。共青城毫无疑问是有充分政治优势的,我就不再重复了。从新经济形态讲,共青城还存在着将政治优势向注意力经济形态转化的极大可能性。我们知道,新经济有三种形态,包括人才经济、创造力经济、注意力经济。过去,经济学界对注意力经济的技术模型和表达形式不是特别认同,但随着信息社会的高速发展,多数实际工作者和经济学界很多人认同并论证了注意力经济形态的存在。我们完全有信心与江西省委、省政府一起,把共青城的政治优势转化为特有的注意力经济形态。在当前的发展格局下,在区域竞争格局当中,注意力经济优势不是每个区域都有的,这是共青城非常宝贵的资源。

五是共青城具有非常好的产业氛围条件。我们应该看到,共青城、九江、江西乃至中部地区在中国下一轮经济发展整体格局当中有着极其重要的地位。看共青城不能脱离江西、不能脱离中部地区的整体发展格局。共青城的发展要关注两个产业半径问题,一个是中部地区城市群的产业半径问题,另一个是九江和南昌的小城市圈的产业半径问题。关于中部地区的发展,我看了最近三年的统计年鉴,中部地区的整体发展速度几乎都在14%左右,最低也在12%以上,远高于全国平均增长速度。江西省去年工业增加值增长21.6%,这是很高的水平,超过了很多生产型企业的年度销售额增长速度。这意味着有大量的新增投资在江西产生,否则不可能有这么高的速度。刚才我们很高兴听宪魁同志讲,今年1—9月,在当前这么困难的背景下,江西省的工业增加值同比增长16.8%。这里面有重要的区位条件的因素,表明江西有效地承接了国际国内产业转移的一些重要成果,这是很多发达地区做不到的。我在《新闻联播》上听过几次关于江西整体经济发展的报道,产业氛围条件很好,我个人是非常敬佩的。当然,还可以更加深入地再做一点研究,共青城在两个产业半径条件下的市场条件应该是很充分的,可以再深入地作一些结构性分析,特别是要看它在不同消费领域的增长速度,以便更准确地判断它的市场潜力。我们如果认真地把共青城所连接的两个城市圈的有关数据调来,再作一些深入的结构性数据分析的话,这两个产业半径的总体GDP水平、产业结构分布情况、三次产业内部结构情况、消费结构分布情况,就可以看得更清楚,增长速度就可以看出问题,对于具体的产业领域,投资就会有更清晰的诱导因素。总体上从中部地区的数据来判断,正处在高速增长的过程当中,这两个半径的城市圈的经济发展也正处在高速增长当中。这是关于技术条件的分析。

2. 关于企业发展的制度成本。任何企业投资者都会关注在一个区域投资的制度成本。从我们了解到的情况看,目前在共青城和九江市,有着极好的政策条件和软环境,包括劳动者状态和干部的工作状态,这是江西省委省政府大力推动、狠抓工作落实的结果。宪魁同志和礼和同志在繁忙的工作当中,多次到共青城现场办公,研究投资程序便利化、政策优惠条件等工作,还特别注意解决好当前干部和劳动者状态。劳动者是重要的软环境条件,也是投资的制度环境。共青城在这个方面应该说条件是非常好的。所以从制度条件上看江西,无论是优惠的产业政策、高效的政府服务,还是政府对待新项目的诚恳态度,以及有力推动项目实施的精神和力度,都是少见的。在江西省委、省政府的主要领导高度重视和亲自推动下,产业发展、项目实施等方面的工作力度不断增强,各位青年企业家去了江西,就能感觉到这种发展的氛围。我可以代表团中央负责任地向在座的青年企业家讲,我们对江西省现在的投资制度环境、制度成本、政府服务于产业项目的工作有充分的信心。

所以,从技术条件、制度条件上,或者从技术成本、制度成本上看,目前共青城的发展应该说是完全具备高速度增长的条件。今年江西省委、省政府推动工作的实际成效,也充分证明了这一条,完全是超常规的发展速度,这是人干出来的,这不是市场经济自然衍生出来的结果。

三、从企业发展的角度如何关注共青城

我们尊重投资者的选择,但是我们也愿意跟大家一起讨论如何找准支持共青城发展与促进青年企业家协会会员企业发展的结合点。有这么几个问题值得青年企业家注意:

1. 新市场布局问题。随着国家扩大内需等政策的实施,海内外很多大投资者开始关注中部地区。我们过去讲沿海讲得比较多,沿海主要优势在物流体系上,主要是外向型经济的物流成本较低。当我们盯住内需的时候,中部

地区就值得我们格外关注，中部六省具有得天独厚的区位条件和资源条件，庞大的消费群体，人口达到3.61亿，接近全国总人口的28%，这些都是企业发展需要考虑的重要因素。从新的市场布局来看，共青城、九江作为支持企业进行新市场布局的一个生产基地，条件是具备的。如果支持内陆地区新的市场拓展，或者是支持全国的新市场布局的话，中部地区作为一个重要的生产基地来选择，我觉得在共青城、在九江或者在南昌，都是可以充分支持的。因为企业发展到一定程度的时候，总有扩张新市场体系的内在动力。假如可以在中部有选择的话，或者在中部带给企业机会相当的情况下，共青城就可以作为重点考虑。

2. 物流体系建设和总成本控制问题。我们企业扩张到一定程度的时候，要做新的物流体系设计，要做生产和销售总物流成本的新的控制性测算。中央将中部地区定义为新的粮食生产基地、能源原材料基地、装备制造业基地和综合交通运输枢纽，如果就物流体系建设和总成本控制来讲，共青城乃至九江的区位条件和交通条件也是完全支持的。

3. 生产成本的梯度下降问题。从不可逾越的制造业和一般性服务业的生产成本的梯度下降角度看，共青城也是完全可以承担的，因为目前毕竟还不是一个有着很高平均收入的城市。有的时候我们是两难的，一方面想让城市发展后人民生活水平越来越高、收入越来越高，但与此同时过高的人力成本又会逼着我们就生产体系布局做成本梯度转移的考虑。共青城目前的平均工资水平，多数企业是可以承受的，甚至还有一定的余量和增长空间。这也是中部地区承接产业布局转移的总体性优势。

如果把这些问题，与我们刚才分析的共青城所具备的技术条件、制度条件结合起来看的话，共青城吸引投资的竞争力总体是比较强的。所以，结合产业转移的内在要求，结合企业自身的扩张节奏和发展阶段，是可以选择在共青城投资的。

今天的会议是团中央组织的第一次推介会，团中央书记处会根据推介会以后中青企协会员企业所感兴趣的问题、所关注的问题，再进一步安排分组沟通和交流。江西省委、省政府非常支持我们的工作，很多厅局专门派了负责同志来这里和青年企业家进行交流，这都凝结着我们对贯彻中央领导同志重要指示的工作努力，也凝结着江西省委、省政府对支持共青团事业及青年事业发展的重要努力。借此机会，我谨代表团中央再一次感谢江西省委书记苏荣同志和省长吴新雄同志对共青城发展的关心、支持和推动，感谢宪魁同志、礼和同志、庆红同志以及省里这么多厅局的同志，不远千里专程到北京支持这次推介活动。我们也由衷地相信，有江西省委、省政府坚强有力的领导和工作推动，有我们整个共青团组织和各方面青年力量的积极参与和配合，胡锦涛总书记为共青城确定的发展目标就一定会早日实现！

陆昊在中国青年企业家协会第十次会员代表大会上的讲话

2009年10月16日,根据录音整理

今天,我们在这里隆重召开中国青年企业家协会第十次会员代表大会,这是一次非常重要的会议。近年来,全国各级青年企业家协会在共青团组织的指导下,紧紧围绕党和国家工作大局、围绕青年企业家的成长发展,积极开展了大量丰富多彩、扎实有效的工作,不断帮助广大青年企业家提高自身素质,投身经济建设。特别要指出的是广大青年企业家在抗击雨雪冰冻灾害、抗震救灾工作过程中都作出了突出的贡献。借此机会,我谨代表团中央书记处向即将卸任的王晓会长,向其他各位副会长和协会全体会员表示衷心的感谢并致以崇高的敬意!青年企业家队伍是我国经济社会建设中一支非常重要的力量,它不仅直接为我国经济社会发展作出了重要的贡献,很大程度上还是决定着我国未来经济发展的重要力量,因为经济发展到最后拼的就是企业的水平,企业的水平归根到底拼的就是企业家。在我们的协会中能不能为中国在未来的世界经济竞争格局中培养出最优秀的企业家人才,这是一个非常重要的战略任务,所以共青团组织要高度重视青年企业家协会工作。兆国同志非常关心中国青年企业家的成长,亲自出席了开幕式并为我们作了非常重要的讲话,特别是对青年企业家寄予了殷切期望,希望青年企业家要把个人事业发展融入国家建设大局,要积极为保持经济平稳较快发展作贡献,要履行社会责任、促进社会和谐,要不断加强自身修养、不断提高综合素质。这些讲话是兆国同志认真考虑以后提出来的,我个人感到思想性、时代性、针对性都是很强的,希望大家能够认真学习领会。

中国青年企业家协会是一个非常重要的组织,在某种程度上讲,它是当代中国青年人参与国家经济社会生活、在经济社会建设主战场发挥作用、直接促进经济社会发展的一个重要的、有着不可替代作用的代表性组织。同时我们也深刻地感受到,市场经济条件下的中介、协会等社会组织有着极其重要的功能,市场经济发展的深化程度跟社会组织的功能发挥有着紧密的正相关关系。当前市场经济不断深化,政府职能不断转变,为社会组织开展工作、发挥作用创造了很宝贵的条件和机会。为此,团中央书记处决定借助第十次会员代表大会的召开,要在过去工作的基础上进一步提高中青企协整体工作水平,进一步为中国青年企业家的成长创造更多条件。

借这个机会,我想结合书记处对协会工作的总体考虑和我们过去学习实践的一些体会,跟大家交流三个问题的认识,供同志们参考。

一、关于协会的组织功能设计

现在社会上各类协会很多,在座的很多同志有不少都是各个方面的代表人物,或者都已经参加了不同的协会组织。市场经济条件下中青企协组织功能设计,我们初步考虑主要强调四点。

一是沟通交流问题。协会组织成员之间合理的、重要的、有价值的信息沟通交流是促进组织实现功能的最基本条件。这是最低层次的功能,但要把最低层次的功能做好也不是很容易的事情,关键要把握交流信息的价值含量。我们特别强调,宏观经济信息、行业发展信息的交流,企业管理最新技术、工具和方法的交流,以及提高青年企业家综合素质所需要的与有关特定的外部组织间的交流,与行业协会组织、政府相关部门针对性的交流等等,都是极其重要的,评价这项工作归根到底要看交流时间和有效信息的比例关系。为什么我们这次会议时间没有安排那么长，不是准备的不充分，而是因为大家所在的领域很宽，集中起来开这样综合性会议，不宜占用大家太多的时间。每次开会不在于来多少人、开多长时间才表明这个会是否重要，而在于价值含量跟时间的关系。企业的经营领域不一样，发展路径不一样，关心的市场条件也会不一样。比如，做钢铁的跟做食品的能坐在一块儿讨论的除了共性的财务问题和企业管理的新的工具、方法、思想之外，我想不会有太多的共同语言。虽然沟通交流是一个最基本的职能，但是专业化的重要行业信息交流应该通过什么方式实现，对我们各类协会组织都提出了挑战，秘书处要在交流的问题上下很大的工夫，要好好做设计，要把交流的内容专业化、行业化，要突出实效。

二是促进发展问题。协会组织如果做不了单个企业自身能用较低成本、较短时间完成的促进发展的事情，基本上就没有存在的必要性。会员为什么要加入协会？这与共青团组织遇到的挑战是一样的，市场经济条件下社会成员加入组织的根本性原因是协会组织和共青团组织都要思考的问题。促进发展总体上有两个目标相辅相成，一个是企业家自身素质的提高，另一个是促进会员企业的发展，两者间的关系并不是必然的。有的企业家本人的素质高，但企业并不一定很大，这里有商业机会问题；有些企业家管理的企业很大，别人内心里却未必对你很尊敬，这里面有企业家自身素养问题。但在大多数条件下两者是相辅相成、互相促进的。所以协会有一个很重要的任务是要探索好如何通过行业主管部门帮助我们的会员企业家和会员企业有效提高自身素质、促进企业发展。这个任务更高、更难一些，但不是没有路径。市场经济发展已经有几百年的历史，这方面工作我们可以有效借鉴国际经验，结合中国国情，从理论与实践相结合的层面做新的探索。

三是在现有的政治体制框架下如何解决协会组织合法有效的维护权益问题。维护权益总体上要注意三个结合。一是要善于把会员群体的普遍性利益诉求结合起来。维护权益，个案的问题是重要，在帮助协调的同时更多的是要关注普遍性利益诉求。二是要注意与法规的贯彻实施，甚至是与重要法规的制定过程有效结合起来。法规在制定或实施过程当中个人声音的力量毕竟是有限的，而组织整体的声音就有可能引起决策机构的关注和考虑，这在任何国家都是一样的。在这个问题上秘书处和各个产业委员会都要给予特别的重视。客观地讲，中国青年企业家协会是有清晰而明确的、权威性的反映青年企业家整体利益诉求渠道的，协会整体声音要用简洁、便捷的方式反映给中央有关部门。三是要注意与有序的政治参与相结合。这里要特别强调政治参与的有序性问题，很多意见可能都是对的，但总要在一定的合理制度框架内去反映和表述，意见才会被合理有序的听取和采纳。所以从这几点考虑，协会维护权益的工作要重点围绕青年企业家群体的成长环境问题、成长条件问题、重要产业领域的行业政策变化问题、不同所有制体系的利益平衡问题、准入机会问题等等。同时，更多的注意力要放在以青年人为企业管理者的企业群体的发展问题上。协会这次吸收的会员企业当中，中国企业500强和民营企业500强有近60家，实事求是地讲，就企业家年龄这一点我们比很多发达国家好很多，这跟我们的发展阶段、文化环境和青年企业家所具备的战斗力都相关。如何维护好这个群体的成长，为这个群体的成长环境创造条件，这是各级青年企业家协会都要共同思考的重大问题。

四是青年企业家协会还肩负着一个重要的任务，就是如何支持和参与党的青年工作。这个目标是不能回避的，而事实上多年以来各级青企协一直在有力的支持共青团和党的青年工作。这是共青团的组织属性和角色任务所决定的，也是协会由优秀青年企业家组成的特点所决定的。如何更好地把青年企业家团结在党和政府的周围，引导会员在促进企业发展的过程当中有效支持和参与党的青年工作，并在这个过程当中促进好党和国家事业的发展，关键在于找准结合点。每一个组织在多数情况下都不是只有一个目标，而是多元目标的组合。考验我们在座的同志、考验我们新的会长班子、常务理事会的本领就在于找准结合点，而不能简单地偏向于某个目标，只偏向于某个目标工作就很难持久，也很难成为机制。能不能找到结合点要靠智慧，要靠对问题的本质把握。所以协会新一届理事会成立以后要把握好沟通交流，促进发展，维护权益与支持青年工作的结合点。分别看这些目标的实现都不是轻松的事情，要把它结合好是要费一点脑筋的，特别是担任会长、副会长的同志要有这样的准备。我看协会组织发挥作用好不好，影响力大不大归根到底也在于这几项重要职能结合点的把握上。事实上，有许多类似组织作用发挥得就很好，比如中国美国商会，日本商会，欧盟商会等等，他们提出的白皮书意见都会引起企业界和政府的足够重视。我们还有一些民间的协会组织作用发挥得也非常出色，比如中国时装设计师协会就很有权威性，每年的时尚周有一二百场活动，都是最权威的、经典的时尚发布展示，社会影响很大。所以说，事在人为。

本次换届书记处一方面根据企业规模和在行业当中的基本地位对副会长的组成做了一些考虑，同时也请秘书处的同志很慎重的推荐了人选，并征求了当事人的意见。每个人的性格是不一样的，有人在做好自身事情的同时有开放性的心态，愿意把自己的智慧外部化给其他社会组织，有的人却没有这样的愿望和目标，都应该受到尊重。不愿意外部化的我们就不一定请他参加这个组织，他获得的成就同样令我们尊敬。发挥协会功能要花一些心思，在多数情况下花心思就要花时间，不一定是来开会的时间，是想问题的时间。这是我想跟大家讨论的第一个问题，关于功能设计问题，大家下午还有机会发表意见，我也不一定说得对，如果大家拿出更好的意见，我看还可以完善。

二、关于协会肩负的重要任务

中国青年企业家协会所肩负的最重要的任务就是要努力探索在协会的组织框架下，如何促进青年企业家综合素质的提高，这是团中央书记处对中国青年企业家协会所肩负的历史责任的判断。十年、二十年之后，如果在我们青年企业家协会当中不能够产生一批在中国最有影响力的企业家，那是协会工作的失败。所以有一些事情可以用短期效果来评价，有一些事情就不能用短期效果做评价，就像我们尊敬的、世界级的顶级企业成长一样，它们从来不用形容词表达自己，而是用时间的长度证明自己。所以我们这个协会成功与否，既要看当前做哪些更有效的工作，更要看在我们的会员群体当中能不能成长出一批在中国未来最有影响力的优秀企业家。优秀不仅体现在企业规模上，还要体现在企业家综合素质上，把握好经营企业和做人的基本原则和底线。所以兆国同志特别强调综合素质，不光看知识本领，心态也很重要。对企业来讲，有一些看准的事该做不做，就会丧失发展机遇；有一些事不能做的时候着急了，就会动作变形乃至用非正常手段，结果就会出问题。企业家素质的提高，一方面是靠企业家学习与实践的结合、靠理论与实际的结合、靠个人努力与组织功能的结合，但还有一方面是要靠组织对人的才能增长的激励机制设计，从这个方面我想谈三点认识供大家参考。

（一）关于素质的标准问题。这个问题仁者见仁，但是我想有一个方向要明确。青年企业家在未来成长当中要注意两个方面的素质结合，就是一般性的管理能力素质与企业经营者特定的素质的结合。我们不能简单地把人跟人进行比较，有些方面这个人很擅长，有些方面这个人不擅长，正是这样的各种擅长和不擅长的相互结合构成了我们社会进步的基本逻辑，这是亚当·斯密1789年讲的，社会分工对效率的创造问题。关于企业家或者管理者的一般性素质的问题，大家有普遍的看法，大致包括学习研究能力、组织能力、协调能力、表达能力、人事工作能力等。这些都是基本层面的，作为一个管理者可能是够的，但作为优秀企业家还不够，还有较高层面的要求。例如处理复杂问题的能力，出思路、出思想的能力，群众工作能力或者说非权力带来的领导能力。很多人的能力是权力给你的或者是制度权力，或者是继承性的权力，但是优秀的、杰出的企业家一定要有非权力带来的影响力，靠你对员工内心的、深刻的影响来获得这种领导能力。当然这是大家一般的看法，或者还会有其他的看法，仅供大家参考。

我今天主要想谈一下企业家的一些特殊素质。主要是两个方面。一方面是工程技术性的知识和管理类知识。企业家的特定素质要求跟党政干部不一样，跟共青团干部也不一样。例如共青团干部都去学EMBA不是必要的要求，但是对企业管理者来讲类似于MBA、EMBA的知识结构就是基本要求。像工厂的团委书记，如果没有认认真真念企业管理的知识，怎么能找到工作载体呢？企业运行最基本的知识不熟悉怎么跟经理、技术人员对话呢？怎么引导职工认同企业，接受管理呢？为什么企业要严格管理？道理很简单，接受严格管理的规则主要来自于企业的组织化程度高，企业生产流程是高强度的组织化过程，严格管理才能保证企业正常运转。为什么企业要有激励？道理也很简单，就是做到物质的与精神的结合，不能否认人的价值。因为企业中有一些岗位是不宜监督的，有一些岗位是比较好监督的，可监督的可以多强调约束，当然也要激励，但是不宜监督的岗位怎么办？只能多强调激励，当然也要约束。所以我想工程技术类的知识、跟企业生产产品类的知识，管理类的知识，这都是企业家所需要的特定素质、特定的知识和理论要求。

另一方面是综合性素质要求。一是创新意识。我看这一点大家没有分歧，因为熊彼特先生讲了之后还没有什么企业家或经济学家对他提出挑战，都是在引用，就是所谓的“创造性破坏”的引用。我们把它称之为第一条最重要的意识，叫创新意识。这里强调的创新意识是在我们系统的、深入的掌握好经典的、传统东西的基础上的真正意义上的创新，而不是一般意义的、你过去没说过的创新或者你认识的人没说过的创新。这样的例子不仅在企业里存在，在我们的政府里也有很多，我们能简单地拿1998年的金融危机跟这次的国际金融危机比较吗？能简单地拿1998年被金融危机冲垮的马来西亚跟现在的中国做比较吗？根本就不能比，我们国际收支平衡下面经常性项目是放开了，资本项目是有条件的、较少的放开。所以我特别想说创新意识是对经典的、传统的有效把握基础上的新的创新。我们企业激励制度设计是不断在创新的，股权激励制度、期权激励制度，这些都是有其发展历程的。二是风险意识。这是企业家跟很多体系优秀人才完全不同的特定素质要求，这是那种能够有效应对不确定性的一种特定素质要求。大家如果有兴趣可以查一查，对风险意识讲的最深刻的是耐特在1921年的《风险不确定性与利润》当中的表达，进一步强化了“如果没有不确定性就可以不要企业家，也就没有企业存在的必要”。企业是一种社会组织，因为有风险和不确定性所以产生了企业家这个特殊群体。他们要向其他人支付有保证的工资，而自己承担经营的风险和不确定性，这样使敢冒风险的人承担风险，并得到相应的回报，而不敢冒风险的人得到固定工资。所以评价企业经营者的收益高低是很难的事情，本身就是不确定的事情，不能看人家挣了钱就眼红。所以说有些事情我们要看得再深入一些，企业家的高收入主要源自于风险意识，源自于应对不确定性的那种必然的过程。所以风险意识我个人认为是企业家特定素质当中极其重要的，他要求我们用平缓的心态看待别人致富，也要求我们用平和的心态看待企业家自己的谋利过程。三是决策意识。决策是一个非常系统、科学的过程，大家可以看看1978年的诺贝尔奖获得者西蒙对于经济组织内决策程序所进行的开创性研究。决策程序要面对复杂、多元的决策目标。所以有些人说企业家可以不在乎员工，但经典理论不是这样表述的，经理人只对股东负责，经典理论也不是这样表述的，美国也不是这么做的。我们学市场经济学什么？西蒙在1955年的一篇文章中，对合理选择的厂商行为模型讲得很清楚，厂商是目标冲突的结合体，是经理、股东、工人的结合体。为什么坚持强调正职的作用，严格意义上讲副职称不上企业家，最多能算企业高级管理者。因为只有正职才会面临生产、库存、利润、市场、工人收入等各目标的相互关系、冲突关系。用什么方式解决，厂商追求令人满意的总成就，而不完全是特定的最大利润。所以对我们企业经营者决策能力的要求不是简单地“定个什么事”，而是一个系统过程，是一种理性的选择判断过程。四是竞争意识。有些经济学家对竞争的最新研究成果很深刻，中青企协的顾问里面有的做出过这样的研究，通过世界社会整体财富创造的历史进程发现，市场机制产生几百年创造的财富大概占到有史以来财富总量的90%以上，或者高达96%，这不一定很准确，但是高比例是肯定的。这里除了技术进步的因素之外，很重要的一条是跟这个制度的本质特征有关，这个制度有一个重要的特征就是竞争，竞争鲜明表现有两个方面。第一你的产品好坏由别人评价，这跟我们自己评价自己的工作不一样，评价是由别人决定的，根本上是由消费者决定的，所有企业的产品和劳务最终的评价权力不在自己。第二在高度充分的竞争体系当中，好企业与坏企业，好产品与坏产品，有的时候相比较就差一点，但是差一点的就卖不出去，好一点的就会供不应求，这是竞争制度的本质内涵。当收入达到一定水准的时候，在每一个收入层级里都会竞争性的选择那些“更好”或“更多一点”的产品和服务。同时，新的产业组织理论里面有一个重要的结论，就是很多行业当中只有位居最前列的几个企业和厂商才能保持持久盈利能力，这也说明竞争的残酷性和极端重要性。当然每个行业格局不同，结果也不完全一样，至少对垄断竞争跟寡头竞争当中这个结论一定是对的，而对完全竞争的产业领域这个结论不一定对，但是它能够反映竞争的极其重要性。我们结合学习和思考可以看出，创新意识、风险意识、决策意识、竞争意识是企业经营者或者企业家素质当中非常重要的特殊需要的素质。这完全不同于其他一些岗位，特别是不同于一般的党政领导岗位。

（二）关于学习的问题。学习对于青年企业家成长极其重要，是根本不可能替代的路径。学习要特别强调：一系统性，二经典性，三前沿性。学习，一是要系统，只有系统的知识结构才能产生出重要的工作力量，知识结构合理就意味着要系统，只知道某一个角度的真理，不注意真理之间的关联，就不能相互支撑、融会贯通。二是要经典，在部分文献当中、讲话当中、讨论会当中有“伪真理”、“半真理”的现象，所以要有判断力，要靠对经典的掌握来判断。大家要多看教科书，有些企业家写的书也很好，但是我一直主张在训练MBA、EMBA的时候多看经典教科书。因为，主流教科书里的理论都是经过反复论证和实践检验的。青年企业家时间是非常宝贵和有限的，学习的时候要强调经典的东西。三是要学习前沿性的东西，有一些最新的、对经济社会发展重要的总结，可以全方位影响我们的经营思想，这些知识是要掌握的。比如，我在念大学的时候没有清晰的博弈论概念，产业组织的很多理论并不成熟，没有写到当时的教科书中。现在不了解产业组织理论就当不好董事，更当不好董事长，因为董事会在定发展目标时要对行业问题作出重要判断。

我想协会工作要有侧重，重大的学习任务肯定不能主要由协会来完成，主要靠企业家自己努力，协会可以集中最优秀的企业家和经济学家的智慧，提供学习框架，提供学习要点，提供经典书籍，并且请最权威的学者做高效率、经典性的辅导。什么叫高效率，一本书很厚，很短时间内看不完。而学者效率高，他读了二百本书，给你讲一本书，讲的就快。商务部当时有一个很好的方法，有一套读书机制，就把最经典的经济学著作和世界最知名的著作读薄，一本书50万字，他只给你几万字的东西，帮你读，这样可以大大提高效率。协会要思考这样的方式，框架好不好，要点好不好，权威性够不够，专家能不能做最好的学术辅导？教授之间也存在很大差距，有的教授你问问题能把他问住，有的教授可以用他高强度的知识积累梳理出最重要的思想和方法线索。这次协会邀请的顾问不多，协会不需要很多人挂名，但是这些顾问无论从实践和思想层面都可以为青年企业家提供帮助和支持。我们请的学者有三位，主要是中青年的代表。林毅夫先生在世界银行任职，有规定不许兼职，但是他本人很愿意为我们协会做工作。樊纲教授在宏观经济方面有权威性和代表性；张维迎教授在企业理论方面有权威性和代表性；钱颖一教授在比较经济学、制度经济学和转轨研究方面有权威性和代表性。部委的顾问和企业家顾问也将结合所从事的工作，为协会做一些工作，真正为青年企业家发展提供指导和帮助。

大家下午讨论还可以提出来，在学习方面协会能干什么。不知道大家怎么学习，我经常是要跟同志们讨论这个问题。因为一方面我们的知识量、信息量不够，另一方面信息时代知识爆炸，垃圾信息也很多。如何判断和选择？所以，仅靠协会秘书处承担这样的任务是不行的，但如果各方面的顾问进行知识推荐，秘书处可以作程序性的判断，并向大家推荐。因此，要建立与顾问的定期沟通机制，协会的网站要做好，沟通的办法要畅通。协会要为中国整体的青年企业家成长服务，我们的使命超过所有的商学院。完成这一使命，要靠集体力量，借助大家的智慧。

（三）关于实践的问题。在实践方面，协会能够提供的帮助是有限的，主要靠大家自己，但是在实践当中要注意一些问题。一是要树立自己能力结构的目标和知识结构的目标，发挥优势，弥补劣势。我接触到中国第一流的企业家都在这个方面有极强的本领，最短的时间内要判断出自己哪方面强，哪方面弱，学的东西都不一定是大学时候学的，也不是第一专业学的。二是要弥补能力缺陷。三是要敢于否定自己，企业家敢不敢否定自己的不足，那直接决定盈利能力。敢说哪里决策错了，怎么变成对的或者可能对的，首先要的是勇气，特别是企业干到一定程度的时候，我们是真的要向有些领导同志学习，说错了我就纠正，公开纠正。当然还有一点要注重向高手学习，注重实践锻炼中的规律总结。协会要给会员提供机会，怎么向高手学习，怎么在实践锻炼后形成新的规律认识，这都关系到企业家自身素质的提高。

三、关于协会工作的方法和原则

不仅团中央书记处对协会给予极大的希望，社会发展到今天，国家、民众对企业家群体同样寄予了希望。政府并不直接创造社会财富，是管规则、管秩序，发挥促进二次分配的作用。改革开放30年的伟大进程当中，通过企业和企业家不断的创新发展，为社会提供新的产品、服务，极大地改变着我们的生活，改变着我们跟自然的关系。手机、家电、交通都发生了革命性变化，这其中企业的作用极其重要，企业家在社会进步中的作用不可替代，所以公众在社会进步当中对企业家寄予很大希望。当然政府也起到推动和促进事业发展的作用。因此，要形成尊重企业家，认同企业家，支持企业家发展的氛围。针对这方面我对协会的工作再提一些意见。

第一，要在感情纽带基础上建立理性认同。现代的社会组织很多，很多是联谊性组织，泛化了组织基本功能。人有社会交往的需要，需要认识一些自己组织体系之外的人，但这个不能成为协会的宗旨。协会还是要首先强调它在感情纽带基础上的理性认同。比如说，首先要真正理解中国特色社会主义道路，认同我们的基本政治制度和社会制度，这个都不认同，就会在困惑中工作和生活。第二要认同中国青年企业家所肩负最重要的历史责任和社会责任。青年企业家受益于改革开放政策，成长于现代化建设伟大实践，有能力也应该担负起惠民报国的责任。再比如说理性认同当中，科学发展观的很多重要思想跟企业发展是一致的，自主创新的重要思想战略，促进社会和谐的重要思想战略都是与企业发展的本质要求完全一致的。这些理性认同要培养，要在协会当中确定，因为大家代表着重要的力量，可以发出声音。认为有问题可以交流，什么地方不准确，什么地方需要丰富，什么地方便于让更多的人接受，可以在协会这个平台中达成共识，统一思想。

第二，要努力形成协会组织化的整体力量。我们充分相信新一届常务理事会和领导机构有这样的智慧和能力，能够给广大青年企业家提供新的发展机会和发展的条件，从而形成组织化的整体力量，也就是经济学上讲的外部性的规模收益。如果协会组织力量很强、影响力大，在跟本组织之外其他体系交流的时候就有权威性；如果组织力量不够，整体战斗力不强，水平不高，就难以产生影响力和话语权。人以类聚，彼此尊重，相互协调，这是社会生活基本准则。因此，协会开展工作和举办活动，要充分尊重协会会员的意愿，不搞轰轰烈烈、不切实际的形象性工作。要本着有利于青年企业家成长，有利于青年家企业家交流合作，有利于企业持续发展的原则，通过服务协会会员个体的发展，实现协会组织化整体力量的不断提升。

我刚刚访问越南、马来西亚、朝鲜，这几个国家都提出要跟中国青年企业家协会交流，包括现在很多省也提出这样的要求，但是交流要以经济发展为目标，建立在能够产生经济效益的基础上。协会秘书处在组织到各地的考察、交流活动中，要慎重细致，要把存在的商业机会、产业结构变化、新的经济增长点了解清楚，然后用最便利的方式广泛发给全体会员，根据大家自己的判断进行选择。另外一点是要考虑用共青团的整体优势集中褒扬有作为、优秀的青年企业家，为他们创造成长环境。可以考虑出版中国优秀青年企业家人物系列传记，把青年企业家最经典的思想和智慧集中起来，向广大青年人宣传这些值得整个民族为之自豪的人。企业家个人出书影响力是有限的，但通过组织化整体力量来褒扬这些群体，就会有更大的影响力。同时，要在其他的传媒上广泛宣传，下一步中国青年发展论坛要以青年企业家创业为主题，以大家的创业历程、创业经验和创业方法为主要内容，激励更多的青年人尊重企业的创造，尊重企业家的才华，学到那些最本质的成功经验。同时，在条件成熟的时候，要探索建立中国青年企业家调查系统，发表每年一度的中国青年企业家发展报告。当协会整体力量越来越强的时候，就要特别的彰显这个重要群体对一些重大经济问题的判断、认识、看法。下一步我们将请中国青年企业家群体讨论应对危机的哪些措施是非常有效的，哪些措施是需要下一步注意和观察的，哪些产业领域现在遇到了竞争当中的问题，哪些遇到来自外部的挑战。秘书处要在有关部委的指导下确定选题，如果到了一定层面一起讨论重大问题并产生认识，就会互相启发。在达成共同认识、共同意见的基础上，形成对产业发展的意见和判断，就可以协会的名义上报有关部委，为相关职能部门决策提供依据，从而积极服务政府决策过程，同时为青年企业家发展创造更加有利和有针对性的条件和空间。青年企业家协会组织化的整体力量是互相促进的，当我们的分量越来越重，就表明中国青年企业家群体对一系列重大问题的直觉判断越有价值，只要是整体化的直觉和判断有价值，就能够影响宏观决策，所以我们的会员不在于多，而在于精，到一定程度再讲多还是少的问题。

第三，要特别坚持专业化的工作方式。这是较大的挑战，但是中青企协一直以来十分重视这方面的工作，建立了专业委员会。本次大会根据协会会员的整体情况和协会发展需要，将专业委员会调整为产业委员会，就是更加科学合理的分配会员界别，发挥专业化的作用，提高协会工作的针对性和实效性。当前，市场经济的分工越来越细化，分工创造效率，专业化分工的程度，标志着市场经济深化的程度。因此，要进一步加强产业委员会的建设，把真正热心于协会工作的同志选任为产业委员会的领导和秘书处人员，不断丰富和活跃各产业委员会的工作和活动，使行业相同、业务相联的企业之间加强沟通，交流经验，共享信息。同时，以各产业委员会工作的日益活跃，推动中青企协工作的整体提升。

我就代表书记处讲这些意见，不对的地方请大家批评指正，供大家参考。

陆昊在学习贯彻胡锦涛总书记贺信精神座谈会上的讲话

2009年10月29日，根据录音整理

今天特别高兴能够跟老一辈的少先队工作者、少先队辅导员，还有少先队员小朋友们一起交流学习胡锦涛总书记贺信的体会。刚才大家结合各自的工作实践和成长经历，从不同角度谈了自己的收获和建议，讲得非常好，这也说明少先队的工作很有成效。

胡锦涛总书记的贺信思想深刻、内涵丰富、要求明确，具有很强的时代性和针对性，为当代少年儿童的成长和少先队工作指明了方向，是当前和今后一个时期少先队工作的纲领性文件。全团、全队要进一步学习领会，不断加深理解和认识，把握贺信的精神实质，同时还要继续研究贯彻落实贺信精神的工作。在此，我代表团中央书记处就学习贯彻好贺信精神谈两点意见。

一、共青团、少先队组织要认真学习、领会、把握好总书记贺信的精神和要求

学习、领会贺信的精神和核心内容，要从两个角度把握。

第一是从对少先队组织、少先队工作者和少先队辅导员提要求的角度，这个要求要高一些。

1. 既要看到少先队组织的巨大光荣，也要看到肩负的历史责任。贺信强调少先队对促进少年儿童健康成长发挥了不可替代的重要作用，为一代又一代少先队员开启了人生的奋斗航程。这既是对少先队工作的高度评价，也指出了团队工作者所肩负的重大责任，同时也对今后的工作提出了更高的要求。现在重要的是要考虑如何在新的历史条件下履行好历史责任。少先队员的人生历程与祖国的发展紧密相连，今天的预备队就是明天的生力军。当前，全国各族人民正在党的领导下，高举中国特色社会主义伟大旗帜，朝着建设富强民主文明和谐的社会主义现代化国家、实现中华民族伟大复兴的宏伟目标奋勇前进。实现这一宏伟目标，正是当代少先队员将要承担的历史重任。广大少先队工作者要认清自己肩负的责任，为党做好新的历史条件下的少先队工作。

2. 要发扬少先队的优良传统，积极探索当代少年儿童的成长规律。我到团中央工作时间不长，接触了一些老少先队工作者，很受感动，也很受教育。他们有着执着的追求，有着非常强烈的事业心、责任感、奉献精神，又有非常好的职业精神和职业素质，值得年轻的少先队工作者学习。我们这支队伍总体上非常好，现在需要做的是两件事。一是要把我们最宝贵的传统，包括好的精神、好的品格、好的工作方法进行梳理，坚持下来。时代在不断发展，少先队的工作内容也在变化。现在许多一线的辅导员都是八零后的年轻人，要传承少先队好的精神、好的品格、好的工作方法。只有好的工作方法，没有好的精神和品格，事业做不长远。二是要看到新时代少年儿童成长规律方面的新变化，这对于少先队工作者十分重要。现在的孩子们跟十年前、二十年前大不一样了，他们知道的很多东西，教育工作者不一定知道；他们喜欢的载体，我们不一定都很熟悉；他们交流的方式，我们不一定都能很好地领会和把握。这就是社会的变化，某种程度上讲是社会的进步。对于少先队工作者来讲，这是一个新的挑战。总书记的贺信中提出既要大力发扬优良传统，又要探索新规律，这两句话的内涵非常丰富。我们要把肩负的使命转化成有效的工作方法，我看方法就这两条，需要我们做大量的工作。关键是要坚持党的解放思想、实事求是、与时俱进的思想路线，上次我在全国少工委五届五次全委会上也强调过，但是真正做到很难，需要我们下功夫研究。

3. 要探索实现好少先队团结、教育、引导少年儿童的基本职能。贺信对少先队组织的基本职能提出了明确要求，我们要思考怎样才能有效地团结、教育、引导少先队员。这句话首先是对共青团提的，共青团组织要思考如何从思想上、组织上、工作上、队伍上、作风上指导和支持少先队开展工作，切实履行好新形势下全团带队的光荣职责。少先队组织要思考用什么载体、什么方式，坚持哪些好传统，探索哪些新手段来实现基本职能。

4. 要落实好争当“四个好少年”的要求。贺信对全体少年儿童提出了“牢记党和人民的重托，在德、智、体、美等方面全面发展，争当热爱祖国、理想远大的好少年，争当勤奋学习、追求上进的好少年，争当品德优良、团结友爱的好少年，争当体魄强健、活泼开朗的好少年，时刻准备着为建设富强民主文明和谐的社会主义现代化国家贡献智慧和力量”的要求。这一要求很系统、很深刻，不仅涉及思想、精神、品格，也涉及体魄和性格，既有对少年儿童一贯的要求，也有鲜明的时代特征；既是对少年儿童的要求，也是少先队的重要工作方向。贺信作为少先队工作纲领性的文件，也为明年召开的第六次全国少代会明确了基本方向。各级共青团、少先队组织要学习好、领会好，使之成为工作指针，尤其少先队辅导员要首先准确、全面地把握好这些要求。这四个方面的要求是贺信中的重要精神，在现阶段我们先要做好这项工作。

第二是从少年儿童学习贯彻贺信精神的角度，主要有两点。

1. 最基本的要求，就是要让少年儿童知道党和国家的最高领导很关心他们，提出了四个方面的成长希望和要求。要让所有学校的孩子都了解贺信精神是需要一定时间的,因为孩子的学习任务很重,也很少看主流媒体,所以要研究通过什么路径让孩子知道这些希望和要求的具体内容。不能把贺信的要求做简单的数量式归纳,要把这四个方面的内容置于校园内醒目的位置,学校少先队组织还可以用各种方式来体现四个方面的希望和要求。

2. 要让少年儿童通过学习贺信理解党、团、队之间有着特殊而紧密的关系。少先队是党创立和领导的全体少年儿童的群众组织,党是先锋队,团是生力军,少先队是预备队。少先队事业的蓬勃发展,关系到党的事业始终保持生机和活力。要让孩子们通过贺信理解党、团、队之间这种特殊而紧密的关系。理解在少先队的节日里为什么是党的总书记给他们写贺信,为什么贺信中两次提到共青团?为什么提出全国少先队员要牢记党和人民的重托?很多重要的内容在队章中也有体现,所以学习贺信也要与平时的队章教育结合起来。

总之,对少年儿童一是要让他们知道胡锦涛总书记给全体少年儿童提出了四个方面的成长希望和要求,这四点如果都能做到,可以成长得更好。贺信的要求,体现了党和老一辈革命家对少年儿童的真心关爱。二是要让孩子通过学习贺信,知道党、团、队之间有着特殊而紧密的关系。

二、学习、宣传、贯彻总书记贺信精神需要坚持的方法

各级共青团、少先队组织要下大力气学习、传播、落实好总书记贺信精神,特别要在学习贯彻上强调普遍性,重视有效性,体现针对性。

1. 要强调普遍性。学习贯彻好贺信精神,首先要让广大少先队员和少先队辅导员知道贺信精神。全国有1.3亿少先队员和几百万少先队辅导员,基层少先队组织和基层工作是实现少先队各项功能的基本途径,是少先队的全部活力的根本标志。希望少先队充分发挥好组织优势,让每一位少先队辅导员了解贺信精神,让每一位少先队员都知道贺信提出的四个方面的希望和要求,及时把总书记的关怀传递到每一位少先队辅导员、少先队员。这是基本要求,也是少先队组织的责任。

2. 要重视有效性。有效性,也就是传播方式的适用性。学习贯彻贺信精神,只靠发文件和开会是不够的,不符合今天的时代和社会变革。要研究少年儿童情感、意识、信念形成的规律,防止成人化的倾向,用少年儿童喜欢、熟悉和常用的方式传播贺信要求。要充分调动社会资源,创造性地运用童谣、儿歌、动漫、短视频等各种有效方式,甚至在玩具和娱乐活动中体现"四个好少年"的一些重要标志,通过情感、艺术、时尚等途径传播。要鼓励全队的创造,各地的情况千差万别,上海、北京能用的一些方法,在贫困地区不一定适用。总之,我们的工作离不开孩子,离不开孩子熟悉、喜欢、常用的有效方式。

3. 要体现针对性。每一级组织都要有每一级工作的针对性,每一位少先队辅导员对孩子的传播要有针对性。针对性的前提是普遍性和有效性,一名大队辅导员不可能面对每一个具体的孩子,但是一线的中队辅导员就可以。所以,基层一线的中队辅导员要注意结合不同孩子的实际情况作讲解,使不同年龄段的少先队员不仅知道而且理解这些希望和要求。这样才能真正为少年儿童健康成长发挥不可替代的重要作用。

当前和今后一个时期,各级共青团和少先队组织要在学习传播、贯彻落实总书记的贺信精神上下大的力气,这是我们所肩负的神圣而光荣的职责。我们一定要学习传播好总书记的贺信精神,一定要结合实际抓好贯彻落实,让我们一起来做好这项工作。

陆昊在共青城投资考察活动上的讲话

2009 年 11 月 6 日，根据录音整理

去年 7 月份我来过共青城，今天看了之后确实很有感慨，最突出的感受是这里发生了很大的变化。我们在座的很多企业界的朋友都考察过各种开发区，甚至全世界最好的工业区也去过，从目前现状来看，共青城还存在很大的差距。但是我特别想说一说，一年来这里的确发生了巨大的变化，这种变化值得我们注意。我们早上参观的工业区，现在有十几个大项目在开工建设，而一年前那里基本就是农村，这说明了什么问题？说明江西省委省政府狠抓共青城发展措施有力、成效显著，还说明了这里的确存在着一些特定的、值得注意的商业机会，否则仅靠政府努力，企业不必然就会在这里投资。所以我要代表团中央向江西省委省政府、九江市委市政府，还有共青城的同志们表示由衷的敬意和感谢！我想特别提到今天不在座的江西省委副书记王宪魁同志，他是支持共青城发展领导小组的组长，一年之内来了 11 趟，代表省委、省政府狠抓这项工作的推动和落实。当然九江市是工作的主力军。在中国的今天，抓区域经济发展还不能完全离开政府推动，我相信这一点在座的企业界的朋友都有共识，因此在这里要特别地向他们表示感谢。这里的工作，的的确确让我们很受鼓舞，这也进一步增强了我们与江西省委省政府共同促进共青城发展的信心和决心。

借这个机会，我想再跟大家交流三方面问题。我上次在北京共青城推介会上讲的一些想法已经发给大家了，我就不多重复了。今天，利贵同志和晓刚同志作了很好的情况介绍，很多企业界的朋友发表了很好的意见，我想根据大家意见再说这么几点想法，供大家参考。

一、到共青城投资值得关注的问题

我上次讲过，企业作投资决策，绝不是一个简单的事情。特别是在区域之间又存在着强烈的竞争，我们要负责任地对企业的投资做出分析和判断的话，确实要下一些功夫。我觉得今天利贵同志和晓刚同志的介绍，又给了我们一些新的信号，是值得我们注意的。我想有这么几个问题：

第一个问题，要用长远眼光来研究共青城的产业体系。怎么在南昌和九江之间看共青城的产业体系定位，这是我今天一直在考虑的问题。南昌和九江作为江西省最重要的两个城市，也是我国中部地区极具特色的两个重要城市，它们 10 年后会发展成什么样子？我们要深入思考这个问题。江西省曾经提出的一个重要的战略考虑，在南昌和九江之间建设昌九工业走廊，我认为这是很值得注意的选择。南昌的繁荣会逼迫一些大规模用地的生产体系离开城市中心，九江的旅游业特别是中心商业城区的进一步繁荣，也会逼迫一些大生产体系离开那里，这跟北京和天津中心城区走过的道路可能会是一样的。这些生产体系向哪儿逼近？从一般的区域产业体系布局来看，会向这两个城市之间的中间地带边际推进。上午参观时，我特意请共青城管委会主任着重介绍了一下穿过共青城的京九铁路、城际快铁和昌九高速，那三条交通线是非常值得大家注意的。所以我觉得注意共青城，还是要注意这么一个大的逻辑。我赞同刚才一些企业家讲到的意见，共青城第一个重要的切入点，可能还是工业体系，是现代制造业体系。我不太赞同到处都讲什么差异化，全世界能数得出来的产业就那么多，全世界的地方总数远远大于产业

类别的数量,哪有那么多差异?所以还要讲第二句话,产业发展阶段不可逾越。什么东西能做就做什么,但是要做出较高水平。晓刚跟我讲,共青城今年引进的一个纺织企业能做到380支纱,那是高水准的。你们也引进了企业做新型空调制品,那做老空调做得好的就不行吗?那也未必,做得好就行。政府促进区域经济发展,实实在在讲,要的是产出,要的是税收,要的是吸纳就业的能力。所以开发区的评价指标不能只看你那里有几个稀奇的产品,还是要看整体的单位土地面积产出贡献,单位土地面积的税收贡献,单位土地面积的劳动力用工贡献,这是全世界都基本通行的评价标准。我们开发区要坚持这个评价体系不动摇,不要太在乎那些所谓的产业差异化、服务外包等一些新鲜名词,关键是要做出一定水准。我想工业体系是值得注意的,因为中国的工业化、城市化进程,如果不出大的意外的话,这个速度在一定时期内不会减弱。那么在南昌跟九江之间这么一个区域的产业体系,在新的交通体系支持下,进行工业体系布局是有条件的。

第二个问题,如何看待和发挥共青城生产要素条件和生态条件的组合优势。我们看过很多开发区,大多生产要素条件是好的,但生态条件已经不够了,因为它经过多轮次开发,保持很好的生态条件不容易。大家注意到今天我们看的工业区,有很多地方只做到七通,而不把土地统统平整好,还保持着一些很好的原生态条件,我看有些企业家看到这里的生态条件现状非常兴奋。要素条件在合理价格水平下,如果供应充分,再加上很好的生态条件,就可能形成特定的优势,特别是这里还叠加了一个交通便利并位于南昌和九江之间的区位条件。共青城到南昌和九江的城际铁路时程都只需18分钟,所以在一般的加工制造业和具有一定技术水准的高科技产业的生产研发方面,是有条件的,这个条件就是合理价格水平所支持的生产要素的供应是充分的。共青城一般制造业的工人工资水平大概为每月800—1000元,北京、上海等发达城市生产要素供应也充分,但价格不支持了。所以我觉得合理的价格条件所支持的生产要素的充分供应,以及这里的生态条件和区位条件等,还是值得我们深入挖掘的。

第三个问题,要把共青城独特的政治优势转化为注意力经济形态。注意力经济是新经济的第三种形态,这个问题早期学术界认识是不一致的,但在现代信息时代,这种注意力经济形态在理论和实践中,得到了越来越充分的论证。从注意力方面讲,对一个企业,特别是对一般民用产品生产企业来讲,建在哪里是有直接的产销关系的。比如在江西的城市里面,知道景德镇市的人要远远多于知道鹰潭市的人,可能还是个大比例的倍数关系,这个注意力与特定企业选址就会有一定关系。毫无疑问,共青城具有鲜明的政治优势,只要经过大家共同努力,就有可能把政治优势转化为注意力经济形态,我们完全能够找到这样的路径。今天大家能来共青城,本质上就隐含着这样一种特定的逻辑关系,否则团中央不会组织这么大规模的队伍来这里,也有不少地方愿与团中央开展经济合作,但是到目前为止,团中央只慎重地与共青城保持这样一种特定的经济合作关系,因为这里面体现了组织体系之间重要的精神关系。

第四个问题,要认真考虑支持企业持续发展的空间。大家已经注意到共青城具备了一定的产业基础、产业氛围和很好的产业发展势头,可能更关心这里有多少价格合理的、立刻就可以使用的土地。根据前面介绍,现在已经开发好的、完全能用的土地,大概不超过6平方公里,当然,总体规划苏荣书记做了很大力度的推动,现在是60平方公里。不知道共青城土地利用总体规划批准没有?在国土资源部取得的用地批复是多少?其中工业用地有多少?大家知道,我国耕地面积的红线是不能突破的，土地问题中央有明确态度，如果考虑企业中长期发展所需要的土地资源，现在很多城市已经没有太多的余地了，但共青城就有可能找到一些新的机会，来支持这个特定区域的工业化进程和城市化进程。所以这也是值得大家注意的一个问题，企业作中长期发展战略考虑的时候，就需要考虑可持续的土地供应能力和条件。

第五个问题，要充分认识在两个产业半径圈中的投资机会。这是我上次推介会上提出来的问题。今天共青城分别用了“两个小时”和“六个小时”的产业半径圈的概念，这是非常值得大家注意的。讨论共青城绝对不能只看共青城有什么，这是不正确的方法。至少要看两个半径，我用了一个“两小时半径圈有2000万人口”，还有一个“六小时半径圈有4.5亿人口”的概念，这个还要认真算算账，这是很重要的，是能不能在这里作出不一定是最优但一定不是错误的投资决策的重要考虑。天底下没有那么多投资盈利的充分条件，但有很多投资决策正确性的必要条件，这两个半径圈就是支持我们对这种必要条件的判断。决策正确与否的充分条件永远是由企业给出的，我不相信企业投在这儿就一定亏，投在那个地方就一定赚，那是企业内生的充分条件决定的，跟区域位置有关系，但不是必然的关系，所以这两个半径圈是很值得我们企业界的朋友认真研究的。我个人直觉，中国中部地区蕴藏的总体潜力和现在所表现出来的发展态势是高度相关的。在中部地区也不存在那么多所谓的什么差别化选择，我们有些地方要把所有传统产业都改造成高新技术产业，有那么多高新技术产业吗？我们也不能穿着电脑上班嘛，得穿衣服吧。我们要看到文化力对经济的影响，由于文化力改变了人的生活方式，而生活方式的任何细微的变化都会导致新的总需求产生。而主流经济学到目前为止，所有的经济发展内在动力都来自需求机制。所以我觉得，不管是什么产业，关键是要做出水平。人还能不吃饭了？是越吃越精，越吃品种越多了，所以传统产业也是有机会的。正是因为这些产业有机会，所以才要更加关注这两个半径圈的市场条件和市场潜力，要跟中部地区的整体发展有机结合起来。从目前情况来看，在共青城投资，在这两个产业半径条件下，无论是新市场布局，还是物流体系总成本的控制性布局，还是从生产成本的梯度转移考虑，投资共青城都不会是个错误的决策。

第六个问题，要特别关注江西省委省政府推动共青城发展的力度。我们要特别注意到江西省委省政府、九江市委市政府对共青城发展所倾注的高度关注和有力推动，这一点我们要有充分信心，因为这里有一种重要的动力，就是要把共青城发展好。政府服务也要靠精神力量，没有精神力量的话，换一个干部可能态度就变了，或者工作方式又变了，这是大家最有顾虑的。江西省委省政府非常重视共青城发展，我接触到的江西省直接分管共青城这项工作的几位领导同志，给我印象都非常深，非常敬业、务实地抓工作。宪魁同志，为推动工作到共青城11次了，现在一个省就一位副书记，这是很不容易的。还有九江的市委书记、市长都是在全力推进这项工作。我想这些因素还是值得我们企业界的同志们注意的。

我觉得上述几个问题值得大家注意，当然还可以再进行讨论。我们作一个投资决策，要想得稍微远一点。因此，我特别提出请大家注意南昌和九江这两个城市10年后的发展状况问题，并在这个背景条件下研究共青城的发展潜力和投资机会。

二、对共青城发展的几点建议

这个问题需要大家一起研究，结合刚才考察和企业家发表的意见，我想提这么几点建议，供大家参考。

第一个问题，就是要研究好企业为什么需

要聚集的本质规律。企业为什么要聚集？它本质在哪里？我想还是要把它再提出来，归根结底是规模效益，是土地开发成本的规模效益问题，是企业入住成本控制的规模效益问题，是企业商务活动便利性的规模效益问题，是企业视觉审美追求的规模效益问题，是企业员工生活和工作便利化的规模效益问题，等等，这是企业聚集的本质。国际贸易理论已经出现了一些重要变化，早期特别强调区域之间的比较优势，2008 年诺贝尔经济学奖获得者克鲁格曼提出的最新的国际贸易理论，突出强调规模效益，由规模效益会导致新的区域之间的交易活动，跨国就叫国际贸易，不跨国就叫国内贸易，本质是一样的。

我特别要提醒注意土地的集约利用。在共青城最迫切希望企业入驻的阶段，要特别注意的就是企业入驻后的土地集约利用问题。我们也别太着急，实事求是是前提，要讲规律。不能每个企业都建成花园式工厂，企业视觉审美也是可以有规模效益的，几个厂区之间你把绿化做好了，大家享受一下就可以。每一个企业弄一个花园，40 万一亩土地支持这个花园还行，现在是 4 万块钱一亩地啊，共青城受得了吗？土地是非常宝贵的，60 平方公里规划说得还比较含糊，目前还有 6 平方公里的土地储备，还得珍惜利用，有的大项目一上手就会占很大的土地。所以要根据企业客观发展的节奏提供有效的土地支持，而不要简单得就像钟书记所讲的“企业投资可以分二期、三期，就怕最后遥遥无期”。你们跟我说有的项目投资达到 30 亿，我都很不踏实，30 个亿问问在座的跨国公司，没那么简单，30 亿投资决策够董事会研究好几次的。所以土地供应上要特别慎重。

还要特别注意单位土地的综合效益问题。刚才企业界朋友也提出来了，要么考虑单位土地面积的总产出，要么考虑单位土地面积的总税收贡献，要么考虑单位土地面积的用工贡献。共青城现在没有那么大的用工压力，所以目前重点考虑前两个方面。当然，规模效益还有很多方面，共青城要为企业入住提供便利，不要让单个企业自己去做太多开发，由我们总体做开发规模效益会比较高，成本会比较低，做好后直接转让给企业，企业就不会花费太大的代价。就像做一些必要的工业标准厂房，是完全可以的。

第二个问题，要特别注意物流体系的设计。这个问题刚才在规划馆没来得及问，我想你们可能考虑得很好了。现在要特别注意好工业体系布局中的供应物流体系设计，这个在我们国内有些开发区是做得很成功的，有些做得是完全失败的，我们后建就有优势，就要吸取经验和教训。真正的企业聚集，要么就是有严格的产业需求关系，要么就有产业氛围条件，支持好企业的营销体系。我想现在要开始注意物流体系设计，不要到最后出现大规模的人流、物流和不同工业类别产品的物流交叉，那就晚了。这个要格外注意，特别是在今天这个阶段，要不注意的话，会出现问题的，这在很多地方都有教训。所以就一定要作考虑，这个考虑不能完全迁就企业的选择，它可能提出来我就要这块地，我就不到那块去，这不行，一定要要从长远的整个区域的交通、物流、人流的便利情况去说服企业。现在有很多城市的商业区，商场扎堆，有的就压在马路边，停车场和交通体系完全不能支持那么大的人流和物流，最终惨淡经营，教训是很深刻的。物流体系要跟南昌、九江的交通问题相联系，要跟京九铁路相联系，要注意把不同类别企业的生产布局错开，有些一定要放在最有利于货物出厂的位置，现在交织在一起，以后就会有麻烦。

第三个问题，要注意未来工业化和城市化的结合。我认为还是要以工业化为前提，因为它跟南昌和九江不同，从南昌和九江边际推出来的城市是不一样的。我想这里是不是要考虑两个问题：第一要考虑新的工业区布局以后，新城市建设的问题。现在我看中国多数城市有成功的经验，归根结底还是巴黎的经验，就是老城区和新城区分别建设的经验。咱们刚才去高尔夫球场路过的那个区域，是共青城的老城区，共青城要不要考虑建新城区？对农村进行征地拆迁，相对容易得到农民的理解，但是要动老城区，现在就难了。所以我建议对60平方公里的规划布局，要预留与工业化相配合的新城区建设问题。当然不一定现在实施，但空间要预留出来。下一步如果按一般的产业布局考虑的话，它的总用工强度、人数会到什么水平，总物流强度会到什么水平，把这两个因素设计进去，然后对新城区建设做一点考虑。第二要注意处理好产业配套的问题，就是城市功能问题，娱乐设施、健康性设施、休闲设施、教育设施、医疗设施、商业设施等等。共青城正处在发展过渡期，这些功能目前在老城体现还可以，毕竟老城区和新工业区之间车程不是太远，但长远来看，还是要放在新城区和新工业区中布局。70平方公里要没有一个比较繁荣的中心地带来解决商业、医疗、教育、健康、娱乐、休闲等配套功能的话，就不好实施和推进。比如，大家都看上了那个高尔夫球场，那个扩建计划也很好，我们都支持，因为南昌和九江地区也就这么一个高尔夫球场。它可以充分发挥庐山旅游资源、南昌旅游资源，以及江西两个最重要的中心城市的这种吸引力。我现在没考虑好，但建议你们进行一次性规划、过渡性实施，可能更稳妥一点。政府的配套性、诱导性投资，首先可以先放在产业发展的商业氛围条件和生活便利性条件上，政府没钱可以通过盘活存量资产或者推进国有企业股份化，将建设资金置换出来，把城市必需的配套设施先建设好。所以我想可以做一个总体设计和过渡性的区域设计，否则的话，一旦发展势头大了，就收不回来了。

以上只是对共青城的一点儿建议，因为实际情况我拿不准，深入研究还不够，完全凭的是直觉，供你们参考。

三、要集中力量支持共青城发展

团中央书记处经过慎重考虑，去年决定跟江西省委省政府共同促进共青城发展，既是要贯彻总书记和中央领导同志的一系列重要要求，也是要举起中国青年人创业的这面旗帜。同时这个地方又跟我们共青团组织有着特殊的一种精神联系，这样的联系在国际上其他地方也有过，把一个特定的区域跟一个特定组织联系在一起的，也不是中国特有的一个现象。共青团参与和支持共青城发展要靠社会化动员能力，我们创造了青年志愿者和希望工程等社会化动员的品牌，取得了很好的成果，在共青城的问题上，要继续用这样的社会化动员能力，所以我们也请了东部沿海发达地区的一些团组织负责人参加这次投资考察活动。团中央书记处考虑，在明年4月中博会期间，分别组织一些国家的商务组织和企业家代表，在参加中博会之后，再到这里来考察。但是现在看，中博会可能延期进行，原来考虑就不得不作出调整。下一步，我希望我们的商会组织、青年企业家协会，还有沿海发达地区团组织，可以在当地适当做一些投资推介之后，再把有兴趣、有能力的企业家组织到这儿来，做短期深入的商务考察，争取创造一些合作机会。我相信，在同志们参与和努力下，共青城一定会实现又好又快的发展。

陆昊在第三次全团加强基层组织建设研讨会上的讲话

2009年11月11日,根据录音整理

编者按:11月11日,陆昊同志在第三次全团加强基层组织建设研讨会上发表了重要讲话,深刻分析了团的基层组织建设和基层工作面临的形势,指出了当前存在的突出问题,并对下一步的工作提出了明确的要求。现将讲话稿印发,省、市、县三级团的领导机关要认真组织中层以上干部进行深入的讨论、学习和交流,并由各省级团委将讨论、学习和交流的情况汇总后于12月15日前报团中央办公厅。

为了贯彻落实党中央书记处对新一届共青团中央提出的总体工作要求,推动团十六大作出的各项重要部署,团中央书记处决定召开这次研讨会。

昨天团中央书记处几位同志分别参加了分组讨论,听到了很多很好的意见和建议,也了解了一些值得进一步探讨的问题,同时也发现了一些错误的倾向。今天我想借此机会跟大家沟通、交流一些认识,谈一些感受。

一、当前团的基层组织建设和基层工作面临的形势

1. 全团上下普遍采取各种措施,切实加大对基层的支持力度,形成了高度重视基层、大力支持基层的良好氛围。

从团中央的角度讲,一是对中西部地区和部分东部地区2206个县级团委分别给予2万元工作经费支持,总计达4412万元;二是举办了四期团县委书记培训班,书记处全体同志专门授课,共培训2902名团县委书记;三是千方百计为基层充实工作力量。大力实施选派团的地市以上领导机关干部驻县级团委指导工作,从去年下半年起共向2255个县级团委派出2290名干部驻县指导工作,今年7月又实施了"西部计划"基层专项行动,共为2064个县级团委分别选派了一名志愿者;四是继续将出国学习、考察的机会向基层倾斜。过去县以下参加访问团的比例只占2%—3%,现在提高到20%。此外,团中央书记处已经决定,从中国青年创业就业基金中拿出部分资金,为中西部地区每个县级团委支持2万元经费用于促进青年就业创业工作。

在团中央的带动下,各级团的领导机关都强化了基层意识,将各方面资源、力量向基层倾斜,使基层工作环境得到了优化。比如,一些省级团委参照团中央对县级团委给予工作经费支持的措施,以工作项目带动、工作经费扶持等方式对基层团组织给予了具体的支持与帮助。再如,福建、山东等省级团委积极筹措培训经费,大规模开展了县、乡、村三级基层团干部培训,提高了基层团干部的素质能力。据不完全统计,仅今年上半年,各省级团委直接向基层倾斜的用于加强组织建设的资金就超过4600万元。

2. 各级团组织充分发挥自身的创造力,在抓基层的过程中总结出了一批有价值的重要经验,在理论层面上形成了一些重要的思想成果。

团十六大以来,围绕团中央提出的加强团的基层组织建设和基层工作的重要要求,各级团组织加大了工作力度,积极推动基层工作的创新,取得了十分积极的成果。正是在全团不懈探索、不断积累基层鲜活经验的情况下,团中央书记处从认识层面先后总结出共青团面临的三大挑战及应对措施、共青团吸引凝聚青年的5条路径、加强团的基层组织建设和基层工作中需要注意把握的10条原则等一系列重要认识成果。我们进一步清醒地认识到,共青

团组织最大的价值在于为执政党摸索政党政治和组织行为在青年人当中的实现路径和方式,在于摸索政党的意识形态如何在组织成员当中有效传播。正是有了这些经验和认识的总结,我们现在在方向上更加明确,进一步找到了共青团工作的重要的价值和意义,极大地激励了全团搞好基层组织建设和基层工作的坚定决心。

抓好当前的基层组织建设和基层工作,光靠团的领导机关的经验总结和理论总结是不够的,还要在实践中加以进一步深化。这就关键要看人,关键要看干部。我们的团干部一定要认真地学习领会团十六大以来全团形成的重要的经验和认识总结,并与自身的实践相结合,扎实推动全团重点工作目标的实现。

3. 广大团干部特别是团的领导机关干部在下基层工作、抓基层工作当中,作风有转变,素质有新的提高。

一是知道了自己的不足。机关驻点的年轻同志都讲,在驻点工作过程中找到了自己的不足。对年轻干部来讲,知道自己有不足,也就找到了进步的路径、提高素质的路径。年轻干部要成长,不是老惦记着跟谁好就行了,需要有真本领。所以努力查找自己的不足,不断提高自身素质是永恒的课题。

二是普遍强烈感受到了基层工作的困难,明白了基层工作的机理、机制,懂得了如何根据基层的实际谋划、部署、安排工作。昨天讨论中有同志讲这次下基层的经历"一生难忘,终身受益",这是很难得的事情。知道了基层的困难,知道了基层的工作机理,今后在领导机关谋划、部署工作就能照顾到基层的实际,就能避免"瞎指挥"。

三是不少同志现在能够从责任上、从感情上,把基层的困难感受成全团的困难,感受成自己的困难,这是一个很大的进步,体现了对组织和工作的责任感,也体现了对基层团干部、对广大普通青年的感情。这个收获让我特别高兴,因为我们的干部现在能够将基层的困难当做全团的困难,当做自己的困难,今后走到了其他的岗位上就一定能够做到心里装着基层、心里装着群众。我想,这样的干部今后无论放在什么样的岗位上,我们的党是会放心的。

四是更加深入地了解了社会生活,尤其是普通青年的社会生活。熟悉社会生活,特别是熟悉普通青年人的社会生活,是我们做好共青团工作的根本前提和基本要求。不知道普通人想什么,老自以为是地发号施令,老用我们干部的生活规律、生活模式、价值观、行为模式去判断普通青年,那必然会严重脱离实际。从这个角度讲,我们的干部通过抓基层的工作真正熟悉了普通青年的社会生活,是一个很大的进步。

二、当前存在的一些突出问题

1. 部分团的领导机关虽然对加强基层组织建设和基层工作的重要性有一定认识,但在具体工作中紧迫感不够,存在畏难情绪,不能保证抓工作的精力和力度。

现在大家对于团的基层组织建设和基层工作的重要性都有普遍的认识,问题在于力度、紧迫感不够,有畏难情绪,这是一个大问题。现在有一个不好的倾向,部分团的领导机关干部能认识到抓基层的重要性,但心中却有自己的小算盘,认为自己在这个岗位上已经有些年头了,再抓团的基层组织建设,一时半会儿抓不出名堂,对个人的工作福利不会有什么影响,对个人的外部关系体系的增长也不会有任何作用,干脆就干别的了。我们不是反对抓影响大的事,只要工作实,影响越大越好,但是我们一定要有一个清醒的认识,那就是如果我们不狠抓团的基层组织建设,就不可能实现总书记提出的"两个全体青年"的政治目标,不可能从根本上扩大团的工作和活动的影响。

2. 部分基层团干部具有贯彻团中央要求的意识,但方法不得当,过分地寄希望于一招一式特别是寄希望于一份文件或一项制度,存在急功近利思想。

从根本上讲，团的基层组织建设和基层工作背后有着非常复杂的经济社会变革的因素。寄希望于一招一式，寄希望于基层党委发一个“党建带团建”的文件，就想解决全部问题，这是非常不现实的。增强基层组织的活力是系统性很强的事，不能急功近利。所以今天我要对基层团干部提一个要求，就是要先认认真真把书记处关于基层工作和共青团工作的全部讲话好好学一学，先把基本理论学深学透，再联系实际深入观察，将理论转化为抓实际工作的能力。这个抓实际工作的能力，对基层团干部来讲最重要的是工作内容设计的能力。团的基层组织建设，一靠制度条件，二靠工作内容设计，三靠干部。制度条件我们会努力争取，全国性的“党建带团建”会议正在积极酝酿中。但是我们不能对这个会议过于理想化，认为开完这个会什么问题都解决了。如果我们的基层团干部自身不能深刻地理解会议的精神，不能根据会议的精神因地制宜地设计出适合本地区的工作内容，那么这个会议的作用就不能在基层真正体现出来。

3. 当前团干部队伍中还存在一些作风问题，值得我们高度警醒。

一是有的干部喜欢频繁“换频道”，不能保持抓重点工作的力度和韧劲。喜欢“换频道”这种工作态度对于抓基层组织建设有很大的影响。在抓基层组织建设的过程中，那些被实践证明的行之有效的工作项目要坚持抓、持之以恒地抓，不能分散注意力；对于一些新的工作方式、工作方法，要大胆地探索和实验，但不能一哄而上、一味求新，否则就会影响我们抓重点工作的力度。就拿调整乡镇基层组织格局的试点来说，我们就不允许随便扩大，要严格地限定在确定的试点范围内，因为这个事情还处于探索的阶段，很多可能的弊端还没有完全看清楚，行之有效的方法也还没有完全成型，如果一窝蜂地上就很可能影响到其他重点工作。

二是有的干部作风浮躁，对团的岗位不够热爱。现在团干部作风上一个很大的问题是过于浮躁，没有将团的岗位看做是干事业的岗位，而是当做成长的跳板，心思没有放在谋划和干工作上，总是想着自己今后转到什么样的岗位，对于那些影响团的事业发展的问题不认真研究。团的岗位是一个锻炼人的岗位，是一个利于干部成长的岗位。如果在这个岗位上能够真正抓住机会积累、学习、提高、钻研，就不会虚度，能够练就真本领，今后到很多岗位上都能胜任。相反，如果没有能够得到充分锻炼，即使今后转到更加重要的岗位，也早晚会暴露问题。

总而言之，团干部作风上的问题，会影响全团重点工作的有效落实，特别是会影响抓有难度的工作的进度。干好今天的事业，要有共青团的理想主义境界，要有为多数人谋利益的崇高追求，要有过硬的素质和本领。只有这样，才不会走偏，才能抵得住诱惑、经得起考验，才能成为党需要的合格人才。

4. 部分团的领导机关对基层探索出的很多好经验缺乏学习、交流的意识，缺乏在面上推广的力度和耐心。

共青团组织是很有创造力的，但一些团组织只注重抓少数典型，没有将主要的工作精力用到推广有普遍意义的经验上来，对好的经验不交流、不传播、不相互学习借鉴，没有将好的经验在面上推广的工作力度和耐心，造成很多好的经验停留在点上，停留在纸上，停留在供上级领导考察时看上。所以在这里要特别强调，从现在开始，各级团的领导机关干部搞调研不能都集中在点上，要拿出足够多的时间来跟基层团组织负责人研究面上推广的问题。我们再也不能重复在某个区域内、某个战线上有点上的好经验，有能够给各方面参观、学习、考察的东西就满足的工作模式，而是要将精力放在更有普遍意义的工作上。团中央书记处经过慎重考虑，提出力争用3—5年的时间，把共青团的桥头堡从县推到乡镇。要实现这样的目标，就更需要我们多研究推动面上工作的路径、办法，而坚决不能简单地满足于点上的好经验。

5. 在新领域团建方面，仍有不少难点问题需要进行深入研究，还没有完全形成清晰、透彻的认识。

实事求是地讲，对于互联网、自组织等新领域团建工作全团都没有形成清晰、透彻的认识，还没有想清楚。虽然经过前段时间的试点工作，我们找到了不少的关键点，但还没有探索出做好这些工作的有效路径。但是对照"两个全体青年"的目标，这些问题我们不能回避。这就需要我们在今后的工作中多学习、多摸索、多积累经验。要多学习党建在这方面形成的好经验，更要切实加大我们自身的实践探索力度，对于试点工作中遇到的难点问题要紧盯不放。

三、关于下一步的工作

关于下一步的工作，总体上我提以下几点要求：

1. 要从贯彻党的十七届四中全会精神的高度，从党团特殊政治关系的高度，从党对加强基层工作的要求的高度，从团在广大青年中的生命力体现标志的高度来加深和强化对基层组织建设的重要性的思想认识。我们一再强调，与党发挥作用的途径相比，由于团缺少执政行为的转换途径，其全部价值就在于能不能替党团结、联系广大群众，而团的基层组织是共青团与广大青年沟通联系的最基本途径，因此团的基层组织建设是团的生命力工程，是评价我们工作影响力的重要标志。同时，团的基层组织建设又是目前工作的薄弱环节，且不是一般的薄弱环节，是从根本上影响共青团生命力和活力的薄弱环节。因此，必须要时时刻刻将这项工作作为首要任务来抓，并在团的其他各项工作中得以体现。

2. 要结合各地在工作中发现的好经验、好做法，更加准确、深入地把握和领会团十六大以来团中央书记处总结出来的关于加强团的基层组织建设和基层工作的重要原则和方法，不能仅仅停留在表面上。团十六大以来团中央书记处总结出来的关于加强团的基层组织建设和基层工作的重要原则和方法，每一条都是从基层实践中总结出来的，都有能够对应的鲜活的例子。在具体的工作中，我们要将这些原则和方法与一些好的例子结合起来，使工作的路子找得更加准确。

3. 各级团的领导机关要从那些不必要的活动和开支中将资金和资源节约下来，竭尽所能、尽最大努力加大对基层的支持力度。团十六大以来，团的各级领导机关深入贯彻全团总体部署，集中有限的工作力量和工作资源，通过提供经费支持、优化工作环境等各种方式，为基层提供了有效的支持。但同时我们也要看到，基层团组织经费不足、力量不足、载体不足、阵地不足等方面的困难仍然较为突出。各级团的领导机关要在前期努力的基础上，继续按照任务更加明确、思路更加清晰、标准更加严格、力度不能减弱的要求，拿出更大精力和更多资源，想尽一切办法把所能调动的资源放到基层，努力为基层团组织和基层工作提供实实在在的支持，毫不放松、毫不动摇地支持和推动基层团组织开展工作。

4. 对于已经部署的各项重点工作，特别是驻点工作和试点工作，要集中力量，不能分散精力，要在不断发现问题、总结经验教训的基础上，继续提出新的明确要求，并加大纪律要求和奖惩力度。集中力量是抓好工作的前提。从共青团的实际情况看，我们面临的最大挑战就是容易分散工作精力，这是因为共青团工作边界不是那么清晰，很多事业可以干，这既是优势，也容易成为问题。对于基层组织建设来讲，目前我们部署的最重要的工作就是驻点工作和试点工作，在这两项工作上尤其不能分散精力，要集中力量抓好、抓实，要更加强调抓好这两项工作的纪律要求，提出更加明确的奖惩措施。同时，在工作中我们也要注意根据不断出现的新情况和新问题，调整和明确新的工作措施。

5. 对于一些创新措施的推广，要坚持试点先行的原则，积极稳妥地加以推进。对于像创新乡镇、街道团的组织格局这样的探索性工作，有很多内在的机制我们还没有很清晰地了解，其好处和弊端也还没有能够充分显现，这就必须坚持试点先行的原则。要强调的是，乡镇、街道团的组织格局创新试点工作中必须始终坚持和把握以下基本原则：(1)要积极稳妥，相关工作推进必须经过试点，不能一哄而起。(2)试点范围明确为每个地市级团委分别抓好区域内一个乡镇和一个街道，在县级团委层次目前不全面进行这项工作的试点，确有条件的试点县级团委要报团中央组织部批准。(3)试点所在乡镇、街道必须取得县级党委的同意。(4)试点工作适度公开，不要形成媒体炒作的热点。(5)组织格局设计中，要编制内、外相结合，专、兼职相结合，行政编制外副书记一般为4—5人，原则上不宜超过7人。(6)可以采用适当方式体现竞争性，但不宜简单采用乡镇、街道团员全体进行直选的方式。(7)编制外副书记要体现代表性，推荐的人选应具备以下条件：热爱党，热爱青年工作；能体现某类别青年的代表性；能调动一定的社会资源。(8)编制内、外的副书记都必须是党员或者团员。既不是党员又不是团员的，不能作为人选。(9)必须经过必要的组织考察程序。(10)要在试点方案中一并考虑试点后的运行机制和工作内容设计问题。(11)编制外副书记无相应行政级别和行政待遇。(12)处理好与现有团的委员会(团的工作委员会)的关系，组织格局创新是对原有委员会结构的补充、完善，不改变原届次。

6. 要注重加强工作内容设计，规划长线工作，为基层提供能有效支持工作的载体。在支持基层工作的过程中，除了给资源之外，一定要注意我们设计的长线工作、重要工作实际上也是在为基层提供工作载体，如农村青年小额贷款、青年就业创业见习基地、农村青年培训也是在为基层提供支持。因此，抓基层组织建设，一定要和基层工作的有机载体结合起来，不能将基层组织建设和一些重要的基层工作分割开。当然，不能要求基层将我们设计的所有工作内容都做完，毕竟基层的工作力量有限，要给予基层选择的权利，只要有利于扩大组织影响力，表达组织声音，集中力量抓好一两件事情就可以了。

关于今后一段时间的驻点工作，我想讲以下两点意见：

1. 驻点工作是目前全团加强基层工作的一个重要措施，但不是全部措施，要善于将驻点工作和团的其他各项工作措施有机结合起来。团的基层组织建设和基层工作具有长期性和根本性，不可能一蹴而就。驻点工作的主要目的还是要帮助基层团组织开阔眼界，帮助基层团组织推动工作的发展，如果不和其他具体的工作措施结合起来，就起不到激活基层团组织的作用。因此，只有和其他各项工作措施有机结合起来，才能充分体现驻点工作的意义。

2. 驻点干部的综合素质、工作经验、工作阅历以及所在县的情况都千差万别，我们不能用统一的标准来衡量驻点工作，但驻点干部要扎扎实实地按照团中央的要求，做好最基本的几项工作。一是要深刻准确全面地领会团中央书记处对全团工作的思考，带着思考下基层，带着思考去帮助基层解决问题；二是要熟练掌握各条战线在实践中形成的好经验，努力提高指导工作的质量；三是要以良好的精神面貌全身心地投入驻点工作；四是要认认真真地搞好调查研究、了解情况的工作；五是要认真与团县委和基层团组织的同志交流思想、交流学习体会、交流工作经验，传播全团的重要思想认识和重要经验总结；六是要督促和检查全团重点工作的开展情况，总结全团重大工作部署在具体实践过程中的成果和经验；七是要切实帮助县级团委和乡镇一级团组织梳理工作规范、明确工作程序，切实加强基层团组织的规范化建设。

此外，县级团委要加强与驻点干部的配合，善于借助驻点干部的力量推进全团重点工作和创新性工作的开展。全团局级干部要切实增强抓联系点工作的责任感，强化纪律意识，真正做到深入基层、靠前指导，扎扎实实推动联系点工作实现新的发展。

最后再强调一下，今年工作即将收尾，各级团组织要特别注意克服那些过去容易出现的抓重大活动安排之后忽略长线、主线工作，以及老盯着新事而忽略重大的、一贯性的重要工作部署的倾向，统筹协调、扎实工作，圆满完成今年的各项工作任务。要切实贯彻落实《关于在第三批深入学习实践科学发展观活动中认真学习贯彻党的十七届四中全会精神进一步加强团的基层组织建设和基层工作的意见》精神，以第三批深入学习实践科学发展观活动为契机，不断推动团的基层组织建设和基层工作取得新发展！

陆昊在全国学联第二十四届委员会第二次全体会议闭幕式暨中国大学生骨干培养学校第三期开班式上的讲话

2009年11月20日，根据录音整理

刚才大家提的问题都很好，很有针对性，学联秘书处要进一步深入研究。借今天这个机会，我和大家交流几方面的问题，供同学们参考。

一、关于学联、学生会组织的工作任务

学联和学生会，看似一回事，实际上不完全一样，是两个层次的组织。我先说说一致的地方。从组织产生的历史来看，学联、学生会组织是有着光荣历史和传统、承担着光荣职责的学生组织。全国学联成立于90年前，它与伟大的"五四"爱国学生运动相伴生，从一开始就是和国家的前途、民族的命运紧密相连的，是在党的领导下不断发展壮大的。这种历史的演进，决定了学联、学生会组织跟中国共产党、共青团都有非常特殊而紧密的关系，有着鲜明的思想性。从组织的本质规定来看，任何一个组织的章程都规定了这个组织的根本原则和方向。学联章程指出，学联作为党和政府联系同学的桥梁和纽带，要在维护国家和全国人民整体利益的同时，表达和维护同学的具体利益；要倡导自我服务、自我管理、自我教育。从以上两点出发，学联、学生会组织总体上要强调以下几个方面的工作任务。

第一，始终强化对广大同学的思想引领。刚才讲到了，学联组织是党领导下、团指导下的学生组织，思想性、政治性都很强，这方面与团组织有很一致的地方。因此，帮助同学坚定跟党走中国特色社会主义道路的理想信念，这一根本任务学联组织在任何时候都必须旗帜鲜明，不能含糊，不能动摇，更不能放弃。帮助同学坚定理想信念的关键是从理论的、历史的、现实的逻辑出发，引导同学始终坚持把爱国主义、社会主义和党的领导结合起来，把民族精神和时代精神结合起来，把个人成就和社会责任结合起来。怎么引导呢？我认为，把爱国主义、社会主义和党的领导结合起来，归根到底是理解中国近现代社会发展进步的内在历史逻辑；把民族精神和时代精神结合起来，归根到底是理解在全球化、国际化的背景下，如何处理好中国发展过程中与世界的关系；把

个人成就和社会责任结合起来，归根到底是学会如何处理个人与社会的关系。思想引领是学联、学生会组织的重要任务，但是思想引领要找载体，要体现在各项工作和活动中，不能抽象化、形式化。

第二，从组织自身的特点出发，找到服务同学成长的切入点。大学是一个极其特殊的、神圣的社会组织，承载着传播知识、创造知识、传播推动社会进步所需要的科学技术和思想准则的重要责任。对大学生来讲，有以下五个层级的发展目标：一是掌握必需的专业知识，否则将来就无法满足国家在不同领域对不同人才的需求；二是拥有合理的知识结构，是与专业知识相对应的知识结构；三是具备全面的综合素质，包括顽强的意志、宽广的视野、协作的精神及组织、协调、表达能力等等；四是养成良好的意志品德，不管在什么时候什么社会，德才兼备都是对人才的共同要求；五是树立坚定的理想信念，关键是坚定走中国特色社会主义道路的信念，成为中国特色社会主义事业的合格建设者和可靠接班人。对于中职学生，我曾讲过具备必需的职业技能、养成良好的道德品格、掌握适应未来职业生涯发展所需要的社会化技能、树立理想信念四个层级的发展目标。我们的学生会组织不可能服务学生全面成长的各个领域，要在这几个层级的目标中找到学生会可为的一些切入点，比如可以在提高综合素质、培养良好意志品德、掌握社会化技能、树立理想信念等方面设计工作载体。要从同学所需要的具体问题做起，不要贪大求全，不要总想干轰轰烈烈的事情，要干务实的事情。

第三，善于合理有效地表达和维护同学权益。学生会组织一个很重要的职能就是代表和维护学生权益，这是章程里规定的，大家在方向上要坚定、明确。一要特别注意对同学们普遍性诉求的表达；二要注意稳妥地把握好表达利益的方式；三要善于在学校党政、共青团组织和同学之间做有效的沟通。要遵循理性原则，不要简单化。

学联是学生会的联合组织，除了和学生会一些共性的工作任务外，还主要承载着沟通交流、促进发展、维护权益三项职能。

一是沟通交流。沟通交流是联合性组织很重要的根本性任务。学联秘书处要充分利用网络平台、区域化交流机制等，促进各学校学生会进行有效的信息沟通。各学校学生会在工作中有些什么好的做法、好的创意，要用最快的速度在第一时间让大家了解，互相启发、互相借鉴。在信息交流的过程中，要注意分类指导。

二是促进发展。学联既要研究学生会组织的发展，也要研究学生会干部的发展。学联要对学生会存在的重大问题、共性问题集中力量深度研究，要敢于拿一些指导性意见；要发挥组织化整体力量，支持高校学生会的工作。比如一些好的工作模板，就可以推广复制到基层，节省工作成本。促进发展还有一条，就是学生干部自身的成长。省级学联要把在本地区的全国学联委员单位学生会干部组织起来，把大家共性的需求挖掘出来，通过举办一些活动帮助大家深入生活，提高综合素质和技能，更好地开展学生会工作。

三是维护权益。学联在维护权益上要善于表达。要对学生会组织维护学生普遍、合法利益的事情上给予后续的指导和支持。要注意发挥一致性、整体性的组织力量，在涉及学生整体利益的问题上有组织的声音。当然，要注意把握方法和“度”，注意发挥学代会、研代会大会提案机制在表达和维护同学利益方面的重要作用。

二、学联、学生会组织要努力在同学中赢得信任

完成以上的工作任务，学联、学生会组织一定要在同学中赢得信任。赢得信任主要依靠以下几条：

第一，学生会干部特别是主要干部一定要

经过合理的代议制选举过程。学生会是一个学生"自我服务、自我管理、自我教育"的组织，它的产生一定要有必要的代议制程序，指定主要负责人的做法不可取。

第二，在维护同学合理的、重大利益诉求上要旗帜鲜明，履行好学联章程中规定的表达和维护同学合理权益的职能。既要敢于表达，善于表达，也要通过合理的方式向同学沟通、解释学校的努力和考虑，并善于在工作中把学校的校内问题和社会问题、学生的政治问题和具体利益问题、学生的思想问题和行动问题分开处理。

第三，要特别注意抓住新生入学、学生毕业前两个重要时段开展有效性、针对性强的工作。对于刚进校园的学生，关键是帮助他们了解大学的生活，了解本学科中的主要问题，比如，核心课程、有效的学习方法、有益的知识结构，帮助他们解决在学习生活中遇到的困难。对于将要毕业的学生，也可以尝试做些力所能及的工作。

第四，要注意工作的普遍性原则。学生会组织不能丢掉同学的兴趣，要面向广大普通同学，开展丰富多彩的大多数同学喜欢的活动，在活动中抽象出对学生思想引领和素质提升的有效方法。要少干那些少数人参与、学生干部自娱自乐的工作，损害组织威信。

第五，善于结合学校的学科优势和学生专业开展一些活动，不断形成学生的工作能力。这可以让学生工作与学生专业学习紧密结合。

第六，学生会干部不能放松学习，不能脱离普通同学。可以负责任地告诉大家，如果书念得不好，你们无论如何也成长不成优秀的年轻干部，学生干部必须有学术精神，有钻研精神。只当"职业活动家"和"学生官僚"这两种倾向对学生干部成长非常有害。

三、关于大学生骨干成长的目标和路径

未来永远是年轻人的，这不以任何人的意志为转移。现在的大学生骨干一定会成长为各个行业的重要人才。因此，大学生骨干培养工作对整个党和国家的事业至关重要。大学生骨干要在一般大学生应该具备的五个层级目标基础上有更高的要求和目标。

第一，要培养学术精神。没有学术精神，就很难有真正的科学精神，以后也就很难有真正意义的实事求是的勇气和务实作风，就会见风使舵，不追求真理，甚至藐视真理，那是非常危险的。作为大学生骨干，一定要从小、从年轻时候起就形成好的习惯，真正追求科学、尊重科学，遇到事情要有实事求是的态度。

第二，要强调培养学习能力。要逐步形成学习的意识、有效的学习方法、好的知识结构，也要有终身学习的好习惯。大家以后在工作中会遇到很多自己不熟悉的事情，都要依靠过去形成的学习能力和习惯，支持你做好工作。学生干部仅仅懂点人情世故、懂点组织协调能力是不行的，要有扎实的学术基础，坚持继续学习。

第三，要有崇高的精神追求。我们不否认物质财富的创造对社会发展的巨大进步作用。但是，我们所处的社会不管物质财富如何发达，物质终究不能替代精神，要有点精神追求。如果人一点精神都没有，那就会成为物质奴隶。我相信人如果一旦走到这一步，自己也会非常痛苦。

第四，要培养更加全面的素质。学生干部，很大程度上是靠自己的综合素质来赢得学生的支持，兴趣爱好多一点没有什么坏处。必须拥有较好的与人沟通能力、组织协调能力、团队协作能力以及良好的意志品质等等。对自己的强项和不足都要认识清楚，这样才能在实际学习工作中，不断发展自己，并带领团队取得成果。

第五，要真正从历史、理论和现实逻辑理解和认识中国近现代历史的演进，坚定走中国特色社会主义道路的理想信念。对普通同学，我们只讲对中国特色社会主义道路的理解和认同，而大学生骨干就要不断提高自己对重大政治方向问题深刻关注、理性思考、全面分析和把握的能力，在理性认知基础上坚定理想信念。

如何成长为青年马克思主义者，我认为要注意把握好五个结合。

一是把理论框架学习与能力结构训练结合起来。为什么要学理论呢？因为不学习理论我们就很难认识现在、把握未来。我们这个培训班，是用马克思主义最新成果武装头脑的一个训练，但通过几次培训就形成清晰的认识，是不太可能的。我们希望通过培训让大家更深刻地来思考中国特色社会主义道路的根本性问题，能够为同学们形成对中国特色社会主义道路的正确认识提供看问题的角度、视野、理论框架和方法，帮助同学们结合自身的实践经历和社会观察对社会问题形成更深刻、更理性、更全面、更稳定的看法，进而明确坚定的政治方向。在学习掌握基本理论的同时，还要注意进行能力结构方面的训练。我把能力结构分成两个层次：第一个层次是包括学习研究、组织、协调、人事工作、表达等基本能力，第二个层次是包括工作出思路出思想、处理复杂问题、做好群众工作等较高层次的能力。大学生骨干要努力完善自己的能力结构。

二是把参与社会实践与进行社会观察结合起来。在我们去年对万名大学生进行的思想状况问卷调查中，在“你认为要形成坚定的中国特色社会主义的理想信念，主要依靠什么”这个问题上，60.4%的学生认为主要应当通过社会生活的历练。相信在座的同学们对此也有同感。社会实践是我们了解国情、社情、民情，提高社会适应能力的重要途径。但对每个学生来说，参加社会实践的时间和机会有限，要更全面地认识社会，在互联网时代主要靠社会观察。对社会观察的引导，第一要注意全面和普遍性，第二要注意观察的深度，第三要注意在比较中观察。要通过对学生的思想困惑进行有针对性、有说服力的分析和解答，帮助他们得出正确的社会观察结论。

三是把树立远大志向与选择正确成长路径结合起来。大家现在正是风华正茂、意气风发的时候，都希望到社会上施展才华、干出一番事业，这是每个人都有的普遍性的人生追求。对人的成长发展来说，哪里是高处？去企业，是先创业还是先到大公司？要从政，先到机关，还是先到基层？我看这都不矛盾。坦率地讲，成长路径并没有完全标准的格式，正确的成长路径是在年轻时代能够锻炼本领、增长才干的路径，而不是名义上干什么的路径，要始终把信仰放在第一位。不要害怕到基层、困难的地方去，这些地方更容易让你熟悉国情、磨炼意志品格、锻炼处理复杂问题的能力。

四是把参加短期集中培训和长期的自我教育、自我学习结合起来。建立对重大理论问题的正确认识，树立坚定的信仰，关键在于长期社会生活的历练。同学们在学校包括通过我们大学生骨干培养学校，接受了一定的理论、实践等方面的培训，不是说参加了几个培训班，掌握了一定的理论，就算完成任务了。这需要大家在今后自觉坚持长期的自我教育，立足自己的学习、工作和生活实际，坚持学习，不断丰富和完善自己，养成良好的学习习惯。同时，我还希望大家守住自己的专业本领，掌握较强的专业技能。

五是把自信心和平和的心态、扎实的努力结合起来。大学生骨干要有点自信心，这是大家应该具备的素质。但成功取决于很多因素的结合，既有你的愿望、能力、素质，还有机遇。保持平和的心态，主要是对社会本质看得更透些，不要总是用世俗化的标志去看待我们是否成功，这和自信并不矛盾。同时，人成长是有规律的，也是有科学性的，年轻的时候，不能以你的福利状况为评价标准，不能以你的精神愉快程度为评价标准，而应以你受到的锻炼和增长的才干为评价标准。因此，在自信、保持平和心态的基础上要扎扎实实地努力工作。

今天我就讲这些意见。最后，衷心祝愿同学们在中国大学生骨干培养学校学有所成、学有所获，能够为将来成长为社会主义现代化建设的合格建设者和可靠接班人打下一定的基础。

陆昊在分类引导青年试点阶段性工作会议上的讲话

2009 年 11 月 25 日，根据录音整理

团中央宣传部、相关部门和各个试点单位前一阶段的分类引导青年试点工作做得非常好，书记处对目前试点工作取得的阶段性成果充分肯定。

刚才，6 位同志从不同角度谈了感受，有思考的问题、存在的疑惑、提出的意见，包括一些批评性意见。能够提出这些看法，表明大家对这项事关全团根本任务的工作没有流于形式，而是扎扎实实地做了许多深入细致的工作，进行了认真的调查研究和深入的思考与碰撞。这样的工作状态、工作方法非常可贵，值得团的其他工作学习和借鉴。如果对待党交给我们的任务都用这么一种态度去做的话，工作再难也会有进展，而其中最受益的首先是干部本身。

下面，我结合对这项工作的感受，特别是听了刚才 6 位同志发言的感受，谈一些思考和认识，供大家参考。

一、关于前一阶段的工作

总体感觉，这一阶段的试点是富有成效的，工作方向是正确的，工作方法是科学的。归纳起来有以下几点。

1. 扎扎实实进行了大样本的、深入的调查研究。全团各级组织、各个试点单位共同努力，开展了 8 万多份问卷、8000 多人深度访谈的深入调查研究，这是科学方法。刚才发言的同志，有的在给引导大纲提意见时态度很坚定，就是因为他们在青年中做了深入的调查研究和思想碰撞，心里有底。没有扎扎实实、艰苦的调查研究过程，这些话就谈不出来。我们谈事情不能只是说大概、说表面，缺乏深度数据支持。上一次开试点工作部署培训会时，代表的发言就显得底气不足。这次不一样了，大家出了很多好主意，既有战略，也有策略，特别令人鼓舞。像这次开展深入调查研究的方式，一定要坚持，这也是第一阶段工作最重要的基础。今后，我们做每一项工作都应该有这样的态度和方法。

2. 梳理出了与引导青年的根本目标相关联的思想意识关键点。试点工作的一项基本考虑，就是要抓住各类青年群体的思想意识关键点，真正做到有的放矢。目前，在对总样本进行抽象和分析的基础上，初步梳理出了四类青年群体的思想意识关键点。当然，具体到同一类青年中的不同群体，关键点可能不一定相同。因此，这个样本分析结果，拿到不同的省份，不同的学校、企业和村镇，可能会有不同的看法，这很正常。关键是要抓住各类青年群体最基本、最主要的思想意识关键点，不能出现重大遗漏。下一步，要按照这一要求，对关键点的梳理进一步完善。

3. 梳理出了形成各类青年群体思想意识关键点的一些基本逻辑。解决思想问题，不仅要知其然，还要知其所以然。我们要碰引导目标，就要找思想意识关键点；要碰思想意识关键点，就得找逻辑，看它是怎么形成的，不能简

单地只停留在问题表面。目前梳理的关键点的形成逻辑，是在对大规模访谈青年的材料进行分析、提炼的基础上提出来的。下一步还要继续努力，把青年中存在的问题和形成的逻辑进一步找准。

4. 初步提出了一些引导的思路。找到青年的思想症结及其形成逻辑之后，就要提供相应的引导思路。目前形成的四类青年群体思想引导大纲，初步提出了一些引导思路。这些引导思路，是对着关键点及其形成逻辑提出来的，同时也适当考虑了各类青年群体的语言特点和接受习惯。但是大纲还是很初步的，还只是短期的工作成果。这次会议把大纲发给大家，就是要给大家一个靶子，让大家进行碰撞。今后大家还要把它拿到青年中去进行碰撞，不断修改完善。

5. 初步挖掘了一些引导工作的载体。确定了引导内容，还需要找到内容的合适传播方式，这也是试点的一项重要任务。目前，这方面还比较薄弱。这次会议下发的案例集还不够丰富，还有很多好的案例没有收录进来。全团做引导青年的工作是有多年积累的，要善于在大跨度中结合根本问题挖掘经验。这个任务交给团省委宣传部，你们第一位的任务就是挖掘、搜集引导工作的案例和经验。

总结前一阶段的成果，说明试点的工作方向是正确的，工作方法是科学的，现在需要的是进行多次的反复。引导青年是党交给共青团的根本任务，这项工作很深、很难，因此我们没有在全团进行简单的号召和部署，而是要先行试点。在这里，我代表书记处，对参与试点工作的同志所付出的艰苦努力表示感谢。同时要认识到，现在试点工作还仅仅是个开始，接下来还有很多工作要做。大家要一如既往地保持锐意进取的精神，扎扎实实地围绕根本任务深入调查研究、仔细思考问题，反复在实践当中提出工作思路、工作方案，以及工作的具体方式。书记处反复强调，团干部要保持良好的工作状态和工作作风。真正的工作作风都是在具体工作实践中形成和转变的，没有抽象的转变工作作风之说。参加试点工作的同志，要通过试点的实践和成效，展现良好的作风。

二、关于下一步的工作

1. 要对当代青年思想意识的一些重要特征作出比较权威的归纳。正确认识青年的思想意识特征，以及这些特征背后体现的青年思想意识的形成和变化规律，关系到对引导青年工作的一般性方法论的准确把握。各类青年的思想意识是千差万别的。比如，人们常说青年基本不相信权威，但刚才农村组介绍他们得出的调研结论是农村青年仍然比较相信权威；比如，当前青年对政治、对意识形态到底是感兴趣还是不感兴趣，是要“主义”还是不要“主义”，可能不同群体的青年在不同情况下会有不同的表现。同志们要对四类青年群体思想意识的一般性特质先做抽象性归纳，找出一些大家普遍认同的规律性认识。

2. 要把引导的总目标适当展开，具体化为一系列重大的分目标。引导青年的总目标很明确，就是引导广大青年坚定跟党走中国特色社会主义道路的信念。在新的时代条件下，根据党和国家事业发展的新形势新要求，以及青年成长发展的特点，我们把引导青年的总目标具体化为三个方面的分目标：一是把坚持爱国主义、社会主义和党的领导三者有机统一起来，这是最核心的一条，本质上是要引导广大青年熟悉和理解中国近代社会进步发展的历史逻辑。二是把民族精神和时代精神结合起来，本质上是要让青年更好地理解在全球化的背景下，迅速发展的中国与世界的关系。三是把个人的成长与社会责任有机结合起来，本质上是要让青年在迅速发展变革的时代背景下处理好个人与社会的关系。以上每一个重大分目标之下，还可以确定若干的具体目标。在实践中，针对一个个具体目标的工作相互叠加，就构成了实现总目标的工作基础。

3. 要进一步理清思想意识关键点和目标之间的关系。在跟党走中国特色社会主义道路的总目标下，不同类别的青年因为角度不同，针对具体问题会产生不同的认识。要从实际出发，对每一类青年群体都作深入分析，细分引导目标。确定具体引导目标，要非常坚定鲜明，具有清晰结论，不能含糊。而对于每个具体目标之下的思想意识关键点，我们在努力提供一些引导思路的同时也要认识到，其中有一些还不一定能够完全说清楚，青年还可以在一些方面存在不同认识。在引导青年的实践中，这体现的是战略与策略的关系。现在的引导大纲，有些思想意识关键点之间是简单并列的关系，而不是一种逻辑关系；有些关键点之间交织得很紧，基本上是一个目标下的若干思想意识关键点组合起来支持一个结论。大纲内容中哪些是具体目标、哪些是关键点，要进一步梳理清楚。同时，哪些思想意识关键点支持哪些目标，哪一组思想意识关键点支持哪一个目标，要更为系统地梳理。

大家还要根据在第一线的感受，来丰富思想意识关键点和引导思路。刚才有的同志提出，正面的东西也可以说。现在的大纲主要是从问题出发来展开的，对于正面的东西怎么讲、讲什么，完善大纲时要加以考虑。大纲中有些青年群体的关键点只有6条，是不是找全了，对此要进一步对照研究。

4. 要深入探索引导方法。我们工作的第一步，是根据引导目标找到问题，也就是关键点；第二步，是根据关键点确定引导思路，也就是引导内容；接下来，还要找到有效的引导方法，把引导内容传递到青年中去。有的同志说，现在这个引导大纲政治性太强了，这很正常，否则怎么叫意识形态工作呢？我们不能直接拿这个大纲去面对青年，而要深入探索内容的实现形式问题，也就是引导方法的问题。

引导青年的有效形式是什么？肯定离不开活动，离不开情感、友谊、信任，离不开艺术、时尚的元素，离不开互联网、手机等新媒体。引导大纲能不能配案例、配载体、搞个彩色版，能不能用青年中知名度高的人或团干部设计动漫形象，怎样利用游戏引导青年，怎样通过培养青年的社会化技能引导青年，大家对这些都要加强研究探索。各省级团委宣传部要直接抓好1—2个载体，每个试点单位要围绕1—2个载体反复探索试验。省级团委宣传部还要充分挖掘基层的好载体，特别要注意梳理那些有效的、普遍性比较强的载体，这是下一步最重要的一个任务。

引导载体对应着引导对象，既不能简单生硬，比如直接用引导大纲向青年宣教，也不能空洞无物、徒有形式，而要努力把活动形式和引导内容有机结合起来。当然，推进引导工作也不能离开对共青团整体工作的一系列思考，既要有有力的组织化工作体系，又要有有效的社会化动员方式。我们要在全团搜寻大规模的、具有普遍性的活动案例，特别是一些上百万青年参与的活动案例。比如重庆邮电大学的“红岩网校”，每天有十几万的点击量，就是很好的工作载体。

引导载体的评价标准不在于是新还是旧，而在于是不是具有针对性、适用性和普遍性。一个企业里，如果能把35岁以下的青年“普遍”一次，那就是重要成绩。归根结底，这都是从党交给共青团的“两个全体青年”的政治要求派生出来的。团干部不能自己娱乐自己、自己教育自己，一定要面向广大普通青年，否则我们就无法落实胡锦涛总书记“两个全体青年”的要求。

这里我也要强调，我们既要注意在引导话语、引导载体等方面充分尊重青年的思想认识，也要敢于做思想碰撞。所有艺术的、时尚的、新媒体的缤纷形式，都不能替代人与人之间正面的、以语言为载体的思想碰撞。在试点阶段，尤其要敢试、敢碰撞，不要含糊。刚才有的同志强调在一些重大的思想认识问题上要讲究沟通艺术，以退为进。这固然是重要的工作方法，但其根本是“进”，大家要敢于按照引导大纲确定的思路做思想碰撞工作。

三、对试点单位的要求

1. 要进一步认识引导青年工作的重要性。就共青团在新形势下遇到的“三大挑战”，以及应对挑战的路径而言，共青团能为党做的归根结底是两件事：一是探索党的政治和组织行为在青年中实现的路径，这也是我们当前狠抓基层组织建设的原因。二是探索党的意识形态在青年中的传播路径，这是共青团作为执政党青年组织的重要价值体现。引导青年工作，就是要让党的意识形态在青年中深入人心，为党和国家事业培养合格建设者和接班人，巩固党执政的青年群众基础，这是党交给共青团最根本的任务。

2. 要深入研究和碰撞重大的思想问题。人的本事是在工作中磨炼出来的，这也是我们党长期坚持实践出干部的根本原因。培训只能给大家以工作方向和必要的工作指导，解决干部素质的根本路径在每一天的工作当中。包括同志们在内，我们团内有很多好苗子，有追求、有基本素质，但是能不能成长，跟在实践中练得够不够成正比关系。再好的苗子，练得不够，方法不对，也成长不好。总结团的历史，团干部身上有两点尤为可贵：一是理想主义精神，心里有原则有追求，有党的事业；二是锐意进取精神，敢于磨炼、敢于创新。这次试点工作所碰的，都是青年思想意识中最核心、最要害的问题。找准这些问题以及它们的形成原因不容易，引导青年正确认识这些问题更不容易。从前一阶段的情况看，大家的工作状态、工作趋势、工作方法都很对头。在下一步的试点工作中，大家要保持这种精神、干劲、韧劲，敢于碰撞根本性问题，敢于迎难而上，练就扎实、过硬的功夫，拿出有说服力的工作成果。

3. 想到了、说到了，就要努力去做，努力做成。面对引导青年这个大题、难题，善于研究情况、拿出主意很重要，但更重要的是抓落实，扎扎实实地推动工作一步一步、一点一点地往前发展。刚才大家提出了很多很好的意见，这些意见要反过来再交给你们，凡是提出这些意见的，自己首先要试出一个载体。这叫不仅会说，还要会做。简单地说大家都会，关键是要做成事。在下一步的工作中，大家要通过实践的不断探索和检验，真正试出一些实实在在的、管用的招来。

4. 团的宣传部门、有关战线和试点单位要分工协作，共同推进试点工作。引导青年的工作，由宣传部门牵头，团的其他战线也有共同职责。各条战线一定要善于把组织行为、意识形态的传播跟日常工作、跟丰富多彩的活动有机结合，一定要改变过去战线部门只管活动，不注意活动与组织建设、思想引导工作结合的弊端。那样做不仅不符合工作规律，也不利于干部成长。这次会议后印发的引导大纲，要由宣传部门牵头，各部门共同研究、探索、试验、使用和反馈。

处在第一线的试点单位，要率先深入研究、碰撞重大问题，设计和试验工作载体。宣传部门的同志要善于在面上推动不同层级的试点，要研究掌握第一线的试点情况，及时挖掘宝贵经验。全团有很多好的工作案例，各级团的宣传部门要面向基层，用刚才各位同志发言时提出问题、分析问题的标准，寻找到一批体现针对性、适用性、普遍性有机结合的引导载体。

我相信，保持前一阶段试点的工作状态和实事求是的态度，回去以后按照这些要求认真努力工作，试点一定会取得新的重要成绩。下一次开试点工作总结会时，团中央书记处的全体同志都要参加。希望各个试点单位到时候拿出新的有效成果来，为全团提供更多具有普遍性意义的经验。

陆昊在河南省驻外团组织建设座谈会上的讲话

2009 年 12 月 11 日，根据录音整理

今天，看了河南驻京团工委建设和工作的一些情况，听了几位同志的很好的发言，我很受启发、很受鼓舞。虽然这种探索是初步的，但是我们已经充分感受到这项工作取得的重要成效和很重要的三点价值。第一，这项工作使不少进城务工青年感受到了团组织的存在。能够感受到团组织的存在，在很大程度上就能感受到党组织对他们的关心和联系，这是由党团组织的特殊关系决定的。第二，这项工作能够在广大进城务工青年中通过共青团的组织存在和工作探索，传播、渗透党团组织的重要主张，倡导积极向上的精神追求。比如，驻外团工委开通了 QQ 视频通话系统，使青年文明商户一个月能够跟孩子通一次视频电话，能看到自己的孩子，他们自然会想到这是谁带给他们的呢？是团组织，背后是党组织，在真正地关心进城务工青年。团组织不一定能帮青年做很多事情，但是我们要力所能及地为他们提供一些实际的帮助。第三，这项工作可以帮助党委和政府积极探索在中国高速工业化、城镇化进程带来的大规模的人口流动中，对流动青年进行必要的组织化梳理。现在，有些地方在探索以床管人、以房管人、以产业管人等针对流动人口的社会管理方式，还不能完全解决这个问题。而团组织从乡情角度出发，对外出务工青年进行的组织化梳理是能够起到一定作用的。

坦诚地讲，共青团组织有一定的特殊性，是政治性、思想性都很强的组织，工作涉及领域很广，工作选择空间很大。对于外出务工青年这一群体，要加强团组织建设和团的工作难度比较大。河南的团干部没有去选择那些表面很热闹、个人也有利益的工作，而是迎难而上，离开家乡，在这里整天面对普通务工青年，扎扎实实地开展工作。这鲜明而集中地体现了胡锦涛总书记对我们提出的“力争使团的基层组织网络覆盖全体青年，使团的各项工作和活动影响全体青年”和“忠诚党的事业、热爱团的岗位、竭诚服务青年”的重要要求。河南团组织在全团带了一个好头，做了一件实实在在、面对广大青年、忠诚党的事业和我们组织的重要工作，很值得肯定。

借此机会，我要感谢河南各级团组织为这项工作付出的努力，感谢北京还有外地的很多团组织对这项工作提供的支持帮助，感谢为这项工作给予大力支持和帮助的党政部门的负责同志，还要特别感谢被聘任为兼职团工委书记、热爱党的青年工作、支持共青团工作的各个领域青年带头人和青年能人为驻外团工委工作所付出的努力。

下面，我就全团做好统筹城乡团建工作，讲三个方面的意见。

一、充分认识做好统筹城乡团建工作的重要意义

统筹城乡团建工作，是一年来全团加强团的基层组织建设和基层工作所进行的工作探索的重要内容。之所以大力推进这项工作，主要是基于以下考虑：

第一，这是胡锦涛总书记对共青团提出的非常明确的工作要求，也是共青团组织属性的要求。胡锦涛总书记要求共青团“坚持眼睛向下、重心下移，力争使团的基层组织网络覆盖全体青年，使团的各项工作和活动影响全体青年”。这一重要要求不仅具有很强的理论指导性，而且有很强的现实针对性；不仅体现了党对共青团工作的一贯要求，而且体现了对共青

团应对挑战、克服薄弱环节的新要求。作为党领导的先进青年的群众组织,共青团要履行好胡锦涛总书记提出的组织青年、引导青年、服务青年和维护青少年合法权益的工作职能,首先就要做到广泛联系青年,这是我们的一项基础任务,也是开展全部工作的重要前提。要做到有效联系青年,就必须与团的组织化载体紧密结合起来,组织化载体不进行创新,共青团就不可能更广泛地联系青年,也就无法完成党交给我们的任务。特别是对于外出务工青年这一流动青年群体,更加需要建立新的有效的组织化联系渠道。这就要求我们下大力气加强统筹城乡团建工作。

第二,这是中国社会城镇化、工业化进程带来的社会变革导致的大规模人员流动给共青团工作带来的新挑战。中国高速成长的工业化和城市化进程极大地改变了我们的生活。在这种社会变革中,一些人认为基层团建工作难就难在"没青年"。实际上不是"没青年"了,而是青年群体的聚集方式、分布方式发生了变化。共青团是为党做青年群众工作的,完成党交给我们的任务,就必须根植于广大青年。共青团的组织工作格局要服从于总体工作目标,实现有效联系广大青年的工作目标,各级团组织就必须适应青年群体的新变化,积极探索能够有效联系最广大青年的新型组织化载体。要看到中国的城镇化进程所带来的大规模社会变革并没有结束,还在不停地出现各种新的流动性的趋势。中央这次经济工作会议又提出城镇化的问题,很值得我们认真观察思考在这种变化当中,怎么找到我们工作的路径、渠道和载体。根据新的城镇化、工业化进程带来的社会变革所导致的人员流动,根据我们组织的根本价值在于与广大青年保持合理关系,规定着我们一定要做好统筹城乡团建工作。

第三,这是保持共青团组织最根本的生命力、保持同广大青年关系的要求。共青团组织的价值,取决于我们跟广大普通青年的联系;共青团的组织功能、组织活力的根本标志,集中体现在团组织与广大普通青年的关系,集中体现在对广大普通青年的吸引力、凝聚力和影响力。当前团内存在两种危险的错误思想现象:一是把青年在经济社会生活中发挥作用,简单地等同于通过共青团组织带领青年发挥作用。二是把与少数青年特别是与少数高端青年的关系等同于与广大普通青年的关系,出现团的工作"高端化、高龄化"的现象。这两种倾向集中体现在当前不少团组织的工作和活动存在与广大团员青年联系的普遍性不够的问题上。因此,我们特别强调要把目光投向广大普通青年,其中包括外出务工青年这一非常重要而庞大的群体。

二、继续深化和推进统筹城乡团建试点工作

第一,要真正理解和把握共青团组织在新的社会变革中面临的挑战和应对路径。当前,共青团事业面临的挑战本质上来自于三个方面:一是党的历史方位发生了变化,从革命党向执政党转变,从计划经济条件下的执政党向市场经济条件下的执政党转变,党为人民服务的宗旨很大程度上通过执政行为来实现,并且党组织在参与经济社会生活中有许多新的创造;而共青团作为执政党的青年组织,缺少在这一转变下发挥作用的路径。二是青年的政治意识表达方式发生了新变化。青年在常态下政治意识淡化,但在有重大事件发生时会有集中表达。对我们这样一个思想性、政治性组织提出了挑战。三是科技进步特别是信息技术发展和社会变革特别是人员大规模流动对青年的生活方式、行为方式、交流方式和聚集方式带来了深刻影响,过去传统的空间聚集方式、行政化组织体系中的聚集方式受到了严峻挑战。要应对三大挑战,履行好团的基本职能,必须迎着挑战和困难上,大胆探索、锐意创新。迎接第一个挑战,共青团要努力探索跟上执政党执政功能发挥作用的转换路径，牢牢抓住社会主义市场经济条件下每一类社会组织的根本任务和功能，来找准工作切入点。迎接第二个挑战，说到底是要解决如何吸引和凝聚青年的问题。共青团一要靠先进思想，二要靠对青年合理利益诉求的尊重和服务，三要靠对青年特有兴趣的满足，四要靠对青年未来职业生涯发展过程中所需要的社会化技能的培养，五要靠广大团干部的人格魅力和对青年的感情，来吸引和凝聚青年。迎接第三个挑战，就是不能局限于现有的行政化格局，要敢于用青年人喜欢的沟通、交流、联络和聚集方式作为组织建设和工作的载体。

第二，要深入研究在城镇化、工业化进程中青年人流动的一些重大问题。要注意青年流动的规律性，把握好这种流动性是靠什么规律实现的，比如空间关系；要挖掘流动性当中那些一致性的因素和载体，比如同乡现在就是流动中很重要的一致性因素、载体；要注意借助和发挥流动当中的亲情、情感力量；要在流动过程当中找到他们工作、生活和事业的产业载体，敢于用这种载体做组织载体、做团的建设载体。

第三，要真正深入广大普通青年，尊重普通青年的人生追求，进行必要的引导。团干部心里一定要装着普通青年，去贴近普通青年的生活、尊重普通青年的生活，挖掘找准工作切入点。要善于通过对青年重要需求的把握，实现对青年的吸引和凝聚。

第四，基层共青团要敢于在组织格局上有新的突破和创造。要做好基层共青团的工作，必须进行组织格局创新。驻外团工委聘请创业成功的青年能人，在组织格局上做创新创造，给他们机会，让他们有社会责任感的表达机会，有精神力量的体现机会，就是很好的创新。组织格局在这个过程当中做必要的创新，主要要解决两件事，一是联系青年的路径要广泛，二是调动社会资源的渠道要更多一些。

第五，青年流出地团组织要与流入地团组织充分合作，要注重借助党政部门的工作力量支持。驻外团工委建设，完全靠输出地是不够的，输入地也有重要责任，输出地和输入地的团组织要充分合作，共同解决组织建设和工作中遇到的实际问题。深入探索创新组织格局，特别要发挥党建带团建的作用，依靠党政部门的工作力量支持。

第六，要与全团的重要工作结合起来，形成良性的工作互动。要把创新基层组织模式与促进小额贷款、就业培训等团的重点工作结合起来，为团的组织创新提供工作载体；要使团的基层组织在开展服务青年需求、维护青年权益的过程中增强对青年的覆盖，体现基层团组织的活力。

三、全团要认真学习借鉴河南团组织统筹城乡团建试点工作的探索和经验

一是要总结宣传河南驻外团工委工作的经验。把工作中好的经验例子、做法、思考系统总结出来，通过团属新闻媒体等渠道，宣传和介绍河南驻外团建创新的好经验好做法，宣传河南共青团工作敢于迎难而上、破解难题的探索勇气和工作成果。

二是要探索在“点”上深入总结挖掘经验的同时，在“面”上要有更大的推动。“点”上的经验是宝贵的，但我们更要看到团组织肩负着要与广大青年保持合理关系的重要任务，既要在“点”上深入挖掘，更要在“面”上有更大的推动。

三是要积极争取党政对基层组织建设和工作的支持。要向党政领导汇报团干部在第一线的探索，积极争取党政领导关心和支持，使党政领导看到团组织与广大青年关系的重要性和价值。团干部要更好地深入青年当中，发挥我们的智慧和创造力。

我相信，有各级党委政府的关心和支持，有广大团干部勤奋进取、锐意创新的精神，统筹城乡团建工作一定能够有更大的成就和进展。

王晓同志讲话

王晓在全国青联十届五次常委(扩大)会议上的工作报告及讲话

2009年2月16日

工作报告

这次会议的主要任务是:深入学习贯彻党的十七大、十七届三中全会和中央经济工作会议精神,以邓小平理论和“三个代表”重要思想为指导,深入贯彻落实科学发展观,总结回顾2008年工作,研究部署2009年工作,努力推动青联事业实现新发展。

现在,我受主席会议委托,向全国青联十届常委会议作工作报告,请审议。

2008年工作回顾

2008年是党和国家事业发展进程中很不寻常、很不平凡的一年。我们党领导全国各族人民积极应对国际国内多方面严峻挑战,继续保持了经济平稳较快发展和社会和谐稳定。在这一年里,全国青联在党的坚强领导下,深入学习实践科学发展观,高举爱国主义和社会主义旗帜,围绕中心、服务大局,不断巩固和壮大青年爱国统一战线,团结引导各族各界和海内外中华青年投身中国特色社会主义事业,各项工作实现了新的发展。

一、加强引导,团结教育青年取得扎实成效

一年来,我们把学习党的十七大精神作为首要政治任务,着力加强对青年的理论武装、爱国主义教育和民族团结教育,进一步巩固了各族各界青年共同团结奋斗的思想基础。

1. 举办党的十七大精神系列学习活动。抓住全国青联常委会、新增补委员见面会、纪念全国青联成立59周年委员活动日、全国青联委员国情考察活动、海外学人回国创业周等契机,邀请中央有关部委领导和专家学者举行多场专题报告会、宏观形势报告会、区域发展研讨会等,引导广大青年进一步加深对中国特色社会主义理论体系的认识,加深对科学发展观的科学内涵、精神实质和根本要求的认识,坚定走中国特色社会主义道路的理想信念。辽宁、黑龙江、山西、吉林、中央直属机关等青联广泛开展省情考察、座谈会、报告会等形式多样的学习活动,把理论学习不断引向深入。

2. 开展纪念改革开放30周年主题教育实践活动。组织各界青年认真学习胡锦涛总书记在纪念党的十一届三中全会召开30周年大会上的重要讲话,举办多场改革开放30年成就报告会,引导广大青年充分认识改革开放的伟大成就,深刻领会改革开放30年的宝贵经验,坚定不移地拥护支持、踊跃投身改革开放伟大事业。组织青联委员到广东、浙江等地开展国情考察,到中科院、航天五院开展科技考察。浙江、天津、贵州、青海青联举办的纪念改革开放30周年青年群英会、青年论坛等活动丰富多彩,在广大青年中树立了“我与祖国共奋进”的鲜明导向。

3. 加强爱国主义和民族团结教育。深入

开展马克思主义祖国观、民族观和宗教观教育，引导青年热爱祖国，自觉促进各民族共同团结奋斗、共同繁荣发展。组织青联委员、中青科协会员参观“西藏今昔”大型主题展览，帮助大家了解西藏的历史与现状、党的政策。西藏青联启动了“反对分裂、维护稳定，促进发展”主题教育活动，引导全区广大青年深入揭批达赖集团，积极开展反分裂斗争，维护祖国统一和民族团结。新疆、内蒙古、宁夏、广西青联大力开展民族团结主题教育实践活动，唱响了各族青年同呼吸、共命运、心连心的团结进步之歌。

二、发挥优势，服务经济社会发展作出积极贡献

一年来，我们围绕党和国家的中心工作，注重发挥各族各界青年的积极性、主动性和创造性，引导青年为推动科学发展、促进社会和谐贡献了智慧和力量。

1. 踊跃投身救灾赈灾和灾后重建工作。发动青联委员通过捐款捐物、志愿服务等方式，投身抗击低温雨雪冰冻灾害斗争一线。四川汶川特大地震发生后，全国青联动员委员向受灾地区捐款4400余万元，捐赠各类物资近500万元；与中组部共同选派20名特需急需的高层次专业人才奔赴受灾前线；组织百余名委员赴四川灾区开展“携手心相连，共筑新希望”主题活动，通过爱心结对、慰问演出、援建希望小学、提供就业岗位、义务担任灾区旅游景点形象大使等形式，为抗震救灾和灾后重建作贡献。四川、重庆、贵州、云南、陕西、甘肃、湖南青联组织动员广大青年踊跃捐款献血、开展志愿服务；其他地方青联通过捐款捐物、组派青年医疗卫生服务队、义演义卖、无偿献血等方式，积极参与抗震救灾和灾后重建工作。

2. 积极服务北京奥运会、残奥会。受北京奥组委的委托，联合有关单位举办奥林匹克青年营，来自世界各地的800余名青年开展了参观考察、才艺展示、交流联谊等活动，加深了相互了解，结下了深厚友谊。全国青联有关界别举办了“北京奥运与中国传媒发展”主题论坛、“奥运遗产与中国教育”座谈会等活动，积极挖掘奥运精神对各项事业发展的促进作用。北京青联积极参与体育竞赛、火炬传递、新闻宣传和志愿服务等工作，展现了当代中国青年和青联组织的风采。

3. 不断深化青年人才工作。举办第18届“中国十大杰出青年”颁奖活动，组织“十杰”青年做客央视国际、走进中学校园，进一步发挥青年榜样示范引导作用。开展第19届“中国十大杰出青年”、青年科学家奖、软件行业杰出青年评选活动，树立了一批青年典型。协同中组部选派115名博士服务团成员，引导高层次青年人才为西部及革命老区发展献计出力。扎实推进“培养计划”，选派西部地区、民族地区的青年干部到东部沿海地区挂职锻炼。开展民族地区乡镇青年干部学习考察活动，帮助他们开阔了视野，增长了才干。上海、山东、浙江、湖北、江西、中央国家机关、民航等青联广泛开展了杰出青年评选表彰活动，重庆青联还举办了以“统筹城乡发展与扩大改革开放”为主题的青年人才论坛，河北青联成立了农业科技志愿服务团，青年人才工作取得了新的成效。

4. 大力推进青年科技创新活动。以“创新创业、报效祖国”为主题，举办2008海外学人回国创业周活动，吸引了来自13个国家的200余名高层次海外学人参加。围绕建设创新型国家等重大战略，举办百名IT青年精英论坛、青年创新论坛等活动，组织青年科技人才建言献策。举办科技列车行活动，组织近百名科技工作者赴贵州开展科技服务。河南、海南、中央企业青联通过开展青年创新软件设计大赛、创新论坛、焦点网谈、科技创新活动月、技能创新大赛等形式，帮助青少年增强创新意识和能力。

5. 积极开展促进社会和谐活动。“服务

青少年月”期间，组织医药卫生界委员和青年医务工作者赴革命老区开展送医、送药、送知识活动，组织文艺界委员慰问孤残儿童。组织全国青联志愿者艺术团赴四川、浙江、宁夏、广西慰问演出。组织全国宗教界青年代表人士开展国情、民情考察活动。江苏青联的“爱心牵手成长”、安徽青联的青年志愿服务团“三下乡”等活动，为促进农民工子女健康成长、帮助困难群众改善生活贡献了力量。

三、抓住契机，港澳台青少年交流工作迈上新台阶

一年来，我们贯彻中央关于港澳台工作的一系列方针政策，抓住举办北京奥运会、残奥会和台湾局势出现重大积极变化带来的契机，推动港澳台青少年交流工作深入开展。

1. 青年学生交流进一步活跃。以“心手相牵，振兴中华”为主题，举办第三届两岸青年联欢节，2002 名台湾学生在湖北、福建、广东、湖南、海南、贵州参加了“荆楚文化之旅”、“海峡西岸行”、“粤湘文化之旅”专列、“天涯携手、青年同心”、“多彩贵州行”等活动。以迎接奥运为主题，举办同心同根万里行、心系奥运青少年交流直通专列、粤港青少年迎奥运倒数200 天等活动，邀请港澳青少年来内地观看升旗仪式、参观奥运场馆，组织内地和台湾青年学生赴港参加火炬传情汇香江、心系奥运中华青年大联欢等活动。以民族情缘为主题，举办“京港同心——领会之旅”、“红色之旅”、“海外杰青汇中华”、“爱我中华”两岸四地青年大会聚、两岸校园歌手邀请赛等活动，增强了港澳青年的国家观念和民族意识，增进了台湾青年对中华文化的认同感和对祖国的归属感。

2. 青年代表人士培养工作进一步深化。在福建举办第六届海峡青年论坛，来自两岸和港澳地区的200 多名专家学者、青年企业家以“创意·创业——区域经济中的青年力量”为主题开展了对话、交流。与香港青年协会合作举办第三期《香港 200》优秀中学生（领袖）培训班，200 多名香港中学生在广东深圳、东莞、广州等地亲身感受了祖国悠久的历史文化和改革开放的伟大成就。在北京大学举办第二期“两岸菁英总裁营”，40 名台湾上市、上柜公司总裁和全国青联企业界委员共同学习生活，听取知名学者讲座，开展了企业考察、项目洽谈等活动。在广东东莞举办全国青联港澳委员活动日，开展了学术报告会和联谊交流等活动。

3. 青年社团合作进一步巩固和发展。举办“两岸青年社团负责人圆桌会暨 2008 年两岸青少年交流项目推介会”，50 家两岸青年社团就重点交流项目进行推介和交流，初步建立了年度工作协调机制。启动内地青联干部赴港交流培训项目，选拔 40 名基层青年干部赴香港学习培训。接待香港青年联会、澳门青年联合会、台湾青商总会等 32 个青年社团的拜会和来访，进一步密切了与港澳台青少年社团的联系。

2008 年，我们共接待港澳来访团组 68 个，港澳青少年 8230 人次；派出内地团组 52 个，青少年 1405 人次。共接待台湾来访团组 34 个，青少年 2758 人，其中在校学生 2380 人，青年代表人士 378 人；派出内地访问团组 11 个，共158 人。

四、夯实基础，青联自身建设进一步加强

一年来，我们着力加强组织建设和委员队伍建设，青联组织的吸引力、凝聚力和影响力进一步增强。

1. 切实加强委员队伍建设。规范青联常委、委员的遴选机制，加强新委员入会教育。举办新增补委员见面会暨青联之友联谊会交流联谊活动，促进新老委员交流，增进新委员对青联组织的了解和认同。在纪念全国青联成立 59 周年之际开展委员活动日，增强了青联组织的凝聚力和委员的归属感。广泛开展青年学习讲坛活动，帮助委员加深对基本国情、形势政策的认识和了解。

2. 大力开展青联干部教育培训。深入开展学习实践科学发展观活动，引导青联干部自觉用科学发展观武装头脑、指导实践、推动工作。与中央统战部联合举办培训班，近200名青联干部参加了学习培训。

3. 积极推进活跃界别工作。各界别按照界别工作制度要求，举办了“金融海啸·经济发展·中国动向”学习报告会、“科技与金融讲座”、“金融危机下的中国企业海外利益保护”等活动，参加活动的京内外委员和有关方面人士有1400多人次，产生了广泛影响。

4. 认真做好提案、建议工作。组织青联委员围绕国家发展的重大问题咨政建言，为党政有关部门决策提供了依据和参考。开展金融危机形势下青联委员思想动态调研，及时反映他们的意见和建议。

2008年，青年国际交流工作实现了新的发展，呈现出层次高、规模大、领域广、效果实的鲜明特点。一是配合国家总体外交，以对外交流促进国家关系发展。成功举办“中日青少年友好交流年”活动，组派大规模青年代表团访问德国、韩国等。二是贯彻落实党和国家领导人有关指示，开展大型交流活动。与英方签署“中英400青年交流计划”谅解备忘录，接待首批英国百名青年代表团访华；开展中印、中巴百名青年互访活动；邀请41个非洲国家的青年代表来华访问；继续举办东盟青年干部培训班、“中越青年友好会见”活动；深入实施对澳大利亚、日本、韩国、越南等国家的友好交流项目。三是积极参与世界青年事务，扎实推进青年创业、教育等领域的国际合作项目。派代表参加联合国、APEC青年营、欧洲青年论坛等全球性和区域性国际组织举办的有关活动，不断扩大中国青年组织的国际影响。一年来，我们共组派出访团组81个，2568人次，其中基层青年工作干部360人；接待进国团组51个，3618人次。

同时，我们也清醒地认识到，青联工作中还存在一些不足，比如，应对新形势新挑战的办法不多，团结引导青年的有效性和维护广大青少年合法权益等工作还需进一步加强，服务、培养青年人才的力度还需进一步加大，青联组织的覆盖面和凝聚力还有待提高等等。这些问题需要我们在今后的工作中认真研究并逐步加以解决。

各位常委，同志们，回顾过去一年的工作，我们更加深切地感到，青联事业的发展，归功于党和政府的高度重视和坚强领导，离不开各会员团体的通力协助和广大青联委员的积极参与，凝结着各级青联干部付出的智慧和汗水。在此，我们向各级党委政府、各会员团体和广大青联委员、青联干部表示衷心的感谢！

2009年工作安排

2009年，是新中国成立60周年，也是全国青联成立60周年。青联事业发展站在了新的历史起点上。我们一定要继承和发扬优良传统，把青年爱国统一战线巩固好、发展好，把青联的独特优势运用好、发挥好，不断为党和国家事业发展凝聚人心、增添力量。

今年，全国青联工作总的要求是：认真学习贯彻党的十七大、十七届三中全会和中央经济工作会议精神，全面落实团十六大和十六届二中全会的有关要求，以邓小平理论和“三个代表”重要思想为指导，深入贯彻落实科学发展观，高举爱国主义、社会主义旗帜，积极推动科学发展，努力促进社会和谐，竭诚服务青年成长，着力加强自身建设，广泛团结凝聚各族各界青年为夺取全面建设小康社会新胜利作出新贡献。

一、用社会主义核心价值体系教育引导各族各界青年

各级青联组织要按照建立社会主义核心价值体系的要求，针对不同领域、不同界别的青年，积极探索有效的教育引导途径和方式，坚定青年走中国特色社会主义道路的理想信念。

1. 加强理论武装。引导青年坚持用中国特色社会主义理论体系武装头脑，深入学习、深刻理解科学发展观的重大意义、基本内涵、精神实质和根本要求，不断增强贯彻落实科学发展观的自觉性和坚定性。引导青联委员善于用科学发展观分析和判断问题，把握发展机遇，应对各种挑战。积极推进青年马克思主义者培养工程，努力在青年知识分子中培养一批青年马克思主义者。

2. 加强共同理想教育。围绕新中国成立60周年和五四运动90周年，深入开展“我与祖国共奋进”主题教育实践活动，引导青年深入了解新中国60年走过的光辉历程，充分认识改革开放30年的伟大成就和宝贵经验，进一步增强民族自信心、自豪感和成才报国的使命感和责任感，牢固树立中国特色社会主义共同理想。

3. 加强形势政策教育。举办形势报告会、政策宣讲会、国情考察等活动，引导青年正确看待改革发展过程中的矛盾、困难和问题，把思想统一到中央对国际国内形势的正确分析判断上来，把力量凝聚到贯彻落实中央的重大决策部署上来。充分发挥青年典型的示范导向作用，引导广大青年认清形势、坚定信心、艰苦创业。

4. 加强民族团结教育。以爱国主义和民族团结为重点，继续深入开展马克思主义祖国观、民族观和宗教观教育。做好“各族青年团结进步奖”评选表彰工作，引导各族青年更加珍惜和维护民族团结的大好局面。

二、动员青年为保持经济社会平稳较快发展作贡献

今年有可能是新世纪以来我国经济发展最困难的一年，同时也是蕴含着重大机遇的一年。各级青联组织要按照中央的决策部署，凝聚青年共识，集中青年力量，为推动经济社会又好又快发展作出新贡献。

1. 着力开发青年人才资源。要认识和把握国际金融危机背景下海外高层次人才资源重新配置带来的机遇，把配合有关部门引进海外高层次人才作为青年人才工作的重点，加强与高层次海外学人社团、海外人才和有关部门的联系，发挥好牵线搭桥的作用。深化海外学人回国创业周活动。深入开展“博士服务团”和“科技之光”青年科技专家服务活动，引导高层次青年人才在推动区域协调发展、服务基层中发挥作用。深化“培养计划”和民族地区青年干部学习考察活动，加强对民族地区青年人才的教育培养。

2. 不断深化青年科技工作。深入实施青年科技创新行动，举办青年科学家进校园、青年创新论坛、百名IT青年精英论坛等活动。组织青年科技人才积极参与企业技术攻坚，引导企业青年投身企业管理创新和服务创新实践。继续举办“十大杰出青年”、“青年科学家奖”、“软件行业杰出青年”等评选表彰活动，注重培养、选拔和宣传青年创新人才，努力营造尊重创造、鼓励创新的社会氛围。

3. 积极促进社会和谐稳定。组织全国青联志愿者艺术团赴老少边贫地区和国家重点工程建设一线开展慰问演出活动。动员青联委员履行社会责任，积极参加扶贫济困、医疗义诊、法律援助等活动。继续举办全国宗教界青年代表人士学习考察团。及时了解、准确把握青年思想动态，引导青年理性表达利益诉求，自觉维护社会和谐稳定。

三、竭诚为青少年成长发展服务

各级青联组织要强化服务理念，在就业创业、学习成才、权益维护等方面为青年提供切实有效的服务。

1. 全力促进青年就业创业。把促进青年就业创业作为当前服务青年的重中之重，动员广大青联委员为青年就业创业提供资金、信息、技术、项目等方面的支持。号召有条件的青联委员建立青年就业创业见习基地，为高校毕业生、青年农民工等提供学习实践机会。建立青年创业导师队伍，大力培养青年创业带头人。建立青年科技专家服务团，为青年学用科技提供帮助。

2. 积极引导青少年成长成才。实施“青春导航”行动，组织青联委员长期、定点联系班级、生产班组或社区等基层单位，与青少年分享自己的成功经验，帮助青少年进行职业生涯设计。

3. 代表维护青少年合法权益。探索建立维护青少年合法权益的制度性安排，注重发挥共青团、青联界别政协委员的作用，调动青联委员中的人大代表和政协其他界别委员代表维护青少年合法权益的积极性。组织青联委员走进青年，掌握、反映青少年的利益诉求。完善青联委员提案工作机制，为党政部门决策献计出力。

4. 热忱服务困难青少年群体。深化“伴你成长”青联委员与四川地震灾区青少年爱心结对行动。动员青联委员帮助困难青少年群体解决一些实际问题。

四、大力推进与港澳台青少年交流

（略）

五、切实加强青联组织自身建设

各级青联组织要主动适应时代发展和青年变化，采取更加有力的措施，把自身建设提高到一个新水平。

1. 加强组织建设。加大对地方青联的指导力度，完善组织体系。加强对会员团体的规范管理和工作指导，推动会员团体之间的交流与合作。加强对青年自组织的联系和引导。扩大对新阶层青年的组织和工作覆盖。加强青联秘书处建设、工作制度建设和阵地建设，强化青联工作的基础保障。

2. 加强队伍建设。优化委员队伍结构，注重吸收在生产生活中能够联系带动大批普通青年的优秀青年，不断增强委员的代表性。注重发挥常委的模范带头作用，引导青联委员努力学习、严格要求，不断提高自身修养，讲操守、重品行、做表率。加强对青联干部的教育培养，培养造就一支政治坚定、素质过硬、作风扎实的青联工作队伍。

3. 加强文化建设。继承发扬“爱国、团结、进步”的优良传统，进一步加强青联组织文化建设。认真总结青联发展历程和历史经验，把握遵循青联工作规律，推动新时期青联事业健康发展。

各位常委，同志们，面对机遇和挑战的考验，面对事业和使命的召唤，我们要更加紧密地团结在以胡锦涛同志为总书记的党中央周围，高举中国特色社会主义伟大旗帜，以邓小平理论和“三个代表”重要思想为指导，深入贯彻落实科学发展观，坚定信心，迎难而上，扎实奋斗，共克时艰，以优异的成绩迎接新中国成立60周年！

王晓同志的讲话

今天上午，大家推选我和军科、雍政同志走上全国青联新的工作岗位，这是组织的信任与培养，是各位副主席和常委的信任与重托，我们既感到无上光荣，更深感责任重大。在此，我代表我们三位同志向大家表示衷心的感谢！我们有决心、有信心与大家一起在党的坚强领导下，按照陆昊同志和团中央书记处的部署，努力学习，严格要求，把青联事业不断推向前进。

刚才，我们聆听了杨岳、尔肯江·吐拉洪、张晓兰三位同志的致信，深受感动。杨岳同志在担任全国青联主席期间，开拓创新，奋发进取，带领我们推动青联事业取得了长足发展，为我们今后的工作打下了坚实基础。尔肯江·吐拉洪常务副主席、张晓兰副主席为青联事业倾注了大量心血，付出了辛勤劳动，作出了重要贡献。在此，我提议，让我们以热烈的掌声，向杨岳同志、尔肯江·吐拉洪同志、张晓兰同志表示衷心的感谢和崇高的敬意！

我记得，全国青联的一位老主席在离开全国青联时曾说过“青联永远不说再见”，给大家留下了永生难忘的印象。刚才，尔肯江·吐拉洪同志在信中也提到“一段青联缘，一生青联情”。对我们青联人来说，变化的是身份，不变的是感情。我们衷心祝愿杨岳、尔肯江·吐拉洪和张晓兰同志在新的岗位上取得更大的成绩！

今年是新中国成立60周年，我们也将迎来全国青联成立60周年。我们看到，60年来，伴随着祖国奋进的步伐，青联组织在党的领导下，留下了一串串激情澎湃而又坚定有力的奋斗足迹，铸就了让每个青联人心驰神往、奋斗不息的光荣与辉煌。

我认为，这份光荣首先源自于青联纯洁的组织灵魂。爱国主义、社会主义始终是青联组织高举的旗帜，坚持爱国主义、社会主义与党的领导的有机统一，是青联组织的根本立场和价值取向，是我们不断从光荣走向新的光荣的根本保证。

第二，我认为，这份光荣源自于青联深邃的组织智慧。面对阶层、信仰、民族、职业等方面差异共存的不同青年群体，青联组织坚持求同存异、删繁就简，形成了不断追求“最大公约数”的组织智慧，拥有了不可替代的竞争优势。

第三，我认为，这份光荣源自于青联清新的组织气质。青联从来不是“名利场”，也不是“聚义厅”，而是一个以理想主义和纯真友情为纽带的组织。在这里，我们能够获得激励一生的动力，能够找到交往一生的朋友，能够拥有品味一生的回忆。特别是在泛滥的世俗化浪潮面前，青联这一具有独特魅力的组织气质更令人感到弥足珍贵。

第四，我认为，这份光荣源自于青联扎实的组织作为。青联组织始终坚持服务党和国家工作大局、服务青年成长发展，积极履行职能作用，在时代“主战场”上团结引导各族各界青年汇成了建设祖国、服务人民、奉献社会的青春洪流。

当前，党和国家事业发展正处于关键时期。青联事业站在了光荣与梦想、机遇与挑战、现实与未来交汇的新起点上。对我们来说，青联的光荣是动力和财富，更是压力与责任。我们深知，过去光荣不等于永远光荣，我们绝不可能仅仅依赖过去的光荣和成就就能保持今天和未来的竞争优势。青联过去的光荣属于我们每一个青联人，未来的光荣正召唤着我们去开拓、去奋斗，迫切需要我们把永葆青联光荣的共同责任转化为当前的具体思路和行动。

借此机会，我讲几点想法，和大家交流。

第一，要把握好两个认同的关系，既要注重增强情感认同，更要注重增强思想认同。我们要在加强沟通联络、巩固情感纽带的基础上，更加注重形成思想层面上的理性认同，使青联组织的影响力更广泛、更持久、更深入，有效引导委员在践行组织目标方面做到“知行统一”，引导青年坚定不移地跟党走中国特色社会主义道路。

第二，要把握好两个维度的关系，既要注重强调代表性，更要注重强调广泛性。青联委员是各个领域、各个行业的杰出青年才俊，有着很强的代表性。但我们要认识到，青联不仅是青联委员的青联，青联工作也不仅仅是联络和服务少数青年，而是要面向更广大青年、覆盖更广大青年、影响更广大青年。代表性强是青联组织的鲜明优势，广泛性强才是青联组织的生存基础和力量源泉。我们要努力走进青年，把青联事业深深植根于最广大青年之中。

第三，要把握好两个方式的关系，既要注重强化社会化动员，更要注重强化组织化动员。社会化动员是青联组织的独特优势。但我们看到，社会化动员方式的“可复制性”很强，“被替代”的风险也很大。而植根于强大组织网络和组织文化的组织化动员方式或许在某个点上可以被“复制”，但在全局和整体上被“复制”的可能性微乎其微，从而使组织具有

"不可替代性"。因此,我们要在强化社会化动员的同时,更加注重坚持组织化动员这一根本动员方式,有效集成青联委员的个体优势,努力实现组织化动员与社会化动员的良性互动。

第四,要把握好两个途径的关系,既要注重盘活存量,更要注重调整增量。健全的组织体系、响亮的工作品牌、良好的社会声誉、高素质的委员和工作队伍,是青联事业发展的优质存量资产。面对新的形势和任务,我们要在盘活存量的同时,通过对工作增量的结构性调整,进一步突出主题,拓展领域,整合资源,提高工作项目的关联度,打造以品牌为核心的产品供应链,切实增强青联工作的整体性、系统性和持续性。

第五,要把握好两个变量的关系,既要注重加强文化建设,更要注重加强制度建设。独具魅力的组织文化是青联组织的"传家宝",也是推动青联事业发展的内生变量。青联不是一个"松散型"组织。把握好制度建设这个变量,对于青联组织规范健康发展意义重大。我们要在传承青联组织文化的同时,更加注重强调制度的规范作用,使制度效应与文化效应相互叠加、刚柔并济。

以上是我几点初步的想法,供同志们参考。

中共中央政治局委员、全国人大常委会副委员长王兆国同志将出席本次会议并发表重要讲话。这充分体现了以胡锦涛同志为总书记的党中央对当代青年、对青联工作的高度重视和亲切关怀。今天下午,团中央书记处第一书记陆昊同志将与大家座谈。我们要认真学习领会兆国同志的重要讲话精神和陆昊同志的讲话要求,努力在新的征程上创造新的业绩。

最后,再次感谢各位副主席、各位常委对我们的信任和支持!恳请大家在今后的工作中给我多一些指点,多一些包容,多一些帮助。

王晓在2009年中央综治委预防青少年违法犯罪工作领导小组全体会议上的报告

2009年2月24日

根据会议安排,我现就2008年工作情况及2009年工作考虑汇报如下。

一、2008年工作情况

2008年,在中央综治委的领导下,领导小组各成员单位和各地按照领导小组全体会议的要求,通力协作,狠抓落实,取得了新的工作成效。

教育部注重加强学生思想道德教育、法制教育、安全教育和心理健康教育,修订并完善了教育系统突发公共事件应急预案,积极开展中小学校长培训工作,进一步加强了对工读教育的指导和对进城务工人员随迁子女、农村留守儿童等重点群体的教育和服务。最高人民法院努力推动少年法庭司法行为规范化建设,积极配合和参与未成年人保护法执法检查、未成年人司法制度改革、未成年犯复学问题调研等工作,并在完善未成年人权益保护民事案件特色审判制度方面取得了明显成效。最高人民检察院不断完善适合未成年人特点的办案制度和办案机制,在未成年犯罪嫌疑人讯问、社会调查、不捕风险评估、分案起诉等方面进行了积极的制度探索。公安部严厉打击各种涉及青少年的违法犯罪活动,切实加强校园及周边治安秩序的整治力度,扎实开展预防青少年涉毒、互联网集中整治、青少年法制教育等工作。2008年全国涉及中小学的刑事案件、交通事故、火灾事故比2007年分别下降13.8%、23.9%、21.3%;抓获的18岁以下刑事案件涉案人员,比2007年减少26174人,下降14.6%。民政部以"和谐社区建设示范单位"创建活动为载体,建立健全社区教育阵地;积极开发社会工作岗位,举办首次全国社会工作者职业水平考试,提升了社会工作队伍的专业化水平;同时,进一步开展了流浪未成年人、艾滋病致孤儿童的救助保护工作。司法部深入贯彻"五五"普法规划,大力开展"法律六进"活动,认真做好未成年服刑人员、劳教人员的教育矫治工作;加大青少年法律援助工作力度,为未成年人提供民事诉讼法律援助。人力资源和社会保障部组织实施"春风行动"、"农村劳动力技能就业计划",为进城务工青年提供就业服务。2008年有近800万农民工接受非农职业技能培训。住房和城乡建设部加强建筑业农民工技能培训,设立农民工业余学校10657所,全年培训164万人。同时,不断推进未成年人活动场所的建设和管理工作。文化部积极开展文化市场"奥运保障行动",构建网吧管理长效机制,加强网络文化市场管理,严厉打击非法音像制品,全力净化社会文化环境。国家工商总局积极做好校园周边环境整治、"扫黄打非"、净化荧屏广告和防止传销进校园等工作。同时,开展查处取缔黑网吧专项行动,共查处违法经营5562户,查处取缔黑网吧1.3万户。国家广电总局紧扣社会热点,选择典型案例,积极做好预防青少年违法犯罪宣传报道工作,取得了良好社会效果。新闻出版总署积极推动青少年出版物市场的繁荣和发展,对未成年人题材出版物给予倾斜政策,不断加强对儿童出版物的质量管理和市场监督,扎实推进"扫黄打非"工作。全国妇联深入开展"平安家庭"创建活动,充分发挥家庭教育在预防青少年违法犯罪中的作用。面向留守流动儿童、艾滋病致孤儿童、服刑人员未成年子女和未成年服刑人员等特殊群体开展关爱活动。银监会进一步加大助学贷款力度,积极配合相关部门做好打击网络淫秽、赌博等违法犯罪活动。保监会开展农村小额人身保险试点,对预防青少年因家庭遭遇不测风险而走上犯罪道路设下一道屏障。关工委在35岁以下服刑、劳教人员中开展主题教育读书活动,组建14.5万个关爱工作团开展青少年法制教育和帮教工作,不断推进"网吧义务监督员"队伍建设,充分发挥了"五老"人员的优势和作用。

在本次会议上,办公室已将2008年工作总结、各成员单位2008年工作情况和2009年工作考虑汇编成册,我这里就不再作详细汇报了。

二、2009年工作考虑

会前,我们在广泛征求各成员单位意见的基础上,拟定了《2009年中央综治委预防青少年违法犯罪工作领导小组工作要点》,并提交会议审议。由于《要点》已经印发给大家,我在此不再作重复性叙述。下面,我作几点简要汇报。

1. 对青少年违法犯罪趋势的基本判断

从中长期来看,我国青少年违法犯罪呈现出三个特点。一是从数量上看,青少年违法犯罪总量将持续高位运行,短期内难以显著下降。二是从范围上看,青少年违法犯罪继续保持扩散态势。随着大众传媒发展、人口流动加剧、城乡一体化提速,青少年违法犯罪的"地域差"、"群体差"和"时间差"将逐步缩小,很多类型的"城市犯罪"将向中西部地区农村扩散。目前农村地区不断上升的青少年网络犯罪已经印证了这一趋势。三是从种类上看,青少年违法犯罪的新类型正在不断出现,网络中的虚拟财产诈骗、侵吞等犯罪形式在法律上尚属空白,给预防工作带来一些新的课题。

从2009年的基本态势来看，今年是进入新世纪以来我国经济发展最困难、改革攻坚最艰巨、社会矛盾最突出的一年，预防工作也面临着新的形势和挑战，主要体现在多种不利因素碰头叠加：一是周期性因素和阶段性因素相叠加。据公安部门判断，目前我国仍然处于刑事犯罪的高发周期，这一态势在未来几年不会有太大改变。同时，受国际金融危机影响，青年就业压力普遍增大，部分青年滋生悲观失望的不良情绪，这些都可能成为引发青少年犯罪增长的短期性因素。二是政治性因素和社会性因素相叠加。今年敏感的时间节点较多，青少年思想引导和维护稳定工作面临较大压力。同时，群体性事件在社会生活领域时有发生，并呈现上升趋势，对青年群体也产生着较为严重的负面影响。三是内生性因素和外生性因素相叠加。近年来，青年群体的主体意识和表达自身利益的诉求日益强烈，在外部诱因作用下，可能会出现非理性的利益表达。同时，西欧多个国家出现的以青年为主体的“街头运动”通过多种媒介传递给国内青年群体，容易产生负面的引导效应。四是市场性因素和技术性因素相叠加。目前，在经济困难时期，文化产品市场上“劣币驱逐良币”的现象可能会更加普遍，一些媒体片面追求经济效益、不顾社会效益的取向可能会更突出。同时，网络技术和通讯技术的飞速发展也在不断提升不良文化产品的传播、渗透能力，比如，3G时代的到来，既给我们提供了工作机遇，也有可能成为不良信息传播的新的“温床”。

2. 2009年预防工作的基本思路

今年，预防青少年违法犯罪工作的基本思路是，认真落实李建国副委员长重要讲话和本次会议要求，以《中华人民共和国预防未成年人犯罪法》颁布10周年为契机，深入实施“为了明天——预防青少年违法犯罪工程”，以实施重点项目为支撑，以服务重点群体为关键，以解决重点问题为途径，以完善体制机制为保障，努力构建党委领导，政府主管，人大监督，有关部门和司法机关各司其职，学校、社会团体、家庭和人民群众广泛参与的预防青少年违法犯罪工作体系，以优异成绩迎接新中国成立60周年。

以实施重点项目为支撑，就是要以“为了明天——预防青少年违法犯罪工程”为统揽，注重提高各个工作项目之间的关联度，形成以品牌为核心的工作产品供应链，努力提高预防工作的整体性、系统性和持续性。以服务重点群体为关键，就是要深入研究重点青少年群体的新特点、新变化，开展有针对性的服务。以解决重点问题为途径，就是要以问题为牵引，从几个社会关注、关系青少年切身利益、具有扩散性和源头性特征、治理效果比较明显的问题入手，制定重点整治方案，集中力量，下大功夫，实现以点带面的效应。以完善体制机制为保障，就是要通过加强机构、队伍、机制等方面建设，为预防工作顺利开展提供有力支持。

3. 制订《工作要点》的几点考虑

第一，在《要点》中，我们注重树立打“持久战”的思想。预防青少年违法犯罪工作是一项战略任务，既不可能一蹴而就，也不可能一劳永逸，需要我们树立长期作战的思想，始终不动摇、不松劲。因此，我们在《要点》中，注重将阶段性整治与持续性治理相结合，既突出了打击网络淫秽色情等阶段性任务，也安排了启动调查闲散青少年底数、加强队伍和制度建设，加强工作研究等工作。

第二，在《要点》中，我们注重落实打“阵地战”的要求。如何在齐抓共管中逐步细化责任主体、充分发挥各成员单位和各级预防办的职能作用，是我们一直在探索思考的问题。在今年的《要点》中，我们力图从横向上对一些工作任务的责任单位进行了明确，在纵向上加强和改进工作考核，指导、支持和推动基层工作，并通过举办培训班和年中述职会议等方式，力争将“守土有责、守土负责、守土尽责”的“阵地意识”落实到具体工作中。

第三，在《要点》中，我们注重强化打“攻坚战”的意识。预防青少年违法犯罪工作，是一项实实在在的工作，不能大而化之，必须一项一项地抓，多出实招，务求实效。今年我们打算采取双边和多边合作的方式，开展四个专项督察行动，力争在相关问题上实现重点突破。

第四，在《要点》中，我们注重采用打“整体战”的方法。预防青少年违法犯罪是一项系统工程、社会工程和群众工程，不可能靠一个部门解决，也不可能指望用某一种方法解决，而必须疏堵结合、综合施治、群防群治。在“疏堵结合”方面，我们既注重采取了加强督察等一些“堵”的措施，也安排了一些疏导性、引导性工作。在“综合施治”方面，我们将在综合运用教育、法律、行政和技术等手段的基础上，更加重视依法管理，推动工作的法制化、规范化建设，探索建立推进预防青少年违法犯罪工作的制度性安排。同时，我们还加强了对技术因素的关注，注重把网络技术与组织优势结合起来，积极应用先进技术开展工作。在“群防群治”方面，我们注重通过加强宣传教育等途径，努力使预防工作理念深入人心，进一步整合社会资源，依靠群众力量做好工作。

会后，办公室将认真学习贯彻李建国副委员长的重要讲话精神和中央综治委的部署要求，积极发挥职能作用，与各成员单位一起做好各项工作。

王晓在2009年共青团权益工作会议上的讲话

2009年4月24日，根据录音整理

本次会议，是团十六届二中全会之后召开的第一次共青团权益工作会议。这次权益工作会议是在一个很有意义的时间节点上召开的：今年可以说是共青团权益工作制度化运作20周年。在1989年，党中央下发了12号文件《关于加强和改善党对工会、共青团、妇联工作领导的通知》，明确了工青妇组织“在维护全国人民总体利益的同时，更好地维护各自代表的群众的具体利益”的职责。这份文件为共青团开展维护青少年合法权益工作提供了政策依据。从此之后，我国的青少年立法和青少年权益保护工作进入了制度化发展的轨道。

陆昊同志和团中央书记处高度重视维护青少年权益工作，专门听取权益工作汇报，并提出了一系列要求。今天上午，陆昊同志又出席会议并在讲话中高度概括了共青团权益工作的重要成就和工作方式，深入论述了共青团权益工作的重要地位和本质特征，深刻阐述了对共青团权益工作的重大思考和重要原则，提出了做好共青团权益工作的重要方向和具体要求。希望同志们认真学习领会，抓好贯彻落实。

会议期间，大家紧紧围绕会议主题，认真学习陆昊同志讲话精神，就新形势下如何推进共青团权益工作，维护青少年合法权益，进行了深入研究和热烈讨论。在同志们的发言和讨论中，我深切感受到大家长期以来所作的努力和取得的成果，听了以后很受启发。

2008年，在全团上下的不懈努力下，共青团权益工作取得了可喜的进展。一是各级团组织抓住新修订的《未成年人保护法》施行一周年和全国人大组织未保法执法检查的契机，在广泛开展未保法宣传活动的同时，积极推动、协助同级人大修订未成年人保护地方性法规，很多地方已完成了修订工作。二是各地团组织广泛开展“共青团与人大代表、政协委员面对面”活动，通过邀请人大代表、政协委员围绕青少年权益问题开展集中调研等形式，反映青少年普遍性利益诉求。在此基础上，全团按照团中央的统一部署，围绕促进青年就业创业的主题，在各级“两会”特别是全国和省级“两会”上提出提案议案，产生了积极的反响。三是继续推进12355青少年服务台试点工作，在一些城市开通12355热线，建立呼叫中心，形成了一定规模的青少年服务网络，在四川地震灾区青少年心理康复援助等工作中发挥了积极作用。四是继续实施“未成年人保护行动”和“为了明天——预防青少年违法犯罪工程”，积极推进未成年人保护和预防青少年违法犯罪工作。召开了两次中央综治委预防青少年违法犯罪工作领导小组会议，总结了工作经验，进行了工作部署。开展第六届全国优秀“青少年维权岗”评选活动。联合有关研究机构围绕青少年网络伤害、青少年事务社会工作等课题开展调研。上述成绩的取得，离不开各级党委政府和社会各方面的关心支持，离不开各级团干部特别是权益战线全体同志的共同努力。借此机会，我代表陆昊同志和团中央书记处向在场的同志们并通过你们向为共青团权益工作付出辛勤劳动的同志们、朋友们表示崇高的敬意和衷心的感谢！

下面，我结合学习陆昊同志关于共青团权益工作的一系列重要指示和今天上午的讲话精神，就新形势下共青团权益工作谈几点意见，供同志们参考。

一、当前共青团权益工作的基本思路

当前共青团权益工作的基本思路已经明确，即陆昊同志提出的“三个结合，一个制度性安排”。共青团权益工作具有很强的专业性、政治性和政策性，我认为，做好新时期共青团权益工作，需要到共青团权益工作20年的发展过程中寻找脉络和启示。用哲学上的话讲，如果我们解决不了从哪里来的问题，就不可能回答到哪里去的问题。所以，我想首先梳理一下20年来共青团权益工作思想的演变过程，再谈谈对当前共青团权益工作基本思路的理解和认识。

我认为，共青团权益工作思想在20年中经历了三次阶段性发展。第一次，在对权益概念的理解上，实现了从“整体利益”向“具体权益”的突破。大家知道，在建国后很长一段时间中，我们强调得比较多的是人民群众的整体利益，不怎么讲各个社会群体由于其独特性所形成的具体利益。在这样的背景下，维护青少年权益自然不可能进入共青团的职能序列。这一情况在1988年发生了改变。在这一年，团中央出台了《关于共青团体制改革的基本设想》，首次提出了团的“社会职能”的概念，并将其列入团的基本职能。而“代表和维护青少年的具体利益”正是共青团的三大社会职能之一。这一突破意味着青少年群体的利益不再被笼统地包含于人民群众的整体利益之中，得到了充分重视，开启了青少年维权工作的新征程。第二次，在对工作路径的探索上，实现了从“全面推进”向“重点突破”的转变。大家如果对比1988年的《关于共青团体制改革的基本设想》和1998年的《共青团工作跨世纪发展纲要》这两份文件中关于“权益工作”的表述，就会发现，十年间最大的变化在工作路径上面。1988年的文件列出了七条维护青年利益的具体路径，从改善物质生活到提高科学文化素质，基本涵盖了青年生活的各个领域。而1998年的文件则紧扣“依法维权”的主线，列出了三条与贯彻落实法律法规、保障青少年法定权利密切相关的具体路径。十年前后对比，我们可以看到，工作路径明显呈现出从“全面推进”向“重点突破”的转变。第三次，在对工作地位的认识上，实现了从“工作项目”向“基本职能”的提升。进入新世纪以来,共青团权益工作思想最大的变革是,权益工作从“服务青年”的工作板块中分离出来,成为与组织青年、引导青年、服务青年相并列的四项基本职能之一。这一变革对共青团权益工作的长远发展有着重大战略意义。目前,有少数同志还没有完全领会中央领导关于团的四项基本职能的深远考虑,模糊地认为“维权工作”与“服务工作”差不多,区别不大。持有这一认识的同志没有看到“维权工作”的本质特征,更没有看到“维权工作”独特的运行机制。与其他基本职能相比,“维权工作”有着三个显著特征,特殊性很强:一是权力来源不同,主要来自国家立法系统和行政系统的授权。二是工作界限不同,重点突出对青少年法定的七项重点权益的保护。三是运行方式不同,呈现出法定化、程序化、专业化的特点。

团十六大以来,在陆昊同志的领导下,共青团权益工作取得了新的发展。我认为,其中最突出也最重要的成果就是陆昊同志提出的“要注重把维护青少年合法权益与引导青年的有序政治参与结合起来,把关注个案与关注普遍性的权益问题结合起来,把代表和反映青少年的普遍性利益诉求与相关法律法规的贯彻落实结合起来,探索建立维护青少年合法权益的制度性安排”,即“三个结合,一个制度性安排”的工作思路。这一思路既是对实践经验的高度总结,也是对当前权益工作新情况、新挑战的科学回答。下面,我就“三个结合,一个制度性安排”的思路谈一些认识和理解,和大家交流。

第一,思路提出,要注重把维护青少年合法权益与引导青年有序政治参与结合起来。这个结合,要求我们更加注重发展型维权。与发展型维权对应的是生存型维权。联合国《里斯本宣言》界定,生存型维权是指对青少年在人身健康、日常生活等方面最基本权利的保护,是青少年权益保护工作的底线。大家知道,改革开放以来,市场经济的取向加速了我国同质性、整体性社会的解体,我国正在出现公民社会的空间和元素。尽管目前我国还没有成型的公民社会,但公民社会的主体意识、平等意识、自由意识正在广泛地影响着各个社会阶层。特别是随着80后、90后青少年群体的日益成长,当代青少年的权益需求发生了显著变化,其突出特点是主体意识强烈,更加注重自身价值的实现,已不再满足于对传统的“生存型权益”的维护,对公共参与、职业发展等对其社会化进程有着支持作用的“发展型权益”提出了较高要求。因此,可以说,“注重把维护青少年合法权益与引导青年有序政治参与结合起来”比较准确地把握了工作对象方面的新变化。

第二,思路提出,要注重把关注个案与关注普遍性的权益问题结合起来。这个结合,要求我们更加注重普遍性维权。大家知道,无论是马克思主义理论还是西方经济学,都揭示出利益关系是人类社会的本质关系。马克思曾经指出,“人们奋斗所争取的一切,都同他们的利益有关”。随着我国市场经济的发展,我国社会群体的利益格局发生了重大而深刻的变化:利益主体由单一化走向多元化,利益关系由同质化走向差异化,利益实现由行政化走向市场化。作为党的青年组织,共青团要正确处理“个案维权”和“普遍维权”的关系,更加关注青少年的普遍性权益问题。这是因为如果我们没有争取到绝大多数青年群众,即使个别战役或战斗打得再漂亮,我们也没有做好自己的工作。当然,更加关注普遍性权益问题并不意味着放弃对个案的关注,而是要通过个案维权,积极探索普遍性需求,总结共性规律,扩大工作的覆盖面和影响力。因此,可以说,“注重把关注个案与关注普遍性的权益问题结合起来”比较准确地把握了工作领域方面的新变化。

第三,思路提出,要注重把代表和反映青少年普遍性利益诉求与相关法律法规的贯彻落实结合起来。这个结合,要求我们更加注重程序性维权。程序正义是实现社会和谐过程中最具有普适性和公信力的方式。组织学认为,在结构化的社会环境中,能否代表和联系某一部分社会群体,是衡量一个现代政治组织存在必要性的重要标准。对以"群众团体"为属性的共青团组织来说,如果丧失了青年群众基础,也就失去了自己"安身立命"的根本。具体就权益工作来讲,在当前社会利益格局深刻变动、青少年流动分布结构深刻变化的情况下,我们如何才能科学地代表和维护青少年合法权益是一个充满挑战的新课题。比如,青年群体利益的同质化程度大大下降,青年利益需求的群体差、时间差、地域差在显著增强,我们不能奢望也不可能仅仅用一两个平台或载体就能覆盖和影响广大青少年。再比如,在一些特殊的情形下,权益维护出现了"零和博弈",即利益主体之间的诉求相互冲突,满足一方,就必定损害另一方。在这种情况下,如果能够在统一的法律规范下,大家按照相同的程序步骤协调争端,才是最理性的选择。因此,可以说,"注重把代表和反映青少年普遍性利益诉求与相关法律法规的贯彻落实结合起来"比较准确地把握了工作路径方面的新变化。

第四,思路提出,要探索建立维护青少年合法权益的制度性安排。这一思路,要求我们更加注重制度性维权。在长期的工作实践中,团的权益工作形成了很多好的经验和做法,取得了重大成就,积累了一些优质存量资产。但从实际情况看,这些存量资产向制度成果转化的比例还不高。此外,由于很多行政部门的职能中都包含着"维护青少年合法权益"的内容,对这方面的工作重视程度也越来越高,工作发展很快。而共青团由于制度性资源相对缺乏,在"维权领域"面临着地位下降、角色边缘化的竞争压力。在这样的背景下,我们必须认识到,制度性安排具有更普遍、更广泛的意义,可以支持共青团持续稳定有效地发挥作用,更好地为党做好青年群众工作。因此,可以说,"探索建立维护青少年合法权益的制度性安排"比较准确地把握了工作模式方面的新变化。

综上所述,我们可以看出,"三个结合,一个制度性安排"的指导思路,涵盖了"工作对象"、"工作领域"和"工作路径"这三个层层递进的逻辑层次,同时,也从将实践成果升华为制度成果、强化工作保障的角度对新时期维权工作提出了新要求。整个思路逻辑清晰、体系完备,具有很强的针对性和可操作性。我们要结合实际,认真贯彻落实。

二、今年共青团权益工作的主要任务

今年权益工作的总体要求是贯彻《共青团工作五年纲要》的部署,落实"三个结合,一个制度性安排"的思路,努力在一些领域和项目上取得新的突破。有关具体工作在《2009 年共青团权益工作要点》中已讲得很清楚。这里,我想强调以下几项重点工作。

1. 要抓好法律法规的完善和落实

制定和落实有关法律法规是做好共青团权益工作的根本保障,也是我们长期开展青少年维权工作的重要成就和经验。我们要着重抓好以下三个方面的工作。

一是要推动有关法律法规的贯彻落实。要建立和加强与人大、政府及有关部门的联系,通过开展联合调研、执法检查、社会监督等方式,了解法律法规的落实情况,了解和推动解决落实过程中的困难和问题,努力把惠及青少年的法律法规落到实处。同时,各地团组织要积极推动《未成年人保护法》地方配套法规的修订工作;抓住《预防未成年人犯罪法》颁布10 周年的契机,大力推动《预防未成年人犯罪法》地方配套法规的制定和修订,并结合本地经济社会和青少年事业发展实际,推动其他地方性法规的出台,力争在法规修订、制定或出台的过程中,为共青团组织开展维护青少年权益工作创造更好条件。

二是要参与研究制定涉及青少年利益的

法律法规。通过开展立法研究、提出立法建议、制定法案草稿等方式，主动向人大和党政部门提出意见和建议，推动青少年立法和解决涉及青少年利益的重要问题，进一步优化青少年健康成长的法制环境。各地在这方面需要团中央提供支持的，要及时提出来，我们将积极予以配合。

三是要加强法制宣传教育。法制宣传教育是一项经常性工作，关键在于创新形式，把娱乐性、时尚性、参与性和教育性结合起来，增强针对性和实效性。今年《预防未成年人犯罪法》10周年的宣传活动要努力体现以上要求。

2. 要探索建立制度性安排

探索建立维护青少年合法权益的制度性安排，标志着共青团权益工作从短期应对性措施向长期制度性建设方向的转变。我们要着重抓好以下三个方面工作。

一是要建立完善共青团与人大代表、政协委员的沟通交流制度。这一沟通交流制度是共青团引导青年实现有序参与的创造性成果，为广大青年与国家权力机关、参政议政机构之间的交流搭建了平台。建立沟通交流制度，关键是要解决好“听”和“说”的机制。在“听”的方面，我们要发挥团的组织优势，直接听取各类青年群体的诉求；也可以通过邀请人大代表、政协委员参加调研等活动来了解、掌握青年诉求；还可以通过社会有关机构了解青年需求。在“说”的方面，团组织要发出权威性的声音，要集中力量、集中声音、集中行动。要特别注意发挥各级政协中共青团、青联界别的组织化平台和力量。

二是要为“两法”的贯彻落实提供制度化平台。解决这一问题的关键是加强各级综治委预防青少年违法犯罪工作领导小组办公室和未成年人保护委员会办公室建设。要指导和支持各地“两办”建立和完善有关制度，加强成员单位之间的联系与合作。要修订考核办法，改进考核方式，把年底一次性考核与全年过程性考核结合起来，把全团性项目考核与区域性项目考核结合起来，把定性考核与定量考核结合起来。今年，团中央将安排省级预防办主任进行年中述职。要积极探索发挥预防青少年违法犯罪工作领导小组成员单位职能作用的有效机制，建立专项督察制度，建立集中整治与日常预防相结合的工作机制。今年适当时候，团中央将联合有关部委对文化市场、执行和完善未成年人司法制度、中小学安全教育和权益保护、优秀“青少年维权岗”创建等工作开展专项督察。

三是要制度化地引导青年有序政治参与。引导青年的有序政治参与，最关键的是使已有的合法、有效、制度化的参与渠道能够为青少年所知、所用。目前，我国青年在公共参与过程中存在着六个“并存”的特点，即在参与状况上，高公共责任感与低实际参与率并存；在参与动机上，权利意识与现实考虑并存；在参与条件上，主观制约与客观制约并存；在参与效果上，工具性功能、发展性功能与稳定/均衡性功能并存；在参与定位上，政治现代化取向与政治社会化取向并存；在参与趋势上，内部动力与外部限制并存。面对这种情况，我们要尊重青年的自主意识和参与愿望，通过制度框架内的安排，引导青年变“单一式参与”为“复合式参与”，即引导青年有序地参与国家和社会公共事务多个层面的政治生活，而不仅仅是拥挤在某一层级的“票决式”选举中。比如，通过引导青年参与所在村的“村民议事机构”、所在社区的各类议事组织等途径，把青年的参与热情和社会责任感转化为推动科学发展、促进社会和谐的重要力量。

3. 要进一步加强载体建设

载体，是推进工作的有效途径。下一步要重点抓好以下四个方面。

一是要深化“共青团与人大代表、政协委员面对面”活动。“面对面”活动是共青团引导青年有序政治参与的有效方式，是共青团代表和维护青少年合法权益的重要举措。在活动中,我们要注意把握以下几点。第一,名称上要统一。我们的活动是“共青团与人大代表、政协委员面对面”,而不是“人大代表、政协委员和青少年面对面”。两者的区别在于,我们是坚持通过共青团组织来收集青少年普遍性的利益需求,由共青团来反映和呼吁。因此,名称上一定要统一。第二,时间上要统一。要在各级“两会”召开前夕,集中开展“共青团与人大代表、政协委员面对面”活动,与人大代表、政协委员交流共青团维护青少年合法权益的意见、建议,通过他们向“两会”提出议案、提案;争取在各级“两会”上的大会发言、分组讨论等环节,表达青少年普遍性的利益诉求。第三,主题上要统一。各地团组织要按照团中央的统一部署,围绕同一个主题,完成好规定动作。当然,各省在坚决完成规定动作的基础上,还可以有自己的自选动作。在今年年初的“面对面”活动中,绝大多数团省委的开展情况是好的,体现出了共青团组织的全局意识和整体合力。同时,对“面对面”活动中青少年反映比较集中的普遍性利益诉求,要继续跟进了解并做好相关工作。要通过邀请代表委员专题调研、集中视察青少年工作等,推动“面对面”活动经常性开展,形成常态化机制。要加强宣传,营造良好的舆论氛围。第四,准备上要提前。各省(区、市)团委要认真总结今年开展“面对面”活动的经验,查找存在的问题并研究制订改进措施,在积极筹备省级“面对面”活动的同时,指导地市级团委做好各项准备工作,为明年活动顺利成功打下坚实基础。

二是要积极推进12355青少年服务台建设。12355青少年服务台是共青团权益工作的重要载体,也是收集青少年权益诉求的重要渠道。下一步,12355青少年服务台建设要重点抓好三件事。一要总结试点经验。从第一批试点的情况看,目前还很难说已经形成了相对清晰的发展模式,多数服务台还处在以提供心理咨询和法律援助为主要功能的热线的阶段,在经费支持、后台服务能力、数据汇总分析等方面还面临很多困难。各试点地区要认真总结试点工作经验,遵循积极稳妥、因地制宜、量力而行、循序渐进的原则,立足本地实际,努力提升服务台的运行水平和服务能力。二要强化核心功能。在建设和发展初期,不要盲目追求服务项目、功能上的多元化,应找准自身比较优势,选准工作重点和突破口,逐步培育自己的核心能力。要围绕青少年的就业创业、健康教育、公共参与等权益需求,做好信息咨询、知识介绍、心理疏导、法律援助等工作。同时,要特别注重提高服务台收集青少年普遍性权益诉求的能力,加强对典型案例的跟进、分析和服务台工作数据与情况的统计汇总等工作。三要加强人员培训。加强工作人员的招募和培训工作,推行法律、心理专业志愿者注册制度,做好集中培训和网络培训等工作。同时,要着眼于探索12355服务台向网络的延伸,注重加强对网络工作人员的培训和培养,为未来发展做好准备。

三是要继续开展优秀青少年维权岗创建活动。一要拓展领域,主动向与青少年学习教育、就业创业、恋爱婚姻、身心健康等方面需求密切相关的部门、行业延伸,推动人大、政协和更多的党政机关以及“两新”组织参与到创建活动中来。二要创新方式,针对各部门工作中涉及青少年的重要问题和青少年反映强烈的权益问题,推动各级维权岗积极探索具有时代特点、适应青少年需求的司法和行政执法模式,开展经常性维权服务。三要规范管理。在实践中完善创建标准,建立健全考核、培训等配套制度,引导创建活动的良性发展。今年,团中央将联合高法、高检就贯彻落实《全国创建优秀“青少年维权岗”活动管理办法》的情况开展专项督导检查,进一步推动创建工作的规范化建设。

四是要深入实施“为了明天——预防青少

年违法犯罪工程”。当前，青少年犯罪已经成为各方高度关注的一个突出问题。目前，青少年犯罪呈现出以下发展趋势：一是从数量上看，青少年违法犯罪的总量将高位稳定运行。在短时间内，犯罪总量将难以出现显著下降，但上升态势会逐渐平稳，增速将逐步趋缓。二是从范围上看，青少年违法犯罪将保持扩散态势。随着大众传媒的进一步发展，人口流动的进一步加剧，城乡一体化进程的进一步提速，很多种类的“城市犯罪”将向中西部地区农村扩散，目前农村地区不断攀升的青少年网络犯罪就印证了这一趋势。三是从种类上看，青少年违法犯罪的新类型将不断出现。随着当代青少年生活形态和知识技能的多样化，其违法犯罪的载体和手段也在不断变化，正在不断诞生新的违法犯罪形式，其中有些形式在法律上尚属空白。在下一阶段，我们要继续扎实推进“为了明天——预防青少年违法犯罪工程”，以实施重点项目为支撑，以解决重点问题为途径，以服务重点群体为关键，以完善体制机制为保障，努力构建党委领导，政府主管，人大监督，有关部门和司法机关各司其职，学校、社会团体、家庭和人民群众广泛参与的预防青少年违法犯罪工作体系。这一方面的工作要点已经通过文件下发，我在这里就不多讲了。

4. 要注重加强工作研究

加强维权工作研究，需要做好以下几个层次的工作。一是信息收集。行政学上有句名言，叫做“信息的边界就是权力的边界”，这句话对我们拓宽权益工作的信息渠道很有启示。如果没有有效的联系青年的渠道，没有畅通的信息传输渠道，我们的权益工作就成为“空中楼阁”。我们应充分发挥团的组织体系的作用，通过各级共青团、青联、学联、少先队等组织广泛接触青少年群体、深入了解青少年需求；充分发挥青年社团和各类青年组织的作用，通过加强对他们的指导和联系，以他们为窗口收集、了解青少年的权益需求；充分发挥12355服务台、青年中心、青少年宫等青少年活动阵地的作用，广泛听取青少年权益方面的愿望和需求；充分发挥研究机构、调查机构的作用，借助“外脑”，为我所用；充分发挥大众传媒特别是新型传媒的作用，密切关注、跟踪了解大众媒体和社会舆论所反映的涉及青少年权益问题的典型案例。在网络时代和3G时代的背景下，互联网和手机是青年最喜欢的沟通、联络方式，他们乐意也善于通过网络和手机短信等表达自己的权益诉求。可以说，在互联网及其衍生领域中，蕴含着当代青年利益诉求的绝大多数密码，做好了这一领域的信息收集工作，我们就能更加广泛和快捷地了解和把握青少年的群体利益诉求。二是研究提炼。要在广泛收集青少年利益诉求的基础上，深入研究分析，汇总提炼出青少年普遍性的利益诉求。比如，12355青少年服务平台下一步要强化的一项重要功能就是收集分析青少年的普遍性利益诉求。在研究过程中，要善于整合借助各方面力量，分析研究青少年利益诉求分布的动态和特点，提出可行的建议，形成有说服力的研究成果。三是成果应用。要重视“成果转化”环节，确保研究成果能够及时、顺畅地转化为推动工作的现实力量。比如，可以把研究成果转化为“两会”上的提案议案。比如，对涉及青少年权益的重要问题，我们可以通过内参、专题报告等形式向党政部门反映。再比如，可以以研究报告、信息专报、情况汇报、参考意见等形式，向社会和各有关职能部门发布或报送有关青少年普遍性权益问题的具体研究成果，引起他们的关注，争取他们的支持，从而实现“理论研究”与“工作实践”的良性互动。

三、做好共青团权益工作的具体要求

今后一个时期权益工作思路和工作任务已经明确，关键在于抓好落实。在此，我提四点要求。

1. 统一思想，提高认识。维护青少年权益工作是共青团一项极富时代色彩的职能，是一项政治性和政策性都很强的工作。首先,维护青少年权益工作是党的政治理论创新发展在青少年工作领域的体现,是党赋予共青团的四项职能之一,充分体现了党对新时期共青团工作的新要求和新期待。其次,维护青少年权益是共青团工作的重要领域,事关共青团履行根本职责和基本职能的质量和水平。第三,维护青少年权益是广大青少年的共同要求和热切期望,是共青团为党做好青年群众工作的关键环节,也是共青团巩固自身社会基础、证明自身存在价值的重要方式。多年来,经过各级团组织和团干部的艰苦努力,共青团权益工作取得了很大的成绩,但我们要清醒地看到,与党的期望相比,与团中央书记处的要求相比,与青少年的需求相比,我们的工作还有较大的差距,还存在着一些亟待改进的问题,比如,面对青少年日趋多样化的权益需求,我们的维权供给能力明显不足。比如,面对青少年群体的普遍性利益需求,我们缺乏有效的信息收集渠道,更缺乏可靠的数据统计和定量分析。再比如,面对分散的维权工作资源,我们的工作体制仍然停留在简单汇总的层面上,有力度、有深度的协调工作不足。这些问题的存在,有些是客观环境所致,有些则是主观原因,主要是认识不到位,部分省级和地市级团组织不重视权益工作,不注重研究工作,机构设置和干部配备不到位,严重制约了工作开展;部分团干部存在着畏难情绪,工作不主动、不投入,遇到矛盾和困难绕着走,遇到工作任务拖着办,长此以往,不仅会耽误工作,也会影响自己成长。如果我们不重视和改进这些问题,维权工作有可能会成为共青团履行根本职责和基本职能的短板,拖全团的后腿,同时,也自然拖住了自己成长发展的步伐。的确,维护青少年权益是一项开拓性很强的工作,面对很多困难和挑战。但是,凡事都是辩证的,困难也是提高自身能力的"磨刀石"。我认为,与其他领域的团干部相比,我们的一个重要优势可能就是有更多的机会和压力来迎接挑战。因此,从一定意义上讲,权益工作就是锻炼我们工作能力和职业精神的重要平台。希望各省级和地市级团委切实把思想统一到党的要求和全团部署上来,把维护青少年权益摆上重要位置,认真研究工作方案,迅速作出工作部署,健全完善工作机构,配齐配强工作力量,以坚定的信心和昂扬的姿态,奋发进取,攻坚克难,推动共青团权益工作不断实现新发展。

2. 突出重点,务求实效。多年来,我们根据形势和任务要求,培育出很多优势工作项目,打造出众多品牌。但面对基层工作力量的不足、工作资源的紧张和青年需求的变化,我们应着眼于打造支柱项目,通过科学评估和统筹规划,实施项目整合,提高工作项目的关联度和工作的集约化水平,努力打造以品牌为核心的权益工作产品供应链,提高权益工作的整体性、系统性和持续性。同时,要坚持求真务实,不贪大、不求多、不冒进,扑下身子,埋头苦干,坚持做到不搞形式主义、不搞短期行为、不搞虚假成绩,把全力以赴和量力而行结合起来,扎扎实实地办事,办成事,务求工作实效。

3. 重心下移,服务基层。尽管权益工作是一项全团性工作,但在团的不同层级上,该项工作的侧重和具体体现都有所不同。从全团的维权工作体系来看,基层团组织处在共青团与青年的边界上,直接面对着广大青少年,承担的任务和发挥的作用最直接、最具体、最关键。但同时,基层团组织的工作力量却最薄弱,工作资源最匮乏,遇到的问题和困难也最集中。我们要坚持重心下移,牢固树立"基层第一"的思想,始终把重心放在基层,多做抓基层、打基础、管长远的工作,确保维权工作落到实处、取得实效。首先,要进行资源倾斜。我们都知道,越是到基层,条件越艰苦,资源越匮乏,工作也越难开展。因此,关心基层、服务基层就要切实体现在为基层整合资源、输入能量上,真正把工作重心下移到基层,把工作力量集中到基层,把工作资源配置到基层,为基层维权工作不断注入新的活力。再次,要提供政策支持。政策具有重要的先导功能和保障作用。在争取政策支持、优化政策环境方面,省级团委和市(地)团委比基层团委拥有大得多的优势和能力,而政策在基层的实施相对省级和市(地)级来说,又具有更大的边际效益。我们要积极争取党政领导和有关部门的重视和支持,努力为基层维权工作创造更好的环境。最后,要实施项目带动。要针对基层维权工作实际,注重项目扶持和带动,把配置了工作资源的项目以打包的形式交给基层团组织去做,使基层团组织维权工作上有具体抓手和发展支点,增强工作的能力和活力。

4. 着眼长远,稳步推进。共青团权益工作是一项系统工程,涉及面广,影响因素多,需要树立"长期作战"的思想,以"干事业"的胸怀来筹划和推进。各级团组织在工作过程中,要善于把握规律,抓住本质,不断增强工作的前瞻性、科学性和针对性。要着眼于共青团权益保护工作的长远发展,客观分析青少年群体的新特点新变化,深刻认识权益工作的新任务新挑战,始终保持一股钻劲,始终保持奋发有为的精神状态,积极探索,推动工作在创新中不断向前发展。要摆正心态,循序渐进、持之以恒,既看到已有的成绩,也看到亟待深入探讨和解决的难题,科学把握节奏,坚持有所为有所不为。要加强调查研究,围绕本质目标,针对工作中存在的一些突出问题,按照陆昊同志的要求,采用实证研究与规范研究相结合,定性分析与定量分析相结合的方式,努力提高调查研究的信度和效度。各团省委要确定三到五个具有普遍性意义的重大调研课题,5 月 10 日前汇总到团中央权益部。然后,在充分沟通的基础上,全团确定两到三个重点课题开展中长期的调研工作,同时,各省也可以结合实际再确定一些自选课题,共同努力把调查研究这项工作做好。

同志们,当前共青团权益工作任务重、难题多、责任大。让我们以本次会议为新的起点,求实创新,埋头苦干,努力推动共青团权益事业不断实现新发展。

王晓在纪念全国青联成立 60 周年座谈会上的致词

2009 年 5 月 14 日

在全国各族人民喜迎新中国 60 华诞之际,我们在这里隆重纪念中华全国青年联合会成立 60 周年。这是青联发展史上的一件大事。首先,我谨代表全国青联第十届委员会,向出席座谈会的党和国家领导人、有关部委领导,向全国青联的新老委员表示衷心的感谢和崇高的敬意!

1949 年 5 月 4 日,在毛泽东、周恩来等老一辈革命家的亲切关怀下,中华全国第一次青年代表大会在北京胜利召开,全国青联宣告成立。60 年来,全国青联作为以共青团为核心的全国各青年团体的联合组织,在党的坚强领导下,始终高扬爱国主义、社会主义旗帜,团结凝聚亿万中华青年,在党和国家事业发展的进程中留下了一串串激情澎湃、坚定有力的奋斗足迹,谱写了一曲曲奋发有为、拼搏奉献的青春凯歌。

新中国成立后,全国青联积极响应党的号

召,迅速建立起广泛的青年爱国统一战线,动员青年抗美援朝、保家卫国,深入开展社会主义思想教育,组织青年学习文化知识和劳动技能,为巩固新政权、建设新家园作出了应有贡献。在社会主义建设时期,全国青联团结引导广大青年积极投身国家建设和"增产节约运动",广泛开展学雷锋活动,在促进生产发展、开创社会新风中发挥了积极作用。改革开放新时期,全国青联适应伟大的历史转变,提出"举爱国旗帜、倡团结精神、兴四化伟业"的工作方针,吹响向科技进军的号角,深入开展"五讲四美三热爱"、青年志愿者等活动,在社会主义现代化建设中取得了显著成绩。进入新世纪,全国青联奏响"我与祖国共奋进"的时代主旋律,大力培养青年人才,动员青年为经济社会发展作贡献,全面加强港澳台青少年交流,努力拓展青年对外交往,焕发出新的生机和活力。

60 年奋斗不息,一甲子春华秋实。今天,当我们共同回顾青联的光辉历程,我们难以忘记党和政府对青联事业的亲切关怀,难以忘记社会各界对青联事业的大力支持,难以忘记一代又一代青联人为青联事业付出的心血汗水。在此,让我们向党中央致以崇高的敬意!向各级党委、政府和社会各界表示衷心的感谢!向广大青联委员和青联工作者致以诚挚的问候!

60 年的奋斗历程,流逝的是岁月、是年华,永驻我们心中的是继往开来的光荣事业,是薪火相传的宝贵经验,是历久弥新的真挚友情。回首过去,我们深刻认识到,坚持爱国主义、社会主义与党的领导的有机统一是青联组织的灵魂所在。实践充分证明,只有坚持党的领导,坚持用马克思主义中国化最新成果指导实践、推动工作,青联事业才能健康发展,不断从光荣走向新的光荣。坚持服务大局、服务青年是青联组织的使命所在。实践充分证明,只有把青联事业融入党和国家工作大局,竭诚服务青年成长成才,代表和维护青年的合法权益,青联组织才能拥有持久的生命力和战斗力。坚持求同存异、寻求"最大公约数"是青联组织的智慧所在。实践充分证明,只有充分调动不同阶层、信仰、民族、领域青年群体的一切积极因素,才能最大限度地凝聚人心、汇聚力量,实现亿万中华青年的大团结大联合。坚持解放思想、改革创新是青联组织的活力所在。实践充分证明,只有主动适应时代要求和青年变化,坚持一切从实际出发,与时俱进,开拓创新,青联组织才能永葆生机与活力。

同志们,朋友们,胡锦涛总书记和李长春同志在纪念五四运动 90 周年期间发表了重要讲话,对当代青年弘扬五四精神、践行历史使命提出了殷切希望,对共青团、青联组织做好新形势下的青年群众工作提出了明确要求。站在新的历史起点上,我们深刻认识到,过去光荣不等于永远光荣,青联组织绝不可能仅仅依赖过去的光荣和成就就能保持今天和未来的竞争优势。青联 60 年的光荣属于我们每一个青联人,未来的光荣正召唤着我们进一步弘扬"爱国、团结、进步"的光荣传统,开拓创新,奋发进取,不断提高青联工作的整体性、系统性和持续性,努力在新征程上创造新的业绩。

第一,要旗帜鲜明地践行青联组织的本质属性。全国青联是党领导下的青年爱国统一战线组织,为党广泛团结凝聚青年群众是全国青联政治生命的"本质基因"。这一本质属性决定了,统一思想、凝聚共识始终是我们第一位的任务。我们要坚持用中国特色社会主义理论体系和社会主义核心价值体系教育青年,坚持用改革开放的伟大成就感召青年,坚持用全面建设小康社会的奋斗目标引领青年,引导广大青年正确认识当前的经济社会形势,把认识统一到中央的分析判断上来,把力量凝聚到中央的决策部署上来,坚定信念,增强信心,艰苦奋斗,共克时艰。

第二,要坚持不懈地巩固青联组织的社会基础。青联汇聚了各行各业的杰出青年才俊。

但我们深知，代表性强固然是青联组织的鲜明优势，广泛性强才是青联组织的存在基础和力量源泉。青联不仅是青联委员的青联，青联工作也不仅仅是联络和服务少数青年，而是要面向广大青年、覆盖广大青年、影响广大青年。我们要通过代表性实现广泛性，发挥委员的辐射、带动作用，拓宽联系、影响、引导青年的渠道。要把握青年群体的新特点新变化，有针对性地开展工作，使青联工作深深植根于最广大青年之中。要加强与青年自组织的联系与合作，努力把青年自组织纳入工作格局，使之成为青联联系、凝聚青年的新纽带。要注重应用网络技术，更加广泛快捷地联系动员青年，从时间和空间上扩大青联的影响和覆盖。

第三，要脚踏实地地落实青联组织的基本任务。全国青联的基本任务在青联章程中已有明确规定。我们要动员青年立足岗位，创新创造，在建设创新型国家和资源节约型、环境友好型社会的实践中建功立业。要引导青年大力弘扬文明新风，使青年在创造物质财富的同时，成为社会精神财富的创造者和拥有者，在促进社会和谐中展示青春风采。要不断扩大同港澳台青年和海外青年侨胞的交流，在推动祖国和平统一大业中发挥积极作用。要继续加强与世界各国青年和青年组织的友好往来与合作，为推进和平与发展的崇高事业作出新贡献。要把培养青年人才作为青联工作主线，不断完善发现、培养、举荐、宣传青年人才的工作机制，努力推动形成青年人才辈出、人尽其才的生动局面。要把握青年最关心、最现实、最迫切的需求，把促进青年就业创业作为服务青年的重中之重，千方百计地为青年办实事、做好事、解难事。要及时了解和反映青年的普遍性利益诉求，努力把代表和维护青年合法权益的工作提高到一个新水平。

第四，要持之以恒地推进青联组织的自身建设。自身建设是青联组织的永恒课题。我们要以改革创新精神抓好自身建设，不断提高组织的吸引力、凝聚力和影响力。要在组织建设上下功夫。指导团体会员在组织、管理、服务等方面加强能力建设，形成推动事业发展的整体优势和工作合力。加强各级青联秘书处建设，为青联工作开展提供基础保障。要在队伍建设上下功夫。优化委员队伍结构，注重吸收在生产生活中能够联系带动大批普通青年的优秀青年代表，进一步增强委员的代表性。注重发挥常委的模范带头作用，引导青联委员形成和扩大思想层面上的理性认同，努力学习、严格要求，不断加强自身修养，经得起政治、事业、名利和生活的考验。加强对青联工作者的教育培养，培养造就一支政治坚定、素质过硬、作风扎实的工作队伍。要在制度建设上下功夫。青联不是一个松散型组织。我们将在委员、常委选拔条件、程序和机制等方面建立完善规章制度，强化制度的刚性约束作用，并与青联独具特色的组织文化形成良性互动，保持青联组织良好的社会形象。同时，要注重加强工作研究，总结经验，探索规律，不断增强工作的前瞻性、针对性和主动性。

同志们、朋友们，光荣的历程让我们自豪，时代的召唤催我们奋进。让我们更加紧密地团结在以胡锦涛同志为总书记的党中央周围，高举中国特色社会主义伟大旗帜，以邓小平理论和“三个代表”重要思想为指导，深入贯彻落实科学发展观，求实创新，埋头苦干，以优异的成绩迎接新中国成立60周年！

王晓在"海峡论坛·两岸青年社团负责人圆桌会议"上的讲话

2009 年 5 月 16 日,根据录音整理

很高兴在鹭岛与各位新老朋友相聚。这一次,我们通过圆桌会议的方式开展研讨交流,对于进一步深化两岸青年社团的交流和合作,推动两岸青少年交流事业实现新发展,具有重要的意义。之前,来自两岸及香港地区的48家青年社团负责人分别介绍、交流了工作经验,并就若干交流项目达成了合作意向。在此,我谨代表中华全国青年联合会向来自两岸和香港地区的青年社团负责人表示热烈的欢迎!向为两岸青少年交流事业付出辛勤劳动的朋友们致以诚挚的敬意!

多年来,伴随着两岸关系的发展进程,全国青联开展的两岸青少年交流先后经历了三个阶段。第一阶段从 1990—1995 年,为启动阶段,以 1990 年接待台湾青年亚运观光团为起点,开启了两岸青少年交流,打破了两岸青少年隔绝的状态,并随后实现了两岸青年互访交流。第二阶段从 1996—2005 年,为平稳发展阶段,全国青联与台湾多家青少年社团建立并保持了友好合作关系,定期开展会务交流,共同举办两岸青年中秋元宵联欢等活动,丰富了两岸青少年交流内容,为未来的交流与合作打下了良好基础。第三阶段从 2006 年开始,进入快速发展阶段,全国青联整合资源,先后推出了两岸青年联欢节、两岸青年论坛和海峡青年论坛等品牌活动,在两岸青年和社会中产生了积极反响。经过各方的共同努力,以两岸青年社团为主要合作渠道,以两岸青年为主要交流对象,以品牌活动为主要交流载体的良好格局已经形成,全国青联开展的两岸青少年交流工作进入了蓬勃发展的新阶段。

刚才,听了 13 位青年社团负责人的精彩发言,很受启发。下面,我想就加强两岸青年社团交流谈一些感想和建议,供大家参考。

第一,准确把握两岸青年社团交流的时代方位。

我们看到,这些年来两岸青年交流从无到有、从小到大,在两岸民间交流中发挥了积极作用。去年 5 月以来,两岸关系实现历史性转折,步入和平发展的轨道。2008 年 12 月 31 日,胡锦涛总书记在纪念《告台湾同胞书》发表 30 周年座谈会上发表了重要讲话,为我们做好新形势下的两岸青少年交流工作指明了方向。可以说,当前两岸青年社团和青少年交流正处在一个新的发展机遇期。在新的历史条件下,我们应认识到,加强两岸青年交流是两岸关系和平发展的需要,是两岸青年成长发展的需要,是两岸青年社团健康发展的需要。因此,我们要抓住有利时机,主动融入两岸关系和平发展大局,积极推动两岸青年社团交流迈出新步伐。

第二,着力深化两岸青年社团交流的文化内涵。

两岸青年有着天然的文化联系纽带。具体来说,我们在文化上有"三同"。一是我们"同祖",浓浓的血缘,深深的眷念,生生不息的亲情文化联结着两岸青少年。二是我们"同根",千年的文明,浩瀚的典籍,源远流长的历史文化联结着两岸青少年。三是我们"同龄",相通的兴趣爱好,相近的审美习惯,同步流行的时尚文化联结着两岸青少年。因此,可以说,深厚的文化底蕴是我们加强两岸青年社团和青少年交流的"本质基因"和"天然资源"。我们应努力把传承中华文化、展示时尚文化等

主题贯穿于交流活动之中,不断巩固感召、凝聚两岸各界青年的文化纽带。

第三,努力构建两岸青年社团交流的项目体系。

当前,青年群体的同质化程度大大下降,呈现出“分众化”、“小众化”趋势。现在炒得很热的“长尾效应”就反映了这一现象。“长尾效应”的名字来源于统计学中正态曲线的图形,即正态曲线中间突起的部分叫“头”,两边相对平缓的部分叫“尾”。从人们的需求来看,大多数或普遍性的需求会集中在头部,这部分我们可以称之为流行,而分布在尾部的需求是个性化的,是零散的、小量的需求。“长尾效应”是指将所有非流行的需求累加起来就会形成一个比流行需求还要大的需求。“长尾效应”告诉我们,面对青年群体多样化、差异化的需求,不能奢望仅仅通过一两个项目、载体就能覆盖、影响多数青年。为此,我们应针对不同层次、不同领域、不同类别青年群体的不同需求,纵向分层次、横向分类别地探索建立两岸青年社团和青少年交流的项目体系,为两岸青少年提供丰富多彩的交流活动产品,使大家在轻松愉快的氛围中形成美好的情绪体验。同时,我们应注重发挥品牌效应,以“两岸青年联欢节”、“两岸青年论坛”等活动为牵引,提高活动项目的关联度,增强两岸青少年交流工作的整体性和持续性。

第四,不断扩大两岸青年社团交流的社会基础。

大家知道,对一个组织来说,能否联系和代表一部分社会群体是衡量其存在价值的重要标准。出席本次圆桌会议的青年社团在本地区都有着广泛的影响力,联系、影响着很多青年。近年来,在两岸青年社团交流中,一些青年社团成了合作伙伴,很多负责人也成了好朋友。我们应认识到,两岸青年社团交流本质上是为两岸青少年交流提供组织化的平台和机制,同时,也为自身的持续发展注入新的活力。为此,我们应在现有基础上,不断扩大交流规模,努力为两岸更多的普通青少年增进了解、建立友谊提供条件,巩固和扩大两岸青少年交流事业的社会基础。

第五,逐步完善两岸青年社团交流的制度安排。

制度是管长远、管根本的“内生变量”,是推动两岸青年社团交流持续健康发展的重要保障。我们要在前期实践的基础上,积极探索、逐步建立完善促进两岸青年社团合作的制度安排,把凝聚着各方智慧、心血和汗水的实践成果升华为制度成果。我们愿意与台湾各界青年社团密切合作,在以下几个方面建立完善有关制度安排。一是在定期沟通方面,通过建立完善有关制度安排,及时就一些重大问题进行沟通交流,加强会务联系,提高合作的针对性和实效性。二是在互访交流方面,通过建立完善有关制度安排,扩大两岸青年社团及其成员之间的往来,在密切的互动交流中,不断形成新的共识。三是在合作协商方面,通过建立完善有关制度安排,经常对交流项目进行协调磋商,形成既能发挥各自比较优势、又能团结合作的工作格局。

青年朋友们,在海峡论坛举办之际,我们召开本次圆桌会议,可以说既具有理论价值,更具有实践意义。希望在座的青年社团负责人加强沟通与协商,落实好圆桌会议的交流成果,共同推动两岸青少年交流事业实现新发展。全国青联将继续加强与台湾各界青年社团的沟通、交流与合作,共同推动两岸青少年成为中华文化的传承者、两岸和平发展的践行者、同胞感情融合的促进者和共同利益的维护者,为实现中华民族伟大复兴作出新的贡献!

王晓在当选中国青年创业就业基金会理事长后的讲话

2009年6月29日，根据录音整理

首先，衷心感谢大家对我的信任。作为基金会的第一任理事长，我既感到十分荣幸，更深感责任和压力。我认为，中国青年创业就业基金会是一篇由中央领导亲自"命题"的大文章。以今天的理事会议和明天上午的成立仪式为标志，这篇文章可以说已经写完了题目和前言，开始正式进入正文部分。在座的各位理事、监事，都是文章的具体执笔人。我们如何破题落笔，直接关系着这篇文章的主题、层次、格局和内涵，可以说作用关键，责任重大。

在此，我有几点想法与大家交流。

第一，我们应牢牢把握基金会的根本定位。中国青年创业就业基金会是一个管理型、宏观控制型基金会，旨在通过资金扶持、技能培训、信息服务、政策协调和社会倡导，帮助青年创业就业，促进青年发展，这是我们的基本共识，也是得到基金会章程等一系列法律文件认可的根本定位。在未来的发展中，我们将严格依照基金会章程的规定，自觉把握基金会的根本定位。具体来讲，在角色定位上，我们应坚持"公益性"，始终把青年福祉和社会效益放在工作目标体系的第一位。在板块定位上，我们应坚持"上游化"，不过多强调对微观项目的介入，而是主要锁定在青年创业就业链条的上游环节，努力发挥种子、标杆和旗帜性作用。在功能定位上，我们应坚持"平台化"，注重但不局限于资本类扶持工具，广泛引进其他在实践中行之有效的扶持工具，如技能培训、信息服务等，实现不同扶持工具的有机集成，努力打造一个促进青年创业就业的综合平台。

第二，我们应自觉遵循基金会的运行规律。在市场经济条件下，公益型基金会有着特殊的运行规律。我们应尊重和把握这些规律，处理好以下几个关系。一是处理好资本成长与风险防控的关系，走稳健型发展道路。大家知道，追求资本成长是任何基金的天然特性。同时，"亲稳健型"又是当前大多数公益性基金的重要特征和基本要求。因此，我们在投资过程中，应重点关注流动性好、变现能力强、政策保障度高的低风险产品，形成并保持"稳健型"的投资风格。二是处理好自主决策与专业信托的关系，走开放型发展道路。出于成本控制和专业运作的双重考虑，基金会将不设立庞大复杂的日常管理机构，只是在理事会下设立由若干名专职工作人员组成的秘书处，负责贯彻落实理事会的决策意见和基金会的日常运作。同时，我们将参照目前大多数公益基金的做法，开放式地引进第三方力量，广泛开展信托投资、项目评估等多项工作，通过合理有效的制度安排，形成"理事会主导宏观决策，秘书处负责日常运行，第三方机构分类别接受专业委托"的工作格局。三是处理好资金使用和持续融资的关系，走持续型发展道路。在各位原始基金发起人的鼎力支持下，基金会的注册资金顺利到位。但是，与青年创业就业的需求相比，现有资金量还远远不足，需要在未来发展过程中不断进行二次融资。我们一方面要规划利用好存量资金，力争实现扶持效用最大化，树立起基金会良好的社会形象和行业信誉，为持续融资奠定坚实基础。另一方面，我们要在扩张增量上下大功夫，着力做好持续融资工作，为基金会扶持的公益项目提供持续不断的能量供给，推动促进青年创业就业事业的持续发展。

第三，我们应严格遵守基金会的法定规范。大家知道，基金会组织是现代法制社会的产物，其本身就是一系列法律关系的组合，有着严格的操作规范和政策要求。我们将以国家相关法律、基金会章程和捐赠协议为准绳，建立起科学的内部治理结构、议事规则和内控机制，确保基金会规范有序的运行。作为理事长，我将认真履行好法律法规和基金会章程所赋予的各项职责，和大家一起共同做好工作，也希望得到各位理事更多的帮助和支持！

谢谢大家！

王晓在博士服务团工作10周年纪念座谈会暨第10批博士服务团培训动员会上的讲话

2009年11月14日，根据录音整理

本次会议是在全党上下认真学习贯彻党的十七届四中全会精神和“博士服务团”工作成功实施10周年的背景下召开的一次重要会议。中共中央政治局委员、中央书记处书记、中组部部长李源潮同志在会前看望大家并发表了重要讲话，团中央书记处第一书记陆昊同志主持会议并就学习贯彻源潮同志重要讲话精神提出了明确要求，中组部副部长李智勇同志对“博士服务团”工作进行了全面的总结和部署，使大家深受教育、深受鼓舞。特别是李源潮同志的重要讲话既有很强的历史感，又有很强的现实意义，体现了历史性与时代性的统一；既有深刻的思想内涵，又有明确的实践要求，体现了思想性与实践性的统一；既很成系统，又视野开阔，给我们提供了探索创新的空间，体现了系统性与开放性的统一；既立足当前，又着眼长远，体现了阶段性与长期性的统一，为我们做好当前和今后一个时期的“博士服务团”工作指明了方向。与会同志一致认为，这次会议开得很成功，收获很大。主要表现在：一是对博士服务团工作重要意义的认识达到了新水平。会议在认真分析博士服务团时代方位和职责使命的基础上，对服务团重要意义的认识进一步上升到“战略层面”而不是“战术层面”，进一步上升到“制度层面”而不是“技术层面”，进一步上升到“全局层面”而不是“区域层面”，标志着我们对博士服务团工作的认识更加科学，把握更加全面，理解更加深刻。二是对博士服务团工作经验规律的总结达到了新水平。以10周年为契机，本次会议对博士服务团的经验规律进行了全面总结。总结没有停留在表面上，而是触及本质，具有普遍意义，体现了较强的思想性。总结分析得出的很多判断都有着深厚的实践支撑和准确的数据支持，很有说服力。三是对博士服务团工作思路措施的谋划达到了新水平。会议明确了博士服务团下一阶段的工作思路和措施，既有针对性地回答了前期实践存在的一些问题，又具有一定的前瞻性。总之，通过这次会议，我们总结了工作，明确了任务，交流了情况，学习了经验，振奋了精神，为博士服务团立足新起点、创造新业绩做好了充分准备。

以本次会议为标志，博士服务团工作进入了一个新的发展阶段。下面，我结合学习李源潮同志重要讲话精神和他关于博士服务团工作的一系列重要指示，结合昨天陆昊同志和智勇同志的工作要求和部署，谈三点意见，供同志们参考。

一、深刻认识博士服务团的实践价值

博士服务团是当代青年知识分子在党的领导下进行的一场生动实践,具有重要的实践价值和示范效应。昨天,李源潮同志在讲话中充分肯定了博士服务团的工作成绩和有效经验,阐释了对博士服务团工作的一些本质性、规律性、普遍性的认识。认真学习领会李源潮同志的重要讲话精神,对于我们深化对博士服务团实践价值的认识,进一步做好工作具有重要意义。

第一,源潮同志的重要讲话肯定了博士服务团作为"践行者"的实践价值。源潮同志指出,博士服务团是各参与单位按照中央要求,贯彻落实西部大开发战略所组建的一支人才队伍。我们看到,10 年来,各参与单位自觉把博士服务团工作放到学习实践科学发展观、西部大开发、人才强国、构建社会主义和谐社会等重大战略实施的工作格局中去把握和思考,紧密结合自身工作实际,找准切入点和着力点,使博士服务团成为服务党和国家工作大局的重要载体和有效途径。

第二,源潮同志的重要讲话肯定了博士服务团作为"探索者"的实践价值。博士服务团工作没有先例可循。10 年来,经过不断探索和积累,博士服务团收获了一些宝贵的原创性成果。比如,正如源潮同志所指出的,博士服务团探索出一条将人才开发与区域开发相结合的新路子。我认为,这一探索深化了我们对区域协调发展规律的认识。在经济学中,"赶超"分为"逆势赶超"与"顺势赶超"两种路径。过去很长一段时间,我国西部地区把"逆势赶超"作为主要发展方式,沿袭发达地区的发展模式和结构,屡屡出现产业结构雷同、重复建设、恶性招商竞争等负面现象。博士服务团的探索证明,以人才为"自变量",可以帮助欠发达地区实现从"逆势赶超"向"顺势赶超"的转换,使欠发达地区的"比较优势"从概念变为现实,从而走上错位竞争、差异发展、区域协调、合作共赢的"顺势赶超"之路。再比如,我认为,博士服务团实践使我们深化了对人才资源配置规律的认识,探索出一条组织动员与市场调配相结合的新路子。大家知道,在任何流派的经济学理论中,人才资源特别是高层次人才资源都是一种不能与其他要素简单并列的特殊要素资源。在市场经济条件下,有效配置高层次人才资源,采用传统的计划手段显然已不合时宜,但简单地让市场去配置,也存在一些弊端。我们看到,上个世纪八九十年代,在市场力量的推动下,我国西部地区出现的人才"孔雀东南飞"现象,损害了当地的发展竞争力,加剧了区域失衡的"马太效应"。而在这一方面,博士服务团探索出了一条组织化动员与市场力量相叠加的适合欠发达地区需求的人才资源配置方式。博士服务团是一种组织行为,成员是通过组织选派到西部地区去的,但这种组织化动员并非"盲目动员",而是以西部地区经济社会发展的内在需求和高层次人才参与实践的内在需求为导向的。如果说,选派人才去西部地区,是外在的组织手段在起作用,那么人才在当地能够留得住、干得好、成长得快,没有出现"拉郎配"现象,则主要是尊重客观规律的结果。

第三,源潮同志的重要讲话肯定了博士服务团作为"培养者"的实践价值。源潮同志评价,博士服务团开辟了促进高层次人才锻炼成长的新途径。长期以来,我国的青年知识分子在一定程度上存在着重理论轻实践、重宏观轻微观、重技术轻管理等现象,成长发展不够均衡。随着青年知识分子群体的日益扩大和他们对政治、经济、社会生活参与的日益广泛,这种能力结构的失衡就超出了个人问题的范畴,成为一个值得关注的社会问题和政治问题,甚至会给党和国家事业的发展带来影响。我们高兴地看到,博士服务团有效地发挥了对青年知识分子进行"再培养"的作用,以"融入式"的参与方式替代了以往高层次人才下基层的

"体验式"参与方式,使丰富的实践机会和群众智慧成为高层次人才的第二课堂和能力源泉,为高层次人才成长为懂理论、知国情、能实干的复合型人才提供了有益帮助。

第四,源潮同志的重要讲话肯定了博士服务团作为"建设者"的实践价值。源潮同志对博士服务团在实现人才、经济、社会三结合方面发挥的作用给予了积极评价。大家知道,博士服务团是在西部地区迫切需要高层次人才的背景下应运而生的。10 年来,先后有 1059 名博士服务团成员在西部地区从事经贸、科技、文化、卫生、教育等方面工作,成为一支用得上、干得好的生力军,为推动当地经济社会发展作出了积极贡献。博士服务团这一新型实践之所以能够蓬勃发展、广受赞誉,关键就在于它服从并服务了发展这一第一要务,满足了西部广大地区建设发展的强烈愿望,发挥了建设性作用。

第五,源潮同志的重要讲话肯定了博士服务团作为"理想主义者"的实践价值。大家知道,"理想主义"是我们每个人心中最深层、最超越的情感,也是感召凝聚、动员引导民众特别是广大青少年的重要力量。昨天,源潮同志的重要讲话通篇都洋溢着对博士服务团所承载的使命感和责任感的称赞。博士服务团从建立伊始,就高扬"理想主义"的旗帜,唱响了到西部去、到艰苦地方去、到祖国和人民最需要的地方去的时代强音,激发了广大青年知识分子报效祖国、服务人民的情怀。我们看到,在博士服务团的感召和启迪下,在全社会的共同努力下,自觉将个人发展与国家前途相结合的积极社会导向得到不断强化,正确的成长观和革命理想主义情怀正在潜移默化地影响着更多的青少年。

二、准确把握博士服务团成员的职责要求

第十批博士服务团成员即将踏上征程。希望大家深刻学习领会源潮同志的重要讲话精神,准确把握职责要求,努力传承历届博士服务团的优良传统和宝贵经验,圆满完成挂职锻炼任务。

第一,要找准工作定位。在挂职锻炼期间,大家都要经历重要的角色转换,比如,有的同志第一次有了担任党政领导干部的经历,有的同志第一次有了"独当一面"的经历,有的同志第一次有了从事基层工作的经历等等。能否在跨度较大的角色转换中摆正位置、端正心态,将对大家锻炼的成效和未来的成长产生着决定性的影响。在这方面,我想我们应该处理好四个关系。一是要处理好"权"与"责"的关系。服务地为我们提供的职位及其所承载的权力,饱含着组织的培养和信任,凝结着当地干部群众的期望与嘱托,绝不是让我们个人风光的资本。因此,大家要切实认识到职务和权力的背后是沉甸甸的责任,兢兢业业、如履薄冰地为当地人民用好权,尽好责。二是要处理好"主"与"客"的关系。尽管我们是到异地他乡去服务,服务时间也有限,但绝不能以"过客"的心态去对待应尽的职责,不能把自己简单地当成"临时顾问"和"技术人员",更不能因为情面影响事业发展,而是要增强主人翁意识,全身心地投入到工作之中。大家也要正确看待自己的"流动性",在立足本职、多作贡献的同时,注重为当地培养带出一支"本土化"的人才队伍。三是要处理好"兵"与"将"的关系。由于大家的业务素质都很高,一些同志可能会存在一种行为惯性,即在工作中依靠个人的力量进行单兵突击。身先士卒的确是一种好的工作作风,但我们也要注意到自己担任着一定的行政领导职务,应当更多地从指挥员的角度出发思考和处理问题,团结大家一起做好工作。在人的职业生涯中,"独当一面"的机会并不是太多,希望大家能够珍惜这次机会,锻炼掌握受益终身的本领。四是要处理好"统"与"分"的关系。虽然大家到服务地后,会奔赴不同工作岗位,但我们应认识到,博士服务团不是一个松散的组合,而是一个统一的整体。所以,大家既要做好本职工作,又要增强团队意识,共同树立和维护博士服务团的良好形象。

第二,要讲究方式方法。方式方法直接关系着工作状况和工作成效。尽管各地各单位情况千差万别,但科学的工作方法对于我们做好工作具有持久的意义。在这方面,我想我们应当做好三个结合。一是要善于把"共性"与"个性"结合起来,避免进入"同质化"的误区。大家都是高层次人才,往往可能更习惯于关注一些宏观事物,抽象度较高。基层工作需要我们将事物中的一般性规律与具体情况结合起来,有针对性地开展工作。否则,好心容易帮倒忙,这方面的例子还是不少的。二是要善于把"应然"与"实然"结合起来,避免进入"单向化"的误区。初到基层,一些同志一开始可能会习惯从"理论上应该是什么"的角度去分析问题,而不太关注"现实是什么,条件是什么"。大家在挂职锻炼中,一方面要充分发挥自身的主观能动性,同时也要避免从主观出发作单向思考,多问几个为什么,弄清来龙去脉和关联因素之后再下结论,少作草率的判断,从而更好地融入当地的建设与发展。三是要善于把"近期"与"远期"结合起来,避免进入"线性化"的误区。服务团成员们肩负着各方期望,压力不小,同时,一年又是一个较短的周期。因此,一些同志难免会或多或少地有一些"线性心态",希望自己的投入、付出能很快见到成效。但基层工作是各种因素合力作用的结果,往往是"非线性"多于"线性",不一定和我们的主观愿望相一致。所以,我们在条件允许时,要抓住机遇,力争取得立竿见影的成效,这对当地发展也是好事。在条件不成熟时,我们一定要尊重客观实际,把工作热情与科学态度结合起来,不贪大、不求多、不蛮干、不冒进,扎扎实实地多做一些谋长远、打基础的工作。大家应认识到,服务团的经历不是个人"镀金"的"简历装饰品",更不是个人"政绩"的"成就展示台",只有脚踏实地、埋头苦干才无愧于我们的使命。

第三,要加强自身修养。马克思主义唯物论的一个重要观点就是,人的主观意识是靠学习和实践相结合形成的。博士服务团为大家提供了一个改造主观世界、提升个人修养的机会。我们都是年轻人,这里,我有几个期望或建议,与大家共勉。一是期望大家能够在虚心学习中提升境界。基层既是实践的舞台,也是成长的课堂。在一年的挂职经历中,我们要虚心向实践学习,向人民群众学习,向长期默默奉献的当地干部学习,自觉增强大局意识、责任意识和表率意识,努力提升自己的人生境界。二是期望大家能够在干事创业中增长才干。挂职锻炼给我们提供了一个干事创业、增长才干的新机遇和新经历。但是,经历并不等于阅历,只有经历与全身心投入的状态相结合,我们才能收获蕴含着见识和才干的阅历。因此,希望大家勤于想问题、敢于碰矛盾、勇于担责任,特别是希望大家不回避矛盾,迎着困难上,努力实现个人能力素质的质的飞跃。三是期望大家能够在服务群众中锤炼作风。当群众是一个抽象概念时,谁都可以对"密切联系群众"说上几句。但当我们身处基层,直接面对着具体的群众时,只有尊重他们的感受,走进他们的生活,倾听他们的呼声,服务他们的需求,才最能锤炼和反映我们的真本事、好作风。作风都是具体的,需要我们在一点一滴、一言一行中有意识地去认真培养、反复磨炼。四是期望大家能够在艰苦奋斗中砥砺品格。高尔基曾说"苦难是成长的磨刀石"。在新的环境中成长起来的新一代高层次人才,和自己的前辈们相比,尽管有一些新的优势,但缺少艰苦环境的磨炼,缺少因艰苦奋斗而形成的人生厚度。大家看,刚刚逝世的钱学森先生,之所以受到如此众多的爱戴和怀念,不仅是因为他的专业成就,更在于他在长期艰苦奋斗中形成的为人风范，他曾经说过一句话“我姓钱，但我不爱钱”，令无数人肃然起敬。我认为，艰苦环境既是物质条件的“洼地”，更是精神世界的“高地”。在艰苦的环境中，人与人的关系更单纯，人对外界的认识更真实，人对自身的反思更透彻，更有助于品格的养成与升华。

三、切实强化博士服务团工作的组织实施

做好第十批博士服务团工作，需要各参与单位认真落实本次会议要求，在组织实施层面上进一步增强执行力。

第一，既要注重分工负责，又要注重形成合力。“分工产生效率”是现代管理学的一句名言。博士服务团发展至今，已经形成了较为成熟的分工体系，为工作顺利开展提供了强有力的组织保障。同时，我们也应看到，博士服务团工作是一项系统工程，涉及多个领域和层面，具有很强的整体性要求。因此，各参与单位一方面要按照各自分工，切实履行职责，做到思想到位、措施到位、责任到位，确保本单位所承担的工作任务有部署、有措施、有落实。另一方面，要在坚持党管人才原则、突出党委组织部门主导作用的基础上，进一步加强相互间的协作，抓好选派、接收、服务、管理、使用等关键环节，努力形成既能充分发挥各自比较优势、又能形成整体合力的工作格局，从而更加系统地发挥整体优势，提高博士服务团工作的组织效率和组织化水平。各级团组织要充分发挥自身优势，通过共青团、青联、青科协等组织平台，积极配合组织部门做好工作。

第二，既要注重总结经验，又要注重宣传推广。重视总结经验、善于运用经验指导和推动工作，是我们长期坚持并行之有效的重要工作方法。10年来，博士服务团在实践中积累了大量宝贵经验，为我们做好今后工作提供了坚实基础和重要借鉴。为此，我们要在新的实践中更加注重总结经验，善于把实践中零散的经验系统化、感性的经验理性化、外地的经验本地化，不断形成和积累一些新的规律性认识和成果，推动和指导工作不断向前发展。同时，我们要加大宣传力度，大力宣传一些“能够学、用得上、推得开”的好经验、好做法，特别是要注重借助大众传媒尤其是网络、手机等新媒体的力量，用青年人熟悉的语言风格、交流方式和身边人物，把博士服务团成员们创新创业、拼搏奉献的感人事迹和人生价值取向翻译成广大青少年易于接受的事物，感染和吸引更多的受众群体，扩大社会影响力。

第三，既要注重关心服务，又要注重加强指导。服务团成员转换岗位、身处他乡，难免会遇到这样那样的困难和问题。各参与单位要坚持以人为本，把关心服务工作作为一项重要工作来抓，主动了解博士服务团成员的困难和需求，努力帮助他们解决实际困难，为他们全身心投入工作创造良好环境。同时，要把关心爱护和严格要求结合起来，切实加强工作指导，把握多层次、多渠道、多形式的原则，针对不同地区、不同岗位、不同层次和不同的工作阶段，加强分类指导、过程指导和靠前指导，不搞形式主义，不搞强制命令，不搞包办代替，充分尊重他们的主体地位，帮助他们迅速适应和融入新的工作环境，支持和帮助他们发展事业，发挥作用。

第四，既要注重工作发展，又要注重制度建设。经过10年发展，博士服务团工作已经拥有了响亮的工作品牌、高素质的人才队伍、系统的工作方法和良好的社会形象，为我们积累了优质的存量资产。下一步，我们要按照源潮同志的要求，在现有的工作基础上，进一步拓宽领域、扩大规模、创新方式、务求实效，努力开创新的工作局面。同时，我们要特别注重加强制度建设，抓好制度安排、制度落实和制度创新三个关键环节。要抓好制度安排，把制度建设贯穿于工作全过程，为工作开展提供良好的制度环境。要抓好制度落实，强化制度的

刚性约束作用，把我们的政治优势、组织优势和体制机制优势结合起来，推动工作规范发展。要抓好制度创新，以改革创新精神研究和解决制度建设中的理论和实际问题，努力把握工作规律，探索形成宏观控制与微观能动、刚性约束与柔性导向、外部管理与内部激励有机统一的长效机制，为工作开展提供相适应、可持续的制度保障。

同志们，一年挂职路，一生西部情。相信一年的挂职锻炼必将在大家的人生道路上留下深厚的印记，西部大开发的宏伟画卷上也必将留下大家奋斗的足迹。让我们紧密团结在以胡锦涛同志为总书记的党中央周围，高举中国特色社会主义伟大旗帜，以邓小平理论和“三个代表”重要思想为指导，深入贯彻落实科学发展观，奋发进取，扎实工作，在西部大开发和全面建设小康社会的伟大征程中谱写新的青春篇章。

最后，衷心祝愿大家身体健康、工作顺利、捷报频传！

王晓在省级团委权益部长座谈会暨2010年“共青团与人大代表、政协委员面对面”活动动员部署会上的讲话

2009年12月7日，根据录音整理

很高兴和各省级团委权益部的负责同志进行座谈交流。今年以来，大家认真贯彻落实陆昊同志和团中央书记处关于共青团权益工作的思路和部署，立足本职，扎实工作，推动团的权益工作取得了新的进展。借此机会，我代表陆昊同志和团中央书记处向大家致以诚挚的问候！

省级团委权益工作非常重要。我认为，首先，省级团委权益部门处在宏观和微观的对接面上，是共青团权益工作格局的关键节点。其次，省级团委权益工作处在共性和个性的交叉点上，是共青团权益工作发展的重要支撑。三是省级团委权益部长处在决策和行动的结合部上，是共青团权益工作队伍的核心骨干。

大家知道，本次会议的主要任务是部署2010年“面对面”活动。团十六大以来，陆昊同志和团中央书记处认真学习领会和贯彻落实胡锦涛总书记提出的“两个全体青年”的要求，在全国普遍开展了“共青团与人大代表、政协委员面对面”活动。我认为，“面对面”活动具有以下几个方面的地位和作用。

第一，“面对面”活动探索了共青团在青年中传播党的政治行为和组织行为的新路径。美国政治学家亨廷顿曾提出过一个关于“政治不稳定”的公式：政治参与/制度化、组织化程度=政治不稳定。这个公式是用分数形式表达的，分子是“政治参与”，分母是制度化、组织化程度，两者相比的结果就是政治不稳定的程度。这一公式告诉我们，随着社会群体政治参与愿望的增长，如果相应的制度化、组织化程度没有跟上，就容易出现社会动荡。这一公式也得到了国际经验的验证。前不久我访问美国时了解到，美国在上个世纪60年代曾经多次爆发激烈的“学生运动”，给社会造成严重冲

击，其原因正是因为当时美国社会基层的组织化程度偏低，除选举外缺乏稳定的参与渠道，使得很多本来可以通过对话解决的利益诉求，直接升级为“街头运动”。大家知道，青年是我国社会中最活跃、最具创造活力的群体，同时，他们在心理、思想、精神、职业等方面的稳定性也相对较低。长期以来，我们主要是通过“教育式路径”和“动员式路径”在青年中传播党的政治行为和组织行为。随着青年参与意识的增强，传统的工作方式越来越受到挑战。而“面对面”活动的最大特点就是通过共青团组织提升青年公共参与的组织化程度，这对正处于“矛盾凸显期”的当代中国社会具有一定的现实意义。尽管从表面上看，“面对面”活动是一个反映青年利益诉求的过程，但在这一过程中，共青团组织成了完全意义上的“组织者”和青少年普遍性利益诉求的“代表者”，只不过“组织者”和“代表者”的资格并非是我们天然具备的。我们不能因为自己是青年组织或者我们的组织名称中有“青年”两个字就自然可以代表青年。青年让不让代表，我们能不能代表，都是需要我们认真面对和回答的重大现实问题。因此，我们要以团组织为平台，先有效地与广大青少年“面对面”，通过组织化、制度化的手段将青少年的普遍性利益诉求集中表达出来，同时在一定程度上整合有关人大代表、政协委员的政治表达，促进党与青年群众的联系与互动，使青少年潜移默化地接受党的思维和主张的影响，为巩固党执政的青年群众基础作出积极贡献。

第二，“面对面”活动正在成为共青团履行自身基本职能的全新增长点。大家知道，组织青年、引导青年、服务青年、维护青少年合法权益是胡锦涛总书记和党中央赋予共青团的基本职能。这四项基本职能是一个既有逻辑前提，又紧密联系的整体。多年来，各级团组织围绕基本职能进行了积极探索，但是相对于前三项职能的履行来说，我们在维权职能领域的探索、实践和成果相对不足，甚至远远不够。我在今年全团权益工作会议上曾讲过，如果我们不奋发努力，维权工作就可能会成为共青团履行根本职责和基本职能的短板，会拖住全团事业发展的后腿。对此，我们一定要有足够清醒的认识。有的同志认为，维权工作需要依靠政权力量，共青团缺乏行政资源、手段和工作力量，很难干。我们应该看到，尽管我们没有法律授予的行政权力和资源，但我们可以充分利用法定的参政路径。比如，政协中的共青团、青联界别就是共青团在国家政权体系中的制度依托和优质资产。在“面对面”活动模式下，政协中的共青团、青联界别不仅仅是个人的“光荣榜”，更是团组织的“工作队”。我认为，“面对面”活动具有党政重视、青年需要、共青团能为、社会关注、人大政协支持等特点，可以说具备了团的工作新的增长点的全部要素，不仅为我们用好、用足法定的参政路径提供了载体，也为我们全面履行团的基本职能创造了条件。

第三，“面对面”活动重塑了共青团权益工作格局。团十六大以来，陆昊同志和团中央书记处提出了“三个结合，一个制度性安排”的工作思路，为共青团权益工作指明了发展方向。在全国普遍开展的“面对面”活动，为团的权益工作提供了重要载体，为构筑共青团权益工作新格局创造了重要条件。我认为，“面对面”活动已经并将继续重塑着团的权益工作格局。之所以这么讲，一是因为“面对面”活动是落实“三个结合，一个制度性安排”思路的全能型载体。落实“三个结合，一个制度性安排”的要求，涉及的领域很广，包含的工作内容很多，“面对面”活动可以和其中的各个着力点实现有机结合。二是因为“面对面”活动涉及青少年维权工作的各个层面、各个领域，具有很强的兼容性。比如，青少年权益法制宣传教育、12355 青少年服务台、预防青少年违法犯罪等工作，都可以通过常态化或集中化的“面对面”

活动来推动。三是因为“面对面”活动具备整合团的权益工作诸多项目载体的能力。我分管团的权益工作后，就一直强调要整合资源，集中力量，形成团的权益工作的拳头产品和核心能力。我多次要求团中央权益部整合工作项目，形成主营业务链条，每一个处都要成为这个链条上不可或缺的一部分，否则，这个处就失去了存在的价值和合理性。我认为，“面对面”活动的开展，为我们在团的权益工作领域进行项目整合提供了新平台，有助于培育和形成维护青少年权益工作的核心竞争力。

对团中央、各省级团委和地市级团委来说，开展好2010年“面对面”活动，就要贯彻落实陆昊同志的要求和全团权益工作会议精神，在建立完善“听”、“说”机制上下功夫，特别是要按照刚刚下发的《关于开展2010年“共青团与人大代表、政协委员面对面”活动的通知》要求做好工作。这里，我再强调几个问题。

一、要深刻理解活动主题

这里讲的是如何“审题”的问题。主题是“面对面”活动的灵魂。今年我们确定的主题是“互联网与青少年健康成长”。这个主题是团中央在全面考虑、反复论证的基础上确定的。团中央权益部为此做了大量的前期工作，先后汇总研究了从今年2月至今党和国家领导人有关新闻报道中涉及青少年利益的重大问题，汇总研究了今年新华社《国内动态清样》中涉及青少年利益的报道，汇总研究了今年全国青联的重点调研课题，汇总研究了团中央2008—2009年度青少年和青少年工作研究立项课题，汇总研究了各省级团委报送的调研选题，汇总研究了今年各省级团委在省级“两会”上提出的建议提案，汇总研究了人大代表、政协委员有关青少年的提案建议，汇总研究了今年上半年各地12355青少年服务台接访情况，汇总研究了人民网、天涯虚拟社区的各类网络热点，还依托团中央的蹲点调研工作和山东泰安社会治安综合治理联系点，开展了多批次、一定规模的个案访谈，最后从数十个题目中挑选出11个重点题目，又从这11个题目中确定了互联网方向，再在互联网方向的21个细化题目中确定了“互联网与青少年健康成长”这个主题。选择这个主题，我们主要有三个考虑：一是看客观事实。从我们掌握的大量信息来看，目前网络对青少年健康成长的负面影响已经到了非重视、非解决不可的程度。有调查数据显示，相当比例的青少年接触过黄色网站；有一定比例的青少年因为相信网络上的虚拟信息，受到财物或者身心的伤害。这一系列数据和现象都警示我们必须对“网络乱象”采取有效措施。我们作为青少年工作者，如果继续熟视无睹，可以说对不起党和国家，对不起亿万青少年。二是看社会环境。当前，党委政府和社会各界在关注网络问题、解决网络问题上形成了巨大共识，党委政府越来越深刻认识到互联网对青少年成长的巨大影响，从今年年初的全国净化社会文化环境工作会议，到网络“绿坝”行动，再到最近轰轰烈烈的“深入整治互联网和手机媒体淫秽色情及低俗信息专项行动”，都体现出党委政府对互联网问题的高度重视。社会各界也非常关注互联网问题，以“电击治疗网瘾”事件为导火索，全社会对“青少年与网络”话题的关注热情持续高涨。三是看自身能力。也就是看共青团是否能为。我们不能呼吁了一个很重要的事儿，结果发现自己在其中做不了什么，只能起一个“二传手”的作用。从前期的调查研究和工作积累来看，共青团在这个领域有比较好的工作基础，我们有责任、有信心、有能力做好工作。总之，希望大家准确把握活动主题的背景和内涵，准确理解全团想借此表达的组织意志，结合本地实际抓好落实。

二、要科学分解主题要求

这里讲的是如何“破题”的问题。我们对2010年“面对面”活动提出了“三统一”的要求，即统一名称、统一主题、统一时间段。从

2009年活动的情况看，总体上是不错的，但有几个省级团委在活动名称和主题上没有落实全团的统一部署。对今年在活动主题和名称上不和全团保持一致的省级团委和地市团委，团中央将进行通报批评。同时，我们要看到，主题不等于议题，出于方向性的考虑，主题往往比较宏观、抽象。统一主题绝不意味着简单照搬，否则地方的“面对面”活动可能会因为缺乏讨论深度而流于形式。全团活动主题是一系列社会现象的全国性“集合”，对不同的省和地市来说，其中有的现象和本地联系紧密，有的则关联不大，没有必要“面面俱到”。比如，网络虚拟财产犯罪，可能在部分发达地区已经成为一个突出问题，但在很多地区还只是零星出现，具有很大的差异性。因此，在统一主题的前提下，各省级团委和地市团委需要通过一个科学的“破题”过程，选定符合本地实际的“二级议题”，抓住要害，务求实效。在此，以今年的主题为例，我向大家介绍几种比较实用的“破题”方法。一是综合运用技术分析和制度分析。技术分析和制度分析是两类基本的分析方法，技术分析侧重于对问题本身的技术路线和演进逻辑进行分析，制度分析则是把法律、政策等作为重要变量进行分析，两种方法是相辅相成的。针对今年的主题，一方面，我们要看到网络问题是一个典型的由于科技进步而产生的问题，具有很强的技术特征，像最近受到高度关注的“手机传播色情信息”问题，就是在移动通信网络与互联网相融合的技术背景下产生的。因此，我们应对互联网、手机等新兴媒体的知识和技能有一定的了解和储备，注重从技术层面上去分析问题。另一方面，我们也要看到，互联网引发的问题在一定程度上也是与制度缺陷相联系的，比如，我国现行法律法规在网络产品监管、儿童限制上网等方面还是空白，需要我们从体制机制等角度分析问题、设置议题并研究提出对策建议。二是综合运用总量分析和结构分析。总量分析可以帮助我们在基本面上对网络对青少年的影响作出判断。比如，根据有关方面调查，目前我国网瘾青少年有1600多万，约占青少年网民总数的10%，这一总量上的数据分析告诉我们，网瘾已经成为危害青少年健康成长的重大问题，需要引起高度重视。同时，经过结构分析，我们发现，在网瘾青少年中，约有1/3存在家庭教育问题，于是，我们可以作出一个判断，即网瘾青少年很大一部分根源在网络之外，需要学校、社会、家庭、党政群齐抓共管。三是综合运用价值分析和实证分析。简单地讲，价值分析是从应该是什么的角度去分析，而实证分析则是从现在是什么的角度去分析。我们在设置议题时，一定要坚持把关爱青少年的热情和科学务实的态度结合起来，不能只凭着一腔热情，不顾现实条件，只谈应该是什么，使所提的议题缺乏现实基础，成为“空中楼阁”。

三、要切实改进方式方法

这里讲的是如何“解题”的问题。开展好“面对面”活动，要求我们积极改进工作方式，在工作的“技术路径”上不断探索创新。

在对象上，既要注重广泛性，又要注重代表性。共青团所联系的庞大的青少年群体，是共青团不可替代的组织价值所在。大家想想，当一个组织代表数以亿计的群体发出组织呼吁时，还有谁能否认该话题的重要性和该组织的价值。因此，在“面对面”活动中，在和人大代表、政协委员面对面之前，我们要首先解决好“代表青少年”的技术路径问题。长期以来，共青团的工作重心较多地放在教育引导、服务青少年等领域，对青少年合理利益诉求的表达基本停留在“名义代表”和“抽象代表”的层面上。在2010年“面对面”活动中，各地要注重把广泛性和代表性结合起来，既要深入广大普通青少年认认真真、原汁原味地听取他们的意见和呼声，尽可能了解和收集不同职业、不同地区、不同民族、不同信仰、不同年龄段青少年的意见和建议，又要针对重点青少年群体，结合其群体特征提炼出一些有代表性的重大利益诉求，使我们所发出的呼吁、所反映的意见能够符合多数青少年的愿望。

在力量上，既要注重集思广益，又要注重凝聚共识。各层级的人大代表、政协委员是我们开展“面对面”活动所依靠的主要力量和重要资源。我们一方面要充分尊重人大代表、政协委员的主体地位，鼓励他们围绕主题从各自的专业和实践角度谈出真知灼见，善于在众说纷纭中集思广益。另一方面，我们要善于凝聚共识。对共青团、青联系统的人大代表和政协委员，我们应合理运用组织约束。对共青团、青联系统外的人大代表、政协委员，我们要广泛争取支持，动员他们加入到我们的共同呼吁之中。总之，只要我们把青年的群体效应、共青团的组织效应和人大代表、政协委员的政治表达和专业效应叠加起来，我们所发出的组织呼吁就会富有权威性和影响力。

在成效上，既要注重利益表达，又要注重利益维护。今年4月，陆昊同志在权益工作会上指出，我们这么大的组织，如果只反映问题、提意见，我们的本事不就跟一般的批评者一样了吗？这远远不够，我们还需要深入调研思考，准确把握节奏和时机，推动问题的解决。按照陆昊同志的要求，我们在评价“面对面”活动的成效时，不能仅仅满足于把话说出来、把问题摆出来，还要对所提议题进行跟踪关注，督促和推动有关建议和提案的落实。同时，各级团委权益部门要善于吸收、借鉴在“面对面”活动中交流、碰撞出来的经验和智慧成果，其中有的成果尽管没有反映在最终的建议和提案中，但对我们的工作仍有着很强的借鉴意义。

在宣传上，既要注重传统渠道，又要注重新兴媒体。“面对面”活动有两个传播方向，一是面向社会公众，吸引社会关注，营造良好的社会氛围；二是面向广大青少年，让广大青少年知道共青团在代表和维护他们的普遍性利益诉求，感受到党和政府对维护他们合法权益的关心和努力，以引导青少年形成正确的社会观察，增进青少年对党委政府的信任和感情。因此，我们一方面要用好大众传媒，在基本面上形成良好的氛围，另一方面要重视运用时尚、艺术等元素，积极探索运用手机、互联网等新兴媒体来传播共青团的声音，从而更加广泛、有效地来影响更多的青少年。

四、要逐步完善制度安排

这里讲的是如何“做好题”的问题。制度安排是很重要的工作保障，开展“面对面”活动没有制度安排不行，实现“面对面”活动的长期发展没有制度安排也不行。此外，我们还要善于通过“面对面”活动探索推出一些新的制度产品。我认为，我们应重点做好以下三方面工作。

一是要在集中和日常两个方面进行制度设计。目前，我们主要关注的是“面对面”活动的集中行动阶段，也就是从今年12月到明年3月，相应的制度设计的重心也在这个集中行动阶段上。同时，我们应看到，“面对面”活动是一个全能型载体，是整合共青团权益工作的平台，从这个角度讲，“面对面”活动日常化的意义就凸显出来了。如果我们不能解决“面对面”活动的日常化、经常化问题，“面对面”活动就会只停留在一场活动的层面上，难以发挥应有的功能和作用。因此，我们应从集中行动和日常工作两个方面建立和完善制度安排。

二是要在存量和增量两个维度强化制度供给。相对于共青团的其他工作领域来讲，维权工作的制度资源是比较丰富的。我们要在用好这些存量制度资源的同时，结合工作实际，通过“面对面”活动探索建立一些新的制度，一点一点地积累制度资源，逐步提高“面对面”活动、团的权益工作乃至整个共青团和青少年工作的制度供给水平。

三是要在当前和长远两个周期做好制度

安排。做好2010年“面对面”工作，需要我们在组织领导、监督管理、信息研判、督促指导等方面采取一些短期性的制度措施。同时，我们又要着眼于“面对面”活动的长远发展，及时总结一些“能够学，用得上，推得开”的好经验好做法，探索形成宏观控制与微观能动、刚性约束与柔性导向、内部管理与外部约束有机统一的长效机制，为“面对面”活动开展提供相适应、可持续的制度保障。

除了“面对面”活动，当前我们还要抓好闲散青少年排查摸底、预防青少年违法犯罪、青少年法制宣传教育等重点工作。我相信，在陆昊同志和团中央书记处的领导下，通过大家的共同努力，全团权益工作一定能够迈上新的台阶。

贺军科同志讲话

贺军科在2009年全国城市战线共青团工作会议上的讲话

2009年1月15日

同志们：

今天上午，陆昊同志作了重要讲话，充分阐述了做好城市战线各领域共青团工作的重要原则和需要关注的一些重要问题，具有很强的思想性、针对性和指导性。下面，我就落实陆昊同志的讲话精神，做好2009年城市共青团工作再强调几点，供大家参考。

一、关于城市战线团的基层组织建设和工作

要充分认识城市战线共青团工作的艰巨性、复杂性和紧迫性。据估计，目前全国14—35周岁的青年4.2亿，其中1.2亿在学校，剩下的3亿青年（主要是职业青年）中有2.2亿在城市。从组织覆盖的情况看，除了在城市国有单位从业的3000多万青年外，大量城市青年还没有被团的组织网络所覆盖。可以得出这样一个基本判断：团组织覆盖全体青年的重点在职业青年，覆盖职业青年的重点在城市，在城市里的重点领域是两新组织。再从城市共青团工作的实际情况看，相对于农村、学校战线而言，城市青年的同质化程度较低，组织方式发生了深刻变化。不同青年群体有不同的关注焦点和实际需求，青年组织的方式也在不断分化，企业、社区、非营利机构等不同组织的基本功能各不相同。这种情况下，很难找到所有城市青年都关注的问题，也很难找到一项工作把城市青年工作统领起来。还要看到，服务青年的工作全社会都在做，针对青年服务的组织在不断发育，客观上在与我们争夺青年。因此，城市战线团组织要从实现“两个全体青年”目标的高度，充分认识城市共青团工作的重要性和紧迫性，切实加强城市战线团的基层组织建设和工作。当前，尤其是要按照陆昊同志在讲话中强调的工作原则，坚持分领域分群体区别对待的思路，不断提高城市基层团组织建设的针对性和实效性。

1. 巩固、活跃国有单位团的工作。国有企业和机关事业单位团组织比较健全，基础相对较好，建团的任务不是很重，首要的是解决组织活力问题。一是要推进制度创新，把团的工作向青年拓展和延伸。通过设立青年工作委员会等机构，定期研究共青团和青年工作中的重大问题，强化党对共青团工作的领导，优化共青团工作的外部环境。二是要围绕企业、机关事业单位的根本任务和功能，找准团的工作切入点。三是加强同类单位之间的交流和互动，形成同业推进、专业化、制度化的扁平工作网络。加强对行业企业团的建设和工作的指导，不断完善钢铁、港口、汽车等已有的行业共青团工作年会、联谊会、研讨会等载体，推动更多的行业通过召开行业共青团工作会议等方式，活跃、牵动行业企业团的建设和工作。四是探索吸引凝聚青年的有效方式。坚持面向全体青年，关注青年成长发展中的“小事”，帮助青年解决实际困难和问题，增强青年对团组织的认同感和归属感，既要重视青年职业技能培养，也要注重对青年职业生涯发展所需要的社会化技能的培养。

2. 加强社区团的组织建设和工作。社区已经成为城市社会管理和公共服务的终端。现在，有大量自由职业者、从事个体经营的青年需要通过社区联系，还有一定数量的社区闲散青少年需要我们加以关注。一是要注重社区内团组织的联建。社区不仅是居住空间的概念，而且是若干类别社会组织与居住空间的组合。要根据青年喜欢的沟通、交流、联络和聚集的新方式，大胆创新团组织的设置形式，积极探索联合建团、楼宇建团、兴趣建团、功能建团等各种有效的团建模式，扩大团组织的有效覆盖。二是要充分运用互联网络手段。现实大多数青年在互联网络上聚集，小区论坛、BBS吸引了社区青年的广泛参与。各地要将“青春互助超市”项目作为深化社区团的组织建设和工作的重要载体，高度重视，精心组织，努力抓出成效。三是要积极承接政府青少年事务。探索承接社区青少年教育、预防青少年违法犯罪、闲散青少年管理等政府青少年事务。

3. 积极推动非公企业和新社会组织中团的建设和工作。要坚持“党建带动、递次推进、活动先行”的原则，切实解决“建团困难，建而不活”的问题。一是坚持党建带团建。充分借助党建成果，争取在有党组织又有青年团员的“两新”组织都建立团组织。省、市级团委要高度重视，区和街道团委要有责任意识，层层分解任务，确定目标、制定计划，拿出工作措施，一家一家地推进落实。二是递次推进“两新”组织的团建工作。首先争取在规模以上“两新”组织建立团组织，做到成熟一个建立一个，要注重发挥产业链龙头企业在建团中的示范和带动作用，发挥各级青年企业家协会的作用，推动条件成熟的会员单位建立团组织；建起来之后要加强指导，大力支持，规范运作，有班子、有制度、有必要的经费和阵地、能够发挥作用，做到建立一个巩固一个；然后再推进规模以下“两新”组织的团建工作，争取实现对“两新”组织的逐步覆盖。三是不管是否建立了团组织，我们都可以将“两新”组织纳入到我们的活动中来，通过资源支持、合作联谊等方式，面向“两新”组织青年开展文化交流、文体竞赛等活动，先以活动影响这部分青年，在取得青年和“两新”组织认可之后，再在“两新”组织建立团组织。

4. 探索与青年自组织的联系与合作。青年自组织之所以蓬勃发展、受到越来越多青年的欢迎，是因为青年自组织的内部运行方式宽松、灵活，组织氛围平等、自由、轻松，符合青年的个性追求。对青年自组织，一是要加强联系。目前，青年自组织的组织动员方式多样，但普遍以网络为主，我们要积极利用网络平台，探索有效联系途径。通过提供信息联系、资源支持等方式加强与青年自组织的联系。二是发挥青年自组织的积极作用。可以邀请青年自组织参加共青团的重点工作和品牌活动，与青年自组织合作或者委托青年自组织承办有关活动，在发挥青年自组织积极作用的同时，提高青年自组织对共青团的认同。三是善于借鉴自组织的运行机制建设团组织，满足青年兴趣，提供相应功能。同时，在条件成熟的地方，在自组织中尝试建立团组织。

中国青年企业家协会是共青团联系青年企业家的桥梁和纽带，是全国性的青年企业家的群众组织。要依托中国青年企业家协会，整合优势资源，充分发挥典型带动作用，积极吸纳优秀青年企业家加入，规范工作制度，使交流活动日常化、规范化。要把中国青年企业家协会打造成为支持共青团事业发展的重要物质依托，成为团组织服务国家统筹区域和城乡协调发展的载体，成为促进团的基层组织建设的重要依托，成为服务青年就业创业的重要师资库，成为服务青年企业家开阔视野、寻求商机、寻找伙伴、共同提高的服务平台，同时也成为集中反映青年企业家利益诉求的重要平台。

二、关于服务青年就业创业

促进青年就业创业是全团的大事，是服务青年工作的重中之重，作为城市战线而言，重点要抓好两项工作的落实。

1. 抓好共青团"青年就业创业见习基地"的建立和运转。今年我们的目标是建立5000个以上比较规范的共青团"青年就业创业见习基地"，各地要按照团中央的做法和要求，分别建立一批省级、市级见习基地。首批见习基地的建立工作虽然由城市部直接联系，但各地要配合做好协调、对接工作和见习人员的组织、管理工作。一要明确见习基地的建设原则。这就是：三级建立、三级授牌，属地协调、动态管理，基层对接、就近就便。团中央、省级团委、团地市委分别联系、建立见习基地，原则上谁建立谁授牌；团中央城市部联系建立的见习基地，按见习基地所在地由省级团委统一协调。二要抓好见习人员的组织工作。原则上见习基地和见习人员在同一城市对接，市（地）团委、学校团委负责具体对接工作，省级团委城市（青工）部总体指导、协调和服务。三要抓好见习管理工作。见习人员在岗期间的管理以企业为主，由企业与见习人员签订见习协议书，应届大中专毕业生的日常管理仍以学校为主，省级团委负责跟踪服务；见习基地所在企业团委应根据本单位实际情况，参与见习人员管理。四要抓好实施推进。1月20日前联系确定首批见习基地，在媒体公布首批见习岗位需求信息，2月10日前，市（地）和学校团委与第一批见习基地做好沟通接洽工作，2月10日后，市（地）和学校团委开始接受青年咨询和报名登记工作，有序组织青年参加见习。

2. 抓好青年创业小额贷款项目。客观来说，青年创业难，关键在于缺乏创业启动、周转资金。2002年，国家下发了关于支持下岗失业群体积极创业的"小额担保贷款"政策，并不断加大扶持力度，将服务对象从下岗失业群体，逐渐"普惠"至所有就业困难的创业群体。青年是创业的主要力量，理所当然地成为国家"小额担保贷款"的主要服务对象。各级团组织应明确定位，积极配合政府有关部门，大力宣传、用足用好国家现有政策，服务青年创业。与"小额担保贷款"等政策性贷款不同，团中央于2006年与国家开发银行联合实施的"青年创业小额贷款"项目，属于商业性贷款。据统计，截至2008年12月，全国共有22个省（直辖市、自治区）成功实施了"青年创业小额贷款"项目，累计发放小额贷款7.2亿元，贷款项目95个，共计141笔，其中36笔属于初次创业贷款。目前，团中央城市青年工作部已与国家开发银行和部分国有商业银行积极沟通，争取在小额贷款项目上取得更大合作。部分地方团组织也在小额贷款项目上积极探索，联合当地金融机构，摸索出了一些成功经验，值得推广。下一步，各级团组织应着重做好以下两项工作：一是继续深化与国家开发银行的合作，着眼"小额"贷款，在普遍性方面下功夫，团中央与国家开发银行将积极研究，创新合作模式，形成良性机制，为各地团组织和国家开发银行分支机构的合作扫清政策障碍，使各地“青年创业小额贷款”在全国范围有效实施，各地团组织应结合实际，探索具有地方特色、切实有效的合作方式。二是积极联系城市商业银行和城市信用合作社等金融机构，搭建创业青年与城市金融机构有效沟通的平台和渠道。团中央将深入研究小额贷款的担保方式创新，着重解决风险控制问题，挖掘金融机构和创业青年两者之间的利益结合点，积极推广各地的成功经验。各地团组织应全面收集金融机构和创业青年的信息，在创业青年中普及金融知识，使相关政策真正惠及创业青年。

另外，设立青年就业创业基金，开展有针对性的信息服务和就业培训，也是全团促进青年就业创业的重要举措，各地团组织要积极支持，全力配合。同时要结合当地实际，找准地区产业发展机会，围绕青年实际需求，确定信息服务和就业培训的方向和内容，为青年与用工岗位之间搭建及时、有效的对接平台，坚持并深化提高青年综合素质和求职创业技能的品牌项目。要把服务青年的成果及时转化为组织建设的成果，通过服务青年的过程来提升共青团在青年中的影响力和凝聚力。

三、关于几项需要继续深化的工作

多年来城市共青团战线形成了很多很好的品牌活动，是城市共青团工作的重要载体，很有生命力，要继续坚持。我们强调抓基层组织建设和基层工作，并不是要放弃这些好的品牌活动，而是要发挥它们的示范作用，促进基层工作和“两个全体青年”目标的实现。这里我主要强调两项工作，其他没有点到的好的传统品牌工作或者各地自己开展的有特色、有影响的工作也要继续深化。

1. 深化青工技能振兴计划。青工技能振兴计划要以提升青年职业技能为重点，着力做到“三个拓展、一个巩固”。一是拓展覆盖领域。工作范围不仅要覆盖国有企业，还要向非公企业延伸，使更多的青年能够参与进来，今年在这方面要有实质性的突破。二是拓展覆盖行业。除了开展全国性的青年职业技能“大振兴”比赛外，还要在类别上丰富，按照产业集群和职业技术院校分布开展区域性的“小振兴”比赛，促进技能振兴向高精产业和服务业拓展。在这方面各地要结合实际，不等不靠，主动出击，各显其能。三是拓展活动群体。不仅要在青年技术工人中开展，而且要向青年科技人员、青年管理人员拓展，全面促进企业三支人才队伍的建设。四是巩固“振兴杯”全国青年职业技能大赛。努力创新工作思路，完善工作载体，强化工作保障，扎实推进，使工种设置更加优化、体现示范性，使初赛组织更加规范化、体现广泛性，使大赛程序更加精细化、体现公平性，使舆论宣传更加强化、体现导向性，为我国青年技能人才培养工作作出新的更大的贡献。

2. 深化青年文明号活动。“青年文明号”创建活动开展至今已逾15个年头，15年来，青年文明号创建活动始终保持强大的生命力，不断被赋予新的内容和时代内涵，成为共青团工作的闪亮品牌，成为服务青年成长成才、建功立业的广阔平台，成为基层团组织加强组织建设和基层工作、吸引凝聚青年的有力抓手，成为服务争创集体提升经济效益、社会效益的有效载体。据统计，截至2008年10月，共有25个行业和部委联合开展青年文明号创建活动，5000多万青年参与了此项活动，30多万青年集体获得了各级青年文明号荣誉，目前，全国级青年文明号共计10214个。下一步，青年文明号创建活动要着眼丰富思想内涵，着力加强管理监督，着手扩大创建领域，不断完善青年文明号创建活动。青年文明号是一个内涵丰富、常创常新的综合性、系统性文化创建活动，各级团组织要不断用党的最新理论成果丰富活动思想内涵，通过青年文明号这一吸引凝聚青年的有效载体实现引导青年的根本任务，坚定青年紧跟党走的信念。要把握青年文明号在系统和行业内部的分布特点，摸清薄弱环节，推动行业内部服务水平的整体协调发展，加强社会监督力量，创新社会监督方式，利用社会的力量对其实行动态管理。要不断扩大青年文明号的覆盖面，在已经开展创建活动的行业，探索创建单元的延伸，比如从窗口单位向后台服务单位延伸，动员更多青年参与活动；在已开展创建活动的领域，探索创建领域的拓展，以青年文明号的先进性，带动“两新”组织的积极性，争取以创建活动覆盖“两新”组织。

同志们，现在工作思路、工作任务已经明确，关键是要抓好落实。在抓工作落实中，团干部的工作作风和精神状态非常重要。党中央书记处明确指出，团干部要“在共青团这个大学校里打下求真务实、吃苦耐劳、勇挑重担的根底”，这是对团干部工作作风和精神状态的最新要求。希望大家以强烈的责任感和使命感，切实转变工作作风，珍惜在团的岗位上干事业、作贡献的机会，把全部心思放在工作上，把全部精力投到事业中，以求真务实和艰苦奋斗的精神扎扎实实做好本职工作，创造一流的业绩，不辜负党组织的重托和团员青年的信任。当前，要特别关注经济危机带来的负面影响，走进青年，密切联系青年，做好困难青年群体工作，竭诚帮助青年解决具体困难和问题。让我们加强研究，勇于探索，强化措施，真抓实干，努力开创城市战线共青团工作的新局面，以优异的成绩向新中国成立60周年献礼！

贺军科在全团基层组织建设和基层工作研讨会暨全团组织工作会议上的讲话

2009年3月25日

下面，我就落实陆昊同志昨天上午的讲话精神，做好2009年团的组织工作讲四点意见。我要讲的内容概括起来是“把握一条思路，突出两项重点，落实规章制度，锤炼扎实作风，在探索增强基层组织活力新途径的进程中尽职尽责”。

一、准确把握全团加强基层组织建设和基层工作的总体思路

团的十六大以来，团中央书记处把加强团的基层组织建设和基层工作作为首先部署的全团性重要工作，推进这项工作，大家要准确把握好以下几个方面。

1. 准确把握认识逻辑。巩固党执政的青年群众基础、团结带领广大团员青年为实现中华民族伟大复兴而奋斗是共青团的根本职责。这个职责落实到位的主要标志就是实现两个“全体青年”的目标。而要实现这个目标，根本的方法就是完整地履行团的四项基本职能。在现阶段，我们认为，在落实这四项基本职能的过程中，问题首先出在“组织青年”特别是基层组织方面。所以，我们要把加强团的基层组织建设和基层工作作为当前和今后相当长的一段时间内最主要的任务来抓。

2. 准确把握工作方位。怎么样推动工作？首先是把存在的问题搞清楚，然后是寻找解决的办法，最后是解决问题。目前，团的组织建设的重要工作总体上处于第二阶段，决定了当前的主要任务是分析问题的本质，发现规律，总结提炼普遍经验。在这一过程中,要善于运用从点到面,由表及里,从特殊到普遍的工作方法。这也是我们提出驻点工作和基层团建试点工作的主要考虑。

3. 准确把握工作重点。我们通常讲的组织建设应该包括"有组织"和"组织有活力"两个层次,其中"有组织"是"组织有活力"的前提。我们要建立怎样的组织格局?我感觉在现阶段我们的组织格局总体上还应是以依托特定社会组织建立的团组织为主,以依托青年社团、青年自组织这样的"超组织"建立的团组织为辅的格局。在这样的格局下,第一,应该将巩固学校团组织的基础战略地位放在组织建设的最重要的位置。这是因为我们现在的团员青年在学校的时间更长了,学校聚集的团员青年更多了。10 年前,14 岁至 28 岁的学生占同年龄段人口的 15% 左右,现在已经超过三分之一;许多青年要在学校学习生活十几年时间。随着义务教育的普及,人均受教育时间的延长,这一比例还会增加。同时,组织这些学生相对更为便利。第二,要积极跟进两新组织团的建设。目前,在规模以上新经济组织中,党建覆盖率超过 90%,团建覆盖率不超过 50%;在新社会组织中,党建覆盖率大约 15%,建团率接近零。紧跟党建步伐、积极推进两新组织团的建设有空间、有条件。第三,是"超组织"中团的建设,比如在青年自组织中建立团组织,这方面我们能够借鉴的经验不多,必须加强探索实践的力度。

应当看到,上述三个领域的团建工作又存在着不同的侧重点。在学校、国有企业等传统领域,要在继续巩固原有的组织格局的基础上,着力增强基层团组织的活力;在两新组织,要把团的工作与两新组织的基本功能紧密结合,与青年的需求紧密结合,使团的建设和工作全面提升;在青年自组织等"超组织",要着力增强团组织在其中的影响力和吸引力,使这些"组织"成为扩大青年工作影响力的重要载体。

尽管组织建设的任务艰巨,但我们要有信心。目前,全国 14 岁至 35 岁的青年有 4.2 亿,其中 1.2 亿在学校,在两新组织从业的有 1.8 亿,在农村从事第一产业的有 8000 万,在国有单位从业的有 3000 万左右,还有 1000 万左右情况不是特别清楚。如果我们的工作能够影响和覆盖到学校、城乡两新组织和国有单位,我们的工作就影响了约四分之三的青年。

二、扎实推进驻点工作和试点工作

驻点工作和试点工作是加强基层组织建设和基层工作的两项重要举措。昨天,陆昊同志在讲话中再次强调了这两项工作的重要性,进一步明确了落实这两项工作的要求,这里我再补充强调几点。

(一)关于驻点工作

1. 要切实提高对驻点工作的认识水平。驻点工作代表了对团的工作的新的认识,那就是特别强调了基层组织在团的工作体系中的重要地位。这么做的目的是要增强团的工作的整体影响力。党需要的远远不只是团的领导机关的几万名团干部和少数高端青年,而是几亿青年。如果我们各级团的领导机关都忙于直接在本级搞活动,不注重发挥几百万个支部的作用,就达不到党的要求。因此,在某种意义上,推动基层工作就是我们各级领导机关的主要工作,驻点就包括了这样的工作任务。有了这样的认识,就能正确处理驻点与原岗位工作的矛盾。

2. 要将调查研究贯穿驻点工作的始终。我们不强求驻点干部了解广泛情况,关键是要在"准"字上下功夫。要力争对县域内的基本情况有一个较为准确的了解。这一批驻点工作中我们希望驻点干部能具体地分析调查几个村、几户企业、几所学校的详细情况。既要"调查",也要"研究"。

3. 要与学习实践科学发展观活动相结合。按照党中央的部署,今年 3 月开始在市县、国有企业和高校开展深入学习实践科学发展观活动。这对于我们推进团的基层组织建设是一个难得的契机。学习实践活动的基本要求是与本职工作相结合。我们的本职工作是什么？就是共青团和青年工作。希望驻点干部和所驻县级团委一起以这次学习实践活动为载体，认真学习领会团十六大以来的重要会议精神，重点考虑如何以科学发展观来指导团的工作和建设，真正通过学习实践活动来推动工作的发展，不断丰富增强基层团组织活力的新途径。

4. 要加强督导检查。在首批驻点工作过程中，我们采取了一些监督检查手段，在今后的工作中必须继续坚持，并不断加强和改进。一是要建立规范的监督检查制度。各省级团委要成立督导组，对驻点和试点工作进行中期考核和经常性的检查，了解有关情况，督促工作落实，并形成书面考核意见。团中央将继续通过多种方式，定期对驻点工作和试点工作的落实情况进行抽查，并将有关情况在全团范围内进行通报。二是要完善局级干部联系点制度。全团的副局级以上领导干部，要做落实全团重点工作的表率，每人都要确定一定数量的驻点工作和试点工作联系点，对其进行经常性的工作指导，并定期进行实地督导检查。

5. 要严明工作纪律。驻点工作能否取得实实在在的效果，是对各级团的领导机关和团干部党性、原则性和工作作风的一次考验。各级团的领导机关都不能以任何理由占用驻点干部工作时间，影响驻点工作；需要调整驻点干部的，要及时向团中央组织部报告。对于不支持驻点干部工作、大量占用驻点干部工作时间的团的领导机关和由于主观原因不能保证派驻工作时间，作风漂浮、工作不扎实的驻点干部，一经查实，将予以严肃的组织处理。

（二）关于基层组织建设和基层工作试点

关于试点工作，目标是清楚的，就是着力探索未知的，验证推广已知的，其中，要把探索未知的问题放在首位。

1. 关于试点单位的选择。总的原则是，尽量选择工作上处于中等偏上水平的团组织作试点单位，但同时也要少量选择一些工作比较好的和相对较差的团组织。各省、各战线、各领域在各类试点单位的数量上不一定一样多，要根据实际情况有所差别。希望各地按团中央组织部下发的方案认真选好试点单位。

2. 关于试点规定内容和“自选”内容。我们鼓励基层团组织在理解试点方案意图，把握试点方案本质，尽量完成试点规定任务的前提下，结合自身实际独立开展有益探索，发挥基层团组织在推动团建创新中的积极作用。但这种创新一定要以完成全团部署的试点工作任务为前提。

3. 要注重工作指导。试点工作的创新性强，要真正破解问题的本质，比起驻点工作来更要加强工作指导。在有驻点干部的地方，要将试点工作纳入到驻点工作任务中，明确规定驻点干部要担负起指导试点工作的责任；在没有驻点干部的地方，要专门选派一批团建试点指导员，加强对试点单位的联系和指导。各省级、地市级团委要结合各自实际，对驻点干部和团建试点指导员进行有针对性的培训。

需要强调的是，驻点和试点工作都不是为了短期的热热闹闹，大家对发现的问题、存在的困难、取得的成效都要实事求是，不必夸大，无需作假。

三、认真做好共青团组织战线工作

各级团的组织部门是基层组织建设的首要责任部门，要深入分析和研究组织建设的重大理论问题，要制定组织建设的重大规划，明确各部门之间、上下级团组织之间在组织建设工作中的任务，要为组织建设提供制度保障和干部队伍保障。具体到2009年的组织工作，我主要谈六个方面的问题。

1. 关于党建带团建。现在很多地方都希望团中央和中组部联合召开会议进行部署，我们正在努力。现阶段，先抓好两方面工作。一是要善于借助党建的新成果和形成的新格局来推动团的工作和建设。要注意在工作空间、工作内容上尽量与党建相融合，紧紧依靠同级党组织的力量，指导、支持和推进下一级团的建设。要紧跟党建步伐，党组织建到哪里，团组织就一定要紧紧跟上。二是要特别注重落实好已有的政策和制度。根据我们的了解，从1999年到2005年，各地都出台过关于党建带团建的意见，内容也很具体，其中很多措施在今天仍然适合。2005年以来，一些地方又有新的政策和规定出台。因此，总的来讲，党建带团建的制度供给是够的，存在的主要问题是这些制度落实得不好，要将已有政策的进一步具体落实放在最重要的位置上考虑。

2. 关于团干部协管工作。一是要在全团建立完善上级团组织与下一级团组织的党委分管领导的沟通机制。二是探索建立上级团组织与下一级党组织共同参与团委领导班子民主生活会制度。三是落实好协管的有关规定，这一条中目前也存在我们自身不会协管、不敢协管、不敢较真的问题，必须先解决。总之，协管工作中我们不只强调干部进出的协管，更强调过程管理。

3. 关于完善团的基础管理规章和制度。基层团的组织工作制度是基层团组织规范运行的基础。目前存在的主要问题是一些规章制度不适应时代和青年群体的变化。针对这些情况，我们要尽可能地引入信息化、网络化的管理手段和技术对基础团务工作加以改进，探索符合时代发展、适应当代青年特点的团员管理、组织生活、组织关系转接制度，修订团费收缴、使用和管理办法，修改和完善团内基础信息统计等。这些工作组织部已经作了计划，在调研、修订过程中还需要各地的大力支持、积极配合。

4. 关于下一级团组织向上一级团组织年中述职工作。基本的考虑是，在每年六七月份，下一级团组织主要负责人围绕上半年团的工作总体情况、全团重大工作部署落实情况、创造性的工作探索和经验总结、团的领导班子和团干部队伍建设情况、工作中的困难和薄弱环节、下一步工作安排等，向上一级团组织述职。述职结束后，上一级团组织形成正式评议意见，向下一级党组织反馈。对述职中发现的先进经验及时总结推广，对存在的问题和不足，督促整改落实。要注意把年中工作述职与年度工作考核、与下一级团组织领导干部综合考核等结合起来，不断提高年中述职的针对性和实效性。团省委班子向团中央书记处述职初步安排在今年6月下旬。

5. 关于团干部教育培训工作。教育培训团干部的主要目的是提高各级团干部落实总体部署、做好团的工作的本领。团中央已制定《2009年全国团干部教育培训计划》，并根据全团工作重点和团干部的实际需要，制定了《团的领导干部学习大纲》，明确省、地、县各级团的领导干部的培训重点和具体内容，增强培训工作的针对性和实效性。今年，根据书记处的要求，要特别注重加强对县级团委书记的培训，重点是统一思想认识、培训工作能力和方法。

6. 关于团员的管理和服务。强调两个问题。一是要严把团员发展的入口关。目前发展团员的工作中存在的一个比较严重的问题是新发展团员的先进性体现得不够充分，有的地方发展团员的程序过于随意化。对此，要对基层发展团员的工作作进一步严格的要求，要在坚持标准、保证质量的前提下做好团员发展工作。二是加强和改进流动团员的联系和服务工作。这项工作目前还处于探索的过程中，我们鼓励基层团组织根据自身的情况积极探索加强和改进流动团员联系与服务的新方法、新途径，各地要对基层形成的新经验及时加以总结，在实践中不断完善。

四、建设高素质的共青团组工干部队伍

第一，努力提高改革创新的意识和能力。

当前,以改革创新精神推进团的组织工作,已经成为非常迫切的任务。客观地看,组织工作有一定的特殊性,讲求程序和规范,对于原则性的要求比较高,但是不能一味地固守惯例和传统,组织部门同样要加大改革创新的力度。我们要积极推动组织部门的思想解放,大力营造鼓励创新、勇于创新的良好氛围,以宽广的视野和清晰的定位,准确认识共青团在经济社会发展中的新职能,充分掌握新形势下团的组织工作的新思路新方法。要认真领会新的历史时期党对组织工作提出的一系列新要求,深刻把握组织工作规律,并创造性地运用于团的组织工作实际中,不断提高组织工作的科学化、民主化和规范化水平。

第二,切实提高狠抓工作落实的执行力。要完成党交给我们的政治使命,推进团的事业的长远发展,各级团组织必须步调一致、令行禁止,必须真正做到"全团一盘棋"。这考验的是我们的工作作风,考验的是我们狠抓工作落实、解决实际问题的执行力。我们一方面在同级党委的领导下开展工作,另一方面在上级团组织的指导下开展工作,同级党委和上级团委的工作部署,没有主次之分,我们都要不折不扣地完成好、落实好,保持全团的政令畅通,齐心协力推进共青团事业的发展壮大。陆昊同志一再强调作风问题的重要性,全团加强作风建设,从做好具体工作的角度讲,组织部门的同志首先要做到。组织部的干部自己没有好的作风,难以把有好作风的同志纳入视野,所以需要要求更高一些、更严一些。在当前的工作部署中,基层组织建设是重中之重,组织部门肩负着不可推卸的重要职责。

第三,着力建设讲党性、重品行、做表率的过硬队伍。公道正派、廉洁清正、严于律己、率先垂范,是每个组工干部必须恪守的职业道德。作为共青团的组工干部,首先,政治上的要求是第一位的,必须始终坚持以中国特色社会主义理论体系武装头脑,坚定理想信念,增强政治意识、大局意识、改革意识、服务意识,始终与党中央保持高度一致。第二,在实践中不断锤炼严谨扎实、勇挑重担、求真务实的工作作风,下决心克服浮躁情绪,沉下心来把每一项工作做好、做实,在社会上树立共青团干部的良好形象,在团干部中树立组工干部的良好形象。第三,作为年轻干部,大家尤其要树立正确的成长观、发展观、利益观,严格要求自己,正确评价自己,既重政治修养,又重生活品行,自觉做到守法遵规、情趣健康,始终保持清正廉洁的政治本色。

同志们,团的建设事关共青团事业长远发展的根本,任重而道远。我们要以高度的政治责任感和使命感,持之以恒地真抓实干,为共青团履行好基本职能、不断巩固党执政的青年群众基础提供坚强有力的组织保障。

贺军科在共青团“青年就业创业见习基地”工作交流研讨班上的讲话

2009 年 7 月 1 日,根据录音整理

团十六届二中全会作出了建立共青团“青年就业创业见习基地”的决策部署,工作开展几个月来,经过各地艰苦努力,开局良好,取得了阶段性成绩。受陆昊同志委托,我代表团中央书记处专门来看望大家,对同志们在前期所付出的艰苦努力表示感谢!对社会各界、特别是企事业单位对这项工作的支持表示感谢!

截至今年 6 月中旬,全团共建立共青团“青年就业创业见习基地”16915 个,提供见习岗位 464396 个,已有 136886 名青年到岗见习,其中 14351 人已经被见习单位正式聘用。这项工作全团高度重视,党政充分肯定,企业积极响应,青年真心欢迎,我们很受鼓舞。当然,继续做好这项工作,还需要我们在实践中付出智慧和汗水。借今天的机会,我讲三条意见。

一、要继续提高对见习基地工作部署的认识

第一,作出这样的部署是基于就业是青年发展的重要指标。接受教育、实现就业、组建家庭,是绝大多数青年都要经历的重要事件,是青年发展面临的最现实、最具普遍意义的三个问题。就我国当前情况来看,青年教育问题,这几年解决的力度很大,随着义务教育的普及,一些紧迫的矛盾得到了很大程度的缓解,青年人接受教育的年限在延长、层次在提高。组建家庭问题,随着社会的发展,在自主支配的前提下,这个问题总体上也得到了很好的解决。唯独就业问题依然严峻,就业是事关青年发展的大事情,是青年人实现其他大部分权利、权益的最基础保障,没有稳定的就业就谈不到稳定的生活。关心青年人最迫切的需求,就必须下功夫帮助青年缓解就业困难。

第二,作出这样的部署是基于就业问题是我国将长期面临的问题。13 亿人要吃饭、8 亿人要饭碗是我国的基本国情。目前,我国经济发展对就业的拉动赶不上新增就业人口增加的速度。今年高校毕业生已过 611 万,中等职业学校、技校毕业生超过 800 万,初、高中应届毕业生中有四分之一,即 700 万人不再继续接受教育直接进入社会,这三类群体加起来,每年就有 2100 万人要进入就业市场,就业岗位供需之间存在巨大缺口。随着产业结构的调整、技术含量的增加,单靠传统的产业对就业的拉动已经很难弥补就业的巨大缺口,即使没有金融危机,就业问题也是中国始终面临的现实困难,金融危机更加剧了就业压力。

第三,作出这样的部署是基于适应市场配置人力资源的机制不断深化的要求。计划经济条件下,劳动力熟练期的人力资源提升成本是由所属社会组织承担的。而在市场经济条件下,企业总是倾向于在市场上直接用较低的成本挑选那些熟练工或技能水平较高的员工。对于刚刚进入劳动力市场的青年而言,缺乏工作经验,要实现就业,就必须尽快提升自身就业的竞争力。这个人力成本开支交给谁承担?企业不管,政府也没办法包办,个人尚不完全理解和接受。建立基地就是想通过实践培养青年的社会化能力,更好的促进就业创业。

第四,作出这样的部署是基于实现团的事业新发展的重要要求。既然就业是青年发展的重要问题,在我国更是突出问题,就要通过多方面的努力缓解这个问题。共青团组织有一项重要的职能,就是服务青年,服务青年最核心的就是服务青年发展的迫切需求。当前,

就业问题是数以千万计的青年面临的突出的、迫切的问题，我们就应该着力解决。我们觉得，在现阶段，建立这样的基地去提升青年进入社会的社会化能力和进入职业市场的竞争能力，是对青年发展很有帮助的一项工作。把这项工作做好，就能够更好地提升共青团的社会影响力，就能够更好地增强对普通青年广泛的联系和在青年群体中的凝聚力和吸引力，进而促进我们这个组织健康地发展下去。

二、要更加准确地把握工作原则

青年就业创业见习基地工作是一件好事，但要做好不容易。我们国家太大，情况复杂，地区、行业之间的差别明显，很难有一种做法适应全国所有的地市、县区，但是一些基本的工作原则是相通的。

第一，要遵循市场规律。要遵循市场机制，保证各方应得的、合理的利益。不能强迫、不能命令，特别我们依托的一些主要资源不是我们团组织内部的，就更不能强迫和命令。

企业为什么愿意接受青年见习？见习基地工作中，企业的利益关切点是以更便捷的方式、更低的成本获得人力资源，为正常的人力资源更新和可能的产业扩张做准备。一方面，市场机制下，企业不得不防备优秀人才流出的风险；另一方面，新《劳动合同法》施行后，对企业选人用人成本带来压力。建设见习基地，企业可以在岗位上对见习人员进行考察和甄选，使企业大大减少用人失误，对企业来讲是巨大的利益，也是企业积极支持见习基地工作的原动力。

青年人为什么愿意参加见习？创业就业需要技能。技能从哪里来？一靠知识积累，二靠实践锻炼。对于大学生包括职业学校的毕业生来说，最近10年以来，实习是一个比较突出的问题，很多单位不愿意接收学生实习；对于数以亿计的青年农民工来说，适应非农产业的就业技能很缺乏，一些培训与就业脱钩、与产业需要分割，效果并不理想。“青年就业创业见习基地”最重要的是为广大青年提供就业创业的实践锻炼和专业训练机会。

既然企业、青年双方都有利益需求，我们这个组织又有服务青年的职能，我们这三家就能一起共事，就要在工作中照顾到我们、需方、供方这三家的利益关切。

第二，要注重积少成多。我们建设共青团“青年就业创业见习基地”不是心血来潮，而是个长期的事情，需要长远打算。这项工作解决的是个数量供应的问题，虽然有需求的人数是数以千万计的，但每做几个，总需求量就少几个，长期做下去，随着提供机会越来越多，有需求问题的人就会越来越少。不要急于出成绩，不要把见习基地变成挂牌工程、形象工程，只要我们认认真真、一点一点做起来，时间长了，工作效果就会逐步显现。

第三，要注重实实在在。首先，对待青年的态度要实在。我们做这项工作是为了帮助青年解决困难、吸引青年，如果蜻蜓点水不如不做。在基地的对接、运行过程中，说话态度、表达方法都非常重要，要对青年的困难感同身受，要有伏下身子帮助青年的踏实作风，这体现在我们的手上、嘴上、脸上、腿上，要让青年感受到我们帮助他的真诚愿望，即便暂时帮不上忙，也要说两句宽心的话语。其次，在和企业打交道的时候要实在。了解企业建立见习基地的目的，是出于个人友好、是出于经济利益还是想得到荣誉？实实在在的跟企业家谈，把该说的事情都说透，通过个人友好建立的基地很难长久，我们要通过努力寻找和企业长期的、靠得住的、稳固的联系。最后，公布的岗位信息要实在。共青团组织不能干说了不做、没信誉的事情，凡是在报纸上公布过的岗位信息，都要去“盯”，要确保公布的信息真实可靠。

第四，要特别注重活动和建设相结合。我们做这项工作，最终目的是为了提升团组织对青年的吸引力和凝聚力，强化我们各级的组织。就是让青年知道，尽管现在面临这么大的就业压力，中国共产党领导的中国共青团也在想着帮他们解决困难。所以,我们强调活动和建设要结合起来。你可以发海报,也可以在网上公布,但这丝毫不能代替我们基层团干部像片警一样,一个一个青年的去联系,因为联系的过程就是影响他的过程,就是他感受组织关怀的时候,这点很重要,也是我们现在最缺的东西。

第五,要尽力而为,量力而行。尽力而为放在前面,量力而行放在后面。这项工作我们要下功夫去做、下大力气去做,全团都瞄着这个方向走。当然,各地经济发展情况不同,像广东、山东、江苏、浙江、福建这五个省,各种类型的企业的数量占到了全国企业总数的40%以上,东部12个省市占到了全国企业总数的75%以上,企业数量多,就会适当地多建一些见习基地。有些地方,这种企业的数量少,企业发展状况不佳,就没有这样的力量,建立的见习基地相对较少,这很正常。但也不要把这个当成借口,不要按照数量级简单比照,做一个是一个,扎扎实实做下去。

三、下一阶段需要重点抓好的几方面工作

解决我国青年就业问题,根本的动力还是来自国家经济发展对就业的拉动。我们要看到共青团组织能够发挥作用的主要途径,就是帮助就业者本人提高技能、沟通信息,这是政府不能完全替代、也是企业自己做不到的,我们就是要在这些方面多下功夫。下一个阶段,我们有以下几个方面的工作要重点抓好。

一是要抓好推介宣传。这里讲的宣传,不是歌功颂德,而是推介宣传,向青年人介绍这项工作,向社会各界推广我们这种理念。暑期刚到,有许多毕业生,前期可能忙着找工作、作论文,现在有空闲去参与到见习基地里长见识、长本事,到了对接的好时候。但对接的前提是,他要知道有这个事情。杭州团市委对大学生做了一个问卷调查,大学生对见习基地工作的了解情况不甚理想。工作在青年中知晓率不高,这与我们对宣传推介工作的认识和宣传推介的方式有关。要往青年经常看的报纸、网站上去登信息。方式要改变、形式也要稍微活跃一点,我们团内从来就不缺创新和创造,要多一些青年人喜欢的宣传推介方式、形式。

二是要抓好政策衔接。今年4月份,人力资源和社会保障部牵头出台了一个“三年百万高校毕业生见习计划”,团中央是参与单位之一,我们的见习基地中高校毕业生见习纳入计划,这意味着该计划一些配套政策条件,包括见习补贴,完全适用于我们见习基地的高校毕业生。另外,我们正在跟人力资源和社会保障部协商,中西部地区就业见习生活补贴由中央财政就业专项资金给予适当补贴,这个事很可能能落实。同时,我们又担心这些政策、措施都分散在若干文件中,大家不好掌握,最近也在和人力资源和社会保障部协商,准备把和共青团组织有关的政策条件敛一敛,专门发文。这样,我们团干部又多了一个新任务,要拿着文件,抓住时机,做好政策衔接。但仍然要强调,不能把政策落实情况当成能否建立基地的前提,而只能当成促进基地建设的手段。

三是要抓好跟踪管理。时刻要注意见习基地的性质和青年见习的效果。建立见习基地主要是帮助青年人提升就业创业技能、实现社会经验积累的公益性活动。见习效果,要看是不是真正提升了青年的技能,帮助他更好地求职。我们不反对适当安排几天时间,通过艰苦的工作磨炼青年的性情、培养他们的纪律意识,但是要把握好度,如果3个月下来都是没有技术含量的苦力活儿,那就有廉价用工的倾向了,违背了见习基地的性质。为了确保青年见习的效果,我们要加强跟踪管理,要掌握实情,多实地走一走、看一看,到见习青年住的地方聊一聊,看他们是不是真正学到了东西。跟踪管理过程中,对见习青年也要区分对待,对于不珍惜见习机会、散漫捣乱的,告诉企业,可以随时解除见习合同或者开除,从严管理。

四是要积极探索见习基地建立、运行的新方式。尽管经过几个月的努力,我们形成了一套完整的操作规范，并且事实证明是行之有效的，但见习基地工作情况复杂，新问题不断，需要我们继续大胆探索。比如，在建立见习基地方面，有两类企业需要大家格外注意。一类是用工随意性很大、解雇工人不需要成本的企业，这类企业不具备我们所说的建立见习基地的原动力，或者说没有建立的条件，这类企业就不需要我们努力寻求合作了。第二类是人力资源公司，很多这类型的企业主动和我们联系。我们不关门，但是一定要严格区分对象、慎重对待。这类企业有他的市场网络，有他更有效的运作基地的方式，但是不可否认的是，他一定存在商业利益，我们还没有完全摸透。我们各级团干部遇到这类情况的时候，不要独自地去决断这样的事情，要向你的上级机关报告。但是，谨慎也不等于排斥。我们最近就接触了一个，中国国际技术智力合作公司，它是央企中唯一一家专业从事人力资源服务的全国性公司，想和我们联合创建共青团“青年就业创业见习基地”中智项目，主要面向世界500强企业、大型国有和优质民营企业。我们反复考虑，觉得还是可以做的，不影响我们这个基地的性质，不改变我们运作的流程，反而能够让我们更有效地做好这个工作，达成我们的目的。这样的方式，我们也可以积极地去探索，不要把大家的手脚捆住。

五是要有品牌建设意识。要爱护共青团“青年就业创业见习基地”这个品牌，树立品牌独特的意识，尤其注重发挥我们在这个品牌中的主导作用。要树立品牌，就得有长期的工作打算，一些制度要基本稳定，一些方式要基本普遍，一些手段要更符合现在社会发展的需要和青年的接受习惯。没有哪个事可以随随便便成功，保护母亲河工程我们做了十几年，志愿者行动做了十几年，希望工程做了二十年，都是一点一点成长起来的，现在形成了良好的社会影响。我们这项工作也要有长远地打算，把他稳定地做下去，日积月累，才会有强大的社会影响力。

总之，希望我们在前期的工作积累的基础上，再加一把劲，把一些比较迫切的事情抓紧抓好。希望大家利用这次交流研讨的机会，提供经验，探讨问题，互相学习，经过这样的过程，在下一步的工作中，能够使我们的脑子能更清醒一些，手段更多一些，方法更灵活一些，这样我们的工作效率就会更高一些。再一次感谢我们各位同志在前期对这项工作倾注的心血，也祝愿大家在今后的工作中取得更大的成绩。

贺军科在统筹城乡、青年自组织和互联网团建试点工作研讨会上的讲话

2009年7月15日，根据录音整理

今天上午，陆昊同志作了重要讲话，针对大家讨论中关心的问题，强调了开展共青团基层组织建设和基层工作试点的目的和意义，明确了新领域团建试点工作的基本原则、基本要求和主要内容。借此机会，我讲两点意见。

一、准确把握三个新领域试点工作的侧重点

1. 关于统筹城乡团建试点。我们关注的重点是某个区域城乡统筹发展的进程中，如何顺应经济社会深刻变革的现实和趋势，建立起

共青团新的组织体系并发挥其内在功能，而不是简单地讨论如何立足现有组织格局发挥共青团的作用，为统筹城乡政治、经济、文化、社会发展作贡献。因此，团建试点必须将侧重点放在探索建立适应经济社会新变化的共青团和青年工作组织体系上。显然，这不是一般意义上的城乡团组织之间结对帮扶，而是要创新和变革团的基层组织布局，适应城乡一体发展、青年结构分布变化、青年人口在地理区域和产业间大规模流动的新形势。

2. 关于青年自组织团建试点。目前，对于青年自组织团建有三种不同的观点。一是团组织和青年自组织之间仍然保持平行发展的状态，团组织通过模仿和学习青年自组织的运行机制，满足现代青年人个性发展的多重需要。二是把青年自组织纳入到共青团和青年工作体系，建立起中心目标型或结构功能型的组织格局，实现广泛联系和影响广大青年的目的。三是直接在青年自组织中建立团的组织。我们在这次试点工作中着重进行第二种方式的探索，在此前提下，对于发展得比较完善的青年自组织，在其中探索建立团的组织。

3. 关于互联网团建试点。提出这个命题是基于我们对当代青年普遍以互联网作为联络、沟通、交流和聚集方式的判断。互联网络平台的各个群组也是青年自组织的存在形态之一。就现实物质世界而言，这种形态可能叫虚拟社会，但就精神世界而言，它就是现实社会。从逻辑上讲，跨地域就业的团员可以不再区分户籍所在地纳入一个实体团组织，就存在互联网上的团员不分居住地、穿越空间而组建团组织的可能。这种“组织存在”对已经纳入某个团组织的团员是多重覆盖，但对与团组织失散的团员就可能是单重覆盖，有覆盖总比没有覆盖好。因此，互联网团建试点的重点是探索依托现代信息技术平台，以引导团员青年思想为主要功能，以增强团的吸引力和影响力为主要目的，以具有高度亲和力的方法，形成新的“组织存在”的新方式。

二、三个新领域试点工作的具体任务

关于统筹城乡、青年自组织和互联网团建试点的具体任务，在试点工作推进方案中已经作了明确的要求。在这里我再补充强调几点。

1. 城乡统筹团建试点的具体任务

第一，要认真调查分析本区域内青年的分布结构和变动趋势。对于跨区域的试点单位，流出地团组织要分析所关注人群的职业结构、年龄结构、具体籍贯；流入地团组织要协助分析人群的从业聚集地状况。对于单个区域内的试点单位，团组织要分析本区域内青年人口的总量、年龄结构、职业结构、在各种社会组织中的分布结构和变动趋势等。这是最基本的前提。

第二，研究如何建立起适应统筹城乡发展进程中经济社会变化的组织体系。从本质上分析，这个问题至少可以拆分为两个子问题。

一是如何实现对统筹城乡过程中流动团员青年的组织覆盖？从流出地的角度看，由于留下来的团员青年数量相对较少，原来单个村级单位单独建立的团组织运行效率降低，可以因地制宜地选择多种方式应对，既可以将相互之间有内在联系的村级团组织整合在一起，形成村村共建的格局，也可以在有产业联系的村和企业之间建立团组织，形成村企联建的格局，也可以在农业产业发展所衍生的协会等组织中建团，等等。从流入地的角度看，大部分团员青年从第一产业流向了第二和第三产业，多数去了企业，而且绝大多数流向非公企业。显然，这个问题的本质是两新组织建团。

二是城乡统筹发展进程中团组织如何满足青年人多样化的需求以增强吸引力？青年发展需求特别是精神需求不断增长，青年自组织大量产生就是一个侧面反映。对于庞大的青年群体，单靠团组织现有的能力是难以全面满足青年的多样化需求的，我们的主要精力要放在根本职能的发挥上。当前青年自组织中属于生产服务类型的较少，大多数都属于兴趣爱好型。因此，这个问题的本质是建立团组织和青年自组织之间的合作机制。

第三，建立稳定、可靠的组织运行机制。可以从三个方面考虑：一是建立与党建紧密结合的机制，以基层党建带团建，以团建成果促党建，争取团组织发展的制度和条件；二是尊重青年主体地位，调动集体力量，努力探索包括基层团内民主在内的新方法，使团的工作内容设计既符合青年的特点和需求，又有效促进所依托的社会组织的功能发挥；三是工作骨干的形成机制，重点是发现和激发团的兼职干部做团的工作的原动力。当然，除此之外，也包括广泛动员社会资源支持团的工作。

我还要特别强调一下跨地域的团建试点工作。尽管跨区域团建可能是一个过渡的形态，最终会归于属地化管理的模式，但在较长的时期内，探索这个问题仍具有重要的现实依据。试点中可以基本明确的是，对于由同一流出地流向同一地域相对较集中的经济社会组织中的团员青年，比如河南周口的青年集中来到北京新发地的批发市场，在初期要以流出地团组织为主在这些组织中建立团组织，建立组织后，流入地团组织要积极协助指导，逐步过渡到属地管理；对于由同一个流出地流向同一地域不同经济或社会组织的团员青年，应该在流出地团组织的协助下由流入地团组织负责建立团组织；对于流向分散的团员青年，应该尽量依托其流入的经济或社会组织建立团组织。这三种情况，最终的目标都是要实现属地化管理。

2. 青年自组织团建试点的具体任务

第一，要摸清楚本地区青年自组织发育的基本状况。包括数量、种类和每个自组织的成员、功能、活动频度、活动方式、负责人等基本信息。

第二，要分析青年自组织的需求和我们能满足的需求。目前看我们能满足的，一是可以给青年自组织及其开展的活动给予“准官方”的认可，帮助它们改善生存和发展的环境；二是对于青年自组织开展的具有比较好的社会影响的活动，团组织可以利用自身的影响力提升这类活动的社会影响力；三是可以为青年自组织提供进一步发展的平台。当然，我们联系和帮助的一定是有正面社会影响的青年自组织。

第三，要探索建立团组织与青年自组织各有侧重又有机结合的功能体系。有的地方提出来要建立一种“同心多圆”的组织体系和格局，团组织发挥核心作用，团的外围组织进一步延伸团的功能，大量的青年自组织和青年社团成为我们开展青年工作的重要合作伙伴，这有一定的道理。但是光说到这个程度还不够，因为这是一维的“平面”模型，还不能照顾到不同青年群体多层次的需要，还要继续大胆探索。

第四，建立团组织与青年自组织之间有效的合作机制。我们与青年自组织之间要在青年工作上建立一定的合作关系，这一点已经非常明确。目前最重要的是如何构建有效的合作机制。资源怎么募集？募集来后怎么划分？如何制定适用性更广的政策？怎么拓宽合作范围？这些都需要我们在机制建设上做更多的探索。

第五，在具备条件的青年自组织中建立团的组织。这是我们的最高目标，但一定要“功到自然成”。初期可能选择具备建团条件又有建团意愿的青年自组织，不能强求。青年之所以成立自组织，很多都是要追求一个宽松自由的环境，如果我们要强求这个组织实现正规化，则很可能加速这些组织的瓦解，结果团组织没建起来，自组织也不存在了，这不是我们想要看到的情况。

3. 互联网团建试点的具体任务

第一，认真研究分析互联网群组的特点。要详细了解青年人是以什么样的心情去上网？

上网以后要寻求什么？对什么样的信息感兴趣？对什么样的语言风格感兴趣？形成群组的规律是什么？动员方式是什么等等问题。

第二，寻求介入或组建群组的可能对象。鉴于互联网的开放性特点和团组织的政治性要求，可以先在到村任职大学生群体、大学生志愿者群体中探索，组建类似“同学录”形式的小组。同时，要持续关注社交网站、活跃博主等，寻求可能的合作者。

第三，逐步形成群组的特色功能。浅层的可以探索健康的交友、娱乐功能，中层的可以探索互助服务功能，深层的可以探索思想交流功能。

第四，探索群组的运行机制。研究具有团的色彩的群组在虚拟社会中如何体现团的组织原则，如何联络和影响没有政治取向的其他群组，如何强化自身的影响力等。

最后我要强调的是，我们的团建试点虽然是分领域、分地方实施的，但相互之间并不是孤立的。比如，企业的团建试点也可能涉及互联网团建试点的一些内容和方式，也可能涉及统筹城乡团建试点的内容，也可能涉及青年自组织。各领域的试点要突出重点，但不排斥所有能增加团组织活力的新方法。

这次会议后，希望大家认真学习领会陆昊同志的讲话，各试点单位及其所在地的团委要根据已下发的试点方案和本试点单位的实际，制定可操作的实施方案。各级团的组织部门要及时沟通研究。

从发展的角度来看，团建试点工作的意义十分重大。希望同志们迎难而上，勇于探索，扎扎实实地推动每一项具体的工作。我相信只要我们肯努力、肯付出，就一定会取得丰硕的成果。

贺军科在中国青年企业家协会第十次会员代表大会上的讲话

2009年10月16日

感谢各位代表、理事的信任，选举我和其他同志为协会新一届领导成员。首先，我代表中国青年企业家协会第十届理事会和全体副会长，向这次卸任的会长、副会长、常务理事、理事和会员致以崇高的敬意！向长期以来关心支持青年企业家健康成长和青年企业家协会发展的社会各界表示衷心的感谢！我们将牢记大家的信任和重托，开拓进取，扎实工作，努力推动协会实现新发展。

青年企业家是推进我国经济发展的重要力量和宝贵人才。面对经济全球化不断发展、综合国力竞争日益激烈的形势，面对现阶段社会利益格局深刻变化的现实，加快提高企业自主创新能力，加快建立符合中国实际又富有效率的企业制度，大力培育企业的核心竞争力，以企业的健康发展推动我国经济又好又快发展，以企业和谐促进社会和谐，是青年企业家肩负的光荣责任。

随着我国市场经济体制的不断深化和完善，各类市场主体蓬勃兴起，专业性的服务需求不断增多。同时，政府职能不断转变，为各类协会的发展创造了广阔的空间。我们协会要明确自身的定位，突出自身的特点，体现自身的价值，在学习其他社团组织经验中不断发展壮大。必须以服务会员企业的发展为首要任务，进而服务经济社会的发展；必须努力服务青年企业家的个人成长，进而为中国特色社会主义事业汇聚人才、凝聚力量；必须充分发挥青年企业家在社会建设中的积极作用，进而引导他们为党的青年工作和共青团事业发展提供有力支持。

我们新一届协会领导成员一定要团结带领全体会员，按照兆国同志重要讲话精神和陆昊同志的讲话要求，开拓创新，扎实工作，充分发挥沟通交流、服务发展和维护权益的作用，着眼发展，着力建设，不断增强协会的吸引力、凝聚力和影响力。

要提高专业化服务水平。随着市场经济深入发展，社会分工越来越细，对服务的专业化要求越来越高。提升协会专业服务能力是协会核心竞争力所在，更是协会本质吸引力所在。要体现专业化的工作设计，充分考虑青年企业家在不同发展阶段的共性需求，充分考虑不同行业青年企业家的个性需求，分类提供有效服务。要高度重视并积极开发协会的智力成果，发挥协会的组织和人才优势，组织专家学者、协会会员，开展针对性的研究，准确反映中国青年企业家发展状况和行业发展状况，定期了解并反映青年企业家在产业政策、发展战略、政策法规、市场开拓等方面的共同诉求，为政府部门制定政策提供参考，为青年企业家微观决策提供依据。要利用专业化的服务手段，注重借用外脑，加强与政府部门和社会专业机构的合作，充分利用现代化技术手段和传播方式，为青年企业家提供高质量、高效率的服务。

要提高文化塑造能力。青年企业家处于人生和事业的发展期，先进和健康的文化对他们的成长往往具有重要的潜移默化作用。我们协会要不断加强组织文化建设，形成会员共同认可和遵守的价值理念和行为准则，从而实现对广大会员的思想引领。要塑造青年企业家的共同理想，通过客观的历史比较和理性的社会观察，坚定永远跟党走中国特色社会主义道路的信念。要培育和形成体现时代特征、青年特点和企业家精神的青企协文化，积极倡导勇于创造的精神，引导企业家积极创新，自觉敏锐地把握产业发展的新动向，抢占发展的制高点和主动权；倡导善于合作的精神，引导大家遵守竞争规则和秩序，尊重竞争对手，在竞争中谋求合作与共赢；倡导乐于奉献的精神，引导大家积极履行社会责任，诚实守信、合法经营，扶贫助困、关爱他人；倡导勤于修身的精神，引导大家保持高尚品德、健康情趣和文明的生活方式，经受得住政治、事业、名利、生活的考验。要加强对会员企业文化建设的引导和支持，引导会员构建企业与政府、社会的和谐关系。

要提高组织动员能力。组织动员能力直接反映组织活力。青年企业家社会化程度比较高，利益诉求分散化和具体化的倾向比较明显。我们要提高协会组织动员能力，促使会员之间取得共识，建立信任，扩大交流合作，形成协会的凝聚力。要着重发挥产业委员会的主导作用，按照青年企业家的产业分布、职业背景和发展阶段，科学设置各产业委员会结构，用共同的诉求凝聚会员。要注重发挥好秘书处的统筹协调作用，科学规划协会的发展，处理好协会内外关系，优化工作程序，提高办事效率，用优质的服务吸引会员。要注重发挥好团体会员的网络作用，采取项目配置、资源倾斜、工作指导等方式，加大对团体会员支持力度，示范带动下级青企协组织的发展，覆盖更多的会员。要注重发挥广大会员的主体作用，根据会员的需求设计工作载体，根据会员的建议强化协会管理，激发会员参与热情，发挥会员创造智慧，全心全意依靠会员办好协会。

各位代表、同志们、朋友们，让我们携起手来，共同努力，团结汇聚广大青年企业家为夺取全面建设小康社会新胜利作出新的更大的贡献！

贺军科在基层团建试点工作座谈会上的讲话

2009 年 11 月 11 日,根据录音整理

全团加强基层组织建设和基层工作试点启动以来,经过各级团的领导机关的积极推动,在各试点单位的密切配合下,试点工作取得了积极的进展。从大家刚才汇报的情况来看,各试点单位对试点工作的目标和方向基本上比较明确,大都进入了实质推动工作阶段,部分省级团委还初步建立起了工作督促、指导、交流机制。但工作中也存在一些较为突出和普遍的问题,需要在今后的工作中着力加以改进。我讲三点意见。

一、当前基层团建试点工作中存在的问题

1. 情况了解和思想认识上不够深入

一是对试点单位的情况了解得不够深入。部分团的领导机关对试点单位的调研不够深入,仅是简单了解试点单位的基本情况,甚至有些情况还不够全面和真实,没有深入研究试点单位的行业特点以及所联系团员青年群体的具体数量和构成特点。二是对试点工作本身的认识不够深刻。个别试点单位把试点工作视为一项传统的常规性工作推动,仍局限于常规的工作手段和工作思路,对试点工作中最关键的创新要求把握不够。

2. 工作推进和协调上有些杂乱

首先表现在部分地方特别是基层单位不能很好地理清工作头绪,不能清晰地认识团的日常工作和重点工作之间以及各类重点工作之间的区别和联系,没能在工作中把握住试点工作的根本目标和核心要求。这里我想特别强调一下驻点工作和试点工作的区别。驻点工作最终要达到的效果是什么?就是要使全团对抓基层的思想认识有根本性的提高;对基层存在的一些问题有明确的定位;对解决这些问题的方法和途径有准确的把握;要使团的干部通过驻点培养基层意识,提高工作能力;要使团的领导机关在进行决策和部署时,能够更贴近基层的实际,真正做到“全团一盘棋”。而试点工作的最终目的,是要对一些普遍性、典型性的重大突出问题进行破解,找出解决问题的方法,或者找出解决不了的原因。虽然驻点工作和试点工作都存在探索总结解决问题的方法的任务要求,但两者之间存在着区别。驻点工作更侧重所总结方法的针对性,只要在所在单位、所在县能够有效解决问题就可以;试点工作的核心则是强调所总结方法的有效性、对规律把握的准确性以及在面上推广的可行性。

其次表现在团内不同层级、不同部门之间的工作职责划分不够清晰。这里我想再明确一下。在纵向上,团中央相关部门和省级团委主要负责试点工作的统筹协调,包括研究某个领域的规律特点,确定试点工作中要解决的关键问题,明确试点单位的数量、布局和各自承担任务,对不同试点单位工作成果进行总结和提炼等;地市级团委、县级团委和具体试点单位主要负责试点工作的具体落实,探索在实践中如何按照既定方案完成试点工作任务。在横向上,组织部门要注意把握整体组织格局的发展趋势,从理论上对组织格局和工作模式等具有根本性、全面性的重大问题进行深入研究;战线部门则需要结合各自领域特点,确定试点工作的重点方向,并注意研究团的其他工作如何与组织建设实现有机的结合。

3. 抓工作的力度上有待进一步加强

试点工作从 6 月启动,马上就要进入中期总结评估阶段,再过半年就要“交卷”,时间和

任务十分紧迫。从前期工作来看,各地区、各类别试点单位的工作进展很不平衡,部分省级团委对试点工作抓得比较紧,但也有相当部分省级团委抓工作的力度不够大,还有部分试点单位没有完成准备阶段和第一轮推动阶段的任务,有个别试点单位没有启动实质性的工作,甚至有的试点单位还不知道自己所承担的具体试点工作任务,这都说明我们抓工作的力度有待进一步加强。

4. 工作中的沟通交流不够,缺乏必要的协调统筹

现在试点工作中还存在着各个层级、各条战线各自为战的现象,不同领域的试点单位、同一领域的不同类型试点单位之间也缺乏必要的沟通交流。必须深刻地认识到,试点工作是一个不可分割的完整体系,任何一个具体问题得不到有效破解,都无法全面把握基层团建的工作规律。因此,每个试点单位所承担的任务都不是孤立的,都是全团所需要探索的重大课题的某一具体方面,只有各战线、各类型的试点工作协同并进,才能最终完成试点工作任务。在下一阶段的工作中,各级团的组织部门要切实发挥统筹作用,协调推动各战线的试点工作。

二、进一步提高对基层团建试点工作的认识

1. 要深刻认识基层团建试点工作的重要性和紧迫性

为什么要开展基层团建试点工作?是形势所迫。随着经济社会的深刻变革,社会结构发生了重大变化,青年的生活方式、行为方式也发生了巨大变化。在这种新的历史条件下,共青团组织面临着全方位的挑战,原有的组织格局和工作方式已经越来越难以适应新形势,同时新的问题又不断出现。这些问题导致的突出后果是,团组织在社会上的影响力、对青年的吸引力大幅下降。具体到基层组织建设中,一些问题长期得不到有效破解,比如流动团员管理问题、非公有制经济组织和新社会组织团建问题、农村基层团组织的"空壳化"问题、学校和机关企事业单位团组织的活力不足问题,等等,一直都没有找到有效的应对办法。长期以来,虽然我们也进行了积极的探索,但取得的一些经验是初步的,普遍规律揭示不深,不能解决基层团建中的根本性问题。因此,我们迫切需要通过试点工作的开展,尽快探索出破解基层团建重大根本问题的新途径,扭转当前基层团组织的吸引力、影响力逐渐下降的局面。

2. 要注意把握基层团建试点工作的基本规律

试点工作最根本的任务是探索增强基层组织活力的新途径,具体可以分解为四个方面:一是解决基层团组织"有人干事"的问题;二是解决基层团组织"有钱办事"的问题;三是解决基层团组织的工作设计如何既能适应经济社会发展需要、符合党政要求,又能满足青年需求的问题;四是解决团的基层组织运行机制问题。针对这些问题,在解决步骤和认识规律上,又可以分为四个阶段:第一个阶段是"假想",根据原有积累的大量经验性案例,提出解决问题的可能途径;第二个阶段是"猜想",通过初步实践和分析,筛除那些明显不被实践所支持的"假想";第三个阶段是"命题",通过进一步深入的实践验证,找到充分的事实依据,判断出哪些"猜想"实际上是"伪经验";第四个阶段是"定律",通过深入、全面的实践检验,证实哪些经验是切实可行和可全面推广的。这次试点工作,最终取得的成果至少要是"命题"层面的,就是说即使找不到解决问题的有效办法,也要证明某种貌似可行的经验实际上是行不通的。如果不能取得"命题"或"定律"层面的成果,试点工作就没有达到预期效果。

取得"定律"层面的试点工作成果后,可以首先在某个基层团组织应用,这可以称为"小试成果";之后可以在同领域的几个基层团组

织推广，这可以称为“中试成果”；经过进一步的提炼，可以在不同领域的基层团组织内推广，就形成了最终的“产品成果”。当然，如果试点工作中总结出的规律能够应用于其他类型的社会组织，那就真正实现了“成果转移”。

三、下一步工作要求

1. 切实增强工作责任感和使命感。基层团建试点工作难度很大、挑战很多，但使命光荣、责任重大，希望同志们不要有畏难情绪，更不能把这项工作当成负担。要充分认识到试点工作对共青团建设和发展的重要意义，进一步增强工作责任感和历史使命感，通过扎扎实实的努力，确保试点工作能够取得成果，为共青团事业发展做出自己应有的贡献。同时，也要认识到试点工作创新性很强，能够培养团干部严谨思考的工作作风，有效提高大家的理论水平和实践水平，这对今后从事其他岗位的工作也大有裨益。

2. 要确保工作责任落实到人。团中央相关部门和很多省级团委都建立了基层团建试点工作指导员制度，这是很好的做法。要在此基础上不断巩固和完善这项制度，确保责任到人，每位处以上干部要分别联系1—2个试点单位，对试点工作进行督促、指导，确保各项工作的有效落实。团中央相关部门负责人和相关省级团委书记是本领域、本地区试点工作的主要责任人，必须要加强工作领导，注重做好工作协调，集中力量抓好本领域、本地区的基层团建试点工作。

3. 加强对试点工作的实地指导。不同试点单位的实际情况不同，对试点工作的目标任务、方法路径的认识把握也有所不同，特别是有很多体制外的试点单位对团的工作不够熟悉。各试点单位工作指导员要积极发挥指导作用，除了利用网络、电话等方式进行沟通外，更要坚持经常深入试点单位进行实地调研，跟踪了解试点进展情况，给予必要的指导。同时，有条件的地方应建立咨询协商机制，定期组织团建试点指导员、试点单位负责人和有关专家学者共同研究试点工作中的突出问题，会商解决办法。

4. 要加强不同领域、不同层级间的沟通交流。各领域试点工作存在很多共性问题，不同层级之间的工作也存在着很强的内在联系，必须要注意加强沟通，定期通过面对面深入交流的方式，研究试点工作方法，总结试点工作的规律，真正把试点工作议深议透。

5. 要认真开展工作评估。要分阶段组织力量，集中对各试点单位的工作进展情况进行全面了解，并根据各方面的情况对试点工作效果进行分析评判，对试点单位在方向上、方法上存在的问题和有可能出现的偏差，及时进行纠正。

总之，希望大家在接下来的时间内，对试点工作高度重视，切实加大工作力度，积极探索创新，力争总结出一些具有普遍性的规律成果。

最后，借此机会强调一下驻点工作。驻点工作现已进入第三批的中期阶段，当前我们整个驻点工作已经开始从强调数量规模、驻点时间向强调驻点工作质量上转变。上午陆昊同志对驻点工作提出了明确的要求，这里我想再补充两点。

第一，驻点干部要认真履行职责，在保证驻点工作时间的基础上，落实好各项任务要求。关于驻点干部的任务要求，团中央已在相关工作规范中作出了明确的规定，这里我只强调一点，那就是一定要注意保持脚踏实地的工作作风，千万不要大事做不了，小事不去做，要从摸清驻点县的基层组织状况、青年群体状况这些基础性工作开始做起，扎扎实实地开展驻点工作。

第二，要继续加强对驻点工作的督导力度。总体上看，目前各省级团委普遍对驻点工作十分重视，各县级团委也能够积极配合驻点工作的开展，但部分地市级团委对驻点工作的重视程度还存在较大差距，这其中有客观原因，也有主观原因。针对客观原因，要提高驻点方案制定的科学性，比如地市级团委主要负责人确实无法全身心投入驻点工作，就可考虑安排其他干部重复驻点。驻点工作是全团开展的一项重点工作，必须不折不扣地抓好落实，今后我们还会继续加大督导力度。

贺军科在全团城市战线基层组织建设和基层工作试点推进会上的讲话

2009年11月13日，根据录音整理

基层团建试点工作开展以来，各有关单位比较重视，部署及时，行动迅速。从前期调研和刚才大家讨论情况看，各试点单位能够结合自身实际，突出特色开展工作。普遍向同级党组织做了汇报并争取支持。大部分试点单位围绕创新组织设置、探索吸引凝聚青年的有效方式、找准活跃基层工作的有效载体、构建基层工作保障体系等重点内容进行了有益尝试和探索。

与此同时，更要清醒地看到当前城市战线的试点工作还存在一些问题。一是对于试点工作的认识还不是特别清晰。有的团的领导机关和试点单位把试点工作当做常规的、一般性的工作推动，把自身开展的团建基础工作等同于试点工作，对试点的目标任务把握不准；有的单位把试点作为一种机会，看重向上级团组织争取资金、政策支持，忽视自身的探索和实践，对试点单位的责任认识不清；还有一些单位把试点当成一种荣誉，简单把试点工作定位为体现本单位团组织价值，对试点工作需要付出艰苦努力认识不足。一句话，还存在片面看待试点工作的倾向。二是对试点工作的具体任务和实施的基本路径想得还不太深。有的单位仍然沿用传统的思维和工作方式推进工作，缺乏创新性的工作思路和工作举措；有些单位工作取得了初步进展就急于总结“经验”，对内在规律性和普遍性的认识和把握不深不透。三是有些单位存在着畏难情绪。客观地说，目前团的基层组织建设中存在的突出问题，有些是经济社会发展的深刻变化带来的，有些是缺少解决问题的办法和勇气而长期沉淀下来的。要解决这些问题，是具有相当难度的。需要大家用心用脑、真抓实干，付出艰苦的努力。目前看，这股克难攻坚的劲头还不够。此外，试点工作还存在上级团组织指导支持不够、试点单位之间沟通交流不够、团的领导机关内部部门职责不清等问题。这些问题希望同志们对照实际、认真解决。

对做好下一步试点工作，提几点意见供大家参考。

一、继续提高对试点工作重要性和紧迫性的认识

城市是我国经济社会发展最活跃的区域，聚集了大量青年，当前共青团面临的新挑战、新问题在城市战线反映比较集中、比较突出。职业青年人口三分之二以上集中在城市，但是，团的组织在社区、两新组织中覆盖率很低，即使机关事业单位和国有企业中团的组织也存在空白；团的工作在青年心中真正的影响力、团在社会生活中的影响力不能过高估计。大规模、大范围、经常性流动的青年团员如何组织的问题，“原子化”状态的青年和“碎片化”特征的组织如何组织的问题，团的根本职责与所依托的社会组织的功能发挥、与青年特有的发展需求如何有机结合的问题，团的工作机制与党建步伐、与青年行为特征、与社会环境变化如何适应的问题等等，这些若干年前已意识到或已在探索的问题一直没有得到根本地、有效地解决。团的生命力在基层，恰恰这些问题在基层比较普遍，我们现在没有退路。现实已不允许我们四平八稳地、象征性地碰一碰、等一等。这次全团开展团建试点工作的目的就是要寻找解决问题的普遍的、有效的办法。

二、正确把握试点工作的认识逻辑和基本方法

试点工作的内容涉及团的组织格局、资源配置、工作内容设计、工作机制等多方面内容，大家在这些方面可以大胆创新。更好地履行团的根本职能是试点工作的逻辑起点。在此基础上，要对照剖析试点单位团组织面临的现实问题，寻找符合基本规律的解决问题的具体办法。最后再将这些办法进行理论抽象和总结，形成试点的经验成果。

总的来说，试点工作的基本要求是定位准确、机理清楚、措施有效、举一反三。首先是定位准确。要深入研究本单位的核心业务特点和本单位青年群体特点，深入分析在本单位工作大局中团组织的功能和定位，逐层剖析目前团的工作存在的所有问题或成功的经验。其次是机理清楚。要分析清楚每个问题或成功经验背后的原因，所有因素要找全而且要按影响程度的大小排队，问题和原因应该是连续的、必然的逻辑关系。再次是措施有效。主要体现在主要矛盾是否得到了根本的、稳定的解决，不能把领导一时的重视和支持、团干一时的热情、青年一时的积极等偶发情况当成经验。最后是举一反三。就是要有推广价值，要体现措施的普遍性，既要有针对个体的差异性也要有针对全体的普遍性。当然，我国幅员辽阔，地区差异较大，青年群体和个体差异也比较大，要产生全国推广的经验是比较难的，希望通过试点至少可以产生在全省或在全行业推广的经验，要有这个信心和决心。

三、关于各个试点领域需解决的主要问题

1. 关于社区团建试点。试点中讲的社区主要是原来居委会那个概念所对应的社区。解决问题的重点放在：一是解决工作力量薄弱的问题。要清醒地认识到，在社区层面依靠党政增加编制、增配工作力量是不现实的。试点工作必须立足现在实际，充分发挥共青团的社会化动员能力，探索采取“1 + X”模式，完善社区团组织开放的领导框架和组织框架，通过制度安排把本社区内方方面面的优秀青年聚集起来，为团的工作开展提供人力和智力的支持，聚少成多、科学调配，从而形成组织的整体力量。二是优化工作内容设计。目前，社区共青团工作最突出的问题是缺乏有效的载体。试点工作中，要把握好社区的根本任务和功能，围绕社区安全性、便利性、健康性、娱乐性和互助性，寻找社区共青团工作切入点。要在活动方式、活动内容设计上多下功夫，尊重青年的特质，体现年轻人的特点。鼓励各试点单位充分发挥能动性，结合自身实际，大胆创新。三是丰富工作资源。要紧紧跟上党建步伐，这个是第一位的。要充分发挥所组建委员会的智慧，增强工作内容设计的吸引力和科学性，激发组织体系中所蕴含的力量。要更加注意机制创新，希望大家在这方面多做一些探索。

2. 关于机关事业单位试点。进入机关事业单位的年轻人素质越来越高，这对团的工作要求更高了。试点工作首先要考虑加强机关事业单位组织设置和组织格局创新。不一定拘泥于传统的行政隶属关系，要探索通过利益相关单位联合建团和兴趣建团、网络建团等方式，加强团的基层组织建设。建立党委领导、团委牵头的青年工作委员会是加强党的青年工作的有效举措，但实践中要特别注意通过青年工作委员会有效促进和带动团的工作，不能以青年工作委员会代替团组织的自身建设。二是要把握好机关事业单位的根本任务和功能，以培育复合型管理人才为核心目标，在党政中心工作中寻找切入点，着力打造机关事业单位青年喜闻乐见的共青团品牌活动。三是探索机关事业单位团的工作机制。总体上讲，机关事业单位的党团工作环境稍好一些，党组织比较健全，关键是在其中要体现出共青团组织的独特价值。要健全党建带团建制度，形成评价考核和激励约束制度，活跃并规范机关事业单位团的工作。

3. 关于企业团建试点。既要注意到企业的普遍特点，更要注意国有及国有控股企业、私营企业以及不同发展阶段、不同行业企业的特点。就国有企业来说，团组织要通过开展思想性、技能性和娱乐性活动，着力解决团组织活力不足的问题。在国有大企业中，经费不是根本问题，关键在于团的工作要体现价值、发挥作用、产生影响，有作为才有地位。就私营企业来说，则更现实更直接一些。私营企业团的工作最关键的也是内容设计的问题。要通过共青团的工作促进企业发展，服务青年成长，增进内部和谐，让企业负责人看到团组织的存在价值，进而支持建立团组织并开展团的工作。行业协会也是试点工作要关注的重点。在市场经济环境下，行业协会这种市场中介组织的发展会越来越多，发展空间很大。要积极探索通过在行业协会中建团把会员单位组织起来的方法，不断提高行业建团效率，充分发挥带动辐射作用，培育特色品牌活动，进而增强团组织的覆盖率和影响力。

4. 关于街道团的组织格局创新试点。这项试点，不能简单地理解为配备人手、整合资源，最主要的还是探索一种新的格局。城市街道覆盖的区域较广，驻街道的单位也很多，地位重要。当代青年的兴趣、爱好、利益和需求日益多元，仅仅依靠街道团工委的有限资源，无法实现覆盖和影响全体青年，必须进行分层分类凝聚。建议大家可以思考纵向分层、横向分圈的格局，把各类青年和自组织团结在共青团的周围，组织与组织分工协作，提高效率。街道组织格局试点，重在总结组织与青年之间、组织与组织之间联络沟通进而体现整体作用的机制。

四、下一步工作中需要注意的问题

第一，要注意挖掘工作的价值。提出这一点，就是为了让团干部们认识到工作的意义，激发工作的原动力。一般情况下，只要留心、认真、努力，每一个团干部都可以通过从事共青团工作增长本领、展示才能、发挥专长、得到认可。比如刚才发言的五位基层团组织负责人，表达非常清楚，这就是能力，团组织能提供这样的锻炼机会。在企业，团干部除了展示才能外，还可以利用共青团组织体系的资源，只要开拓思路，团的工作和单位事业必然存在相互促进的可能。在街道社区，通过团的工作可以直接积累社会工作能力和经验，为成为优秀社会工作人才打基础。在机关事业单位，团的工作价值除了前边的因素外，更重要的是全面提升综合素质，对政治会有更深刻的理解和把握。因此，从事团的工作有助于大家的职业发展，希望同志们全身心地投入到团的工作，特别是在试点工作中增强本领。

第二，试点工作要抓主要矛盾。这就需要我们理性地分析每一项试点的问题之间的逻辑关系是什么。要把大问题拆分成既有联系、又相互独立的若干个子问题，进行梳理排队，找出最重要的问题是什么，有针对性地加以解决。要把问题进行细分，结构上、逻辑上理清楚，这个工作需要我们下大力气。

第三，团的领导机关要进一步加强指导。这里的指导，不能只是打打电话、问问情况，而是要深入指导、靠前指导。我们提倡大家经常到试点单位去，面对面地与试点单位团干部和青年深入交流，了解情况，进行指导。也要利用网络等信息手段，通过邮件、QQ 等形式，增进沟通。

第四，要牢牢把握试点的最终目标。各级团干部一定要做到心中有数，明白团中央下这么大力气开展试点工作的初衷和目标。试点成果最终要拿解决问题的方案说话，这个方案必须有效、可行、普遍。即使没有找到办法，也要得出足以说服自己、说服大家、揭示了本质的“行不通”的道理。虽不强求试点一定成功，但是要把各方面智力资源发挥到极限，把事情想透、说明白。

利用今天这个机会，我还想再说一下青年就业创业工作。这项工作是共青团为服务青年普遍需求而确定的全团重点工作，必须毫不动摇地强力推进。其中，城市战线主要担负着见习基地、小额贷款和订单式培训工作，前期总体进展顺利，这与大家的努力是分不开的。一是关于就业创业见习基地工作。截至 10 月底，见习基地数量达到 21388 个，见习岗位数 524961 个，上岗青年 216870 人，聘用 49613 人，成效比较明显。但今年下半年来，我国经济形势企稳向好以后，就业压力在局部地区、局部领域有所释放，见习基地工作由初期的突击任务转为常态工作，进入到新的发展时期。这就需要我们进一步把见习基地的运行逻辑，以及吸引企业主和青年人的内在机理弄明白，不断提升见习基地的数量质量、见习青年上岗率、社会知晓率、青年满意率等等，立足长远、建章立制，加大已有政策落实力度，深入持久地把工作做实做好。二是关于青年小额贷款工作。截至 10 月底，贷款总额 334566.3 万元，扶持创业青年 33802 人，带动青年就业 126398 人。目前，团中央已经与国家开发银行和邮政储蓄银行建立了合作关系，但这只是给大家提供一个工作方向和载体，我们也全力支持省市团委与当地城市商业银行开展合作。下一步工作的关键，要在稳步推进中同步实现量的积累和质的提升，同时做好贷款青年信息档案等基础性工作。三是关于进城务工青年订单式培训工作。截至 10 月底，已培训 48902 人，已上岗 37922 人。这是一个非常好的工作方向，利于增强培训工作的针对性和服务青年的有效性，我们要进一步理顺劳动部门、培训机构、用工企业、团组织和青年之间的利益关系，构建组织高效对接、信息充分沟通的工作机制，真正把这项工作做深做透，做好做实。要特别强调的是，以上三项工作不能简单委托给合作单位去做，一定要注重发挥团组织的主体地位和枢纽作用，要在整个过程中体现出共青团的专业服务和组织存在，从而将工作成效转化为组织建设成果。

总之，试点工作时间比较紧张，希望同志们切实落实责任，创新思维，务实推进。就业创业工作也要持之以恒，强化措施，抓紧抓实。相信通过城市战线同志们共同努力，一定会为团的整体事业发展增光添彩。

卢雍政同志讲话

卢雍政在2009年全团青年志愿者工作会议上的讲话

2009年2月17日，根据录音整理

上午，陆昊同志代表团中央书记处就新形势下进一步加强青年志愿者工作作了重要讲话，深刻阐明了青年志愿者工作在全团事业中的重要性，要求全团上下对过去的经验、现实的状态和未来的发展走向进行理论上深入的思考、实践上积极的探索。讲话思想深刻，内涵丰富，对于全团做好志愿服务工作具有重要指导意义。同志们要认真学习领会，深入贯彻落实，推动志愿服务工作实现新发展。

刚才，5个省级团委的负责同志就本省市开展志愿服务工作做了经验交流，其他没有在大会上进行交流的省（区、市）及副省级城市也都递交了交流材料。从同志们的发言和交流材料中能深切感受到大家长期以来做了很多很好的工作。这些年来，在各级党委政府和社会各方面的关心重视支持之下，在全团上下一批又一批从事青年志愿者工作的团干部的共同努力下，志愿服务事业从无到有，从小到大走过了不平凡的历程，为我们党和国家事业的发展作出了积极的贡献，为中国青年运动和共青团事业在新的历史条件下谱写了新的辉煌。借此机会，让我们向曾经在团的岗位开创了志愿服务事业的老领导、老团干和正在从事青年志愿者工作的全体团干部表示崇高的敬意和由衷的感谢！

在近期举行的中国青年志愿者协会第二届理事会通讯会议上，我被推选为中国青年志愿者协会理事长。非常感谢大家对我的信任，从中我也感到了更大的责任。2008年是中国志愿服务事业的成人之年，但怎样变成能够担负起更大责任、真正成熟的人，还需要全团上下共同努力。下面，我结合贯彻落实陆昊同志讲话精神，就新形势下推动青年志愿者工作新发展谈几点思考，供同志们参考。

一、深刻认识志愿服务事业发展的基本经验和启示

1. 志愿服务实现了个人需求和社会需求的衔接。大家都知道马斯洛的需求层次理论从最低的生存需求到最高的自我实现需求，有五个层级需求。志愿服务实际上是人性当中自我实现需求的一个很好的释放点。当志愿者的动力首先不是来自于外部的世界，而是来自于人性当中内在的精神追求。这种个人需求是随着社会的进步和我们自身生存环境的改善而不断提升的。志愿服务挖掘的是人性当中自我实现需求的一面，也是挖掘人性当中向真、向善、向美的一面。所以志愿服务最根本的动力还是要从以人为本的角度，从人性的角度去思考。我们一定要强调它的志愿属性，而不是行政化的、行政命令式的。要把这种人性的东西释放出来，因势利导，那就需要有合适的引导载体，同时需要有承接空间。我们创造的志愿服务就是很好的引导载体，日益增长的社会需求就是有效的承接空间。社会深刻变革带来了社会管理方式、社会服务方式的变化，也带来了一些新的需要给予关注的社会问题，许多社会问题需要广大公众积极参与、共

同努力来加以解决，志愿服务便应运而生。同时，我国正处于社会转型时期，我们党治国理政的理念和方式发生了重要变化，正在从有限政府、责任政府、法制政府等方面加快政府职能转变，越来越多的社会领域由社会组织介入，来承担原来的政府行使的一部分职能。由此带来的社会需求不断增长，给志愿服务提供了广阔的空间。个人自我实现需求的增长和社会服务需求的增长，使得衔接两个需求的志愿服务事业不断发展壮大。

2. 志愿服务实现了公民意识和社会责任的衔接。随着社会主义市场经济体制的不断发展完善，“四个多样化”不断突显，每一个人从自然人到作为一个社会公民的意识也必然不断增强，这是我们整个社会文明进步的体现。但是，如果对这种公民意识不去进行积极的引导，就可能会带来严重的社会问题。志愿服务理念与社会的公民意识是契合的，志愿服务很重要的一条，就是“奉献社会，帮助他人，完善自我”、“送人玫瑰、手留余香”，这里面充分体现了志愿服务的特点和精神，把公民意识和社会责任进行了有机的衔接，给每一个有热情、有愿望担负社会责任的公民铺设了一条道路，搭建了一个平台。所以一方面我们要顺应公民意识增强的这样一个趋势，大力推进社会主义民主政治建设，加强和谐社会建设；另一方面，作为共青团组织，要通过志愿服务把这种公民意识与承担社会责任结合起来，大力引导广大群众为建设富强、民主、文明、和谐的社会主义现代化国家，为实现中华民族的伟大复兴而奋斗。

3. 志愿服务实现了弘扬理念和务实推进的衔接。社会发展需要精神力量的推动。志愿服务高扬的是理想主义的旗帜，从一开始起我们就始终注重弘扬“奉献、友爱、互助、进步”的志愿精神。奉献是前提，友爱是基础，互助是实现形式，进步是共同理想和目标。志愿服务不是行政化的自上而下的做好事，而是强调社会群体之间、不同人群之间的相互帮助，互助是志愿服务非常重要的实现形式，这是志愿服务既不同于政府服务，也不同于市场服务的一个非常重要的区别。互助不仅是个体对个体的服务，而且不同的群体、不同的地域、东部西部、富人穷人、城市农村都可以互助，这是志愿服务的重要特点。不要把志愿服务理念的弘扬简单等同于具体工作的宣传。有的同志认为对项目和工作的宣传就是弘扬理念，这有内在的联系，但不完全是一回事，只是对工作的一般性反映，不能实现志愿服务理念宣传普及的系统性和整体性。宣传工作重在策划，重在基层，要打主动仗，要打提前量。从团中央志愿者工作部到各省级团委都要高度重视理念的弘扬，工作力度不能减弱，同时要实现弘扬理念和务实推进的衔接，建立一整套机制来保证项目的长期可持续。现在回过头来看看志愿服务发展历史，一直以来我们很注重项目的设计，项目有了就争取机制保证，还较大范围推进了法律层面的保障，比如从初期的扶贫接力到西部计划，从赛会服务到海外援助等等，都是我们务实推进的结果。特别要指出，务实推进工作时要更加重视志愿服务专门工作机构建设，如果说以前我们还可以放在团内其他部门中去发展，那是因为志愿者工作刚起步，事业干得还不够大，但现在志愿服务事业已经成为共青团事业重要组成部分，为共青团组织赢得了广泛赞誉。无论是志愿服务自身发展需要，还是积极应对当前新格局的变化，都需要我们勇敢打破一些思维定势，合理调配资源来干这项党政重视、社会需要的事业，我们要有这个清醒的认识和判断。

4. 志愿服务实现了开展活动和加强建设的衔接。在90年代开展志愿服务之初，我们就把“着眼发展，着力建设”确定为基本工作思路，开展活动和加强建设的衔接是一条宝贵经验。共青团当然要开展活动，作为一个群众性组织，开展活动是必须的，讲建设的重要并不意味着否定活动的重要，而是要把建设放在突出位置，放在跟活动并举的高度，这样我们组织效率就会更高，工作的稳定性就会更强。加强建设，打好基础，一些东部发达地区早在90年代就走过了这个环节，但是在一些相对发展滞后的地方，这个问题还没有解决好。各地要真正树立起这个意识，因为早晚都得走这条路，早明白就能少走弯路。我们要通过建设为团的工作留下一点痕迹，给我们的后来者留下一点事业，这是我们对共青团事业的责任。

5. 志愿服务实现了组织动员和社会动员的衔接。组织化动员是按照团的组织层级依次传递的一种动员方式，社会化动员是打破了原有组织层级而进行的一种动员方式，志愿服务实现了组织动员和社会动员的衔接。我们招一些社会领域的志愿者，既有组织动员的成分也有社会动员的成分。比如我们很多工作实现了组织层级的传递，但同时又在某个层级运用社会化的动员方式。中国志愿服务事业的发展，靠的是两者结合的体制，而不是单纯意义上的把自己当做民间组织去面向全社会招募志愿者。当前，我们还要把志愿服务与加强团的基层组织建设、活跃团的基层工作有机结合起来，要注意在团的基层组织建设和活跃基层工作中更好地发挥组织动员和社会动员的作用，增强基层团组织对青年的吸引和凝聚。我们也可以动员一些符合条件的社会青年做志愿者来服务于团的事业发展，注重培养管理型志愿者。

6. 志愿服务实现了干事奉献和实践育人的衔接。共青团的根本职能是育人，培养中国特色社会主义事业的合格建设者和可靠接班人是党交给我们的一项根本任务。志愿服务的双重功能属性决定了我们既要组织动员志愿者为社会干事，为社会奉献，同时也需要发挥共青团组织通过志愿服务这个非常重要的载体，在生动的社会实践当中培养一代新人的作用。我们工作的重要目的是让更多的青年通过志愿服务得到提高，培养他们的社会责任、高尚情操、工作技能和团结协作意识。一些地方、一些部门的不少同志对此认识得并不是十分清楚，往往偏重于对志愿者的管理和使用，而忽略了对志愿者的培养和锻炼。我们不是一个劳务输出组织，更不是一个廉价劳动力的提供机构，我们既不能把志愿者当成一个低成本的劳动力队伍，也不能当成纯粹的专业队伍，对此大家要有清醒的头脑，谨防为了扩大声势忽视志愿服务一些本质的要求。我们必须坚持培养与使用并重的原则，在工作中始终把动员青年干事奉献和培养青年有机地结合起来，把育人的理念有机地融合在这个事业发展的过程当中。

二、努力把握志愿服务事业发展的战略背景

不谋万世者不足谋一时，不谋全局者不足谋一域。全团从事志愿服务工作的同志始终要注重战略性思考，深入研究志愿服务事业发展的战略环境和背景。志愿服务蕴含了思想性和战略性，是关系共青团事业长远发展的一项重要工作，将来它还将发挥更大的作用。志愿服务事业是一项系统工程，我们不能简单认为是一般意义上的慈善事业或公益事业，更不能把志愿服务仅仅理解成一项具体的工作，我们要用更宽阔的胸怀、更具前瞻性的眼光来把握志愿服务事业的发展。

1. 深入思考全球化背景下中国志愿服务事业发展定位。从国际大背景来看，全球化、信息化特征日益显现，国家之间文化交流更加广泛，综合国力竞争日益激烈。我们必须认真思考志愿服务工作怎样服务于国家的整体利益，服务于国家软实力的提升。志愿服务是人类文明的共同成果，不存在姓资和姓社的问题，资本主义国家拿来为它的国家利益服务，我们社会主义国家同样可以拿来为我们的国家利益服务。我国志愿服务的发展很好地体现了社会主义道德，传承了中华民族的传统美德,借鉴了发达国家的有益经验。在新的发展阶段,我们既要更多地学习引进消化吸收国外好的经验和做法,又要不断探索创新,有意识地参与更多的国际交流,传播我们的一些理念和好的做法。比如海外志愿服务既有利于维护我们的国家利益,又有利于培养一大批有世界眼光、有国际经验、内外兼修的复合型人才。希望从事志愿者工作的同志要有国际眼光,能够有更开阔的视野,更强的执行能力,更扎实的功底,这样我们才能够更好地把握事业发展的趋势和走向。

2. 充分认识当前我国志愿服务发展新格局新要求。从国内大背景来看,我们现在面临着一个建设和谐社会的这样一个很重要的大背景,志愿服务是引领精神风尚,促进社会和谐的有效载体,这也是中央文明委高度重视志愿服务的很重要的一个原因。中央文明委下发了《关于深入开展志愿服务活动的意见》,是指导我们当前和今后一个时期做好青年志愿者工作的纲领性文件,为共青团推进志愿服务事业提供了广阔的工作空间。特别是2008年抗震救灾和北京奥运会的成功举办,志愿服务理念进一步深入人心,全社会蕴藏着巨大的志愿服务热情,我国志愿服务事业正面临着难得的发展机遇。对此,我们既要看到过去奋斗中取得的成绩,又要对当前的形势作出正确的分析和判断,更要对工作中还存在的不足保持清醒的认识。下一步,我们要全面落实胡锦涛总书记两个“全体青年”的工作要求,始终坚持着眼发展、着力建设的工作思路,继续高举青年志愿者旗帜,继续发扬青年志愿者开风气之先的优良传统,充分发挥青年志愿者在中国志愿服务事业中的生力军和主体作用,努力保持青年志愿者行动始终走在中国志愿服务事业的发展前列,引领和推动中国志愿服务事业的发展。

3. 认真研究关系国家长远利益的重大问题,找到新的工作切入点。当前,我们要根据战略环境变化研究志愿服务工作新领域。比如,要重点关注生态问题和社会老龄化问题。国际上生态问题已经不单纯是一个环境问题,实际上已经政治经济化了。青年志愿者工作在参与环境保护和生态建设方面要加强研究,要全团形成统一的品牌和行动。同时,随着老龄化社会的到来,老龄问题将带来很多社会问题,在为老服务这个领域,志愿服务要发挥更重要作用。除此之外,我们还要认真研究我国可能出现的关系到国家根本利益的一些重大问题,找到新的工作切入点,这样志愿服务事业才能长盛不衰。

三、正确处理志愿服务事业发展的几个重要关系

1. 高和低的关系。高是我们要始终把弘扬志愿精神、高扬青年志愿者的旗帜放在非常突出的位置。不要用一般性的宣传来代替有计划、有策划、整体性的宣传。理念的传递也不仅仅是通过媒体,还有很多种方式,比如北京奥运会就是对志愿服务理念的最大的传递。低就是要把重心下移,要加强对志愿服务基层组织的培育和发展,要把它和团的基层组织建设,基层工作的活跃有机结合起来。我们不能光讲共青团有组织优势,还要重心下移,如果我们看起来有腿,而实际上没腿的话,那还有什么优势?所以希望大家认真研究,把重心放低,着力加强基层志愿服务组织建设。

2. 虚和实的关系。一方面我们要注重对志愿服务过去实践的提炼、升华、理论的研究、理性思考、国际经验的借鉴,要做这些务虚的工作。大家工作都很辛苦,但是不要每天全部都被压在一些具体的事务性的工作里面,导致没有时间去思考、提升、提炼、借鉴这样一些好的规律性的东西。要善于借助外脑、借助外力来加强自身理论建设。另一方面,一旦我们认准要做的事情,就要真正的扎扎实实的去把它做好。要避免以会议落实会议,以文件落实文件。我们要通过扎扎实实的发展壮大志愿服务事业,来获得各方面的高度认同,使我们这

个事业能真正长久立得住。

3. 远和近的关系。远是指一些长远性、战略性的工作规划,近是指近期的工作安排和部署。在志愿服务发展过程当中,要处理好长远工作和近期一些具体工作的关系,首先是要加大对志愿服务的长远性、战略性的研究和规划。我们在 90 年代提出来的一些大的思路,基本的框架,十几年以后总的来讲还是符合了这个事业发展的规律的,或者说因为当时考虑的还比较贴近这个事物发展的规律,后来一步一步地实现了当初的设想。要注重战略规划,比如要有五年规划,甚至有一些更长期的考虑。在长远规划下,我们要制定好短期工作计划和努力目标,既把住发展方向,又步步为营,我们事业就会稳步前进。

4. 大和小的关系。一些重大项目的实施需要全团一盘棋,一些具体项目体系的建设需要各地因地制宜。突出品牌项目有两个层面的问题。一个层面是在全团要打一面旗来做的品牌项目不是越多越好,而是要突出我们的优势,做精做强我们的品牌项目,体现整体性。另一个层面是基层志愿者直接参与的服务项目不能过少,要尊重青年意愿,力求多样性。比如说一个城市或一个社区,要通过志愿服务更好地吸引和凝聚青年,就要适应青年多样化的新情况,尊重青年选择多样化的特点,提供给青年选择的服务项目就越多越好,志愿服务还是要立足于就近就便,增强服务的普遍性和广泛性。在这里顺便强调一下注册制度问题,一定要和志愿者的意愿、需求更好的对接,要探索依托一些重大的项目活动推进注册工作。注册制度重在方式方法的创新,注册方式还可以更加灵活便利,要更贴近共青团的实际,更贴近志愿者参与服务的实际,决不能志愿者注册了却没事干。

5. 分和合的关系。在下一步推进志愿服务的过程当中,哪些事情要整合,哪些事情要分散,是一个应该重视的问题。从整合的角度来讲,既有项目的整合,也有组织体系的整合。在项目整合方面,在一级层面,要形成一些全团的品牌,全团要抓几个像西部计划和海外计划这样的项目,同时要研究继续把社区志愿服务和谐行动这个牌子打响,毕竟大量的青年参与志愿服务,还是要就近就便,依托于本地。在二级层面,各地需要在一个统一的旗帜下开展,特别是城市开展工作要有统一的品牌。在组织体系整合方面,要下大决心改造青年志愿者协会。青年志愿者协会到底发挥什么样的功能?志愿者工作部门和志愿者协会到底要形成一种什么样的关系?当前,特别是 2008 年以后社会各界的志愿服务热情高涨,协会作为一个社会团体,我们怎样把它改造成一个整合各方面资源力量的一个组织。在对外整合资源方面,中国青年志愿者协会要迈出重大步伐,要学习青联等组织的好做法,创新思路去构建协会的框架;在对内整合方面,将来团的志愿者工作部门和协会要适度分离,志愿者工作部门要重点开展宏观战略、总体规划、政策推动、督导检查等方面的工作,协会要相对独立的运转,要承接一些具体的已经定型了的项目,用更加社会化的方式来进行运转。协会还有一个重要职能,就是吸纳凝聚各方民间志愿者组织和个人,通过适当的方式把协会打造成凝聚青年的开放平台。

从分的角度来讲,要解放思想。志愿者工作部门不能包打天下,要把志愿者的工作放在全团的总体工作布局当中去思考,适当的分,不是弱化了我们的职能,而是可以壮大这个事业的基础。在基层,如果协会的体制改造好了,有一些项目工作就可以让团体会员或协会界别工作委员会来做。这就是分和合,哪些地方我们要去整合?哪些地方要去分解?让更多的人参与到推进这个事业的行列当中,这个度要把握好,关系要处理好。重要的是出总体思路,出运行机制,加强规划、总结、表彰等等。

6. 群和专的关系。群是指群众性,专是指专业化。不要因为现在志愿服务事业的发展，对有些领域的专业化要求越来越高，就忽略了志愿服务的群众性；也不要因为志愿服务是群众参与度比较高的事业而不注意在一些重要领域专业化的提升。我们不能只看到志愿服务的专业性，一些领域里面是需要有一些专业的技能的，但如果把志愿服务做成了一个只有少数专业人士能够参与的事业，志愿者工作就会越做越小，就会越做越失去它存在的价值，所以一定不要强调志愿服务的专业化而忽略了它的群众性，发达国家的志愿服务做了一百年都没有变成了只能少数人参与的、专业人士能参与的精英活动。志愿者服务总的来讲是一项社会事业，是群众性的事业，是和市场化的专业技术提供和政府的组织行为互为补充、相互衔接的事业。党中央指出要探索建立与政府服务和市场服务相衔接的社会志愿服务体系，这就说明志愿服务第一不是政府服务，第二不是市场服务，希望大家在群众性和专业化的方面理清思路。各级团组织都要掌握一部分有专业素养的志愿者队伍，平时进行一些必要的培训，关键时刻能够顶得上，拾政府服务之遗，补市场服务之缺，这样就可以充分发挥共青团志愿服务工作的独特作用。

同志们，志愿服务事业是一项崇高的事业。青年志愿者行动是团的事业的重要组成部分。全团要按照党中央对志愿服务事业的总体要求，按照团中央书记处对全团志愿者工作的总体部署和陆昊同志的讲话精神，认真总结青年志愿者工作的基本经验和本质规律，正确分析和解决当前工作中的突出问题，形成共识和合力，在新形势下推动志愿服务工作实现新发展，为构建社会主义和谐社会做出新的更大的贡献。

卢雍政在2009年西部计划电视电话会议上的讲话

2009年4月10日，根据录音整理

今天，团中央、教育部、财政部、人力资源和社会保障部联合召开2009年大学生志愿服务西部计划电视电话会议，部署和安排2009年西部计划的各项工作。以今天的会议为标志，2009年西部计划各项工作将全面展开。一会儿，财政部副部长李勇同志、教育部高校学生司司长林蕙青同志、人力资源和社会保障部人力资源市场司司长毕雪融同志还将代表相关部委作重要讲话，我们要认真学习领会、切实抓好落实。下面，我代表全国大学生志愿服务西部计划领导小组和团中央书记处，就西部计划2008年工作实施情况和2009年工作安排讲两个方面的意见。

一、2008年大学生志愿服务西部计划组织有力、深入开展

2008年是令人难忘的一年，在党中央、国务院的坚强领导下，我们取得了抗击汶川特大地震灾害的伟大胜利，成功举办了北京奥运会、残奥会。2008年也是中国志愿服务的成人之年，无论是在汶川特大地震灾区，还是北京奥运会、残奥会的赛场内外，都活跃着广大志愿者的身影，他们用实际行动践行了“奉献、友爱、互助、进步”的志愿精神，体现了胡锦涛总书记指出的“向世界展现了中国志愿者的时代风采，为祖国和当代中国青年赢得了巨大荣誉”。2008年志愿者的无私奉献也用实践表

明，在当代中国，志愿服务工作创造了一种新的社会动员方式和机制，创造了经济社会变革条件下社会主义精神文明建设的有效载体，创造了为当代青年人所喜爱、所接受的精神时尚。

2008年，在党中央、国务院的亲切关怀下，在有关部门密切配合和各级项目办的共同努力下，西部计划各项工作组织有力、深入开展。全国共有近2万名志愿者在岗服务。其中，全国项目新招募7780名志愿者，实施了10个专项行动。汶川特大地震发生后，全国项目办紧急启动西部计划抗震救灾专项行动，从全国920余所高校踊跃报名的近2万名大学本科以上学历毕业生中招募选派1150名抗震救灾志愿者，并且从四川已入选志愿者中选拔了1000多名志愿者，到地震灾区一线开展了为期1年的志愿服务。2008年7月14日，温家宝总理在参加西部计划抗震救灾专项行动的志愿者来信上作出重要批示，指出："作为新一代青年人，他们是大有希望的。"2008年，在中央领导同志的亲切关怀和财政部的大力支持下，西部计划大学生志愿者生活补贴由2007年前的每人每月600元普调至680元，同时享受6类艰苦边远地区津贴。一年来，各级项目办认真落实鼓励政策，积极争取各方支持，为6566名西部计划服务期满志愿者提供了就业服务；坚持"谁用人、谁受益、谁负责"和培养与使用并重的原则，着力建立健全招募培训体系、日常管理体系、安全健康管理体系、信息管理体系、服务保障体系、就业服务体系和考核激励体系；推动形成了全国、省、县、高校三级联动、四位一体的管理机制，政府购买公共服务的社会化创新机制，弘扬时代主旋律的舆论宣传机制，部门间定期沟通的协调议事机制和稳定的项目资金保障机制等等，不断健全工作机制、完善政策措施，努力推进西部计划实现科学发展、可持续发展。

回顾过去一年来的工作，我们认为，西部计划的深入发展有几个方面值得总结。一是坚持"围绕党政大局，紧贴社会急需，服务青年成长"的工作思路，服务于西部大开发、科教兴国和人才强国战略，服务于西部基层的经济社会发展和人民群众需求，服务于青年学生的成长成才；二是在广大青年学生中高扬了理想主义旗帜，唱响了到西部、到基层、到祖国最需要的地方建功立业的青春主旋律，在高校毕业生中形成了良好导向；三是坚持科学发展理念，推动形成了"国家支持、各部委协作、共青团承办、项目化管理、社会化运作"的工作格局；四是西部计划作为青年志愿者事业的"旗舰"项目，受到了全社会的广泛关注，有力促进了志愿服务的项目、队伍、组织和机制建设，推动了中国青年志愿者事业不断迈上新的台阶。

同时，我们也要清醒的认识到，要实现西部计划深入持久的发展，我们还任重道远，还需要进一步认真把握和处理好以下几个关系。一是如何进一步处理好满足日益增长的西部基层实际岗位需求与满足青年志愿者的服务意愿、服务能力和发展愿望之间的关系；二是如何进一步处理好有效发挥青年志愿者立足岗位贡献聪明才智、促进西部基层发展同坚持培养与使用并重原则、支持帮助青年志愿者更好锻炼成长之间的关系；三是进一步处理好各级项目办坚持"谁用人、谁受益、谁负责"、切实履行管理服务职责、加强安全健康管理与调动青年志愿者参与管理的积极性、降低管理成本、提高工作绩效之间的关系；四是进一步处理好西部计划与各个引导高校毕业生到基层就业创业工作项目之间的待遇政策衔接之间的关系，等等。这些都需要我们在今后的工作中着力加以改善。

二、围绕中心、服务大局，求真务实、扎实工作，全力做好2009年西部计划各项工作

2009年，由中央财政支持的西部计划全国项目目前初步确定万名左右实施规模，按照公开招募、自愿报名、组织选拔、集中派遣的方式，选派普通高等学校应届毕业生到西部基层乡镇一级从事志愿服务工作。志愿者服务期从1—2年调整为1—3年。同时，考虑到西部基层的实际需求和促进更多高校毕业生到这些地区就业创业，满足更多青年志愿者服务西部、服务基层的迫切愿望，我们正在有关部门大力支持下，争取今年进一步扩大西部计划全国项目实施规模，具体情况再另行通知，各地要及时做好衔接工作。今年志愿者报名时间为4月15日至5月10日。继续实施支教、支医、支农、全国农村党员干部现代远程教育、西部基层检察院、西部基层法律援助、西部基层人民法院、开发性金融和西部农村平安建设等专项行动，原抗震救灾专项行动更名为灾后重建专项行动，新增基层青年工作专项行动，并与"农村区域化"专项行动进行了整合、提升。在扎实做好全国项目的基础上，鼓励各地按照全国项目的运行模式和工作要求进一步扩大地方项目的实施规模。

1. 进一步增强大局意识、政治意识和责任意识，深刻认识并充分把握当前实施西部计划的重要意义。

西部计划始终是一项以育人为导向的工作，一直引领青年在参与志愿服务中增强大局意识和社会责任感，引导青年学生到西部基层就业创业，在实践中增长才干、成长成才。当前国际金融危机蔓延，国内就业形势压力很大，高校毕业生就业形势尤为严峻。党中央、国务院高度重视高校毕业生就业工作，今年1月，国务院办公厅专门下发了《关于加强普通高等学校毕业生就业工作的通知》(国办发〔2009〕3号)，明确要求继续组织实施"大学生志愿服务西部计划"等项目。4月2日，国务院召开全国普通高校毕业生就业工作电视电话会议。中共中央政治局委员、国务院副总理张德江同志在会上强调，要充分认识高校毕业生就业工作的重要性和紧迫性，深入贯彻落实科学发展观，狠抓政策落实，齐心协力，扎实工作，千方百计促进高校毕业生就业，千方百计保持高校毕业生就业形势的基本稳定，为改革发展稳定大局做出新的贡献。同时，全团也按照党中央的部署，积极开展促进青年就业创业的工作。

在今年这个大的背景下实施西部计划，各级团组织、西部计划项目办要从党和国家事业发展全局的高度，立足服务青年最普遍、最迫切的需求，深刻认识并充分把握当前实施西部计划的重要意义。在实施西部计划的过程中，要从国际国内的大局出发思考、谋划相关工作，要让广大高校毕业生充分认识和了解党和国家对他们的关怀重视和社会各方面的关心帮助，要积极引导广大高校毕业生通过参加西部计划来感受新西部、体验新生活、实现新成长，树立到西部和基层就业创业的信念和追求，要充分发挥西部计划在引导大学生转变就业观念、缓解就业压力方面的积极作用，进一步引导高校毕业生树立正确的就业观和成才观，推动形成全社会共同促进高校毕业生多渠道就业的良好舆论环境。

2. 进一步弘扬志愿精神，突出西部计划的志愿服务特性，唱响到西部去、到基层去、到祖国最需要的地方去的青春主旋律。

"奉献、友爱、互助、进步"的志愿精神是包括西部计划在内的志愿服务事业发展的灵魂和基础，指引着志愿服务事业发展的方向、凝聚着志愿服务事业发展的力量，为志愿服务事业发展提供了强大的动力。西部计划实施6年来，我们始终将大力弘扬志愿精神、推广普及志愿服务理念作为实施西部计划的根本出发点，引导广大西部计划志愿者成为志愿服务的践行者和志愿精神的传播者，又帮助他们从志愿服务中经受锻炼、收获成长。

在今年的工作中，我们要继续高扬理想主义旗帜，进一步弘扬志愿精神，普及志愿服务理念，突出西部计划的志愿服务特性，要把志愿服务精神内化为青年志愿者参与志愿服务、投身西部计划的内在动力、内在追求和内在选择。在这里，我特别指出，西部计划首先是一项志愿服务行动，要进一步调动志愿者的参与热情，要强调西部计划的志愿服务特性，不要简单地与其他促进就业项目的待遇政策进行攀比。

一是要重视西部计划本身的宣传推广工作，营造全社会理解支持关心西部计划的良好态势与氛围。要进一步加大宣传力度，通过创新宣传形式、丰富宣传手段、发挥典型作用等方面多角度、多层次、多载体开展西部计划宣传；要体现全程宣传，把宣传志愿服务理念贯穿于西部计划各个环节、各个阶段；要善于运用当代青年所喜闻乐见的网络、移动传媒等新媒体，充分利用校园广播电视、校园网、手机报、个人邮箱等，及时发布相关动态信息。

二是要以西部计划报名和选拔为契机，在招募期间推动形成志愿服务的宣传热潮。今年，全国项目办要求在4月15日报名第一天实现“三个同时到达”，即全国项目办、省级项目办和高校项目办同时向每一名应届高校毕业生的电子信箱发送公开信和招募计划，力争为每一名愿意到西部基层就业创业的应届高校毕业生提供全面、准确、及时的信息服务，并在全社会扩大志愿服务影响。同时，全国项目办将在中央主要媒体发布新一期公益广告，并组织深入报道。各地要认真抓好落实，并结合实际争取支持，做好宣传。

三是加强志愿者的培训工作。培训是提升志愿服务精神，深化志愿服务技能的重要手段，是开展志愿服务非常重要的环节。各级项目办要在西部计划实施过程中要进一步加强入选志愿者在离校前的前期实习、见习培训，认真落实“以招募省短期集中培训、服务省集中培训为主，服务地岗前培训为辅”的工作要求，进一步健全培训工作制度，有针对性地做好集中培训和服务期间的强化培训。要加强与相关单位的协作配合，加强对有关专项行动志愿者的业务培训。

3. 进一步健全工作机制，求真务实、扎实工作，以负责任的精神深入推进西部计划各项工作。

西部计划的组织实施工作直接关系到每个青年志愿者的切身利益，具有政策性强、工作流程多、工作任务繁杂、工作责任重大等特点。全国项目办和各级项目办要以高度负责的精神扎实推进宣传动员、招募选拔、培训派遣、管理服务和就业服务等工作。

一是全国项目办要加强统筹协调，依托团的组织网络和西部计划信息系统，加强全过程的规划、管理与监督，确保各项工作有序、有效、扎实推进。今年，全国项目办一方面要加强对省级项目办的协调、指导和监督，同时要进一步依托现代科技手段，着力通过完善西部计划信息系统，使其贯穿于招募选拔、日常管理、就业服务等全过程，丰富管理手段、优化管理环节，提高运行效率、降低管理成本。二是省级项目办要发挥枢纽作用，认真履行工作职责，加强省际协作和工作对接，做好本省高校项目办和服务县项目办的指导、检查、督促工作。从2009年开始，全国项目办要进一步发挥各省项目办的积极性和主动性，推动管理工作重心下移，各省级项目办要深入落实工作要求，统筹协调本省（区、市）西部计划工作中的招募选拔、培训派遣、管理服务和就业服务等重点工作。各省级项目办内部各工作机构之间要加强协作配合，形成合力。三是高校项目办和服务县项目办要认真做好招募选拔、管理服务和就业服务等基础性工作。高校项目办和服务县项目办作为西部计划直接承担具体招募和管理任务的一线单位，工作任务非常具体，更需要耐心、爱心与责任心，要通过做好一件件具体事情，体现“用志愿者精神办志愿者事业”的理念，志愿者能做到的，我们要做得更早、更好。具体的工作更考验大家的工作能力和作风,这种带有较强行政管理色彩的工作更有利于团干部工作的锻炼和积累。要严格按照全国项目办规定的工作职能,在省级项目办的协调指导下,更好地为志愿者参与西部计划提供服务、保障与帮助。同时,全国项目办和各省级项目办要努力为基层项目办开展工作创造条件、争取资源。四是各级项目办要切实加强与各专项行动主管部门的沟通联系。目前,西部计划工作已涉及共青团、教育、财政、人事以及远程办、综治办、检察院、法院、司法行政部门、开发银行等 10 多个部门,要进一步明晰各部门工作职责,通力合作,整合资源,为西部计划顺利实施提供保障。同时,各级项目办尤其要切实抓好服务期满志愿者的就业服务工作,这事关志愿者未来的重大选择,是西部计划持续发展的重中之重。各级项目办一定要进一步加大就业服务的力度,必须调动团内各类资源,争取社会资源,优先研究考虑为志愿者提供就业机会和切实有效的就业岗位信息。

4. 进一步创新工作领域,围绕“两个全体青年”的要求,切实抓好基层青年工作专项行动。

为深入贯彻落实胡锦涛总书记关于“力争使团的基层组织网络覆盖全体青年,使团的各项工作和活动影响全体青年”的重要指示和团的十六大精神,发挥西部计划在引导高校毕业生到西部基层就业、创业的重要导向作用和西部计划志愿者人员素质比较高、服务周期较长、政策比较有保障等特点,从 2009 年开始实施西部计划基层青年工作专项行动,向 2206 个中西部地区基层县级团组织各选派 1 名志愿者,主要协助开展基层团建和基层工作、青年就业创业和青年志愿者等工作。

基层青年工作专项行动是贯彻落实党中央的重要指示精神、加强党的青年工作、落实推动全团重点工作任务、切实加强团的基层组织建设和基层工作的重要举措,也是创新西部计划工作领域的积极探索,各级项目办要认真抓好落实。一是要高度重视,加强领导。认真研究基层青年工作专项行动选派方式改变后可能带来的新变化,在总结西部计划往年实施经验的基础上,积极探索基层青年工作专项行动的工作机制,切实发挥志愿者在基层青年工作中的积极作用。二是要精心组织、务求实效。招募省项目办、高校项目办要切实负起责任,加大审核和面试力度,加强全面考察,严格按照选拔标准择优录取,真正选拔思想过硬、素质全面、身体健康、甘于奉献的优秀志愿者。各省项目办要在招募选拔、培训派遣、日常管理等工作环节加强指导和监督,尤其是要做好专项培训工作,确保基层青年工作专项行动顺利推进。相关县级团委要坚持“谁用人、谁受益、谁负责”,坚持“培养与使用并重”,坚持“严格要求、热情爱护”的原则,切实加强志愿者服务期间的安全健康管理、工作管理和评估考核、就业服务等工作。三是要统筹协调、探索经验。基层青年工作是今年新增的西部计划专项行动,涉及的地区多,招募的范围广,选拔的标准高,衔接的任务重,各级项目办要注意统筹协调各项工作,及时沟通工作信息,创新工作方式,不断总结经验,为基层青年工作专项行动的扎实推进和西部计划健康持续发展探索有益经验。

5. 进一步完善政策措施,加大政策落实力度,做好与相关专门项目的政策衔接。

按照今年 1 月国办《通知》要求,在教育部、财政部、人力资源和社会保障部的大力支持下,团中央和全国项目办积极推动西部计划与各专门项目相关待遇政策的衔接办法。服务期限由 1—2 年调整为 1—3 年。按照国家有关规定,从 2009 年开始,对今年起参加西部计划并在西部地区县以下农村基层单位履行 3 年服务期限的应届毕业生,实施相应的学费和助学贷款代偿,各级项目办要按照今年《西部计划实施方案》有关要求协调做好相关服务协议书的签订工作。

今年,团中央与相关部委将进一步落实好中央领导同志重要批示和国办《通知》精神,深入调研西部计划志愿者的实际情况,立足于志愿者的就业创业能力培训等内容,加大教育引导和培训支持力度,以志愿者服务年限为主要参考依据,做好西部计划与相关专门项目的待遇政策衔接工作,并适时下发相关文件。各地要积极争取地方党委政府的关心支持,加强与相关部门的沟通协调,切实落实好已有政策,同时积极结合实际出台相应的鼓励政策,为志愿者扎根西部基层创造更多有利条件。

同志们,2009年西部计划各项工作启动在即。各级团组织和项目办要深刻领会,贯彻落实好党中央、国务院对高校毕业生工作的重大战略部署,围绕中心、服务大局,进一步树立大局意识、政治意识和责任意识,以对广大高校毕业生和全社会负责任的态度,全力以赴、全身心投入,真抓实干、求真务实,扎实做好2009年西部计划各项工作。

卢雍政在青年组织发展国际论坛闭幕式上的讲话

2009年7月21日,根据录音整理

非常高兴能在青年组织发展国际论坛即将结束之际和大家见面。刚才听了几位代表的发言,我感到论坛达到了预期的目标,起到了增进了解、相互借鉴、促进合作、发展友谊的作用。借此机会我谨代表中国共青团中央和中华全国青年联合会对各位代表的参与和贡献表示由衷的感谢!向欧洲青年论坛、世界民主青年联盟和自由党青年国际联盟等新老合作伙伴表示诚挚的问候和谢意!

中国是一个青年人口大国,中国共产党和中国政府一贯高度重视青年工作。全国青联的工作对象覆盖了3亿多的中国青年,担负着组织青年、引导青年、服务青年、代表维护青少年合法权益四项基本职能。

当前,青年的思想意识、生活方式和行为方式都发生了深刻的变化。世界各国青年组织的发展越来越受到全球化、工业化和城市化进程的影响,互联网络对各国青年组织和青年产生着深刻而长远的影响。面对新的形势、新的挑战,全国青联正在大力加强自身建设,按照胡锦涛主席的要求,力争使基层的组织网络覆盖全体青年,使青年组织的各项工作和活动影响全体青年。

我们和各位面临着一样的问题。我们也始终在思考,在全球化和网络化的时代,青年为什么要加入组织?通过观察需求导向下的利益和兴趣驱动,我想至少有以下五个方面的动因,让青年愿意加入到组织当中来。

一是认同感。青年加入组织需要有在思想、意识及各个方面对组织本身的宗旨和主张的认同。二是成就感。青年通过加入组织,能够发现自身的价值,在一定程度上实现自己的理想。三是受益感。通过加入组织,青年能够意识到青年组织对自身的发展、成长和人格塑造等方面带来的好处。四是快乐感。通过加入组织,青年能够在团队里面找到一些共同的伙伴,能够找到人内心深处的一种快乐。五是安全感。人是社会的产物,作为一个生活在各种社会关系当中的一分子,青年通过加入组织,能够避免孤独,找到大家庭的感觉,能够实现安全感的满足。

我们也对青年为什么加入组织进行了一些初步的思考。在这样一个基础上,我们通过工作实践,进一步吸引和凝聚青年加入到组织当中,这主要是通过五个途径:一是靠先进的思想;二是靠对青年合理利益诉求的尊重和服务;三是靠对青年特有兴趣的满足;四是靠对青年职业生涯发展所需的社会化技能的培养;五是靠青年领导者的人格魅力和对青年的情感。

这五个途径进一步地增强了组织对青年的吸引和凝聚,在此基础上进一步巩固了组织团结青年的五个纽带。一是思想纽带。任何一个青年组织要有它的核心价值取向及其核心的组织思想。二是组织纽带。要构建起必要的组织网络,无论是现实当中的组织网络,还是在互联网时代的网上组织联系。三是情感纽带。四是利益纽带。我们从来不讳言青年组织通过利益的纽带加强与青年个体的密切联系。五是社会关系纽带。这样一种社会关系纽带的编织和连接有助于作为一个个体的青年在一个大的社会关系网络当中找到自己的发展基础,这将为他的成长奠定很好的发展根基。

通过这次论坛,我们也有机会了解到世界青年组织和各国青年组织在吸引青年、动员青年等方面所进行的积极探索,同时也给我们带来了非常重要的启迪。这其中最重要的一点就是信息技术的变革给青年组织自身的思维方式、动员方式、行为方式、联络方式所带来的新的变化。

青年组织是推动青年发展和社会进步的重要力量,在青年问题越来越国际化的背景下,举办这次论坛有着重要的建设性的意义。这次论坛开创了全国青联与世界主要青年组织之间沟通交流的新方式,它超越了意识形态、国家制度、经济发展水平、文化背景的差异。就像刚才几位代表发言中所提到的一样,无论我们有多大的差异,青年的共性是更多的,他们都属于一个成长中的群体,都有着让世界变得更加美好的愿望,都有着促进人类进步和发展的诉求。强化青年组织的共性、凝聚青年领导人的智慧,为推动青年工作的开展起到了积极的促进作用。与会代表在参会过程当中体现出来的坦率和友好,也为下一步有关各方探索建立开放、包容的青年交流机制打下了基础。

我们非常赞同各位代表的有关建议,我们也会认真地梳理此次会议的成果,并且以这样的论坛为开始,建立网上论坛等可持续的沟通交流机制,总结、提升论坛的成果,经常性地交流有关促进青年组织发展的有益经验。作为世界上最大的青年组织,中华全国青年联合会愿意与世界各国的青年组织和各国际青年组织携手合作,为促进青年发展、建设持久和平、共同繁荣的和谐世界而努力。

刚才图伦迪诺·詹阿吉·依拉德先生提到了毛泽东主席说过的一些重要言论,其实毛泽东主席有一段话非常精彩,他曾经对中国青年学生讲到:“世界是你们的,也是我们的,但是归根结底是你们的。你们青年人朝气蓬勃,正在兴旺时期,好像早上八九点钟的太阳。希望寄托在你们身上。”这是一段对青年人充满了期待和鼓励的话语,我希望它能够成为我们全国青联和各国青年组织加强交流,推动我们各自国家和国际性青年运动、青年工作更好开展的美好愿景。

最后,衷心祝愿中国国内的代表返程愉快,祝愿国外各位代表访华成功!

卢雍政在中国青年志愿者歌曲征集活动启动仪式上的致词

2009年8月8日

去年的今日，举世瞩目的第29届北京奥运会正式拉开帷幕，向世界展示了一个东方文明古国的时代风采，奥运志愿者以良好的精神风貌和优质高效的服务工作给世人留下了美好而难忘的深刻记忆。今天是奥运会开幕一周年纪念日，在这个具有特殊纪念意义的日子，我们正式启动“阳光保险集团杯”中国青年志愿者歌曲征集活动，就是以此推动志愿服务文化建设，着力打造志愿服务文化品牌，把十几年来特别是去年在抗震救灾和奥运会中全社会集中展现的“奉献、友爱、互助、进步”的志愿精神进一步发扬光大。在此，我代表共青团中央、中国青年志愿者协会，向征集活动各举办单位领导和工作人员的辛勤付出表示衷心的感谢！向广大青年志愿者表示亲切的问候！向长期以来关心支持志愿服务事业发展的新闻媒体以及社会各界朋友表示诚挚的谢意！

我国志愿服务事业从无到有、从小到大，已经走过16年风雨历程。16年来，已有3.82亿多人次的青年和公众为社会提供了超过78亿小时的志愿服务。服务领域涵盖了扶贫开发、社区发展、环境保护、大型赛会、抢险救灾和海外服务等各个领域。广大青年志愿者用汗水、热情和信念诠释了志愿精神的丰富内涵，他们用实实在在的行动谱写了一曲曲生动感人的华美乐章，为促进社会和谐发展、文明进步作出了积极贡献。

奉献如歌。每一个青年志愿者身上都凝聚着一种精神的力量，散发着人性的光芒。而这种力量和光芒其实正是我们每一个人对美好未来的向往。古往今来，美好的事物和情感都附载着艺术的依托和升华，因此我们中华民族传统文化中的许多文艺瑰宝才得以流芳百世、代代相传。当前，志愿服务尤其需要优秀的文艺作品创作来放射其特殊的价值和旺盛的生命力。开展这次歌曲征集活动不仅是为了获得活动本身的社会影响，同时也是用艺术、时尚、情感元素影响青年进而引导青年的一次很好的尝试。这次通过动员社会力量支持，以歌曲的形式来记录志愿者的生动实践，展示志愿者的卓越风采，演绎志愿者的精神内涵，让更多的人感受他们的锻炼成长，分享他们的收获快乐，体味他们的崇高境界，使这种精神和行为以歌曲的形式一代代传唱下去。今后我们还将征集青年志愿者卡通、动漫形象及短片，在网络、手机等新媒体上广泛传播共青团组织开展的青年志愿者活动的理念，使志愿服务成为广大青年追求的一种生活时尚，成为社会公众选择的一种生活方式，成为全社会崇尚的一种生存状态。

同志们、朋友们，志愿精神是一种高尚的奉献精神，志愿服务事业是一项崇高的社会事业，志愿服务文化需要全社会来共同塑造，反映志愿服务文化的精品创作需要全社会的智慧和力量。希望通过这项活动能够涌现出一批脍炙人口、内容充实、感人至深的志愿者歌曲，在全社会不断唱响“奉献、友爱、互助、进步”的时代旋律，为促进社会主义和谐社会建设和志愿服务事业的更大发展作出新贡献。

卢雍政在共青团促进大学生就业创业工作电视电话会议上的讲话

2009 年 9 月 21 日,根据录音整理

今天，我们召开各省级团委分管学校工作的副书记、学校部部长以及全国2200多所高校团委负责同志参加的电视电话会议，主要任务是进一步提高全团学校战线对促进大学生就业创业工作的认识，研究和部署工作，集中力量开创促进大学生就业创业工作的新局面。

刚才湖北团省委和北京航空航天大学团委分别围绕如何做好服务大学生就业创业工作和共青团"青年就业创业见习基地"建设介绍了经验和做法,讲得很好。团十六大以来,学校战线各级团组织紧紧围绕团中央书记处的工作部署,积极行动,努力创新,在帮助大学生转变就业观念、积累就业经验、提升就业技能等方面取得了阶段性成果,形成了良好的工作态势。但是,我们也要清醒地看到,在促进大学生就业创业具体工作中仍然存在着一些问题。有些同志认识上不到位,存在应付思想和短期行为,推动工作的力度、深度和持续度不够;有些同志认为就业创业工作不是学校共青团工作的主要职责,对于做好这项工作有疑虑,遇到困难就退缩;有些同志对工作思路和工作原则研究不深,对工作方法和工作路径把握不准,推动工作很吃力,工作成效不明显。这些问题的存在一定程度上制约了工作的全面推进,影响了学校战线服务青年学生健康成长工作的深化。

前不久,团中央书记处召开专门会议,研究部署进一步深化促进青年就业创业工作,对学校战线提出了明确要求。为落实书记处会议精神,进一步做好促进大学生就业创业工作,下面,我讲四个方面的意见。

一、提高认识,转变观念

服务青年就业创业是团的十六大确定的全团重点工作。在团的十六届二中全会上,陆昊同志明确指出,全团要高举促进青年就业创业的旗帜,把促进青年就业创业作为服务青年工作的重中之重。在全团促进青年就业创业电视电话会议上,陆昊同志再次强调,促进青年就业创业,是共青团贯彻落实党中央书记处重要指示精神,举全团之力推进的一项长期性、战略性任务。对学校战线而言,大学生是我们重要的工作对象。这一群体人数众多,就业压力大,社会影响大,因此更需要把促进就业创业工作摆在更加突出的位置。学校战线广大干部要进一步提高认识,转变观念,从全局的高度深刻认识促进大学生就业创业工作的极端重要性。

1. 促进大学生就业创业是共青团服务党政大局的必然要求。就业是民生之本,是党和政府长期以来高度重视的重要问题。从基本国情来看,我国是一个人口大国、劳动力大国,就业问题始终是长期性战略课题。近年来,随着我国经济发展方式转变和产业结构升级,经济增长对就业的拉动作用明显下降,进一步加剧了就业形势的紧张。特别是去年到今年,受国际金融危机蔓延的影响,我国就业形势更加严峻。据人力资源和社会保障部统计,2009 年全国有应届高校毕业生 611 万人,截至 7 月 1 日,有 415 万应届毕业生签订了就业协议,签约率为 68%,但仍有近 200 万应届毕业生未能就业,加上往年未能就业的毕业生,这一数字就更加庞大。大学生是我国宝贵的人才资源,是中国特色社会主义事业的建设者和接班人。

大学生的就业创业,本质上是青年人才资源开发利用问题。这个问题解决不好,就是对人才资源的极大浪费,就是对整个国家社会财力投入的极大浪费。它不仅仅关系到我国从劳动力大国转变为人力资源强国的战略发展,更关系到改革发展稳定大局。做好促进大学生就业创业工作,无论是从贯彻落实科学发展观的角度,还是从促进国家长远和可持续发展的角度,都是当前和今后相当长的历史时期要面临和解决的一项战略性任务。

2. 促进大学生就业创业是履行团的根本职责和基本职能的应有之义。胡锦涛总书记对共青团工作提出了“两个全体青年”的要求和组织青年、引导青年、服务青年和维护青少年合法权益四项基本职能。团十六大报告提出,共青团作为党领导的先进青年的群众组织,在新的历史条件下,必须不断巩固和扩大党执政的青年群众基础,团结带领广大青年为实现中华民族的伟大复兴而奋斗。这是团的根本职责所在。高校团组织处在共青团与大学生群体的边界上,要想不断巩固和扩大党执政的青年群众基础,实现“两个全体青年”目标和四项基本职能,首先就要思考如何更好地吸引和凝聚大学生,让他们在内心里形成对共青团的认同,从而从思想上更好地引领他们。吸引和凝聚大学生必须从实现他们普遍性的、带有共性的利益诉求入手。当前,大学生群体最现实、最普遍、最紧迫的需求,就是就业创业。随着高等教育从精英教育转变为大众教育,大学生就业创业问题必将长期、普遍存在,并成为大学生的核心需求。抓住了就业创业,就抓住了吸引和凝聚大学生的关键,找到了实现团的基本职能和根本职责的一条重要途径。因此,促进大学生就业创业工作不是临时性任务,它与共青团的本质属性以及陆昊同志经常强调的工作普遍性原则紧密结合,与团的基本职能、根本职责完全一致,是一项长期性、战略性、全局性的工作。

3. 促进大学生就业创业是共青团学校战线工作的重要支撑。在去年召开的加强高校共青团工作座谈会上,根据团十六大的总体部署,书记处对学校战线的工作体系进行了调整,明确提出“12344”工作格局,即突出一个根本目标,推进两大战略任务,抓好三大工作领域,把握四个基本要求,解决四个重点问题。其核心就是以育人为根本,努力完成思想引领和成长服务两大战略任务。高校的根本功能是育人,就是培养中国特色社会主义事业合格建设者和可靠接班人。共青团学校战线服务育人这个目标,重点要从思想引领和成长服务入手。思想引领就是用中国特色社会主义的理想信念来教育和引领青年学生,这既是党对共青团的要求,也是高等教育的根本宗旨。成长服务就是帮助和指导学生解决成长发展中遇到的突出困难和问题,促进他们健康成长和全面发展,这既体现了团组织的关心,也是共青团育人工作的重要前提。这两者之间相互联系,有机统一。既要看到思想引领是根本,脱离了思想引领,成才服务就失去了本质意义,失去了目标;也要看到成长服务是关键,脱离了成长服务,思想引领就失去了现实抓手,失去了活力。经过长期的探索,我们已经非常明确,思想引领就是要以青年马克思主义者培养工程为龙头,成长服务就是要以促进大学生就业创业工作为龙头。这两大龙头性的工作是今后学校战线育人工作的两个根本性支撑点,是重中之重。

二、明确思路,突出重点

今年以来,团中央书记处对促进青年就业创业工作进行了多次部署。陆昊同志强调,在促进青年就业创业工作中,既要看到创业对就业有带动作用,又要看到一定就业经验和技能的积累对成功创业的支撑作用;要努力找到青年就业创业过程中的实质性需要与共青团有所作为之间的结合点,注意把握共青团发挥社会化动员优势促进青年就业创业与政府履行促进就业职责之间的区别；要充分尊重市场合作主体的利益诉求，善于把共青团工作的组织运行模式与运用市场经济条件下促进青年就业创业的商业模式结合起来，保证促进青年就业创业工作的普遍性和持久性。这些要求是我们做好促进大学生就业创业工作所必须坚持的重要原则。现阶段，我们推进大学生就业创业工作的思路是：以提高大学生就业创业能力为目标，以开展就业创业教育为基础，以正确的就业观和创业观为导向，以建立共青团"青年就业创业见习基地"为重点，不断加大对现有工作项目的整合力度，努力构建包括意识培养、观念转变、素质拓展、技能提高、实践锻炼等环节的促进大学生就业创业的工作体系。

围绕这一思路，我重点强调四个问题。

1. 关于开展就业创业教育。就如同思想政治教育对于开展好青年马克思主义者培养工程具有的意义一样，就业创业教育对于开展促进大学生就业创业工作具有十分重要的基础性作用。就业创业教育是素质教育的一个重要方面，它着力培养学生的专业和实践能力、创新思维以及提高学生的创业精神和职业素质；就业创业教育是一种职业生涯教育，它可以帮助学生了解劳动力市场供需关系，树立正确的就业观和创业观，培养学生创业意识和敬业精神，做好就业创业的心理准备和职业生涯规划；就业创业教育是一种开放式教育，它不同于一般常规课程的教学，以能力培养为目的，以学生为中心，采用参与式教学方法，与各种实践活动密切相关。我国大学生就业创业教育起步较晚，与世界发达国家相比存在着很大差距，还处在探索阶段。目前，就业创业教育主要存在三个主要问题：一是没有进入正规教育体系，就业创业教育的课时数和基本教学设施很难得到保障。二是就业创业教育师资队伍缺乏。三是就业创业教育研究薄弱。共青团组织要发扬勇于开风气之先的光荣传统，积极主动，富有前瞻性地参与和推动这项发展潜力巨大、空间广阔的工作；要与学校有关部门共同研究，在课程体系建设、师资队伍培养、实践项目设计、交流平台搭建等方面加强探索，推动大学生就业创业教育成为高等教育的重要组成部分。

2. 关于加强共青团"青年就业创业见习基地"建设。青年就业创业见习基地是当前全团大力推动的一项重要工作，也是促进大学生就业创业工作的重点项目，必须全面推进。今年3月以来，按照书记处的统一部署和要求，学校战线积极参与了共青团"青年就业创业见习基地"的创建工作。截至今年8月，共有935所高校参与基地建设，建成见习基地6608个，提供见习岗位163545个，已上岗见习的学生人数为82566人，占到基地提供见习岗位的50.5%，其中见习结束后被基地正式聘用8074人，占参加见习学生人数的9.8%。

尽管有了好的开端，但相当一部分高校团委还没有开展这项工作，已经开展的部分高校团委在基地建设、运行和管理方面还存在一些不容忽视的问题：有些见习基地是由学校的社会实践基地、产学研基地简单"转化"而来，不能发挥基地促进就业的功能；有些见习基地由于未给学生办理保险、提供补贴，导致人员对接不充分、运转不正常；少数基地存在着已建立未启动或已启动未招收人员的闲置现象。产生上述问题主要有三方面的原因。从企业方面来看，部分企业拒绝接受学生见习，主要是不愿意为学生购买保险，怕出现意外情况引起纠纷，承担相应的法律责任。从高校方面来看，部分高校对见习基地的定位和属性存有疑虑，认为见习时间与部分学校的正常教学安排存在冲突，担心见习会影响学生的正常就业。从学生自身来看，部分大学生对进行见习认识不到位，或不了解见习对于积累技能和经验的重要性，或担心在基地见习结束后不能被正式聘用，或认为进行见习会错过许多参加招聘的机会等等，不愿到见习基地进行见习。

这些问题首先是认识上的问题。借此机会，我再次强调一下团中央书记处对青年就业创业见习基地工作的认识和判断。陆昊同志明确指出，建设青年就业创业见习基地，是青年职业生涯起步阶段需要规范、并且团组织有能力提供规范的环节，要么为青年提供条件，要么为青年创业积累技能和经验。这项工作符合普遍性准则，抓住了广大青年职业生涯发展的重要环节，也是党政工作在促进青年就业创业中的空档，我们有充分的理由把这项工作做得更好。陆昊同志强调，当前，各级团组织特别是高校团组织要把对这项工作的认识从对新生事物的热情转变到扎扎实实为广大大学生服务上来，努力克服遇到的一些组织工作困难；要用贴近大学生的表达方式，向全社会特别是广大大学生讲清楚见习是完整的学习制度和成长发展过程中的一个重要环节，让见习理念深入人心，深得人心。下面，我就如何完善共青团学校战线"青年就业创业见习基地"建设强调四点。

第一，着力提高见习基地的数量和质量，特别是要注重基地建设的质量。要从根本上解决学生参加见习动力不足的问题，就必须努力使见习岗位与学生的专业背景、就业意愿相吻合，并尽可能为见习学生提供学习、生活必需的基本条件，确保见习学生能够有所收获。因此，下一阶段见习基地建设工作的重点就要对基地提供的岗位和工种进行选择，要考虑到与学生就业的匹配度以及学生见习的实际效果。比如，可以从学科和产业的链条中寻找切入点，把每年与学校有固定用人协议的单位作为见习基地，在学生正式签约前安排见习环节。又比如，很多高校毕业生首选到事业单位、行政单位就业，我们可以考虑在事业单位，甚至一些行政单位建立见习基地。在强调基地建设质量的同时，不能放弃合理的数量。只有具备了一定的规模，才能有效地形成工作声势，才能有效地服务更广大的青年学生。尽管我们上半年建立了6600余个见习基地，但在全国2200多所高校中，参与这项工作的还不到一半。下一阶段，我们要下定决心加大对高校见习基地建设的推进力度，确保在今年年底前，实现每所高校都要有见习基地，全国建设1万家高质量见习基地的目标。这个目标既有对数量和覆盖面的要求，也有对质量的要求。

第二，合理选择见习时间，关注两类重点群体。建立"青年就业创业见习基地"的目的，就是帮助学生在就业前积累技能和经验。优先安排哪个年级学生到基地见习，是很关键的技术问题。目前看，有两个群体需要重点关注。一个是大三和大四的学生。综合考虑学校的教学安排以及学生的求职心理，通过调查研究，我们认为大三下学期到大四上学期，特别是大三的暑假，应该是组织学生见习的最佳时间段。这个时间段，学生的主要课程基本结束，学习任务相对较轻，同时离毕业设计和就业找工作还有一段时间缓冲，学生的心态也相对平和，因此，这个学生群体最适合到基地参与见习。

另一个群体是毕业一年内尚未找到工作的毕业生。前不久，团中央学校部下发通知，要求高校团委做好组织未就业应届高校毕业生到基地见习的工作。我们了解到，有部分高校团委负责同志对这项工作有不同看法，认为已经毕业的学生已经不是本校的学生。在这一点上，我们必须要统一认识。首先，关心这一群体是党中央对共青团组织提出的明确要求，是我们实现总书记提出的"两个全体青年"目标的必然要求，是一项政治任务。其次，从全团的工作布局来看，对刚毕业不久的未就业大学生，城市、农村等战线部门缺乏有效的联系渠道，相比之下，学校战线联系最便捷，是有条件覆盖的。全团是一个有机的整体，虽然工作领域有分工，但也要强调团结协作，学校战线在条件有利的情况下应该积极主动地承担起这项工作任务。第三，这些未就业的毕业生很多都处于孤立无援的状态，十分渴望母校的关心和帮助。我们做好这项工作，不仅能把母校的关爱、温暖传递给他们，还有助于提高学校的社会形象、公众形象。我们提出的工作要求是关心毕业一年内尚未找到工作的毕业生，要求不算高，如果是已毕业两三年、甚至更长时间的，就超出了高校团组织的能力范围，可能再提要求也不易实现了。

第三，建立信息化管理平台，优化对接和管理工作。在原有的管理体制基础上，充分运用现代技术手段，建立信息管理平台，是实现青年就业创业见习基地工作科学、规范、可持续发展的关键。学校战线，特别是高校团组织有人才、有技术、有设备，要率先在这方面做探索，建立团中央、省级团委、高校团委分级管理的网络平台。高校团组织要依托网络平台，及时发布见习岗位信息，做好见习基地和学生对接工作。省级团委要依托网络平台，做好促进大学生就业创业政策宣传和项目展示工作。各省级团委、高校团委都要确定一名信息专员，及时更新、层层上报见习基地的相关信息，使见习基地创建、使用、促进就业等情况一目了然。团中央要依托网络平台做好基地建设的动态管理。

第四，充分尊重企业的合理利益诉求，确保基地建设的普遍性和持久性。青年就业创业见习基地工作启动以来，得到了社会各界特别是企业界的广泛关注和大力支持。其中，也有一些企业是碍于共青团的情面，并不是出于企业自身的发展利益，勉强建了见习基地。这样的基地，岗位的质量和数量得不到保证，持续性更令人担心。陆昊同志多次强调，在这个问题上，千万不要被一些点上的、不可推广的、表面上的社会责任所迷惑。企业建立见习基地，最根本的利益点有两个：一是企业在发展过程中每年都有合理的用工需求，见习基地能满足企业用人选人的需求；二是通过建立见习基地表达了企业的社会责任，起到了一定的广告宣传作用。只有契合了企业的利益诉求，见习基地建设工作才能得到持久的支持和发展。比如，可以在学校丰富的校友资源中，寻找对母校有深厚感情的、并且有一定实力基础、较好发展前景的企业家，建立稳定的见习基地。又比如，要把大型骨干企业作为重点方向，可以考虑与金融、通讯、电力、石油、交通等行业合作，利用其稳定的用人需求及树立企业形象的动机，建立长期有效的见习基地。高校团组织要善于从工作对象的需求入手找到工作切入点，要善于从团组织的群众性特性中，研究和寻找专业化的、有思路的、有制度设计的工作方式和工作路径。

3. 关于提高大学生就业创业能力。大学是学生学习知识的殿堂，但知识不等于素质，素质不等于能力，每个环节都需要转化路径。当初，我们设计大学生素质拓展计划，就是考虑到学生仅有知识是不够的，还要把知识转化为综合全面的素质，并最终转化为分析问题和解决问题的能力。可以说，大学生就业创业归根到底要靠能力。而大学生在现实的就业创业过程中，普遍表现出缺乏就业创业能力，特别是实践能力和创新能力。因此，促进大学生就业创业工作的重要任务之一就是要培养学生的就业创业能力。在下一步的工作中，应紧密围绕这项任务，重点把握三个方面。

一是大学生素质拓展计划要注重就业创业素质向能力转化的环节。服务大学生就业创业一直就是大学生素质拓展计划的核心目标，这从它一开始设立的“职业设计指导、素质拓展训练、建立评价体系、强化社会认同”四个工作环节就可以一目了然。经过多年试点之后，大学生素质拓展计划服务大学生就业创业得到各级团组织和相当一部分学校党政领导的认同。今后，素质拓展计划在活动内容规划上要进一步突出就业创业素质向能力转化的环节。要强调一定的前瞻性，进行系统谋划。比如，在职业设计指导环节，必须既着眼于学生个人的特点和兴趣，也要考虑经济社会发展对人才能力结构的要求；在素质拓展训练环节，要充分考虑就业创业能力结构的分层，整合共青团现有的品牌工作，提高能力转化的专业性、针对性和精确度；在评价体系和社会认同两个环节，则要主动争取人力资源社会保障等有关部门和用人单位的支持，进一步提高《大学生素质拓展证书》在就业市场的认可度，帮助大学生通过素质拓展更好实现就业。

二是大学生社会实践活动要注重提高大学生社会化技能。大学生社会实践活动，是在高等教育处于精英教育的历史背景下提出的。经过20多年的发展，高等教育已经进入大众化阶段。高等教育历史性变化，从根本上改变了高校人才培养和毕业分配的模式，也从根本上改变了大学生群体在整个国家社会中所处的位置。大学生开始更多地关注和思考如何走向社会就业创业，以及融入社会需要哪些必要的社会化储备、掌握哪些必要的社会化技能。在这样的大背景下，大学生社会实践活动要与时俱进，要从大学生现实的利益点和需求点出发，以促进大学生就业创业为导向，突出实践锻炼对社会化技能的提升。社会化技能在书本上是学不到的，也不是单独个人能培养出来的，必须在一定的组织环境或团队环境中才能得到锻炼。所以，高校共青团在组织社会实践活动时，要更加注重团队结构、每位成员的角色和职能分配、实践目标细化、活动实施的过程控制等，使社会实践组建的团队以及活动实施过程成为大学生提高自身社会化技能的有效载体。这里要重点强调过程控制的问题。共青团不少活动强调立意高远，强调结果宣传，却往往忽视过程控制。过程控制是管理学中十分重要的理念，这也是共青团组织在新的条件下创新工作方式的重要环节。团的工作要从过去粗放式向更加精细化、更加可控的方向发展，其中过程控制及制度设计就是很重要的环节。

三是"挑战杯"系列竞赛要注重培养大学生创新能力和实践能力。"挑战杯"系列竞赛是共青团组织推进素质教育的重要举措，着眼于培养当代大学生的创新能力和实践能力，在促进青年创新创业人才成长方面发挥了积极作用。引导大学生参加"挑战杯"系列竞赛，就是从更高层次提升大学生的创新能力和实践能力，提高就业创业竞争力，更好地实现就业创业。具体而言，"挑战杯"课外学术科技作品竞赛要侧重培养学生创新能力，鼓励学生运用课堂所学知识创造性、创新性地去解决实践中的问题，使更多的大学生有机会在参与竞赛过程中经受科学思想、科学态度、科学方法的系统训练，更好地提高创新能力。"挑战杯"创业计划竞赛要侧重培养实践能力、动手能力、实战能力。以突出实践性为导向深化"挑战杯"创业计划竞赛，要整合社会、企业、媒体等各方面资源，鼓励参赛学生将纸质的创业计划书付诸实践，使竞赛过程真正成为创业实践过程的全真模拟，增加学生的实践经验，帮助学生更好创业。

4. 关于引导大学生树立正确的就业观和创业观。随着经济社会的深刻变革，大学生传统就业创业观念，特别是对未来工作在地域、待遇、环境等方面的过高预期，与现实的就业创业形势之间存在较大的心理落差。消除这个心理落差，主要是靠市场机制来调节，但是，不能忽视校园文化对大学生思想观念潜移默化、润物无声的引导作用。围绕高校育人目标，校园文化具有两大基本功能：一是思想引领的重要载体；二是成长服务的重要条件。基于此，我们要坚持校园文化的导向性，营造氛围，帮助大学生树立正确的就业观和创业观。一方面，要在校园文化中唱响"面向基层，到祖国和人民最需要的地方去，到真正有利于大学生自身成长的地方去"的主旋律，要用事实说话，用理念引导，把这个问题讲透。另一方面，要注意引导大学生树立正确的创业观。创业不仅仅是指办公司，从广义上来讲，创业就是开创一个新的事业。从党的事业来看，开创中国特色社会主义伟大事业新局面，是我们党的创业。从共青团工作来看，我们提高认识、转变观念，扎实推动促进大学生就业创业工作，这也叫创业。从个人发展来看，无论你在什么单位，从事什么岗位，只要你用创新的精神、创业的态度对待工作，踏踏实实干出成绩，这也是创业。

三、找准路径，分层实施

学校战线“12344”格局要解决好的四个重点问题之一就是一体化分层教育体系，目的是为了从根本上解决思想教育工作与学生成长客观规律相匹配、相适应的问题。这种分层分类的思想同样适用于促进大学生就业创业工作。作为一项系统性工作，促进大学生就业创业贯穿大学生入学、在校、毕业、离校的各个时期。大学生依照年级层次大致可以分为低年级学生（一、二年级）、高年级学生（三、四年级）和研究生，加上离校一年以内的大学毕业生，共四个阶段。不同年级阶段大学生的知识积累、素质培养、能力结构以及身心特点各不相同，在成长发展过程中遇到的突出困难和问题也不相同。我们要根据不同年级阶段大学生的特点和实际，按照“系统规划、有效衔接、分层实施”原则，从意识培养、观念转变、素质拓展、技能提高、实践锻炼等方面，对不同阶段促进就业创业工作的目标和内容进行科学划分，有针对性地构建分层次的工作路径。

1. 低年级学生。低年级学生由于没有现实的就业压力，大多数还没有形成自己的就业观念和职业意识。共青团组织要抓住这个有利时机，加强对他们的就业创业教育，帮助他们树立正确的就业观念和积极的价值取向，努力培养他们良好的素质和健全的人格。第一，要联合学校教务部门，向低年级学生开设就业创业课程。在这方面，团中央2005年实施、一些高校参与的KAB项目是一个有益的探索。第二，通过开展职业素质测评活动，帮助低年级学生发现自身素质的不足，并有针对性地开展职业素质培训。第三，对于大二学生还可以开展一些简单的、小型的社会实践活动，比如社会调查，组织他们深入社会，了解现实，培养他们的独立工作能力和社会适应能力。

2. 高年级学生。经过了一、二年级大学生活的历练，高年级学生的专业技能、综合素质、社会参与意识都逐步成熟，同时，随着毕业日期的临近，所承担的就业创业的压力也越来越大。基于高年级学生的这些特点，共青团可通过以下几个具体路径开展促进就业创业工作。一是帮助他们进行职业生涯规划，通过对学生专业知识、综合能力和身心素质等自身条件评估，对学生未来的职业发展提出具体建议。二是大力开展“挑战杯”等科技创新、创业设计等活动，培养学生的实践能力和创新能力，并搭建平台和寻找社会资源，努力促成学生的科研项目、科技发明、创业计划转化为现实生产力。三是开展以模拟和体验就业创业为内容的社会实践，培养学生的社会化技能，提高就业创业的能力和意识。四是组织就业见习，为学生提供见习岗位，帮助他们积累工作经验和职业技能。五是开展就业信息和政策指导服务，增加学生的选择空间，减少信息不对称对学生就业创业的影响；广泛宣传有关就业创业的政策法规，帮助学生用足用好相关政策。

3. 研究生。研究生教育的主要目标是要培养高层次学术型人才。面向研究生群体开展促进就业创业工作，应突出研究生的专业性、学术性和研究性。一方面可以组织研究生到科研单位就业见习，帮助他们完善理论知识，强化应用性专业技能，增强实际工作能力，积累就业经验。另一方面，可以组织研究生利用社会实践机会，多与地方和企业进行科研项目合作，在增强科研能力的同时，着重解决生产生活中的现实问题，从需求中找项目，以项目促就业。

4. 未就业毕业生。未就业毕业生处在暂时失业的阶段，最需要关心和帮助。对这个群体，我们的工作内容主要是办实事、解难题，把党和政府的关心传递给他们。可以考虑做以下几件事：一是开展一次集中电话回访，全面掌握本校未就业应届毕业生基本信息、就业需求和思想动态。这项工作要分解到学校各院系团组织。二是建立一个就业信息服务平台，通过电话、手机短信、QQ 群、电子邮件、学校网站等各种手段及时向未就业毕业生提供就业信息和政策指导。三是提供就业见习机会，协调共青团“青年就业创业见习基地”优先吸纳未就业毕业生见习，力争每个有就业意愿的未就业毕业生至少有一次见习机会。四是重点关心家庭经济困难的未就业毕业生的生活状况，提供必要的帮助。

四、下一阶段工作的几项要求

1. 坚持“全团一盘棋”，形成推动工作的合力。促进大学生就业创业是一项系统工程，需要整合全团的力量，迅速形成合力，全面推进。学校战线团干部要牢固树立大局意识、协作意识，积极整合各方资源，迅速形成既扎扎实实、又轰轰烈烈的工作态势。要加强与城市、农村、国际、志愿者等团内工作部门对接，协调其他兄弟战线的资源、渠道和平台，引导大学生开展实践、见习、交流等活动，特别要在见习基地建设上实现信息同步、资源共享、标准一致。要加强学校战线不同层级的协同作战能力，善于借助各种新技术手段快速联系、交流工作，确保从团中央学校部到高校团委之间的信息畅通、步调一致。

2. 省级团委要争取政策和资源，发挥好统筹协调的作用。促进大学生就业创业，从团内来说，团中央是总指挥，工作重点是明确思路、制定和争取政策、明确规范、检查督导；省级团委是坚守在一线的指挥中心，工作重点要放在争取和落实政策、统筹资源、协调推进，为做好工作提供指导、支持和保障上来。最近一段时间，团中央相继与人力资源和社会保障部、教育部、银监会、国家开发银行联合出台了一系列服务青年就业创业的政策和措施。各省级团委要加强同当地有关部门的联系，抓好政策落实和对接工作。同时，要积极争取出台具有地方特色的政策措施，更好地服务本地的大学生就业创业。要加强团内资源的整合，特别是要推动青联、青年企业家协会等青年组织关心大学生的就业创业，服务大学生的就业创业，为高校团组织提供良好的外部环境。

3. 高校团组织要切实转变观念，努力把促进大学生就业创业工作抓好抓实。高校团组织处于工作的第一线，直接面对广大学生，我们所有的工作设计和服务路径，都要通过高校团组织来具体落实。从这个意义上讲，高校团组织工作的态度、力度和深度将最终决定工作的实际成效。高校共青团组织健全、工作活跃、队伍整齐、素质较高，这是推动工作的优势。在这基础上要进一步提高认识，要敢于打破固有工作框架的束缚，切实把思想和行动聚焦到就业创业工作上来。一是各高校团委负责同志，要尽快向学校党委汇报团中央书记处关于共青团促进大学生就业创业工作的意见，积极争取学校党政的支持，努力推动形成党委领导、就业部门指导、共青团协调组织、各院系实施、大学生积极参与的领导体制和工作机制。二是各高校团组织要根据共青团促进大学生就业创业工作的总体思路和具体路径，对本校见习基地、社会实践、素质拓展、科技创新、志愿服务、校园文化等工作进行重新梳理，并结合本校的学科设置和办学特点，找准工作切入点，研究和制订下一阶段促进就业创业的工作规划和工作方案。这是一项硬任务，每所高校都要研究，都要在 11 月 1 日前拿出工作方案。三是要按照本次电视电话会议的部署要求，立即落实工作方案的具体内容，全面推动本校促进大学生就业创业工作的开展。

4. 加强督导检查，形成促进大学生就业创业的长效机制。一项工作要想做实、做细、做出成效，离不开督导检查。在这方面，团中央、省级团委的学校部要加大工作力度。要建立动态管理体制，随时了解各地、各学校工作的开展情况，既要发现问题、指出不足，也要及时总结好的作法、推广成功经验。要完善信息月报制度，对就业创业见习基地的建设、使用、运转情况进行汇总、交流，促进见习基地的规范管理。要建立团内奖惩机制，对在开展促进大学生就业创业工作中表现突出的团组织，给予表彰；对主观推动工作不力的团组织，要给予通报批评。要建立就业创业工作的交流机制，尤其要为高校团组织互相交流经验搭建平台。

同志们，党的十七届四中全会刚刚胜利闭幕，会议对进一步加强和改进党的建设进行了全面部署。共青团组织作为党的助手和后备军，也始终面临着进一步加强和改进团的建设的重要任务。希望学校战线全体团干部认真学习、深刻领会全会精神，进一步强化政治意识、大局意识，努力增强纪律观念，以真抓实干、勇挑重担的工作作风，扎扎实实地帮助更多的大学生实现就业创业，切实为党和政府分忧、为大学生解难，切实以大学生普遍受益的工作业绩来开创学校战线共青团工作新的辉煌。

罗梅同志讲话

罗梅在全国少工委五届五次全委会上的讲话

2009 年 2 月 24 日，根据录音整理

首先感谢大家对我的信任，选举我担任全国少工委主任，我实实在在地感到了一份沉甸甸的责任，我将和各位同志一道，为少先队事业尽心竭力、扎实工作。我相信，有历届少工委打下的坚实基础，有广大少先队工作者的不懈奋斗，少先队这项光荣的事业一定会继续向前推进。

在大家的共同努力下，全国少工委五届五次全委会圆满完成了各项任务。下面，我结合对会议的总结，讲三点意见，供大家参考。

一、切实把全队的思想和行动统一到会议精神上来

本次会议是研究、部署和推进少先队工作的一次重要会议。团中央和教育部对此次会议非常重视，陆昊同志、陈小娅同志出席并讲话，对新形势下少先队工作的重要意义和根本任务进行了深刻阐述，对少先队工作和辅导员队伍建设提出了明确要求。讲话具有很强的思想性、理论性、针对性和指导性，为我们做好少先队工作指明了方向。

会议期间，与会委员认真学习陆昊同志和陈小娅同志的讲话，听取全国少工委工作报告，观摩无锡市少先队工作，深入交流各地的经验做法，碰撞出不少思想的火花。大家纷纷提出好的建议，比如加强少先队基层组织建设、阵地建设，加强少工委机制建设，等等，我们将在今后的工作中认真采纳。希望大家回去后，把会议精神抓紧向本单位负责同志汇

报，及时向基层少先队组织传达。

各级少先队组织要切实把思想和行动统一到对少先队事业重要性的认识上来。充分认识到少先队事业是中国特色社会主义教育事业的重要组成部分，善于在党政工作的大格局中，找准与教育行政部门、妇联组织以及其他社会力量在促进少年儿童健康成长工作中的结合点、切入点和侧重点，不断推进少先队事业。

要切实把思想和行动统一到对新的历史条件下少先队根本任务的把握上来。在基本层面，引导少年儿童有爱心，养成良好的道德行为习惯，增强国家意识、科学意识、劳动意识，有条件的地方还可以培养审美意识。在思想层面，注重党、团、队组织意识的衔接，非常重要的是灌输培养少年儿童对党和社会主义祖国的朴素感情。少先队的全部工作都要围绕根本任务来展开，在这两个层面上下工夫。

要切实把思想和行动统一到对当前推动少先队工作重要思想方法的研究上来。坚持党的思想路线，解放思想、实事求是、与时俱进。把握本质，敢于突破传统行为习惯、思维方式的束缚，创造性地开展工作。要思考根本性问题，多做对重大问题的研究，特别注重研究少年儿童的认知、意识、信念、情感形成的一般规律，在工作设计、组织、安排上求实效。

要切实把思想和行动统一到对少先队工作有效载体的探索上来。尊重灌输意识、情感的基本规律，防止无效灌输，甚至形成逆反。要设计丰富多彩的活动，突出活动的鲜明主题。高度重视少年儿童新的生活方式和新的受影响的载体，充分运用电视少儿频道、广播、报刊、网络、手机报、手机短片、公益广告等大众传媒，充分发挥互联网和新媒体的作用，通过儿歌、游戏等儿童感兴趣的方式，借助明星等一些公众人物的影响力，正面影响和引导少年儿童。围绕根本任务，找准切入点，把握好度，用好各种阵地。把思想性、知识性、娱乐性、时尚性结合起来，借助学校、家庭和各种积极的社会力量，共同推进少先队工作。

要切实把思想和行动统一到对少先队工作队伍的要求上来。认真研究少先队辅导员的职业素质、成长路径和发展方向，重视对辅导员的关心、培养，结合各地实际，探索建立有效的激励方式。

二、当前和今后一个时期少先队的工作重点

贯彻好党中央对少先队工作的重要指示精神，落实好团中央、教育部对少先队工作的重要要求，做好当前和今后一个时期的少先队工作，需要重点把握以下几个问题。

1. 牢牢把握好少先队的组织属性。少先队组织是党创立并领导的少年儿童的群众组织，具有鲜明的政治属性，这是她最本质的特点之一。从少年儿童抓起，巩固和扩大党执政的青年群众基础，培养中国特色社会主义事业的合格建设者和可靠接班人，是少先队组织属性的根本体现。

少先队的组织属性，要求我们把工作内容聚焦到对少年儿童的思想引导上来。要考虑共青团、少先队组织在思想教育内容上的有效衔接，培养少年儿童党、团、队相衔接的组织意识，培养他们对党、对社会主义祖国的朴素感情；把少先队章程的爱祖国、爱人民、爱劳动、爱科学等重要思想原则体现到少先队工作、活动中，进而转化为少年儿童的国家意识、科学意识和劳动意识，引导他们有爱心，养成良好的道德行为习惯。

我们还要认识到，少先队作为全体少年儿童的组织，只有尊重少年儿童的主体地位，发挥少年儿童的主体作用，关注少年儿童成长的现实需求，面向广大少年儿童开展工作和活动，才能真正为党赢得少年儿童。因此，必须把握好二者的有机统一。我们要不断加强组织属性教育，在少先队工作者中再强调、再认识，在少年儿童中再灌输、再重申，力争做到深入人心，使全队更加自觉地为完成少先队的根本任务而奋斗。

2. 探索对少年儿童分层教育的有效途径。构建一体化分层教育体系，是团中央从全团、全队工作整体布局出发提出的一个重要思路，是《共青团工作五年纲要》明确提出的一项重要任务。如何构建这一体系，目前全团、全队上下都在思考，江苏、北京、上海、浙江、安徽等地在实践中也取得了一些经验。在这里，我结合一段时间以来的学习和调研，谈一些自己的认识。

首先，为什么要开展分层教育？一句话，为了突出思想教育的整体性、针对性和有效性。就是要解决目前思想教育的层级目标划分还不够准确，内容安排还不够合理，存在一定程度的简单重复和脱节，缺乏整体上统一的问题；就是要解决目前思想教育在工作理念和载体上，还不够贴近时代、贴近社会生活、贴近少年儿童的问题。比如，红领巾心向党活动，主题很好，符合少先队根本任务的要求。但在一些地方，对所有年级的少年儿童教同样的内容，采取同样的活动方式，这影响了我们的教育效果，需要我们从整体性、针对性和有效性上改进。

其次，这个体系有哪些特征？一是它聚焦于思想引导，使广大青少年从小对党和社会主义祖国具有朴素感情，长大后坚定跟党走中国特色社会主义道路。二是它的主要对象是从小学到大学整个学习阶段的在校学生，他们是少先队的组织成员和共青团所联系的青少年，需要共青团和少先队共同实施。三是它遵循一定的科学规律，对不同年龄段的对象采取差别化教育的方式，每一层级都制定了相应的任务、方法和载体。四是这些分层具有内在一致性，层与层之间能够实现有效衔接，构成一个循序渐进的有机整体，把理想信念教育、爱国主义教育、思想道德教育和基本素质教育贯穿始终。用《共青团工作五年纲要》中一句话来概括，就是"系统规划、有效衔接、分层实施"。

第三个问题，如何进行科学分层？从整个团队一体化的层面，可以分为少先队和共青团两块，二者在初中阶段存在一个交叉，要求我们重视并做好团队的有效衔接。但是在少年儿童阶段如何分层？参考国内外一些研究成果，或许可以考虑把少年儿童生理、心理成长中的一些关键点作为依据。

根据发展心理学的观点，少年儿童的心理意识和认知发展存在着阶段性，各阶段从低到高有一定次序，前后两个阶段有着质的差异。我国心理学工作者们实证研究后认为，少年儿童7岁开始出现集体意识，9岁是集体意识形成的关键期；10—11岁是由具体形象思维向抽象逻辑思维过渡的关键期；小学一至三年级和三至五年级之间是爱国主义情感发展的关键期；小学三年级是道德情感发展的转折期；小学三到五年级是纪律观念形成的关键期；从小学高年级开始，出现了信念的萌芽。到初中阶段，开始进入青春前期，自我意识逐渐高涨，反抗心理普遍存在。对人的潜意识的研究表明，在少年儿童成长的早期，理想信念和思想道德的灌输，会对其一生产生持久的潜在影响。但进入青春前期，就不再适合简单灌输，一般应采取价值分析、体验、实践等引导方式。综合国内外对6—14岁少年儿童成长规律的研究，小学低年级，(中)高年级，和初中一、二年级这三个阶段，少年儿童的生理、心理、行为特征存在相对明显的差异，可以作为划分层次的一个参考依据。至于能不能在此基础上进一步细分，希望各位专家和广大少先队工作者结合实践经验做深入研究。我赞成有的专家提出的，可以在一些地方开展试点，取得经验后再进行推广。

在确定一些关键点的同时，我们还应当重视对思想道德和信念培养过程的整体把握。根据德育过程论的观点，思想道德和信念是由认识、情感、意志、行为四个因素组成。"认知"

就是启蒙,使受教育者知晓教育目标。在现实中,有些少年儿童之所以有这样那样不合乎要求的行动,往往不是故意,而是由于无知或知之不多造成的。有了"认知"仅仅是个开始,不一定能产生相应的积极情感,甚至可能反感,这就是人们常说的"理通情不通"。即使有了"认知"和"情感",如果没有足够的意志和持之以恒的行为,也不能形成合乎要求的思想道德和信念。总之,知、情、意、行在思想道德和信念形成中各有其特殊作用,知是指南,情是动力,意是保证,行是标志。这启示我们,要紧紧抓住少年儿童成长的每一个关键点,从"认知"这个起点抓起,及时灌输相应的目标要求。有的同志对"灌输"有不同看法,但从研究来看,在低龄时进行灌输确有其必要性。同时,要综合运用多种方式,做到知、情、意、行四个要素有机结合、相互促进,才能使少先队的教育引导取得实效。

第四个问题,在科学划分层次的基础上,如何确定与之相应的工作内容、方法和载体?我们应当根据不同阶段少年儿童的身心特点,科学制定目标任务,使我们的活动真正为少年儿童所喜爱而不是引起逆反,使我们的引导目标真正深入少年儿童的内心而不是逐渐淡化。在工作内容上,一般来说,对小学生,要培养他们初步的爱党、爱祖国、爱人民、爱劳动、爱科学、爱社会主义的情感,树立基本的是非观念和集体意识,初步养成良好行为习惯和意志品格;对初中生,帮助他们初步形成在党的领导下,为建设中国特色社会主义而努力学习的理想,树立民族自尊心、自豪感,逐步形成法律意识、科学意识,养成良好的社会公德。在方法手段上,小学阶段要体现生动性、趣味性,动手动脑,丰富情感体验的特点;初中阶段要体现知识性、可参与性,开阔视野,促进思考的特点。比如,同样是爱国主义教育,对小学生,要从朴素的乡土观念出发,从爱家乡教育入手,引导他们认识爱家乡与爱祖国的关系,初步培养爱祖国的朴素情感;对初中生,则可以把爱祖国山河与报效祖国等爱国主义精神相联系,帮助他们形成为祖国发展而奋斗的理想。

在具体的工作载体上,请大家多探索,特别是关注以下三方面。

——关于品牌活动的设计安排。近年来我们开展了祖国发展我成长、红领巾心向党、雏鹰争章、手拉手等活动,到底哪些是广大少年儿童真正欢迎的,哪些在好的主题之下还需要根据不同年龄段少年儿童的特点改进方式方法,需要加强规律性总结。比如,近期开展的大样本少年儿童问卷调查显示,手拉手活动受欢迎程度最高,祖国发展我成长活动受欢迎程度随着年龄增长而逐渐上升。这种情况既有少年儿童心理生理成长的因素,有时代变化的背景,有活动开展比较广泛的原因,也与我们工作的内容和方法比较合理有关。这启示我们,要科学设计、安排少先队的品牌活动,使之体现分层教育规律,承载分层教育任务。

——关于少先队文化的熏陶作用。少先队特有的标志、礼仪等,内容激昂,形式庄严,给少年儿童以生动形象的启迪,给一代又一代少先队员留下了终生难忘的印象。在今天,怎样把少先队员身边日常的文化载体与不同年龄段少先队员的特点有机结合起来,形成由浅入深的熏陶培养过程,使他们逐步产生对党、对社会主义祖国一些比较初始的感性认识,是值得研究的一个课题。比如,低年级少先队员易于接受形象直观的教育方式,是否可以在探索在队歌、队礼、队旗、红领巾这些文化手段上下功夫;高年级少先队员已经具备了一定的逻辑抽象思维能力,是否可以在队章、队史的学习上下功夫。下一步,全队有一项具体任务,就是要设计分层的队日活动,探索通过不同的队日活动内容,与不同年龄的少先队员讲党、讲祖国、讲中国特色社会主义。总之,我们要努力让孩子们感受到少先队文化的内涵,而不是仅仅停留在某些标准形式上,才能更好地发挥少先队文化在分层教育中的作用。

——关于现代传媒的育人作用。当前，现代传媒已经成为少年儿童成长的重要环境，正在深刻地改变组织动员和教育引导少年儿童的方式。我们要研究不同传媒、不同传播方式对不同年龄少年儿童的影响，在此基础上，加强队报队刊和队属网站建设，加强与电视、广播等各类社会媒体的合作，用好网络、手机等新兴媒体，运用卡通片、电视公益广告、手机报、手机短片等传播方式，构建分层化的少先队传媒体系，把教育的思想性和娱乐性、趣味性、时尚性结合起来，更好地影响教育少年儿童。

构建一体化分层教育体系，是一个紧迫的课题，希望各级少先队组织继续加强研究和探索，在理论和实践层面都取得更多的实质性进展。

3. 加强少先队基层组织建设和基层工作。大、中、小队等基层队组织处在少先队与少年儿童的边界上。在少年儿童心目中，大、中、小队就是他们理解的少先队组织。党、团、队的主张和理念，少先队服务少年儿童成长的项目等，只有通过组织体系传导到每一个基层组织，才能最终传导到每一个辅导员和少先队员身上。近年来，通过“全队抓基层、全队抓落实”，基层组织和基层工作得到了推动和发展。总体上看，少先队基层组织体系健全，基层基础工作规范扎实。但是，少先队的根本任务要求少先队组织覆盖全体少年儿童，少先队活动影响全体少年儿童，与这一要求相比，还存在不小的差距，我们必须把加强少先队基层组织建设和基层工作作为重要的工作突破口来抓实抓好。

第一，以统筹兼顾加强薄弱环节建设。少先队的基层组织建设和基层工作存在着发展不平衡的状况，比如，城市与农村、东部与中西部、小学与初中、公办学校与民办学校、学校与社区等等。其中有客观原因，也有主观因素，但我们应该更多从主观上找原因。通过前段时间的调研，我感到大家在这个问题上有共识。即，在认识上，所有基层组织都是少先队事业的有机组成部分，不能因为有一些困难就轻言放弃；在实践中，从实际出发，区别对待，鼓励各地积极探索，用好本地资源。我们不要求都达到同样的标准，但是要体现各自的特色和优势，围绕根本任务有效开展工作。从总体上讲，就是要巩固小学、加强初中；提升公办，兼顾民办；重在学校、延伸社区；发展城市，强化农村；提高东部，巩固中部，加强西部。各级少工委要坚持眼睛向下、重心下移，多方筹集资源，把资源向基层、向农村、向困难地区倾斜，通过全队上下的扎实努力，共同推动少先队的基层组织健全和基层工作活跃。

第二，切实加强少先队各项保障。建立有力的保障机制，是加强少先队基层组织建设和工作的长远之计。2005 年团中央、教育部等八部委联合下发的《关于进一步加强少先队工作的意见》，和 2007 年团中央、教育部、人事部、全国少工委等联合下发的《少先队辅导员管理办法（试行）》等，是加强少先队工作保障的重要文件。要争取各有关部门的大力支持，把各项政策落到实处。在时间方面，要保障少先队活动有必要的课时；在经费方面，要保证少先队工作和活动能够正常开展；在阵地方面，要抓好队室、队角、红领巾广播站、电视台等学校少先队活动阵地建设，推动青少年宫、博物馆、爱国主义教育基地等各类社会活动阵地对少先队组织免费开放，以各种方式建立体验教育基地，为少先队活动提供依托。这里我特别要强调一下少先队工作的队伍保障。我们看到，哪里的辅导员得力，哪里的少先队工作就开展得好。我们既要积极落实少先队辅导员的配备、培训和待遇保障，为他们开展工作创造必要条件；更要加强对辅导员职业成长路径的研究，探索建立社会对辅导员的激励和评价机制，使辅导员朝着努力成为少年儿童教育家这一方向去培育职业精神，提升职业素质。在辅导员的队伍里，有一批把毕生精力献给少先队事业的老同志，他们本着对党和少年儿童的热爱，长期辛勤工作，潜心思考研究，取得突出成绩，直到今天仍在孜孜以求地探索，他们的敬业精神和创造活力，深深地感动着我们，值得每一个少先队工作者学习。

第三，积极争取学校、家庭和社会对少先队工作的支持。学校是少先队工作的主阵地，我们要主动顺应教育改革的发展趋势，把少先队工作与学校教学紧密结合起来，使学校和家长认识到少先队工作的价值所在。要探索少先队与学校教学部门、学生家长的交流机制，促进彼此的合作。在合作中要注重发挥少先队的优势，比如说，通过少先队活动增强孩子的集体主义和责任意识，锻炼他们的组织性和纪律性，教会他们与同龄人相处等等，这些在本质上和学校、家庭的教育目标有着内在一致性，能够受到学校和家长的欢迎。我们还要努力争取社会各界对少先队事业的支持，特别是善于把公众人物的公益心引导到为少先队事业作贡献上来，发挥他们在少年儿童中独特而重要的影响。如果我们朝着这些方向去努力，少先队的工作必然会跃上一个新台阶。

4. 探索各级少工委建设的长效机制。这次全国少工委进行了成员单位和具体人员的一些调整，这是全国少工委工作的实际需要，并不要求各级少工委都要做相应的调整。应当说，自1984年全国少工委成立以来，各级少工委在少先队事业发展中起到了重要作用。但在一些地方，少工委作用发挥得还不理想。为此，我们要探索加强少工委的有效机制。首先，要强化少工委在少先队工作中的统筹协调作用，特别要明确共青团在少先队工作中的领导作用。对于有的区县少工委不能正常换届，有的长期班子配备不齐，有的没有定期召开少工委全委会和主任办公会等问题，应下力气尽快予以解决。其次，要深化团教合作、多部门齐抓共管的工作模式。要体现团教合作的优势，发挥少先队在学校开展体验教育，强化实践环节、完善评价体系等方面的作用，把少先队工作纳入学校德育督导评估范畴，作为学校综合性督导评估的具体内容，使少先队工作真正成为学校教育教学和建设管理的重要组成部分。要推动少工委各成员单位各司其职、各负其责、各尽其力，加强政策制定和落实，加大工作指导和督促，发挥好少工委对少先队事业应有的推动作用。

三、扎实做好2009年少先队工作

今天上午，林青同志已就2009年少先队工作进行了详细安排，这里我再强调三项重点。一是做好纪念建队60周年工作，二是抓好体现少先队本质的品牌和项目，三是加强研究和探索。

1. 做好纪念建队60周年工作

2009年是少先队建队60周年。这是少先队的大事和喜事，我们要高度重视，扎扎实实把纪念工作做好。请同志们全面理解建队60周年的重要意义，绝不是简单搞一些面上热热闹闹的活动。活动的内容一定要能够体现组织的本质属性，活动的形式一定要贴近少年儿童，活动的对象一定要面向广大少年儿童。首先，我们把纪念建队60周年的主题定位“祖国发展我成长”，是经过反复比较的，就是要让少年儿童在感受祖国发展变化的过程中，在社会体验和社会观察的过程中培养初步的国家意识和对党的朴素感情。其次，要按照“量力而行，尽力而为，规模适度，重在本质”的原则来开展主题活动，以“效果最佳”而不是“场面最大”为衡量标准。实践证明，以少先队大中小队为单位，开展各种形式新颖、富有内涵的活动，往往效果更直接、更深入、更持久。面上的活动要有，但不宜多，团中央、全国少工委会安排全国性的统一活动，目的不是追求轰动，而是要体现少先队是一个全国性的少年儿童群众组织的属性。第三，60年的探索、积淀，蕴含着丰富的宝贵经验，需要我们好好去回顾总结,梳理提炼出一些工作原则,结合时代的发展,用以指导新的实践,使我们这个组织始终保持勃勃生机。第四,通过纪念工作,唤起全社会的红领巾情结,进一步争取社会各界对少先队的关心、帮助和支持,优化少先队工作环境。第五,要利用建队60周年的契机,为基层办好一到两件实事。比如,针对工作聚焦的进一步明确和工作专业化的需要,要加强辅导员培训。又比如,针对手拉手书屋在基层受欢迎的情况,要加大这项工作的力度,等等。

2. 抓好体现少先队本质的品牌和项目

在多年的实践中,少先队形成了许多好的工作品牌和工作项目,在少年儿童当中也有一定影响,但存在项目过多、资源使用过于分散、项目的内容和效果没有达到教育目标等问题。因此,当前有必要对近年来的工作和项目认真进行梳理,思考以往的工作和项目是不是围绕少先队的根本任务开展的,是不是体现了少先队最本质的教育目标,如何在今后更好地符合少先队根本任务和本质属性的要求。

抓好体现少先队本质的品牌和项目,不是简单地砍掉几个品牌和项目,也不是盲目地收缩工作领域,而是围绕培养少年儿童对党和社会主义祖国朴素感情的根本任务,对现有品牌和项目的战略性放弃和战略性坚持。对于那些与根本任务关系不直接,成效不明显,在少年儿童中没有影响的品牌和项目,应当进行调整。同时,对于符合条件的品牌和项目,要集中资源,打造精品。经过若干年的努力,把这些好的品牌上升为全社会的事业,更好地促进少年儿童成长成才。具体而言,在工作内容上,要着重抓好那些体现思想引领方向、受欢迎、影响广、可持续的工作项目;在活动方式上,要照顾到大多数基层队组织都有条件开展,广大的、普通的少先队员都便于参加;在教育时段上,要注重那些渗透在少年儿童日常学习和行为中的经常性教育,通过潜移默化和长期强化,取得良好的灌输效果,避免形式化、片面化、模式化、成人化。

3. 加强研究和探索

少先队事业是一项常为新的事业。少先队工作者特别是领导机关的工作人员要按照团中央书记处的要求,把研究和探索作为一项最重要的基础性工作常抓不懈,真正走进少年儿童和辅导员,通过思考和实践,找到一些符合实际、具有旺盛生命力的方法和载体。全国少工委今年主要有三项与此有关的工作。一是开展大样本问卷调查。目前正在对不同年龄段少年儿童生理心理特点和认知规律进行专题研究,为今后工作提供科学依据,已经得出一些初步的研究成果。下一步,还要对辅导员队伍的职业成长路径进行问卷调查。各地少工委也要开展深入调查研究,与全国少工委的调查互为补充,共同提高我们对工作规律的认识。二是开展少先队基层组织建设和基层工作试点。按照团中央书记处的统一要求,自3月起,围绕“探索增强基层组织活力的新途径”的主题,全国少工委与共青团各条战线一起,在全国范围开展为期一年的试点工作,主要目的是深入挖掘和提炼有效经验,发挥以点带面作用,推动基层组织建设和基层工作。各级少工委在落实好全队基层试点任务的同时,要确定并抓好各自的试点。三是在前两项工作的基础上,全国少工委将研究制定《少先队工作纲要》,对今后一个时期的少先队工作进行系统的规划部署。各级少工委要开动脑筋,建言献策,集全队智慧和力量,共同把《纲要》制定好,为明年召开第六次全国少代会做好理论上和思想上的准备。

同志们,少先队工作承载着各方的殷切期望,少先队工作者使命光荣,责任重大。我希望并相信,各级少先队组织和广大少先队工作者一定会抓住机遇、乘势而上,以自己的积极探索和扎实工作,在忠诚党的事业、服务少年儿童健康成长的进程中,谱写少先队事业发展的新篇章!

罗梅在 2009 年“培养计划”民族地区团干部座谈会上的讲话

2009 年 12 月 18 日，根据录音整理

在团中央机关见到参加 2009 年“培养计划”的各位团干部，我感觉非常亲切。刚才听了 11 位团干部代表的发言，很受启发，感到无论是挂职的干部还是参加学习考察的干部，通过半年的挂职和一周的学习交流，大家很有收获，对今后的工作也有认真的思考，成效是非常不错的。在此，我代表团中央书记处向各位团干部表示亲切的问候！向各位团干部圆满完成这次挂职和学习交流的任务表示热烈的祝贺！

民族地区共青团工作是全团工作的重要方面。在当前国际国内形势非常复杂、共青团工作又面临诸多挑战的情况下，民族地区共青团工作显得尤为重要，做好民族地区青少年工作意义非同寻常。团中央历来重视民族地区共青团工作，关心民族地区青少年的成长和发展。团十六大以来，新一届团中央书记处和第一书记陆昊同志，一如既往地高度重视民族地区共青团工作，最近还专门成立团中央民族地区工作领导小组，充分体现了对民族地区工作的重视，也充分说明了民族地区工作的重要性。今天借这个机会，结合大家的发言，我谈几点意见，和大家一起交流。

一、充分认识加强新形势下民族地区共青团工作的重要性和紧迫性

1. 做好民族地区共青团工作，是服务党和国家工作大局的重要要求。民族地区共青团工作是党和国家民族工作的重要组成部分。从整个国家来看，当前做好民族工作，把民族团结进步事业继续推向前进，对维护和发展各族人民根本利益、保持社会和谐稳定、实现国家长治久安和中华民族伟大复兴具有重大意义。今年是新中国成立 60 周年。60 年来，在党的坚强领导下，我们国家走出了一条中国特色民族发展道路，形成了平等、团结、互助、和谐的社会主义民族关系，民族地区也发生了翻天覆地的变化。但是，去年“3·14”事件和今年“7·5”事件的发生，也进一步凸显了加强民族团结、反对民族分裂、维护社会稳定，支持少数民族和民族地区加快发展的极端重要性和紧迫性。共青团是执政党的青年组织，肩负着巩固和扩大党执政的青年群众基础、团结带领包括民族地区青少年在内的广大青年群众为实现中华民族伟大复兴而奋斗的历史使命。所以对民族地区共青团工作的认识，一定要从服务党和国家工作大局的政治高度去思考、去着手、去落实。

2. 做好民族地区共青团工作，是服务民族地区广大青少年成长发展的重要要求。民族地区共青团工作直接关系到民族地区青少年的成长和发展。民族地区青少年是民族地区发展的希望所在，也是促进民族团结进步事业的力量所在。近年来，民族地区各级团组织在各级党组织的坚强领导下，按照全团的工作部署，坚持从民族地区的实际出发，开展了一系列的工作，取得了一系列的成效，在教育引导民族地区青少年进一步坚定爱党爱国爱社会主义的政治信念，进一步坚定维护祖国统一、巩固民族团结、反对民族分裂的政治立场，积极投身本地区经济社会发展、实现全面建设小康社会等方面，做出了不懈的努力。当前，随着改革开放的深入推进，西部大开发战略的深入实施，以及全球化的深入发展，民族地区青少年的思想观念越来越多样，利益诉求也越来

越具体,政治意识表达方式也发生了新变化,对共青团组织服务广大青少年的成长发展提出了新的更高的要求。所以民族地区各级团组织和团干部,要从推动各民族团结进步、促进各民族共同发展的政治高度,做好竭诚服务青少年的工作。

3. 做好民族地区共青团工作,是推动共青团事业发展的重要要求。团的十六大提出,在新的历史条件下,不断巩固和扩大党执政的青年群众基础,团结带领青年为实现中华民族伟大复兴而奋斗,是共青团的根本职责所在。陆昊同志多次强调,肩负起党交给的任务,共青团既要看到长期以来形成的良好的工作基础,更要清醒地认识到新形势下面临的深刻挑战。从大的方面讲,现在的挑战主要来自于三个方面:一是党的历史方位发生了变化。60 年来特别是改革开放 30 年来,我们党已经从革命党向执政党转变,从计划经济条件下的执政党向市场经济条件下的执政党转变;二是青年的政治意识表达方式发生了新变化。我们做了一些调研,现在的年轻人在常态下表现出来的是对政治的漠不关心,但是遇到一些特殊情况的时候,可能会有极端的表达;三是科技进步特别是信息技术发展对青年的生活方式、行为方式、交流方式和聚集方式带来了深刻影响。现在网上的交流如 QQ 群、各种青年网络社团非常普遍,如果我们还仅仅停留在物理空间上对青年的聚集,肯定是找不到青年的。这三方面的挑战对共青团工作特别是组织青年、吸引青年带来了一定的难度,对民族地区团组织来说也是如此。民族地区现在也正处在大发展、大变革、大调整的时期,也已经迈入了发展的机遇期和矛盾的凸显期并存的阶段。同时,由于民族问题的长期性、民族工作的特殊性和当前国际国内形势的复杂性,使民族地区共青团工作更加具有挑战性。所以民族地区各级团组织和团干部,一定要从发挥好作为执政党的青年组织的功能、完成好党赋予的历史使命的高度,扎实推进各项工作,不断开创工作新局面。

二、深刻把握当前民族地区共青团工作的重点

团十六大以来,新一届团中央书记处按照胡锦涛总书记去年 6 月 14 日提出的"两个全体青年"和组织青年、引导青年、服务青年、维护青少年合法权益的重要要求,对全团的工作做了一系列的重要部署。比如,全力以赴地加强基层组织建设和基层工作。这是新一届书记处对全团发出的第一个也是最强烈的信号,内容包括向西部地区派出志愿者和团干部等工作力量,把团的资源往基层倾斜,加强对团干部的培训等。又比如,从服务青年的角度,主要抓了促进青年就业创业,包括建立就业创业见习基地、实施小额贷款项目、开展职业技能培训等。再比如,有针对性地对青少年进行分类分层教育和引导。引导青年是共青团的根本任务,因为共青团是一个思想性、政治性都非常强的青年组织,又是执政党的青年组织,我们的根本任务要落在引导青年上。为什么要把基层组织建设跟基层工作结合起来?我们感到,单纯地抓组织建设或者是单纯地抓基层工作,对工作的推进都是不利的,两者必须紧密结合起来,通过组织建设推动基层工作,通过基层工作使组织更加完善、更加有生命力。还比如,在维护青少年合法权益方面,团中央在全国普遍开展了"共青团与人大代表、政协委员面对面"活动。此外,还重点抓了团干部队伍作风建设,特别是从团中央机关、省一级团的机关做起,抓好机关的作风建设。

根据书记处的要求,结合民族地区的实际,民族地区团组织要着力抓好以下几项重点工作:

首先,要突出抓好青少年民族团结宣传教育工作。民族团结问题始终是关系党和国家事业发展全局的重大问题。无论是从历史还是现实的发展看,一个国家如果没有各民族和睦相处、和衷共济、和谐发展,就没有社会的安定团结，更不可能有国家的繁荣昌盛。我们可以看出，去年的“3·14”事件和今年的“7·5”事件对民族地区发展的影响、对当地群众的伤害是非常大的。从国际来看，像车臣等地，就是因为民族之间不团结，民族之间的纷争，使得国家四分五裂，国家的竞争力也随之削弱。所以，民族的团结进步、社会的和谐稳定，对于一个国家来讲非常重要。民族地区各级团组织对这个问题要高度重视，一定要突出做好民族团结宣传教育工作。

一是要紧扣民族地区青少年思想意识的关键点。要找准青年思想的症结和具体问题所在，特别要分析这些关键问题背后的深层次原因和逻辑关系，有针对性地加以解决。比如，他们为什么会产生这样的思想？为什么会有这样的行为？背后是什么逻辑思维？有哪些深层次的原因？从调研情况看，民族地区各类青年的思想观念是不太一样的，表现出来的一些行为及背后的原因也是不大一样的。比如说宗教，宗教为什么会影响他们？宗教的哪些内容影响了他们？陆昊书记总结过思想灌输的几种效果，一种是使思想进一步深化，第二种是越来越淡化，第三种是产生逆反心理，第四种是灌输基本无效。所以不要以为简单地作一个报告、讲话，年轻人就能够接受你的思想。要善于找到年轻人思想的关键点，再有针对性地寻找出影响、引导他们的方式、路径。

二是要注意分类分层引导。要结合民族地区青少年的特点，对不同类别、不同年龄段的青少年进行不同的教育引导。我去民族地区调研，就发现青年农牧民、青年工人、大学生和青年宗教人士间的思想有一定的差异性，如果简单地用不加区别的方式去引导他们，效果是不一样的，因为没有抓住他们思想的关键点。比如，农村青年关心的是致富问题，怎么增加收入的问题；企业青年则关心企业怎么能够发展，让自己受益。所以，对不同类别的青年要有不同的宣传和教育方式。对不同年龄段的青少年，根据他们的心理、生理发展的变化，宣传和教育方式也要有所区分。研究发现，14 岁以下的孩子，用灌输的方式是有效的；14 岁以后，用价值分析、比较的方式可能更有效果。从具体的方式讲，14 岁以下就要充分体现游戏性；14 岁以上就要体现参与性。考虑到青年所处环境的变化，我们还必须运用青少年喜欢的沟通、交流的方式，探索新的宣传路径和教育载体，比如说利用互联网、手机、动漫、游戏等。

三是要充分认识到感情、友谊、信任等因素在增进认同、传播思想和引导凝聚中的重要作用。今天在座的都是来自基层的团干部，你们处在团组织跟青年的边界上，共青团的功能是通过你们来实现的。所以，大家一定要心里装着最基层、最广大的青年，要同他们多交流，让他们信任你，觉得关键的时候我们的团组织、团干部能帮助他，只有这样，他们才会认同团组织。作为共青团的干部，要愿意做群众工作、主动做群众工作、会做群众工作，要真心实意地深入群众、贴近群众，摒弃完全行政化的思想，否则就得不到青年的认同。所以，在做工作的时候，大家一定要带着感情去做，要认识到友谊、信任这些因素对开展工作的重要作用。

其次，要稳步推进团的基层组织建设和基层工作。这项工作现在是各地团组织工作的重中之重，在民族地区也不例外。民族地区团组织做好这项工作，要注意以下几点：

一是要注意对广大青年的吸引和凝聚。就是要首先抓好组织青年的问题。团中央判断，团组织的战斗堡垒目前在县一级，因为县一级的团组织相对健全，乡镇一级绝大多数是兼职的。不是说兼职就不能干工作，也不是说兼职就做不好工作，而是有些乡镇团组织一是可能没有更多的精力去做工作，二是不知道怎么干工作。村一级就不用说了，青年都流动出去了，村里的团支部书记更不知道做什么，或者说根本就没有团支部书记。那么,要怎么实现总书记说的"两个全体青年"?光靠团中央是实现不了的。所以加强基层组织建设首先要有组织。连组织都没有,怎么去引导和服务?组织青年是重要任务也是重要前提,与服务青年、维护青少年合法权益之间相互促进,引导青年是根本任务。这是由共青团组织的性质、属性,是由共青团和党有着特殊而密切的关系所决定的。引导青年什么?从全国来讲,要引导青年热爱祖国,拥护中国共产党,认同中国特色社会主义道路;从民族地区来讲,除了这些以外,还要引导青年维护祖国统一、促进民族团结、反对民族分裂,这是我们最根本的任务。要实现这个根本任务,有很多的前提。所以我们感觉到,基层组织建设首先要实现对广大青年的吸引和凝聚。陆昊同志提了五条路径:一是靠先进思想,二是靠对青年合理利益诉求的尊重和服务,三是靠对青年特有兴趣的满足,四是靠对青年职业生涯发展所需要的社会化技能的培养,五是靠团干部的人格魅力和对青年的感情。比如说社会化技能的培养,民族地区特别是少数民族青年,在社会化技能方面是相对匮乏的。为什么面临就业难的问题?其中一个原因就是社会化技能比较欠缺,包括在高校里对民族地区青少年职业生涯的设计都是非常欠缺的。所以各种技能的培训包括语言的培训,对民族地区特别是少数民族青年来说特别的重要。刚才我们新疆的同志提到对外出务工青年进行双语培训,就做得很好。语言问题都没解决,怎么劳务输出?如果只会自己的民族语言,在经济全球化的背景下,个人怎么发展?所以说双语教育、汉语的学习是非常重要的。

二是要注意实事求是、稳步推进。基层工作确实非常难做,面临很多的问题,资源比较匮乏,条件较为艰苦,工作难度很大。针对目前基层面临的问题,书记处特别是陆昊同志提出了做好基层工作需要做的或者说需要具备的一些工作经验。一要靠制度条件。刚才大家都提到的党建带团建就是非常重要的一条。但党建带团建,绝不是说共青团不主动作为。你没有作为,要让党政支持你,这是不现实的;你能为党政分忧解难,党政自然会支持你。现在团中央也积极争取在制度政策层面上,为基层团组织开展工作提供支持和帮助。各级团组织在制度建设方面也要做些思考。二要靠内容设计。对基层团组织来说,工作的内容设计很重要,如果完全脱离青年,或者完全跟党政中心任务不搭界,那一定是没有吸引力的。为什么把就业创业作为服务青年的最主要任务?就因为现在就业是青年人最重要的问题。民族地区也一样,不妥善解决就业问题,他自然就对党和政府有怨言,就容易被分裂势力拉拢,就可能跟着干坏事。所以在工作内容设计上一定要贴近青年,而且是贴近广大最普通的青年、最基层的青年、最需要帮助的青年。三要靠干部队伍。共青团工作很重要的一个方面是队伍的能力素质决定了工作成效。基本上工作成效比较明显的,团干部一般素质都比较好,同时对青年有感情。

第三,要竭诚服务青少年的成长成才。服务青少年是共青团的重要职能,成长成才是青少年的根本需求。共青团作为党的青年组织,要把全心全意为人民服务的宗旨,具体体现在为广大青少年的服务之中。要注意面向广大普通青少年,善于从普遍性需求入手,扎实、深入、有效地做好服务工作。

一是要大力促进青年就业创业。这里我就不展开讲,书记处已经做了一系列的部署,主要包括就业创业见习基地、小额贷款、技能培训等。目前看成效是很大的。比如,就业见习的经历,对青年今后创业就业经验的积累是非常有帮助的。再比如小额贷款,通过这种方式,首先是找到了青年,然后帮青年解决了最困难、最急需的一些问题,青年自然就认同团组织。

二是要深入开展文化交流活动。一定要加大同其他地区青少年之间的文化交流。因为不同民族、不同地区的文化是有差异的，加大青少年之间的交流，一是相互了解，二是增进感情，三是能够促进民族团结和国家统一。共青团要加大这方面的工作力度。比如像大家出来挂职，因为理念、文化的差异，可能刚开始你们会遇到一些问题，甚至觉得人家一句话还说得你不舒服，但是时间长了你就会发现对方并没有恶意，只不过是一种文化的差异。但如果不交流，永远就是一种隔阂，交流越多，隔阂就越少。在这点上，我们既要克服大汉族主义，也要克服狭隘的民族主义，并不是只有本民族才是最优秀的，本民族所有东西都是好的，一定不能有这种狭隘的思想，对中华民族大家庭中所有先进的东西要会学习、会吸纳。

三是要积极做好扶贫助学工作。因为历史的、自然的原因，民族地区相对来说还是属于欠发达地区。作为执政党的青年组织，我们有责任也有义务去帮助有困难的青少年，为他们提供一些力所能及的支持。既要借助组织化的动员方式，也要借助社会化的动员方式，来整合社会资源和力量帮助有困难的青少年。比如，希望工程、青年志愿者都是社会化的方式，也做得非常好，包括现在团中央正在做的青年就业创业基金，通过社会化的动员方式筹集资金，将全部用到基层。对民族地区来说，希望工程、西部计划志愿者都是很需要的，今年团中央派到新疆的志愿者，就承担了教孩子们汉语的任务。在民族地区特别像新疆、西藏，双语教学是要重点解决的问题，志愿者工作就可以从这方面入手。

三、对民族地区团干部的几点希望

做好民族地区共青团工作，关键在民族地区各级团干部的共同奋斗。民族地区团干部工作确实不容易，条件艰苦，承担的任务和责任也非常的重大。在新形势下，做好民族地区共青团工作，需要民族地区各级团干部进一步扎实工作、开拓进取。借此机会，我代表团中央书记处，对大家并通过你们向民族地区广大团干部提几点希望。

第一，要坚定政治立场，增强责任意识。作为执政党的青年组织，作为执政党青年组织的干部，首先在理想信念上，在政治立场上，必须要坚定，同时要有所作为，这对民族地区团干部来说是最重要的。特别是在重大是非问题上，包括对待去年的“3·14”事件和今年的“7·5”事件，我们的干部一定要与党中央保持高度一致，要保持清醒的头脑，要有正确的观察力和分析能力，不能随波逐流。打铁还须自身硬。你要引导青年，自己在思想认识上都不坚定，肯定是不行的。

第二，要坚持刻苦学习，增强创新意识。学习对于团干部来说格外重要。因为现在知识更新速度非常快，年轻人接受新事物又非常快，比如网络上常用“雷人”、“沙发”等词句，不懂这些语言，就没办法跟青年人交流。作为团干部来讲，以后要肩负更重要的任务，本来就需要不断地补充知识，除了理论知识以外，还要学习掌握党的民族宗教政策，在遇到一些问题的时候，要能用这些政策去说服、引导青年。不掌握这些政策就容易被人攻击，比如为什么我们实行的是民族区域自治制度而没有采取联邦制？再比如有些宗教人士提出来说政府限制建宗教场所的问题，这在民族宗教政策里早就讲清楚了，宗教场所满足当地宗教信仰群众的需求就够了。所以对民族地区的团干部来说，学习显得尤为重要，一定要养成好的学习习惯，要具备学习的能力，要把学习跟工作紧密结合起来。

第三，要反复锤炼作风，增强奉献意识。锤炼作风对于团干部的成长，对于共青团事业的发展，都是非常重要的。从全团来讲，团干部整体作风还是不错的，特别是基层的团干部克服艰苦的工作生活条件，积极地为基层青年做工作。这种优良的作风和好习惯，包括务实的工作作风、实事求是的态度一定要保持，而且年轻的时候还要能吃苦，吃点苦对今后的成长是非常有帮助的。希望大家发扬不怕辛苦、敢于担当的精神，不管遇到什么样的困难，都饱含激情、充满热情、富有感情地全身心投入工作，不断把自己锻炼成为特别能吃苦、特别能战斗、特别讲奉献的人，捧着一颗红心为民族地区共青团工作和事业的发展做出积极贡献。

最后，元旦、春节即将到来，我们少数民族的一些传统节日也快到了，在这里向大家提前表示节日的祝福，祝大家在今后的工作中能够取得更好的成绩。

汪鸿雁同志讲话

汪鸿雁在全国共青团农村工作会议上的讲话

2009 年 1 月 6 日，根据录音整理

在大家的共同努力下，全国共青团农村工作会议圆满完成了预定的各项任务，就要结束了。下面，我作会议总结，讲三点意见。

一、会议的主要成果和收获

这次会议是全团研究、部署和推进农村共青团工作的一次重要会议。陆昊同志发表了重要讲话，深刻阐述了做好农村团的工作要把握的重要背景、关键问题以及当前要着力做好的几项工作。两天来，大家认真学习了团的十六届二中全会精神，学习了陆昊同志的讲话，并紧密结合各自实际，就加强农村团的基层组织建设和基层工作、促进农村青年创业就业的内容，进行了深入的交流和研讨。大家一致认为，会议开得比较好，主要体现在：一是主题鲜明，紧紧围绕团的十六届二中全会各项部署，突出了加强农村团的基层组织建设和基层工作、服务农村青年就业创业两项主要工作。二是措施务实，这次会议出台了一系列具体工作举措，政策性、针对性、操作性比较强。三是气氛热烈，尽管大家感到农村团的工作困难多，任务重，压力也很大，但是情绪高昂，发言踊跃，劲头很足，给人希望。总之，这次会议达到了统一思想、提高认识、明确任务、推动工作的目的。

二、贯彻落实会议精神的几点要求

1. 要把思想认识切实统一到对农村共青团工作背景的判断上来。陆昊同志在讲话中强调要从党团关系出发领会和把握中央对农村工作的一系列重要要求和部署、从未来五年共青团工作的总体布局出发研究和推进农村团的工作、从当前国际金融危机出发领会和把握党中央书记处对共青团工作提出的明确要求三个方面，准确把握新形势下农村团的工作背景。在学习讨论中，大家一致认为，回顾改革开放 30 年，无论是发生什么样的变化，无论遇到什么困难，农村共青团工作总是能够围绕农村改革发展的大局，适应时代要求和青年的特点，创造性地开展工作，探索了宝贵的经验，积淀了相当的潜力。同时，经过 30 年农村改革发展积累，农村共青团工作的外部环境更为优越，基础更加坚实，特别是党的十七届三中全会以来，一系列强农惠农政策的效用逐渐显

现，全党全国关注农村、关心农业、关爱农民的良好局面正在形成，农村共青团工作面临的机遇前所未有。必须清醒地认识到，农村共青团工作也进入了一个攻坚克难的时期。农村团的基层组织建设面临的挑战更为突出，经费不足、阵地薄弱、干部缺乏严重制约了农村团的工作发展等等。做好新形势下农村团的工作，需要我们下更大的决心、花更大的力气。

我国是人口大国、劳动力大国，就业问题始终是一个长期性战略课题，也始终是青年最普遍、最迫切的需求。团的十六届二中全会提出共青团必须把促进青年就业创业作为服务青年的重中之重，高举促进青年就业创业的旗帜不动摇。贯彻这一部署，农村战线要在促进农村青年就业创业上下功夫。特别是在当前我国经济金融形势下，农民工就业困难加剧，部分农民工返乡回流，做好促进农村青年就业创业工作，农村战线的工作任务艰巨。去年年底召开的中央农村工作会议强调，要突出抓好农业稳定发展、保证农民持续增收。这是中央农村工作会议的主线，是2009年中央一号文件的主要精神。如何围绕这一主线，做好农村共青团工作，是我们必须要思考的重要课题。实际上，保持农民持续增收与促进农村青年就业创业有着重要的联系。农民的收入有四个来源：一是转移性收入，国家财政给予农民的粮食直补、良种补贴、农机具购置补贴、农资综合直补等四项补贴。二是农民的财产性收入。三是经营性收入，最近一个时期以来，国际市场大宗农产品价格快速回落，国内主要农产品价格全面下行，而且整个市场农产品价格下降不是通过哪一个补贴就可以补偿的，这使得农民生产经营收入增加困难。四是工资性收入，目前，打工收入占全国农民总收入的42%，就2009年的形势分析，农民就业机会减少，收入可能下降。因此，促进农村青年就业创业，对于服务农村青年以及农民持续增收致富、活跃农村团的工作，具有十分重要的意义。

2. 要把工作思路切实统一到农村共青团工作的各项部署上来。大家一致认为，做好农村团的工作，必须着眼于实现组织青年、引导青年、服务青年、维护青少年合法权益的总体功能，紧紧围绕党和国家关于“三农”工作的战略部署，主动适应农村经济社会发展和农村青年的普遍性需求。农村团的工作不能贪多求大、战线太长，当前要全力以赴做好两项重点工作。一是要以最大的决心加强农村团的基层组织建设，坚持重心向下、资源向下、力量向下，切实增强农村基层团组织对农村青年的吸引和凝聚，不断巩固党执政的农村青年群众基础。二是要高举促进农村青年就业创业的旗帜，积极应对农村青年面临的严峻就业形势，全力促进农村青年就业创业，切实发挥广大农村青年在推动农村改革发展中的生力军作用。

3. 要把实际行动切实统一到这次全国共青团农村工作会议的要求上来。第一，要突出重点。这次会上，陆昊同志的讲话明确了当前农村共青团工作的两项主要任务。抓住这两项主要任务，就抓住了做好农村共青团工作的关键。这里要强调的是，我们要求突出重点，是要实事求是地确定阶段性目标任务，抓住农村共青团工作的主要矛盾和根本问题，力争集中相对有限的资源和力量在重点、难点问题上形成合力、取得突破。我们要认识到，共青团组织资源相对较少、团干部普遍年轻，特别是农村团的工作条件艰苦、资源更加有限，农村战线一定要把有限资源集中在最重要的工作上面。陆昊同志在团的十六届二中全会和这次会上着重强调抓基层突破口的方向选择、工作力度、组织落实必须统一，服务青年就业创业的工作方向、重要工作安排和品牌必须统一，就是要求突出重点。第二，要落到实处。没有落实，再好的思路、再好的政策也是“白搭”。这次会上，团中央印发了工作要点，出台了一系列文件，但文件只是规定了一些大的原则，关键还在于各级团委按照文件要求去落实、去贯彻。我们要认识到,并不是说与银监会发个文,小额贷款就解决了,与人力资源和社会保障部发个文,培训就解决了。这些政策能否到位,能否有作用,重要的还是靠各级团组织结合实际出台具体举措,把文件精神真正落到实处。第三,要大胆创新。创新的源泉在基层。比如,这次出台的农村青年创业小额贷款的指导意见,一个重要原因,就是各地在这方面做了大量的创新探索,很多实践问题实际上在基层已经突破了。正因为如此,这些做法才能在文件中得到肯定,才能够推广。在总体方向上我们要求全团统一行动,但在具体的方法上,更有赖于基层的创新、基层经验。

三、2009 年的重点工作安排

上午,陆昊同志在讲话中就当前和今后一个时期农村团的工作作了重点强调。在这里,我做一些具体说明。2009 年农村战线的重点工作,总的讲:一是扎实推进农村团的基层组织建设和基层工作,二是全力促进农村青年的就业创业,三是继续深化保护母亲河行动。这就是农村战线的特色。

1. 关于农村团的基层组织建设和基层工作

第一,探索和推进基层团建创新。在农村青年流动、分布、聚集不断发生变化的条件下,解决农村基层团组织对农村青年的组织覆盖问题,关键在基层团建创新。这种创新,不能仅就农村论农村,而要立足统筹城乡发展的这个大背景。一方面,要坚持党建带团建,巩固和完善县、乡、村各级团的组织体系,进一步加强团县委的统筹协调作用,继续选派团干部到团县委蹲点指导工作。另一方面,要紧密结合农村经济发展和社会结构变化,推行联合建团、区域建团、依托建团等各种团建新模式,积极探索农村基层团组织依托互联网进行组织建设、运行联络的新方式,实现对农村青年的广泛联系、多重覆盖。说到底,只要是有利于吸引和凝聚农村青年的方式、载体和途径,都可以大胆地试、大胆地闯。

第二,推进农村青年中心、专业合作组织等青年组织建设。吸引和凝聚青年,既要充分发挥团组织的核心作用,又要充分发挥各类青年组织的积极作用。从近几年的实践来看,农村青年中心在加强基层团组织建设、联系和服务青年中发挥了积极作用。各地团组织要从实际出发,通过深入开展示范性农村青年中心建设这一载体,继续推动。重点是三个方面:一是作为团的组织网络延伸,二是作为青年活动场所,三是作为基层工作运行模式。对于农村青年专业合作社、协会工作,我们要高度重视。现在,农村青年专业合作组织发展很快,法律环境和社会条件都比较完备。各级团组织要通过典型示范、政策支持、提供服务等方式,联系、培育一批农村青年专业合作社、协会,促进其发展壮大,充分发挥利益纽带、产业链条在吸引和凝聚农村青年中的作用。下一步,团中央将进一步加强杰出青年农民联谊会工作,适时组建一些协会。团各省(区、市)委也可结合各自情况,在省、地一级建立农村青年专业协会组织。

第三,加强农村基层团干部队伍建设。重点是四个方面:一是农村青年能人工作。要积极选拔农村青年能人担任农村基层团干部,促进农村基层团干部成为青年能人。二是大学生“村官”工作。要做好大学生村官联系、宣传、培训、服务工作,充分发挥他们在加强农村团的基层组织、活跃农村团的基层工作中的作用。三是加强乡镇团的委员会建设,充分发挥乡镇团委的整体作用。四是团干部培训,团中央将用五年时间对所有的团县委书记进行一次培训。

第四,把团的组织建设和团的工作结合起来。陆昊同志在全团加强基层组织建设和基层工作电视电话会议上强调:团的各级领导机关的组织部门与其他战线部门要明确分工,组织部门要加强宏观指导、整体规划、统筹协调、机制建设等方面的工作；各战线部门要增加职能，把活动与建设紧密结合，努力在工作中探索有利于组织建设的长效机制。贯彻这一要求，农村战线要坚持活动和组织建设紧密结合，增强抓农村团的基层组织建设的意识和能力，使农村团的基层组织建设和基层工作相互促进、共同发展。

2. 关于促进农村青年就业创业工作

第一，开展农村青年创业小额贷款工作。近年来，很多地方团组织与农村信用社、国家开发银行合作，在为农村青年创业解决资金瓶颈问题上进行了积极探索和实践。我们统计了截至去年11月底8个省份团组织与农村信用社合作的情况，累计发放创业贷款45.1亿元，共有9.1万名农村青年受益。但与农村青年的需求比，贷款的量较少、覆盖面不大，而且不平衡、不稳定。很重要的一个原因，就是缺乏稳定和统一的政策。为此，团中央联合中国银监会专门出台了《关于实施农村青年创业小额贷款的指导意见》。这个文件很重要，对一些重要问题作了规定：一是明确了团组织、银监部门、涉农银行业金融机构各自的工作职责；二是提出了推动小额信用贷款、创新小额担保贷款的方式和做法；三是明确了对农村青年创业小额贷款提供优先优惠。各地团组织一定要总结与农村信用社合作经验，大胆探索与涉农银行业金融机构的合作方式，推动文件精神的落实。比如，可以借鉴浙江、湖北等地的做法，争取在农村青年创业小额贷款的利率上给予更多优惠，进一步细化文件、出台政策等等。

借鉴国内外经验、总结各地实践，我们认识到，推进农村青年创业小额贷款工作，有两个问题十分关键：一是担保方式问题，这次出台的文件目的就是要解决这个瓶颈问题；二是风险分担问题，如果不解决这一问题，银行不愿意开展这项业务，即使解决了政策问题，文件也很难落到实处。小额农贷在国际上都是一个难题，成本高、收益小、风险大。根据统计，2007年，我国商业银行贷款不良率是6.2%，很多外资银行只有0.5%的不良率，而农、林、牧、渔第一产业的不良率高达47.1%。因此，在政策问题解决之后，要充分调动银行的积极性，最重要的就是分担风险。各级团组织特别是省、地两级团组织要广泛整合社会资源，筹集建立各级农村青年就业创业扶持基金和担保基金，以转移、分担和补偿风险。目前，各地政府有关部门有很多担保基金和贴息资金。如果各地能够积极争取有关部门对农村青年创业小额贷款的特殊优惠政策，就可以更有效地调动银行的积极性，放大工作效应。

第二，大力开展农村青年培训。在当前我国严峻的就业形势下，加强对农村青年的培训，对于提高农村青年的就业创业能力，服务农民持续增收，促进农村社会和谐，具有重要作用。过去我们在这方面开展了不少工作，积累了不少经验，今后尤其需要加强。去年年底，团中央与人力资源和社会保障部达成协议，决定从2009年起，共同实施青春建功新农村就业创业培训项目，两年共培训40万名农村青年，每年20万，这是在人力资源和社会保障部的整体培训计划之中的。主要培训两类人员：一是失去工作返乡的青年农民工，二是农村“两后生”（农村初、高中毕业后未能继续升学的人员）。同时，为更好地开展农村青年培训工作，团中央将分批为每个乡镇团委和中西部地区团县委配备一台电脑。各地各级团组织也要千方百计争取人保、科技、农业、扶贫等部门的支持，广泛联系、动员社会培训机构和中介组织，面向广大农村青年，开展订单式的科技培训和技能素质培训，增强农村青年发展现代农业、务工经商的能力，培养一大批农村青年致富带头人。今年，团中央提出全年培训一百万农村青年的目标，需要大家付出扎扎实实的努力，尤其是春季要在全社会形成共青团培训农村青年的集中声势。

第三，开展共青团农村青年就业培训基地建设。长期以来，我们联系、培养、选树了一大批杰出青年农民、农村青年创业致富带头人等青年能人，这是我们重要的工作基础。基于这一考虑，《共青团工作五年纲要》提出建设共青团农村青年就业培训基地，结合农村青年增收致富的愿望和农村致富带头人扩大生产规模的需求，依托农业产业化大户生产基地，组织农村青年开展实用技术培训。这次会上，我们与上海种都种业科技有限公司合作，今年开始实施促进农村青年创业就业上海种都项目，4年培训1万名农村青年。我们把合同提供给大家，是要做一个示范，以此为带动，在全国范围内建立一批比较规范的由共青团主导的这种农村青年的就业培训基地。在这里要强调的是，在与企业合作的时候，一定要找准企业利益与我们开展农村青年培训的结合点。各级团组织要按照这种模式把各个层次、各个类别的农村青年能人广泛动员起来，大力推进这项工作。团中央将在全国确定一批基地并统一挂牌，并给予表彰和资金奖励。

第四，为农村青年提供有针对性的信息服务。主要是四个方面：一是要在春节期间继续深化"农村青年转移就业服务月"活动，推动用工企业与农村青年的岗位对接，依托农村青年劳务经纪人、转移就业带头人，为促进农村青年转移就业提供服务。二是要广泛收集一批投资小、见效快、适合于农村实施的就业创业项目信息，集中向青年发布。三是要各级联手，聘请农业科研专家、直接从事农村生产的实践专家组建专家服务团，按产业、分层次、就近就便为农村青年就业创业、增收致富提供政策、信息、技术咨询等服务。四是要做好促进青年向天津滨海新区转移就业工作，各地要做好与共青团天津市委的对接工作。

3. 关于保护母亲河行动

第一，开展青少年生态环保宣传实践活动。也就是我们所讲的"绿色理念"。多年来，各地在青少年生态环保宣传实践活动方面形成了不少好做法好品牌。这些都要继续坚持，并不断创新。今年，团中央要开展两项牵动性工作：一是继续推进1000个乡镇10000个村的水源地情况调查，二是开展保护母亲河行动10周年系列纪念活动。

第二，加强青少年生态环保队伍建设。也就是我们所讲的"绿色队伍"。一是要壮大青少年绿色志愿者队伍。组建全国青少年生态环保社团网络社区，通过网络联系、凝聚一批青少年生态环保社团和绿色志愿者。设立全国青少年绿色项目库，资助和支持青少年生态环保社团自主开展活动。这是典型的通过社会化方式开展的共青团活动。二是要巩固扩大保护母亲河顾问团、记者团等支持队伍，联系一批民间环保人士，利用他们的优势和作用，参与保护母亲河、宣传保护母亲河。

第三，推进青少年绿色家园建设。从今年开始，通过3年时间，力争在全国每个县（市、区、旗）建设1个青少年绿色家园；以中西部地区为主，3年内在全国建设100个青少年绿色家园示范点，团中央将给予一定的奖励和扶持。各级团组织对此要充分重视、大胆探索、扎实推进。

总之，2009年是全团贯彻《共青团工作五年纲要》的开局之年，是农村共青团工作攻坚克难的重要一年。我们相信，在全团上下的共同努力下，经过农村战线各级团组织和广大团干部的扎实奋斗，农村共青团工作一定能够再上新台阶，实现新发展！

汪鸿雁在广东返乡农村青年就业创业服务行动启动仪式上的讲话

2009年1月23日,根据录音整理

在农历新年就要到来之际,团广东省委在湛江市举行返乡农村青年就业创业服务行动启动仪式,拉开全省农村青年春季培训的序幕。在此,我代表团中央书记处,对广东省各级党政和有关部门为此次行动给予的关心支持表示衷心的感谢！向参与此次活动的青年朋友们致以新春的问候！

当前,国际金融危机持续蔓延、世界经济增长明显减速,对我国经济的负面影响日益加深,就业压力尤其是农民工的就业压力明显增加。中央从促进农民增收和经济社会发展的高度,指出必须采取更加积极的就业政策,高度重视农民工的就业,并出台了一系列有效措施。正是在这样的背景下,共青团贯彻落实党中央重要指示精神,提出大力促进青年就业创业,要求各级团组织在2009年1月底到3月底,以返乡青年农民工为主要对象,开展农村青年春季培训行动。广东共青团组织结合实际,利用年前返乡青年比较集中的时机,及时启动全省返乡农村青年就业创业服务行动,举办返乡青年农民工就业创业培训班,依托湛江市国联水产公司建立国家级“青年就业创业见习基地”,帮助返乡青年农民工提高就业技能,扶持返乡青年农民工自主创业,行动早,规模大,内容丰富,措施实在,为推动各地开展农村青年春季大培训带了一个好头,希望能在全团起示范作用。

大力开展农村青年春季培训行动,有利于帮助返乡青年农民工提高技能,有利于提升农村劳动力综合素质,有利于服务农村改革发展。各地团组织在开展春季培训行动过程中,要努力做到以下三点:

第一,要及早部署,迅速行动。由于很多青年农民工是提前返乡,在家待的时间已经很长。春节一过,大量返乡青年农民工就要外出就业,为了使他们尽快找到工作,很重要的一点,就是要尽快对他们开展技能培训。早一天培训,就能帮助他们早一天实现就业。各地团组织要及时摸准返乡青年农民工的动态,抢抓时间,按照团中央统一部署和要求,迅速行动起来,把返乡青年农民工组织起来,开展多种形式的培训活动。

第二,要增强针对性,提高培训的实效。这次培训的主要目的就是要提升农村青年的就业创业技能,达不到这个目的,培训就失去了意义。各级团组织要特别注意在取得实效上下工夫,因地制宜地开展多层次、多样化的农村青年培训,突出培训的针对性和实用性,千方百计帮助走出去的农村青年具备较强的务工技能,留下来的农村青年掌握先进实用的农业技术,搞创业的农村青年掌握一定的经营管理知识,让受训的农村青年真正受益。这里要强调的是,整个培训过程要突出共青团的特色。培训的组织工作要由团组织主导,接受培训的返乡青年农民工应是各级团组织特别是基层团组织联系和组织的。要通过这次培训,既提高返乡青年农民工的技能,又让他们感受到团组织的关心,从而达到增强团组织对农村青年的吸引和凝聚的目的。

第三,要广泛发动,充分整合资源。积极争取党政有关部门的重视和支持,广泛动员企业、科研院校和各级农村致富带头人等社会力量参与和帮助,将开展返乡青年农民工的培训与促进企业发展、科研院所教学与研究和农村致富带头人自身的产业发展结合起来，努力实现双赢，以此保证春季培训行动所需的场地、师资、经费等条件，使培训行动得以顺利开展。

同志们，青年朋友们！在新的一年里，让我们携起手来，坚定信心，积极行动，共同创造美好生活新篇章！

汪鸿雁在农村青年创业小额贷款试点工作培训班上的讲话

2009年8月6日，根据录音整理

年初以来，团中央和中国农业银行就帮助和扶持农村青年就业创业进行了密切沟通和深入研究，并签署了《支持农村青年创业就业合作协议》。在这个合作框架下，双方决定开展试点工作，共同探索推进农村青年创业小额贷款的有效模式，为明年全面铺开这项工作奠定坚实基础。首先，我代表团中央书记处对项俊波董事长、张云行长、周清玉总监的大力支持，对农业银行三农个人金融部的积极配合，表示衷心的感谢。

这次培训班主题鲜明、内容丰富、务实高效，既是一次对试点地区团组织和农行负责人的培训，又是一次工作对接和部署会议。周清玉总监的讲话对我们的试点工作有着很好的指导意义，希望大家能够深刻领会、贯彻落实。下面，我讲三点意见。

一、充分认识农村青年创业小额贷款工作的重要意义

1. 促进青年就业创业是团组织服务青年的重中之重。团的十六大以来，团中央高举两面旗帜，一是基层组织建设和基层工作，二是促进青年就业创业。主题的选定基于两个方面考虑，一是党政大局。我国是一个人口大国，劳动力规模庞大，供大于求，就业问题始终是中国经济发展在转型阶段所面临的长期战略性课题。特别是应对当前金融危机的形势下，拉动内需必须通过提高劳动者素质和促进更加广泛的就业来加以解决。去年12月，党中央书记处提出明确要求，要切实抓好促进青年就业创业工作，尤其要关注农村青年。为贯彻党中央书记处的指示精神，团的十六届二中全会作出了促进青年就业创业的工作部署。二是青年需求。青年是新增就业的主体，就业问题主要是青年问题。调查显示，我国劳动力初次就业的平均年龄是20岁，50%的创业发生在35岁之前，在经济危机时受冲击最大的是青年，就业创业是青年最普遍、最广泛、最基本的需求。团中央从党政大局和青年需求考虑，决定把促进青年就业创业作为全团重要工作。

2. 实施农村青年创业小额贷款是促进青年就业创业的重要载体和切入点。调查显示，青年创业面临的最主要困难来自三个方面。一是缺项目，青年不清楚市场需求，缺少创业项目。二是缺资金，青年创业的资金90%以上来源于家庭内部自筹，缺少创业起步的资金支持。三是缺技术，青年阅历有限，创业经验不足。而一个人是否选择创业，主要取决于三个基本条件：一是创业愿望，二是创业能力，三是创业条件。作为社会组织，共青团可以把工作着力点放在影响青年的创业愿望，提升青年的创业能力，改善青年创业的外部条件等方面。其中，改善青年创业的外部条件，首要的就是改善资金条件，提供信贷支持是非常重要的途径。团中央已经开始从四个方面来着力推动这项工作。一是积极争取政策支持。去年底,团中央联合中国银监会下发了《关于实施农村青年创业小额贷款的指导意见》,为农村青年创业小额贷款全面实施创造宽松的政策环境。近日,团中央联合人力资源社会保障部下发了《关于共同做好青年就业创业工作的通知》,为青年创业小额贷款争取了财政贴息等扶持政策。二是努力扩大合作主体。截至6月底,全国30个省级团委与银行部门签署了小额贷款合作协议,各地实际发放贷款数额累计达65.46亿元,获得贷款的农村青年总数达13.56万人。从各地情况看,合作主体广泛,包括政策性银行、商业银行、新型农村金融机构等。三是探索风险分担机制。在机制建设方面,各地团组织进行了有益探索,比如由团组织直接向社会募集资金提供贴息和担保,比如建立政府担保基金,比如通过青企协等青年组织开展互保。目前,团中央正与有关保险机构探索开发针对团组织推荐的优秀青年创业小额贷款保证保险产品,通过市场化方式解决农村青年创业贷款难问题。四是大力开展金融培训。团干部大多在机关工作,对信贷业务不是很熟悉,因此首先要对团干部普及金融知识。上半年,团中央制作了4万份《金融知识问答》手册和DVD教材下发至乡镇团委,先后举办了3期工作骨干培训班,并依托中央组织部农村党员干部现代远程教育网开展了远程网络集中培训,截至6月底,各地累计举办金融知识培训班3093期,培训34.9万人。下半年,团中央还要重点对致富带头人进行金融知识培训。

3. 选择中国农业银行作为全国层面的合作银行。国有企业是国民经济的基础,其所有制性质决定了它是实现国家战略、维护社会整体利益的主要经济成分。国有企业在追求自身经营利益的同时,在承担社会责任方面也发挥了表率作用,把企业对社会的关注融入到企业发展战略,体现在企业日常经营管理中。在推进农村青年创业小额贷款工作中,团中央决定与中国农业银行建立战略合作关系,并选择农业银行作为首家全国层面支持农村青年就业创业的合作银行,主要基于三个方面的考虑。一是中国农业银行作为四大国有商业银行之一,在股改中明确提出将拓展县域市场、服务“三农”作为市场定位和社会责任。二是中国农业银行服务“三农”经验丰富,虽然农业银行随农村经济形势变化不断调整业务范围,但是农业银行在支持农村经济发展中一直发挥着十分重要的作用。三是中国农业银行设有专门的三农个人金融部。部门考核单独进行,业务单设,带有一定的公益性和社会性。如果把大中型企业和大额贷款与农村小额信贷业务混在一起,容易因为农村小额信贷成本高、风险高、利润低,降低业务经理做农村小额信贷的积极性。中国农业银行形象好,实力、网点等方面都有其他银行不可比拟的优势,在合作协议中也提供了相当优惠的条件,承担了相当大的社会责任和义务。

二、农村青年创业就业小额贷款成功模式的关键要素

共青团作为一个政治组织,在小额贷款工作中的目标是为一定规模的农村创业青年持续提供能使他们获益的贷款服务。有两个前提条件:一个是要有一定规模,这要求小额贷款工作要有普遍性,要服务广大农村青年,而不是高端的小部分群体;另一个是要有让青年获益的可持续性。要达到这个目标有一些困难要克服。从青年的角度看,不能获得贷款服务的原因主要有两个:第一是没有金融知识,不知道如何获得金融服务;第二是门槛过高,贷款的不可接触性。针对这两个问题,对策一是培训,普及金融知识,使青年能使用金融工具;对策二是从政策、工作安排、工作流程甚至机构改革上能够接近普通青年,这就是我们试点工作需要获得的经验。从银行的角度看,要

为一定规模的农村创业青年持续提供使他们能获益的贷款服务，服务机构自身在财务上必须要有长期可持续性，机构自身要营利，才能维持这项业务的发展。我们和银监会的文件，只是在政策上解决了可以做的问题，但是最关键要解决银行愿意做的问题。目前的现状是银行不愿意做，一是风险太高，无论从城乡格局还是产业格局比较来看，农业贷款的不良率是最高的，其根本性的原因是农业弱势产业的特点决定了抗风险能力较差；二是信用环境不好，市场经济发育程度在农村相对较低，信用意识需要进一步培养；三是成本较高，难以规模化。针对这几点，我们首先要改善对农村产业的政策扶持，要将风险分担、提高贷款人的抗风险能力提上议事议程，其次是信用环境的创造，最后是探索不同于大中企业、也不同于城市的标准化、流程化的工作程序和标准。中国农业银行和共青团的合作主要解决的是规模化和成本的问题，在工作中需要把握以下几个关键点：

1. 坚持全程参与。促进农村青年创业是一个系统工程，团组织在促进农村青年创业过程中，从政策扶持、创业培训、项目推荐、导师指导等方面进行了全程帮扶，有效提高了农村青年创业的成功率，保证了放贷资金的安全性。最近，团中央农村青年工作部对60个县农村青年小额贷款的不良贷款发生情况进行了抽样调查，统计结果显示平均不良贷款率只有0.65%，对农村来讲是非常低的。共青团与银行都要大力做好提供信息、财务管理各方面的服务。全程所有环节都要参与，不是说仅仅贷款方面进行帮助。吉林省是一个典范，农村青年小额贷款人数、总额都排在全国第二位，与团组织全程参与工作有很大关系。

2. 坚持市场化运作。金融体系实现其功能的前提是市场化运作。建立普遍性和持久性的农村青年创业融资机制，必须遵循市场原则，采用市场经济的一般规律推进。农村青年创业小额贷款坚持市场化运作，主要体现在三个方面。一是主体市场化。发放贷款是银行的商业行为，最终承担风险的是银行，要对银行的市场化运作尊重和理解。共青团的合作是帮助、是支持，而不是最终做决定。银行跟我们合作最重要的利益点是希望通过我们广泛的组织网络体系，能够筛查到比较好的成长型客户。团干部要树立市场化工作观念，学习银行业务知识，把好审查关，负责任地推荐项目和创业青年，确保工作可持续。二是利率市场化。开展创业小额贷款，应实行市场化的利率，但这并不意味着要高利率，只要能够覆盖创业小额贷款成本和风险的利率，就是合适的利率。三是风险分担市场化。银行出于自身经营要求，有控制风险的需求，引入保险机构分担风险，就能以市场化手段达到农村创业青年信用增级、贷款放大、风险管控等效果。总之，坚持市场化运作，其目的就是要探索出一条农村青年创业小额贷款商业可持续的路径，从根本上解决主流银行从事农户小额贷款的意愿和能力问题，从而真正破解青年创业的融资困境。

3. 明确对小额贷款“软信息”的认识。农村青年创业小额贷款不同于大中企业贷款，他们一般没有正规的财务报表之类的“硬信息”。决定小额贷款能否按时足额偿还的，往往是一些不能按标准化办法收集和处理的“软信息”，比如农村创业青年的品行、偏好和能力等。我国商业银行以往在农户小额贷款领域进展不顺，主要原因是把对大中企业贷款的技术标准生搬硬套到农户小额贷款中，其中包括硬性要求贷款农户提供并不具备的抵押担保。泰国泰华农业银行针对农户小额贷款研发了专门技术，总结经验主要有这样几点：一是科学的数据分析，确定了20个与贷款不良率最相关的信息作为其审查对象。以前大中型企业信用征集没有考虑个人特征，农村小额贷款个人特征“软信息”就显得特别重要。二是分类的信贷程序，农村小额贷款应与大中型企业贷款的程序区别开来。三是业务自动化，泰华银行风险控制完全自动化，一个业务员一年可以管理320笔个人信贷，效率很高，解决了规模化的问题。四是专门部门的设立。这次与农业银行开展试点，就是要探索出能够适合农村个体小额信贷的技术标准、实质要件、程序要件以及规模化的管理模式，为下一步在全国开展这项工作积累经验。共青团对“软信息”收集有很多优势，比如，浙江安吉团县委在每个乡镇成立了“4 + X”模式的农村青年信用小组，即由乡镇团委书记、创业青年代表、农村青年致富带头人代表、团干部代表各一名，加上申请贷款的青年所在村团支部书记，共同对贷款青年进行信用、能力评定，再推荐给信用社，确保选择出来的都是比较优质的。这种推荐的过程，就是一个信息筛选的过程。

4. 建立有效的正向激励机制。小额贷款具有短期、分散、成本高等特点，建立正向激励机制，对于农村青年创业小额贷款成功运作具有重要作用。一是要建立对农村青年主动还款的激励机制。这是小额贷款成功运作最基本机制。要对守信行为以正向激励，给予守信者获得重复贷款、利率优惠以及因信用升级而得到更大额度贷款的机会。国际上一般认为贷款补贴是低效率，甚至是无效率的，但在我们国家情况比较特殊，农村市场化程度低，弱势产业没有得到根本改善，财政奖励公益基金引导是非常重要的。二是建立对信贷员的正向激励制度。农村青年创业小额贷款需要一线信贷员贷前对每一份贷款申请进行细致分析，贷中进行密切跟踪，这要求信贷员的工资、奖金与放贷业绩和贷款质量密切挂钩，形成正向的绩效考核和薪酬激励。同时，对尽职无错或非人为过错的，应予以免责。浙江团省委与农信社就明确了信贷员的免责条款。这次试点也要把这个问题提出来进行探索。三是建立对银行的激励机制。地方政府一般每年都有对银行的奖励，如贷款增量奖励、定向费用补贴、坏账核销、差别准备金和再贷款等政策，从而提高银行放贷积极性。在这里面要把小额贷款加进这种奖励和考核机制，对当地的银行要有一个正确的政策导向。

5. 加强农村信用环境建设。从我国一些地区农户小额贷款的成功案例中可以发现，培育健康的信用文化和金融生态环境是小额贷款服务机构良性持续生存的环境基础，也是小额信用贷款成功运作的重要因素。目前，在我国的一些农村地区，当地政府和银行业金融机构尝试了评定信用户、信用村、信用乡镇的方式，效果不错。团湖北省委实施的“诚信计划”，对青年创业者的补贴体现在如果青年能够按时还本付息，直接奖励给本人；贷款之前对他培训、教育，帮助银行做贷后跟踪，最后进行奖励。团干部引导青年讲诚信，教育青年讲诚信，也是小额贷款工作持久开展的着力点和切入点。团组织有创建青年文明号的成功经验，目前我们也准备借鉴这种成熟模式，与央行征信管理局联合开展农村青年创业小额贷款信用户、信用村镇创建活动，积极参与推动农村金融生态环境建设。教育引导青年是共青团四项基本职能之一，加强农村青年信用意识教育，团组织有优势。

三、扎实做好农村青年创业小额贷款试点工作

农村青年创业小额贷款是共青团组织、农业银行服务“三农”、推进农村青年就业创业的具体举措，开展试点工作是明年全国铺开农村青年创业小额贷款项目的必要准备，各试点地区要迅速实现工作对接，建立各种保障措施，确保试点取得实效。

1. 密切配合，狠抓落实。试点工作开始以后，各地团组织和农行要尽快成立相应的组织领导机构和联合工作组，负责合作项目的组织、指导和实施。要建立和完善联席会议制度，定期召开会议，研究部署涉及合作项目发展的重大问题，通报和交流合作项目开发、进度、管理等情况，及时总结经验和典型做法。有关10个省的省级团委要加强对试点县的工作指导，主动与本地农业银行做好对接工作，确保政策落地，同时也要结合实际，推动出台本地的优惠政策和实施细则。希望农行有关部门能够按照权、责、利相结合的原则，建立和完善农村青年创业小额贷款绩效评估机制，使小额贷款产品的数量和质量与客户经理的业绩挂钩，进一步明确客户经理和有关人员的责任。

2. 因地制宜，大胆创新。农村的情况跟城市不一样，地域广阔，千差万别，不可能有一个统一的工作模式、统一的工作方法。在试点的过程中，只要大的方向一致，具体的工作方法和工作模式上可以进行大胆创新。要积极探索农村青年创业小额贷款的抵押、质押担保方式，进一步扩大农村青年创业小额贷款可用于担保的财产范围；要努力发展农村青年创业互保、联保贷款，通过信用共同体的内在激励机制和内部成员的自我约束机制发展有效和可操作性强的担保方式；要努力发展农村青年创业小额信用贷款，建立健全农村青年资信评价体系；要积极探索农村青年创业小额贷款的风险补偿机制，引入保证保险等风险分担措施，降低银行业金融机构的信贷管理成本，提高贷款资金的安全度。

大量的经验来源于实践，来源于试点单位的创新。发现创新、总结经验、固定下来，在全国推广，这就是我们试点的任务。

3. 完善模式，总结推广。建立县域合作机制的试点地区团组织和农行，务必要求真务实、追求实效，认真做好客户遴选与信息收集、调查与审批、贷后管理等环节的流程检验和修正工作，及时总结好经验、好做法。希望各级团组织高度重视与中国农业银行的合作，充分发挥团的组织网络优势，积极推荐优秀农村青年创业项目，协助农业银行做好贷前和贷中管理。希望农业银行简化放贷程序，为农村创业青年提供方便、快捷、优惠的贷款融资服务。通过双方半年的试点合作，探索出适合农村创业青年的易操作、可持续、规模化的小额贷款运行模式，为明年全国范围开展农村青年创业小额贷款项目做好充分的准备。

这次我受陆昊同志委托来讲话，为了表达一个愿望，即对在座的各位寄托了充分的信任和高度的期待，大家任重道远。希望通过试点单位的通力合作，能为全国创造好的经验、好的做法。

深入学习实践科学发展观
努力把青少年和青少年工作研究提高到新水平

——汪鸿雁在第五届中国青少年发展论坛开幕式上的讲话

2009年12月3日

在全国深入开展第三批学习实践科学发展观活动，认真学习和贯彻党的十七届四中全会精神的形势下，第五届“中国青少年发展论坛”隆重开幕。众多专家、学者和青少年工作者相聚在这里，交流共青团学习实践科学发展观的思考和探索，探讨青少年和青少年工作研究的重要领域与重要问题。借此机会,我代表团中央书记处对大会的召开表示热烈的祝贺!对出席论坛的各位专家、学者和青少年工作者表示诚挚的欢迎!向为这次论坛成功举办提供大力支持的北京大学以及媒体的朋友们表示衷心的感谢!

这次论坛以“科学发展观与青少年和青少年工作”为主题,深入探讨新形势下青年组织的建设与创新、国际金融危机背景下的青年创业就业、社会主义核心价值体系与青少年的教育引导、科学发展观与少年儿童发展等问题,具有十分重要的理论意义和现实意义,必将对青少年发展和共青团工作起到积极的推动作用。

下面,我想就“学习实践科学发展观,努力把青少年和青少年工作研究提高到新水平”这个主题,与大家交流两个方面的问题,供大家参考。

一、共青团学习实践科学发展观的思考和探索

用科学发展观指导团的工作,准确领会和把握科学发展观的精神实质,是我们思考、谋划和推进共青团工作的根本前提。团十六大以来,团中央围绕学习实践科学发展观,就团的建设和工作进行了深入的思考和研究,形成了一些重要的思想共识。其中,最核心的就是陆昊同志提出的共青团组织面临的三大挑战。这里,我谈谈对三大挑战的理解和体会。

1.党的历史方位转变带来的挑战。共青团与党有特殊的政治关系,党的历史方位的变化决定着共青团的发展走向。在革命战争年代和计划经济时代,党和团在政治目标、工作方式和手段、组织设置等方面高度一致。但在新的历史条件下,党的历史方位发生了变化,从革命党向执政党转变,从计划经济条件下的执政党向市场经济条件下的执政党转变,党为人民服务的宗旨在很大程度上通过执政行为来实现,并且党组织在加强自身建设,探索在社会生活中发挥作用有许多新的创造。而共青团作为执政党的青年组织,缺少在这一转变下通过执政行为发挥作用的路径。解决这一问题,关键在于两条:一是努力探索跟上执政党执政功能发挥作用的转换路径;二是紧紧跟上党建的步伐,探索在社会政治经济生活中发挥作用的途径。说到底,就是要紧紧围绕党的中心任务,牢牢把握农村、企业、学校、社区等社会上存在的各类组织的根本任务和功能,找准团的工作的切入点。

2.青年政治意识表达方式变化带来的挑战。共青团是一个思想性、政治性都很强的组织,青年的政治意识表达方式的变化对团与青年关系带来了最直接、最根本的影响。在高度政治化的时代,共青团与青年的关系更多的是政治关系,共青团对青年的影响、吸引、凝聚更多地通过政治方式来实现。当前,青年的政治意识表达方式发生了新变化。这种变化概括起来,就是常态下政治意识淡化,出现重大事件时会有极端化表达。在这一背景下,共青团应该把握最重要的两条:一是怎么看的问题。要认识到这种变化是随着经济社会发展必然产生的,不以人的意志为转移,具有客观性。要坚持用发展的、辩证的眼光看待这一挑战。二是怎么办的问题。要切实把握这一变化的态势和趋势,首先要面向广大普通青年,贯彻普遍性原则,防止“高端化、高龄化”;其次要“靠先进思想、靠对青年合理利益诉求的尊重和服务、靠对青年特有兴趣的满足、靠对青年未来职业生涯发展过程中所需要的社会化技能的培养、靠广大团干部的人格魅力和对青年的感情”五种路径吸引和凝聚青年,真正把青年团结在党的周围。在具体方式上,要善于把政治性目标与非政治性手段有机结合起来,把政治功能融于社会功能之中,通过社会功能的发挥来实现政治功能。

3.科技进步特别是信息技术发展带来的挑战。当前,以互联网、手机、移动传媒等新媒体为代表的信息技术迅猛发展,主要表现在三个方面:一是用户数量的剧增。二是形式的创新。随着技术的不断升级和成熟,新载体层出不穷,信息传播形式日益更新。三是内容的极端丰富。青少年既是网络内容的享受者,也是创造者和传播者,目前青少年以几何级数的规模创造和传播互联网新的丰富的内容,形成海量的信息流。信息技术的发展深刻影响了当代青年的生活方式、行为方式、交流方式和聚集方式。这些变化对青年工作具有根本性的影响,共青团组织过去传统的空间聚集方式、行政化组织体系中的聚集方式受到了严峻挑战。我们要认真研究和探索信息技术的内在规律和发展趋势,从而打破常规,着力转变我们的工作方式、组织模式和空间格局,用青年喜欢的新的沟通、交流、聚集和联络方式,大胆探索和创新团组织建设的有效载体和途径,下大气力向新媒体进军。

从这三大挑战出发,团十六大以来,共青团组织在党中央的坚强领导和亲切关怀下,深入学习贯彻科学发展观,全面贯彻落实胡锦涛总书记对共青团工作提出的重要要求和党中央书记处的重要指示精神,围绕履行好团的四项基本职能,进行了不懈的探索和努力,主要体现在四个方面。

一是以最大的决心和力气支持和推进团的基层组织建设和基层工作。团的基层组织处在共青团与青年的边界上,使基层团组织保持与广大普通青年的联系,加强团的基层组织建设和基层工作是共青团履行根本职责、实现各项功能、保持自身活力的"生命力工程"。我们也清醒地认识到当前团建工作的主要问题和薄弱环节在基层。团十六大以来,我们坚持眼睛向下、重心下移,加大对基层团组织的支持和指导。选派地市以上团的领导机关2200多名干部到县级团委驻点工作;团中央书记处同志集体讲课,对全国2902名团县委书记进行培训;给予中西部地区县级团委工作经费支持,向县一级派出青年工作志愿者,加强基层干部力量;扎实开展基层团建试点工作,在统筹城乡、青年自组织、互联网、少先队等11个类别共860个团组织和少先队组织中进行全国性试点。

二是全力做好促进青年就业创业工作。我国是一个人口大国、劳动力大国,无论经济形势如何,有没有金融危机,就业问题都始终是一个长期性的战略课题,也始终是青年最关心、最现实、最普遍的需求。促进青年就业创业,是共青团服务党政工作大局、服务青年的重要突破口和着力点,也是当前经济背景下党中央交给我们的一项重要任务。2009年,我们主抓小额贷款、技能培训、建立见习基地、成立青年创业就业基金会、深化青年创业国际计划(YBC)五项工作。截至10月底,共帮助21.38万农村青年获得94.51亿创业小额贷款,为193.67万农村青年提供就业创业技能培训,建立19624个青年就业创业见习基地,18.8万青年参加见习,34985名青年见习后被正式聘用。

三是深入研究和部署推进引导青年工作。当前青年思想政治教育工作既有良好的基础,也面临很大的挑战,不同青年群体思想状况差异显著,都存在一些值得关注的重要问题。针对如何有效引导广大青年坚定跟党走中国特色社会主义道路的重大课题,我们就企业青年、进城务工青年、农村青年、青年学生4个群体开展了各1万份的大样本调查,分析关键点,比较全面地把握了分类引导青年的普遍性、规律性认识和基本方法。在此基础上,部署开展分类引导5个群体青年试点工作,大力开展爱国主义教育,深化青年马克思主义者培养工程和进一步加强青少年民族团结教育,积极探索分类引导青年工作,努力增强针对性和实效性。

四是探索完善维护青少年合法权益工作机制。按照坚持注重把维护青少年合法权益与引导青年的有序政治参与结合,把关注个案与关注普遍性的权益问题结合，把代表和反映青少年的普遍性利益诉求与相关法律法规的贯彻落实结合的工作思路，深入开展以"青年就业创业（2008）"、"互联网与青少年健康成长（2009）"等为主题的"共青团与人大代表、政协委员面对面"活动，深化12355青少年服务台建设，做好未成年人保护和预防未成年人违法犯罪工作，着力探索维护青少年合法权益的制度性安排。

二、青少年和青少年工作研究的重要领域与重要问题

青少年和青少年工作研究是全团工作的重要组成部分。团中央书记处一直以来非常重视这项工作。近年来，在大家的共同努力下，青少年和青少年工作研究取得了不少具有创造性的重要成果，对青少年工作和青少年事业的发展起到了有力的促进作用。面临新的形势，青少年和青少年工作研究课题更多了，任务更重了，也对研究工作者提出了更高的要求。按照全团工作部署的需要，在这里，我着重强调四个方面。

1. 围绕共青团工作的重大理论问题开展基础性研究。要重点研究解决当前团的建设中带有战略性、根本性、紧迫性的重大理论问题，为全团工作提供基础性的理论支撑。

一是深入研究新形势下共青团组织如何牢牢把握和实现胡锦涛总书记提出的"两个全体青年"的目标要求，在团的各项具体工作中体现普遍性原则，把团的工作着力点和努力方向放在最广大的普通青年身上。

二是深入研究新形势下共青团组织如何履行好团的四项基本职能这个核心问题。要围绕四项职能这个既有逻辑前提、又紧密联系的体系，研究如何创新组织化动员的途径，探索社会化动员的新方式，努力实现两种动员方式的有机结合，为党广泛团结凝聚各个领域、各类社会组织中的青年。

三是深入研究意识形态如何在青年中有效传播。要对当代青年在思想意识形成方面的一些重要特征进行归纳，努力把握四类青年接受形成思想意识的一般性特质。要研究把引导青年跟党走中国特色社会主义道路的总目标适当展开为若干重要目标，在各个展开目标中确定重点，有所突破。要更加明确、系统地梳理各类青年的思想意识关键点与引导目标的关系。要研究一些行之有效的、具有普遍性的引导方式，如何通过主动融入市场经济条件下的社会生活大胆创造引导载体，努力使内容与形式实现高度统一。

四是深入研究如何把党对团干部的要求转化为广大团干部的自觉行动。胡锦涛总书记对团干部提出"忠诚党的事业，热爱团的岗位，竭诚服务青年"的重要要求。2008年底党中央书记处进一步要求团干部"在共青团这个大学校里打下求真务实、吃苦耐劳、勇挑重担的根底"。我们要准确把握党对团干部的要求，深刻认识这些要求的背景和现实针对性，研究如何用这些要求教育广大团干部，使他们真正把这些要求转化为锤炼政治素质、落实推动工作、加强作风建设的实际行动。

2. 围绕共青团重点工作开展应用性研究。任何理论研究，都是为指导实践服务的。要紧紧围绕当前全团部署的几项重点工作，着重开展一些提供决策参考和智力支持的应用性研究。

一是研究加强团的基层组织建设和基层工作。当前，我们就加强团的基层组织建设和基层工作，进行了大量的试点创新工作，比如乡镇、街道团的组织格局创新，"两新"组织、统筹城乡、青年自组织、互联网等新领域的团建试点，中等职业学校团建工作的着力推动。我们的研究工作者要到试点一线，发现问题，做一般规律的抽象概括，对具体成果进行理性的提升总结。

二是研究促进青年就业创业工作。在宏观上，认真研究中央有关政策和国家有关法律

对青年就业创业的影响；研究政府、市场、社会组织为青年就业创业提供服务的供给机制问题。在微观上，研究青年就业创业培训工作的社会化运作方式；研究农村青年创业小额贷款的担保方式创新和解决风险控制问题，研究操作方式上的标准化、流程化设计。

三是研究如何把握不同领域、不同年龄段青少年思想意识的关键点及其形成逻辑，如何创新适用、有效的方式方法，进行针对性的分类引导。比如，对于农村青年，要引导他们正确看待发展进程中统筹城乡仍然存在的不平衡性，不仇视，不排斥，结合其不甘于现状、渴望有新的发展的群体特点，激励他们敢闯敢试，帮助他们劳动致富。研究按照"三贴近"要求，面对广大青年，如何实现思想理论工作的具体化和大众化，用实实在在、生动形象、通俗易懂和普通青年乐于接受的方式渗透、传递社会主义核心价值体系。要研究如何发挥新媒体的作用，让真理本身通过好的表现形式和传播方式展现魅力。

四是在代表和反映青少年的普遍性利益诉求的基础上，研究如何推动维护青少年合法权益的制度性安排。比如，农村青年外出务工的权益保障，既要给予个案的关注和帮助，也要就群体的普遍诉求促进政策法规的出台、完善和落实。研究如何通过共青团的组织化渠道引导青年有序政治参与。

3. 围绕共青团工作发展趋势开展前瞻性研究。凡事预则立，不预则废。开展青少年和青少年工作研究，还要注意增强前瞻性和预见性。一是要研究经济全球化、国际金融危机冲击的背景下，针对经济运行中不利于扩大青年就业的因素和青年就业工作的中长期规划，提供一些具有前瞻性的政策思路和工作建议。二是大胆借鉴现代社会组织发展的基本经验，借鉴国外执政党青年组织理论，分析共青团作为执政党青年组织的一般性和特殊性，研究如何加强自身建设。三是要根据影响青少年成长的主客观因素，收集、分析和监测相关信息数据，找出信息数据背后的本质原因和下一步的演化趋势，为引导青年提供科学的舆情报告，增强共青团工作的主动性。

4. 围绕青少年本体的时代特点深入开展研究。青少年是社会中最活跃的群体，他们以自己的活力和创造精神推动着社会变迁。同时，青少年的发展也必然会受到科技进步和社会变迁的巨大影响，在政治意识、思维方式和行为习惯等方面发生深刻而广泛的变化。这种变化有发展的客观性，在具体表现形式上也不可预知。对此，一是要认真研究青少年时代特点及其成因和规律，找到共青团工作的应对路径。二是要针对不同领域、不同年龄段青少年的群体特征，既要系统性地研究群体共性，也要注重把握群体差异，区别对待。

以上这些问题，我在这里只是点个题，供各位来宾、专家学者和青少年工作者参考。破解这些现实课题，还需要依靠大家的理论智慧来协同攻关。

总的来说，青少年和青少年工作研究还要注意把握好以下几个关系：一是要把贴近青少年实际同贴近共青团工作结合起来，二是要把自由选题同制定规划结合起来，三是要把增强精品意识和加强研究队伍建设结合起来，四是要把团内对青少年研究的投入与社会投入结合起来。

最后，预祝论坛取得圆满成功！

汪鸿雁在全团农村战线基层团建试点工作推进会上的讲话

2009年12月7日，根据录音整理

召集这次会议，主要有两个目的，一是深入贯彻落实全团加强基层组织建设研讨会精神，进一步统一农村战线的思想，把主要精力集中到团中央部署的重点工作上来；二是为大家提供一个相互学习交流的平台，进行中期总结，扎实推进农村基层团建试点工作。团中央书记处第一书记陆昊同志对此次会议非常重视，特别委托我来参加，同大家一起交流研讨。下面，就农村战线基层团建试点工作，我讲三点意见。

一、认真贯彻落实全团加强基层组织建设研讨会会议精神

11月11日，团中央召开全团加强基层组织建设研讨会，陆昊同志在会上发表了重要讲话，深刻分析了团的基层组织建设和基层工作面临的形势，指出了当前存在的突出问题，并对下一步的工作提出了明确要求。农村战线要带头学习、深刻领会并贯彻落实陆昊同志讲话精神。在此，我结合自己的体会强调几点。

1. 进一步增强加强农村基层团组织建设的紧迫感和责任意识。团十六大以来，团中央书记处把加强团的基层组织建设和基层工作作为首要任务。在这次研讨会上，陆昊同志又强调指出，要从贯彻党的十七届四中全会精神的高度，从党团特殊政治关系的高度，从党对加强基层工作的要求的高度，从团在广大青年中的生命力体现标志的高度来加强和深化对基层组织建设的重要性的思想认识。我们必须清醒地认识到，团的基层组织建设是团的生命力工程，同时又是目前工作的薄弱环节，农村基层团组织建设尤其薄弱。团的农村战线的同志对此要有深刻的忧虑。忧虑来自三个方面，一是面对农村团组织出现无班子、无制度、无活动、无阵地、无作用、无发展、无管理等“七无”现象的严峻形势，团内一些干部流露出放弃团的农村战线的倾向，这种撤退情绪的蔓延，势必在一定程度上削弱农村团的工作。二是农村基层团的工作环境不容乐观，比如，基层一些党政领导对乡镇团的组织格局创新试点工作的反映，认为“乡镇团委一个人都没事干，要那么多人干什么”。三是共青团在青年社会生活中的影响力在下降，青年对团的工作知道的都不多，更不说受影响。

尽管在全团的共同努力下，高度重视农村基层、大力支持农村基层的良好氛围已经形成，面对农村基层团建的根本性问题敢于寻求破解方法，但是，目前农村基层团组织建设仍然面临一些突出难题，一是制约农村基层团组织建设的长期性、根本性难题还没有找到有效的破解之法。二是推进农村基层团组织建设的系统谋划和整体思维也不够。比如，村一级组织载体如何设置，干部队伍的来源在哪里；乡镇一级如何解决资源问题和青年接触渠道问题；县一级在功能相对完备的情况下，如何设计工作内容，如何建设干部队伍和基本制度，如何进行向下的系统性建设等。这些问题不尽早解决，也就很难实现胡锦涛总书记提出的“两个全体青年”的政治目标。因此，全团农村战线要从思想认识上始终保持忧患意识、责任意识，下最大力气加强农村基层团组织建设。

2. 保证推进农村基层团组织建设的精力和力度。农村基层团组织建设是整个农村共青团工作的重点所在，重点工作必须集中主要精力。陆昊同志鲜明地指出，部分团的领导机关不能保证抓基层组织建设和基层工作的精力和力度，是当前推进工作过程中的一个突出问题。全团如此，农村战线也不例外。农村战线面广线长，基层组织建设和促进青年就业创业这两项全团重点工作，农村战线都是主战场。如果不善于统筹安排，把握关键，就很难把重点工作落到实处。特别是以前农村战线又没有直接承担组织建设的任务，现在正处在适应期、磨合期，这样一来，就更难保证推进基层组织建设的精力和力度。解决这些问题的办法，就是要把思想和行动统一到团中央的总体部署上来，转变工作方式，从日常事务性的工作和应景式的活动中摆脱出来。多年来的实践证明，放松了基层组织建设，搞再多再好的活动对共青团组织的发展也于事无补。因此，在目前资源有限的情况下，团中央确定主攻方向，要求集中力量，上下协同一致，并强调如果力量不足，精力不够，那么其他的事可以不做，把主要精力集中到团中央部署的重点工作中来。农村战线同样要按要求高度精简工作，保证推进重点工作的力量。

3. 保持坚韧扎实的工作作风。农村基层组织团建设有其自身的规律，与农村青年的变化息息相关，与农村乃至整个经济社会的变革紧密相连，是一项长期性的任务。不能把它等同于团的活动，寄希望于一招一式，急功近利。农村基层团组织建设的复杂性、长期性，要求我们不能频繁"换频道"，必须持之以恒，以坚韧的毅力和耐心，扎扎实实，攻坚克难，不达目的不放松。特别是在基层，一些农村团干部往往缺乏与全团保持高度一致的意识，工作思路有一定的滞后性，又喜欢挑容易的事干，因此要特别强调在工作中保持韧劲，集中注意力，扎实推动工作。

二、把握当前农村基层团建工作的几个关键问题

经过团十六大以来的强力推进，农村基层团组织建设正处在一个关键时期。之所以说是关键时期，一是团中央书记处经过慎重考虑，提出力争用3—5年的时间，把共青团的桥头堡从县推到乡镇，要实现这样的目标，当前是一个非常关键的打基础时期，从现在开始要着手研究下一步工作的关键点。二是团中央书记处明确要求，农村战线要直接承担农村基层团组织建设的任务，在这样一个背景下，农村战线能否迅速转变角色，发挥好推进农村基层组织建设的主体作用就显得十分关键。三是经过一年多来的探索之后，在如何进一步推进农村基层团组织建设上，出现一些重大问题迫切需要我们进行深入的理论研究和思考，一些工作关系的摆布迫切需要我们全面理顺并在实践中准确把握。

1. 把握好重点突破与系统谋划的关系。系统性不够是当前农村基层团组织建设的一个突出问题。在工作中，我们有熟悉农村基层情况、善于推动具体工作的长处，但也同时带来不足，就是工作经常处在一个较低的层次，表现为微观和琐碎，缺乏全局、深远的眼光，不能在一定的高度进行思考、提出建议，使得我们的工作整体性和系统性不够。

没有系统、整体的思维，就找不到重点；不抓住重点，又很难带动系统、推动整体。当前，在推进农村基层团组织建设的过程中，我们的思路是针对关键性的环节、根本性的问题进行重点突破，对一些已经成熟的思考率先实践。比如，在桥头堡退却到团县委的境况下，为了切实发挥其桥头堡的作用，我们针对团县委力量不足、经费缺乏等关节环节，采取了派驻干部、划拨经费、加强培训、派遣志愿者等重点措施，帮助团县委克服存在的困难。再比如，在经过理论推导，认识到解决乡镇团委没人干事这一难题，目前最可行的办法就是增加乡镇团委工作力量之后，我们提出开展乡镇团的组织格局创新试点。但这些都是单一的突破，还没有从农村传统领域、新兴领域这个整体上去谋划，还缺乏从干部载体、工作内容、制度保障上的系统设计，需要我们正确处理，做到谋一域，又谋全局。

2. 把握好点上经验与面上推广的关系。之所以普遍感觉农村基层团组织建设相对薄弱，一个直接的原因，就是在面上很少能看到好的团建成果。点上成功的经验，是全面推进农村基层组织建设的重要前提，但经验仅仅局限于点上，不用于面上推广，那这个经验再好再成功，也没有价值。因此，首先必须重视培养好的经验、典型，针对不同地域、不同条件，探索不同的经验模式。点上经验成熟后，就要着重研究面上推广的路径、方法。点上经验的探索主要靠基层，但深入总结、提炼经验，进而在面上推广经验则主要靠地市以上团的领导机关。

从现实情况看，农村基层不乏许多好的点上经验，但没有得到很好的推广。主要原因有三个，一是部分上级团的干部没有总结经验的意识，眼睛向下的习惯还没有养成，不下基层、不深入了解基层情况，基本上是团市委干团市委本级的工作，团县委干团县委本级的工作，发现不了经验。二是一些团干部不善于归纳、总结，缺乏理论思考和逻辑分析的能力，提炼不了经验。在共青团岗位上，要特别注重这一方面的锻炼，以适应今后党政领导岗位更高的要求。三是一些团的领导机关对面上推广的路径、方法、载体研究不够，或推进力度不大，落实不到位，说到底，就是缺乏面上推广的能力和作风。这些应该在今后的工作中着力克服和改进，以进一步增强面上推广的工作力度和耐心，使点上经验真正转化为农村基层团组织建设的成果。

3. 把握好探索创新与加强基础工作的关系。基层工作不规范，基础团务不扎实，一些农村基层团组织甚至对辖区的团员基本情况都不掌握，这些看似很小的基础性问题的普遍存在，已经成为农村基层团组织建设的制约因素。团十六大以来，我们在很多领域的团建上进行了大胆的探索创新，在农村基层团组织建设上，也提出了一些创新的领域，但在实践中我们也深刻地认识到，越是要创新，就越是离不开扎实的基础性工作，离开基础团务，农村基层团建创新就会成为无源之水。当前，农村不断发生的巨大变化迫切需要我们拿出创新的勇气和方法去应对，在这一新形势下如何加强基础工作就显得更加重要。整个农村战线对此应该清醒认识。传统的县、乡、村三级农村团的组织构架必须大力巩固、完善，团的基础团务工作必须做到精细、扎实。如果这些事情都做不好，新兴领域的团建创新就很难取得实效。因此，要加强基本的制度建设，靠制度来传承工作。团中央目前正在着手研究如何规范农村基层团的工作，县以上团的领导机关都要对此进行深入的研究，提出符合当地实际的县、乡、村团组织工作规范，进一步强化基础工作。

三、抓住契机，扎实推进农村基层团建试点工作

当前，第三批深入学习实践科学发展观活动正在基层积极推进。我们要抓住契机，主动争取党政支持，将加强农村基层团组织建设特别是农村基层团建试点工作纳入学习实践活动中去。关于试点工作，祥玉同志还要专门讲。这里，我讲几点原则性意见。

1. 把农村基层团建试点工作作为当前最重要的阶段性任务。今年6月开始，团中央启动了基层团建试点工作；10月底，又部署了乡镇团的组织格局创新试点工作。之所以要开展这两项试点工作，有两个主要原因。一是现实非常严峻。农村基层团组织建设没有跟上农村经济社会变革的步伐，原有的组织格局和工作方式难以适应新的形势，乡、村两级团组织的瘫痪状况、空壳化现象普遍，新兴领域团建工作总体上还是空白点，组织覆盖和工作方式方法远远落后于党建，这些问题的存在直接

影响着共青团组织价值的体现。严峻的现实让我们没有退路,唯有刻不容缓地进行试点探索,寻求解决问题的有效办法。二是对于一些创新措施的推广,要坚持试点先行、积极稳妥的原则。比如,乡镇团的组织格局创新是团中央书记处为增强乡镇团委活力的一个理论推导,没有以往实践经验支持,到底其内在机制如何,格局创新以后的好处和弊端有哪些,我们都还说不清楚。所以,团中央书记处对乡镇团的组织格局创新试点工作提出了原则性要求,强调要先行试点,不能一哄而上。农村战线要深刻把握试点工作背后的思考,把两项试点工作作为当前农村基层团建工作的最重要的任务,团建方面的其他工作当前都要服从和服务于试点工作。

2. 紧紧抓住试点工作的核心环节。试点工作能否成功的一个重要前提,就是要明确试点试什么,要达到什么样的目标。从目前各地试点的进展看,还有相当一部分试点单位和其上级团组织对此不明白,没有底,不清楚试点工作到底要干什么、怎么干。农村基层团建试点工作的根本目的是要找到活跃农村基层团组织的途径和办法,核心的环节主要有以下四方面。第一,组织怎么建。这是必须首先回答的问题,即农村青年流动频繁、生产生活空间发生巨大变化之后,有什么办法使得团组织覆盖到这些农村青年。第二,工作队伍怎么配。一个基层团组织,比如一个村团支部的团干部应该配哪些,通过什么方式配?才能解决有人干事的问题。第三,开展哪些工作。团组织建立起来、工作队伍配起来以后,到底干哪些事,应该干什么事,才能把青年人吸引过来,这就是工作内容的设计问题。第四,需要哪些制度保障。即要解决团组织怎么运行的问题,比如,经费怎么来,需要有哪些党建政策的支持,团组织自身内部应建立哪些必要的制度。

抓住以上四个核心环节,并探索出可行的解决办法,我们就可以对如何活跃基层团组织形成一个清晰的判断。但具体到每个试点单位,我们不要求每个核心环节都要去试,只要抓住一个环节深入探索就可以了。至于乡镇团的组织格局创新试点,则要按照团中央的统一部署,着力做好调整乡镇团委的领导班子、建立乡镇团委的运行机制、设计乡镇团委的工作内容三项工作。特别是首先要尽快调整好乡镇团委领导班子,通过调整班子,弄清楚当地党政对这件事怎么看,当地青年和社会各界的反映怎样,调整以后对促进乡镇团委的工作效果有多大。弄清楚这些情况,就是我们试点的成果。

3. 强化纪律要求,确保试点工作取得实效。陆昊同志特别强调要加大对试点工作的纪律要求和奖惩力度,这是从共青团的实际情况出发作出的决定。共青团能干、可干的事很多,许多方面都可以介入,这既是优势,又是容易出现偏差的地方。处理不好,分不清主次,就容易分散精力,忽略主业。农村团建试点工作到2010年6月就结束,乡镇团的组织格局创新试点工作到2010年3月结束,本月底之前要完成乡镇团委班子的调整,时间紧,任务重。因此,必须强化对抓试点工作的纪律要求,采取更为有力的制度措施,确保试点工作的落实。一是要落实试点工作责任制。试点工作不仅是团中央的事,省、地两级团委要承担主体责任,直接参与,统筹协调,加强指导。省、地两级团委试点工作指导员要切实履行职责,对自己负责的试点单位要保持经常联系,做到任务清,情况明。二是要建立试点工作督导制度。上级团的领导机关除了利用信息手段了解试点工作外,要定期深入试点单位,靠前指导,与试点单位团干部和青年面对面地交流,研讨问题,寻求解决办法。三是要建立试点工作情况报送和通报制度。团中央决定从这个月起,每月通报一次各地农村团建和试点工作情况。对推进试点工作不力的团组织和试点单位提出批评,推动农村战线团干部改进工作作风。各地可参照此做法,督导当地的试点工作。一团和气、你好我好大家好的局面维持不了工作，会造成共青团的整体战斗力越来越弱，在社会生活中的影响力越来越小，最终导致共青团事业的损失，所以团中央下大决心做表率，在团内大兴批评之风，也希望团的各级组织倡导这种风气，在工作中有督办、有落实。

同志们，农村基层团组织建设工作迎来了难得的机遇。只要我们共同努力，鼓足干劲，迎难而上，就一定能取得新进展。

周长奎同志讲话

周长奎在共青团宣传工作会议上的讲话

2009年4月9日，根据录音整理

为贯彻落实好陆昊同志今天上午的重要讲话精神，我就做好下一阶段引导青年的工作作几点具体部署。

一、抓根本，着力开展分类引导青年试点工作

用党的科学理论武装教育青年，引导青年坚定不移地跟党走中国特色社会主义道路，这是党对共青团最根本的要求。团的工作面儿宽、头绪多，只有突出做好这项带有根本性、战略性的工作，才能抓住团工作的灵魂。

第一，要把引导青年作为团的宣传战线的中心任务。引导青年是全团的根本性工作，团的宣传部门承担着牵头、协调、整体设计的职责，必须切实增强责任意识，牢牢抓住这个根本，紧紧围绕这个中心，创造性地开展团的宣传工作。任何时候任何情况下，我们的工作都要贯穿这条主线。

第二，要在分类引导青年的问题上统一思想。实事求是地讲，在新的形势下，共青团抓引导青年工作的难度大大增加了，但团的根本职责和基本职能决定了我们在这个问题上不能回避和退让，只能迎难而上。经过半年来的研究和探索，我们把工作的切入点选在了分类引导青年上。实践中我们感到，不同类别的青年群体，由于职业背景、教育程度、社会阅历各不相同，他们看问题的角度、对很多问题的认识水平也存在很大差异。社会变革越深刻，社会思潮越多样，社会分化越显著，青年群体思想认识上的差异就可能越突出。从我们引导青年的目标侧重和方法手段看，对不同的青年群体，在要求上显然也应有所区别。这就对我们实施分类引导提出了客观要求。

第三，要明确今年推进分类引导青年工作的突破口。为积累具有普遍意义的经验，我们决定先从试点抓起，由团中央和省级团委分别组织开展分类引导青年试点工作。选择和确定试点单位，要考虑以下因素：一是有代表性，能真实体现各个类别青年群体具有普遍性的生活状况和思想特征；二是基层团组织健全，团干部配备齐整，有开展试点工作的基本力量；三是具备一定的工作积累。有了这几条，试点工作的开展就有了比较好的基础性条件。各省级团委要参考这些条件，分大学生、企业青年、进城务工青年、农村青年四类群体各抓2—3个试点。

试点工作有以下三项重点任务：

一是深入调查了解各类青年群体思想意识的具体关键点。把青年的思想状况切实摸清摸透，是做好引导青年工作的基本前提，也是今年试点工作的首要任务。对青年的思想意识，不能泛泛地讲，停留在表面，而要做更具体、更深入的分析。比如，不能停留在泛泛地说青年是否拥护中国特色社会主义，因为中国特色社会主义里面包括社会主义市场经济的目标模式、中国特色政治发展道路、社会主义先进文化、社会主义和谐社会建设几个方面，有的青年认同社会主义市场经济体制这种模式，也认同社会主义和谐社会的目标，但他对为什么要坚持马克思主义在意识形态领域的指导地位、怎么发展社会主义民主可能存在模糊认识，等等。这就需要我们对青年的政治态度作更深入的、更具体的分析，从而找到青年思想意识的关键点。

去年以来，中央领导同志多次强调，要深入研究回答在当代中国为什么要坚持马克思主义在意识形态领域的指导地位而不能搞指导思想的多元化，为什么要坚持中国特色社会主义而不能搞资本主义等“六个为什么”。这是社会主义意识形态建设中的关键性问题。调查了解，青年对社会现实问题的关注和理解中，往往折射出与“六个为什么”相关的思想理论倾向。那么，每一类青年群体到底都有什么样的思想倾向？他们对这些重大问题的认识上到底存在什么样的困惑？有哪些模糊认识？这些就构成了他们思想意识中的不同关键点。我们在试点中要围绕“六个为什么”，把这些情况摸清楚，使分类引导工作有的放矢。

二是针对各类青年群体思想意识的关键点释疑解惑。在找准问题的基础上，接下来的任务，就是要想办法帮助青年进行解答。一方面，要搞清楚青年思想困惑形成的原因，真正从“根子”上解决问题。比如，对坚持党的领导、坚持中国特色社会主义道路等问题，部分青年之所以产生模糊认识，有的是因为对一些基层干部的腐败现象不满，那么就要着重引导他们全面客观地认识党员干部队伍的状况、产生腐败现象的原因和党惩治腐败的举措、决心；有的是因为感觉贫富差距较大，那么就要着重引导他们正确认识我国的发展阶段和发展战略。另一方面，要善于运用各类青年群体习惯的语言和逻辑。不同青年群体的思维特点和语言习惯各不一样，解答问题的方式也应该有所不同。比如，对大学生，可以多运用一些学术的和理论的逻辑，对农村青年，就要多用事实说话，多用浅显的事例和通俗的语言。只有这样，青年才能听得懂、听得进、记得住。要通过今年的试点，对各试点单位有效解答四类青年群体思想困惑的思路、逻辑、素材进行归纳，争取形成一个分类引导青年的大纲，为今后开展引导青年工作提供基础性指导。

三是大力创新引导青年的路径和载体。既然大家都知道引导青年的许多旧的“招数”不灵了，那就要努力探索和创造出“新招”来。试点工作就是一次探索和试验的很好的机会。需要创新的方面有很多，各个试点单位可以结合实际情况，充分发挥积极性和创造性。只要是符合社会主义核心价值体系要求、符合青年特点、对改进引导工作有利的办法，都可以试、可以用。当然，在有限的时间里，工作的面儿也不能铺得太宽。结合前一段团中央开展的影响青年思想意识形成路径的调查结果，今年各地在试点中要着重探索那些对青年思想产生实质性影响的工作路径和载体，比如，怎么去帮助青年形成正确的社会观察结论？怎么利用互联网有效引导青年？怎么创新活动载体吸引和影响青年？怎么改进青年典型的选树工作？等等。试点单位要针对其中的一到两个问题进行重点探索，共同寻找引导青年工作的规律，最后进行总结推广。

今年试点工作从4月启动，到10月结束。近期团中央将下发试点工作具体方案。

二、抓契机，在青年中广泛开展群众性爱国主义教育活动

宣传思想工作要善于借势，因势利导。抓住党和国家政治生活中或经济社会生活中的重大契机，设计和开展对青年的教育引导活动，可以有效地扩大工作的影响力。今年是新中国成立60周年、五四运动90周年，各级团组织要抓住这些重大契机，按照中央关于广泛深入开展群众性爱国主义教育活动的部署，以“我与祖国共奋进”为主题，深入开展各项教育实践活动。

各地在设计开展活动中，一要把握好爱国主义这个主线，特别是突出强调把坚持爱国主义、社会主义和党的领导三者有机统一起来，着力在引导青年坚定跟党走中国特色社会主义道路的理想信念上下功夫。无论引导青年的工作怎么创新，活动形式和载体怎么变化，这条主线、这一核心要求要一以贯之。二要大力加强形势政策教育。在国际金融危机蔓延的形势下，我们要通过各种形式，帮助青年正确认识我国经济社会发展的形势，坚定对改革开放和社会主义现代化建设的信心，坚定对党和政府的信任，树立与国家和人民共克时艰的意识，真正把爱国精神转化为促进经济平稳较快发展的实际行动。三要广泛开展教育实践活动。要立足基层，努力吸引广大普通青年直接参与，通过开展面对面宣讲、主题团队日、社会实践、充分发挥各类媒体尤其是新媒体的作用等途径，不断掀起青少年爱国主义教育的热潮。

三、抓典型，广泛开展“青春故事”宣传教育活动

典型引导是宣传工作的重要经验，在新的历史条件下，抓典型仍然是推进团的宣传工作的重要的、基本的途径和手段，具有积极的影响力。要善于用发展的眼光，从青年的新特点新变化出发审视和把握这项工作，不断改进创新，赋予其丰富的时代内涵和鲜明的时代特色。前段时间团中央关于影响青年思想路径的调查就显示，大部分青年愿意以“有所作为的普通人”和“身边优秀的同龄人”作为学习的榜样，这样的典型才能真正对青年产生影响。我们要主动适应当代青年对青春榜样的新感受和新认知，坚持贴近实际、贴近生活、贴近青年，努力用青年身边的人、用青年生活中发生的事来诠释道理，让青年在真切具体的事例中受到启迪。

团中央决定从2009年起，推出以征集、宣传“青春故事”为主要内容的宣传教育活动。根据青年成长发展的阶段性特点及当代青年的实际需要，我们将重点宣传以下三类青春故事：一是青春创业类。紧扣就业创业这一当前青年中的迫切需求，用自主创业大学生、下岗创业青年、回乡创业青年和青年企业家的创业故事，激励青年自立自强，努力在国家发展的各个领域创业建功。二是青春成才类。紧扣青年学习成才的强烈愿望，重点宣传那些在文化学习、知识创造、科技创新中取得优秀成绩，以及立足本职、钻研技能、奋发成才的青年人物的故事，激励青年学习进取、锤炼本领。三是青春奉献类。紧扣服务人民、奉献社会的成长要求，重点宣传那些热心社会公益、积极投入社会志愿服务，以及投身西部、农村、基层，在祖国最需要的地方贡献才智的青年人物的故事，激励青年增强社会责任，热心奉献社会。

做好这项工作，一要通过组织化和社会化相结合的渠道，把优秀青年中那些富有教育意义的青春故事广泛挖掘和征集上来；二要充分借助社会媒体，努力在各级各类报刊、电视台、广播电台、网站上建立固定栏目；三要发动基层团组织大力开展以分享青春故事为内容的宣传教育活动，通过故事征文、故事讲演、故事会、故事视频竞赛等形式，让各行各业青年中蕴含的宝贵精神、积极力量得到彰显和弘扬。

四、抓阵地，充分发挥现代传媒阵地和文化教育阵地在引导青年中的重要作用

做意识形态工作，必须要有牢固的阵地意识。阵地建好了、用好了，我们引导青年的工作才能有可靠的载体依托和渠道保证。下一阶段，我们要特别重视并着力抓好传媒阵地建设，努力构建影响青少年的传媒体系；着力抓好各类青少年文化教育阵地，积极推动青少年社会教育。

关于构建影响青少年的传媒体系，去年团中央专门召开了加强共青团宣传舆论阵地建设电视电话会议，作出了部署。在推进这项工作中，大家要把握三个重点。

一是要大力加强新媒体的建设和运用。以互联网和手机为代表的新媒体的迅猛发展及其对青少年的影响有目共睹。从整体上看，我们这方面的工作还存在很大差距。各级团组织要认清形势，着眼未来，把新媒体的建设和运用作为一项重要战略任务，积极进行探索实践。一方面，要加强团属骨干网站建设，团中央将重点建设中国青年网、中国共青团网，推出覆盖面更广的手机青年报、手机电视；另一方面，要积极运用社会新媒体资源，加强与社会新媒体的合作，不断延伸工作手臂，扩大工作覆盖面和影响力，并积极探索运用即时通讯、博客、SNS 社区网络、搜索引擎、微视频等新媒体应用形态，有针对性地开展青年思想引导工作。

二是要推动团属报刊、出版等新闻舆论阵地的建设和发展。团属报刊出版单位是党的新闻出版事业的重要力量，是共青团宣传舆论阵地的基本力量，是共青团利用传统媒体引导青年最为直接、最为便捷的资源。新的形势下，发挥好团属报刊出版单位的作用，一方面要找准自身在共青团传媒体系整体格局中的定位，牢牢把握、有效服务青少年的各类需求，不断提高报刊出版质量，扩大对青少年的有效覆盖；另一方面，要认真研究、主动应对遇到的新问题新挑战，创新工作思路，深入挖掘、盘活和整合现有资源，努力把团属报刊出版事业做强做大。

三是要加强与社会主流媒体的合作。各级党报党刊、电视台、广播电台等主流媒体在社会生活中发挥着不可替代的重要作用。要加强与主流媒体的合作，发挥其权威性强、传播覆盖面广等特点，既要积极展示共青团的工作和形象，又要针对青年普遍关心的社会热点问题和成长发展中的需要，通过联合开办固定栏目等方式，形成正面宣传引导的强大合力。

这里我还要特别强调加强团属媒体管理的问题。中央对新形势下的报刊管理工作高度重视，去年年底，中办专门下发了《关于进一步加强和改进报刊出版管理工作的意见》，要求主管单位履行好“管干部、管导向、管资产”的职责。同志们做宣传工作一定要有这根弦儿，要有政治意识、责任意识。团属新闻出版单位要始终把坚持正确的舆论导向摆在首位，严格遵守党的新闻宣传纪律和宣传口径，在原则问题和敏感问题上，要旗帜鲜明、从严把关，决不能给错误和消极舆论提供传播渠道。要切实加强团属媒体的内部管理，切实加强从业人员队伍建设，强化对报刊记者站的管理，规范广告等经营行为，坚决防止因少数媒体、少数从业人员的不良行为给团属新闻出版事业带来负面影响，切实维护好团属媒体的良好形象。

关于青少年社会教育工作，团中央将召开专门会议研究部署。社会环境对青少年思想意识的形成和健康成长具有重要影响。在经济社会急剧变革、社会生活日益丰富的形势下，这种影响越来越广泛、越来越深刻。陆昊同志在讲话中强调，青少年社会教育具有引导青少年形成正确的思想意识、学习社会规范和社会化技能、发展个性爱好等功能。积极开展青少年社会教育，对引导青少年健康成长具有重要作用。各级团组织要积极探索和努力，使青少年社会教育成为引导青年工作新的增长点。一是要认真研究共青团开展青少年社会教育的工作格局。随着时代的发展、社会的进步,青少年社会教育的内涵和外延都在拓宽,要认真梳理共青团组织参与青少年社会教育的具体路径,找准工作的定位和切入点,从而更好地体现共青团在这项工作中的优势。二是要充分发挥团属青少年宫等阵地在青少年社会教育中的重要作用。各级各类团属青少年宫是重要的青少年社会教育机构,是共青团开展青少年社会教育工作的重要阵地依托。要牢固树立引导青少年的意识,突出思想内涵,紧紧围绕促进青少年健康成长的目标设计和开展活动。三是要积极整合社会教育资源。通过开展“银杏奖”评选表彰等工作,推动更多的优秀青少年社会教育工作者脱颖而出,促进青少年社会教育事业发展。

五、抓时尚,增强引导青年工作的吸引力

时尚对青年有着天然的吸引力。在社会文化生活日趋丰富多彩、人们精神文化需求不断增长的形势下,时尚文化对青年思想观念、价值取向、行为方式的影响日益深刻。因此,运用文化的、时尚的手段引导青年,是共青团开展工作的必然选择。抓时尚,就是要从文化的、时尚的角度找到我们做思想引导工作的切入点,就是要善于把时尚元素注入我们的工作和活动当中,从而使工作更加贴近青年、更加富有时代感。

一要善于通过丰富多彩的文化活动增强对青年的吸引和凝聚。无论在什么时候,文化活动始终是寓教于乐、吸引青年广泛参与的有效载体。基层团组织是组织开展群众性青年文化活动的基本力量,要广泛开展主题鲜明、富有特色、形式多样的文化活动,丰富青年的精神文化生活,增强团组织对青年的感召力和吸引力。二要善于把青年思想引导工作的内容用文化的形式和手段表现出来。引导青年要靠先进思想,靠理性的逻辑力量,这种思想和逻辑力量借助青年喜闻乐见的形式,通过感性的直观体验的方式,可以更好地为青年所理解和接受。我们要把“大道理”转化为青年易于接受的“小道理”,要帮助青年释疑解惑、引导青年形成正确的社会观察结论,都需要我们充分运用文化的形式和手段。三要努力在引导青年工作中注入时尚元素。适应青年追逐时尚、时尚影响青年的形势,我们既要深入研究青年时尚,又要积极运用青年时尚,同时,还要争取引领青年时尚。不是单纯开展某一个时尚活动,而是把时尚元素注入引导青年的工作当中去。总的来看,运用时尚对于共青团来说是一个新的课题,各级团组织要加强对青年时尚现象、特点、潮流和趋势的认识和把握,更好地运用到引导青年工作中。

六、抓研究,为团的工作和事业发展提供理论支持和服务

理论研究是推动团的工作的重要基础和手段。团中央书记处高度重视理论研究工作,陆昊同志多次强调团干部要加强对基本理论的学习和研究,善于运用理论研究成果来谋划和推动工作,使我们的工作更好地体现规律性、增强科学性。团的宣传战线承担着了解哲学社会科学领域理论动向、团结凝聚青年社会科学工作者、为团的工作和事业发展提供理论支持和服务的任务。面对新的形势和任务,应当用更宽广、更长远的眼光审视和把握理论研究工作,坚持有所为有所不为,注重整合团内外资源,积极探索构建由团中央和各省级团委领导机关牵头统筹、各级团属科研单位主要承担、有关方面专家学者深度参与、基层团组织积极配合的开放式的共青团理论研究工作新格局,着力把全团理论研究提高到一个新水平。

一要着力抓好2008—2009年度的课题研究工作。目前,2008—2009年度课题已进入研究实施阶段,各省级团委都承担着重要的课题研究任务和协调管理职责。要重点抓好团中央委托课题的研究工作，切实提高课题质量，努力拿出一批高质量的研究成果。要加强对研究成果的转化应用，通过摘编、论文集、专报等形式，为各级团的领导机关工作决策提供参考，为基层团组织开展工作提供服务。二要研究根本问题，服务重点工作。这是开展团的理论研究工作的基本出发点。要围绕如何应对共青团在新的历史条件下面临的重大挑战、如何履行团的根本职责、如何发挥团的职能作用等共青团事业发展中带有根本性、全局性、战略性的重大问题，加强基本理论研究，为推动团的工作和建设提供理论支持。要紧密结合全团重大工作部署，针对团的基层组织建设和基层工作、服务青年就业创业、引导青年、维护青少年合法权益等工作中的重大理论和现实问题，集中力量研究破解。三要努力拓宽团干部的理论视野。团中央书记处已经建立了集体学习制度并组织了七次集体学习，这是带动全团研究和思考理论问题的重要导向。团的宣传部门要做好联络、协调等服务工作，加强与社会科学领域专家学者的联系交流，积极为全团的理论研究、学习提供服务。

今天讲到的"抓根本、抓契机、抓典型、抓阵地、抓时尚、抓研究"这几个方面，相互联系也各有侧重，从一定意义上讲，体现了宣传思想工作的经验启示，既是需树立的意识，也是要掌握的方法，供大家在工作中参考和把握。今年是全团引导青年工作的一个探索之年、创新之年，工作的空间很大，工作任务也十分繁重。希望同志们贯彻落实好会议精神，统一思想，提高认识，正确把握引导青年工作的一些新的原则、新的切入点，努力推动工作取得新的突破和进展，为团的事业发展做出积极贡献。

第三部分

重 要 文 件

一、综合

关于在春节前夕开展“真情助困进万家”活动的通知

2009年1月8日

共青团各省、自治区、直辖市委，军委总政治部组织部，全国铁道团委，全国民航团委，中直机关团工委，中央国家机关团工委，中央金融团工委，中央企业团工委：

2009年春节即将来临，全团要深入开展“真情助困进万家”活动，为广大人民群众特别是有困难的青少年做实事、办好事、解难事，把党和政府的关怀落实到他们的身上，把共青团组织的温暖送到他们的身边。现将有关事项通知如下。

一、切实为地震灾区困难群众送去温暖。继续发动社会各界为地震灾区的困难群众捐款捐物、送医送药，帮助他们吃饱穿暖、顺利过冬。组织青年志愿者深入困难群众家中，为他们提供生活料理、心理疏导、文化娱乐、房屋修缮等服务，帮助他们解决实际困难。组织青联委员和文艺、科技、医疗志愿服务队，深入地震灾区进行慰问演出、科技培训和医疗义诊。

二、热情关怀留校大学生特别是家庭经济困难学生。安排集中走访慰问活动，详细了解寒假留校大学生的情况，赠送慰问品、慰问金，通过联欢会、饺子宴、团拜活动等形式，组织团干部、青年志愿者在小年夜、除夕夜与留校大学生欢度新春。依托各类见习基地、勤工助学中心，为留校大学生提供勤工助学岗位，帮助他们积累就业经验，缓解经济压力。

三、努力为返乡青年农民工提供技能培训等服务。实施“百万农村青年培训行动”，利用团属阵地、社会资源和政府资源，为农村青年特别是返乡青年农民工提供3—7天的集中培训，帮助他们掌握更多的农村实用技术和必要的就业技能，为他们进城务工、创业致富提供帮助和服务。以乡村青年文化节为载体，广泛开展青年歌会、文艺节目汇演等乡村青年文化活动，丰富农村青年的业余文化生活。

四、竭诚为待业青年就业创业提供服务。加快建设共青团“青年就业创业见习基地”，为待业青年提供与专业、能力相匹配的就业创业见习岗位，帮助他们提高就业创业能力。发挥团的组织网络优势，搜集、发布就业信息，举办专场招聘会，为青年与用工岗位之间搭建有效的对接平台。开展“百城万企进校园”活动，组织有关企业为高校毕业生提供就业机会。

五、关心帮助其他青少年群体。深入开展“手拉手”互助活动，为农村留守少年儿童、进城务工人员子女等有困难的少年儿童送去温暖。向有困难的农村青年、城市下岗青年、进城务工青年赠送过冬物品和新春年货，组织开展文化娱乐活动。看望慰问在少管所、工读学校生活的青少年，让他们感受社会的温暖。

针对在革命、建设和改革各个时期作出突出贡献、受到表彰的青年英模，组织团员青年开展慰问活动。对于春节期间仍然坚守岗位的团员、团干部，以适当的方式进行慰问。同时，各级团组织要切实关注本单位、本系统有实际困难的干部职工和离退休人员，帮助他们解决实际困难。

请各地将贯彻落实情况及时报团中央办公厅。

关于春节前各级团组织之间不得以任何形式互相拜年的通知

2009年1月9日

共青团各省、自治区、直辖市委，全国铁道团委，全国民航团委，中直机关团工委，中央国家机关团工委，中央金融团工委，中央企业团工委：

当前，扎实做好返乡务工青年和困难青少年群体的服务工作，是各级团组织的重要任务。根据团中央书记处的明确要求，各级团组织要充分认识到这项工作的重要性和紧迫性，真正领会党中央对团干部的作风要求，春节前不得以"汇报"工作为由、不得以任何形式进行互相拜年，一定要从没有必要的应酬和迎来送往中解放出来。要集中精力，迎难而上，务实做好返乡务工青年的培训准备工作，真正了解返乡务工青年的需要，有针对性地确定培训内容，积极借助各种社会力量和资源，开展实实在在的培训，使他们掌握一定的技术和技能，为他们的就业创业提供有效帮助。要切实关心家庭经济困难学生、城市社区和农村贫困青年等困难青少年群体，了解他们生产生活中遇到的困难和问题，广泛开展送温暖活动，努力为他们办实事。

请严格遵照执行。

关于组织广大团干部认真学习胡锦涛总书记在十七届中央纪委三次全会上重要讲话的通知

2009年1月15日

共青团各省、自治区、直辖市委，军委总政治部组织部，全国铁道团委，全国民航团委，中直机关团工委，中央国家机关团工委，中央金融团工委，中央企业团工委：

1月13日，胡锦涛总书记在十七届中央纪委三次全会上发表重要讲话。讲话从党和国家事业发展全局和战略的高度，深刻阐述了新时期加强领导干部党性修养、树立和弘扬良好作风的重要性和紧迫性以及基本要求和工作重点，强调各级领导干部要始终保持共产党人的政治本色，发扬党的光荣传统和优良作风，带领广大党员、群众迎难而上、锐意改革、共克时艰，这对于新形势下加强党的建设具有重大而深远的意义。团干部是党的干部的组成部分，按照党的要求不断加强和改进团干部特别是团的领导干部的作风建设，是共青团的重要政治任务。广大团干部要切实把思想和行动统一到讲话精神上来，进一步加强党性修养、锤炼扎实作风。

要认真学习领会讲话精神，紧密结合思想和工作实际，不断提高思想认识。广大团干部特别是团的各级领导机关的干部要深刻认识到，团干部的作风直接关系到共青团事业的发展，作风不好对团的事业发展有百害而无一利；团干部的作风直接关系到自身的健康成长，作风不好对自己的成长有百害而无一利。要认真对照胡锦涛总书记讲话中所指出的目前干部队伍中存在的作风问题，查找自身在作风上是不是存在问题、存在哪些问题、存在多大程度的问题。要认真思考自身的宗旨意识强不强，心里有没有装着广大普通青年；理论联系实际深入不深入，是不是自觉以党的科学理论为指导，深入思考共青团工作战略性、根本性问题；责任心和事业心强不强，是不是做到了脚踏实地、力戒飘浮；政绩观正确不正确，工作中是不是竭诚为广大青年办实事，不做表面文章；成长观正确不正确，能不能正确对待职务升迁；纪律观念强不强，是不是在落实党的要求和完成全团重点工作中能够迎着困难上。

要把学习领会讲话精神与贯彻落实胡锦涛总书记对团干部提出的“政治上要坚定，作风上要扎实，自律上要严格”的要求紧密结合起来。一是要坚持不懈地用中国特色社会主义理论体系武装头脑。深入学习实践科学发展观，不断增强贯彻落实科学发展观的自觉性和坚定性，自觉在思想上、政治上、行动上同党中央保持高度一致。树立正确的成长观，全身心投入工作，善于抓本质、抓主要矛盾，在遇到问题、挑战和矛盾不回避、不退让的过程中锻炼本领、增长才干，在共青团这个大学校里打下求真务实、吃苦耐劳、勇挑重担的根底。二是要锤炼扎实的工作作风。把抓落实作为检验自身作风、推进重点工作的基本要求，切实把全团的工作思路和工作部署落实到基层、落实到青年之中。三是要始终严格要求自己。严格遵守团内的纪律要求，对于涉及全团的重点工作，不仅认识上要一致，而且在推进的力度和节奏上也要统一，努力形成全团目标一致、互相支持、脚踏实地、持之以恒地推进工作的局面。不断加强党性修养，防微杜渐，警钟长鸣，养成良好的生活作风和健康的生活情趣；要始终保持艰苦奋斗的精神状态，奋发有为，迎难而上，努力完成党交给的各项任务。

要从没有必要的应酬和迎来送往中解放出来，特别是春节前后不允许进行任何形式的互相拜访活动，把全部心思和精力放在推进工作上。

关于进一步完善团中央书记处同志到地方调研接待工作的规定

2009 年 3 月 10 日

共青团各省、自治区、直辖市委，解放军总政治部组织部，全国铁道团委，全国民航团委，中直机关团工委，中央国家机关团工委，中央金融团工委，中央企业团工委：

为认真贯彻落实中办发〔2009〕13 号文件精神，大力弘扬求真务实、勤俭节约的作风，在中青办通发〔2008〕4 号文件的基础上，现就团中央书记处同志到地方调研或开展工作的有关接待安排作出进一步规定。

1. 书记处同志到地方调研或参加活动，由办公厅统筹协调。邀请书记处同志到地方参加活动，需经办公厅报书记处负责同志批准。

2. 要围绕调研主题，有针对性地提供调研点，既要选择好的典型，也要选择困难比较多、工作难度比较大、有代表性的调研点。座谈会要务求实效，发言要言简意赅，多谈思考，多提建议。

3. 不邀请有关党政负责同志陪同调研。不安排层层陪同。团中央机关陪同人员一般不超过 3 人。在调研或工作期间，省级团委主要负责同志可安排一次工作汇报。其他工作，根据分工，可安排省级团委一位分管同志陪同，其他工作人员原则上不超过 3 人。

4. 不安排省级团委班子成员到机场、车站接送。

5. 不布置欢迎标语，不安排欢迎人员。不安排合影。不邀请书记处同志题词。

6. 不安排警车开道。减少随行车辆，一般不超过 2 辆车。原则上不安排记者随行采访，确有工作需要，只邀请 1 名中国青年报驻当地记者。

7. 不安排团内宴请。不以任何名义赠送贵重礼品、纪念品。

8. 有关食宿标准严格按照《财政部、监察部关于落实出差和会议定点管理工作的通知》（财行〔2007〕285 号）执行。

各省级团委要严格执行本规定，同时结合实际制定本地区（系统）有关接待工作的具体办法。

关于团省（区、市）委向团中央年中述职的通知

2009 年 6 月 12 日

共青团各省、自治区、直辖市委：

为更好地履行团中央书记处的职责，引导各级团组织和团干部切实增强全局观念和整体意识，形成目标一致、互相支持、脚踏实地、持之以恒的工作局面，推动共青团事业实现新发展，团中央书记处决定开展团省（区、市）委向团中央年中述职工作，现将有关安排通知如下。

1. 31 个团省（区、市）委在 6 月 30 日前提交 5000 字以内的书面述职材料（纸质文件 1 份，并附电子版），内容包括 3 个方面：团省

(区、市)委一年来对全团重点工作的推进情况,领导班子在素质、作风等方面的提高和存在的不足,对团中央的意见和建议。书面述职材料汇总后将印送团中央书记处各同志、团中央机关各部门和各团省(区、市)委。

2. 团中央书记处将于7月中下旬听取14个团省(区、市)委的当面述职。来京述职人员为相关团省(区、市)委书记和排序第一的副书记及1名工作人员。每个单位述职时间约为1个小时,其中团省(区、市)委主要负责同志汇报30分钟,团中央书记处与团省(区、市)委工作交流30分钟。具体来京时间另行通知。

3. 团中央书记处将根据述职情况适时召开所有省级团委领导班子成员参加的电视电话会议,沟通述职整体工作情况,并对下半年工作进行安排。

附件:

来京述职的团省(区、市)委名单

天　津　山　西　辽　宁　黑龙江　江　苏
安　徽　江　西　河　南　湖　南　广　西
重　庆　贵　州　陕　西　青　海

注:按照国家行政区划排序间隔抽取,今年西藏、新疆除外。

关于认真学习贯彻党的十七届四中全会精神全面加强团的自身建设的决议

2009年9月25日中国共产主义青年团第十六届中央委员会常委会议通过

中国共产主义青年团第十六届中央委员会常委会认真学习党的十七届四中全会精神,结合当前共青团和青年工作实际,就深入贯彻落实全会精神进行了研究部署。

会议认为,党的十七届四中全会是在国际形势继续发生深刻变化,我国处在进一步发展的重要战略机遇期召开的一次重要会议。全会研究了加强和改进新形势下党的建设问题,深刻阐明了加强和改进新形势下党的建设的重要性和紧迫性,认真总结党执政以来加强自身建设的宝贵经验,深入分析党的建设面临的新情况新问题,进一步研究部署以改革创新精神推进党的建设新的伟大工程,对于全面贯彻党的十七大精神,深入贯彻落实科学发展观,有效应对国际金融危机冲击、保持经济平稳较快发展,夺取全面建设小康社会新胜利、开创中国特色社会主义事业新局面,具有重大而深远的意义。

会议强调,各级团组织和广大团干部要深刻领会全会精神对于加强团的建设和工作的重要意义,把学习贯彻党的十七届四中全会精神作为当前和今后一个时期的首要政治任务,紧密结合共青团工作实际,以全会精神为指导,努力推动团的自身建设实现新发展。

会议作出如下决议:

一、认真学习领会党的十七届四中全会精神,把思想和行动统一到全会精神上来

各级团组织和广大团干部近期要集中一定时间,认真学习《中共中央关于加强和改进新形势下党的建设若干重大问题的决定》。要深刻领会加强和改进新形势下党的建设的重要性和紧迫性,充分认识到世情、国情、党情的深刻变化对党的建设提出了新的要求,党面临的执政考验、改革开放考验、市场经济考验、外部环境考验是长期的、复杂的、严峻的，落实党要管党、从严治党的任务比过去任何时候都更为繁重和紧迫，必须继续推进党的建设新的伟大工程。要深刻领会我们党在长期执政实践中探索形成的作为马克思主义执政党加强自身建设的基本经验，准确理解和把握全会提出的加强和改进新形势下党的建设的总体要求、目标任务、重要举措和战略部署。

各级团组织和广大团干部要把学习贯彻全会精神与深入学习贯彻胡锦涛总书记对共青团提出的“坚持眼睛向下、重心下移，力争使团的基层组织网络覆盖全体青年、使团的各项工作和活动影响全体青年”等重要要求结合起来，深刻理解当前共青团工作的政治目标和基本职能，始终坚持共青团工作的普遍性原则，努力把最广大青年团结凝聚在党的周围。要把学习贯彻全会精神与大力加强团的基层组织建设和基层工作结合起来，深刻理解组织青年是共青团履行职责的重要任务和重要前提，坚持党建带团建，以改革创新精神积极探索覆盖和影响广大青年的新载体新途径。要把学习贯彻全会精神与切实加强青年思想引导工作结合起来，深刻理解引导青年是共青团的根本任务，坚持分层分类引导，切实增强思想引导工作的针对性、适用性、普遍性，引导青年坚定不移地跟党走中国特色社会主义道路。

二、大力加强团的思想建设，坚持不懈地用中国特色社会主义理论体系武装全团

全团要深刻理解全会提出的要坚持把思想理论建设作为党的根本建设放在首位的重要内涵，充分认识到保持共青团这样一个庞大的青年组织的吸引力、影响力、生命力，首先要靠广大团员和团干部的共同信念；充分认识到要完成好引导青年坚定跟党走中国特色社会主义道路的根本任务，各级团组织和团干部必须带头真学真懂真信真用，不断提高自身的思想政治水平。

加强团的思想建设，归根结底要靠学习和实践，要靠理论与实践相结合。全团要深刻领会全会提出的建设马克思主义学习型政党的重要涵义，努力把共青团建设成为用马克思主义中国化最新成果武装的学习型组织。要通过团的领导班子集体学习制度、团干部学习交流活动、教育培训、调查研究等方式，加强中国特色社会主义理论体系和社会主义核心价值体系学习教育，深入开展学习实践科学发展观活动，努力提高理论素养。要有针对性地广泛深入开展爱国主义教育和民族团结教育。要深化青年马克思主义者培养工程、“我与祖国共奋进”主题教育实践等活动，深入基层、深入青年、深入实际，结合履行团的基本职能，结合社会实践和正确的社会观察，形成更加理性、更加深刻、更加稳定、更加全面的思想意识，切实做到坚持爱国主义、社会主义与党的领导的有机统一。

三、进一步加强团的基层组织建设和基层工作，着力增强对青年的吸引和凝聚

党的十七届四中全会深刻指出，党的基层组织是党全部工作和战斗力的基础，是落实党的路线方针政策和各项工作任务的战斗堡垒。各级团组织和团干部要深刻认识到，团的基层组织处在共青团与广大青年的边界上，切实加强团的基层组织建设和基层工作是关系共青团履行根本职责、实现各项职能、保持自身活力的“生命力工程”。全团必须从做好党的青年群众工作的战略高度、从巩固基层人民政权所需要的群众工作的战略高度，进一步支持和加强团的基层组织建设和基层工作。

要保持清醒头脑，深入分析研究团的基层组织建设和基层工作中存在的问题及其成因。要清醒地认识到，当前团的自身建设的主要问题和薄弱环节在基层，在基层有组织无活力、有青年无组织的情况还比较普遍。这些问题既有经济社会变革带来的影响和挑战的原因，又有自身工作主动性、创造性不够，上级团组织对下级特别是基层团组织的支持、指导不够等原因。

要勇于探索创新，深刻领会和贯彻全会提出的“勇于变革、勇于创新，永不僵化、永不停滞，继续推进党的建设新的伟大工程”的要求，鼓励和支持基层团组织大胆创新，团的各级领导机关要深入挖掘加强团的基层组织建设和基层工作的新经验，善于在面上推进工作，努力探索新载体、形成新格局。要紧紧围绕党的中心任务，牢牢把握农村、企业、学校、社区等各类组织的根本任务和根本功能，找准基层共青团工作的切入点；要靠先进思想、靠对青年合理利益诉求的尊重和服务、靠对青年特有兴趣的满足、靠对青年未来职业生涯发展过程中所需要的社会化技能的培养、靠广大团干部的人格魅力和对青年的感情，切实增强对广大普通青年的吸引和凝聚；要善于用青年喜欢的沟通、交流、聚集和联络方式，探索新的组织载体。要积极稳妥地创新团的基层组织格局，努力使基层组织格局服从于“两个全体青年”的政治目标，探索在乡镇一级调整团的领导班子结构，吸收热爱党、对共青团和青年工作有热情、有一定影响力的各方面青年能人，充实乡镇团干部队伍；在企业推广专兼职结合的团干部配备方式，探索由专职团干部和来自生产、经营、研发等关键部门的青年干部共同组成企业团的领导班子。社区、“两新”组织团建要努力跟上党建步伐。要扎实做好基层团建试点工作，注重在统筹城乡、青年自组织、网络等领域团建工作中取得新突破。要积极运用信息网络技术，探索联系和动员团员、团干部的新方式，推进团建和团内动员方式创新。

要坚持重心下移，继续集中力量支持和推动团的基层组织建设和基层工作。要按照工作任务更加明确、标准更加严格、力度不能减弱的要求，拿出更大精力和更多资源，毫不放松、毫不动摇地支持和推动基层团组织开展工作。要继续做好选派地市以上团的领导机关干部驻点工作，深入总结和分析驻点工作的经验和问题，更好地了解情况、介绍经验、探索创新、指导工作和锻炼本领。

四、加强作风建设，加强团干部队伍教育管理，使广大团干部按照党的要求健康成长

党的十七届四中全会深刻指出，执政党的党风，关系党的形象，关系党和人民事业成败，要求全党大兴密切联系群众之风、大兴求真务实之风、大兴艰苦奋斗之风、大兴批评和自我批评之风。对于共青团来讲，团干部的作风，直接影响到共青团能否成为党的合格助手和后备军、能否完成党交给的任务，直接影响到团组织与广大普通青年的关系，直接影响到共青团的生存基础。我们要清醒地看到，当前在一些团干部中存在着工作浮躁、有短期行为、原则性不够强、不能广泛深入联系普通青年、缺乏批评和自我批评、吃苦精神和工作韧劲不足等问题，需要进一步锤炼求真务实、吃苦耐劳、勇挑重担的作风。各级团组织和团干部要始终按照胡锦涛总书记提出的“忠诚党的事业、热爱团的岗位、竭诚服务青年”的要求，大力加强自身的作风建设。

要教育广大团干部切实增强政权意识、责任意识和忧患意识，深刻认识到党与共青团的特殊政治关系，在当前党的建设面临许多前所未有的新课题新考验的情况下，全团必须从巩固党执政的青年群众基础的战略高度，切实增强为党做好青年群众工作的责任感和使命感。要树立正确的成长观，充分认识到共青团工作是党的群众工作的重要组成部分，跨度较大、涉及社会领域较多，政治性、思想性很强，富于挑战，是一个大有可为的岗位，必须全身心投入工作，把工作激情、科学精神和务实作风结合起来，善于抓本质、抓主要矛盾，敢于迎着困难上，在遇到问题、挑战和矛盾不回避、不退让的过程中锻炼本领、增长才干、作出贡献。要教育团干部进一步密切与广大普通青年的关系，深入基层，深入青年。要坚决克服团内生活庸俗化的现象，敢于坚持原则，勇于开展批评与自我批评，对存在的问题敢抓敢管，要讲真话、讲实在话，力戒空话套话。各级团组织要切实履行好协管职能，对于在工作中不能认真履行职责、违反纪律等问题比较突出的团组织和团干部，要在第一时间向其同级党组织通报，必要的要进行组织处理。团的各级领导班子要坚持和健全民主集中制。

要从关系人心向背和党的生死存亡的战略高度来认识加强党风廉政建设、开展反腐败斗争的极端重要性，大力加强团干部廉洁自律教育和反腐倡廉制度建设，使广大团干部清醒地认识到在日常工作选择及其所涉及的一些具体利益中，同样存在着滋生腐败的可能，进一步加强党性锻炼、提高自身修养，切实做到警钟长鸣，防微杜渐。团的各级领导机关和领导干部要带头落实党风廉政建设责任制，自觉遵守、严格执行中央关于反腐倡廉的各项制度规定，经得住政治、事业、名利和生活的考验，努力做广大团员和青年的表率。

会议号召，全团要紧密团结在以胡锦涛同志为总书记的党中央周围，高举中国特色社会主义伟大旗帜，全面贯彻党的十七大和十七届四中全会精神，以改革创新精神全面加强团的自身建设，团结带领广大团员青年为党和国家事业发展作出新的更大的贡献！

关于在第三批深入学习实践科学发展观活动中认真学习贯彻党的十七届四中全会精神进一步加强团的基层组织建设和基层工作的意见

2009年10月13日

认真学习和贯彻党的十七届四中全会精神是当前和今后一个时期全党全国各项工作的首要政治任务。根据中央深入学习实践科学发展观活动领导小组关于在第三批学习实践活动中认真学习贯彻党的十七届四中全会精神的有关要求，落实团中央常委会《关于认真学习贯彻党的十七届四中全会精神全面加强团的自身建设的决议》的部署，现就在第三批学习实践活动中认真学习贯彻党的十七届四中全会精神，进一步加强共青团基层组织建设和基层工作提出如下意见。

各级团组织一定要牢固树立围绕党的中心工作、借助党的工作力量推动共青团工作的意识。当前，就是要紧紧抓住党的十七届四中全会以改革创新精神对推进党的建设新的伟大工程进行深入研究、作出明确部署的重大机遇，紧紧抓住第三批深入学习实践科学发展观活动正在乡（镇）村，街道、社区，中等职业学校和中小学校，基层医疗卫生单位，非公有制经济组织和新社会组织等基层单位深入广泛开展的重要契机，发挥好团中央作为第三批学习实践活动相关工作指导小组成员的工作职能，围绕团十六大以来全团一直在全力推进的加强基层组织建设和基层工作的任务，在前期工作部署的基础上，着力深化以下五个方面的工作。

一、积极探索乡镇、街道团的组织格局创新。组织格局必须服从和服务于政治目标。

当前，团的基层组织总体上是健全的，但与胡锦涛总书记提出的“两个全体青年”的要求相比还有很多不适应的地方。特别是在乡镇、街道一级，还比较普遍地存在团的组织缺乏活力、联系青年的渠道比较单一等问题。针对这一现状，要积极创新乡镇、街道团的组织格局，探索调整乡镇、街道团的领导班子结构，采取编制内与编制外相结合的方式，注意把那些热爱党、对共青团和青年工作有热情、有一定影响力的青年代表特别是青年能人吸收充实到乡镇、街道团的领导班子中来，以达到充分发挥乡镇、街道团的委员会作用，更好地联系凝聚青年、更好地协调整合社会资源的目的。乡镇、街道团的组织格局创新，并不等同于建设党的青年工作委员会等协调机构，而是共青团扩大基层组织覆盖面、增强基层工作活力的制度性安排。各地团组织要积极推进乡镇、街道团的组织格局创新试点工作，争取半年内每个地市级团委分别抓好区域内2—3个乡镇和街道的试点工作。在此基础上总结推广，力争用3-5年时间把共青团工作的桥头堡从目前的县、区推进到乡镇、街道。

二、努力推动新经济组织和新社会组织团建工作。要清醒地认识到，与“两新”组织蓬勃发展的态势相比，与近年来“两新”组织领域内党建的工作力度相比，目前“两新”组织领域团的建设状况还存在着很大差距。要始终坚持党建带团建，注重借助各级党委在学习实践活动中着力加强“两新”组织党建的工作推动，注重借助近年来各地党组织在加快推进“两新”组织党建工作中形成的新成果新格局，努力使团建与党建在工作内容和工作空间上紧密结合。要特别注重着眼“两新”组织的本质功能，创造性地寻找共青团工作的切入点，努力探索形成有实效、可持续的合作共建模式。要从“两新”组织的特点出发，积极探索和推广联合建团、依托建团、楼宇建团、片区建团、市场建团等各种联建模式，努力用共青团的工作和活动去影响和覆盖“两新”组织的普通青年。“两新”组织团建工作的阶段性目标是，争取用1—2年的时间在原来基础上有明显提高，努力跟上党建的步伐。

三、扎实推进基层团建试点工作，特别要在统筹城乡、青年自组织、互联网等领域取得新突破。基层团建试点工作是当前加强团的基层组织建设和基层工作的重要内容。在工作推进中，一定要注意坚持原则性与灵活性相结合、善于把复杂问题拆分成具体问题，特别注重在统筹城乡、青年自组织、互联网等新领域团建工作中取得新突破。要充分尊重所在领域的工作规律，善于挖掘青年在相关领域内聚集、沟通、交流、联络的内在一致性因素，从中寻找团建工作的切入点。操作上要先易后难、循序渐进，首先通过加强情感沟通和有效服务等方式，建立与新领域青年的稳定联系，在此基础上进一步渗透党的政治主张，从而在条件成熟的青年群体中建立团组织。要解放思想，大胆创新，只要符合“两个全体青年”目标的团建模式都可以尝试，充分发挥基层的积极性和创造性，在不断探索中寻找解决团建难点的有效途径。在统筹城乡团建试点工作中，核心问题是解决青年流动背景下的组织设置和组织作用发挥的问题；在青年自组织团建试点工作中，要注意区分不同类型，在总体上加强联系、服务、引导工作的同时，把在核心功能理念与共青团组织主要工作能够有机融合的青年自组织中成立团组织作为重要任务来抓；在互联网团建试点工作中，要积极探索依托互联网建立实体性团组织，努力把青年网络骨干人才、青年网民等不同群体联系凝聚起来。

四、大力加强中等职业学校团组织建设和工作。中等职业学校是目前学校团建中基础相对薄弱、工作任务较为紧迫的领域。共青团中央是中等职业学校和中小学校学习实践活动指导小组成员，承担着重要的工作职责。各地团组织在学习实践活动中要认真贯彻落实团中央与教育部共同研究提出的关于加强中等职业学校共青团工作的各项要求和措施，特别是要紧紧围绕培养学生必需的职业技能、良好的道德品格、适应未来职业生涯发展所需要的社会化技能、坚定跟党走中国特色社会主义道路的理想信念四个层级的目标，紧密结合中等职业学校学生的特点，创造性地开展团的工作、加强团的基层组织建设。建立健全各级中职学校团组织的任务要达标，符合中等职业学校特点的建团模式要积极探索，团干部配备要足额、待遇要落实，团员发展教育和管理工作要规范，学生组织和工作阵地建设要有序发展。要发挥好“党建带团建”工作机制的积极作用，严格落实各级团组织有专人负责中职学校团的工作、与同级教育行政部门共同建立部门间联席会议制度等要求。

五、组织各级各类团属青年社团扎实开展好深入学习实践科学发展观活动。团属青年社团广泛涉及各个领域的青年群体，是共青团联系、服务青年的重要手臂。开展好团属青年社团的深入学习实践科学发展观活动，对于指导青年社团健康发展，对于广泛联系和影响各界青年、巩固团的基层组织体系均具有十分重要的意义。工作中首先要摸清团属青年社团的基本情况，总体上把握各级各类团属青年社团的数量分布、组织架构、工作骨干、成员构成、主要活动、影响范围和发展趋势等情况，增强工作的针对性和有效性。在此基础上，要落实各级新社会组织深入学习实践科学发展观活动指导小组的有关要求，把指导各团属青年社团开展好学习实践活动同加强团的基层组织建设和基层工作结合起来，同加强对团属青年社团的规范管理、有效运行结合起来，同指导团属青年社团加强自身建设、积极发挥作用结合起来，进一步加强对团属青年社团的业务指导，探索形成与团属青年社团发展运行特点相适应的工作格局。对现有团属青年社团中那些已经完成阶段性使命、缺乏继续存在和发展必要性的社团，要依法予以清理。

在第三批学习实践活动中，各级团的领导机关要坚持重心下移、靠前指导，按照任务更加明确、思路更加清晰、标准更加严格、力度不能减弱的要求，拿出更大精力和更多资源，毫不放松、毫不动摇地支持和推动基层团组织开展工作。要把以上五个方面工作的开展情况，作为检验各地团组织在第三批深入学习实践科学发展观活动中学习贯彻党的十七届四中全会精神是否深入、是否有具体成效的重要方面，及时掌握工作进度、总结工作经验、提出深化措施。

要把继续做好选派地市以上团的领导机关干部驻点工作、做好选派西部计划青年工作专项行动志愿者到县级团委工作与参与实施好学习实践活动有机结合起来，自觉以相关工作为实践载体，结合学习实践活动各个阶段的安排，深入所在地的基层单位，深入团员青年之中，注重进行分类指导，采取有效措施，推动团的基层组织建设和基层工作不断取得新成效。

关于转发《关于在深入学习实践科学发展观活动中进一步推动建立健全非公有制经济组织党组织的意见》和《关于在深入学习实践科学发展观活动中建立健全新社会组织党组织的意见》的通知

2009 年 11 月 24 日

共青团各省、自治区、直辖市委，解放军总政治部组织部，全国铁道团委，全国民航团委，中直机关团工委，中央国家机关团工委，中央金融团工委，中央企业团工委：

现将中共中央组织部、中央深入学习实践科学发展观活动领导小组近期下发的《关于在深入学习实践科学发展观活动中进一步推动建立健全非公有制经济组织党组织的意见》和《关于在深入学习实践科学发展观活动中建立健全新社会组织党组织的意见》转发给你们，请各级团组织认真学习领会，紧紧抓住第三批深入学习实践科学发展观活动正在基层单位深入广泛开展的重要契机，力争在“两新”组织组建党组织的同时组建团组织，同时积极结合“两新”组织的根本功能创造性地探索共青团工作的切入点、路径和载体，努力推动非公有制经济组织、新社会组织团建跟上党建步伐。

关于在深入学习实践科学发展观活动中进一步推动建立健全非公有制经济组织党组织的意见

非公有制经济组织深入学习实践科学发展观活动，是第三批学习实践活动的重要组成部分。为贯彻落实党的十七届四中全会关于抓紧在非公有制经济组织建立党组织的要求，现就在深入学习实践科学发展观活动中进一步推动建立健全非公有制经济组织党组织工作，提出如下意见：

一、充分认识进一步推动建立健全非公有制经济组织党组织的重要性。非公有制经济组织是党的基层组织建设的重要领域。近年来，非公有制经济组织党建工作得到了大力推进，但总体还比较薄弱，党组织覆盖面不广，普遍存在着“开展活动难、发挥作用难”等问题。在学习实践活动中进一步推动建立健全非公有制经济组织党组织，扩大党组织和党的工作的覆盖面，对于加强和改进党的基层组织建设，巩固党的阶级基础、扩大党的群众基础，促进非公有制经济健康发展，具有重大意义。

二、做好建立健全非公有制经济组织党组织工作。加强非公有制经济组织党组织建设，既是第三批学习实践活动的重要目标，又是学习实践活动取得实效的重要保证。要充分利用学习实践活动的契机，进一步推动在非公有制经济组织中建立健全党组织工作。非公有制经济组织中，凡有 3 名以上正式党员的，都要建立党的基层组织；正式党员不足 3 名的，可按照地域相邻、行业相近的原则，采取联合组建的方式建立党组织，也可依托工商联、个体劳动者协会、私营企业协会、行业协会或产业链龙头企业等建立党组织。对具备建立党组织条件的，要积极推动，抓紧组建。对暂时没有党员或尚不具备单独建立党组织条件的非公有制经济组织，可通过上级党组织选派党建工作指导员等形式，为建立党组织创造条件。

三、选好配强非公有制经济组织党组织负

责人特别是书记。注重把党性强、懂经营、会管理、善于做职工群众工作的经营管理骨干和专业技术人才中的党员，选拔到党组织负责人岗位上来。对暂时没有合适党组织负责人人选的，经与企业协商后，可由上级党组织推荐或选派。领导班子主要成员出缺的，要抓紧配齐。对不胜任工作的党组织负责人要及时调整。

四、注重发挥非公有制经济组织党组织的作用。要优化组织设置，强化组织功能，创新活动方式，增强组织活力，加强对非公有制经济组织党员的教育、管理、监督和服务。要积极稳妥地做好在非公有制经济组织中发展党员工作，重视在生产、工作第一线和优秀青年中发展党员，注意发现、培养和推荐优秀人才，加强对入党积极分子的教育和培养，确保新党员质量。要树立科学发展理念，围绕建立健全现代企业制度、调整完善内部治理结构，转变发展方式、促进转型升级，加强自主创新、提高核心竞争力，引导非公有制经济组织进一步完善发展思路、提升发展水平，促进非公有制经济又好又快发展；引导非公有制经济组织诚实守信、遵纪守法、扩大就业、保障职工合法权益、构建和谐企业，积极承担社会责任。

要进一步加强对非公有制经济组织党组织的领导和指导，切实解决部分非公有制经济组织党组织缺少活动经费或无活动场所等实际问题，为其开展学习实践活动、更好地发挥作用创造良好条件。

关于在深入学习实践科学发展观活动中建立健全新社会组织党组织的意见

为深入贯彻落实党的十七大和十七届四中全会精神，扎实有效地开展新社会组织第三批学习实践活动，根据中央深入学习实践科学发展观活动领导小组《关于印发〈关于开展第三批深入学习实践科学发展观活动的指导意见〉的通知》（学组发〔2009〕27 号）及有关文件精神，现就进一步建立健全新社会组织党组织有关事项，提出如下意见：

一、建立健全党组织。新社会组织中专职工作人员凡有 3 名以上正式党员的，都要建立党的基层组织；正式党员不足 3 名的，可与同一业务主管单位所属单位或其他单位联合建立党支部。尚不具备建立党组织条件的新社会组织，上级党组织要通过选派党的建设工作指导员等形式，为建立党组织创造条件。

二、调整充实党组织领导班子。切实选好配强社会团体、基金会秘书处和民办非企业单位党组织负责人。把党性强、业务精、热爱党务工作的社会团体、基金会秘书处和民办非企业单位业务骨干特别是主要负责人中的党员，选拔到党组织负责人岗位上来。领导班子主要成员出缺的，要抓紧配齐。对不胜任工作的党组织负责人要及时调整。

三、加强党员组织关系管理。新社会组织已建立党组织的，专职工作人员中的党员要及时转移正式组织关系；理事长（会长）、常务副理事长（常务副会长）、驻会副理事长（驻会副会长）、秘书长、副秘书长以及其他在新社会组织中工作 6 个月以上的兼职工作人员中的党员，要及时转移临时组织关系；新社会组织党员组织关系理顺后，仍不具备建立党组织条件的，党员的正式组织关系或临时组织关系应转移到业务主管单位党组织或新社会组织党（工）委。

四、积极稳妥地做好发展党员工作。要按照“坚持标准、保证质量、改善结构、慎重发展”的方针发展党员，把工作重点放在规模较大、人数较多、具有较大社会影响的新社会组织。要把新社会组织负责人、业务骨干作为重点培养对象。在保证质量的前提下，注重在没有党员和未建立党组织的新社会组织中发展党员，努力消除发展党员的空白点。

五、保障必要的经费和活动场所。要严格管理和使用好上级党委划拨的经费，业务主管单位党组织对所属的新社会组织党组织要拨付一定的活动经费。业务主管单位或所在地党组织对新社会组织党组织开展学习实践活动无场所等实际困难应及时帮助协调解决。

六、充分发挥党组织作用。要围绕贯彻党的方针政策，履行社会服务职能，维护员工合法权益，促进新社会组织健康发展等方面，积极探索新社会组织党组织发挥作用的途径和方法，建立健全新社会组织党组织发挥作用的体制机制。

新社会组织党组织和党员数量较多的业务主管单位，应设立新社会组织党建工作机构并配备相应工作人员，以加强对新社会组织党组织的指导和领导。

乡镇、街道、非公有制经济组织、新社会组织等共青团基层组织建设和基层工作试点实施方案

2009 年 12 月 11 日

乡镇团的组织格局创新试点工作方案

1. 主要目的

（1）增加乡镇团委的工作力量。

（2）拓宽乡镇团委联系青年和整合资源的渠道。

（3）发挥乡镇团委在农村基层团工作中的重要作用。

2. 主要任务

（1）严格按照《意见》和《会议纪要》规定的标准和程序，调整乡镇团委领导班子，增配乡镇团委副书记、委员。

（2）建立乡镇团委科学、高效的工作运行机制。

（3）找准乡镇团委功能定位，设计乡镇团委工作内容。

3. 调整乡镇团委领导班子的工作程序

一般应包括政策制定、成立组织机构、宣传发动、人选推荐、确定正式候选人、民主投票、组织研究、任前考察和公示、正式聘任等环节。按照体现竞争性的原则，各地根据实际确定具体环节。

4. 工作进度安排

在 11 月底之前完成试点方案的基础上，做好以下几项工作。

2009 年 12 月底前完成乡镇团委领导班子人员调整工作，增配的乡镇团委副书记、委员到岗。

2010 年 1 月至 2 月，主要工作为建立乡镇团委工作运行机制，设计乡镇团委工作内容。

2010 年 3 月，主要工作是对试点工作进行全面总结，撰写试点工作总报告，形成试点成果。

5. 具体措施

（1）要充分借助第三批深入学习实践科学发展观活动的契机推动试点工作。团组织及时向当地党组织汇报，争取将试点及加强基层团建工作纳入当地第三批深入学习实践科学发展观活动总体工作中统一部署。

（2）加强调研、靠前指导。团中央农村青年工作部将重点联系若干省份，直接到部分试点乡镇调研、督导试点工作。省、市团委要分别为每个试点乡镇指派专门指导员，加强对试点工作的统筹协调和直接指导。

(3)建立工作情况报送和通报制度。报送内容包括:乡镇团组织格局创新试点工作进展情况、创新性措施及遇到的问题;农村团的基层组织建设和基层工作试点工作进展情况及7个方面重点试点课题的试点经验;各级团组织在加强农村基层团建方面的典型做法。以上内容以省为单位于每月 10 日前报送团中央农村青年工作部。

(4)建立 QQ 群、飞信即时通讯平台。建立由各地市级团委负责试点工作的副书记、部长组成的 QQ 群、飞信群,及时沟通试点动态,反映有关问题,并在"中国农村共青团网"上交流各地典型做法,供各地学习借鉴。

6. 应注意把握的几个问题

(1)坚持党管干部和上级团委参与相结合。坚持党管干部原则,体现在县委组织部门、乡镇党委全程主导选配工作,以保证基本政治方向;坚持上级团委有效参与,体现在地市级团委必须对选配工作行使充分的指导权,县级团委直接参与协调、指导、操作等具体工作。

(2)坚持组织领导和团员青年的民主参与相结合。加强组织领导体现在政策制定环节,要对具体岗位、任职条件及来源结构予以规定;组织研究环节,应充分考虑到团工作岗位需要,克服完全以票取人等简单化倾向。宣传工作要适度公开,既要保证团员青年参与试点工作的广泛性,又要避免炒作。要采取适当方式体现竞争性,但不宜简单采用乡镇团员全体直选的方式。

(3)坚持调整班子结构与完善工作机制、工作内容设计相结合。班子调整后,应注意加强制度建设,构建乡镇团的工作的保障机制,建立健全乡镇团委运行机制;明确领导班子职责分工,建立岗位目标责任制、例会制度、公文档案管理制度;制定乡镇团的工作定期研究部署、督促落实及述职考评等制度。着力研究乡镇团委的功能定位,明确乡镇团委的工作职责,设计乡镇团委的具体工作内容,真正激活乡镇团委的活力。

(4)适时将试点工作与加强村级团组织建设相结合。有条件的试点乡镇可以探索采取增配副书记、支委,集中换届等方式,配齐配强村级团组织工作队伍,整体推进乡村两级团的建设。

街道团的组织格局创新试点工作方案

1. 主要目的

通过开展街道团的组织格局创新试点工作,拓宽基层组织联系青年和整合资源的渠道,增强基层团组织的活力,解决基层团组织普遍存在的工作力量不足、缺乏组织活力、联系青年渠道单一等问题,努力探索"使团的基层组织网络覆盖全体青年,使团的各项工作和活动影响全体青年"的实现路径。

2. 主要任务

(1)在区级党委同意试点的前提下,严格按照《意见》和《会议纪要》规定的标准和程序,积极稳妥地开展试点工作。

(2)加强街道团(工)委工作力量配备,增配街道团(工)委编制外副书记。

(3)建立街道团(工)委科学、高效的工作运行机制,构建区域联动工作格局。

(4)合理设计街道团(工)委工作载体和内容,围绕全团重点工作培育特色工作品牌,发挥街道团(工)委在城市基层团组织建设和工作中的基础性作用。

3. 人员选配

(1)选配规模:试点街道(名单见附件)选配团(工)委编制外副书记的人数一般为 4 至 5 人。辖区青年较多、驻区单位较多的街道可适当增加 1—2 人。

(2)选配标准:政治面貌是党员或团员;热爱党,热爱青年工作,自愿义务从事团的工作;能密切联系青年,可以体现某类别青年的代表性;在特定社会领域具有较高威望,能调动一定的社会资源;能够将其本职工作或专业特长与团的工作有机结合,为推进团的事业发展起到重要作用。

(3)选配程序:试点单位可根据实际确定具体环节,但必须经过人选推荐、组织考察和公示、正式聘任等必要的组织程序。在人选推荐环节要坚持组织推荐、民主推荐和个人自荐相结合。选拔过程中可采用适当方式体现竞争性,但不宜简单采用直选方式。

(4)结构要求:要坚持体制内、外相结合的原则,人员结构上要有利于形成正确导向、整合社会资源、扩大联系青年的渠道,有利于推进重点领域团的建设和团的重点工作项目。要注意从片警、工商税务人员等熟悉社会公共事务、经济事务的优秀青年中选拔副书记,还要特别扩大选人视野,从聚集青年较多的工业园区、商业街区、行业协会以及两新组织、青年自组织中选拔副书记。非公职人员一般应不少于街道团(工)委副书记总数的二分之一。

(5)任期与考核:编制外的副书记不占街道编制、职数。任期与其所在街道团(工)委届期同步,任期内因工作调整等原因出缺时应及时增补,任期结束后其所任职务自动卸免。街道团(工)委编制外副书记工作考核由区级团委联合街道党组织进行。

4. 职责定位

(1)明确领导班子的职责分工。要根据街道团(工)委班子成员的特点和专长进行分工,编制外团干部应明确兼职期间的岗位职责,除共性内容外,还应根据个人的不同情况分别确定个性内容、进行独立分工。

(2)探索建立联系青年制度。可根据编制外团干部的个人分工和各自所熟悉的领域,分片、定点联系相关领域,充分发挥协调、沟通、联络等方面的作用,拓宽对区域内青年群体的联系渠道。要加强与体制外组织和青年能人的沟通、联络,扩大对体制外青年及流动青年的有效联系和覆盖。

(3)要将编制外团干部本职工作和专业特长与团的工作有机结合。可通过开展联建共建活动,争取包括编制外团干部所在单位在内的辖区各类社会资源支持。要充分发挥编制外团干部在青年群体中的引领、示范作用,增强他们在区域团的工作中的辐射力与影响力。

5. 机制保障

试点单位要在同级党组织和上级团组织领导下,切实加强街道团(工)委机制建设。

(1)建立合理的运行机制。可探索实行2周或1个月一次,专、兼职团干共同参与的定期工作例会制度,保证编制外团干部能够有效参与街道团(工)委的决策和重要工作。同时要探索不定期的沟通交流制度,加强彼此之间的交流,形成稳定的议事机制和协作机制。

(2)建立定期培训机制。对编制外团干部要注重个性化、差别化的培训,既要统筹兼顾团内业务培训与相关学科知识支撑的关系,又要侧重他们在联系青年和开展工作中所需要的沟通交流技巧、组织活动、青年权益维护、志愿服务精神培养等知识的培训,帮助他们尽快适应新的角色,使他们成为受青年普遍欢迎的带头人。

(3)探索建立科学的激励机制。要强化编制外团干部对团组织的归属感,激发和保护好他们的工作热情。对具有公务员和参公人员身份的兼职团干部,特别优秀且符合专职团干部任职条件的,可列入下届团(工)委专职书记、副书记后备人选;对非公领域的兼职团干部,可以在团内荣誉称号评选表彰中给予重点考虑,特别优秀的可推荐他们作为人大代表、政协委员候选人。要积极为编制外团干部搭建舞台、创造条件、优化环境,使他们在各自的职业领域、专业领域能够更好地发挥潜能、展现才华、取得成就、实现价值。编制外团(工)委副书记不享有行政级别和相应的经济待遇,各地要努力探索保障其政治待遇的方式,有条件的地方可以为编制外团干部提供一定的工作补贴和办公条件。

(4)建立区域联动机制。要在充分掌握区域内共青团工作实际基础上,探索建立区域内街道共青团工作联席会议机制,研究和解决青年最关心、最突出的问题。可采取聘请街道党委领导作顾问等方式,使区域共青团工作切实做到围绕中心,服务大局。

6. 推进步骤

(1)准备阶段(2009年11月初—12月初)

主要工作是确定试点街道,制定试点工作方案。

以省为单位向团中央城市青年工作部报试点街道名单(每个地市试点街道不超过1个),以及地市级团委负责试点工作的副书记和部长的名单、手机、QQ号。

12月15日之前,按同样渠道报送由省级团委审核把关后的试点工作方案。

(2)实施阶段(2009年12月初—2010年3月初)

主要工作是调整街道团(工)委领导班子,增配街道团(工)委副书记;建立街道团(工)委工作运行机制;设计街道团(工)委工作内容。

街道团(工)委领导班子调整工作要在2010年1月10日前完成。

(3)总结阶段(2010年3月初—3月底)

对试点工作进行全面总结,撰写试点工作总报告,形成试点成果。

7. 工作要求

(1)坚持试点原则。试点推进要严格按照《会议纪要》所规定的试点工作11条原则进行,稳妥有序推进。人员选配工作必须坚持"党管干部"和"党建带团建"的原则,在坚持党委领导的同时,上级团委要积极参与、发挥协管作用。可由上级团委和本级党委组织部、团(工)委联合组成领导小组和工作机构,负责选配工作的领导和组织实施。要坚持试点先行、循序渐进的原则,相关工作推进必须经过试点,不能一哄而起;坚持工作先行、务求实效的原则,试点工作要适度公开,但不要形成媒体炒作的热点。

(2)明确工作职责。省级团委城市青年工作部要加强对街道团的组织格局创新试点工作的统筹协调和督促指导;地市级团委要直接抓好试点工作,尤其对街道团(工)委领导班子选配工作行使充分的指导权,地市级团委分管副书记明确为试点工作指导员,要切实负责、靠前指导;区级团委要直接参与协调、指导、操作等具体工作。团中央城市青年工作部将重点联系若干省份,直接到部分试点街道调研、督导试点工作。

(3)沟通工作动态。省级团委城市青年工作部每月15日和30日前分别向团中央城市青年工作部报送试点工作进展,主要包括试点工作进展情况、有效探索及遇到的问题和工作建议。同时建立由各地市级团委负责试点工作的副书记、部长组成的QQ群、飞信群,及时沟通试点动态。各试点单位也可以直接向团中央有关部门和省级团委报送试点工作动态。团中央将及时发布各地试点工作的好做法,供各地学习借鉴。

附件:街道团的组织格局创新试点单位名单(略)

非公有制经济组织和新社会组织团建工作方案

一、工作措施

1. 坚持党建带动。努力将团建工作纳入党建工作格局,善于借助非公有制经济组织和新社会组织党建工作力量和形成的新成果新格局,推动团的基层组织建设。当前,特别要紧紧抓住非公有制经济组织、新社会组织深入开展第三批深入学习实践科学发展观的重大契机,主动衔接,快速跟进,努力在非公有制经济组织和新社会组织建立党组织的同时建立团组织。

2. 坚持行业推动。主动借助经贸、劳动、教育、财政、公安、司法等行业主管部门和行业协会力量，推动规模以上非公有制企业、培训机构、家政公司、保安公司、会计事务所、律师事务所、青年社团等青年聚集较多的非公有制经济组织和新社会组织团建工作。根据"利于工作、便于管理"的原则，强化行业主管部门团组织的统筹管理职能，形成行业团组织整体活跃的工作局面。

3. 坚持改革创新、务实推进。根据青年沟通、交流、聚集、联络方式新变化，创新建团模式，灵活设置组织，使团的组织网络有效覆盖更多青年。采用逐个走访、上门推动的方式，找准非公有制经济组织和新社会组织本质需求、青年群体特点和共青团工作载体之间的结合点，加强工作沟通，争取理解支持，务实推进非公有制经济组织和新社会组织团建工作。

4. 坚持突出重点、逐级深化。根据非公有制经济组织和新社会组织青年从业规模，突出重点，抓大带小，逐级深化，着力提高非公有制经济组织和新社会组织建团工作效率，使团的组织较快覆盖到更多团员青年。坚持建设服务并重，重心下移，靠前指导，不断增强非公有制经济组织和新社会组织团的活力。

二、主要任务

1. 加快建团步伐。根据非公有制经济组织和新社会组织分布特点，积极探索联合建团、依托建团、园区建团、楼宇建团、片区建团、市场建团、产业链建团、兴趣建团、网络建团等各种建团模式，努力实现团的有效覆盖。在已经建立党组织且符合建团条件的非公有制经济组织和新社会组织，要充分借助党建工作成果迅速推动团的组织建设，使团建跟上党建步伐。在尚未建立党组织但符合建团条件的非公有制经济组织和新社会组织，采取派驻团建指导员方式，推动团的组织建设。在适龄青年多但团员少的非公有制经济组织和新社会组织，可探索先成立青年工作委员会等机构开展工作，再逐步推进团的建设。

2. 配强团的干部。按照公开、竞争、择优的要求，配齐配强团的干部，把热爱党、热心青年工作、在青年中有一定影响力的优秀青年选拔到团的工作岗位上。注重在经营、生产、研发、管理等重要岗位的青年负责人或业务骨干中选拔团的干部，并落实相应的政治生活待遇。加强团干部的团务知识和业务技能培训，努力提高团干部实际工作能力和水平。

3. 稳步发展团员。坚持标准和质量，积极做好团员发展工作，注重在经营、生产、研发、管理等一线岗位的青年中发展团员。加强团员日常管理和组织意识教育，不断提高其职业文明和业务技能，帮助团员青年在生产实践中成长成才。在团员青年中大力选树先进典型，做好推荐优秀青年入党工作。

4. 培育工作载体。着眼非公有制经济组织和新社会组织的本质功能，创造性地寻找共青团工作切入点。开展思想性活动，引导青年树立爱党爱国爱岗观念，增强市场竞争意识和改革创新意识，养成社会公德、职业道德、家庭美德和个人品德；开展技能性活动，引导青年提升职业文明和岗位技能，增强自主创新能力，不断促进单位经济效益和管理水平提高；开展娱乐性活动，培养健康文明生活方式，营造团结和谐组织氛围，增强团组织的吸引力和凝聚力；开展服务性活动，深化志愿服务、扶贫助困等工作，树立青年和企业良好的社会形象。注重把工作成果转化为组织建设成果，不断增强团组织的吸引力和凝聚力。

5. 加强制度建设。建立健全组织领导制度，推动非公有制经济组织和新社会组织将团的工作和青年工作纳入单位党建工作格局。建立健全资源保障制度，为团的工作经费、阵地建设等提供必要的物质条件。建立健全人才举荐制度，开展好"推优入党"工作，推荐优秀青年骨干或人才进入单位经营管理人才梯队。建立团的基础管理、民主议事、定期换届等内部管理制度,提高团的工作信息化水平。

三、阶段重点

在全面推进非公有制经济组织和新社会组织建团工作中,根据其青年分布特点和实际情况,根据突出重点、逐级深化的原则,确定当前两类工作重点。一是在已经建立党组织的非公有制经济组织和新社会组织中加快建立团组织,使团建跟上党建步伐。二是抓紧青年从业规模较大的非公有制经济组织和新社会组织团建工作。非公有制经济组织团建工作的重点是规模(限额)以上的非公有制经济组织;新社会组织团建工作的重点是在校学员规模较大(一般在100人以上)、且办学条件和时间稳定的民办非企业单位,青年大量聚集的律师事务所,会计师事务所等社会中介组织,规模较大的青年社团等。

四、阶段目标

到2011年底,已建立党组织且符合建团条件的非公有制经济组织和新社会组织建团率力争达到60%以上,青年从业规模较大的非公有制经济组织和新社会组织建团率力争达到60%以上,非公有制经济组织和新社会组织总体建团率有明显提高,并探索出非公有制经济组织和新社会组织团建工作的经验模式和普遍性规律。

五、责任分工

各级团组织要按照整体推进、分级负责的原则,切实负起责任,明确任务,扎实推进非公有制经济组织和新社会组织团建工作。

1. 团中央负责协调非公有制经济组织中的全国性行业协会、全国青联常委单位(企业)、中青企协常务理事以上单位,以及由国家部委注册审批的较大青年从业规模的新社会组织建团工作。

2. 各省、自治区、直辖市团委负责协调非公有制经济组织中的省级行业协会、全国青联委员单位(企业)、中青企协理事单位、省青联常委单位(企业)、省青企协理事以上单位、其他大型非公企业,以及由省级行业主管部门注册审批的较大青年从业规模的新社会组织团建工作。

3. 各地、市级团委负责协调非公有制经济组织中的中青企协会员单位、省青联委员单位(企业)、省青企协会员单位、市级行业协会、市青联常委单位(企业)、市青企协理事以上单位、其他大中型非公企业,以及由市级行业主管部门注册审批的较大青年从业规模的新社会组织团建工作。

4. 各市辖区(县级市)负责协调非公有制经济组织中的市青联委员单位(企业)、市青企协会员单位、其他规模以上非公企业,以及较大青年从业规模的新社会组织建团工作。街道、社区团组织按照属地协调的原则,突出重点,抓大带小,逐级推进,统筹推进辖区内非公有制经济组织和新社会组织的团建工作。

5. 各级行业主管部门团组织要充分借助党政力量,争取工作支持,负责推动所主管行业非公有制经济组织和新社会组织团建工作,探索具有行业特点的工作载体和团组织管理模式,形成行业组织联动格局。

6. 规模较大且具有代表性的非公有制经济组织和新社会组织,根据"便于管理、利于工作"的原则,可视其从业青年规模大小,探索由省、地市、区(县)、街(乡)分层纳入直属管理或重点联系,以强化日常工作联系和指导。

六、推进步骤

1. 调查研究阶段(2009年12月—2010年1月)。各级团组织要摸清本级团组织负责的重点非公有制经济组织和新社会组织的基本情况,建立详细的工作底本。分析重点非公有制经济组织和新社会组织青年特点和建团条件,研究建团办法,制定工作推进方案。

2. 第一轮推动阶段(2010年2—11月)。依照建团办法和推进方案,积极争取非公有制经济组织和新社会组织负责人支持,做好本单位团建规划，把握团组织建立时间和建立形式，有序推进建团工作，实现建团目标任务过半。

3. 中期评估阶段（2010 年 11—12 月）。对建团工作情况、成效和经验进行总结评估，通报情况。归纳提炼非公有制经济组织和新社会组织团建工作的有效经验和普遍性规律。

4. 第二轮推动阶段（2011 年 1—11 月）。充分利用经验成果和普遍性规律，逐级深化推进，延伸建团工作重点范围，着力提升组织活力，有效提高非公有制经济组织和新社会组织建团率。

5. 评估阶段（2011 年 11—12 月）。总结非公有制经济组织和新社会组织建团的有效工作模式，研究重要理论问题，提炼内在工作规律，建立长效工作机制。

七、有关要求

1. 突出重点，有序推进。各级团组织要根据实际，按照推进步骤的时间和任务要求，根据青年从业人数规模由大及小、逐级推进的原则，加快团建工作节奏。做到底数准确、分析合理、有序推进、注重实效。

2. 靠前指导，强化服务。各级团组织要高度重视非公有制经济组织和新社会组织团建的本质要求，在建团过程中靠前推动和指导，强化后续跟踪和服务，实现建立组织、活跃工作和增强凝聚的目标。对各地推进工作的深入程度及取得的实际效果，团中央将进行不定期的工作抽查和评估。

3. 及时总结，加强沟通。各级团组织要根据工作推进情况，及时分析面临问题，解决基层困难，总结经验成果。各级团组织要向上一级团委及时报送总结报告，各省级团委分别于每季度结束前 1 周内及年度结束前 1 个月内，向团中央城市青年工作部报送季度及年度工作进展报告。

中等职业学校团组织建设工作方案

1. 主要目的

准确把握中等职业学校共青团工作的切入点，围绕培养学生必需的职业技能、良好的道德品格、适应未来职业生涯发展所需要的社会化技能、坚定跟党走中国特色社会主义道路的理想信念四个层级的育人目标设计工作载体，创造性地开展团的工作，切实加强团的基层组织建设。解决中等职业学校团的工作基础相对薄弱、中职学生学习动力不足、自信不足、社会化技能比较缺乏等问题，努力探索“使团的基层组织网络覆盖全体青年，使团的各项工作和活动影响全体青年”的实现路径。

2. 主要任务

（1）消除团建空白点。按照“校校有团委，班班有团支部”的目标，实现中等职业学校团组织的全覆盖。

（2）加强中职学校团的建设。按照团中央和教育部联合下发的《关于加强中等职业学校共青团工作的意见》要求，落实各项目标任务。

（3）开展优秀中职毕业生报告会活动。发挥典型引导作用，激发学生的学习热情和成才动力。

（4）编写社会化技能培训教材。帮助学生培养适应未来职业生涯发展所需要的社会化技能。

（5）编写中等职业学校共青团工作读本，加强工作指导。

（6）筹划拍摄以中职学生成长历程为题材的青春励志电视剧和专题片，以艺术、情感和时尚元素影响学生。

3. 工作分工

建立健全团中央、省级团委、地市级团委三个层级分工负责、上下联动的中等职业学校共青团工作指导体系。

（1）团中央学校部负责总体规划、全面推进和工作指导。近期，将重点做好编写社会化技能培训教材、中等职业学校共青团工作读本和筹划拍摄以中职学生成长历程为题材的影视作品等工作。同时，指导督促各地加强中职团组织建设、消除空白点，开展好优秀中职毕业生报告会活动。

(2)省级团委学校部统筹负责本省(区、市)中等职业学校团的建设和工作。要确定专人负责，通过建立例会制度、转发文件等方式，及时贯彻团中央的要求和部署，切实加强对中职学校共青团工作的指导。要开展情况摸查，掌握本区域内中职学校的数量、规模和分布等情况，摸清各学校共青团组织的建设和工作开展情况。要把团建任务和开展报告会、培训社会化技能等工作有机分解，明确各地市的任务，督促各地市全面开展、深入推进。要加强优秀典型示范和先进经验推广工作，加强培训和交流，推动本地区中职共青团工作水平的整体提高。

(3)地市一级团委处在中等职业学校共青团工作的第一线，肩负直接推动中等职业学校共青团工作的责任。要加强组织衔接，在工作上与中职学校团组织建立起直接联系，并通过例会、信息报送、文件传达、建立工作 QQ 群等方式，保证联系的经常化和规范化。要靠前指挥，深入到中职学校，掌握一手资料，具体推动团的建设和工作开展，特别要实现本地区“消除团建空白点”的目标，实现“校校有团委，班班有团支部”的目标。要广泛开展优秀中职毕业生报告会活动，每一所中职学校一学期至少要举办一次以上报告会，并且长期坚持。地市团委要组建本地优秀中职毕业生报告团，在本地开展巡回报告。

4. 推进步骤

(1)全面部署阶段(2009 年 11 月)

征集汇总中职共青团工作优秀案例；和教育部会签《关于加强中等职业学校共青团工作的意见》；下发《关于在第三批深入学习实践科学发展观活动中进一步加强中等职业学校团的组织建设和工作的通知》，以邮件、电话、短信等方式与各省级团委学校部沟通，统一认识；广泛联系影视制作机构，商谈影视作品制作事宜，搜集优秀中职毕业生典型素材。

(2)全力推进阶段(2009 年 12 月—2010 年 1 月)

全面启动优秀中职毕业生报告会活动，集中展示 1000 所中职学校和 1000 场优秀报告会及其报告主讲人；下发《关于加强中等职业学校共青团工作的意见》，联合教育部开展督导和检查，年底前实现“校校有团委，班班有团支部”的目标；社会化技能培训教材和中等职业学校共青团工作读本定稿出版；与影视制作机构签订合作备忘录，搜集 500 个左右能反映中职生学习、生活、工作的素材，开始剧本创作。

(3)总结阶段(2010 年 2 月)

召开省级团委、地市级团委和中职学校不同层面的座谈会，总结各地在推进中职学校团的组织建设和工作的好经验、好做法，建立健全加强中职学校团的组织建设和工作的长效机制。部署在新学期进一步加强中等职业学校团组织建设和工作。

5. 工作要求

团中央学校部将加强各地工作动态的汇总和工作经验的交流工作，建立相应的 QQ 群，及时沟通工作动态。各省级团委和地市级团委要确定专人负责中等职业学校团的工作，加强信息报送，优秀中职毕业生报告会、消除团建空白点等重点工作情况要随时上报团中央学校部。

团属新社会组织党建团建工作方案

1. 突出一条主线。要按照“党员干部受教育、科学发展上水平、人民群众得实惠”的总要求，以党建团建工作为主线，以“加强党团建设、吸引凝聚青年”为载体，大力推进团属新社会组织的党团建设和自身建设，发挥在服务青年、服务社会中的积极作用。

2. 实现两个目标。一是实现学习实践活动全覆盖。凡是没有参加过第一、二批学习实践活动的团属新社会组织,必须全部参加第三批学习实践活动。二是实现党团组织建设全覆盖。凡专职工作人员中有 3 名以上正式党员的,都要建立党的基层组织;正式党员不足 3 名的,可在本级团的领导机关指导下与其他单位联合建立党支部,或者由本级团的领导机关直接成立团属新社会组织联合党组织。根据党建带团建原则,在建立党组织的同时一并建立团组织。

具体要求:12 月底前,各地各级团属新社会组织必须按要求全部建成党团组织。2010 年 1 月 8 日前,各省级团委须将本省(区、市)内所有团属新社会组织的党团组织建设情况,以书面形式报团中央统战部。

3. 抓好三个阶段。按照中央要求,第三批学习实践活动从 2009 年 9 月开始,到 2010 年 2 月结束,分学习调研、分析检查、整改落实三个阶段。根据新社会组织学习实践活动指导小组的要求,从 12 月起,逐步进入分析检查和整改落实阶段。

分析检查阶段重点是召开专题组织生活会、形成分析检查材料。要深入查找在党团组织建设方面,在内部治理、民主管理、能力建设和队伍建设方面,以及在提供服务、反映诉求、规范行为特别是在服务大局、服务青年、服务社会等方面的突出问题,实事求是分析主客观原因特别是主观原因,明确贯彻落实科学发展观的努力方向、总体思路和主要措施。

整改落实阶段重点是制定整改落实措施、开展主题实践活动。要坚持实事求是,力所能及地解决一些影响和制约科学发展、当前能够解决的突出问题,做好建章立制工作。要根据自身特点和工作优势,办几件看得见、摸得着的实事好事。比如,公益性组织可以开展济困助学献爱心活动,行业性组织可以举办技能培训活动,专业性组织可以举办职业辅导,兴趣性组织可以举办趣味活动,联谊性组织可以举办群众性娱乐活动等。

对还没有完成学习调研阶段的团属新社会组织,要指导他们创新学习内容和学习方式,并同分析检查阶段有机结合起来。

具体要求:2010 年 1 月底前,各级团委须组织所属新社会组织集中开展一次"加强党团建设、吸引凝聚青年"的主题实践活动。2010 年 2 月 8 日前,各省级团委须将本省(区、市)主题实践活动情况,以书面形式报团中央统战部。

4. 把握四个要求。一是增强政治意识。要把指导团属新社会组织开展学习实践活动,作为一项政治任务切实抓紧抓好,保证实效、不走过场。二是坚持点面结合。既要抓住规模较大、影响较大的重点团属新社会组织,进行重点指导和督查,又要发挥团属新社会组织党建团建工作的表率作用,带动、促进其他新社会组织和青年自组织的团建探索和创新。三是强化典型示范。要注意挖掘先进典型、宣传先进典型、推广先进典型,发挥好先进典型的示范引导作用。各省级团委至少要向团中央报送 3 个先进典型。四是注重靠前指导。各级团委要从重点团属新社会组织中至少确定 1 个联系点,主要负责同志亲自调研、亲自指导,选派机关干部参加相关活动,切实同加强团的基层组织建设和基层工作紧密结合起来,统筹推进、有效实施。

从 2010 年 2 月开始,团中央将对各地团属新社会组织学习实践活动情况进行巡回检查。凡未按规定完成相关任务的,要限时"补课"。各省级团委要及时将工作进展情况、各类信息材料报团中央统战部。

附件:1. 团属新社会组织学习实践活动进程表(略)

2. 各地各级团属新社会组织党团建设情况(略)

基层团建试点工作和选派地市以上团的领导机关干部驻点工作要求

1. 基层团建试点工作

(1)做好中期总结评估。近期,各试点单位要比照各自工作方案,对试点工作进展情况进行自我评估,查找工作中存在的不足,发现试点中的问题,探索解决途径。各省级团委要按照试点工作统一部署,集中对各试点单位的工作进展情况进行全面评估,梳理各试点单位探索出的成功做法,帮助解决工作中存在的问题,并提出有针对性的指导意见和解决措施。

(2)进一步加强工作指导。团中央相关部门和各省级团委要保持与各试点单位的日常紧密联系,并做到靠前指导、分类指导,安排干部深入各试点单位,和试点单位负责人进行面对面的沟通,实地了解有关情况,指导工作开展。对各类试点工作中存在的重点难点问题分别进行深入研究,结合各试点单位的实际,进一步明确试点工作的重点突破口和工作路径。对于个别工作推动缓慢的试点单位要提出明确要求,并采取有效措施,切实保证试点工作的稳步推进。

(3)力争在统筹城乡、青年自组织、互联网领域取得新进展。要指导相关试点单位紧紧围绕青年群体中团的组织载体实现这一本质要求,在前期各试点单位探索的基础上,进一步突出工作重点,在统筹城乡团建试点工作中,着重解决好青年流动背景下的组织设置和组织作用发挥问题;在青年自组织团建试点工作中,在继续加强对青年自组织联系、合作、服务和引导的同时,稳步推进在有条件的青年自组织中探索建立团组织并发挥积极作用;在互联网团建中,积极探索依托互联网的工作载体和组织载体,切实推进三类新领域试点工作的深入发展。

2. 选派地市以上团的领导机关干部驻点工作

(1)继续加大工作督导力度。各地要坚持高标准、严要求,继续对驻点工作进行日常督导检查。对抽查中发现不能保证驻点工作时间的干部,进行严肃处理。对个别推动工作力度不够大的团组织,要与主要负责人进行专门沟通,充分阐述驻点工作的重要意义,通报驻点工作中存在的问题,提出严格的工作要求。

(2)进一步提高驻点工作质量。要按照驻点工作规范要求,制定科学合理的量化考核标准,加强对驻点干部工作实际成效的考核与评估,从而更好地督促驻点干部在保证驻点工作时间的基础上,进一步提高驻点工作质量,促使驻点干部真正做到深入了解基层实际,切实发挥指导、推动基层组织建设和基层工作的作用。

(3)认真梳理总结驻点工作成果。要注意对驻点干部在基层挖掘出的典型经验进行认真梳理,深入研究其中存在的普遍性规律,提炼出可在全团推广的工作经验,进一步丰富全团对加强基层组织建设和基层工作的思想认识。对适用于局部地区的典型经验和做法,积极鼓励当地做好宣传推广工作。

(4)进一步做好局级干部联系点工作。全团承担联系点工作任务的局级干部,要按照局级干部联系点工作规范要求,严格遵守相关工作纪律,深入开展调查研究,切实加强工作指导,帮助基层解决实际困难,优化基层团组织的工作环境,并对联系点所在地的驻点工作进行有效督导。团中央要求,从第三批驻点工作开始,局级干部到联系点之后要对联系点团县委机关全体干部和联系点所在地市的县级团委主要负责同志,就全团重要工作部署、重要思想原则进行宣讲。团中央将对局级干部联系点工作情况进行检查。

以上各项工作实施方案各地在操作中可根据实际情况进行丰富和完善。

二、组织

2009年全国团干部教育培训计划

2009年4月3日

一、指导思想

以邓小平理论和“三个代表”重要思想为指导，深入贯彻落实科学发展观，按照团十六大、团十六届二中全会和《共青团工作五年纲要(2009—2013)》的部署要求，以提高理论素养和实践能力为主旨，进一步增强针对性和实效性，推动全团干部教育培训工作的落实。

二、目标与任务

总体目标:2009年至2013年，用5年的时间，团中央把全国省级团委领导班子成员、团地市委书记和团县区委书记轮训一遍。2009年的主要任务:团中央依托中央团校，培训70名省级团委领导班子成员、200名团地市委书记、800名团县区委书记。

三、内容与班次

根据团中央书记处关于全团工作的重大战略部署，针对团的基层组织建设和基层工作中的重点、热点和难点问题，采取专题辅导和互动研讨相结合的方式进行，由团中央书记处领导同志和有关专家作辅导报告。

1. 省级团委领导班子成员研讨班。举办1期，70人，5天时间，地点在中央团校，时间为5月份。

2. 县级团委书记培训班。举办4期，每期200人，共800人，5天时间。培训对象为团县(市、区)委书记，地点在中央团校，初定4月、5月、6月、7月各办1期。

3. 团地市委书记培训班。举办2期，每期100人，共200人，5天时间，地点在中央团校，时间为9月和10月。

四、有关要求

1. 各省级团委要把团干部教育培训作为一项先导性、战略性和基础性工作，作为推动全团重点工作深化和落实的重要手段，纳入重要议事日程，一把手亲自抓，充分调动各级团组织、各部门、各单位的积极性、主动性和创造性，统筹安排本地区、本系统2009年团干部教育培训计划，通过教育培训，切实使各级团干部熟悉和掌握全团工作的基本思路、工作布局和部署要求，推动团的工作的新发展。

2. 各省级团委组织部门要切实负起责任，严格执行团中央的调训计划和部署安排，选调地市和县级团委一把手参加培训，特别是重点选调换届后新任职的地市和县级团委书记，确保调训的人员和时间。团中央组织部和中央团校将建立学员学习档案，强化学习考核，将学员考核登记表向同级党的组织部门反馈，作为干部考核的重要依据。

3. 各班次具体安排届时将另行通知。请有关参训人员根据所参加班次提前做好工作安排，按时报到。学习期间，请学员所在单位及其上级团组织不要安排他们参加会议、考察和其他工作任务。

关于推荐共青团基层组织建设和基层工作试点单位、少先队基层组织建设和基层工作试点单位有关事宜的通知

2009年4月3日

共青团各省、自治区、直辖市委，新疆生产建设兵团、全国铁道、全国民航团委，中央直属机关、中央国家机关、中央金融、中央企业团工委：

团中央决定自2009年4月起，在全团范围内确定一批基层组织建设和基层工作试点单位，开展为期一年的试点工作。现将有关推荐事宜通知如下。

一、试点单位条件

试点单位在本地区或本行业应具有一定的代表性，其物质条件在本地区或本行业处于中等偏上水平；具备开展试点工作的基础，能够在一年内完成试点工作任务；所在地团队组织健全、团队干部具有较强的抓落实能力，能够承担起试点工作的任务；所在地党政领导重视、支持共青团和少先队工作。各类型试点单位选取的具体条件以《共青团基层组织建设和基层工作试点实施方案》和《少先队基层组织建设和基层工作试点实施方案》（以下简称“试点方案”）（附件1、2）中的要求为准。

二、确定方式

各省级团委根据试点方案要求和分配名额在本地区（系统）内选取拟试点单位，并统一向团中央进行推荐，团中央对推荐单位情况核准后正式确定试点单位名单。

各省级团委推荐试点单位时，需为备选试点单位分别附上500字左右的基本情况说明，并于2009年4月15日前分别报送团中央有关部门。其中，企业、社区、机关事业、行业、适应经济活动和商业模式新变化等五类试点报团中央城市青年工作部，农村试点报团中央农村青年工作部，学校试点报团中央学校部，统筹城乡、青年自组织、互联网等三类试点报团中央组织部，少先队试点报团中央少年部。

三、工作要求

试点工作是全团加强基层组织建设和基层工作的一项重要举措，各省级团委要对这项工作予以高度重视，精心布置，认真遴选，严格把关。要对拟推荐试点单位进行全面考察。推荐材料要做到准确、客观，实事求是。要通过推荐试点单位，为试点工作奠定良好的工作基础，将全团加强基层组织建设和基层工作的重要部署不断推向深入。

附件1：

共青团基层组织建设和基层工作试点实施方案

为深入贯彻胡锦涛总书记关于“力争使团的基层组织网络覆盖全体青年，使团的各项工作和活动影响全体青年”的要求，落实团十六届二中全会的部署，探索在新的历史条件下有效组织和联系广大青年的方式方法和增强基层组织活力的新途径，提炼近年来团的基层组织建设取得的成果，团中央决定自2009年4月起，在全团范围内确定一批基层组织建设和基层工作试点单位，开展为期一年的试点工作。通过试点工作，总结出可推广的加强基层组织和活跃基层工作的一般规律和基本方法。

一、试点工作的原则

试点工作要始终坚持和把握以下基本

原则：

1. 始终坚持党建带团建。紧跟党建步伐，充分借助党建工作近年来在基层形成的新格局和新成果，注意在工作空间、工作内容上尽量与党建相融合；争取党组织支持，在新兴领域探索团建工作的有效载体和创新模式，巩固和扩大党执政的青年群众基础。

2. 研究提炼普遍性规律。牢牢把握团的根本职责和基本职能，针对基层组织建设和基层工作中的长期性、根本性和战略性问题，着力在创新组织设置、扩大对团员青年的覆盖、探索基层组织吸引和凝聚青年的有效方式、找准活跃基层工作的有效载体、构建基层工作保障体系等方面进行认真研究和实践，并努力把试点单位的好经验、好做法转化为指导全团基层组织建设和基层工作的基本方法。

3. 着力突破重点难点问题。针对基层组织建设和基层工作面临的重点难点问题，集中力量，攻坚克难，探索出有效的解决办法，力争通过试点在各个薄弱环节上有所突破。对于长期制约基层团的工作的一系列突出问题，要着力在机制上进行探索和完善，从整体上推动工作。

4. 勇于改革创新。要积极应对经济社会变革和青年群体变化带来的挑战，破除思想束缚，大胆创新组织设置形式和工作方法，不断探索与市场经济环境和青年沟通、交流、联络、聚集方式相适应的有效工作模式，以改革创新的精神推动试点工作开展。要注意尊重基层首创精神，对基层探索出的创新经验进行提炼和升华。

二、试点工作的主要内容

各级、各类团组织应针对基层组织建设和基层工作中存在的普遍性问题，积极在以下几个方面进行深入探索：

1. 结合党建新格局推动团的工作。探索团建与党建更为紧密结合的有效模式，争取同级党组织在制度安排、干部选拔、工作要求和指导等方面的支持，推动下级团组织党建带团建制度的落实；充分借助现代远程教育、党员活动中心、党员服务站等党建工作在基层形成的重要成果和工作格局，以联合建立党团活动中心、党团服务组织等方式推动党团共建；跟进党建步伐，在已建立党组织、符合建团条件但尚未建团的单位推动建立团组织；在没有建立党组织但是具备建立团组织条件的地方和单位，积极建立团的组织。

2. 依托新媒体丰富团工作的手段和载体。适应青年沟通、交流、联络、聚集的新特点，通过网上互动社区、博客、即时通讯系统、手机短信、手机报等多种方式和途径联系、服务青年，有效增强对青年的吸引凝聚；探索通过新媒体对青年进行舆论引导和思想教育的有效方式，归纳总结利用网络平台组织动员青年的模式。

3. 进一步深化“推优入党”工作。不断健全“推优入党”制度，按照中组部、团中央关于“推优入党”的具体要求，进一步强化推优意识，严格推优标准，规范推优程序，在教育、培养、考察、推荐等环节做好与党组织的衔接，提高“推优”的质量和数量，为党源源不断地输送新鲜血液。

4. 改进、完善基础团务工作。抓好基层团组织的工作制度、组织生活制度、团员和团干部队伍教育管理制度、团内民主制度、基层团建考核和评比表彰制度等团务制度的落实；推行团务管理和团员管理的规范化建设，翔实掌握团建基础数据，建立健全工作档案；结合新形势，对“三会二制一课”等团内组织生活的内容、方式进行改进和创新；鼓励基层团组织结合实际大胆进行制度创新，总结推广基层在实践中形成的好经验好做法。

5. 巩固和完善以团组织为核心的青年组织体系。充分发挥团组织的核心基础作用，加强对青联、学联和城乡青年中心等团属青年社团组织的领导和指导；加强对青年自组织的联系和引导，努力把青年自组织纳入共青团联系合作的范围，探索在有条件的青年自组织中建立团组织，最大限度地实现对团员青年的组织覆盖和工作覆盖。

根据不同领域的工作特点，试点中应把握的侧重点如下：

1. 企业基层团组织建设试点

(1)国有及国有控股企业

——探索建立活跃企业青年工作的机构和机制。建立符合企业特点、发挥共青团作用的企业青年工作新格局，形成组织动员青年更好地参与企业生产经营的方式，活跃企业青年工作。进一步探索专兼职相结合的团干部配备方式。

——寻找企业共青团工作新载体。服务企业生产经营和青年职工成长发展，寻求新的工作切入点，广泛开展思想型、技能型、文化型活动，丰富青年生活，促进青年成长。

——探索发挥团组织在企业文化建设中的作用。寻找新途径和新载体，深入参与企业文化建设，形成既保持团组织特点，又融入企业文化的有效方式。

(2)非公有制企业

——探索活跃青年工作的新形式。注重发挥团组织在企业文化建设、搭建优秀青年成长平台的作用，增强青年员工对企业的认同感和归属感。

——寻求企业共青团工作新载体。紧紧围绕企业生产经营，探索提升青年员工业务素质的有效方式，服务青年成长成才。

2. 城市社区基层团组织建设试点

(1)市辖区团委

——探索建立工作联系协调机制。以团区委为核心(平台)、辖区单位团组织为依托，推动建立党政领导牵头、团组织具体协调、驻区单位团组织负责人广泛参加的共青团工作协调机制。开展共建活动，形成街道、社区与驻区单位协同配合的工作机制。

——探索对街道、社区共青团工作的指导方式。强化团区委的作用，加强街道、社区共青团工作的规划、建设、指导和考核。帮助街道、社区建立健全团组织，积极向街道、社区配置工作资源。

(2)街道、社区团组织

——探索社区团组织发挥作用的主要内容。围绕社区安全性、便利性、健康性、娱乐性、互助性等功能，找准工作切入点，创新工作内容和方式。尝试承接青少年教育、预防青少年违法犯罪等政府青少年事务。

——探索社区团的工作力量配备方式。加强社区团的工作队伍建设，努力将青少年社会工作者、青年志愿者工作机制转化为服务社区的长效机制。探索建立城市社区团工作统筹协调机制。

——探索在特定青年集聚领域建立团组织的新方式，针对青年在楼宇、市场、商业区、工业园区等分布集中的情况进行团组织联建。

3. 机关事业单位基层团组织建设试点

——探索服务青年成长发展的有效载体。探索形成在加强思想引导，进行专业知识和综合能力培训，开展文体活动等方面的新载体，促进青年健康成长。

——探索巩固扩大团组织在青年中的覆盖面和影响力的工作机制。寻找团组织凝聚青年、促进机关效能建设有效途径。

4. 农村基层团组织建设试点

(1)团县(市、区、旗)委

——探索建立农村共青团工作联席会议制度，成立由党政领导任主要负责人、团组织牵头协调、有关部门参加的联席会议，共同研究、规划、推进本县域团的工作和建设。

——探索乡、村团组织同步换届的实现方式，构建农村基层团干部的选拔、培养、管理、保障、激励等工作机制。探索团的代表大会代表任期制，建立团代表提案、调研、建议等制度，推行团务公开，扩大团内民主的实现形式。

——在县域范围内，适应农村青年跨地域

流动、聚集和从业的特点，突破行政和区域界限，采取独立、依托、联合等方式建立团组织。特别是探索依托农村青年所从业的登记、管理及服务部门和社会服务组织建立团组织的有效途径。

(2)乡(镇)团委

——探索推进乡镇团的委员会建设。试行由乡镇党委年轻委员兼任同级团委书记，或按照一定程序，选拔“选调生”任乡镇团委书记；推选优秀的村团支部书记、学校(乡镇企业)团组织负责人、乡村青年能人、大学生村官、选调生、西部计划志愿者等为乡镇团的委员会委员，试行乡镇团委委员轮值日常工作制度，发挥委员作用开展团的工作。

——探索建立乡镇、企业、学校、村、专业合作组织等各类团组织之间的联建共建和互帮互助机制，推动基层团组织的联动与协作，促进共同发展。

(3)农村社区、专业合作组织、专业市场

——推行在符合条件的农村社区、专业合作组织、专业市场建立团组织。已经建立团组织的，探索规范、活跃团组织建设和工作的方式方法。

——探索如何结合农村社区、专业合作组织、专业市场的自身功能发挥好团组织的作用。

5. 学校基层团组织建设试点

(1)普通高校

——探索以青年马克思主义者培养工程实施为切入点，增强大学生思想引领工作的针对性和实效性。

——探索解决学校团委与其他职能部门合署、合并办公问题的有效办法，保证团委独立设置、独立自主地开展工作。

——探索对大学生素质拓展计划的深入实施进行科学化、系统化、专业性强的再设计，更有效地帮助大学生实现就业创业。

——适应学生喜欢的沟通、交流和聚集的新方式，探索推进扩大学生宿舍、网络、社团等领域建团，实现组织网络和团的工作的有效覆盖。

——探索提高高职院校学生职业技能的新的活动内容和方式。

(2)民办高校(含独立学院)

——结合民办高校办学特点和办学性质，探索不同团建模式，特别是没有建立党组织的高校先行建立团的组织、开展团的活动的模式。

——探索在民办高校规范性地开展大学生思想政治教育、社会实践、校园文化、就业创业等团的各项主要工作和基础性工作。

(3)普通中学

——在学校德育教育工作的总体格局中，积极探索团组织发挥作用的新方式。

——在教育行政部门和学校加强对中学生课外活动管理的情况下，探索加强中学生思想道德教育的有效途径。

——规范入团教育的基本内容、方法和程序，加强中学生团员意识教育。

——加强中学生团校建设，做好团队衔接工作。

(4)中职学校

——探索民办中职学校团建有效模式和团的工作的有效机制。

——探索帮助学生掌握学习方法，培养专业学习精神，不断提高自身综合素质。

——探索加强对学生的职业生涯规范指导，积极提供就业信息服务。

——探索增强学生社团活力，活跃校园文化生活，形成健康向上的学习、生活氛围。

——探索帮助学生增强自信心、提高学习动力的有效方式。

——探索提高学生职业素质的有效办法和途径。

6. 行业团建试点

——探索建立协调交流平台。以业务为

纽带，发挥“青年文明号”等共青团品牌作用，建立广泛覆盖的行业共青团工作交流平台。

——探索同业交流与合作机制。

——探索加强团组织建设和工作的有效途径。

7. 适应经济活动和商业模式新变化的团建试点

——探索龙头企业在团建中的示范和带动作用，加强龙头企业对上下游企业团建的引领。

——探索团组织在新的经济活动和商业模式中的功能定位、工作手段和内容。

——探索加强团组织建设和工作的有效途径。

8. 统筹城乡团建试点

——探索联系和服务流动团员的有效模式。适应团员青年流动、分布和聚集的新变化，按照流入地为主、流出地协助、双向互动、共同负责的原则，完善流动团员管理办法。探索和创新流动团员组织关系接转、团费缴纳、参与团内组织生活和民主生活等方面的有效措施；推动建立流动团员服务站等阵地依托，着力加大对流动团员的服务力度和服务水平；探索流出地团组织在外来务工团员青年大量集中的用工企业、工业园区、城区建立团(工)委，扩大组织覆盖；加强对流动青年自发成立的联谊会、同乡会等组织的引导，充分发挥它们的积极作用。

——探索建立城乡共建的基层组织设置模式。打破区域、行业界限，通过整合邻近的城市社区和行政村、选择相互联系紧密的单位、依托产业链等联建共建方式，以城带乡、以大带小、以强带弱，不断增强城乡基层团组织的活力。

——探索建立城乡共享的团建资源配置体系。按照城乡互动、区域联动、资源共享、相互促进的思路，积极引导城乡团建资源的相互流动，实现城乡团建资源的科学配置和效益最大化，同时，积极探索建立城乡共享的团内激励关怀帮扶体系。

9. 青年自组织团建试点

——探索团组织对青年自组织进行联系、服务和引导的方法途径。探索团组织与青年自组织的沟通联系和相互合作的工作机制。发挥团组织在政治先进性、社会公信度、政策支持、资源整合、组织体系、品牌活动、人才举荐等方面的优势，通过服务青年自组织的合理需求，增强团组织对青年自组织及其成员的吸引和凝聚。

——探索青年自组织团建工作的运行机制。在认真分析青年自组织的运行特点和社会功能的基础上，研究在哪些青年自组织中适合建立团的组织以及如何建立团的组织。通过试点形成与青年自组织发展运行模式相适应的团组织设置和关系隶属模式、骨干培养和团干部选拔途径、团员教育管理方法、基于自组织体系和信息化平台的组织动员方式、团的组织生活载体和团务工作制度规范。

10. 互联网团建试点

——探索团组织依托网络实现组织动员青年、联系服务青年、对青年进行舆论引导和思想教育等基本功能的方法途径。探索建立共青团基本信息管理系统和依托网络上团课、过团的组织生活等的有效方式。

——探索建立网络团组织。在深入探讨网络团建与传统团建、青年自组织团建在组织架构、联络动员方式、团员管理等方面异同的基础上，依托互联网平台建立团组织，并实现网络团组织与实体团组织的互动。

三、试点的选取

试点对象的分布要合理，体现不同地域、不同行业、不同类别的广泛性和代表性。试点对象要具备开展试点工作的基本条件，以工作基础中等偏上的单位为主体。

1. 企业基层团组织建设试点

(1)试点对象的分布

国有和国有控股企业30家，规模以上非公有制企业70家。

(2)试点对象条件

——企业生产经营状况正常，体制稳定。

——有一定的生产经营规模。

——企业负责人认可并支持团的工作。

——在本行业中具有代表性。

2. 城市社区基层团组织建设试点

(1)试点对象的分布

市辖区团委20个，街道团(工)委40个，规模较大的社区(包括居住区以及工业园区、商业社区、集贸市场、商业楼宇等功能社区)40个。

(2)试点对象条件

市辖区团委

——党政领导重视支持共青团工作。

——团的工作基础较好。

——团干部具有较强的创新意识。

街道团组织

——党政领导重视支持共青团工作。

——有从事共青团和青年工作的人员。

——工作基础较好。

社区团组织

——社区领导重视支持共青团工作，有专职社区干部和从事青年工作的人员。

——有基本的工作基础和物质条件。

——居民中的青年人数较多。

3. 机关事业单位基层团组织建设试点

(1)试点对象的分布

机关15家，事业单位15家。

(2)试点对象条件

——党政领导重视支持共青团工作，团组织健全。

——工作人员年龄结构合理，青年人较多。

——机关文化活跃。

4. 农村基层团组织建设试点

(1)试点对象的分布

试点对象为县、乡两级团组织和农村社区、专业合作组织、专业市场。

其中团县(市、区、旗)委试点50个，乡(镇)团委试点50个，农村社区、专业合作组织、专业市场试点共50个，共150个。

县、乡选点分布：东部地区15个县、15个乡(镇)；中部地区20个县、20个乡(镇)；西部地区15个县、15个乡(镇)。

农村社区、专业合作组织、专业市场试点重点在大农区、农村专业化程度较高地区的地区选取。其中：农村社区20个、农村专业合作组织20个、农资和农产品专业市场10个。

(2)试点对象条件

县、乡两级团组织

——以农村为主要区域。

——党政领导重视，团的工作外部环境较好。

——团的工作有一定基础，具备探索农村团的基层组织建设的基础条件。

农村社区、专业合作组织、专业市场

——参加专业合作组织的青年人数在30人以上，有一定的经济规模。

——所从事的产业在当地是主导产业或有比较大的影响。

——已经成立团的组织或具备建团条件。

5. 学校基层团组织建设试点

(1)试点对象与分布

试点对象为学校团委(团总支)，共200个。其中：普通高校50个，民办高校(含独立学院)50个，普通中学50个，中职学校50个。

试点对象覆盖31个省(区、市)和新疆生产建设兵团。民办高校类别中独立学院23个。普通中学中城市中学29个，农村中学21个。

(2)试点对象条件

——能够坚持党建带团建原则，学校党政领导重视团的工作。

——团组织机构健全，团的工作基础

较好。

——团干部具备创新精神，善于进行工作研究，能够总结探索出好经验好做法。

6. 行业团建试点

（1）试点对象的分布

体制内管理的具有行业管理职能的协会7家，自发成立的以服务为主的行业或产业协会8家。

（2）试点对象条件

体制内管理的具有行业管理职能的协会

——产业关系国计民生，在经济社会发展中具有重要的地位。

——产业所属企业规模较大，所有制多样，数量众多。

——吸纳了较多的青年劳动力。

——党群工作有一定基础。

自发成立的行业或产业协会

——经民政部门登记的合法协会，成立至少两年时间，活动较为活跃。

——覆盖的企业所有制多样，数量较多，分布较广。

——行业发展前景较好，吸纳青年劳动力较多。

7. 适应经济活动和商业模式新变化的团建试点

（1）试点对象的分布

选取连锁经营、分销、直销、网络销售等不同商业模式的企业15家。

（2）试点对象条件

——企业负责人认可、支持共青团工作。

——企业的商业模式合法、稳定，具有典型性。

——企业效益较好，吸纳青年劳动力较多。

8. 统筹城乡团建试点

（1）试点对象与分布

跨地域流动团员管理方面的试点单位主要以流入地和流出地团组织结对的方式确定，其中省级团委结对2个，中心城市团委结对2个。

同地域城乡团组织共建方面，拟确定6个中心城市作为试点单位。

（2）试点对象条件

——试点地区的经济社会发展状况符合统筹城乡试点工作的要求。

——同地域城乡团组织共建试点地区，应初步建立了统筹城乡的党建工作格局，可供团建试点工作结合和借鉴。

——试点地区团的工作基础较扎实，组织体系较健全，干部配备较完整，当地党政领导较重视。

——试点地区的团工作具有一定的代表性，形成的经验具有较强的推广价值。

9. 青年自组织团建试点

（1）试点对象与分布

选取10个中心城市的团属青年自组织服务机构、具有一定影响力和代表性的青年自组织为试点单位，涉及自组织的主要类型。自组织的推荐和试点工作的组织实施由上述中心城市团委负责。

（2）试点对象条件

——团属青年自组织服务机构运转状况良好，在当地青年自组织中具有一定影响力，拥有10个以上青年自组织会员单位，能够很好地发挥联系、服务和引导青年自组织的功能。

——青年自组织主要负责人对共青团认同感较强，具有较强的组织协调能力，在组织中有较高威望；具有一定规模，成员相对稳定，且主要成员中党、团员比例较高，活跃成员在50人以上，普通成员在100人以上；有比较成熟的组织运行机制，组织成员联系较为密切，能够经常性开展活动，在青年和同类组织中具有一定的知名度和影响力。

10. 互联网团建试点

（1）试点对象与分布

团属网络平台：兼顾东、中、西部地区，分别选取条件较好的5个地市级团委网络平台和5个县级团委网络平台。

非团属网络平台：选取10个中心城市中具有一定影响力和代表性的网络平台为试点单位，涉及门户网站、网络论坛、BBS等青少年聚集度高且有一定组织化结构的网络平台。

试点单位的选取和试点工作的组织实施由上述地市级和县级团委负责。

(2)试点对象条件

——团属网络平台：在青年群体中有较大影响力，有固定的资金来源和专门的维护力量，具备实施网上团组织管理、开设网上团课等的技术条件。

——非团属网络平台：网络论坛、BBS网络经常性参与的青年在100人以上；网络平台的主要负责人对共青团工作有一定的认识，认同共青团的工作理念和工作目标，在网络群体中有一定的威望；已经实行实名制或具备实行实名制的条件。

四、试点工作的要求

开展试点工作是团中央书记处作出的一项重要决策，各级团组织要高度重视，充分领会这项工作的重要意义。工作中要切实贯彻如下要求。

1. 明确试点工作的责任。(1)各省级团委是试点工作的直接责任单位，要对试点工作高度重视，严格按照团中央的统一部署，在试点工作中发挥统筹作用，推动工作有效落实。(2)试点单位所在市级或县级团委要积极研究试点工作的方向和思路，具体落实试点工作的开展，并定期向上级团组织汇报试点工作进展情况。(3)团中央负责试点工作的总体协调、督导检查、总结评估等工作。

2. 加强对试点工作的指导。(1)试点工作要与选派地市以上团的领导机关干部驻县级团委指导工作紧密结合。试点单位所在县(区)有派驻干部的，派驻干部要将指导和推动试点工作作为重要任务。各省级团委制定派驻方案时，要将派驻干部个人特点与派驻地试点工作要求统筹考虑。(2)试点单位所在县(区)没有干部派驻的，由省级团委从省级团委、地市级团委以及工作基础较好的企业、学校团委选择专人担任团建试点指导员，负责联系试点单位，指导试点工作开展。(3)省、市两级团组织可以通过专项培训、交流座谈、实地考察等形式，推广试点工作中形成的先进经验。(4)团中央将通过开辟网络专栏、设立QQ群、短信交流平台等方式，密切与试点单位的沟通联络，促进各试点单位之间的信息交流。

3. 加大对试点工作的支持。(1)团中央将从支持基层团组织建设的费用中划拨一定比例用于支持试点工作开展，各省级团委要根据各自情况予以适当经费支持。(2)集中全团重点工作项目等优势资源，优先向试点单位倾斜，为试点工作提供人、财、物支持。(3)运用各类团属媒体和其他宣传渠道，加大对试点工作的宣传，充分发挥示范带动作用。(4)建立试点工作表彰激励机制，将工作成绩突出的试点单位优先纳入各级团组织的评奖表彰体系。

4. 强化对试点工作的检查督导。(1)省级团组织要至少每3个月听取一次派驻干部或团建试点指导员的工作汇报，跟踪了解试点工作进展情况，及时汇总、提炼试点工作中好的做法和经验，针对试点工作中存在的问题及时采取改进措施，形成阶段性总结后报团中央。(2)建立试点工作局级干部联系点制度，团中央和各省级团委局级干部要结合派驻工作，确定一定数量的试点工作联系点，对所联系试点进行经常性工作指导，试点期间进行不少于2次的实地督导检查。(3)团中央将成立专门的巡视小组，定期对试点的基层组织建设和基层工作进行督导检查，在全团范围内通报有关情况。

附件：共青团基层组织建设和基层工作试

点单位分配表(略)

附件2:

少先队基层组织建设和基层工作试点实施方案

为了贯彻落实团中央书记处关于围绕新的历史条件下少先队根本任务开展工作的要求和全国少工委五届五次全委会精神,切实把工作聚焦到对少年儿童的思想引导上来,灌输培养少年儿童对党和社会主义祖国的朴素感情,引导少年儿童有爱心,养成良好的道德行为习惯,增强国家意识、科学意识、劳动意识,力争使少先队基层组织网络覆盖全体少年儿童,使少先队的各项工作和活动影响全体少年儿童,团中央、全国少工委决定,自2009年4月起在全国范围内确定200个左右的少先队基层组织建设和基层工作试点单位,开展为期一年的试点工作。通过试点工作,总结出可推广的加强基层组织建设和活跃基层工作的一般规律和基本方法。

一、试点工作的原则

1. 坚持全团带队。深入贯彻团中央书记处关于基层组织建设和基层工作的总体思路,学习借鉴团在基层组织建设和基层工作方面的经验,积极争取团组织在各个方面对少先队工作进一步给予指导和支持。

2. 尊重规律、探索创新。围绕新的历史条件下少先队根本任务,深入研究少先队工作重要的思想方法和有效载体,进一步解放思想、实事求是、与时俱进,把思想性、知识性、娱乐性、时尚性结合起来,使少先队工作更加符合少年儿童的成长规律和认知规律,更加有效地吸引凝聚和教育引导广大少年儿童。

3. 着力突破重点难点问题。针对少先队基层组织建设和基层工作面临的重点难点问题,集中力量,攻坚克难,探索出有效的解决途径,力争通过试点工作,突破薄弱环节,增强组织活力,形成有效的运行机制。

二、试点工作的主要内容

1. 小学

——探索少先队在学校工作总体格局中与教学、德育工作的结合点、切入点和侧重点。

——对少年儿童的认知、意识、信念、情感形成的一般规律进行实证研究,把握少年儿童新的生活方式和新的影响载体,尝试在小学阶段进行少先队教育的合理分层,研究每个层次的内容和载体。

——探索、深化和创新一些突出思想引领的品牌活动和服务少年儿童快乐生活、健康成长的工作项目。

——探索如何进一步加强少先队组织教育,规范少先队标志礼仪等文化载体,发挥典型的榜样激励作用,增强少先队员的光荣感和归属感。

——探索更为多样的少先队组织形式,健全少先队组织制度。

——探索加强少先队工作必要的课时、经费、阵地等保障以及加强辅导员队伍建设,探索借助家庭和社会力量开展少先队工作的有效方式。

2. 初中

——探索增强少先队员党、团、队衔接的组织意识的有效方式,依托中学团组织抓好中学少先队组织建设,加强团前教育,办好少年团校,做好团队衔接和推优入团工作。

——探索分层教育在初中阶段的工作内容和载体,运用实践、体验等方式,对初中少先队员进行有效思想引导。

——探索为初中少先队员提供成长服务的工作项目。

——探索创新初中少先队活动阵地和文化载体。

——探索初中少先队辅导员配备和发挥作用的有效方式。

3. 区(县)少工委

——探索建立健全少工委,健全少代会、

全委会、办公会、检查督导等少工委运行机制，充分发挥教育行政部门和其他少工委成员单位的作用。

——探索建立并完善总辅导员制度，探索培育辅导员职业精神、提升职业素质、推动职业发展的有效路径。

——推动辖区内有关少先队工作政策的制定和落实。

——探索整合资源、加强思想引导、推动区域少先队工作的有效方式。

4. 社区

——探索建立灵活多样的社区少先队组织，开展符合社区特点的少先队工作，培育活动品牌。

——探索建立包括社区干部、社会工作者、志愿者、社会知名人士和家长等在内的社区少先队辅导员队伍，加强对他们的培训和服务。

——探索整合利用辖区内阵地资源的有效途径，加强社区少先队阵地建设。

——探索社区和学校少先队工作联动机制。

三、试点的选取

试点对象要具备开展试点工作的基本条件，以工作基础中等偏上的单位为主。试点分布要有广泛性和代表性，涵盖不同类别，兼顾城乡、东中西部和民族地区等不同区域。

1. 试点对象分布

试点共选取200个。学校试点159个，其中小学试点95个（含城市公办小学40个，农村公办小学38个，城市民办小学17个），初中试点64个（含学校部全部初中试点）。区（县）少工委试点31个，社区试点10个。（详情见附件）

2. 试点对象条件

——少先队工作基础较扎实，组织体系较健全，工作开展正常。

——少先队工作者具有较强的思想政治素质、创新精神、专业素质和工作能力，人员配备较完整，单位领导支持，工作外部环境较好。

——具有一定的代表性，以便形成的经验在较大范围推广。

——少先队工作能够因地制宜，体现各地的特色和优势。

四、试点工作的要求

1. 明确责任

（1）各省级团委、少工委是试点工作的直接责任单位，要对试点工作高度重视，严格按照团中央、全国少工委的统一部署，在试点工作中发挥统筹作用，推动工作有效落实。（2）试点单位所在市级或县级团委、少工委要积极研究试点工作的方向和思路，具体落实试点工作的开展，并定期向上级团组织和少工委汇报试点工作进展情况。（3）全国少工委负责试点工作的总体协调、督导检查、总结评估等工作。

2. 加强指导

（1）各省级团委要将少先队试点纳入共青团基层组织建设和工作试点，与选派地市以上团的领导机关干部驻县级团委指导工作紧密结合。试点单位所在县（区）有干部派驻的，派驻干部要将开展试点工作作为派驻工作的重要任务，经常性地指导和推动试点工作开展；试点单位所在县（区）没有干部派驻的，要统一从省级团委、地市级团委、工作基础较好的社区、学校选择专人担任试点工作指导员，负责联系试点单位，指导试点工作开展。（2）省、市两级少先队组织可以通过专项培训、交流座谈、实地考察等形式，推广试点工作中形成的好经验。（3）全国少工委将通过开辟网络专栏、设立QQ群、短信交流平台等方式，密切与试点单位的沟通联络，促进各试点单位之间的信息交流。

3. 加大支持

（1）团中央将从支持基层团组织建设的经费中划拨一定比例用于支持试点工作开展，全国少工委将集中少先队重点工作项目等优势资源优先向试点对象倾斜。各省级团委、少工委根据各自情况予以适当经费支持和资源倾斜。(2)建立试点工作表彰激励机制,将工作成绩突出的试点单位优先纳入各级少先队组织的评奖表彰体系。(3)运用各类团属媒体、队报队刊和其他宣传渠道,加大对试点工作的宣传,充分发挥示范带动作用。

4. 强化督导

(1)建立试点工作局级干部联系点制度,全国少工委和各省级少工委负责同志要结合派驻工作,确定一定数量的试点工作联系点,对所联系试点进行经常性工作指导,每年进行不少于2次的实地督导检查。(2)全国少工委将成立专门的督导组,定期对试点的基层组织建设和基层工作进行督导检查,在全队范围内通报有关情况。(3)省级团委、少工委至少要每3个月听取一次派驻干部或试点工作指导员的工作汇报,跟踪了解试点工作进展情况,及时汇总、提炼试点工作中好的做法和经验,针对试点工作中存在的问题及时改进,形成阶段性总结后报团中央、全国少工委。

附件:少先队基层组织建设和基层工作试点单位分配表(略)

团的领导干部学习大纲

2009年4月3日

一、指导思想

以邓小平理论和“三个代表”重要思想为指导,深入贯彻落实科学发展观,按照团十六大、团十六届二中全会和《共青团工作五年纲要(2009—2013)》的部署要求,紧密联系团干部的思想和工作实际,以提高理论素养、培养战略眼光、增强服务能力、完善知识结构为主旨,通过在职自学,养成自觉学习、终身学习的良好习惯,增强为党做好青年群众工作的本领。

二、适用范围

省级团委领导班子成员,团地市委书记,团县区委书记。

三、主要内容

团的领导干部的自学要着眼于科学理论的运用,着眼于对实际问题的理性思考,着眼于共青团新的实践和新的发展,以政治理论学习为重点,将素质和能力的培养贯穿学习的全过程。

1. 政治理论。包括马克思列宁主义、毛泽东思想和中国特色社会主义理论体系的基本原理和主要内容。

2. 政策法规。包括党的路线方针政策,国家法律法规,党和国家在经济、政治、文化、社会、外交、国防等方面的重大部署和要求。

3. 业务知识。履行岗位职责必备的基础团务和工作实务。基础团务包括青年学、共青团工作概论、中国共青团简史等。工作实务包括各条战线的共青团工作。

4. 相关学科。包括政治学、经济学、社会学、心理学、法学、公共管理、领导科学等人文、社科及部分自然科学的基础知识。

四、学习把握的重点

各级团的领导干部应坚持学以致用,根据自身的岗位职责,有所侧重地把握和选择学习内容,将专业背景、兴趣爱好和工作需要结合起来，形成支持共青团工作的理论根基和知识结构。

政治理论学习要以中国特色社会主义理论体系为重点，全面准确地理解其重大意义、主要内容和实践要求，特别是认真学习科学发展观，深刻领会科学发展观的历史地位、时代背景、科学内涵、精神实质和根本要求，用科学理论指导团的实践，推动团的工作的新发展。

政策法规学习要认真学习掌握党的路线、方针、政策，深刻领会党的思想路线、组织路线和群众路线；认真学习宪法和国家关于政治、经济、文化和社会管理等方面的重要法律法规以及当地有关地方性法规，全面掌握包括未成年人保护法、预防未成年人犯罪法在内的我国现行的与青少年工作相关的法律条文和规定；认真学习党和国家重大部署和要求，特别是党和国家在新时期、新阶段根据形势和任务的要求作出的重大部署，使之体现在团的各项工作之中，增强大局意识、法制意识和依法办事的能力。

业务知识学习的重点是履行团的岗位职责必备的知识。基础团务的学习要了解共青团建立与发展的历史，学习共青团的优良传统和作风；学习了解青年的心理生理特点和成长规律；学习把握共青团的性质、职能和根本任务，共青团的组织制度，团员发展、教育和管理的方针、原则及程序，团干部选拔、培养和管理办法，团干部的领导艺术和工作方法。工作实务的学习要掌握团组织服务党的工作大局、服务青年开展工作和活动的基本任务、方法和一般规律，了解共青团的重点工作及各条战线的品牌活动，基层团的工作的热点、难点和重点问题，特别要注意学习把握团中央根据党的要求和形势任务的需要作出的重大部署，成为胜任本职工作的行家里手。

相关学科学习的重点是政治学、经济学、社会学、心理学、法学、公共管理、领导科学等学科的基础知识，特别是本学科主流的理论方法和分析工具。要加强与团的工作密切相关的新理论、新知识、新技能的学习，提高综合素质，培养科学思维，增强创新能力。

五、推荐自学书目

中共中央宣传部编《中国特色社会主义理论体系学习读本》，学习出版社。

中共中央宣传部编《科学发展观学习读本》，学习出版社。

共青团中央办公厅编《近年来共青团工作重要文件选编》。

王浦劬主编《政治学基础》，北京大学出版社。

梁小民译《经济学原理》，北京大学出版社。

王思斌主编《社会学教程》，北京大学出版社。

彭聃龄主编《普通心理学》，北京师范大学出版社。

全国干部培训教材编审指导委员会组织编写《社会主义法制理论读本》，人民出版社。

全国干部培训教材编审指导委员会组织编写《公共行政概论》，人民出版社。

全国干部培训教材编审指导委员会组织编写《领导科学概论》，人民出版社、党建读物出版社。

关于开展共青团、少先队基层组织建设和基层工作试点工作的通知

2009年6月22日

共青团各省、自治区、直辖市委，全国铁道团委、全国民航团委、中央直属机关团工委、中央国家机关团工委、中央金融团工委、中央企业团工委：

团中央书记处决定，自2009年6月起，在全国范围内确定一批基层组织建设和基层工作试点单位，开展为期一年的团、队建设试点工作。现将有关事项通知如下。

一、试点单位

在各省级团委推荐的基础上，团中央确定了10个类别共660个共青团基层组织建设和基层工作试点单位、200个少先队基层组织建设和基层工作试点单位（具体名单见附件）。

二、推进步骤

1.准备阶段（2009年6—8月）。深入调查研究，摸清试点单位青年和共青团、少先队工作的基本情况，制订具体试点方案，梳理试点工作的主要突破方向，为试点工作的顺利开展做好基础性工作。

2.第一轮推动阶段（2009年9—11月）。着力在创新组织设置、扩大组织覆盖、探索基层组织吸引和凝聚青少年的有效方式、找准活跃基层工作的有效载体、构建基层工作保障体系等方面进行大胆探索，努力破解基层组织建设和基层工作中长期存在的突出问题，积极实践全团总结提炼的关于加强基层组织建设和基层工作的重要工作原则和方法路径。

3.中期总结评估阶段（2009年12月）。对第一阶段推进情况进行小结和阶段性评估，初步归纳提炼具有推广价值的探索创新；认真分析遇到的问题和存在的不足，指导各地对试点推进方案进行优化。

4.第二轮推动阶段（2010年1—3月）。进一步巩固第一轮推动阶段取得的成果，探索建立相关长效机制；积极借鉴其他试点单位的经验，针对中期总结评估阶段发现的问题和不足进行有针对性的整改提高。

5.总结阶段（2010年4—5月）。对试点的情况、成效和经验进行总结，召开加强团队基层组织建设和基层工作试点经验交流会，深入挖掘试点工作中的好经验、好做法，以适当的形式向全团推广。

三、工作要求

《关于推荐共青团基层组织建设和基层工作试点单位、少先队基层组织建设和基层工作试点单位有关事宜的通知》（中青办发〔2009〕18号）中已经对基层组织建设和基层工作试点工作的基本原则、主要内容作了明确规定。为确保试点工作按照团中央书记处的要求有序推进，取得实效，现将有关工作要求强调如下。

1.突出工作重点。（1）坚持党建带团建，充分借助党建工作近年来在基层形成的新格局和新成果，注意在工作空间、工作内容上尽量与党建相融合；争取党组织支持，在新兴领域探索团建工作的有效载体和创新模式。（2）着眼普遍性，注重在试点工作中紧密结合企业、农村、学校、社区等各类组织的根本功能和任务，以及不同青年群体交流、沟通、联络和聚集方式的新变化，找准并提炼出具有推广价值的普遍性规律。（3）重点研究共青团工作中长期存在、普遍关注的重大问题，在试点工作中积极探索干部配备、经费保障、基层组织制度设计等方面的有效做法。（4）注重把团中央的思考与基层组织的创造相结合，进一步领会和

切实运用已经形成共识的关于加强基层组织建设和基层工作的重要工作原则。(5)敢于破解难点问题,对于青年自组织的联系与合作、网络团建等目前仍需进一步探索的课题,要鼓励试点单位解放思想,大胆创新,充分发挥基层的积极性和创造性,努力探索有效的解决途径。

2. 明确工作职责。团中央有关部门和各省级团委负责试点工作的组织、协调和推进工作,并分别直接联系指导若干试点单位,保证试点单位全覆盖。团中央明确,企业、城市社区、机关事业单位、行业、适应经济活动和商业模式新变化等5类试点由团中央城市青年工作部负责联系,农村试点由团中央农村青年工作部负责联系,学校试点由团中央学校部负责联系,统筹城乡、青年自组织、互联网等3类试点由团中央组织部负责联系,少先队试点由团中央少年部负责联系。试点单位所在县(区)有派驻干部的,派驻干部要将指导和推动试点工作作为重要任务。试点单位所在县(区)没有干部派驻的,相关责任单位要结合工作需要,为每个试点单位确定一名工作经验丰富的专职团干部担任试点工作指导员。相关责任单位要加强对试点工作全过程的督导,绝不能应付、敷衍,做表面文章。

3. 沟通工作动态。各试点单位要直接向团中央有关部门和省级团委及时报送试点工作动态,就试点工作的进展情况、存在问题、采取措施等进行及时沟通,并于每阶段试点工作结束1周内报送阶段总结报告,于全部试点工作结束1个月内报送试点工作总报告。团中央将通过中国共青团网站及时发布各地试点工作的好做法,促进各试点单位之间的信息交流。

4. 挖掘典型经验。各试点单位要围绕试点工作的重点任务,对试点工作中探索出的好经验、好做法以及发现的主要问题进行总结和分析,并及时上报。相关责任单位要注重挖掘和提炼试点工作实践中形成的典型经验,加强对共青团、少先队建设理论的深入研究,提炼普遍规律,以利全团、全队推广。

附件1:

企业试点工作推进方案和试点单位名单

一、试点工作推进方案

(一)主要任务

1. 探索建立活跃企业青年工作的机构和机制。坚持党建带团建,推动企业团的建设与党的建设紧密结合,探索团的组织机构设置、团干部选配的有效方式,切实发挥组织青年、引导青年、服务青年、维护青年权益的作用,增强团的内在活力,夯实团建基础,建立符合企业特点和共青团工作特点的企业青年工作新格局。

2. 探索企业共青团工作新载体。紧紧围绕企业生产经营,探索服务企业、服务青年职工成长发展,提升青年职工技术技能的有效方式,寻求新的工作切入点,广泛开展思想性、技能性、文化性活动,丰富青年生活,促进青年成长,全面活跃企业共青团和青年工作。

3. 探索团员教育和管理的新方式。结合企业改革发展实际,健全和完善团员教育和管理的方式方法,加强团员意识教育,深化分类管理办法,努力使团的组织网络覆盖全体青年职工,团的工作和活动影响全体青年职工。

(二)推进步骤

1. 准备阶段(2009年6—8月)

(1)深入开展调研论证。深入各试点单位进行调研,了解企业团建的工作基础和存在的问题,并与企业党政领导和有关部门进行沟通,征求相关方面的意见,推动试点工作与企业党建工作的有效结合。

(2)制定具体实施方案。在充分调研的基础上,指导试点企业围绕试点工作的原则、任务、要求,结合企业实际,从目标任务、基本途径和工作措施等方面制定科学合理、目标明确、切实可行、任务明晰的具体实施方案。

2. 第一轮推动阶段(2009 年 9—11 月)

(1)探索建立活跃企业青年工作的机构和机制

建立健全团的组织机构,凡是符合条件的都要建立团的组织,在企业改革重组的过程中,不随意撤并团的组织机构,调整党组织设置时同步考虑团的组织设置;探索成立青年工作委员会或青年工作部,由团委书记兼任青年工作委员会办公室主任或青年工作部部长,与企业团委合署办公,加强党委对共青团和青年工作的领导;进一步探索专兼职相结合的团干部配备方式,企业(集团)按规定配备专职团委书记,同时选拔生产、经营、研发等重要岗位的青年业务骨干兼任团委副书记,企业(集团)所属二级、三级单位团委书记或团总支(支部)书记,有条件的配备专职人员,没有条件的选拔青年业务骨干兼任,并落实相应的政治经济待遇和岗位津贴。

(2)探索企业共青团工作新载体

紧紧围绕企业生产经营,探索服务企业、服务青年职工成长发展,提升青年职工技术技能的有效方式,寻求新的工作切入点,广泛开展思想性、技能性、文化性活动,丰富青年生活,促进青年成长;探索发挥团组织在企业文化建设中的作用。寻找新途径和新载体,深入参与企业文化建设,形成既保持团组织特点,又融入企业文化的有效方式。

(3)探索团员教育和管理的新方式

深化增强团员意识主题教育活动,提高团员对团组织的认同感和归属感,切实增强政治意识、组织意识和模范意识;针对不同岗位团员的情况,探索分类管理的有效办法,创新团籍管理方式,团员组织关系和参加团的活动可适当分离,团员可以同时编入多个基层团组织;切实做好团员的"推优"入党工作;将青年农民工纳入企业团的工作范围,组织参加团的活动,实现有效联系和覆盖,有条件的企业及时接转青年农民工中团员的组织关系,编入团的基层组织。

3. 中期总结评估阶段(2009 年 12 月)

抽调人员对试点工作进行实地督导检查,对试点工作成效进行评估,对实践中形成的经验进行初步总结,对工作过程中存在的困难、问题进行总结分析,对存在的偏差进行及时纠正。

4. 第二轮推动阶段(2010 年 1—3 月)

(1)推动工作深入持续开展。巩固前期试点工作成果,丰富工作内容,对行之有效的好做法继续进行深入探索和实践,增强已建团组织的活力,不断扩大组织覆盖。

(2)创新工作制度,建立长效工作机制。在总结实践经验的基础上,立足实际,大胆创新,在团务管理办法、组织隶属关系、团员参与活动形式等方面进行积极探索,形成与企业团建相适应的工作制度。积极争取推动试点企业出台有关政策文件,建立长效工作机制。

5. 总结阶段(2010 年 4—5 月)

总结试点工作中形成的有效工作模式,研究企业团建的重要理论问题,提炼内在规律,形成可以广泛推广的工作经验。

二、试点单位名单

1. 国有和国有控股企业

北京汽车工业控股有限责任公司团委※

天津港(集团)有限公司团委

河北省冀中能源集团有限责任公司团委※

山西焦煤集团有限责任公司团委

包头钢铁(集团)有限责任公司团委

沈阳飞机工业(集团)有限公司团委※

中国北车长春轨道客车股份有限公司团委

哈尔滨汽轮机厂有限责任公司哈汽事业开发总公司团委

上海纺织控股(集团)公司团委※
南京化学有限责任公司团委
中大集团公司团委※
马鞍山钢铁股份有限公司团委※
龙岩电业集团团委
江西铜业集团团委
兖州矿业集团有限责任公司团委※
河南煤业化工集团公司团委
中国石化江汉石油管理局团委※
中国水利水电第八工程局有限公司团委
广州远洋运输公司团委
上汽通用五菱汽车股份有限公司团委
重庆商社集团公司团委※
东方汽轮机有限公司团委
贵州赤天化集团公司团委
云天化集团有限公司团委
西藏天路股份有限公司团委
陕西省电力公司团委※
青海铝业有限责任公司团委
中石油玉门油田分公司团委
宁夏电力公司团委
上海铁路局南京客运段团委※
中国东方航空集团公司团委
国家开发银行湖北分行团委
中国移动北京分公司团委
中国航天科工集团第二研究院团委※
中国南方电网云南电网公司团委
中海运中海发展股份有限公司油轮公司团委
中国中化集团公司外贸信托公司团委
中国中铁四局集团有限公司团委※
中国兵器工业集团江南机器集团团委
中国东方航空集团上海客舱服务部团委

2. 规模以上非公有制企业

北京御香苑控股集团公司团支部※
北京更香茶叶有限责任公司团总支※
北京爱慕内衣有限公司团支部
北京市东方爱婴咨询有限公司团支部
北京申安投资集团有限公司团委
摩托罗拉(中国)电子有限公司团委※
天津市佳科医学研究所团支部
天津市登发实业有限公司团支部
天津市敬一堂药业有限公司团委
河北省德龙钢铁有限公司团委※
河北畅达集团团委
河北渝乡辣婆婆餐饮管理有限公司团支部
安利(中国)日用品有限公司山西分公司团委
山西万峻计算机软件开发有限公司团委※
山西洁欣房地产开发有限公司团支部
内蒙古小肥羊餐饮连锁有限公司团委※
辽宁盼盼集团团委※
吉林神农集团团委
最佳西方集团哈尔滨财富酒店团支部※
上海天灵开关厂有限公司团总支
埃慕计算机技术(上海)有限公司团支部
上海市青浦区赵巷镇奥特莱斯团支部
上海比亚迪股份有限公司团委※
上海新景程国际物流有限公司团支部
江苏邦宁有限公司团委※
中国海澜集团团委※
中天钢铁集团有限公司团委
太仓信隆车料有限公司团支部
北仑大港工业城团委
红蜻蜓集团团委※
华仪集团团委※
卧龙控股集团公司团委
天棚蓄业有限公司团支部
蚌埠金威滤清器有限公司团委
日立建机(中国)有限公司团委
安徽科大讯飞信息科技股份有限公司团委
匹克集团团支部※
三棵树公司团委

阳光集团团委

燕京惠泉啤酒团支部

景德镇市鹏飞建陶有限责任公司团委※

江西赛维LDK太阳能高科技有限公司团委

济南光大水务(济南)有限公司团委

青岛高校软控股份有限公司团委

淄博山东新星集团团委※

河南超越企业集团团委

湖北省九州通医药集团股份有限公司团委

湖北省宜昌市沙龙宴餐饮有限责任公司团委

湖北精华纺织集团有限公司团支部※

湖南省步步高公司团委

湖南省三一重工股份有限公司团委※

湖南省大汉集团团委

广东省广州珠江啤酒股份有限公司团委※

广东省广汽本田汽车有限公司团委※

广东省深圳市宝鹰建设集团股份有限公司团委

广东省珠海市恒波通信设备发展有限公司团委

广东省东莞康佳电子有限公司团委

广西堂汉锌铟有限公司团委

力帆实业(集团)股份有限公司团委※

重庆市北城致远集团公司团委

重庆市东方鑫源集团公司团委

重庆市千叶投资集团公司团委

四川明星电缆股份有限公司团委

四川雅化实业集团有限公司团委

四川省威力化工有限责任公司团委

贵州省遵义市华茂贸易有限公司团支部

云南龙润集团有限公司团委

海口市秀英区东山制衣企业协会团工委

陕西省金花企业集团团委※

新疆华源实业有限公司团委

注:试点单位名单中带"※"标记的由团中央城市青年工作部直接联系指导。

附件2:

城市社区试点工作推进方案和试点单位名单

一、试点工作推进方案

(一)主要任务

1. 市辖区团委

(1)探索建立共青团工作联系协调机制。坚持党建带团建,以团区委为核心推动建立党政领导牵头、团组织具体协调、街道(社区)以及驻区单位团组织负责人广泛参加的共青团工作协调机制。广泛开展共建活动,形成街道、社区与驻区单位协同配合的社区共青团联系协调工作机制。

(2)探索对街道、社区共青团工作的指导方式。强化团区委的作用,加强街道、社区共青团工作的规划、建设、指导和考核。帮助街道、社区建立健全团组织,积极向街道、社区配置工作资源。

(3)探索加强对青年自组织联系和引导。充分发挥团区委的核心基础作用,加强对青年自组织的联系和引导,努力把青年自组织纳入共青团联系合作的范围。探索在有条件的青年自组织中建立团组织。

2. 街道、社区团组织

(1)探索社区团组织发挥作用的主要内容。围绕社区安全性、便利性、健康性、娱乐性、互助性等功能,找准工作切入点,创新工作内容和方式。尝试承接青少年教育、预防青少年违法犯罪等政府青少年事务。

(2)探索社区团的工作力量配备方式。加强社区团的工作队伍建设,努力将青少年社会工作者、青年志愿者工作机制转化为服务社区的长效机制。探索建立城市社区共青团工作统筹协调机制。

(3)探索在特定青年集聚领域建立团组织的新方式。针对青年在楼宇、市场、商业区、工业园区等分布集中的情况进行团组织联建。加强对青年自组织的联系和引导，探索在有条件的青年自组织中建立团组织。

(4)探索加强引导、组织、服务和维护进城务工青年合法权益的有效途径。

(二)推进步骤

1. 准备阶段(2009 年 6—8 月)

(1)摸清情况。市辖区团委要对辖区内单位、社区的团建情况深入调研，全面掌握辖区团建工作面临的新问题、新情况，建立健全辖区团建信息库。街道、社区团组织要深入了解社区青年群体构成、社区青年兴趣爱好、已有社区青年组织的情况，为试点工作做好准备。

(2)争取上级团组织和同级党组织支持。在前期调研的基础上，找出试点单位试点工作的优势和困难，做好试点工作计划，及时向党组织和上级团组织汇报，争取党组织和上级团组织在人力、物力和财力上的支持，切实保障街道、社区团组织的正常工作经费。

(3)制定试点工作具体实施方案。试点单位结合辖区(社区)工作实际情况，共同研究、确定试点工作侧重点，制定科学合理、目标明确、切实可行、任务明晰的具体实施方案。

2. 第一轮推动阶段(2009 年 9—11 月)

(1)建立工作联系协调机制。推动建立由党政领导牵头、团组织具体协调、驻区单位团组织负责人广泛参加的共青团工作协调机制。

(2)配齐配强团干部队伍。专兼结合配备团干部，采取公开选拔、竞争上岗等方式选拔优秀青年担任专职团干部；推荐、吸收青年能人作为兼职团干部。充分发挥青少年社会工作者、青年志愿者作用，壮大共青团工作力量。

(3)找准社区共青团工作载体。围绕社区安全性、便利性、健康性、娱乐性、互助性等功能，找准试点工作切入点和工作载体。大力推进社区网上“青春互助超市”项目。

(4)加强流动团员管理，服务进城务工青年。探索流动团支部建设、流动团员社区报到制度，加强对进城务工青年的引导、服务和维权工作。深入开展青年农民工“订单式”技能培训，服务青年农民工就业。

3. 中期总结评估阶段(2009 年 12 月)

抽调人员对试点工作进行实地督导检查，对试点工作成效进行评估，对实践中形成的经验进行初步总结，对工作过程中存在的困难、问题进行总结分析，对存在的偏差进行及时纠正。

4. 第二轮推动阶段(2010 年 1—3 月)

(1)推动试点工作深入持续开展。在中期总结的基础上，继续深入开展试点工作，注意将工作载体、活动和试点内容结合起来，通过工作载体和活动推进试点工作的深入开展。

(2)及时巩固试点成果。对于试点工作中好的探索和工作成效，要及时巩固和强化，通过党政和上级团组织的支持形成制度，以保证试点成果的长效性。

5. 总结阶段(2010 年 4—5 月)

对试点工作成果和经验进行总结、提升，凝练出可推广的加强城市社区基层组织建设和活跃基层工作的一般规律和基本方法，形成可以广泛推广试点成果。

二、试点单位名单

1. 市辖区团委

团北京市宣武区委

团北京市海淀区委※

团天津市和平区委

团天津市南开区委

团太原市万柏林区委

团通辽市科尔沁区委

团抚顺市望花区委

团上海市长宁区委※

团上海市闸北区委

团宁波市鄞州区委※

团南平市延平区委

团青岛市市北区委※

团武汉市青山区委※
团郴州市北湖区委
团深圳市宝安区委※
团重庆市巴南区委※
团重庆市南岸区委
团广元市利州区委
团宝鸡市渭滨区委
团西宁市城北区委

2. 街道团组织

北京市丰台区东铁匠营街道团工委
北京市西城区金融街街道团工委※
天津市大港区海滨街道团工委
天津市塘沽区杭州道街道团工委※
河北省承德市双桥区西大街街道团工委
山西省太原市万柏林区兴华街道团委※
内蒙古自治区包头市昆都仑区阿尔丁街道团工委
辽宁省抚顺市望花区工农街道团委
吉林省长春市绿园区春城街道团工委※
吉林省吉林市船营区南京街道团工委
黑龙江省大庆市龙凤区龙凤街道团工委
上海市长宁区虹桥社区(街道)团工委
上海市杨浦区五角场社区(街道)团工委
江苏省苏州市沧浪区双塔街道团工委※
江苏省海安县海安镇新陵街道团委
浙江省杭州市上城区清波街道团工委
安徽省合肥市蜀山区五里墩街道团工委※
安徽省芜湖市镜湖区天门山街道团委
福建省厦门市思明区筼筜街道团工委
江西省赣州市章贡区解放街道团委
江西省吉安市吉州区习溪桥街道团委
山东省泰安市泰山区岱庙街道团工委
河南省洛阳市西工区凯东街道团工委
河南省濮阳市华龙区人民路街道团工委
湖北省黄石市黄石港区沈家营街道团工委
湖南省湘潭市岳塘区东坪街道团总支
广东省深圳市宝安区新安街道团工委
广西壮族自治区桂林市七星街道团工委※
海南省海口市龙华区大同街道团总支※
重庆市巴南区鱼洞街道团工委
重庆市南岸区花园路街道团工委※
四川省达州市通川区西城街道团委
贵州省贵阳市云岩区普陀街道团委※
云南省呈贡县斗南街道团工委
西藏自治区拉萨市城关区冲赛康街道团委
陕西省西安市碑林区张家村街道团工委※
甘肃省兰州市七里河区西湖街道团工委※
青海省格尔木市东城区黄河路街道团工委
宁夏回族自治区灵武市城区街道团工委
新疆维吾尔自治区乌鲁木齐市沙依巴克区红庙子街道团(工)委

3. 社区团组织

北京市崇文区龙潭街道光明北里社区团支部
北京市石景山区鲁谷社区五芳园社区团支部
天津市河北区月牙河街丹江里社区团支部
天津市汉沽区寨上街铁坨里社区团支部
河北省张家口市桥东区惠安苑社区团支部
山西省太原市万柏林区兴华街道滨河社区团支部
内蒙古自治区呼和浩特市新城区东街老缸房社区团支部※
辽宁省抚顺市望花区工农街道北厚社区团委
辽宁省大连市沙河口区黑石礁街道西南路社区团支部※

吉林省长春市南关区长通街道龙兴社区团支部

黑龙江省哈尔滨市南岗区花园街道海城街社区团支部※

上海市黄浦区南京东路街道龙泉居民区团总支

上海市虹口区四川北路街道柳林居民区团支部

江苏省南京市鼓楼区湖南路街道云南路社区团支部

江苏省常州市新北区河海街道河海社区团支部

浙江省温州市龙湾区永中街道罗东锦苑社区团支部

浙江省嘉兴市南湖区建设街道百福弄社区团支部

安徽省淮南市田家庵区泉山街道西苑社区团支部

福建省厦门市思明区筼筜街道振兴社区团支部※

江西省南昌市西湖区恒茂华城社区团支部※

山东省东营市东营区东城街道明月社区团支部

山东省潍坊市奎文区梨园街道樱园社区团支部※

河南省郑州市管城区西大街街道平等街社区团支部※

湖北省荆州市沙市区江汉社区团支部

湖南省长沙市天心区白沙井社区团支部※

广东省广州市黄埔区文冲社区团委※

广东省深圳市宝安区新安街道上合社区团委

广西壮族自治区南宁市青秀区新竹社区团支部

海南省琼海市嘉积镇登仙岭社区团支部

重庆市巴南区鱼洞街道化龙桥社区团支部

重庆市南岸区南湖社区团支部

四川省攀枝花市东区炳草岗街道湖光社区团支部※

贵州省贵阳市云岩区相宝社区团支部

云南省昆明市五华区华山街道翠湖社区团工委※

西藏自治区日喀则市城北街道米日社区团支部

陕西省咸阳市渭城区新兴街道建国路社区团支部※

甘肃省金昌市金川区金冶里社区团工委

青海省西宁市城东区八一路街道学院社区团支部※

宁夏回族自治区吴忠市利通区金星镇金星花园社区团支部

新疆维吾尔自治区乌鲁木齐市水磨沟区水磨沟街道温泉西路社区团支部※

注:试点单位名单中带“※”标记的由团中央城市青年工作部直接联系指导。

附件3:

机关事业单位试点工作推进方案和试点单位名单

一、试点工作推进方案

(一)主要任务

结合试点单位工作实际和青年特点,积极探索,大胆创新,重点解决普遍性难点问题,积极探索党建带团建的工作新路径,努力挖掘市场经济条件下的共青团工作切入点,积极探寻青年普遍欢迎的工作新载体,探索建立活跃机关事业单位青年工作的机构和机制。

1. 争取领导支持。围绕本单位根本职能和重点工作,明确定位、挖掘内容、把握节奏,力争做到五个衔接:党团思想教育工作衔接,团员队伍与党员队伍建设衔接,团干部队伍与党的干部队伍建设衔接,党团阵地建设衔接,团建与党建目标管理体系相衔接。

2. 扩大组织覆盖。通过建立青年工作委员会、青年工作领导小组、成立或吸纳青年自组织、网上建团等多种形式，力争将35岁以下青年包括青年党员都纳入工作范畴。按照“党建带团建”的要求，建立健全基层团组织，配齐配强团干部，落实好干部待遇。

3. 加强机制建设。在组织机制方面，建立健全党建带团建目标责任制制度、青年工作委员会制度、推优入党制度等。在工作机制方面，建立健全基础团务的规范化管理制度、团日活动制度、团务公开制度等。

4. 丰富活动载体。深入实施团内重点品牌工作，积极组织基层集体开展“青年文明号”创建、“青年志愿者活动”等。结合本机关本单位的业务特色和青年特点，设计富有时代特色、青年喜闻乐见、党政重视支持的品牌活动和工作项目。

5. 创新服务手段。针对本单位青年在政治进步、社会参与、技能提升、婚恋交友等方面的实际需求，以及青年工作生活中遇到的实际问题，丰富服务的内容和手段，为青年提供切实服务、帮助青年排忧解难、增强青年对团组织的归属感。

6. 开拓工作阵地。通过利用本单位活动阵地、依托互联网等现代信息技术手段以及广泛整合社会资源等方式，为团员青年沟通、联络搭建渠道，为青年开展活动开辟阵地，为营造氛围建设宣传平台。

(二)推进步骤

1. 准备阶段(2009年6—8月)

(1)组织调查研究。通过问卷调查、座谈、个别谈话等方式，针对团建现状、青年基本情况等开展摸底调查，找准新时期共青团工作的切入点和工作重点。建立健全工作档案和数据库，有条件的地方建立电子化的团员信息库。

(2)制订实施方案。围绕试点工作的原则、任务、推进步骤，结合本单位实际，从目标任务、推进方式和工作措施等方面制定科学合理、目标明确、切实可行、任务明晰的具体实施方案。

2. 第一轮推动阶段(2009年9—11月)

(1)加强基层组织建设。按照“党建带团建”的要求，推动“应建而未建”团组织的基层单位尽快建立团组织，解决由于机构改革、改制等原因造成的部分基层团组织松瘫问题，对于长期未换届的基层团组织指导其尽快换届。

(2)选配团组织负责人。配齐配强基层团干部，推动团干部新老交替，保证团干部的素质，积极稳妥推进团干部选拔制度改革。探索基层团组织民主选拔团干部方式，配优兼职团干部队伍。

(3)创新组织设置方式。积极争取单位领导和职能部门的支持，推动成立青年工作委员会、青年工作领导小组、青年工作联席会议等，加强党政对共青团和青年工作的领导。发挥部分机关事业单位垂直管理职能，强化对所属单位的团的工作的指导和覆盖，注重流动团员的管理和服务，推动团组织的系统化建设。

(4)扩大团的工作阵地。通过建立青年刊物、报纸、手机简讯等方式扩展交流和宣传阵地；利用单位已有阵地或与外单位以及与党的阵地联建等，建设青年活动中心；探索网络建团，通过网站、工作博客、网上青年论坛等，创新团的工作载体。

3. 中期总结评估阶段(2009年12月)

各试点单位对照试点工作要求及实施方案，对试点工作成效进行评估，对实践中形成的经验进行初步总结，对工作过程中存在的困难、问题进行总结分析，对存在的偏差进行及时纠正，并形成中期试点工作自我总结评估报告上报团中央组织部。在总结前期经验的基础上调整完善实施方案。

4. 第二轮推动阶段(2010年1—3月)

(1)做强做优品牌活动或特色项目。深入

开展"青年文明号"创建活动、"青年志愿者"活动,力争在内涵、载体、管理等各方面取得新进展。在本单位原有的,如调研实践、读书学习、争先创优、文体联谊等特色活动基础上,进一步探索规律、充实内容、创新手段,进一步发挥青年的主体作用,增强组织活力。

(2)融入业务中心,创新工作内容。加强对团员青年关于党的理论政策的学习理解,紧密结合并主动承接本单位理论研究、业务课题、科技攻关等项目,组织青年开展读书、实践、调研等活动,创造性地服务中心工作。

(3)强化服务青年的手段。做好"推优入党"和评选荐才等工作,为青年提供一展才干的舞台和脱颖而出的机会。注重解决青年的实际问题,为青年学习、工作、生活提供各种便利。

(4)巩固长效机制。在前期探索与实践运行的过程中,将好的活动项目和工作方式以制度和机制方式巩固下来,如团务公开、集中换届、团内民主选举、交流联系制度等,使团的活动与团的组织建设紧密衔接。

5. 总结阶段(2010 年 4—5 月)

对试点工作中形成的工作成果和经验进行总结提炼,研究机关事业单位基层团组织建设和基层工作的规律和方法,形成可推广、可复制的团建新模式、工作新载体。

二、试点单位名单

北京市工商行政管理局机关团委

天津市卫生局团委

河北省石黄高速公路管理处藁城东收费站团支部

山西省公安厅机关团委※

辽宁省有色地质局团工委

吉林省交通运输厅直属机关团委※

黑龙江省大庆油田教育中心团委

上海海事局团委※

中国电子科技集团第二十八研究所团委※

浙江省农业科学院团委

安徽省淮北市质量技术监督局团总支

福建省高级人民法院团委

江西省儿童医院团委

山东省威海市公路管理局团委

河南电视台团委

湖北省交通厅团委

湖南省交通规划勘察设计院团委※

广东省中医院(广州中医药大学第二临床医学院)团委※

重庆市外经贸委团委※

四川省人民医院团委

陕西省财政厅机关团委※

甘肃省公路运输管理局团委

国家广播电影电视总局团委※

中央纪委监察部机关团委

中央组织部机关团委

中国人口宣教中心团支部※

国家知识产权局团委※

外交部团委

银监会广东银监局茂名银监分局团委

国家开发银行湖北省分行团委※

注:试点单位名单中带"※"标记的由团中央城市青年工作部直接联系指导。

附件 4:

农村试点工作推进方案和试点单位名单

一、工作推进方案

(一)主要任务

1. 创新基层团干部选拔、配备方法,选拔各领域的青年能人到团的岗位,探索乡镇团委书记配备及团的委员会建设的新方式,着力解决基层团干部队伍难配强、基层团的工作力量不足的难题。

2. 创新基层团组织设置,把农村青年内在的、客观的沟通方式作为组织载体,推行在专业组织、农村社区、专业市场、园区建团,探索各种有效的联建模式,着力解决农村基层团组织难建设、对农村团员青年的有效覆盖不足的难题。

3. 找准基层团的工作方向和有效载体，着力解决乡村两级团组织和农村新兴领域团组织的功能定位不明确、活动载体不多、活力不足的难题。

4. 探索党建带团建更为紧密结合的有效模式，构建基层团工作的经费支持等保障体系，找准县级团委发挥桥头堡作用的方式途径，寻求县域内区域化整体推进团的建设和工作的途径，着力解决基层工作难落实、活动难开展的难题。

5. 拓展县域青年组织建设，创建青年专业合作组织、行业协会等青年组织，找准新时期青年中心的功能定位，着力解决农村基层团组织联系、吸引、凝聚农村青年的手臂延伸不够难题。

6. 改进和完善基础团务工作，应用现代信息手段加强团务工作，着力解决农村基层团建基础数据掌握不详实、基础建设不规范、工作手段落后的难题。

7. 找准团的有影响力的工作和活动与团的建设紧密结合、相互促进的方式方法，注意把工作成效转化为组织建设成果，着力解决团的工作与组织建设相脱节的难题。

（二）推进步骤

1. 准备阶段（2009 年 6—8 月）

（1）摸清农村基层团建新情况。试点单位统一开展农村基层团情大摸底，掌握详细情况，为推进试点工作提供依据。试点县、试点乡镇重点摸清本县、本乡镇的团组织和农村青年的基本情况，掌握新情况新问题；试点农村社区、专业合作组织、专业市场重点摸清本单位组织架构、青年成员构成、生产经营方式、主要活动等基本情况。

（2）制定试点单位试点方案。各试点单位根据摸底情况和当地的实际，制定本试点单位的试点操作方案，明确重点试点任务，提出试点的具体措施和目标。

2. 第一轮推动阶段（2009 年 9—11 月）

（1）探索农村基层团干部选配方式。推行乡、村两级团组织集中换届，公开推选乡村青年能人、大学生村官、选调生等进入乡、村两级团组织，探索农村基层团干部的选配制度。探索乡镇团委书记配备和乡镇团的委员会运行方式，推行乡镇团委委员轮值乡镇团的日常工作制度。

（2）创新团组织设置。依托农村青年从业行业的登记、管理及服务部门建立一批团组织；依托龙头企业建立一批团组织；依托专业合作组织建立一批团组织；依托专业市场、农村社区、工业园区建立一批团组织；采取乡、村、企业、学校联合建团等方式，灵活设置一批团组织。

（3）培育一批县域青年组织。创建县级农村青年创业致富带头人协会和青年企业家协会等青年组织；依托乡村主导产业培植一批青年专业合作组织；探索建立县、乡青年服务中心或其他能够汇集各类专业合作组织带头人、创业致富带头人等青年能人的组织（联合体、联盟）。

（4）构建保障机制。建立县域共青团工作统筹协调机制，主动争取组织部门共同制定农村基层党建带团建政策文件，探索建立资源向基层倾斜、支持基层开展工作的有效运行机制。建立基层团组织联建共建和互帮互助机制，找准基层团组织之间的联动与协作、实现共同发展的方式方法。

启动其他所选试点任务的本阶段试点工作。

3. 中期总结评估阶段（2009 年 12 月）

初步总结阶段性试点经验，分析试点工作中遇到的困难、存在的问题，进一步完善试点工作思路，形成中期总结评估报告。

4. 第二轮推动阶段（2010 年 1—3 月）

（1）健全团的组织网络。在第二阶段的基

础上，继续推进农村基层团组织和青年组织建设。符合建团条件的地方，都要建立团组织。继续培育各类青年组织，形成以团组织为核心、各类青年组织为依托的农村青年组织覆盖网络。探索加强外出务工农村青年的联系、服务与管理的方式。

(2)探索完善工作载体。进一步明确县、乡、村团组织的功能定位，以项目化的运作方式，激励各地结合本地实际，大胆创新，培植乡村两级团组织及新兴领域团组织的工作载体，增强基层团组织活力。

(3)探索工作和活动与组织建设紧密结合的方式方法。以工作、活动促进组织建设，发挥好青年创业就业、技能培训、小额贷款、保护母亲河行动、乡村青年文化活动等工作服务青年需求的功能，找准通过工作服务将青年吸引、凝聚到团组织中来的有效途径。

深入推动其他所选试点任务的本阶段试点工作。

5. 总结阶段(2010 年 4—5 月)

主要任务是对试点成果和经验进行总结、提升，凝练出可推广的加强基层组织建设和活跃基层工作的一般规律和基本方法，形成试点成果。

二、试点单位名单

1. 团县(市、区、旗)委

团河北省定兴县委※
团河北省新乐市委
团山西省清徐县委
团山西省太谷县委
团内蒙古自治区突泉县委※
团内蒙古自治区五原县委
团辽宁省辽中县委
团辽宁省庄河市委
团吉林省德惠市委
团吉林省辉南县委
团黑龙江省杜尔伯特蒙古族自治县委※
团黑龙江省宝清县委
团江苏省兴化市委
团江苏省赣榆县委
团浙江省景宁畲族自治县委
团浙江省江山县委
团安徽省舒城县委※
团安徽省安庆市迎江区委
团福建省福清市委
团福建省漳浦县委
团江西省南昌县委
团江西省上粟县委
团山东省广饶县委※
团山东省费县县委
团山东省莱西市委
团河南省中牟县委
团河南省沁阳市委※
团河南省舞钢市委
团湖北省洪湖市委
团湖北省应城市委
团湖南省浏阳市委
团湖南省湘潭县委※
团广东省江门市新会区委
团广东省清新县委※
团广西壮族自治区横县县委
团海南省海口市琼山区委
团重庆市丰都县委※
团四川省绵竹县委
团四川省北川县委
团贵州省黔西县委※
团云南省通海县委
团西藏自治区乃东县委
团陕西省凤翔县委
团陕西省靖边县委
团甘肃省合作市委
团甘肃省高台县委※
团青海省湟源县委
团宁夏回族自治区盐池县委
团新疆维吾尔自治区莎车县委
新疆生产建设兵团农五师 89 团团委

2. 乡(镇)团委

北京市顺义区仁和镇团委

天津市津南区葛沽镇团委

天津市静海县大邱庄镇团委

河北省青县清州镇团委

河北省承德县下板城镇团委

山西省太原市尖草坪区马头水乡团委

山西省寿阳县宗艾镇团委

内蒙古自治区扎鲁特旗鲁北镇团委

辽宁省大洼县清水镇团委

辽宁省抚顺县海浪乡团委

吉林省磐石市红旗岭镇团委

吉林省长春市双阳区双营子回族乡团委

黑龙江省泰来县江桥镇团委

黑龙江省杜尔伯特蒙古族自治县烟筒屯镇团委

上海市金山区枫泾镇团委

江苏省宝应县范水镇团委

江苏省射阳县耦耕镇团委

浙江省诸暨市次坞镇团委

浙江省武义县柳城畲族镇团委

安徽省芜湖县方村镇团委

安徽省淮南市大通区洛河镇团委

福建省晋江市龙湖镇团委

福建省福安市湾坞乡团委

江西省遂川县黄坑乡团委

江西省武宁县甫田乡团委

山东省汶上县次丘镇团委

山东省烟台市福山区张格庄镇团委

河南省信阳市平桥区洋河镇团委

河南省漯河市源汇区阴阳赵乡团委

湖北省宜城市孔湾镇团委

湖北省宜昌市夷陵区龙泉镇团委

湖南省浏阳市葛家乡团委

湖南省湘潭县河口镇团委

广东省惠州市惠城区沥林镇团委

广东省南雄市黄坑镇团委

广西壮族自治区玉林市玉州区茂林镇团委

海南省海口市龙华区龙泉镇团委

重庆市万州区天城镇团委

重庆市渝北区木耳镇团委

四川省汶川县映秀镇团委

四川省乐至县回澜镇团委

贵州省清镇市麦格苗族布依族乡团委

云南省会泽县待补镇团委

西藏自治区波密县古乡团委

陕西省西乡县柳树镇团委

甘肃省敦煌市阳关镇团委

青海省循化县查汗都斯乡团委

宁夏回族自治区中卫市迎水桥镇团委

新疆维吾尔自治区伊宁市达达木图乡团委

新疆生产建设兵团农六师芳草湖四场团委

3. 专业合作组织、农村社区和专业市场

北京市门头沟区赵家台村紫石文化开发经济合作组织

天津市北辰区天穆镇桃香园社区

天津市宁河县神农棉花协会

河北省栾城县东牛芦笋专业合作社

河北省鸡泽县汇丰农研会

山西省太原市小店区西温庄乡明强养殖专业合作社

山西省晋中市红满园种植合作社

内蒙古自治区阿荣旗音河乡富吉村奶牛协会

辽宁省葫芦岛市玄宇食用菌专业合作社

辽宁省义县农青蔬莱花生专业合作社

吉林省桦甸市二道甸子镇桦牛养殖专业合作社

吉林省梨树县富邦农牧合作联社

黑龙江省甘南县金桥向日葵合作社

黑龙江省杜尔伯特蒙古族自治县南阳村农机股份合作社

黑龙江省密山市二人班乡爱国村青年农

民兴业农机合作社

上海市闵行区七宝镇九星村专业市场

江苏省句容市天王镇戴庄村有机农业合作社

江苏省金湖县老龙窝农副产品专业合作社

浙江省慈溪市青年农业发展促进会

浙江省嘉兴市秀洲区王店镇桑和蚕桑专业合作社

安徽省长丰县草莓种植协会

福建省永安市洪田镇洪田村社区

福建省福安市晓阳农村青年中心

江西省弋阳县农民合作社

江西省南康市家具产业基地

山东省沾化县瑞祥养牛专业合作社

山东省日照市岚山区春常青茶叶专业合作社

山东省诸城市土墙社区

河南省淅川县香花镇辣椒协会

河南省鹤壁市四季青农产品批发市场

湖北省京山县峥嵘农庄种植专业合作社

湖北省仙桃市张沟镇养鳝协会

湖南省浏阳市大围山水果专业合作社

湖南省湘潭县雁芙生态农牧发展专业合作社

广东省高州市根子镇青年种植协会

广东省德庆县农村青年创业协会

广西壮族自治区钦州市那丽镇土地田村对虾协会

海南省琼海市嘉积镇温泉村专业市场

重庆市铜梁县六赢山中药材专业合作社

四川省营山县茶盘乡生猪养殖协会

四川省资阳市雁江区碑记镇宝山村枇杷协会

贵州省遵义市汇川区董公寺镇和平村

云南省石林县绿汀甜柿协会

西藏自治区那曲县罗玛镇奶制品加工销售点

陕西省富平县华彤养殖专业合作社

甘肃省临泽县倪家营乡马郡村砾花瓜果蔬菜专业合作社

青海省乐都县兴农农产品产销协会

宁夏回族自治区中卫市科源蔬菜流通专业合作社

新疆维吾尔自治区吉木萨尔县新青年农业供销合作社

新疆生产建设兵团农二师二十一团种植业协会辣椒分会

注：试点单位名单中带“※”标记的由团中央农村青年工作部直接联系指导。

附件5：

学校试点工作推进方案和试点单位名单

一、工作推进方案

（一）主要任务

1. 普通高校

（1）探索针对不同类别、不同专业学生思想意识形成的规律和关键点，通过将党的重大政治和理论主张学术化、思潮化、通俗化方式，进一步对他们进行思想引领的有效措施和具体路径；以青年马克思主义者培养工程实施为切入点，进一步探索通过理论的框架性训练和能力的结构性训练相结合、参加社会实践与进行正确社会观察相结合、对学员的培养选拔与日后的观察、举荐、使用相结合的方式，完善学生骨干培养的课程设计；积极探索利用互联网、手机等新媒体引导青年的方法。

（2）根据大学生素质能力结构要求，强化服务大学生就业创业的导向，探索对“大学生素质拓展计划”的科学化、系统化、专业化再设计，创新拓展训练内容和方式；进一步完善“大学生就业见习基地”建设，探索共青团服务大学生就业创业的途径；按照素质拓展的理念，完善社会实践活动的目标、内容、途径和长效机制，提高育人实效；探索将以“挑战杯”竞赛为重点的校园文化活动覆盖全体学生并使他们真正受益的好方式；在高职院校探索开展思想型和技能型素质拓展的新内容和新方式，提升学生的职业技能水平和职业道德水准。

（3）根据青年学生喜欢的沟通、交流、联络和聚集方式的新变化，探索楼宇建团、网上建团、社团建团以及“多种模式、多重覆盖”；主动利用新媒体等技术手段，逐步构建快速、有效组织动员大学生渠道；探索推进团内基层民主的稳妥办法，改进对学生会、学生社团的指导，加强与学生自组织的联系引导，提升基层团组织的吸引力和凝聚力。

（4）探索在高等教育改革过程中，更好地落实“党建带团建”的具体途径；解决学校团委与其他职能部门合署、合并办公问题的合理办法，确保团委独立设置、独立自主开展工作；按照有关文件要求，合理配备基层团干部数量，落实工作待遇，总结干部转岗、发展经验；探索市场经济条件下共青团工作的社会化合作和服务方式，积极拓展工作经费来源。

2. 民办高校（含独立学院）

（1）根据民办高校和独立学院的特点，落实“党建带团建”要求，探索、明确团组织工作职能定位，积极争取党政领导支持，在团建工作人财物等方面提供政策保障。

（2）规范团组织基本设置，探索新型团建组织架构和模式；建立健全团的组织生活制度、团员教育管理制度等各项制度，实现团建有章可循。

（3）加强和完善及时了解民办高校和独立学院学生思想状况和实际需求的机制和途径，探索在民办高校规范开展思想政治教育、社会实践、校园文化、就业创业等基础性工作，有效构建服务学生成长成才的平台，提升活动内涵，增强工作实效性。

（4）按照“专职为主导，兼职为补充，积极吸纳学生”的思路，建设数量合理、人员稳定的团干部队伍，探索加强团干部培训的新办法。

3. 普通中学

（1）探索把青年意识、公民意识、成人意识作为逐层推进中学生思想道德教育切入点的有效形式，逐步丰富每一阶段在理想信念、思想道德、综合素质等方面的教育内容和方法，构建符合中学生身心特点和成长规律的分层教育体系。

（2）规范入团教育的基本内容、方法和程序，探索创新增强入团仪式感染力的办法，探索加强中学生团员意识教育的有效途径。

（3）按照团中央、教育部《关于进一步加强中学生团校建设的意见》（中青联发〔2005〕9号），切实加强中学生团校建设，探索做好共青团、少先队组织衔接、意识衔接的具体办法和路径。

4. 中职学校

（1）找准对中职学生进行思想教育的关键点，探索确定符合中职学生身心特点和成长规律的教育目标、教育内容和教育方式。

（2）探索加强对学生的职业生涯指导，帮助学生提高职业技能、完善职业素质的有效途径。

（3）探索具有共青团特色的促进学生就业创业的有效途径。

（4）探索帮助学生增强自信心、增强学习动力的有效办法。

（二）推进步骤

1. 准备阶段（2009年6—8月）

（1）各地、各试点学校要召开试点工作动员会，认真学习、领会团中央下发的《试点工作方案》精神和有关工作要求，统一思想认识。

（2）各试点学校要及时向党委汇报，争取党委对试点工作的指导和支持，并就本校团的组织建设、工作开展等基本情况进行一次全面的摸查和总结，梳理做法、发现问题、研讨工作措施。

（3）各试点学校制定具体、可操作的试点工作实施方案，明确试点工作进度、工作内容、工作措施等，并将方案报省级团委和团中央学校部备案。

2. 第一轮推动阶段（2009 年 9—11 月）

（1）各试点学校按照自己的实施方案，有步骤、分项目地推进试点工作。

（2）各省级团委学校部加强试点工作的指导，在本阶段组织一定范围和形式的交流。

3. 中期总结评估阶段（2009 年 12 月）

（1）各试点学校对第一轮推动阶段的试点工作进行初步总结和评估，重点考察采取的措施是否有效可行，听取学校党政管理部门和团员青年对试点工作深入推进的意见与建议。根据中期评估结果，及时调整完善下一阶段试点推进方案。

（2）各省级团委召开本地试点学校试点工作阶段分析会，交流情况、总结经验，共同探讨试点工作中遇到的共性难点并研究解决方案，形成《试点工作第一阶段总结》，报团中央学校部备案。

（3）团中央学校部根据需要，分区域组织中期总结交流。

4. 第二轮推动阶段（2010 年 1—3 月）

（1）根据中期总结评估阶段调整完善后的试点推进方案，继续推进各项试点工作。

（2）有针对性地确立一至两个关键难点问题，实施重点探索和研究，寻求突破，摸索规律，形成解决方案并分步实施。

（3）着重在试点中总结规律，探索共青团基层组织建设和基层工作的长效机制。

5. 总结阶段（2010 年 4—5 月）

（1）各试点学校全面总结试点工作，整理形成案例资料，提交《试点工作总结报告》。

（2）各省级团组织召开本地的试点工作总结会，开展试点工作交流，提炼试点中的基本规律和基本方法，制定推广措施。

（3）团中央学校部将根据实际情况，适时召开全国性的试点工作总结会，并运用各种媒体对成功经验和优秀学校进行宣传报道，充分发挥示范带动作用。

二、试点单位名单

1. 普通高校

清华大学团委※
北京工业大学团委※
北京联合大学团委※
天津师范大学团委※
石家庄铁道学院团委※
唐山职业技术学院团委
山西农业大学团委
山西综合职业技术学院团委
内蒙古工业大学团委※
东北大学团委
辽宁工程技术大学团委
东北师范大学团委
长春工业大学团委※
东北林业大学团委
齐齐哈尔大学团委※
上海交通大学团委
上海大学团委※
江南大学团委
南京林业大学团委
浙江工业大学团委
浙江师范大学团委
中国科学技术大学团委※
淮北煤炭师范学院团委
厦门大学团委※
江西师范大学团委
烟台大学团委
聊城大学团委
郑州大学团委
黄河水利职业技术学院团委
武汉大学团委※
华中农业大学团委
中南大学团委
岳阳职业技术学院团委※
中山大学团委※
广东轻工职业技术学院团委

广西师范学院团委
海南大学团委
重庆邮电大学团委※
四川大学团委※
西华师范大学团委
贵州大学团委
云南大学团委※
西藏民族学院团委※
陕西科技大学团委
陕西工业职业技术学院团委※
兰州大学团委
青海师范大学团委
宁夏医科大学团委
新疆农业大学团委
石河子大学团委※

2. 民办高校

北京吉利大学团委※
首都师范大学科德学院团委※
天津天狮学院团委※
燕山大学理仁学院团委
山西工商职业学院团委
太原理工大学现代科技学院团委※
内蒙古师范大学鸿德学院团委
大连东软信息学院团委※
大连理工大学城市学院团委
吉林华桥外国语学院团委
东北师范大学人文学院团委
黑龙江医药卫生职业学校团委
黑龙江省牡丹江市阳光外国语学院团委
上海杉达学院团委※
上海建桥学院团委
上海师范大学天华学院团委
三江学院团委※
南京航空航天大学金城学院团委
扬州大学广陵学院团委
浙江树人大学团委※
浙江大学城市学院团委
安徽新华学院团委※
安徽大学江淮学院团委
仰恩大学团委
集美大学诚毅学院团委
江西蓝天学院团委※
南昌航空大学科技学院团委
山东英才学院团委
中国石油大学胜利学院团委
山东经济学院燕山学院团委
黄河科技学院团委
河南理工大学万方科技学院团委
武汉生物工程学院团委
华中师范大学汉口分校团委
湖南涉外经济学院团委※
湖南中医药大学湘杏学院团委
广东培正学院团委
吉林大学珠海学院团委
广西城市职业学院团委※
海口经济学院团委
成都东软职业技术学院团委
重庆正大软件职业技术学院团委※
四川大学锦城学院团委
贵州财经学院商务学院团委※
云南经济管理职业学院团委
西安翻译学院团委※
西安建筑科技大学华清学院团委
兰州商学院陇桥学院团委
兰州交通大学博文学院团委
新疆现代职业技术学院团委

3. 普通中学

北京师范大学第二附属中学团委※
北京市平谷区第三中学团委※
北京师范大学天津附中团委※
天津市宝坻一中团委
河北省石家庄外国语学校团委※
河北省沧县仟龙堂乡王官屯中学团委
山西省阳泉市第一中学团委※
山西省太谷县阳邑中学团委
内蒙古自治区呼和浩特市实验中学团

委※

辽宁省实验中学团委

辽宁省抚顺市清原一中团委

吉林省实验中学团委

吉林省珲春市三家子满族乡中学团委※

黑龙江省大庆市第一中学团委

黑龙江省同江市第一中学团委

上海市向明中学团委※

上海市罗店中学团委

江苏省泰州中学团委

江苏省建湖县恒济初级中学团委※

浙江省宁波市效实中学团委

浙江省金华市汤溪高级中学团委※

安徽省合肥市第一中学团委

安徽省寿县安丰中学团委

福建省福州市鼓楼区延安中学团委※

福建省建瓯市小桥镇小桥中学团委

江西省樟树中学团委

山东省青岛二中团委

山东省费县一中团委

河南师范大学附属中学团委

河南省睢县第一高级中学团委※

湖北省武汉外国语学校团委

湖北省咸宁市崇阳一中团委※

湖南师范大学附属中学团委

湖南省韶山中学团委

广东省湛江市第一中学团委

广东省连平县元善镇元善中学团委

广西壮族自治区南宁二中团委

海南中学团委※

重庆市大足县弥陀中学团委

四川省成都市实验外国语学校(西区)团委

四川省都江堰市聚源中学团委

贵州省贵阳市一中团委

云南省昆明第一中学团委

陕西省西安市第五十三中学团委

陕西省咸阳市礼泉县第一中学团委

甘肃省西北师范大学附属中学团委

青海省西宁市沈那中学团委

宁夏回族自治区青铜峡市邵刚中学团委※

新疆维吾尔自治区乌鲁木齐市第六十六中学团委

新疆生产建设兵团农九师中学团委

4. 中职学校

北京市海淀区艺术职业学校团委※

北京市求实职业学校团委

天津市财经职业中专团委

天津市塘沽区第一职业中专团委※

河北省保定市职业技术教育中心团委

河北省廊坊市电子信息工程学校团委※

山西医科大学晋中学院团委

山西省阳泉技校团委

内蒙古自治区呼和浩特市商贸旅游职业学校团委

辽宁省沈阳市装备制造工程学校团委※

辽宁省鞍山市台安县职业教育中心团委

吉林经济贸易学校团委

吉林省长春市特殊教育学校团委※

黑龙江省哈尔滨幼儿师范学校团委

黑龙江省鹤岗市职教中心团委※

上海市董恒甫职业技术学校团委

上海市现代职业技术学校团委※

江苏省铜山县职业教育中心团委

江苏省宿迁技师学院团委※

浙江省杭州中策职业技术学院团委※

浙江省临海中等职业技术学校团委

安徽省青年政治学校团委

安徽化工学校团委

福建省晋江市职业中专学校团委

福建省南平职业中专学校团委

江西省医药学校团委※

江西省电子信息工程学校团委

山东省潍坊幼教特教师范学校团委※

山东省济宁新华职业培训学校团委

河南省驻马店市卫生学校团委

河南省博大烹饪学校团委

湖北省武汉市财政学校团委

湖北省孝感工业学校团委

湖南省长沙市财经职业中专团委※

湖南省湘潭市工业贸易中专团委

广东省东莞市东城区职业高级中学团委※

广东省佛山市顺德区陈村职业技术学校团委

广西壮族自治区玉林市电子工业学校团委

重庆工业高级技工学校团委

四川仪表工业学校团委

四川省乐山市第一职业中学团委

四川省遂宁市射洪县职业中专学校团委

贵州省建筑材料工业学校团委

云南省大理市中等职业学校团委※

西藏自治区日喀则地区职业技术学校团委

陕西银行学校团委

陕西省宝鸡技术学院团委

甘肃省卫生学校团委※

宁夏第一工业学校团委

新疆农业职业技术学院团委

注:试点单位名单中带"※"标记的由团中央学校部直接联系指导。

附件6:

行业试点工作推进方案和试点单位名单

一、工作推进方案

(一)主要任务

1. 探索建立日常协调与交流机制,推动建立广泛覆盖的行业共青团工作交流平台。

2. 探索建立同业交流与合作机制,推动建立行业内企业共青团和青年工作定期交流与合作的平台。

3. 坚持党建带团建,探索加强行业团组织建设和工作的有效途径,推动行业共青团组织建设和工作的深入发展。

(二)推进步骤

1. 准备阶段(2009年6—8月)

(1)摸清行业团建基本情况。行业协会团委要对会员单位的团建情况、青年群体的构成情况深入调研,全面掌握会员单位团建工作的基本信息。

(2)推动和完善会员单位组织建设,配齐配强共青团工作队伍。积极争取会员单位党政组织支持,完善各单位团组织设置,专兼结合配备团干部,特别是要注意把来自生产、经营、研发等部门青年能人选拔到团的岗位上来。

2. 第一轮推动阶段(2009年9—11月)

(1)建立行业协会青年工作联系协调机制。召开行业协会牵头、会员单位团组织负责人参加的行业青年工作会议,探索建立同业青年交流和合作平台。

(2)行业协会团组织积极创新开展行业内的青年交流和合作,服务青年成长成才。

(3)探索加强团组织建设和工作的有效途径和载体,积极发挥青年文明号等共青团品牌的作用,找准吸引、凝聚青年的有效途径。

3. 中期总结评估阶段(2009年12月)

抽调人员对试点工作进行实地督导检查,对试点工作成效进行评估,对实践中形成的经验进行初步总结,对工作过程中存在的困难、问题进行总结分析,对存在的偏差进行及时纠正。

4. 第二轮推动阶段(2010年1—3月)

(1)推动工作深入持续开展。巩固前期试点工作成果,丰富工作内容,对行之有效的好做法继续进行深入探索和实践,增强已建团组织的活力,不断扩大组织覆盖。

(2)创新工作制度,建立长效工作机制。在总结实践经验的基础上,立足实际,大胆创新,在团务管理办法、组织隶属关系、团员参与活动形式等方面进行积极探索，形成与行业团建相适应的工作制度。积极争取推动试点单位出台有关政策文件，建立长效工作机制。

5. 总结阶段(2010 年 4—5 月)

总结试点工作中形成的有效工作模式,研究行业团建的重要理论问题,提炼内在规律,形成可以广泛推广的工作经验。

二、试点单位名单

1. 体制内管理的行业协会

中国钢铁工业协会※

中国煤炭工业协会※

中国烹饪协会※

中国家庭服务业协会※

中国家用电器维修协会※

中国纺织品商业协会※

2. 自发成立的行业(产业)协会

上海市信息服务业行业协会

上海市信息化发展研究协会联合团支部※

浙江省杭州市卫生系统民营医疗行业(市卫生局团工委牵头)※

浙江省台州市路桥区新桥镇洁具行业联合团支部

福建省连城县朋口镇兰花协会

福建省古典家具工艺协会※

广东省中山市古镇灯饰照明行业协会

广东省中山市沙溪镇制衣商会※

注:试点单位名单中带“※”标记的由团中央城市青年工作部直接联系指导。

附件 7:

适应经济活动和商业模式新变化

试点工作推进方案和试点单位名单

一、试点工作推进方案

(一)主要任务

1. 发挥龙头企业在团建中的示范和带动作用,探索加强龙头企业对上下游企业团建的引领。

2. 探索团组织在新的经济活动和商业模式中的功能定位、工作手段和工作内容。

3. 坚持党建带团建,探索加强团组织建设和工作的有效途径,推动新经济活动和商业模式中共青团组织建设和工作的深入发展。

(二)推进步骤

1. 准备阶段(2009 年 6—8 月)

(1)摸清试点单位团建基本情况。试点单位团组织要对企业以及下属企业团建情况、青年群体构成情况深入调研,全面掌握企业团建工作的基本信息。

(2)推动和完善试点单位特别是下属企业的团组织建设,配齐配强共青团工作队伍。积极争取党政领导支持,完善各级团组织设置,专兼结合配备团干部,特别是要注意把热爱共青团工作、组织协调能力强、在青年中有影响的优秀青年选拔到团的工作岗位上来。

2. 第一轮推动阶段(2009 年 9—11 月)

(1)建立企业青年工作联席会议制度。召开党政领导列席、龙头企业团委牵头、下属单位团干部和青年代表参加的青年工作联席会议,重点加强龙头企业对上下游企业团建的引领。

(2)积极研究团组织在新的经济活动和商业模式中的功能定位。引导青年服务企业生产经营。

(3)创新工作手段和工作内容,关注企业生产经营和职工成长发展的“小事”,大力开展思想性活动、技能性活动、文化性活动,服务企业发展,促进青年成长成才。

(4)探索加强团组织建设和工作的有效途径和载体,按照青年喜欢的沟通、交流、联络和聚集方式,创新企业团组织建设的有效载体和途径。积极发挥青年文明号等共青团品牌的作用,找准吸引、凝聚青年的有效途径。

3. 中期总结评估阶段(2009 年 12 月)

抽调人员对试点工作进行实地督导检查,

对试点工作成效进行评估,对实践中形成的经验进行初步总结,对工作过程中存在的困难、问题进行总结分析,对存在的偏差进行及时纠正。

4. 第二轮推动阶段(2010 年 1—3 月)

(1)推动工作深入持续开展。巩固前期试点工作成果,丰富工作内容,对行之有效的好做法继续进行深入探索和实践,增强已建团组织的活力,不断扩大组织覆盖。

(2)创新工作制度,建立长效工作机制。在总结实践经验的基础上,立足实际,大胆创新,在团务管理办法、组织隶属关系、团员参与活动形式等方面进行积极探索,形成与适应经济活动和商业模式新变化团建相适应的工作制度。积极争取推动试点单位出台有关政策文件,建立长效工作机制。

5. 总结阶段(2010 年 4—5 月)

总结试点工作中形成的有效工作模式,研究适应经济活动和商业模式新变化团建的重要理论问题,提炼内在规律,形成可以广泛推广的工作经验。

二、试点单位名单

安利(中国)日用品有限公司北京分公司团委※

宝健(中国)日用品有限公司团委※

安利(中国)日用品有限公司天津分公司团委

红星美凯龙连锁集团团委

上海永达控股(集团)有限公司团委

金陵饭店集团有限公司团委

杭州祐康电子商务网络有限公司团支部※

浙江盘石信息技术有限公司团委

南京医药合肥大药房连锁有限公司团总支

漳州市凯艺餐饮连锁有限公司团支部

山东省烟台市乡村菜园连锁店团支部

武汉中百集团股份有限公司团委※

深圳市残友集团团委

重庆百事达汽车有限公司团委※

陕西同一医药连锁有限责任公司团支部

注:试点单位名单中带"※"标记的由团中央城市青年工作部直接联系指导。

附件 8:

统筹城乡试点工作推进方案和试点单位名单

一、工作推进方案

(一)主要任务

1. 探索构建城乡一体的组织设置体系

坚持党建带团建，紧跟统筹城乡过程中的党建步伐，适应统筹城乡经济社会发展的要求，改变团组织行政化设置的单一性和自我运转的封闭性，积极推进基层团组织设置创新。在同地域城乡基层团组织或不同地域、有较强互补关系的基层团组织之间，探索建立共青团联席会议制度等工作机制；依托有着内在经济联系的产业链、行业协会等，探索成立城乡一体的产业、行业性团组织，合理配备专、兼职干部；探索在进城务工团员中建立团组织，并按照属地化管理原则完善工作机制；探索在同一流出地的流动团员较为集中的地域、单位建立流动团组织或团工委，巩固流出地和流入地团组织齐抓共管的工作协作机制。

2. 探索建立城乡互动的团员青年服务体系

整合区域内各种社会资源，加大对工作资源匮乏、力量不足的基层团组织的支持力度，提高区域内基层团组织服务青年的整体水平；依托党员服务中心（站）、社区（村）便民站点等设立团员服务中心（站），为城乡团员提供组织关系转接、团费交纳、政策咨询、就业指导等服务，重点加强对进城务工团员的服务；尊重团员主体地位，积极探索流入地团组织的组织和活动覆盖全体流动团员的有效途径。

(二)推进步骤

1. 准备阶段(2009 年 6—8 月)

(1)深入开展调研论证。深入各试点单位进行调研,了解当地统筹城乡团建的工作基础和存在的问题,并与当地党政领导和有关部门进行沟通,征求相关方面的意见,推动试点工作与当地党建工作格局的结合,积极争取有关政策支持。

(2)制定具体实施方案。在充分调研的基础上,围绕试点工作的原则、任务、要求,结合当地实际,从目标任务、基本途径和工作措施等方面制定科学合理、目标明确、任务明晰、切实可行的实施方案。

(3)集中召开工作研讨会。团中央组织部组织各试点单位主要负责同志,对统筹城乡试点工作内容进行深入研讨,对有关经验和工作方法进行深入交流,统一思想认识,明确目标方向。

2. 第一轮推动阶段(2009 年 9—11 月)

(1)创新组织设置。推动城乡团组织建立联合工作机制,探索依托产业链、行业协会建立城乡一体的产业、行业性团组织;探索依托流动团员特别是农民工大量聚集的企业、市场等组织建立团组织。

(2)强化对团员青年的联系和服务。紧紧围绕统筹城乡团建的目标任务,依托组织载体,探索对团员青年进行组织联系的有效途径,创新基层团的工作的内容和方法,规范各种工作制度,提高对团员青年的服务水平,增强组织活力。

3. 中期总结评估阶段(2009 年 12 月)

抽调人员对试点工作进行实地督导检查,对试点工作成效进行评估,对实践中形成的经验进行初步总结,对工作过程中存在的困难、问题进行总结分析,并将总结报团中央。

4. 第二轮推动阶段(2010 年 1—3 月)

(1)推动工作深入持续开展。巩固前期试点工作成果,丰富工作内容,对行之有效的好做法继续进行深入探索和实践,增强已建团组织的活力,不断扩大组织覆盖。

(2)创新工作制度,建立长效工作机制。在总结实践经验的基础上,立足实际,大胆创新,在团务管理办法、组织隶属关系、团员参与活动形式等方面进行积极探索,形成与统筹城乡团建相适应的工作制度。积极争取推动试点单位所在地出台有关政策文件,建立长效工作机制。

5. 总结阶段(2010 年 4—5 月)

总结试点工作中形成的有效工作模式,研究统筹城乡团建的重要理论问题,提炼内在规律,形成可以广泛推广的工作经验。

二、试点单位名单

1. 跨地域流动团员管理

团北京市委、团河南省委※

团上海市宝山区委、团福建省宁德市委※

团浙江省杭州市下城区委、团江苏省灌南县委

团广东省深圳市龙岗区委、团广西壮族自治区柳州市委

2. 同地域城乡团组织共建

浙江省台州市

山东省莱芜市※

河南省济源市

湖北省荆门市

重庆市※

四川省成都市※

注:试点单位名单中带"※"标记的由团中央组织部直接联系指导。

附件 9:

青年自组织试点工作推进方案
和试点单位名单

一、工作推进方案

(一)主要任务

1. 探索团组织与青年自组织之间的关系定位和功能定位机制。通过与青年自组织主

要负责人和骨干成员加强沟通等方式，建立起团组织与青年自组织及其成员的稳定联系；在充分发挥青年自组织社会功能的过程中，探索总结团组织对青年自组织进行有效影响、引导，对青年自组织成员进行有效动员的方式、途径。

2. 探索在有条件的青年自组织中建立团组织，并研究相应的工作机制。在认真分析青年自组织的运行特点和社会功能的基础上，探索研究在哪些青年自组织中适合建立团的组织、如何建立团的组织，积极推动在成员固定、规模适度、运转稳定、核心功能理念与共青团组织主要工作能够有机融合的青年自组织中成立团组织；探索与青年自组织发展运行模式相适应的团组织设置和关系隶属模式、工作骨干培养和团干部选拔途径、团员教育管理方法、团的组织生活载体和团务工作制度。

（二）推进步骤

1. 准备阶段（2009 年 6—8 月）

（1）摸清试点自组织基本情况。通过与试点自组织进行深入接触、参与其所开展的活动等方式，详细了解试点青年自组织的内部组织架构、成员构成、主要活动等基本情况，掌握其发展的趋势和方向，为推动团建试点工作提供基本依据。

（2）建立与试点自组织的经常性联系。通过派驻团建试点联络员等方式建立与试点自组织之间的经常性联系，特别是要与试点青年自组织的主要负责人和骨干成员建立稳定的联系。

（3）以团属青年自组织服务机构为试点单位的，在切实摸清其所服务的青年自组织总体情况的基础上，推动试点单位扩大联系和服务范围，使更多的青年自组织与服务机构保持经常性的联系。

2. 第一轮推动阶段（2009 年 9—11 月）

（1）增强团组织对青年自组织的吸引凝聚。在深入了解试点自组织及其成员发展需求的基础上，发挥团组织优势，为试点自组织及其成员提供必要的帮助和服务，增强团组织对他们的吸引和凝聚。

（2）从青年自组织的实际出发，积极稳妥开展建团工作。对于具备建团条件的青年自组织，根据实际情况推动建立团组织，并按照团内有关规章制度选拔配备好团的干部；对于目前不宜建立团组织的青年自组织，着力探索团组织与青年自组织之间有效的协作机制，引导青年自组织健康、有序发展，充分发挥在经济社会发展和服务青年需求中的积极作用。

（3）增强团属青年自组织服务机构对青年自组织的服务水平和吸引凝聚，建立对青年自组织进行联系、服务、引导、管理的规范机制。探索依托服务机构建立团组织，推进具备条件的青年自组织建团，并理顺管理体制。

3. 中期总结评估阶段（2009 年 12 月）

抽调人员对试点工作进行督导检查，重点听取青年自组织骨干和基层团干部的意见建议，对实践中形成的经验进行初步总结，对工作过程中存在的困难、问题进行总结分析，进一步完善试点工作思路，并将总结报团中央。

4. 第二轮推动阶段（2010 年 1—3 月）

（1）探索依托青年自组织动员青年的有效方式。在不断加强团组织与青年自组织联系、合作的基础上，依托青年自组织本身，探索动员团员青年参与经济社会发展的有效方式，特别要加强利用信息化手段组织动员青年的探索实践。

（2）进一步规范青年自组织团建工作。在已建立团组织的青年自组织中，推动基础团务工作、团的基层组织制度的落实，努力实现工作的规范化、经常化，理顺组织隶属关系。

（3）探索青年自组织中团组织的功能定位。结合所在青年自组织的特点和发展需求，探索团组织的功能定位，创新开展团的工作的有效载体，使团组织在与青年自组织自身功能有机结合的同时，能够发挥积极作用。

5. 总结阶段（2010 年 4—5 月）

（1）总结青年自组织团建的规律。认真总结团组织对青年自组织实现有效联系和合作的方式方法，研究在青年自组织中建立团组织并使团的工作与青年自组织自身功能有机融合的途径，提炼出经验，形成规律性认识。

（2）依托团属青年自组织服务机构试点单位，对所联系青年自组织的上述几个方面的工作进行指导、提供支持，做好总结提炼工作。

二、试点单位名单

1. 团属青年自组织服务机构

上海市青年家园民间组织服务中心※

江苏省苏州市青年自组织孵化基地

广东省佛山市青年自组织联合中心

2. 青年自组织

北京市昌平区回龙观志愿者协会※

内蒙古自治区包头义工联

上海市山魂户外俱乐部公益部

江苏省苏州市反扒志愿者大队

浙江省杭州市西湖区黄龙商圈青春联盟※

福建省龙岩市新罗区城市青年俱乐部※

广东省中山市小榄镇永宁龙狮武术团

广东省惠州市登山协会※

注：试点单位名单中带“※”标记的由团中央组织部直接联系指导。

附件 10：

互联网试点工作推进方案和试点单位名单

一、工作推进方案

（一）主要任务

1. 探索依托互联网加强团的组织建设和工作。推动团组织工作方式与互联网平台的有机结合，探索开展网上团校、网上团的组织生活等团的工作的方式，依托互联网为青年提供就业、社交、消费、维权等方面的信息服务；加强对青年版主、青年博主、青年网络评论员等青年网络骨干人才的联系和引导，充分发挥他们在青年网民中的影响。

2. 探索依托互联网建立实体性团组织。健全试点网站团的组织建设，尝试在青年网络骨干人才、青年网民等不同群体中建立团组织；探索依托互联网建立团组织以及实现网络组织实体化的可行性。

（二）推进步骤

1. 准备阶段（2009 年 6—8 月）

（1）对互联网团建试点单位进行深入调研，全面了解掌握有关情况。通过开展问卷调查、召开座谈会等形式，摸清目前的网络平台的服务能力以及团员青年的实际需要，提出具有可操作性的改进方案。进一步论证依托互联网平台建立团组织的可行性。

（2）为试点工作全面展开做好基础性工作。争取有关部门和社会各方在政策、资金上的支持，充分整合各类资源，加强互联网团建试点单位的基础建设，为试点工作提供基础保障。

2. 第一轮推动阶段（2009 年 9—11 月）

（1）做好宣传，加强引导。围绕试点工作的主要任务，在相关网站支持配合下，对互联网平台内容进行进一步的丰富、充实和必要的调整。依托互联网平台做好宣传发动工作，增进团员青年对共青团工作的认识，充分调动团员青年的积极性、主动性、创造性，引导他们积极参与健康向上的网络文化建设和互联网团建试点工作。

（2）依托互联网加强团的基层组织建设和基层工作。根据团员青年沟通聚集的新特点，在互联网平台上设计和开展团的工作和活动，探索开展网上团课和网上团的组织生活，为团员青年提供丰富多样的网上服务，进一步增强互联网平台对团员青年的吸引凝聚。

3. 中期总结评估阶段(2009 年 12 月)

对试点工作进行督导检查,初步总结实践中形成的经验,对工作过程中存在的困难、问题进行总结分析,并将总结报团中央。

4. 第二轮推动阶段(2010 年 1—3 月)

(1)探索依托互联网实现团的基本职能的有效方式和途径。在前期试点工作的基础上,进一步突出试点工作的重点,探索团组织依托互联网实现组织青年、引导青年、服务青年和维护青少年合法权益职能的有效方式和途径。

(2)对依托网络建立实体性团组织进行探索。在条件成熟的情况下,在具备实行实名制基础的网站上或数量可控、成员相对固定的青年网民群体中,探索建立团组织,并逐步促进组织实体化,完善工作机制。

5. 总结阶段(2010 年 4—5 月)

对第一、二阶段试点成果和经验进行总结、提升,凝练出可推广的互联网团建一般规律和基本方法,形成试点成果。

二、试点单位名单

北京市青檬网络电台※

北京市八通网

天津工业大学团委 e 缘网站※

河北省秦皇岛市海港区网络团建平台

山西省吉县"壶口潮"网站

辽宁省鞍山市团员电子网络化管理系统

吉林省辉南县共青团组织信息管理系统

上海市我要网络网站

上海市第九城市网站

江苏省南京市志愿服务网

江苏省无锡市二泉网※

江苏省泰州市泰无聊网

浙江省义乌市佛堂镇网络青年中心

浙江省舟山市网络义工平台

福建省宁德市寿宁在线网站

湖北大学生村官网络平台

广东省佛山市南海区团委网络团建平台

广东省佛山市网友俱乐部 QQ 群

重庆邮电大学"红岩网校"

云南省数字云青网

注:试点单位名单中带"※"标记的由团中央组织部直接联系指导。

附件 11:

少先队试点工作推进方案和试点单位名单

一、工作推进方案

(一)主要任务

1. 小学

(1)围绕少先队工作的根本任务,探索少先队在小学的职能定位,在学校工作总体格局中与教育教学工作既有效结合,又各有侧重。

(2)对少年儿童的认知、意识、信念、情感形成的一般规律进行实证研究,把握少年儿童新的生活方式和新的受影响途径,尝试在小学阶段进行少先队教育的合理分层,明确在不同层次的具体任务和载体。

(3)探索少先队吸引和引导少年儿童的有效方法,形成若干灌输培养对党和社会主义祖国朴素感情的活动形式,探索更为丰富的大、中、小队活动方式。

(4)探索如何进一步加强少先队组织教育,规范少先队标志礼仪等文化载体,发挥典型的榜样激励作用,增强少先队员的光荣感和归属感。在农村,按照有组织、有阵地、有活动、有队伍、有制度的基本标准,加强乡镇中心校少先队建设,健全少先队大队。

(5)进一步落实少先队工作必要的时间、经费、阵地等保障以及解决辅导员聘任、职称、课时、培训等实际问题,探索培育辅导员职业精神、提升职业素质、推动职业发展的有效路径,探索借助家庭和社会力量开展少先队工作的有效方式。

2. 初中

(1)围绕少先队工作的根本任务,探索少先队在初中的职能定位,在学校工作总体格局中与教育教学工作既有效结合，又各有侧重。

（2）探索增强少先队员党、团、队组织意识衔接的有效方式，依托中学团组织抓好初中少先队组织建设，加强团前教育，办好少年团校，做好推优入团、离队教育等团队衔接工作。

（3）准确把握初中学生的特点，探索少先队分层教育在初中阶段的工作内容和载体，以及灌输培养初中少先队员对党和社会主义祖国朴素感情的方法；探索为初中少先队员提供成长服务的工作项目。

（4）探索加强初中辅导员配备和少先队业务知识培训，加强初中少先队活动经费、活动时间等保障。

3. 区（县）少工委

（1）探索建立健全区（县）少工委，健全本级少代会、全委会、办公会、检查督导等少工委运行机制，加强团教合作，充分发挥少工委成员单位的作用。

（2）认真贯彻落实全队重点工作部署和上级少工委工作精神，推动区域内有关少先队工作政策的制定和落实，探索对下一级少先队组织的指导方式，加强对他们工作的规划、指导和考核，帮助他们配置工作资源，优化工作环境。

（3）探索培育辅导员职业精神、提升职业素质、推动职业发展的有效路径，落实有关辅导员待遇、评优等方面的政策规定；探索建立完善总辅导员制度，进一步发挥总辅导员的作用。

4. 社区

（1）探索建立灵活多样的社区少先队组织，开展符合社区特点的少先队活动，丰富队员的课外生活。

（2）探索加强社区少先队辅导员队伍建设，包括社区干部、社区教师、青年志愿者、“五老”、各界先进典型和家长等在内的热心人士，加强对他们的招募、登记、培训、聘任、使用、表彰等环节，推动社区少先队工作。

（3）探索整合利用社区阵地资源的有效途径，用好青少年宫、爱国主义教育基地、社会实践基地等校外活动场所；探索社区和学校少先队工作协调机制。

（二）推进步骤

1. 准备阶段（2009 年 6—8 月）

（1）各试点单位召开试点工作动员会。学习领会团中央下发的《试点工作方案》精神和有关工作要求，统一思想认识，加强工作力量，明确工作职责。

（2）主动向党政领导汇报情况。与有关部门进行沟通，就试点工作征求相关方面的意见，积极争取各种支持。

（3）摸清基本情况。就本试点的少先队组织建设、工作开展等基本情况进行一次全面的摸查和总结，梳理做法、发现问题，建立有效的基础数据档案。同时要了解学校和社会生活的新变化，把握少先队员和社会各界对少先队组织的新要求。

（4）制订实施方案。围绕试点工作主要任务，根据本单位实际情况，着眼于解决存在的突出问题，制定切实可行的实施方案，并报团省委少年部和团中央少年部备案。

2. 第一轮推动阶段（2009 年 9—11 月）

（1）围绕难点，找准突破口。围绕新形势下少先队组织的吸引力、凝聚力、影响力，增强少先队活动和工作的科学性与实效性，以及少先队辅导员的职业发展等问题进行探索，特别是要突出少先队在学校教育中的作用，着力解决大中队辅导员、总辅导员的职称评定、津贴待遇、政治待遇，大队辅导员的培养选拔，社区少先队辅导员的选聘，区县少工委专职工作人员设置，少先队活动时间等难点问题，寻求突破，找到办法。

（2）创新工作载体。围绕少先队的根本任务，积极形成新的工作思路，拓展新的工作内容，创造新的工作载体，运用新的工作手段。

探索建立灵活的少先队组织方式和活动形式、校内外相结合的阵地依托、家长和社会热心人士共同参与的少先队工作力量、校领导挂帅的学校少先队工作机制等，进一步加强少先队组织建设和活跃少先队工作。

3. 中期总结评估阶段(2009 年 12 月)

(1)对第二阶段推进情况进行小结和阶段性评估。听取学校领导、区县党政部门和少先队员对试点工作的意见与建议，对试点工作中存在的困难、问题进行研究，对试点工作存在的偏差进行及时纠正，对取得进展和突破进行初步分析。

(2)以省为单位召开试点工作分析会并开展中期交流。各地形成中期评估报告报团省委少年部，团省委少年部形成综合报告报团中央少年部。

4. 第二轮推动阶段(2010 年 1—3 月)

(1)进一步形成学校领导、区县党政领导及社会各界支持少先队工作的机制。

(2)巩固前期试点工作成果，对前期形成的好经验、好做法进行深入探索实践，形成比较成熟的工作模式或品牌，增强少先队组织的活力和吸引力，增强少先队员的组织归属感，活跃少先队的工作。

(3)在上级党委、团委和上级少工委的支持下，将前一阶段的工作成果制度化，同时探索将少先队工作纳入学校综合评价、教育督导、德育考核和精神文明创建等评价激励机制，保证试点成果的长效性。

5. 总结阶段(2010 年 4—5 月)

(1)团省委少年部组织召开本地试点工作总结会，对试点经验进行总结，形成案例，运用各种媒体对成功经验和优秀试点及时进行宣传报道。提炼出加强基层组织建设和活跃基层工作的一般规律和基本方法，以便加以推广。

(2)建立规范的规章制度，推动有关政策文件出台，及时将试点成果转化为新的长效机制。

二、试点单位名单

1. 小学

北京市宣武区陶然亭小学
北京市朝阳区南沙滩小学※
北京市昌平区城北中心小学
北京市海淀外国语实验学校
天津市南开区中营小学
天津市河北区红星路小学※
天津市津南区双港小学
天津市万科试验模范小学
河北省石家庄市桥东区雷锋小学※
河北省衡水市冀州小寨乡第二小学
河北省邢台市英华教育集团完全小学
山西省实验小学
山西省晋中市榆次区张庆乡大张义小学
内蒙古自治区包头市昆都仑区团结第二小学
内蒙古自治区正蓝旗蒙古族小学※
辽宁省沈阳市实验学校小学部※
辽宁省建昌县药王庙中心小学
辽宁省沈阳市中国人民大学附小沈阳分校
吉林省长春市第一实验小学
吉林省公主岭市黑林子中心小学
吉林省敦化市官地镇中心校
吉林省东北师范大学第二附属小学
黑龙江省牡丹江市立新实验小学
黑龙江省桦南县第五小学※
上海市静安区教育学院附属学校
上海市浦东新区第二中心小学
上海市崇明县庙镇小学
上海市徐汇区爱菊小学
江苏省南京市中山小学※
江苏省无锡市滨湖区育红小学
江苏省丰县华山镇中心小学
江苏省常州市武进区星辰实验学校
浙江省金华师范学校附属小学

浙江省湖州市东风小学
浙江省杭州市大关小学
浙江省桐乡市濮院小学
安徽省滁州市南谯区乌衣小学
安徽省枞阳县陈瑶湖镇辅导小学
安徽省歙县王村中心学校
福建省福州市实验小学
福建省莆田市实验小学
福建省厦门市灌口中心小学※
福建省泉州市南少林武术学校
江西省南昌市师范附属实验小学
江西省余江县画桥镇中心小学
山东省济南市解放路第一小学
山东省荣成市府新小学
山东省青岛市海利丰学校※
山东省青州市王母宫小学
河南省安阳市人民大道小学
河南省许昌县尚集镇第一中心小学
河南省淮阳县郑集乡李柿园小学
河南省郑州市金水区中方园双语学校
湖北省武汉市丹东新村小学
湖北省谷城县石花镇新店中心小学
湖北省黄冈市育英学校※
湖南省长沙市湖南大学子弟小学
湖南省桃源县陬市小学
广东省中山市实验小学
广东省东莞市虎门镇沙角小学
广东省华东师大教科院深圳丰丽学校
广西壮族自治区梧州市工厂路小学
广西壮族自治区钦州市小董镇中心校
海南省海口市英才小学
海南省三亚市凤凰镇中心学校
四川省成都市盐道街小学
四川省简阳市石桥镇中心校
四川省汶川县映秀小学※
四川省成都市龙江路小学(南区)
重庆市北碚区朝阳小学
重庆市人民小学
重庆市沙坪坝区大学城第二小学
重庆市江北新村同创国际小学
贵州省龙里县第三小学
贵州省水城县阿戛乡阿戛小学
贵州省松桃县蓼皋镇四完小※
云南省云南师大附小
云南省通海县纳古镇中心小学
西藏自治区拉萨市城关区海淀小学
西藏自治区琼结县希望小学
陕西省宝鸡市西街小学
陕西省榨水县凤凰镇中心小学
陕西省西安市高新第一小学
甘肃省酒泉市肃州区南关小学
甘肃省陇西县云田镇中心小学
甘肃省泾川县王村镇墩台小学
青海省西宁市贾小庄小学※
青海省共和县第一完全小学
宁夏回族自治区吴忠市利通一小※
宁夏回族自治区中卫市常乐小学
新疆维吾尔自治区新疆教育学院实验小学※
新疆维吾尔自治区尉犁县塔里木乡中心校
新疆生产建设兵团农六师五家渠第一小学
新疆生产建设兵团农七师131团小学

2. 初中

北京市第五中学分校
北京市平谷区第三中学
天津市塘沽区第二中学
天津市北辰区第九十二中学
河北省承德市第十六中学
河北省怀来县第五中学
山西省阳泉市第三中学
山西省芮城县陌南镇一中
内蒙古自治区呼和浩特市实验中学
内蒙古自治区四子王旗第三中学
辽宁省大连市格致中学

辽宁省葫芦岛市连山区高桥中学

吉林省长春市103 中学※

吉林省通化县大泉源乡中学

黑龙江省齐齐哈尔市第三中学

黑龙江省杜尔伯特蒙古族自治县蒙古族中学

上海市浦东新区浦兴中学

上海市崇明县三烈中学

江苏省扬州市教育学院附属中学

江苏省宝应县翔宇教育集团宝应实验初中

浙江省杭州市天杭实验学校※

浙江省台州市黄岩区院桥中学

安徽省合肥市四十五中

安徽省和县乌江中学

福建省泉州市培元中学

福建省福清市元洪高级中学初中部

江西省萍乡四中

江西省信丰县志和中学

山东省潍坊市三中

山东省沂南县铜井中学

河南省开封市金明中学※

河南省灵宝市川口乡第一初级中学

湖北省武汉市25 中学

湖北省孝感市孝南区杨家镇三块碑中学

湖南省岳阳市第九中学※

湖南省益阳市资阳区长春镇第二中学

广东省汕头市第十二中学

广东省连平县元善中学

广西壮族自治区柳州市第一外国语实验中学(十三中)

广西壮族自治区横县横州镇初中※

海南省海口市海南华侨中学※

海南省三亚市海棠湾镇林旺中学

四川省泸州市天立国际学校

四川省仁寿县毓彬希望学校

重庆市巴川中学

重庆市西藏中学※

贵州省安顺市第九中学

贵州省贞丰县牛场中学

云南省昆明市第十二中学※

云南省开远市第二中学

西藏自治区拉萨市第八中学※

西藏自治区江孜县一中

陕西省咸阳市风轮中学

陕西省铜川市印台区泰山中学

甘肃省永靖县刘化中学

甘肃省武威市第十四中学

青海省格尔木市第五中学

青海省祁连县八宝中学

宁夏回族自治区银川市十六中

宁夏回族自治区石嘴山市大武口区隆湖一站中学

新疆维吾尔自治区昌吉市二中

新疆维吾尔自治区阿勒泰市阿苇滩镇寄宿制学校

新疆生产建设兵团农八师石河子第五中学

新疆生产建设兵团农十师186 团中学

3. 区(县)少工委

北京市朝阳区少工委

天津市河西区少工委

河北省邯郸市峰峰矿区少工委

山西省交城县少工委

内蒙古自治区呼和浩特市回民区少工委

辽宁省沈阳市大东区少工委

吉林省长春市朝阳区少工委

黑龙江省哈尔滨市南岗区少工委

上海市普陀区少工委

江苏省吴江市少工委

浙江省宁波市鄞州区少工委

安徽省芜湖县少工委※

福建省厦门市思明区少工委

江西省九江市浔阳区少工委※

山东省高青县少工委

河南省郑州市管城区少工委

湖北省丹江口市少工委

湖南省桃江县少工委

广东省广州市海珠区少工委
广西壮族自治区桂林市象山区少工委
海南省海口市琼山区少工委
重庆市渝中区少工委
四川省遂宁市船山区少工委
贵州省龙里县少工委
云南省玉溪市红塔区少工委
西藏自治区达孜县少工委
陕西省绥德县少工委※
甘肃省庆城县少工委※
青海省乐都县少工委
宁夏回族自治区灵武市少工委
新疆维吾尔自治区伊宁县少工委

4. 社区

北京市海淀区北下关街道海洋社区
天津市河东区常州道街道常州里第二社区
山西省太原市尖草坪区汇丰街道兴华苑社区※
辽宁省大连市西岗区香炉礁街道
上海市静安区南京西路街道※
江苏省无锡市北塘区黄巷街道广石社区
浙江省绍兴县马鞍镇镜海社区
湖北省武汉市青山区红卫街道虹蔚社区
广东省广州市越秀区六榕街街道※
重庆市九龙坡区黄桷坪街道
陕西省石泉县向阳社区

注：试点单位名单中带“※”标记的由团中央少年部直接联系指导。

关于进一步加强对驻点工作的管理和指导的通知

2009 年 7 月 2 日

共青团各省、自治区、直辖市委：

选派地市以上团的领导机关干部驻县级团委指导工作是团的十六大之后全团加强基层组织建设和基层工作的一项重大部署，是密切团的领导机关与基层联系的重要载体，也是对团干部队伍组织纪律性和工作作风的检验。

第二批驻点工作开展以来，很多地方出台了具体措施，切实推动了驻点工作的有效开展。大部分驻点干部能够按照驻点工作要求，认真履行驻点职责。但调研发现，目前仍有部分团的领导机关对驻点工作认识不到位，驻点方案的安排不够合理，对实际情况不清楚，督导不严格；仍有部分驻点干部存在时间不能保证、工作不够扎实、态度不够端正等问题。为此，团中央书记处经认真研究，进一步提出如下要求。

一、严格保证驻点工作时间

1. 省级团委的部门主要负责同志和地市级团委主要负责同志参加驻点工作的，如确需兼顾原单位工作，应经省级团委组织部统一汇总审核后向团中央组织部进行书面说明，且平均每周至少要保证不少于 3 天的驻点工作时间。

2. 其他驻点干部一律要与原单位在工作上脱钩，按照团中央《对驻点干部开展工作的基本要求》中的规定，严格保证驻点工作时间，全身心投入驻点工作。如因特殊原因需在非节假日离开派驻地的，必须按规定办理请销假手续。

二、团的领导机关要切实履行督导检查职能

1. 各省级团委要切实发挥督促检查职能，对驻点干部的在岗状况和工作开展情况进行经常性的实地检查，对驻点工作成效进行实事求是的评估和总结考核，并将有关情况通过驻点工作月报等形式及时向团中央组织部反馈。

2. 全团的局级干部要更好地发挥在驻点工作中的督导作用。团中央机关的局级干部要对联系点所在省份的驻点工作进行面上督导，省级团委的局级干部要对联系点所在地市的驻点工作进行面上督导。

三、帮助驻点干部全面理解和完成驻点任务

1. 各省级团委要于7月6日前完成第二批驻点工作中期评估，指导和帮助驻点干部全面理解"了解情况、介绍经验、探索创新、锻炼本领、推动工作"5项基本任务，并对照团中央《对驻点干部开展工作的基本要求》，对驻点干部的工作提出具体指导，帮助驻点干部扎实完成各项工作任务。鼓励驻点干部在完成规定任务的前提下，积极开展其他工作。

2. 要利用中期总结会、工作现场会等形式和工作网站、QQ群等日常联络手段，对驻点干部在工作方法、工作内容上给予及时指导，促进驻点干部之间的交流，不断提高驻点干部的工作水平，真正发挥好驻点工作对加强团的基层组织建设和基层工作的推动作用。

四、进一步严肃工作纪律

1. 对于在第二批驻点工作中"没有认真履行驻点工作职责，没有认真完成驻点工作任务"的驻点干部，团中央将直接向其所在单位的同级党委组织部门通报有关情况，并在《中国青年报》上点名批评。

2. 对于在驻点工作中不能有效发挥统筹、调度、协调职能的省级、地市级团委，团中央将向当地党委分管领导通报有关情况。

3. 对于不能积极配合驻点工作的县级团委书记，团中央将在全团范围内予以通报批评。

关于在第三批深入学习实践科学发展观活动中进一步推动团的基层组织建设和基层工作的通知

2009年9月2日

共青团各省、自治区、直辖市委：

日前，中央深入学习实践科学发展观活动领导小组印发了《关于开展第三批深入学习实践科学发展观活动的指导意见》，决定于2009年9月至2010年2月在各基层单位深入开展学习实践活动。各级团的领导机关要认真学习领会、贯彻落实中央要求，推动基层团组织积极参加所在单位的学习实践活动，并利用这一契机，进一步推动团的基层组织建设和基层工作。现将有关要求通知如下。

1. 各县级团委要抓住机遇，争取支持，在学习实践活动中加强团的基层建设。主动向同级党委学习实践活动领导小组汇报当地基层团组织的整体情况、存在的突出问题、基本的工作考虑，以及团中央关于加强基层组织建设和基层工作的有关精神，力争将加强团的基层组织建设和基层工作纳入当地学习实践活动总体安排，切实加强基层团的组织建设，活跃团的工作。

2. 各县级团委要加强与基层单位党组织负责人的沟通，强化对基层单位团的工作的指导和支持。深入各基层单位开展扎实的调查研究，结合全团总结出的重要思想成果，向参加第三批学习实践活动的乡（镇）、街道等单位党组织负责人提出有针对性的工作建议。积极统筹各类资源，争取为基层团组织多办实事，帮助他们协调解决困难，为他们提供实实在在的工作支持。

3. 各基层单位团组织要积极参与学习实践活动，不断改进自身工作。按照本单位党组织的统一部署，积极参与学习实践活动，团组织负责人要身体力行，带头示范，在学习实践活动中发挥表率作用。广泛开展调研走访，听取基层团员青年意见，帮助团员青年解决困难，并认真查找自身在服务中心工作、服务青年方面存在的突出问题，深刻分析原因，制定出切实可行的改进措施，不断增强团组织对团员青年的吸引和凝聚。

4. 全团第三批驻点干部要领会好、学习好、把握好第三批学习实践活动的总体要求，将开展驻点工作与参与学习实践活动有机结合起来。第三批学习实践活动与第三批驻点工作起始时间基本重合，工作重点主要在基层，两者具有非常紧密的工作结合点。驻点干部要自觉地以驻点工作为实践载体，结合学习实践活动各个阶段的安排，深入所在地的基层单位，深入团员青年之中，注重进行分类指导，采取切实有效的工作措施，推动基层团组织建设和团的工作再上新台阶。

三、宣传

共青团中央、全国少工委关于在青少年中深入开展群众性爱国主义教育活动的通知

2009 年 4 月 28 日

各省、自治区、直辖市团委、少工委，解放军总政治部组织部，全国铁道团委，全国民航团委，中直机关团工委，中央国家机关团工委，中央金融团工委，中央企业团工委：

今年是中华人民共和国成立 60 周年。为贯彻落实中共中央办公厅转发的《中央宣传部关于围绕庆祝新中国成立 60 周年深入开展群众性爱国主义教育活动的意见》和中央宣传部召开的深入开展群众性爱国主义教育活动电视电话会议精神，进一步激发广大青少年的爱国热情，引导广大青少年继承和弘扬爱国主义光荣传统，坚定跟党走中国特色社会主义道路的理想信念，共青团中央、全国少工委决定在全国广大青年和少年儿童中，分别以“我与祖国共奋进”、“祖国发展我成长”为主题深入开展群众性爱国主义教育活动。现将有关事项通知如下。

一、总体要求与核心内容

高举中国特色社会主义伟大旗帜，以邓小

平理论和“三个代表”重要思想为指导，深入贯彻落实科学发展观，全面贯彻落实党的十七大和十七届三中全会精神，认真贯彻落实胡锦涛总书记在纪念党的十一届三中全会召开30周年大会上的讲话精神，以社会主义核心价值体系为根本，以理想信念教育为核心，紧密联系新中国60年的奋斗历程、辉煌成就和宝贵经验，从历史和现实、理论和实践、成就和经验相结合的高度，在广大青少年中深入开展热爱中国共产党的宣传教育、建立社会主义新中国重大历史意义的宣传教育、新中国成立60周年特别是改革开放30年辉煌成就的宣传教育、中国特色社会主义的宣传教育、民族精神和时代精神的宣传教育、基本国情和形势政策的宣传教育，大力唱响中国共产党好、社会主义好、改革开放好、伟大祖国好、各族人民好的时代主旋律。

在广大青年中开展爱国主义教育活动，最核心的是要引导他们把坚持爱国主义、社会主义和党的领导三者有机统一起来，着力在坚定他们跟党走中国特色社会主义道路的理想信念上下工夫。要使青年深刻认识到，在中国共产党领导下走中国特色社会主义道路、实现中华民族伟大复兴，是爱国主义最深刻的时代内涵和最本质的时代要求。同时，针对青年所处的成长阶段和思想实际，还要注意引导青年把民族精神与时代精神结合起来，把个人成就和社会责任结合起来，按照党指引的方向健康成长。

二、需要着重把握的原则

1.坚持分类引导。要紧扣不同青年群体在坚持爱国主义、社会主义和党的领导三者统一问题上的思想意识关键点，善于把党主张的“大道理”转化为各个青年群体易于接受的“小道理”。对大学生，要注重运用历史的、现实的、学术的逻辑；对企业青年，要善于结合企业和所在行业的发展进程；对进城务工青年和农村青年，要注意结合所在家乡的发展变化，多运用他们熟悉的语言和表达习惯，做到简明、通俗。

2.开展分层教育。要遵循不同年龄段青少年的身心特点和成长规律，努力使不同阶段的教育内容既各有侧重，又有效衔接。对于少年儿童，要通过积极有效的灌输，培养他们对党和社会主义祖国的朴素感情，引导他们增强国家意识；对于中学生，要注意到进入青春期后价值分析的方法会比灌输更有效，努力使他们对党和社会主义的认识更清晰；对于大学生，则要侧重于理性分析，帮助他们坚定跟党走中国特色社会主义道路的理想信念。

3.积极引导青年进行正确的社会观察。帮助青年形成正确的社会观察结论，是对青年进行爱国主义教育的重要路径。要针对青年普遍关心的重大问题，以及青年在社会观察中看到的现实与所接受的正面教育的一些反差，对青年进行有针对性的引导，帮助青年既看到新中国成立60年特别是改革开放30年来取得的巨大成就，又充分了解我国处于社会主义初级阶段的基本国情和作为发展中国家的基本特征，努力使他们对存在问题的认识更深刻、更理性、更稳定。

4.体现时代特色。教育活动要紧跟时代步伐，突出时代特色。在内容上要有时代感，善于运用青年喜欢的话语体系来丰富教育内容的表达方式；在教育引导的手段、路径上要善于创新，大力运用互联网、手机等新媒体，注意运用网络游戏、视频短片等新方式；同时，要善于把各类时尚元素注入爱国主义教育活动中来，切实增强对青年的吸引力和感染力。

5.突出实践要求。教育活动要紧密联系青年的生产生活和思想实际，紧密联系当前改革发展稳定的实际，更加贴近青年。要从大处着眼，从小处着手，引导青年从小事做起，从身边事做起，把爱国之情转化为立足本职岗位、做好实际工作的自觉行动。要发挥共青团实践育人的传统优势，设计和开展富于爱国主义教育内涵的实践活动，把实践贯穿于爱国主义教育的各个环节，使青年在亲身参与和体验的过程中不断强化投身祖国建设和发展的责任感、使命感。

6. 努力吸引更多普通青年直接参与。要坚持面向基层、面向青年，努力增强教育活动的群众性。在组织好面上重点活动的同时，要特别注重指导和推动基层团组织创造活动载体，用丰富多彩的活动吸引普通青年直接参与。要充分采用青年便于接受、乐于接受的传播渠道，努力扩大教育活动的影响力。要充分调动青年内在的积极性、主动性、创造性，鼓励青年创造性地自主开展活动，让青年在自觉参与的过程中实现自我教育、自我提高。

三、活动内容

紧紧围绕庆祝新中国成立60周年，结合纪念五四运动90周年以及全国青联成立60周年、少先队建队60周年等契机，在“五四”、“六一”、“七一”、“八一”、“十一”等重要时间节点逐次推进，通过广泛开展面对面宣讲、组织青少年参加富有特色的教育实践活动、大力选树和宣传青少年典型、充分发挥各类媒体尤其是新媒体的重要作用等途径，不断掀起青少年爱国主义教育的热潮。

（一）全团、全队共同重点推动开展的活动

1. 组织百场宣讲活动。面向大学生、企业青年、农村青年等青年群体，邀请党政领导、专家学者、青年典型等，分“形势政策宣讲”、“理论热点宣讲”、“青年五四奖章获得者宣讲”、“十杰青年宣讲”、“优秀青年志愿者宣讲”、“青年创业典型宣讲”、“优秀大学生村官宣讲”七个系列，在全国范围内直接组织100场宣讲活动。通过媒体宣传、网络直播等形式，使宣讲活动影响更多的青年。

2. 集中开展八项教育实践活动。一是开展以坚持爱国主义、社会主义和党的领导相统一为核心内容的分类引导青年试点工作，二是举办纪念五四运动90周年青春红歌会等文化活动，三是深入推进“青年马克思主义者培养工程”，四是组织开展2009年度全国大中专学生志愿者暑期“三下乡”社会实践活动，五是开展全国中学生“迈入青春门，走好成人路”教育活动，六是组织广大青年广泛开展“迎国庆讲文明树新风”志愿服务活动，七是开展“祖国在我心中”全国青少年宫系统文艺汇演活动，八是开展“爱我中华、薪火相传”内地与港澳青少年交流活动。同时，着力推进青年就业创业工作、青年志愿者行动、保护母亲河行动、青工技能振兴计划、青年文明号创建活动等团的品牌活动，引导青年把对祖国的深厚感情转化为报效祖国、服务人民的具体行动。

3. 充分借助各类媒体尤其是新媒体开展十项爱国主义教育活动。一是在中国青年网、手机青年报、手机电视平台推出爱国主义教育专栏，二是将新中国成立60周年成就展的内容在中国青年网进行展示，三是组织开发和征集推广以爱国主义为主题的网络游戏、视频短片，四是与门户网站合作，制作青少年爱国主义教育专题栏目，五是通过腾讯QQ发送富有思想引导内涵的信息和青年节节日问候，六是通过中国移动手机报平台发送富有思想引导内涵的信息和青年节节日问候，七是在农村青年中开展“我说家乡新变化”手机短信大赛，八是与中央电视台电影频道合作推出纪念五四运动90周年爱国主义影片展播活动，九是在中国青年报等团属报刊开设引导青年社会观察的专栏，十是推出一批深受青少年喜爱的“红色经典”系列图书。

4. 重点挖掘和宣传百位青年的创业故事、成才故事、奉献故事。以“中国青年五四奖章”获得者、中国十大杰出青年、“中国青年创业奖”获得者、全国青年岗位能手、全国农村青年致富带头人、全国优秀青年志愿者、全国三好学生和全国优秀学生干部等为重点，深入挖掘百位青年典型积极向上、生动感人的青春创业故事、青春成才故事、青春奉献故事，通过开设

"青春故事"报刊专栏、制作电视专题节目、拍摄DV在网上播放等方式进行大力宣传,使广大普通青年能从中受到教育和启迪。同时,通过组织"青春故事会"、与青年网友在线交流等活动,让更多的普通青年分享他们的青春故事。

5.全队重点开展三次统一的主题队日活动。"六一"期间,在全队统一开展"歌唱祖国庆六一"主题队日活动,并联合主要广播电视媒体向全国少先队员播放爱党爱国歌曲;"七一"期间,在全队统一开展以培养对党的朴素感情为主题的队日活动;10月13日少先队建队60周年纪念日期间,在全队统一举行"祖国发展我成长"主题队会,并评选表彰全国"十佳少先队员"、"十佳少先队辅导员"。同时,联合有关方面开展第七届全国少年军校检阅式;依托队报队刊,在少先队员中开展以爱国主义为主题的摄影大赛、儿童画征集、新儿歌征集等活动;在《中国少年报》开设"我与红领巾——祖孙三代共话60年"专栏,在中央电视台推出"祖国发展我成长"系列电视专题节目,与门户网站、团属网站合作推出"祖国发展我成长——我与红领巾"展示活动。

(二)地方团队组织重点推动开展的活动

1.邀请老干部、老战士、老专家、老教师、老模范等"五老"人员,党政领导、专家学者,各行各业青年典型以及团干部、青联委员等面向青年开展报告宣讲和座谈交流活动。在承办好团中央组织的报告宣讲活动的基础上,每个省级团委年内直接组织各类报告宣讲活动不少于5场,每个地市级团委不少于3场,每个县级团委不少于2场。

2.广泛开展读书学习、社会实践、参观考察、红色旅游、文体活动、仪式教育、民族团结和民族政策教育等各种形式的青少年爱国主义教育实践活动。在开展好全团统一部署的教育实践活动的基础上,每个省级团委年内直接组织开展教育实践活动不少于3次,地市级团委不少于2次,县级团委不少于1次。

3.积极选树可亲、可信、可学的各类青年典型,广泛征集和宣传对普通青年有启发意义的青春创业故事、青春成才故事、青春奉献故事。省级团委重点挖掘和宣传不少于20位青年典型的青春故事,地市级团委不少于10位,县级团委不少于5位。有条件的地方,在当地媒体开设青少年爱国主义教育专刊专栏。

4.各地少先队组织要以"祖国发展我成长"为统一主题,开展"寻访新变化"、"畅想新生活"、"铭记好传统"、"争当好队员"系列活动和"红领巾心向党"活动。在开展好全队统一部署的重点活动的基础上,省级少工委年内直接组织开展爱国主义教育活动不少于3次,地市级少工委不少于2次,县级少工委不少于1次。

(三)基层单位团队组织重点推动开展的活动

学校、企业、农村、社区、机关、事业等基层单位团组织,要根据青年的特点,结合本地实际,广泛组织开展报告座谈、知识竞赛、图片展览、参观走访、读书征文、演讲比赛、文艺汇演、青春故事会、红色旅游等丰富多彩的爱国主义教育活动。要高度重视新媒体的影响,充分运用基层单位网站和其他网络工具来开展活动。要动员和组织团员青年积极参与岗位建功、科技创新、志愿服务、生态环保等实践活动,引导青年把爱国之情转化为具体的报国之行。每个基层单位团组织年内直接组织开展爱国主义教育实践活动不少于2次。

基层少先队组织要通过主题队日、文艺活动和童谣、儿歌、儿童画、书法、诗歌征集展示等丰富形式,让少年儿童充分表达对党和社会主义祖国的热爱与祝福。每个基层少先队组织年内直接组织开展爱国主义教育活动不少于2次。

各级共青团、少先队组织要充分认识当前开展群众性爱国主义教育活动的重要意义,把这项活动作为今年开展青少年思想引导工作的重要内容，大力加强对教育活动的组织领导，制定切实可行的工作方案，分解任务，周密安排，精心实施，确保工作落到实处，取得实效。要按照统一部署，抓住重要时间节点，分阶段分步骤扎实推进，不断形成热潮，贯穿全年工作始终。要从各地实际出发，创造性地开展活动，发挥优势，突出特色，防止形式主义，力戒铺张浪费。

各级团、队组织要及时对本地开展青少年群众性爱国主义教育活动的名称、次数、参与人数等情况进行统计，上报上一级团组织。省级团委、少工委要对本省(系统)的活动加强督导检查，并分别于7月底、10月底、12月底前将本省(系统)活动情况上报团中央宣传部、少年部。

军队青年的教育活动由解放军总政治部组织部根据本通知精神做出安排。

关于开展分类引导青年试点工作的通知

2009年5月15日

共青团各省、自治区、直辖市委，解放军总政治部组织部，全国铁道团委，全国民航团委，中直机关团工委，中央国家机关团工委，中央金融团工委，中央企业团工委：

为贯彻团十六大和十六届二中全会精神，落实《共青团工作五年纲要(2009—2013)》部署，团中央决定于2009年在全团开展分类引导青年试点工作。

现将《分类引导青年试点工作方案》印发你们，请按照方案要求，结合本地区、本系统实际，认真组织落实。

分类引导青年试点工作方案

一、工作目的

贯彻分类引导青年的要求，根据不同类别青年群体在职业背景、社会阅历及思想意识方面的显著差异，将思想引导工作具体化地落实到不同特点的青年群体身上，增强引导青年工作的针对性和实效性。

二、试点对象和方式

本次试点工作主要面向四类青年群体：大学生、企业青年、进城务工青年、农村青年。

试点工作有两种方式，一是团中央直接联系和指导，二是省级团委直接联系和指导。

三、试点单位

团中央在北京等12个省、市、系统确定44个基层单位作为直接联系的试点单位；各省级团委在本地(系统)内确定8—12个直接联系的试点单位(每个类别2—3个)。

省级团委在选择直接联系的试点单位时要充分考虑代表性和普遍性。面向大学生的，应是在本地(系统)有较高知名度的普通高校或高职院校(包括民办院校)；面向企业青年的，应是在同行业中有较大影响力、团员青年在500名以上的企业；面向进城务工青年的，应是团员青年在200名以上的进城务工青年聚居地或“两新”组织；面向农村青年的，应是留乡青年农民在1000名以上的非县级政府所在地乡镇。除以上条件外，试点单位还应有较好的组织和工作基础，以保证试点工作的顺利进行。

四、试点内容

1.调查研究，深入了解不同类别青年思想

意识的关键点。

通过具体深入的调研，全面了解试点单位青年都关心哪些重要的理论或现实问题，对这些问题存在哪些模糊认识和思想困惑。把各类青年群体的思想状况摸清摸透，找准青年思想意识中的关键点，是试点工作的首要任务。

调研主要通过两种形式，一是面上的问卷调查，二是面对面的深度访谈。为便于汇总分析，四类问卷由团中央统一设计提供，由试点单位组织填写。面对面的深度访谈由团中央、省级团委与各自直接联系的试点单位团委共同开展。

2. 释疑解惑，努力帮助青年打开思想症结。

团中央、省级团委和各试点单位团委紧扣调研中了解掌握的四类青年群体思想意识关键点，尤其是要针对青年在社会观察中看到的现象与所接受的正面教育存在的一些反差，坚持“对症下药”，运用各类青年群体习惯的语言和逻辑，从历史和现实、理论和实践、宏观和微观相结合的角度，对他们的思想困惑作出有针对性、有说服力的解答，对他们的模糊认识加以正确引导，帮助他们打开思想症结，走出认识误区。要联合有关部门和专家学者，积极主动地探寻解答青年思想困惑的切入点、观点、素材和逻辑，并在试点实践中反复与青年沟通碰撞，不断调整和完善，努力找到能够真正说服青年的有效引导内容，把党团组织的“大道理”转化为青年易于接受的“小道理”。团中央将在此实践的基础上，归纳形成《四类青年群体思想引导大纲》，为全面开展引导青年工作提供基础性指导。

3. 探索创新，开辟引导青年的新途径、新手段、新载体。

按照贴近青年特点、体现时代特色的要求，从形式、手段、途径、载体等方面大力改进创新引导工作，探索将思想引导内容有效传递到青年中去的现实路径。各试点单位要结合自身实际，围绕以下几个主要路径进行探索创新。(1)如何利用互联网、手机等新媒体引导青年；(2)如何帮助青年进行正确的社会观察；(3)如何在基层创新引导青年的活动载体；(4)如何使优秀青年典型更加贴近青年、真正走进青年；(5)如何开展面对面的思想交流和引导；(6)如何借助时尚元素和文化形式引导青年等。

4. 总结经验，推广具有普遍性、规律性的好做法。

试点工作结束后，试点单位要进行认真总结，深入了解试点工作中探索的哪些新方式新办法管用，它们发挥作用的条件和原因是什么。团中央将对各试点单位带有普遍性、规律性的好做法、好经验进行总结、提炼和推广。

五、试点工作职责分工

(一)团的领导机关的职责

团中央对全团的试点工作进行整体部署、总体协调和总结评估，负责指导直接联系的44个试点单位的试点工作；省级团委对本地(系统)的试点工作作出安排，负责指导直接联系的本地(系统)试点单位的试点工作，同时要对团中央直接联系的试点单位加强服务和支持。

团中央和省级团委同时承担以下具体职责：

1. 确定专人负责联系试点单位，帮助试点单位制订试点工作方案，与试点单位一起研究具体试点内容，主动认真地介入思想调研、工作创新、经验总结等工作环节。

2. 加强对试点单位团干部的培训，组织试点单位之间进行交流。

3. 与试点单位一起深入研究青年思想意识关键点，并作出有针对性的解答。

4. 对试点单位创新举措中带有普遍性、规律性的好做法、好经验进行总结提炼。

5. 帮助试点单位争取党政领导对试点工作的支持。

(二)试点单位的职责

及时向本单位党组织汇报试点工作情况，明确本单位试点工作的目标、任务，负责试点工作的具体落实。具体任务为“五个一”。

1. 制订一份试点工作方案。认真研究本单位试点工作的方向和思路，分解试点任务，搭建工作班子，制订详细的落实方案和推进计划。团中央直接联系和指导的试点单位5月下旬上报方案。

2. 提交一篇调查报告。在本单位青年中进行问卷调查和面对面深度访谈。发放问卷数量原则上不少于青年总数的1/4；召开5次以上座谈会，进行50人以上一对一访谈。通过多种形式的深入调查，全面了解、准确把握本单位青年思想状况，找出他们思想意识中最主要、最集中的关键点，于7月1日前形成客观真实、有深度的青年思想意识状况调查报告，连同回收的原始问卷及统计数据报上级指导单位。

3. 撰写一份思想引导提纲。针对本单位青年思想意识的关键点，在单位党政领导和上级团组织的指导下，研究、探寻有效解答本单位青年思想困惑的引导思路和观点素材，于8月1日前形成不少于5000字的青年思想引导提纲报上级指导单位。

4. 探索至少一种有效路径和载体。在本单位已有经验做法的基础上，大力探索创新有效引导青年的形式、途径和手段，利用新载体开展不少于3次的引导青年活动，总结探索出至少一个能够广泛吸引青年、有效引导青年的工作路径和载体，于9月底前将创新工作载体的主要做法和成效形成2000字以内的材料（可附照片、光盘）上报。

5. 形成一份总结材料。对本单位试点情况和经验进行认真总结，于10月底前提交一份不少于4000字的试点工作总结报告。主要内容包括介绍试点工作情况、评估试点效果、总结试点经验、找出存在问题、提出工作建议。

六、推进步骤

1. 部署启动(2009年4—5月)。团中央对全团开展分类引导青年试点工作作出整体部署，对直接联系的44个试点单位进行具体部署，向44个试点单位和各省级团委发放调查问卷。各省级团委应在5月底之前部署和启动试点工作。

2. 组织实施（2009年5—10月）。在试点单位开展调研，组织编写《四类青年群体思想引导大纲》，指导试点单位探索创新引导青年工作，总结提炼好做法、好经验，组织编写《青年思想引导试点案例汇编》。

3. 总结交流（2009年11月）。对试点的情况、成效和经验进行总结，召开分类引导青年试点工作经验交流会，研究起草《共青团中央关于加强和改进引导青年工作的意见》。

各省级团委参照团中央做法，确定本省（系统）的试点工作推进步骤。各试点单位要根据本单位实际，将各个阶段的任务和推进安排进一步细化，制定具体、详细的工作计划。

全团试点工作要分阶段形成四项成果：一篇《试点单位青年思想意识调查报告》；一个《四类青年群体思想引导大纲》；一本《青年思想引导试点案例汇编》；一份《共青团中央关于加强和改进引导青年工作的意见》。

七、工作要求

1. 高度重视。引导青年是共青团的根本任务。对青年进行分类引导，是共青团在新形势下应对新挑战、着力增强青年思想引导工作针对性和实效性的重要探索。各级团组织要从切实履行好团的根本职责的高度，从切实增强共青团组织对青年吸引力和凝聚力的高度出发，把这项工作抓实抓好。各省级团委主要负责同志为第一责任人，分管宣传工作的同志为直接责任人。省级团委宣传部门要把这项工作作为重中之重，做好具体推进和统筹、协调、指导工作。城青、农青、学校等相关部门要积极参与、主动配合，以试点工作为契机，深入推进各战线青年的思想引导工作。

2. 把握导向。引导青年是一项政治性、思想性很强的工作。各级团组织和试点单位要牢牢把握党对意识形态工作的要求，始终坚持正确的工作导向。对党的理论的阐释，首先要准确理解、把握本义，在此基础上运用青年习惯的逻辑和语言进行“翻译”和转化。

3. 求真务实。要坚决克服表面化、笼统化的工作倾向。对试点单位青年思想状况的调查了解要深入、具体，对青年思想中深层次的矛盾和问题要敢于刨根问底。要有前进一步是一步、前进一点是一点的精神，敢于迎着本质问题、迎着困难问题上，直接深入一线与青年面对面沟通交流、进行思想碰撞，积极探索和创造思想引导工作的新方式、新办法，推动试点工作取得扎实成效。

4. 尊重基层。团的领导机关要充分尊重试点单位的实际，提出的指导性意见要紧密结合试点单位的实际。要充分尊重基层的创新精神，鼓励和支持试点单位解放思想、大胆探索、积极创新。

各省级团委的试点方案和试点工作联系人名单请于5月20日前报团中央宣传部。

附件：

团中央直接联系的分类引导
青年试点单位名单
（共44个）

一、大学生引导工作试点单位（10个）

1. 北京大学
2. 北京交通大学
3. 北京建筑工程学院
4. 北京城市学院
5. 浙江大学
6. 浙江金融职业学院
7. 武汉大学
8. 湖北大学
9. 西安交通大学
10. 西京学院

二、企业青年引导工作试点单位（12个）

1. 辽宁省电力有限公司
2. 沈阳机床（集团）有限责任公司
3. 中国石化集团公司胜利石油管理局
4. 莱芜钢铁集团有限公司
5. 武汉钢铁（集团）公司
6. 东风汽车公司
7. 长安汽车（集团）有限责任公司
8. 重庆钢铁（集团）有限责任公司
9. 国家电网公司
10. 宝钢集团有限公司
11. 中国通用技术（集团）控股有限责任公司
12. 北京有色金属研究总院

三、进城务工青年引导工作试点单位（11个）

1. 北京无名居美食有限公司
2. 四方电气（集团）有限公司
3. 廊坊成和办公家具工程有限公司
4. 正泰集团股份有限公司
5. 传化集团有限公司
6. 奉化市西坞街道力邦社区
7. 深圳市中粮地产集团大洋服务有限公司
8. 南海经济开发区青年中心
9. 东莞华强三洋马达有限公司
10. 重庆市九龙坡区
11. 重庆陶然居集团

四、农村青年引导工作试点单位（10个）

1. 辽宁省沈阳市辽中县牛心坨乡
2. 辽宁省大连市金州区石河镇
3. 浙江省湖州市南浔区菱湖镇
4. 山东省济南市商河县玉皇庙街道
5. 山东省临沂市费县上冶镇
6. 河南省焦作市武陟县西陶镇
7. 河南省许昌市鄢陵县陈化店镇
8. 重庆市荣昌县吴家镇
9. 陕西省咸阳市泾阳县兴隆镇
10. 陕西省安康市石泉县池河镇

五、机关青年引导工作试点单位（1个）

商务部

关于开展团属青少年活动场所安全检查和专项治理工作的通知

2009 年 7 月 21 日

共青团各省、自治区、直辖市委：

为切实加强团属青少年活动场所的安全管理工作，坚决消除事故隐患，确保团属青少年活动场所的安全运转，保障青少年人身安全，更好地完成迎接国庆 60 周年的各项任务，共青团中央决定对团属青少年活动场所进行安全检查和专项治理。现将有关事宜通知如下。

一、时间和范围

本次安全检查和专项治理工作的时间为 7 月下旬至 9 月下旬，范围包括全国各级团属青年宫、少年宫、青少年宫、青少年活动中心和青少年活动营地等团属青少年活动场所。

二、主要内容

1. 切实消除建筑、消防安全隐患。对团属青少年活动场所建筑质量、消防通道、消防器材、消防制度的建立和执行等情况进行逐一检查，发现问题及时治理，切实消除安全隐患。对于没有建筑质量验收合格证、消防安全合格证，不符合国家公共建筑抗震设防标准的建筑必须立即停止使用，在进行整治取得合格证、符合标准后才能使用。

2. 确保团属青少年活动场所设备、设施的运转安全。做好供电、供水、冷暖设备和青少年文体娱乐设施的安全检查和维护保养工作，确保各项设备、设施齐备有效、运行良好、安全措施到位。设有食堂、餐饮设施的团属青少年活动场所，要切实抓好食品安全检查和卫生防疫工作，坚决杜绝各类食品安全隐患。

3. 加强活动安全、保卫工作。团属青少年活动场所组织开展的各项活动，特别是暑期社会实践、夏令营等组团外出活动，要根据活动的规模、场地和周围环境情况，对活动的安全保卫、安全设施和处理各种突发事件的应急预案等进行检查，并结合实际采取必要的预防措施，制定针对性、可操作性强的安全制度，确保各项活动的安全，并特别注意保障青少年的人身安全。在各类活动过程中设置安全警示标志，配备安全保护人员，对工作人员进行应急救援训练，防止意外事故及治安事件的发生。采取切实措施保证参加活动青少年的交通安全，视具体情况做好活动期间的接送站工作。不得以任何形式、任何名义组织青少年参加接触易燃、易爆、有毒、有害等物品的活动。暑假期间，要增强青少年参与户外活动的自我防护意识，提高青少年的自我保护能力。

4. 坚决取缔不利于青少年身心健康的经营活动。继续按照中办、国办《关于进一步加强和改进未成年人校外活动场所建设和管理工作的意见》等文件的要求，对团属青少年活动场所的经营情况进行检查与治理，坚决取缔有违规、违纪现象的网吧、营业性歌舞厅、茶座、咖啡厅、电子游戏厅等经营项目。对于符合国家有关规定的经营活动，必须派专人参与管理，杜绝安全事故的发生。团属青少年活动场所的教学用房不得出租或挪作他用，已经改变其用途的，应尽快予以腾退。

5. 切实做好甲型 H1N1 流感的防控工作。按照中央确定的“高度重视、积极应对、联防联控、依法科学处置”的原则，做好甲型 H1N1 流感的防控工作。各团属青少年活动场所要成立防控工作领导小组，制定周密的工作方案，加强甲型 H1N1 流感及防控知识的宣传和安全教育，发现流感疫情要在第一时间报告所在地区的卫生部门，并按要求进行处理。要配备体温检测设备，对参加活动的人员进行体温检测，凡体温超过37.5℃的人员一律不准进入活动区域；教职员工在课程和活动过程中要加强对青少年健康状况的观察，对于发热37.5℃以上或者可疑患病的青少年，要及时通知家长并采取有效处置措施。参加暑期集体活动的青少年如果曾前往疫区国家出访或旅游的，必须居家隔离7天后方可参加活动；要求参加活动的青少年每日都上交健康记录表，对参加活动的青少年每日进行体温检测，凡体温超过37.5℃的一律不允许参加活动。

三、组织实施

此次安全检查和专项治理工作分为三个阶段。第一阶段由各团属青少年活动场所组织自查，第二阶段由各省级团委抽调人员对省内所有团属青少年活动场所进行普查，第三阶段由团中央抽调人员，对全国团属青少年活动场所进行抽查。

四、工作要求

各省级团委要成立由负责同志牵头的工作领导小组，制定周密的工作方案，明确责任，确保安全检查与专项治理工作各项内容落实到位。

要在这次安全检查和专项治理工作中边查边改，对于发现的问题及时解决处理。对于存在安全隐患并且一时无法解决的活动场所或设施，要立即停止使用，并制定整改计划，明确专人在限定时间内解决。对于团组织无法解决的安全隐患要及时向党政有关部门报告，在党政有关部门的支持下妥善加以解决。

各省级团委组织开展团属青少年活动场所安全检查和专项治理工作的情况要形成书面报告，于9月30日前报团中央宣传部。

全国青少年“民族团结代代传”主题宣传教育活动方案

2009年9月15日

为贯彻落实中共中央办公厅、国务院办公厅《关于深入开展民族团结宣传教育活动的意见》精神，落实中央宣传部《民族团结宣传教育活动分工方案》的要求，共青团中央、全国少工委决定，在全国广大青少年特别是民族地区各类在校学生中深入开展“民族团结代代传”主题宣传教育活动。具体方案如下：

一、总体要求

1. 牢牢把握中央精神。在全国深入开展民族团结宣传教育活动，是中央根据当前形势任务作出的一项重要决策部署，是维护我国改革发展稳定大局的一项重要任务。中央明确要求，共青团等人民团体要发挥自身优势，把民族团结宣传教育做到各自所联系的群众中。各级团、队组织要牢牢把握中央精神，切实统一思想认识，以高度的政治责任感和务实的工作作风抓好青少年民族团结宣传教育工作，在维护民族团结进步、促进社会和谐稳定中发挥积极作用。

2. 切实增强针对性、适用性和普遍性。增强针对性就是要紧密联系各地区经济社会发展实际和各民族历史文化传统，区分层次、区别对象，针对影响民族团结的主要问题所存在的内在思想逻辑来加强思想引导，针对不同群体开展不同方式的民族团结宣传教育。增强适用性就是要根据青少年喜欢的沟通、交流、联络和聚集的新方式,在充分发挥真理本身的魅力的同时,善于运用情感、艺术、时尚等元素,充分运用互联网、手机、动漫、短视频等载体,在青少年中开展生动活泼的民族团结教育。增强普遍性就是要始终着眼于最大多数基层青少年开展民族团结宣传教育,既要关注重点群体、重点领域,也要关注广大普通青少年;既要针对少数民族青少年开展宣传教育,也要对全国各地的广大青少年开展宣传教育,使各族青少年增进对党的民族政策的认同。

3. 结合团的工作实际和全团工作格局,特别突出重点地区、重点群体。"民族团结代代传"主题宣传教育活动面向全国青少年,特别突出在民族地区各类在校学生中深入开展。民族地区团、队组织要把这项活动作为当前维护祖国统一、民族团结的主要载体摆在首要位置,在落实各项活动安排的同时,把民族团结教育的内容融入到加强团的基层组织建设和基层工作、促进青年就业创业、分类引导青年试点和群众性爱国主义教育活动等重点工作中;非民族地区团、队组织要在开展好本地区活动的同时,对民族地区团、队组织抓好这项工作给予大力配合和支持。

二、重点内容和重点对象

要在把握中央对民族团结宣传教育活动的总体要求和主要内容的基础上,坚持分层教育和分类引导的原则,遵循大、中、小学生的身心特点和成长规律,紧扣他们在民族团结问题上的思想意识关键点分别确定重点内容。要大力创新活动的手段和载体,努力探索内容与手段的有效结合。

对小学生,要运用感性的、体验的方法,重点开展民族常识的启蒙教育,培养对党和社会主义祖国的朴素感情,形成国家意识和民族团结的基本意识。对民族地区的小学生,还要突出各民族之间应当团结友爱、平等相待、和谐共处、共同进步的教育。

对中学生,要运用价值分析、事实比较的方法,重点开展党的民族政策和民族理论常识的宣传教育,使他们充分认识我国民族政策的优越性,形成将个人发展融入各民族共同团结奋斗、共同繁荣发展的意识。对民族地区的中学生,还要着重开展民族区域自治制度教育和社会主义法制教育,引导他们认识我国在民族地区基本政治制度的正确性,形成知法守法的基本意识。

对大学生,要运用学术的、理论的逻辑,重点开展系统的民族团结重要理论的教育,帮助他们树立正确的民族观,不断增强维护民族团结进步的自觉性和坚定性。对民族地区的大学生,还要着重讲清楚党和政府始终坚持大力扶持民族地区发展、保障少数民族合法权益的政策出发点,围绕现阶段东西部地区经济发展不均衡等重要问题进行正确的社会观察,全面客观地看待在成才、就业等方面遇到的问题,帮助学生干部、党员、青年骨干坚定信仰,引导普通学生增强对党的民族理论、民族政策的认同;对持有错误思想认识的学生,要进行有针对性的引导和针锋相对的思想交锋,努力改变他们错误的思想和立场。

在重点开展大、中、小学在校学生工作的同时,各级团、队组织还要密切关注社会闲散青少年群体并积极探索有效的工作路径,更好地服务青少年成长、维护社会稳定。

三、工作安排和分工

(一)全团、全队共同重点开展的活动

1. 全团、全队集中开展一次主题团、队日活动。"十一"前后,结合庆祝新中国成立60周年,以"民族团结代代传"为主题集中开展团、队日活动。

2. 组织开展六项宣传教育活动。一是团中央、全国少工委组织编写《民族团结十知道》多语种小学生课外读本,在小学生中开展"民族团结故事会"活动;二是团中央组织编写《民族团结十问答》多语种青年读本;三是"十一"前,广泛开展体现民族团结教育内容的中学生成人仪式教育活动；四是将民族团结教育内容纳入“青年马克思主义者培养工程”；五是在中央团校和地方团校的培训课程中加入民族团结教育的内容；六是依托团属报刊、网站，举办全国青少年民族团结知识竞赛。

3. 实施五项各族青少年交流活动。一是深化各民族少年儿童“手拉手”活动，开展民族地区内不同民族少年儿童、民族地区与非民族地区少年儿童及学校与学校等多种形式的“手拉手”活动，运用互联网开展“网上手拉手”活动，同时做好从小学升入初中后的活动衔接；二是开展各族学生“民族团结代代传”校园文化节、艺术节；三是通过学习兴趣小组、文体社团等载体，开展各族学生日常互助交流活动；四是开展青年志愿者“双语”教育专项工作；五是组织开展少数民族青年代表人物、宗教界青年代表人士到沿海发达地区学习考察活动。

4. 开展六项服务民族地区青少年活动。一是通过推进青年就业创业见习基地建设、技能培训、小额贷款项目，积极促进民族地区大学生就业创业；二是援建“民族团结希望学校”；三是对家庭经济困难的少数民族大学生开展帮扶工作；四是组织参加大学生志愿服务西部计划、研究生支教团等项目并在民族地区服务的青年志愿者开展“做一次家访、办一件实事、组织一次民族团结活动、交一批少数民族朋友”活动；五是在元旦、春节、民族节日开展服务民族地区困难青少年活动；六是组织全国青联艺术团、博士服务团到民族地区开展服务。

5. 运用各类媒体特别是新媒体开展四项民族团结宣传教育活动。一是在省级以上团属报刊、网站和手机青年报开设“祖国大家庭”专栏，用一年的时间集中开展民族团结宣传工作；二是协调相关主流报刊、电视频道等开展青少年民族团结宣传工作；三是制作、推荐一批体现民族团结内容的网络短视频和动漫作品；四是与部分校园网站合作建设“大学生网上中华民族园”。

（二）民族地区团组织重点开展的活动

1. 组织15—20场大学生“民族团结教育大讲堂”活动；组织少数民族青年代表人物、青年骨干等开展党的民族理论、民族政策宣讲活动。

2. 邀请老党员、老战士、老专家、老教师、老模范和民族团结先进典型、青年志愿者等深入各类学校和基层社区，以青少年学生为重点开展深入细致的思想政治工作。

3. 针对“7.5”事件的影响，在不同民族的小学生中开展心理抚慰活动，帮助他们消除情感创伤和精神隔阂。

4. 举办多种形式的少年儿童“手拉手”、校园文化节、各族师生互访等活动，增进各族青少年学生的交流。

5. 充分利用重要纪念日、民族节日等契机，利用爱国主义教育基地、青少年教育基地、青少年宫、青少年校外活动场所等阵地，组织开展以民族团结为主题的学习、交流、体验、文体娱乐等活动。

6. 积极选树青少年身边的可亲、可信、可学的民族团结先进青少年典型，广泛征集和宣传对普通青少年有启发意义的生动事迹，通过面对面交流等形式更好地引导青少年。

各级共青团、少先队组织要充分认识开展青少年民族团结宣传教育活动的重要意义，从各地实际出发，制订切实可行的工作方案，分解任务，周密安排，创造性地开展工作，确保工作落到实处。要及时了解本地开展青少年民族团结宣传教育工作的情况，上报上一级团组织。各省级团委要对本地（系统）的活动加强督导检查，有关情况及时报团中央。

关于进一步加强中国青年报、中国青年杂志、中国共青团杂志等共青团宣传舆论阵地建设的通知

2009年9月24日

共青团各省、自治区、直辖市委，解放军总政治部组织部，全国铁道团委，全国民航团委，中直机关团工委，中央国家机关团工委，中央金融团工委，中央企业团工委：

为深入贯彻落实胡锦涛总书记提出的"两个全体青年"的目标，按照团中央对引导青年工作和构建影响青少年的传媒体系的部署，现就进一步加强中国青年报、中国青年杂志、中国共青团杂志等共青团宣传舆论阵地建设的有关事项通知如下。

一、充分认识中国青年报、中国青年杂志、中国共青团杂志等团属报刊的重要作用

中国青年报是中央重要的主流媒体和团中央机关报，中国青年杂志是团中央机关刊，中国共青团杂志是团中央面向各级团组织和广大团干部的工作指导刊物。多年来，这些团属报刊在宣传党的路线方针政策、促进青年健康成长、推动全团重点工作中发挥了重要作用，是共青团影响团员青年的重要依靠力量。在当前共青团的传媒格局中，这些团属报刊具有重要的地位和独特的优势，在推动团的事业发展中仍然具有不可替代的作用。各级团组织要充分认识加强中国青年报、中国青年杂志、中国共青团杂志等共青团宣传舆论阵地建设的重要意义，努力扩大其对各级团组织和广大团员青年的有效覆盖，更好地发挥这些团属报刊的作用。

二、进一步办好中国青年报、中国青年杂志、中国共青团杂志等团属报刊

中国青年报、中国青年杂志、中国共青团杂志等要始终坚持正确的舆论导向，进一步提高办报办刊水平，推进报刊改革发展。

要充分体现党对青年思想意识的核心要求。要结合庆祝新中国成立60周年，深入开展爱国主义教育舆论宣传工作，引导广大青年始终坚持爱国主义、社会主义和党的领导的有机统一。要通过开设"祖国大家庭"专栏等形式广泛开展民族团结宣传教育工作。要加大对全团重点工作和青年中的先进典型的报道力度，增强共青团吸引凝聚青年、影响引导青年的能力。

要适应时代变化和青年特点提高舆论引导水平。要坚持分层教育和分类引导，紧扣不同阶段、不同群体青年的思想意识关键点进行释疑解惑，帮助青年形成正确的思想认识。要充分运用数字化手段延展内容平台，融合时尚、艺术的元素，运用青年喜欢的语言风格、思想逻辑，增强舆论引导的实效。要把握好对具体社会问题特别是敏感问题、热点问题和突发事件的报道，针对青年看到的现象与所接受的正面教育存在的一些反差，引导青年进行正确的社会观察，使他们的认识更全面、更理性、更深刻、更稳定。

要抓住机遇积极推进改革发展。要牢牢把握市场经济条件下文化产业发展的方向，认真研究市场经济条件下传媒产业的发展规律，找准团属报刊在市场竞争中立足和发展的关键所在。特别是要按照中央推进文化体制改革的部署，积极稳妥地推进报刊改革，实现健康发展。

三、进一步扩大中国青年报、中国青年杂志、中国共青团杂志等团属报刊的覆盖面和影响力

各级团组织要认真贯彻落实"全团办，为

全团"的方针，充分发挥市场和自身组织体系的力量，高度重视并做好中国青年报、中国青年杂志、中国共青团杂志的发行工作，大力支持中国青年报等努力实现发行稳中有升的目标。在发行工作中，还要坚决贯彻执行党和国家有关报刊发行的各项规定，严禁向农村和农民摊派，严禁向社会组织摊派。

抓好重点领域的征订发行工作。要在抓好普遍征订的同时，着力抓好学校、企业、部队等系统和重点城市的征订发行工作，铁道、民航、金融、企业等系统要大力推进基层单位及营业网点的征订工作。要巩固全国大中学校的班级团支部、地级以上的"青年文明号"集体、各地青年中心、青少年宫、青少年维权岗、青年文明社区的报刊订阅工作，积极做好"两新"组织的发行工作。

抓好报刊赠订工作。要广泛动员各方力量订阅或向缺少经费的基层团组织、青年就业创业见习基地、经济困难学生、"西部计划"志愿者、大学生"村官"等赠阅。有条件的团组织要向相关党政领导赠阅。要积极争取党委宣传部门和新闻出版行政主管部门的支持，努力把中国青年报等团属报刊纳入"农家书屋"工程。经济较发达地区团组织要把赠阅报刊作为支持中西部团组织开展工作的重要内容。

落实订报订刊经费。要认真执行《关于团费交纳和管理使用的规定》和《关于团费交纳和管理使用的补充规定》中"首先保证订阅中国青年报等团的报刊。鉴于中国青年报在教育服务团员、团干部和推动团的工作中的重要作用，未完成中国青年报订阅计划的团组织，团费不可留作他用"的有关要求，要积极争取社会支持，多渠道筹集订报订刊经费。

切实用好团属媒体。团的各级领导机关要把指导基层用好中国青年报、中国青年杂志和中国共青团杂志作为推动基层组织建设和基层工作、服务青年就业创业、分类引导青年试点工作的重要举措。中国青年报社、中国青年杂志社、中国共青团杂志社要主动加强与各级团组织的联系，认真做好服务工作。

中国少年报是中国少年先锋队的队报。各级团组织要切实肩负起"全团带队"的使命，与各级少先队组织一起认真抓好中国少年报的发行工作。中华儿女杂志是全国青联的机关刊。要动员团组织、青联组织和青联委员订阅中华儿女杂志，充分发挥中华儿女杂志在服务青年统战工作中的积极作用。

四、城市

关于建立共青团“青年就业创业见习基地”的指导意见(试行)

2009年1月11日

为贯彻落实党的十七大和团的十六大、十六届二中全会精神,团中央决定动员全团力量,遵循市场机制和社会公益活动的基本规则,面向应届大中专毕业生、已毕业未就业大中专毕业生、下岗失业青年和青年农民工,广泛动员和争取在各类企事业单位中建立共青团“青年就业创业见习基地”,为青年积累工作经验、提高就业创业能力提供帮助,为用人单位选人搭建平台。

一、基本原则

1. 三级建立。团中央、省级团委和团市(地)委、学校团委分别联系企事业单位募集岗位,建立见习基地。

2. 三级授牌。提供10个以上见习岗位的企事业单位即可授牌。团中央、省级团委、团市(地)委原则上谁建立谁授牌。下级团委也可以向上级团委申请授牌,其中:在一个见习周期内提供20个以上岗位,可申请省级团委授牌;在一个见习周期内提供30个以上岗位,可申请团中央授牌。

3. 属地协调。团中央联系建立的见习基地,按见习基地所在地由团省委统一协调,市(地)、县(区)团委负责具体对接工作。

4. 动态管理。授牌单位负责评价本级所建立的见习基地的运转情况,对未履行合同约定的见习基地予以摘牌,对工作优异的见习基地以适当方式予以表彰。原则上每年评价一次。

5. 基层对接。团中央、省级团委、团市(地)委联系到的企事业单位和岗位提供给基层团组织使用,由市(地)、县(区)团委,根据岗位需求情况组织推荐本地应届大中专毕业生、已毕业未就业大中专毕业生、下岗失业青年和青年农民工参加见习,可以优先考虑有创业意向、家庭经济困难、初次就业的青年。学校团委联系建立的见习基地可直接面向本校学生,自行运转,不再层层对接。

6. 就近就便。原则上见习基地和见习人员在同一城市对接,特殊情况由企事业单位和学校或相关机构协商。

二、建立标准和程序

见习基地的建立应充分考虑企事业单位的规模、行业分布及所能覆盖的青年群体类别等要素。

(一)建立标准

1. 合法经营、依法纳税并处于正常生产经营状态的企事业单位,有提供见习岗位的意愿和接收见习人员的能力;

2. 具备国家法定安全生产条件;

3. 每年至少安排一期见习,每期一般为2—3个月,岗位数量不少于10个;

4. 见习岗位的工作内容需具备一定的技

术技能含量,见习基地不以短期劳务用工为主要功能;

5. 能够为见习人员提供人身意外伤害保险和一定的基本生活补助;

6. 见习结束后,能够为见习人员出具见习鉴定;

7. 同等条件下,可以优先录用在本单位见习的青年。

(二)建立程序

1. 团中央、省级团委和团市(地)委、高校团委按照见习基地建立标准,广泛联系相关企事业单位,经双方同意,签订共青团“青年就业创业见习基地合同”(见附件1),原则上谁建立谁签合同;

2. 见习基地按照团中央制定的统一标识挂牌(标识式样另发)。挂牌期限一般为三年,具体见习岗位每年可根据企事业单位实际进行调整,三年期满,经评价合格的可继续挂牌。

三、见习人员的组织

见习人员的年龄一般在18—35岁之间。见习人员的组织和招收工作由市(地)、县(区)团委负责。

1. 省级团委城市(青工)部、农村(青农)部和学校部负责见习人员招收工作的总体指导、协调和服务;

2. 见习人员的具体招收工作由市(地)、县(区)团委和学校团委负责,并与相关企事业单位团委进行岗位对接。

四、见习人员的管理

见习人员在岗工作时间的管理以企事业单位为主,由企事业单位与见习人员签订见习协议书(参考文本见附件2、3、4);非在岗工作时间,应届大中专毕业生的管理由学校负责,其他见习人员的管理由招收的市(地)、县(区)团委负责。团中央、团省委有关部门对见习人员的管理进行跟踪指导。

附件1:

共青团“青年就业创业见习基地”合同

甲方:(企事业单位)

乙方:(团中央有关部门、省级团委有关部门、团市(地)委、学校团委)

甲乙双方经平等协商,就合作建立共青团“青年就业创业见习基地”事宜签订本合同,以资双方共同遵守。

一、合作目的

第一条　建立共青团“青年就业创业见习基地”,目的是接收应届大中专毕业生、已毕业未就业大中专毕业生、下岗失业青年和青年农民工进行就业见习,为其积累工作经验、提高就业创业能力创造条件,为企事业单位选人搭建平台。

二、合同期限

第二条　本合同期限为三年,自20××年×月×日起,至20××年×月×日止。合同期满是否续签由双方协商确定。

三、合作方式与内容

第三条　甲方愿在合同期限内,与乙方合作建立个共青团“青年就业创业见习基地”,每个基地每年提供的见习岗位不少于10个。

第四条　乙方或乙方委托市(地)级、县(区)级团委按照甲方岗位需求招收青年,并选派到甲方进行见习,见习时间为2—3个月。乙方所选派的青年应身体健康。

第五条　见习期间,见习人员的见习活动包括业务培训和工作由甲方安排和管理,乙方予以协助。

四、甲方的权利和义务

第六条　制定见习管理制度,同见习人员签订见习协议。

第七条　安排见习人员具体见习岗位,见习期间可根据实际需要进行调整,但不能安排超越见习人员年龄体力、承受能力的工作和高危岗位,也不应以短期劳务用工为主要目的安排见习内容。

第八条　负责见习人员在岗期间的管理，有权要求见习人员遵守企事业单位各项规定。

第九条　乙方提供的见习人员名单报甲方后，甲方在见习人员到岗前为见习人员办理人身意外伤害保险，保险金额不低于×元人民币；参照当地最低工资标准或最低生活保障标准按月足额为见习人员发放基本生活补助，具体金额由甲方同见习人员签订见习协议规定；有条件的单位为见习人员见习期间的食宿提供便利；尊重见习人员休息权；提供基本的劳动条件和劳动保护用品，保障见习人员在见习岗位的安全。

第十条　对见习人员进行必要的培训和指导，培训内容及时间由甲方确定。

第十一条　见习结束时，应为见习人员出具见习鉴定。

第十二条　在同等条件下，优先录用见习人员。

五、乙方的权利和义务

第十三条　乙方协助甲方对见习人员进行管理，加强见习人员政治思想教育和安全教育，督促见习人员保守甲方商业秘密、技术秘密和遵守甲方有关规章制度；安排专门人员对见习人员见习情况进行联系和跟踪，发现问题及时与甲方沟通，共同协商解决办法。

第十四条　面向青年公布甲方见习岗位信息，向甲方提供见习人员名单（包括姓名、性别、民族、年龄、在读学校或毕业学校、所学专业（技能）等信息），组织见习人员到甲方进行见习。

第十五条　在甲方未能履行本合同规定的义务时，乙方有权终止本协议，撤销基地牌匾。

六、保密协定

第十六条　乙方教育见习人员对涉及甲方的技术和商业等秘密进行保密。

七、合同生效及其他

第十七条　本合同经甲、乙双方授权代表签字并加盖甲乙双方公章生效。

第十八条　经甲乙双方协商同意，可以变更本合同相关内容或终止本合同。

第十九条　甲、乙双方如发生争议，应友好协商解决，如经协商未达成一致的，任何一方均可将该等争议提交有管辖权的人民法院裁决。

第二十条　本合同一式三份，具有同等法律效力，甲、乙双方各持一份，另一份由乙方报送团中央备案。

甲方（盖章）：　　乙方（盖章）：

代表人（签名）：　　代表人（签名）：

年　月　日　　　　年　月　日

附件 2：

青年就业创业见习协议书

（参考文本 1：适用于应届大中专毕业生）

甲方：（见习单位）

乙方：（见习人员）

为明确见习人员与见习单位的权利和义务，本着平等自愿的原则，甲、乙双方协商一致，签订本协议。

一、见习期限及工作安排

1. 按照甲方的岗位需求，乙方经所在学校团委或毕业生就业服务机构推荐自年月日至年月日到甲方指定岗位见习。

2. 甲方根据本单位具体情况，安排乙方见习活动包括必要的培训，以提高乙方的实践能力。

二、见习岗位

3. 甲方根据工作需要和乙方所学专业，安排乙方到部门，从事工作。见习期间，甲方可以根据其需要和乙方的具体情况对见习岗位进行调整。

三、双方的权利和义务

4. 甲方在乙方见习期间,协助乙方所在高校对乙方进行管理;在乙方到岗前为乙方办理人身意外伤害保险,保额为×元;每月×日前向乙方提供元的基本生活补助;有条件的单位为乙方见习期间的食宿提供便利;尊重乙方休息权;提供基本的劳动条件和劳动保护用品,保障乙方在见习岗位的安全;见习结束时与乙方所在学校共同对乙方进行考核鉴定,出具见习证明。

5. 乙方在协议规定的时间内按照甲方安排的内容参加见习,按时完成见习期间甲方交付的任务和工作;遵守甲方的各项规章制度,保守甲方商业秘密、技术秘密。

四、违约责任

6. 甲、乙双方任何一方违反本协议规定的各自应承担的职责和义务,即为违约,守约方有权终止本协议。

7. 甲方未能及时足额为乙方办理人身意外伤害保险,致使乙方受损的,应予赔偿。

8. 乙方违反甲方管理制度(包括保密制度),甲方可以向乙方所在学校反映,根据情节轻重给予教育或终止见习。如乙方因此给甲方造成损失的,甲方可要求乙方赔偿。

9. 甲方未能按时足额向乙方支付基本生活补助,乙方有权追偿。

五、争议解决途径

10. 甲、乙双方因执行本协议发生的任何争议,应先友好协商解决;协商不成,可以向相应的组织提出调解,调解不成立时,任何一方均可提请有管辖权的人民法院裁决。

六、其他规定

11. 本协议未尽事宜,甲乙双方可补充约定或协商解决。

12. 本协议正本一式三份,经甲方授权代表签字并加盖甲方公章和乙方签字后生效,甲乙双方各执一份为凭,另一份交乙方组织单位存查。

甲方(盖章):　　乙方(签名):

授权代表(签字)

年　月　日　　　年　月　日

附件3:

青年就业创业见习协议书

(参考文本2:适用于已毕业未就业的大中专毕业生)

甲方:(见习单位)

乙方:(见习人员)

为明确见习人员与见习单位的权利和义务,本着平等自愿的原则,甲、乙双方协商一致,签订本协议。

一、见习期限及工作安排

1. 按照甲方的岗位需求,乙方经(区(县)团委)、人力资源市场推荐自×年×月×日至×年×月×日到甲方指定岗位见习。

2. 甲方根据本单位具体情况,安排乙方见习活动包括必要的培训,以提高乙方的就业创业能力。

二、见习岗位

3. 甲方安排乙方到部门,从事工作。见习期间,甲方可以根据其需要和乙方的具体情况对见习岗位进行调整。

三、双方的权利和义务

4. 负责对乙方在见习期间进行管理;在乙方到岗前为乙方办理人身意外伤害保险,保额为元;每月日前向乙方提供元的基本生活补助;有条件的单位为乙方见习期间的食宿提供便利;尊重乙方休息权;提供基本的劳动条件和劳动保护用品,保障乙方在见习岗位的安全;见习结束时对乙方进行考核鉴定,出具见习证明。

5. 乙方须按照甲方的要求提供个人材料,并保证材料的真实性;在协议规定的时间内按照甲方安排的内容参加见习,按时完成见习期间甲方交付的任务和工作;遵守甲方的各项规章制度,保守甲方商业秘密、技术秘密。

四、违约责任

6. 甲、乙双方任何一方违反本协议规定的各自应承担的职责和义务,即为违约,守约方有权终止本协议。

7. 甲方未能及时足额为乙方办理人身意外伤害保险,致使乙方受损的,应予赔偿。

8. 乙方违反甲方管理制度(包括保密制度),甲方可以根据情节轻重给予教育或终止见习。乙方因此给甲方造成损失的,甲方可要求乙方赔偿。

9. 甲方未能按时足额向乙方支付基本生活补助,乙方有权追偿。

五、争议解决途径

10. 甲、乙双方因执行本协议发生的任何争议,应先友好协商解决;协商不成,可以向相应的组织提出调解,调解不成立时,任何一方均可提请有管辖权的人民法院裁决。

六、其他规定

11. 本协议未尽事宜,甲乙双方可补充约定或协商解决。

12. 本协议正本一式三份,经甲方授权代表签字并加盖甲方公章和乙方签字后生效,甲乙双方各执一份为凭,另一份交乙方组织单位存查。

甲方(盖章):　　乙方(签名):

授权代表(签字)

年　月　日　　　年　月　日

附件4:

青年就业见习协议书

(参考文本3:适用于下岗失业青年、青年农民工)

甲方:(见习单位)

乙方:(见习人员)

为明确见习青年、见习基地的权利与义务,本着平等自愿的原则,甲、乙双方协商一致,签订本协议。

一、见习期限及工作安排

1. 乙方自×年×月×日至×年×月×日到甲方指定岗位见习。

2. 甲方根据本单位具体情况,安排乙方见习活动。乙方学习务工技能,增强和提升就业创业能力。

二、见习岗位

3. 甲方安排乙方到甲方部门,从事工作。见习期间,甲方可以根据需要和乙方的具体情况对乙方见习岗位进行调整。

三、双方的权利和义务

4. 甲方在乙方到岗前为乙方办理人身意外伤害保险,保额为×元;每月×日前向乙方提供元的基本生活补助;有条件的单位为乙方见习期间的食宿提供便利;尊重乙方休息权;提供基本的劳动条件和劳动保护用品,保障乙方在见习岗位的安全;见习结束时对乙方进行考核鉴定,出具见习证明。

5. 乙方须按照甲方的要求提供个人材料,并保证材料的真实性;在协议规定的时间内按照甲方安排的内容参加见习,按时完成见习期间甲方交付的任务和工作;遵守甲方的各项规章制度,保守甲方商业秘密、技术秘密。

四、违约责任

6. 甲、乙双方任何一方违反本协议规定的各自应承担的职责和义务,即为违约,守约方有权终止本协议。

7. 甲方未能及时足额为乙方办理人身意外伤害保险,致使乙方受损的,应予赔偿;

8. 乙方违反甲方管理制度(包括保密制度),甲方可以根据情节轻重给予教育或终止见习。乙方因此给甲方造成损失的,甲方可要求乙方赔偿。

9. 甲方未能按时足额向乙方支付基本生活补助,乙方有权追偿。

五、争议解决途径

10. 甲、乙双方因执行本协议发生的任何争议,应先友好协商解决;协商不成,可以向相应的组织提出调解,调解不成立时,任何一方均可提请有管辖权的人民法院裁决。

六、其他规定

11. 本协议未尽事宜,甲乙双方可补充约定或协商解决。

12. 本协议正本一式三份,甲乙双方各执一份为凭,另一份交乙方组织单位存查,经甲方授权代表签字并加盖甲方公章和乙方签字后生效。

甲方(盖章):　　乙方(签名):

授权代表(签字)

年　月　日　　　　年　月　日

附件5:共青团"青年就业创业见习基地"信息汇总表(略)

共青团中央、国家开发银行关于深化实施"中国青年创业小额贷款项目"的通知

2009年3月16日

共青团各省、自治区、直辖市委,国家开发银行各分行:

为进一步深化实施"中国青年创业小额贷款项目"(下称"小额贷款项目"),加强双方合作,扩大项目受益面、覆盖面,解决创业青年,特别是初次创业青年融资难问题,现就有关事项通知如下。

一、合作模式

1. 各地可参考《共青团中央、国家开发银行关于联合实施"中国青年创业小额贷款项目"的通知》(中青联发〔2006〕19号)提供的直贷、统贷、转贷等模式,结合实际探索创新。

2. 在实施"小额贷款项目"过程中,要将国开行在基层业务金融领域的成功实践与共青团的组织网络优势相结合,努力将其接入国开行市县合作机制,共享合作平台(合作机构)、风险分担机制等国开行市县合作建设成果,实现批量操作。

3. 在"小额贷款项目"运行过程中,积极借鉴基层的成功实践和工作基础,团组织、国开行共同推动当地政府加大青年创业支持力度,各方形成合力,构建扶持青年创业的长效机制。

二、各方职责

(一)团组织的职责

1. 各级团组织应积极争取当地党委、政府加大对青年创业的扶持力度,协调开发性金融合作办公室、城投公司等市县合作平台或其他经济实体参与实施"小额贷款项目"。

2. 团组织可派员在合作机构中担任具体职务,参与实施"小额贷款项目",要积极吸纳部分符合条件的"大学生志愿服务西部计划"志愿者参与"小额贷款项目"。

3. 团组织要构建"小额贷款项目"的入口机制,可依托相关就业创业服务机构设立项目服务平台,收集汇总各类青年的创业项目和需

求；利用青年联合会、青年企业家协会等组织资源开展创业辅导、培训、咨询，建立创业导师团队对创业项目可行性进行评估，提高青年创业成功率和贷款成功率；协助合作机构做好贷前、贷中、贷后管理等辅助性工作。

4. 团组织可推动政府设立青年创业专项风险补偿基金，拨付资金提供贴息，在有条件的地区倡导设立青年创业基金、成立青年创业担保公司为“小额贷款项目”提供风险补偿或担保。

（二）国开行的职责

1. 国开行协助团组织熟悉市县合作机制及模式，为“小额贷款项目”顺畅接入市县合作机制、完善流程提供支持。

2. 国开行各分行负责向各级团组织与合作机构提供涵盖信贷流程、信贷分析评价技术等业务知识的培训与辅导，指导合作机构制定业务规章制度及操作流程。

3. 国开行各分行要建立实施“小额贷款项目”的激励约束机制和内部科学考核机制，提高信贷人员实施“小额贷款项目”的积极性。

4. 为通过国开行审批的贷款项目提供信贷资金。

（三）合作机构的职责

1. 合作机构要主动配合团组织、国开行，负责协助“小额贷款项目”的开发、初评、贷后管理等工作。

2. 合作机构需建立健全内部的业务规章制度，通过相关渠道，宣介贷款信息，收集融资需求。开展实地调研，撰写申贷报告，将内部审议通过的项目上报国开行审批，对国开行审批通过的项目，协助开展合同签订、贷款发放与支付、本息回收、贷款管理等工作。

3. 对于逾期的贷款本息，及时启动担保及补偿措施，确保国开行贷款安全。

三、贷款要素

（一）贷款对象

在继续扩大前期合作成果的基础上，双方合作重点向初次创业的、具有小额融资需求的青年倾斜，努力填补初次创业青年融资渠道空白，以创业带动就业，扩大项目受益面与覆盖面。

（二）贷款额度、期限

1. 青年创业小额贷款每人单笔额度一般在 10 万元以内，最多不超过 100 万元；青年创办的中小企业贷款单户额度一般在 500 万元以下，最多不超过 3000 万元。

2. 贷款期限一般不超过 3 年。

（三）贷款定价

在条件成熟的地区，贷款利率执行在人民银行公布的同期贷款利率基础上适当上浮，使利率水平覆盖风险与成本，并能确保合作机构合理的利益分享水平。

四、操作流程

（一）确定合作机制

国开行各分行、各级团组织、合作机构共同商讨合同内容、合作机制、合作条件等内容，签订三方合作协议，明确各方的责权利关系。

（二）项目开发

团组织、国开行、合作机构各方共同建立广泛的项目入口机制，通过市县合作平台的各种宣传渠道，向广大青年宣传“小额贷款项目”的贷款政策、申请方式、申请条件等信息。各地由团组织牵头设立贷款服务平台，批量收集广大青年的项目融资需求，定期将成熟项目进入评审程序。

（三）评审

进入评审程序的项目，国开行各分行要按照“以机制建设控制项目风险”的业务原则，简化审批程序。贷款按批发式、标准化办理，原则上不单独受理机制外项目。项目评审要对具体贷款项目的借（用）款人、贷款用途、信用结构、偿债能力等内容进行审查。具体包括：

1. 调查。合作机构组织现场和非现场评审调查，从各方面收集评审资料和数据。对借款人的资信状况，对项目实施的可行性、盈利性等方面进行评价。

2. 初评。通过调查,合作机构按国开行要求撰写申贷报告。

3. 审议。团组织可引入青年联合会、青年企业家协会、创业导师团队等专家资源开展项目评价,经团组织与合作机构商定后确定优质项目上报国开行。

(四)审批

国开行争取在10个工作日内办结审批程序,并及时将审批结果反馈团组织和合作机构。

(五)信贷管理

国开行审批通过的项目,合作机构协助国开行各分行开展合同签订、贷款发放与支付、本息回收、贷款管理、不良贷款清收等工作。

1. 合同签订。国开行同意贷款的项目,合作机构要积极组织借款人落实贷款条件,与国开行签订借款合同,同时配合国开行签订《保证合同》、《抵质押合同》等相关文件。

2. 资金支付。借款合同签订后,合作机构要赴现场落实贷款发放和支用条件。国开行按相应程序办理贷款发放和资金支付。

3. 贷款管理与本息回收。团组织要在贷款发放后提供创业导师对贷款项目进行后续跟踪辅导。合作机构做好信贷辅助管理和风险报告工作。

4. 档案管理。凡在贷款业务活动中形成的具有凭证、依据价值的文件材料,合作机构均要按国开行要求分项目建立档案,并定期向国开行移交。

五、担保方式

(一)积极推进青年创业小额信用贷款。建立和完善青年资信评价体系,对优质客户可发放"免担保、免抵押"的小额信用贷款,扩大贷款覆盖面。

(二)大力发展创业青年互保、联保贷款。以行业集贸市场、商品一条街等行业市场的创业青年为对象,引导和鼓励创业青年加入"信用互助组织"、"信用联盟"等信用共同体。完善信用共同体内在激励约束机制,调动内部成员自我管理的积极性。积极推动和发展"公司+青年"、"专业市场+青年"、"企业+加盟店"等信贷模式,提高青年初次创业成功率。

(三)大胆创新小额贷款项目的抵质押担保方式。进一步扩大青年创业申请贷款可采用的抵质押品范围,探索应收账款、股权、期权、分红、存单、专利、商标和商铺使用权等权利质押贷款。针对特定行业,以企业产业链或交易环节为核心,设计金融产品,通过仓单质押、提单质押、提货权转让等形式,使企业的原材料、库存产成品以及处于销售周转过程中的商品可供银行抵押融资。

六、机制建设

(一)风险控制机制建设。加强与信用协会、企业协会及信用合作社等信用共同体的合作,通过信用共同体内部成员间的资信公开、信用评估、贷款催收等程序,对成员进行信用培育,形成成员间的平辈压力和内在激励约束,调动成员自我管理的积极性,有效控制和防范信贷风险。为增强风险控制能力,团组织与合作机构需建立借款人信用识别、项目可行性与收益性评估的方法与标准,建立或规范协助项目开发、评审的控制流程,构建项目储备库与专家库的支持体系,并将相关制度、规定报送国开行分行认定。

(二)风险分担机制建设。团组织应推动政府或合作机构运用风险准备金、合作机构提供的可抵质押的资产、承担连带责任保证、合作机构法人代表个人承担无限连带责任保证等多种手段分担贷款风险。在有条件的地区可通过财政拨款、社会募集等渠道筹集青年创业种子资金,或设立青年小额创业基金,设立风险补偿基金,确保国开行信贷资金安全。

在有合作意愿的地市,各级团组织可通过注资入股当地政府所有的担保机构的方式,取得控股地位,逐步将其发展壮大成为服务于创业青年、中小企业的担保机构。同等条件下，国开行优先选择团组织所属的参股、控股的担保机构为“小额创业贷款项目”的合作担保机构。担保机构向客户收取的担保费率原则上不高于2%，担保费率上限为该笔贷款利率的50%。

（三）激励与约束机制。当合作机构经办的不良贷款率达到1.5%时，国开行有权要求合作机构通过提高风险准备金比例、增加抵质押资产等方式，确保国开行信贷资金安全。在不良贷款率降低到正常水平并经过3个月的观察期后，国开行可考虑恢复原信用结构。当不良率达到5%的止损指标时，国开行有权单方面解除协议、停止支付并扣减已经发生的剩余代理费或要求合作机构支付违约金。视合作机构类别，对严格按照国开行管理规定、推荐项目信贷质量优良的合作机构，国开行可支付一定比例的代理费。对于合作关系良好的地区，可扩大贷款额度、降低利率水平、加快审批速度。

七、有关要求

（一）加强组织领导，完善沟通联系机制。省级团委、国开行各分行要建立联席会议制度，定期召开会议，研究部署涉及项目发展的重大问题，沟通有关情况，落实工作计划，督导项目落实。完善项目统计和动态反映体系，定期通报和交流项目开发、培育、评审、发放和贷后管理等情况，形成《会议纪要》或《中国青年创业小额贷款项目工作简报》，指导各地开展工作。

（二）强化队伍建设。各地要加大地方青年创业服务中心的建设，以此为依托建立项目服务平台，督导落实青年创业小额贷款项目。大力深化团组织与国开行间的干部双向交流挂职锻炼工作，举办不同层面的团干部金融知识培训班，改善团干部知识结构，提升团干部落实项目，服务青年的能力和水平。

（三）防范项目风险，简化贷款环节。国开行在防范风险的前提下，简化贷款环节，优化评审流程。团组织要从重点扶持对象中选择贷款对象，并对贷款对象进行信用教育。要采取创业培训、创业导航、创业见习、创业孵化等措施，对二次创业或初次创业的青年进行培训和扶持，提高贷款对象的创业成功率，提升项目整体运作水平。

共青团“青年就业创业见习基地”实施细则（试行）

2009年3月19日

根据《关于建立共青团“青年就业创业见习基地”的指导意见（试行）》（中青办发〔2009〕3号）精神，特制定本实施细则。

一、建立基地

见习基地由团中央、省级团委、地市团委和高校团委面向国有和国有控股企业、非公有制企业、外资（合资）企业以及事业单位建立。

1. 募集基地。团中央、省级团委、地市团委和高校团委面向企事业单位募集见习基地，明确见习岗位名称、见习岗位条件、见习人数、上岗时间、具体联系人等，分别编制《共青团“青年就业创业见习基地”信息汇总表》。

2. 了解情况。团中央、团省（区、市）委、地市团委认真了解同意建立见习基地的企事业单位情况，明确涉及国家秘密、高危或以劳务用工为目的的岗位不能作为见习岗位。

3. 签订合同。双方明确建立见习基地的意愿后，由团中央有关部门（团省、区、市委有关部门、地市团委、高校团委）分别与相应企事业单位的授权代表人签订共青团“青年就业创业见习基地”合同，加盖双方公章。合同自签订之日起生效，有效期三年。团中央建立的见习基地可委托省级团委有关部门签订合同。

4. 授予牌匾。合同签订后，企事业单位即成为共青团“青年就业创业见习基地”，团中央、省级团委、地市团委和高校团委在30天内为其授予共青团“青年就业创业见习基地”牌匾（团中央及省级、市级、高校团委建立的见习基地均按统一规格挂牌，落款分别为共青团中央、共青团××省（区、市）委员会、共青团××市委员会、共青团××学校委员会，样式附后）。

5. 发布信息。团中央、省级团委、地市团委面向社会不定期发布见习基地名单，公布相关工作机构、联系人的联系电话，接受青年咨询。高校团委建立的见习基地主要面向本校学生发布，同时面向社会发布。

二、组织对接

1. 属地汇总。按照属地管理的原则，团中央、省级团委建立的见习基地交由地市团委进行联系和对接。团中央联合工作办公室将团中央、系统团委建立的见习基地名单按所在地市分布下发团省（区、市）委联合工作办公室，团省（区、市）委联合工作办公室将团中央、系统团委、团省（区、市）委建立的见习基地名单按所在地市分布下发地市团委，地市团委对团中央、省级团委和本级建立的见习基地进行分类汇总。高校团委建立的见习基地名单抄送所在地市团委汇总。

2. 沟通接洽。地市团委按见习基地需求制定对接方案，协调学校团委、县区团委与见习基地进行对接，协商见习人员招收等事宜。

高校团委建立的见习基地由高校团委直接接洽，自行管理。

团中央联合工作办公室负责在“中国共青团”网开通共青团“青年就业创业见习基地”专题网站，建立网上信息管理和对接工作平台。

三、人员对接

见习人员的招收工作由地市团委统一协调，县区团委和学校团委负责具体招收工作。优先考虑有创业意向、家庭经济困难的青年。

1. 招收人员。按照见习基地需求，学校团委招收应届大中专毕业生；县区团委联系劳动人事部门或街道、社区、乡镇等，招收已毕业未就业大中专毕业生、下岗失业青年和青年农民工。组织见习人员填写《共青团“青年就业创业见习基地”见习人员报名表》并审核。

2. 协商确定。学校团委、县区团委将意向见习人员名单送见习基地进行审查和筛选，与见习基地协商确定最终见习人员名单，准备组织见习人员上岗。

3. 签订协议。见习基地在上岗前一周内与见习人员签订《青年就业创业见习协议书》。协议书一式三份，见习基地、见习人员、县区团委或学校团委各执一份。

4. 建立名册。地市团委协调县区团委、学校团委汇总见习人员名单，建立见习人员花名册，报团省（区、市）委联合工作办公室。

原则上，见习人员与见习基地在同一城市对接。特殊情况由地市团委、学校团委与见习基地协商解决。高校团委建立的见习基地，由高校团委直接组织学生进行岗位对接，不需地市团委协调。

通过初次岗位对接，没有落实见习人员或见习人数不足的见习岗位，由县区团委和学校团委进行二次招收。二次招收仍不能落实见习人员的岗位，由地市团委商见习基地调整见习岗位或转由下一见习周期招收。

四、见习管理

见习基地负责见习人员在岗工作时间的管理，按照《共青团“青年就业创业见习基地”合同》履行权利和义务，见习结束后为见习人员出具《见习鉴定》。见习基地的团组织应协助相关责任部门制订见习方案，加强见习管理。地市团委、县区团委和学校团委应了解关注见习人员在见习期间的有关情况。

对于违反见习约定的见习人员，见习基地可终止见习。见习基地若违反见习约定，见习人员可向地市团委或学校团委报告，协商解决。经协商不能解决的，由地市团委或学校团委向上级团组织报告。

五、工作机构与职责

共青团“青年就业创业见习基地”的工作机构为：团中央、团省（区、市）委、地市团委“青年就业创业见习基地”联合工作办公室和县区团委、学校团委。

（一）团中央联合工作办公室主要职责

1. 贯彻落实团中央书记处的决策部署，制定见习基地建立、见习人员组织、岗位对接、监督管理、考核评估以及工作流程等相关规定。

2. 联系建立见习基地；协调、指导省级团委、地市团委、高校团委建立见习基地。

3. 协调团省（区、市）委联合工作办公室日常事务，进行业务指导，了解相关信息，汇总相关材料。

4. 督促检查见习基地的运转情况，考核评估见习基地的工作效果。

5. 建立网络工作平台，进行动态管理和过程控制。

6. 协调有关新闻媒体，公布见习基地名单，开展宣传报道工作。

7. 编发《共青团“青年就业创业见习基地”工作简报》。

8. 落实书记处交办的相关工作任务。

（二）团省（区、市）委联合工作办公室主要职责

1. 负责制定见习基地工作方案并组织实施。

2. 负责见习基地的建立、管理、考核、督查等工作。

3. 协调指导地市团委，对团中央、系统团委、团省（区、市）委建立的基地进行日常联系和管理。

4. 负责指导地市团委、县区团委和学校团委完成见习基地对接和见习人员上岗工作。

5. 协调有关新闻媒体，公布见习基地名单，开展宣传报道工作。

6. 负责见习基地的信息汇总上报工作，每月5日前填写月报表，报送团中央联合工作办公室。

7. 负责团中央联合工作办公室交办的相关工作任务。

（三）地市团委联合工作办公室主要职责

1. 负责见习基地的建立、管理、协调、督查等工作。

2. 负责团中央、系统团委、团省（区、市）委建立的见习基地的日常联系和管理。

3. 负责按见习基地需求制定县区团委、学校团委与见习基地的对接方案，接受青年咨询。

4. 负责做好见习基地信息汇总上报工作，每月3日前填写月报表，报送团省（区、市）委联合工作办公室。

5. 了解关注见习人员在见习期间的有关情况。

6. 负责团省（区、市）委联合工作办公室交办的相关工作任务。

（四）县区团委主要职责

1. 负责属地内见习基地的对接工作。

2. 按照见习基地需求，招收见习人员，接受青年咨询报名。

3. 负责与见习基地协商确定见习人员、组织上岗和信息汇总上报工作。

4. 了解关注见习人员在见习期间的有关情况。

（五）高校团委主要职责

1. 承担自建基地的对接、协调、督查等

工作。

2. 按照见习基地的需求，面向本校应届毕业生招收见习人员，接受学生咨询报名。

3. 负责与见习基地协商确定见习人员、组织上岗和信息汇总上报工作。

4. 了解关注见习人员在见习期间的有关情况。

六、考核监督

1. 团中央、团省（区、市）委、地市团委联合工作办公室、高校团委负责对基地运转情况进行不定期抽查。

2. 团中央、团省（区、市）委、地市团委联合工作办公室、高校团委对共青团“青年就业创业见习基地”实行动态管理，对不能履行或违反合同约定的见习基地予以摘牌。

3. 团中央、团省（区、市）委、地市团委联合工作办公室、高校团委根据基地运转情况，定期开展评选表彰活动，授予共青团“青年就业创业见习基地”示范单位等荣誉称号。

共青团中央、人力资源和社会保障部关于实施进城青年农民工“订单式”技能培训项目的通知

2009年5月15日

各省、自治区、直辖市团委，人力资源社会保障（人事、劳动保障）厅（局）：

为深入贯彻党的十七届三中全会精神，全面落实团十六届二中全会的工作部署，切实做好进城青年农民工就业工作，落实好特别职业培训计划，共青团中央、人力资源社会保障部决定联合实施进城青年农民工“订单式”技能培训项目。现就有关事项通知如下。

一、基本思路

以各类符合条件的培训机构为依托，以企业用工需求为前提，以现有政策为保障，充分发挥共青团组织联结优势、人力资源社会保障部门的政策资源优势以及行业协会、龙头企业的组织协调优势，对进城青年农民工特别是尚未就业的青年农民工进行“订单式”技能培训，提高就业能力，帮助他们顺利实现就业。

二、目标任务

（一）选择对青年农民工需求量较大的行业领域，结合企业的用工需求，从2009年开始，利用2年时间，在人力资源社会保障部整体培训计划安排下，分期分批对20万进城青年农民工实施培训。

（二）经商中国职工教育和职业培训协会、中国家庭服务业协会、中国家用电器维修协会及中国烹饪协会等单位同意，从2009年5月下旬至8月下旬，利用三个月左右时间，首批对6.03万名进城青年农民工开展培训，努力使绝大多数经过培训的青年农民工能够实现就业。

（三）各省（区、市）团组织、人力资源社会保障部门应结合实际，联系当地有关行业协会（商会）或用人单位，确定本省（区、市）的培训领域和培训人数，方案报团中央、人力资源社会保障部备案后实施。

三、培训的领域和方式

（一）培训领域。以具有初级技术含量，吸纳青年农民工较多的行业和领域（比如建筑、家政服务、餐饮服务等）为重点。

（二）培训方式。根据用人企业的培训需求，充分利用企业培训机构、技工学校等职业院校机构进行培训。中国职协企业和技工院校会员单位要积极承担培训任务。在培训过程中，要按照“订单式”技能培训的要求，采用课堂教学与现场见习、实习相结合的方式实施培训。

四、项目实施流程

（一）团组织与当地人力资源社会保障部门、有关行业协会或会员企业联系，建立工作协调机制。

（二）团组织协调行业协会和龙头企业，确定用工单位和用工培训数量。

1. 团中央首批对接部分国家级行业协会，并向各省下发具体名额，由各省级团委进行具体安排布置。

团中央将联系相关国家级行业协会，于适当时机推出不同批次的培训项目。

2. 除首批确定的6.03万名培训计划外，各省级团委应积极联系当地有关行业协会（商会）或龙头企业，确定用工培训计划并对名额以地市为单位进行分解。

3. 团中央和省级团委主要负责对接联系行业协会和用工企业确定用工培训计划，地市级团组织负责与有关会员单位和龙头企业具体衔接推进。

（三）团组织商行业协会、用人企业和当地人力资源社会保障部门，按有关规定共同确定培训机构。

（四）团组织、行业协会及用人单位通过各自的信息渠道发布用工培训信息。地市级团委负责与用人企业、培训机构对接，共同联系组织青年农民工参加培训。

（五）培训机构组织参训青年农民工开展培训。

（六）培训结束后，培训合格的青年农民工由培训机构颁发培训合格证书，并与用人单位签订正式劳动合同，上岗就业。

五、责任分工和经费保障

（一）团组织的职责

1. 加强沟通协调，与培训机构和用人企业进行有效衔接。

2. 联合人力资源社会保障部门、用人企业、培训机构，发布培训信息，组织进城青年农民工参加培训。

3. 掌握工作情况，及时准确掌握培训机构的培训数量、对接企业名单和预计用工数量。

（二）人力资源社会保障部门的职责

1. 对培训机构开展职业培训工作进行指导，为实施“订单式”技能培训项目提供必要帮助和技术支持。

2. 会同有关部门按程序认定培训机构。

3. 积极协助相关用人企业或培训机构申请财政补贴。

（三）行业协会及用人企业的职责

1. 确定企业及用工数量，明确岗位条件和要求。

2. 推荐具有培训能力且符合要求的培训机构。

3. 发布用工、培训信息。

4. 培训结束后，按数量录用培训合格人员。

5. 按规定申请职业培训补贴（或协助培训机构申请职业培训补贴）。

（四）培训机构的职责

1. 按照企业需求制定培训方案。

2. 开展培训，提高培训针对性和有效性。

3. 提供培训所需相关教材、工具及场所。

4. 培训结束后，向成绩合格者发放培训合格证。

5. 积极协助用人企业申请职业培训补贴（或受用人企业的委托直接申请）。

（五）经费保障

按《财政部、人力资源社会保障部关于就业专项资金使用管理及有关问题的通知》（财社〔2008〕269号）要求，经同级人力资源社会保障、财政部门审核，按规定申请政府财政补贴。

六、有关要求

各省级团委、人力资源社会保障部门要高度重视，密切合作，迅速落实工作任务，并将制定的工作方案于5月下旬前报团中央、人力资源社会保障部备案。有关地市级团委、人力资源社会保障部门是项目实施的主体，要加强和做好与用人企业、培训机构的协调，充分掌握培训工作的进度、成效和动态，确保培训工作取得实效。各级团组织要通过多种媒体，加强宣传，营造利于工作开展的良好社会环境。

附件：1. 2009年首批进城青年农民工“订单式”技能培训项目名额分配表（略）

2. 进城青年农民工“订单式”技能培训项目总名额分配表（2009—2010年）（略）

3. 中国家庭服务业协会、中国家用电器维修协会、中国烹饪协会“订单式”技能培训对接表（略）

4. 2009年进城青年农民工“订单式”技能培训项目实施流程图（略）

共青团中央、中国邮政储蓄银行关于共同实施“青年小额贷款项目”的通知

2009年11月5日

共青团各省、自治区、直辖市委，中国邮政储蓄银行各省、自治区、直辖市分行、计划单列市分行：

为深入贯彻党的十七大精神，全面落实科学发展观，帮助青年解决在经营过程中面临的资金瓶颈问题，引导广大青年发挥自身知识、技能等方面的优势，为经济社会发展作贡献，共青团中央与中国邮政储蓄银行决定联合实施“青年小额贷款项目”。现将有关事项通知如下。

一、总体目标

1. 以自主就业的城乡青年为服务对象，探索灵活便捷的信贷资金支持模式，培养青年人才，培育更多中小企业。

2. 探索建立各地团组织与邮政储蓄银行、相关政府部门以及社会机构的合作模式，建立服务青年的长效机制。

3. 以项目实施为切入点，强化基层团组织与青年的联系，增进广大青年对团组织的情感，促进团的基层组织建设。

二、工作原则

1. 优势互补，尊重规律。坚持“市场化运作、团组织协助推动、银行独立自主审贷”的原则。在尊重金融信贷规律、尊重银行经营自主权，符合邮政储蓄银行贷款产品制度要求的前提下，按照市场规则运作，充分发挥团组织的组织优势、动员优势和邮政储蓄银行的网络优势、融资优势，实现互惠互利，优势集成。

2. 积极稳妥，广泛开展。构建团组织与邮政储蓄银行各分（支）行的联系、合作机制，尽快实现项目落地。及时总结推广项目实施过程中的好做法好经验，不断提高工作水平。

三、贷款框架

1. 支持对象：年龄在 18 周岁至 40 周岁、在邮政储蓄银行信贷营业机构服务覆盖范围内、自主就业的城乡青年。

2. 项目方向：符合国家和地方产业政策，成长潜力好，市场风险低，就业吸纳力强。

3. 贷款产品：以中国邮政储蓄银行"好借好还"小额贷款产品为主。符合中国邮政储蓄银行小额存单质押贷款、个人商务贷款、小企业贷款产品有关条件的，可拓展到相关产品线。

4. 贷款要素：(1) 自主就业青年小额贷款单笔额度一般从 1 万元至 20 万元，实际额度由邮政储蓄银行根据借款人申请的贷种和具体条件而定。(2) 担保方式在现有自然人保证、存单质押、房产抵押、商铺租赁权抵押的基础上，探索其他抵质押品及补充担保方式。(3) 借款人经营时间等具体条件和贷款期限、利率等贷款要素均按中国邮政储蓄银行相关业务制度、对分支机构的具体授权确定。

四、风险补偿和激励约束机制

1. 风险补偿机制。各级团组织要积极争取以政府资金、社会资金支持等方式，按照邮政储蓄银行的相关规定和要求，共同建立健全风险补偿和代偿机制，提高青年小额贷款项目的风险抵御能力。鼓励团组织按照邮政储蓄银行的相关规定和要求，成立青年创业专项风险补偿基金、青年创业奖励基金等，为邮政储蓄银行向青年借款人发放的小额贷款提供一定的风险补偿和奖励基金。

2. 激励约束机制。(1) 对诚实守信、按时偿还贷款和通过贷款扩大生产、解决就业成绩突出的借款人，团组织与邮政储蓄银行分支机构可分别或共同予以奖励，如联合评定"青年小额贷款诚信户"、"青年小额贷款创业成功者"，采取授予荣誉称号、颁发证书、优先获得贷款等激励措施，对于按期还本付息的借款人，事后给予奖金或贴息。(2) 对青年小额贷款项目合作有力、推行效果显著、信贷资产质量优良的团组织和邮政储蓄银行分支机构，由共青团中央和中国邮政储蓄银行总行联合予以表彰。(3) 对团组织推荐的自主就业青年小额贷款逾期贷款率超过 3% 或不良贷款率超过 1% 的县(市)支行或市(地)分行，邮政储蓄银行停止受理团组织推荐客户。

五、双方职责

(一) 团组织职责

1. 收集信息。利用基层团组织、青年骨干、志愿者力量，协助银行做好小额贷款项目的宣传和项目初审工作，有效地推荐符合条件的借款申请人。

团组织和相关工作人员不干预银行对贷款的审批过程以及结果，不向借款申请人泄漏邮政储蓄银行审贷标准等从合作中获知的银行机密信息。

2. 争取政策。用足用活当地关于促进就业的一系列政策，争取政府和职能部门支持，为自主就业的青年在税收、法律、市场准入等方面提供具体的政策优惠。

3. 跟踪服务。发挥青联、青企协(青商会)等团属社团在人才、信息和市场方面的优势，组建创业导师队伍，开展面向青年的结对帮扶，帮助他们提升经营管理能力和市场开拓能力，提高项目成功率。跟踪项目运行情况，协助银行做好贷后管理、贷款催收、资产保全等工作。

4. 培育信用文化。选树诚实守信、按时偿还贷款和贷款扩大生产、解决就业成绩突出的城乡青年典型，弘扬诚实守信的经营文化。宣传中国邮政储蓄银行小额贷款项目，提高项目社会知晓率，加强项目品牌化建设。

(二) 邮政储蓄银行职责

1. 制定优惠条件。各级邮政储蓄银行分支机构与团组织共同研究确定本地贷款优惠条件。对团组织推荐的申请人，邮政储蓄银行应优先处理，加快审批流程，小额贷款自贷款受理日起，尽量在3个工作日内放款。对于正常偿还所有贷款本息、无逾期情况的城乡青年借款人，邮政储蓄银行给予当地小额贷款的优惠政策，包括贷款利率优惠等。对符合个人商务贷款授信条件的，提供循环授信额度，为其融资提供便利。

2. 独立、科学地审批贷款。邮政储蓄银行分支机构应严格按照现行行内相关贷款业务制度要求进行贷前调查、贷中审查和贷后检查，不放宽贷款条件、放松审查要求、减少贷后检查频次。

3. 贷款信息通报。邮政储蓄银行分支机构应对团组织推荐的自主就业青年小额贷款成功发放笔数、金额和逾期情况等信息，及时通报给同级团组织。

4. 建立内部激励机制。要建立对所属分支机构实施项目的内部考核机制和激励约束机制，并将团组织意见列入考察范围。

5. 提供业务指导。对团组织开展金融知识和信贷业务知识培训，在团组织开展工作过程中给予及时指导，为双方合作打下良好基础。

六、项目组织

1. 共青团中央和中国邮政储蓄银行共同成立项目领导小组（小组成员名单见附件）。各省级团委和邮政储蓄银行一级分行应成立相应机构，负责本地区项目运行。建立由市、县两级团组织和邮政储蓄银行二级分行和一级支行为主的项目运行体系。

2. 有条件的省、市两级团组织可建立由共青团主导的或共青团力量参与的助贷机构，如青年服务中心、投融资公司等，具体负责项目运作，协助银行做好贷款项目的征集、初审、管理等工作。

3. 团组织与邮政储蓄银行以开通互联网、社会热线等方式，共同建立银行、团组织、申贷青年快速对接的社会窗口。加强人才和项目的数据库建设，实现信息共享、动态管理。

七、工作要求

1. 高度重视，科学实施。各级团组织和邮政储蓄银行各分行要充分认识实施本项目的重大意义，把这项工作列为重要议事日程，切实抓紧抓好。要结合实际，科学论证，制定便捷可行的实施方案，精心组织实施。创新思路拓展双方合作形式，开发面向青年的多样化服务内容，务求实效。

2. 统筹安排，形成合力。各级团组织和邮政储蓄银行各分行要保持有效的沟通机制，保证信息充分共享和实时交流沟通，确定各自职责分工，保证项目实施进度。

3. 加强领导，注重管控。各级团组织和邮政储蓄银行各分行要在政策上积极支持，在宏观层面上加强指导，在微观层面上注重管控。各省级团委要指导督促各市县建立健全信息月报制度，及时汇总项目详细信息和推进动态，每月10日前上报团中央城市青年工作部。邮政储蓄银行各一级分行应将文到之日前辖内和团组织合作的协议、联合通知等文件向总行报备，今后和团组织合作的有关文件及时向总行报备，涉及贴息、担保基金等合作内容应提前向总行报批。

附件：

“青年小额贷款项目”领导小组名单

组长：

贺军科　共青团中央书记处书记

陶礼明　中国邮政储蓄银行行长

副组长：

徐　晓　共青团中央城市青年工作部部长

吕家进　中国邮政储蓄银行副行长

办公室主任：

马兴民　共青团中央城市青年工作部副部长

孙俊波　共青团中央农村青年工作部副巡视员

朱大鹏　中国邮政储蓄银行信贷业务部总经理

办公室成员：

姜庆国　共青团中央城市青年工作部机关事业处处长
梁　军　共青团中央农村青年工作部生态环保处处长
苑海珍　共青团中央城市青年工作部机关事业处副处长
银青志　中国邮政储蓄银行信贷业务部副总经理
周　琼　中国邮政储蓄银行信贷业务部副总经理

五、农村

关于大力开展共青团农村青年春季培训行动的通知

2009 年 1 月 12 日

共青团各省、自治区、直辖市委：

为深入贯彻党的十七届三中全会、中央经济工作会议、中央农村工作会议精神，全面落实团的十六届二中全会部署，更好地应对我国当前经济形势，大力促进农村青年就业创业，全国共青团农村工作会议提出 2009 年全团培训百万农村青年的目标，其中春季针对返乡青年农民工的培训更是重点。现就大力开展共青团农村青年春季培训行动（以下简称春季培训行动）有关事宜通知如下。

一、培训对象、时间、标准

春季培训行动的主要对象是返乡青年农民工，时间从 2009 年 1 月底至 3 月底。

培训分为两种：一是以团组织为主，达到 3 个标准：培训时间达 3 天以上；由团组织主导，可以借助各种力量共同开展；接受培训的返乡青年农民工应是各级团组织特别是基层团组织联系和组织的。二是以团组织为辅，配合科技、人保、农业等党政有关部门开展的培训。

以团组织为主的培训，各省（区、市）原则上不少于 1 万名；劳动力大省、返乡青年农民工较多的省份，原则上不少于 5 万名。

二、培训内容

各地各级团组织在推进春季培训行动的过程中，要因地制宜开展多层次、多样化的农村青年培训，突出培训的针对性和实用性，千方百计帮助走出去的农村青年具备较强的务工技能，留下来的农村青年掌握先进适用的农业技术，搞创业的农村青年掌握一定的经营管理知识。具体可开展以下 5 方面培训：一是围绕市场需求开展订单培训和定向培训，提高农村青年择业竞争能力；二是围绕产业结构调整和企业技术改造新开工项目开展职业技能培训，提高农村青年就业的适应能力；三是围绕青年农民工返乡创业组织开展创业培训，提高农村青年的自主创业能力；四是围绕农业现代化、产业化开展科技培训、农业实用技术培训，提高农村青年的农业技能；五是对农村初高中毕业生开展劳动预备制培训，使其至少熟练掌握一项职业技能。

要落实好团中央与中国银监会联合下发的关于实施农村青年创业小额贷款的指导意

见、与人力资源和社会保障部共同实施的青春建功新农村就业创业培训项目、促进农村青年就业创业上海种都项目等工作，促进春季培训行动的深入开展。

三、培训方式和途径

各地团组织开展春季培训行动，既可通过办培训班、现场示范、生产实践、信息交流和服务等方式，也可采用现代传媒开展远程教育、网上视频培训等途径，动员各类职业培训机构、工业园区、农业产业化龙头企业、专业合作组织以及各类团属阵地，抓住春节期间青年农民工集中返乡的时机，利用乡村青年文化节、"三下乡"、科技大集等载体，采取灵活多样的方式，立足基层，面向大多数农村青年切实做好培训工作。

四、扎实开展农村青年转移就业服务月工作

在广泛开展春季行动的基础上，要扎实做好农村青年转移就业服务月工作。采取城乡互动、区域协作等方式，依托劳务输出中介机构和青年企业家等各类青年能人的资源，挖掘用工岗位；建立健全输出地与输入地团组织对接的工作机制，通过举办招聘会、送岗位下乡等方式，向农村青年发布岗位信息，促进农村青年转移就业、返乡青年农民工再就业。

有关团省(区、市)委要加强与团天津市委的联系、沟通、合作，切实做好促进青年劳动力向天津滨海新区转移就业的对接工作。

五、有关工作要求

大力开展共青团农村青年春季培训行动，切实做好返乡青年农民工有关工作，是贯彻落实党中央重要指示的重要举措。各地各级团组织要对此高度重视，并将其作为今冬明春一项重要、紧迫任务，迅速行动起来。要及时掌握返乡青年农民工情况，制订工作方案，集中时间、集中力量切实抓紧抓好；要积极争取党政有关部门在项目、资金、信息、师资等方面的支持，广泛动员社会力量参与和帮助，确保培训工作取得实实在在的成效；要动员团内外新闻媒体，加强宣传，扩大春季培训行动的影响，在全社会掀起共青团培训农村青年的集中声势。

各团省(区、市)委请于2009年1月21日前将春季培训行动工作方案报团中央，有关工作进展情况要及时反馈。活动结束后，团中央将通报各地工作情况，并将其作为共青团百万农村青年培训工作年底表彰的重要依据。

共青团中央、人力资源和社会保障部关于应对当前经济形势实施青春建功新农村就业创业培训项目的通知

2009年1月20日

各省、自治区、直辖市团委、人事厅(局)、劳动保障厅(局)：

农村青年是建设社会主义新农村的生力军，是我国产业工人的重要组成部分。在我国当前严峻的就业形势下，组织农村青年开展职业培训，对于进一步提高农村青年就业和创业能力，保持就业局势稳定具有十分重要的意义。按照《关于促进以创业带动就业工作的指

导意见》、《关于实施特别职业培训计划的通知》要求，共青团中央、人力资源和社会保障部决定，从2009年起，利用2年时间，联合实施青春建功新农村就业创业培训项目。有关事宜通知如下。

一、目标任务

充分发挥共青团组织体系健全、联系广泛与人力资源和社会保障部门政策和资源优势，组织失去工作返乡的青年农民工开展实用技能培训和对农村“两后生”（农村初、高中毕业后未能继续升学的人员）参加劳动预备制培训，大力提高农村青年的就业创业能力，努力使走出去的农村青年具备较强的务工技能，留下来的农村青年掌握先进适用的农业技术，搞创业的农村青年掌握一定的经营管理知识，走出一条以就业引导培训、培训促进就业，创业带动就业、就业促进增收的新路子。

从2009年至2010年，利用2年时间，在人力资源和社会保障部整体培训计划安排下，各级团组织每年培训5万名青年农民工，提高他们的技能水平；每年培训5万名有创业意愿的青年农民工，提高他们自谋职业和自主创业能力；每年培训5万名返乡的青年农民工，开展实用技能培训，促进他们实现转移就业或返乡创业；每年组织5万名农村“两后生”参加劳动预备制培训，提升他们的技能水平和就业能力。

二、开展两类培训

1. 对返乡青年农民工开展实用技能培训。紧密结合当地农村产业结构，组织开展相应培训，提升青年农民工技能水平。对有技术和资金，并有创业意愿的青年农民工，组织开展创业培训，加强项目开发、创业指导、小额贷款、后续扶持等服务，帮助他们自谋职业和自主创业。

2. 对农村“两后生”开展劳动预备制培训。通过订单培训、定向培训等方式，组织农村“两后生”到技工院校参加6—12个月的劳动预备制培训，提升技能水平和就业能力。

三、项目操作办法

1. 配合人力资源和社会保障部门做好有关工作。各级团组织要积极配合人力资源和社会保障部门，依托农村基层团组织网络，扩大招收和组织一批农村“两后生”，参加技工院校的劳动预备制培训。

2. 完成好青春建功新农村就业创业培训项目培训任务。各省（区、市）团委要指导有关地、县两级团委抓紧选择团组织所属、联系、表彰的培训机构，经同级人力资源和社会保障部门认定后，可作为项目实施培训机构。要按照目标任务中培训计划名额和分配名额（见附件），认真组织人员到项目实施培训机构或当地其他符合条件的培训机构参加培训，依托认定的培训机构，及时完成农村青年培训任务。培训结束后，按《财政部、人力资源社会保障部关于就业专项资金使用管理及有关问题的通知》（财社〔2008〕269号）要求，经同级人力资源社会保障、财政部门审核，按规定申请政府财政补贴。

四、有关工作要求

各省（区、市）团委与人事厅（局）和劳动保障厅（局）要尽快沟通协商，制定本地区工作方案，并于2009年2月底前分别报共青团中央、人力资源和社会保障部备案。要进一步加强对本项目的领导和组织协调，地市以上团组织、人力资源和社会保障部门要建立青春建功新农村就业创业培训项目协调机制，确定专门人员负责，定期沟通交流工作情况。各级团组织和人力资源和社会保障部门，要抓紧推荐确定承担任务的技工院校和职业培训机构，按分配名额制定本地培训计划。要落实目标任务，强化工作考核，全力以赴抓好组织实施。各技工院校要积极主动承担培训任务，加强教学管理，确保培训质量。共青团中央、人力资源和社会保障部将适时就项目实施情况进行检查考核。

人力资源和社会保障部门要加强工作指

导，为团组织实施该项目提供必要帮助，符合条件的地、县两级团委所属、联系、表彰的培训机构，可按规定认定为承担培训任务的定点培训机构，具体承担培训任务。各级团组织要积极配合“春风行动”，继续深化“农村青年转移就业服务月”活动，做好宣传发动工作；以东西互助、区域合作等方式，努力为农村青年转移就业开发岗位、提供信息、做好对接。

各级团组织特别是基层团组织要充分利用新闻媒体、乡村宣传栏，加强就业形势和就业政策宣传，了解掌握返乡青年农民工情况，引导和鼓励农村青年自主择业、自谋职业、自主创业，做好坚定信心、稳定人心的工作。

附件：2009年青春建功新农村就业创业培训项目名额分配表（略）

关于贯彻落实《关于建立选聘高校毕业生到村任职工作长效机制的意见》精神的通知

2009年6月15日

共青团各省、自治区、直辖市委：

2009年4月7日，中共中央组织部、中共中央宣传部、教育部、公安部、民政部、财政部、人力资源和社会保障部、农业部、国家林业局、国务院扶贫办、共青团中央、全国妇联等12家部委联合下发了《关于印发〈关于建立选聘高校毕业生到村任职工作长效机制的意见〉的通知》（组通字〔2009〕21号）（以下简称《意见》）。为全面贯彻落实《意见》精神，积极参与做好大学生村官工作，现就有关事宜要求如下。

1. 参与大学生村官选聘工作。省、地两级团组织要积极参与大学生村官的选聘工作。在选聘规模和计划确定后，高校团组织要积极配合学校党组织做好大学生村官选聘工作，通过举办政策咨询会、印发宣传手册、举办大学生村官报告会等方式，并利用团属报刊、网络等多种媒体，宣传选聘大学生村官的政策及办法，增进高校毕业生对大学生村官工作的了解。要积极推荐高校毕业生中的党员、优秀团干部和学生干部应聘大学生村官。

2. 开展大学生村官培训。各地团组织要利用团校等培训渠道，通过与党委组织部门联办或单独举办等形式，对被选聘的大学生村官进行岗前培训，重点讲解“三农”工作的方针政策，介绍农村乡风民俗和工作方法，使大学生村官尽快进入角色。要将担任乡、村团组织职务的大学生村官纳入农村团干部培训规划中，每年至少安排一次团的工作培训。

3. 做好大学生村官的跟踪培养工作。各地团组织特别是县、乡团委要在职责范围内，配合同级党委组织部门及时了解掌握大学生村官的工作情况和特长，帮助和支持他们开展工作。要搭建大学生村官交流平台，通过成立大学生村官团组织、联谊会，建立网站、短信交流平台等方式，加强对大学生村官的跟踪和联系。要充分利用团属媒体对大学生村官工作和大学生村官群体进行深度报道，树立先进典型，营造良好的社会氛围。

4. 促进大学生村官的正常流动。各地团组织要积极引导、鼓励大学生村官在农村基层干部岗位上建功立业。要整合团内资源，大力开展大学生村官创业帮扶和指导工作，将大学生村官创业纳入促进青年就业创业总体部署，动员农村青年能人、青年企业家与大学生村官进行结对，提供信息咨询、小额贷款等服务，引导大学生村官立足农业农村自主创业。

5. 配合抓好大学生村官的管理考核工作。各地团组织要按照《意见》要求，分级落实相应的职责，在参与大学生村官的日常管理工作中做到不越位、不缺位，既要全面客观反映大学生村官的工作及表现情况，又要及时反映和努力帮助他们解决在工作和生活中存在的实际困难与问题。

6. 依靠大学生村官支持参与共青团工作。各地团组织要把大学生村官作为一支重要的工作力量，选拔政治素质较高、热心共青团工作的大学生村官担任乡、村基层团的职务，推荐综合素质好、议事能力强的大学生村官作为各级团代会代表人选，参加县、乡两级团代会等团的有关会议，为共青团组织注入新鲜血液和活力。

7. 建立参与做好大学生村官工作的团内协调机制。各地要高度重视大学生村官工作，省、地、县三级团委要明确一位分管书记和牵头协调部门具体负责大学生村官工作，将团组织参与大学生村官工作的任务分解落实到团内各相关工作部门。要尽快与同级党委组织部门及政府人事和社会保障部门进行联系沟通，建立工作协商机制。团内各相关部门要树立大局意识，密切配合，各司其职，做到工作任务不遗漏，责任到部门。

为及时沟通情况，做到工作步调一致，请各省（区、市）团委将本地大学生村官工作省级团委分管领导、牵头协调部门和负责人名单及其联系方式于6月25日前报团中央农村青年工作部。

六、学校

大学生骨干培养工作实施细则

2009年8月4日

为进一步强化大学生骨干培养工作的科学性、专业性、系统性，切实发挥大学生骨干培养工作在“青年马克思主义者培养工程”中的示范和带动作用，根据《“青年马克思主义者培养工程”实施纲要》（中青发〔2007〕27号）有关精神，特制定本实施细则。

一、培养目标

从履行共青团的根本职责出发，针对大学生骨干的成长规律和实际需求，从增强政治素质、提升思想境界、优化能力结构、锤炼作风品格等方面着手，在大学生中培养一大批用马克思主义中国化最新成果武装的、坚定跟党走中国特色社会主义道路理想信念的学生骨干，为他们逐步成长为坚定的马克思主义者奠定基础。

二、培养格局

大学生骨干培养工作分为全国、省（自治区、直辖市）、高校三级实施。各级大学生骨干培养学校培养对象面向高等学校（包括普通本科院校、高职院校、民办高校、独立学院，以下同）、科研院所在读的本专科学生、研究生招收。各级大学生骨干培养学校设置原则上不少于半年的培养期，其中集中学习时间应占一定比例。

1. 高校大学生骨干培养学校是大学生骨干培养的基础性主阵地。由校团委主办，设置大学生骨干培养的基础课程。培养对象主要包括本校学生党团组织、学生会和学生社团主要负责人，优秀学生党员、入党积极分子。原则上培养对象必须经过院系级团总支（分团委）推荐和一定形式的考察公示。每年培养的学生骨干不少于学生总数的2%。

2. 省级大学生骨干培养学校由省级团委、学联主办，设置大学生骨干培养的提升课程。培养对象为本地区高等学校（“211工程”学校除外）、科研院所的主要学生干部。原则上培养对象必须经过校级团委推荐和差额选拔。每年培养的学生骨干一般不少于200人。

3. 中国大学生骨干培养学校由共青团中央、全国学联主办，设置大学生骨干培养的提升课程。培养对象为全国“211工程”学校校学生会主席、研究生会主席，全国学联、省学联驻会执行主席。培养对象的确定须经过省级团委推荐、团中央核定两个环节。每年举办一期，一期240人左右。

三、培养原则

1. 坚持把人才成长的一般规律与青年马克思主义者的特殊要求相结合。既要尊重人才成长需要历经长期过程的一般规律，科学设计培养内容和方式，系统规划和推进各项工作；又要格外注重青年马克思主义者需要具备较高的政治素质这一特殊要求，着重加强理想信念、信仰立场、理论素养等方面的培养。

2. 坚持组织培养与自我教育相结合。既要充分发挥各级共青团、学联组织的作用，根据培养目标和课程体系要求以及大学生骨干的实际需求，有计划、系统地开展培养工作；又要充分调动培养对象的内在积极性和主动性，引导他们开展日常学习，加强自我教育。

3. 坚持理论框架训练与能力结构训练相结合。既要通过开展理论学习等有效方式，对培养对象进行中国特色社会主义理论体系训练，传授观察、思考、分析问题的理论框架和基本方法；又要采取专业化的培养方式提高培养对象的学习研究、组织协调等社会化能力。

4. 坚持把组织社会实践与进行正确的社会观察引导相结合。既要把组织培养对象参加社会实践作为引导他们了解社会、全面提高综合素质、坚定理想信念的重要途径；又要找准他们普遍关心的理论和现实问题，对他们的思想困惑进行有针对性、有说服力的分析和解答，帮助他们廓清思想迷雾、形成正确的社会观察结论。

5. 坚持把培养选拔与日后的观察、举荐、使用相结合。既要在培养期内有计划、分阶段地引导和帮助培养对象逐步提高各方面素质；又要在培养期结束后实行跟踪培养制度，通过推荐理论学习文章、定期分区域开展沟通交流活动、组织在网上研讨重大问题、向有关方面举荐等方式保持与他们的联系和交流，为培养对象成长发展提供支持和帮助。

四、培养方式

1. 理论学习

教学目的：重点帮助培养对象加深对中国特色社会主义理论体系的理解，初步掌握马克思主义的立场、观点和方法；正确认识中国革命、建设和改革的历史以及基本国情，增强对当代各种社会思潮的辨析、甄别能力，进一步坚定跟党走中国特色社会主义道路的理想信念。

教学方法：举办辅导讲座，引导培养对象对马克思主义经典著作进行分类研读；邀请党政领导、专家学者就党的创新理论、重要战略思想、重大政策以及社会思潮、社会热点问题进行讲解；编发简明理论学习读本和资料。

2. 社会实践

教学目的：重点引导培养对象了解基层、认识国情，增强历史使命感和社会责任感；密切与基层和群众的联系，培养对党、对人民的朴素感情，树立走与人民群众紧密结合的成长道路的意识；在艰苦的环境中磨炼意志品质、培养优良作风；增加社会阅历，培养、提高社会适应能力和综合素质。

教学方法：引导培养对象利用寒暑假返乡的机会或组织他们到有代表性的地区开展国情考察；组织培养对象深入到基层生产一线参加劳动锻炼，到机关事业单位、厂矿企业、乡镇社区挂职锻炼，开展各类志愿服务活动；组织培养对象对经济社会发展的重要问题开展调查研究，形成调研成果。

3. 社会观察

教学目的：重点帮助培养对象逐步掌握和运用比较研究的方法，培养和提高独立思考、思辨甄别的意识和能力，澄清思想上的困惑和模糊认识，增强政治敏锐性和政治鉴别力；对重大理论和现实问题以及社会热点现象进行观察思考，形成更深刻、更理性、更全面、更稳定的看法，进而明确坚定的政治方向。

教学方法：举办形势政策报告会；利用媒体开设社会观察专栏对培养对象进行正面引导，组织他们撰写社会观察报告；组织培养对象参与同港澳台和国外青年交流以及短期出访、出国培训和实习等活动，加大对政治、经济、文化等方面的不同制度、体制和发展模式的比较研究。

4. 红色教育

教学目的：重点帮助培养对象了解中国共产党领导革命取得成功的历史必然性，使他们能够从中国革命的内在逻辑出发认识并由衷认同中国共产党的领导地位；增强对革命传统精神的理解，实现爱国主义精神的升华；增强“先锋”意识，坚定在党的领导下建设中国特色社会主义的信念。

教学方法：组织培养对象实地参观爱国主义教育基地、革命遗址等，观看反映革命战争年代和新中国建设时期的影片，寻访历史见证人；参与祭奠革命先烈、唱革命歌曲、重温入党誓词等活动；观看反映优秀共产党员事迹的影像资料、专题展览，邀请先进典型作事迹报告。

5. 能力训练

教学目的：重点帮助培养对象提高以社会化能力为核心的组织能力、协调能力、沟通能力、分析判断能力等综合素质；学习掌握适应现代社会和未来发展需要的实用知识和技能。

教学方法：开设专门的培训课程，组织培养对象参加各种专业化的能力训练、素质拓展，开展相应的活动进行情景模拟体验。

6. 交流研讨

教学目的：重点帮助培养对象在加强自学的基础上认真思考社会现实问题，运用所学理论探讨解决问题的思路与对策；激发主动探索的精神，培养批判性思维，锻炼表达能力；实现“教学相长”、“学学相长”，多方交流、共同提高。

教学方法：组织培养对象按班、小组对课堂教学内容进行讨论、质询，就一些重大理论和现实问题进行专题研讨和辩论，就学习、实践、出访中的收获和体会进行交流。

五、课程设置和教学管理

各级大学生骨干培养学校应遵照培养目标和原则，科学、专业、系统地设置培养课程，并通过建立一定的制度进行严格的教学和教务管理。省级和校级大学生骨干培养学校可参照《中国大学生骨干培养学校教学和管理大纲》（见附件）作出相关制度安排。

六、保障机制

1. 政策保障。各级共青团组织要将党委组织、宣传、党校和政府教育、财政、人力资源和社会保障等部门充实进“青年马克思主义者培养工程”领导小组中，争取使大学生骨干培养工作获得政策指导、资金配套、资源共享、人才培养及使用等方面的支持。

2. 队伍保障。建立包括党政领导、专家学者、社会知名人士等在内、相对稳定的专家师资库，负责学校的课程讲授。团中央将适时举办培训班，对具体负责组织实施工作的团干部进行业务培训，推动实现全国、省(自治区、直辖市)、高校三级资源共享。

3. 教材保障。在充分借鉴中央编印的相关理论读本、高校思想政治课教材基础上，结合大学生骨干培养目标和课程设置的需要，组织有关专家学者编写或推荐有关中国特色社会主义理论体系框架、社会思潮等方面的读本和学习资料；结合重大时事政治和经济社会问题，编印《理论热点面对面(大学生版)》；针对社会实践等常项工作，编写具有创新性、专业性、规范性的工作指导手册。在办学的实践中，建设大学生骨干培养的精品课程，逐步形成特色鲜明、科学实用的教材体系。

4. 阵地保障。依托各级团校、团内教育培训基地以及高校业余党团校和理论研究机构，建立一批覆盖全面、功能突出的培训基地。动员和发掘各方面资源，在党政机关、厂矿企业、社区农村中建立一批稳定的社会实践基地。充分发挥各级共青团组织已经建立的青少年爱国主义教育基地和各类志愿服务基地在大学生骨干培养方面的作用。加强同各类素质拓展训练机构的联系与合作。

5. 网络保障。团中央将适时开通"中国大学生骨干培养学校在线"网站，具备在线授课、即时交流、资料下载、网络调查等功能，作为各级学员学习理论知识、提升能力素质、交流心得体会的重要平台和对学员进行学籍管理、过程控制、跟踪培养的有效载体，切实为学员服务。

附件：

中国大学生骨干培养学校教学和管理大纲

一、教学管理

1. 学员招收。中国大学生骨干培养学校学员为全国"211 工程"学校校级学生会主席、研究生会主席，全国学联、省学联驻会执行主席。培养对象的确定须经过省级团委推荐、团中央核定两个环节。

2. 培养周期。中国大学生骨干培养学校学制一般为一年，周期从每年 1 月至 12 月。学员毕业后，进入跟踪培养期。

3. 课程设置。中国大学生骨干学校培养课程分必修课、选修课两种，按照理论学习、社会实践、社会观察、红色教育、能力训练、交流讨论六大模块设计，采取集中学习和分散学习两种方式。集中学习阶段均为必修课；分散学习阶段为选修课，参照学分制动态管理。

4. 过程控制。学员须通过在线提交相关资料的方式，实时记录和反映自己在集中学习和分散学习阶段的学习情况、作业完成情况和相关收获。要求学员所在高校团委为其建立或参加各类理论学习社团和兴趣小组、在本校学生中交流和宣传学习成果创造条件；有条件的高校可让学员兼任辅导员助理，更好地了解、参与社会工作。

5. 考核评价。考核成绩是否合格主要依据两个指标：一是课程(活动)的出勤率；二是本课程要求的作业是否完成。学员结业时学校将出具考评报告，送至所在学校党委并争取纳入学生个人档案。对不能及时参加集中培训活动、表现不积极、考核评价不合格的学员进行中期淘汰或不予结业。

6. 跟踪培养。学员结业后，中国大学生骨干培养学校将设定 5 年左右的跟踪培养期。跟踪期间将向学员开放各类学习平台，建立学员跟踪信息库，定期分区域开展沟通交流活动，为结业学员继续学习和交流联系提供帮助；争取学校党政支持，在担任校内职务、推优入党、选调生选拔、就业推荐方面给予倾斜；对表现突出的学员力争在其职业发展过程中给予组织化推荐。

二、具体课程设置

中国大学生骨干培养学校的具体课程区分集中阶段和非集中阶段设置。原则上分以下四个阶段：

1. 集中第一阶段（开班同期）。组织学员参加至少7天的集中授课，以理论学习为主，部分课时安排案例教学、小组讨论、课堂辩论、情景模拟、素质拓展等实践性教学。学习结束后，学员提交总结。（具体安排略）

2. 集中第二阶段（当年7月中下旬—8月上旬）。组织学员参加至少两周的实践锻炼。（具体安排略）

3. 集中第三阶段（当年11月底或12月初）。组织学员集中进行2—3天的总结交流，并举行结业式。（具体安排略）

4. 非集中阶段（全学年）。采取“开课不授课”的形式，引导学员抓好自我教育。所有课程全部为选修课，参照学分制管理，学员必须取得35个学分以上方能结业。（具体安排略）

三、校务管理

1. 管理机构。中国大学生骨干培养学校设校长一名，由团中央书记处第一书记担任；设副校长两名，由团中央书记处分管书记和全国学联主席担任。办公室设在团中央学校部，具体负责日常教学和管理工作。

2. 班级管理。中国大学生骨干培养学校建立学员管理制度，采取班主任（辅导员）管理和学员自主管理相结合的方式。班主任由团中央学校部指派，重点考虑有较高的业务素质、丰富的管理经验、清晰的培训思路、较强的事业心和责任感的人员，班主任的主要职责是制定详尽的带班计划，做好组织、协调、服务和沟通工作。设立班委会并根据人数划分若干小组，负责人由学员选举产生，真正实现自我管理、自我约束。团中央学校部将选派老师下组任辅导员。

3. 学籍管理。中国大学生骨干培养学校为每一位学员建立学籍，从所学课程、参与情况、学习态度、讨论交流发言情况、作业完成情况等方面，客观记录学员在各个培养阶段和环节的表现及成绩。一年学习期结束前，通过组织学员自评、小组鉴定、征求班委会意见等环节，形成学员鉴定表；在此基础上，由校方形成学员学习期间的综合性评语。

共青团中央、教育部
关于加强中等职业学校共青团工作的意见

2009年12月7日

各省、自治区、直辖市团委、教育厅（教委），各计划单列市团委、教育局，新疆生产建设兵团团委、教育局：

为深入贯彻落实《中共中央国务院关于进一步加强和改进未成年人思想道德建设的若干意见》，充分发挥共青团组织在学生思想道德教育和促进学生全面发展中的重要作用，根据教育部、共青团中央等六部门《关于加强和改进中等职业学校学生思想道德教育的意见》，现就加强中等职业学校共青团工作提出如下意见。

一、充分认识新形势下加强中等职业学校共青团工作的重要性和紧迫性

近年来，党中央、国务院高度重视职业教

育工作，把发展职业教育作为经济社会发展的重要基础和教育工作的战略重点。目前，我国中等职业教育发展迅速，在校生超过2000万人。中等职业学校学生是共青团的重要工作对象。切实加强中等职业学校共青团工作，是实现胡锦涛总书记提出的“力争使团的基层组织网络覆盖全体青年，使团的各项工作和活动影响全体青年”目标的必然要求，是各级团组织面临的一项重大而紧迫的战略性任务。

中等职业学校共青团工作是学校育人工作的重要组成部分，共青团组织肩负教育引导学生的重要职责，具有不可替代的作用。中等职业学校学生绝大多数毕业后将直接跨入社会，成为产业大军的重要成员。他们能不能具备健康、积极、向上的思想道德素质，直接关系到我国未来产业大军的整体素质，关系到经济社会发展全局；他们是否在内心里认同党的领导，认同社会主义制度，能否逐步坚定跟党走中国特色社会主义道路的信念，直接关系到能否确保中国特色社会主义事业兴旺发达、后继有人。各级团组织要充分认识肩负的重要职责及其重要意义。

必须清醒地看到，与中等职业教育快速发展的形势相比，中等职业学校团的建设和团的工作还存在许多不适应的地方和亟待加强的薄弱环节。团的组织不健全、团干部配备不到位、团员意识不强、团的工作不够活跃等问题在有的地方和有的学校还比较突出，团组织作用发挥不充分。适应新形势、应对新情况，各级共青团组织和教育行政部门要高度重视中等职业学校共青团工作，采取有效措施切实加强中等职业学校团的工作。

二、准确把握中等职业学校共青团工作的指导思想和主要任务

中等职业学校共青团工作的指导思想是：高举中国特色社会主义伟大旗帜，以邓小平理论和“三个代表”重要思想为指导，深入贯彻落实科学发展观，全面贯彻落实党的教育方针，根据中等职业教育的根本任务和中职学生的根本利益诉求设计工作的切入点，把加强中职学生思想道德教育工作摆在突出位置，切实履行好组织青年、引导青年、服务青年和维护青少年合法权益的职能，为培养中国特色社会主义事业的合格建设者和可靠接班人作贡献。

中职学校团组织要在同级党组织和上级团组织的领导下，围绕学校中心工作，充分发挥团结教育青年的核心作用。中等职业学校共青团工作的主要任务是：

帮助学生提高适应职业发展的专业能力。团组织要以激发学生学习动力为切入点，把帮助学生了解市场经济、了解社会生活及其发展趋势与帮助他们增强自信心结合起来。要用与专业相关的成功创业案例激励学生，帮助他们认清社会发展趋势，看清职业发展前景，激发学习成才的内在动力。要配合学校有关部门营造良好的校园学习氛围，通过开展内容丰富、形式多样的主题教育实践活动，改善学生的学习习惯，形成良好的学习风气。要协助教育行政部门和学校相关部门组织开展职业技能训练和职业技能大赛活动，促进中职学生熟练掌握职业技能。

帮助学生培养良好的道德品质。团组织必须坚持不懈地用社会主义核心价值体系教育引导学生，注意把开展普遍性教育和发挥典型带动作用结合起来，注重发挥文化活动、文化产品潜移默化的引导作用。在普遍性教育中，要强调精神追求，让学生认识到实现自身价值、得到社会认可，关键是要有本领、有良好的品格和社会责任感。在运用典型开展教育工作中，要特别注意从校友、老乡、普通劳动者等身边的先进人物中挖掘树立可亲、可敬、可学的典型，激发学生学习典型的动力。在文化育人工作中，要注意实现思想性、娱乐性和时尚性的有机结合，为中职学生提供更多贴近社会实际、贴近生活和职业的文化产品和文化活动。要引导广大中职学生传承团结友爱美德，弘扬互帮互助精神。要大力开展济困助学、勤工助学等活动,帮助经济困难学生顺利完成学业。

帮助学生培养适应未来职业生涯发展所需要的社会化技能。团组织要通过组织学生参与组织生活、开展实践活动和接受专门培训,培养他们沟通、表达、交流以及组织、协调等社会化技能。要切实加强学生会、学生社团和班团组织建设,吸引、凝聚学生通过组织参与来增加与人、与社会的接触。要以学生的兴趣爱好为载体,广泛开展丰富多彩的文化体育、社会实践、志愿服务等活动,引导学生在参与活动、组织活动的过程中表现自己、与人合作、熟悉社会。要围绕表达能力、沟通技巧、礼仪文化、职业规划等内容,精心策划、组织各类培训活动。要加强心理健康教育,帮助学生正确认识自我,主动适应社会,积极面对挑战。

帮助学生认同中国特色社会主义道路,并逐步坚定跟党走中国特色社会主义道路的信念。要以帮助学生理性、全面地认识社会现象为切入点,把组织学生参加必要的理论学习、积极参与社会实践和引导学生进行全面的社会观察结合起来。要找准中职学生思想意识的关键点,引导学生始终坚持爱国主义、社会主义和党的领导的有机统一;要把握中职学生认知、意识、信念、情感形成的一般规律,科学选择使用教育引导的方式方法,增强学生思想教育的实效性;要在注重真理本身魅力的同时,注重感情、信任、友谊在真理传播中的重要作用,注重运用情感、时尚、艺术的力量传播重要思想准则;要通过引导学生了解感受家乡、所在地区、所在行业变化发展的实际,培养他们对党、对社会主义更加清晰的认识,强化他们对中国特色社会主义道路的认同。

三、切实加强中等职业学校共青团组织建设

建立健全各级团组织。中等职业学校都要建立团组织,定期召开团的代表大会。团员人数超过30人的学校应建立团的总支委员会,超过100人的应建立团的委员会。各专业、班级应相应建立团组织。要探索宿舍建团、社团建团、实习单位建团等建团模式。尚未建立团组织的民办中等职业学校,要在当地团组织和教育行政部门指导下建立团组织,开展团的工作。学校不得把团的组织机构撤销、合并或归属于其他部门。

加强团干部队伍建设。校级团组织应至少配备1—2名专职团干部和若干名兼职团干部,在校生超过2000人的应酌情增加。学校团委(总支)书记为学校中层干部,参加校务会议;团委(总支)书记应从政治思想好、作风正派、热爱青年工作、具有一定的创造性和社会阅历、具有一定的思想理论水平和组织能力的青年党团员教师或干部中选用。专职团干部的编制要统一列入学校行政编制。学校要按照有关规定落实团干部待遇,保证兼职团干部有必要的时间开展团的工作。各级团组织和教育行政部门要加大对中等职业学校团干部的培训力度。

加强团员队伍建设。按照团章和有关规定,坚持标准、保证质量,加强培养、规范程序,积极开展团员发展工作。面向团员和入团积极分子开展团员意识教育,加强学生团校建设,健全和完善团员意识教育的长效机制。及时接转团员组织关系,认真做好团员登记、注册、统计工作,促进团员日常管理的规范化。探索依托实习单位团组织加强对校外实习团员的教育管理。做好推荐优秀团员入党工作,配合党组织办好学生业余党校,严格推优程序,加大推优力度。

加强学生组织和工作阵地建设。要加强对学生会的指导,定期召开学生代表大会,选举学生会领导机构,支持学生会依照有关规定独立自主地开展工作,发挥组织学生开展自我教育、自我管理、自我服务的作用。要加强对学生社团的指导和管理,支持学生社团、学生兴趣小组开展活动，引导其积极健康发展。要办好团报团刊，借助校园网、广播站、电视台、黑板报、学生活动中心等阵地，延伸工作手臂，扩大团的影响。

四、加强和改进对中等职业学校共青团工作的领导

各级团组织、教育行政部门要高度重视中等职业学校共青团工作，加强沟通协调，加大工作力度，合力推进中职学校共青团工作。各级团组织要确定专人负责中等职业学校共青团工作，通过建立例会制度、确定联系点等方式，切实加强对中等职业学校共青团工作的领导。要把更多资源向中等职业学校倾斜，在中等职业学校中开展共青团工作示范校认定和经验推广工作。各级教育行政部门要把中等职业学校共青团工作纳入总体工作格局，大力支持共青团组织的工作。要把共青团工作作为办学质量和水平评估的重要指标，纳入中等职业学校评估体系。

各学校要建立健全党建带团建工作机制，从制度安排、干部配备、工作条件创造、工作指导四个方面带动团的建设和工作。学校领导班子中要有一名同志分管共青团工作，领导班子要定期听取团组织工作汇报，专题研究共青团工作。学校要按照在校生人均每年不低于10元的标准划拨校级团委日常工作经费，并在活动场所、设备、时间等方面对团的工作予以保障。

七、少年

共青团中央、全国少工委关于纪念中国少年先锋队建队60周年的通知

2009年3月13日

各省、自治区、直辖市团委、少工委，解放军总政治部组织部，全国铁道团委，全国民航团委，中直机关团工委，中央国家机关团工委，中央金融团工委，中央企业团工委：

今年是中国少年先锋队建队60周年。作为中国共产党创立并领导的中国少年儿童的群众组织，60年来，中国少年先锋队在党的领导和共青团的带领下，为培养一代又一代社会主义事业的合格建设者和可靠接班人作出了积极的贡献，发挥了重要的基础性作用。为进一步加强对少先队员的思想引导，争取社会各界的关心支持，推动少先队事业发展，团中央、全国少工委决定开展纪念少先队建队60周年活动。现将有关事宜通知如下。

一、活动主题

纪念活动以“祖国发展我成长”为主题，围绕少先队的根本任务，全面展示少先队在党的领导下、在团的带领下，与新中国共奋进的光荣历程，加强对少先队员的教育引导，培养他们对党和社会主义祖国的朴素感情，强化他们的组织意识，帮助他们勤奋学习、快乐生活、全面发展。

二、工作原则

纪念活动要本着“量力而行，尽力而为，规模适度，重在本质”的原则，把工作聚焦到思想引导上来，对少先队员进行深入的爱党、爱祖国、爱社会主义教育，进一步激发他们对少先队组织的光荣感和归属感。要坚持面向基层，面向广大少先队员，开展符合各地实际、力所能及、生动活泼的活动，做到气氛热烈又务实节俭，力求教育效果深入持久，防止追求场面规模而不注重实际效果的倾向。

三、活动内容

紧紧围绕活动主题，充分运用组织化动员和社会化动员相结合的方式，发挥各类传媒和公众人物的积极作用，把教育的思想性和娱乐性、趣味性、时尚性结合起来，扩大参与率和影响面，结合各地实际开展丰富多彩、富有内涵的“祖国发展我成长”主题教育活动，特别是要开展好以下五个方面的工作。

1. 开展“寻访新变化”、“畅想新生活”活动，培养灌输少先队员对党和社会主义祖国的朴素感情。开展“寻访新变化”活动，动员少先队员在各个时期的老少先队员的帮助下，通过访谈、讨论、观察、调查、摄影、收集实物等各种途径，寻找祖国和少先队60年来特别是近年来的新变化，认识党领导下我国取得的巨大成就和少先队与时俱进的时代风貌；开展“畅想新生活”活动，启发少先队员以童谣、儿童画、书法、诗歌、作文等形式，抒发心中的梦想，描绘未来的美好生活，表达对少先队组织的希望，展望祖国发展的光明前景，立志为此努力奋斗。

2. 开展“铭记好传统”、“争当好队员”活动，增强少先队员的光荣感和归属感。开展“铭记好传统”活动，组织少先队员通过听讲英模故事、传唱红色经典歌曲、观看影视作品、阅读文学作品、寻访革命纪念地，感受党、团、队的优良传统，培养红领巾永远心向党的真挚情感；开展“争当好队员”活动，根据不同年龄段少先队员的特点，以各种生动活泼的形式，帮助少先队员了解队史、熟知队章、牢记誓词、戴好红领巾、敬好队礼、唱响队歌，号召少先队员结交一个手拉手伙伴、做一件好事，特别是要开展好以爱党、爱社会主义祖国为主要内容的主题队日活动，增进他们对党、对社会主义祖国的认知和亲近，引导他们争当一名优秀少先队员，增强他们对少先队组织的光荣感和归属感。

3. 开展“我与红领巾”活动，争取社会对少先队事业的关心支持。探索少先队社会化动员的有效方式，借助各种社会力量，从文化经典、社会热点、时尚流行等多个角度，唤起全社会的“红领巾情结”，优化少先队的工作环境。在具体途径上，可以通过不同渠道征集故事、影像等资料，展示60年来一代代少先队员和少先队工作者的风采，以及党政领导、社会知名人士对少先队事业的关心；动员社会各界人士和单位更加关心下一代，以各种形式为基层少先队组织做好事、实事，特别是支持“手拉手红领巾书屋”建设等。

4. 开展宣传表彰活动，发挥榜样的激励引导作用。吸引少先队员、少先队工作者和社会各界广泛参与，开展各级“十佳少先队员”、“十佳少先队辅导员”、“十佳少先队志愿辅导员”、少先队突出贡献奖和少先队红旗大、中、小队以及红领巾小社团等评选表彰。推选出一大批少年儿童可敬、可学的先进典型，激励鼓舞辅导员和社会各界投身少先队事业，进一步扩大少先队的社会影响。

5. 开展经验总结和研究探索，深化对少先队工作规律的认识。采取史料汇编、座谈研讨、问卷调查、课题研究等多种形式，对少先队工作60年的宝贵经验进行总结提炼，深入思考根本性问题，加强对少先队重大问题的研究，特别注重研究少年儿童的认知、意识、信念、情感形成的一般规律，在此基础上探索有效的工作设计、工作组织和工作安排，用以指导新时期少先队工作。

四、全国性纪念活动的总体安排

1. 各级少工委开展以爱党、爱社会主义祖国为主要内容的队日案例征集活动,全国少工委精选优秀案例并汇编成册。

2. 6月1日,全国少先队组织统一举办“歌唱祖国庆六一”主题队日活动。

3. “八一”期间,各级少先队组织可联合有关方面开展各种形式的“少年军校”活动。共青团中央、全国少工委等单位举办第七届全国少年军校检阅式。

4. 10月上、中旬,各级少先队组织结合纪念新中国成立60周年,协调各种媒体,开展纪念建队60周年集中宣传。全国少工委联合中央新闻单位和其他有全国影响的媒体,制作纪念建队60周年专版、专栏,发表社论、纪念文章,开设专题栏目、播放专题片和专题公益广告片。

5. 10月13日,全国少先队组织以大队为单位,在统一时间,隆重举行升国旗仪式,全体队员戴红领巾,向国旗敬队礼,齐唱国歌、队歌,集体为少先队“过生日”,随后举行“祖国发展我成长”主题大队、中队会。届时,共青团中央、全国少工委等单位将对全国少先队先进典型进行表彰,并召开纪念建队60周年座谈会。

6. 全国少工委编辑出版纪念建队60周年画册、文集等,制作纪念封、纪念章等纪念物。

7. 全国少工委适时举办纪念建队60周年网络展览。

五、推进步骤

1. 第一阶段(3月—6月)

各级少先队组织按照《通知》要求,结合实际情况制定具体工作方案,全面启动各项纪念活动并在“六一”期间取得阶段性成果。有条件的地方少工委可以建立纪念建队60周年网络互动平台,创建“手拉手红领巾书屋”基金。

2. 第二阶段(7月—10月)

各级少先队组织继续推进各项纪念活动,通过各种传媒和载体进一步加大宣传力度,通过展示交流、竞赛评选等多种形式进一步激发少先队员以及全社会的参与热情,逐步掀起纪念活动的高潮。

3. 第三阶段(11月—12月)

各级少先队组织以各种形式体现纪念活动成果,对纪念建队60周年工作进行总结。

六、工作要求

1. 高度重视,精心实施。纪念少先队建队60周年是深化少先队各项工作,推动少先队事业全面发展的宝贵契机。全团要高度重视,加强领导,做好统筹规划。各级少先队组织要精心安排,抓好落实,确保活动热烈节俭、安全有序。

2. 紧扣主题,体现本质。开展纪念活动,要紧紧围绕少先队组织的根本任务,着力做好思想引领。注重党、团、队组织意识的衔接,加大灌输培养少年儿童对党和社会主义祖国的朴素感情的力度,进一步引导少年儿童有爱心,养成良好的道德行为习惯,增强国家意识、科学意识、劳动意识,有条件的少先队组织还可以培养少年儿童的审美意识。

3. 面向基层,注重实效。活动要突出广泛性和普遍性,面向基层少先队组织和广大少先队员,以少先队大、中、小队为主要单位开展。要突出实效性,在活动设计、组织、安排上尊重少年儿童特点,体现分层教育的要求,追求“效果深入”而不是“场面热闹”,避免形式化、片面化、模式化、成人化。

4. 加强宣传,营造氛围。要加强与各种新闻媒体的合作,加大宣传力度,形成规模和声势。要高度重视少年儿童和社会公众新的生活方式和新的受影响的载体,探索运用电视少儿频道、广播、报刊、网络、手机报、手机短片、公益广告等大众传媒,有效引导少年儿童,扩大少先队的社会影响,进一步形成全社会关心支持少先队事业的良好氛围。

八、统战

关于转发民政部《关于基金会等社会组织不得提供公益捐赠回扣有关问题的通知》和《关于全国性社会团体应用网上办公平台办理登记、备案工作有关问题的通知》的通知

2009年5月31日

团中央所属各全国性青年社会组织：

为进一步规范基金会的募集和接受捐赠行为，严格管理和使用好公益资金，民政部下发了《关于基金会等社会组织不得提供公益捐赠回扣有关问题的通知》（民发〔2009〕54号）。为进一步规范全国性社会团体的登记管理工作，提高办事效率，民政部下发了《关于全国性社会团体应用网上办公平台办理登记、备案工作有关问题的通知》（民函〔2009〕103号）。现将两个通知转发给你们，请严格遵照执行。

民政部关于基金会等社会组织不得提供公益捐赠回扣有关问题的通知

各业务主管单位：

自2004年《基金会管理条例》实施以来，基金会积极筹集资金，努力规范运作，通过多种措施加大捐赠资金募集和使用的公开透明，不断提高公益捐赠资金的使用效益和管理水平，推动了公益慈善事业的发展。

为了进一步规范基金会的募集和接受公益捐赠行为，严格管理和使用好公益资金，现通知如下：

一、基金会接受的公益捐赠必须依照有关法律法规的规定用于公益目的。不得在接受的公益捐赠中提取回扣返还捐赠人或帮助筹集捐赠的个人或组织。

二、按照捐赠协议，基金会可以在接受的公益捐赠中列支公益项目成本，项目成本必须是直接用于实施公益项目的费用，属于公益支出。基金会应当有效控制公益项目的成本，尽可能将公益捐赠更多地直接用于受助对象。

三、基金会应当加大信息公开的力度，向捐赠人公开，并向社会公示公益捐赠的支出使用情况，接受捐赠人和公众的监督和评价。

今后，登记管理机关将加强对基金会捐赠使用的监管。一旦发现有提供回扣的情形，将依法严肃处理。

社会团体和民办非企业单位接收公益捐赠，依照以上精神执行。

民政部关于全国性社会团体应用网上办公平台办理登记、备案工作有关问题的通知

各全国性社会团体业务主管单位：

为进一步规范全国性社会团体的登记管

理工作，提高办事效率，民政部正式启用社会组织网上办公平台。现就全国性社会团体应用网上办公平台办理登记、备案工作有关要求通知如下：

一、社会团体成立、变更和注销登记、负责人备案、章程核准、公支机构成立、变更和注销登记、办事机构备案等所有涉及登记、备案的事项均须通过网上办公平台向登记管理机关申报。

二、网上申报时，社会团体登录中国社会组织网（http://www.chinapo.gov.cn），点击页面右侧“网上办公”中需要办理的业务名称，进入网上办事大厅，输入用户名和密码（与“年检填报”的用户名和密码相同）后登录系统，按要求填报相关事项。

三、社会团体网上填报事项完成并提交后，由登记管理机关进行网上预审。

四、网上预审通过后，社会团体须按照网上办公平台提示要求打印填报内容，然后将打印好的纸质材料报业务主管单位审查，通过后再报登记管理机关审查。

五、社会团体章程如与示范文本差别较大，可不必履行网上填报手续，但应提前与登记管理机关沟通，申请通过电子邮件方式进行预审。

六、网上办公平台的具体操作流程已发布在中国社会组织网，请登录后点击“办事指南”查看。

七、在民政部登记注册的基金会、民办非企业单位参照上述要求执行。

关于成立团中央民族地区工作领导小组的方案

2009年12月21日

一、领导小组构成

组长：罗　梅　书记处书记

成员：褚　峰　组织部副部长

万速成　宣传部副部长

刘爱平　学校部副部长

徐　鹭　少年部副部长

王立健　统战部副部长

侯宝森　青年志愿者工作部副部长

二、领导小组职责

1. 指导落实书记处关于民族地区的有关要求和工作任务。根据书记处的部署和要求，结合民族地区共青团工作实际，对民族地区的重点工作进行检查指导；加强调查研究，对民族地区共青团工作中的重大问题提出具体化意见和建议。

2. 指导做好青少年民族团结宣传教育工作。指导民族地区各级团组织把加强青少年民族团结宣传教育作为重中之重，以在校大、中、小学生为重点群体，切实增强教育引导的针对性、适用性和普遍性。

3. 指导做好团的基层组织建设和基层工作。结合民族地区共青团组织的主要任务和青少年的重要需求，稳步推进基层组织建设和基层工作。

4. 指导做好青年就业创业和文化交流工作。统筹各方资源，大力促进民族地区青年就业创业和扶贫支教工作，力所能及地帮助他们解决实际困难；积极开展青年文化交流活动，弘扬民族优秀传统文化，丰富青少年精神文化需求。

5. 指导做好各类青年骨干队伍的培养凝聚。加大包括团干部队伍在内的民族地区青年人才资源开发力度，进一步做好民族地区尤其是少数民族青年人才的发现和培养工作，强化对各类青年代表人士的统战联络和培养凝聚。

三、领导小组办公室

领导小组下设办公室，负责日常工作。

办公点设在统战部，由社团和民族宗教工作处处长兰明尚兼任办公室主任。

团属新社会组织学习实践活动有关问题解答

2009 年 12 月 24 日

为进一步推进团属新社会组织开展好学习实践活动，根据学组发〔2009〕51 号、新指组发〔2009〕5 号和中青办发〔2009〕29 号文件精神，现就团属新社会组织学习实践活动的有关问题解答如下。

一、团属新社会组织参加第三批学习实践活动的基本背景

中央决定，在民政部门登记的社会团体、基金会和民办非企业单位等新社会组织要参加第三批深入学习实践科学发展观活动，时间从 2009 年 9 月开始，到 2010 年 2 月结束。团中央书记处要求，各级团组织要切实履行业务主管单位的职责，指导所属新社会组织（以下称为“团属新社会组织”）认真按照有关要求开展学习实践活动，努力实现学习实践活动和党团组织建设“两个全覆盖”。

二、需要参加第三批学习实践活动的团属新社会组织范围

原则上，各级团属新社会组织均需参加第三批学习实践活动。考虑到已建立党组织的团属新社会组织已经随同本级团的领导机关参加过第一、二批的学习实践活动，可以不再要求。因此，凡在民政部门登记且没有成立党组织的团属新社会组织，均须参加第三批学习实践活动，并接受同级新社会组织学习实践活动指导小组和本级团的领导机关的共同指导与督查。

三、在团属新社会组织参加学习实践活动的党员范围

在团属新社会组织担任理事长（会长、院长、主任）、常务副理事长（常务副会长、院长、主任）、驻会副理事长（副会长、院长、主任）、秘书长、副秘书长、专职工作人员和在团属新社会组织工作 6 个月以上的兼职工作人员中的党员，都要参加本组织的第三批学习实践活动。

团属新社会组织中的党员个人已在第一批或第二批参加过学习实践活动，但未参加本组织开展的学习实践活动的，应当参加第三批学习实践活动。但第一阶段的学习形式可以适当简化，主要是结合工作实际需要学习中央有关社会组织的论述、新社会组织法律法规和政策规定。重点是参与分析检查和整改落实阶段的相关活动。

四、团属新社会组织分析检查和整改落实阶段的重点

从 12 月份起，团属新社会组织逐步转入分析检查和整改落实阶段。工作重点是：

(1)建立健全党团组织,确保实现党团组织网络的全覆盖和学习实践活动的全覆盖;(2)形成分析检查报告,主要围绕党团建设、自身建设和作用发挥三个方面展开;(3)制定整改落实方案,重点开展好“加强党团建设、吸引凝聚青年”主题实践活动。

五、团属新社会组织党建团建工作要求

(1)凡专职工作人员中有3名以上正式党员的,都要建立党的基层组织。(2)正式党员不足3名的,可在本级团的领导机关指导下与其他单位联合建立党支部,或者由本级团的领导机关直接成立团属新社会组织联合党组织。(3)对于挂靠在本级团的领导机关具体业务部门,且有实质性的业务关系的,可通过下设党支部、党小组、党代表的形式,实现党组织网络覆盖。(4)尚不具备建立党组织条件的包括没有党员的,本级团的领导机关中的党组织要通过选派党建工作指导员等形式,为建立党组织创造条件。(5)根据党建带团建的原则,建立党组织的同时要一并建立团组织。对不具备建立党组织条件的,要重点建立团组织,并指定团组织负责人为党建工作联络员。

鼓励各级团组织积极探索、大胆创新所属新社会组织中的党团组织建设形式,以更好地带动、促进其他新社会组织和青年自组织的团建工作。

六、团属新社会组织党团员组织关系管理

(1)凡正式建立党、团基层组织的,专职工作人员中的党、团员要及时转移正式组织关系。(2)考虑各级团属新社会组织的实际,凡理事长(会长、院长、主任)、常务副理事长(常务副会长、院长、主任)、驻会副理事长(副会长、院长、主任)、秘书长、副秘书长、专职工作人员和在团属新社会组织工作6个月以上的兼职工作人员为本级团的领导机关党、团员的,可具有双重身份,即同时为团的领导机关和所属新社会组织中的党团组织的成员,且以机关党、团员身份为主。因此,只需以团属新社会组织党员身份参加本组织的学习实践活动,而不需转党组织关系。(3)团属新社会组织党、团员关系理顺后,仍不具备建立党、团组织条件的,党、团员的正式组织关系或临时组织关系应转移到本级团的领导机关或具体业务部门、单位党、团组织中。

七、团属新社会组织如何做好发展党团员工作

一是要按照“坚持标准、保证质量、改善结构、慎重发展”的方针,积极稳妥地发展党员。二是要把团属新社会组织负责人、业务骨干作为重点培养对象。三是在保证质量的前提下,注重在没有党员和未建立党组织的新社会组织中发展党员,努力消除发展党员的空白点。

团员的发展工作按照《团章》的有关规定进行。同时,做好“推优”入党工作。

八、团属新社会组织如何发挥党团组织作用

团属新社会组织中的党组织要围绕贯彻党的方针政策,履行社会服务职能,维护员工合法权益,促进团属新社会组织健康发展等方面,积极探索发挥作用的途径和方法,建立健全党组织发挥作用的体制机制。

团组织要充分发挥党的助手和后备军的作用,结合团属新社会组织的根本任务,按照“两个全体青年”的要求,切实履行好组织青年、引导青年、服务青年、维护青年合法权益的职能。

九、团属新社会组织学习实践活动的责任人

建立党组织的团属新社会组织,党组织负责人为学习实践活动第一责任人。党组织负责人不是由团属新社会组织负责人担任的,在分析检查和整改落实阶段应当邀请非党员的主要负责人参加。

对不具备建立正式党组织的团属新社会组织,要由党小组长、党代表、党建工作指导员等牵头，参照以上原则开展学习实践活动。

十、在多个团属新社会组织担任主要负责人的党员如何参加学习实践活动

在多个团属新社会组织担任主要负责人的党员，可根据其任职的情况，重点参加其中一个团属新社会组织的学习实践活动，但也须参加其所有任职团属新社会组织的征求意见、专题民主生活会或组织生活会、撰写分析检查报告（材料）、制定整改落实方案（措施）等有关工作。

九、权益

青少年网络伤害课题调研报告

2009年12月8日

前言

21世纪是信息时代，互联网的发展改变了人们的日常生活方式、思维模式和话语体系。对于青少年而言，网络是一把“双刃剑”。近年来我国青少年网络伤害和网络违法犯罪日益增多，青少年的生存与发展面临着现实或潜在的危险。为此，中央综治委预防青少年违法犯罪工作领导小组办公室与中国青少年研究中心合作，启动了“青少年网络伤害问题研究”项目。

本课题的调研对象为25周岁以下的青少年，主要采用文献研究、网络问卷、个案访谈和实地观察的研究方法。在课题前期阶段，主要采用文献研究的方法，通过检索文献收集整合相关资料，梳理不同的观点，逐步形成研究思路。在实地调研中，课题组分别在北京、上海、广州、西安、长沙五个城市开展调研工作。为了解青少年的网络使用情况，课题组与搜狐网站合作，对网民进行网络调查。个案访谈是本次调研采用的主要方法之一，访谈人员包括：网络违法犯罪青少年、公检法等部门负责人、游戏开发商等。实地观察也是本次调研的一个重要方法，一些调研员亲自到网吧观察青少年的上网行为，在网络上与青少年聊天，并对一些青少年进行家访，获得第一手宝贵的资料。

一、总体状况

近年来，我国互联网迅猛发展，据中国互联网络信息中心（CNNIC）最新发布的“中国互联网络发展状况统计报告（2008年7月）”统计，截至2008年6月，中国网民数已达到2.53亿人，比去年同期增长了9100万，同比增长56.2%。在2008年上半年，中国网民数量净增量为4300万人，其中18—24岁的网民和18岁以下的网民增长较快。网民的主体仍然是30岁及以下的年轻群体，这一网民群体占到中国网民的68.6%。网民在网吧上网的比例为39.2%，并以年轻人居多，24岁及以下的网民占到网吧网民的70.7%。青少年网民占整个网民群体的绝大多数，不到18岁的占19.6%，18-24岁的占30.3%，25—30岁的占18.7%，31-35岁的占11.0%，35岁以上的占20.4%。

可见,网民中一半左右为25岁以下的青少年。

网络游戏在中国网络应用中排名第七位,2008年6月的网民使用率为58.3%,用户规模达到1.47亿人。青少年是网络游戏的主要使用者,尤其偏好角色扮演类的游戏,玩此类游戏的比例为53.0%,每周平均玩游戏时间是11.9个小时,游戏时长标准差达到14.3个小时/周。这些玩家中,以每周玩乐时间在1—10个小时之间的网民比例最高。

本次调查显示,青少年每天平均上网时长为5.3小时,平均每周上网时间为37.1小时,其中每天上网时长为8小时及以上的占37.0%。而全国的网民平均每周上网时长为16.2小时。青少年网民的平均上网时长约为全国平均水平的2.3倍。在对自己上网状况的表述中,42.3%"随意上网",21.9%"对网络有依赖",20.1%"上网时间比预期的长",仅有15.7%的青少年表示是"有计划性的上网"。有55.3%的青少年对"如果你有一段时间(比如3天)不上网,会觉得难受吗?"这一问题给予了肯定回答。55.2%有过"因上网导致的不适的身体反应"。

有相当比例的青少年遭遇过以下事件:62.3%遇到过QQ号码被盗、虚拟财产被盗、个人信息被侵犯的情况;48.3%接触过黄色网站;43.4%收到过含有暴力、色情、恐吓、教唆、引诱等内容的电子邮件或电子贺卡;14.5%因为相信了网上的虚假信息造成了财物或身心的伤害。

二、青少年网络伤害的主要类型

(一)身体伤害。网络给青少年带来的身体伤害是指青少年因使用网络不当或者过度使用网络等原因损害其健康权或者生命权,其内容包括两类:一类是指他人对青少年实施的伤害,主要是指青少年在上网的过程中,由于天真无知,盲目信任来自于互联网的不良信息或诱导信息,而被网络上的犯罪分子利用、欺骗或者袭击,由此引发的身体伤害,如与陌生网友见面,遭受到强奸、抢劫等犯罪行为的侵害。另一类是指青少年在上网的过程中,由于长时间使用电脑造成的生理伤害,如视力下降、大脑发育受损、激素水平失衡、免疫能力降低、紧张性头疼、焦虑、颈椎病、干眼病等。

(二)心理伤害。网络给青少年带来的心理伤害具有较大的隐蔽性,很难在短时间内觉察到,一旦发现,通常已达到较为严重的后果。最为典型的心理伤害是网络成瘾。青少年由于长期进行网络冲浪、玩网络游戏形成网络依赖,需要不断增加上网时间才能感到满足,如果一段时间不上网就会明显地烦躁不安;上网频率与上网时间都远远超出计划;网络成为其主要的生活、交往方式,已经严重影响到其社交或家庭生活,有的甚至出现心理危机导致自杀。另外,侵犯青少年的隐私权、财产权等网络侵权行为,色情、暴力等不良信息的侵害都对青少年造成了不同程度心理伤害。

(三)发展伤害。互联网的虚拟性特征造成青少年的非人格化倾向,现实与虚拟的反差导致了许多青少年为逃避现实生活沉迷于虚拟世界,而导致社会化"不足"。这种不足妨碍了青少年正常社会人格的形成和发展,使他们不愿与现实中的人进行沟通,人与人之间的交往更加困难。他们的学业、工作、家庭生活也因此受到严重影响:搁置学业、对前途失去方向,停工待业、对未来失去希望,与家人闹矛盾、家人对其失望。以上种种,都对青少年的人生发展带来损害。

(四)行为失范。人们在上网时缺少"他人在场"的压力,"快乐原则"支配着个体行为,日常生活中被压抑的情感在网络上得到宣泄。本次调查显示,69.4%的人认为上网或玩网络游戏是一种给生活减压或发泄情感的方式。在网络中青少年的猎奇和挑战自我的心理膨胀,导致价值观念模糊,网络行为自我约束力降低,往往会导致网络行为偏离或者违反社会规范。网络行为失范包括一般行为失范和违法犯罪。一般行为失范表现为在网络上浏览不良信息、网络谩骂、在网络上搞恶作剧等内容;网络违法犯罪表现为黑客行为、恶意攻击、网络欺诈等内容。

三、青少年网络伤害的现状和特征

(一)青少年合法权益受侵害的现状和特征。对青少年而言,最直接的网络伤害是对他们身体健康的伤害。在调研中,一位家长说,她的孩子迷上网络后,整个人都彻底变样了,不好好吃饭和休息,基本不参加文体活动,身体健康状况每况愈下,生活自理能力也越来越差,体重严重下降,学习成绩因此一路下滑。

网络对青少年的心理和精神伤害更是严重威胁了青少年身心健康,有些青少年由于长期沉迷网络而自伤、自残。2004 年,天津一位品学兼优的初中生张某因为长期沉迷网络游戏产生严重心理内疚而无法自拔,最后跳楼自杀身亡。

青少年的人身权利被侵犯在网络伤害中比较常见,也容易引起社会的关注。在调查中,一位青少年因为玩游戏与网友发生争执,见面后暴打网友而致其重伤,犯故意伤害罪而获刑。本次调查也显示,有 44.9% 的人对所得的网络分数和网络头衔很在意,并有 31.7% 的人因为玩网络游戏和别人发生过争执。最近一段时期以来,因网络流行的"人肉搜索"而引起的对青少年隐私权的侵犯事件屡见报端,给青少年造成极大的心理压力。一些青少年在上网过程中,遭到他人不实言论、造谣、辱骂、恶搞等伤害,名誉权和人格尊严受到侵犯。

此外,还有 48.3% 的青少年接触过黄色网站;43.4% 收到过含有暴力、色情、恐吓、教唆、引诱等内容的电子邮件或电子贺卡;14.5% 的因为相信了网上的虚假信息造成了财物或身心的伤害。

(二)青少年网瘾的现状和特征。根据中国青少年网络协会《2007 年中国青少年网瘾数据报告》,目前我国网瘾青少年约占青少年网民总数的 9.7%,男性青少年网民上网成瘾比例(13.3%)约比女性青少年网民上网成瘾比例(6.1%)高出 7.2 个百分点。18—23 岁的青少年网瘾比例较高,达到 11.4%。网瘾青少年中失业或无固定职业者(16.5%)的网瘾比例最高,另外,研究生(13.9%)和本专科学生(10.9%)等高学历网民当中的网瘾比例也高出总体水平。

网瘾青少年主要的上网目的是聊天或交友,比例将近 50.0%;以玩网络游戏等娱乐性目的为主的人数比例超过 40.0%。网瘾青少年与非网瘾青少年在人际交往中区别较大,网瘾青少年在各种人际关系中均存在着较大的不融洽情况。本次调查显示,在"师生关系"(22.3%)、"家庭关系"(21.6%)、"同学关系"(21.4%)中不融洽的比例均超过 20%。

(三)青少年网络违法犯罪的现状和特征。目前,青少年网络违法犯罪成为严重的社会问题。根据公安部统计数据显示,2007 年破获网络犯罪案件 3700 余起,25 岁以下青少年涉案的为 1400 余起,占总数的 37.1%;未成年人涉案的达 200 余起,占 5.7%。

青少年网络违法犯罪行为主要有以下几种类型:

1. 建立网站或网页,传播色情、暴力、恐怖等网络违法信息。

2. 利用网络侵犯他人隐私权、名誉权。通过网络搜索探知他人的隐私信息,并予以公开,侵犯他人的隐私权。在网络上发表不实的言论,辱骂他人,进行网络谩骂,侵犯他人的名誉权。

3. 非法破坏或者非法侵入计算机信息系统,利用黑客手段或者制造网络病毒的技术方式,破坏国家或地区的网络信息系统,给国家和社会带来严重的危害。

4. 利用网络或基于网络的诱因实施盗窃、诈骗、故意伤害等违法犯罪行为。

青少年网络违法犯罪行为的主要特征表

现为：

1. 网络违法犯罪的主体是闲散青少年，团伙性共同违法犯罪占较大比例。大多数网络违法犯罪人具有网络方面知识，行为人多是在网吧中认识，结成团伙，实施违法犯罪行为。

2. 违法犯罪的空间具有虚拟性，行为方式具有隐蔽性。行为人利用虚拟的身份侵入数据库，实施网络违法犯罪行为，没有传统意义上的犯罪现场，犯罪证据很难被调查和收集。

3. 违法犯罪的动机是出于贪财、好奇心和表现欲。一部分青少年实施网络违法犯罪是基于非法占有的目的，在贪财心理的驱使下实施侵财型的违法犯罪行为。另一部分青少年实施网络违法犯罪是出于好奇心和表现欲，通过实施网络违法犯罪行为显示自己高超的计算机技术。

4. 网络不良信息的影响和沉迷网络是主要原因。有些青少年在网吧或通过网上聊天的方式结交不良朋友，实施违法犯罪行为；有些青少年由于长期沉迷网络，又没有经济来源，为解决上网费用而去实施盗窃、诈骗、抢劫等财产性犯罪；有些青少年由于长期沉迷网络，性格偏执，在网络聊天或网络游戏中发生争执，为报复实施违法犯罪行为。

四、青少年网络伤害的原因

（一）网络立法不完善，网络信息、网络游戏等方面的管理制度不健全。我国网络立法滞后性和不完善性是青少年网络伤害的重要原因。针对网络信息内容和网络行为等方面的管理，我国制定和颁布了一系列法律法规，如1994年颁布了《计算机信息系统安全保护条例》，2000年国务院颁布了《互联网信息服务管理办法》，2000年全国人大常委颁布了《关于维护互联网安全的决定》，2001年信息产业部、公安部、文化部、国家工商行政管理总局颁布了《互联网上网服务营业场所管理办法》，2002年国务院颁布了《互联网上网服务营业场所管理条例》。这些法律法规对于网络管理和网络的健康发展起了一定的积极作用。但是，网络是一个新兴并且发展较快的事物，我国的网络立法具有滞后性和不完善性。首先，我国关于网络管理方面的立法不完善。关于网络不良信息的传播、网络游戏等级的规制、互联网上网服务营业场所的监管等方面的法律不健全，现有的法律法规可操作性不强。其次，对网络违法犯罪行为的打击力度不够，我国刑法规定的网络犯罪的罪名较少，难以完全涵括现实中发生的网络犯罪行为类型。再次，我国关于未成年人网络安全保护的法律规定不完善。目前，我国还没有关于未成年人网络安全保护的专门法律，相关的规定散见于《未成年人保护法》、《互联网上网服务营业场所管理条例》等法律法规中，并且内容不完善，可操作性不强。

（二）网络监管欠缺，社区文化建设不足，网络道德缺失。网络服务经营场所的监管不到位，黑网吧泛滥。由于网络文化市场的发展政策，网吧逐步走向连锁化经营模式，网吧的审批程序更加严格、准入门槛更高，一些规模小、实力弱、不符合条件的网吧无法进入合法经营渠道，而违法经营者受经济利益的驱使，铤而走险，开黑网吧进行非法盈利。黑网吧的特点表现为小型、简易、分散、隐蔽。城区黑网吧为能在城区潜伏下来，经营地点正由沿街门店向居民楼、偏僻小巷、郊区、城乡结合部转移。农村黑网吧正在向乡镇、村庄分散蔓延，大多在乡镇或农村居民的家里，采取家庭式、作坊式经营模式，而且收费低廉，提供简单的食宿。黑网吧的经营对象大都以未成年人为主，由于缺乏有效监管，非法接纳未成年人进入、经营非法网络游戏、超时经营的现象比较严重，有些甚至以浏览色情、暴力、迷信等非法网站诱惑未成年人，给未成年人的身心健康成长带来较大的危害。

社区文化建设不足。青少年在学习、工作之余的活动多集中在社区，但社区资源的匮乏远不能满足青少年的闲暇生活需要，这在一定程度上也促使了青少年去寻找新的娱乐空间。首先，社区文化活动资源未能得到有效整合。主要体现在部门分割、条块分割文化资源的现象突出。地方和辖区内的部队、企业、学校都拥有一定的文化站、室、场、院，但在现行的体制下都自成体系，缺乏共享共建意识，甚至重复建设，造成社区文化资源的浪费。其次，社区现有的文化资源未能得到充分利用，社区文化的硬件建设未能跟上时代的发展步伐。再次，社区文化活动的覆盖面还不够广泛，居民群众尤其是青少年的参与度还不高。

网络道德缺失。网络生活中基本道德规范的缺失与不健全，导致社会道德调节作用的弱化，个体的道德行为有时出现一定程度的失控状况，并由此产生整个网络社会行为层面的混乱和失序。首先，网络运行的“数字化”、“虚拟化”特点使网民的行为更自由，难以控制。其次，网络中存有不同的道德观念和价值理念，人们受双重或多重价值标准的影响，缺乏统一的权威性的道德理想，因此造成社会舆论监督的混乱和道德良知的淡化，使社会道德控制系统无法发挥其功能，给网络带来许多是非模糊的道德问题。再次，经济利益的不良驱动为网络道德缺失现象设置了平台。种种网络道德问题，特别是网络不道德行为的背后往往隐藏着深刻的经济根源。由于不正当的经济利益和商业利润驱使，使一些人藐视道德和法律而在网络的“自由时空”中任意妄为。

（三）部分学校重智轻德，忽略青少年媒介素养教育。片面强调学习成绩，导致部分青少年脱离学校的教育和管理。一段时间以来，由于应试教育倾向的存在，部分学校片面强调升学率和学科考试成绩，使某些学习成绩较差的青少年“游离”于学校的教育和管理之外，处于部分失学或完全失学状态，成为闲散青少年，在家中或去网吧上网成为他们经常性的活动，从而使他们既易成为网络伤害的被害者，也易成为网络不良行为或违法犯罪行为的实施者。本次访谈的网络成瘾和因网络而违法犯罪的青少年中，在学校期间学习较差，难以适应学校生活的比例较高。

“重智轻德”导致部分青少年思想“免疫力”不强。由于应试教育倾向的存在，部分学校德育没有得到应有的重视，重智轻德的现象还不同程度地存在，不注重对学生进行有针对性的思想道德教育，提高学生的思想道德水平和个人修养，导致一些青少年在面对不良信息和不健康思想时“免疫力”较差。

信息素养教育的缺失，导致青少年媒介素养不高。目前我国中小学普遍开设了电脑课或网络课，但是有些学校往往只注重电脑和网络操作技术方面的教育，而不重视对学生进行信息素养教育。在帮助他们养成文明上网习惯，增强科学使用网络、甄别信息的素质和能力方面投入不足。

忽视学生课外活动和闲暇生活的指导。由于部分学校缺乏对学生课外活动和闲暇生活的引导，导致一些学生在课外和闲暇时间缺少参与健康有益文体活动的机会和条件，“网络”则“乘虚而入”。

（四）家庭结构不健全，教养方式不当。家庭结构不健全，情感依恋缺失，产生情感转移。在访谈中发现，网络成瘾的孩子中生长于不健全家庭中的比例较高。由于家庭成员中的一方或双方缺失，或者父母离异、情感出现危机，他们在家中往往得不到足够的理解和关爱，缺乏情感依恋，容易产生孤独偏僻的性格和情感转移，而网络为其提供了一个“温暖的家”，在这里他们可以“谈情说爱”、寻觅“人生知己”、随意“倾诉衷肠”，网络成为他们的“情感依恋对象”，增加了青少年网络被害的机会。

教养方式不当，导致青少年行为失控。据中国互联网络信息中心 2008 年 7 月发布的数据，我国网络用户 67.9% 的上网地点是在家庭，家庭已成为网络活动的主要场所。在本次访谈的个案中，因父母教养方式不当而导致青少年沉迷网络的比例也较高。主要体现在两个方面：一是疏导失控。疏导失控的家庭主要包括“控制型”家庭和“放任型”家庭。“控制型”家庭中的父母往往只看重孩子的学习成绩，其他与学习无关的事情一律禁止，对孩子要求过于严厉。在这种情况下，青少年常常赌气偏执地“投身”于网络世界之中。“放任型”家庭中的父母长期奔波在外，子女留守在家，作为监护人起不到督导和教育的作用，他们往往对孩子放任不管、任其沉沦。二是教育方式不当。这类家庭主要包括“暴力型”家庭和“溺爱型”家庭两种。简单的粗暴打骂和过度的放任溺爱是这两类家庭中的父母教育孩子的主要方式。父母要么过于重视子女的物质生活条件，疏于情感交流；要么以打骂方式强制子女服从，不能理解与宽容孩子，这无疑也会增加孩子网络被害的几率。

（五）青少年的自身特征使他们更易成为网络伤害的对象。青少年网民和易被害人群总体分布特征具有一致性。据犯罪人口统计分析显示，易被害群体性别、年龄和文化程度总体上呈现如下分布特征：男性被害率一般要比女性高；青少年和中年人被害率高，而幼年人和老年人的被害率最低；初中文化水平的成员被害的比例较高。据2008年中国互联网络发展状况统计报告显示：中国网民男性比例高于女性（男性比例为57.2%，女性比例为42.8%）。在年龄分布上，网民群体仍以青年为主，总体网民中的31.8%都属于18—24岁的青年。在文化程度上，总体上以初中和高中文化程度为主，其中初中文化程度占21.1%，高中文化程度占36.0%。因此，青少年网民与易被害群体在性别、年龄和文化程度上的分布具有一致性，属于易被伤害群体。

青少年网民易被引入被害境遇。网络具有开放性、虚拟性的特征，这些特征容易对青少年的心理、行为产生负面影响。同时，青少年有强烈的好奇心和探知欲，对未知事物充满兴趣，但由于其身心发育还不健全，分析、判断和抵制能力弱，更容易被引入被害境遇，受到网络不良信息、网络游戏等方面的伤害。据2006年9月1日《中国青年报》报道：在全国最大的色情网站——“情色六月天”案中，庭上受审的“情色六月天”网站的创办者、管理者是青年，在网上浏览色情影视、信息的主要是青少年。在注册会员中，有60余万会员是青少年。由于缺乏鉴别和抵制能力，青少年成为网络色情的最大受害者。因此，网络，尤其是网络游戏为青少年提供了追求刺激的虚拟平台，青少年更易于沉迷网络，受到伤害。

青少年人格容易被扭曲或异化，欲望易于扩张。虚拟世界里“获得成功”的机会远远高于现实生活，个人可以获得极大的心理满足和广泛的人格认可。如在多人联网进行的网络游戏中，在现实中人们没有机会尽情地攻击他人，而制作精良的网络游戏使人仿佛置身真正的战场。这种角色游戏在满足人们宣泄需要的同时，也会造成人们心理的病态和人格的扭曲、异化，使青少年在现实中具有较强的攻击性。本次调查中，一位警官介绍：“一个在网络中打打杀杀、尽情攻击的孩子，也会在现实中采取暴力形式解决冲突”。现实社会中，人们的欲求会受到道德、法律等社会规范的约束，但在网络中却得到了充分的释放。匿名交际、匿名发布消息等网络行为，削弱了信息发布者的道德责任感和自律意识，易于诱发部分青少年的破坏欲望。比如，社会危害性特别严重的“熊猫烧香”事件，就是一位青少年为满足自己破坏电脑程序的心理欲求而实施制造病毒的行为。

五、青少年网络伤害的预防和对策

（一）完善网络法律体系，加强青少年权益保护。针对网络立法的薄弱环节，建议健全网络管理方面的法律法规，禁止网络不良信息的传播，实行游戏分级管理制度；制定关于未成年人网络安全保护的专门法律，根据联合国《儿童权利公约》，保护未成年人的媒介接近权、有益信息知晓权和媒介参与权，保护青少年的隐私权、名誉权等合法权益；实现与网络国际立法的协调性，签署多边或者双边协议，加强打击网络违法犯罪的国家性或区域性合作。

（二）加强网络监管和网络技术安全监控，净化网络空间。对青少年网络伤害的预防需要重点从法律制度和网络技术两个方面着手。在制定完善的法律制度基础上，通过网络信息过滤软件、游戏或信息分级制度等网络技术的使用，堵截网络上的不良信息，保护青少年免于网络不良信息、网络游戏等的伤害。建议政府支持、资助和奖励建立绿色网吧，开发防网络沉迷系统，加大对网络违法犯罪行为的惩罚力度，净化网络空间。同时，还要加强对网吧等互联网上网服务营业场所的监管，取缔黑网吧。

（三）建立专门的青少年服务网站，为青少年绿色上网提供保障。建议建立专门的青少年网络服务网站，开发适合青少年教育的软件，净化网络环境和整合网络信息资源，促进青少年的身心健康发展。同时，还要调动全社会的力量进行监督和举报，最大程度上规范网吧的经营，将其对青少年的伤害限制在最小范围。还要大力提高网络从业人员的素质，形成网络从业人员职业道德，构建和规范网络伦理。只有全社会共同关注，形成合力，青少年绿色上网才能得到保证，才能确保网络时代青少年的健康成长。

（四）加强媒介素养教育和休闲指导，丰富青少年的课外活动和闲暇生活。建议学校开设媒介素养课或信息素养课，在对青少年进行网络知识和网络技术等基本知识和技能教育的同时，更要培养他们的信息素养，使他们熟悉网络等现代媒介，学会选择和甄别信息，增强自制能力和鉴别能力。同时，还要对学生加强休闲指导，并开展丰富多彩的文体活动，发展学生健康的业余爱好和兴趣，引导学生进行交流、合作、互相关心和帮助，建立真挚的友谊，塑造良好的人格。

（五）加强家庭教育指导，提高家长素质，使其有效履行家庭保护和监管义务。随着我国社会结构的变化，现代的家庭趋于小型化，未成年人的健康成长对家庭的依赖性比以前更为明显。网络技术的出现丰富了现代家庭中的学习和生活，同时也对监护人的监护能力提出了新的要求。家长要正确地引导孩子的网络行为，帮助孩子正确认识网络，防止他们不当使用网络或登录色情网站，避免受到网上不良信息的诱惑，增加上网安全性。

（六）加强网络道德和网络自护教育，培养良好的上网习惯。建议建立以学校为主体、社会广泛参与的青少年网络教育体系，充分发挥学校的教育主体作用，将青少年网络教育作为媒介素养课程的重要内容，向青少年传授网络自我保护和网络道德方面的知识。鼓励和支持公益网站等社会平台宣传网络道德方面的知识，使青少年养成良好的上网习惯，树立正确的价值观。

十、外事

关于进一步加强大型出访团组人选推报和管理工作的通知

2009年12月15日

共青团各省、自治区、直辖市委，解放军总政治部组织部，全国铁道团委，全国民航团委，中直机关团工委，中央国家机关团工委，中央金融团工委，中央企业团工委：

近年来，为贯彻落实党和国家领导人关于青年对外交流的重要指示精神，配合国家重大外交行动，执行政府间有关协议，团中央组派的百人以上规模的大型综合性出访团组不断增多。为进一步加强基层团组织建设和基层团的工作，团中央下发了《关于出国团组人选比例及有关事项的通知》(中青办发〔2008〕26号)，提高了大型综合性出访团组中基层团干部的比例。上述工作的开展，在烘托国家关系发展的良好氛围、巩固国家关系发展社会基础的同时，对推动中国青年了解世界、提高国际交往能力发挥了积极作用，特别是为基层团干部提供了开阔眼界、增长知识的良好机会，有力地配合了加强团的基层组织建设等工作。

去年以来，在团中央书记处的正确领导下，在各级团组织的共同努力下，我组派大型团组的工作总体上成功完成了有关出访任务。但是，也出现了一些问题，主要表现在：部分出访团员特别是基层团员对出访活动的意义认识不够，出访目的不明确，把出访当待遇的思想比较普遍；部分担任出访团组领导职务的省级、地市级团委干部责任心不强，不能有效履行管理职责；一些领域部分出访团员未能体现出中国青年代表应有的素质；个别团员在身体不适的状况下隐瞒真实情况继续出访等。这些情况的出现，使中国青年的整体形象受到损害，在一定程度上影响了出访效果，同时对青年对外交流事业的健康长足发展产生不利影响。

为杜绝上述问题的发生，确保各项交流任务的圆满完成，团中央决定进一步加强大型出访团组的人选推报和管理工作。现就有关事项通知如下。

一、高度重视

共青团开展的青年对外交往是国家总体外交的组成部分，是共青团承担政府青年事务的重要内容。大型综合性团组出访是执行中央交办的外交任务，是展示中国青年形象、促进中外人民友谊、巩固国家关系群众基础的重要渠道，也是培养具有国际视野和国际交往能力的青年人才的重要途径。各级团组织要从党团特殊政治关系的高度，充分认识大型团组出访的重要意义，进一步增强使命感和责任感，切实配合团中央做好大型出访团组的人选推报和管理工作。

二、严格把关

对团中央分配的出访名额，各级团组织在推报出访人选的过程中要严格把关。

1. 出访人选要经省级团委班子研究讨论审定；

2. 要严格按中青办发〔2008〕26号文件要求，选拔各领域优秀青年参团出访；

3. 严禁推选不符合团组规定的年龄、界别的人员出访；

4. 心脏病、高血压、近期患有传染性疾病、怀孕等身体状况不适合出访的人员一律不能出访；

5. 杜绝讲人情、照顾性出访等现象。

三、抓好培训

各省级团委要认真按团中央下发的出访通知有关要求，对所选派的团员进行提前培训，强化出访人员的使命意识、责任意识，并就出访期间的纪律提出明确要求；出访人员必须参加由团中央组织的出访集训，因故请假须向团中央提交经省级团委主要负责人签字并加盖省级团委公章的书面请假条，未经批准不参加集训将取消出访资格。

四、加强管理

推报人选经团中央核准后，更换人选、变更人选相关信息或取消出访须向团中央提交经省级团委主要负责人签字并加盖省级团委公章的书面说明，因病不能出访的须同时提交医院证明。严格执行团中央下发的任务通知书中有关出访费用的规定，严禁乱收费。严禁出访人员持不符合本人真实身份和信息的护照参团出访。

请各省级团委严格执行上述要求。对未按要求履行职责，出现推报人选经核准后无充分理由不随团出访的情况或推报人选在出访过程中出现问题的省级团委，情节严重者将在全团进行通报批评，并视情况在一定时期内减少或取消出访名额；对出访期间不遵守纪律，以各种理由不参加正式活动的出访人员，情节严重者将终止其出访活动并通报选拔单位。团中央将建立违反出访纪律的人员资料库，此类人员不得再次参加共青团系统组织的任何因公出访活动，如系团干部将通报所在单位及相关组织部门。

十一、志愿者

共青团中央、教育部、财政部、人力资源和社会保障部关于印发《大学生志愿服务西部计划志愿者管理办法》及《大学生志愿服务西部计划各级项目办和服务单位职责》的通知

2009年7月14日

各省、自治区、直辖市团委、新疆建设兵团团委、教育厅(教委)、财政厅(局)、人力资源社会保障(人事、劳动保障)厅(局)：

《大学生志愿服务西部计划志愿者管理办法(试行)》及《大学生志愿服务西部计划各级项目办和服务单位职责(试行)》已经共青团中央、教育部、财政部、人力资源和社会保障部修订，现将修订后的《大学生志愿服务西部计划

志愿者管理办法》及《大学生志愿服务西部计划各级项目办和服务单位职责》下发，请遵照执行。

附件1：

大学生志愿服务西部计划志愿者管理办法

根据团中央、教育部、财政部和原人事部《关于实施大学生志愿服务西部计划的通知》（中青联发〔2003〕26号）和《关于做好2004年大学生志愿服务西部计划工作的通知》（中青联发〔2004〕16号）精神，为加强大学生志愿服务西部计划（以下简称“西部计划”）志愿者的招募培训、管理服务、就业服务和绩效管理等工作，按照“谁用人、谁受益、谁负责”和“培养与使用并重”的原则，制定本办法。

一、招募培训

第一条　西部计划志愿者的招募工作由全国项目办统一部署，各招募省项目办、高校项目办具体组织实施。

第二条　西部计划志愿者的招募按照以下程序进行：

（一）网上报名。有意愿参加大学生志愿服务西部计划的学生，可向本校西部计划项目办进行咨询或登录西部计划网站（http://xibu. youth. cn/）查看有关情况，登录西部计划信息系统如实填写报名信息。

（二）上交报名表。报名学生在西部计划信息系统下载打印《报名登记表》，交所在院系辅导员或团委负责人签字，并由所在院（系）党组织盖章后交至本校项目办。

（三）资格审核。高校项目办在收到学生的《报名登记表》后，及时对其在网上报名填写信息的真实性等情况进行审核。审核后，在西部计划信息系统中填写审核意见。

（四）笔试面试。高校项目办须对报名学生开展面试，有条件的要组织笔试，内容包括基本素质能力测验、心理健康水平测验、逻辑与语言能力测验、志愿精神考查、语言表达能力考查等，选拔符合岗位要求、笔试面试成绩突出的学生。招募省项目办也可统一组织笔试、面试。

（五）体检。学校位于省会城市的志愿者，由招募省项目办组织统一体检；学校位于非省会城市的志愿者，可按省级项目办要求，由所在地区的地（市）级团委组织统一体检，体检标准参照全国项目办下发的西部计划体检标准。体检工作要求严肃认真，如发现体检不合格者，招募省项目办及时联系相应高校进行调换补录。

（六）公示。体检之后，公布录取志愿者名单并在校园公示3天。若无异议，将志愿者名单报招募省项目办。招募省项目办对本省录取的志愿者名单审核后，名单在团省委网站公示三天，公示结果报全国项目办，并及时反馈至服务省项目办。

（七）签订招募协议。公示无异议后，入选志愿者与招募省项目办签订招募协议（协议格式和文本由全国项目办统一提供）。协议签订后，全国项目办委托各招募省项目办向志愿者发《确认通知书》。同时，招募省项目办应协调高校项目办建立志愿者后备人选库。

（八）公布名单。全国项目办汇总审定入选志愿者名单，并向社会公布。

第三条　西部计划志愿者的培训工作由全国项目办统一部署，各服务省、服务地、高校项目办共同配合实施。

第四条　西部计划志愿者的培训按照以下程序进行：

（一）在校培训。高校项目办要充分利用毕业生离校前的时间，对入选志愿者开展基层工作方法、志愿服务理念、安全健康、就业创业等基本内容的培训。

（二）集中培训。志愿者携《确认通知书》、毕业证和本人身份证件，到服务地所在省报到并参加由服务省项目办统一组织的培训。期间，出现志愿者因故退出的情况，经服务省与招募省项目办确认，可解除招募协议并进行补招，相关招募省可从后备人选库中优先推荐，不足人员可由服务省就近递补，但相关事项须在集中培训期间完成。

（三）岗前培训。志愿者抵达服务地后，服务县项目办要针对性地组织开展县情县貌、乡风民俗等方面的岗前培训。组织在中小学服务的志愿者参加开学前的岗前教学培训，以及在当地教育部门实习和进行备课、家访等，为开展教育教学服务工作做好准备。

（四）岗中培训。服务期间，服务县项目办要结合实际，适时组织西部计划志愿者进行岗位技能培训，组织开展经常性的志愿服务理念学习和服务工作体会交流，提高大学生志愿者的服务意识和服务水平。

第五条　在西部计划志愿者集中培训期间，服务省项目办按照《中国注册志愿者管理办法》有关规定对志愿者进行注册。

二、日常管理

第六条　志愿者到岗后，县级项目办要与服务单位和志愿者签订服务协议书（协议书格式和文本由全国项目办统一提供），明确项目办、服务单位和志愿者之间的权利和义务。

第七条　西部计划志愿者原则上应按照招募时所签订的单位上岗服务。但服务期间，志愿者岗位安排不合理的，经本人申请，服务县项目办同意，可在本县范围内予以调整。因健康、方言、生活习惯等原因，志愿者确不适宜在当地工作、生活的，服务县项目办同意并在征求本人意见的基础上，报服务省项目办批准，可在本省（区、市）范围内调整服务地，调整后报全国项目办备案。服务岗位原则上不得跨省调整。

第八条　西部计划志愿者的日常管理由服务单位和服务县项目办负责。西部计划志愿者应遵守西部计划和服务单位的有关规章制度，接受服务县项目办、服务单位的具体指导和日常管理。在服务期间应遵守以下规定：

（一）弘扬志愿精神，积极开展服务工作，认真完成服务单位以及服务县项目办交办的工作任务，及时改进工作方法，不断提高服务质量；在做好本职工作的基础上，利用业余时间，发挥自身专长，积极组织基层团组织活动和其他志愿服务工作。

（二）严格遵守服务单位的考勤规定。如因事请假，须向服务单位、服务县项目办报告。离开服务县的，经服务县项目办批准后方可离开，请假期间应与服务单位、服务县项目办保持联系。

（三）加强自我管理，自觉互帮互助，经常开展交流联谊活动。积极参加服务单位和服务县项目办组织的有关学习活动。

（四）不向服务单位或有关部门提出政策规定待遇之外的特殊要求，不给服务地增加额外负担。

第九条　志愿者在工作、生活中遇到的困难、问题以及意见、建议，可酌情依次向服务单位、服务县项目办、服务地（市）项目办、服务省项目办、全国项目办逐级反映，受理单位应在接到反映当日起3个工作日内给予答复。如有特殊意见或重大问题，也可直接向省级或全国项目办反映。各级项目办接到反映和处理的有关情况需留档备查。

第十条　服务期间，志愿者享受政策规定的生活补贴、交通补贴和保险。服务县项目办协调服务单位为志愿者提供与服务单位工作人员相同的工作条件，免费住宿以及安全、健康、卫生的生活条件，并帮助解决志愿者在工作、生活中出现的困难和问题。

第十一条　服务县项目办可按照有关规定和组织程序，指导志愿者成立志愿者服务队，并设立志愿者临时党（团）支部。发挥服务队党（团）支部书记、服务队队长的作用，引导志愿者加强自我管理。

第十二条　服务期间，志愿者户口、档案保留在所毕业学校，党（团）组织关系转入服务单位，编入服务单位支部或按规定成立的志愿者临时党(团)支部，正常参加组织生活，按规定缴纳党(团)费。

第十三条　志愿者享有国家相关法律、法规规定的休息(假)权。志愿者请假应提出书面申请(因病请假需提供医院证明)，并由相应机构审批，具体规定如下：

(一)请假1—2天的，由服务单位审批。

(二)请假3—10天的，经服务单位同意后，报服务县项目办审批。

(三)请假10天以上的，经服务县项目办同意后，报服务省项目办审批。

(四)事假每次原则上不超过15天，1年内累计不超过20天(报考研究生、公务员或参加执业资格考试和各类企事业单位举办的招聘考试除外)，逾期取消服务资格，终止服务协议。

(五)各服务县项目办根据实际情况确定志愿者返乡探亲和返岗时间。未经批准，超过规定返岗时间2天的视为违约，原则上取消志愿服务资格。不可抗力因素除外。

第十四条　服务期间，志愿者在向服务县项目办履行请假手续后，可报考研究生、公务员或参加执业资格考试和各类企事业单位举办的招聘考试。

第十五条　服务期为1年的志愿者，可于服务期满当年的3月份提出延期申请，经服务县项目办同意并报服务省项目办批准后，可将服务期延长为2年；连续服务满2年，年度考核合格，且至少有1次为优秀的志愿者，可于服务期满前当年的3月份提出延期申请，经服务县项目办同意并报服务省项目办批准后，可将服务期延长为3年。服务省项目办于每年3月底之前将志愿者延期人数及名单上报全国项目办。

第十六条　对因不可抗力或特殊原因，经服务县项目办同意并经服务省项目办批准，提前终止服务的志愿者，自批准当日起解除服务协议，次月起停发生活补贴。

第十七条　服务期间，志愿者如违反西部计划有关规章制度，按以下规定处理：

(一)志愿者处分共分3种：警告、记过、解除协议。

(二)服务县项目办视志愿者违规情况建议省项目办给予相应处分。

(三)服务省项目办在对志愿者进行处分时，必须实事求是，认真调查核实，并将处分结果通知志愿者本人，并做好思想工作。

(四)志愿者对处分结果有异议者，可向全国项目办提出申诉。

第十八条　服务期间志愿者擅自离岗，服务县项目办或服务单位2日内无法与该志愿者取得联系，服务县项目办应上报服务省项目办，服务省项目办应及时通报招募省项目办，必要时可向公安机关报案。除因不可抗力或特殊原因，志愿者擅离服务岗位达5日的，服务省项目办可依本办法第十七条有关规定予以处分，直至解除协议。

第十九条　凡因违约或受处分而解除协议的志愿者，经全国项目办核准后，进行如下处理：

(一)取消服务资格。

(二)自次月起停发其生活补贴和交通补贴。

(三)取消其享受相关优惠政策的资格。

(四)通报招募省及毕业学校项目办。

第二十条　志愿者在服务期间因个人原因造成服务单位或服务对象损害，由此引发的民事责任由志愿者本人承担。志愿者行为构成犯罪的，由司法机关依法追究其刑事责任。

三、安全健康管理

第二十一条　全国项目办为西部计划志愿者统一办理大学生志愿服务西部计划综合保障险。西部计划志愿者的安全健康管理由服务单位、服务县项目办和服务省项目办负责，实行一把手责任制。服务县项目办按照有关规定负责协调保险公司为志愿者理赔。

第二十二条　服务期间，志愿者日常安全健康管理，遵循以下规定：

（一）按照《大学生志愿服务西部计划安全健康责任书》的要求，定期开展志愿者安全健康教育，定期检查各种安全设施，防止交通、水、火、电、煤气、饮食等意外事故的发生。

（二）志愿者安全健康联络员要切实履行自身职责，根据《大学生志愿服务西部计划志愿者安全健康管理联络员管理办法》的有关规定，上报志愿者安全健康信息。

（三）在组织志愿者外出集体活动时，需预先开展安全知识学习，制定详尽的安全防范措施，并要求志愿者严格遵守。

（四）实行志愿者安全健康管理零事故月报制度。每月5日前，各县项目办将上一月《安全健康零事故月报告单》报省级项目办。

第二十三条　服务期间，志愿者患重大疾病，按以下规定办理：

（一）根据县级以上（含县级）医院证明，可暂停服务工作，根据医生建议积极进行治疗，治疗期间继续发放生活补贴。服务县项目办协助志愿者做好保险理赔工作。

（二）治疗痊愈的，经服务县项目办同意，可返回服务岗位继续开展服务。

（三）在服务期内无法治愈或治愈后不适宜继续参加志愿服务工作的，经省项目办核实批准后，解除服务协议。

第二十四条　服务期间，志愿者发生重大安全事故，按以下规定处理：

（一）县级项目办及时采取有效措施实施救援，把事故危害降到最低，防止事态扩大。

（二）根据实际情况，及时向公安、消防、医疗等机构求救。

（三）及时向上一级项目办报告。如遇志愿者出现身亡或发生集体安全事故等重大情况，应在2小时内报全国项目办，并配合当地有关部门迅速查清事实、出具鉴定。服务省项目办应及时通报招募省项目办，联系志愿者毕业学校、家属，并依照有关规定妥善处理。

（四）在发生突发紧急事件时，按照《处置大学生志愿服务西部计划志愿者突发紧急事件预案》的规定，及时启动相应级别的应急预案。

第二十五条　服务期间，如志愿者出现安全或健康等方面的重大事件，服务单位、服务县项目办应及时处理并及时报服务省项目办，服务省项目办应及时报全国项目办。发生事故（含志愿者安全、健康事故、离岗未返、单方毁约等）隐瞒不报、拖延误报的，全国项目办将予以严肃处理并建议有关主管部门给予相关责任人以严厉处分。

四、就业服务

第二十六条　各级项目办要切实负起责任，认真贯彻落实有关文件精神，将已有各项鼓励政策落到实处。要与相关部门协调配合在国家机关公务员招考、事业单位招聘、工龄计算、社会保险缴纳年限认定、自主创业、户口档案迁移等方面把相关政策落实好、衔接好，切实维护志愿者正当权益。要注意整合团内资源，为志愿者提供技能培训、见习实习、就业创业、小额贷款等方面的服务。

第二十七条　各级项目办及服务单位要动员各方资源，积极为志愿者提供就业服务。努力为服务期满志愿者提供真实、准确、及时、有效的就业岗位信息，为志愿者扎根西部基层创造有利条件。

五、绩效管理

第二十八条　县级项目办负责西部计划志愿者的绩效管理，要结合当地实际情况和志愿者的工作特性，以志愿者的思想状况、学习情况、服务业绩以及开展本职工作之外志愿服务活动的情况为主要内容，专门制定西部计划志愿者考核办法。

第二十九条　服务县项目办应在每年6月对志愿者进行年度考核。考核结果分为优秀、合格、不合格3种。其中，优秀的人数原则上不超过参加考核总人数的15%。考核结果在全国项目办颁发的《大学生志愿服务西部计划志愿者服务证》中予以记录。

第三十条　志愿者经考核合格的，享受相关优惠政策。考核优秀的，除享受相关优惠政策外，可参评县、市、省优秀志愿者；特别优秀的，可推荐参加中国十大杰出志愿者等奖项评选。考核不合格的，不享受相关优惠政策，不得申请延长服务期。

第三十一条　每年7月，县级项目办根据当地实际情况确定志愿者离岗时间，并做好志愿服务鉴定工作；志愿者应与服务单位和县级项目办做好工作交接方可离岗。

第三十二条　全国项目办根据各地招募选拔、培训派遣、管理服务和就业服务工作情况，建立指标考核调控制度，在次年的招募派遣中增加或削减其指标。

第三十三条　各级项目办日常工作原则上在大学生志愿服务西部计划信息系统中完成。

六、附则

第三十四条　本办法由大学生志愿服务西部计划全国项目办负责解释。

第三十五条　各级项目办根据实际情况制定的本地区志愿者管理相关规定，不得与本办法相抵触。

第三十六条　本办法自2009年7月1日起实施，原《大学生志愿服务西部计划志愿者管理办法(试行)》同时废止。

附件2：

大学生志愿服务西部计划各级项目办和服务单位职责

根据团中央、教育部、财政部和原人事部《关于实施大学生志愿服务西部计划的通知》(中青联发〔2003〕26号)和《关于做好2004年大学生志愿服务西部计划工作的通知》(中青联发〔2004〕16号)精神，由共青团、教育、财政、人力资源和社会保障等部门联合成立全国、省、县大学生志愿服务西部计划领导小组(以下简称“领导小组”)和项目管理办公室(以下简称“项目办”)；由高校团委和毕业生就业指导中心联合成立高校项目办。根据工作需要，由服务县所在地区的地(市)级团委、教育、财政、人力资源和社会保障部门联合成立大学生志愿服务西部计划(以下简称“西部计划”)服务地(市)、县领导小组和项目办。各级领导小组和项目办负责西部计划的指导、协调和组织管理工作。各级项目办设在团委，具体负责日常工作。为进一步落实“谁用人、谁受益、谁负责”和“培养与使用并重”的原则，明确各级项目办和服务单位的工作职责，促进西部计划的规范管理，建立长效运行机制，特制定本《职责》。

全国项目办职责

第一条　制定西部计划年度工作计划和实施方案。

第二条　协调有关部门制定、落实西部计划相关政策。

第三条　积极争取社会各界对西部计划项目实施工作的支持。

第四条　制定招募派遣计划。审批、审定服务县，分配各省招募指标和派遣指标。

第五条　确定选拔原则，拟定招募协议和服务协议文本；指导派出省项目办开展入选毕业生体检工作；审定入选西部计划志愿者；发放《西部计划志愿者确认通知书》和《全国大学生志愿服务西部计划志愿服务证》。

第六条　制订培训计划，编印相关培训教材，指导招募省、服务省项目办开展培训工作。

第七条　为西部计划志愿者统一办理大学生志愿服务西部计划综合保障险。

第八条　制定并负责解释《大学生志愿服务西部计划志愿者管理办法》，指导各级项目办开展招募选拔、管理服务和就业服务工作。

第九条　建立健全督导制度，审定省级项目办制定的高校项目办、县级项目办考核办法。

第十条　制定西部计划志愿者生活、交通补贴发放办法，协调有关单位，及时发放志愿者生活、交通补贴。

第十一条　为服务期满的西部计划志愿者提供就业创业服务。

第十二条　开展全国性西部计划宣传表彰、工作交流和文化建设。

第十三条　建立西部计划志愿者信息档案。

第十四条　建立大学生志愿服务西部计划信息管理系统，加强绩效管理。

第十五条　编制西部计划经费预算，做好财务管理及审计工作。

第十六条　开展项目评估工作，撰写并发布年度项目评估报告。

第十七条　依据法律法规和相关规定，维护西部计划志愿者的权益。

第十八条　完成西部计划全国领导小组交办的其他工作。

省级项目办职责

(一)招募省项目办职责

第一条　制定本省(区、市)年度工作方案并报全国项目办审定。

第二条　按照全国项目办安排和要求，制定本省(区、市)招募计划，确定各高校招募指标，做好宣传动员和招募选拔工作，并与服务省协调做好人员选拔、补录等工作。

第三条　认真组织入选西部计划的高校毕业生进行集中体检。

第四条　与入选志愿者签订招募协议书，发放《确认通知书》。指导高校项目办，组织本校入选志愿者在毕业离校前，进行志愿服务有关政策法规的学习和服务理念、服务技能等内容的培训，并积极开展与之相关的实习、见习活动；做好志愿者的户籍、档案管理和党(团)关系的转接工作。

第五条　根据实际情况制定西部计划本省高校项目办、县(市)项目办考核办法，按年度进行考核。

第六条　安排专人统一组织志愿者赴服务省报到，参加培训、派遣工作。加强与服务省项目办沟通协调，做好本省(区、市)派出志愿者的跟踪培养、管理服务和就业服务等工作，帮助志愿者解决遇到的实际困难和问题，妥善处理本省(区、市)派出的志愿者安全、健康等方面的重大事件。

第七条　切实协调落实西部计划相关政策，积极争取有关部门出台地方鼓励政策。

第八条　积极做好宣传、表彰工作。

第九条　积极组织并推荐优秀项目办和志愿者参加评选表彰活动。

第十条　切实为服务期满的志愿者提供就业创业服务。

第十一条　建立西部计划志愿者信息档案。

第十二条　积极推进西部计划地方项目的实施，规范西部计划地方项目的管理。

第十三条　总结本省(区、市)实施工作，撰写年度项目实施工作报告，并报全国项目办。

第十四条　依据法律法规和相关规定，维护西部计划志愿者的权益。

第十五条　完成全国项目办和本省(区、市)西部计划领导小组交办的其他工作。

(二)服务省项目办职责

第一条　制定本省(区、市)年度工作方案并报全国项目办审定。

第二条　按全国项目办制定的原则，指导服务县落实服务需求、申报服务岗位。

第三条　制定本省(区、市)派遣计划，确定各服务县及派遣名额，并与招募省协调做好人员选拔、补录等工作。指导服务县做好岗位对接及调整等工作。

第四条　制定本省(区、市)培训计划,组织集中培训和派遣工作。

第五条　按照全国项目办有关要求,指导服务县项目办做好保险理赔工作;协助做好志愿者生活、交通补贴的发放工作;做好重大节假日志愿者慰问工作。

第六条　按照《大学生志愿服务西部计划志愿者管理办法》规定,协调、督导服务地市、县项目办做好日常管理和服务工作;建立健全安全、健康等管理制度,协调、处理志愿者安全、健康等方面的重大事件,及时上报全国项目办。

第七条　做好西部计划志愿者服务延期申报等相关工作,并于每年3月底上报全国项目办备案。

第八条　积极组织并推荐优秀项目办和志愿者参加相关评选表彰活动。

第九条　收集、整理志愿者先进事迹,定期向全国项目办上报相关信息。

第十条　积极争取本省(区、市)组织、人事、编制等相关部门支持,协调当地政府落实相关鼓励政策,为志愿者就业创业创造有利条件;动员社会力量,切实为服务期满志愿者就业创业提供帮助。

第十一条　审核县级人民政府提出设立西部计划服务县的资格条件,报全国项目办批准。

第十二条　建立健全督导制度,审定服务县项目办制定的西部计划志愿者考核办法。根据全国项目办和服务省项目办制定的服务县考核评估考核办法,对服务县进行年度考核,根据考核结果,实行服务县末位淘汰制。

第十三条　建立西部计划志愿者信息档案。

第十四条　积极推进西部计划地方项目的实施,规范西部计划地方项目的管理。

第十五条　总结本省(区、市)实施工作,撰写年度项目实施工作报告,并报全国项目办。

第十六条　依据法律法规和相关规定,维护西部计划志愿者的权益。

第十七条　完成全国项目办和本省(区、市)西部计划领导小组交办的其他工作。

服务地(市)项目办职责

第一条　督促、指导服务县项目办做好日常管理和服务工作。

第二条　协调、指导服务县项目办、服务单位及时妥善处理志愿者安全、健康等方面的重大事件,向省级项目办上报相关信息。

第三条　积极协调相关部门落实鼓励政策,为志愿者服务期满后扎根西部基层创造有利条件,动员社会力量为志愿者就业创业提供有效帮助。

第四条　协助服务省项目办对服务县项目办进行考核。

第五条　积极争取项目管理配套经费。

第六条　完成服务省项目办和本地(市)西部计划领导小组交办的其他工作。

服务县项目办职责

第一条　制定本地年度工作计划并报本省(区、市)项目办审批。

第二条　在认真考察申报岗位的服务单位相关条件的基础上,确定服务单位及需求人数,向服务省项目办申报。

第三条　与服务单位、志愿者共同签订三方服务协议,明确志愿者岗位职责,做好岗前县情县况、业务培训及上岗服务工作。确系需要,县级项目办根据当地实际情况,在征得志愿者本人和服务单位同意,并报省级项目办批准后,可对志愿者岗位在本县内做适当调整。

第四条　按照《大学生志愿服务西部计划志愿者管理办法》规定,协同服务单位做好志愿者日常管理和服务工作;建立志愿者安全、健康等方面的管理制度,实行志愿者安全健康管理一把手责任制,遇重大事件及时妥善处理并同时上报上级项目办。

第五条 根据全国项目办和服务省项目办制定的服务县考核评估考核办法接受服务省年度考核。根据服务县具体情况，制定本县服务单位、志愿者考核办法，实行服务单位末位淘汰制，对服务单位、志愿者进行年度考核。

第六条 推荐优秀志愿者参加评选表彰活动。搜集、整理、上报志愿者典型事迹和管理案例。

第七条 定期看望、慰问志愿者，开展形式多样的联谊活动。建立项目办负责人与志愿者定期谈心制度，解决实际问题、听取意见建议。

第八条 严格执行全国项目办制定的志愿者生活补贴、交通补贴发放制度，确保项目管理经费及奖励经费的专款专用，积极争取地方政府配套经费支持。

第九条 争取地方党政及相关部门的政策支持，积极为志愿者落实就业单位，实行就业比例责任制，每年为不少于在本县服务志愿者人数20%的志愿者落实就业岗位，为志愿者扎根当地就业创业创造有利条件。

第十条 志愿者离岗时，县级项目办须对志愿者进行服务鉴定，填写服务证证书，并按管理办法有关规定为志愿者办理离岗手续、做好工作交接。

第十一条 总结本地实施工作，撰写年度项目实施工作报告，并报本省（区、市）项目办。

第十二条 依据法律法规和相关规定，维护西部计划志愿者的权益。

第十三条 完成全国项目办、服务省项目办、服务地（市）项目办和本县领导小组交办的其他工作。

高校项目办职责

第一条 按照全国项目办有关要求，制定本校年度工作计划并报本省（区、市）项目办审批，认真做好招募报名的宣传动员工作。

第二条 按照西部计划管理办法有关工作要求，认真做好资格审查、笔试面试、公示等招募工作。建立志愿者后备人选库，做好调换补录工作，确保招募质量。

第三条 协助招募省项目办或所在地（市）团委认真做好本校入选毕业生的体检工作。

第四条 协助招募省项目办与志愿者签订招募协议。

第五条 在毕业生离校前，对入选志愿者开展基层工作方法、志愿服务理念、安全健康、就业创业等基本内容的培训。

第六条 按照《大学生志愿服务西部计划志愿者管理办法》规定，落实志愿者在服务期间户籍、档案保留在学校，党、团组织关系转至服务地等相关事宜。

第七条 协助做好志愿者跟踪培养和管理服务工作。

第八条 积极争取出台校内优惠政策，为志愿者就业提供帮助，办理发放就业报到证。

第九条 总结本校实施工作，撰写年度项目实施工作报告，并报本省（区、市）项目办。

第十条 依据法律法规和相关规定，维护西部计划志愿者的权益。

第十一条 完成全国项目办和学校所在省（区、市）项目办交办的其他工作。

服务单位职责

第一条 根据本单位的需求和就业情况，向服务县项目办申请服务岗位和人数。

第二条 志愿者到岗后，与服务县项目办、志愿者共同签订三方服务协议，将志愿者纳入本单位正式职工序列进行管理。在服务县项目办的指导下，做好对志愿者的业务培训和年度考核等工作。

第三条 落实志愿者免费住宿以及安全、健康、卫生的生活条件等后勤保障，为志愿者提供与本单位工作人员相同的工作条件，并解决志愿者在工作、生活中出现的困难和问题。

第四条 及时向县级项目办通报志愿者日常管理及相关工作情况。志愿者离岗时，须对志愿者进行服务鉴定，并按管理办法有关规定做好志愿者离岗手续，并上报县级项目办。

第五条　实行志愿者日常管理、安全健康管理一把手责任制，采取切实有效的措施，确保志愿者的安全。在有关方面的指导下，作为第一责任人具体负责处理志愿者安全、健康等方面出现的问题。

第六条　争取地方党政及相关部门的政策支持，积极为在本单位服务的志愿者落实就业岗位，为本单位志愿者扎根当地就业创业创造有利条件。

第七条　接受县级项目办的年度考核。

第八条　依据法律法规和相关规定，维护西部计划志愿者的权益。

第九条　完成西部计划服务县领导小组及服务县项目办交办的相关工作。

第四部分

重点工作概述

认真开展深入学习实践科学发展观活动

学习贯彻科学发展观是一项长期战略任务。2009年，团中央在继续开展好第一批深入学习实践科学发展观活动的基础上，紧密结合共青团工作实际，不断推动全团学习实践活动进一步深化。

一、借助第三批深入学习实践科学发展观活动的契机，进一步加强团的基层组织建设和基层工作

在中央部署的第三批深入学习实践科学发展观活动中，团中央紧紧抓住活动在基层单位广泛开展的重大契机，专门制定下发了《关于在第三批深入学习实践科学发展观活动中认真学习贯彻党的十七届四中全会精神，进一步加强团的基层组织建设和基层工作的意见》，要求各级团组织牢固树立围绕党的中心工作、借助党的工作力量推动共青团工作的意识。特别是要紧紧抓住党的十七届四中全会以改革创新精神对推进党的建设新的伟大工程进行深入研究、作出明确部署的重大机遇，紧紧抓住第三批深入学习实践科学发展观活动正在乡（镇）村，街道、社区，中等职业学校和中小学校，基层医疗卫生单位，非公有制经济组织和新社会组织等基层单位深入广泛开展的重要契机，发挥好团中央作为第三批学习实践活动相关工作指导小组成员的工作职能，围绕团十六大以来全团一直在全力推进的加强基层组织建设和基层工作的任务，在前期工作部署的基础上，努力做好乡镇和街道团的组织格局创新试点、非公有制经济组织和新社会组织团建、基层团建试点、中等职业学校团组织建设和工作、团属青年社团党团建设等5个方面的工作。

目前，支持和推进基层组织建设和基层工作，已经成为全团的共识和共同行动，全团上下普遍采取各种措施，切实加大对基层的支持力度，形成了高度重视基层、支持基层的良好局面。中央有关媒体对于团组织开展第三批学习实践活动的情况进行了广泛宣传，新华社、人民日报相继发了3篇通讯，中央电视台新闻联播、中央电台全国新闻联播节目进行了3次综合报道。

二、继续开展团中央直属机关深入学习实践科学发展观活动

按照中央的统一部署，团中央作为深入学习实践科学发展观活动第一批单位，继续扎实推进学习实践活动整改落实阶段4个环节和“回头看”工作，共青团事业实现新的发展。

1. 切实抓好整改落实阶段各项任务。书记处和机关各部门、各直属单位领导班子按照分析检查报告提出的整改思路，认真制定整改落实方案，形成了《团中央直属机关深入学习实践科学发展观活动整改落实方案》，提出坚持不懈地抓好理论武装工作，继续大力推进基层组织建设和基层工作，分领域、分年龄段开展青少年思想政治教育，集全团之力促进青年就业创业，探索建立维护青少年合法权益的制度性安排，切实加强书记处班子建设和机关自身建设等6个方面25条整改措施。按照责任落实到人的要求，每一项整改措施都确定至少1名班子成员作为责任人，确保整改落实取得扎实成效。经过全体党员干部的共同努力，团中央直属机关的学习实践活动基本达到了中央提出的统一认识、提高能力、解决问题、完善机制的目标要求。在362人参加的满意度测评中，对团中央书记处整改落实情况满意的占96%，比较满意的占4%；对团中央直属机关开展学习实践活动的情况满意的占94%，比较满意的占6%。

2. 扎实推进整改落实"回头看"工作。按照中央有关要求，团中央机关各部门、各直属单位结合各自实际，制定了"回头看"具体实施方案，并严格按照要求进行自查。机关各部门对照《团中央直属机关深入学习实践科学发展观活动整改落实方案》中部门的职责分工，就"已经落实的"和"正在落实的"进行梳理和自查，把握工作进度，落实整改措施。各直属单位对照各自的整改落实方案内容，逐项进行梳理和检查，切实做到底数清、情况明。在自查基础上，团中央学习实践活动领导小组办公室派出两个检查组，分别到各直属单位开展了专项检查，采取查阅文件材料、实地考察、听取工作进展介绍、个别访谈、召开党员群众座谈会等方式，了解各直属单位整改措施的落实情况，宣传、推广好的做法和经验，发现问题并要求限期整改，对整改落实"回头看"工作进行督导，使学习实践活动成果得到进一步巩固。

3. 团中央直属机关学习实践活动成效明显。一是进一步深化了对科学发展观的认识和理解。通过参加学习实践活动，直属机关党员干部接受了一次全面、深刻的中国特色社会主义理论体系教育，加深了对科学发展观的科学内涵、精神实质和根本要求的理解，进一步增强了贯彻落实科学发展观的自觉性和坚定性。通过参加学习实践活动，直属机关党员干部解放了思想，开阔了思路，对共青团工作中的战略性、全局性、根本性问题的研究和思考更加深入，政治意识、大局意识和全局观念进一步增强。通过参加学习实践活动，直属机关党员干部进一步从本质上明确了团组织要根植于广大青年之中，深入基层、深入青年。面向广大普通青年谋划和开展工作，正在成为大家的自觉意识和实际行动。二是进一步明确了在科学发展观指引下推动共青团事业发展的总体思路。全体党员干部深入学习和认真思考胡锦涛总书记提出的"进一步提高组织青年、引导青年、服务青年、维护青少年合法权益的能力和水平"、"大力加强自身建设，坚持眼睛向下、重心下移，力争使团的基层组织网络覆盖全体青年，使团的各项工作和活动影响全体青年"的重要要求，结合共青团工作实际，在深入调查研究和充分讨论的基础上，团十六届二中全会审议通过了《共青团工作五年纲要(2009—2013)》，明确了今后一个时期共青团工作的总体思路，直属机关党员干部的思想认识得到进一步统一。三是进一步加强了团中央直属机关自身建设。在机关干部中继续深化成长观教育，努力形成全身心投入工作，在矛盾和问题面前不回避、不退缩，敢于迎着困难上的良好作风。建立了书记处集体学习制度，机关全体党员干部参加集体学习讲座；组织机关年轻干部开展学习交流活动，在机关年轻干部中营造了勤于学习、善于思考的良好氛围。四是机关内部规范化、信息化建设不断推进，进一步改进了会风文风，严格控制会议规格、规模和数量，减少文件数量，实行网上发文，提高公文处理时效；认真落实中央要求，做好清理规范团中央直属机关评比达标表彰工作。

加强团的基层组织建设和基层工作

2009年，全团深入贯彻落实胡锦涛总书记提出的“坚持眼睛向下、重心下移，力争使团的基层组织网络覆盖全体青年，使团的各项工作和活动影响全体青年”的重要要求和2008年12月5日党中央书记处的重要指示精神，落实团十六大、团十六届二中全会的工作部署，按照工作任务更加明确、标准更加严格、力度不能减弱的要求，继续以最大的决心和力气支持和推进团的基层组织建设和基层工作。

*在理论层面上形成和深化了一些重要的思想成果。*团中央书记处从认识层面先后总结和完善了共青团面临的三大挑战及其应对路径、共青团吸引凝聚青年的5条路径、加强团的基层组织建设和基层工作中需要注意把握的10条原则等一系列重要认识成果。同时，进一步认识到，团的基层组织和基层工作处在共青团与广大青年的边界上，是共青团联系广大普通青年最重要、最普遍的路径和载体。目前，团的工作和建设的主要问题和薄弱环节也在基层。因此，全团要把加强团的基层组织建设和基层工作作为关系共青团履行根本职责、实现各项职能、保持自身活力的“生命力工程”，从做好党的青年群众工作的战略高度、从巩固人民政权所需要的群众工作的战略高度来重视和加强团的基层组织建设和基层工作。特别是团的各级领导机关把工作注意力放到基层，尽最大努力加强对基层的工作指导和支持，把工作资源向基层倾斜，把工作力量向基层集中，把工作载体向基层转移，着力解决基层团组织网络对广大青年的覆盖和基层工作的活力问题。

*继续选派地市以上团的领导机关干部到县级团委驻点工作，扎扎实实地了解情况、推动工作。*全年选派了第二批、第三批共1478名干部到1471个县级团委驻点。全团局级以上干部每人每批联系2个县级团组织，在每个联系点进行了5天的蹲点调研。从目前的情况看，驻点和蹲点工作在优化县级团委工作环境，提供具体有效的工作指导，帮助团干部发现自身不足、认识基层困难、转变工作作风等方面取得了积极成效。

*继续加大支持力度，为基层工作创造条件。*一是继续把工作资源向基层倾斜。2009年，团中央分别通过组织内调动资源和向社会募集资金的方式，分别为2209个中西部地区和部分东部地区县级团委各提供3万元资金；27个省级团委以工作项目带动、工作经费扶持等方式对基层给予了支持，经费和物资价值达1.6亿多元；团中央所属的中国光华科技基金会支持基层团组织图书等价值超过8000万元，中青国际向中西部地区基层团组织捐赠2590台电脑。二是加强基层团的工作力量。在选派干部到基层驻点的同时，选派2068名青年志愿者到中西部县级团委工作1—3年。三是加强对基层团干部培训。通过分批集中培训和电视电话会的方式，团中央书记处各同志直接对全国2900多名团县委书记进行了培训。四是将对外交流机会向基层倾斜，全年有340名基层优秀团干部参与出访交流活动，比例由过去的3%左右提高到20%。同时，河南、湖北、海南、重庆、云南、青海等地团组织积极争取党委政府的支持，制定出台了相关政策文件，从工作经费、人员、制度等方面探索支持基层工作的长效机制。

*开展基层团建试点工作。*全团在11个领域选取了860个团组织和基层单位进行试点，目标是力争在传统领域解决“组织活力”问题，在新兴领域解决“组织存在”问题。特别是在

统筹城乡、青年自组织、互联网等新兴领域加大探索力度。河南团组织在统筹城乡团建工作中取得重要进展，已经在河南籍外出务工青年比较集中的北京、上海、广东等地建立省、市、县三级驻外团工委403个、团支部8000多个，覆盖和影响了大批外出务工青年。截至年底，全团的试点工作初步归纳提炼了一些具有一定推广价值的工作成果。

*积极探索乡镇、街道团的组织格局创新。*当前，基层团组织普遍存在着缺乏活力的问题。如果这一状况长期得不到改善，就会严重影响共青团组织功能的实现。为使共青团组织面向基层的桥头堡能从县级向前延伸，团中央积极推进创新乡镇、街道团的组织格局，采取编制内与编制外相结合的方式，吸纳热爱党、对青年工作有热情、有一定影响力的青年代表组成乡镇、街道团的领导班子。从贵州试点的情况看，组织格局的创新能够起到增加联系青年渠道、便于调动社会资源、充实基层团干部力量的效果。

“我与祖国共奋进”主题教育实践活动

2009年，全团、全队深入推进“我与祖国共奋进”主题教育实践活动，紧紧围绕庆祝新中国成立60周年、纪念五四运动90周年等契机，遵循坚持分类引导、开展分层教育、积极引导青年进行正确的社会观察、体现时代特色、突出实践要求、努力吸引更多普通青年直接参与的原则，在广大青少年中开展了内容丰富、形式多样的爱国主义教育活动，掀起了青少年爱国主义教育的热潮。

*广泛开展面对面的宣讲交流活动。*团中央邀请党政领导、专家学者、青年典型，赴全国31个省、市、自治区，开展了106场宣讲交流活动，与青年共享成就、共话成长、祝福祖国，直接参与的青年听众近5万名。同时，根据中央要求，6月下旬至7月上旬，团中央与中宣部、教育部联合组织了先进模范人物爱国奉献事迹报告团和大学毕业生建功立业先进事迹报告团，百余所高校的3万余名师生参加了报告会。各地团组织邀请“五老”人员、党政领导、专家学者、各行各业青年典型以及团干部、青联委员等，面向青年广泛开展报告宣讲和座谈交流活动，数以百万计的青年在报告会中受到了国情教育，明确了自身使命，激发了爱国情感。

*组织青少年参加各类教育实践活动。*各地团组织按照团中央部署，广泛开展了读书学习、社会实践、参观考察、红色旅游、文体活动、仪式教育、民族团结和民族政策教育等各种形式的青少年爱国主义教育实践活动，有效地引导青少年在实践中弘扬爱国主义精神，帮助他们在亲身参与和体验的过程中，牢固树立投身祖国建设和发展的责任感、使命感。

*充分借助各类媒体尤其是新媒体开展爱国主义教育活动。*团中央重点开展了9项活动。一是在中国青年网、手机青年报、手机电视平台推出了“最美的祝福献给祖国”祝福语征集等活动。二是在中国青年网上开辟“经典中国·辉煌60年”爱国主义教育专题，对新中国成立60周年成就展的内容进行全景展示。三是组织开发和征集推广了抗战、亮剑等近10多款以爱国主义为主题的网络游戏，并开展了“爱国主题游戏网上巡礼”、爱国游戏视频征集

展示、原创爱国游戏设计比赛、青少年最喜爱的爱国题材游戏评选等活动。四是与优酷网联合推出“我与祖国共奋进——身边的变迁”网络视频征集展播活动。五是与腾讯网联合开展“传挂灯笼·祝福祖国”活动,2962余万名网友参与传挂灯笼,祝福祖国的留言超过300万条。六是通过腾讯QQ、中国移动手机报平台发送富有思想引导内涵的信息和青年节节日问候。七是在农村青年中开展“我说家乡新变化”手机短信大赛。八是与中央电视台电影频道联合推出“纪念五四运动90周年青年爱国主义影片展播”,收视人群总计达4248万人次。九是中国青年出版总社、中国少年儿童出版总社推出“红色经典”系列图书和一批深受青少年喜爱的图书。各地团组织也着力在运用媒体特别是新媒体手段引导青年上下功夫,通过开办电视栏目、拍摄专题宣传片在网站发布、依托BBS和手机开展宣传教育活动、制作公众LED屏宣传广告等形式,创新爱国主义教育的手段和路径,增强了对青年的吸引力和感染力,在广大青少年中营造了庆祝新中国成立60周年的浓厚氛围。

重点挖掘和宣传青年典型的创业故事、成才故事、奉献故事。团中央通过与中央电视台合作推出“青春纪事”专题节目、在中国青年报开设“青春故事”专栏、拍摄DV在网上播放等方式,对青年典型的青春故事进行大力宣传,使广大普通青年从中受到教育和启迪。各地团组织以“青春故事”为载体,充分发挥青年典型对广大青年的示范和带动作用,举办了“青春故事”DV大赛、“国旗下的青春”青年典型宣传、“青春走进六十年”大型人物访谈、革命纪念馆讲故事大会、“青年榜样话成长”电台直播等活动,充分发挥青年典型在爱国主义教育中的积极作用,使青年在可亲、可信、可学的同龄人的成长故事收到启发和鼓舞,立志与祖国共奋进。

全队还在“六一”、“七一”、少先队建队60周年纪念日期间统一开展了主题队日活动。

分类引导青年工作

开展分类引导青年工作,主要是针对学校、企业、农村、机关等不同领域青年在职业背景、社会阅历、思维方式、行为习惯等方面的显著差异,确定不同层次、不同侧重、不同形式的引导目标、引导内容和引导方法,从而将思想引导工作具体化地落实到不同青年群体身上,增强引导青年工作的针对性、适用性、普遍性。

2009年4月,分类引导青年试点工作正式启动,主要面向大学生、企业青年、进城务工青年、农村青年四类青年群体,在全国31个省、市、自治区和中央国家机关等6个系统的学校、企业、乡镇、社区、“两新”组织、机关单位选取了369个基层单位进行试点。分类引导青年试点工作主要包括3项内容。

1. 调查研究。围绕爱党、爱国、爱社会主义、“三统一”、六个“为什么”等重大政治性问题和青年较为关注的具有一定政治指向性的问题,设计各类青年群体结构化调查问卷,面向全国20余个省份的190个试点单位直接发放回收调查问卷88472份。团中央、省级团委、基层试点单位一对一或集体访谈四类群体的青年8725人,形成访谈记录近千万字,深入了解掌握四类青年群体的思想意识状况，梳理出四类青年群体的40个思想意识关键点及其背后的143条思考逻辑。

2. 释疑解惑。紧扣调研中了解掌握的四类青年群体思想意识关键点及其形成逻辑，在吸收各方面理论成果、整理归纳访谈中部分青年发表的正面意见的基础上，运用各类青年群体习惯的语言和逻辑，从历史和现实、理论和实践、宏观和微观相结合的角度，将党的"大道理"转化为各类青年群体易于接受的"小道理"，对他们的思想困惑作出有针对性、有说服力的解答，对他们的模糊认识加以正确引导，帮助他们打开思想症结、走出认识误区，初步形成了四类青年群体《思想引导大纲》。

3. 创新载体。按照既具有特色、符合当代青年的新变化新特点、受青年欢迎，又具有针对性、紧扣青年思想意识关键点、能够对青年形成正确思想认识起到切实作用的要求，从形式、手段、途径、载体等方面大力改进创新引导工作，探索将思想引导内容有效传递到青年中去的现实路径。试点工作中着力改进和创新了面对面交流、社会实践体验、社会观察引导、新媒体覆盖、传统媒体传播、仪式教育、文化熏陶、图书阅读、榜样示范、同伴影响、社会组织影响、情感感召、时尚吸引、游戏渗透、社会化技能培养、服务育人等一批途径、手段和载体。

分类引导青年试点工作，找准了各类青年群体的思想症结，实现了引导工作的有的放矢、有效聚焦，增强了思想认识的针对性；初步探索了运用各类青年群体熟悉的话语体系对党的理论进行"翻译"、"转化"的理论"青年版"；初步找到了与各类青年群体沟通、交流、联络、聚集方式相适应的引导路径和载体，增强了传播方式的适用性。试点同时为下一步在全团推开分类引导青年工作，增强工作对象的普遍性打下了基础。

青年马克思主义者培养工程

2009年，全团继续以大学生骨干培养为重点，推进实施青年马克思主义者培养工程，不断提高工作的规范化、系统化和科学化。

制定《大学生骨干培养工作实施细则》。8月，团中央在认真研究大学生的成长规律和总结各地各高校工作经验的基础上，制定了《大学生骨干培养工作实施细则》，对培养目标、培养格局、培养原则、培养方式、课程设置等进行了更加科学细致的规划。

各地各高校积极开展各具特色的大学生骨干培养工作。江苏团省委高度重视网络阵地建设，利用已有的共青团和学联网站等信息化的技术手段构建新的动态、远程教育培训模式和平台；团湖北省委举办了"荆楚英才学校"，专门编写了《大学生骨干培养理论辅导读本》；团浙江省委成立了"新世纪人才学院"，努力推动把大学生骨干纳入各级党委政府的人才培养规划；团河南省委举办高校"双强双优"型学生干部培训班，编印了《润物—大学生理论热点面对面》；陕西省委组织部、团省委、省学联共同下发了《关于进一步做好大学生骨干培养工作的通知》，形成省校分工负责、齐抓共管的工作格局；重庆市成立了红岩菁英学校，深入开展百院百村、百社区、百企业结对共建活动。截至目前，全国已有29个省份启动了这项工作，超过5000名大学生骨干接受了省级团委的培训,各地各类高校培养大学生骨干达50万人次。

加强制度建设,办好中国大学生骨干培养学校。2009年8月,团中央下发了《中国大学生骨干培养学校教学和管理大纲》,对具体课程设置、教学环节和管理办法做了详细规范,为中国大学生骨干培养学校的长远发展奠定了重要基础。11月20—27日,中国大学生骨干培养学校第三期开班,256名大学生骨干在理论学习周期间接受了更具专业化、系统性的培训,包括理论学习,到全国人大、全国政协、国家发改委、外交部等部委开展政务参观体验,接受"演讲与沟通"、"领导力提升"、"素质拓展"、"角色模拟"、"专题辩论"、"课程研讨"等能力训练。形式多样的培训既提升了大学生骨干的理论水平,又锻炼了以领导力为目标的组织能力、协调能力、沟通能力、分析判断能力等社会化技能。

未成年人思想道德建设工作

宣传贯彻胡锦涛总书记致中国少年先锋队建队60周年的贺信精神。各地基层少先队组织在少先队员中广泛深入地开展了争当"四好少年"活动,通过组织学习讨论、制订具体计划、开展主题实践、进行大力宣传、树立先进典型等方式,教育引导广大少年儿童学习领会党的希望和要求,自觉争当"四好少年"。全国少工委和一些地方少工委还积极探索运用艺术、情感、时尚的元素,用少年儿童熟悉、喜欢、常用的方式宣传贺信精神。

"歌唱祖国庆六一"主题队日活动。"六一"当天,全国各地少先队组织通过学校红领巾广播站,准时收听中央人民广播电台"中国之声"频道的"歌唱祖国庆六一"主题队日节目,收看中央电视台播出的专题片,统一举行升国旗、唱国歌仪式,同唱少年儿童爱党、爱国歌曲,并开展了集体舞、游戏、主题中队会等丰富多彩的活动。全国31个省(自治区、直辖市)全部开展了这一活动,绝大多数地、市和半数以上中小学少先队大队开展了活动,约7600万名少先队员参与。为配合主题队日活动的开展,六一前,全国少工委在网上推出了为期半个月的"歌唱祖国庆六一——我为喜爱的歌曲投一票"活动,推广了一批适合少年儿童歌唱的爱党爱国歌曲,吸引了大批少年儿童收听、下载和传唱,据统计共有近百万人参与了投票。

"红领巾心向党"主题队日活动。6月下旬至7月5日,全国各地中小学校普遍开展了"红领巾心向党"主题队日活动。各地的活动内容包括:开展红领巾寻访活动,组织少先队员深入农村、企业、社区,进行访谈、调查和小课题研究;开展与党员朋友手拉手活动,组织少先队员与党员结成"小手拉大手"对子,感受中国共产党的先进性,进一步明确党、团、队的特殊关系;开展"走进红色故事"活动,让少先队员在红色经典和具有鲜明时代感的作品中接受教育、增进感情;开展"把我的心声告诉党"活动,通过故事、童谣、儿童画、手机短信、网络留言等方式,充分表达少先队员对党的真情祝福和真挚情感。

"纪念建队60周年"主题队日活动。10月13日,各地少先队组织统一开展了纪念建队60周年主题队日活动。活动内容包括:各学校少先队开展“红旗下的誓言”10分钟大队会、“光荣的少先队”中队会、“少先队员的节日”文化展示活动，举办本校的“祖国发展我成长”专题展览。同时，各地少先队还结合本地实际，开展了丰富多彩的活动。建队日期间，各地少先队员还收看了全国少工委和中央电视台联合制作播出的“我的红领巾故事”等反映少先队员与新中国一同成长的系列专题节目。据统计，全队开展活动普及面接近90%，超过1亿中小学少先队员参加。

促进青年就业创业工作

2009年，全团认真贯彻落实中央关于“保增长、保民生、保稳定”的指导方针，把促进青年就业创业作为服务青年工作的重中之重，与广泛提高各条战线青年的职业精神和职业技能相结合，与提供基层工作载体相结合，采取了5个方面的措施。

1. 建设青年就业创业见习基地。就业见习对青年人未来的就业和创业具有重要促进作用。截至年底，各级团组织建立了2.33万个见习基地，提供见习岗位58万余个，已有27万多名青年参加了2—3个月的见习，6.4万多人被见习单位正式聘用。

2. 推进青年创业小额贷款工作。为帮助青年解决创业资金短缺问题，团中央与银监会联合制定下发了指导意见，在自然人担保、联保、互保等金融担保方式方面进行创新。截至年底，通过各级团组织向23.6万农村青年发放小额贷款103.9亿元，向5.5万城市青年发放小额贷款43.9亿元。

3. 开展青年就业创业技能培训。按照培训时间在1周左右、基层团组织负责联系培训青年、积极借助政府力量、与某些特定产业经济组织的扩张性用工需求和新商业模式相结合的工作要求，加强青年就业创业技能培训。截至年底，已培训农村青年217万多人，建立农村青年就业创业培训基地6000多个。其中，河北、辽宁、江苏、山东、河南、湖南、广东、广西、四川、云南、陕西、新疆等省（区）培训人数超过10万。

4. 建立青年创业就业基金会。为实现青年就业创业资金扶持工作的长期化、机制化，全团动员社会力量，在团中央和省级团委两级分别建立青年创业就业基金会。截至年底，团中央已募集基金2.5亿元，省级团组织募集资金3.11亿元。其中，北京、吉林、河南、湖南、广东筹集资金都超过了2000万元；贵州、青海等一些西部省份克服各种困难，按时完成了这项工作。

5. 做好青年创业国际计划（YBC）。继续通过YBC项目为青年提供导师辅导、市场判断以及创业资金支持，培养更多的青年创业带头人。

青少年权益工作

2009年，各级共青团组织认真发挥代表和维护青少年合法权益的重要职能，注重把维护青少年合法权益与引导青年的有序政治参与结合起来，把关注个案与关注普遍性的权益问题结合起来，把代表反映青少年的普遍性利益诉求与相关法律法规的贯彻落实结合起来，积极探索建立维护青少年合法权益的制度性安排，推动“共青团与人大代表、政协委员面对面”活动、预防未成年人违法犯罪工作等重点工作不断取得新突破。

*“共青团与人大代表、政协委员面对面”活动。*积极建立共青团与人大代表、政协委员的沟通交流制度，普遍开展“共青团与人大代表、政协委员面对面”活动。着力加强“听”的机制建设，联合全国政协社会和法制委员会开展青少年校外活动阵地建设专题调研，组织共青团、青联界别政协委员开展互联网时代的青少年生活方式、运用互联网等新媒体正确引导青少年专题调研，组织专门力量开展青少年网络伤害、网络成瘾等课题研究，深入了解青少年普遍性利益诉求。全国31个省、自治区、直辖市团委和308个地市州团委按照名称统一、主题统一、时间段统一的要求，在各级“两会”召开前开展了“面对面”集中活动。各省级团委在省级“两会”期间共提出提案、建议99件。

*12355青少年服务台建设。*一是探索通过集中培训、网络培训和片区培训等形式，向12355青少年服务台心理、法律专家志愿者提供系统培训。与中国心理学会、全国律协和未保委等专业机构建立初步联系，探索专业心理督导师、咨询师和公益律师与12355的长效合作机制。二是探索建立以省会城市为重点的12355信息监测网络体系，通过统一软件的使用，实现各地数据的自动搜集、汇总和分析，收集青少年普遍性利益诉求，监测青少年权益动态。

*探索建立青少年典型案件和社会热点问题信息收集分析机制。*一是通过网络监测、12355信息监测、部分省市基层权益信息监测点监测等形式，随时掌握青少年最新权益动态和相关网络舆情，归纳分析青少年权益个案背后的规律性问题，形成中长期研究成果，为决策提供事实依据。二是对领导批示和监测到的青少年权益信息，从维护青少年合法权益的角度，运用法律、社会学等专业学科知识，进行全面监测、跟踪和分析，提出工作意见和建议。

*发布假期青少年自我保护提示。*团中央权益部联合中央综治办督导室和公安部宣传局共同发布了“2009年寒假青少年自我保护提示”和“2009年暑假青少年自我保护提示”。各地团组织集中开展了丰富多彩的安全自护教育活动，帮助青少年切实提高自我保护的意识和能力。

*开展重点青少年群体排查摸底专项行动。*配合综治办在全国范围内开展重点青少年群体排查摸底专项行动，基本摸清6周岁以上(含)25周岁以下(含)不在学、无职业的闲散青少年，有不良行为或严重不良行为的青少年，流浪乞讨青少年，服刑在教人员未成年子女，农村留守儿童等重点青少年群体权益保护和犯罪预防的基本状况，进一步分析了重点青少年群体违法犯罪的特点和原因，为有针对性地提出预防重点青少年群体违法犯罪的有效措施和政策建议打下了基础。

*推进“为了明天——预防青少年违法犯罪工程”。*一是联合有关部委开展文化市场专项督察、中小学安全教育和权益保护专项督察、刑释解教人员安置帮教督察等。二是加大预

防青少年违法犯罪工作宣传力度,联合有关部委共同摄制了未成年人心理健康教育电影《金色记忆》,并组织广大青少年观看影片和开展专题宣传教育活动。三是完善预防办工作机制,探索建立预防办议事协调、调查研究、舆情分析和信息汇总制度,进一步加强成员单位之间的联系与合作。四是针对闲散青少年状况和对策、网瘾青少年状况和对策、吸食新型毒品青少年情况和对策等问题开展了专项调研,并形成了有充足数据支撑的调研报告,进一步强化了预防青少年违法犯罪工作的理论支撑。

青年志愿者行动

大学生志愿服务西部计划。2009 年,团中央与有关部委继续实施大学生志愿服务西部计划(以下简称"西部计划"),按照公开招募、自愿报名、组织选拔、集中培训派遣的方式,全国项目实施规模从 1 万人扩大到 1.5 万人,志愿者服务期从 1—2 年调整为 1—3 年,中央财政安排专项资金 1.6 亿元。全年新录取志愿者 10915 人,加上延长服务期志愿者,实际在岗人数约 15000 人。同时,江苏、辽宁、四川等 18 个省(区、市)地方项目在岗人数约 4200 人。同时,选派全国 79 所高校 643 名志愿者组成第十一届研究生支教团,赴中西部 82 个贫困县的 200 所中小学开展为期 1 年的支教服务。2003 年至 2009 年,西部计划志愿者累计总人数超过 10 万人,其中扎根中西部基层 8000 余人。

中国青年志愿者海外服务计划。全年共派出 201 名青年志愿者,其中,向非洲埃塞俄比亚、塞舌尔、突尼斯、毛里求斯、厄立特里亚、利比里亚、加纳、贝宁、多哥、肯尼亚、尼日尔、塞拉利昂、马拉维、博茨瓦纳等 14 个国家派遣了 187 名青年志愿者;向拉丁美洲圭亚那派遣了 14 名青年志愿者。志愿者服务领域涉及中文、武术、音乐舞蹈等教学,排球、体操、足球、羽毛球、篮球和田径教练,中西医治疗与护理,畜牧和农业科技,信息服务、计算机培训和网络、通讯建设,食品加工,生物医学,工业技术,水利建设等多个领域。截至 2009 年,圆满完成了 3 年向非洲派 300 名志愿者的任务。

8 月 14 日,温家宝总理出席第三届中非青年联欢节开幕式暨中国援非青年志愿者出征仪式,并为中国援非青年志愿者授旗。温家宝总理勉励赴非洲工作的中国青年志愿者用所学知识和技能为非洲人民服务,赢得友谊和信任,同时虚心向非洲人民学习,开阔视野,陶冶情操,增长才干。

志愿服务立法工作。为贯彻落实中央领导同志有关志愿服务全国立法的指示精神,进一步规范和促进志愿服务工作,采取多种措施推动志愿服务立法工作。一是配合协助部分全国人大代表和政协委员做好志愿服务立法议案的起草和调研工作,并邀请部分全国人大代表、政协委员参与基层志愿服务活动。二是总结各地立法经验、收集整理地方立法资料,编写《志愿服务立法参阅材料汇编》。三是广州、新疆、四川、上海等地团组织积极参与志愿服务地方性法规起草、制定等工作。在各级团组织的积极推动或参与下,迄今已有 17 个省(自治区、直辖市)和 11 个有立法权的城市出台了地方性法规。四是按照全国人大内司委的要求，做好全国人大代表联名提出的《制定青年志愿服务法》议案的答复办理工作。五是配合全国人大内司委和国务院法制办等方面，积极参与志愿服务全国立法的研究与起草等工作，推进志愿服务全国立法进程。

中国消防志愿者行动。2009年，中国消防志愿者行动在各级公安消防部门、共青团组织、有关职能部门和广大志愿者的共同努力下，消防志愿者队伍不断壮大，志愿服务工作迅猛发展，取得了巨大成效。各地团组织紧紧围绕活动主题，采取灵活活动形式，在增强活动实效上下工夫，加强内容形式创新，相继开展了"中国消防志愿者普法行动"和"中国消防志愿者冬季防火百日宣传活动"等大型活动，扩大了消防志愿服务工作的吸引力、参与面和影响力。

第六届"奉献者风采——大学生志愿服务西部计划优秀志愿者事迹报告团"活动。4月23日，中组部、中宣部、团中央、教育部、财政部、人力资源和社会保障部在人民大会堂联合举办"奉献者风采——大学生志愿服务西部计划优秀志愿者事迹报告团"座谈会。中共中央政治局委员、全国人大常委会副委员长王兆国同志亲切接见了报告团成员，听取了他们的事迹汇报，并作重要讲话。报告团在中国人民大学举行了首场报告会，并在北京、湖南、江苏等地进行了巡回报告，5000余名大学生现场聆听了志愿者典型的优秀事迹。

青年文明号活动

深入开展"百城万店青年文明号信用示范周"活动。组织号召全国大中城市5万多个青年文明号集体及争创集体的商业（服务）企业以"青春树诚信，服务促和谐"为主题，围绕"加强诚信宣传、提供诚信服务、加强诚信监管"等内容，开展了形式多样、内容丰富的主题活动。3月15日在北京西单商场举行了"百城万店青年文明号信用示范周"启动仪式。各地青年文明号集体及争创集体通过活动，进一步强化诚信观念，树立规则意识，开展优质服务，规范商业行为，为消费者营造舒适、放心的消费环境，为促进经济增长和社会和谐作出贡献。

扎实开展青年文明号迎国庆主题实践活动。在9月15日至10月15日期间，动员全国各级青年文明号集体和争创集体以"迎国庆？青年文明号在行动"为主题，围绕"开展优质服务、倡导履诚重信、履行社会责任、展示良好形象"等内容，开展了扎实有效的主题活动，以实际行动迎接新中国成立60周年。全国25个行业和部委、共计30多万各级青年文明号集体、500多万青年文明号创建集体以各种形式参与了活动，在全社会产生广泛影响。

继续开展全国青年文明号评选表彰工作。经各成员单位的推荐和组委会办公室的审核，共有包括团中央在内的20个行业系统及13个中央直属金融机构开展了2008年度全国青年文明号评选表彰活动，共有1087个集体被评为2008年度全国青年文明号。

青年岗位能手活动

联合人力资源和社会保障部举办第五届“振兴杯”全国青年职业技能大赛。本届大赛从9月正式启动，以“提高青年技能，推动科学发展”为主题，开展了涂装工、汽车修理工和多媒体作品制作员3个职业（工种）的竞赛。各省级团委、人力资源和社会保障部门分别举办了3个职业（工种）的初赛，吸引了上百万名青年技术工人踊跃参加。决赛于12月26日至29日在辽宁省沈阳市举行，29个省级代表队、95家企业的209名青年技术精英参加了比赛。

联合人力资源和社会保障部，开展了2008年度全国杰出青年岗位能手和全国青年岗位能手评选工作。经过各成员单位的推荐和组委会办公室审核，共有10人获得2008年度全国杰出青年岗位能手称号，160人获得2008年度全国青年岗位能手称号。组织青年岗位能手开展巡讲活动，推荐全国杰出青年岗位能手苗俭作为优秀青年代表在纪念五四运动90周年大会上发言，与青年工人、农民、学生等交流学技成才的经验和体会，发挥青年高技能人才的典型示范作用。

保护母亲河行动

广泛开展生态环保理念宣传。联合国家林业局、教育部开展“倡导绿色生活、共建生态文明”系列宣传实践活动，命名了第二批10个“国家生态文明教育基地”。围绕第8个保护母亲河日、植树节、世界水日、世界环境日等生态环保纪念日，各地团组织通过开展主题活动、刊发公益广告、制作专题节目等方式，加强环保理念宣传。江苏大力开展“青城绿水”行动，安徽联合环保局开展生态安徽青少年活动月，福建举办“保护母亲河·家园清洁青年行动周”，广西开展“2009中国—东盟青年营·西江黄金水道放生鱼苗”国际青年环保交流活动，山东联合连锁酒店开展“节约六小件，捐植纪念树”活动，北京、河北两地开展跨流域合作等，均产生良好社会反响。

积极壮大青少年绿色队伍。组织全国20所高校的40名生态环保社团骨干开展了全国青少年生态环保社团骨干培训。开展全国青少年生态环保社团统计工作，摸查各类型青少年环保社团和自组织，进一步加强与青少年生态环保社团和绿色志愿者队伍的联系。各地通过教育培训、活动指导等方式，联系、凝聚青少年生态环保社团。北京启动“绿色北京、你我同行”保护母亲河青春绿色志愿行动、上海组织“迎世博·水域文明行”保护母亲河志愿服务行动、山西聘请保护母亲河行动形象大使、天津发动学生环保社团积极参加“保护母亲河——千乡万村青春行”活动等，吸引了大批青少年志愿者加入生态环保队伍。

稳步推进青少年绿色家园建设。完成保护母亲河工程湖南邵阳项目、怀化项目、内蒙古大青山项目、山东济南项目、云南宾川项目的竣工验收，确保了工程的建设效益。各地联合政府部门，积极整合社会资源，推进青少年绿色家园建设。黑龙江联合林业厅设定共青团集中植树日；吉林联合绿委办全面推进全省绿色家园建设工作；广西联合绿化委员会、林业局开展营建“青少年绿化基地”行动，全区规划总面积达4万亩；四川联系水利、林业等相关部门省级和县级青少年绿色家园近150个；河北开展“助力三年大变样—青少年绿色家园创建”活动，建设35个绿色家园；江西建设青少年绿色家园800多亩，并发动省青商会会员捐资近10万元；山东开展第五批省级青少年绿化基地评选活动；西藏建设3个青少年绿色家园。

博士服务团

博士服务团是中组部、团中央按照中央要求，贯彻落实西部大开发战略和人才强国战略的一项重要举措。10年来，已经选派1000多名博士，分赴西部12个省区市和部分革命老区、少数民族地区服务锻炼，创造了一种人才工作服务西部大开发的新模式和促进高层次人才锻炼成长的新途径。

11月13日，中组部、团中央在京联合召开“博士服务团”工作10周年纪念座谈会暨第十批“博士服务团”培训动员会。中共中央政治局委员、中央书记处书记、中央组织部部长李源潮在会前亲切接见与会代表并发表了重要讲话。他指出，要坚持不懈地把博士服务团工作做好，鼓励更多的优秀人才到西部去，到祖国最需要的地方去，让人才到西部去的路越走越宽。第十批“博士服务团”共有137名成员，将赴西部地区和部分革命老区、少数民族地区进行为期1年的服务锻炼。

全国大中专学生志愿者暑期“三下乡”社会实践活动

2009年，全国大中专学生志愿者暑期文化科技卫生“三下乡”社会实践活动以“高扬爱国主义旗帜，投身科学发展实践”为主题。全国共有20多万支团队、近400万大学生深入全国农村基层，广泛开展了理论及成就宣讲、教育帮扶、医疗服务、科技支农、文艺演出、法律援助、社会调查等形式多样、内容丰富的社会实践活动。

深入开展新中国成立60周年成就宣讲活动。全国1000多所大中专学校组织了19980支学习宣讲团队，超过22万名大学生奔赴全国2300多个县区、114100个村庄，结合当代农村农民的特点，采取各种喜闻乐见的方式组织群众性爱国主义教育活动，共在各地举办了23000多场报告会(座谈会)、40000多次图片展、36000次专题讲座，并结合文艺演出、宣传板报等形式累计走访和教育当地群众达2800多万人次,深入宣传了新中国成立60年来所取得的伟大成就,唱响了共产党好、社会主义好、改革开放好、伟大祖国好、各族人民好的时代主旋律。

*大力开展科学发展观实践服务活动。*全国各高校都组织了大学生科学发展观实践服务团队,让青年学生深入基层,结合实际广泛宣传科学发展观的科学内涵、精神实质和根本要求,增强推动科学发展的意识和能力。团中央学校部与水利部办公厅重点组织了大学生节水环保调查宣传专项活动,发挥水利、农林院校大学生志愿者的作用,组织150支重点团队,开展各种形式、覆盖全国城乡的节水调查和宣传活动,为推进节水型社会建设营造良好氛围。为贯彻《全民科学素质行动计划纲要》,团中央学校部与中国气象协会在全国组建了200支重点团队,开展了气象防灾减灾宣传志愿者中国行大型科普活动,取得了良好的社会反响。

*积极参与地震灾区灾后重建。*全国各地的近2000名高校专业骨干教师带领1200多支服务团、1万多名专业志愿者在四川、甘肃等地震灾区参与灾后重建工作。重点包括三个方面:一是组织医学专业大学生志愿者,赴地震灾区为群众开展医疗卫生服务;二是组织师范类和综合型院校大学生,到灾区对中小学生进行学业辅导;三是组织相关专业的大学生到灾区开展专项调查研究,参与灾后重建的工程设计攻关、环境保护调查等工作。

此外，各地、各高校团组织把构建长效机制作为工作重点，注重与社会观察紧密结合、与专业学习紧密结合、与就业创业紧密结合、与机制创新紧密结合，努力使“三下乡”社会实践这个传统重要品牌工作在创新中得到发展。

第十一届“挑战杯”全国大学生课外学术科技作品竞赛

第十一届“挑战杯”全国大学生课外学术科技作品竞赛由共青团中央、中国科协、教育部、工业与信息化部、全国学联、北京市人民政府共同主办,北京航空航天大学承办。本届竞赛自2008年3月启动以来,全国31个省(区、市)都先后组织开展了与全国竞赛接轨的省级竞赛,各高校积极组织开展了校级竞赛。据不完全统计,全国共有近百万大学生参与了三级竞赛。经过层层选拔,共有507所高校的1387件作品进入全国竞赛。经过复赛,共有432所高校的1106件作品最终进入终审决赛。其中,哲学社会科学类调查报告和学术论文616件,自然科学类学术论文490件。

2009年10月28日至11月1日,第十一届“挑战杯”全国大学生课外学术科技作品竞赛决赛在北京航空航天大学举行,吸引了来自内地、港澳台及国外的450余所高校4000余名师生参赛。经过竞赛全国评委会严格的评审,北京航空航天大学《基于倾转动力系统的可自由起降验证机》等29件作品获得特等奖,另有100件作品获得一等奖,283件作品获得二等奖,747件作品获得三等奖。清华大学、北京航空航天大学并列团体总分第一名,共同获得“挑战杯”。本届竞赛主办单位还联合上海世博局设立了世博专项竞赛,共有385件作品入围专项竞赛决赛。

决赛期间,举办了学生学术科技作品展、创新高端系列论坛、国际大学生创新挑战营、世界青年创新创业论坛、大学生科技作品博览会、科技嘉年华、"挑战杯"之夜联欢等主题活动。来自全国及海外的教育界、科技界、企业界、新闻媒体代表观摩了作品展,70 多家企业与所关注的参赛作品作者进行了投资意向洽谈。

青少年民族宗教工作

2009 年民族地区团干部"培养计划"。6 月中旬至 11 月下旬,团中央实施了 2009 年"培养计划",组织民族地区团干部到经济相对发达地区挂职锻炼工作。共选派 13 个省(区、市)民族地区的 33 名团干部,分别到北京、天津、辽宁、上海、江苏、浙江、山东、福建、广东、海南等 10 个省(市)进行为期半年的挂职锻炼,担任政府部门、共青团及企业、事业单位的领导职务。"培养计划"西部和民族地区选派团干部在本省(市)挂职锻炼也同时进行。12 月 14 日至 20 日,2009 年"培养计划"挂职团干部总结培训活动暨乡镇团干部学习考察活动在中央团校成功举办。今年是团中央实施"培养计划"的第 12 年,至今,已有 724 名团干部参与了"培养计划"挂职锻炼和学习考察活动。

第九次全国宗教界青年代表人士学习考察团。12 月 7 日至 13 日,以"推动青年宗教工作、维护民族团结稳定"为主题的第九次全国宗教界青年代表人士学习考察活动在浙江举行。来自全国各地的佛教、道教、伊斯兰教、天主教、基督教的 37 名全国宗教界青联委员、省级青联委员以及专家学者参加了活动。各宗教界青年代表人士先后参加了宗教政策理论、宗教事务管理条例知识讲座,围绕"宗教与社会主义社会相适应"、"宗教文化与中华文明"等相关内容进行了专题研讨,参观了著名宗教活动场所、部分历史文化场所以及舟山鸦片战争纪念馆、嘉兴南湖等爱国主义教育基地等。全国宗教界青年代表人士学习考察活动由团中央、全国青联主办。自 2000 年以来先后组织了 9 次,来自全国各地的佛教、道教、伊斯兰教、天主教、基督教青年代表人士共 330 余人(次)参加了活动。

港澳台青少年交流工作

全国青联内地青年代表人士赴港澳访问团。5 月 2 日至 6 日,全国青联内地青年代表人士访问团赴香港、澳门访问。期间,访问团出席了"香港各界青少年庆祝建国 60 周年系列活动"启动礼、第三届"中华民族文化周"开幕礼、金紫荆广场五四升旗礼、"我和我的祖国·两地青少年演讲”活动、“同梦同心·两地青少年综艺晚会”,参观了以纪念五四运动90周年为主题的澳门青年图片展和历史文献展,拜会了香港中联办、澳门中联办以及香港青年联会、香港青年交流促进会、澳门青年联合会。5月5日晚,“与杰青同行分享会”在澳门旅游塔举行。全国青联委员严望佳、韩红、陈鲁豫,第十九届“中国十大杰出青年”张泉灵、宋征宇与现场500多名澳门青少年开展了交流分享活动。

全国青联社区干部交流团。10月18日至23日,第二批全国青联社区干部交流团赴香港开展为期6天的交流培训。在港期间,来自各省(市、区)以及部分副省级城市的34名基层青年干部,听取了香港青年发展现状及服务规划、服务前瞻、服务经验等方面的专题讲座,参观考察了香港学校辅导服务、青年就业服务、边缘青少年服务、地区青年空间建设等,拜会了香港中联办青年工作部和香港特区政府民政事务局、社会福利署等机构,并与香港社区青年工作者开展了研讨交流。

中国国民党青年领袖大陆参访团。1月9日下午,陆昊同志在团中央机关会见了以中国国民党主席办公室主任兼青年部主任夏大明为团长的中国国民党“青年领袖大陆参访团”一行27人,双方就加强合作,共同推动两岸青年交流坦诚交换了意见。该团是中国国民党青年事务领导机构首次正式与我委交流。交流期间,举办了“两岸青年工作研讨会”,大陆青年问题专家与国民党青年工作负责人就青年成长发展的有关问题进行了深入研讨;举办了“两岸青年工作交流座谈会”,就下一步加强交流与合作的途径与方法进行了探讨,全国学联、中国青年企业家协会、中国青年科技工作者协会、中国青年志愿者协会秘书处负责人参加了座谈会。

海峡论坛·两岸青年社团负责人圆桌会议。5月15日至17日,由全国青联主办的“海峡论坛·两岸青年社团负责人圆桌会议”在厦门举行,来自两岸及香港地区的48家青年社团组织负责人参加了会议。会议期间,两岸和香港青年社团组织负责人围绕进一步加强新形势下两岸青少年交流工作进行了深入研讨,并分别介绍了各自社团的基本情况以及在两岸青少年交流方面开展的相关活动。会上,两岸18家青年社团向会议推介了28个交流项目,21家青年社团负责人签署了12项合作协议。

第七届海峡青年论坛。6月17日至18日,全国青联与台湾中华青年交流协会、台湾中国青年创业协会总会共同在福州举办第七届海峡青年论坛。本届论坛以“创业·应对——挑战与机遇中的青年力量”为主题,来自两岸、港澳地区以及海外的青年代表、企业家近200人出席。与会人员分别围绕青年创业精神、创业资金、青年组织在促进青年就业创业中的探索与实践、创业经验分享等议题进行了互动交流,并参加了“海西青年圆桌会议”、“世博印象”等交流活动。中国青年科技创新馆在海峡项目成果交易会期间开馆。

第四届两岸青年联欢节。7月17日至28日,全国青联举办第四届两岸青年联欢节。活动分别以“青春相约海西,携手共创未来”、“心心相惜·欢聚辽宁”为主题,先后在福建、北京、天津、辽宁等4个省市开展,来自台湾近50所大中学校的1547名台湾青年学生参加,15家台湾青少年社团和高校参与合作,近3000名大陆青年学生参与交流,开展了中华文化大讲坛、海峡两岸青少年排球邀请赛、两岸青年书法交流会、沙滩趣味运动会、素质拓展、篝火晚会等内容丰富、形式多样的文化交流和寻根访祖活动。全国政协副主席厉无畏出席了中华文化大讲坛并为两岸青年学生演讲。

青少年对外交流工作

根据国家总体外交部署，密切配合党和政府重大外交行动，积极服务国内青年工作和共青团事业发展，广泛开展与世界各国政府青年机构、政党青年组织和涉及青年事务的各类民间团体以及有关全球性和区域性国际组织的交流与合作。

日本民主党大型代表团访华暨第十六次“长城计划”友好交流活动。应中联部和全国青联邀请，由日本民主党及日中至诚基金派遣，以民主党干事长小泽一郎为名誉团长，以民主党参议院议员会长舆石东为副名誉团长，以民主党国会对策委员长山冈贤次为团长，由143名民主党国会议员和社会各界代表组成的日本民主党代表团暨第16次“长城计划”友好交流使节团一行632人，于12月10日至13日来我国北京进行友好访问。12月10日下午，中共中央总书记、国家主席胡锦涛在人民大会堂会见代表团主要成员，并与全体成员合影留念。

第七届中日韩青年领导者论坛暨中日韩三国青年环保创意作品展。10月8日至11日，由中华全国青年联合会、日本国际交流基金会、韩国国际交流财团共同主办的2009年度“中日韩青年领导人论坛”在北京举行。来自中日韩三国议会、政府、经济、学术、新闻和青年工作者界别共24位代表参加了此次论坛。10日下午，国务院总理温家宝、韩国总统李明博、日本首相鸠山由纪夫和与会代表合影留念，并共同参加中日韩三国青年环保创意作品展。本届论坛以“2030年东北亚蓝图”为主题，与会代表在三国访问期间，分别就政治、经济和环保等共同关心的话题展开讨论，谋求共识。

中日青少年大规模互访交流。根据中日两国政府2007年12月签署的《关于“中日青少年友好交流年”活动的备忘录》及备忘录附属合作计划，全国青联与日本外务省分别作为中日两国实施窗口，于2009年继续开展中日大规模青少年互访交流活动。全年共实现两批500人规模中国青年代表团和一批500人规模日本青年代表团的互访交流。中日青少年大规模互访交流活动的开展，对促进中日青年之间的理解和友谊，深化中日民间感情，巩固中日世代友好的青年基础发挥了重要作用。

中日韩青少年友好会见活动。为落实温家宝总理在第七次中日韩领导人会议上关于加强中日韩青少年交流的提议，配合“中日韩文化交流年”，中日韩三国轮流主办中日韩青少年友好会见活动。2007年12月日本首相福田康夫访华时，该项目被正式列入中日两国政府关于“中日青少年友好交流年”活动的备忘录。截至目前，共举办了三届中日韩青少年友好交流活动，中国、日本已先后于2007和2008年主办了前两届活动。7月21日至27日，应韩国政府邀请，中国青年代表团一行100人对韩国进行了友好交流访问，并参加了在首尔举办的第三届中日韩青少年友好会见活动。活动主题为“社会参与、文化交流和网络文化”，通过主题发言、分组研讨、项目竞争、街头庆典和民宿等方式，中日韩三国共300余名青少年进行了全面对话和交流，增进了相互了解与友谊。

中朝青年百名互访。2009年是中朝建交60周年暨“中朝友好年”，为烘托气氛，我与朝鲜金日成社会主义青年同盟开展百名青年互访活动被纳入友好年的系列活动中。9月22日至26日，应共青团中央邀请，以朝鲜金日成社会主义青年同盟（简称“朝青盟”）中央委员会国际书记吉哲赫为团长的朝鲜青年友好代表团一行100人对我国北京、深圳进行了友好访问。10月2日至7日，应朝青盟邀请，以团中央书记处第一书记陆昊为总团长的中国青年代表团一行99人对朝鲜进行了友好访问，并参加“中朝友好年”闭幕式活动。访朝期间，温家宝总理亲切地会见了代表团，代表团与两国领导人共同观看了大型团体操表演《阿里郎》、“中朝友好年”联合演出、朝鲜版歌剧《红楼梦》，并赴桧仓中国人民志愿军烈士陵园凭吊。朝鲜最高人民会议常任委员会委员长金永南会见代表团主要成员。

中韩政府间青年互访交流。为落实2008年胡锦涛主席访韩期间与韩国李明博总统就扩大两国青少年交流规模达成的共识，2009年5月，中韩两国政府签署了《中华人民共和国政府和大韩民国政府青少年交流协定》。根据协议，中方将扩大邀请韩国青少年访华规模，由每年邀请韩国青年100人增加至200人访华。5月13日至22日，应全国青联邀请，韩国青年代表团一行136人访问了我国北京、安徽、江苏和四川等地。8月3日至12日，应全国青联邀请，韩国青少年代表团一行99人，对我国北京、呼和浩特和沈阳进行了友好访问。

根据2004年中韩两国政府签署的《青少年交流协议》，韩国政府每年邀请中国500名青年访韩，其中以我全国青联名义派遣400名、以外交部名义派遣100名青年访韩。7月8日至17日，应韩国保健福祉家庭部邀请，中国青年代表团一行200人对韩国进行了友好访问。11月11日至20日，应韩国保健福祉家庭部邀请，中国青年代表团一行185人对韩国进行了友好访问。

中国—东盟系列青年交流活动。为落实温家宝总理在第十次中国与东盟领导人会议上宣布今后5年邀请1000名东盟青少年访华的有关指示，以及在第十一次中国与东盟领导人会议上关于“继续邀请东盟青少年访华，主办青年营、夏令营、青年企业家论坛等交流对话项目”的有关倡议，全国青联与东盟秘书处及东盟各国友好组织合作，于2009年开展了一系列内容丰富、形式多样、具有一定规模的青年交流活动。5月19日至26日，应全国青联邀请，由东盟10国青年工作者、青年记者、青年企业家、青年文艺工作者和大学生代表以及东盟秘书处观察员组成的东盟青年代表团一行89人来华访问并参加了第四届中国—东盟青年营活动。12月14日至18日，应全国青联邀请，来自东盟10国的158名青年企业家和相关机构以及东盟秘书处的代表赴广西参加了由我与广西壮族自治区人民政府共同主办的2009中国—东盟青年企业家论坛。在论坛开幕式上，中国—东盟青年企业家协会正式宣告成立。中方近70名青年企业家参加了论坛相关活动。

中国—老挝青年交流活动。2006年11月，胡锦涛总书记访问老挝时提出，今后五年内每年邀请老挝30名青年访华和40名青年干部来华参加培训。为贯彻落实指示精神，2007年中老青年交流活动正式启动。7月9日至16日，老挝青年代表团一行30人访问北京、武汉和昆明。

中巴百名青年互访项目。为贯彻落实胡锦涛主席2006年访问巴基斯坦提出今后5年内邀请500名巴基斯坦青年访华的指示，并根据随后时任巴基斯坦总统穆沙拉夫提出的访巴邀请，我与巴基斯坦青年事务部合作，于2007年启动首轮互访，迄今已实现成功互访5次。4月19日至27日，巴基斯坦青年代表团一行104人访问了乌鲁木齐、兰州和北京。

中印百名青年互访项目。为落实胡锦涛主席2006年访问印度提出今后5年内邀请500名印度青年访华的指示，并根据随后印度政府提出500名中国青年同期访印的邀请，我与印度青年事务与体育部合作，于2007年启动首轮互访，迄今已实现成功互访6次。6月

15日至24日，应全国青联邀请，印度青年代表团一行93人访问了北京、成都、雅安和广州。11月19日至28日，应印度青年事务与体育部邀请，中国青年代表团一行100人赴印度新德里、喀拉拉邦、古吉拉特邦和阿格拉市等地进行了友好访问。

中非青年联欢节。为落实温家宝总理2003年12月在中非合作论坛第二届部长级会议上的倡议，我先后邀请非洲各国青年来华访问，并连续举办了三届"中非青年联欢节"活动。8月13日至21日，应全国青联邀请，来自非洲48国和非盟委员会的非洲青年代表一行177人来华参加第三届中非青年联欢节。中非青年联欢节的举办，丰富了中非青年交流的形式，深化了中非青年合作的内涵，把中非青年友好交流与合作推向了一个新起点，成为中非大规模多边青年交流的品牌项目。

东盟青年干部培训班。为贯彻落实党和政府的周边外交政策，培养东盟各国对华友好的青年一代，我自2002年3月起，依托中国—广西国际青年交流学院，启动了东盟青年干部培训班项目。截止到2009年底，该项目共开设培训班17期，为东盟10国培训青年干部745名。3月29日至5月23日，40名老挝青年干部来华参加第十四期国际青年干部培训班。5月20日至7月4日，39名越南青年干部来华参加第十五期国际青年干部培训班。8月2日至9月26日，东盟四国(柬埔寨、缅甸、菲律宾和泰国)77名青年干部来华参加第十六期国际青年干部培训班。10月18日至12月12日，东盟四国(文莱、印度尼西亚、马来西亚和新加坡)19名青年干部来华参加第十七期国际青年干部培训班。

澜沧江—湄公河青年友好交流项目。2001年，我以全国青联名义，与泰国社会发展与人类保障部合作举办，邀请越南胡志明共青团中央、缅甸联邦巩固与发展协会、老挝人民革命青年团、柬埔寨教育青年体育部共同参与，创意发起澜沧江—湄公河青年友好交流项目。该活动的主要形式是由各国派青年代表轮流访问大湄公河次区域各国，并开展青年论坛、环境保护、志愿服务、文化交流等活动，迄今已成功举办6届。3月21日至30日，中国青年代表团与大湄公河次区域(以下简称GMS)其他各国青年代表团组成的GMS青年代表团一行65人参加了第六届澜沧江—湄公河青年友好交流活动。活动期间，代表团先后访问了泰国和中国。此次活动以GMS青年携手共同应对全球气候变暖问题为主题，旨在推动GMS各国青年在环境保护等领域的友好交流与合作。

中英400——青年交流计划。为落实温家宝总理和英国首相布朗关于建立中英青年交流机制的共识，全国青联与英国文化协会受双方政府委托共同实施"中英400——青年交流计划"，于2008年至2010年间开展中英各400名青年互访活动。2009年，双方各派遣200名青年互访。访问活动分别围绕"青年与社区发展"、"政治和商业领导力"、"创造力与文化创新"等主题展开。6月25日至7月4日，应英国文化协会邀请，中国青年代表团一行100人访问了英国。访英期间，代表团围绕"青年和社区发展"的主题，与英国各级政府、公共机构、社会性组织、有关企业以及青年事务社会工作者、志愿者和青年代表进行了广泛交流。7月8日至17日，应全国青联邀请，英国青年代表团一行96人访问了北京、宁夏、辽宁、江苏和湖北。9月14日至23日，应全国青联邀请，英国青年代表团一行84人访问了上海、福建、安徽、湖南和陕西。10月12日至22日，应英国文化协会邀请，中国青年代表团一行97人访问了英国。访英期间，代表团根据"青年工作"和"创造力与文化创新"的主题分五路对爱丁堡、伦敦、利物浦、加迪夫等城市进行了访问。

中国青年代表团访问罗马尼亚、俄罗斯。

5月12日至16日，应罗马尼亚社会民主党（简称“社民党”）青年组织和俄罗斯青年联盟（简称“俄青盟”）邀请，中国青年代表团一行10人访问了罗马尼亚，访罗后，中国青年代表团其中6人于16日至20日顺访了俄罗斯。此次访罗是我首次应罗社民党青年组织邀请派团出访，代表团由中联部和团中央联合派遣，旨在建立与社民党青年组织的稳定交往关系，加强我与罗主要政党青年组织的交流与合作。俄青盟是全国青联长期对俄交往伙伴，此访有利于深化相互工作借鉴和务实合作，进一步巩固和发展双方友好合作关系。

上海合作组织青年委员会成立大会。5月1日至5日，应俄罗斯青年联盟（以下简称“俄青盟”）邀请，全国青联派遣中国青年代表团一行5人赴俄斯维尔德罗夫斯克州叶卡捷琳堡市参加了上海合作组织青年委员会成立大会及其相关会议和活动，签署了《上海合作组织青年委员会成立宣言》和《上海合作组织青年委员会章程》。上合组织成员国中国、俄罗斯、哈萨克斯坦、吉尔吉斯斯坦和塔吉克斯坦5国青年代表团和俄中央及地方主要青年组织代表近70人与会。期间，各成员国青年代表团举行了全体会议、双边会谈、团长会议、圆桌会议和分组讨论，对委员会成立宣言和章程的内容、工作计划、双边交流等进行了大量磋商，就原则问题达成基本一致。10月，全国青联派代表参加了在哈萨克斯坦阿斯塔纳举行的委员会二次全会。

根据章程规定，上合组织青年委员会是上合组织成员国（除乌兹别克斯坦）开展多边青年交流的协调机制，哈萨克斯坦人民民主党青年组织和哈萨克斯坦青年议会、中华全国青年联合会、吉尔吉斯斯坦青年理事会、俄罗斯青年联盟和俄罗斯青年公众院、塔吉克斯坦青年联盟是委员会的创始成员。委员会通过各成员组织选派代表组成的联络处和协调组，进行日常联络，举办定期会议，开展交流活动，以维持组织运转。

中美青年领导人交流项目。全国青联与美国青年政治领袖理事会（以下简称“美青理会”）于1979年建立交往关系。该组织始创于1966年，系一个跨越美国共和、民主两党的政治性青年团体，成员多为美国政治界和经济界有一定影响和发展前途的青年领导人。双方本着促进中美两国人民和青年、特别是两国年轻高层政界人物交流与理解的宗旨，定期派出较高层次代表团进行互访，全面考察到访国的政治、经济和社会体制，对增进中美两国年轻政治家的相互理解、特别是对于促进美国政界年轻人士对中国的了解发挥了积极作用。2009年，双方实现了新一轮互访。8月1日至14日，美青理会代表团一行30人访问了北京、陕西、上海和天津，并参加了在京举行的全国青联与美青理会建立交往关系30周年纪念活动。10月17日至28日，中国青年代表团一行6人访问了美国。

中美青年学生领袖交流项目。3月30日至4月6日，应美国常春藤联盟学生理事会邀请，全国学联代表团一行10人访问了美国。在美期间，代表团深入哈佛、耶鲁、哥伦比亚、布朗四所著名大学，与美国大学生进行了广泛而深入的交流，旁听了部分课程，了解了美国学生社团的活动和作用，以及美国青年领袖的成长路径。此访锻炼和培养了我高校学生领袖的国际交往能力，拓展了国际视野，同时也为我积极探索以全国学联名义开展国际交流与合作提供了新的视角。目前，我与该组织每两年开展一轮互访交流。

中美青年领导人社会建设培训项目。为培养具有国际视野和创新思维的青年人才，学习借鉴西方大国开展社会建设和国际援助工作的经验，全国青联与国际美慈组织于2009年起合作开展了青年领导人社会建设培训项目。5月9日至22日，应国际美慈组织邀请，中国青年代表团一行18人赴美国俄勒冈州波特兰市参加了青年领导人社会建设培训项目。培训以社会创新为主题，以社会企业为线索，围绕“社会创新概念”、“政府在推动社会创新中的角色”、“跨领域合作在促进社会创新中的作用”、“资本在培育和延续社会创新中的作用”4个板块的内容进行了学习、研讨和考察。

中澳青年领导人交流项目。6月27日至7月3日，澳大利亚政治交流理事会代表团一行7人访问了北京、青海和深圳。9月3日至12日，中国青年代表团一行6人访问了澳大利亚。

中欧青年交流。为进一步加强中欧青年之间的交流与合作，10月16日至22日，应法国总理府青年事务高级专员署、欧洲委员会和欧洲青年论坛邀请，中国青年代表团一行6人顺访了法国和比利时。通过此访，代表团进一步深化了与欧洲委员会、欧盟青年部门的工作关系，探讨了两组织未来开展交流合作的基础和方向，并就推动中欧青年交流达成共识，特别是代表团通过有重点地接触欧洲青年政治家和青年组织领导人，利用机会与各方就中欧关系、中国发展模式、中西文化交融交锋等话题展开思想交流，起到了较好的宣传和沟通作用，为中欧关系朝着理性务实的方向发展发挥了积极作用。

KAB创业教育(中国)项目。为适应创新创造的时代要求，满足青年创业就业的现实需要，与国际劳工组织合作，自2005年8月起在我国大学中开展KAB创业教育(中国)项目。这是通过国际合作推进中国创业教育发展的一项尝试，旨在吸收借鉴国际经验的基础上，探索出一条具有中国特色的创业教育之路。2009年，KAB项目在课程建设、师资培训、质量控制、交流推广和课外实践领域都实现了新的发展，形成了由理论到实践、由课堂到社会的互动链条。截至2009年12月，KAB项目在国内已培训了来自27个省份、560所高校的1731名师资，在全国320所高校开设了《大学生KAB创业基础》课程，上课学生近8万人。通过四年多的探索和实践，KAB项目在我国的发展已初具规模，KAB项目的创业教育理念和方法受到在校大学生的广泛欢迎，得到学术界和企业界的普遍认可。

青年组织发展国际论坛。7月20日至21日，全国青联和欧洲青年论坛合作主办的青年组织发展国际论坛在京召开。来自欧洲青年论坛、世界民主青年联盟、自由党青年国际联盟等国际性、政治性青年组织和亚洲、非洲、欧洲的国家级青年组织的代表及部分国内代表30余人出席了论坛。此次论坛以“青年组织如何吸引和覆盖当代青年”为主题，促进青年组织间分享开展青年工作的经验，探讨各类青年组织如何在当前形势下更好地履行职能和实现组织自身发展。

青年就业创业国际论坛。6月7日至10日，由全国青联与国际劳工组织、世界银行共同主办的青年就业创业国际论坛在京召开。来自政府有关部门、国际组织、教育机构和青年组织的国内外专家和相关人员60余人参加了本次论坛。论坛主题为“构建促进青年就业创业的培训和服务体系”，旨在服务青年就业创业工作，交流经验，探讨合作。

灾后重建心理志愿服务项目。为了帮助在四川汶川地震中心灵遭受重创的青少年勇敢面对生活和未来，全国青联与友邦集团、赠与亚洲组织共同合作，于4月在四川启动灾后重建心理志愿服务项目。该项目为期一年，主要内容包括针对灾后青少年心理状况及需求编写辅导教材，培训100名青少年心理援助专家志愿者和建设55个12355心灵驿站，旨在实践中培养一支本地化的心理服务工作骨干队伍，把心理疏导的技术和理念融入为青年服务。

第五部分

重 要 表 彰

中国青年五四奖章

第十三届“中国青年五四奖章”

（共48人，按姓氏笔画排序）

丁赤飚　中国科学院电子学研究所副所长

马　军（回族）　宁夏回族自治区灵武市公安局交通警察大队大队长

王　凯　湖北省荆州电视台节目主持人

王　敏（女）　陕西省宁强县黄坝驿中心小学少先队大队辅导员

王小鲁　中石油青海油田公司勘探开发研究院副总地质师

王永冬　新疆生产建设兵团农一师六团党委副书记、团长

王建立　中国科学院长春光机所光电探测室主任

王锐祥　广州市锐丰建业灯光音响器材有限公司董事长

牛文兵　山西省晋城煤业集团成庄矿通风科通风队副队长

邓小军　南车青岛四方机车车辆股份有限公司高级工程师

左树青（女）　湖北省宜昌市西陵区人民法院民事审判第一庭副庭长

叶柏林　河南省驻马店市正阳县真阳镇竹叶园村农民

田俊荣　人民日报财经版主编

付岷涛（女）　四川省都江堰市向峨乡人民政府乡长

向军华　湖南省城步苗族自治县人民武装部后勤科长

刘　刚　云南省漾濞彝族自治县涵轩绿色产业开发有限公司董事长

刘大江　甘肃省定西市安定区马铃薯经销协会会长

刘远弟　黑龙江省双鸭山市市政设施管理处排水队工人

闫红亮　铁三院集团有限公司线站处副总工程师

李　峰　中国人民解放军95389部队副部队长

李忠勇　鞍山天兴国际置业发展有限公司董事长

李晓东　中国互联网信息中心副主任

杨开飞　武警宁夏总队吴忠市支队同心县中队中队长

杨思明　新疆公安边防总队喀什边防支队司令部办公室主任

杨海军　中石油塔里木油田勘探开发研究院常务副院长

何祥美　中国人民解放军73653部队63分队班长

宋云涛　中国科学院合肥物质科学研究院等离子体物理研究所总体设计室主任

张东海　内蒙古伊泰集团有限公司总经理

张秀昊（侗族）　贵州省天柱县公安局副主任科员

陈　岩　四川东冠实业有限公司营销副总经理

周庆阳　武警上海市消防总队特勤支队彭浦中队副中队长
周俊军　江西省瑞昌市公安局肇陈派出所民警
郑　娜(女)　天津市蓟县建和养殖场场长
郑阳武　海南省公安消防总队海口市支队特勤大队一中队副中队长
郑凯珊(女)　中国建设银行中山分行客户经理
泽仁尼玛(藏族)　西藏自治区昌都地区公安处一科副科长
钱继纲(回族)　首钢股份有限公司高速线材厂二生产区域乙作业区精轧班副班长
高建朝　冀中能源金牛股份公司邢东矿动力科助理工程师
郭红卫　北京大学生命科学学院教授
郭燕丽(女)　第三军医大学西南医院超声诊断科副主任
戚洪亮　黑龙江省农垦总局牡丹江分局八五七农场职工
韩　红(女,藏族)　央金玛国际文化传媒(北京)有限公司艺术总监
谢思惠　福建省福安市泽民农业专业合作社理事长
蒙任进　广西壮族自治区贵港市公安局禁毒支队支队长
楼　明　浙江广厦建设集团有限责任公司董事长
詹　辉　陕西省澄城县刘家洼乡富源村党支部副书记
潘亚文　北京中奥联合投资发展有限公司董事长
薛正红(女)　江苏省滨海县东罾村党总支书记

“中国青年五四奖章集体”

“10·24”英雄集体

加授“中国青年五四奖章”

谭纪雄　湖北省武汉市公安局特警支队突击大队副大队长

追授“中国青年五四奖章”

宋文博　生前系武警湖南省邵阳市洞口县消防大队政治教导员
周　鑫　生前系重庆市涪陵区敦仁派出所民警
罗东宁　生前系重庆市巫山县人民检察院职务犯罪侦察局侦察一科科长
程　明　生前系重庆市公安局研究室民警

全国优秀共青团员

2008年度“全国优秀共青团员”名单

(共133名)

王　伟(女)　北京市昌平区东小口镇党委办公室科员
杨梦雅(女)　对外经济贸易大学保险学院学生
贾　琳(女)　天津市河北区光复道街道办事处干部
刘金来　天津市第一百中学学生

王楚逸(女) 河北省石家庄市第二中学学生
李秉政 河北省保定市第三中学学生
李军燕(女) 河北省衡水中学教师
祁卫华(女) 河北省邯郸市中心医院放疗科护士
付 华(女) 河北科技师范学院计算机系学生
包昕昊 山西省太原市外国语学校学生
王中领 武警山西省总队忻州市支队忻府区中队班长
梁 依(女) 山西财经大学对外交流学院学生
奕君夫(蒙古族) 内蒙古自治区呼和浩特市第二中学学生
魏 来(女) 内蒙古自治区赤峰市元宝山区第一中学学生
那仁格日勒(女,蒙古族)内蒙古自治区多伦县广播电视局新闻中心副主任
方智宇 沈阳铁路局锦州机务段司机长
赵 理(女,满族) 辽宁省抚顺市第二中学学生
李 南 中石油辽河油田分公司特种油开发公司采油作业一区 105 中心站 9 号站站长
王英娜(女) 吉林省洮南市北方金塔实业有限责任公司外贸部报检员
程冠皓(满族) 吉林省辉南县第六中学学生
孙天一 黑龙江省齐齐哈尔市第一中学学生
冉令义 中石油大庆炼化公司聚合物二厂单体二车间设备技术员
池旭哲(女) 黑龙江省鹤岗市第二十五中学教师
张海雷 黑龙江省农垦总局北安分局长水河农场职工
刘紫瑞(女) 哈尔滨理工大学法学院学生
康 颐(女) 上海市阳光社区青少年事务中心社工
童志毅(女,回族) 同济大学建筑与城市规划学院学生
许吉如(女) 江苏省南京外国语学校学生
陶国建 江苏省扬州市消防支队干部
凌志梅(女) 江苏省南通市女子监狱六监区科员
王 波 江苏省昆山市公安局巡防大队民警
白 桦(蒙古族) 东南大学交通学院学生
陈益琳(女) 南京农业大学农学院学生
邵康为 浙江省金华市旭源生态农牧业养殖场场长
杨晓丽(女) 浙江省丽水职业技术学院学生
赵 轶(女) 浙江越秀外国语学院东语学院教师
陈 霞(女) 吉利控股集团浙江豪情汽车制造有限公司职工
蔡小斌 宁波大学建筑工程与环境学院学生
时 全 安徽省凤阳县府城镇大王府村村委会副主任
刘茜然(女) 安徽省池州市贵池中学学生
侯广婷(女) 安徽省宣城市第二中学学生
唐 祯 福建省福州市消毒站消毒员
郑丽丽(女) 福建省莆田学院外语系学生
郑清江 福建省长泰县经济开发区元吉体育用品公司职工
杨相斌 福建省南平福银高速公路有限责任公司职工
曾钰清(女) 江西省九江市同文中学学生
王 杰 上饶师范学院政法系学生
黄 川 南昌铁路局南昌南车辆段九江西运用车间上行一组检车工长
司文珊(女) 山东省淄博市张店区潘南小学教师
鹿元飞 山东省枣庄市山亭区城头镇劳动保障所所长
孙昕光 山东省济宁市国家税务局办公室科员
吴修田 山东省莱芜市农村信用联社办公室

主任
崔付钰(女) 山东省滨州实验学校学生
瞿德金 中国石化齐鲁分公司橡胶厂单体车间设备技术员
方婷婷(女) 山东农业大学植物保护学院学生
曹 建 中国重汽集团橡塑件制造部内饰车间副主任
屈晓明 青建集团股份公司房建一分公司渔人码头项目部项目副经理
李静静(女) 河南省巩义市大峪沟镇胡家沟村村委会主任助理
史天阳 河南省郑州市12355青少年维权及心理咨询中心副主任
金 燕(女,回族) 河南省洛阳市公共交通集团有限公司驾驶员
许蒙佼 河南省焦作市公安局特巡警支队民警
申 奇(女) 河南省延津县石婆固乡里士村村民
张 宁 河南省濮阳市第一高级中学学生
陈军令 武警河南总队漯河市支队直属中队军械员
王科颖(女) 河南省驻江油市志愿者工作站副站长
盛 哲(女) 湖北省黄冈电视台节目主持人
温 科 武钢大冶铁矿尖林山车间工段放矿丙班职工
冷福娟(女) 湖北省随州市疾病预防控制中心检验科检验员
付胶娥(女) 湖北省恩施土家族苗族自治州帅巴人酒店发展有限责任公司执行总经理
熊 涛 湖北省神农架林区红坪镇武装部副部长
韩 伟 华中农业大学文法学院学生
杨 光 湖北省电力公司钟祥市供电公司职工
李红辉(女) 湖南省岳阳市第十三中学学生
王 威 湖南省湘乡市第三中学学生
龙 龙(苗族) 湖南省电力公司湘西电业局线路管理所职工
黄金凤(女) 广东省广州地下铁道总公司运营事业总部车务一部火车站中心站副站长
徐建华 广东省清远市高级技工学校学生
卢 滢(女) 广东省揭阳第一中学学生
黄逸君(女) 广东省湛江第一中学学生
李汉华 国家残疾人游泳集训队队员
吴嘉亮 中山大学法学院学生
段青华(女) 广东省农村信用社联合社机关党委办公室办事员
覃恒乐(壮族) 广西壮族自治区宾阳县露圩镇浪利村村民
陈崇山 东风柳州汽车有限公司汽车设计师
陈恒清 广西电网公司玉林供电局输电线路中级工
曾德斌 海南省澄迈县永发镇永跃社区居民
廖 攀 重庆市北碚区天府镇政府干事
袁奕颋 重庆市公安局特警总队六支队民警
刘栗杉(女) 重庆交通大学人文学院学生
陈 静(女) 四川省成都市急救指挥中心医师
赵 丹(女) 四川省安县规划和建设局助理工程师
李浩然 四川省南充高级中学学生
曹 翔 四川省自贡市灵犀义工志愿服务队负责人
王生彪 四川省简阳市简城镇高屋村村委会主任助理
董 飞 四川省汶川县映秀镇枫香树村一组组长
邹 瑾(女,藏族) 康定民族师范高等专科学校藏文系学生
朱 亮 四川省凉山彝族自治州第一人民医院职工

吴　熙　四川机场公安局巡逻警察大队三级警司
刘家利　遵义医学院第一临床学院学生
肖　莎(女)　国家体操队队员
韩　斌(仡佬族)　贵州省赤天化股份公司尿素车间生产控制员
刘利军　昆明理工大学材料与冶金工程学院学生
夏蓝宁　云南省绥江县新滩镇天宝山龙李专业合作社理事长
包　艳(女,拉祜族)　云南省镇沅县恩乐镇中学教师
胡清光　十四冶建设集团云南安装工程有限公司电气仪表分公司助理工程师
达瓦罗布(藏族)　西藏自治区隆子县热荣乡加林村村民
陈希平　西藏大学工学院学生
孙军平　西安东方集团有限公司零件加工五分厂职工
韩　雨(女)　华能国际电力开发公司铜川电厂运行部脱硫值班员
张　沛(女)　陕西省博爱医院肿瘤科护士长
白高羽　西安医学院医学技术系学生
宋小宁　兰州铁路局嘉峪关车务段调车长
朱　磊　甘肃省敦煌市西部计划大学生志愿者服务队副队长
令　倩(女)　甘肃省陇西县第一中学学生
永吉才仁(女,藏族)　中国联合网络通信有限公司玉树藏族自治州分公司集团客服部主任
李耕耘(女)　宁夏回族自治区中卫中学学生
努尔比亚·艾则孜(女,维吾尔族)　新疆维吾尔自治区疏附县栏杆乡5村村民
李　俊(女)　神华新疆能源有限责任公司碱沟煤矿机运队车工
张　乐　新疆生产建设兵团农一师三团八连副连长
郭心佳　中央军事委员会办公厅直属工作局士官
吕　飞　中国人民解放军73312部队51分队战士
王永兴　中国人民解放军75574部队63分队战士
饶宗志　中国人民解放军77332部队63分队士官
黄彦东　中国人民解放军第148医院勤务队士官
张怀志　军事科学院院务部汽车队士官
苏旬杰　国防大学校务部勤务队士官
王铁柱　兰州铁路局银川供电段青铜峡网工区工长
张　雷　中国民用航空总局空中交通管理局珠海进近管制中心管制员
沈　拓　黑龙江机场管理集团有限公司航空安全保卫分公司旅客检查部检查员
吕　翊　北京周报社网络版编辑部中文版编辑
沈成然　国务院国有资产监督管理委员会副主任科员
乔　元　中国神华煤制油化工有限公司液化生产中心设备主管
金　辉　中国出口信用保险公司宁波分公司客户经理

追授"全国优秀共青团员"

陈及时　生前系长江大学土木0901班学生
何东旭　生前系长江大学文理学院广电5091班学生
方　招　生前系长江大学文理学院广专5091班学生

全国优秀共青团干部

2008年度"全国优秀共青团干部"名单

（共189名）

石　勇　团北京市东城区委书记
刘　昊　北京市海淀区教育团工委副书记
杨光辉（女）　团北京市密云县委书记
田　巍　北京金隅集团有限责任公司团委书记
赵杰利　天津市公安局团委书记
唐铁军　天津渤海化工集团公司团委书记
刘　莉（女）　天津医科大学团委书记
高　薇（女）　团河北省张家口市委书记
王宏艺（女）　团河北省唐山市开平区委书记
王媛媛（女）　团河北省三河市委书记
张　静（女）　团河北省定州市委书记
高迎霞（女）　团河北省怀来县委书记
张洪庆　冀中能源集团有限责任公司团委书记
孙　政　河北师范大学团委书记
刘志强　山西省太原市第五中学团委书记
张英杰　团山西省祁县县委书记
张小虎　阳泉煤业（集团）有限责任公司团委书记
艾　静（女，蒙古族）　团内蒙古自治区达茂联合旗委书记
魏玉清　团内蒙古自治区阿拉善右旗委书记
呼　和　内蒙古工业大学团委书记
李　霞（女）　团辽宁省沈阳市委组织部长
张洪利　沈阳铁路局团委副书记
王海龙　沈阳煤业（集团）有限责任公司团委书记
师宇祥（蒙古族）　团辽宁省阜新蒙古族自治县委书记
侯立群（满族）　团辽宁省凤城市委书记
李延勇　中石油辽河油田公司团委书记
王洪波（女）　中国兵器工业集团辽宁华锦化工公司团委书记
王　维　辽宁师范大学团委书记
陈天鸿　吉林省松原市实验高级中学团委书记
刘永军　团吉林省蛟河市委书记
张少芹（女）　团吉林省四平市铁西区委书记
赵　岳　团吉林省延边州委研究室主任
刘　帅　黑龙江省哈尔滨东安发动机厂团委书记
赵珍珠（女，满族）　黑龙江省七台河市桃山区桃南街道运管社区团支部书记
秦志斌　黑龙江省大庆石化公司团委副书记
王晓涛（女）　黑龙江省佳木斯市卫生局团委书记
石　坚　黑龙江省鸡西矿业集团团委书记
张学成　黑龙江大学团委书记
陈　宇　黑龙江省交通厅团委书记
施海燕（女）　上海市黄浦区南京东路街道办事处团工委书记
朱传武　上海机场（集团）有限公司团委副书记
尹冬梅（女）　复旦大学团委书记
王洪涛　南京禄口国际机场有限公司团委书记
梁　栋　江苏省连云港港口集团团委副书记
丁凤珍（女）　团江苏省淮安市淮阴区委书记
孙晓烽（女）　江苏省泰州市劳动和社会保障局团委书记
孙龙斌　团江苏省溧阳市委书记
蒋蕴洁（女）　团江苏省无锡市委书记
杨红军　团江苏省苏州高新区委书记

吴俊东　中石化南京化学工业有限公司团委书记
杨国松　中石化江苏油田集团团委书记
颜晓玲(女)　中国电子科技集团第二十八研究所团委书记
胡　斌　南京海关机关团委书记
王　晖(女)　南京航空航天大学团委书记
杨建新　南通大学团委书记
廖虔琪　团浙江省杭州市江干区委书记
虞志强　浙江省湖州市吴兴区爱山街道团委书记
蒋成东　浙江省宁波市出入境检验检疫局团委书记
郭晓华　浙江省金华市中心医院团委书记
李颖毅　浙江省电力公司团委书记
袁金祥　浙江工商大学团委书记
赵　焱　团安徽省濉溪县委书记
纪　妍(女)　团安徽省天长市委书记
朱　俊　团安徽省繁昌县委书记
王爱武(女)　团安徽省安庆市委书记
石思德　安徽省舒城县柏林乡团委书记
何　刚　团安徽省宁国市委书记
宫传宝　安徽省电力公司团委书记
卢秀云(女)　团福建省漳浦县委书记
陈厦生　团福建省龙岩市委书记
占永琼(女)　福州大学团委书记
范伟成　团江西省南昌市西湖区委书记
王荣欢　江西省南昌市第三中学团委书记
郭艳秋(女)　江西省遂川县黄坑乡团委书记
程新飞　团江西省抚州市委书记
黎雪莲(女)　江西省上栗县金山镇高山村团支部书记
曹泽华　江西师范大学团委书记
陈申祥　江西省国资委团工委书记
王艳霞(女)　团山东省章丘市委书记
苟军松　团山东省东营市河口区委书记
吕珊珊(女)　团山东省潍坊市委书记
田凯文　团山东省高密市委书记
于冬泉　团山东省青岛市崂山区委书记
周庆浩　济南铁路局团委书记
于文波　山东省莱钢集团公司团委书记
王君松　山东大学团委书记
初建松　中国海洋大学团委书记
王树山　山东省省直机关团工委书记
王少鹏　山东省国资委团委副书记
李建伟　团河南省修武县委书记
周　英(女)　团河南省原阳县委书记
李军政　河南省林州市临淇镇团委书记
杨洪涛　团河南省舞钢市委书记
王　庆　团河南省南阳市委书记
夏　日　团河南省潢川县委书记
张红利(女)　河南省电力公司团委书记
岳杰勇　河南师范大学团委书记
陈　勇　湖北省武汉市新洲区双柳街道团工委书记
毕雪芳(女)　团湖北省襄樊市襄阳区委书记
黄立楣(女)　团湖北省鄂州市委书记
王顺荣(女)　团湖北省咸宁市咸安区委书记
颜桂芳(女)　团湖北省宜都市委书记
肖志玲(女)　湖北工业大学团委书记
李青松　湖北省农业厅团委书记
邱继兴　团湖南省长沙市委书记
王　毅　团湖南省临澧县委书记
陈　骏　湖南省衡阳市青少年宫主任
张云峰　衡阳师范学院团委书记
尹季君　湖南省娄底市锡矿山闪星锑业有限责任公司团委书记
向鸿雁(女,苗族)　团湖南省永顺县委书记
谢　莉(女)　中国石化集团长岭炼化公司团委书记
徐智勇　湘潭钢铁集团有限公司团委副书记
黄　敏(女)　湖南省直团工委办公室主任
杨卫国　团广东省广州市越秀区委书记
姚健建(女)　广州市珠江啤酒集团有限公司团委书记
洪映文(女)　广东省汕头市公安局团委书记

林舜谦　团广东省惠东县委副书记
蔡本辉　广东省深圳市卫生局团委书记
陈新文　团广东省佛山市委书记
欧嘉喜（女）　广东省中山市东区团工委书记
梁槐初　团广东省怀集县委副书记
刘　嘉　中国南方航空集团公司团委书记
李　涛　南方广播影视传媒集团团委书记
区向丽（女）　暨南大学团委书记
陈华林　团广东省南雄市委书记
简　霞（女）　团广西壮族自治区横县县委书记
刘环美　团广西壮族自治区阳朔县委书记
韦　曦（女，壮族）　团广西壮族自治区柳州市柳南区委书记
池　樱（女）　团广西壮族自治区北海市委书记
李毅昂（女）　广西医科大学团委书记
杨世跃　团海南省陵水黎族自治县委书记
张　涛　团重庆市九龙坡区委书记
刘　杰　重庆北部新区团工委书记
郭建伟　重庆市交通委员会团委书记
江志斌　重庆理工大学团委书记
惠朝旭　团四川省成都市委副书记
肖　瑶（女）　团四川省崇州市委书记
须　芳（女）　四川省广元市利州区大石镇团委书记
赵九州　团四川省安县县委书记
张　睿　团四川省安岳县委书记
刘　杰　四川省汉源县富泉乡团委书记
丁　云（羌族）　成都信息工程学院团委书记
卢尚勇　中石油川庆钻探工程有限责任公司团委副书记
刘　冰　四川省电力公司团委书记
金　勇　中国航空工业集团公司贵州红林机械有限公司团委书记
肖继红（女）　贵州电网公司团工委书记
涂　妍（女，仡佬族）　贵州财经学院团委书记
杨　瑜　团云南省大理州委书记
韩志坚　昆明钢铁集团有限责任公司团委书记
王　燕（女）　云南中医学院团委书记
桑　布（藏族）　西藏电力有限公司昌都公司团委副书记
屈锦薇（女）　陕西省西安市公共交通总公司团委书记
沈昌美　陕西省西安北方惠安化学工业有限公司团委书记
郭立志　团陕西省咸阳市委书记
李海燕（女）　团陕西省杨陵区委书记
谢庆军　中联西北工程设计研究院团委书记
刘　谦　西安交通大学团委书记
王　志　西安工程大学团委书记
周国强　团甘肃省会宁县委书记
赵江涛　中石油长庆油田分公司采油二厂团委书记
王鹏凌　兰州商学院团委书记
胡亚玲（女）　青海师范大学团委书记
张自力　神华宁夏煤业集团公司机关团委书记
陈科萍（女）　团新疆维吾尔自治区阿勒泰地区委副书记、党组书记
玉素甫江·吐尔洪（维吾尔族）　团新疆维吾尔自治区疏附县委书记
周　爽（女）　新疆职业大学团委副书记
侯　伟　中国南方航空股份有限公司新疆分公司团委书记
蒋　欣　新疆生产建设兵团团委组织部部长
张　娟（女）　新疆生产建设兵团农三师45团团委书记
李伟国　中国人民解放军92514部队副政治委员、团委书记
周　岚（女）　中国人民解放军98486部队83分队副分队长、团支部书记
张银昌　中国人民解放军96151部队政治部组织处处长
石　瑞　中国人民解放军65711部队108分队

副政治教导员、团总支部书记
武晓磊　中国人民解放军 66393 部队政治部组织处干事
李　远(藏族)　中国人民解放军 68510 部队副政治教导员、团总支部书记
胡少林　中国人民武装警察部队广西壮族自治区总队政治部组织处干事
旷邕华　南宁铁路局团委书记
夏玉华(女)　中国东方航空股份有限公司云南分公司团委书记
徐晓明　中共中央办公厅老干部局机关团委书记
吴　疆　全国总工会机关团委书记
毛坚权　新华通讯社团委副书记
李长修　国家发展和改革委员会直属机关团委书记
胡善顺　国土资源部直属机关团委书记
杨小强　中国宋庆龄基金会机关团委书记
谢永胜(蒙古族)　国家电网公司团委书记
李新生　中国铁路工程总公司团委书记
杨　梅(女)　中国人民银行荆门中心支行团委副书记
刘　陶　中国工商银行总行系统团委副书记
杨欣蕊(女)　中国银行总行机关团委书记

全国五四红旗团委(团支部)

2008 年度"全国五四红旗团委(团支部)"

(共 470 个,其中团委 196 个,团支部 274 个)

中国人民大学团委
北京市公安局团委
北京市邮政公司团委
北京和合谷餐饮管理有限公司华威店团支部
北京市第五十五中学高二(2)班团支部
北京市石景山区人民检察院团总支
北京市房山区窦店镇窦店村团总支
北京市欢乐旅行社团总支
北汽控股北汽福田汽车股份有限公司蒙派克工厂团总支
北京市延庆县第二幼儿园教工团支部
天津农垦集团总公司团委
天津冶金轧一钢铁集团有限公司团委
中海油能源发展股份有限公司油田建设工程分公司团委
天津市住房公积金管理中心河西管理部团支部
天津市南开区新闻中心团支部
南开大学经济学院 2005 级金融学专业团支部
周恩来邓颖超纪念馆团支部
天津港电力公司团支部
天津市大港区人民法院团支部
天津市西青区大寺镇大任庄村团总支
天津市北辰区普东街道今日家园社区团总支
石家庄铁道学院团委
河北省唐山市工人医院团委
河北省霸州市信安镇团委
河北省保定市第十三中学团委
哈励逊国际和平医院团委
华北制药集团有限责任公司团委
河北省京东橡胶有限公司团委
河北省鹿泉市大河镇北故城村团支部
河北省宽城满族自治县交通局团支部
中国人民武装警察部队河北省秦皇岛市公安消防支队六中队团支部

河北省唐山市路南区文化北后街街道文西社区团支部
河北移动通信有限责任公司冀州分公司团支部
中国人民武装警察部队河北省总队二支队二大队五中队团支部
河北省财政厅信息中心团支部
中石油华北油田公司路桥工程公司团支部
中北大学团委
山西杏花村汾酒集团有限责任公司团委
运城学院稷山师范分院团委
中国石化股份有限公司山西忻州石油分公司物流团支部
山西省吕梁市直机关幼儿园团支部
山西省财政厅国库支付中心团支部
山西北方风雷工业集团有限公司诺凌子公司团总支
内蒙古自治区包头市东河区教育局团委
内蒙古自治区四子王旗第三中学团委
内蒙古电力(集团)有限公司阿拉善电业局团委
内蒙古自治区呼和浩特市新城区东街街道老缸房社区团支部
内蒙古第一机械集团公司富成锻造有限责任公司模具制造中心团支部
内蒙古自治区通辽市科尔沁区明仁街道交通门社区团支部
中国人民武装警察部队内蒙古自治区总队鄂尔多斯市支队杭锦旗中队团支部
内蒙古自治区鄂尔多斯市东信公路股份有限公司东杨收费所团支部
内蒙古自治区西乌珠穆沁旗吉仁高勒镇都日布勒吉嘎查团支部
内蒙古电视台新闻综合频道团支部
辽宁电视台团委
辽宁省本溪钢铁(集团)有限责任公司团委
辽宁省电力有限公司鞍山供电公司团委
辽宁省瓦房店轴承集团公司团委
辽宁省盘锦供电公司团委
辽东学院团委
辽宁省铁法煤业(集团)有限责任公司团委
辽宁工程技术大学团委勤工助学超市直属团支部
盛京银行沈阳市泰山支行团支部
辽宁省铁岭市银州区财政局团支部
辽宁省本溪市威宁劳动教养管理所管教团支部
辽宁省电力有限公司辽阳供电公司电能计量中心团支部
辽宁省电力有限公司丹东供电公司调度所团支部
辽宁省营口市老边区财政局团总支
辽宁省盘锦市疾病预防控制中心团支部
辽宁省渤海船舶重工有限责任公司渤船机械工程有限公司团总支
吉林省长春市教育局团委
吉林省电力有限公司白城供电公司团委
吉林医药学院团委
吉林省四平市地方税务局团委
吉林油田高级中学团委
吉林省长春房屋置换股份有限公司团总支
中水东北勘测设计研究有限责任公司施工设计处团支部
一汽-大众汽车有限公司轿车一厂油漆车间团支部
吉林省前郭尔罗斯蒙古族自治县会计核算中心团支部
中国国电集团公司吉林热电厂化学分场团支部
吉林省四平市国家税务局中央路税务分局团支部
吉林省辽源市会计核算中心团支部
吉林省白山市人民检察院团支部
吉林省长白山保护开发区池北区第一初级中学团总支
黑龙江省萝北县东明朝鲜族乡团委

黑龙江省佳木斯市教育局团委
黑龙江幼儿师范高等专科学校团委
黑龙江省肇东市交通局团委
黑龙江省黑河市边境经济合作区团委
黑龙江省农垦总局红兴隆分局团委
黑龙江省甘南县中兴乡兴久村团总支
黑龙江省大庆电业局送电工区团支部
大庆油田有限责任公司第二采油厂第六作业区采油49队团支部
黑龙江省鹤岗市兴安区兴欣社区团支部
黑龙江省伊春市财政局团支部
黑龙江省农垦总局宝泉岭分局军川农场大学生团支部
黑龙江龙煤矿业集团双鸭山分公司铁路运输部机修厂团总支
黑龙江省森工总局兴隆林业局兴隆小学团支部
中国南方航空股份有限公司黑龙江分公司地面服务保障部团总支
上海市长宁区新华路社区(街道)团工委
上海市邮政公司团委
华东师范大学学前教育与特殊教育学院团委
上海市杨浦区五角场社区(街道)财大居民区团支部
上海市公安局特警总队防暴突击二支队团支部
宝山钢铁股份有限公司不锈钢分公司炼铁厂高炉分厂团支部
福耀集团(上海)汽车玻璃有限公司团总支
上海市肺科医院外科团支部
解放日报社团总支
上海体育学院经济管理学院团总支
南京理工大学团委
南京工业职业技术学院团委
江苏省南京市江宁区东山街道团工委
江苏省电力公司团委
中国矿业大学团委
江苏省电力公司南通供电公司团委
江苏省丹阳市第六中学团委
江苏省无锡市惠山区洛社镇团委
苏州大学团委
江苏省总工会机关团委
江苏康缘药业股份有限公司团委
江苏技术师范学院教育学院团总支
江苏省南京市栖霞区燕子矶街道幕府山庄社区团总支
江苏省泗阳县王集镇大学生村官团支部
江苏省盐城市中级人民法院团支部
江苏省泰州市大浦中心小学团支部
江苏省海安县地方税务局第五税务分局团支部
江苏东海纸业有限公司团支部
江苏省常州港华燃气有限公司团总支
江苏省无锡市北塘区人民检察院团支部
江苏省苏州工业园区人民检察院团支部
中国计量学院团委
国家电网浙江嘉兴电力局团委
宁波港集团有限公司团委
国家电网浙江衢州电力局团委
浙江省天台县平桥镇团委
温州医学院附属第一医院团委
丽水学院团委
浙江省公安厅团工委
浙江师范大学社团联合会团总支
浙江省人民医院急诊团支部
浙江省杭州钢铁股份有限公司转炉炼钢厂行车团支部
浙江省杭州市地方税务局直属分局团支部
中国移动通信集团浙江有限公司湖州分公司吴兴团支部
浙江省宁波市自来水总公司清泉热线团支部
浙江省绍兴市汤浦水库管理局团总支
浙江省金华成泰农村合作银行营业部团支部
浙江省宝石控投(集团)有限公司高平装配团支部
浙江省温州电力局客户服务中心团支部

安徽省合肥市包河区芜湖路街道团工委
安徽省电力公司淮南供电公司团委
安徽省安庆市大观区菱湖街道团工委
安徽省和县西埠镇团委
中国电信股份有限公司池州分公司团委
安徽叉车集团有限责任公司团委
安徽省淮北市烈山区人民法院团支部
中国联合网络通信有限公司安徽省亳州市分公司第一团支部
安徽省蚌埠市国家税务局机关团支部
安徽省马鞍山方圆回转支承股份有限公司机关团支部
安徽省芜湖市三山区法院团支部
安徽省铜陵市新民污水处理厂团支部
安徽省黄山旅游发展股份有限公司玉屏楼宾馆团总支
安徽省六安市政务服务中心团总支
大唐陈村水力发电厂总公司团支部
福建省南平铝业有限公司团委
福建省厦门电业局团委
福建省诏安县梅岭镇团委
福建农林大学生命科学学院团委
福建省卫生厅直属单位团委
福建省福州延安中学薪火团支部
福建省建瓯县东峰镇桂林村团支部
福建省尤溪县洋中镇后楼村团总支
福建省石狮市人民检察院团支部
福建省厦门市房地产交易权籍登记中心团支部
福建省上杭县古田镇赖坊村团支部
福建省安利(中国)日用品有限公司宁德分公司团支部
南昌航空大学团委
江西省南昌供电公司团委
江西新余钢铁有限责任公司团委
江西中医学院团委
江西省交通厅直属机关团委
江西师范大学科学技术学院团总支
江西财经大学国际学院团总支
江西省贵溪市供电有限责任公司团支部
江西省赣南地质调查大队测绘院团支部
江西省丰城市人民检察院团支部
江西省吉安电视台团支部
济南大学团委
济南铁路局青岛客运段团委
山东省冠县国土资源局团委
山东省威海市公路管理局团委
山东省青岛市公安局团委
中国联合网络通信有限公司济宁市分公司团委
山东省肥城矿业(集团)有限责任公司团委
山东省卫生厅直属机关团委
中铁十局集团有限公司团委
山东省济南市历下区燕山街道燕子山小区社区团支部
山东古贝春有限公司团支部
山东省淄博市公安局交通警察支队博山区大队团支部
山东省寿光市孙家集街道三元朱村团支部
中国电信股份有限公司山东烟台公司市区营销中心团支部
山东省五莲县国家税务局团支部
山东安信木业有限公司团支部
山东省泰安供电公司营销部团支部
山东黄河三角洲国家级自然保护区管理局团支部
山东省滨州公路工程处团总支
中国移动通信集团山东有限公司菏泽分公司行政团支部
中国石化股份有限公司齐鲁分公司橡胶厂电气车间团支部
中铁十四局集团北京房桥公司京沪高速铁路宿州项目部团支部
河南电视台团委
中国移动通信集团河南有限公司机关团委
河南理工大学团委

河南省新乡市卫滨区铁西办事处团工委
河南省舞阳县马村乡团委
河南省济源市公安局团委
黄河水利职业技术学院团委
黄河科技学院团委
河南省华都建设发展集团有限公司团委
河南省郑州市经济贸易学校职二年级团总支
河南省三门峡市湖滨区人民法院团支部
中国移动通信集团河南有限公司洛阳市西工分公司团支部
河南省鹤壁市公安局特别勤务警察支队团支部
河南省开封市清明上河园有限公司第一团支部
中国人民武装警察部队河南省漯河市消防支队特勤中队团支部
河南省商城县上石桥镇团委驻苏州团支部
河南省焦作市马村区马村街道颐春社区团支部
黄河水利委员会黄河设计公司规划研究院团支部
中国建筑第七工程局有限公司中南分公司团总支
中国石化集团河南石油勘探局河南油田分公司第一采油厂双河油矿采油十二队团支部
中铁隧道集团三处有限公司隧道三公司团总支
东风汽车公司团委
武汉工程大学团委
襄樊职业技术学院团委
湖北省安陆市孛畈镇团委
湖北省电力公司咸宁供电公司团委
湖北省宜昌市西陵区学院街道团工委
湖北省随州市曾都区南郊办事处团工委
湖北师范学院团委
湖北省新华医院脑科中心团支部
湖北天神实业股份有限公司团支部
鄂东职业技术学院机械工程系团总支
湖北省鄂州市吴都小学团支部
武汉钢铁集团矿业有限责任公司大冶铁矿选矿区域团支部
湖北省石首市东升镇新堤口村团支部
恩施职业技术学院生物工程系团总支
湖北省潜江市园林办事处南浦路社区团总支
湖北省天门市中医医院团支部
湖南师范大学附属中学团委
长沙环境保护职业技术学院团委
湖南省张家界市武陵源区索溪峪镇团委
湖南省岳阳市第一中学团委
湖南省衡阳市第八中学团委
湖南友谊阿波罗股份有限公司团委
长沙理工大学电气与信息工程学院团总支
中国人民武装警察部队湖南省长沙市消防支队雨花大队团总支
湖南省长沙市国库集中支付核算局团支部
湖南省岳阳市岳阳楼区清风义工协会团支部
湖南省湘潭市劳动和社会保障局团支部
湖南省衡阳风顺车桥有限公司团总支
湖南省郴州市广播电视局网络中心团支部
湖南长丰汽车制造股份有限公司永州分公司总装车间团支部
湖南省电力公司怀化电业局变电检修管理所团支部
湖南省泸溪县国家税务局团总支
广东省广州市越秀区东湖街道团工委
广东工业大学团委
广东省东莞市石碣镇团委
广东电网公司佛山供电局团委
华南农业大学团委
广东省高要市南岸街道团工委
广东省高州中学团委
拱北海关团委
南方医科大学南方医院惠侨科团总支
广东省广州市国家税务局直属税务分局团支部
广东省源天工程公司第二工程处团支部

民航广州幼儿园团支部
广东省佛冈县大坪收费站团支部
河源职业技术学院师范学院团总支
广东省梅州市公安消防支队梅江区大队一中队团支部
广东省深圳市盐田区沙头角街道东和社区团支部
广东电网公司珠海供电局变电部团支部
广东省佛山市顺德区陈村职业技术学校团总支
广东省经济贸易委员会机关团支部
广西电网公司南宁供电局团委
广西壮族自治区宾阳县芦圩镇团委
广西壮族自治区全州县全州镇团委
广西壮族自治区来宾市兴宾区第四中学团委
广西柳工机械股份有限公司液压事业部液压件厂团总支
广西壮族自治区玉林市健正药业有限公司团总支
广西壮族自治区象州县象州镇石里村石贵村团支部
广西壮族自治区富川瑶族自治县富阳镇铁耕村团支部
海南医学院团委
中国南方航空股份有限公司海南分公司团委
海南职业技术学院生物科学系团总支
中国移动通信集团海南有限公司三亚分公司团总支
海南省万宁市万城镇新海社区团支部
重庆市长寿区地方税务局团委
重庆市酉阳民族师范学校团委
西南铝业(集团)有限责任公司团委
重庆市人大常委会机关团委
重庆市公安局交通管理局渝中区支队团总支
重庆医科大学附属第二医院肝传特检五官团支部
重庆市未成年犯管教所第三团支部
重庆市公共交通汽车维修有限责任公司一厂团总支
西南大学文化与社会发展学院团总支
重庆市合川区青少年活动中心幼儿园团支部
华能重庆珞璜发电有限责任公司燃料脱硫团支部
聂荣臻元帅陈列馆团支部
重庆市綦江县财政局团支部
重庆市丰都县青少年宫团支部
四川省成都市双流县东升街道团工委
四川烟草工业有限责任公司什邡分厂团委
四川广安市华蓥山广能(集团)有限责任公司团委
四川省遂宁市船山区南津路街道办事处团委
中国工程物理研究院七所团委
四川航天技术研究院团委
西华师范大学团委
四川省川北监狱团委
四川省绵广高速公路广元管理所团总支
四川省什邡市蓥华镇瓦窑村团支部
中国第二重型机械集团公司动能分公司热力车间团支部
四川省乐山市市中区人民法院团支部
四川省古蔺县文化体育广播电视局团支部
四川省宜宾丽雅置地有限责任公司团总支
攀钢集团四川长城特殊钢有限责任公司特冶中心薄板车间团支部
四川省平昌县财政国库支付中心团支部
四川达竹煤电(集团)有限责任公司斌郎煤矿采煤一队团支部
四川省资阳市财政局团支部
中国移动通信集团四川有限公司眉山东坡分公司团支部
中国移动通信集团四川有限公司雅安直属分公司团支部
贵州师范大学团委
贵州省安顺市第一高级中学团委
中国航天科工集团〇六一基地三四〇五厂团委

贵阳中医学院团委
贵州民族学院文学与传播学院团总支
贵州省毕节市观音桥办事处中心小学团总支
贵州省台江县国家税务局团支部
贵州省公安厅交通管理局直属支队团总支
云南省红河哈尼族彝族自治州卫生学校团委
华能澜沧江水电有限公司漫湾水电厂团委
中国东方航空股份有限公司云南分公司团委
云南冶金集团云南驰宏锌锗股份有限公司会泽采选厂团总支
云南省华坪县建设局团支部
中国移动通信集团云南有限公司怒江分公司团支部
拉萨师范高等专科学校团委
西藏自治区林芝地区邮政局团委
中国银行股份有限公司日喀则支行团总支
西藏自治区阿里地区国家税务局团支部
长安大学团委
陕西省宜君县西村乡团委
陕西省潼关县秦东镇团委
宝鸡石油机械有限责任公司团委
陕西省汉中供电局团委
陕西省柞水县职业中等专业学校团委
陕西省金堆城钼业集团有限公司团委
中国移动通信集团陕西有限公司西安金花分公司团支部
陕西省安塞县沿河湾镇侯沟门村团支部
陕西省宝鸡市渭滨区金陵街道新华巷社区团支部
陕西省汉中师范学院附属小学团支部
陕西省靖边县红墩界镇尔德井村团支部
陕西人民广播电台音乐广播团支部
西安工程大学管理学院团总支
中航工业陕西飞机工业(集团)有限公司第一航空部件厂团总支
中国石油兰州石化公司团委
兰州大学生命科学学院团委
甘肃联合大学团委
甘肃省平凉市崆峒区中街街道办事处团委
甘肃省玉门市赤金镇团委
中国科学院近代物理研究所团委
甘肃省兰州市七里河区西湖街道西津桥社区团支部
兰州铁路局兰州西电务段兰西信号车间团支部
甘肃省高台县骆驼城乡红新村团支部
甘肃省文县尚德镇田家坝村团支部
甘肃省和政县电力公司团支部
西北师范大学环境保护学社团支部
青海盐湖工业集团有限公司化工分公司团委
青海省乐都县蒲台乡中心学校团总支
青海大学农牧学院农林系团总支
中国水利水电第四工程局有限公司第一分局基础大队团总支
宁夏回族自治区青铜峡铝业股份有限公司团委
中石油长庆油田分公司第三采油厂团委
宁夏回族自治区银川市自来水总公司金凤区营销公司团支部
宁夏回族自治区平罗县地方税务局团支部
宁夏回族自治区盐池县冯记沟乡马儿庄村团支部
宁夏大学生命科学学院 8 号楼公寓团总支
新疆维吾尔自治区乌鲁木齐市新市区二工街道团工委
新疆师范大学团委
伊犁师范学院团委
新疆电力公司团委
新疆维吾尔自治区温宿县托乎拉乡托乎拉村团支部
和田师范专科学校生化系团总支
新疆维吾尔自治区哈密市陶家宫乡陶家宫村团支部
新疆维吾尔自治区温泉县哈日布呼镇查干阿日勒村团支部
新疆维吾尔自治区昭苏县昭苏镇吐格勒勤布

拉克村团支部
中国石油吐哈油田分公司井下技术作业公司压裂一队团支部
新疆众和股份有限公司电子铝箔分公司团总支
新疆生产建设兵团农一师十团团委
新疆生产建设兵团农五师八十六团团委
新疆生产建设兵团农七师高级中学团委
新疆生产建设兵团农二师三十团中学团总支
新疆生产建设兵团农三师四十五团十三连团支部
新疆北新路桥建设股份有限公司巴基斯坦真纳国际机场滑行道重建项目团支部
中国人民解放军炮兵学院团委
中国人民解放军第三军医大学团委
中国人民解放军 63767 部队团委
中国人民解放军 91959 部队团委
中国人民解放军空军雷达学院团委
中国人民解放军 96273 部队团委
中国人民解放军国防科学技术大学指挥军官基础教育学院团委
中国人民解放军 65319 部队团委
中国人民解放军 66071 部队团委
中国人民解放军 69216 部队团委
中国人民解放军 71670 部队团委
中国人民解放军 73042 部队团委
中国人民解放军 75203 部队团委
中国人民解放军 77625 部队团委
中国人民武装警察部队 8672 部队团委
中国人民解放军重庆通信学院学员 13 队团总支
中国人民解放军总政治部幼儿园团支部
中国人民解放军第 302 医院临床第一团支部
中国人民解放军装备指挥技术学院士官系学员 4 队团支部
中国人民解放军 92713 部队 7 分队团总支
中国人民解放军空军航空大学飞行基础训练基地学员 1 旅女学员队团支部
中国人民解放军 96215 部队 51 分队团支部
中国人民解放军 65919 部队 72 分队团支部
中国人民解放军 66355 部队 70 分队团支部
中国人民解放军 68306 部队 71 分队团支部
中国人民解放军 71332 部队 66 分队团支部
中国人民解放军 73081 部队 74 分队团支部
中国人民解放军 75617 部队 85 分队团支部
中国人民解放军 78098 部队 60 分队团支部
中国人民武装警察部队工程学院学员八队团支部
哈尔滨铁路局团委
乌鲁木齐铁路局乌鲁木齐客运段团委
成都铁路局重庆机务段团委
上海铁路局南京东机务段南京东检修车间团总支
郑州铁路局郑州车站贵宾室团支部
太原铁路局湖东电力机务段湖东检修第一团支部
沈阳铁路局通辽机务段通辽运用车间团支部
广州铁路(集团)公司怀化车务段溆浦站区团支部
武汉铁路局襄樊电务段驼峰车间团支部
中国南方航空集团公司团委
中国东方航空股份有限公司工程技术公司团委
北京首都国际机场股份有限公司运行监控指挥中心团总支
民航华东地区空管局上海区域管制中心管制运行部第三团支部
河南省郑州新郑国际机场管理有限公司地面服务部团支部
中国国际航空股份有限公司重庆分公司飞行三分部团支部
中华全国妇女联合会机关团委
中国电影集团公司团委
中共中央办公厅机要局通信中心译电处团支部
中共中央纪律检查委员会信访室团支部

中国图书进出口(集团)总公司图书文献事业部团支部
最高人民检察院机关团委
高等教育出版社团委
住房和城乡建设部信息中心团总支
农业部科技教育司团支部
国家知识产权局专利审查协作中心团总支
国家海洋局海监北海航空支队团支部
武汉钢铁股份有限公司团委
中国铁道建筑总公司十九局集团有限公司团委
中国铝业公司中国长城铝业公司团委
中国国电集团公司大渡河流域水电开发有限公司大岗山公司直属团支部
中国第一汽车集团公司一汽铸造有限公司铸造二厂熔化车间团支部
中国远洋运输(集团)总公司中远散运新盛海轮团支部
新兴铸管集团有限公司南京际华三五二一特种装备有限公司技术部团支部
中国农业发展银行河北省分行团委
国家开发银行辽宁省分行团委
交通银行南京分行团委
中国银行业监督管理委员会黑龙江监管局团委
中国农业银行青岛市市北区第二支行团总支
中国进出口银行信息技术部团支部
中信银行武汉分行营业部团支部
中国光大银行黑龙江分行哈尔滨开发区支行团支部

全国杰出青年岗位能手和全国青年岗位能手

为表彰先进,树立典型,激励更多的青年职工立足本职岗位,学习新知识,掌握新技能,创造新业绩,在企业改革发展中成长成才、建功立业,共青团中央、人力资源社会保障部决定授予王建忠等10名同志2008年度全国杰出青年岗位能手称号,授予陈强等160名同志2008年度全国青年岗位能手称号(其中含竞赛获奖者57人)。

2008年度全国杰出青年岗位能手名单

(10人)

王建忠　中国石油化工集团公司江汉石油管理局江钻股份公司牙轮车间维修钳工、高级技师
艾胜鹏　中国铝业股份有限公司青海分公司第二电解厂三车间一工区工区长、工程师
江旻舟(女)　中国人民解放军75775部队副部队长、高级工程师
杨荣军　陕西电子信息集团有限公司维修电工、高级技师
孟　维　徐工集团重型机械有限公司四分厂数控车工、高级技师
高彦峰(满)　中国石油天然气集团公司吉林石化建修公司西部检维修二车间钳工、技师
钱继纲(回)　北京首钢股份有限公司高速线材厂二生产区域乙作业区精轧班副班长、高级技师
黄亦波　上海浦东国际集装箱码头有限公司桥机司机、技师
葛昌林　济南铁路局青岛工务段烟台线路车

间维修工区线路班长、技师

潘　健　人民日报社网络中心教科文体部主任记者

2008年度全国青年岗位能手名单

（160人）

一、评选获奖者

北　京

陈　强　北京京棉巨龙纺织有限公司副总经理、工程师

张胜利　北京城建集团有限责任公司项目经理、工程师

天　津

杨利全　中铁十八局集团西安地铁指挥部副指挥、工程师

孙　健（女）中国移动通信集团天津有限公司市场经营部高级助理、工程师

杨　华　中石化天津石油分公司大港长虹加油站站长

河　北

曹海林　冀中能源峰峰集团牛儿庄采矿公司掘进一区队长

李华伟　中国石油华北油田公司第二采油厂苏桥采油作业区采油十四站站长、技师

吕德文　邯钢连铸连轧厂生产技术科轧钢工艺技术员、高级工程师

山　西

姚富强　山西省晋城煤业集团寺河矿综采二队副队长、高级工、助理工程师

游建军　太原铁路局太原工务段测石线路车间线路检查工区检查工长、技师

尹向丽（女）　山西省财政厅会计师

内蒙古

杨振东　包钢无缝厂管体车间技术组组长、技师

岑春祥　中国移动通信集团内蒙古有限公司业务支撑室主任、工程师

辽　宁

杨海涛　沈阳黎明航发集团转包与民机事业部外贸结构件厂数控车工、高级技师

陈　凯　渤海船舶重工有限责任公司管加工分厂焊工、高级技师

李广阔　营口市老边区供电局信息中心主任、工程师

吉　林

张晓超　长春一汽富维汽车零部件股份有限公司车轮分公司装备部机加站数控车工、高级技师

冯家新　吉林油田公司新民采油厂四队生产副队长、技师

黑龙江

吕印达　中国石油大庆石化公司化肥厂合成氨车间生产副主任、工程师

胡俊奇　黑龙江省绥化电业局技术员、技师、助理工程师

丛希玉　大庆炼化公司聚合物一厂丙烯腈车间副班长

上　海

朱　锋　上海普陀区园林建设综合开发有限公司绿化养护部行道树队队长、技师

须祯慧（女）　上海建工（集团）总公司钢筋翻样员、工程师

江　苏

江叶峰　江苏省电网调度通信中心调度值班长、工程师

王　昆（女）　盐城市地方税务局纳税服务中心宣传科科长、注册税务师、会计师

浙　江

潘雪萍（女）　湖州市第一人民医院护士、护师

杨仁标　宁波电业局财务处会计师

赖　芳（女）　浙江衢化氟化学有限公司五车间工人、高级工

安　徽

陈　伟　安徽省电力公司调度信息中心电网

调度处调度员、工程师
王晓东　安徽省淮南市公安局舜耕派出所所长
陈中伟　安徽中烟工业公司合肥卷烟厂生产管理部制丝车间管理员、助理工程师

福　建

林　荣　南平铝业有限公司加工分厂模具部钳工、高级技师
陈岳云　龙岩市电业局城区供电局高级技师、助理工程师
蔡江河　三明市电业局带电中心带电一班班长、技师

江　西

陆　明　上饶市人民医院内分泌科医师、中级
彭小平　南昌大学第一附属医院心内科主治医师
张平发　中国移动通信集团江西有限公司赣州分公司网络优化中心经理、工程师

山　东

张振峰　山东济钢集团有限公司中板厂丁班班长、高级技师
马利军　南车青岛四方机车车辆股份有限公司技术中心主任设计师、工程师

河　南

王军涛　中铁隧道集团二处太中银铁路兴旺峁隧道斜井项目部总工程师
郝军强　安钢第二轧钢厂电气车间主任助理、高级技师
田　飞　河南省濮阳市12319城建服务热线指挥中心主任、工程师

湖　北

徐　浩　武钢股份炼钢总厂二分厂炼钢车间乙班工段副段长、助理工程师
陈文祥　湖北省电力公司电力建设第二工程公司热机公司焊接班焊接工、高级技师
金　飞　武汉第二电线电缆有限公司研发中心主任、工程师

湖　南

许　静(女)　长沙客运段长京车队直达五组列车长、中级
李建英(女)　长沙银行股份有限公司浏阳支行行长、经济师
许　琳(女)　湖南省长沙市公安局干部
杨笑寒　长沙市公安局交警支队雨花区大队3中队教员

广　东

谢　欢(女)　广州市公安局白云区分局三元里派出所副所长
蒋海群　中国联合网络通信有限公司广州市分公司运维部无线维护室主任、工程师
苏雪石　深圳市劳动争议仲裁院仲裁员

海　南

杨　婧(女)　深圳航空有限责任公司海口营业部经理、经济师
陈　超　海南省琼海市公安局城北派出所所长

广　西

李　裕　桂林航天电子有限公司研发处计算中心网络管理员、工程师
周　莹　广西壮族自治区河池公路管理局技术设计室主任、工程师

重　庆

邵　东　重庆市高速公路发展有限公司中渝分公司副总经理、高级工程师
谢　旭　重庆市电力公司江津供电局运行管理所所长、助理工程师
李　丽(女)　第三军医大学第三附属医院野战外科研究所政治部组织科副科长

四　川

李　航　中国石油西南油气田公司采气工程研究院工程师
顾巍嶙　东方电气集团东方锅炉(集团)股份有限公司联箱车间装配组组长、高级

工

刘志刚　四川九洲电器集团有限责任公司第三研究所所长、高级工程师

贵　州

罗　臣　中国石油贵州销售分公司综合业务部专职计量培训师

王文举　贵州省水城矿业集团有限责任公司二塘选煤厂机电维修车间机电队长、技师

云　南

简学云　云南电网公司曲靖供电局输电管理所送电四班技术员、技师

李国诚（哈尼）　云锡股份有限公司采选分公司塘子凹坑三工区采16队队长、技师

熊定松　华能澜沧江水电有限公司职员

西　藏

德　吉（女，藏）　中国建设银行西藏日喀则分行员工

陕　西

杨　瑄　中国航天科技集团公司第四研究院第41所研究室副主任、高级工程师

谢崇斌　中国移动通信集团陕西有限公司电信数据网设备维护工程师

青　海

张阳勇　中国水利水电第四工程局有限公司水工机械总厂总工程师兼研发中心主任、工程师

甘　肃

王　刚　兰州供电公司电建分公司线路工区副主任、助理工程师

王振刚　中国铝业兰州分公司电解一厂350KA电解车间工区长

宁　夏

周艳敏（女）　宁夏银行光明支行员工、中级经济师

王　彪　宁夏青铜峡铝业集团电解一部电解一车间技术员、助理工程师

新　疆

毛谦明　中石化西北油田分公司塔河采油一厂采油三队生产运行室室长、技师

王海平　新疆机场（集团）公司安全检查总站安检员

新疆生产建设兵团

王永亮　新湖农场天湖节水设备有限责任公司副总经理

解放军

王海燕（女）　中国人民革命军事博物馆陈列宣传处馆员

陈　威　中国人民解放军63918部队工程师

尹小智（女）　中国人民解放军66019部队76分队政治指导员

刘林军　成都军区78625部队保管队士官

铁道

杨逢春　沈阳铁路局沈阳电务段技术员、高级信号工

林　峰（女）　济南铁路局青岛客运段“和谐号”动车组列车长

胡　聪（女）　南昌铁路局南昌客运段列车长

民航

李韫蕾（女）　贵州省机场集团飞行区保障部助理工程师

艾光辉（哈尼）　东航云南分公司保卫部货邮安检分队长、一级安检员

中直机关

丰　涛　中央办公厅秘书局技术室副主任、工程师

国家机关

赵　鹏　国家发展和改革委员会国民经济综合司综合处主任科员

刘定铃（女）　国务院机关事务管理局所属北京达园宾馆餐饮部领班

中央金融

温　暖　交通银行北京分行集团大客户部副高级经理、助理经济师

徐丽丽（女）　国家开发银行大连市分行客户

一处客户经理、助理经济师
宋志东 中国工商银行牡丹卡中心内控合规部副总经理、经济师
寿 盈(女) 中国农业银行浙江省诸暨市支行金钥匙理财中心、个人业务部理财经理、助理经济师
成明强 中国银行南通分行运营部副主任
李大海 中国建设银行河南省分行营业部(集团客户部)财富管理中心理财经理、助理经济师

中央企业

侯树刚 中国石化集团中原油田钻井工程技术研究院科技办主任、高级工程师
张文山 中国空空导弹研究院制导控制研究所系统算法及飞控软件专业室主任、高级工程师
徐军明 中国移动通信集团公司中国铁通集团有限公司网络支撑中心职员、工程师
阮志丹 中国电信广东公司网络操作维护中心工程师
梁海军 中国水利水电第八工程局有限公司中水重工分公司修理车间电焊班班长、技师
彭 坤 中国航天科技集团公司第五研究院控推部高级工程师
于 皓 中国海洋石油总公司海洋石油工程股份有限公司设计公司高级工程师
卢炳涛 中国国电集团公司山东中华发电有限公司聊城发电厂调度运行部机组长、助理工程师

二、竞赛获奖者

第四届"振兴杯"全国青年职业技能大赛

丁华中 江苏省盐城技师学院装配钳工
王全刚 东风汽车有限公司设备制造厂装配钳工
王博贤 沈阳飞机工业(集团)有限公司装配钳工
赵武阳 金杯股份有限公司装配钳工
王 刚 沈阳飞机工业(集团)有限公司铣工
张 勇 东风汽车有限公司设备制造厂铣工
宋华辉 上海卫星工程研究所铣工
朱传勇 金杯股份有限公司铣工
罗 敏 东风汽车有限公司设备制造厂铣工
郭崇宇 沈阳机床集团计算机程序设计员
高小东 沈阳机床集团计算机程序设计员
张龙旗 淮南矿业集团计算机程序设计员
郑淑霞(女) 包头钢铁(集团)公司计算机程序设计员
梁国柱 中国联通佛山分公司计算机程序设计员

第七届全国矿山救援技术竞赛

王志伟 内蒙古平庄煤业集团公司救护大队古山中队队员
符树林 黑龙江省龙煤集团公司鸡西分公司救护大队队员
张永斌 甘肃省窑街煤电集团公司矿山救护中心救护队员
张 鹏 河南省焦煤集团公司救护大队队员
肖瑞东 山西省大同煤矿集团公司矿山救护大队队员
罗东升 河南省平煤集团公司救护大队直属中队队员
李景涛 黑龙江省龙煤集团公司鸡西分公司救护大队队员
李 强 江苏省徐州矿务集团公司权台煤矿救护队队员
陈 强 甘肃省窑街煤电集团公司矿山救护中心救护队员

中央企业职工技能大赛

刘 平 中国海洋石油总公司化工总控工
江 俊 上海市国资委上海华谊丙烯酸有限公司化工总控工
王永治 中国兵器工业集团公司化工总控工
常 辉 中国兵器工业集团公司化工总控工
贾占杰 中国船舶重工集团公司光电仪器仪

表装调工
刘万海　中国大唐集团公司电力集控运行值班员
颜　磊　中国华电集团公司电力集控运行值班员
马绍杰　中国华电集团公司电力集控运行值班员
杨连成　中国华电集团公司电力集控运行值班员
高志俊　中国石油天然气集团公司西餐摆台
颜旺彪　中国南方航空集团公司调酒师
陈秋娟(女)　国家开发投资公司西餐摆台
杜小红(女)　中国港中旅集团公司中餐摆台
朱家凤(女)　中国港中旅集团公司西餐摆台
陈良树　中国港中旅集团公司宾房服务员
李　艳(女)　广东省国资委白天鹅宾馆中餐摆台
蒋江龙　广东省国资委白天鹅宾馆宾房服务员
胡慧华(女)　湖南省国资委湖南华天大酒店中餐摆台
余　维　湖南省国资委湖南华天大酒店宾房服务员
刘华军　湖南省国资委湖南华天大酒店调酒师
江　澎　陕西省国资委西安宾馆调酒师

第三届中国兵器工业集团职业技能大赛
潘俊俊　中国兵器工业集团四川北方硝化棉股份有限公司化工总控工
顾光辉　中国兵器工业集团甘肃银光化学工业集团有限公司化工总控工
秦　虎　中国兵器工业集团甘肃银光化学工业集团有限公司化工总控工
陈　军　中国兵器工业集团晋西机器工业集团有限责任公司焊工
郑晨鸥　中国兵器工业集团哈尔滨建成集团有限公司焊工
刘　波　中国兵器工业集团山西北方惠丰机电有限公司加工中心操作工
史海龙　中国兵器工业集团山西北方惠丰机电有限公司加工中心操作工
周德民　中国兵器工业集团湖北江山重工有限责任公司加工中心操作工
张少文　中国兵器工业集团吉林东光集团有限公司光电仪器仪表装调工
李　松　中国兵器工业集团内蒙古北方重工业集团有限公司维修电工
赵晓刚　中国兵器工业集团西安现代控制技术研究所机械制造工艺编程员
左　飞　中国兵器工业集团湖北江山重工有限责任公司机械制造工艺编程员

全国青年安全生产示范岗

2008年,全国各级团组织、安全监管部门认真学习贯彻党的十七大精神,全面落实科学发展观,强化安全发展理念,不断深化青年安全生产示范岗创建活动,动员广大青年集体积极参与安全生产工作,为全国安全生产呈现总体稳定、趋向好转的发展态势作出了积极贡献,同时在活动中涌现出了一批先进青年集体典型。为激励更多的青年职工参与创建青年安全生产示范岗活动,为企业安全生产工作作出更大贡献,共青团中央、国家安全生产监督管理总局决定,命名北京燕山石化公司合成橡胶事业部丁基车间聚合五班等119个单位为第七届全国青年安全生产示范岗。

第七届全国青年安全生产示范岗名单

北　京

北京燕山石化公司合成橡胶事业部丁基车间聚合五班

北京京煤集团昊华公司木城涧煤矿开拓三段

首钢金顶阳光第一项目部

天　津

天津大沽化工股份有限公司氯乙烯分厂 VCM 工段

中石化股份有限公司天津分公司烯烃部乙二醇车间 EO 脱碳精制岗

天津铁路集团有限公司运输分公司东大沽站甲班行配组

河　北

华北制药威可达有限公司安保部

河北金牛能源股份有限公司显德汪矿青年安全监督岗

河北邯郸供电公司来马 220kV 变电站

山　西

山西省电力公司忻州供电分公司输电二工区运行一班

平朔安家岭二号井工矿综采一队

太原重工起重机分公司装焊四组

内蒙古

内蒙古北方重工集团液压机械厂 403 车间青年安全监督岗

中国石油呼和浩特石化分公司维修车间管铆二班

辽　宁

鞍钢股份公司冶金运输厂内燃运用车间 7008 机车组

大连供电公司 500 千伏运行工区南关岭 500kV 变电所

北票发电有限责任公司运行部电气运行三班

吉　林

长春水务集团第四制水分公司净水工段

吉林省四平热电公司检修维护部自动班

吉林省天桥岭林业局贮木场装归段

黑龙江

哈尔滨汽轮机厂二分厂三工段四班

中国第一重型机械集团公司设备维修分公司维修一站钳工班组

黑龙江省龙建路桥第四工程有限公司湖南衡邵项目经理部

上　海

上海盛东国际集装箱码头有限公司设备维修桥吊组

申能(集团)有限公司上海吴泾第二发电有限责任公司发电部运行三值

上海市第一市政工程有限公司第一项管部

江　苏

扬子石化炼油厂加氢工艺丙班

扬州供电公司电力调度中心地调班

中石化江苏油田分公司井下作业处作业一大队大修二队

浙　江

浙江华达集团钢业公司镀锌工艺段

杭州萧山国际机场现场管理中心运行指挥室

温州木材集团公司能源办“用电管理小组”

浙江省高速公路应急救援中心(省中心)

浙江省开元安装集团有限公司镇海炼化乙烯项目经理部

安　徽

淮北矿业集团祁南煤矿综采预备区

马钢港务原料总厂混匀二分厂青年安全示范岗

皖北煤电集团刘桥一矿开拓区一队

安徽省电力公司铜陵供电公司 220kV 新江变电站

安徽电力肥西供电有限责任公司计量所

福　建

福建省电力有限公司厦门电业局送电部带电班

闽江工程局机电制造安装分局第三公司二次

电气班

福州电业局配电部带电中心

江　西

昌河铃木九江分公司铸造车间熔化班

江西出入境检验检疫局技术中心食品检测室

江西洪都钢厂无缝钢管分厂§100机组乙班

中航工业洪都集团试飞站机务一大队青年班组

江西南昌供电公司变电运行分公司桃苑220kV变电站

山　东

中国石化集团公司齐鲁分公司第二化肥厂丁辛醇车间辛醇装置总控岗位

莱钢银山型钢有限公司板带厂热轧车间轧钢乙班

中铁十局集团电务工程有限公司青岛客站改造工程第二项目部

河　南

河南电力公司信阳供电公司变电检修部检修三班

河南煤业化工集团焦煤公司赵固一矿综掘队

大唐安阳发电厂发电部热电机组运行四值

湖　北

东风汽车有限公司商用车车身厂焊一车间二区地板班

中石化江汉石油管理局江汉采油厂王场联合站油站

宜昌海事局宜都海事处枝城大桥执法大队

中铁十一局集团有限公司武汉轨道交通二号线一期工程汉口火车站站项目经理

湖北宝源木业有限公司二分制板车间

湖　南

中钢集团衡阳重机有限公司设备公司数铣班

水电八局有限公司溪洛渡大坝施工局大坝二工区

中石化巴陵分公司供销部化工车间八号沟灌区班

中国建筑五局总承包公司周赞青年突击队

长沙市第一制水有限公司取水班

广　东

深圳市机场股份有限公司场务部鸟害防治室

佛山供电局调度中心调度监控中心

广东省韶关钢铁集团有限公司高速线材厂青年安全示范岗

海　南

海南金盘电气有限公司绕线车间

广　西

广西绿城水务股份有限公司埌东污水处理厂中心控制室

国投钦州发电有限公司发电运行部

广西公路桥梁工程总公司红水河罗天乐大桥项目经理部

中国电信股份有限公司南宁分公司网络监控班

广西水电工程局大化水电站扩建工程项目部

重　庆

中船重工集团重庆船舶工业公司重庆长征重工有限责任公司机械制造公司钳工组

中国石化集团四川维尼纶厂聚乙烯醇车间醇解工段一班

西南铝业(集团)有限责任公司动力厂供电车间三总降压站

四　川

成都建工集团第四建筑工程公司锦江城市花园1#楼、2#楼工程项目经理部

四川省冶金地质勘查局六〇一大队青杠坪铁矿选矿厂高边坡治理工程项目部

川煤达竹公司小河嘴煤矿掘进一队五班

贵　州

中建三局一公司贵阳分公司第一项目经理部

贵州赤天化股份有限公司水汽车间

中电投贵州金元集团黔北电厂焊接班

首钢水城钢铁(集团)有限责任公司煤焦化公司二炼焦车间

云　南

云南建工三建公司第五分公司

沈阳集团昆明机床股份有限公司机床功能部件事业部钣金车间铣焊班
十四冶建设集团云南安装工程公司第二分公司

西　藏

西藏高争建材股份有限公司动力部

陕　西

西飞集团公司飞机制造总厂 11 厂
陕西省电力公司送变电工程公司青年班
陕汽集团车身厂装焊车间

青　海

青海桥头铝电有限公司电解铝分公司动力二车间安通站
中国石油青海油田分公司采油三厂花土沟联合站

甘　肃

玉门油田分公司老君庙油田作业区采油三队 42 岗位
武威交通运输集团有限责任公司客运安全检查大队

宁　夏

宁夏宁东水务有限责任公司调度中心
宁夏路桥工程股份有限公司公路工程公司

新　疆

中国南方航空股份有限公司新疆分公司飞机维修基地定检二车间客舱工段
新疆地质矿产勘查开发局第九地质大队探矿公司 909 钻机

新疆生产建设兵团

新疆兵团农六师大黄山豫新煤业有限公司二分厂综采队生产(2)班

铁　道

北京铁路局丰台西站上行车间丁班四调
哈尔滨铁路局齐齐哈尔站运转车间四班
昆明铁路局昆明供电段元谋检修工区
兰州铁路局嘉峪关工务段机械化作业车间作业二队
南宁铁路局柳州南车站运转一车间甲班三调

民　航

中国东方航空公司西北分公司客舱服务部“如意”乘务示范组
民航厦门空中交通管理站航务管理部区域管制室
北京首都国际机场股份有限公司飞行区管理部运行监控班组

中　直

北京外文印刷厂彩印部海德堡 4 号机组

国家机关

南水北调中线干线工程建设管理局河北直管项目建管部运行管理办公室

中央金融

中信重工机械股份有限公司重型装备厂数控一车间四班

中央企业

中海石油环保服务有限公司
中国航天科技集团公司第四研究院 7416 厂高能推进剂生产团队
中国兵器工业集团南京北方信息产业集团有限公司数控班组
中远集团大连远洋运输公司“远盛湖”轮
中国航空集团公司国航股份工程技术分公司杭州维修基地定检维修车间
中化重庆涪陵化工有限公司磷肥厂磺制酸生产 3 班
华北铝业有限公司铸轧事业部熔铸二段甲班
中国建筑股份有限公司第八工程局国家会议中心配套设施工程项目经理部
沈化集团沈阳石蜡化工有限公司催化分厂团支部
中交一公局六公司巫奉高速 A16 项目

第七届全国矿山救援技术竞赛

河北省开滦集团公司救护大队
黑龙江省龙煤集团公司鸡西分公司救护大队
宁夏神华宁煤集团公司救护总队
内蒙古平庄煤业集团公司救护大队

全国青年文明号

2008年度全国青年文明号

法院系统

北京市东城区人民法院民事审判第三庭
天津市河西区人民法院司法警察大队
河北省邯郸市永年县人民法院临名关人民法庭
山西省临汾市尧都区人民法院河西人民法庭
黑龙江省大庆市中级人民法院民事审判第二庭
上海市闵行区人民法院民事审判第一庭
浙江省宁波市海曙区人民法院刑事审判庭
福建省厦门市同安区人民法院大同人民法庭
河南省新乡市中级人民法院司法警察支队直属大队
广东省佛山市南海区人民法院立案庭
重庆市九龙坡区人民法院西彭人民法庭
云南省宣威市人民法院倘塘人民法庭
宁夏回族自治区固原市西吉县人民法院刑事审判庭

国家发改委(国储总局)

江西储备物资管理局二五六处计量班
江西储备物资管理局一五九处消防队
陕西储备物资管理局五七五处物管科
陕西储备物资管理局四七七处理化检验科维也里组
陕西储备物资管理局五三三处多种经营科保管一组
甘肃储备物质管理局二七四处物资管理科保管一组
黑龙江储备物资管理局二三一处办公室
黑龙江储备物资管理局二三二处业务科保管组
江西省信息中心网络通信部

铁路系统

哈尔滨铁路局哈尔滨车务段香坊站运输班组一班二调
沈阳铁路局沈阳客运段动车车队
沈阳铁路局长春客运段动车车队
北京铁路局唐山车务段古冶站运转甲班一调
太原铁路局介休车务段介休站甲班甲调
呼和浩特铁路局包头铁路公安处乘警支队一大队
郑州铁路局郑州客运段动车车队
武汉铁路局襄樊金鹰轨道车辆有限公司工程机械研究所产品研究室
西安铁路局西安铁路公安局西安公安处特警队一分队
济南铁路局青岛站客运车间西候车室
济南铁路局兖州车务段兖州站“儒苑”女子服务示范班
上海铁路局合肥电务段合肥东到达场巡检工区
南昌铁路局赣州车务段井冈山火车站
南宁铁路局柳州站客运车间软席候车室
成都铁路局西昌铁路公安处普雄车站派出所治安组
昆明铁路局昆明北车辆段轮轴车间探伤组
兰州铁路局武威南车务段武威南车站运转丙二调
乌鲁木齐铁路局乌鲁木齐车辆段检修车间转向架检修班组
青藏铁路公司格尔木车务段那曲车站
铁三院集团公司信息中心软件开发组

交通行业

北京市三元桥丰田汽车销售服务中心青年模范班组
天津港第四港埠有限公司值机队乙组

天津市市政工程研究院质量检测中心
上海地铁运营有限公司客运二分公司世纪大道站
重庆成渝高速公路有限公司西段管理处渝荣收费站
重庆市公路局职工培训中心
河北华能京张高速公路有限责任公司东花园收费站
河北省秦皇岛市运输管理处出租汽车管理办公室
山西省长治高速公路有限责任公司东阳关收费站
山西省阳高公路管理段沙河台机械化养护中心
内蒙古自治区鄂尔多斯市交通运输管理处东胜区客运管理所
辽宁省沈阳市公路规划设计院
辽宁省高速公路管理局铁岭管理处毛家店收费站
吉林省五桦线舒兰收费站
黑龙江省齐北高等级公路管理处依安收费站
江苏省南京市公路管理处科学研究所
江苏省淮安市洪泽县地方海事处马浪岗海事所
浙江省杭州市萧山新街(互通)收费站
浙江省江山市车辆通行费征收管理所
安徽省交通集团芜宣高速管理有限公司芜湖收费站
福建省交通建设工程试验检测中心
福建三明福银高速公路公司三明北征管所
江西省高等级公路管理局泰井高速管理处井冈山收费管理所
山东省济南市公路管理局国道309线济南收费站
山东省聊城市济聊馆高速公路管理处冠县收费站
山东省高速公路股份有限公司济南分公司机场收费站
河南中原高速公路股份有限公司驻马店分公司驻马店收费站
河南省交通厅京珠高速公路新乡至郑州管理处圃田收费站
湖北省汉江崔家营航电枢纽工程建设指挥部刚毅青年突击队
湖北省汉十高速公路管理处襄樊西管理所
湖南三湘公路桥梁建设有限公司
广东开阳高速公路有限公司
广东省肇庆粤肇公路有限公司
海南省公路管理局海口分局路政股
广西桂中公路管理局柳兴交通稽查站
广西南宁高速公路管理处都安收费站
四川九寨黄龙机场安全检查站
四川成南高速公路有限责任公司成都管理处成都收费站
贵州高速公路开发总公司都新总监办
云南省西双版纳海事局关累海事处
陕西西禹高速公路有限公司富平管理所
甘肃省高等级公路运营管理中心兰海高速公路收费管理所海石湾收费站
青海省高等级公路建设管理局马场垣主线收费站
宁夏回族自治区公路管理局吴忠分局盐池收费站
新疆维吾尔自治区交通建设局卡子湾管理处头屯河收费站
新疆维吾尔自治区公路管理局和田公路总段扎瓦养护站
新疆维吾尔自治区交通建设局乌拉泊管理处乌拉泊收费站
中国远洋物流有限公司工程物流事业部空客项目部
中海发展股份有限公司货轮公司“振奋7”轮
中国长江航运(集团)总公司长航凤凰股份有限公司“长安海”轮
江苏海事局江阴长山海事处
河北海事局秦皇岛北戴河海事处

温州海事局政务中心
交通运输部东海救助局救助船队“东海救201”轮
交通运输部上海打捞局工程船队潜水队
长江武汉海事局监管一处
长江南京航道工程局航浚15号轮
中国船级社船舶应急响应组
交通运输部科学研究院北京绿茵达绿化工程技术公司
中国交通通信中心海上业务处
交通运输部水运科学研究院中交集装箱运输工程研究中心
大连海事大学图书馆读者综合服务部
北京市东区邮电局东四邮电支局营业组
北京市东区邮电局亚运村邮电支局营业组
天津市塘沽区邮电局营口道支局营业厅
河北省保定市邮政局东风西路邮政支局
山西省太原市邮政局11185客服中心
内蒙古自治区锡林郭勒盟邮政局锡林街邮政支局
辽宁省鞍山市邮政局营业分局站前营业班
吉林省松原市邮政局江南营业班
黑龙江省邮政客户服务中心
上海市邮政公司市北邮政投递局鞍山路投递支局信班四班
中国邮政储蓄银行江苏省宿迁市分行幸福路支行
浙江省宁波市象山县邮政局丹城支局靖南邮政所
安徽省蚌埠市邮政局蚌山区局淮河路营业大厅
江西省吉安市邮政局鹭洲东路支局综合营业班
山东省威海市邮政局发投分局中心投递室
福建省南平市邮政局报刊发行局投递部
河南省三门峡市邮政局湖滨营业所
湖北省黄冈市黄梅县邮政局民营街储蓄所
湖南省郴州市邮政局国庆路营业厅
广东省江门市邮政局紫茶邮政营业处
广西壮族自治区柳州市邮政局城中邮政营业班
海南省三亚市邮政局田独邮政支局
重庆市邮政公司綦江县邮政局开发区邮政所
四川省眉山市东坡区邮政局大南街邮政营业组
云南省文山州邮政局东风路支局
贵州省黔东南州邮政局城区营业局大十字邮政营业班
西藏自治区昌都地区邮政局中路邮政营业厅
陕西省铜川市邮政局五一分局五一邮政支局
甘肃省平凉市邮政局西大街邮政支局
宁夏回族自治区银川市兴庆区东城邮政分局东城邮政营业厅
青海省西宁市邮政局城西分局杨家寨邮政所
新疆维吾尔自治区巴音郭楞蒙古自治州邮政局投递局青年路投递站
中国邮政集团公司邮票印制局制版中心图像制作班
上海圆通物流(快递)有限公司客户服务中心
辽宁顺丰速运有限公司客服热线组
顺丰速运有限公司广州区呼叫中心
浙江省杭州市邮政局保俶路支局
湖南省邮政速递公司长沙分公司重点项目部

通信行业

中国电信

中国电信上海公司浦东电信局东方路营业厅
上海市信产通信服务有限公司上海市世纪新元信息产业有限公司10000号呼叫中心
中国电信江苏公司镇江分公司10000号客户服务中心
中国电信江苏公司盐城分公司网络监控维护中心支撑一班
中国电信浙江公司杭州分公司号码百事通事业部
中国电信浙江公司嘉兴分公司中山路营业厅
中国电信安徽公司亳州分公司人民路营业厅
中国电信安徽公司阜阳分公司人民路营业厅

中国电信福建公司福州分公司10000号客户服务中心
中国电信福建公司莆田分公司仙游电信营业部
中国电信江西公司南昌分公司孺子路营业厅
中国电信江西公司抚州分公司终端设备安装维护中心安装维护班
中国电信湖北公司黄石分公司天津路营业班
中国电信湖南公司衡阳分公司电子渠道中心10000号班组
中国电信广东公司深圳分公司10000号客户服务中心
中国电信广西公司梧州分公司10000号客户服务中心
中国电信海南公司海口分公司金盘客户服务中心
中国电信重庆公司观音桥营业厅
中国电信四川公司成都分公司政企客户部
中国电信四川公司广元分公司客户服务中心
中国电信贵州公司安顺分公司关岭县机务组
中国电信贵州公司黔东南分公司丹寨县营业班
中国电信云南公司昆明分公司政企客户服务中心
中国电信云南公司西双版纳分公司10000号客户服务中心
中国电信陕西公司宝鸡市分公司10000号客户服务中心
中国电信甘肃公司临夏分公司团结路营销中心营业班
中国电信甘肃公司武威分公司中心营业厅
中国电信青海公司西宁分公司10000号客户服务中心
中国电信宁夏公司石嘴山分公司10000号客服中心营业班
中国电信新疆公司哈密分公司中山北路营业厅
中国电信西藏公司10000号客户服务中心
中国电信内蒙古公司10000号客户服务中心
中国电信辽宁公司大连分公司客户服务中心
中国电信吉林公司长春市分公司客户服务中心
中国电信黑龙江公司齐齐哈尔分公司龙华路营业厅
中国电信山东公司日照分公司中心营业厅
中国电信河南公司10000号客户呼叫中心

中国移动

中国移动通信集团北京有限公司密云分公司鼓楼营业厅
中国移动通信集团天津有限公司河北河东分公司中山路营业厅
中国移动通信集团河北有限公司张家口分公司宝善街营业厅
中国移动通信集团山西有限公司太原分公司五一广场营业厅
中国移动通信集团内蒙古有限公司巴彦淖尔市临河区解放街营业厅
中国移动通信集团辽宁有限公司辽阳分公司曙光营业厅
中国移动通信集团吉林有限公司吉林市分公司吉林市营业厅
中国移动通信集团黑龙江有限公司哈尔滨分公司开发区营业厅
中国移动通信集团上海有限公司民生路旗舰店
中国移动通信集团江苏有限公司盐城分公司大庆路沟通100店
中国移动通信集团浙江有限公司衢州分公司北门营业厅
中国移动通信集团安徽有限公司淮北分公司淮海路营业厅
中国移动通信集团福建有限公司莆田分公司市区营销服务部龙脊山营业厅
中国移动通信集团江西有限公司九江分公司湖口县分公司三里大道营业厅
中国移动通信集团山东有限公司济南分公司

八一立交桥营业厅
中国移动通信集团河南有限公司安阳市市区分公司文峰中路营业厅
中国移动通信集团湖北有限公司襄樊分公司长虹路营业厅
中国移动通信集团湖南有限公司郴州分公司客户服务中心
中国移动通信集团广东有限公司客户服务(广州)中心
中国移动通信集团海南有限公司三亚分公司解放二路营业厅
中国移动通信集团广西有限公司南宁市东区分公司园湖服务厅
中国移动通信集团重庆有限公司城区二分公司北城天街营业厅
中国移动通信集团四川有限公司网络管理中心监控中心
中国移动通信集团贵州有限公司遵义分公司澳门路营业厅
中国移动通信集团云南有限公司宜良分公司
中国移动通信集团陕西有限公司榆阳区营业部新建南路营业厅
中国移动通信集团甘肃有限公司兰州分公司耿家庄营业厅
中国移动通信集团青海有限公司海南分公司共和营业部
中国移动通信集团宁夏有限公司中卫分公司西街营业厅
中国移动通信集团新疆有限公司伊犁州分公司迎宾路营业厅
中国移动通信集团西藏有限公司日喀则分公司中心营业厅
中国移动通信集团设计院有限公司安徽分公司第二设计院所(原安徽省邮电规划设计院无限设计室)
中国移动通信集团江苏有限公司宿迁分公司发展大道沟通100店
中国铁通吉林白城分公司辽北路营业厅
中国铁通上海分公司10050客服台
中国铁通青海分公司拉萨铁道通信中心GSM－R交换室
中国铁通云南昆明营销中心北京路营业厅
中国联通
中国联通北京市分公司产品创新部合作与行业业务管理部
中国联通天津市河北区分公司月纬路营业厅
中国联通河北省衡水市分公司和平服务中心和平路营业厅
中国联通山西省分公司客服呼叫中心
中国联通新疆维吾尔自治区阿拉善盟分公司巴彦浩特中心营业厅
中国联通辽宁省盘锦市分公司客服呼叫中心
中国联通吉林省长春市分公司同光路营业厅
中国联通黑龙江省哈尔滨市分公司火车站俱乐部
中国联通上海市分公司长宁路营业厅
中国联通江苏省分公司南通客服呼叫中心
中国联通浙江省绍兴市分公司中兴路营业厅
中国联通安徽省合肥市分公司马鞍山路营业厅
中国联通福建省三明市分公司梅列营业厅
中国联通江西省南昌市新建县分公司
中国联通山东省枣庄市市中分公司龙头路营业厅
中国联通河南省焦作市分公司客服呼叫中心
中国联通湖北省宜昌市分公司客户服务部
中国联通湖南省衡阳市分公司客户维系中心
中国联通广东省潮州市分公司新时空大厦营业厅
中国联通广西壮族自治区梧州市分公司新兴一路营业厅
中国联通海南省海口市分公司海秀营业厅
中国联通四川省达州市分公司大西街营业厅
中国联通贵州省黔东南州分公司万博营业厅
中国联通云南省昆明市分公司东华营业厅
中国联通西藏自治区拉萨市分公司巴尔库路

营业厅
中国联通陕西省商洛分公司洛南分部
中国联通甘肃省兰州市分公司城关营销中心酒泉路营业厅
中国联通青海省海南藏族自治州分公司兴海营业部
中国联通宁夏回族自治区吴忠市分公司吴忠中心营业厅
中国联通新疆维吾尔自治区巴州分公司中心营业厅
中国联通河北省保定市分公司东风西路营业厅
中国联通山东省聊城市分公司柳园南路营业厅
中国联通河南省许昌市分公司客服呼叫中心
中国联通四川省甘孜州分公司康定县下桥营业厅
中国联通陕西省咸阳分公司中心营业厅
中国联通甘肃省天水市分公司解放路营业厅
中国联通青海省玉树藏族自治州分公司玉树营业部

水利系统

长江水利委员会水文局水文气象预报处水情室
黄河水利科学研究院泥沙研究所数学模型研究室(黄河数学模型公关组)
黄河小浪底(洛阳)旅游开发有限公司景区接待中心爱国主义教育基地展示厅
天津振津工程集团有限公司第十二分公司
长春水利电力学校专业教研室
山东省淄博市水利勘测设计院设计二部
湖北省汉江河道管理局潜江东荆河管理分局
重庆市水资源管理站
陕西水利水电工程集团有限公司第四工程公司
大连市自来水集团有限公司客户服务中心

卫生系统

北京地坛医院感染中心
首都医科大学附属北京中医医院呼吸科病房
天津市南开医院第二外科护理部
天津市中心妇产科医院生殖医学中心
河北省邯郸市妇幼保健院新生儿科
河北省第六人民医院早期干预科
河北省保定市妇幼保健院产科高危病区
山西省中医药研究院内综科
山西省卫生厅卫生监督所康利卫生技术咨询服务中心
山西医科大学第一医院耳鼻咽喉科
内蒙古自治区医院儿科病房
辽宁省辽阳市第三人民医院检验科
大连医科大学附属第一医院内分泌科
辽宁省本溪市中心医院手术室
北华大学附属医院心血管病房内科护理组
吉林省妇幼保健院妇科疗区
黑龙江省大庆龙南医院急诊科
哈尔滨医科大学附属第一医院心血管内科五病房
复旦大学附属中山医院消化科 24 病区
同济大学附属同济医院医学影像科
江苏省疾病预防控制中心慢性非传染病防治所(科)
江苏省连云港市第二人民医院学雷锋小组
东南大学附属中大医院 ICU 室
江苏省张家港市第一人民医院神经外科
浙江省温州医学院附属第一医院手术室麻醉科
浙江省温州医学院附属眼视光医院视光诊疗中心
浙江省省立同德医院急诊科
浙江大学医学院附属第二医院急诊医学科
安徽省立医院心血管内科护理组
安徽省中医学院第一附属医院重症监护室
安徽省芜湖市第二人民医院急诊科护理组
福建省立医院干部特诊科
福建省疾病预防控制中心应急处置与信息科
福建省龙岩市中心血站

江西省吉安市第三人民医院精神科女病区
南昌大学第一附属医院内分泌科
山东省烟台市牟平人民医院神经外科
山东中医药大学附属医院生殖与遗传中心
山东医学高等专科学校济南校区学生处
山东省济南市第四人民医院爱心病房(内二科)
河南省信阳市中心医院手术麻醉科
河南省漯河市第二人民医院儿科
河南省安阳市汤阴县人民医院内四科
湖北省人民医院心血管内科
湖北省黄冈市中心医院儿科
湖北省咸宁市麻塘风湿病医院
中南大学湘雅医院护理部
湖南省人民医院心内科
湖南省湘潭市第二人民医院神经内科
广东省阳江市人民医院中央ICU室
广东省中山市疾病预防控制中心卫生检验中心
广东省深圳市罗湖区中医院一病区
广东省佛山市南海区中医院急诊科
广西壮族自治区柳州市工人医院心胸小儿外科
广西壮族自治区南宁市第一人民医院普外科
广西壮族自治区梧州市妇幼保健院妇产科
海南省人民医院手术室
海南省疾病预防控制中心第一门诊部
四川省医科院·四川省人民医院门诊导医队
四川大学华西医院心内科护理组
四川省肿瘤医院放疗中心技术组
四川省泸州医学院附属医院血管外科
重庆市第二人民医院呼吸内科
重庆医科大学附属第一医院老年病科
贵州省人民医院呼吸内科
云南省精神病医院老年病科
云南省玉溪市人民医院成人输液室
云南省个旧市人民医院胸泌外科
陕西省汉中市中心医院急诊科(市120急救中心)
陕西省人民医院普外科护理组
甘肃省第二人民医院内二科
甘肃中医学院附属医院神经心理科
青海省心脑血管病专科医院ICU室
宁夏回族自治区中卫市人民医院骨伤烧伤二科
宁夏回族自治区吴忠市中心血站献血服务科(采血车集体)
宁夏回族自治区第三人民医院内二科
新疆维吾尔自治区乌鲁木齐市疾病预防控制中心艾滋病性病防治科
新疆维吾尔自治区医科大学附属中医医院针灸科
新疆维吾尔自治区伊犁哈萨克自治州中医医院骨伤科
新疆兵团医院心血管内科
北京大学第三医院眼科中心病房
北京大学第一医院妇产科产一病房
北京大学人民医院创伤骨科
中国中医科学院广安门医院ICU护理组
卫生部北京医院血液肾内科护理单元
中日友好医院门诊西药房
中华医学会杂志社出版发行部
中国医学科学院北京协和医院普内科病房
中国医学科学院阜外心血管病医院急症抢救中心ICU护理团队
首都医科大学宣武医院神经外科重症监护室

中央企业

中国航天科技集团六院7103厂25车间机加二组
中国航天科工集团三院三十一所第三研究室
中航工业成飞公司部装厂二分部三工段
兵器工业集团北方重工集团工程机械公司305车间数控班
兵器装备集团西安昆仑工业(集团)有限公司军品研究所一号工程科研项目组
南方电网海南电网95598电力服务呼叫中心
中国华能集团北方联合电力公司海勃湾发电

厂机化检修主机班
中国大唐集团内蒙古大唐国际托克托发电有限责任公司设备部热控室
中国华电贵州乌江公司(华电贵州公司)乌江渡发电厂机电维护部二次班
中国国电石横发电厂运行部甲二班
中国三峡总公司长江三峡实业有限公司葛洲坝物业分公司办公区物管部会务班
神华集团神东上湾煤矿连采一队
中国电信顺德分公司容桂客户服务中心
中国联通北京市八区分公司五棵松营业厅
中国移动四川有限公司德阳分公司泰山北路营业厅
中国电子信息产业集团公司深圳迪富宾馆
一汽集团铸造公司铸造一厂灰造车间新缸体线班组
东风本田汽车有限公司总装科
哈电集团哈尔滨汽轮机厂有限责任公司质检中心技术组
鞍钢股份有限公司第三炼钢连轧厂轧钢操作台青年集体
宝钢集团上海申井钢材加工有限公司市场部外销组
武钢港务公司第二混匀车间混匀堆料线青年文明号
中国铝业股份有限公司广西分公司氧化铝厂焙烧车间
中远集团嵩山海轮
中国海运振奋8轮
中国东方航空股份有限公司安徽分公司“皖鹏”飞行示范组
南航集团南航员工服务中心
中化集团北京怡生园国际会议中心
中国通用技术集团中国医药保健品股份有限公司开发部
中国建筑第四工程局广州金融中心(广州西塔)项目部
中国商飞上海飞机制造厂钣金制造车间工艺组
华孚集团国内贸易工程设计研究院民用建筑设计所
中国中煤能源集团公司大屯公司徐沛铁路管理处旅客列车
中国化工江西星火有机硅厂有机硅分厂合成车间
中国恒天集团公司经纬股份公司榆次分公司柔性化车间
中国中材集团公司泰山玻璃纤维有限公司二车间
北京有色金属研究总院先进电子材料与技术研究所
中国北车天津机车车辆机械厂机加工分厂数控一组
中国南车株洲电力机车有限公司城轨事业部
中国铁路通信信号集团公司研究设计院车站自动控制所
中国中铁毕彦春青年突击队
中国铁建十二局集团七公司宜万铁路W10标项目经理部
中交集团上航局东方疏浚工程分公司新海鳄轮
攀枝花钢铁(集团)公司攀成钢公司340连轧管厂生产线
中国外运长航(集团)有限公司中长燃公司白浒山水上加油站
华侨城集团欢乐谷安全保卫部
葛洲坝集团基础工程有限公司新疆下坂地水利枢纽工程青年突击队

海关系统

北京首都机场海关旅检处
天津新港海关查验处查验一科
太原机场海关
大连机场海关旅检二科
沈阳桃仙机场海关
长春经济技术开发区海关
浦江海关通关二科

昆山海关
杭州萧山机场海关报关大厅
蚌埠海关
厦门海关驻同安办事处大嶝监管科
青岛流亭机场海关旅检业务大厅
长沙海关驻黄花机场办事处旅检科
广州白云机场海关旅检处
罗湖海关港澳进境现场
中山海关驻中山港办事处行李物品监管科
南宁海关驻机场办事处
成都双流机场海关
贵阳海关驻机场办事处
阿拉山口海关报关大厅

质检系统

北京国际旅行卫生保健中心发展联络部
天津出入境检验检疫局天津口岸卫生科技开发服务有限公司业务部
长治出入境检验检疫局食品及动植物检验检疫科
大窑湾出入境检验检疫局检务科
绥芬河出入境检验检疫局法规业务综合科
常州出入境检验检疫局检务科
昆山出入境检验检疫局检务科
浙江出入境检验检疫局保健中心“奋进队”
余姚出入境检验检疫局报检大厅
阜阳出入境检验检疫局报检大厅
厦门出入境检验检疫局和平码头办事处旅检科
景德镇出入境检验检疫局综合业务科
黄岛出入境检验检疫局检务处
荣成出入境检验检疫局检务和综合业务科
信阳出入境检验检疫局综合业务科
从化出入境检验检疫局检验鉴定科
水口出入境检验检疫局业务组
重庆国际旅行卫生保健中心门诊部
四川出入境检验检疫局检务处签证科
临沧出入境检验检疫局南伞办事处
河北省邢台市纤维检验所
吉林省计量科学研究院仪器收发大厅
江苏省产品质量监督检验研究院食品化工产品检验所
浙江省计量科学研究院客户服务中心
安徽省产品质量监督检验研究院化工石油检验研究中心
江西省工业陶瓷质量监督检验站
山东省标准馆
山东省济南市质量技术监督信息中心
河南省商水县质量技术监督局
湖北省产品质量监督检验研究院检验二部
广西壮族自治区自治区贵港市质量技术监督局稽查支队
四川省眉山市质量技术监督检测中心
西藏自治区山南地区质量技术监督局
新疆维吾尔自治区计量测试研究院流量检测中心

民航系统

民航西南地区空管局云南空管分局昭通雷达站
民航华北地区空管局终端管制中心进近管制室
民航华东地区空管局福建空管分局航务管理部塔台管制室
民航中南地区空管局海南空管分局三亚区域管制中心
中国国际航空股份有限公司浙江分公司客舱部“西子”乘务组
中国国际航空股份有限公司浙江分公司客舱部“春晓”乘务组
中国东方航空股份有限公司云南分公司地面服务部 VIP 服务中心
中国东方航空股份有限公司上海保障部浦东客运部旅客服务部“沁馨组”
中国南方航空股份有限公司广州飞行部 B757 机队“腾飞组”
中国南方航空股份有限公司北京分公司客舱服务部“红叶”乘务示范组
中国航油集团云南陆地石油有限公司机场加油一站

厦门航空有限公司旅客服务部地面服务分部乘机处
北京首都机场航空安保有限公司东区业务部三科
北京空港配餐有限公司航机控制室
河南郑州新郑国际机场管理有限公司贵宾服务部贵宾室
上海机场集团虹桥国际机场公司机电通信分公司应用支持科
民航四川机场公安局巡逻警察大队
重庆机场集团空港服务公司机场宾馆前厅部“玫瑰班组”
民航空警总队二支队“蓝盾”特勤组
辽宁机场集团沈阳桃仙国际机场股份有限公司停车场管理公司
云南机场集团公司昆明机场航空地面服务有限公司总服务台
绵阳机场(集团)有限公司旅客服务部
杭州萧山国际机场有限公司安检护卫部客检一科二队

广电系统

中央电视台《共同关注》栏目
北京地球站
广电总局信息网络视听节目传播监管中心
河北电视台制作部
河北人民广播电台经济频道
辽宁电视台卫士频道新闻中心《第一时间》
辽宁省大连天途有线电视网络股份有限公司营业部
吉林人民广播电台音乐广播早间部
黑龙江人民广播电台交通广播编辑部
上海东方有线网路有限公司客户服务部呼叫中心(96877 客户服务热线)
江苏电视台少儿频道
浙江广电集团交通之声(新闻节目部)
福建龙岩电视台节目部
福建省广播影视集团电视新闻频道
江西电视台《社会传真》栏目
山东电视台生活频道《生活帮》栏目组
山东聊城电视台新闻中心
河南人民广播电台技术维护科
河南省广播电影电视局办公室秘书科
湖北省广播电视总台《阳光行动》节目组
湖北省武汉市广播电视局广电数字网络公司客户服务中心
湖南人民广播电台 203 台
湖南省张家界广播电视微波总站(转播站)
广东省东莞市寮步镇文化广播电视服务中心
重庆市綦江县广播电视台新闻部
重庆广播电视集团(总台)电视频道运营中心企划部
西藏电视台新闻部
西藏人民广播电台都市生活广播
甘肃省广播电影电视总台经济频道《健康之友》栏目
新疆电视台汉语综艺频道

旅游系统

天津市历史风貌建筑整理有限公司
河北省南戴河国际娱乐中心
山西省旅游质量监督管理所
山西焦煤集团有限公司太原西山酒店房务部前厅岗
山西晋城大酒店餐饮部
内蒙古自治区呼和浩特市金辉大酒店
内蒙古自治区包头市神华国际大酒店前厅部
辽宁省沈阳市海外国际旅行社有限公司出境旅游中心
辽宁省锦州市北普陀山风景名胜区导游部
吉林省中国青年旅行社日本部
吉林省环球国际旅行社有限公司
黑龙江省哈尔滨市北极邨宾馆客房部
黑龙江省鸡西市国土资源大厦宾馆
上海市中国金茂(集团)有限公司观光游览部
上海古华山庄前厅部
江苏省南京总统府景区游客服务中心
江苏省南通大饭店有限公司前厅部总服务台

安徽省黄山市原野旅行社有限公司
安徽芜湖马仁奇峰森林旅游有限公司
福建省漳州宾馆房务部
福建省南平星光大厦前厅班组
江西省井冈山康辉旅行社有限公司
江西省济民可信锦绣山庄客务部
江西鄱阳湖实业有限公司鄱阳湖大酒店总服务台
山东省菏泽康辉旅行社有限公司市场部
山东省微山湖宾馆客房部
河南省信阳市南湾风景旅游区管理局票务处
河南省旅游局信息中心
湖北省金港九辉国际大酒店
湖北省九畹溪旅游艺术团
湖南省张家界宝峰湖导游班
湖南省湘潭花枝新天地旅行社
湖南省娄底市双峰县曾国藩故里管理处
广东省东部华侨城
广东省阳江十八子工贸实业有限公司
广西壮族自治区桂林市旅游咨询服务中心旅游咨询服务组
中石化集团海南经济开发有限公司黄金海景大酒店31楼旋转餐厅
重庆市仙女山华邦酒店前厅部
贵州省山水国际旅行社外联接待中心
陕西省华清池《长恨歌》艺术团舞蹈组
陕西省乾陵博物馆宣教部
陕西省汉中市勉县武侯博物馆
陕西省华山旅游集团公司
青海省海西州海西宾馆客房部
宁夏回族自治区中卫市逸兴大酒店前厅部
新疆维吾尔自治区喀什地区泽普县塔里木石油宾馆
新疆维吾尔自治区乌鲁木齐市鸿福大酒店客务部前厅部前台
新疆维吾尔自治区伊犁大酒店客房部

海洋系统

浙江省海洋监测预报中心预报科
山东天神饲料有限公司
山东省青岛市海洋与渔业局办公室
中国海监北海维权执法支队执法队
国家海洋环境预报中心风暴潮海啸组
国家海洋信息中心海洋数据中心
国家海洋技术中心浮标工程技术室
国家海洋标准计量中心技术法规处
国家海洋局东海分局宁波海洋环境监测中心预报室
国家海洋局天津海水淡化与综合利用研究所海水淡化技术研究室

供销系统

北京海龙电子城市场中心
天津市武清区农资有限公司销售部
山西省汾阳市丰盛塑料制品有限公司
辽宁省沈阳市金秋实牧业有限公司
浙江省湖州市浙北大厦超市总服务台
安徽黄山永新股份有限公司镀铝车间
江西旅游商贸职业学院旅游系
山东省日照市莒县新宇超级市场
河南省南阳市建筑装饰材料大世界
湖南省财贸医院
海南果蔬食品配送有限公司
甘肃省财贸学校基础课程教研室

中石化

胜利石油管理局测井公司巴州测井分公司
胜利石油管理局钻井工程技术公司巴州钻井技术分公司
中原油田普光分公司应急救援中心
河南油田分公司第一采油厂采油十一队
江汉石油管理局清河采油厂采油四队扬二站
江苏油田分公司试采一厂采油一队真10班组
上海海洋石油局第一海洋地质调查大队发现号
西南油气分公司川西采气厂采气三队川孝156联合站
华北石油局井下作业公司HB－YL201压裂队
北京燕山石化公司聚丙烯事业部第二生产部

技术组
西北分公司塔河油田输气首站
茂名分公司化工分部苯乙烯车间
扬子石化有限公司烯烃厂乙二醇车间中控室
巴陵分公司环氧树脂事业部离子膜车间20000t/a工段
长岭分公司供排水联合装置第四循环水场
安庆分公司化肥二部尿素装置
南京化学工业有限公司氯碱部硝基氯苯装置
上海石化股份公司涤纶事业部1#聚酯联合装置DCS聚合运转岗
北京石油公司望京新城加油站
天津石油公司蓟县南关加油站
河北石油公司保定分公司金苑加油站
江苏石油公司南京分公司中山南路加油站
浙江石油公司绍兴分公司加油IC卡销售服务中心
山东石油公司烟台分公司第二十九加油站
河南石油公司安阳分公司第三加油站
湖南石油公司岳阳分公司湘北加油站
广东石油公司惠州分公司螺山加油站
广西石油公司南宁分公司富民加油站
云南石油公司昆明分公司石虎关加油站
湖北石油公司宜昌分公司万寿桥加油站
江西石油公司抚州分公司第一加油站
第四建设公司第一管道工程公司

国家电网

国家电力调度通信中心调度运行处
华北电网有限公司承德供电公司双滦分公司营业厅
华北电网有限公司秦皇岛电力公司营销处客户服务中心
华东电网有限公司上海电力安装第一工程公司热控校验室
东北电网有限公司赤峰电业局松山供电局报装接电班
东北电网有限公司锦州超高压局锦州送电工区
西北电网有限公司750kV兰州东变电站
北京市电力公司调度通信中心市调
北京市电力公司客户服务中心95598服务工区
天津市电力公司东丽供电分公司东丽供电营业厅
河北省电力公司邯郸供电公司来马220kV变电站
山西省电力公司太原供电分公司北城供电支公司坝陵桥营业站
山东电力集团公司山东电力调度中心调度处
山东电力集团公司莘县供电公司调度班
上海市电力公司沪西供电分公司营业室
江苏省电力公司江苏电力调度通信中心调度处
浙江省电力公司丽水电业局莲都供电局营业厅
浙江省电力公司金华电业局东阳市供电局横店供电所
安徽省电力公司怀宁供电公司客户服务中心
福建省电力有限公司福州市电业局鼓楼电力客户服务中心
福建省电力有限公司宁德电业局95598呼叫中心
湖北省电力公司湖北电力调度中心调度处
湖北省电力公司黄冈供电公司客户服务中心95598呼叫中心
湖南省电力公司娄底电业局调度管理所调度班
湖南省电力公司湘西电业局调度管理所调度班
河南省电力公司调度通信中心调度处
河南省电力公司鹤壁供电公司调度班
江西省电力公司赣西供电公司新余变电运行分公司白沙变电站
四川省电力公司广元青川供电局客户服务中心
四川省电力公司映秀湾水力发电总厂发电部

映秀湾电站三值
重庆市电力公司北碚供电局合川客服中心抄收班
辽宁省电力有限公司抚顺供电公司城东供电分公司客户服务室
吉林省电力有限公司农电有限公司辽源城郊农电分公司客户服务中心
黑龙江省电力有限公司黑河电业局继电保护所
陕西省电力公司安康供电局瀛湖水上营业厅
甘肃省电力公司兰州供电公司客户服务中心
青海省电力公司西宁供电公司330kV景阳变电所
宁夏电力公司宁夏电建送变电分公司银川东750kV变电站项目部
新疆电力公司乌鲁木齐电业局五家渠供电营业部营业厅
西藏电力有限公司日喀则电力客户服务中心
内蒙古电力(集团)有限责任公司包头供电局调度所综合自动化班
国网运行有限公司晋东南特高压管理处1000kV特高压长治站
国网新源控股有限公司北京十三陵蓄能电厂运行处
国网能源开发有限公司天津大港发电厂集控运行二期主控
国网信息通信有限公司客户服务中心
中国电力科学研究院工程力学研究所岩土工程实验室
中国电力科学研究院高压研究所
国网电力科学研究院电气控制技术研究所励磁工程部
中国电力财务有限公司直属营业部
英大传媒投资集团有限公司报纸编辑中心

个协私协

北京红星美凯龙国际家具建材广场有限公司
天津小护士实业发展股份有限公司
河北邯郸市丛台区玉林调味食品厂
山西省太原青龙大酒店前厅部
辽宁省朝阳市双塔区丽都名品广场
吉林婉约包饰连锁机构
黑龙江省黑河市顺风耳通讯器材公司
上海联明投资集团有限公司
江苏省南京小厨娘快餐有限公司
浙江省嘉兴市经典文苑凯悦摄影有限公司
安徽省皖西羽绒厂
江西省景德镇市华达购物广场有限公司百货分公司营运部
山东省济南鸿滕实业有限公司
河南省焦作市经纬大酒店有限责任公司
湖南省益阳市丽华出租车有限公司
广东省廉江市众利服务有限公司
海南省临高临城志明药行
重庆耀文房地产开发有限公司
四川省华西能源工业股份有限公司公司
贵州省遵义凤凰山矿泉饮料有限责任公司
云南省丽江三川火腿有限责任公司
甘肃陇鑫实业集团有限公司
青海省富康医药集团有限责任公司
宁夏回族自治区银川市新牛实业有限公司
新疆维吾尔自治区纳爱斯乌鲁木齐有限公司

金融系统

央行

中国人民银行湖州市中心支行征信管理科
中国人民银行乌海市中心支行营业室
中国人民银行白山市中心支行办公室
中国人民银行扬州市中心支行调查统计科
中国人民银行南阳市中心支行营业室
中国人民银行新余市中心支行营业室
中国人民银行肇庆市中心支行办公室
中国人民银行那曲地区中心支行货币信贷统计科
中国人民银行西安分行货币信贷管理处
成都印钞公司热动力部汽运二班

银监会

中国银监会辽宁监管局统计信息处

中国银监会黑龙江大庆监管分局
中国银监会安徽芜湖监管分局现场检查一科
招商银行广州分行营业部
招商银行南京分行湖南路支行
中国民生银行上海闵行支行
中国民生银行电子银行部华北运营中心
山东临沂兰山农村合作银行营业部

证监会

郑州商品交易所市场一部
中国银河证券股份有限公司丽水证券营业部
中国民族证券有限公司石家庄谈固西街证券营业部

保监会

中国保监会山东监管局财产保险监管处
中国人民财产保险股份有限公司天津市分公司国际业务营业部
中国人民财产保险股份有限公司山西省晋城市分公司营业部
中国人民财产保险股份有限公司山东省泰安市肥城支公司
中国人民财产保险股份有限公司广东省中山市分公司小榄营业部
中国人民财产保险股份有限公司辽宁省大连市中山支公司第五营业部
中国人寿保险股份有限公司福建省分公司95519电话服务中心
中国人寿保险股份有限公司四川省绵阳市江油市支公司
中国人寿重庆市分公司客户服务管理中心
太平人寿保险有限公司四川分公司个险管理本部

开发行

国家开发银行广西分行客户一处

农发行

中国农业发展银行吉林省分行营业部营业室客户业务部
中国农业发展银行上海市嘉定区支行会计结算部
中国农业发展银行广东省分行信贷管理处
中国农业发展银行江西省南昌市南昌县支行
中国农业发展银行甘肃省天水市分行管理部

工行

中国工商银行北京市亚运村支行北辰路网点支行
中国工商银行辽宁省营口市新华支行营业部
中国工商银行上海市四平支行
中国工商银行浙江省绍兴市绍兴支行营业部
中国工商银行福建省泉州市丰泽支行营业部
中国工商银行山东省日照市分行营业部营业室
中国工商银行河南省分行营业部南阳路支行营业大厅
中国工商银行湖北省襄樊市解放桥支行营业部
中国工商银行海南省海口市琼山支行营业室
中国工商银行四川省达州市南城支行营业室
中国工商银行新疆维吾尔自治区分行信息科技部
中国工商银行青海省西宁市城西支行古城台贵宾理财中心
中国工商银行山东省青岛市鞍山路支行
中国工商银行浙江省宁波市分行营业部会计结算部
中国工商银行广东省深圳市分行信息科技部开发室
中国工商银行福建省厦门市分行营业部
中国工商银行江苏省苏州市道前饮马桥支行
中国工商银行软件开发中心北京研发部
中国工商银行广东省广州市华东路支行
中国工商银行运行管理部清算中心

农行

中国农业银行天津市经济技术开发区分行营业部
中国农业银行河北省秦皇岛市迎宾支行
中国农业银行上海市杨浦区长白支行
中国农业银行江苏省苏州市工业园区支行营

业部
中国农业银行福建省分行营业部营业厅
中国农业银行山东省济南市银河支行
中国农业银行湖北省武汉市直属支行
中国农业银行湖南省长沙市井湾子支行营业部
中国农业银行广东省东莞市黄江支行营业部
中国农业银行广西壮族自治区南宁市国贸支行营业部
中国农业银行重庆市高新支行营业部
中国农业银行贵州省分行营业部营业中心
中国农业银行云南省玉溪市红塔支行营业室
中国农业银行甘肃省白银区支行营业室
中国农业银行新疆维吾尔自治区和田市分行营业室
中国农业银行辽宁省大连市分行营业部营业室
中国农业银行山东省青岛市高科技工业园支行营业部
中国农业银行浙江省宁波市周巷支行
中国农业银行福建省厦门市滨北支行
中国农业银行广东省深圳市分行营业部营业室

中行

中国银行北京市分行建国门外支行
中国银行天津市分行河西支行营业部零售专柜
中国银行内蒙古自治区满洲里市分行国贸商城支行
中国银行辽宁省丹东市分行营业部储蓄专柜
中国银行吉林省长春市新民大街支行营业部
中国银行上海市外高桥保税区支行
中国银行江苏省苏州市吴江支行营业部
中国银行浙江省舟山市分行营业部储蓄专柜
中国银行福建省漳州市分行营业部
中国银行江西省赣州市于都支行
中国银行山东省淄博市分行恒台支行
中国银行河南省新乡市分行营业部
中国银行广西壮族自治区北海市分行营业部
中国银行广东省揭阳市分行营业部储蓄专柜
中国银行重庆市巴南支行营业部
中国银行贵州省都匀市剑江支行
中国银行陕西省宝鸡市分行经二路支行
中国银行甘肃省酒泉市新城支行
中国银行宁夏回族自治区银川市东城支行营业部
中国银行广东省深圳市分行运营部客户服务中心

建行

中国建设银行北京市分行西四金融街支行
中国建设银行河北省分行石家庄和平西路支行
中国建设银行辽宁省本溪市分行营业部
中国建设银行吉林省分行长春市银海支行一汽储蓄专柜
中国建设银行江苏省分行常州市武进支行营业部
中国建设银行浙江省分行义乌市福源支行
中国建设银行安徽省黄山市分行营业部
中国建设银行福建省分行电子银行部95533客户服务中心
中国建设银行江西省分行南城天佑路支行
中国建设银行山东省滨州分行营业部营业室
中国建设银行湖北省分行武汉市百步亭支行
中国建设银行湖南省永州市分行营业部
中国建设银行广东省中山市分行营业部
中国建设银行重庆市分行渝中支行解放碑分理处
中国建设银行四川省泸州市分行营业部储蓄专柜
中国建设银行贵州省分行贵阳市甲秀支行储蓄专柜
中国建设银行云南省分行昆明市北京路支行营业室
中国建设银行广东省深圳市分行95533客户服务中心
中国建设银行内蒙古自治区乌海市分行新华

西街第二分理处
中国建设银行黑龙江省分行南岗支行学府分理处
交行
交通银行上海市分行徐汇支行营业部
交通银行江苏省南通市分行开发区支行
交通银行浙江省分行杭州市武林支行会计科
交通银行湖北省武汉市分行营业部会计科
交通银行海南省分行营业部
交通银行四川省分行成都市都江堰支行营业部
中信集团
中信银行总行营业部北京市崇文支行
中信银行浙江省绍兴市越城支行
中信银行四川省成都市东城根街支行
中信银行湖北省武汉市汉正街支行
中信银行陕西省西安市东大街支行
光大集团
中国光大银行信用卡中心客户服务部
中国光大银行北京市世纪城支行
中国光大银行河南省郑州文化路支行
光大证券股份有限公司广东省东莞市运河东一路证券营业部
光大证券股份有限公司广东省惠州市下埔路证券营业部

2008年度团组织独立开展的全国青年文明号

北　京
北京金泰海博大酒店客务部
北辰五洲大酒店客务部前台班组
北京银行营业部
北京市人民政府便民电话中心
北京市昌平区十三陵特区定陵管理处讲解班
天　津
安利（中国）日用品有限公司天津分公司
天津津滨轻轨塘沽站
天津市科技创业服务中心创新资金部
天津钢管集团股份有限公司质量保证部管加工检查站
天津天铁冶金集团有限公司石灰石矿活性石灰车间竖窑煅烧组
河　北
邯郸市市政污水处理有限责任公司西污水处理厂
秦皇岛市财政局契税征收管理所
保定市白洋淀温泉城旅游管理处
邢台市行政服务中心
石家庄乐仁堂医药连锁责任有限公司康宁医药商场
山　西
太原市迎泽区行政事业单位会计核算中心
大同市旧高山煤炭集运站机关
华夏银行股份有限公司太原分行
中北大学后勤集团维修中心电工班
运城市芮城县农村信用联社城关信用社营业大厅
内蒙古
内蒙古空港贵宾服务有限公司
通辽市房产管理局经济技术开发区分局
包头市育才幼儿园
包头市包商银行团结大街支行
鄂尔多斯市伊金霍洛旗乌兰牧骑艺术团
辽　宁
大连老虎滩海洋公园有限公司巡馆部
大连银行白玉支行营业部
鞍山市住房公积金管理中心铁东营业部
抚顺矿业集团电力机车工厂变压器车间孙雷班
营口港务集团中理公司理货一部
吉　林
长春市绿园区政务中心
吉林国贸商业流通集团有限公司顾客接待室
松原市前郭尔罗斯蒙古族自治县会计核算中心
白山市林业局三道沟国营林场公益林管护办

公室
延边州郭化市会计核算中心

黑龙江

龙建路桥第五工程有限公司第三项目部
佳木斯市环境保护监测室
双鸭山市尖山区地方税务局
哈工大集团哈尔滨机场高速公路收费站
哈尔滨物业供热集团太平房产经营公司红河分公司管理部

上　海

上海市闵行区就业促进中心
上海科技馆展示一部生物万象展区
上海银行闸北支行营业部
上海石油天然气有限公司库区作业班
上海市劳动保障监察总队四支队

江　苏

吴江市人才服务中心
常州市武进区行政服务中心
南京证券连云港营业部
无锡市实验幼儿园
安利(中国)日用品有限公司南通分公司

浙　江

杭州市财政性投资项目评审中心
宁波81890求助服务中心
嘉兴市南湖名胜发展有限公司(党史纪念馆)
巨化公用公司污水处理厂中控岗位
浙江省黄龙体育中心

安　徽

淮北市农村财政管理局
蚌埠市工商局12315消费者申诉举报指挥中心
六安市财政国库支付中心
奇瑞汽车股份有限公司轿车二厂涂装二车间
黄山长江徽杭高速公路有限责任公司

福　建

南平市延平区烟草专卖局客户服务中心
福州市商业银行金城支行
泉州市行政服务中心
福州经济技术开发区工商行政管理局服务大厅
兴业银行漳州分行营业部

江　西

上饶市上饶县国库集中收付核算中心
江铜集团永平铜矿选矿厂磨浮工段浮选厂房
鹰潭市信息中心
江西省地质工程(集团)公司上海分公司工程技术部
省委机关保育院中班年级组

山　东

聊城市高唐县财政支付和采购中心
淄博市环境检测站
济宁市泗水县劳动和社会保障局社会保险服务大厅
青岛客站改造工程青年突击队
德州市体彩中心

河　南

安阳市职业介绍服务中心
焦作市财政预算执行局服务大厅
郑州市财政信息中心
濮阳市台前县国库收付中心
中建三局郑州分公司

湖　北

湖北省人民政府应急管理办公室
咸宁市通城县国库收付中心
神农架林区财政局国库收付中心
襄樊航天化学动力总公司特种材料研究室
中建三局武广客运专线武汉站项目部

湖　南

常德市国土资源交易中心
中建五局三公司吴冬生项目经理部
岳阳市湘阴县烟草专卖局专卖监督管理股
郴州市永兴县会计核算中心
湘潭市医疗生育保险管理服务大厅

广　东

广州市海珠区人才交流服务中心
东莞市司法局法律援助处
广东健力宝集团有限公司生产一部罐一线

惠州市燃气公司客户服务中心
广东省基础工程公司深圳分公司

广　西

南宁市阳光居安房屋维修应急中心
柳州柳工机械附件制造有限公司胀管班
广西电力工业勘察设计研究院数网中心
桂林市商业银行营业部

海　南

海南万宁手机卖场

重　庆

第三军医大学西南医院手术麻醉科
重庆市建设工程交易中心
渝(重庆)宜(昌)高速公路路桥华南有限公司梅溪河特大桥项目部
重庆市璧山县璧城国土所
重庆市轨道交通总公司车辆段运用课乘务B班

四　川

成都市人民政府政务服务中心房产分中心
四川九州电子科技股份有限公司技术中心
四川省遂宁市射洪县金华水电有限责任公司发电车间
五粮液集团公司安全生产监督管理部交管队
成都天辰楼宾馆客房部

贵　州

贵州红林机械有限公司军品机加厂数控车班组
贵州水城矿业(集团)总医院麻醉科
贵州茅台酒股份有限公司制酒四车间(2)班
安顺市夏云加油站
毕节地区顺泰烟叶有限责任公司打叶车间

云　南

昆明公交集团二公司五车队五路线
昆明国际会展中心会务公司
云南省公路开发投资有限责任公司昆明西管理处昆明西收费站
玉溪市人工影响天气中心
云南建工第二建筑工程公司第二直管项目部

西　藏

拉萨饭店洗衣部
那曲地区国家税务局办税服务厅
昌都地区国家税务局信息中心二级办税服务厅
拉萨市公安消防支队布达拉宫大队
拉萨市林周县国家税务局

陕　西

西安市商业银行雁塔支行
宝鸡市陇县天成财政所
榆林市定边县图书馆
陕西省延长石油(集团)油田股份有限公司定边采油厂东仁沟采油队

甘　肃

天水星火机床有限责任公司数控精密装配分厂精度调试班组
甘肃省林业厅三北防护林建设局
张掖市高台县农村信用合作联社营业部
中核集团五〇四厂第五车间二工段高压试验班
酒钢(集团)公司不锈钢厂热轧生产线

青　海

青海桥头铝电有限公司发电分公司锅炉检修分场
黄河电力测试科技工程有限公司龙羊峡水工部观测班
西格二线指挥部二总队
青海桥头铝电公司碳素分公司煅烧车间运行三班
西宁市公共交通有限责任公司一分公司一路线

宁　夏

中卫市清源供排水有限公司
银川市自来水总公司西夏区营业所
固原市供水排水总公司客户服务中心
吴忠市工商局利通一分局注册科
南京证券有限责任公司银川民族北街证券营业部

新　疆

中国气象局乌鲁木齐沙漠气象研究所气候与绿洲冰雪研究室
乌鲁木齐市环境监察支队

伊犁州客运管理服务中心
新疆油田公司(克拉玛依市)重油开发公司集输联合站92#集输处理站
新疆维吾尔自治区党委机要局密码通信处

中直机关

中央组织部干部一局任免处
新华社经济信息编辑部金融交易服务平台
经济日报社总编室
中国外文局办公室调研处

国家机关

教育部国际司欧洲处
民政部中国福利彩票发行管理中心开奖部开奖组
农业部管理干部学院接待中心
国务院国有资产监督管理委员会石化机关服务中心和平里宾馆市场部
国土资源部中国国土资源航空物探遥感中心北京奥运大厦物业管理中心客服部
国家安全部六局二处
中国地震局办公室秘书处值班室

新疆兵团

新疆天业节水灌溉股份有限公司滴灌二车间
农五师八十一团综合加工厂棉检班
农五师博赛建业有限责任公司第三项目部

中国青少年科技创新奖

中国青少年科技创新奖是按照邓小平同志遗愿,面向青少年设立的崇高荣誉。为深切缅怀邓小平同志的丰功伟绩,激励广大青少年积极投身科技创新实践,2009年共青团中央、全国青联、全国学联、全国少工委联合开展了第六届"中国青少年科技创新奖"评选活动。

在各地区严格选拔、认真推荐的基础上,经过评审委员会的审核评定,并经中国青少年科技创新奖励基金管理委员会确认,决定向北京大学周焱等96名内地同学、香港中文大学吴敌等3名港澳同学和英国剑桥大学高峰共100名青少年学生颁发第六届中国青少年科技创新奖。

第六届中国青少年科技创新奖获奖学生名单

北　京

曹沛晴(女)　北京市中关村第三小学六年级学生
张一弛　北京市第五中学分校初三年级学生
王达亮　北京市中关村中学高二年级学生
徐洪业　北京科技大学文法学院2005级本科生
周　焱　北京大学化学与分子工程学院2007级博士研究生
冯素春　北京交通大学电子信息工程学院2005级博士研究生

天　津

张德奕　天津市第四中学初二年级学生
侯懿芳(女)　天津市耀华中学实验五年级学生
田文杰　天津大学机械工程学院2009级硕士研究生

河　北

田永志　河北省石家庄市第四十二中学高二年级学生
丁　跃(女)　河北科技大学化学与制药工程学院2006级本科生

山　西

孟　艳(女)　山西大学附属中学高三年级学生

孙桂全　中北大学理学院2007级硕士研究生

内蒙古

王　懋　内蒙古农业大学机电工程学院2006级本科生

贺长春　内蒙古民族大学机械工程学院2006级本科生

辽　宁

张家语　辽宁省沈阳市杏坛小学五年级学生

张嘉祺　辽宁省抚顺市第二中学高三年级学生

白秋石　东北大学信息科学与工程学院2006级本科生

张忠强　大连理工大学运载工程与力学学部2006级博士研究生

吉　林

孟繁宇　东北师范大学附属中学高三年级学生

殷士静(女)　长春大学特殊教育学院2006级本科生

黑龙江

田乌龙　黑龙江省哈尔滨市萧红中学四年级学生

张岸汀(女)　黑龙江省哈尔滨市第三中学高三年级学生

毕　升　哈尔滨工程大学信息与通信工程学院2009级硕士研究生

王文春　哈尔滨工业大学材料科学与工程学院2005级博士研究生

上　海

还忆晨　上海市愚园路第一小学五年级学生

李金河　上海市延安初级中学初一年级学生

李　妍(女)　复旦大学附属中学高三年级学生

苏子牧　华东师范大学第二附属中学高三年级学生

何谭惠(女)　东华大学服装艺术设计学院2006级本科生

杨绪勇　上海师范大学生命与环境科学学院2007级硕士研究生

洪佳旭　复旦大学医学院眼科学与视觉科学系2008级博士研究生

江　苏

邹文颖(女)　江苏省南京市拉萨路小学六年级学生

田　野　江苏省南京外国语学校高三年级学生

赵传文　东南大学能源与环境学院2007级博士研究生

赵　伟　江南大学食品学院2006级博士研究生

浙　江

李　潮　浙江省宁波市江东中心小学五年级学生

江迎煊(女)　浙江省新昌中学高三年级学生

周浩波　浙江大学机械与能源工程学院2006级本科生

杨　帆　浙江机电职业技术学院机械工程系2007级高职生

曾桥石　浙江大学材料系2005级博士研究生

安　徽

方　宇　安徽省合肥市第一中学高三年级学生

陈　鸣(女)　安徽省芜湖市第一中学高三年级学生

马　超　合肥工业大学化工学院2007级硕士研究生

刘荣华　中国科学技术大学物理系2008级博士研究生

福　建

黄　孜(女)　福建省福州第四中学高二年级学生

王海斌　福建农林大学生命科学学院2007级硕士研究生

卓双木　福建师范大学物理与光电信息科技学院2009级博士研究生

江　西

彭　杰　江西省赣县第二中学初三年级学生

谈利承（女）　南昌大学材料科学与工程学院2009级博士研究生

山　东

陈钇壬　山东省青岛嘉峪关学校六年级学生

张家华　山东省潍坊第一中学高二年级学生

艾白布·阿不力米提（维吾尔族）　中国石油大学（华东）机电工程学院2006级本科生

河　南

卓　然（女）　河南省濮阳市油田第六小学五年级学生

张　寰（女）　河南农业大学机电工程学院2007级本科生

马建威　郑州大学水利与环境学院2006级本科生

湖　北

尚文坤杰（女）　湖北省武汉市第一中学高二年级学生

胡　政　华中科技大学生命科学与技术学院2006级本科生

林常规　武汉理工大学材料科学与工程学院2007级博士研究生

湖　南

邹雪君（女，苗族）　湖南省长沙市长郡中学高二年级学生

殷培孟　湖南科技大学数学与计算科学学院2006级本科生

田庆华　中南大学冶金科学与工程学院2006级博士研究生

广　东

梁杰超　广东省中山市纪中三鑫双语学校小学六年级学生

谢雁洲　广东省东莞市东莞中学初中部初二年级学生

关毅华　华南师范大学附属中学高三年级学生

刘　祯（女）　南方医科大学中医药学院2005级本科生

陈平绪　华南理工大学材料学院2008级博士研究生

广　西

唐　晟　广西柳州高级中学高三年级学生

刘莉丹（女）　广西医科大学第一临床医学院2005级本科生

海　南

潘建铭　海南华侨中学初三年级学生

段　域　海南省海南中学高三年级学生

四　川

王　博（满族）　四川省成都市高新区实验小学六年级学生

文旸天　四川省成都市第七中学高三年级学生

丁　睿　成都信息工程学院软件工程学院2007级本科生

刘　锋　西南科技大学材料科学与工程学院2007级硕士研究生

重　庆

张琳兰（女）　重庆市南开中学初二年级学生

宗　杉　重庆市第一中学初二年级学生

贵　州

周　璟（女）　贵州省贵阳市第一中学高三年级学生

简　雷（仡佬族）　贵阳中医学院临床一系2005级本科生

崔冬萌（女）　贵州大学理学院2007级硕士研究生

云　南

杨昊山　云南省西双版纳州景洪市第一小学五年级学生

冯　晶　昆明理工大学材料科学与工程学院2008级硕士研究生

西　藏

李书荣　西藏大学工学院2006级本科生

陕 西

赵 玥(女) 西安交通大学附属中学高三年级学生

宋 伟 西北农林科技大学信息工程学院2006级本科生

祝银海 西安交通大学能源与动力工程学院2006级博士研究生

甘 肃

牛天水 西北师范大学生命科学学院2006级本科生

舒兴中 兰州大学化学化工学院2007级博士研究生

青 海

张 田(女) 青海师范大学附属中学高三年级学生

宁 夏

顾文竹(女) 宁夏吴忠市第三中学初三年级学生

易先君(土家族) 北方民族大学电气信息工程学院2006级本科生

新 疆

刘鹏宇 新疆乌鲁木齐市第八中学高三年级学生

谭时双 新疆生产建设兵团第二中学高三年级学生

麦麦提吐尔逊·艾则孜(维吾尔族) 新疆大学资源与环境科学学院2007级博士研究生

解放军

邢文娟(女) 第四军医大学口腔医学系2005级本科生

王吉心 海军大连舰艇学院研究生管理大队2008级硕士研究生

香港特别行政区

吴 敌 香港中文大学系统工程与工程管理学系2006级博士研究生

李燕洲 香港专业教育学院(青衣)电机工程系2008级本科生

澳门特别行政区

李卓华 澳门镜平学校(中学部)初三年级学生

海外留学生

高 峰 英国剑桥大学物理系2007级博士研究生

全国优秀少先队员、全国优秀少先队辅导员、全国优秀少先队集体

为展示当代少年儿童和少先队辅导员的精神风貌,推动少先队基层组织建设,激励全国广大少先队员和少先队辅导员在少先队组织中健康成长、全面发展,共青团中央、教育部、全国少工委联合评选了“全国优秀少先队员”、“全国优秀少先队辅导员”、“全国优秀少先队集体”。受到表彰的个人和集体是在纪念少先队建队60周年之际涌现出的先进典型,集中体现了少先队组织近年来在党的领导下、在共青团的带领下的育人成果和自身建设取得的新成绩。

“全国优秀少先队员”名单

马伊娜(女,回族) 北京市昌平区北七家镇燕丹学校

吴梓曼(女) 北京市海淀区今典小学

于烺頔(女)　天津市河东区第一中心小学
张雨晨(女)　天津市宁河县芦台镇第一中学
苗　雨(女)　河北省邯郸市汉光中学
郑嘉璐(女,满族)　河北省沧州市实验小学
吕思嘉(女)　山西省左权县宏远学校
连泽垚　山西省长治市实验中学
查干莲花(女,蒙古族)　内蒙古自治区东乌珠穆沁旗蒙古族实验小学
胡·乌达木(蒙古族)　内蒙古自治区阿拉善盟蒙古族完全中学
卢　帅　辽宁省阜蒙县八家子乡八家子小学
宋一格(女,满族)　辽宁省丹东市实验小学
王者清　吉林省东北师范大学第二附属小学
张锦添(女,蒙古族)　吉林省松原市逸夫小学
王秉仑　黑龙江省佳木斯市第六小学
乔　雪(女)　黑龙江省七台河市第九小学
胡安君(女)　上海市长宁区民办新世纪小学
朱天轶　上海市徐汇区世界外国语中学
高　悦(女)　江苏省南京市江宁区铜山中心小学
闵正红(女)　江苏省金湖县闵桥镇中心小学
傅晨帆　浙江省舟山市定海区第二中学
包　宁(女)　浙江省杭州市求是星洲小学
白晓菲(女,回族)　安徽省颍上县第三中学
李　菁(女)　安徽省铜陵市第十中学
陈山海　福建省周宁县第十中学
林　湉(女)　福建省永安市北门小学
陈小雨　江西省铅山县紫溪中学
徐欣仪(女)　江西省新余市第四中学
牛　承　山东省济南市甸柳第一中学
刘迪一(女)　山东省淄博市张店区建桥实验学校
钱　源(女)　河南省义马市第一初级中学
任雨萌(女,回族)　河南省南阳市第十五小学
余　米(女,土家族)　湖北省长阳县龙舟坪中学
王宸宇　湖北省武汉市二中广雅中学
龚林俊(女,土家族)　湖南省张家界市永定区大桥街道办事处中心学校
刘玉书(土家族)　湖南省保靖县实验小学
蒋坤成　广东省东莞市可园中学
韩清宇　广东省广州市越秀区东山培正小学
黄陈丹蕾(女,壮族)　广西壮族自治区南宁市三美学校
黄钰清(女)　广西壮族自治区柳州市第八中学
林苑柔(女)　海南省文昌市第二小学
陈　睿(女)　海南省海口市琼山区第三小学
李特特(女)　重庆市渝中区第二实验小学
李诗雨(女)　重庆市渝中区巴蜀小学
何　亮(女)　四川省通江县诺江镇第二完全小学
白玛拥珍(女,藏族)　四川省康定县东大街小学
肖吉雅(女,苗族)　贵州省铜仁市第二中学
张家秀(女)　贵州省兴仁县回龙镇回龙小学
赵睿童(女,白族)　云南省大理白族自治州实验小学
茅楚涵(女)　云南师范大学附属小学文林校区
达瓦桑珠(藏族)　西藏自治区白朗县完全小学
索巴旺姆(女,藏族)　西藏自治区申扎县完全小学
李丁若玉(女)　陕西省略阳县东关小学
杨紫曦(女)　陕西省神木县第一小学
滕　浩　甘肃省武威师范学校附属小学
聂雨琪(女)　甘肃省酒泉师范附属小学
曹萌勋(藏族)　青海省共和县第二完全小学
王茜芮(女)　青海省民和县红卫小学
苏启航　宁夏回族自治区银川市第一中学
马蓓蕾(女,回族)　宁夏回族自治区石嘴山市第二中学
艾丽菲热·艾尼瓦尔(女,维吾尔族)　新疆维

吾尔自治区乌鲁木齐市第十三中学
陈妍榕（女） 新疆维吾尔自治区托里县第一小学
吴　聪　新疆生产建设兵团农三师51团中学

“全国优秀少先队辅导员”名单

刘珊珊（女） 北京市崇文区崇文小学少先队大队辅导员
陈晓辉（女） 北京市丰台区教委少工委办公室主任
高　洁（女） 天津市静海县实验小学少先队大队辅导员
庞　琨（女） 天津市河北区新开小学少先队大队辅导员
杜玉波（女） 河北省石家庄市桥东区少先队总辅导员
宋士儒（女） 河北省承德县实验小学少先队大队辅导员
王艳敏（女） 山西省太原市杏花岭区虹桥小学少先队大队辅导员
王建丽（女） 山西省临汾市尧都区临钢小学少先队大队辅导员
王斯琴（女，蒙古族） 内蒙古自治区库伦旗红旗小学少先队大队辅导员
张　巍（女） 内蒙古自治区乌兰浩特市教育局少先队总辅导员
韦　萍（女） 辽宁省鞍山市立山区少先队总辅导员
王　欢（女） 辽宁省沈阳市铁西区勋望小学少先队大队辅导员
刘环菲（女） 吉林省白山市八道江区实验小学少先队大队辅导员
杨　娜（女） 吉林省长春市南关区树勋小学少先队大队辅导员
刘晶波（女） 黑龙江省鹤岗市公园小学少先队大队辅导员
崔玉秋（女） 黑龙江省齐齐哈尔市龙沙区龙沙小学中队辅导员
伍旭梅（女） 上海市浦东新区浦兴中学少先队大队辅导员
朱立红（女） 上海市闵行区青少年活动中心少先队教研员
顾惠芳（女） 江苏省常熟市石梅小学少先队大队辅导员
马　娅（女） 江苏省扬州市三元桥小学副校长、开发区总辅导员
张澄波　浙江省宁波市少先队总辅导员
余强锋　浙江省永嘉县少先队总辅导员
李　静（女） 安徽省马鞍山市珍珠园小学少先队大队辅导员
李　志　安徽省滁州市会峰小学少先队大队辅导员
曾皖鲤（女） 福建省泉州市培元中学少先队总辅导员
黄惠卿（女） 福建省厦门市特殊教育学校少先队总辅导员
李千铎　江西省德安县少先队总辅导员
王　莉（女） 江西省萍乡师范附属小学少先队大队辅导员
李懿冰（女） 山东省青岛市市南区少先队总辅导员
王世朋　山东省博兴县店子镇张侯小学少先队大队辅导员
李　晖（女） 河南省许昌市实验小学少先队中队辅导员
龚　艳（女） 河南省鹤壁市少先队总辅导员
董　静（女） 湖北省黄石市市府路小学少先队大队辅导员
吴凤玲（女） 湖北省武汉市江岸区新村小学少先队志愿辅导员
孔永平（女） 湖南省常德市武陵区北正街小学少先队大队辅导员
胡　清（女） 湖南省湘潭市雨湖区金庭学校少先队大队辅导员

刘康文（女） 广东省广州市海珠区少先队副总辅导员

穆　洋（女） 广东省深圳市福田区荔园小学少先队大队辅导员

叶良筝 广西壮族自治区防城港市防城区防城镇第二小学总辅导员

余胜湘（女，壮族） 广西壮族自治区平南县平南镇少先队总辅导员

陈兴武 海南省琼海市第一小学少先队大队辅导员

林师能 海南省三亚市第九小学少先队大队辅导员

吴艳华（女，苗族） 重庆市渝北区金港国际实验小学少先队大队辅导员

李　亚（女） 重庆市荣昌县玉屏实验小学少先队大队辅导员

漆巨馥（女） 四川省成都市武侯区少先队总辅导员

陈　穗（女） 四川省关工委少儿工作委员会主任

黄　贵 贵州省六盘水市钟山区第二小学少先队大队辅导员

周小军 贵州省黔东南州消防支队司令部参谋

杨　莉（女，傣族） 云南师范大学附属小学少先队大队辅导员

余　溪 云南省玉溪市红塔区少工委副主任、区少先队总辅导员

罗　琼（藏族） 西藏自治区拉萨市师范附属小学少先队大队辅导员

扎西平措（藏族） 西藏自治区日喀则市第二小学少先队大队辅导员

蔡玮炜（女） 陕西省宁陕县宁陕小学少先队中队辅导员

李琦华（女） 陕西省西安市未央区西航四校少先队大队辅导员

赵　莉（女） 甘肃省兰州市安宁区少先队总辅导员

张　宏 甘肃省张掖市甘州区青年东街小学少先队大队辅导员

赵　婧（女，藏族） 青海省德令哈市第二中学少先队大队辅导员

赵虹蕊（女） 青海省西宁市城西区新宁路小学少先队大队辅导员

马文强 宁夏回族自治区吴忠市利通二小少先队大队辅导员

马晓丽（女，回族） 宁夏回族自治区彭阳县第四小学少先队中队辅导员

胡有才 新疆生产建设兵团农八师石河子市第二小学志愿辅导员

崔海东（维吾尔族） 新疆维吾尔自治区吐鲁番市公安局高昌路派出所民警

阿里亭古力·都拉提巴依（女，哈萨克族） 新疆维吾尔自治区新源县中心小学少先队中队辅导员

“全国优秀少先队集体”名单

大队（100个）

北京市大兴区第十小学少先队大队

北京市东城区府学胡同小学少先队大队

北京市延庆县第四小学少先队大队

天津市和平区岳阳道小学少先队大队

天津市天津师范大学第二附属小学少先队大队

天津市南开区中心小学少先队大队

河北省张家口市桥西区北新村小学少先队大队

河北省唐山市路北区祥荣外国语实验小学少先队大队

河北省保定师范学校附属小学少先队大队

河北省冀州市小寨乡第二小学少先队大队

山西省阳泉市城区北大街小学少先队大队

山西省太原市迎泽区双西小学少先队大队

山西省柳林县穆村镇杨家坪示范小学少先队大队

内蒙古自治区新巴尔虎右旗第一小学少先队大队
内蒙古自治区东乌珠穆沁旗蒙古族第二学校少先队大队
内蒙古自治区鄂尔多斯市东胜区第四小学少先队大队
辽宁省沈阳市实验学校少先队大队
辽宁省庄河市第二实验小学少先队大队
辽宁省抚顺市新抚区大官小学少先队大队
吉林省敦化市第二实验小学少先队大队
吉林省辉南县实验小学少先队大队
吉林省吉林市第二实验小学少先队大队
黑龙江省大庆市大庆石化第七小学少先队大队
黑龙江省哈尔滨市花园小学少先队大队
黑龙江省牡丹江市立新实验小学少先队大队
上海市普陀区武宁路小学少先队大队
上海市奉贤区育秀实验学校少先队大队
上海市闸北区中山北路小学少先队大队
江苏省无锡市东林小学少先队大队
江苏省扬州市梅岭中学少先队大队
江苏省南京市中山小学少先队大队
浙江省长兴县第二小学少先队大队
浙江省绍兴市蕺山中心小学少先队大队
浙江省金华市江滨小学少先队大队
安徽省合肥市永红路小学少先队大队
安徽省黄山市屯溪区黎阳小学少先队大队
安徽省蚌埠市第一实验小学少先队大队
安徽师范大学附属小学少先队大队
福建省大田县第五中学少先队大队
福建省武平县岩前中心学校少先队大队
福建省厦门市何厝小学少先队大队
江西省鹰潭市第五小学少先队大队
江西省景德镇市实验小学少先队大队
江西省吉安市吉州区石阳小学少先队大队
山东省潍坊市中新双语学校少先队大队
山东省东营市实验小学少先队大队
山东省烟台市芝罘区通伸小学少先队大队
山东省文登市第二实验小学少先队大队
河南省郑州市金水区文化路第一小学少先队大队
河南省新乡市外国语小学少先队大队
河南省濮阳市油田第一小学少先队大队
河南省周口市七一路第一小学少先队大队
湖北省沙市实验小学少先队大队
湖北省武汉市江汉区红领巾学校少先队大队
湖北省襄樊市第一实验小学少先队大队
湖南省衡阳市船山实验小学少先队大队
湖南省浏阳市奎文实验小学少先队大队
湖南省湖南大学子弟小学少先队大队
广东省江门市新会圭峰小学少先队大队
广东省高州师范附属第一小学少先队大队
广东省阳江市雏鹰学校少先队大队
广东省河源市连平县第一小学少先队大队
广西壮族自治区柳州市景行小学少先队大队
广西壮族自治区桂林市力创小学少先队大队
广西壮族自治区藤县藤城中心校少先队大队
海南省海口市第二十五小学少先队大队
海南省陵水县中山小学少先队大队
海南省乐东县莺歌海盐场联合中学少先队大队
重庆市人民小学少先队大队
重庆市人和街小学少先队大队
重庆市江北区新村小学少先队大队
四川省成都市实验小学少先队大队
四川省绵竹市天河小学少先队大队
四川省资阳市雁江区第七小学少先队大队
四川省西昌市大箐小学少先队大队
贵州省贵阳市省府路小学少先队大队
贵州省贵阳市第二实验小学少先队大队
贵州省余庆县实验小学少先队大队
云南省昆明市五华区龙翔小学少先队大队
云南省江川县大街镇大街小学少先队大队
云南省楚雄师范学院附属小学少先队大队
西藏自治区堆龙德庆县中学少先队大队
西藏自治区隆子县隆子镇新巴完全小学少先

队大队
西藏自治区昌都地区第一小学少先队大队
陕西省西北工业大学附属小学少先队大队
陕西省咸阳市天王小学少先队大队
陕西省宝鸡市渭滨区经二路小学少先队大队
甘肃省庆城县庆华小学少先队大队
甘肃省金昌市实验小学少先队大队
甘肃省陇西县城关第一小学少先队大队
青海省尖扎县马克唐第一完全小学少先队大队
青海省乐都县高庙镇明德中心学校少先队大队
青海省西宁市胜利路小学少先队大队
宁夏回族自治区银川市第二十一小学少先队大队
宁夏回族自治区银川市唐徕回民小学少先队大队
宁夏回族自治区同心县实验小学少先队大队
新疆维吾尔自治区喀什市第十小学少先队大队
新疆维吾尔自治区拜城县第二小学少先队大队
新疆维吾尔自治区木垒县第三小学少先队大队
新疆生产建设兵团农七师131团小学少先队大队

中队(100个)

北京市平谷区东高村镇第一学区中心小学五(1)中队
北京市房山区燕山向阳小学404"爱之旅"中队
北京市宣武区康乐里小学六(2)中队
天津市宝坻区建设路小学五(1)中队
天津市北辰区华辰学校六(1)中队
天津市塘沽区上海道小学五(5)中队
河北省秦皇岛市青云里小学五(3)中队
河北省廊坊市第十四小学四(2)中队
河北省邢台市金华实验小学五(7)中队
山西省朔州市第六小学六(1)中队
山西省忻州市七一路小学五(6)中队
山西省绛县第二实验小学六(3)"红领巾之声"中队
山西省阳城县蟒河镇石臼完全小学五(1)中队
内蒙古自治区陈巴尔虎旗民族小学六(2)中队
内蒙古自治区包头市青山区一机第七小学五(1)中队
内蒙古自治区丰镇市黑土台小学五(1)中队
辽宁省盘锦市辽化小学五(7)中队
辽宁省营口市站前区青年小学六(3)中队
辽宁省葫芦岛市第二实验小学六(2)中队
辽宁省本溪市明山区联丰小学"赵一曼"英雄中队
吉林省辽源市龙山区多寿路小学四(6)中队
吉林省梨树县实验小学三(2)中队
吉林省洮南市第二小学五(3)中队
黑龙江省黑河市黑河小学五(3)中队
黑龙江省双鸭山市平行路小学六(2)中队
黑龙江省伊春市实验小学六(4)中队
上海市宝山区实验小学"春苗"中队
上海市松江区岳阳小学四(3)"扬帆"中队
上海市闵行区实验小学五(1)"阳光号"帆船中队
江苏省常州市武进区湟里中心小学"小主人"中队
江苏省泰兴市泰兴镇中心小学六(3)"八一"中队
江苏省丰县华山中心小学四(1)"小白鸽"中队
江苏省东台市实验小学四(2)中队
浙江省衢州市柯城区实验小学"孝心"特色中队
浙江省嘉兴市平湖师范附属小学"杨利伟"中队
浙江省台州市椒江区实验小学五(4)中队
浙江省丽水市莲都区大洋路学校603中队
安徽省桐城市三十铺中心小学401中队

安徽省庐江县城关小学校园“110”中队
安徽省淮南师范附小六(5)中队
福建省福清市元洪高级中学初二(8)中队
福建省漳浦县八一希望小学六(2)中队
福建省莆田市实验小学三(1)中队
福建省武夷山市兴田中心小学六(1)中队
江西省赣州市文清路小学五(5)中队
江西省抚州市临川区一小三(6)中队
江西省宜春市实验小学六(8)中队
山东省临沂市第二实验小学六(16)中队
山东省枣庄市薛城区临山小学四(4)中队
山东省德州市实验小学五(4)中队
河南省平顶山市湛河区沁园小学五(2)中队
河南省焦作市龙源湖学校六(4)中队
河南省商城县实验小学六(1)中队
湖北省鄂州市新民街小学“手”护家园中队
湖北省红安县将军城小学“秦基伟”中队
湖北省十堰市东风52小学5242中队
湖南省岳阳市长炼小学四(4)中队
湖南省邵东县两市镇第三完全小学“120”中队
湖南省株洲市芦淞区贺家土小学五(2)中队
广东省中山市实验小学五(8)中队
广东省揭东县第一小学六(3)中队
广东省大埔县田家炳小学六(7)中队
广西壮族自治区南宁市华强路小学四(3)中队
广西壮族自治区北海市海城区第八小学四(6)中队
广西壮族自治区容县容州镇第三小学五(1)中队
海南省屯昌县屯城镇向阳中心小学五(4)中队
海南省三亚市第七小学五(1)中队
海南省海口市琼山区府城镇国兴中学初二(1)中队
重庆市万州区鸡公岭小学2013(5)中队
重庆市南岸区珊瑚实验小学五(11)中队
重庆市西藏中学初2012(4)中队
四川省成都市锦江区三圣小学“紫薇”中队
四川省阆中市石子中心学校六年级中队
四川省广元市利州区北街小学六(1)中队
贵州省织金县第三小学“宝桢”中队
贵州省六盘水市钟山区实验小学“圆梦”中队
贵州省都匀市第四小学五(4)中队
云南省曲靖市麒麟区北关小学四(3)中队
云南省开远市东城小学六(4)中队
云南省景洪市第一小学179中队
西藏自治区林芝地区第二小学六(1)中队
西藏自治区拉萨市城关区第二小学三(4)中队
西藏自治区萨迦县萨迦镇中心小学五(1)中队
陕西省西安市高新第三小学六(1)中队
陕西省渭南市临渭区贠张小学六(1)中队
陕西省延安市创新实验小学六(1)中队
陕西省咸阳市杨陵区张家岗小学六(4)中队
甘肃省白银市白银区第三小学四(1)中队
甘肃省嘉峪关市第二中学初三(4)中队
甘肃省天水市长城中学小学部三(1)中队
青海省贵德县河阴小学六(4)中队
青海省海北州祁连山小学六(1)中队
青海省西宁市七一路小学四(1)中队
宁夏回族自治区银川市兴庆区满春中学七(10)中队
宁夏回族自治区泾源县兴盛乡民族小学五(2)中队
宁夏回族自治区银川市兴庆区长庆九年制学校六(6)中队
新疆维吾尔自治区克拉玛依市第十五小学六(3)“彩虹”中队
新疆维吾尔自治区哈密市哈密石油第一学校“新星”中队
新疆维吾尔自治区博乐市第八中学“团结”中队
新疆生产建设兵团农五师89团中心小学四(1)“红色风采”中队

第六部分

省级团委工作简介

北京团的工作

北京各级团组织围绕党政中心工作和首都共青团实际，认真贯彻落实党的十七大、十七届四中全会，团十六大和市十次党代会精神，按照市十二次团代会提出的战略任务，紧紧围绕“两个全体青年”的政治目标，积极履行组织青年、引导青年、服务青年和维护青少年合法权益四项基本职能，认真落实“人文北京、科技北京、绿色北京”建设要求，开拓创新、锐意进取，认真谋划、狠抓落实，团的各项工作稳步推进、成效显著。

一、突出重点，圆满完成党和人民交给的重大政治任务

1. 全市团组织按照中央提出的“隆重、喜庆、节俭、祥和”工作总原则，认真领会国庆领导小组和市筹委会指示精神，坚持发挥组织优势，积极承担群众游行方案的策划制定、组织实施等相关任务。经过中央国庆领导小组和中央政治局常委会前后审定，最终形成以“我与祖国共奋进”为总名称的总体方案。在市筹委会和群众游行指挥部的领导下，以团市委机关干部为主体组建群众游行指挥部，全市各区县、党政机关、企事业单位以及大中小学校的团干部和少先队工作者积极参与组织、训练、保障、运行等工作，通过宣传动员、组织发动、科学训练、有力保障、精心实施，组织近20万名青少年以高度的责任感和参与热情积极投身群众游行筹备工作，争取各中央部委、省区市、解放军及武警部队的大力支持，会同市筹委会各指挥部各成员单位、市各有关部门，共同形成推动工作的强大合力。全体参与人员发扬“祖国荣誉高于一切”的爱国精神，“我与祖国共奋进”的时代精神，精益求精、开拓创新的科学精神，顾全大局、团结协作的团队精神，脚踏实地、艰苦奋斗的奉献精神，圆满完成了十一当天庆祝大会的群众游行及彩车、背景表演任务。

2. 团市委还承担了国庆60周年群众联欢晚会大学生表演板块的策划、组织、表演等任务。团市委干部和相关高校团干部组建了联欢晚会第二分指挥部，全力做好舞蹈创编、联欢创意、车辆调度、餐饮保障、集结疏散、人员政审等工作，来自首都51所高校共3000名学生参与表演组织工作。通过扎实有效的筹备，大学生板块表演内容紧凑、创意新颖、气氛活跃，受到了观礼嘉宾和相关媒体的称赞关注，组织工作整齐有序、保障服务到位，圆满地完成了国庆联欢晚会部分相关的组织任务。

3. 按照中央领导指示精神和庆祝活动需要，市筹委会成立志愿者工作组，统筹庆祝活动筹备和“十一”期间全市志愿服务活动。作为志愿者工作主力军，团市委认真履行志愿者工作组办公室的职能，相继组织协调近3万人的交通服务志愿者、1万人的游行外围保障服务志愿者、5000人的国庆游园志愿者、3000多人的文化活动志愿者、2万多人的庆典特殊志愿者、3.5万人的城市志愿者、80万人的治安服务志愿者等近100万人，志愿服务累计时间超过8000万小时，为庆祝活动保障、城市运行、社会稳定提供了全方位的服务。出色的国庆志愿服务受到中央和市委领导的充分肯定，被广大群众誉为“金秋北京最美丽的风景线”。

二、强化组织，进一步增强团结凝聚青少年的能力

1. 根据团中央的部署，扎实推进基层组织建设及基层试点工作，在完成好团中央在北京确定的30个试点任务基础上，推出16个市级团建重点项目和109个市级试点单位，同步进行为期一年的重点推进。着重抓好统筹城乡、青年自组织和互联网等新兴领域团建试点工作，按照“资源共享、组织共建、人员共管、工作共促”的原则，把河南省、市、县三级驻京团组织与北京各级属地团组织进行了有效对接，实现了青檬网络电台、回龙观志愿者协会等互联网、青年自组织团建工作的创新与突破。

2. 充分发挥团市委“枢纽型”社会组织作用，进一步加强青联、学联以及北京志愿者协会、北京青年研究会、北京青年企业家协会、北京青年创业者协会、北京球迷协会、北京车友会等市级青年社团的建设，成立北京网友组织协会，发挥他们在联系不同类型青年群体中的作用。通过市属青年社团组织的影响力，带动辐射和协调指导全市各级各类青年社团组织5000多家，涉及经济、政治、文化、社会和生态文明建设等领域，巩固加强了以团组织为核心、以青年社会组织为纽带、广泛联系青年的组织网络。

3. 认真执行和宣传《北京市志愿服务促进条例》，组织青年志愿者服务社会需求，并注重发挥了志愿服务实践育人功能。贯彻落实全市志愿者工作大会精神和《关于进一步加强和改进志愿者工作的意见》要求，和有关部门积极推进成立北京市志愿者联合会，并与社会各类志愿者组织共同加强志愿服务工作。落实《北京市2009年在直接关系群众生活方面拟办的重要实事》的相关任务，建立16支市级、18支区县级应急志愿者队伍。推进奥运志愿者成果转化工作，保留城市志愿服务站点，完善“志愿北京”综合信息平台，发布《北京奥运会、残奥会志愿者工作成果转化研究报告》。招募大学生西部计划志愿者156名，选派165名志愿者分10批对口支援四川什邡灾后重建。

三、分类引导，进一步丰富青少年思想教育工作的方式

1. 以深入学习实践科学发展观活动为统领，切实加强青少年思想教育工作。在团员青年中广泛开展学习实践科学发展观活动，突出实践特色，确保取得实效。抓住庆祝新中国成立60周年、纪念五四运动90周年等工作契机，通过形势宣讲、学习研讨、主题教育、读书活动、社会实践等形式，广泛开展“我与祖国共奋进”主题教育实践活动和“迎国庆、讲文明、树新风”青少年精神文明创建活动，把握青年思想变化，积极维护首都社会稳定。

2. 不断增强青年马克思主义者培养工作的针对性和实效性。组织团员青年通过多种形式学习贯彻五四前夕胡锦涛总书记同中国农业大学师生代表座谈时的重要讲话精神和李长春同志代表党中央在纪念五四运动90周年大会上的讲话精神。以大学生英才学校为重点，开展中国特色社会主义理论体系和国家发展成就的学习活动，不断扩大培养规模，丰富教育内容，创新教育方式，形成稳定的办学思路和办学模式。推进中学生业余党校建设，大力开展“青春凝聚党旗下，我与祖国共奋进”主题教育活动，组织全市中学生入党积极分子参与各级学生党团校的学习实践活动。

3. 加强全团带队、团队衔接工作。组织学习贯彻胡锦涛总书记致中国少年先锋队建队60周年贺信精神，深入开展争当“四个好少年”活动。在少先队员中开展“祖国发展我成长”主题教育活动，隆重举行少先队建队60周年纪念活动，首都少年先锋岗、七色光鼓号队、阳光心语行动等少先队工作品牌建设得到了加强。

四、切实服务，进一步提升促进青少年发展的水平

1. 全力做好促进青年创业就业工作。加强市、区企校两级创业青年夜校建设，全年共培训学员1万多名。积极争取区县党政支持，分别在昌平区和石景山区创建2家北京青年创业园，目前已吸引193家企业入园。面向应届大学毕业生、已毕业未就业青年、待业失业青年、青年农民工和在校大学生五类群体，建立政府机关、事业单位、企业单位及社会团体四类见习基地1230家，提供见习岗位21393个，其中已经到岗14427名，见习后被正式聘用3520人。以青年创业国际计划（YBC）为基础，深化青年创业行动带头人项目。

2. 积极开展创新实践活动，通过青工技能比武、青年创新创效、青年安全示范岗、青少年科技博览会、“号、手、队”等活动引导各行各业青年学习新知识、新技能，诚实劳动、安全生产、创效节能。开展创意设计年度青年人物评选、青年农民职业教育和技能培训、大学生社会实践活动，提高青年创新实践能力。举办第5届“挑战杯”首都大学生课外学术科技作品竞赛，推动全市青少年课外科技文化活动开展。参与举办第11届“挑战杯”全国大学生课外学术科技作品竞赛，北京代表团取得两座“挑战杯”、三座“优胜杯”的好成绩。

3. 完善青年人才工作机制，推进青年人才队伍建设。深入推进市委组织部、团市委《关于实施“北京青年英才培养计划”进一步加强青年人才队伍建设的意见》的贯彻落实，参与制定《首都中长期人才发展规划纲要（2009—2020年）》，加大青年学术人才、高层次、高技能、出国留学和海外归国等各类青年人才的凝聚、培养和举荐工作，切实服务青年成才需求。

4. 以满足青少年多层次精神文化需求为主线，整合各方资源举办北京青年学习节，并以此为带动，在文化、艺术、体育、休闲等领域，组织青年公益时尚文化节、大学生社团文化节、北京新春音乐会、北京国际长走大会等活动。发挥青联委员优势，以“贡献青年才智，促进首都发展”为主题开展青联委员区县行活动。

5. 发挥首都优势进一步深化青少年国际交流。全年共组派38支青少年访问团参与第八届中韩大学生志愿者交流营、沙特世界志愿者论坛、英国伦敦2009世界青年科学论坛、第43届国际儿童运动会、北京社会公益管理人才赴美培训团等国际交流和实践项目，接待朝鲜、日本、俄罗斯、德国、美国、印度等国家青年组织来访22批次。

五、优化环境，进一步拓宽维护青少年合法权益的渠道

1. 促进青少年公益服务事业的不断发展。加强北京青少年发展基金会、希望工程北京捐助中心等青少年公益组织建设，新建北京青年创业就业基金会、北京志愿服务基金会，发展希望小学、爱心基金、希望之星1+1奖学金、学子阳光等公益项目，切实解决青少年成长中的实际困难，全年共捐款物合计6900多万元。关心服务寒假留校大学生、经济困难团员青年、来京创业人员子女等人员，通过节日慰问、结对扶助、志愿服务等形式，切实服务残疾青年、进城务工青年等困难群体。

2. 推动制定一系列重要的维护青少年权益的政策，出版《构建未成年人法律体系研究》，筹划未成年人刑诉制度研究论坛。建立与人大代表、政协委员沟通交流机制，在充分调研的基础上，围绕青年就业创业、权益维护等内容，向市人大十三届二次会议和市政协十一届二次会议提交了《关于进一步完善北京志愿服务工作体系的建议》、《关于进一步加大服务大学生创业工作力度的建议》、《关于加强中小学校园安全自护措施的建议》等提案。探索建立向人大代表、政协委员的信息专报，定期开展各种形式的“共青团与人大代表、政协委员面对面”活动，协助人大代表、政协委员深入了解青少年需求。

各级未成年人保护委员会和预防未成年人犯罪工作发挥实效，继续加强对未成年犯、非监禁刑青少年、社区闲散青少年等特殊群体的帮扶、救助和保护。以社区为依托推进十八区县54所社区星光自护学校建设，开发使用12355语音服务系统，推进12355网站建设和12355志愿者讲师团青少年心理健康教育志愿服务。依托市未委会法律事务部、12355服务台等做好未成年人法律纠纷个案处理，服务青少年具体个案权益维护。

3. 在广大青少年中坚持不懈地开展《中华人民共和国宪法》、“两法一条例”等法律法规普及教育，营造青少年学法、用法的良好氛围，深入社区、村镇开展普法宣传、法律咨询、法律援助、普法讲座、普法展览等多种形式青少年普法宣传实践活动。持续深化青少年禁毒与艾滋病防治宣传教育，针对流动人口比较集中的娱乐场所进行娱乐场所从业人员参与式培训，并在全市70所高校建立“青春红丝带”社团组织，招募会员1.6万余人。

六、固本强基，进一步加强团的自身建设

1. 坚持“党建带团建”，借助基层党政工作的新格局和新成果，促进基层团的建设。与市国资委党委联合制定下发《关于进一步加强和改进国有企业党建带团建工作的意见》，制定全市国有企业党建带团建专项考核办法，参与区县党建工作考核，带动其他领域党建带团建工作。

2. 坚持眼睛向下、重心下移，切实转变作风。加大对基层资金、资源、人员的支持力度，按照团中央工作部署和市委“三进两促”活动的要求，推进机关干部到区县团委驻点工作，分三批选派14名团市委机关处、科级干部，赴区县团委开展驻点半年、指导工作。为全市30个全国团建试点单位各选派1名团建指导员，其中处级以上干部17名，团市委机关干部18名，并以项目为带动，支持基层经费和物资价值4000多万元。建立团市委与区县局级单位新任职领导班子集体谈话制度，开展各级团干部“倾听”活动，了解指导基层工作、了解掌握青年需求，在面向基层、深入青年方面初步探索出新的工作方法。

3. 制定《关于加强全市团干部和青年骨干教育培训工作的实施意见》，分别面向新任职团干部、基层团干部、区县局级单位团委书记等举办各类培训班，全年培训团干部达2000人次，切实提高基层团干部的能力建设。

4. 国庆任务完成后，全市各级团组织围绕深入学习实践科学发展观活动，积极开展“创造新优势，服务促发展——解放思想大讨论”活动，集中力量对履行基本职能、加强自身建设、建立长效机制、推进重点工作等问题进行了思考和研究。通过深入学习、全面调研、分析讨论、形成成果四个阶段的活动，全市各级团组织和广大团干部在北京共青团工作实现新发展的目标、路径、方法上统一了思想、提高了认识、明确了任务，促进了工作向常态化建设方向转变，形成了2010年全市共青团工作的整体格局。

天津团的工作

团天津市委积极投身“保增长、渡难关、上水平”活动,服务中心工作有新作为,服务青年发展有新突破,团结带领全市广大团员青年为加快实施“一二三四五六”的奋斗目标和工作思路,为加快滨海新区开发开放,推动天津科学发展和谐发展率先发展作出了积极贡献。

一、以理想信念教育为核心,青少年思想道德建设进一步加强

1. 深入开展学习实践科学发展观活动,努力提高广大青年思想政治素质。着力在取得实效上下功夫,通过加大整改力度,积极落实整改措施,进一步增强团干部运用科学理论分析和解决问题的能力。团市委的活动经验在《中国青年报》、《天津日报》等媒体广泛报道。以青年马克思主义者培养工程为龙头,教育引导广大青年牢固树立中国特色社会主义共同理想。分类引导青年试点工作开局良好。开展全团调研,初步形成了四类群体调研报告并编写了四类青年《引导提纲》,梳理出了四类青年群体在理想信念、人生价值观等方面存在的突出问题。深入研究引导方法、途径,挖掘引导青年案例,在8个试点单位选取了23个案例,着力打造分类引导青年工作的载体。动员全市团员青年参与第二届全国道德模范评选活动。本次评选活动得到了社会的极大关注和广大团员青年的积极参与,形成了评模范、学模范的良好局面,有效提高了广大青少年思想道德水平。

2. 以新中国成立60周年和五四运动90周年为契机,开展系列爱国主义教育活动。开展“我与祖国共奋进”主题活动。隆重召开纪念五四运动90周年大会,以“五个一”活动为代表,开展形式新颖、参与广泛、扎实有效的爱国主义教育活动。推出以“祖国大家庭携手共进步”为主题的专题网页。创建“李子光展室”、“盘山烈士陵园”、“小站练兵园”3个爱国主义教育基地;组织“爱国主义公益电影走进新农村”等活动;举行了“我与祖国共奋进我与滨海同发展”18岁成人仪式;开展了“祖国发展我成长”、纪念建队60周年等主题活动,极大地激发了青少年热爱祖国建设美好家乡的热情。

3. 弘扬时代主旋律,开展丰富多彩的青年文化活动。开展以“飞扬青春激情建设和谐天津”为主题的青年文化艺术节,举办5场大型文艺演出,同时,组织150余支小分队,深入社区、村镇、学校、企业和重点项目工地等,开展文化服务活动。以“卡报通”为载体,不断满足城市青年文化生活需求。在爱国歌曲大家唱系列活动中,各级团组织举办各种演唱活动1000余场次,展现了时代青年积极向上的精神风貌。举办“青春滨海行”主题书画、摄影、征文活动、“安利杯”第七届青年春联大赛;开展了“祖国在我心中”纪念建国60周年红色影片影评征文活动及天津城市摄影作品征集活动、“青春共建和谐社区”活动、“体验本土文化争当红领巾小导游”等活动,盛赞和谐社会、科学发展、津城新貌。

二、紧紧围绕加快滨海新区开发开放,为天津又好又快发展建功立业

1. 提升自主创新能力,青年创新创效活动进一步深化。开展“青春建功杯”青年创新创效活动。全市共完成青年创新创效项目4798个,累计创造经济效益近5.2亿元。在“振兴杯”全国职业技能大赛中获得优胜杯,1名选手获第三名。联合劳动人事部门开展天津市青工技能竞赛和青工技术比武,建立青工技能考评提升体系,评选表彰了100名市级“青年岗位能手”。结合市重点工程和民心工程建设,开展“迎接挑战保发展,重点工程上水平”青年突击队竞赛活动和青年文明号创建活动。举办大学生文化创意论坛和第二届天津市大学生文化创意作品竞赛,全市20所高校500多名大学生参加。主办第十届“挑战杯”天津市大学生课外学术科技作品竞赛,参与学生达五万余人,共有308件作品获奖,选拔39件作品参加“挑战杯”全国竞赛,30件作品获得特、一、二、三等奖。

2. 完善城乡互动机制,青春建功新农村行动进一步推动。围绕社会主义新农村建设,开展城乡互动结对帮扶活动。实现市农科院、农业局、畜牧局等单位与天津市12个农业区县的对接,建立项目合作基地300余个,对全市农村发展产生辐射带动作用。开展“百团百村心连心、共建和谐新农村”活动,发挥天津农学院等高校技术优势,组建50余支队伍,在全市12个农业区县建立社会实践基地80余个,形成调研报告1000余篇,提出了合理化建议1200余条,为天津市农村经济社会发展起到积极推动作用。以“参与生态文明建设,共同创建美好家园”为主题举办了天津市青年环保节暨环保论坛,筹集专项资金3万余元对涉及植树造林、环保调研、节水宣传、环保论坛、环保设计大赛等17项优秀青年环保项目给予资助。

3. 围绕经济中心工作,促进天津服务业发展能力进一步提升。开展“青春滨海行”主题实践活动,共吸引2万余名团员青年参加。启动“天津市服务行业青年职工百千万工程”,每两年内创建100个青年文明号示范岗,选树1000名青年服务之星,集中培训1万名服务行业青年职工,打造服务行业青年工作品牌初见成效。在全市窗口服务行业开展以“提升服务水平,树立行业形象”为核心的服务质量年活动和“3·15”青年文明号信用示范周活动。开展了第四届“天津市十佳(优秀)青年民营企业经营者”、“天津市十佳(优秀)青年个体劳动者”评选活动,激励广大青年为提升天津服务业水平做出新贡献。

4. 规范管理机制建设,青年志愿服务工作水平进一步提高。制定实施《关于进一步做好中国注册志愿者工作,规范天津市青年志愿者队伍建设的意见》、《关于建立青年志愿者工作联系机制的通知》等制度。成立了以向社会提供外语服务、消防宣传、赛会服务、法律援助、医疗服务、应急救助为主要内容的天津市第一批专业青年志愿者服务队。实施大学生志愿服务西部计划,共招募186名志愿者赴甘肃、陕西等地开展志愿服务。在全市范围内开展了“展示青春风采,共建和谐天津”等主题活动,青年志愿服务高潮不断涌现。选派志愿者参加了“中国?天津国际航空航天贸易展洽会”、“中欧国际论坛”、“第三届中国企业国际融资洽谈会”、“2009中国天津国际少年儿童文化艺术节”等大型赛会的志愿服务工作,青年志愿者工作水平大幅提高。

三、突破瓶颈破解难题,青年创业就业工作强势推进

1. 转变就业观念,提高青年创业意识。聘请50名知名企业家和创业成功人士组成青年创业导师团,在各高校举办近百场“创业大讲堂”专题讲座。开展安利杯“天津青年创业奖”评选等活动,形成全社会共同关注青年创业就业广泛支持青年创业就业的良好氛围。

2. 建立健全服务网络,打造青年创业就业孵化平台。建立市、区县和街乡镇三级青年创业就业服务网络,目前全市共建立青年创业中心(创业园)20个。举办了以“青春创业行动”为主题的项目征集活动,面向全国征集了六大类几十个类型共计300多个适合青年的创业项目,通过举办项目展会等形式向青年推介,已经达成初步创业意向2000余个。目前,全市共扶持青年创业项目369个,其中从高校大学生中选拔的6个高端创业项目已入驻天津市青年科技创新创业中心，这些项目都享受租金、税费等方面的优惠政策。

3. 建立健全金融服务体系，切实解决青年创业融资难题。成立天津市青年创业就业基金会，募集资金2000万元，组建天津滨海龙达青年创业小额贷款公司，注册资金5000万元，推广以区县财政担保平台为融资渠道的“塘沽模式”，构建起“一体两翼”服务青年创业融资格局：即大的项目，由团组织与各大银行推出的青年贷款项目予以解决，这是主体；两翼是指创业青年通过天津青年创业基金会，可获得3万元至5万元的贷款；5万元至250万元的贷款，则可求助于青年创业小额贷款公司。目前，全市各级团组织已累计发放各种青年创业贷款9000余笔，共计6.57亿元。同时，成立天津青年诚信建设促进会，真正做到对青年创业的资金扶持“既有组织推荐，也有市场制约”。

4. 整合资源，多种手段服务青年创业就业。积极挖掘就业岗位，与有关企业、高校建立了长期用工联系机制。已经组织5场“进社区、进校园专场招聘会”、开通“校企直通车”，目前共为21177名青年提供就业岗位。以劳动保障部门为主导，大力开展KAB\SYB\SIYB和其他形式的创业就业培训，切实提高培训质量，增强青年创业就业本领。截至目前，全市各级团组织共培训就业青年38783人，培训创业青年16280人。依托南开大学成立天津青年创业研究中心，为青年创业和天津市创建“创业带动就业实验区”提供理论支撑。《大学生创业研究》课题已正式获得国家立项。建立了333个青年就业创业见习基地，共为青年提供3835个见习岗位。在市内六区和塘沽、汉沽、大港100个街道社区，建立了111个大学生社会工作见习岗。

四、不断拓宽工作领域，切实服务青少年成长成才

1. 加强法制教育，创新服务方式，全方位构建青少年维权服务网络。开通天津市12355青少年综合服务平台，通过呼叫中心、网站等技术手段构建多元服务体系，招募心理、法律等专家志愿者60余位，吸纳106个后台支持机构，打造共青团服务全市青少年的总前台；在全市范围内发放《未保条例》宣传海报1000套，组织全市近2万名选手参加“两法一例”知识竞赛，天津代表队在全国青少年普法知识电视大赛中获得第一名；开展了三次“共青团与人大代表、政协委员面对面“活动；出台《天津市创建优秀“青少年维权岗”活动评选、表彰管理办法》，规范天津市51个国家级、118个市级及近300个区县局级优秀“青少年维权岗”管理工作；开展了2009年天津市综治委预防青少年违法犯罪工作中期互查、年底考核工作；组织“关注未成年人健康成长社会文化环境拇指行动‘彩虹短信’征集传播大赛”，进一步净化青少年成长的社会环境。

2. 真情奉献爱心，关爱特殊群体，扶贫助困服务社会和谐。广泛开展助农、助学、助困活动，为困难学生捐助2万多元的书籍和文具；组织农技讲座9场，义诊活动5场，文化下乡11次，开展义卖等公益活动筹集资金10余万元捐助家庭困难学生；筹集资金200多万元开展支农、支学、支医等活动；开展“真情助困进万家”志愿服务月活动；通过“爱心接力传递”等品牌活动资助困难学生1000余名；筹措20万元资金，帮助经济困难学生完成学业；举办大学生在“家”过年活动，组织全市19所高校200余名受助大学生走进残疾人家庭；联合有关单位赴未成年犯管教所、儿童福利院、SOS儿童村，看望失足少年和孤残儿童等特殊青少年群体，为构建和谐社会起到积极作用。

3. 以培养促发展，选典型树先进，依托人才智力资源加强示范引导。组织青年高技能人才培训班，深化天津市万名农村青年人才培训工程，全年共招生4250人，突破以往历年招生人数；全面实施农村青年实用技能培训，全年共开展各类培训100多期，共培训青年

19930人次；建立少先队辅导员三级培训制度，累计培训基层大队辅导员1185名、中队辅导员8300余名，高洁等2名同志荣获“全国优秀少先队辅导员”称号；张雨晨等2名同学荣获“全国优秀少先队员”称号。开展“天津青年五四奖章”、“青年突击队”、“青年安全生产示范岗”、“天津市优秀青年志愿者”、第十届天津市“十佳中学生”、第九届“十佳青年教师”、“感动校园—天津市大学生2009年度人物”、第22届“津门童星”等评选表彰活动，通过先进典型示范引领，促进青少年成长成才。

4. 加强对外联络，发挥服务职能，青年外事工作成果丰硕。举办11期外事培训活动，对出访人员进行相关培训；加强协调、沟通、联络，成功接待蒙古、日本、美国、韩国等多个国家的青年团体，接待总人数近200人；先后派出团组11批次，赴日本、韩国、英国、希腊等10余个国家执行友好交流任务，开辟了多国与天津青年在经济、文化、科技、教育等方面的交流与合作；组织天津市青少年参加“中日韩青少年环保创意作品展”，并受到三国领导人亲切接见，进一步加强三国青少年的友好交流；创建海外教育基地，与境外知名培训机构合作，就青年创业管理者和青少年权益工作者培训项目申报了天津市2010年度出国（境）培训项目计划。

五、着力推动基层组织建设和基层工作，团组织凝聚力和战斗力显著增强

1. 团的基层组织建设和基层工作全面推进。扎实推进“驻点工作”，共选派14名机关干部派驻区（县）团委指导工作，建立了驻点干部月报制度、驻点工作例会制度、跟踪考察制度，为基层和青年解决难题61件，提供资金经费支持26.1万元。召开天津市“全国共青团基层组织建设和基层工作试点工作”推进会，先后在全市7个领域确定24个全国基层团建试点单位，在10个领域确定120个市级基层团建试点单位。深入开展农村基层共青团工作示范点建设，共在全市确定了36个示范点和70个扶持项目，共拨付工作经费12万余元，并在7个街道扎实推进街道团组织格局创新试点工作。积极探索“两新”组织建团等团建新模式，形成了“加大力度抓试点，两级试点共推进”的良好局面。选树基层团建工作典型，天津市住房公积金管理中心河西管理部团支部等8个基层团支部（总支）获得了“全国五四红旗团支部（总支）”称号，天津农垦集团总公司团委等3个基层团委获得了“全国五四红旗团委”称号。

2. 团干部队伍综合素质显著提升。深入贯彻《天津市团干部教育培训三年规划》，举办各类团干部培训班200多期，累计培训基层团干部1.3万人次，并向参训人员统一颁发《团干部岗位资格证书》。选树先进青年典型，郑娜同志荣获第十三届“中国青年五四奖章”称号，贾琳等2名同志荣获“全国优秀共青团员”称号，赵杰利等3名同志荣获“全国优秀共青团干部”称号。与南开大学联合举办了第二期公共管理硕士（MPA）专业学位研究生班。选拔7名优秀基层团干部到团市委机关挂职锻炼。完成了5名机关公务员和30名公益岗位人员招考工作。

3. 青少年组织体系建设蓬勃发展。市青联切实发挥组织智力人才联结优势，邀请中央企业青联考察团来津考察，召开共青团青联界别政协委员联系本届别群众座谈会。市学联顺利完成第十二届委员会第二任主席团及第四任主席、执行主席的换届选举工作。市少工委在全国率先在团属校外教育阵地市少年宫、天津青少年活动中心建立少先队大队。市青乡企协召开第十届二次理事会，青年企业家协会网站功能不断完善。市青企协和市青乡企协组织开展青年企业家外出学习考察、投资洽谈和业务交流，服务区域经济发展和企业成长。

4. 团属事业发展实力不断壮大。青年宫

共开展“流动青年宫”、“玫瑰沐爱河”等40项公益活动，受益青少年达36000人次。少年宫开展内容丰富、形式多样的少儿群文活动和教育培训，全年培训达万余人次。青年职业学院成功协办第二届全国职业技能大赛，教育教学总体水平不断提高。青少年报刊总社进一步提高报刊质量和水平，积极探索体制机制创新。红领巾凤凰山营地全年接待青少年达10万余人次，成人教育培训4160人次。青少年活动中心按照市委统一规划部署实施天津乐园闭园改造工程的同时，不断拓展教育培训规模，多项培训活动荣获全国奖项。市青基会全年共募集社会捐款650万元，援建希望小学10所。青年友好使者艺术团完成转企改制，成立了天津友好演艺发展有限公司，出色承办“2009天津国际少儿艺术节”等市级和企事业大型活动。天津青年旅行社顺利完成了由国有独资企业向股份制现代企业的改制工作。青年联合实业公司积极开发新项目，不断提高自办实体市场竞争力，企业收益大幅提高。未来集团加大盘活现有固定资产，与金海马、融科集团等大型公司洽谈合作取得实质性进展。青少年绿色文明基地圆满完成46000人次的培训接待任务，综合培训能力不断提升。

河北团的工作

河北共青团组织坚持“眼睛向下、重心下移”，狠抓作风和创新两条生命线，以“共、青、团”三字工作理念为指导，以“组织、活动、感情、政策”四个覆盖为手段，以“创、三、基、搜”为主要内容，扎实推进各项工作。

一、促进青年就业创业工作，着眼大局，切实维护青年切身利益

河北共青团按照“三力并进”工作理念，扎实推进全省青年就业创业工作。

1. 着眼动力，有效激发广大青年的创业意愿。一是开展“青春创业大讲堂”报告会。在全省高职以上学校开展了1236场“青春创业大讲堂”活动，覆盖全省大中专院校89所，学生30余万人次。二是举办各类青年创业大赛、创业实践活动。先后举办“河北省首届青年创业大赛”、“河北省青年创业之星选拔”等活动，征集创业项目863个。

2. 着眼能力，切实提高青年就业创业本领。一是建立青年就业创业见习基地。目前已建成见习基地1082家，提供见习岗位18470个，其中10422人正式上岗，对接率达到56%，通过见习正式签订劳动合同6527人。二是扎实推进农村青年素质培训工程和就业创业。联合省劳动部门开展了青春建功新农村就业创业培训项目，目前已完成培训4500人。积极推进“联想”和“四季沐歌”项目，已有60多个县启动实施了该项目，培训农村青年近千人。积极开展农村青年就业创业培训活动，累计培训31232人。三是招募千余名“河北省青年就业创业指导师”。招募就业创业指导师1346名，结成“一对一”或“一对多”对子673对，在高校、社区共开展辅导讲座和指导服务390余场(次)。

3. 着眼外力，有针对性地提供具体实际的服务。一是在政策方面，着力消除“政策鸿沟”。编撰《河北省青年创业地图》指导书，梳理101项就业创业鼓励政策，此举为全国首创。二是在资金方面，积极破解“资金难题”。

设立总额700万元的“河北省青年就业创业基金”，并建立“河北省就业创业基金会”。联合省农村信用联社开展“青年创业小额贷款项目”。协议贷款4976.4万元，实贷4049.92万元，贷款青年人数1501人。三是在信息方面，打造青年就业创业的信息服务平台。筹建河北省青年就业创业网，并与石家庄广播电台经济频道合作推出就业创业面对面和“创办你的企业”专题节目。四是在帮扶方面，开展千名创业者帮扶计划。采取选拔1000名基层创业者，分别配1名团干部、1名创业指导师、提供一个创业项目、争取一笔小额贷款的“五合一”工作形式，在全省范围内帮扶1000名基层创业者。

二、百万青年志愿者助力三年大变样工作，围绕中心，服务河北经济、社会和谐发展

城镇面貌三年大变样工作，是河北省委省政府作出的重大战略部署。团省委坚持“全面参与、全程参与、全员参与”的工作理念，发动“省、市、县”三级团组织，同时开展了“青春照靓新河北——百万青年志愿者助力三年大变样”系列活动。截至2009年12月，活动已在全省11市、172个县（市、区）全面铺开，直接参与青年达上百万人。

1. 在引导认识上下功夫，积极营造“人人参与、人人支持”的浓厚社会氛围，切实增进社会认同感。一是在硬件方面，积极构建共青团网络化工作平台。联合建设厅开设“三年大变样专题网站”，发布新闻13000余篇，征集和解答市民建议、疑问5000余条。河北共青团在全国共青团系统率先实现了县县上网，建立了“1+11+172”网站群，保证团内工作的部署和调度。二是在软件方面，大力营造良好社会氛围。在《河北青年报》开辟专版、专栏，积极联系《河北日报》、《中国青年报》等媒体进行宣传报道。开展“志愿接力·和谐传递河北行动”，青年志愿者骑行穿越全省百余个县（市）区，行程近5000公里，发放三年大变样宣传品30多万份。

2. 在服务助力上下功夫，多角度多层面动员广大青年志愿者参与其中，以实际行动展示青春风采。一是助力城市建设。全省各级团组织组建了1000余支青年突击队，活跃在建设、园林、城市管理等领域；各级团组织开展了500余场主题为“我们在一起”的慰问活动。二是助推经济发展。多次邀请国内外知名企业及社会各界精英人士到河北参观考察，为实现经济长远发展注入活力。接待10余支访问团，近200人来河北参观考察，其中有9家世界500强企业的高级管理人员。三是服务社会民生。一方面，开展“青年宜居社区创建活动”，以干净、卫生、有序为目标，推动三年大变样工作向社区延伸。另一方面，针对省会道路大修带来的暂时交通不便，免费发放20余万册《两路大修手册》，设立“青年志愿者交通文明岗”，提供公交咨询等细节服务。

3. 在打造新文化上下功夫，积极建设社会文明新风尚，努力实现成果的多元化。一是发起“新河北·新青年”大讨论。开展“新河北·新青年”主题征文和网上论坛，《河北日报》开辟专版予以刊发。二是弘扬志愿服务精神。开展青年志愿者“走遍城市”系列活动，10余万名青年广泛参与。三是倡导绿色生活理念。开展“青少年绿色家园”创建活动。全省申报了46个青少年绿色家园项目。四是针对不同青年群体开展分类引导。面向城乡青年开展了15000余份的大样本调研，详细了解城乡青年生活和发展需求；在广大少年儿童中开展了“红领巾与城市共成长活动”，征集到文章、手抄报、歌谣、照片6000余件；在高校中开展“燕赵学子助力三年大变样”活动，全省10余万学子参与其中。

三、加强基层组织建设和基层工作，固本强基，不断提高团组织凝聚力、战斗力

1. 大力实施扁平化工作模式，努力增强基层团组织活力。将组织部进行分设，新组织部专项负责基层组织建设和基层工作，实现“专部、专职”，全力实施以“七个直接”（直接参会、直接领活、直接指导、直接培训、直接支持、直接汇报、直接考核）为主要内容的扁平化工作模式，努力增强县、乡、村团组织活力。一是县级团组织活力明显增强。一年来，各团县（市、区）委直接参加团省委的会议10余次，重点工作直接部署到县；团省委自筹212万元经费直接支持到县级团组织；组织各类培训，对172个团县（市、区）委书记实现全覆盖；以“七个直接”为核心的“省对县”工作模式，极大地调动了各团县（市、区）委谋事、干事的积极性和主动性。二是乡级团组织建设取得新突破。积极推进乡镇（街道）共青团组织格局创新，探索建立由9—11人组成的乡镇团的委员会，吸纳大学生村官、农村能人、特岗教师等共同参与乡镇共青团工作。将培训的范围向乡镇（街道）团组织延伸，2009年团省委投入17.2万元，将各类培训材料刻成光盘，以县为单位，对全省2000余乡镇（街道）团组织负责人进行培训。三是党建带团建工作取得新经验。在保定，开展县、乡团组织集中换届工作，已有24个县（市、区）、330个乡（镇、办事处）团委顺利完成了换届工作，分别占县、乡总数的96%和96.7%。《中国青年报》连续多次对保定团组织集中换届工作进行报道。在唐山市，以“村两委”换届为契机，开展村团支部换届直选工作。目前，5209个行政村中有5173个进行了团支部换届，换届比例为99.3%。

2. 大力推进团建创新，团的基层组织网络覆盖面不断扩大。一是全团率先创建网络团支部。依托网站、QQ群、手机短信等宣传动员平台，大力开展网络团支部建设。二是有效影响、覆盖青年自组织。按照“纳入、合作、转化”的工作理念，着力加强覆盖、影响青年自组织的实践探索。通过成立网络志愿者联盟、民间志愿者联盟、青年爱心联盟等组织，吸纳联系民间自组织262个，覆盖青年10余万人。设立青少年事业社会服务购买基金，尝试与青年自组织合作开展活动，全年向青年自组织购买社会服务11次，节省成本100余万元。按照“不干预、不强求”的原则，在条件成熟的自组织中建立团组织，目前已建立网络团支部182个，覆盖青年6300余人。三是扎实开展试点工作。按照团中央总体部署，在全省确立了11个工作项目、47家单位开展团建试点工作。

3. 大力加强机制建设，为推进基层组织建设和基层工作提供保障。一是建立考核机制。在基层团建专项述职工作基础上，将全省基层组织建设和基层工作的各项任务进行细化，有针对性地制定考核办法。依托网络视频会议，团省委常委会直接听取172个县（市、区）的述职汇报；创新开展“河北十佳（二十优）团县（市、区）委”评选活动，大大激发了基层团组织的工作积极性。二是建立培训机制。2007年以来举办了8期“青年马克思主义者培训班”，共计7000余人免费参加培训。三是建立联系机制。在认真落实好团中央驻点和联系点工作的基础上，建立厅级和处级团干部联系点和驻点机制，已分三批派驻130名团干部。一年来，团省委领导班子成员到联系点进行专项调研共计150余天，形成针对性较强的基层团建工作调研分析报告30余篇。

四、家乡文化大搜索活动，创新载体，让社会主义核心价值体系在青少年中落地

家乡文化大搜索活动，是以县域为单位，组织广大青少年学生通过了解家乡从而热爱家乡，进而爱党爱祖国的一项育人活动。2009年，“省、市、县”三级团组织协调联动，全力推进家乡文化大搜索活动。

1. 打牢基础，狠抓调研、培训，确保活动开展的扎实性。一是加强调查研究工作。对全省172个县（市、区）中小学校基本情况进行摸底，发放问卷6500份，形成了《关于我省青少年对家乡文化认知状况的调查报告》。二是加强培训工作。通过举办培训班、观看培训光盘

等多种方式，全年共培训少先队辅导员、中学团委书记986人。

2. 全面铺开，狠抓关键环节，确保活动开展的普遍性。按照家乡文化大搜索活动“有读本、进校园、到现场、重实践、搞活动”的目标要求，2009年，在全省172个县（市、区）全面铺开，17884所中小学校开展活动，100多万中小学生直接参与，影响青少年300余万。一是强化“搜索”环节。广泛组织广大青少年读书、上网、走访“五老”（老干部、老战士、老专家、老教师、老模范）。二是强化“实践”环节。组织广大青少年参观博物馆、文化馆、现代企业等场所。三是强化“活动”环节。举行摄影、图画、手抄报、DV作品比赛等活动，共收到作品100多万件；开展精品队会和精品课程评选活动，收到精品队会和精品课程光盘150多个。

3. 勇于创新，狠抓平台建设，确保活动开展的现代性。建立“家乡文化大搜索活动”专题网站，团省委给每个学校分配一个用户名，学校可以直接上传活动信息。154本电子版丛书也将上传到专题网站，既节约成本，又方便广大辅导员老师和少先队员下载学习。

五、加强团干部作风建设活动，优化队伍，夯实根基，激发活力

1. 创新载体，在省、市、县三级团干部中统一开展“我们一起来”作风建设主题活动。一是省、市、县三级统一开展，具有广泛性。11个市、172个县（市、区）团委、重点企业及106所高校团委近千名专职团干部参与活动。二是突出“一起来”特色，具有参与性。近千名省、市、县三级团干部从活动开始设计、到活动中间环节、再到活动成果形成，全程、全面、深入地参与了整个过程。仅作风建设意见征集活动就收到各级团干部建议4563条。三是整合团外力量，具有开放性。面向部分人大代表、政协委员、青联委员、“干部作风建设年”活动办公室以及各省直厅局200余家单位，以召开座谈会，发放征求意见函等形式，征求意见和建议300余条。四是活动扎实开展，具有实效性。过程实。仅在省级层面，就专门在石家庄两次召开由省、市、县三级专职团干部参加的现场会议，针对作风建设进行集中动员、研讨和培训；两次召开省、市、县三级专职团干部全体参加的视频会议，对“我们一起来”活动进行推进；12次不同范围的征集、研讨活动，对《河北共青团干部作风建设十六条》进行完善。成果实。《河北共青团干部作风建设十六条》，有很强的针对性和操作性，专门制作了解读光盘，以县域为单位，在全省2200多个乡镇（街道）团委广泛开展学习活动。

2. 立足工作岗位，在改进作风中推动工作、在推动工作中彰显作风。一是发挥助手和后备军作用，围绕中心、服务大局的能力有新增强。百万青年志愿者助力三年大变样工作，服务青年就业创业工作，家乡文化大搜索活动等取得了明显效果，受到省领导的多次批示和肯定。二是“攻城就要破城”，不畏困难、破解难题的能力有新提高。团省委按照省委开展的“为企业解难题、为群众送服务”活动要求，集中精力解决了两项历史遗留难题：一个是实现了河北省青年旅行社改制。团省委班子针对河北青旅17个人898万元债务困境，将17名员工全部妥善安置，将898万元债务全部妥善处置，青旅走上了二次创业之路。二是为62名老团干办理房产证。团省委班子立足作风建设“求实、破难”的出发点，利用8个月的时间，分4批将62名老团干（绝大部分已经转岗）72个房产证全部办理完毕。三是学习和调研成为常态，勇于开拓、善于创新的能力有新提升。团省委每位书记年平均下基层调研时间达两个月。团省委书记王晓栋在团中央部署的蹲点调研工作中表现突出，受到团中央通报表扬。

六、其他重点工作和重大活动扎实推进，多措并举，有效提高团组织影响力

1. 常项工作有创新。一是针对青年志愿

者工作。实施志愿服务合作伙伴计划,与48家热心志愿服务事业的企事业单位签署了志愿服务合作意向书;举办河北省首届网络志愿者精英论坛,首创了河北共青团组织与青年网民的对话机制;开展具有地方特色的网络志愿者闪客行动,600余名志愿者参与其中。探索实施社区"转基因"工程,在试点单位已建立体育、舞蹈、书法等多支志愿服务队。完成了30万应急志愿者队伍的组建工作。二是针对维护青少年权益工作。一方面加强与人大代表、政协委员"面对面"工作机制化建设,一年来全省共开展了30多次面对面活动;另一方面联合省综治办、省司法厅等相关部门开展了"共享阳光"——刑释解教青少年系列帮扶活动。三是针对学校战线工作。成功组织大学生"挑战杯"活动,取得了二十年来最好成绩。首次推出"河北大学生社团活动月"活动,70余所高校的近3000个社团参与。成功举办"河北大学生青年马克思主义者培训班",包括"校园明星"在内的240余名大学生骨干参加培训。深入开展"我的团日我做主"活动,高校11000多个基层团支部参加活动,30多万大学生参与其中。四是针对农村共青团工作。开展"青春促和谐,科技进万家"青年农民科技文化培训活动,进一步提高青年农民的科技文化素质。开展"青春促和谐,致富大比拼"农村青年生产经营能手评比活动,提高农村青年的致富本领。开展"青春促和谐,务工拓新路"农村青年转移就业技能培训活动,提升了农村富余青年劳动力的职业技能水平,一年来共组织培训100余场。开展"青春促和谐,建设展新姿"农村青年才俊集中展示活动,为建设和谐新农村营造了良好氛围。五是针对民族团结工作。出色完成河北师范大学附属西藏学校夏令营活动的组织工作。向阿里地区捐赠30万元希望工程援助款,研究制定了《关于进一步加强对西藏阿里地区实施对口援助的意见》,并对阿里地区青年进行就业创业培训。

2. 重大活动有声势。一是举办了河北省暨石家庄市纪念五四运动90周年大会,省四大班子领导出席会议,省委副书记、石家庄市委书记车俊代表省委作重要讲话。二是举办"河北省暨石家庄市庆祝中国少年先锋队建队60周年"活动,省委副书记、石家庄市委书记车俊出席活动并作重要讲话。三是成功进行了青学联换届。来自全省各族各界的521名青联委员和来自110所高校的学联代表、列席代表及特邀代表共325人参加了大会。省四大班子主要领导会见全体代表并与大家合影。四是团省委克服"时间紧、任务重"的困难,成功承办团中央全国青联志愿者艺术团赴西柏坡慰问演出活动,组织近万名群众观看演出。

同时,团省委直属单位事业稳步发展。省青基会开展了河北省希望工程20周年宣传和纪念活动,实施了"2009希望工程圆梦行动",资助贫困大学生1289名、贫困高中生1792名,召开了省青基会第四届第一次理事会。河北青年报社主办发起了"5.12圆梦汶川"公益行动、"亲情互动好报共分享"义务卖报、"青年节系列团购盛宴"等活动,扩大了社会影响力。

山西团的工作

山西共青团组织以基层组织建设为主线，以促进青年创业就业和维护青少年合法权益为重点，充分履行“组织青年、引导青年、服务青年和维护青少年合法权益”的职责，团结带领全省团员青年在山西全力保增长保民生保稳定，着力推进全省转型发展安全发展和谐发展中，发挥了生力军和突击队作用，各项工作都取得明显成效。

一、突出主题，分类引导，增强青少年思想政治教育的针对性和实效性

1. 抓住重大契机，深入推进“我与祖国共奋进，我与山西同发展”主题教育活动。以建国60周年、“五四”运动90周年、少先队建队60周年等重大节目为契机，广泛开展爱国主义教育活动，500多万青少年参与了“青年月”和“青春与祖国同行”等系列活动。山西省纪念五四运动暨青年服务“三个发展”促进大会，表彰了第十届“山西青年五四奖章”等优秀青年代表，对第四批“青年就业创业基地”、“山西青年安全生产示范岗”授牌，发放了《弘扬五四精神服务三个发展》画册。

2. 充分利用新媒体，集中开展“红色传递”爱国主义教育活动。采取实物传送、网络传送、手机传送等多载体互补的形式，在全省11个市、119个县(市、区)普遍开展了党旗、国旗、团旗、队旗传递活动，630多万青少年通过参与活动，普遍增强了全省青少年全省青少年对社会主义祖国的朴素感情和对党、团、队一脉相承的组织认同感和归属感。

3. 扎实推进分类引导青年试点工作。在大学生、企业青年、进城务工青年和农村青年四类青年群体中选取52个试点，发放问卷1.3万份，开展访谈460人次，按要求报送2000份调研问卷和访谈记录后，对9334份问卷、317份访谈记录作了梳理分析，形成了6类29份，计达38万余字的研究成果，编印了22万余字的《山西分类引导青年试点工作研究资料》，为做好青年分类教育引导积累了第一手资料。

4. 以深化“青马工程”为抓手，引导青年加强理论学习。面向全省选拔出11名在理论研究、工作实践方面比较突出的青年骨干组成宣讲团，在各市、县(区)、学校、企业、机关开展宣讲活动。完善了《山西省“青年马克思主义培养工程”学生骨干培养的实施办法》，健全了青马工程“种子库”，并在18所高校开设“青年马克思主义者”培训班200余期，培训人数达48028人，有效地提高了大学生骨干、团干部、青年知识分子等青年群体的思想政治素质、政策理论水平。

5. 分别不同对象，以具体活动促进青少年的健康成长。大学以社会实践和青年志愿者为载体，引导广大青年学生在实践中受锻炼、长才干、做贡献。按照团中央和省委的要求，充分发挥团学干部的骨干作用，确保高校学生敏感期的思想稳定。中学以入团教育为抓手，重点开展团员意识教育。少先队以“雏鹰争章”主题实践为依托，广泛开展争做“四好少年”活动。机关和企事业单位以“青年文明号”、“青工技能大比武”、“青年岗位能手”等为载体，引导职业青年立足本职、建功立业。

二、围绕经济社会发展，竭诚服务青年，重点促进青年创业就业

1. 劳务输出大篷车活动开展21场，参与青年达8400余人，达成用工意向19412人，实现就业6999人。各级团组织举办招聘会31场，参与青年65000人，达成用工意向21451人，实现就业12425人。在全省11市113县区举办金融知识培训318期，培训农村青年23243人，联合省农信社，帮助12614名农村青年、外出务工返乡青年和大学生村官获得创业小额贷款6.24亿元。

2. 举办以创业教育为主要内容的“山西青年大讲堂”162场，联合山西电视台举办了四个赛季32场真人秀电视节目——“我要创业”。在《山西青年报》开辟了“找工作”专版，免费为省城大学生发放报纸100万份，积极引导大学生树立正确的就业观念。

3. 建立大学生就业见习实习基地983个，提供岗位25384个，共有10643人在岗见习实习，见习实习后直接聘用达4842人。全年共为6万余名青年提供创业就业培训。全年共举办了31场青年就业招聘会，帮助4.1万名农村青年达成用工意向，近2万人实现转移就业。

4. 组织10名青年企业家各出资1000万元建立了注册资金1亿元的股份制的山西青年创业投资担保公司，可为青年创业提供5—10个亿的资金担保，第一笔资金支持40名大学生实现创业，该模式已成为国家开发银行银企政模式经典案例。同时，也要求有条件的市县注册成立青年创业投资担保公司，太原市已筹资5500万元成立了青创小额贷款担保公司。

5. 建立了青年创业孵化基地，目前已有21个大学生创业团队在省青创基地孵化。目前已建立了10个市级、42个县(市、区)级青年创业就业服务中心。

6. 服务安全发展在全省开展群众性“青年安全生产示范岗”竞赛活动。重点工程项目建设中开展“青年突击队”竞赛活动。围绕生态建省，组织百万青年志愿者积极投身“保护母亲河行动”。

三、以服务青少年健康成长为主线，深化维护青少年合法权益工作

1. 以《山西省未成年人保护条例》正式颁布为契机，不断推进青少年法制建设。在山西团组织的推动下，《山西省未成年人保护条例》于2009年6月4日获山西省人大第十一届常委会第十次会议通过，并于2009年9月1日起正式实施。以《条例》的实施为契机，山西各级团组织深入社区、农村、务工青年聚集地开展宣教活动200余场次，为青少年提供咨询18000余人次。

2. 加大了12355青少年公共服务平台的建设力度。省级12355青少年公共服务平台不断创新服务手段，在原有热线电话的基础上，又投资完成了室内监控系统、短信服务平台和网络视频平台，对12355网站进行了改版升级。全年为青少年提供法律援助、心理疏导、应急救助和困难帮扶等各类服务5000余人次，受理侵权案件700余起，解决个案405起。

3. 强化转移就业服务，联合劳动、司法、执法等部门开通了16800885外出务工青年维权热线，并通过发放联系卡、聘任法律顾问等形式，会同各地司法和行政执法等部门组建了12个外出务工青年法律援助团。

4. 青少年维权工作队伍逐渐壮大，工作手段不断创新。根据青少年维权工作需要，积极动员社会力量，组建扩充了由心理咨询师和律师组成的专家志愿者队伍。不断健全完善青少年利益诉求表达机制，着力探索“共青团与人大代表、政协委员面对面”长效工作机制建设。已开展“面对面”活动20余次，向各级人大、政协呈报10个建议和提案。聘请58名人大代表、政协委员担任了青少年事务顾问，为引导青少年理性表达诉求、有序政治参与和更好地维护自身权益起到了积极作用。

四、眼睛向下，重心下移，加强基层组织建设和基层工作

1. 邀请中央政策研究室、中科院、国家发改委的专家学者为全省200多名专职团干部进行专题培训。150多名县级以上团委书记分别在北京、上海两地进行了为期一周的学习培训。抽调63名省市两级团干部到县级团委驻点半年，指导工作。选派119名青年志愿者到县级团委帮助工作，推动大学生村官普遍兼任村团支部书记或副书记。确定11个县（区）团委，作为团的基层组织建设试点，开展组织格局创新，着力为全省基层团组织建设和基层工作探索总结具有普遍意义的经验。晋城城区团委流动团员团支部建设、晋中团市委青年信息管理平台、小店区青年自组织建团等做法已初见成效。

2. 在团中央的支持下，团省委多方筹措，为县乡两级团委划拨经费600余万元。在上年为全省所有县乡两级团委免费配备电脑、数码相机的基础上，联合中国电信山西分公司为全省所有专职团干部和大学生村官免费配备工作手机一部，启动了全省共青团组织和大学生村（社区）干部通信信息平台建设。

3. 十一个基层组织建设试点县（区）党建带团建工作初见成效。晋中团市委青年（团员）基本信息统计系统、临汾团市委运用网络开展工作、阳泉团市委机关文化建设、晋城城区团委流动团员注册管理、芮城团县委乡镇团的组织格局创新、交城团县委基层组织建设规范化和代县团县委团员青年状况调研等，为全省基层团建探索了很好的经验。

4. 继续加强对基层组织的指导督察力度。对班子不团结的个别团市委，团省委主导召开民主生活会，开展批评与自我批评，并全省通报，取消评优资格。一级抓一级，一级带一级，11个市团委班子年中向团省委述职，和团省委班子成员面对面交流思想、研究工作、分析问题、明确方向，年底组织各团市委和团省委机关部长进行集中观摩，一家一家看工作、比成效，综合排队，奖励先进，激励后进。

五、健全机制，夯实基础，以志愿服务为主渠道积极参与当地社会建设

1. 着力构建志愿服务的便利化参与机制，建立健全志愿服务专门工作机构和领导协调机制。推行志愿者注册制度，在注册和服务、接受服务和提供服务两个便利化上下功夫，新开通了网络注册、山西省青年志愿者服务QQ群注册、969009999和12580山西青年志愿者报名专线及项目注册服务站点等通道，全年全省经过规范注册的志愿者达60000余人。在全省各级团组织逐步建立志愿者服务专门工作机构，目前已建立11个市级志愿者协会，58个县级志愿者协会。

2. 实施大学生志愿服务西部计划和扶贫开发领域重点项目。西部计划招募了291名大学毕业生到甘肃、灾后地区和全省119个县级团组织开展为期1—3年的志愿服务。招募600名大学生到53县开展支医、支教、支农和扶贫工作。

3. 城市青年工作通过建立社区和驻区机关事业单位、国有大型企业、非公企业、学校等团组织的联系协调机制，形成了以街道团工委为核心，以驻地单位团组织为纽带，以社区团支部、街道企业、新经济组织团组织为工作基础的“资源共享、文明共创、活动共建”城市共青团工作新格局。

4. 统战部门在巩固爱国统一战线、加强海外交流的同时，还重点组织青联委员围绕青年就业创业和社会公益事业开展务。聘请38名青联委员担任创业指导师，在青创中心建立青年创业授课资源库，为青年就业创业提供咨询、授课、评审、项目指导等公益性服务。邀请知名专家学者开设“山西青年大讲堂”系列活动14场，参与青年达5000余人。为刑释人员帮教基地和春节留校困难大学生等捐赠30余万元的救助资金和物资。邀请中央国家机关青联委员“青春同行”志愿者艺术团赴重点工程一线慰问演出，并捐赠价值12万元的生活用品。

六、强化学习，从大力加强机关党的建设和干部队伍建设入手，完善自身建设

1. 大力推进学习研究。在开展好中心组学习、青年理论学习小组学习的基础上,团省委机关大力开展"青年讲坛"活动,全年举办"青年讲坛"20次,有10名部长和30名年轻干部登台主讲,全体机关干部参与,每周两个晚上集中学习,增进交流,提高素质。围绕共青团和青年工作的一些热点问题,机关干部分别领题组成调研组,分赴各地深入调研,撰写了《山西大学生思想状况调研报告》、《关于我省高校毕业生就业创业工作的建议》等专题报告。

2. 持续抓好组织建设。进一步调整和充实各直属单位党建工作力量,省编办正式批准成立山西青少年报刊社党委,青创中心和维权中心联合党总支正在积极筹建,机关和各直属单位党支部年度民主生活会进一步规范。进一步严把党员入口关,安排所有入党发展对象到省直分校参加入党积极分子培训。七一前夕隆重召开纪念大会,对党建工作进行总结表彰和安排部署。一年来,团省委系统有3名先进个人和1个先进集体受到上级党组织表彰,省直机关年度党建工作责任制考核组对团省委党的建设工作给予了高度评价。

3. 和谐机关创建活动丰富多彩。团省委以活跃机关氛围、推动和谐机关创建、凝聚力量为目标,开展了丰富多彩的活动。全年共举办包括联欢会、植树活动、踢毽子比赛、羽毛球乒乓球比赛、书法大赛、健步走在内的集中活动10次,为机关干部职工增进感情、加强交流创造了条件,受到了广大干部职工的好评。

4. 在干部培养选拔任用工作中,坚持注重培养、强化锻炼、严格程序、扩大民主,树立了正确的用人导向。一是注重培养。选派2名处级干部到县区挂职锻炼,1名处级干部到团中央挂职锻炼,2名干部参加援川工作,对6名机关年轻干部和5名直属单位年轻干部进行轮岗。二是严格程序。一年来,提拔使用了1名正处级干部、9名副处级干部,所有干部选拔任用都严格按照《党政领导干部选拔任用条例》和省委组织部关于干部选拔任用的相关规定进行了民主推荐、党组会议研究确定人选、考察、公示等程序,进一步提高了干部选任工作的公信度,所有干部的会议投票推荐和谈话推荐得票率均为100%。

5. 坚持团要管团,从严治团,对干部出现的苗头性问题和不良作风及时加以纠正。党组成员经常与所分管部门干部交流谈心,指出不足、明确方向。坚持严格要求,严格管理,不断推动作风转变,坚持每天早上做早操,经常进行党性观念和廉洁自律教育,坚持进行年度财务审计,努力形成团结向上、朝气蓬勃、奋发有为的良好风气。

内蒙古团的工作

全区各级共青团组织按照团中央、自治区党委的要求部署和自治区团的十二届二次全委会议工作安排,紧密结合实际,牢牢把握"两个全体青年"的要求,认真履行共青团的根本职责,进一步提高组织青年、引导青年、服务青年、维护青少年合法权益的能力和水平,团结带领广大团员青年为应对金融危机冲击,推动自治区各项事业的发展作出了应有贡献。

一、组织青年成效更加显著

1. 进一步加强团的基层组织建设。坚持党建带团建,开展了"党建带团建"工作专题调研，形成了《全区党建带团建工作调研报告》，并在《内蒙古党建通报》2010年第1期上刊发。落实《2008—2010年全区团的基层组织建设工作三年规划》，加强基层团组织建设，全区新建各类团组织791个，“两新”组织团建“十百千”工程联系点建团率达到84.4%。推进团建创新，组织了“全区优秀团建创新项目”评选表彰活动。开展了19个基层团建试点和20个乡镇苏木、街道团的组织格局创新试点工作，包头义工联团建工作被团中央组织部确定为“全国团建典型案例”。全区产业协会建立团支部（团总支）260个，建立团组织QQ群54个。印发了《关于在自治区青联委员和青企协会员企业中开展团建工作的通知》，召开了协调会，进一步明确了在全区青联委员和青企协会员企业中开展团建工作的主要任务。

2. 加大对基层的支持力度。自治区团委下拨经费和物资286.7万元，向101个旗县团委派遣了101名“西部计划”青年工作专项志愿者，在高校1000个团支部推行团干部兼任指导员制度。全面加强驻点干部指导和管理，选派50名团干部赴基层团组织开展驻点工作。

3. 加强团内民主建设。督促各盟市团委推进基层团委书记直选试点工作，并针对推进过程中存在的一些问题，加强督查指导，进一步规范了直选试点工作。120个基层团委全部完成了书记直选试点任务。

4. 加强团员和团干部队伍建设。按照建立增强共青团员意识长效机制的要求，稳步推进团员的教育管理工作，广大团员的组织观念和模范意识进一步增强，团员队伍不断壮大。进一步规范了各级团组织“举团旗、戴团徽、唱团歌、学团章、上团课、过团日”的团员日常教育活动。全年培训团干部3000余名，推进大学生“村官”、“西部计划”志愿者和“三支一扶”大学生兼任基层团干部。选派基层团干部分别到团中央机关、北京团市委、辽宁团省委和自治区团委机关挂职锻炼。

5. 积极推动列席工作。按照《党章》规定，落实旗县、乡镇团委书记列席同级党委常委会（党委会）工作，7个盟市党委组织部下发通知，68个旗县、314个苏木乡镇团委书记列席了同级常委会（党委会）。

二、服务青年措施更加得力

1. 积极促进青年就业创业。一是大力创建青年就业创业见习基地。全区创建青年就业创业见习基地554个，提供见习岗位11494个，7469名青年上岗见习，2324名青年正式被见习企业聘用。二是广泛开展青年就业创业培训工作。依托劳动部门认定的培训机构，充分发挥中介机构的作用，全区共组织培训青年61209人次。其中“青春建功新农村新牧区就业创业培训项目”城乡青年技能培训6278名，实现新增就业3734名，青年农牧民工创业培训2224名，帮扶青年成功创业1346名，培训农村牧区“两后生”1700名。举办“扬帆起航、青春创业”大学生就业创业讲堂、“挑战杯”竞赛和“青春新动力计划—大学生就业营”等活动，引导大学生转变就业观念，培育创新意识，培养职业技能。三是积极推进青年创业小额贷款工作。协调农村信用联社、包头商业银行、农业银行、邮储银行，出台了关于青年创业小额贷款的一系列政策。全区12个盟市全部启动了青年创业小额贷款项目，协议贷款金额2.35亿元，已落实贷款金额近两亿元，贷款青年10471人，贷款工作在服务青年就业创业的同时，进一步提升了团组织的影响力和凝聚力。自治区团委筹集700万元成立了内蒙古青年创业就业基金会。四是积极帮扶青年成功创业。全区各级团组织从共青团所联系、表彰的各类创业青年中，进行“一对一”帮扶，从创业立项、工商登记、贷款融资、市场营销、税收优惠等各个环节对创业青年进行“一条龙”跟踪服务，建立“一对一”帮扶对子518个，并在创业青年中培育174个“青年创业示范点”。

五是推行嘎查村团支书兼任基层劳动保障协理员工作，超过三分之二的嘎查村团支部书记兼任了劳动保障协理员。六是深化“百万青年出草原”行动，促进农村牧区青年转移就业、返乡青年农牧民工再就业。2010年1月4日，自治区政府主席巴特尔同志专门作出批示，充分肯定全区共青团促进青年就业创业工作。

2. 热诚帮助困难青少年，积极服务青年人才成长发展。希望工程全年筹集资金958万元，援建希望小学18所，帮助2389名大中小学生继续学业。继续配合组织部门深化博士服务团、“草原之光”硕士创业行动。深入实施“大学生志愿服务西部计划”，引导青年人才在服务基层、奉献社会中锻炼成长。评选表彰了“内蒙古十大杰出青年”、“全区五四红旗团委标兵”等一大批优秀青年和集体典型。

三、引导青年主题更加鲜明

1. 扎实开展“我与祖国共奋进，我与草原同发展”主题教育活动。抓住新中国成立60周年、“五四”运动90周年、少先队建队60周年等重大契机，继续深化“我与祖国共奋进，我与草原同发展”、“美丽的草原我的家”、“祖国发展我成长”等主题教育活动，成功举办了自治区“五四”运动90周年纪念大会。深入开展群众性爱国主义教育活动，按照“逐次推进、形成热潮”的原则，确定了八项重点活动，涵盖了“五四”、“六一”、“七一”、“八一”、“十一”等重大节日和重要时间节点，全区各级团组织共开展群众性爱国主义教育活动361次，直接参与人数达544.26万人。精心组织“青春草原·唱响红歌”主题活动，自5月分正式启动以来，先后走进高校、企业、军营、社区，直接参与人数达1.2万人次，与此同时，全区各地共青团组织也掀起了唱响红歌的热潮。

2. 深入实施青年马克思主义者培养工程。按照“合理布局、严格筛选、全面培养、发挥作用”的原则，不断增强青年马克思主义者培养工程的实效性，全区21所高校举办学校及院系一级菁英骨干培训班达45班次，累计培训2500多人。以国庆60周年大庆等重要节庆日和新疆“7·5”事件等敏感日为契机，进一步强化学校和院系一级大学生菁英骨干培训，确保学校安全稳定。同时，在大中学生中广泛开展“我与祖国共奋进，我与草原同发展”主题教育系列活动和“迈入青春门、走好成人路”中学生主题教育活动，在全区学生中开展了“我爱我的祖国—中华各民族青少年同心营”活动，引导中学生用中国特色社会主义核心价值体系武装自己。

3. 推进未成年人思想道德建设工程。认真贯彻落实胡锦涛总书记争当“四好少年”的要求，采取多种方式开展学习领会贯彻贺信精神活动，用儿童化的语言和少先队的教育方式在少年儿童中宣讲贺信精神，把胡锦涛总书记对少年儿童的殷切希望传达到全体少先队员中去，引导广大少年儿童在实践参与中亲身体验，在亲身体验中转化为实际行动。深化“养成道德好习惯，争做合格小公民”主题活动，开展了“过健康文明生日，反对圆锁陋习”主题活动，举办了“绿色上网我能行、红领巾抵制网络低俗之风”、“珍惜宝贵水资源，养成节约好习惯”主题教育活动。深化“手拉手”关爱留守儿童和进城务工人员子女活动，举办了“从草原来到天安门广场——京蒙两地小朋友手拉手爱国主义教育活动”，为全区5所进城务工人员子女小学捐赠了价值15万元电脑和图书。举办“一本书一个愿望”活动，号召社会热心人士为呼市3所学校的100名学生一对一捐赠书籍。动员全区各级少先队组织广泛开展“我与红领巾”活动、“红领巾心向党”活动和“祖国发展我成长”全区统一主题队日活动。

4. 加强青少年民族团结进步教育。举办了“爱国主义和民族团结教育形势政策报告会”，先后邀请了北京邮电大学民族教育学院特木尔巴根教授、中央民族大学民族学与社会学学院院长杨圣敏教授、中国社科院民族学与人类学研究所副所长黄行研究员、内蒙古农业大学研究生院副院长塔娜教授等深入区4所高校举办专题报告会，开展了“让爱伴我成长—我与民族同学的故事”主题征文演讲活动，引导青少年将民族团结的意识内化为内在修养和素质。

5. 积极推进分类引导青年试点工作。制定并下发了《内蒙古团委分类引导青年试点工作方案》，成立了工作机构，按照大学生、企业青年、进城务工青年、农村牧区青年、机关青年等五个类别确定了12个自治区团委直接联系的试点单位，明确了试点工作的时限要求、推进步骤和主要内容。配合团中央开展了分类别青年群体思想状况的问卷调查，承担并完成了四个类别共1000份问卷的调查任务。建立了分类引导青年试点工作负责人QQ群，召开了3次QQ群会议，深入到10个试点单位进行了调查了解，进一步统一思想、明确工作注意事项，交流工作经验，有力地促进了工作的开展。加强与宗教界青年群体的联系工作，组织了内蒙古佛教学校第二届暑期爱国主义教育暨佛教知识培训班全体宗教人士代表参观考察活动。

6.“传播‘绿种子’，倡导新风尚”文明短信大赛取得圆满成功。3—10月，联合自治区文明办、未保办、中国移动内蒙古分公司开展了“传播‘绿种子’，倡导新风尚”2009文明短信大赛活动。大赛设定了中国信心、青春励志、真情无限、信息生活等四个主线专题，并根据五四、六一、七一、八一、十一等不同重要时间节点设立了青春岁月、金色童年、心中颂歌、军营绿花、师恩难忘、祖国万岁等六个时段专题，短信传播总量累计达到了6300万条，蒙语短信传播量达到214万条。《中国青年报》在头版报道了区“绿种子”文明短信大赛取得的成果。

7. 深入实施青年志愿者行动。进一步构建组织层级化、成员属地化、服务扁平化的青年志愿者工作体系，完善各级青年志愿者协会和基层服务平台建设，推动青年志愿服务自组织发展，提高青年志愿者队伍专业化程度和服务能力，不断开拓新的服务领域，强化青年志愿者工作管理服务机制、组织动员机制和社会支持机制建设。认真做好西部计划项目实施工作，今年全区各基层项目办共申报服务岗位920个，西部计划新招募志愿者人数达到706人，进一步加强日常管理服务，为600余名西部计划志愿者参加公务员等考试落实了加分政策。成功启动了15届世界元老乒乓球锦标赛志愿者工作。

8. 举办第五届“思想草原”文化之旅大型系列讲座。邀请第29届奥林匹克运动会组织委员会执行副主席蒋效愚，北京师范大学教授于丹，中央电视台著名主持人白岩松、纳森在呼和诺尔草原和海拉尔作了精彩讲座，促进了地区文化事业的活跃，扩大了内蒙古学界与国内知名专家、学者的交流，对青年学生人生励志、创业导航、价值构建、观念提升等方面产生了积极影响。

9. 深化青年群众性精神文明创建活动。深入开展青年文明号创建活动，推动交通、公安、非行业等开展活动，对通信、电力等行业因重组青年文明号集体发生变化的重新考核认定。深化大学生暑期“三下乡”活动，组建了大学生建国60周年成就宣讲团、大学生科学发展观实践服务团、大学生基层医疗卫生服务团、大学生支教服务团大学生科技兴农兴牧服务团、大学生文化宣传服务团、新农村新牧区地方经济社会发展调研服务团、大中专学生自主创业实践服务团等全国重点团队17支，全区重点服务团队170支，据不完全统计，2009年全区近20万大中专学生志愿者投入实践活动。深化“保护母亲河”行动，进一步加大了对全区青少年生态环保教育的宣传、指导力度，团中央大青山项目顺利通过验收。

四、维护青少年合法权益机制更加完善

协调自治区人大、政协，对定期开展“共青团与人大代表、政协委员面对面”活动提出了

要求。自治区和各盟市团委分别以"青年就业创业"、"互联网与青少年健康成长"为主题,开展了"面对面"活动,推动形成了相关的人大建议和政协提案,产生了一定的影响。加大12355青少年服务台建设的投入,11个盟市开通了服务台,受理青少年咨询3万余人次,服务台影响力不断扩大。进一步完善"青少年维权岗"工作机制。充分发挥未成年人保护委员会办公室和预防青少年违法犯罪工作领导小组办公室的职能作用,开展了关爱服刑人员未成年子女活动,组织"一助一"、"多助一"等形式的结对帮扶,对服刑人员子女和12355案例当事人进行了慰问。

五、团属阵地得到进一步巩固,团的外围组织进一步活跃

内蒙古团校(内蒙古师范大学青年政治学院)实现了本科办学的新突破,"双基地"作用得到有效发挥,团干部培训规模进一步扩大,质量不断提高,同时完成了自治区党委组织部2009年干部自主选学试点工作。《内蒙古青年》、《花蕾》、《这一代》、《北方少年报》和"内蒙古共青团"网站等团属舆论阵地坚持弘扬主旋律,发挥了引导和服务青少年的作用。各级青联组织积极凝聚优秀青年人才,学联组织切实为广大学生学习成才服务。青年外事和统战联络工作不断活跃,加强了与周边国家、港澳台及区外青年组织的交流与合作,内蒙古青联北京联谊会开始发挥作用。

组织接待了"抓住机遇·共谋发展——中央国家机关青联委员内蒙古行"活动。组织了"内蒙古青联学习实践科学发展观赴巴彦淖尔市考察活动",举办了以"应对·聚力·开放——挑战与机遇中的青年力量"为主题的青年经济论坛,捐赠了价值30万元的图书,出资40万元捐建希望小学、青少年活动中心。组织了"警地情,边防行,内蒙古团委、青联赴乌兰察布四子王旗边防慰问活动",为基层派出所赠送四台笔记本电脑。为旱灾严重的通辽、赤峰、锡盟少数民族聚居地募集价值150万元救灾粮及饲草料。

辽宁团的工作

团辽宁省委全面贯彻落实科学发展观,紧密结合辽宁全面振兴的实际,切实履行团的职能,充分发挥团的作用,团结带领全省广大团员青年积极参与经济、政治、文化、社会和生态建设,务实创新,奋发进取,不断推动共青团事业取得新进步,实现了重点工作推进有突破,难点问题破解有探索,品牌工作深化有成效。

一、青年思想教育引导工作不断深化

1. 运用科学理论武装青年。围绕中国特色社会主义理论体系和社会主义核心价值体系学习教育,组织青年认真学习《六个"为什么"——对几个重大问题的回答》、党的十七届四中全会精神,引导青年树立坚定跟党走中国特色社会主义道路的信念。实施青年马克思主义者培养工程,着眼于马克思主义中国化、时代化、大众化,联合省委宣传部组织20位专家编纂《红色文化》系列丛书,强化青年对马克思主义理论的理解和认同。

2. 依托重大契机开展青少年思想引导。抓住新中国成立60周年、五四运动90周年、少先队建队60周年等重要契机,以"我与祖国共奋进"为主题,在青少年中广泛开展爱国主义教育活动、“祖国发展我成长”红领巾同行活动，弘扬了爱国主义精神，强化了党团队意识。

3. 积极开展青少年分类引导工作。针对大学生、进城务工青年、企业青年和农村青年开展思想状况调查，开展辽宁青年宗教信仰情况调研，形成专题报告。总结少年儿童教育规律和方法，编制《少先队素质教育新模式科研课题研究成果集》，为基层少先队工作者提供素质教育模式范例。着眼青年婚姻家庭实际，开展幸福生活教育，举办了集体婚礼、相亲大会、幸福家庭风采展等活动。发挥典型示范作用，选树了一批青年典型。

4. 扎实推进团属宣传舆论阵地建设。成立团省委宣传教育中心，调整《辽宁青年》、《新少年》办刊思路，加强了团属媒体与团队工作之间的联系。借助新媒体推动工作，加大网络建设的投入和开发力度；开通全国首家共青团12355手机综合信息平台，建立了从省到村（社区）五级团组织和青年组织数据库，录入信息14740条。充分运用广播电视等手段，以爱国主义教育、团队教育、创业、环保等为内容，制作歌曲、短剧、专题片等文化产品10余个。发挥省青年传媒工作者联谊会的平台优势，密切团队组织与媒体的合作，通过多种手段提高了社会对共青团和青年工作的关注，扩大了对青年的影响。积极参与“农家书屋”的建设和管理，在已建立的6335家书屋中，基层团组织参与管理2800余家。

二、引领青年为“保增长、保民生、保稳定、促振兴”作贡献

1. 组织青年开展岗位建功活动。倡导省直机关青年公务员增强服务意识，向基层提供优质公共服务。动员全省各级青年文明号中的青年，积极投身生产经营活动。着眼农村青年增收成才，扶持农村青年发展专业合作组织，积极参与现代农业建设。引导青少年通过“挑战杯”竞赛等活动提升科技创新意识。联合有关部门开展青工技能大赛，连续五次承办“振兴杯”全国青工职业技能大赛决赛并获得团体冠军，实现国家级一类竞赛“五连冠”。

2. 组织青年开展服务地区经济发展活动。发挥青联、青企协、高校的人才优势，实施辽宁青年服务县（区）域发展行动，先后组织300余名青联委员、青年企业家和专家学者，到阜新市、本溪市、台安县、康平县等20余个市、县（区）进行考察；探索青年组织的区域合作，推动沈阳、抚顺、本溪、营口四市联合开展青年企业家投资协作，签订合作项目16个，协议金额10.3亿元；举办东北东部十二市（州）区域青年合作发展论坛，为区域发展搭建智力、资金和信息平台。

3. 组织青少年积极参与生态辽宁建设。保护母亲河行动进一步深化。开展“节能、减排、绿化”教育实践活动，依托青少年减碳行动、环保设计大赛、植树造林等主题文化活动，从细节入手培养青少年的节约环保意识，引导青少年积极参与生态环保实践。2009年，在全团的努力下，团省委获得第六届中华宝钢环境优秀奖，成为全国唯一获奖的省级团委。

4. 全力推进青年就业创业工作。全省完成城镇实名制就业培训47757人，完成团中央首批进城青年农民工“订单式”技能培训2206人。联合省农村广播电视学校、省农业技术学校以及省农委、省财政厅、省人力资源和社会保障厅建立新型农村青年培训模式，完成农村青年培训66114人，直接帮助8034名青年在培训后实现就业。开发建设青年就业创业见习基地，从源头参与全省“千企万岗”就业见习行动，全省团组织共建立见习基地1478个，提供见习岗位9428个，安排见习15683人次。进一步做大做活省青年创业基金会，省市两级共募集资金4014万元，探索建立与国家开发银行、农信社、城市金融机构的合作机制，为创业青年提供小额贷款，已发放贷款13418万元；推动与市、县（区）级政府合作，为青年创业提供贴息、担保等服务。10个城市成立了青年创业促进会，建立青年创业服务机构598家，为市县两级团组织招募85名志愿者从事就业创业工作。继续深化YBC项目，建立企业家个体和学协会导师队伍，建立创业项目库，提供创业项目千余个。培养青年创业启蒙教育导师106名，推动33所高校设立KAB课程。据统计，共有3000余名青年获得资金扶持，5000余名青年得到导师辅导，12万青年接受创业培训，190万青年受到创业宣传的影响。在YBC全国首届年会上，辽宁省人民政府被授予“2009年度特别支持奖”，成为全国唯一获奖的省级政府。

5. 深入开展预防青少年违法犯罪工作。全省各级团组织充分发挥预防办职能，紧紧围绕全省新一轮“争创”全国综治工作先进省目标，着眼青少年法制宣传教育，重点青少年群体的教育、管理和服务，优化青少年成长环境；选派90名大学毕业生在25个县(区)开展青少年社会工作者试点工作；与服刑青少年开展全覆盖结对帮教，帮助失足青少年重新回归社会；针对服刑人员未成年子女心理特点，开展“隐蔽式”帮扶；开展重点青少年群体排查摸底专项行动，建立全省青少年重点群体数据信息系统；召开全省预防青少年违法犯罪工作会议，深入开展为了明天——示范县(市、区)创建活动，全省青少年违法犯罪上升趋势得到有效遏制。

6. 推动《辽宁省实施〈未成年人保护法〉规定》出台。依托省青少年法律研究会的专业优势，同时邀请全国未成年人保护法律专家，积极配合省人大有关部门开展立法论证、立法调研、起草修改工作，广泛征求各级团组织、有关党政部门、社会各界和普通未成年人的意见和建议。经过省人大常委会三次审议，于2009年11月27日正式通过并将于2010年2月1日起实施。着眼于未成年人成长发展中的突出问题和重点问题，《规定》规范了四方面保护的主要任务，明确了青少年教育保护委员会及其办公室的工作职责，使未成年人保护工作有法可依。

7. 认真做好青年群体的稳定工作。2009年是大事较多的年份，全省共青团从源头预防和基础工作做起，制定协助做好稳定工作调研方案和突发事件应急机制。团省委专门召开乡级以上团干部稳定工作电视电话培训会议，在全团形成了参与维护稳定工作的共识。特别是在重大事件中，全省团干部深入青年群体，发挥青年骨干作用，依托网络、手机、QQ群等载体，了解青年思想动态，化解潜在矛盾，宣传形势政策，表现出了较强的政治敏锐性和责任感。针对新疆“7·5”事件，举办《我国现行宗教政策》专题讲座，运用新媒体宣传民族宗教政策，开展民主法制教育和民族团结教育。

三、团的基层组织建设和基层工作在巩固中加强

1. 扎实推进团的基层组织建设。坚持党建带团建，深化工团联建，依靠政策，运用信息化手段推动团建。开发网络共青团基层团建信息管理系统，收录基层组织信息45万余条，提供建团方向和考量依据。扎实推进非公有制经济组织和新社会组织建团，全省已建立团组织4868家。加强与自组织的沟通、联系和合作，目前全省已联系青年自组织2856家，发展自组织290家，在自组织中建立团组织100余个。

2. 全力推动基层工作的规范和活跃。编印《新编辽宁省共青团工作手册》和《新时期团员读本》，选配100名团建工作指导员，帮助基层明确工作的职责、任务和方法。投入资金320万元，为基层团的工作配备207个青年志愿者。加大基层团干部培训力度，全年举办各级各类培训班170余期，培训11080余人次。开展团干部交流挂职，先后安排30人到团内外系统挂职锻炼。按团中央要求，选派62名团干部驻县指导工作，推动87个基层团队组织试点，7个乡镇、街道团的组织格局创新试点和11个分类引导青年试点工作。加大了省本级向基层资源倾斜的力度，争取相关政策、提供资金和物资，折合价值4000余万元。

3. 团的工作机制进一步完善。建立团内民主决策机制，对重大事项向全委会进行通报和征求意见。同时，面向有关部门、青年群体、社会各界广泛征求对团的工作和青年事务的意见和建议。建立了共青团与人大、政府、政协相关部门的沟通协调机制、青年舆情信息反馈机制、团的工作考评机制和市级团委年中述职制度。

4. 认真开展"走进青少年"实践活动。将活动作为学习实践科学发展观、加强团干部作风建设和维护社会稳定的重要形式，使广大团干部更广泛地接触了普通青年，密切了与青年群众的感情，进一步改进了工作作风，提高了群众工作水平，增强了扎根群众的基本功。值得指出的是，一些城市和单位还结合本地实际，探索了共青团与普通青年建立长期联系的工作模式。据不完全统计，全省近2万名团干部深入基层和青年生产生活一线，走访青少年816740人次，协调解决问题16673个。

同时，青年志愿者工作向专业化、项目化、规范化方向发展，服务领域进一步拓展，首次承办中国青年志愿者海外服务计划，向非洲两个国家派出26名青年志愿者。青年外事工作实现新发展，全年共接待美国、英国、非洲等33个国家和地区的青年代表团，派出21批130余名各界青年代表赴美国、俄罗斯等国家和地区交流访问，对外交流工作的领域、内容和成果均取得了突破。省青少年发展基金会全年筹资2188万元，资助贫困青少年23138人次。

吉林团的工作

团吉林省委团结带领全省各级团组织和广大团员青年，坚持"一手抓带领青年成才创业促吉林全面振兴，一手抓团的建设促团的事业全面发展"的工作思路，围绕中心，服务大局，积极探索，勇于创新，团的各项工作取得了显著成效。

一、以学习马克思主义中国化最新成果为统领，青少年思想政治教育取得新成效

1. 扎实推进教育引导青少年工作。全面启动分类引导青年试点工作，对全省试点工作有关安排进行了动员部署。积极组织试点单位的青年认真填写调查问卷，选取一定数量的青年进行一对一访谈，掌握青年思想动态，为分类引导青年试点工作打下坚实基础。以纪念五四运动90周年、庆祝新中国成立60周年为契机，不断深化"我与祖国共奋进·创业成才促振兴"主题教育实践活动，从学理论、抓实践、树典型三个方面入手，举办了"唱响青春之歌弘扬五四精神报效伟大祖国"——纪念五四运动90周年主题歌会等活动，教育引导广大青年用社会主义核心价值体系武装头脑。以纪念建队60周年为契机，深入学习贯彻胡锦涛总书记致中国少年先锋队建队60周年的贺信精神，广泛开展"祖国发展我成长"主题教育活动，帮助少年儿童了解新中国成立以来经济社会发展的巨大变化和取得的辉煌成就，引导他们树立坚定跟党走中国特色社会主义道路的理想信念。

2. 深入实施青年马克思主义者培养工程。深入贯彻落实《吉林省高校学生干部培养计划》,构建更加科学规范的“青年马克思主义者”培养体系。举办了2009年吉林省“百期万名大学生骨干”培训班,选派14名优秀学生骨干参加全国大学生骨干培训,4名骨干代表赴国外考察实践。建立了省、市、校、院系四级大学生骨干人才库。举办首期青年理论骨干培训班,开展了“青年马克思主义者与商务精英文化沙龙”活动,扎实推进理论骨干培训工作。五四期间在中学生中广泛开展了14岁“迈入青春门,走好成人路”、16岁“公民意识”教育和18岁“成人仪式”等主题教育活动,增强了中学生的爱国情感、公民意识和社会责任。

3. 切实加强青少年活动阵地建设。继续加强思想政治教育的统领作用,加大对团属青少年活动阵地进行全面检查和集中治理,彻底清理整顿了被挤占、挪用、租借的活动场所,扩大了青少年的活动空间。积极做好团属未成年人活动场所调研活动,制定下发调研提纲,形成专题调研报告。积极为阵地建设争取资金,指导各阵地开展未成年人教育活动,并予以广泛宣传报道。全年向团中央、财政部申请青少年活动阵地建设经费300余万元,促进了青少年教育活动阵地建设。

4. 充分发挥青少年典型的模范带动作用。深入挖掘、表彰、宣传在全面建设小康社会伟大历史进程中做出突出业绩和重大贡献的吉林青年典型。23名大中学生分获全国“三好学生”和“优秀学生干部”,12个集体荣获优秀班集体称号。组织开展了第六届“吉林青年五四奖章”、第六届“吉林省十大杰出青年”、第三届“吉林省高校毕业生十大创业先锋”、第三届“吉林青年创业奖”、第十一届“吉林省十佳少先队员”、第八届“吉林省十佳少先队辅导员”、第二届“吉林省十大杰出志愿者、十大杰出志愿服务集体”等评选活动,表彰了2008年度全省五四红旗团委、团支部,全省优秀共青团员、团干部。通过多层次、多渠道选树青少年典型,充分发挥了典型的示范带动作用,激励和引导广大青年积极投身社会实践。

二、以满足青年迫切需求为着力点,促进青年就业创业工作取得新业绩

1. 全面建设“青年就业创业见习基地”。在省内企事业单位中广泛建立青年就业创业见习基地,现全省已建立了包括第一汽车集团、吉林省联通公司、中国新闻社、中国黄金集团等国家级见习基地265家,省级182家,市级91家。坚持“属地协调、动态管理”原则,根据岗位需求情况和青年意愿,组织各级团委做好见习青年招募、见习岗位对接和管理工作。同时,在团省委网站上开辟专栏,建立见习基地工作网络管理系统,逐步实现基地申请、岗位信息发布、见习人员报名等工作的网络化运行模式;在《吉林团情》增设“见习之窗”专栏,逐期刊登见习基地岗位用工信息,畅通了信息传达渠道。现全省已有16930名青年参加见习,2127名青年见习后被见习单位正式聘用。

2. 稳步推进“吉林青年创业园”建设。积极联合省直有关部门及在长各高校科研院所建设“吉林青年创业园”,有针对性地提出创业导师指导、导航企业带动与团干部帮扶相结合的“3+N”服务模式。建立健全了创业园建设、认定、评价及青年创业团队入园、服务和政策落实等各项工作机制。首批聘请60余位党政领导、专家学者担任创业导师,推荐63家实力强、富有社会责任感的域内外企业作为导航企业,选拔45名团干部协调服务。建立和在建吉林青年创业园朝阳园区、高新园区,总面积2.6万平方米,其中朝阳园区已有入园企业48户,经营涉及科技软件信息、广告文化传媒、节能环保、电子电器、农产品发展等多个行业。注册成立了吉林省青年创业服务有限公司,为创业企业提供“一站式”注册登记、“全方位”培训引导、“3+N”结对帮扶等配套管理和服务工作。

3. 成功设立“吉林青年创业就业基金”。积极争取省委、省政府和社会各界的支持,注册成立了吉林省青年创业就业基金会。基金会已广泛筹集社会各类资金近3000万元，资金总量居全国次席。为青年创业者提供无抵押、低利息的小额借款扶持；提供贴息支持，帮助他们启动创业项目；提供必要的技能培训和政策信息支持，使之提高风险防范意识，降低企业创业成本。组织召开了青年创业就业基金会第一届理事会第一次会议，制定了基金会各项管理规章，确定了基金会发展方向，基金会各项工作已逐步走上正轨。

4. 深入实施吉林青年创业小额贷款项目。积极协调省农村信用联社和省农业银行共同实施“吉林农村青年创业低息小额贷款项目”，全省累计发放小额贷款8.717亿元，接受贷款青年达到32950人，在贷款总量和惠及青年人数上均居全国前两位，初步形成了信用贷款型、青年互助型、产业带动型、政府扶持型、社会帮扶型五种小额贷款工作模式。与省农行联合下发了《关于进一步加强合作服务农村青年创业就业的实施意见》，形成支持基层团组织和帮扶青年的有效机制。协调中国银行、招商银行和省农行3家金融机构分别与省青年企业家协会签署合作协议，提供总计达200亿元的信贷额度，助力青年企业家创业发展。

5. 广泛开展青年就业创业服务和培训工作。集中开展了“青年就业创业服务月”活动，以在校大学生为主体，深入实施“大学生青春创业行动”。举行了“信心09·牵手学子就业创业进校园”大型招聘会，省内近300家单位提供了就业岗位近3000个，见习岗位500余个。举办“2009年共青团吉林省委携手东北师范大学服务大学生就业创业专场公益招聘会”，300家企业为学子们提供了教育、科技、医药、企业、文艺等14个领域的近3000个用工岗位。结合市场的需求和变化，联合劳动部门开展SYB、SIYB培训，提高青年的创业能力。实施进城务工青年发展计划，依托吉林省团校对611名进城务工青年进行“订单式”技能培训项目。组织开展了“共青团农村青年春季培训行动”，组建了“农业专家指导团”和“十杰青年农民指导团”，深入农村开展技术讲座和现场指导服务，创建农村青年技能培训基地60家，累计培训农村青年39157人。

三、以服务中心工作为主线，推动全省经济社会发展作出新贡献

1. 积极搭建经贸合作平台。以“品牌战略与区域经济发展”为主题，成功举办“中国青年企业家北大湖论坛”。吸引全国各地200余名青年企业家出席，邀请著名经济学家艾丰作了《品牌发展战略与区域经济发展》专题报告，联合有关部门评选了“吉林青年十强品牌企业”，引导青年企业家走品牌兴企之路。积极主动为中国·吉林东北亚投资贸易博览会助力，以“青年创业与区域经济发展”为主题，成功举办“东北亚青年企业家发展论坛”，广泛邀请韩国、香港及内地优秀青年企业家，通过论坛研讨、实地考察、项目对接等多种形式，搭建与境域外优秀企业家沟通交流的平台，服务省经济的快速发展。配合省委、省政府“2009年香港—吉林经贸交流合作周”活动，以推动吉港青联组织务实经济合作为主题，在香港成功举办“吉港青年才俊经济高峰会”，吉港双方签署了《香港青年精英服务吉林经济社会发展框架计划书》、《吉林省青年联合会服务香港青年精英发展框架计划书》、《吉港青联合作协议书》三项具有现实意义的合作协议。为两地青年企业家提供了更大的合作空间和更多的发展机遇，使吉林省成为与香港青年交流合作最为活跃的省份之一。通过冬夏品牌互补和内外互动的交流平台设计，为振兴吉林做出了积极贡献。

2. 不断深化青年科技创新行动。成功举办2009年“挑战杯”吉林省大学生课外学术科技作品竞赛和大学生科技作品展览，共有26所高校上报作品197件，参与人数达3万多人。在第十一届“挑战杯”全国大学生课外学术科技作品竞赛中，吉林省取得了突破性的好成绩，其中有33件作品进入总决赛，荣获特等奖2件，一等奖2件，二等奖5件，团省委再次荣获全国优秀组织奖，7所高校获全国校级优秀组织奖，长春工业大学捧得全国“优胜杯”。联合省科协共同举办第24届“吉林省青少年科技创新”大赛，评选表彰684件作品，2名学生获第六届全国青少年科技创新奖。在开展科技创新活动中，按照推荐一批创业项目，培养一批创新人才，建立一批创业实践基地的模式，突出自主创新，青少年科技创新活动体系不断完善。

3. 大力推进青工技能振兴计划。联合有关部门在全省开展了“青年安全生产示范岗”和“青年岗位能手”评选活动，切实提高青年职工安全生产意识，岗位技能和创新能力。积极引导广大青年职工立足岗位，提高本领，为企业安全生产和创新发展做出贡献。有计划、有步骤地开展了“节能减排示范岗”创建活动，以青年职工为主体，以节能生产示范为导向，通过开展节能教育、技能培训、节能竞赛等活动，广泛引导青年勤学技术，苦练技能，争当节能减排的行家里手，促进企业生产效益与环境效益不断提高。

4. 积极投身社会主义新农村建设。深入推进“吉林省新型农村青年带头人成长计划”，重点联系、扶持了一批农村各级各类青年创业致富带头人，储备了一批推动乡村发展的青年骨干力量。从吉林省农村专业合作社、行业协会、农牧产品生产和加工企业中选择和建立了一批返乡青年农民工创业创富示范基地，组织开展返乡青年农民工创业创富示范基地试点工作。大力开展“青少年绿色家园”建设活动，广泛宣传“绿色和谐，你我同行”的绿色服务理念，着重树立了一批创建比较规范、发挥作用比较明显的青少年绿色家园示范点，收到了良好效果。

四、以推动和谐吉林建设为突破口，社会化动员青年的方式实现新拓展

1. 扎实开展志愿者工作。加强志愿者注册管理，注册志愿者达到39万人，县级志愿者协会120个，建立各类规章制度10余项，完善了志愿服务工作的管理体系。继续实施大学生志愿服务西部计划，共招募226名志愿者赴宁夏、四川和省内各县开展志愿服务。同时，还招募了60名基层青年工作专项行动志愿者到县级团委工作学习，补充基层团委力量。开展了“爱在吉林”系列主题活动，指导成立了东亚志愿者联盟、安利（吉林）志愿者协会等5个专项志愿者组织。招募选拔1024名志愿者为第五届东北亚博览会提供志愿服务，召开了省少先队志愿辅导员协会第二次会员大会。同时，大力拓宽了宣传渠道，普及了志愿服务理念，树立了志愿者事业科学发展的良好形象。

2. 全面推进青年和谐文化和职业文明建设。集中精力开展了第三届东北亚青年文化艺术节、大学生校园文化艺术节、乡村青年文化节、阳光体育运动等活动。在全省范围内启动了“青少年流行音乐文化建设工程”，依托省内优秀音乐创作团队，精心打造了一批青少年喜爱的优秀音乐作品，推出了中国首张青少年流行音乐唱片《阳光之声》，丰富了青少年文化生活，展示了当代吉林青年蓬勃向上的青春风貌。创新开展青年文明号活动，重点深化了各级青年文明号的日常监督和管理工作，召开清查行动总结大会和青年文明号创建活动推进会，加强青年文明号评审、复核、检查工作，规范了青年文明号的创建标准。

3. 深入实施希望工程。积极争取各方资源为吉林省农村地区援建“希望小学”。立项新建“希望小学”17所，已竣工11所，立项援建6所，总捐助资金430万元，总建校投入资金1200余万元。开展了“希望工程圆梦大学”活动，建立希望工程关爱基金等多种助学金、奖学金，资助600余名困难大学生完成学业。

开展“希望工程”图书室援建行动，全年共筹集书款20余万元，图书1.5万余册，在吉林省建立希望工程图书室40座。同时，还对捐资通道进行了立体构架，在原有银行系统捐资渠道基础上开辟了网络、电话等多元通道。

五、以解决青少年成长发展中的突出问题为根本，服务青少年的能力有了新提高

1. 大力加强青少年素质教育。广泛开展少先队员体验教育活动，先后有三批共2150名少先队员代表参加了体验教育活动，广大少年儿童参与实践，反复体验，培养了勇敢、自尊、健康的品格。大力推进大中学生素质拓展计划，坚持第一课堂与第二课堂互通互动，普遍提高中学生的人文素养和科学素质。联合省委宣传部等部门开展以“高扬爱国主义旗帜，服务科技发展大业”为主题的“三下乡”和“校技服务计划”等社会实践活动，确定47所高校联系400个村作为实践基地，建立国家和省级各级各类大学生重点服务团424支，深入基层一线开展社会实践活动，引导大学生主动了解信息、了解市场、了解农村，把参加社会实践与增强自身素质充分结合起来，全面增强大学生的社会实践能力。

2. 竭诚服务困难青少年群体。深化“手拉手红领巾书屋”捐建活动，全年共创建“手拉手红领巾书屋”78个，书架630个，书角5530个。“六一”前夕开展向四川黑水县灾区献爱心活动，捐赠价值30万元物资、20万元助学金和500张青少年流行音乐唱片。开展“情系巴蜀学子·播撒阳光之声”——团省委纪念汶川地震一周年校园捐赠活动，为200名在长就读的羌族学生捐赠学习书籍、青少年音乐制品和文体用品。继续实施“温暖学子”工程，春节期间，向全省32所高校千名大学生捐赠了2000余张“爱心火车票”，发放了亲情电话卡及慰问金等，提供了勤工助学岗位3700余个，给予困难学生实实在在的关心与帮助。

3. 拓宽青少年普遍性利益诉求渠道。组织开展“共青团与人大代表、政协委员面对面”系列活动，创新维护青少年合法权益与引导青年有序政治参与相结合的有效载体。举办了“与人大代表、政协委员共话吉林青少年成长成才座谈会”，邀请省人大、省政协的相关领导和人大代表、政协委员与各界青少年代表围绕就业创业和青少年权益维护等问题进行了深入的交流和探讨，并聘请部分人大代表、政协委员为吉林省首批“青少年事务顾问”，聘请部分专家学者为“青少年维权专家”。全力推进12355青少年服务台建设，扩大服务台在省内的覆盖面，拓展法律维权、心理咨询等实用功能，努力掌握和解决青少年反映的普遍性侵权个案，更好地服务青少年健康成长。

4. 切实维护青少年合法权益。充分发挥省综治委预防青少年违法犯罪工作领导小组办公室的工作职能，组织召开了“省预防青少年违法犯罪工作领导小组2009年第一次工作会议”，调整了预防青少年违法犯罪工作领导小组及办公室成员，明确各成员单位工作职责和全年工作任务考核办法，为切实做好预防青少年违法犯罪工作提供机制保障。联合省高法、省检察院等十五个部门出台了《吉林省创建优秀“青少年维权岗”管理办法》，组织开展了维权岗培训，评选表彰了省级优秀维权岗集体及个人，积极维护了青少年的合法权益。联合有关部门共同开展“法律伴我成长”主题教育宣传活动。通过组织学生现场听法、邀请法官现身说法、加强学校日常普法和指导教师认真学法的“四法”活动形式，积极探索青少年法制教育的长期化、制度化和教育形式的多样化、趣味化。以“6·26”、“12·1”等纪念日为契机，积极开展禁毒、防艾等宣传教育活动，营造有利于青少年健康成长的社会环境。

六、以加强基层组织建设为重点，团的自身建设跃上新台阶

1. 广泛开展“基层组织活力年”主题实践活动。全省各级团组织积极行动，通过抓示范点的方式重点抓农村产业协会建团和“两新组织”建团，新兴领域的团建工作得到进一步增强。通过开展“活力在基层团日竞赛”、基层团建工作目标考核等活动，使基层团委的目标考核制度和组织生活制度得到进一步规范。通过启动“五四红旗团委（团支部）”与农村基层团组织结对、共建活动，使基层团建整体推进的机制得到进一步完善。着力推进民办、中等职业学校团组织建设工作，进一步巩固学校团组织建设。积极加强团干部培训工作，全省各级团组织共举办各级各类培训300余次，培训各级团干部6100余人次，团干部队伍素质得到了一定程度的提高，基层团组织工作的活力进一步增强。

2. 以最大的决心和力气推进团的基层组织建设和基层工作。选派两批共35名地市级以上团的领导机关干部派驻到县级团委指导工作，组织召开了两次总结培训动员会，一次中期总结调度会。同时，制定了四项管理、考核制度，进一步规范了派驻干部工作。派驻干部深入基层、深入青年，新建各级各类团组织90余个，协调发放青年创业扶持资金2000余万元，为青年创业争取贷款优惠项目120余个，建立青年就业创业见习基地12家，为青年提供就业岗位1800余个，筹措各项资金和物资价值合计300余万元，圆满完成了派驻工作任务。积极推进基层团建试点工作，在征求各基层单位意见基础上，制定并下发了《吉林省共青团、少先队基层组织建设和基层工作试点工作方案》和《吉林省乡镇、街道团组织格局创新试点工作方案》，各级团组织结合本地区、本行业团建工作实际，积极落实各项工作任务，组织召开了试点工作中期总结暨基层组织建设推进会，进一步推进试点工作的深入开展，增强了基层团委的工作力量，拓宽了基层团委联系青年和整合资源的渠道，发挥了基层团委在基层工作中的重要作用。

3. 深入实施吉林省青少年发展研究计划。完成了2008年度吉林省青少年发展研究计划的结项评审工作，集结整理29项研究成果，编辑出版了《2008年吉林省青少年发展状况白皮书》。启动实施2009年度青少年发展研究计划，规范深化评审程序，推动了对新形势下青少年和青少年工作的研究。

4. 不断强化机关和团干部队伍建设。针对性地开展学习实践科学发展观后续活动，并将“回头看”活动作为工作重点，力求不断深化学习实践活动成果。理论中心组组织开展了十七届四中全会学习活动，紧密联系实际，把党员干部的思想和行动统一到十七大和十七届四中全会确定的各项任务上来。积极开展形式多样、内容丰富的文化体育活动，机关氛围进一步活跃。努力打造机关建设品牌，继续组织开展了“人人论坛”、“知名人士进机关”和“文化沙龙”活动，提升了学习层次、扩充了知识容量，进一步提高了机关干部的综合素质。

省青联、省学联、省青企协和各类青年社团组织不断健全和壮大。成功召开吉林省学生联合会第八次代表大会，选举产生了新一届学生联合会，制定了省学联未来五年的工作任务和目标。青年外事工作全面活跃。先后接待来自日本、韩国、埃及、尼日利亚等20多个国家和地区的10个青年代表团，170余人次。培训、选派优秀青年代表150余人次，随中国青年代表团出访美国、德国、印度等国家和地区，拓宽了对外交流渠道。组织吉林青年代表团访问香港、澳门和台湾，加深了与港、澳、台青年组织的联络和友谊。省团校、省青年旅行社、省青少年报刊总社、省青少年发展中心、省少先队事业发展中心、省青少年宣传教育中心等单位的改革和发展不断深入，团属各事业单位职责更加明确、国有资产质量进一步提高，团属事业工作环境实现新优化，服务社会、服务青年、服务共青团的作用和影响力不断提升。

黑龙江团的工作

黑龙江省各级团组织按照“强基础、谋长远、求创新、促发展”的工作方针和“建功与育人并重,活动与建设并举”的工作原则,收缩战线、大胆创新、合力攻坚,全省团的工作呈现出重点突出、整体活跃、协调发展的良好态势,六项重点工作成效显著,其他各项工作也取得了积极进展。

一、全面推进青少年思想“铸魂”工程

1. 大力推进青年马克思主义者培养工程。与省委组织部、省教育厅联合召开了青年马克思主义者培养工程专题推进会,会上成立了省青年马克思主义者培养工作理论研究会,组建了导师团,确定省级研究课题18项,将青年马克思主义者培养工作推上了新的台阶。全省各高校团组织通过组织理论培训、课题研究、社会实践等规范化的培养环节和手段,全年共轮训大学生骨干1万余人次。

2. 开展“关注48个生活细节”少年儿童良好品德和行为习惯养成教育活动。活动启动前,我们邀请知名儿童心理学家和教育工作者共同参与科学确定了48个少年儿童学习生活中的关键细节,并印制下发了活动指导手册。活动开展过程中,我们遵循“试点先行、逐步推开”的工作原则,确定了全省第一批48所试点学校,并积极探索活动载体,认真积累工作经验。联合省教育厅、省少工委召开了此项活动的专题推进会,在全省小学生中评选了百名“好习惯之星”,交流推广了试点学校的宝贵经验。一年来,这项活动的省级示范学校已增加到258所,覆盖到省内全部城市小学和部分乡镇小学,获得了学生、家长和社会各界的广泛关注和高度认可。

3. 深入实施青年文化建设工程。加强青年文化阵地建设。依托青少年宫协会加强对青少年宫的管理,发挥校外教育的主阵地作用,开展各类文化活动。同时,协调相关部门免费开放爱国主义教育基地,为青少年提供服务。探索依托农家书屋、文化大院的建设管理,活跃农村青年文化生活。充分运用新闻宣传手段,重点发挥团属《新青年》、《小雪花》等报纸杂志在青年文化建设中的作用,加强对青年文化的宣传和引导,营造积极向上的青年文化氛围。加强青年文化活动建设。以创建优秀青年学习组织为牵动,引导和激励青少年好读书、读好书、读书好,开展“好书伴我成长”主题读书教育活动,着力培育以青少年为主体的社会读书氛围。与省教育厅、省文化厅联合开展青少年文化公益大讲堂活动,通过举办知名专家学者和社会各行各业领军人物及先进典型人物的主题讲座,面向社会青少年传播先进文化,找到学术文化和青年文化的最佳结合点,举办“青少年文化公益大讲堂”9讲。依托网络载体,与黑龙江省门户网站东北网联合开展了“我眼中的黑龙江”图文大赛。与新华社联合创办的《龙青手机报》正式开通,在办报理念上,强调分众化、个性化,陆续推出团务版、校园版等。在栏目设置上以“共青团讯”、“社会观察”、“青年锐点”等为依托,主动占领新媒体舆论阵地,切实加强对青年思想的正面教育,实现传统的“有声”引导与新媒体领域的“无声”引导相结合。

4. 扎实做好分类引导青年试点工作。全省11家试点单位坚持把探索创新贯穿于分类引导青年试点工作的始终,认真总结引导青年的有效途径和载体。大庆油田有限责任公司发挥网络的作用,公司所属各二级单位团委全部建立了共青团网站,广泛建立了支部网络博客、QQ群等。黑龙江东方学院搭建了联系学生的手机短信平台,把党和国家的方针政策、就业信息及时编辑发送给学生,引导学生关心国家大事,理解国家政策,增强使命感。此外,一重集团公司聘任"青年政治辅导员"、哈尔滨市南岗区龙泰社区成立"农民工团支部"、哈尔滨银影学校"走进学员内心世界"等做法,都收到了很好的效果。

二、深入实施团建创新工程

1. 全力做好团干部驻点工作。全团驻点工作开展以来,我省已派出三批共 95 名驻点团干部。为确保驻点工作落实,采取电话抽查、重点项目备案跟踪、开设网络专栏和 QQ 群等措施,着重加强了对派驻干部的督导管理。目前已进行了 5 次全覆盖电话检查,开展了 2 次实地督导,进行了 2 次团内通报。推动基层有关部门出台政策类支持 20 余项,协调物资类支持达 223 万元。

2. 扎实开展基层团建试点工作。依托团建创新工程部门联席会议,对试点工作进行统筹协调推进,确定了由团省委组织部牵头统筹、各相关战线部门具体联系指导的责任制,省、市两级团委都按照分类指导、对口负责的原则,设置了试点工作指导员。在每个试点单位内部,确定了 1 名联络员。每个试点单位都确定了 1 名市(地)团委班子成员进行联系指导。针对每个试点单位都成立了一个课题组,由团省委战线部门负责人任组长,省、市两级的指导员、试点单位的联络员作为课题组成员,以课题制形式推进试点工作。

3. 开展"'两新'提速"活动。年初以来,牢牢把握"两新"组织这个建团增长点,着眼于进一步扩大基层组织覆盖,在开展全省"两新"组织"实名制"团建情况大普查的基础上,提出了全年"两新"组织建团在现有数量上提高 30% 的目标。经过努力,全年新建"两新"团组织 697 家,提前半年完成了既定目标任务。一年来,全省"两新"组织建团达到 1445 家,占全省"两新"领域建党数的 34%。

4. 开展"包县包村"活动。为了进一步加强对基层的指导和服务,作为对团干部驻点工作的配合和深化,大力开展了包县包村活动,组织机关 13 个部门和 13 个市(地)团委,与全省 26 个县(市)团委结成了团建包扶对子,推进县级团的组织建设和重点工作;组织省、市、县三级团的领导机关共 559 名干部,每名干部一对一包扶 1 个村,采用集中蹲点驻扎与建立长期联系相结合的方式,深入基层了解实际,指导基层工作,发现树立典型,总结推广经验。

5. 开展"双岗双责"活动。针对社区团的工作力量相对较弱、工作开展难、整体不活跃的问题,启动实施了全省团干部进社区"双岗双责"活动,通过推进社区团建、扶助弱势群体、帮助青年就业创业、活跃文化生活等方式,促进社区团的工作全面活跃。活动开展以来,全省已有 2500 名团干部进入 2100 多个社区,社区建团率达到 86%,提高了近 30 个百分点。下半年,着重加强了督促、指导,整合共青团资源为挂职团干部顺利开展工作创造条件,每个街道明确了一名团干部担任挂职社区所属街道"双岗双责"挂职团干部协调员。街道挂职团干部协调员定期召开街道所辖各社区挂职团干部工作会议,了解掌握每名社区挂职团干部的工作情况,协调、联系、指导街道所辖各社区团干部"双岗双责"工作。

6. 开展"场县共建"活动。针对全省 67 个县(区)1085 个乡村与农垦 9 个分局 113 个农场地缘相连、优势互补性强的实际,立足于实现"资源共享、优势互补、区域联动、共同进步",突破场县团组织传统的组织管理、思维方式和工作模式的束缚,积极与省农垦总局协调,联合下发了《关于在全省开展共青团场县共建工作的意见》,在全省范围内启动了场县共建活动。一年来,全省场县共建对接单位已达到 84 个。互派挂职干部 37 人,青年农机代耕作业面积达到 1600 万亩,共建团组织共同培训青年农民5.5万人次,建档共同培养的青年能人达到7200人,成立覆盖场县地域的青年合作经济组织300余个。

三、扎实开展“新希望·新未来”百所希望小学援建行动

在行动开始之初,一方面对筹资方式、学校选址、外观设计、工程质量监督等重点问题进行了广泛深入调研和超前细致谋划,另一方面迅速启动,把募集建设资金作为重中之重,利用各种方式向社会宣传动员,通过各种形式最大限度地调动社会力量、整合社会资源,努力克服国际金融危机、汶川大地震后社会可用援助资源减少等不利因素的影响,发挥团组织联络广泛的传统优势和团干部为农村教育发展贡献力量的高度热情,最大限度地调动企业和社会力量,筹款足迹遍布全国经济发达地区。与黑龙江电视台《新闻夜航》栏目组合作,在电视媒体上对百所希望小学援建行动进行连续深入报道,引起了社会的高度关注和群众的广泛响应。经过团省委和各市(地)团委的不懈努力,到2009年10月,总筹资额达到4135万元,提前1年超额完成了募集4000万元建校资金的计划目标。同时,省青基会和各地团组织以高度负责的态度,把好希望小学建设关。积极与教育部门沟通,根据乡(镇)长远规划和教育总体布局,对援建的希望小学进行科学规划。聘请哈尔滨工业大学设计学院的师生对希望小学的建筑结构和外立面风格进行了统一的专业设计,反复论证确定了13种符合教学需要和儿童心理需求的设计方案。严格工程管理,建立了科学周密的建设项目审批和监督制度,精心选择具备较高资质和优良素质的施工队伍,在社会上聘请了希望工程义务监督员,对希望小学的建设和管理进行全程监督,确保每所希望小学都达到建设标准。截至去年年底,100所援建希望小学中已有62所竣工投入使用,其余38所也在紧张施工当中。百所希望小学援建行动得到了省委主要领导同志的高度关注,吉炳轩书记曾几次过问并作出批示,对全省团组织给予了亲切鼓励和高度肯定。省青基会因在这项行动中的突出贡献,荣获“2009·感动龙江”优秀集体称号。

四、全面推进青年就业创业行动

1. 全力推进青年就业创业见习基地建设。积极推进青年就业创业阵地建设,以青年见习基地为抓手和突破口,延伸和扩大各类阵地建设,最大限度地为青年提供就业创业见习岗位,为青年提供就业创业的广阔舞台。一年来,共建立各级见习基地537个,提供见习岗位1.5万余个,5000余名青年参加见习,400余人被见习单位正式聘用。

2. 大力开展青年职业技能培训。在培训方式上,注重了解青年的培训需求,结合青年自身特点,有的放矢地开展职业技能培训,帮助青年学习新知识、掌握新技能,勇于投身创业实践。在培训内容上,突出操作技能、市场适应力训练和职业指导教育,重点培养市场需求量大的专业人才和企业急需人才,逐步形成“市场引导培训,培训促进就业”的良性循环。一年来,举办青工岗位技能培训195场,培训青工1.5万余人。

3. 全力筹建青年就业创业基金。通过借助省青联和省青年商会平台,向青年企业家募集资金充实基金;向省内中省直大中型企业和社会各界有识之士公开募集和其他合法捐助等方式,全力筹建青年就业创业基金。一年来,在已向社会各界募集4000余万希望小学建设款的前提下,又筹资400万元,成立了省青年就业创业基金会。

4. 全面开展青年就业创业的具体服务。提供信息服务。与劳动、教育、人事部门联合,通过设立宣传板、发放宣传单、举办就业大集、开展大学生一卡通、青年企业家进校园等活动,及时发布各类用工信息。提供政策资金服务。全面推进青年创业小额贷款工作。积极与省银监局、商业银行等部门沟通协调,与省农村信用社、省开行、哈尔滨商业银行、邮政储蓄银行沟通和联系，在符合国家有关政策、法规的条件下，简化贷款流程和手续，放宽、创新担保方式，以支持青年创业发展。为5000多名农村青年发放小额贷款超过1亿元，为城市创业青年及大学毕业生提供创业小额贷款7000多万元。提供维权服务。依托12355青少年维权热线，增加服务青年就业创业服务内容，为青年提供相关政策法规信息服务，帮助实现转移就业的农村青年签订劳动合同、办理社会保险，切实保障其合法权益不受侵害。并积极联合劳动、司法、公安等部门，向青年提供切实有效的法律援助。

五、不断深化青春建功新农村行动

1. 着力促进农村青年合作经济组织发展。引导农村青年能人大力兴办专业协会、专业合作社、股份合作体等新型农村合作经营组织，使农村青年进入市场组织化程度不断提高。充分发挥团组织优势，为农村青年经济合作组织服务。通过培养新型青年农民，为发展农村青年合作经济组织提供人力支持；通过深化农村青年科技活动，提高农村青年合作经济组织的市场竞争力；通过领办推广绿色特色项目，推进农村青年合作经济组织规模化运行；通过培育"青字号"龙头企业，拓展农村青年合作经济组织发展空间。全年扶持新建农村青年合作经济组织200余个，全省农村青年合作经济组织总数达到1000余个。

2. 依托优势资源开展多项培训活动。依托市(地)、县(区)、乡(镇)团校、青少年宫、青年就业服务中心、农广校、职业中学、函大开展培训；依托各乡镇农业、劳动等部门开展培训；依托农村青年能人开展培训；依托社会资源开展培训。一年来，开展春季培训行动累计超过200次，共培训返乡农村青年16186人次，培养各类青年能人8000余人。

3. 全力做好农村青年富余劳动力转移就业工作。2009年初，在山东海阳市建立了黑龙江省农村青年转移就业和维权基地，转移劳动力800余名。联合省财政厅、省农委等多个部门，开展大型"扩内需大项目哈尔滨农村劳务对接会"，来自省内各市县的30余家劳务中介组织、117家阳光工程培训机构与现场150余家用工企业进行了对接洽谈，落实用人岗位31216人。

4. 深化保护母亲河行动。积极响应省委"大干三年，绿化龙江大地"的号召，组织团员青年大力开展植树造林和街路管护活动，全年共建立青年义务植树基地354个，营建"青年林"8万多亩，绿化美化行政村1000余个，创建"共青团路"、"红领巾街"2000多条。青春建功新农村行动在提高农业生产组织化程度、促进农村青年致富、引领青年投身新农村建设中发挥了积极作用。

六、成功举办中国黑龙江省与俄罗斯远东地区青年友好论坛

团省委、省青联联合牡丹江市委、市政府，举办了中国黑龙江省与俄罗斯远东地区青年友好论坛。俄罗斯青年联盟主席及与本省相邻的四州区青年组织负责人、青年企业家、大学生代表与黑龙江省各界青年代表，围绕如何发挥地缘优势，进一步拓展双方青年在经济贸易、科学技术、文化体育等领域的交流与合作进行了深入交流并达成广泛共识。同时，省青联与阿穆尔州、犹太自治州等地青年组织签订了友好交流协议，建立了定期会晤机制。此次论坛是新中国成立以来本省青年组织首次与俄罗斯远东地区青年进行的大规模交流活动，为推动中俄边境地区青年增进了解与互信、加强交流与合作奠定了坚实的基础。

同时，团的各项其他工作也实现了全面发展。青年突击队活动蓬勃开展，组建青年突击队100余支，队员达到5000人，有效服务了大项目建设；维护青少年合法权益工作成效显著，12355青少年服务台建设稳步推进，《黑龙江省未成年人保护条例》修订实施，"共青团与人大代表、政协委员面对面”活动形成机制；全省各级团组织尤其是高校团组织在甲型H1N1流感等突发性事件的维护稳定工作中发挥了突出作用；特别是严格把关，高质量地招募了3000名赛会志愿者、10万名城市志愿者，圆满完成了大冬会志愿服务工作，获得了省政府的表彰，受到各国运动员、游客和国际大体联官员的一致好评。

上海团的工作

上海各级团组织认真把握党对共青团工作提出的新要求，自觉围绕全市工作大局和团中央总体部署，深入学习实践科学发展观，提出“以参与筹办世博为工作重点，以加强团的建设为工作主线”的思路，全面履行党赋予共青团组织青年、引导青年、服务青年和维护青少年合法权益等四项职能，推动上海共青团事业不断取得新发展新进步。

一、广泛开展青春世博行动

上海共青团主动请战、全力以赴，形成了上海全团参与办博的整体态势。将世博会志愿者工作作为共青团服务世博的主战场，全面参与并承担世博会志愿者组各项工作。依托区县和高校团组织设立的72个志愿者工作站，切实做好志愿者招募、培训基地建设、城市服务站点选址等工作，志愿者网上报名人数超过60万；先后举办或承办世博会志愿者标志、口号、歌曲发布仪式，世博会志愿者招募启动仪式，“‘绿色世博志愿心’世博会志愿者长江大桥跑”等多场大型活动，依托《青年报》创办世博会志愿者会刊《心周刊》，不断扩大志愿者工作的社会影响。积极承担其他世博项目，先后在东京、福州、香港等地协办世博系列青年论坛，承办“畅想新生活——我心目中的未来城市和生活”全国儿童画征集活动。同时，广泛开展上海青少年迎世博百日文明行动和“12·5”集中行动，发动各领域、各系统的青少年在“迎世博、讲文明、树新风”活动中走在全社会前列。在社区，开展“绿色账户”、“水域文明行”、“环保嘉年华”等社区文明行动；在郊区，组织青少年参与村容整治、河道疏浚、植绿护绿等实践体验活动；在机关和企事业单位，开展青年文明号（共青团号）诚信服务、“零障碍服务”示范活动，开通了960690上海职业青年多语种口译志愿服务热线；在中小学，组成1000余支红领巾志愿服务队，围绕“环境文明”、“秩序文明”等主题开展志愿服务；在高校，举办“知行杯”迎世博社会实践大赛、“环保世博”节能减碳创新行动等。注重发挥各类青年民间组织和团属网站的积极作用，策划了“小志在行动”、“左行右立”、“世博及天涯”、“迎世博百万笑脸征集”等活动，取得良好的社会反响。

二、大力加强青少年思想教育引导

坚持以理想信念为核心，以实践体验为途径，注重把参与世博作为教育载体，通过分类引导、分层教育，不断提升青少年思想教育的针对性和实效性。抓住重要时间节点开展主题教育。围绕庆祝新中国成立60周年，深入开展“我与祖国共奋进”——上海百万青少年爱国主义教育系列活动，特别是在国庆日清晨，以“向祖国致敬、为世博添彩”为主题，在人民广场、世博工地、洋山深水港等全市60个地点举行青少年升旗仪式，掀起青少年爱国主义教育的热潮；围绕纪念五四运动90周年，开展“传承五四精神，奉献精彩世博”主题教育活动，评选表彰上海市新长征突击手（队），动员广大青少年在建设城市、奉献世博的火热实践中实现个人价值；围绕纪念少先队成立60周年，召开上海市第六次少代会，开展“学习胡爷爷贺信、争当四好少年”主题教育活动，奏响少年儿童“为着理想，勇敢前进，学习做新时代的主人”的前进号角。从青少年成长细节入手深化品牌教育。开展“今天我们怎样成长”系列活动，包括中国名校学生会主席论坛、万名青年观看电影《高考1977》、李肇星主题报告会等内容；推出青年人文经典读书工程，引导青少年阅读经典，感悟人生，不断提高自身修养；继续推进“小手牵大手”、18岁成人仪式、“爱心上海”等工作项目，努力扩大在青少年中的影响。

三、积极促进青年就业创业

把促进青年就业创业作为服务青年的重中之重，围绕市政府“1+3”计划和团中央五项重点工作，积极整合各方资源，持续推进服务青年就业创业“春暖浦江行动”。在观念引导方面，举办113场上海青年就业创业大讲堂，3万多名青年参与，还精选主讲内容出版了《创业力道》一书；联合有关部门评选表彰上海青年创业先锋，制作《上海郊区农村青年就业创业优秀典型巡礼》专题片，大力宣传青年创业典型。在技能培训方面，面向不同青年群体，分别实施青工技能振兴计划、青春建功新农村、“阳光下展翅”、“共享阳光”等免费培训项目，总计培训4.1万人次。在信息对接方面，制作发放3万余册“上海市大学生就业创业攻略”，提供有关政策信息服务；举办应届大学毕业生就业专场招聘会，提供了5800多个岗位，共有1705人签订用工合同；签约建立青年就业创业见习基地836个，已有4967名青年走上见习岗位，其中见习结束正式聘用的有1283人。在创业扶持方面，与上海银监局和上海银行、上海农商银行、国家开发银行上海分行等金融机构合作，发放青年创业小额贷款43笔共计9288万元；积极推进青年创业国际计划（YBC），先后成立YBC创业导师服务中心、YBC冠生园大学生创业研发中心以及YBC闵行紫竹办公室、杨浦办公室；深化上海青年创业服务平台建设，平台访问量达17万人次，已扶持277名青年成功创业；筹建上海市青年创业就业基金会，已募集原始基金1000万元；开展IT青年创新创业行动，实施青年创业多平台支持计划，为创业者提供创业孵化等服务。

四、切实加强团的基层组织建设和基层工作

认真落实团中央驻点和试点的工作要求，积极探索加强新形势下团的建设特别是基层组织建设的有效路径，研究制定《关于进一步加强和改进新形势下团的建设的若干意见》，努力促进面上和基层的整体活跃。开展“上海共青团基层组织建设和基层工作调研”，深入研究和分析当前上海团的基层组织建设和基层工作情况。在此基础上，分别召开郊区农村共青团工作推进会、“两新”组织党团建设联动工作现场推进会、市级工作团委建设座谈会、青工系统“网格化”团建研讨培训班等，有针对性地推进各领域基层团建工作。扎实开展试点工作，确定40家基层团建试点单位和20家乡镇、街道团的组织格局创新试点单位。进一步加大指导和支持基层工作的力度，深入开展“争红旗、创特色”活动和“一团一品”建设，推出“三个100”、“优秀项目下基层”等举措，免费培训基层团干部5000余人次，累计投入资金650余万元。特别注重以信息化手段拓展团建空间、活跃基层工作，制订发布了《2009—2013年上海共青团信息化发展规划》，不断完善上海共青团快速动员和响应体系，改版推出上海共青团工作门户网站和上海青年公益门户网站。工作门户网站已有221家市属团组织上传信息，逐步成为团内信息交流和工作展示的重要平台；公益门户网站注册用户超过10万，总访问量已突破225万人次。

五、积极维护青少年合法权益

坚持关注个案与关注普遍性的权益问题相结合，进一步健全组织化、机制化的维权渠道，不断提高维护青少年合法权益的能力和水平。一方面，着眼个性化需求，开展个案维权。不断提高12355青少年公共服务平台的供需匹配水平，同时探索与知名网站开展合作，将12355植入盛大、51. com等，平台全年总访问量达1075366人次，一对一服务9226人次。希望工程全年募集捐款3100万元，援建希望小学28所，资助本市困难学生2664人次。特别是在一些涉及青少年权益的热点事件中，团组织及时介入、主动发声，取得了较好的效果。另一方面，反映普遍性诉求，开展政策维权。推动市委、市政府召开青年工作联席会议全体会议，进一步完善联席会议的职能定位和运行机制，更好地发挥联席会议指导青年工作、提出青年政策、协调青年事务的职能。加强对青少年利益诉求的收集和研判，开展《上海青少年发展“十一五”规划》年度监测，更准确地掌握青少年发展中存在的普遍性问题。畅通青少年利益诉求的表达渠道，组织“共青团与人大代表、政协委员面对面”活动，将青少年的呼声和诉求以议案、提案、书面意见等方式反映到权力机关及相关部门。启动青少年发展“十二五”规划编制工作，围绕“促进青少年发展、增强城市活力”的战略目标，初步提出将公民素养、身心健康、教育学习、就业创业、社会参与、维权及犯罪预防作为未来五年促进青少年发展的优先领域。

江苏团的工作

全省共青团组织以实现“两个全体青年”为目标，全面实施“青春燎原计划”，着力抓好基层组织建设和基层工作，扎实开展青年思想引导工作，大力推进促进青年就业创业工作，逐步探索建立维护青少年合法权益的制度性安排，全省共青团事业和青少年工作实现了新发展。

一、全面加强基层组织建设和基层工作

1. 大力做好大学生“村官”工作。围绕大学生村官“留得住、干得好、流得动”，启动大学生“村官”职业生涯规划设计，开展大学生“村官”创业项目大赛，承办全省大学生“村官”创业富民成果展，整合资源扶持大学生“村官”创业成才。大学生“村官”兼任团干部、符合建团条件的乡镇建立大学生“村官”团组织、市县两级建立大学生“村官”联谊会实现3个“100%”，为每个乡镇（街道）大学生村官赠订1份《中国青年报》，大学生“村官”已经成为农村（社区）共青团的一支重要工作力量。建立全省大学生村官基本情况信息库，牵头成立省大学生“村官”研究所，举办首届大学生“村官”论坛，出版《大学生“村官”理论研究汇编》，在市、县两级团的委员会中适当吸纳优秀大学生“村官”担任成员，积极畅通大学生村官担任乡镇科级后备干部举荐渠道，努力推动大学生“村官”成为党政青年后备骨干力量。

2. 扎实推进团干部驻点和挂钩联系、结对共建工作。先后从省、市两级团的领导机关中选派46名处级、51名科级团干部驻县（区）团委指导工作。研究制定了《全省派驻县级团委指导干部管理办法》，在驻点干部中全面推行“九个一”工作要求，全省驻点干部共总结挖掘基层经验100余条。确定165名省、市团委机关干部与112个县级团委挂钩联系，建立423个基层联系点。129家市级团委与106个县(市、区)团委建立结对共建关系。省、市团委机关干部帮助基层总结挖掘经验做法351条，确定共建项目308个，协调落实帮扶资金近555万元，帮助解决实际困难和问题403个。市级团委确定帮扶项目157个，解决实际困难和问题189个，落实帮扶资金42万余元。

3. 深入开展基层团组织建设和基层工作试点。统筹推进各类试点工作，重点抓好10类32家全团试点单位和8家全国少先队试点单位的工作。承办团中央青年自组织、互联网团建试点工作研讨会，举办全省试点单位负责人培训班，召开基层组织建设和基层工作试点工作座谈会。上报26家乡镇和25家街道团组织参加团中央乡镇、街道共青团组织格局创新试点工作。启动实施分批分类推进团的基层组织建设工作，确定12616个基层团组织作为2009年度分类推进实施单位，312个基层团组织被确定为省级实施单位。首次召开了全省独立学院共青团工作研讨会，邀请高校党委分管领导召开了高校共青团工作座谈会。

二、扎实推进青年就业创业工作

1. 全力推进“青年就业创业见习基地”建设。下发《关于实施促进青年就业创业“百千万”工程的意见》，共建立青年就业创业见习基地1361个，通过建立江苏共青团青年见习网、举办青年就业创业见习基地岗位信息发布会等多种形式，提供见习岗位34091个，到岗人数31582人，其中留用3748人。

2. 不断深化青年创业小额贷款工作。广泛推广统贷式、担保式、创业卡式和基金式四种创业小额贷款模式，联合有关金融部门下发《关于农村小额贷款公司支持江苏省青年创业小额贷款实施的指导意见》、《关于实施农村青年创业小额贷款的指导意见》，面向全省广泛征集农村青年创业小额贷款工作优秀案例，与省农信社联合召开现场推进会，进一步规范资金的审批、发放、管理，拓展贷款渠道，面向9000人发放小额贷款5.1亿元。

3. 大力开展青年就业创业培训工作。以返乡农民工和农村“两后生”为主要对象，广泛开展农村青年就业技能培训，共培训农村青年96254人，落实培训资金总额585万元，协调劳动保障部门为“两后生”培训提供资金400万元。广泛开展团中央“联想示范项目”、“种都示范项目”和“四季沐歌项目”专项培训，培训人数1145人。举办SYB青年创业培训班，帮助创业青年系统学习创业知识与技能。

4. 着力加强青年创业服务体系建设。以“创翼计划”为品牌依托，联合江苏电信先期投入启动资金200万元，筹建省青年就业创业基金会。举办全省农村青年创业项目大赛，1200多名农村青年、近500个项目参赛，奖励资金42万元，获奖项目均纳入江苏省青年创业项目库，配备创业导师团，提供一对一服务。深入开展农村青年“北输南收”工程，举办各类专场招聘会170余场，提供就业岗位140373个，录用72946人。联合省有关部门先后举办2期青年创业服务机构负责人培训班，认定62家优秀青年创业服务机构。

三、认真做好青少年思想引领工作

1. 扎实推进分类引导青年试点工作。下发《共青团江苏省委关于分类引导青年试点工作的方案》，分大学生、企业青年、农村青年、进城务工青年四个群体，确定19家省级试点单位，先后召开4次专题会议进行部署推进。建立团省委机关各部门与各省级试点单位之间的工作联系制度。通过发放调查问卷、开展一对一深度访谈，总结提炼出17个具有一定推广价值的思想引领实践案例。

2. 大力开展爱国主义教育活动。召开全省纪念五四运动90周年大会，省委书记梁保华出席会议并讲话。开展以“祖国发展我成长·红领巾与共和国同行”为代表的主题教育实践活动300余场,320万青少年参与。联合中国青少年研究会等单位共同举办“五四精神与当代青年使命——中国青年运动杰出人物研讨会”。举办“美好江苏·青春故事”DV大赛,收集DV短片120余部。

3. 深入实施青少年理论武装工程。实施“青年马克思主义者培养工程”,依托江苏省大学生菁英人才学校,培养学员省级层面88人、校级层面2000人、院系层面3万人。开展以“高举队旗跟党走”、“祖国发展我成长”为主题的“红领巾教育月”活动,全省5169所中小学、80多位地方党政领导、861名团队干部参与活动,省委书记梁保华和省委副书记、组织部长王国生先后出席。扎实开展争当“四个好少年”活动。承担团中央“辅导员职业成长路径研究”课题研究。

4. 积极引导青少年健康成长。举办“我的青春故事”——江苏省百场大学生成长体验报告会102场,54200多名大一新生参与。广泛开展“青春在基层闪光——江苏省优秀大学生志愿者先进事迹报告团校园行”活动,举办20场宣讲活动,9000余名师生聆听报告。发挥“做一个有道德的人”办公室作用,培训思想道德建设工作骨干300余名。开展“未成年人心理健康大讲堂校园行”等活动,惠及10000多人次。

四、切实维护青少年合法权益

1. 积极推动未成年人保护地方性法规制定实施。推动《江苏省未成年人保护条例》(以下简称《条例》)于2009年1月18日通过,6月1日起施行。主动联合省人大召开《条例》宣传贯彻座谈会,广泛开展以“关爱未来·共促和谐”为主题的宣传月活动,着重依托广播电视和新媒体,开展了“六个一”活动,有力地提高了《条例》的社会知晓度,营造了关爱未成年人的浓厚氛围。

2. 探索创新青少年维权工作载体。加快推进12355青少年服务台建设,10个城市开通服务台或服务热线。召开全省“未成年人零犯罪社区(村)”创建工作会议。大力开展青少年事务社会工作者试点。成立江苏省未成年人保护志愿律师团,组织全省639名志愿律师为青少年提供法律宣传服务等工作,联合省工商局开展全省青少年消费教育主题活动。

3. 逐步建立维护青少年权益的制度性安排。组织开展形式多样共青团与人大代表、政协委员面对面活动50余场次,参加活动的全国、省、市人大代表、政协委员超过300人。协助人大代表、政协委员提出了一系列关注青少年成长发展的热点难点问题的提案议案100余个。全面加强预防、未保组织体系建设,全省各市预防工作专项经费达112.5万元。

五、切实加强团的自身建设

1. 不断加强团干部队伍建设。选派29名团干部赴基层党政岗位和机关综合部门挂职锻炼,提升了广大挂职锻炼团干部能力水平。开展“全省团干部走访圆梦行动受助大学生”活动,省、市、县(市、区)、乡镇(街道)、村(社区)五级团干部共3132人组成1295个走访小组,深入3795受助的贫困大学新生家中发放助学款1396万元,与受助大学生进行面对面访谈,增进团干部与普通青年的联系,扩大团组织社会影响力。举办江苏省历史上规模最大的全省团干部学习会,专题学习传达党的十七届四中全会精神,要求全省各级团干部要学习用统筹推进的科学方法开展团的各项工作。组织了地市级团委书记赴浙江、上海等地考察,召开了全省共青团工作务虚会。通过书面督查与电话问询相结合的方式,先后组织4次专项督查,增强了团干部的责任意识、全局意识,提升了全省共青团系统的执行力。

2. 充分发挥团的外围组织作用。省青联实施“青智工程”,联合省委组织部举办了江苏省高层次创业创新人才进修班,举办了苏北高层论坛暨青年人才苏北行活动,引导广大高层次青年人才到苏北地区兴业发展。先后组团参加两岸青年社团负责人圆桌会议等多项重大交流活动;先后与12个国家和地区开展青年外事交流活动。省青联、青年商会组织部分青年企业家赴江西参加“中国青年企业家共青城投资考察活动”。青年商会工作日趋活跃,“对话厅局长”、“高端专家论坛”等活动取得广泛影响。全面加强青年自组织引导,推动青年自组织健康发展。

3. 不断扩大品牌活动社会影响。希望工程筹资渠道不断拓宽,募集资金1626万元,援建希望小学12所,资助4065名贫困学生。青年文明号创建工作深入推进,省级青年文明号全部实行动态管理,开展主题活动,服务保增长、促发展。保护母亲河行动内涵不断丰富,实现由生态环保活动向青少年和社会公众更加普遍参与的生态环保项目的转变。深入实施大学生志愿服务计划,争取省财政支持增加了200名苏北计划志愿者,比2008年度增加54.1%。全省共选拔1119名应届大学毕业生参加西部计划、苏北计划、绵竹计划、毕节计划。实施中国青年志愿者海外服务计划圭亚那和尼日尔项目,共选派遣了两支共28名援外青年志愿者。

4. 不断提升信息宣传工作。初步建成集全省共青团电子政务系统、公众网以及青联等团属网站于一体的“全省共青团网站群”,实现了网站信息资源的互联、共享、共用。全面加强团属宣传体系建设,稳步推进《风流一代》杂志社改革与发展,全年市级以上播发新闻758篇(条)。信息工作实现新的突破,省委办公厅共采用信息108篇。

浙江团的工作

全省各级团组织以“践行科学发展观、高举旗帜跟党走、创业创新作贡献”为主题,以开展共青团“服务基层年”活动为主线,认真学习贯彻党的十七届四中全会精神,贯彻落实省委十二届六次全会和团十六届二中全会精神,根据团省委十二届四次全会的部署,坚持服务到基层,工作项目化,全面履行团的各项职能,以项目化管理狠抓工作落实,团的各项事业取得了新的发展,为扎实推进“创业富民、创新强省”总战略作出了积极贡献。

一、坚持用中国特色社会主义理论体系武装青少年,青少年思想政治教育卓有成效

1. 深入开展“践行科学发展观、高举旗帜跟党走、创业创新作贡献”主题教育活动。以纪念新中国成立60周年、五四运动90周年为契机,在青少年中广泛开展爱党、爱国、爱社会主义教育和改革开放教育。一是隆重举行纪念五四运动90周年暨浙江青年创业创新行动推进大会。通过表彰先进、树立榜样、宣传典型,进一步激励广大青年积极投身“两创”实践。联合省教育厅、省学联组织开展青春·90——“天翼3G杯”浙江省纪念五四运动90周年诗文征集大赛。此外,全省各级团组织广泛开展了“国旗下青春誓言”、寄发青春心语卡、举行青年文化节和团史胜迹寻访等系列活动。二是以学习领会“六个为什么”为重点,深入开展社会主义核心价值体系学习教育实践活动。联合省委宣传部、省教育厅组织开展“青春信仰”暑期主题社会实践活动,省领导夏宝龙、黄坤明为“青春信仰”暑期社会实践服务总团授旗，组织全省54所高校200余支社会实践团队，近4000名大学生通过开展理论宣传、走访调研、实践服务等活动，不断加深对“六个为什么”重要论述的理解、认同，并在实践结束后撰写了591篇实践心得和社会调研报告，引导广大青少年进一步凝聚共识、坚定信念，切实增强投身“两创”总战略的使命感和责任感。三是广泛开展庆祝新中国成立60周年和少先队建队60周年纪念活动。全省各级团队组织精心组织开展了“红歌嘹亮青春浙江——传唱红色经典歌曲”、“歌唱祖国歌唱党快乐童年大家唱”、“祖国颂”第四届浙江省青少年中华经典美文诵读等一系列活动，全省共有近300万团员青年、少先队员参加了活动，有效激发了广大青少年的民族自豪感和报国成才的责任感。省委副书记夏宝龙出席了浙江省少先队庆“六一”童歌会并讲话，出席了“永远的红领巾”浙江省纪念少先队建队60周年晚会并为少先队授旗。四是积极引导青年全力维护社会稳定。针对去年维稳形势严峻的状况，尤其是一些突发事件给青年思想动态带来的影响，以青年学生群体为重点，及时准确地把握青年的思想动态，引导他们客观、理性地观察社会、表达情感，把思想和行动统一到中央和省委的要求上来。五是组织开展各类形势报告会、专题讲座。以“青年大讲堂”为主要载体，突出重点青年群体，围绕不同主题，邀请政府部门领导、专家学者、杰出青年走进基层、企业、高校作形势报告、开设专题讲座，共有18场，积极引导广大青年正确认识当前的宏观形势，增强信心，提振士气。

2. 按照分类引导的要求加强青少年思想教育。坚持针对不同的青少年群体，创新有效路径和载体，不断兴起理论学习教育的热潮。一是认真学习贯彻胡锦涛总书记《致中国少年先锋队建队60周年的贺信》精神，积极部署开展争当“四个好少年”活动。采取各类丰富多彩、生动活泼、行之有效的方式，将胡锦涛总书记对少年儿童的殷切希望传达到每一个基层少先队组织，让每一个少年儿童都能学习和领会“四个好少年”的内涵，自觉按照党的要求健康成长。二是继续扎实深化“青年马克思主义者培养工程”等已有的工作载体。抓住大学生骨干这个重点群体，以加强理想信念教育为核心，以新世纪人才学院为主要平台，在前几年实践探索的基础上，今年重点对2000多名校级以上大学生骨干建档立册，完善培养工程“种子库”，组织人才学院学员到13家省级青年文明号、青少年维权岗单位挂职锻炼，新成立了新世纪人才学院绍兴、台州分院，构建完善省、市、校三级人才学院培养体系。截至目前，各级人才学院直接培训学生骨干近万名。二是部署开展了分类引导青年试点工作。针对青年群体日益分化、价值取向日益多元的实际，5月中旬正式启动了分类引导青年试点工作，以大学生、企业青年、进城务工青年、农村青年等四类主要青年群体为重点，选取了8家试点单位，有针对性地展开调查研究、答疑解惑、探索创新、总结经验等四个阶段的工作，目前这项工作在点上已经形成初步成果。省领导吕祖善、周国富、斯鑫良、陈加元等对团省委开展青年自组织发展状况的调研报告作了重要批示。三是注重从解决青年的实际问题入手加强对青年的有效引导。围绕省“双拥”工作部署，扎实开展各项服务青年官兵工作，4月，联合省军区政治部继续深化“服务海岛官兵婚恋行动”，以“走进军营、情系国防”为主题，通过组织发动和媒体公开报名的形式，组织来自杭州、宁波、金华、衢州、丽水、舟山等地的40多名女青年，走进舟山海岛军营，开展军地青年联谊活动，7月，远赴舟山慰问了全省驻军中条件最艰苦的长途岛海防一线官兵，为海防官兵送上了5万元慰问金和价值5000元的常规药品，努力为新时期最可爱的人排忧解难。

3. 积极探索加强青少年思想教育的新途

径、新手段。积极探索新形势下开展青少年思想教育工作的有效方式,切实增强思想教育工作的时代感、针对性和有效性。一是扎实推动未成年人校外活动场所建设和管理。今年分配下拨彩票公益金和青教费785.91万元,目前全省已建有青少年宫90家,在建6家。切实发挥和拓展校外活动场所的德育功能,通过广泛开展"流动少年宫"进农村(社区、学校)等活动,努力扩大校外优质教育资源的辐射功能,今年累计开展了250多场"流动少年宫"进农村(社区、学校)活动,参与的青少年达15万人次。主动争取省教育厅、省财政厅的支持,首次对校外教育领域教师职称评审事宜作出明确、详细的规定,对"十五"预留彩票公益金和青教费进行了预分配,从制度层面作出了安排,进一步完善了青少年学生校外活动场所的政策体系。9月,团省委争取省委、省政府办公厅联合发文,会同省教育厅、省财政厅等相关职能部门在全省开展专项调研,进一步推进了各地活动场所的建设进度。二是大力挖掘和倡树各类青少年典型。努力挖掘、培育和宣传各个领域、各条战线的先进典型,用先进榜样的力量,激励广大青少年学习成才、建功立业。组织开展了"浙江省十大杰出青年""浙江省杰出(优秀)青年卫士"、浙江省"十佳少先队员"、"十佳少先队辅导员"、"村村都有好青年"等先进典型的评选、表彰活动,树立了一批可亲、可敬、可信、可学的优秀青少年榜样,依托青年时报等新闻媒体,推出了"引领青年的力量"系列报道,同时积极搭建平台,通过组织"十杰青年"进校园等形式,让青年典型走近青少年,引导青少年和谐成长,健康发展。三是努力探索运用互联网、现代传媒等手段教育引导青少年的新途径。积极拓展"青字号"网络阵地,"浙江共青团"、"浙江少先队"网站、"青少年读书网"、"青少年宫在线"、"青牛网"等团属网站在吸引、凝聚、引导青年方面的功能进一步加强。主动加强与报刊、广播、电视、网络等社会媒体的合作,借助现代传媒扩大团的工作对青年的覆盖面和影响力。9月,团省委走进浙江在线新闻网站,以"竭诚服务青年,推进创业创新"为主题,与广大青年网民在线对话、互动交流,吸引了12万人次的点击,网友跟帖达到600多条。各地也积极探索运用网络加强教育引导新途径,如舟山定海建立了网络青年志愿者宣传队、金华建立了青年网络QQ群等等。

二、紧紧围绕"创业富民,创新强省"总战略,团结带领团员青年为推进转型升级作出新贡献

1. 大力建设青年就业创业见习基地。针对青年就业普遍存在的缺经验等现状,发挥共青团组织优势,开展青年就业创业见习,缓解青年就业的压力,帮助青年积累职场经验,提高就业创业能力。一是多渠道建立见习基地。主要依托各级团组织、青企协、青联等青年组织、行业协会、网站平台、服务热线、新闻媒体发动建立。截至目前,共建立各类就业创业见习基地1710个,提供见习岗位28103个。二是多途径实现有效对接。充分运用组织网络优势、现代信息手段等推动日常性对接,开通了"青年就业创业见习基地"网站平台,并与各地团属网站、高校就业网链接,及时公布全省基地及见习岗位情况。截至目前,网站平台访问量已达10余万人次。采用大型集中性对接和小型分批对接活动相结合,实现青年与岗位的有效对接。今年全省累计举办专场招聘会314场。三是多举措提供配套服务。见习岗位为毕业大学生及其他待业青年群体提供为期2—6个月的见习期,同时提供技能培训、创业扶持、政策保障、规范管理等方面服务(见习期间提供不低于当地最低生活保障水平的见习补贴和人身意外保险)。截至目前,参加就业创业见习的青年有14222人,通过见习顺利实现就业6770人,实现自主创业人数768人。

2. 联合金融机构开展小额信贷扶持农村

青年创业。针对农村青年创业缺资金的现状，团省委联合省银监局下发了《转发〈关于实施农村青年创业小额贷款的指导意见〉的通知》，指导、推动各地加强与涉农银行业金融机构开展合作，各地团组织主动加强与农村信用联社(合作银行)、农业银行、邮政储蓄银行等金融机构合作，开展小额信贷扶持农村青年创业工作。针对创业融资担保方式单一的难题，着力创新小额贷款担保方式，积极拓宽融资渠道，各地探索出农民专业合作社担保、农民担保协会担保、公益担保基金担保等多种小额贷款担保新方式，探索了农民住房、渔民捕捞证、土地流转经营权、林权等抵押、质押贷款。同时，大力普及农村金融政策和知识，团省委联合省农信社编印了《农村青年创业小额贷款优秀案例》，组建了“送金融知识下乡”讲师团、举办金融知识讲座，积极推广各地的成功做法，承办了首期全国农村青年创业小额贷款工作培训班。截至目前，全省已有82个县(市、区)开展了此项工作，今年新增小额贷款18.5亿元，近三年累计发放41.43亿元，累计扶持3.2万名农村青年创业。小额贷款扶持农村青年创业工作继续走在全团前列。

3. 大力扶持大学生科技创新活动。联合省教育厅、科技厅、财政厅组织实施以项目孵化、资金扶持、鼓励创新为主要内容的大学生科技创新活动计划(新苗人才计划)，今年择优资助了77个学校1800个学生科研项目，累计发放资助金额900万元。组织专家对第二期“新苗人才计划”科研项目进行评估验收，合格率达到98.23%，发表论文421篇，申请专利84项，完成实物作品80项，开发软件35件，9个项目产生经济效益，比上届增加18.31%。举办浙江省第十一届“挑战杯”大学生课外学术科技作品竞赛，全省共有46所高校689件作品参赛，经过省内的层层选拔，选送了48件优秀作品参加第十一届“挑战杯”全国大学生课外学术科技作品竞赛，共获得特等奖2件，一等奖7件，二等奖15件，三等奖24件，总成绩省级排名位居全国第七，为历届最佳。成功举办浙江省第二届高职高专院校“挑战杯”创新创业竞赛，共有41所高职院校的295件作品申报参赛，“挑战杯”大学生创业创新竞赛在青年学生中的参与面和影响力不断扩大。

4. 广泛开展青年创业创新项目竞赛。以农村青年创业小额贷款项目为主体，省、市、县三级联动，举办第二届“创业浙江”——青年创业创新项目竞赛，各地共上报参赛项目179项，通过竞赛挖掘、扶持了一批青年创业典型和具有发展潜力的优秀创业项目，并运用“浙江青年创业创新基金”对优秀项目给予一定的贴息奖励，同时提供导师、政策、阵地、信息等扶持。举办“创业浙江”——省直机关青年“践行科学发展观、助推经济转型升级”服务基层创新竞赛，共有20个厅局22个项目参加，1500多团员青年直接参加。

5. 深入开展“青春助推转型升级——共青团服务企业百日集中行动”。围绕省委开展双服务专项行动，团省委在全省部署开展了“青春助推转型升级——共青团服务企业百日集中行动”，充分发挥共青团组织的网络优势、动员优势和人才优势，为企业提供切实可行并力所能及的应对措施。一是组织开展专项调研，开展“共青团组织如何更好服务企业应对金融危机，加快转型升级”课题，全面了解掌握企业当前所面临的实际困难和问题，召开“青春助推转型升级——共青团服务企业百日集中行动”启动仪式，决定从8月起至10月，在全省各级团组织中开展“共青团服务企业百日集中行动”，省委常委、副省长葛慧君出席启动仪式并作讲话。二是突出抓好重点服务项目，把“万支青年突击队助企、硕博士科技服务团进企业、青年企业家经贸考察、中小企业电子商务帮扶计划、‘我为企业转型献一策’金点子竞赛”等10个具体项目作为助推主要内容，进一步为企业送服务、强信心、解难题，为促进浙江省经济继续向趋稳趋好方向发展助力加油。截止目前,全省共已建立青年突击队1008支;建立硕博士服务团21支,开展各类科技攻关活动70次;开展省内外青年企业家经贸考察160多次;为全省2000多家中小企业免费进行电子商务培训;开展“我为企业转型升级献一策”活动856次,被采纳点子1200多个,为企业创造的直接效益达13637万元。特别是为拓展企业商机牵线搭桥,组织企业家赴四川广元和省内欠发达地区开展经贸考察活动,共落实项目30余个。吕祖善省长对全省各级团组织开展“服务企业百日集中行动”作出重要批示,给予了充分肯定。

6. 深入开展浙江青年山海协作行动。认真组织开展“浙江青年山海协作行动衢州推进活动”,协调浙江工业大学硕博士服务团与衢州市青年企业家协会签订了“科技服务合作协议”,举办青少年宫宫际援助、流动少年宫进山区等活动,向衢州6个县(市、区)留守儿童家园各赠送了价值2万元的体育活动设备。履行“低收入农户奔小康工程”结对帮扶工作组长单位职责,召集各成员单位扎实推进低收入农户集中村的结对帮扶工作,团省委与杭州市生猪行业协会合作,帮助引进农业龙头企业,培育产业带头人,发展订单农业,邀请省农科院的专家,帮助本单位结对村所在的乡镇作好农业发展规划设计,积极整合各方资源,给苍南县低收入农户家庭送去慰问金及物资45.6万元,帮助结对村引进4个基础设施项目,共投资63.5万元。

7. 以项目化管理推进志愿服务工作蓬勃开展。一是广泛开展各类经常性的志愿服务活动。以“大型赛会、重大活动、传统节日”为契机,深入开展志愿者新春送温暖、“三·五”志愿服务统一行动周、防灾减灾志愿服务周、国庆60周年文艺巡游活动等志愿服务行动。省政协主席周国富出席了浙江志愿者纪念林开工暨“三·五”志愿者日主题活动启动仪式。二是推进志愿服务工作项目化运行。大中学生暑期“三下乡”社会实践活动、大学生志愿服务“两项计划”、绿色环保志愿者、平安志愿者等工作项目已形成品牌。今年共组织了40多万大中学生、6000多支实践小分队分赴省内外开展暑期“三下乡”社会实践活动。共从全省53所高校的1500余名大学生中选拔出“两项计划”志愿者350名,省委副书记夏宝龙和省委常委、宣传部部长黄坤明出席出征仪式为大学生志愿者送行,在省委组织部、省人力资源和社会保障厅等主办单位的重视支持下,指导各级团组织主动协助各市组织人事部门做好“两项计划”服务期满大学生就业与“一村(社区)一名大学生”招聘计划的政策衔接落实工作,据统计,今年服务期满的“两项计划”大学生志愿者有189名报名参加“一村(社区)一名大学生”计划。同时,联合浙江省博物馆、中国丝绸博物馆、中国美术博物馆、浙江自然博物馆等四个博物馆筹划实施文博场馆志愿者项目,通过志愿者承接政府事务。目前,首批600名文博场馆志愿者已经招募完成,省委常委、宣传部部长黄坤明为文博场馆志愿者服务总队授旗。三是加强志愿服务工作的基础性建设。截至目前,全省已有10个市、50个县(市、区)建立志工委,全省11个市全部建立(青年)志愿者协会,83个县(市、区)建立(青年)志愿者协会,同时,积极推动设立志愿服务工作指导中心等工作机构,从组织机制上保证志愿服务事业的可持续发展。

三、着眼服务青少年成长发展的突出需求,改善青少年群体民生的实效性不断突显

1. 深入实施“低收入农户青少年关爱行动”。围绕低收入群众增收行动计划的部署,不断深化低收入农户青少年关爱行动,努力为低收入农户青少年的健康成长解决实际困难。一是进一步完善数据库建设。数据库已经录入469858名低收入农户青少年数据,并对需求进行分类处理,其中有助困需求的占

47.1%、助学需求的占16.3%、助医需求的占2.4%、助就业需求的占34.2%。二是努力扩大帮扶青少年覆盖面。联合省扶贫办重点实施“共青团双千结对帮扶计划”，联合省直机关工委开展“千家党(团)组织牵手万名低收入农户青少年”活动，争取与省政府实施的“低收入农户奔小康”结对帮扶工作相衔接。同时，引导青联委员、青年企业家等与非集中村的低收入农户青少年进行结对帮扶，目前全省低收入农户青少年的结对帮扶比例已经达到了60.1%，省、市二级青联委员共结对资助低收入农户青少年1682人，帮扶资金达到201.8万元。三是努力创新关爱资金的筹资方式。依托公益事业平台进行募集，省青基会每年接受的捐赠款，重点用于帮扶低收入农户青少年；依托现代网络手段，专门现场开通了“浙江希望工程”关爱行动网络帮扶平台，通过网上点击就可以实现帮扶；依托手机短信平台募集，联合浙江移动、浙江联通开展了“动动拇指，奉献爱心”短信捐赠活动。截至目前，已有20672人次通过发送短信形式参与了捐赠活动。四是不断扩大关爱行动的社会影响力。邀请影视明星王宝强担任了关爱行动的公益形象大使，联合省内主流新闻媒体播放公益广告片，刊登关爱行动的平面广告。浙江城市之声联合浙江银联公司通过广播招募了150名私家车主，分赴磐安、景宁、泰顺等地，举办了五期“银联-微笑私家车”活动，与低收入农户青少年现场结对。一年来，省本级共发放各类奖、助学金376.70万元，奖励和资助低收入农户青少年5029名。其中，资助中、小学生3630名；中、高职学生347名；大学生1052名。救助低收入农户患病青少年23例，累计支付医疗资金20.8万元。团省委还联合省扶贫办在宁波余姚市成功召开了全省低收入农户青少年关爱行动现场推进会，省政协副主席冯明光出席会议并讲话。

2. 深入实施进城务工青年发展计划。以“进城务工青年发展计划”为载体，围绕进城务工青年在成长发展中面临的一些具体困难，扎实开展服务。一是服务进城务工青年就业创业。深化实施“千校百万”培训计划，发挥全省青工技能实践基地、青年中心等阵地的作用，联合社会培训机构，组织开展培训，依托劳务中介等社会组织，加强对进城务工青年的就业服务。今年以来，各级团组织共落实培训资金1352.2万元，已培训34346人。通过浙江青年就业网发布省内各地各类人才招聘会891场次，提供各种就业岗位288689个，成功实现就业17819人。二是丰富进城务工青年文化生活。深入开展进城务工青年文化发展工程，募集了50万元专项经费，整合了价值50万元的体育设备，为全省首批44家进城务工青年文化活动室配备了活动器材，直接受益的进城务工青年达40万人。三是帮助进城务工青年子女就学。进一步加大“希望工程助学进城计划”实施力度，帮助家庭困难的进城务工青年子女就学，解决他们的后顾之忧。

3. 扎实做好青少年权益维护工作。以“浙江青少年平安行动”为统揽，按照团中央“三个结合和一个制度性安排”的工作要求，切实维护青少年的合法权益，推动青少年健康和谐发展。一是积极推动《浙江省未成年人保护条例》的立法工作。在省人大的重视和支持下，在省政府法制办的具体指导下，认真开展立法调研和《条例》修订工作，目前《条例》(草案)已提交省人大审议。二是着力打造12355青少年综合服务平台。目前，全省已有8个市建成并开通了12355青少年服务台，为青少年提供心理疏导、法律咨询、就业指导、校外教育等服务，运用项目化管理方式，组织开展多种类型活动，举办了12355进企业、进高校、进社区等活动。全年共受理了27717个求助电话，办结了26860个求助电话，电话办结案率达到96.9%。今年，省平安办首次将12355青少年服务台建设情况列入对各市的平安考核。三是扎实开展“人大代表、政协委员与青少年面对面”活动。通过邀请人大代表、政协委员围绕青少年权益问题开展集中调研等形式，反映青少年普遍性利益诉求。据统计，今年在省、市两级“两会”期间提出的关于青少年的提案、建议和大会发言共有38件。四是全面开展社区矫正志愿者阳光行动。联合省司法厅等单位开展“社区矫正志愿者阳光行动”，以专业社会志愿者结对帮扶的形式，为未成年社区服刑人员提供思想引导、心理疏导、就业导航等服务。目前，全省11个市已全部成立了阳光行动指导委员会，全省招募注册志愿者2527名，与489名社区未成年人矫正对象开展结对帮扶活动。在扎实开展以上青少年维权工作的基础上，根据“平安浙江”建设的要求，团省委联合省平安办部署开展了浙江青少年平安行动，重点内容包括广泛组织青少年参与“平安浙江”建设宣传活动、牵头组建平安志愿者队伍参与维护社会和谐稳定、深入实施“手拉手”浙江少年儿童平安行动、积极引导青少年参与化解基层社会矛盾等六方面。6月，召开了省综治委预防青少年违法犯罪工作领导小组第四次全体成员会议，省委常委、副省长葛慧君出席会议并讲话。7月，联合省政法委等单位举行了“手拉手”浙江少年儿童平安行动暨“平安自护过暑假”活动启动仪式。10—12月，开展了浙江“平安娃娃”传递活动，联合省平安办召开了全省“平安志愿者”建设经验交流会。省领导夏宝龙、王辉忠、葛慧君、陈加元等分别对这项工作作出批示，给予了充分肯定。

四、全面加强团的基层组织建设和基层工作，共青团事业发展的基层基础不断夯实

1. 巩固深化科学发展观学习实践成果，部署开展共青团“服务基层年”活动。着眼于巩固第一批科学发展观学习实践活动的成果，利用各级团组织参加第二、三批“学教”活动的契机，认真落实省委“双服务”活动要求，在全省部署开展共青团“服务基层年”活动。一是为基层和青年兴办实事项目。扎实推进“学习型、创新型、服务型”机关创建活动，提出并兴办了关爱低收入农户青少年、青少年校外活动场所建设、共青团“青年就业创业见习基地”建设、深化和拓展希望工程传统公益项目、推进12355青少年服务台建设、深化区域共青团整体化建设、加强团干部培训等15件实事项目，赠送给欠发达地区基层团组织133只“基层工作箱”，价值10余万元，树立了“服务到基层、工作项目化”的明确导向，确保工作项目落实到基层、工作资源倾斜到基层、团的干部深入到基层。全年共争取职能部门支持、整合社会各界资源共计3713.1万元，全部用于支持基层。二是切实加强团干部队伍建设。部署开展了“万名团干下基层、真情服务联帮促”活动，省市两级团组织领导班子率先垂范，广泛开展“八个联”活动，即联系一个县（市、区）、联系一个乡镇、联系一个街道、联系一个行政村、联系一个城市社区、联系一个企业、联系一个学校、联系一个青年自组织；积极落实“五个一”，即在年底出一个调研成果、交一批青年朋友、帮助基层团组织理清一个思路，为基层办一件实事，记一本团情日记。进一步完善了团干部联系基层、联系青年制度，带动全省团干部进一步转变作风，形成了重调研、重落实、重服务的基层团工作氛围。继续巩固团的各级领导机关干部下基层蹲点的制度，按照团中央的总体要求，全省共从省市两级团的机关精心挑选了43名干部作为第二、三批驻点干部派驻县级团委指导工作。此外，省本级利用团费，共举办24期基层团干部免费培训班，累计培训基层团干部1190人次，同时组织了1341名团干部参加团中央远程培训。

2. 按照区域共青团整体化建设的思路，切实推进团建创新工作。按照“区域覆盖、尊重主体、开放互联、促进活跃”的总体思路，在全省深入开展区域共青团整体化建设的探索。一是部署开展各类团建试点工作，积极探索团的基层组织建设创新模式。召开全省共青团、少先队试点工作推进研讨会,在城市、农村、企业、学校、少先队以及统筹城乡、青年自组织、互联网等新兴领域开展团建创新试点,研究探索各个领域、各类群体提高团组织有效覆盖、增强活力的有效途径和方式方法。召开全省乡镇、街道团组织格局创新试点工作研讨会,研究部署基层组织格局创新工作,加强乡镇、街道团委的工作力量配备,进一步探索和完善基层团的组织格局创新的制度性安排。二是积极探索建立尊重主体、充满活力的基层团的组织运行机制。按照统筹城乡的要求,不断规范和发展团内基层民主,维护团员青年的民主权利。探索开展乡镇(街道)团委班子直接选举,目前全省通过直选方式产生团委书记的乡镇(街道)数已经达到215个。积极推行团支部(总支)海选,目前全省采用这种做法的团支部(总支)数量已超过50%,村、社区团组织数量已近三分之一,部分县(市、区)所有的村(居)都通过民主选举的方式产生团支部(总支)班子。积极探索实行团代表大会常任制,目前全省已有50个县(市、区)、570个乡镇(街道)正建立健全此项制度。此外,各地还在基层团组织中普遍推行团员青年民主恳谈、团务公开等制度,维护和保障团员青年的知情权、建议权、选择权和监督权。三是积极推动形成开放互联、城乡统筹的基层团的工作格局。以部署开展"团建百日集中行动"为抓手,进一步推动了基层团组织广泛开展联动与协作。打破行政隶属关系,探索在城乡团组织和区域团组织之间建立各类共建组织,通过轮值制、青年工作联席会议等方式,推动了区域内团组织之间形成制度性联系,共同组织开展团的活动。充分发挥城乡和区域内"强团"的龙头作用,实现对其他团组织的组织带动、活动带动、队伍带动和阵地带动。省委常委、组织部长斯鑫良对团省委以"区域共青团整体化建设"为抓手,着力构建城乡统筹发展的全省基层团建新格局的做法予以充分肯定,并作出专门批示。

3. 坚持深化党建带团建,切实优化团的基层工作环境。积极争取省委组织部的重视支持,扎实深化党建带团建工作,继去年先后出台了《关于加强新形势下全省基层党建带团建工作的意见》、《关于进一步加强省(部)属单位党建带团建工作的意见》之后,联合召开了全省党建带工建团建工作会议,省委常委、组织部部长斯鑫良出席会议并讲话。结合学习贯彻会议精神的契机,积极推动党建带团建工作各项政策的落实,将全省区域共青团整体化建设纳入基层党组织建设的整体格局,不断推动基层团组织在党组织的带动下,努力实现区域覆盖、城乡统筹,进一步优化了基层团建的外部环境。同时,扎实开展推优入党工作,为党组织源源不断输送新鲜血液。

五、着眼于共青团事业的协调发展,全面推进团的各项基础工作

1. 青联、学联、少先队和各类青年社团建设不断加强。青联组织团结凝聚全省各族各界青年,在服务大局、服务委员、加强自身建设等方面取得了新的成绩和进展,青联组织整体活力不断增强,青年外事工作持续活跃,全年共接待巴基斯坦青年领袖考察团、日本静冈青年代表团、德国青年代表团等国外考察团3批57人次,应邀选派15批48人次,参加团中央和全国青联组织的代表团,赴韩国、日本、朝鲜、越南、英国、巴基斯坦等国家以及台湾、香港等地区进行访问交流。学联组织在积极引导大中学生服务社会、服务大中学生成长成才、加强自身建设等方面做出了新的有益探索,促进了青年学生的健康成长。少先队组织紧紧围绕党政工作大局,继续深化"全队抓基层、全队抓落实"的工作机制,深入实施"全团带队"送服务活动,进一步加强少先队辅导员队伍建设,夯实少先队基层组织建设。同时,进一步加强青年企业家协会、农村青年星火带头人协会、青年书法家协会、青少年网络协会等团属青少年社团建设,加大对青年自组织的研究和引导力度,在凝聚和服务青少年方面的作用得到了进一步发挥。

2. 团的调研工作水平切实提升。加大共青团工作创新和青年工作的理论研究力度,在全省各级团组织和广大团干部中形成了抓调研、求创新、谋发展的良好风气。一是认真做好重点课题的研究。根据团省委十二届四次全会确定的工作思路和目标任务,在广泛征求团省委各部门意见的基础上,下发了《2009 年团省委书记、副书记牵头的重点调研课题》,突出思想引领、创业创新、关爱低收入农户、维护青少年合法权益、少先队工作、推进区域共青团整体化建设等重点工作,开展相关课题研究,初步形成了调查报告。开展了 2009 年浙江大学生就业现状调研,向全省 5 个市的 20 多所学校发放有效问卷 8000 份,形成了《2009 年浙江省大学生就业现状分析及对策研究》,陈加元副省长对报告作出批示,予以充分肯定。二是不断提高调研奖的评选质量。制定并下发了《2009 年全省共青团调研奖调研课题指南》,不断完善调研奖申报评选办法,进一步激发了各地、各单位团组织的申报积极性。今年共收到调研奖参评论文 220 篇,严格按照程序组织专家评审,共有 76 篇论文获奖。今年还探索准备推出重点调研课题制度。三是进一步凸显创新奖项目的前瞻性。围绕全省团的重点工作的推进和落实,团省委研究确定了创新奖申报范围,各地、各单位在工作思路、内容、方式、机制等方面积极探索、大胆实践,不断焕发出新的生机和活力。今年共收到创新奖参评项目 96 个,评选出获奖项目 20 个。四是加大课题成果的宣传力度。通过《浙江团情》、信息专报、推荐参加“全团优秀调研成果”评选等途径,进一步推进课题成果转化,汇编调研奖获奖论文,推动了全省共青团调研工作的整体活跃。五是加大对省青年研究会的指导力度。切实发挥省青年研究会在理论研究、学术交流、业务培训等方面的作用,有力服务了全省共青团工作和青年工作。

3. 团的信息工作水平进一步提高。一是切实加强信息编发工作。《浙江团情》、《浙江青年工作信息》紧密围绕团省委中心工作,通过网站信息、工作渠道挖掘信息来源,加强信息提炼,既推广了基层的先进经验,又发挥了对基层工作的指导督查功能,促进了团省委重点工作的深化和落实。二是认真做好信息上报工作。通过《青年工作信息》、《浙江青年动态》等途径,及时向省委办公厅、团中央办公厅报送浙江共青团的重点工作、特色工作以及青年的发展变化动态。三是大力加强信息工作制度建设。进一步健全《浙江共青团信息工作考核奖励实施意见》、《浙江省共青团工作信息站制度》,坚持并完善每季度通报信息采用情况制度、年度信息工作先进集体和先进个人评选奖励制度,促进了调研信息工作的规范化、科学化发展。充分发挥市级团委办公室 QQ 群、市地团信息工作 QQ 群的作用,增强了信息工作的及时性、有效性和互动性。四是不断推进信息化建设。逐步完善了“浙江共青团”网站功能,及时更新信息,保持网站的安全、活跃和可持续运行。

4. 青运史(志)研究工作成效显著。一是继续做好《浙江省青年运动志》的修订工作。在前期形成征求意见稿的基础上,组织机关各职能部门、直属单位、各级团组织对《浙江省青年运动志》征求意见稿进行全面的核校、修改、补充,形成了《浙江省青年运动志》送审稿。二是继续做好《俞秀松》的编纂工作。进一步加大资料的收集、整理、编辑工作。三是认真做好 2009 年《浙江年鉴》、《中国共青团年鉴》浙江共青团部分的组稿工作。向省委、团中央及时报送了 2009 年度年鉴浙江共青团部分资料。

5. 切实加强团属事业的建设和管理。省

团校主动适应共青团事业发展、社会教育发展变化需要，加大改革力度，创新教育培训品牌，办学水平和效益不断提升，服务共青团和社会的能力不断增强。《青年时报》创刊八周年，完成了以《青年时报》为核心，两网、两刊、两大公司、全网手机报、DM等在内的立体传媒布局，整体品质得到不断提升，主流地位切实增强。坚持以优化结构、完善机制、盘活资产、规避风险为重点，团属企业的经营管理工作进一步强化，有力推动了团属系统经营性国有资产的健康发展。积极推进机关后勤行政的社会化管理。

安徽团的工作

全省各级团组织以加强基层组织建设和基层工作、促进青年就业创业、积极投身社会主义新农村建设为重点，全面履行团的各项职能，为保持经济平稳较快发展，促进社会和谐稳定做出了积极贡献，团的工作和建设取得了明显成效，呈现出整体推进、稳步发展的良好局面。

一、积极履行引导青年职能，加强青少年思想政治教育，引导广大青年坚定投身科学发展、跨越发展的信心

1. 抓住各种有利契机，开展主题教育活动。深入开展党的十七届四中全会精神学习宣传活动。以五四运动90周年和庆祝新中国成立60周年等活动为契机，在全省青年中广泛开展“我与祖国共奋进、我为崛起献青春”、“成才报祖国，永远跟党走”、“迈入青春门、走好成人路”等多项大型主题教育活动，营造引导青年的良好氛围，省本级举办了纪念五四运动90周年大会。青年月期间，全省各级团组织通过开展爱国主义教育、座谈会、大中学生18岁成人仪式、志愿者活动等多种形式，开展了超过310场形式多样的专题活动。举办“歌唱祖国庆六一”主题队会活动。联合省人民广播电台举办“青春红歌会”，数千名青年参与了活动，掀起了唱红歌、迎国庆的热潮。全省各级团组织围绕纪念新中国成立60周年主题开展了超过530场爱国主义教育活动，取得了扎实成效，全省青少年团结奋斗的共同思想基础日益巩固。

2. 坚持分层分类引导，提高引导青年的实际效果。把握各类青少年思想引导的不同侧重，围绕青少年6岁、18岁两个关键节点，在小学全面落实全童入队，向基层免费发放20万份争当“四好少年”书签，开展争当“四好少年”活动。在第四届省少儿书信文化活动中，全省各地累计收到参赛书信400多万件。在中学全面普及18岁成人仪式教育，开展“让我们一起读书”系列活动。在大学生中扎实推进青马工程。举办了全省青马工程大学生骨干暨高校团总支书记培训班，对77所高校的253名大学生骨干和95名团总支书记进行了培训。全省各高校分期分批分类对2万名团学骨干进行了轮训，“青马工程”在高校进一步普及和规范。面向大学生、企业青年、进城务工青年、农村青年等四类青年群体，选择合肥伊利乳业有限责任公司等12家单位开展引导青年试点工作。

3. 积极选树优秀青少年典型，发挥示范带动作用。通过广泛开展“第十二届安徽青年五四奖章”、“省优秀共青团员”、“省优秀(杰出)

青年卫士”、“省十佳青年学生”、“全省三好学生”、“全省十佳(优秀)少先队员”等评选活动,在全省青年中树立了一批可亲、可敬、可信、可学的榜样。宋云涛同志荣获了第十三届“中国青年五四奖章”,王传兵作为全国唯一一名少先队辅导员出席了国庆观礼系列活动。

二、紧紧抓住重点工作,以促进青年就业创业为抓手,积极响应“保增长”的决策部署

1. 青年创业意识进一步加强。在继续举办“创业事迹报告会”、“青年企业家进校园”等活动的基础上,联合省委宣传部、省教育厅共同举办了“青春闪耀崛起路——安徽青年创业故事会”活动。举办了第三届“挑战杯”全省大学生课外学术科技作品竞赛。参加全国评审的55件作品中有45件入围全国终审决赛,总数量进入全国前10名,2件作品获特等奖。中国科技大学以总成绩全国并列第4名的成绩荣获“优胜杯”。在中国青少年科技创新奖评比中,全省有4名青年学子入围前100名。

2. 青年就业创业平台和机制建设进一步完善。全省共建立国家、省、市(含高校)三级见习基地674家,提供岗位14290个,到岗人数5967人,有328人被聘用。建立与农业银行、工商银行、国家开发银行、省信用联社等金融机构的联动调度机制。与省邮储银行等金融机构签订协议,共计为城市创业青年提供小额贷款1.22亿元,扶持青年2095人。募集原始基金483万元,省青年创业就业基金会正式成立,并通过与省投资集团的合作,扶持青年创业就业,为青年创业就业长远发展提供支撑。

3. 青年立足岗位创新创效进一步深化。继续以“青春建功在岗位”为主题,深化“五小”成果评比、QC小组等青年创新创效活动,“青年文明号”创建、青工技能振兴计划深入开展。全年新认定了1家国家级、6家省级QC小组,组织全省6家企业9名选手参加了第五届“振兴杯”全国青年职业技能大赛决赛,取得了较好名次。

三、结合安徽实际情况,以团结带领青年投身新农村建设为切入,为“保民生”的目标贡献力量

1. 着力帮扶农村青年创业成才。联合省农村信用联社成功实施了“万名农村青年创业信贷扶持计划”,共为8970名农村创业青年提供5.037亿元小额创业贷款。建立农村青年就业创业见习基地36个,各级团组织举办了小额贷款培训班173期,培训团干部、农村青年1.33万人次,印制发放了《农村青年小额贷款知识手册》1800本。全省各级团组织积极协调相关部门,联系(确认)有资质的培训机构183家,其中团属培训机构50家。以返乡农民工和农村“两后生”等为主要对象,组织青年农民参加实用技能培训,全年共培训6.42万人,提高了农村青年创业就业技能。

2. 着力服务农村社会事业发展。围绕农村基础设施建设、生态环境改善、乡村文化繁荣等内容,积极参与新农村建设。各地围绕“绿色安徽,青年当先”主题,组织引导广大青少年宣传环保知识,开展生态体验,参与生态安徽建设。开展省暨合肥市青少年义务植树活动,在合肥市、怀宁县等地启动“小渊基金”中日绿化项目。面向农村、基层援建“共青书屋”,发放了2万余册捐赠图书,全年总计援建超过200所共青书屋。确定省级改厕示范村56个,采购分发了价值80余万元3000余套改厕器材。全省团的系统牵头在农村地区新建卫生厕所4万余座(不含沼气项目改厕),改善了农村卫生环境。

3. 继续关注弱势青年群体。开展留守未成年人之家建设工作。省本级13个省级留守未成年人之家建设点,为每所留守未成年人之家配备了价值2万元的电脑、电视等基本设施。全省共建成350余家留守未成年人之家。开展“关爱在江淮·中秋公益行动——我为留守儿童寄月饼”活动。联合省司法厅、省监狱管理局在省未管所举行服刑人员18岁成人宣誓仪式。

四、以志愿服务，维护青年合法权益等为途径，为“保稳定”的任务尽心出力

1. 开展志愿服务，促进社会和谐。组织青年参与扶贫助困、敬老助残、赛会服务等公益活动。针对洪涝灾害、抗雪救灾和日全食等自然气候、现象可能对社会生活造成影响，组织团员青年参加防灾减灾志愿服务。在整个志愿服务周期间，全省县级以上团组织开展各类志愿服务活动220多场次。大中学生“三下乡”、“四进社区”、“四个一”等各类社会实践活动深入开展，近30万大中学生奔赴各地开展“三下乡”社会实践活动。实施2009年度大学生志愿服务西部计划，选拔了316名大学生志愿者分别奔赴陕西、云南、四川和安徽省基层开展为期1—3年的教育、卫生、农技等方面的志愿服务工作。联合省卫生厅选拔70名卫生志愿者，开展第十三期青年卫生志愿者扶贫接力行动。

2. 做好青少年群体的稳定工作。及时了解掌握青少年思想动态，营造适合青少年成长成才的网络舆论氛围，探索建立青年舆情动态监测、应急引导机制，建立青年舆情信息员队伍。在省级层面上，举办安徽省大中专毕业生专场招聘会，提供岗位4400余个，共有1.2万余名大学生进场求职。各团市委也为大学生、青年农民工等举办了多场公益性招聘会、双选会。做好服务家庭经济困难大学生工作，举办省寒假留校大学生新春联欢会，全省各级团组织筹措安排专项资金30余万元，提供校内外勤工助学岗位700余个，对1402名寒假留校大学生进行了慰问。

3. 积极维护青少年合法权益。坚持把推动法规建设、关注个案维权作为维权工作重要环节，加强机制建设。新修订的《未成年人保护条例》于2009年12月1日颁布实施。深化“青少年维权岗”创建活动，集中开展县、市、省三级联创，确定了22家省级优秀“青少年维权岗”创建单位，全省已建有32个国家级195个省级和600多个市级优秀“青少年维权岗”。12355青少年服务台建设继续推进。发挥“两办”作用，依托省预防领导小组、未保委各成员单位开展“青少年维权岗在行动”等活动，配合相关部门不断加强网吧、出版物、校园周边娱乐场所等重点领域整治，清理信息垃圾，取缔非法“黑网吧”以及低俗有害荧屏声频等活动，开展“远离网瘾”、“远离烟草”等主题活动，未成年人成长环境进一步优化。

五、以加强基层组织建设和基层工作为重点，不断加强和改进新形势下团的自身建设

1. 发掘推广基层创新经验，带动工作整体活跃。继续抓好13个整体化推进县域团的建设创新试点工作，确定了舒城县等22个共青团基层组织建设和基层工作试点单位。系统总结了“三位一体”、“1+3+X”等镇村两级团干部配备模式创新经验，开展县镇村三级团组织按期集中换届，镇村两级团干部公推直选试点，并向全省推广，为基层组织创新发展树立了鲜明导向。

2. 积极整合各方资源，促进基层团的工作活跃。先后三批选拔81名省、市两级团委干部，派驻到县级团委开展工作，调整建立基层联系点280个，加大资金物资、评选表彰等向基层倾斜的力度，省本级全年下拨款物390余万元，有力支持基层工作。推动选聘生兼任基层团干部工作，全省1169名“大学生村官”有842名兼任镇、村团干部。为全省105个县（市、区）选拔了105名西部计划志愿者从事为期1年的基层青年工作，增强基层工作力量。

3. 健全工作机制，通过完善制度推动工作健康协调发展。深入贯彻落实《关于加强全省共青团干部队伍建设的意见》。制定实施了《团省委书记办公会定期听取省辖市团委工作汇报的若干规定》等8项制度规定，把握干部任用话语权、沟通联系主动权、重点工作督办权和综合工作评价权。在全省推动高校共青团组织结对共建工作，全省31所本科院校团委分别与73所高职院校、民办高校、独立学院团委签订并实施了结对共建协议，促进工作协调发展。建设开通了覆盖到全省乡、镇（街道办事处）的共青团电子团务系统，全省105个县（市、区）团委全部开通网站，密切了与各级团干部的联系渠道。

4. 加强团干部队伍建设，提高了整体素质。加强对基层团干部培训工作力度，省本级培训团干部380次，赴基层举办培训班共培训近2600人次。举办了全省五四红旗团委创建单位负责人培训班。先后三批选调了32名团县（市）委书记参加团中央举办的培训班，集中组织团县（市、区）委书记和团市委部长共计120人参加了团中央的视频培训。组织开展省委组织部干部教育学习网络平台的试点工作，团省委机关干部人均学习时间在全省9家试点单位中排名第一，受到了省委领导和组织部门的通报表彰。一年来，协助当地党委组织部门，选配了19名地市和高校等直属团委班子成员，14名地市和高校团委书记（副书记）和3名团省委机关处级干部顺利转岗。

5. 推进团的事业稳步发展，保持稳定。推动成立皖港青年联谊会，组织两批次计40余名青联委员赴台湾开展经贸文化考察，共接待美国、韩国等外国青年代表团计150余人来皖访问，为服务安徽省对外开放发挥应有作用。切实加强青联、学联、少先队工作，召开了省青联九届四次常委会议、省第四次少代会和少先队工作学会第二次会员代表大会。希望工程全年筹资2700万元，新建希望小学35所，救助困难各类学生6900多名，少年博览杂志全年发行30万份。

福建团的工作

福建共青团组织以“建设先行区，青年当先行”为主线，抓住机遇，迎接挑战，发挥优势，拓展作为，团结带领全省广大青年为加快建设海峡西岸经济区作出新贡献，推动团的各项事业迈上新台阶。

一、着眼增强针对性和实效性，青少年思想道德建设有效推进

1. 爱国主义教育活动深入开展。抓住纪念五四运动90周年、新中国成立60周年、少先队建队60周年和庆祝六一国际儿童节等有利契机，以“永远跟党走，青春献海西”、“祖国发展我成长”、“红领巾心向党”等为主题，召开了福建省纪念五四运动90周年大会和纪念少先队建队60周年大会、座谈会，深入开展爱国主义电影展播、朗诵比赛、大学生主题演讲比赛、青少年读书文化节、争当“四好少年”等活动，大力宣传新中国成立60年来取得的辉煌成就，进一步激发广大青少年热爱党、热爱祖国和建设家乡的热情。

2. 凝聚青年投身海西建设共识有效增强。大力宣传中央和省委应对国际金融危机的方针政策和举措，引导青年提高认识，认清形势，切实把思想和行动统一到中央和省委的决策部署上来。大力宣传国务院《意见》和省委八届六次全会精神，开展以“推动科学发展、投身海西建设”为主题的2009年大中专学生暑期

"三下乡"社会实践活动,全省20多万名大中专学生奔赴海西建设一线,宣传海西、服务海西、参与海西建设。开展"华夏学子看海西"社会实践活动,组织"青马工程"学员、港澳台学生和海外留学生为海西发展献计献策。表彰一批先进青年和先进青年集体,组织先进青年典型进学校、农村、社区、企业,激励广大青年向榜样学习。密切关注青年的思想动态,组织团省委常委走进高校,直接面向大学生作"五四精神和青年学生的历史使命"的形势报告,正面引导青年学生。

3. 影响青年的传媒体系初步形成。对《共青号》、《青春潮》、《青年博览》、《海峡摄影时报》和福建共青团网站等团属媒体进行改版。推行重大选题策划制度,加强与福建日报、福建电视台等社会媒体的合作,推出了青年创业、对台青少年交流、团建创新、《永远跟党走》、《飞扬的队歌》儿童广播剧等一系列专题、专栏、专访,编辑出版了"星火映少年书系"等6本少先队教育丛书。加强与互联网、手机等新兴媒体的合作,开展青少年喜爱的时尚活动,"1919,追寻我们青春的记忆"博客征文大赛、青少年书画作品大赛网络点击率分别超过10万和20万人次。

4. 分类引导试点工作扎实推进。确定厦门大学等10家单位作为第一批分类引导青年试点单位,同时在9个设区市遴选30个单位开展区域化分类引导青年试点工作,探索增强引导青年的针对性和实效性的路径。广泛开展工作调研,通过发放调查问卷、QQ、一对一深度访谈等形式,形成了5份《试点单位青年思想意识调查报告》。建立了牵头部门统筹、对应部门跟进、驻点干部联系、试点单位执行的工作模式,有序推进试点工作,探索出BBS论坛、手机报、青年网络评论员队伍、青年文化园等引导青年新载体。

二、围绕促进青年成长发展,服务青年就业创业工作成效显著

1. 就业服务力度进一步加大。在全省高校开展大学生就业创业政策宣讲,帮助大学生及时了解就业创业政策,举办报告会44场,发放各类宣传资料3万余份、宣讲视频光盘1000张,接受师生咨询2000余人次。组织就业指导专家深入15所大中专院校举办就业指导与咨询讲座23场,免费为1万多名毕业生提供咨询服务。依托省青年人才开发中心,举办大学生专场招聘会、高校专场招聘会30多场,提供就业岗位13000多个。采取在福建青年人才网开辟应届毕业生招聘专区、电话推荐等方式,为高校毕业生就业牵线搭桥。

2. 就业创业培训进一步深化。实施农村青年专项培训、进城青年农民工"订单式"技能培训和农村青年致富种子工程,培训农村青年49065名(三天以上),进城青年农民工4852名。举办海西青年创业培训班、大学生就业力训练营、创业大讲坛和KAB、SIYB师资培训等培训班65期,培训人数达19300多人次。建立共青团青年就业创业见习基地469家,提供见习岗位11838个,4211名青年到见习岗位参加见习,见习结束后正式聘用1643名。与省信息化局等单位联合举办福建省大学生软件设计大赛。组织开展第九届"挑战杯"福建省大学生课外学术科技作品竞赛,大学生代表团在全国竞赛中有3件作品获一等奖,6件作品获二等奖,27件作品获三等奖,福建农林大学捧得优胜杯。

3. 中国青年创业国际计划(YBC)进一步推进。积极拓展YBC工作网络,在全省建立了10个市级工作站、74个县级(含高校)服务站,招募创业导师650多人。接受青年创业项目申请1000多份,已成功扶持383名青年创业,其中97人获得免息创业贷款388.5万元和一对一创业导师跟踪辅导。在中国青年创业国际计划(YBC)首届年会上,YBC福建办公室荣获"YBC优秀团队奖",团省委荣获"特别组织创新奖"。

4. 青年创业服务平台进一步拓展。积极

争取政府和企业的支持,举办扶持青年创业慈善晚会,壮大福建海西青年创业基金会。目前,基金会已经筹集资金1600万元。受省政府委托,成立并启动了300万元的大学生自主创业担保基金,通过风险补偿金的方式,鼓励邮储银行、农村信用合作社、交通银行等金融机构向创业青年发放小额贷款。截至目前,邮政储蓄银行已向经过团组织确认、推荐的2319名青年发放创业小额贷款11944.9万元。联合省人事厅等单位共同举办首届“寻找海西未来创业之星”、海峡两岸大学生创业项目对接洽谈会等活动,联合知名企业陆续推出匹克加盟店、三和茶叶、迪邦创业等一批青年创业项目,降低青年创业门槛。联合省科技厅、厦门翔安高科技园区管委会共建大学生创业孵化基地,为创业青年提供更完备的服务。

5. 青年创业宣传研究进一步加强。重视青年创业理论研究,委托厦门大学完成了省重点课题“海西青年创业教育和创业环境研究”,结题正式出版。组织省团校研究力量,编写出版了海西共青团创业培训系列教材:《21世纪:青年创业的世纪》、《大学生创业理论与实务》、《农村青年创业理论与实务》和《城市青年创业理论与实务》等。在机场和高速公路设立广告牌,在中国青年报、福建日报、福建电视台等媒体刊登专版或播发专题,努力营造青年投身海西创业实践的良好氛围。

三、抓住两岸关系出现重大积极变化的契机,对台青少年交流工作取得新突破

1. 交流规模不断扩大。成功举办第七届海峡青年论坛,来自两岸四地以及海外的200多名各界青年代表参加了主题演讲、海西20城市青年圆桌会议、第三届中国青年科技创新馆等活动。积极拓展第四届两岸青年联欢节海峡西岸行活动,1470名台湾青年学生和5000多名大陆青年在福建省6个设区市共同开展了中华文化大讲坛、第五届两岸大学生校园歌手赛、第四届海峡两岸青少年排球邀请赛、两岸青年书法交流笔会、沙滩趣味运动会、篝火晚会、闽南家庭体验等文化交流和寻根访祖活动。

2. 交流层次不断提升。承办华夏青商与海西市长合作峰会,来自两岸四地的200多名青年企业家与海西20城市市长进行交流对话、共商合作。抓住两岸“三通”的有利契机,先后接待了台湾青商总会、台湾农民协会、中华青年之友会等10个参访团,组织福建省青联访问团、青年农业参访团等5个交流团赴台湾交流访问,促进闽台两地青年在经贸、农业、科技、教育、金融、创意等领域的交流合作。接待了台湾中油股份有限公司董事赖调灿一行,推动闽台石化产业的合作。

3. 交流机制不断完善。举办首届海峡论坛?两岸青年社团负责人圆桌会议,来自大陆、台湾和香港的53家青年社团负责人参加了会议,两岸18家青年社团在会上推介了28个交流项目,21家青年社团负责人签署了12项合作协议,为推进两岸青少年交流打下良好的基础,搭建两岸青年社团交流新平台。组织省青联访问团抵台交流考察,与台湾中国国民党中央青年部、台湾中国国民党青年团、台湾中国青年创业协会总会等10家台湾青年社团,达成长期合作的共识。

四、积极参与和谐社会建设,品牌活动影响力不断扩大

1. 深化青年志愿者活动。召开省青年志愿者协会第三次代表大会,表彰了一批青年志愿服务先进典型。以“争做志愿者、创造新生活”为主题,在全省集中开展文明劝导、便民服务、无偿献血、环境保护等青年志愿服务活动。组织青年志愿者服务社会大型活动,为第七届中国·海峡项目成果交易会、第三届海峡两岸茶业博览会、第五届海峡两岸林业博览会暨投资贸易洽谈会、温福铁路动车组开通、全运会火炬全国传递、“安全生产万里行”暨福建“海西安全发展行”等大型活动提供优质、高效的志愿服务。启动第五届全国特奥会志愿者招募工作,开展“迎世博、迎特奥、讲文明、树新风”主题活动。选拔455名大学生志愿者赴西部地区和本省欠发达地区开展志愿服务。开展居家养老、消防、地震救援、城市社区垃圾分类节能减排等专项志愿行动。编辑出版《大爱书写青春——福建省12355青年志愿者赴川心理援助纪实》,弘扬志愿者的无私奉献精神。

2. 帮扶特殊困难青少年群体。开展“温暖送万家,爱心促和谐”活动,在“两节”期间慰问西藏和四川灾区在闽学生、留校大学生、进城务工青年、返乡农民工等特殊困难青少年群体。积极拓展筹资渠道,与有关企业合作设立了火山岛助学基金、燎原基金、17173世界网游日公益助学基金等专项基金,进一步壮大青少年发展基金。新建希望小学9所,“希望工程·圆梦行动”筹资1163万元资助2300多名贫困大学新生圆大学梦。隆重纪念希望工程20周年,在福建日报、福建电视台等媒体大力宣传希望工程实施20年来所取得的丰硕成果,举办首届希望小学师生快乐趣味运动会。推荐评选一批本省希望工程先进典型,有25个集体和个人荣获中国青少年发展基金会的表彰。

3. 维护青少年合法权益。开展“共青团与人大代表、政协委员面对面”活动,借助人大、政协平台,反映青年就业创业等方面的利益诉求。开展共青团预防和化解群众矛盾纠纷调研,努力探索共青团组织在化解矛盾纠纷、维护社会稳定的有效路径和方式。充分发挥省综治委预防青少年违法犯罪工作领导小组办公室作用,通过协调各成员单位参与净化社会文化环境、开展“争创优秀青少年维权岗,争当优秀青年卫士”活动等,推进全省预防青少年违法犯罪工作。加大对基层指导、扶持力度,确定了6个基层青少年维权重点项目,给予每个项目5000元的补助,活跃基层权益工作。建设省、福州市12355青少年服务平台,提升12355平台服务水平。

4. 推动海西新农村建设。开展农村返乡青年调查,引导返乡青年利用所掌握的信息、资金、技能等优势在农村创业。实施青年农村创业“燎原行动”,为农村青年创业提供企业结对帮扶和资金等支持。与省银监局共同推进农村青年小额贷款,据各地团组织统计,目前已向11660名农村青年发放贷款4.17亿元。在全省农村广泛开展以“颂改革开放伟绩、过欢乐祥和新年”为主题的2009年乡村青年文化节活动,丰富农村青年的文化生活。开展以“绿色海西、青年当先”为主题的“保护母亲河?家园清洁青年行动周”活动,净化、绿化、美化农村人居环境。深入开展青年文明号“号村”结对活动,推动乡村文明建设。

5. 扩大青年对外交流。开展中央国家机关青年代表团“走进龙岩”活动,与中央国家机关团工委签署了加强长期友好合作交流备忘录。热情接待北京、广东、黑龙江、宁夏、青海、江西等地青年组织代表,进一步扩大了海西影响。组织本省青企协和青商会成员到漳州、南平、龙岩、宁德以及江西共青城、九江开展考察活动,加强海西青年组织之间的互动。组织省青联代表团访问香港,拜访了香港青年联会、香港福建希望工程基金会、香港福建社团联会等社团,并与香港闽籍青联委员联谊,增进闽港青年之间的友谊。认真做好也门社会党干部考察团、日本引佐化成株式会社访华团、英国青年代表团和新加坡公共服务学院院长访问团等10个外宾团组的接待工作,选派了25批62名福建省青年到英国、日本、南非、香港、澳门等8个国家和地区访问。

五、狠抓基层基础,团的自身建设进一步加强

1. 驻点试点工作稳步推进。严格按照团中央的要求,派出65名设区市以上团委机关干部分三批到县级团委驻点指导工作,在33家单位稳步推进团队基层组织建设和基层工作试点,在20个乡镇、7个街道开展共青团组织格局创新试点,提炼出200个基层团建创新案例。整合OA、BBS、视频、博客、QQ群等多种方式,发挥"团建创新促先行"网站的功能,推动组织扁平化。目前,网站累计发布团建信息11800多条,访问量达15万人次。

2. 加大对基层的支持力度。积极筹措资金,依托省团校分批对全省县、乡团干部进行免费培训,全年共办班8期,培训基层团干部943名。利用网络对全省少先队辅导员进行免费培训,全省共有65191名少先队辅导员参加了培训,占全省少先队辅导员总数的69.07%。认真开展全省村级团组织换届工作,建立和完善市、县、乡、村四级团干部数据库。制定发放办法,认真落实好全省村团支部书记每月100元津贴待遇。与省委组织部共同发文,推行符合条件的大学生村官兼任乡村基层团组织负责人。

3. 大力加强团干部作风建设。结合开展团干部驻点、试点、干部下派等,引导机关干部深入基层一线,与普通青年交朋友,培养求真务实的工作作风。通过组织全委会、机关干部务虚会、设区市团委书记工作例会、设区市团委书记年中述职、团省委常委赴基层调研督查、召开工作督查电视电话会议等,确保全省团组织在思想和行动上协同一致,促进各项重点工作的落实。

4. 机关建设取得新进展。认真开展学习实践科学发展观活动和"回头看"活动,着力解决存在的突出问题,形成了共青团贯彻落实科学发展观的长效机制。加强常委会班子建设,在团干部中倡导养成良好的学习习惯、全身心地投入工作、参与和谐团队构建、严格自律,不断激发机关干部的工作热情。完善中心组学习、专家辅导、谈心等制度,创新晨会制度,带动团队学习。全年共举办了5轮晨会,有130多人次上台演讲,取得了良好成效。开展廉政教育月活动,组织团省委领导上廉政党课,设立廉政读书专柜,组织机关干部参观省警示教育基地,推进团省委惩治和预防腐败体系建设。举办机关和直属单位乒乓球比赛、"七一"联欢会、机关趣味运动会等多场活动,促进机关的整体活跃。2009年8月,团省委荣获"福建省第十届文明单位"称号。

江西团的工作

江西共青团全面履行团的基本职能,着力打造具有中部地区特征的共青团工作新格局,团结带领全省各级团组织和广大团员青年为实现江西崛起新跨越发挥生力军作用。

一、以科学发展观为统领,在思想上政治上始终与中央和江西省委保持高度一致

1. 全面贯彻团中央的工作要求。认真学习贯彻团十六大和团十六届一中、二中全会精神,按照《共青团工作五年纲要(2009—2013)》的要求,全面落实团中央一系列重大工作项目。紧密结合江西实际,探索团的四项基本职能的实现路径,特别是坚决抓好团中央2009年明确的加强团的基层组织建设、做好青少年思想引导、服务青年就业创业、维护青少年合法权益等四项重点工作,在推动落实上见实效。

2. 全面贯彻落实省委的决策部署。紧紧围绕江西省委提出的推进大项目建设、鄱阳湖生态经济区建设、旅游产业大省建设、机关效能年建设、支持共青城发展等重点工作，积极探索共青团发挥作用的新载体、新平台、新机制，团结带领团员青年在“三保一弘扬”中争作新贡献。

3. 全面构建打造新格局的工作框架。全省各级团组织和团干部不断解放思想、深化认识，形成了打造新格局的共识。一是进一步确定了打造新格局的工作目标。立足中部地区的实际，积极学习东部地区的先进理念，借鉴西部地区的成功做法，参照中部省市的成熟经验，找到比较优势，进一步明确了打造新格局的工作目标：通过3—5年的打造，使全省共青团工作在中部有地位、在全国有影响。全省要推出1—2项在全团有探索创新意义的工作品牌；每条战线有1—2项工作在服务凝聚青年方面有实效；各地、各单位至少要有一项以上特色工作在中部地区具有典型示范意义；共青团工作的桥头堡由县一级推进到乡镇一级。二是进一步理清了打造新格局的基本思路。通过积极探索团的总体功能在不同战线、不同区域、不同层级的实现形式，把打造新格局与履行好团的基本职能有机结合，在组织青年上，坚持眼睛向下、重心下移，落实“两个全体青年”的要求，根据信息化、工业化、城镇化带来的青年群体变化，创新组织动员方式。在引导青年上，发挥红色资源优势，深入推进主题教育，切实抓好分类引导，实现团的根本任务。在服务青年上，找准返乡务工青年、农村青年致富带头人和大学毕业生三个重点群体，切实服务青年就业创业。在维护青少年合法权益上，坚持按照“三个结合”和“一个制度性安排”的要求，突出有序政治参与的原则，推动形成代表和维护青少年合法权益的有效机制。在团干部队伍建设上，坚持以作风建设为抓手，突出成长观教育，坚持用井冈山精神和苏区干部好作风影响教育团干部，着力培养一支党放心、青年满意的团干部队伍。三是进一步明确了打造新格局的基本原则。坚持边实践边探索，逐步明确了一些基本的工作原则。第一，坚持目标和工作要求的一致性。将打造新格局作为全省共青团的总体目标，强化共青团的系统意识和组织纪律观念，以最大的韧劲和力度推进重点工作，形成上下联动、互相支持、迎难而上、狠抓落实的生动局面。第二，强化工作与活动的普遍覆盖。从团的四项基本职能出发，把团的目光投向广大普通青年，设计推进各项工作和活动，在普遍覆盖的基础上实现对最广泛青年的有效吸引和凝聚。第三，突出区域化的要求打造工作亮点。紧紧抓住服务鄱阳湖生态经济区建设这条主线，打造具有江西特色的工作项目和活动品牌，推动共青团工作在江西进位赶超、跨越发展中作出团的应有贡献，发挥打造新格局对全团工作的示范效应。第四，在推进工作中锻炼和培养干部。强化为党培养优秀年轻干部的主动性，通过搭建支持共青城发展等工作平台，锻炼团干部的经济工作能力和组织协调能力，坚决克服畏难情绪，切实做到吃苦耐劳、勇挑重担，使团干部的意志更加坚强、思想更加成熟，为做好当前工作、也为将来担负更重的责任打好基础。

二、围绕保增长、保民生、保稳定，全面履行团的基本职能，团结带领团员青年在应对国际金融危机中发挥生力军和突击队作用

1. 支持共青城发展谋求了新作为。积极争取到团中央支持共青城青年就业创业基金1000万元，派遣大学生志愿者30余名，命名共青城为“全国青年创业基地”，在中国青年企业家协会会员大会上举办了共青城（北京）产业规划发布暨招商说明会，中国青年企业家协会会员、外国商会驻华代表180余人到共青城考察。团省委领导多次带队赴发达地区进行招商，组织了“江西青年经贸考察团”赴台湾，专门推介共青城。团江西省委抽调机关干部成立了专门的项目工作组，已帮助引进台湾传宝光电、苏州启维太阳能晶硅、珠海连康电子、希望工程阳光成长中心等一批项目，中央团校培训基地项目已立项。

2. 青年就业创业工作取得了新突破。推出定向式青年就业创业见习，建立“青年就业创业见习基地”1188 家，提供见习岗位 26288 个，有 19575 人到岗见习，实现转就业 6250 人，江西的做法被《中国共青团》杂志作了典型报道。联合省内工业园区，订单式培训了 52000 余名青年。发放青年创业信用卡（证）16028 张，实际放贷 5.6 亿元。筹措资金近 500 万元建立了“江西青年创业就业基金会”，为青年创业提供了有力的资金支持。同时，切实加强了青年就业观念引导，推进西部计划、三支一扶、大学生村官等项目，动员大学生到基层、到农村就业。抓好了各个层次的青年创业挑战赛，搭建了大学生创业孵化中心、青年创业园、挑战杯竞赛等平台，引导青年投身创业。深化了青工技能振兴计划、青年文明号、青年岗位能手等活动，努力培养青年的职业精神和职业技能。

3. 青少年教育引导工作取得了新成效。认真组织学习胡锦涛总书记给少先队建队 60 周年的贺信精神，开展了争当“四好少年”主题实践活动。隆重庆祝五四运动 90 周年，深入学习江西省委书记苏荣同志五四报告精神。争取团中央成为红博会主办单位，积极探索发挥江西红色资源丰富的优势拓展青少年思想教育的途径和方式。举办了“相约校园、成长对话——名家讲坛”302 场，组织青少年参加“百万青少年游江西”、大学生文化艺术节、乡村青年文化节、乡村音乐教师培训等活动，寓教于乐。深入开展大学生暑期“三下乡”社会实践活动，26 万余名青年学生在实践中经受了锻炼、丰富了阅历、增长了才干。分群体选择了 9 个单位进行分类引导试点。在全国首创了“团干部博客群”，100 余名专职团干部开设了实名博客，引导团干部学网、知网、用网；新改版了“江西青年网”，新发布信息 2000 余条，在利用互联网加强青少年思想教育上进行了有益探索。切实抓好了敏感时期青年群体的思想稳定工作。进一步加强了青少年心理咨询工作，帮助青少年健康成长。

4. 服务生态江西建设探索了新途径。组织 600 多万青少年参加了春季生态主题教育活动，在全省建设了一批青少年绿色家园，创建了“共青团生态文明示范村”102 个，在环鄱阳湖地区建设了“生态希望小学”22 所。响应总理号召，加强了与兄弟省市的生态合作，组织省青商会会员赴甘肃省民勤县，在巴丹吉林沙漠捐建了“江西青年林”100 亩。

5. 服务和谐社会建设取得了新进展。通过“12580”志愿者招募咨询热线等方式已招募志愿者 60000 名，首次派遣了 25 名青年志愿者赴马拉维、肯尼亚开展国际志愿服务，组织志愿者结对援助了 4000 余户贫困家庭，“百千万工程”、消防志愿者等项目顺利推进。创新了青少年维权机制，面向社会招募了首批 80 名青少年权益使者，组织共青团与 2200 余名各级人大代表、政协委员进行了面对面，完成了对重点青少年群体的排查和各级优秀青少年维权岗的督查，配合抓好了社会文化环境的净化工作。壮大了青少年公益事业规模，推出了“1% 工程”，已筹集资金 120 万元；省青基会全年共接受捐款捐物 2100 万元，援建希望小学 31 所，资助家庭经济困难大中小学生 1200 名，助养培育贫困孤儿 108 名；整合社会资源，帮助 100 名家庭贫困唇腭裂儿童免费进行了修复整形手术；组织团员青年向四川地震灾区捐赠特殊团费 120 万元。组织一批青年出访欧、亚、非、大洋洲四大洲 12 个国家。

三、全面加强团的自身建设，为推动共青团事业发展提供了坚强的组织保证

1. 加强党性锻炼，不断提高团的机关领导班子思想政治水平。坚持把服务中心、建设队伍作为加强团的机关党组织建设的根本任务，推动机关党组织在服务团的重点工作中切实发挥战斗堡垒作用,出台了《关于大力加强团省委系统党组织建设的决定》。进一步健全了党组集体学习制度,认真抓好党的十七届四中全会精神的学习贯彻,用党的创新理论武装头脑,举办党组中心组学习12次。坚持走进基层、走近青年,班子成员每人挂点3个基层团支部,经常性到基层开展调研。深入开展了“问计青年谋发展”活动,倾听青年的呼声。积极推进理论研究,编撰了《江西青年状况》蓝皮书。开展了以“抓落实”为主题的“机关效能年活动”,切实加强了工作督促检查,通过周通报、月调度、专项督查、年中述职、年末述职等方式,逐步完善了抓落实的机制。

2. 坚持抓基层、打基础。在政策层面。争取一些市县召开党建带团建工作会议或出台相关文件,推动大学生村官、“三支一扶”志愿者、青年能人担任乡、村团干部;继续推进了基层团建“五个一”工程(即:基层单位党组织主要领导每年听取本单位团委书记一次工作汇报;单位党组织每年专题研究一次青年工作;单位党组织主要领导每年参加一次基层团的活动;各单位结合自身工作实际,创建一项“党建带团建”特色工作;单位党组织按照每位党员一元钱的标准,划拨专项党费作为共青团培养入党积极分子工作经费),切实优化了基层团建工作环境。在干部力量层面,先后选派了三批共77名团干部驻点县级团委了解情况、介绍经验、探索创新、指导工作、锻炼本领;首次向全省100个县(市、区)团委各派遣了1名基层青年工作专项行动志愿者。在活动层面,开展了“双百共建”活动,组织100个省直单位团组织与100个县级团委结对共建;启动了“我骑单车下基层”活动,为全省乡镇、街道团干部配备共青团统一标识的自行车1800辆。在创新层面,分领域选择101个基层团组织开展团建试点,已完成中期评估。工业园区团建、网络团建、民办学校团建和乡镇街道组织格局创新有了突破和新发展,逐步增强了基层团组织的吸引力、凝聚力和战斗力;首次开展了全省十佳团县(市、区)委的评选,选树了典型,形成了导向。

3. 提升素质,加强团干部队伍建设。认真组织县级团委书记参加团中央的轮训,联合江西省委组织部在省委党校对160余名乡镇团委书记和基层团干部进行了培训,团省委班子成员分别进行授课。全年被选派出国访问的基层团干部数量比往年增长了2.5倍。严格团内纪律要求,勇于批评和自我批评,对极少数在工作中不能认真履行职责的团组织和团干部进行通报批评,并与党委进行沟通,坚决克服团内生活庸俗化现象。通过年中和年终述职,与市级团委负责人面对面研究工作、沟通问题,形成了狠抓落实的风气。积极引导团干部树立正确的成长观,坚持“德才兼备、以德为先”,面向基层,注重经历、能力和潜力的原则,选拔了基层优秀年轻干部充实团的机关。

4. 扎实推进团属社团建设。省青联突出“思想化、联谊化”,增强了界别活力。省学联工作进一步规范。以团带队的意识进一步强化。省青年志愿者协会成功换届,通过聘请全国英模邱娥国担任协会会长、吸纳青年自组织加入协会等方式,协会的社会影响进一步扩大。省大中专共青团工作研究会实现了对全省高职(专科)院校团组织的全覆盖。省青企协、青商会、青科协等社团组织努力变革,探索适应新形势、新任务的新途径。

山东团的工作

团山东省委围绕全省工作大局，按照"抓住机遇、夯实基础、形成优势、服务发展"的总体要求，大胆创新工作思路，精心设计活动载体，持续推进重点工作，切实履行组织青年、引导青年、服务青年和维护青年合法权益的工作职能，圆满完成了各项工作任务，团的事业呈现出重点突出、亮点频现、全面活跃的良好局面。

一、基层组织建设和基层工作统筹推进

1. 全面推进基层团建统筹工程。一是通过统筹城乡、产业链条、区域间团建和加强对青年自组织的指导和凝聚，形成统筹共建的团组织设置体系。二是组织全部县级以上团委机关和部分工作基础好的团组织结对帮扶"软、瘫、散"基层团组织，构建结对帮扶体系。全省共结成帮扶对子401个。三是通过不拘一格"选"、畅通渠道"派"、加强培训"育"、健全机制"管"，构建基层团干部优化配置体系。四是加强团员"育优"环节与"推优"环节的有序衔接，推动建立有效服务流动团员的新机制，努力构建一体化团员动态管理体系。五是统筹推进以基层团委班子公推直选、团代表任期制、团员青年民主恳谈和团务公开为主要内容的团内基层民主运行机制。通过五个统筹体系建设，初步形成了组织共建、团员共管、资源共享、工作共赢、上下联动的基层团建新格局。《中国青年报》头版头条对山东省这一典型经验进行了报道。

2. 狠抓驻点工作和试点工作。一是认真开展市级以上团的机关干部到县级团委驻点工作。通过落实工作写实、工作月报、片会调度、后勤保障、考核鉴定五项制度，督促驻点干部完成"七个一"的工作任务。经过先后三批驻点干部的不懈努力，全省108个驻点县的基层组织建设和基层工作正得到有效改善，114名驻点干部提高了能力，锤炼了作风。二是通过选派团建指导员、加强指导和工作调度等，认真做好全团基层组织建设和基层工作试点以及乡镇街道共青团组织格局创新试点工作。

3. 切实加大对基层的支持力度。第一，在工作资源上倾斜。筹资150万元为15个经济欠发达县分别建设一处省级青少年绿化基地。向30个经济欠发达县的442个乡镇团组织赠阅《山东青年报》和《山东青年》杂志，向大学生"村官"赠送了2000份《中国青年报》。第二，在干部培训上支持。实施"双百双千"培训计划，举办了12期团干部培训班，对858名乡镇、高校和机关事业单位团干部进行了培训；组织全省县级团委书记和团市委中层干部全员参与团中央集体培训。从团费中划拨10万多元设立专项培训基金，对全省30个欠发达县的基层团干部实行全额免费培训。第三，在政策上优化。联合省委组织部制定下发了《关于进一步加强乡镇团委班子建设的意见》等文件。第四，继续将出国学习、考察的机会和评比表彰的名额分配向基层倾斜。除省级层面外，各市级团委也以工作项目带动、工作经费扶持等方式对基层团组织给予了具体的支持与帮助。

二、青少年教育引导工作扎实深入

1. 抓住重要契机开展教育。坚持用社会主义核心价值体系教育引导青少年，扎实推进"与祖国共奋进、与山东同发展"主题教育实践活动。围绕纪念五四运动90周年、新中国成立60周年、少先队建队60周年，组织开展了青春歌会、红歌传唱、山东共青团60周年图片展、爱国主义"三百人物"评选以及"我与红领巾"主题队会活动，吸引青少年广泛参与，教育

的感染力影响力持续强化。举办了全省“与共和国同行、好书伴我成长”读书演讲比赛，团省委被中宣部、新闻出版总署授予“全民阅读活动先进单位”称号。

2. 推进分类引导试点工作。在全省确定8家试点单位，面向大学生、企业青年、进城务工青年、农村青年四类青年群体，开展问卷调查、“一对一”访谈，共收集整理调查问卷和访谈记录3000余份；抓住思想意识的关键点，有针对性地确定教育内容和手段，山东省5个典型引导案例被团中央采用。高校团组织广泛开展大学生“三下乡”活动，共计有20余万名青年学生参加了“高扬爱国主义旗帜，投身科学发展实践”为主题的社会实践活动。

3. 创新教育引导的方式方法。积极运用互联网、手机等新媒体教育引导青年，通过网络平台 MSN、QQ 聊天等渠道对青年进行引导，网上签名、红色短信创作传播大赛等新的活动方式受到青年欢迎。积极做好青年舆情的预警监测工作，对青少年思想动态、新媒体的影响、网上舆情进行了专题调研，针对网络舆情、大学生就业及社会重大事件，及时编发《山东青年动态》，进一步加强日常性青年舆情的监测研判工作。

三、促进青年就业创业工作成效显著

1. 加强就业创业教育培训。一方面针对广大农村青年，实施了“农村青年春季培训行动”，培训农村青年4.2万人次；启动“万名技校生培训行动”，免费为全省1万个村每村培训一名高级技工人才。另一方面针对大学生群体，联合开展了“大学生就业创业培训工程”，在全省选取10所高校开展试点工作；实施了大学生“青春创业起航计划”，组建“青春创业专家讲师团”，聘请1600名专家、学者和企业家作为青春创业导师，帮助毕业大学生做职业规划和就业辅导；开展了“山东省大学生创业标兵进校园”活动，引导和鼓励大学生选择到基层就业和自主创业。今年全省各级团组织提供各类就业创业培训惠及青年10万余人。

2. 加大资金扶持力度。一是团省委筹资1200万元建立了全省第一个青年创业就业类公募基金会——山东省青年创业就业基金会。二是与14家银行省级机构联合，进一步完善了青年创业小额贷款的担保方式和担保制度。三是实施“百千万农村青年创业计划”，为有创业意愿的农村青年提供低利率小额贷款和项目扶持。全年发放贷款超过3亿元，扶持1200余名农村青年创业，带动1.6万余名农村青年实现就业。四是利用每年300万元的青春创业贴息专项资金和 YBC 国际项目资金，带动了2324名青年创业，吸纳18996名青年就业。五是提供就业创业项目支撑，建设“四季沐歌太阳能”等一批示范项目，带动1万余农村青年实现就业创业。

3. 加强工作平台和载体建设。一是建设见习基地。探索实行共青团青年就业创业见习基地与学士后流动站“双挂牌”制度。启动全省共青团青年就业创业见习岗位对接月活动，逐一落实见习企业和到岗见习青年，不断强化跟踪管理和服务工作。全省共建立见习基地1401个，到岗见习青年15801人，留用4446人。二是打造信息平台。发挥“我拼我赢网”和青年就业创业信息超市作用，及时发布就业信息、推介创业项目，促进青年需求与创业项目、用工岗位之间的及时、有效对接。

四、维护青少年合法权益工作创新发展

1. 建立青少年维权工作制度化安排。推动《山东省未成年人保护条例》修订纳入省人大2009年度立法计划，完成了《山东省未成年人保护条例》立法调研和条文起草工作。在省、市两级青联成立青少年权益工作组，聘请同级青联中的人大代表、政协委员担任成员，建立健全“听”和“说”的机制。联合省人大、省政协的有关机构出台了深化“共青团与人大代表、政协委员面对面”活动的意见，探索工作

长效机制。实现了山东省未成年人保护委员会的调整充实,青少年权益基础建设得到进一步加强。

2. 加强12355青少年服务台建设。拓展服务领域和功能,把希望工程助学咨询、就业指导、政策解析及维护权益等纳入了服务体系。积极开展12355"五进"(进家庭、进社区、进校园、进企业、进全运赛场)行动。强化信息服务,开通了全省联网的"12355青少年维权网",完善服务规程,印发12355青少年维权网操作手册,并对受访数据及时进行分析。建立健全服务台志愿服务合作单位和专家团队激励约束制度,首次开展满意度回访,服务台专业水平和服务质量进一步提高。扩大社会影响,制作公益宣传片在山东电视台滚动播出。

3. 做好预防青少年违法犯罪工作。将预防青少年违法犯罪工作纳入各级党政社会治安综合治理和"平安建设"考核体系,实施专项考核。依托现有的舆情监测体系,对特殊青少年群体进行摸排,建立档案,完善了"红黄绿蓝"四色分层管理体系。开展了闲散青少年"导航行动"、留守未成年人"关爱行动"、流浪未成年人"救助行动"和刑释解教及服刑在教人员未成年子女"帮扶行动",有针对性的帮助解决实际困难。全省对青少年刑释解教人员的帮教率达到95%以上,安置率达到80%以上,重新犯罪率控制在3%以下。加强基层工作机构和队伍建设,深入开展"未成年人零犯罪社区"创建活动。

4. 优化青少年成长环境。联合相关部门开展以净化社会文化环境、促进未成年人健康成长为主要内容的"未成年人保护行动"。联合14家优秀"青少年维权岗"创建单位实施青少年维权行动,对非法"网吧"、不良网络信息及出版物等进行了专项整治。加强对困难青少年群体的帮扶力度。启动了山东省希望小学支教计划,开展了2009年希望工程圆梦行动及希望工程20年系列宣传纪念活动,希望工程年内筹资2300余万元,援建希望小学38所,资助学生4885名。

五、志愿者工作谱写新篇章

1. 出色完成十一运志愿服务工作。山东共青团组织为主承担了十一运会志愿者服务工作。在有关方面的共同努力下,通过招募、选拔、培训,组建了一支23万人的高素质志愿者队伍,圆满完成了赛事服务、城市运行等各项志愿服务任务。其中,1.2万名赛会志愿者服务在11大领域、27类岗位上,累计上岗24万余人次,服务近200万个小时;1.8万名城市志愿者和20万名社会志愿者服务在2500多个城市志愿服务岗位上,累计服务超过1080万个小时,实现了"零差错、零失误、零投诉"的目标,社会满意度超过99%,获得"志愿服务金牌",极大提升了公众对志愿服务的认识。国家体育总局局长刘鹏,山东省委书记、省人大常委会主任姜异康,省委副书记、省长姜大明,省委副书记刘伟等领导同志分别作出重要批示和指示,高度肯定十一运志愿服务工作。

2. 认真落实各项志愿服务项目。精心组织实施"大学生志愿服务西部计划"和"大学生志愿服务山东计划",641名志愿者到新疆、青海、四川等西部省份开展志愿服务,省内志愿服务计划今年进一步扩大招募规模。"中国青年志愿者海外服务计划——利比里亚项目"进展顺利,12名山东青年志愿者受到当地好评。招募20名"开发性金融志愿者"到基层开展开发性金融服务工作。

3. 志愿服务常态化建设不断推进。以十一运志愿服务顺利开展为契机,努力提升志愿服务品牌,大力推动分专业、分行业的青年志愿服务队伍建设,完善消防、助残、抗灾、济困等分类志愿服务项目及专业队伍建设,构建志愿服务常态化发展新格局。目前全省共有县级以上青年志愿者协会1198个,注册志愿者248万人。

六、团的机关建设和作风建设进一步加强

1. 认真开展学习实践科学发展观活动。各级团的机关按照学习实践科学发展观活动的总体部署和要求，坚持开门搞活动，深入查问题，持续抓整改，实现了“党员干部受教育、科学发展上水平、服务青年见成效”的目标。第一、二批次学习实践活动的任务顺利完成，第三批学习实践活动已经全面铺开。学习实践活动中，各级团的机关始终坚持群众路线，注重问需于青年、问计于青年、问效于青年，为青年办了一些看得见、摸得着的实事好事。党的十七届四中全会召开后，团省委及时对学习贯彻全会精神作出部署，在全省团内大兴“密切联系青年之风、求真务实之风、艰苦奋斗之风、批评与自我批评之风”，不断提高团的建设科学化水平。

2. 加强团的机关干部作风和能力建设。以“修品行、善学习、勤思考、实做事”为主题，广泛开展各类学习教育活动。团省委机关重点打造“名师讲坛”，邀请专家学者、党政领导进行专题讲座13场；针对机关年轻干部较多、文字功底不强的实际，开展了提高干部文字综合能力大练兵活动；开办了“机关青年干部成长论坛”，搭建起青年干部学习交流的平台。

3. 团的领导机关干部队伍结构不断优化。坚持抓班子带队伍，通过竞争上岗、挂职锻炼等方式为干部成长创造条件，省十二次团代会以来团省委机关先后输送11名中层干部转岗，提拔、调整机关及直属单位副处级以上干部35人。各市级团委积极争取党委组织部门政策支持，进一步完善了机关干部的选拔使用、教育培训、实践锻炼、转岗交流等制度机制，提升了机关干部队伍建设的规范化水平，增强了机关干部的生机与活力。

七、团的常项工作和各项事业全面推进

1. 常项工作持续深化。一是调整、充实青年文明号监察员，对省级青年文明号的管理进行了规范。同时，广泛开展送温暖、与全运会同行、主题演讲比赛等活动，充分展示青年文明号集体良好风貌。二是实施青工技能振兴计划，继续举办青年职业技能大赛、特种作业人员安全技术知识大赛和家电技能大赛。三是深入开展保护母亲河行动。以“绿色中国，青年当先”为主题，保护母亲河春季行动吸引了超过10万青少年参与植树护绿。在全省推广“节约六小件，捐植纪念树”活动，命名第五批省级青少年绿化基地16处，省级青少年绿化基地增至69处。四是推进大中学生素质拓展计划，“挑战杯”大学生课外学术科技作品竞赛有万余名学生参与。举办省第十一届大学生科技文化艺术节，全省35所高校承办各项比赛。

2. 信息调研和宣传工作进一步强化。深入推进团的工作信息化建设，完成山东共青团网站改版升级，团的信息渠道更加畅通，信息载体质量不断提高。加强与主流媒体和知名网站的合作力度，发挥团属媒体舆论阵地作用，及时宣传报道团的重要理论、重点工作和重大活动，扩大了团的社会影响。

3. 青联、学联、少先队、关工委组织的作用得到加强。省青联发挥自身优势，举办“蓝色·青年·未来”——打造山东半岛蓝色经济区青年论坛、有奖知识竞赛和专题讲座等活动，组织引导青年积极投身山东半岛蓝色经济区建设；开展的青春导航系列活动，为30万基层群众和解放军指战员进行演出。组织团省委主管的17家新社会组织分阶段、按步骤开展学习实践科学发展观活动。省学联通过深化“青年马克思主义者培养工程”，加强了对学生干部和学生骨干的管理和培养，工作进一步活跃。加强全团带队工作，开展了纪念少先队建队60周年系列活动、学习胡锦涛总书记贺信以及争当“四好少年”活动，推进少先队工作规范化建设，切实加强了少先队组织建设。

4. 青年统战和对外交流工作活跃。青年

爱国统一战线不断巩固和发展。认真做好西部和民族地区挂职团干部接待工作，选派宗教界青年代表人士参加学习考察活动。与港澳青少年的交流联系日益密切，对台青少年交流不断深化，逐步建立起与台湾青年社团组织沟通交流机制。选派71名青年代表赴美国、印度等国家访问，拓宽了青年对外交流渠道。先后接待多个来访团组，山东青年工作的海外影响不断扩大。

5. 团属事业全面健康发展。《山东青年》、《山东青年报》和《齐鲁少年》发行量稳中有升，办刊质量得到提高。山东中青旅行社积极拓展业务，品牌建设和服务水平不断提升。省青少年活动中心培训收入和培训人次再创新高，创办山青流动少年宫，承办全国青少年活动营地现场会，进一步扩大了社会影响。省青少年素质教育中心做大做强素质拓展培训品牌，利用区位优势，积极服务青年就业创业。机关后勤工作不断提升管理水平，保障能力有新的提高。

河南团的工作

河南各级团组织按照胡锦涛总书记"两个全体青年"的工作要求，贯彻落实省委、团中央整体工作部署，把推进两项重点工作与深入思考重大问题、着力创新体制机制、注重破解困难问题、切实转变工作作风紧密结合起来，团的工作取得了新的进展，收获了新的经验，得到了社会各界及青年的广泛认同。

一、突出重点领域，以最大的决心和韧劲推进团的基层组织建设和基层工作

1. 外出务工团组织建设成效显著。依托"五种模式"，完善"五项机制"，实施"五项措施"，打造"五个平台"，建立省市县三级驻外团工委403个，其中省级18个、市级77个、县级308个，驻外团总支、团支部共9000多个，覆盖和影响务工青年近400万人、团员近36万人。王兆国副委员长、团中央书记处对河南外出务工团组织建设工作给予了充分肯定。

2. 县域团建工作逐步深化。确定了"强县固乡活村"县域团建总体思路，联合省财政厅为县级团委解决每年不低于10万元的工作经费并列入财政预算；推广乡镇团的委员会和青年工作委员会建设，推动建立政府青少年事务协调委员会和团的外围组织；推行大学生村干部任村团支部书记工作，公推直选优秀大学生村干部进入乡镇团委班子，实施乡镇共青团区域联席会议制度。目前整建乡镇团的委员会551个，青年工作委员会927个，建立县级青少年服务中心11个、青年商会79个、志愿者协会149个，80%以上的村由大学生村干部任村团支部书记，700多名大学生村干部走上乡镇团的领导岗位，84个县级团委争取到10万元左右工作经费。

3. 其他领域团的建设整体推进。推出中学团建十项创新举措，联合省教育厅召开中学中职共青团工作会议，编写中学团干部培训教材和大学生思想引领工作手册——《润物》，启动中学中职团建攻坚行动；将45所省管高校团组织调整为团省委统一管理，突出重点，做好思想引领和成长服务工作；联合省委组织部、省国资委召开全省国有企业共青团工作会议，推动建立青年工作委员会；探索联合建团、依托建团、产业建团等设置方式，推动共青团品牌工作向非公有制企业延伸;出台10个方面强化社区团建措施;努力推进在教育、建设、交通、卫生、金融等行业建立团工委;积极探索在青年自组织和互联网等领域建团。

4. 驻点工作有序进行。选取76名优秀团干部驻县指导团的工作,并派驻1个乡镇指导工作;4次召开驻点干部及驻点县团委书记培训班,提升驻点干部综合素质;通过随机抽查、集中督查、省辖市互查、团省委机关处级干部实地督导,确保驻点工作成效;各驻点干部围绕全团9个方面工作和河南确定的12项重点任务,摸清团情底数,创新基层工作,加强队伍建设,服务就业创业,驻点工作和驻点干部作风有新进展。

5. 试点工作探索创新。选取企业、社区、机关事业单位、农村、学校、统筹城乡和少先队等7个领域的30个单位作为基层组织建设和基层工作试点单位,明确工作对象、目的意义、工作任务、工作责任、工作要求、相互关系、难点重点等7个方面要求,并在此基础上确定10个类别840个团、队基层组织建设和基层工作联系点,明确5项主要任务和3项工作措施,进一步探索新的历史条件下有效组织联系广大青年的新方式和增强基层组织活力的新途径。选取72个乡镇、街道作为共青团组织格局创新试点单位,采取编制内与编制外相结合的方式,吸纳热爱党、对青年工作有热情、有一定影响力的青年代表组成乡镇、街道团的领导班子,创新乡镇、街道团的组织格局。截至目前,所有72个乡镇、街道都完成了编制外团干部选配工作。

二、创新方式方法,青年思想引领工作逐步推进

1. 推进分类引导青年试点工作。确定12个基层单位作为直接联系的分类引导青年试点单位,针对不同类型青年群体的显著差异,深入探索青年思想引导工作的新方法、新途径,增强引导青年工作的针对性和实效性。

2. 加强分层教育。把构建团队一体化分层教育体系纳入全省共青团工作重点,针对不同层级青年开展"手拉手"、"迈入青春门,走好人生路"、18岁成人仪式等主题教育活动,帮助他们坚定跟党走中国特色社会主义道路的理想信念。

3. 深入开展理论武装工作。在广大团员青年中开展中国特色社会主义理论体系和社会主义核心价值体系学习教育,组织青年认真学习《六个"为什么"——对几个重大问题的回答》,深化青年马克思主义者培养工程,共培训大学生骨干近5万人。

4. 注重典型示范。通过表彰"十大杰出青年"、"五四青年奖章"、"十大杰出青年企业家"、"青年创业风云人物"、"自主创新十大杰出青年"、"河南省优秀志愿服务集体和个人"等典型,为全省青年树立了一批可亲、可敬、可学的榜样。

5. 引导青年进行正确的社会观察。针对当前青年关注的就业、教育、医疗改革等社会焦点问题,组织报告会、解答会、研讨会、交流会,引导青年认识改革开放的巨大成就,正视当前存在的问题。

6. 集中开展重大节庆活动。抓住纪念五四运动90周年、庆祝新中国成立60周年、纪念少先队建队60周年的契机,广泛开展座谈会、主题歌会、学习研讨等系列活动,召开省五次少代会,组织广大团员青年认真学习胡锦涛总书记在同中国农业大学师生代表座谈时的重要讲话和李长春同志在纪念五四运动90周年大会上的重要讲话精神,组织少先队员学习贯彻胡锦涛总书记致中国少年先锋队建队60周年的贺信精神,在全团形成了爱国主义教育的热潮。

7. 建设青少年教育基地。初步确定首批青少年红色革命、改革开放、新农村建设、科技创新等10类共50个省级青少年教育基地,对青少年进行爱国主义、集体主义和社会主义教育。

三、抓住重点群体，促进青年就业创业工作成效显著

1. 持续加强青年就业创业培训。建立976个青年就业创业培训基地，启动实施13个青年就业创业培训项目，举办300余期各级各类“青年创业大讲堂”，举办500多期大学生就业创业培训班，培训青年近40万人次。

2. 强力推进青年就业创业见习基地建设。依托银行、证券、保险、教育、通信、交通等行业及豫籍创业成功企业，建立各级见习基地930个，提供见习岗位35410个，已有13887名青年上岗见习，3772名青年被见习单位录用。

3. 努力提供青年就业创业资金支持。成立省、市青年创业服务中心，建立省青年创业就业基金会；联合金融机构开展公益捐助活动、启动河南青年创业“起航卡”公益理财项目，设立8个青年创业专项基金；与省内6家金融机构签署贷款授信额度为32亿元的战略合作协议；启动县域青年创业“起航信贷”项目及一系列扶持农村青年、大学生村干部、大学生寒门骄子创业计划；与社会担保机构合作，建立覆盖全省的青年创业贷款担保服务体系。截至目前，共为青年发放小额贷款2.82亿元，为青年创业贷款直接贴息48.3万元。

4. 积极提供青年就业创业服务。组建服务大学生就业创业网络联盟，提供岗位3762个，帮助近2000名大学生就业成功；启动农村青年创业信息服务工程，开通“河南外出务工返乡青年再就业咨询服务站”；举办第七届“挑战杯”大学生课外学术科技作品竞赛，26项科技成果转让金额达1438万元，在第十一届“挑战杯”全国大学生课外学术科技作品竞赛中首次捧得“优胜杯”；开展青年农民工再就业——豫京、豫津省际岗位对接活动，对接岗位2万余个；建立促进青年创业就业工作联席会议制度，合力推进青年创业就业工作；成立河南农村青年就业中介服务联盟，全省10个省辖市、39个县（市、区）所属中介机构加入中介联盟；依托12355青少年服务台、青少年法律服务中心、优秀“青少年维权岗”等，为青年就业创业及企业发展提供法律咨询和法律服务。

四、形成制度安排，青少年合法权益得到维护

1. 发挥“两办”作用，大力实施“未成年人保护行动”、“为了明天——预防青少年违法犯罪工程”，积极推动《河南省未成年人保护条例（试行）》修订工作，联合省检察院举行“为了明天——《谁拿走了我们的孩子》青少年网络法制教育专题片”首映式。

2. 协助教育、文化、公安等有关部门，积极开展“文明上网校园行”、“绿色上网”等活动，净化校园环境、网络环境。

3. 加强12355青少年服务台、“青少年维权岗”建设，动员各方力量参与青少年权益维护工作，共接待来电43510个、来访12374次。

4. 开展省市县三级“共青团与人大代表、政协委员面对面”系列活动，邀请人大代表、政协委员与青少年进行面对面沟通交流，畅通反映青少年利益诉求的渠道。

5. 广泛开展关爱行动，针对弱势青少年群体，广泛开展爱心捐助、结对帮扶、“送岗位、送路费、送温暖”等关爱活动，筹措资金300余万元、物品3万余件、勤工助学岗位4056个，帮助9200多名大学生顺利返乡；159名刑释解教青年与用工单位达成了就业意向。

6. 发挥希望工程扶贫济困作用，广泛开展“圆梦行动”、“牵手·农民工子女关爱行动”、“民生银行希望体育室”建设等爱心助学工作，大力建设希望小学，通过“爱在希望工程”征文、“5·19希望工程助学公益日”等活动，引导社会各界关注弱势青年群体，促进贫困地区基础教育事业发展，到2009年底，共筹集款物折合人民币2500余万元，资助贫困学生6100余人，援建希望小学35所，目前在建学校68所。

五、围绕党政中心，努力服务经济社会平稳较快发展

1. 服务全省经济工作大局。围绕河南TD网络建设、郑州地铁建设、郑西客运专线建设等省市重点项目建设，开展青年突击队建功竞赛活动；组织有关省市、港澳台青年企业家到河南举行经贸交流、项目推介和项目洽谈，签约总额达196.6亿元；引导广大青年抗旱浇麦260余万亩、"三夏"助收助种310万亩、扶植秋粮28万亩，15万亩耕地参加粮食高产青年竞赛活动，召开"大学生创业与创意农业研讨交流会"引导青年参与创意农业发展；动员100余万名青年开展"青年岗位能手节能减排示范行动"，组织广大青少年和社会公众参与保护母亲河行动春季集中活动，植绿护绿7200余亩，联合省南水北调办公室、北京青联建设饮水思源——南水北调中线工程渠首豫京青年生态林；多种形式推介河南旅游文化，向高校学生发放免费旅游消费券价值2550万元。

2. 持续开展志愿服务工作。成立河南省志愿者联合会，整合各类志愿服务力量，全省注册志愿者已达192.3万人；开展志愿服务月活动，引导广大青年和社会公众参与志愿服务；积极实施社区、敬老、扶贫、救灾、旅游、环保、消防、卫生等志愿者专项行动，"十一"长假期间招募6000余名旅游志愿者提供旅游志愿服务；为2009世界邮展、黄帝故里拜祖大典等大型活动招募志愿者1500余名，赢得海内外嘉宾广泛赞誉；开展援外服务计划纳米比亚项目志愿者选拔，并对入选志愿者进行强化培训；招募大学生志愿服务西部计划、志愿服务贫困县计划、"三支一扶"计划志愿者1856名；表彰河南省首届优秀志愿服务集体和个人，开展"志愿中原，魅力河南"志愿文化作品征集活动，营造志愿服务工作社会氛围。

3. 广泛开展青年文化活动。联合省委宣传部、省教育厅开展纪念新中国成立60周年青少年读书教育、知识竞赛和读书征文等系列活动，弘扬爱国主义精神；举办河南省各族各界青年纪念五四运动90周年主题歌会、"中原唱响雷锋歌"大型活动，表现了河南青年在党的领导下与祖国共奋进、为中原献青春的情怀；结合省青年书法家协会换届，举办纪念新中国成立60周年青年书法展，开展青少年书法美术摄影大赛活动，推动创作了一批反映新中国成立以来河南巨大变化的精品佳作。

4. 积极开展青年统战及外事交流活动。开展"河南优秀学子代表团台湾行"活动，迎接"澳门青年议政能力训练河南交流学习团"访豫，丰富豫台澳友好合作内涵，增进青少年之间的友谊，促进三地青年健康成长、共同进步；联合全国青联、日本静冈县日中友好协会，开展"中日青年长垣生态绿化示范林"项目，接待了韩国青年会议所代表团的访问，推动了双方交流形式、内容上的深化，促进了中日、中韩经济和文化交流合作。同时，组织优秀青年参加"中国青年代表团"，对欧、亚国家和地区进行友好访问。

六、把握关键环节，团干部作风建设得到进一步加强

1. 选派团干部下基层锻炼。利用驻点、驻村工作，选派一批团干部深入基层开展工作，帮助团干部认识自身不足，感受基层困难，进一步增强了工作责任感，增强了对基层干部、对普通青年的感情。

2. 大力倡导狠抓落实的工作作风。对各项工作进行量化考评，对县域共青团、驻外团工委建设、中学中职团建、促进青年就业创业、省委青年工作会议精神贯彻落实等五项工作进行重点抽查，并组织18个省辖市团委、21个直属单位团委、45个直属高校团委、部分县级团委和团省委机关部门、直属单位向团省委述职，确保各项工作落到实处；对工作成效明显、党政认可度高的单位进行了大力表扬，对少数不能保质保量完成工作任务的单位进行了通报批评。

3. 确立正确的用人导向。面向全省、面向基层、面向年轻和高学历干部，公开选调了2名副处级和4名副科级优秀年轻干部进团省委机关；各级团组织也积极通过公选把优秀干部选拔到团的岗位，优化了团干部结构。

4. 大力倡导良好的学风。全省各级团组织共举办读书交流活动200余次，1万余名团干部参加，形成了2000余篇学习心得，学习研究之风正在形成。同时，河南青年创业就业基金会、河南省志愿服务基金及团校、团报团刊、青年旅行社、青年创业中心、少年读物发行社等团属事业在改革中取得新发展。

湖北团的工作

团湖北省委坚持以邓小平理论和“三个代表”重要思想为指导，深入贯彻落实科学发展观，切实履行团的根本职责，突出青少年思想引领、青年就业创业、团的基层基础等工作重点，整体推进，狠抓落实，团的各项事业实现创新发展。

一、青少年思想引领取得新发展

坚持以社会主义核心价值体系为主线，以分类引导试点工作为突破口，通过抓学习、抓实践、抓契机、抓载体、抓阵地，增强了青少年思想引领工作的针对性和实效性。

1. 青年理论武装工作不断加强。坚持用马克思主义中国化最新理论成果武装青少年，举办“青年马克思主义者培养工程”共青团理论学习骨干培训班和“荆楚英才学校”大学生骨干培训班，深入学习胡锦涛总书记致中国少年先锋队建队60周年贺信精神，组织学习陆昊同志在湖北调研时的讲话精神，培训各类青年骨干300人，培训大学生骨干和学生干部3万余人，通过理论培训、社会实践、挂职锻炼、跟踪培养、对外交流等途径，进一步促进了大学生、团干部和青年骨干对中国特色社会主义理论体系的认识和理解。结合深入学习实践科学发展观活动，通过举办研讨班、邀请专家学者作辅导报告等形式，加强团的领导班子中心组和机关干部集体学习。

2. 青少年形势政策教育形式多样。抓住五四运动90周年、新中国成立60周年、少先队建队60周年等重要契机，深入开展“我与祖国共奋进，荆楚青年展风采”主题教育实践活动。举办了五四红歌会，高校学生社团文化展演，“祖国在我心中”全省青少年文艺汇演，“情系湖北动感青春”优秀志愿者报告会、“学习黎锦林当新‘村官’”等主题活动，拍摄“国旗下的青春”、“青春唱响六十年”文艺专题片，在青少年中唱响中国共产党好、社会主义好、改革开放好、伟大祖国好、各族人民好的时代主旋律。在新疆“7·5”事件等敏感时期，深入细致做好青年尤其是青年学生的思想引导和维护稳定工作，引导青年理性表达爱国热情。

3. 分类引导青年试点工作顺利推进。制定《关于进一步加强全省青少年思想引领工作的意见》，面向大学生、企业青年、进城务工青年、农村青年等青年群体，确定了12家试点单位，开展青年面对面的调查研究，提交了典型案例和中期评估报告。邀请省领导和有关专家，深入到参加第二批学习实践科学发展观活动的8所部属高校和52所省属高校，以及部分分类引导青年试点单位，举办了形势政策报告会和理论宣讲。全省各级团组织定期研究、完善试点方案，增强了做好分类引导青年试点工作的自觉性、针对性和实效性。

4. 典型激励示范作用突出。坚持典型引导、示范带动，做好“青年五四奖章”、“十大杰出青年”、“青年岗位能手”、“现代少年形象大使”以及团建先进县市、五四红旗团委(标兵)、五四红旗团支部(标兵)等各类评选表彰工作。以“弘扬人梯精神·勇担时代责任”为主题，在全省青少年中开展“10·24”荆州长江见义勇为舍己救人英雄群体学习宣讲活动，举办“我的青春价值”大学生辩论赛、学习英雄群体系列团日活动，引导广大青少年深入了解英雄群体的先进事迹，正确把握“人梯精神”的深刻内涵，形成了学英雄、见行动、担使命的浓厚氛围。

二、参与经济社会发展作出新贡献

坚持在大局中找课题，在结合上做文章，在参与中做贡献，组织动员广大团员青年在湖北全面建设小康社会、构建促进中部地区崛起的重要战略支点的进程中建功立业。

1. 积极参与和服务新农村建设。深入推进大学生社会实践“百校千村”新农村建设帮扶计划、“三下乡”集中示范活动，为服务农村青年增收致富成才做贡献。筹资援建2所希望医院，帮助试点乡镇改善了农村医疗卫生服务条件。积极参与仙洪试验区建设，开展了“春暖仙洪”新春招聘会，“仙洪农村青年助业计划”，青联委员、青年企业家仙洪行，“情系湖北·志愿仙洪”志愿者行动，“12355服务台专家志愿团仙洪行”等系列活动，实行“五位一体、对口支援”的办法，集中各方资源建设了一批青年中心、党团活动室、移动青年书屋、大学生社会实践基地、青年文化广场等青年活动阵地，服务了当地经济社会发展。

2. 着力开发青年人才资源。围绕实施工业兴省和科教强省战略，大力开发青年人力资源，为经济社会发展提供了智力支持。进一步深化“青工技能振兴计划”，引导企业青工立足岗位，服务创新，组织汽车维修工等工种的省级选拔赛，选派选手参加第五届“振兴杯”全国青年职业技能大赛并再次夺得“优胜杯”，促使一批创新型、技能型青年人才脱颖而出。举办了“全省青年职工安全生产知识竞赛”、评选表彰100个“青年安全生产示范岗”，引导广大青年职工强化责任意识和安全意识。积极参与第十批“博士服务团”活动，举办了“鄂港台青年企业家论坛”、港台青年企业家湖北经贸考察行、“走进鄂西生态文化旅游圈来凤行”等经贸考察活动，为湖北引进高层次人才和企业经营管理人才，服务湖北经济发展作贡献。

3. 志愿服务体系日臻完善。按照“党政关心、社会需要、志愿者能为”的原则，坚持社会化和项目化的运作模式，不断拓展志愿服务领域，完善志愿服务体系。开展湖北省助残志愿者行动和消防志愿者行动，成立湖北省语言志愿服务总队和消防志愿服务总队，有力推动了志愿者队伍专业化建设，青年志愿者注册人数突破170万。以“情系湖北”为主题，公开征集志愿服务项目，开展了绿满荆楚环保志愿者进社区、防灾减灾志愿服务周、“3·5中国青年志愿者服务日”、“12·5国际志愿者日”、为四川灾区孩子送新衣等活动，进一步弘扬了“奉献、友爱、互助、进步”的志愿精神。完成大学生志愿服务西部计划、大学毕业生“三支一扶”、德中同行、世界湖泊大会、咸宁国际温泉旅游节、选拔上海世博会志愿者等志愿服务任务。服务国家总体外交，选派20名志愿者赴非洲厄立特里亚继续开展海外志愿服务。

三、促进青年就业创业形成新格局

以“青年创业支援计划(YESP)”和“大学生就业促进行动”为统揽，强化政策、资金、平台等方面的工作保障，推出了一批有特色、有实效、有影响的品牌项目。

1. 开展青年就业创业观念引导。以引导大学生树立正确的就业观和成才观为重点，举办“共享成长”励志教育报告、职业生涯设计大赛、"百场形势政策报告会"和大学生就业创业专题讲座等活动，全年举办15期青年创业大讲堂和青年创业沙龙、5场青年创业能人面对面活动，在青年中营造了就业创业的良好氛围。

2. 开展青年就业创业技能培训。面向农村青年，实施了田园小康项目实用技术培训、农村青年春季培训行动、金融知识培训、千里马就业创业培训、上海种都蔬菜培训等项目。以团组织为主导，全年组织3天以上的培训700多场、培训青年5.5万多人次。面向大学生，开展"成长发展导航行动"、大学生创业计划竞赛、"挑战杯"课外学术科技作品竞赛、大学生科技节等实践教育活动。实施"千名大学生勤工俭学资助工程"、"青春在沃·学见计划"等项目，全年共吸纳2万名大学生参与就业见习。大力推动"青年就业创业见习基地"建设，全年共建立"青年就业创业见习基地"1894家，提供岗位4.2万个。组建"青年创业支援计划"导师团，为创业青年提供指导。

3. 青年就业岗位有效对接。搭建服务青年就业创业的平台，开展多种形式的岗位对接活动。在服务大学生就业方面，团省委直接举办4场"百企万岗"大学生就业大型公益招聘会，累计为大学生提供就业岗位2.5万个。面向大学生发放就业导刊20万份。实施大学生志愿服务西部计划、大学毕业生"三支一扶"计划，今年共选派了110名大学生到艰苦地区、到基层一线就业发展。在服务城乡青年就业方面，全省各级共青团组织举办青春富康行动招聘会163场，达成用工协议17万多人。

4. 为青年创业提供资金扶持。整合社会资源，设立了"扬帆计划·凯迪阳光"基金、"宝塔"基金、"新华人寿保险"基金、"湖北省大学生创新实践专项资金"、"武汉大学生天翼创业基金"。实施田园小康项目200个、大学生村官"扬帆计划"项目201个。加强"团银合作"，争取国家开发银行、省农行、省信用联社合计授信30亿元，各级团组织推荐1.8万个青年创业项目，共为14960名创业青年提供贷款6.24亿元。争取财政支持和统筹团内资源，注资400万元成立湖北青年创业就业基金会。

5. 搭建青年创业支持平台。投资1000万元，在中国光谷建立"湖北青年企业孵化器"，吸纳35家科技型企业进驻孵化，推荐12个项目获得国家、省及武汉市专项扶持资金426万元。同时，指导武汉、襄樊等市州团组织成立青年企业孵化基地，支持武汉大学、华中科技大学、华中师范大学等高校成立校园孵化器。认真落实《共青团中央与湖北省共同推进武汉城市圈青年就业创业工作合作备忘录》，成立了全国首个省级服务青年创业就业的公益性专业服务机构——湖北青年创业就业促进中心，为青年创业就业提供专业化、系统化服务。

四、服务青少年成长发展体现新作为

始终把握青少年群体的特点、规律和需求，以青年为本，以服务为要，不断在权益维护、就学助困、文化生活、对外交流方面为青少年提供切实有效的有形化服务。

1. 青少年维权工作扎实推进。坚持"三个结合一个制度性安排"的工作思路，青少年维权工作在巩固中取得新发展。推动《湖北省实施〈中华人民共和国未成年人保护法〉办法》立法工作，该法于2009年10月1日起正式实施。举办"共青团与在鄂全国人大代表、政协委员面对面"活动座谈会，向与会代表和委员提交《关于大力促进青年创业的建议》和《青少年违法犯罪预警及救助机制探索》的提案和议案。评比表彰省级优秀"青少年维权岗"，开展"青少年维权岗"服务月活动，开通湖北武汉12355青少年服务台网站，青少年维权实体和维权工作队伍建设得到加强。12355青少年服务台全年共接受各类咨询9874人次，办理青少年心理咨询和法律援助6859件。开展预防工作专项督查，启动重点青少年群体排查摸底专项行动。举办"百人百场法制讲座"进学校进社区活动,"知心姐姐"儿童心理健康巡回报告会,"青少年成长教育健康行"系列活动,提升了青少年的法制意识和心理健康素质。

2."希望工程"助学成果丰硕。精心组织希望工程20周年纪念活动,举办"湖北希望工程20年慈善晚宴",开展"十助贫困大学生活动",启动"暖心2009——关爱返乡农民工子女行动",实施"关爱城市流动的花朵"希望工程资助项目,多渠道募集希望工程善款,全年累计筹资2962万元,帮助我省及汉源援建希望小学15所,资助家庭经济困难学生以及返乡农民工子女5700余名。继续推进"希望工程快乐体育园地"、"希望工程图书室"、"希望工程教师培训"等资助项目,为希望小学配备价值40万元的体育器材和图书资料。

3. 青年文化活动丰富多彩。举办第四届湖北青年相亲文化节、社区青年文化节、大中学生科技文化节、第五届大学生书画大赛暨第二十届樱花笔会,高校学生社团文化展演活动,丰富青年的精神文化生活。修订下发《湖北省青年文明号创建管理办法》,开展"迎国庆·青年文明号在行动"活动,推动了青年文明号创建活动与倡导职业文明、服务社区建设相结合。

4. 青年对外交流交往更加活跃。开展各类青年交流活动,全年共接待英国、蒙古、老挝、日本等6个境外青年代表团、青年友好使团,来访人员406人次。选派87人先后出访英国、日本、韩国及香港、台湾等多个国家和地区,青年对外交流的范围不断扩大。将对外交流机会向基层倾斜,选派30余名基层优秀团干部参与出访交流活动。

五、团的自身建设取得新成效

坚持党建带团建,推行"项目+活动+阵地+团建"工作模式,不断加强团的基层基础工作。

1. 团的基层基础工作深入推进。在巩固企业、学校等传统领域团建工作的基础上,重点围绕企业、高校、街道、社区、非公有制经济组织等25个试点单位,在创新团的组织设置方式、建立团的工作运行机制、创造团的工作载体、完善团的评价体系等方面开展试点工作。成立大学生村官网络团委。制定《关于加强非公有制经济组织、新社会组织团的建设的意见》,努力扩大非公有制经济组织和新社会组织的建团率。筹集物资支持基层团组织开展工作,开展全省农村共青团重点工作示范县、乡镇共青团工作竞赛、"十佳百优"乡镇团委争创活动,通过"以奖代补"对基层工作进行扶持,全年投入基层资金、物资共计726万元。"爱心电脑进乡村"活动共为基层配备电脑1000多台。

2."项目+活动+阵地+团建"工作模式成效显现。通过做实优质项目服务青年、打造特色活动影响青年、夯实工作阵地凝聚青年、健全组织网络覆盖青年,不断创新团的工作模式和良性运作机制。认真做好全省县(市、区)、乡镇团组织集中换届工作。建立重点工作目标管理责任制、县(市、区)和乡镇共青团工作考核机制、以奖代补激励机制和市州团委领导班子向团省委述职制度。强化指导督办制度,通过现代网络、通讯、传媒等手段开展团的工作考评,加强对重点工作完成情况的督促检查。

3. 团干部队伍建设不断加强。开展乡镇团委班子"公推直选"试点和委员会建设,扩大乡镇团组织的委员会人数,吸纳青年致富创业能人、非公有制经济、新社会组织负责人参加,把优秀青年选配到团的岗位上来。坚持免费培训,扩大培训范围,对全省600多名县乡镇(街办)团委书记进行轮训,选派60余名团干部参加团中央各类培训班,选派30余名基层优秀团干部参与出访交流活动。扎实推进第二批、第三批团干部驻县工作,共抽调53名地市以上团委机关干部驻51个县级团委指导工作,90%的驻点县团建工作纳入党建目标管理考评体系,驻县团干部在基层实践中锻炼了本领、增长了才干。

4. 宣传调研工作广泛深入。按照“上档次、求质量、扩规模”的思路，全面推进团的新闻宣传工作，宣传报道质量和数量均创历史新高。中央、省级主流媒体全年对团省委工作宣传报道突破300余篇次，刊登、转载文章1500余条次。五四期间，中宣部充分肯定了我省开展群众性爱国主义教育活动的做法。《人民日报》、新华社《国内动态清样》、《光明日报》等对我省团组织服务青年就业创业、实施大学生村官“扬帆计划”、加强基层组织建设的工作做法进行了综合性报道，《中国青年报》20余次对湖北团的工作进行宣传报道，其中头版头条5次。建立全省优秀调研评选制度和重大课题研究制度，围绕党政关注的重点和青年关心的热点，深入开展调查研究，形成了一批调研成果。做好荆楚青年网改版工作，充分发挥“湖北共青团”网站、《青年工作纵横》、《团的情况》等团属宣传信息阵地的作用，及时发布团情信息，交流团的工作。

5. 团属事业和外围组织蓬勃发展。省青联、省学联、省少工委以及省青企协、省高研会等青年组织按照各自章程开展工作，自身建设不断加强。湖北青年职业学院（省团校）在完成校园改扩建一期工程的同时，超额完成招生计划，毕业生就业率达98%。省中国青年旅行社脱钩改制工作启动。青年人才交流培训中心稳步发展。

湖南团的工作

湖南共青团组织认真贯彻落实胡锦涛总书记对共青团提出的“两个全体青年”的目标要求，认真贯彻团十六大、团十六届二中全会精神，突出促进青年就业创业、推动团的基层组织建设和基层工作两项重点，大力加强团干部队伍作风建设，推动组织青年、引导青年、服务青年、维护青少年合法权益的各项工作实现新发展，团结带领全省广大团员青年为促进“一化三基”、推动科学跨越、加快富民强省做出了扎实的贡献。

一、注重点面结合，团的基层组织建设和基层工作切实加强

一年来，湖南共青团进一步加大了对基层的支持力度，坚持以点带面、整体推进，形成了高度重视基层、大力支持基层的良好氛围。各级团组织充分发挥自身的创造力，在工作中真抓实干，取得了令人欣慰的成绩。

1. 扎实推进驻点工作。2009年全省派出两批55名驻点干部到县级团委指导工作。驻点干部按照“了解情况、介绍经验、探索创新、锻炼本领、推动工作”的要求，全身心投入工作实践，扎实完成了各项任务。团省委党组成员每人重点联系2个县，靠前指导，加强督查，有力地推动了基层组织建设和基层工作。在驻点工作中，建立落实了“回头看”制度，实现了驻点干部“全面完成任务、全面锻炼自己”的双重目标。广大基层团组织探索总结了一批有价值的工作成果，比如，永州推进基层团组织制度创新，湘潭开展百村团支部书记直选，郴州着力建设青年自组织“四个体系”等，都取得了良好的效果。各驻点县团的工作从整体上实现了新的突破，基层团组织吸引和凝聚青年的能力进一步增强。

2. 积极探索机制建设。重点在政策支持、

经费保障、沟通交流、督查考评等方面认真探索，注重对基层形成的好经验好做法进行理性总结，形成了一些有效的制度性成果。75个县市区党委出台了加强党建带团建工作的文件。以落实湘发〔2004〕15号文件精神为重点，有针对性地开展调研督查。改进对团市州委和机关各部门的工作考评机制，开展了团市州委年中述职工作，进一步掌握情况，交流思想，督导工作。加强与基层党政领导的联系，探索建立与党委分管领导的纵向沟通机制，大部分市县也采取了相应的做法。一些基层团组织在工作中努力创新机制，着重从制度层面探索解决问题的办法和路径，在工作中形成了一批制度性成果。

3. 面向基层整合工作力量。改变团干部选拔方式单一的状况，积极稳妥推行公推直选试点工作。开展"三联一帮"工作试点，加大资源向基层倾斜力度，整合机关、企业、高校资源支持基层。精心部署，统筹开展乡镇和街道的团组织格局创新试点、基层团建试点工作，在14个农村基层团组织开展了试点。加强基层团的工作力量，高度重视发挥"大学生村官"、"选调生"、"三支一扶"人员和西部计划志愿者在加强基层团组织建设和基层工作中的作用，去年全省共有510名被吸纳为团的基层干部。加大基层团干部培训力度，始终贯彻提高素质与推动工作相结合的指导思想，采取理论学习与业务学习、课堂教学与现场观摩、省内培训与省外考察学习相结合的方法，积极推动基层团干培训，共培训县、乡、村团干部和少先队辅导员9400多人次。

4. 基层团建试点工作取得阶段性进展。按照团中央的要求，在社区、企业、乡镇、两新组织等领域开展团建试点工作，统筹开展共青团、少先队基层组织建设和基层工作试点，各类团建试点单位68个。认真总结试点经验，在传统领域，力求总结出一些增强"组织活力"的新途径和可推广的普遍性做法；在统筹城乡、青年自组织、互联网等新兴领域，力求探索找到一些"组织存在"的新载体。

二、注重创新发展，促进青年就业创业工作成效显著

一年来，全省各级团组织高举促进青年就业创业的旗帜，大力实施青年就业创业服务计划，初步形成了"三基一中心"的工作格局，初步构建起集"观念引导、信息咨询、技能培训、资金扶持、典型培养、权益维护"于一体的青年就业创业服务体系。

1. 建实基地。着力加强青年就业创业见习基地、青年创业孵化基地、青年就业创业培训基地建设。去年湖南省建立青年就业创业见习基地634个，提供见习岗位23745个，13949名青年参与见习，2380名青年结束见习后被见习基地单位正式聘用。全省市州以上团组织与各类经济园区、科研院所、大型企业等合作建立了51个青年创业孵化基地。联合劳动部门建立了62个省市级培训基地，建立了255家县级农村培训基地，共培训15万余人。重点面向进城务工青年开展有劳动用工计划的"订单式"培训，全年共培训进城务工青年547人，就业335人。娄底等市在农村进城务工青年"订单式"培训方面启动比较早，取得了扎实的成效。

2. 活跃基层。3月13日，团省委召开了促进青年就业创业电视电话会议，联合有关单位出台了《关于实施湖南农村青年创业小额贷款的指导意见》、《服务大学生村官创业成才工作计划》等文件。各级基层团组织按照团中央和团省委的整体部署，开展了很多富有成效的工作。共发放农村青年创业小额贷款2.8亿元，23500名农村青年获得贷款，湘西在农村青年小额贷款方面探索了一套比较成熟的工作机制。各级基层团组织共培养各类青年就业创业典型3200余名，开展了2100多项服务活动。联合省委组织部、省委基层办召开了服务大学生村官创业成才工作会议，出台了一系列服务措施。岳阳、长沙、衡阳、邵阳等地在服务大学生村官创业成才工作中开展了有益的探索。

3. 筹建基金。为了更好实现青年就业创业资金扶持工作的长期化、机制化，按照团中央的要求，去年5月成立了湖南青年创业就业基金会，已初步构建起基金管理和运营机制，呈现出良好发展态势。争取省政府支持和社会资助资金2930万元，通过一系列项目和活动，已为400多名创业青年提供基金资助，省青创会公益品牌的社会知名度和影响力不断扩大。湖南青基会实施转型升级，进一步拓展了促进青年就业创业的服务领域和项目。

4. 充分发挥青年就业创业指导（服务）中心的作用。成立省青年就业创业指导中心和市州青年就业创业服务中心，加大对服务青年就业创业工作的统筹、督导和协调。一年来，组织开展了"返乡青年创业行动"、"创业大本营"、"前行中国2009"、"爱心就业岗、创业你无敌"、青年创业优秀事迹巡回报告会等一系列工作和活动；开通了118114信息服务平台，共提供咨询服务5万人次；成立了由205名导师组成的大学生就业创业导师团；深入实施青工技能振兴计划，举办了22场大中型招聘会，开通"大学生手机报"等等，在广大青年中产生了良好反响。大部分市州的青年就业创业服务中心和一些企业、高校立足实际、突出特色，开展了丰富多彩、扎实有效的工作和活动。比如长沙的创业志愿者帮帮团、株洲的大学生芦淞服饰创业月、益阳的青年志愿者"双创"实践活动、湖南大学的大学生公益创业项目等，都产生一定的影响，有效地服务了青年就业创业。

三、注重分类引导，青少年思想道德教育工作不断深入

1. 扎实开展青少年理想信念教育。坚持开展中国特色社会主义理论体系和社会主义核心价值体系学习教育，深入学习实践科学发展观。抓住大学生、团干部、青年骨干等重点青年群体，深化青年马克思主义者培养工程，共培训青年学生骨干3500人次。团省委、省少工委认真学习领会胡锦涛总书记致中国少年先锋队建队60周年的贺信精神，认真开展争当"四好少年"活动，全省已创建红领巾示范学校92所。积极培养推介青少年先进典型，去年评选表彰省级各类先进青少年80名，着力营造学先进、赶先进的浓厚氛围。

2. 深入开展青少年爱国主义教育。以"我与祖国共奋进，我与湖南同发展"为主题，抓住五四运动90周年、新中国成立60周年的契机，以学习研讨、座谈交流、主题论坛、报告会、主题歌会、网上专题、社会实践等形式，在全省团员青年中掀起爱国主义教育的热潮。组织全省团员青年认真学习胡锦涛总书记在同中国农业大学师生代表座谈时的重要讲话精神和李长春同志在纪念五四运动90周年大会上的重要讲话精神。在青少年中广泛开展群众性爱国教育活动，纪念五四运动90周年、参与"双百人物"评选、少先队"歌唱祖国庆六一"主题队日、千万青少年"同唱红色歌，激情红色游"等主题活动在青少年中产生了积极深远的影响。

3. 部署开展分类引导青年试点工作。在学校、社区、企业、农村等四类青年群体相对比较集中的领域选择了12家单位开展青少年分类引导试点工作。充分发挥基层试点单位的创造性，针对具体的青年思想意识关键点，切实增强引导青年工作。努力探索能够广泛吸引青年、生动传递正确思想准则的引导方式和载体。借助湖南卫视等优势传媒，与《天天向上》、《勇往直前》等青少年喜爱的知名栏目开展深度合作，充分发挥艺术、时尚、情感元素在传播重要思想准则中的作用。一些高校积极探索引导教育青年的有效途径，比如，中南大学创新大学生社会实践教育模式，湖南大学创新大学生心理健康教育工作，湖南师范大学创办了楚源素质培训学校，湖南涉外经济学院探索学生自主评价模式。

四、注重普遍诉求，维护青少年合法权益工作继续深化

1. 积极探索开展共青团与人大代表、政协委员“面对面”活动。针对青少年群体中存在的普遍性问题，围绕青少年最关心、最直接、最现实的利益问题开展调查研究。2009 年“两会”前夕，团省委和大部分团市州委围绕青年就业创业、留守流动少年儿童、工读学校、进城务工人员子女教育等问题与人大代表、政协委员进行有效沟通，在“两会”上提出议案、提案和建议，引起了广泛关注。

2. 充分发挥未成年人保护委员会办公室和预防青少年违法犯罪领导小组办公室的职能作用。认真履行“两办”职责，有效调动各种维权力量，切实维护青少年合法权益。积极协调省人大常委会把《未成年人保护法》和新修订的《湖南省实施〈未成年人保护法〉办法》纳入执法检查，配合省人大及相关部门先后到 14 个市州开展执法调研和监督检查工作。积极参与开展净化社会文化环境、禁毒宣传教育等工作，产生了良好的社会反响。

3. 进一步巩固和深化维权工作载体。12355 青少年服务台、青少年维权岗和未成年人零犯罪社区创建工作不断加强，着力健全长效机制，打造工作品牌。常德、张家界、岳阳等地的维权工作成效明显。常德深入开展“青春护航行动”，在全省率先构建了 12355 服务热线、网站、青少年网络协会于一体的青少年公共服务平台。

五、注重加强党性修养，团干部队伍建设呈现新气象

1. 切实加强团的领导班子建设。严格按照“政治上坚定、作风上扎实、自律上严格”的要求，坚决执行民主集中制，加强党性修养，锤炼优良作风，努力建设“负责任、干事业、求实效”的领导班子。特别是在重大问题的决策和实施过程中，注重营造和谐、民主的气氛，倡导班子成员畅所欲言，集思广益，博采众长，让大家充分发表意见，力求达成共识，形成集体意见，保证决策的科学化、民主化。注重维护班子团结，做到相互尊重，相互信任，相互支持，团结协作，和睦共事。

加大协管和干部转岗力度，去年团省委机关中层干部转岗 7 人，各团市州委书记、副书记转岗 12 人，同时通过竞争择优和面向基层选拔，培养了一批优秀年轻干部，各级班子的结构得到进一步优化，整体上呈现出“心齐、气顺、劲足”的良好气象。

2. 开展树立正确成长观教育活动。以增强党性修养、锤炼优良作风、提高综合能力为重点，在团干部中广泛深入开展牢固树立正确成长观教育活动。团省委机关把成长观教育作为机关建设的重中之重，组织开展主题演讲比赛，倡导“五不”的行为准则（即不混日子、不讲假话、不做虚功、不坏形象、不乱花钱），把对干部的关心爱护与严格要求相结合，教育与引导团干部树立正确的成长观，增强责任感和使命感，全身心地投入工作。团干部队伍的作风有了新改进、素质得到了新提高。

3. 加强团省委机关建设。牢固树立抓机关带基层的工作理念。按照建设学习型、创新型、和谐型机关的要求，围绕把团省委机关建设成为铸造共同理想的大熔炉、推动事业发展的大舞台、提高综合能力的大学校、缔结纯真友谊的大家庭的目标，加强机关制度建设，形成以制度管权、以制度管事、以制度管人的良好局面。狠抓各项基础工作，机关建设取得显著成效，进一步改进了干部作风，提高了运行效能。

六、注重统筹兼顾，团的其他重点品牌工作扎实推进

牢牢把握抓住重点带动全局的要求，扎实推进团的其他各项工作。进一步深化推进“青年文明号”、“青年岗位能手”和“青年创新创效活动”。广泛开展青年志愿者行动，实施志愿者基层专项行动,成立全国首个西部计划志愿者团委,承担了“2009资源节约环境友好国际合作高层论坛”和“2009海外台商湖南行”等全省重大活动的志愿服务工作,共提供了20余次志愿服务。全省注册志愿者已达55万,累计服务达1200万小时。隆重纪念希望工程20周年,在社会上广泛宣传希望工程的重要价值和历史贡献,去年希望工程共募集捐款8200万元,资助学生22000名,援建希望小学23所。牵头组织承办了“第五届两岸经贸文化论坛——两岸青年大联欢”,与港澳台和海外青年开展交流10余次。保护母亲河、大学生“三下乡”社会实践活动、“挑战杯”科技竞赛、博士服务团等品牌工作都取得了新的成绩。

广东团的工作

在省委、省政府的坚强领导和团中央的正确指导下,全省各级团组织狠抓基层组织建设,推动基层工作,积极促进青年就业创业,团结引导广大青年坚定信心、共克时艰,为全省实现“三促进一保持”作出了积极贡献。

一、以爱国主义为主线的青少年思想引导活动蓬勃开展

以庆祝新中国成立60周年、纪念五四运动90周年、少先队建队60周年和澳门回归祖国10周年等重要节庆日为契机,通过纪念大会、主题团日队日活动、音乐诗会、主题晚会等等,在广大青少年中掀起爱国主义热潮。“青春南粤,闪亮中国”广东青年庆祝新中国成立60周年大型系列活动备受广大青年关注,百万青年在活动专题网站写下对祖国的美好祝愿;“祖国发展我成长,红领巾与广东同行”主题队日活动深入开展,450多万少先队员积极参与。积极搭建平台,创新载体,组织广大青少年学习贯彻《珠江三角洲地区改革发展规划纲要(2008—2020)》。组织大学生等青年群体学习讨论汪洋书记在广东省纪念五四运动90周年大会的重要讲话和在华南理工大学与学生代表座谈的重要讲话精神,在全省少先队员中开展学习汪洋书记、黄华华省长《致全省少先队员的一封信》系列主题活动,努力培育自觉践行科学发展观的新一代。举办广东青年五四奖章、十佳少先队员、青年岗位能手等评选表彰活动,选树可亲、可敬、可信、可学的青少年典型。开展“青春牵手,共赢未来”杰出青年和青联委员进校园等活动,引导激励青少年成长成才。

二、团的基层组织建设和基层工作扎实推进

坚持“眼睛向下、重心下移”,团省委书记班子深入基层开展督导和蹲点调研,不断完善团的领导机关联系基层和分类指导制度。全省“团建创新年”活动成效明显,涌现出优秀团建创新工作项目243个,11月12日成立全国首个省级社会组织团工委,3月中山市中心小学和实验小学成立全国首个学校少工委,佛山市网络建团工作走在全国前列,深圳市探索流动团员建团模式成效显著,河源市率先实施“党建带团建”目标量化考核。稳步推进试点工作,确立41个基层团建试点、57个乡镇、街道组织格局创新试点,为试点单位提供工作经费支持,建立试点工作指导员、量化考核等工作制度,初步探索了惠州青年自组织建团、高州行业协会建团、高要基层团委公推直选、广州远洋公司流动团组织建设等工作模式。加大对基层支持力度，全面推进驻县和交流挂职工作，从省市团委机关抽调120名团干部分三批驻点指导县级团委工作，联合省委组织部选派三批共119名团干部，在珠三角和粤东西北地区交流挂职，有力推动了基层团工作。“活力在基层”等四大网络平台整合资金500多万元直接支持基层，省、市两级团委支持基层的工作经费超过2000万元。继续加大团干部培训力度，初步建立团干部分级培训机制，全省县级以上团组织共举办培训班550多期，培训团干部和青年骨干4.3万多人次。

三、服务青年就业创业，推进“三促进一保持”举措有力

积极应对金融危机，深入实施促进青年就业创业行动，推动“青年就业创业见习基地”建设，全省共建立1915家基地，提供45842个见习岗位，4100多名青年被见习单位正式聘用。成立广东省青年创业就业基金会，共筹措资金4000多万元，广州、深圳、中山、珠海等地也相应成立了市级基金。打造“U势界”大学生创业服务平台，为首批创业项目提供扶持资金420万元。积极推进青年就业创业技能培训和青年创业小额贷款项目，全年共培训青年201140人次，发放小额创业贷款约3.25亿元，帮助7460名青年创业。肇庆、揭阳等市发放小额贷款超过4000万元。组织青年为实施《规划纲要》和“三促进一保持”作贡献，建立珠三角地区青联组织联席会议制度，联合开展“亚运会与珠江三角洲志愿服务创新发展”论坛等系列活动，广佛肇、深莞惠、珠中江等经济圈及港澳地区的青年组织也分别签署了一批区域化合作协议。开展“践行纲要建广东，学习实践报祖国”大学生“三下乡”活动，近30万大学生为1.2万多个联系点的群众办了3.4万多件实事好事。创建广东青年(梅州)创业园，首批意向进园项目拟投资金额15亿元。实施科技创新“十百”携进工程，帮助青年企业家争取项目资金1500万元。

四、服务青少年健康成长的机制进一步完善

推动省委、省政府出台《加强中小学校共青团和少先队工作的意见》、《关于进一步发展志愿服务事业的意见》等重要政策性文件。积极探索承担政府青少年事务的有效路径，规范运作政府购买志愿服务专项资金，与相关政府职能部门合作开展农村青年科技文化活动月、“绿色引擎”节能行动、国土资源保护行动、少年儿童平安行动等系列活动，整合资金近2000万元，受益群众和青年超过500万人。完善维护青少年合法权益和关爱特殊青少年群体工作机制，在国内率先实现12355青少年综合服务平台覆盖全部地市；聘请人大代表、政协委员担任“青少年成长导师”，探索建立“共青团与人大代表、政协委员面对面”活动的长效机制；省市青联组织探索全省联动关爱青少年机制，青联委员牵手希望小学活动影响广泛；“南粤会亲”继续深化全省统一行动、同步直播的活动模式，单次活动资助贫困生2651人，社会影响进一步扩大。

五、借助新媒体推动共青团工作的水平不断提升

积极运用新媒体推动工作，团省委书记班子做客南方网与青年网友“灌水”、“拍砖”；打造全国首个少先队素质教育网络信息服务平台“南粤雏鹰网”，探索建立网上少先队组织；广东大学生校园文化艺术节首次引入网络选拔及网络竞赛形式，有效扩大活动覆盖面；建立广东共青团团务信息管理系统及省级青年文明号网上申报复核管理系统，大大提高工作效率和管理水平。探索运用新媒体打造工作品牌，借助网络、手机新媒体开展“南粤雏鹰之星”竞赛活动，吸引全省2077所学校的1.2万多名少先队员参赛，活动网站浏览量达6000万人次。依托网络开展青少年网上法制宣传教育月活动，网站访问量超过400万；利用全省农村党员干部现代远程教育系统举办“农科网络大讲堂”,培训农村青年约60万人次;“红领巾示范校”网络巡展吸引280多万人次浏览。各地团组织也对开发运用新媒体进行了有效探索,东莞连续3年举办青少年网络文化节,河源开通全省首个共青团手机门户网站,连平推出全国首份县域共青团手机报,深圳龙岗利用“影像制作”推动青少年文化建设。

六、团的各项事业全面发展

进一步加强全省青联组织与港澳台及国外青年组织的交流合作,粤港澳青少年交流互访超过1万人次,国际青年交流互访23批。志愿服务工作不断深化,西部计划、援外志愿服务、健康直通车等项目顺利推进,全省各级团组织动员志愿者服务社会达620多万人次,服务时间累计超过1亿小时。顺利完成团省委直属事业单位改革试点工作。广东青年干部学院新校区正式开工建设,省青少年事业研究与发展中心推出一系列青年工作丛书和理论研究文章,希望工程各项工作指标继续稳居全国前列,省青少年军校在基地建设和业务拓展方面成效良好,省青少年事业促进中心、《黄金时代》杂志社、《少先队员》杂志社、省青年旅行社、省少先队服务公司等稳步发展。各地市的团属青少年阵地建设如火如荼,如深圳青少年宫、广州志愿者网络学院等得到顺利推进,有力推动全省共青团事业取得长足进步。

广西团的工作

广西各级团组织把服务“保增长、保民生、保稳定,继续保持广西发展良好势头”作为首要任务,以求真务实、开放开拓、朝气蓬勃、锐意进取为动力,以项目化、社会化和事业化的方式,以“与祖国共奋进,与广西同发展”为主题,重点开展好广西青年就业创业行动、服务广西北部湾经济区发展“生力军工程”、“温暖同行”——广西青年志愿者行动、“党建带团建”——团建基础工程等四项工作,着力做好高校共青团、青年对外交流、青少年维权、少先队和青年联合会、青年企业家协会工作,各项工作都获得了不同程度的突破。

一、坚持以中国特色社会主义理论体系武装青少年,青少年思想政治教育取得新突破

1. 用科学发展观武装青少年。指导各级基层团组织认真开展学习实践科学发展观活动,编印《生力军在行动——广西青年学习实践科学发展观报告》,以理论指导和实践案例相结合,引导团干部牢固树立科学发展的理念。围绕构建社会主义核心价值体系,以“与祖国共奋进,与广西同发展”为主题,不断深化教育实践活动和青年马克思主义者培养工程,举办青少年歌咏比赛1382场、演讲比赛856场、征文比赛535次。

2. 抓住重大契机引导青少年。以新中国成立60周年、五四运动90周年、少先队建队60周年、百色起义80周年等重大纪念活动为契机,举办形式多样的教育活动。全区各级团组织共举办纪念大会283场、创业报告会79场、文艺晚会185场,表彰1500多名优秀团干和创业青年。广泛开展国情、区情教育,举办大学生形势报告会65场、专题论坛、时事讲座266次。

3. 着力构建分层教育体系。开展分类引导青年试点工作,为提高分层教育的针对性打下基础。各级团组织开展“青年文明号”培训1.2万多人次，培养良好的职业道德。开展感恩教育282场次、禁毒防艾教育86场次，促进广大青少年身心健康成长。开展“红领巾心爱祖国”——庆祝新中国成立60周年少年儿童主题教育活动，向全国56个民族少先队员征集红领巾缝制成一面国旗向新中国60华诞献礼。全国共有300多万名少先队员参加活动，收到“我与红领巾”征文1000多篇，100多名老红军、老战士及各行业的英模给少先队员作主题报告300多场次。中国国家博物馆主动提出并永久收藏了这面由全国56个民族少先队员捐献的416条红领巾缝制而成的国旗。

二、坚持围绕“四保”任务，举全区共青团之力，大力实施广西青年就业创业行动

1. 政策支持。一是由自治区党委组织部牵头，联合11个厅局共同实施“广西青年上山下乡创业计划”，引导大中专毕业生、青年农民工、城镇青年到广阔农村发展现代农业。自治区党委书记郭声琨对“广西青年上山下乡创业计划”作出批示：“要很好扶持，加快推进，树立典型，加以推广，解决大学生就业之忧。”二是把青年就业创业纳入政府目标，创新政策推动。自治区主席马飚指示将“实施广西青年创业信贷扶持计划”写进《广西壮族自治区促进全民创业若干政策意见》。三是争取自治区财政每年划拨1000万元专项资金，用于全区共青团组织开展青年就业技能培训。四积极争取自治区财政拨出1000万元专款设立“广西青年就业创业基金”，为创业青年提供低门槛的无息贷款。

2. 见习服务。围绕广西产业发展需要，重点动员广西七大千亿元产业企业和北部湾经济区重点企业参与“青年就业创业见习基地”建设，在610家企业建立了“青年就业创业见习基地”，提供见习岗位11788个，有7644名青年参加了见习，见习结束后被聘用的青年有923人。加强与区内外团组织和高校的沟通交流，开创了异地见习、岗位交流、供需对接的新模式。

3. 信贷扶持。联合广西银监局和8家商业银行实施“广西青年创业信贷扶持计划”，共同授信267亿元扶持城乡青年创业，争取到广西金融投资集团授信50亿元担保。全区共发放青年创业小额贷款6.62亿元，扶持2.8万名青年创业，为创业青年争取贴息资金700多万元。

4. 技能培训。联合劳动、科技、农业、水产畜牧等10多个部门，与清华大学团委及区内外70多家职业技术学校、59家劳务输出中介机构和680家企业合作开展农村青年实用技能培训、青年水产畜牧技术大培训等专项培训。一年来，全区各级团组织共培训青年13.14万人次。

5. 信息服务。建立青年就业创业服务中心（连锁超市），以市场化运作、品牌化经营的方式提供就业指导、岗位对接、人才储备、技能培训、创业扶持等方面的服务。开展“新华掌媒·新青年”手机报创业促进行动、“飞信青春联盟计划”，以青年喜闻乐见的形式搭建多元化信息服务平台。加强青年创业理论研究，开展广西青年就业创业调查状况专题调研，编写《广西青年就业创业状况蓝皮书》。

6. 文化营造。邀请李宁、欧阳夏丹、莫天全等广西籍青年名人担任“广西青年创业形象大使”，评选出50名广西青年创业明星、广西青年创业榜样。举办广西大学生创业文化节和两岸四地大学生创业论坛，组建50支大学生创业导师团进校宣讲，10万多名大学生参与相关活动。举办五四运动90周年纪念大会和“创业青春”文艺晚会，表彰创业先进典型。国庆前夕举行“激情燃烧的岁月——广西青年创业报国报告会”，以倡导青年积极投身创业的特殊方式为新中国成立60周年祝福。

三、坚持眼睛向下重心下移，实施“党建带团建——团建基础工程”，实现基层组织建设和基层工作整体活跃

1. 坚持党建带团建，借助党建工作新格局拓宽共青团工作领域。一是开展“党建带团建工作大调研”和专项督查活动。团区委全体机关干部两次奔赴全区14个市调研基层团组织建设和基层工作,促进自治区党委党建带团建“六带一优化”政策在基层的落实。二是在全区开展团干部队伍建设大调研活动。通过问卷调查、座谈会等形式,对所有市、县、乡、村和58家大中型国有企业及62所高校的团干部队伍建设情况进行专题调研,形成《广西共青团干部队伍建设的调研报告》、《广西壮族自治区党委关于在新形势下进一步加强党建带团建工作的实施意见》(草案)上报自治区党委组织部。三是扎实推进“推优育苗”工作。启动“万村青年党员发展计划”并争取列入全区党员发展规划。四是依托基层党组织的“远程教育网络”、电教中心、培训中心等载体建设团的培训教育网络。全区建立党建带团建远程教育终端站点1.36万多个,开展青年就业创业培训和团干部培训2万多次。

2. 大力开拓创新,扎实推进团建试点工作。做好17个团中央在广西的试点单位的工作。结合广西实际,以实施团建基础工程、青年就业创业行动和青年志愿者行动三项重点工作为抓手,在全区确定14个“三位一体”试点单位。试点工作亮点纷呈,取得新的突破。

3. 坚持眼睛向下重心下移,努力发挥县级团委的桥头堡作用。一是认真做好选派干部驻县级团委指导工作。选派三批共83名(其中处级干部51名)市级以上团委干部驻县指导工作。各县级团委利用团中央2万元经费支持,举办志愿者培训班121期,培训8600多人次,团干培训班152期,培训1.23万多人次。二是着力加强团县委书记素质和能力建设。先后安排60名团县委书记出访或培训学习,选拔46名年纪轻、能力强、素质高的基层干部担任团县委书记。建立激励约束机制,开展“十佳团县委书记”和“十佳乡镇团委书记”评选活动。三是积极稳妥地推进乡镇、街道层级共青团组织格局创新试点工作。每个市都完成了一个乡镇和街道团组织行政编制外团委副书记的推荐、选拔、配备工作,充实了基层团组织的工作力量。

4. 探索基层团组织建设的有效载体和途径,切实增强对广大青年的吸引和凝聚。在新兴领域大胆探索和创新基层团组织建设的有效载体和途径,不断扩大团组织的覆盖面和影响力。大力推广协会建团模式,全区在种植、养殖、运销等协会建立团组织1360多个。积极探索青年自组织建团、区域建团、异地建团等各种有效的团建模式,依托广西爱心协会、义工联盟等青年自组织建立了63个团组织,在广州、深圳等劳务输出地建立了19个异地团组织,在全区重大项目工地、重点工业园区、经济开发区等重大项目建设一线建立团组织21个。

5. 开展“六个一万”活动,切实服务基层,全面活跃基层。一是开展“万名团干下支部活动”。全区各级团干部深入开展调研16830多人次,为基层办实事好事28720件。二是实施“万村青年党员发展计划”。共推荐优秀农村青年致富能手、青年教师、返乡青年19310人作为党员培养对象,自治区党委组织部将该计划纳入全区发展青年党员“源头工程”。三是开展“万名农村团支书帮扶温暖行动”。组织青年企业家、青年文明号、城镇青年组织结对帮扶村团支书,捐赠科技书籍450多万册,开展科技培训690多场次。四是实施“万名团干部培训计划”。已轮训全区20个市级团委书记和109个县(市、区)团委书记两次,培训692个乡镇团委书记、8920个村团支部书记。五是启动“千乡万村青年篮球赛”。组织篮球赛2880多场次,活跃农村文化,凝聚农村青年,增强农村团组织的凝聚力和战斗力。六是实施“广西大学生志愿服务万村远程教育行动”。组织全区高校13200多名大学生开展进村入户宣传43524次，培训党员群众691982人次。

四、围绕服务广西北部湾经济区开放开发和西江黄金水道建设，深入实施"生力军工程"

1. 服务中央和自治区对外战略，大力开展青年对外交流活动。主动加强与以东盟国家为重点的国际青年交流与合作，先后举办2009中国—东盟青年营、2009中国—东盟青年企业家论坛、第四届中国—东盟青年艺术品创作大赛、第五届中国—东盟礼仪形象使者选拔大赛、"梦幻广西·我眼中的桂林"——庆祝中华人民共和国成立60周年中日青年摄影文化交流营、2009中国广西与越南高平、谅山、广宁四省区团委书记工作磋商会、中国广西与越南谅山"青春携手——共建中越跨境经济合作区"等活动。加强中国—东盟青少年培养基地建设，依托中国广西国际青年交流学院，举办4期国际青年干部高级研修班，培训东盟10国青年干部172名。全年共接待东盟10国和日本、韩国等国家青年团组8批次450多人次到广西考察交流；组织广西青年270多人次赴东盟各国和美国、英国、日本、韩国等18个国家考察访问、进修学习。

2. 加强青年人才队伍建设，为广西加快发展提供人才支撑。建立和完善青年人才信息库，分层次分类别对青年人才跟踪服务，积极向党政、社会举荐青年人才。深入开展青年突击队、青年文明号、广西青工技能振兴计划、青年岗位能手等品牌工作，开展广西青年文明号纪念百色起义80周年"邓小平足迹之旅"主题实践活动，带领青年文明号立足岗位建功立业。举办机遇广西·2009中国海外学人回国创业周——聚焦中国—东盟自贸区活动，组织来自美、英、日、德、法等14个国家的96名(其中9名博士后、44名博士、43名硕士)海外留学人员关注广西、走进广西。积极做好中央赴桂"博士服务团"的服务工作，举办新老"博士服务团座谈会"，聘请第十批中央赴桂"博士服务团"成员为广西青联特邀委员。

3. 积极参与招商引资，服务广西北部湾经济区开放开发。积极参与招商引资工作，切实为"央企入桂"、"百企入桂"和"引银入桂"贡献力量，先后邀请上海医药集团、西部矿业集团、中信银行等100多家全国知名企业、700多名青年企业家来桂考察投资，累计引进项目资金50多亿元。举办亚洲投资基金(广西)峰会，邀请凯雷投资集团、IDG、德意志银行等20家国内外风险投资基金和私募投资基金参会，与广西青年企业家、创业青年共同探讨广西资本市场与企业发展之路，进行项目对接，12家投资机构与13家企业初步达成合作意向。开展"青年创业号专列"——中越青年携手创业交流合作之旅活动，127名广西各界青年代表乘坐我国首列开出国门的"青年创业号专列"赴越南开展创业交流和合作，全面整合国内国外两个市场、两种资源来推动广西青年就业创业。

4. 促进区域经济合作，服务西江黄金水道建设。联合泛珠三角"9+2"省区团委和来宾市委、政府举办泛珠三角青年西江黄金水道合作之旅暨泛珠三角青年环保行动，在西江沿线的广西来宾、贵港、梧州，广东肇庆、佛山等5市17个县(市)开展合作论坛、工作磋商、流域考察、就业创业、生态环保、经贸洽谈和宣传推介等活动，签订投资合同1.8亿元。联合有关单位举办"粤桂港澳青年学者、企业家西江行暨西江经济发展论坛"，就加强粤桂港澳青年研究合作、搭建交流平台、建立合作机制，充分发挥青年企业家、青年学者和广大青年在推进黄金水道建设和西江经济带建设中的作用等方面达成共识。

5. 大力开展植树造林活动，促进生态北部湾建设。开展"青少年绿色基地"创建活动，利用重大节庆、纪念日等契机组织青少年开展种植活动，已落实种植土地2万亩并逐步种植。

开展“生态北部湾青年行动”——泛北红树林合作安利志愿者项目启动暨防城港市红树林种植活动，来自柬埔寨、缅甸、菲律宾、泰国的青年与中国青年携手种植了3000棵红树林新苗，全年“生态北部湾青年行动”共种植红树林150亩。

五、促进和谐社会建设，服务青少年健康成长取得新成绩

1. 扎实开展“温暖同行——2009广西青年志愿者行动”。开展广西青年志愿者助残服务行动，形成覆盖全区的志愿助残服务组织网络；开展“广西青年志愿者爱心助光明”活动，帮助全区1000名白内障患者重见光明；深入推进“周六志愿服务广场”活动，并使之固定化、长效化；大力实施“大学生志愿服务西部计划”，共招募来自区内外志愿者720名，分派到全区109个县（市、区）服务。招募2680名志愿者服务第六届中国－东盟博览会、中国—东盟商务与投资峰会，比去年增加1500名，首次设立30个城市志愿者服务站点。

2. 继续深化希望工程。抓住实施希望工程20周年的有利契机，编撰“希望”系列丛书、《点亮希望》、《拥抱希望》两本希望工程专著和《广西希望工程20周年特刊》，召开广西希望工程实施20周年纪念表彰大会，扩大希望工程在社会上的影响。“圆梦行动”全年共筹集资金2960.6万元，援建希望小学22所，资助贫困学生9461人；继续开行“圆梦号”爱心专列上北京，免费送1200名贫困生北上求学。

3. 有效服务青少年成长成才。举办第四届“挑战杯”广西大学生课外学术科技作品竞赛，全区29所高校选送473件作品参赛，最终决出特等奖作品11件。开展广西大中专学生志愿者暑期“三下乡”社会实践活动，全区20多万学生参与，举办文艺表演340多场；发放宣传资料共175400份；撰写调查报告5000多份；捐款捐资总价值累计达18万元。创建“红领巾书屋”，向全区90多个红领巾书屋分别赠送1000册价值2万元的图书。

4. 切实维护青少年合法权益。全区共发展律师、教育工作者、心理咨询师等12355热线志愿者415人，提供心理、法律、维权方面的咨询服务13000件次，其中网络方面的4600件次。评选表彰优秀“青少年维权岗”和第四届广西杰出（优秀）青年卫士，开展青少年网络净化、禁毒防艾、自护教育等活动，完成《广西青少年网络犯罪调查报告》，青少年成长环境不断优化。开展“手拉手”关爱留守儿童、“送温暖促和谐”等活动，共募集物资、资金200多万元，帮助10万名困难青少年愉快过春节。

海南团的工作

海南各级团组织认真落实党的十七届三中、四中全会和团的十六届二中全会精神，以贯彻落实省委工青妇工作会议精神为契机，紧紧围绕党政中心，全面履行四项职能，大力加强团的基层组织建设和基层工作，深入实施促进青年就业创业行动，团的各项工作和建设得到了长足的发展。

一、团的基层组织建设和基层工作持续推进，全面深入

认真贯彻落实团中央关于加强团的基层组织建设和基层工作的各项部署，采取有力措施推进，初步形成了高度重视基层、大力支持基层的良好氛围，基层团组织的活力不断增强，基层团工作的覆盖面和影响力不断扩大。分两批选派9名地市以上团的领导机关干部到县级团委驻点，在优化县级团委工作环境，提供具体有效的工作指导，帮助团干部转变工作作风等方面取得了积极成效。扎实推进基层团建队建试点工作，深入指导15个团中央试点单位和79个省级试点单位，海口、三亚、琼海、万宁、陵水、临高等团组织积极探索基层团建创新模式，试点工作取得了阶段性成果。着力抓好海口市琼山区党建带团建示范点建设，在党团组织四级联创、乡镇团组织格局创新、基层团工作规范化等方面初步归纳提炼了一些具有一定推广价值的工作成果。筹措资源向基层倾斜，全年支持基层的经费和物资价值达100多万元，其中30万元专项用于促进青年就业创业工作，16万元专项用于驻点工作，为基层工作创造了有利条件。狠抓团干部队伍建设，组织各市县团委负责人参加团中央举办的团县委书记培训班，选派团干部参加中国青年代表团出访交流，安排团省委机关干部到省外考察调研，提高了各级团干部的整体素质和工作能力；对乐东、澄迈等团委新任书记进行任前考察，理顺和规范了市县团委领导班子双重管理工作。加大对基层工作的督导力度，召开2009年海南共青团推动基层工作座谈会暨年中述职工作会议，对促进青年就业创业、基层团建试点工作等全团重大工作建立月报制度，健全完善了对基层工作的评价和督导机制。

二、促进青年就业创业工作多措并举，成效卓著

把促进青年就业创业作为服务青年工作的重中之重，紧紧围绕资金扶持、技能培训、基地建设、信息服务、观念引导5个关键环节，青年就业创业提供了实实在在的服务，初步取得了“社会有影响、青年得实惠”的阶段性成果。在资金扶持方面，团省委分别与省农信社、省农行等金融机构推进农村诚信青年创业小额贷款项目，澄迈、定安、临高、琼海等团委推进小额贷款工作成效显著，2009年全省累计发放青年创业小额贷款9082.6[0]万元，直接受益的农村青年6541名。成立海南省青年创业就业基金会，设立“海润眼黄金”女大学生创业基金。联合省就业局帮扶海大学生创业项目书香海韵旅行社解决资金困难，受到了省委卫留成书记的充分肯定。在技能培训方面，团省委联合省人力资源开发局建立青年就业创业培训基地，开展“百店千人”青年创业药店创建活动、“青春建功新农村”就业创业培训、上海种都项目和深圳中青项目，海南大学团委创办大学生创业园，海口、琼海、东方、万宁等团组织依托自身资源以及与劳动、农业、科技、扶贫等部门合作开展青年就业创业培训，全省各级团组织共建立培训机构99个，落实培训资金1399.7万元，培训青年31221人次，实现就业人数12082人。在见习基地建设方面，团省委重点抓联通公司海口分公司、省农信社、新中北科技有限公司等6个见习基地建设，海大、海师、三亚、儋州、琼海、定安等团组织广泛动员社会力量建立青年就业创业见习基地，全省共建立见习基地258个，提供见习岗位6716个，上岗人数达2372人。在信息服务方面，团省委创建青年就业创业信息服务网络平台和12580青年就业创业信息服务移动平台，各级团组织联合人事劳动部门举办青年就业专题招聘会76场，提供招聘岗位11038个。在观念引导方面，创办《现代青年》青年就业创业专刊；各级团组织成立11个青年就业创业志愿辅导团，招募志愿辅导员160人，开展辅导宣讲活动38场，受益青年达12500多人次；大学生志愿服务中西部计划报名大学生4951名，招录209名，是实施7年来报名人数最多的一年。

三、教育引导青少年工作蓬勃开展，有声有色

深入研究不同年龄段、不同群体青少年的

身心特点和成长规律,采取青少年喜闻乐见的方式开展教育引导工作,教育引导青少年工作的亲和力、吸引力和感染力进一步增强。抓住新中国成立60周年、五四运动90周年、少先队建队60周年等重大节日契机,深入开展“与祖国共奋进、与特区同发展”主题教育活动、“红领巾心向党、海南发展我成长”主题队日和省青联“心连心”艺术团慰问老区演出活动等,广大青少年的自豪感和自信心不断提升。广泛开展大学生“三下乡”社会实践、“我与祖国共奋进”十杰青年宣讲、十八岁成人仪式等主题实践活动,广大青少年投身海南新一轮改革发展的使命感和责任感进一步增强。五指山、乐东、保亭、白沙等团组织通过放河灯、演讲比赛、文艺晚会、青年事迹报告会等青少年喜欢的方式增强教育引导青少年工作的针对性和实效性。深入指导8个试点单位开展分类引导青年试点工作,发放调查问卷2000多份,访谈青年200多人,深入了解了大学生、企业青年、进城务工青年、农村青年等青年群体的思想意识状况。积极探索教育引导青少年的新途径、新手段和新载体,开展“为了明天——中国未成年人网脉工程海南行”活动,改版升级海南共青团门户网站,开设海南青年志愿者网、海南青年联合会网、海南省青少年综合服务网,创办现代青年杂志精英版,教育引导青少年的手段和载体更加丰富。

四、维护青少年权益工作扎实推进,影响深远

以代表好、维护好青少年普遍性利益为出发点,畅通青少年利益表达渠道,完善青少年利益反应机制,维护青少年合法权益的制度性安排初步建立、逐步完善。2009年青少年立法工作取得了历史性重大突破,《海南省未成年人保护若干规定》1月1日施行,《海南省志愿服务条例》5月27日通过,8月1日施行。今年两会前,以“国际旅游岛建设语境下互联网与青少年”为主题,开展共青团与人大代表、政协委员面对面活动,向省人大、省政协提出了相关建议和提案。深化12355青少年服务台建设,2009年共处理典型案例50例,接待来电来访者1250人次,深入30多所学校调研青少年心理健康状况,举行团体咨询17次,沙龙研讨20次。扎实推进“为了明天—预防青少年违法犯罪”工程,面向社会聘请210名网络志愿监督员,组建海南省禁毒志愿者总队,开展青少年法制宣传,发放青少年法律法规资料85300多份,提供法律咨询800多人次。加强省综治委预防青少年违法犯罪领导小组办公室建设,在各市县预防办全面自查的基础上,对海口、三亚、文昌、琼海、陵水等五个市县预防办工作进行抽查,有力地推动了各地预防青少年违法犯罪工作。

重庆团的工作

重庆各级团组织围绕“组织青年、引导青年、服务青年、维护青少年合法权益”四项基本职能,深化“三基四化五坚持”发展要义,以“抓基层、扶就业、促发展、助成长、强素质”为重点,团结带领广大团员青年为“保增长、调结构、扩内需、惠民生”,服务“五个重庆”和内陆开放高地建设,促进经济社会又好又快发展做出了积极贡献。

一、大力加强青少年思想教育

1. 坚持用科学理论武装全团、教育青年。一是强化科学理论教育。组织广大团员青年认真学习胡锦涛总书记十七届四中全会报告、在同中国农业大学师生代表座谈时的重要讲话以及科学发展观相关论述，增强广大团员青年贯彻落实科学发展观的自觉性和坚定性。二是深入开展爱国主义教育。抓住新中国成立60周年、五四运动90周年等契机，在青少年中深入开展“我与祖国共奋进、祖国发展我成长、建功‘五个重庆’”群众性爱国主义教育活动及“聪明、勤奋、忠诚”主题教育活动，引导青少年大力弘扬以爱国主义为核心的民族精神和以改革创新为核心的时代精神。三是充分发挥典型育人作用。开展青年五四奖章、杰出青年创业者、星星火炬奖章等评选表彰，集中展示全市广大青少年的崭新精神风貌。

2. 广泛开展青少年“唱读讲传”活动。一是突出骨干带动。在全市培养800名故事员，选拔1万名“唱读讲传”志愿者，组织1000支大学生“唱读讲传”小分队利用暑期深入基层，引导广大青少年弘扬社会主义先进文化主旋律。二是坚持示范促动。举办“青春飞扬”重庆市青少年纪念“五四”运动90周年经典诵读晚会、全国少年儿童纪念建队60周年“唱读讲习”主题展演等全国、全市性活动20余场；向全市青少年推介《读点经典》系列丛书；在全市开展“弘扬五四精神”红色励志短信传播活动，在青少年中大力加强革命传统教育。三是促进基层联动。推动各级团队组织建立红歌合唱团和社团3000个，开展红歌会4500余场、经典咏诵4000余场、故事会2600余场，发送箴言短信130万余条，参与青少年达1000余万人次。四是探索活动新方式。通过动漫、短视频等新兴媒体开展“唱读讲传”活动，促进教育与娱乐有机结合。

3. 扎实推进分类教育引导青少年工作。一是加强大中学生教育引导。开展大学生“校园之春”、中职学生“金色之秋”、中学生“七彩之光”活动。开展大中专学生暑期“三下乡”社会实践活动，发动30万学子奔赴基层开展实践锻炼。实施青年马克思主义者培养工程，培训校级学生骨干1800余人。二是加强企业青工教育引导。青年突击队立功竞赛活动不断深入，举办市级和行业青工技能大赛7场，参赛青工超过12万人。三是加强农村青年教育引导。举办乡村青年文化节，覆盖城乡青年100万人次，促进城乡青年群众性文化活动蓬勃发展。四是加强进城务工青年教育引导。在全市建设进城务工青年服务超市、服务站113个，成立街道共青团工作联合会97个，为进城务工青年提供免费技能培训、维权等服务超过8万人次。

二、全面深化共青团基层组织建设

1. 优化基层团组织工作环境。一是党政领导高度重视。三届市委第83次常委会听取全市共青团基层组织建设情况汇报，对共青团基层组织建设和基层工作提出明确要求。市委批准成立重庆市“两新”团工委，下发《中共重庆市委关于加强共青团基层组织建设的意见》，召开全市共青团基层组织建设工作会议。团中央书记处第一书记陆昊同志专程出席并作重要讲话。会议期间，薄熙来书记会见了陆昊同志一行。二是争取各方支持。市级相关部门积极支持团组织履行未成年人保护、预防青少年违法犯罪、青少年校外教育等职能。相关区县出台“党建带团建”、加强共青团工作等指导性文件28个。三是建立完善沟通机制。通过会议沟通、信息专报、团干协管、面对面交流等方式，推进形成基层党政分管领导与团的上级组织沟通交流机制。

2. 夯实基层团组织工作基础。一是形成全团抓基层的共识。下发加强团的基层组织建设和基层工作相关文件15个，召开全市性、区域性或战线系统座谈会、研讨会15次，形成调研报告18个,全团抓基层的认识更加深刻。二是整合资源倾斜基层。争取团中央在渝实施建设全国团干教育培训基地等项目20多个,资金总额超过2000万元。筹集支持基层团组织建设工作经费240万元。2009年选拔到团中央、团市委上挂锻炼的基层团干部数量同比增加80%。三是强化对基层工作指导。选派28名团市委机关干部到区县团委驻点、90名区县团干部到乡镇团组织推动工作。随机抽取三批共21个直属团组织向团市委进行年度述职,进一步强化指导,将123家直属团组织书面年中述职材料分领域全部反馈有关党政领导。

3. 激发基层团组织工作活力。一是创新城乡覆盖的组织设置方式。在农村,积极探索"联合型"、"产业型"、"驻外型"等组织设置方式。在企业,推行试点先行先试、协调沟通调研、分类指导督查制度。在学校,探索利用网络、QQ群建团等方式开展团建创新。在全国率先开发"电子团员证系统",加强对团员青年的日常联系管理。全市建立"两新"团组织3703个,规模以上"两新"组织建团率达到85%。各区县依托驻外机构建立驻外团支部227个,对团员青年有效覆盖不断扩大。二是探索城乡互动的工作运行模式。借助青年中心、12355青少年服务台、966520志愿服务工作热线等载体,实现团组织对城乡团员青年的有效联系、指导、服务和动员。在城乡青年中心,大力推广1个青年中心内含X个共青团品牌服务项目和Y个其他社会组织服务项目的"1+X+Y"工作运行模式。依托农村党员干部现代远程教育网络,加强团员教育管理。全年发展团员27.7万人,"推优"入党13835名。三是健全城乡一体的力量配备形式。在乡镇大力推广1名乡镇团委书记牵头抓总,1名青年志愿者联络协调,X名带头致富能力强或带领青年致富能力强的"双强"能人参与,为农村青年提供X种服务的"1+1+X+X"工作力量配备模式。探索推行9—11人的乡镇团委构成模式。推动大学生"村官"和青年能人从事团的工作,2009年全市选派到基层的4723名大学生村官中有1500余人从事团的工作。

三、合力促进青年就业创业

1. 开展青年就业创业技能培训。向市级相关部门争取近2万人的培训指标,落实培训经费1000万元。开展农村青年就业创业技能培训,培训农村青年6万人次。开展进城青年农民工"订单式"培训,培训上岗1905人。开展青年创业导师"进社区、进校园、进农村"系列活动,直接受众超过5.3万人。

2. 建设青年就业创业见习基地。全市建立各级共青团"青年就业创业见习基地"304个,提供见习岗位3983个,上岗见习青年9097名,见习结束正式聘用2648人。

3. 提供青年就业创业资金扶持。成立重庆市青年创业就业基金会,市财政拨款200万元、,团市委自筹200万元作为启动资金。争取重庆中科(集团)有限公司出资1000万元成立重庆市青年创业就业中科子基金。积极推动青年就业创业小额贷款。继续实施"阳光行动"创业贷款项目,全年发放贷款2.05亿元。各区县团委通过积极争取,为农村青年贷款开辟绿色通道,全年发放农村青年创业小额贷款2.29亿元,协议贷款金额4亿元。

4. 强化青年就业创业信息服务。编印《共青团促进青年就业创业政策汇编》、《重庆市共青团青年就业创业见习基地工作手册》及宣传海报1.3万余份,向全市青年免费发放。开通"重庆市共青团青年就业创业见习基地"等专题网站或网页,搭建与见习基地、见习人员、贷款人员的沟通交流平台。依托进城务工青年服务超市,建立共青团用工信息鸿雁栏580个,跨区域转移农村青年8000余名。联合相关市级部门开展"青春促和谐,岗位进万家"重庆市青年就业创业行动巴南区专场示范活动和“2009年首届人才网络招聘大会”，提供岗位近4万个，约5000人签订用工协议。依托重庆市青年商会会员企业举办招聘会12场，招聘青年6000余人，接纳1万余名青年农民工就业。

四、努力维护青少年合法权益

1. 畅通青少年利益诉求渠道。争取青少年事务融入党政工作规划部署，在市委、市政府2009年出台的《关于推动文化大发展大繁荣的决定》、《关于建设平安重庆的决定》等文件中明确写入有关青少年事务。构建青少年发展指标体系，与市统计局等有关部门协商，形成青少年发展监测报表定期报送制度。建立“共青团与人大代表、政协委员面对面”工作机制，组织市人大代表、政协委员视察青少年活动场所，邀请各级人大代表、政协委员与230余名青年代表进行面对面交流。2009年“两会”期间，全市共青团组织提出建议、提案达100余件。

2. 推进青少年维权工作。加强12355青少年服务台建设。组建专家顾问团，招募培训153名志愿者，提升服务台工作质量。开通“12355青少年服务台网站”，开辟BBS论坛，开通“中高考减压热线”、“青年就业创业服务热线”等专项热线电话。全年共受理来电、来访、来信咨询1.6万余人次。深入100余所中小学举办讲座133场，受众达7万人。做好未成年人保护和预防青少年违法犯罪工作。“未成年人保护行动”被作为平安重庆建设20项重点工作之一、《重庆市未成年人保护条例》纳入2010年立法项目、《重庆市青年志愿服务条例》列入人大五年立法预备项目、预防青少年违法犯罪工作纳入市综治委对各市级部门及区县(自治县)的年度考核。举办“网瘾青少年家长沙龙”15期，处理咨询1400余人次，帮助多名重症网瘾未成年人走出网瘾误区。

3. 切实帮扶青少年困难群体。成立重庆市青少年发展基金会，市政府划拨200万元启动资金。建立“小天使”救助基金、“重庆青年志愿者·国奥公益基金”等子基金项目4个。募集捐款1060万元，援建希望小学11所，资助家庭经济困难大中小学生1054名，援建“希望体育园地”9个。实施“2009年圆梦行动”，资助604名贫困学生圆梦大学。

五、积极服务党政中心工作

1. 开展青少年文明创建活动。深化青年文明号创建，在主城9区18条“青年文明示范街”开展形式多样的主题实践活动，参与青年超过6万人次。开展“2009年重庆市青少年节能行动”，开通“重庆市青少年节能行动专题网”，印制节能知识手册、宣传海报1.5万份，在学校、企业、社区张贴发放。组织“节能知识抢答赛”，超过20万青少年参与。

2. 参与生态环保建设。继续推进保护母亲河行动，启动实施重庆青年服务森林工程建设“1123”工程，推动21个区县开展“森林工程—共青林”植树活动。联系青少年生态环保社团32个，凝聚相对稳定的青少年绿色志愿者队伍3350人。全市各地共青团组织共开展植树活动1656次，参加人数达20余万人次，造林1286亩，植树85.7万株。开展“森林工程”示范活动26次，建设“共青林”35处，“共青林”实施面积达2351亩。启动实施重庆青年服务统筹城乡水利发展与改革试验区建设城乡安全饮水青年示范项目。

3. 开展青年对外交流与合作。全年共接待7个国外青年团体组织渝交流考察，选派22批共87名重庆市青联委员、青少年代表出访。成立渝港青少年交流促进会，签署《渝港青年交流合作协议》。依托青年人才论坛欧洲论坛，举办人才引进现场洽谈会和重庆优势产业项目推介会，达成来渝工作意向96人，签订3个科研合作项目、9个教育培训及生态项目合作意向协议。组织香港青年企业家菁英考察团、中央国家机关青联委员和全国青联委员考察团和及市青联委员、市青年企业家协会及市青年商会会员单位开展区县行经贸考察洽谈活动,引资20多亿元。

4. 开发青年人才资源。举办第四届中国重庆·青年人才论坛。共吸引6.4万余名国内外青年人才报名参加,收到论文近2.8万篇,活动受众达585万余人次。深化博士服务团项目。开展"中央及国家机关赴渝挂职干部座谈会"、"弘扬聂帅精神、促进江津发展"专题调研等系列活动。在全国首创"博士生服务队"作为"博士服务团"的有效补充和配套。推进选派大学生到基层工作。招募大学生志愿者1012名到基层服务。稳步推进大学生"村官"工作,选派2702名大学生到村工作。深入开展扶贫接力志愿服务工作,新招募160大学生志愿者,继续开展扶贫接力。

5. 开展青年志愿服务。壮大志愿者队伍。推动全市25个区县、45个大专院校、11个市级机关大型企业建立志愿者协会(或总队)。联系27个NGO组织,推动成立重庆市NGO组织义工联,统筹全市民间志愿服务资源。推进志愿者注册管理,规范全市现有40万志愿者的注册管理。推进援外志愿服务工作。首支中国(重庆)援外青年志愿者赴毛里求斯服务队赢得当地政府和人民的普遍欢迎。招募6名志愿者赴尼日尔开展志愿服务工作。完成第二支中国·重庆援外青年志愿者赴毛里求斯服务队组建工作。参与赛会志愿服务。招募500名志愿者服务第十一届中国科协年会、招募100名志愿者服务第十一届中国老年合唱节。开展志愿服务"五个重庆"行动。招募应急志愿者2.5万人、消防志愿者23万人,开展重庆市防灾减灾志愿服务周集中活动等主题活动70余次。深入推进助老助残志愿服务行动、社区志愿服务促和谐行动、绿色志愿者共创秀美森林重庆植树系列活动。

六、扎实推进机关和直属单位建设

1. 深入推进机关自身建设。一是加强学习型机关建设。通过共青讲坛、干部大会、党组织生活、个人自学等方式,提升机关干部职工政策理论水平和综合素质。积极开展"唱读讲传"活动,为机关干部购买《读点经典》800余册,开展"青春映党旗"团市委直属机关系统纪念建党88周年表彰大会暨经典诵读比赛等主题活动10余次。组织机关干部深入调研,推动形成一批具有较高理论价值的研究文章,5篇申报作品获全团调研奖。《重庆市构建统筹城乡发展进程中团的组织建设新方式的研究》等8项团中央委托研究项目顺利结题。二是加强干部职工队伍建设。坚持每月在机关开展一次活动,每季度召开一次党委扩大会议,党支部每月过一次组织生活,党小组每周召开一次部门例会组织党员自学"四个一"制度,机关工会、团委、妇委会积极配合全委中心工作,各项工作进一步活跃。面向全市选拔11名一般干部,面向共青团系统选拔了2名处级干部到团市委机关工作。三是加强机关作风建设。党组成员带队深入城口、武隆、秀山等13个区县开展"三进三同"活动,树立了团干部的良好形象。深化学习实践科学发展观活动成效,建立完善学习、督查、考核等12项长效机制。落实党风廉政建设和反腐败工作分工责任制,开展勤政廉政箴言创作评选表彰宣传活动,组织直属机关系统党员干部观看《沉重的忏悔》、《痛击腐败》、《永不凋零的巴山红叶》等专题教育片。

2. 稳步推进团属事业发展。一是发展条件进一步优化。《少年先锋报》迎来创刊30周年,薄熙来书记等领导专门发来贺信;重庆青年报社转型改制进展顺利,报社迁往北部新区数字媒体产业基地并将筹备开办信息化特刊。二是重点工程项目顺利推进。重庆青年职业技术学院新校区完成投资1.03亿元;团干部培训基地项目建筑设计、工程招投标和征地等工作有序推进。三是工作阵地进一步巩固。争取中央专项彩票公益金支持青少年校外教育活动场所建设项目2个,筹集青少年校外活动场所建设与维护专项资金4300万元对全市37个区县已运转三年以上国家级扶持项目和市级自建项目的部分活动场所设备进行更新、维护和重置。

四川团的工作

四川各级团组织紧紧围绕“两个全体青年”目标要求，努力服务“两个加快”工作大局，深入开展“重建家园，青年当先”主题实践活动，大力推进全团重点工作，切实发挥组织、引导、服务青年和维护青少年合法权益的职能作用，团结带领广大团员青年为推进“两个加快”作出了积极贡献。

一、服务灾后重建大局，全力投身“两个加快”

1. 有力推进项目实施。全年通过项目化方式，整合资源3.9亿元支持基层推动重点工作开展。通过希望工程筹集资金2.4亿元，援建希望小学194所，援建希望影院、图书室、体育乐园、快乐音乐教室等258套，培训教师702名，资助学生4752名，成立了四川省第一所全免费公益职业学校——成都百年农工子弟职业学校。加大灾区青年就业创业支持，依托专业培训机构、社会爱心企业等，向灾区青年免费开展SYB和SIYB培训。加强青少年活动阵地建设，大力推进汶川青少年活动中心项目建设，加大青少年宫的加固和新建力度，开展“流动青少年宫”进灾区活动，集中在灾区中小学建设“红领巾书屋”、“图书漂流站”、“青少年影院”等活动阵地。

2. 积极开展灾后重建志愿服务。强化志愿服务保障，完成志愿服务立法，《四川省志愿服务条例》正式施行，主动争取灾后恢复重建志愿服务项目中央和地方财政经费共2370万元，为志愿服务深入开展提供保障支持。健全志愿服务体系，指导122个县（市、区）成立应急志愿服务工作领导小组和应急志愿服务队伍，63个县（市、区）成立志愿者协会，在受灾群众集中安置点、板房学校、社区、乡村累计建设志愿者心灵家园、社工站等各类志愿服务站400余个。搭建志愿服务平台，开通四川志愿者网络注册平台，联合中国农业银行推出志愿者卡，累计注册人数突破1万人，发行志愿者卡6000余张。实施志愿服务项目，推进灾后重建志愿服务项目百万资助计划，资助56个灾后重建志愿项目。圆满完成省委交办的“帐篷新生活”、城乡环境综合整治志愿服务，招募1024名西博会志愿者，设立城市志愿服务站55个，为16.5万余人提供服务。新增西部计划基层青年工作和灾后重建专项，派遣3400余名志愿者，实现对181个县（市、区）的全覆盖。

3. 努力构建青少年精神家园。组织开展《灾后青少年思想状况调查和共青团工作研究》、《四川地震灾区青少年思想现状》等专题调研，摸清灾区青少年思想状况，增强工作的针对性和实效性。深入开展“感恩·自强”主题教育，紧密结合“5·12”特大地震一周年时机，广泛开展“放飞新希望，共建新家园”主题团队活动，集中进行升国旗、唱国歌，组织少儿书信、绘画大赛、“手拉手”结对、灾区学生夏（冬）令营、走进灾区慰问演出等活动，在青少年中大力弘扬伟大抗震救灾精神，教育引导青少年自力更生、艰苦奋斗，团结互助、感恩图报。

二、着眼事业长足发展，切实加强基层组织建设

1. 深化党建带团建工作。联合省委组织部召开全省基层“党建带团建”工作座谈会，出台《关于在推进“两个加快”中深化基层“党建带团建”工作的实施意见》，进一步建立完善团省委与市（州）党委分管领导沟通机制，从政策上解决制约基层团组织建设的干部配备管理、工作经费保障、推优入党等瓶颈问题。各地结合实际，积极推动基层团建纳入党建整体格局，普遍建立领导责任、联席会议、目标管理、工作考核等制度，为深入推进基层团组织建设创造了良好的工作环境。

2. 创新基层组织建设。积极总结团组织抗震救灾的实践和探索，大力推进“1 + X”团建新模式。采取楼宇、互联网和手机建团等形式，不断推进农村、企业、学校、社区和“两新”组织等领域团的基层组织建设，基层团组织覆盖面进一步扩大。

3. 推进驻点指导工作。制定下发《四川共青团驻点团干部管理办法（试行）》等相关文件，建立完善团干部驻点工作保障机制，指导第2、3批共80名市（州）以上团干部开展驻点工作。

4. 加大对基层的支持。建立团省委领导班子成员联系县级团委工作制度，组建3批基层工作队共35名同志到地震极重灾区帮助工作；开展“校企帮县结对共建”活动，组织9个省直属团委和70所高校、80家企业团委与全省159个团县（市、区）委结对共建，推进了基层工作开展。

5. 积极探索基层试点。根据团中央部署，结合四川省实际，确定了31个团队基层组织建设和基层工作试点单位，在63个乡镇、15个街道积极推进组织格局创新试点。及时召开加强基层组织建设工作现场会、团建试点工作座谈会，总结经验，明确任务，推进工作。

6. 大力加强队伍建设。全年新发展团员30余万名，推优入党3.2万名。组织189名团干部参加团中央培训，依托省团校举办16期团干培训班，1078名基层团干部参加培训。加强对市（州）团委班子协管考核，指导部分市（州）成功进行换届选举。

三、坚持科学理论武装，思想教育引导深入开展

1. 深入开展学习实践科学发展观活动。把学习实践科学发展观与贯彻落实省委和团中央全会精神结合起来，以团干部、大学生为重点，通过读书班、报告会、知识竞赛、大讨论、征文比赛等多种形式，对团员青年进行科学发展观的宣传教育，坚定中国特色社会主义理想信念。圆满完成第二批深入学习实践科学发展观活动，着力探索“党员干部受教育、科学发展上水平、人民群众得实惠”的长效机制，扎实推进学习实践活动向基层延伸，在青年中扎根。

2. 广泛开展主题教育实践活动。充分利用“五四”运动90周年、“5·12”一周年、少先队建队60周年、新中国成立60周年等重大纪念日契机，广泛开展以“弘扬五四精神，投身两个加快”、“喜迎国庆，感恩祖国”等为主题的教育实践活动，大力培育广大青少年热爱祖国、感恩自强的质朴情感。以“爱党、爱国、爱社会主义、民族团结”为主题，继续深化“四川藏区团旗红”主题活动，广泛开展“青春故事会”系列宣传活动，增进民族团结，促进社会和谐。

3. 积极推进分类引导青年试点工作。根据团中央的安排部署，强化组织领导，细化工作方案，健全制度机制，聘请各领域专家学者加强工作指导，及时印发《分类引导青年试点工作活页资料》，并针对企业青年、农村青年、进城务工青年和大学生四类青年群体，在10个试点单位深入细致开展试点工作，发放调查问卷7000份，开展一对一深度访谈1000人次，推进引导路径探索、引导载体创新。

四、围绕青年现实需求，有力促进青年就业创业

1. 抓好实践技能培训。加强与省劳动厅等单位合作，落实青春建功新农村就业创业培训项目，开展3天以上的各类培训1400余期次，培训农村青年13万余人次。积极探索农村高技能人才培训路径，创新开展特色培训4期，培训农村青年人才300人。联合“第一校园网”开展4期“青年就业创业素质训练营”，培训大学生、灾区青年1000余名。建立起由500余名各行业专家组成的“青春创业大讲堂讲师团”，走进高校开展巡讲200多场次，共计2万余名大学生参训。全年共组织开展各类促进青年就业创业培训23.4万人次。

2. 有效搭建服务平台。广泛建设就业创业见习基地，全省共建立见习基地1474个，提供岗位9549个，为18641名青年提供见习，其中1869人实现就业。组织“青春创业快车——服务返乡农村青年招聘会”，提供近6500个岗位，1200余名农村青年达成用工协议。联合智联招聘等专业招聘公司，举办“春暖09·成就梦想”专场双选会，为3.6万名毕业生提供了7000多个就业岗位，2163名学生签订了就业协议。联合工会、妇联举行“爱心圆梦”四川省工青妇服务大学生创业暨家庭困难大学生就业双选会，组织567家企事业单位提供16400多个就业岗位，现场签订就业意向协议6708份。联合省移动公司为全省89所高校建设标准化大学生就业创业导航站，举办四川省高校毕业生创业大赛，支持成都建立12个青年(大学生)创业园区，对优秀项目进行有效孵化，为青年创业提供有力支持。

3. 强化资源项目整合。与银监局联合出台《关于大力推动小额贷款项目促进青年就业创业工作的意见》，加强与各金融机构合作，向46337人提供小额贷款9.3亿元，特别是与邮储银行深度合作，实施“四川青年小额贷款项目”，共发放贴息贷款1347笔，共计1.01亿元，超过6000名青年受益。实施“博爱种子计划”，整合民间资金首期投入1500万元资金为1500名创业大学生提供创业种子基金。顺应时代发展要求，组建成立了四川省青年创业就业基金会，首批募集到位资金1500余万元，促进青年就业创业工作深入开展。推进YBC项目深入实施。

五、突出权益维护保障，服务青少年健康成长

1. 继续深化关爱农村留守学生行动。加强对关爱农村留守学生工作的研究，新启动一批关爱留守学生工作项目，落实到位资金900余万元，大力推进留守学生之家建设，新建留守学生之家1481所。

2. 深入开展法制宣传教育。以《预防未成年人犯罪法》颁布10周年为契机，广泛开展“为了明天——法律进校园”青少年法制宣传教育，发放各类宣传读本、资料42万余份，举办各类讲座、主题团队会400余场(次)，增强青少年的法律意识。

3. 扎实推进“共青团与人大代表、政协委员面对面”活动。开展多形式面对面交流活动，邀请全国和省、市人大代表、政协委员开展面对面交流和专题座谈，形成《关于促进四川青年就业创业工作的建议》议案提交“两会”。

4. 着力加强12355青少年综合服务平台建设。积极拓展12355服务平台功能，通过平台打造为广大青少年提供法律、心理、就业创业、个案等咨询和服务，进一步畅通青少年利益诉求渠道。创新打造12355青少年心理专栏，与四川电视台妇女儿童频道《亮眼睛》栏目合作，开设12355青少年心理专栏，服务青少年健康成长。

贵州团的工作

团省委全面贯彻省委十届五次、七次全会和团十六届二中全会精神，坚持“四化”工作思路，大力加强基层团组织建设，积极促进青年就业创业，分类引导青年，切实发挥组织青年、引导青年、服务青年、维护青少年合法权益的职能作用，实现了共青团事业的创新发展。

一、始终用社会主义核心价值体系教育引导青少年，进一步筑牢了青少年的思想道德基础

在全省青少年中广泛开展中国特色社会主义理论体系宣传教育活动和深入学习实践科学发展观活动。坚持用马克思主义中国化的最新成果构筑青少年的精神支柱，帮助青少年树立正确的世界观、人生观、价值观。完成了《贵州青年运动史》的编撰工作。深入实施青年马克思主义者培养工程。以纪念建国60周年、贵州建省60周年为契机，与省委宣传部、省文明办共同开展“祖国好、家乡美”诗文大赛，400多万中小学生唱响共产党好、社会主义好、改革开放好、伟大祖国好、各族人民好的时代主旋律。协助省委宣传部开展“祝福祖国·贵州红色记忆60年”网络文化传播活动，“100位为新中国成立作出突出贡献的英雄模范人物和100位新中国成立以来感动中国人物”评选活动、全省道德楷模评选活动。举办黔峰生物杯“颂祖国、知省情”贵州青年公务员省情知识电视大赛和全省青少年省情网上知识竞赛，进一步增进广大青年公务员对国情、省情的了解。以五四运动90周年为契机，召开贵州省纪念五四运动90周年大会，在全省范围内围绕“继承传统耀青春，科学发展谱新篇”为主题，开展形式新颖、参与广泛、扎实有效的青年思想教育和文化活动，引导广大青少年继承和发扬“五四精神”，肩负起时代赋予的使命。以建队60周年为契机，深入开展“祖国发展我成长·多彩贵州我热爱”主题教育活动，其中红歌传唱纪念中国少年先锋队建队60周年主题活动，全省约200万少先队员通过学校红领巾广播站收听了专题节目，是贵州省少先队组织首次运用广播电台媒体，城乡少年儿童同时普遍参与的一项大规模群众性爱国主义教育活动。召开“学习贯彻胡锦涛总书记致中国少年先锋队建队60周年贺信精神”座谈会，迅速掀起争当“四好少年”活动热潮。命名中国历史文化名镇旧州且兰历史文化园为贵州省青少年教育基地。进一步加强全省团属青少年活动场所安全、管理和工作指导。充分发挥贵州省青少年社会教育协会作用，构建学校、家庭、社会三位一体的青少年思想道德建设体系。

二、全力促进青年创业就业，服务党政工作大局成效明显

1. 建设青年就业创业见习基地，拓展创业就业平台。充分利用青年企业家、“青年文明号”等社会资源，以市场机制为准则，以岗位需求为前提，建立青年就业创业见习基地，为城市青年就业创业提供社会实践机会，全年全省共建立国家级“青年就业创业见习基地”36个，省级“青年就业创业见习基地”108个，提供见习岗位13474个，2800人上岗见习。广泛动员社会资源，积极推进大学生就业见习基地的建设，帮助大学生积累工作经验，提高就业创业能力，目前，全省高校共建立基地41个。

2. 实施青年创业小额贷款项目，做好扶持对接。各级团组织积极与金融机构、政府有关部门协调、合作，出台了一系列有利的青年创业贷款政策和贴息政策。团省委制定下发了《关于进一步完善青年创业小额贷款工作流程

的指导意见》,明确提出了基层团组织开展此项工作的具体流程、步骤和一些重要原则、重要方法,还与中国人寿保险贵州分公司建立了合作关系,出资为通过团委申请到银行贷款的农村产业青年购买人身意外伤害险,当其因意外伤害导致丧失还款能力时由保险公司向银行支付未还款余额。面向广大青年和基层团干部开展了大量金融知识培训,进一步提高青年利用金融贷款平台创业致富的能力和团组织开展小额贷款工作的能力。2009年,全省各级团组织共举办团干部和农村青年金融知识培训班201期,培训团干部2586人、农村青年7899人,共指导、帮助5011名创业青年申请到协议贷款1.9亿元、实际发放1.6亿元,扶持创业青年45人,带动青年就业人数200余人。

3. 开展青年就业创业技能培训,不断提高服务工作实效。组织各大企业特别是建筑、旅游、餐饮等行业企业结合实际,有针对性地开展青年职业技能培训,帮助青年提高职业素质和创新能力。充分利用省内已有的城市青年中心或依托街道成教资源,招募各类专家,为进城务工青年举办技术讲座、培训班等,开展科技培训服务。团省委与贵州日报报业集团、省工商联、广东省贵州商会联合开展了"农民工创业辅导团"活动,组织曾经是外出务工人员、现已成功创业的商会会员到全省9个市州地各举办了一场返乡农民工创业辅导报告会,全省共有1500余名返乡农民工参与了本次农民工创业辅导培训。此外还与上海种都集团、省扶贫办等单位合作培训农村青年创业致富带头人125名,在团省委的指导、带动下,2009年全省各级团组织共培训农村青年59766人。

4. 加强长效机制建设,成立青年创业就业基金会及服务中心。成立青年就业创业基金会,充分挖掘就业创业政策潜力和商业规律及其中的利益机制,发挥共青团自身的政治优势、组织优势、品牌优势和人才优势等多种综合价值优势,采取多元化、市场化、品牌化、项目化等资金募集方式。动员企事业单位,将年初预算人力资源开发培训资金的一部分作为基金会专项基金,实现了政治优势与资金优势的有利结合。在基金会的运作模式上,通过对政府企业项目需求的人才进行再培训和再分配,探索政府支持、共青团承办、项目化管理、社会化动员、商业化运作的新的工作模式和工作机制,实行基金会和服务中心两块牌子一套人马得运作方式,确保了基金会的机制化运作与长远发展。目前,基金会已募集资金600多万元,帮助3230名大学生、农民工、下岗职工实现了就业。

5. 有效整合社会资源,扩宽青年创业就业渠道。通过"青春聚秀、智汇贵州"活动平台,邀请省外40多家著名企业的负责人到贵州与贵州大学生面对面交流,为青年就业创业提供岗位和机会。举办贵州省大学生"青春创业计划"暨"青春动力"创业论坛,组建大学生创业志愿导师团,举办多场"青春动力"大学生创业论坛,对近万名大学生进行了创业指导,真正促进大学生自主创业,以创业带动就业。开展"林城老酒"杯百店千人创业大赛,由省青年就业创业基金会融资700万元,为全省各地100多名创业青年提供贷款,支持100间统一装修的"贵州青年创业示范店",参与者在"1+9"(1名店长带动9名店员)模式的团队创业平台上携手创业,吸引近千人报名,600多人参与。出资92万元联合贵州千寨文化传播有限公司,开发建设一批文化旅游商品创业基地和青年农民工创业基地。组织开展"万名青年就业招聘活动",创办并印发《聚贤人才派遣报》30万份。创建了贵州青年创业就业网、导航人才网,集视频招聘、在线培训、招商引资为一体,提供招聘、就业、择业等服务,"与广东省中山市聚贤劳务派遣公司达成了为贵州务工青年提供就业中介和免费维权服务的协议,在广东、福建、江苏、浙江、山东等省多家大型企业挖掘了2万多个用工岗位,通过各地团委、贵州共青团网站、联合劳动就业部门等渠道、平台和方式,积极向青年提供用工信息、中介服务。"直接联动20余家企业,为3000多人解决了就业岗位。

三、坚持"四化"工作思路,重点品牌建设推上新台阶

1. 深化"春晖行动",更好地服务社会主义新农村建设。经省民政厅正式批准成立了贵州省春晖行动发展基金会,募集资金400万元。为春晖行动事业的深入推进搭建了筹资平台,拓展了项目扶持的领域。邀请中国著名作家蒋巍撰写、贵州省人民出版社出版发行了以"春晖使者"为创作原型的报告文学集《灵魂的温度》一书,获得贵州省第十一届精神文明建设"五个一工程"奖,同时还进入全国第十一届精神文明建设"五个一工程"评选名单中。在全省范围内开展"读《灵魂的温度》·讲身边的春晖"主题读书教育活动,采用组织全省大中小学生征文比赛和大学生演讲比赛为主要内容进行推进,开展形式多样的活动。春晖行动以"寸草报春晖"为题,在贵州电视台高端对话节目《论道》播出。开展"春晖家园计划",全省共实施60余个"春晖家园计划"项目,覆盖全省9个市(州、地)50余个县(市、区),内容涉及村庄整治、道路交通建设、人畜饮水建设、节能卫生能源开发、农业产业结构调整等方面,整合资金1058万元,涉及村民组280个,直接受益人数达62227人,辐射带动232445人。先后到厦门、广州等地主要高校,开展"多彩贵州"旅游推介活动,礼聘"'多彩贵州'旅游春晖宣传使者"500余名,提升了贵州旅游知名度。建设好高校"春晖社团",增强春晖行动在全社会的吸引力、凝聚力和影响力。扎实推进"红领巾心向党——春晖感恩"主题教育活动。积极筹备、拍摄《春晖行动》主题曲MV、《游子吟》MV、春晖行动宣传片,创办《春晖》杂志。

2. 深化"希望工程",更好地帮助贫困青少年实现受教育的基本权益。组织开展"习酒·我的大学"、"芙蓉学子"捐资助学、"贵州希望工程20周年纪念邮资明信片"发行、"贵州希望工程快乐体育园地"捐建、"希望工程20年·温暖寒冬"、"温暖寒冬行动"、"绿色希望工程植树"活动、"贵州省与广州市海珠区赴黔经贸考察团座谈会暨捐赠仪式"、"2009贵州希望工程·圆梦大学行动——爱心接力计划"助学等一系列捐资助学活动,向社会各界爱心人士募集资金修建希望小学、配齐体育器材、资助各类大、中、小学生完成学业等工作。全年共筹集援建希望小学资金2377万元,援建76所希望小学,筹集资助贫困学生资金357.8万元,资助贫困学生2364名,各类教学物资、学生生活用品等折合人民币200余万元。为解决部分希望小学出现的建设拖期等问题,加大了对希望小学的后续投入和管理力度,对全省的在建希望小学项目和各地的希望工程实施情况进行督导检查。启动了希望书库、希望工程快乐体育园地、培训希望小学教师等项目,全年共募集捐赠图书资金58.746万元,新建了75个希望书库。继续抓好希望工程电影《希望》的放映,共放映电影10余场。积极探索开发多媒体募捐箱项目,筹集资金31.3万元。

3. 深化"志愿者行动",推进社会志愿服务上新台阶。继续实施中国青年志愿者海外服务计划突尼斯项目,向突尼斯派出12名援外志愿者,从事汉语言文学、武术、乒乓球、舞蹈等方面的教学。新招募西部计划省级计划700名、国家计划1240名和"三支一扶"计划1000名志愿者,使2009年度在贵州省基层服务的西部计划、三支一扶计划达3813人,创历史新高。积极推动落实省、市、县三级财按照5:3:2的匹配经费政策,提高西部计划、"三支一扶"计划志愿者生活补贴。组织派遣春晖家园志愿者88人,聘请扶贫接力计划、西部计划、"三支一扶"计划志愿者为春晖使者,实现了春晖行动和志愿者工作两大品牌工作的优势互补、相互提升。建成“微笑小屋”13所，积极助推“多彩贵州”宣传。成功承办2009年度研究生支教团培训工作，接收了7所大学研究生支教团志愿者45人，派遣到贵州省服务。组织实施了2009年贵州省大学生志愿者暑期“三下乡”社会实践活动，全省39所高校近5万名大学生志愿者参加。围绕扶贫、消防、社区、计生、环保、旅游、整脏治乱，开展各项志愿服务项目，不断开创贵州省志愿服务新局面。截止2009年底，全省注册志愿者达46万人，先后有900多万人次的青年为社会提供了超过2亿小时的志愿服务。“一对一”长期结对数达1.6万对，成立志愿者服务站（服务中心）3361个，志愿者服务基地779个，各级志愿者协会61个。

四、充分发挥共青团职能作用，为贵州经济社会发展历史性跨越作出新贡献

1. 发挥组织作用，团结带领广大团员青年为贵州经济社会发展贡献力量。深化开展“满意在贵州—青年文明号微笑行动”，着重拓展活动领域、丰富活动内涵、创新活动方式、加强活动管理，以此推动行业服务水平的整体提升。举办“津黔两地青年文明号工作座谈会”取长补短。联合电力系统、税务系统、公安系统开展2009年青年文明号评选工作，评选出省级青年文明号63家。举办2009贵州省青年文明号微笑行动专题培训。通过在各企业开展岗位练功、技能比武、创新创效活动，着力提高青年增产、创新、创效能力和水平。实施“青春建功新农村——三百工程”，结合各地产业发展需要培养农村青年创业致富带头人。继续推进青年科技创新活动，为科技强省战略提供智力支持。加大“绿色希望工程”的实施力度，共募集资金8万元，栽种果树32亩。开展了“青春聚秀·智汇贵州”春之系列活动，扩大对广大青年的辐射面和影响力。组织贵州青年考察团一行26人赴台进行了为期11天的考察交流活动，选派贵州省优秀青年40余人次国外执行友好访问和研修学习等，同时顺利接待多个省外、港澳台地区及国外青年代表团来访。实施培养计划，组织“博士服务团”成员开展省情考察活动，编印《贵州“博士服务团”之窗》，举办贵州省第五届科技创新论坛。实行青年企业家协会会长轮岗制度，确保协会健康发展，围绕经济政策热点、经营管理重点内容，通过学习培训，打造文化黔商，切实提高经营管理能力，为自身企业的稳定发展找到更好的方向。

2. 发挥引导作用，做好青少年成长领路人。下发《关于开展分类引导青年试点工作的通知》，召开全省分类引导青年试点单位工作座谈会，发放2万余份问卷分别对四类青年进行调查，对9家分类引导青年试点单位的200多名青年开展一对一、面对面的深度访谈，形成调查报告、思想引导提纲、总结报告及探索创新引导途径和载体的案例。加强青年网络评论员队伍建设，聘请了180余名青年网络评论员开展网上舆论引导。成功实现贵州共青团网站改版升级，顺利完成县县上网工程，逐步形成以“贵州共青团网站”为主要依托、广泛凝聚和影响青少年网民的强大网络阵地。增强《贵州共青团》作为团省委机关重要宣传主阵地的权威性、指导性和可读性，全年共发行《贵州共青团》机关刊12期，共近4万册。充分发挥传媒对青少年的影响力，协调主要媒体报道400余条，其中《人民日报》2篇，《中国青年报》9篇，中央电视台报道2次，《贵州日报》75篇，贵州电视台75次，新华网8篇，全年共上报中国共青团网站信息837余条，采用657条。组织开展“手拉手一起走，歌唱祖国庆六一”系列活动，全省共有7054个少先队大队，约247.5万少先队员参加。开展“青春动力和谐校园”系列活动，通过举办三人篮球赛及篮球宝贝评选大赛、校园歌手大赛、英语口语大赛、辩论赛等丰富了大学生的课余文化生活。

主办“挑战杯”大学生课外学术科技作品竞赛培训和竞赛工作，全省共有21所大专院校参加，作品190件。利用暑期为农村基层联系点免费举办“同在蓝天下、携手共成长”少数民族青少年公益夏令营活动，进一步丰富了少数民族地区和贫困地区中小学生暑期生活。

3. 发挥服务作用，解决青少年实际困难。举办2009年“青春动力”——关爱春节留校困难大学生校园电话卡赠送慰问活动，发放了价值10万元的电话卡，并以此次活动为契机，通过设置勤工助学岗位等形式，切实解决经济困难学生的过节问题。组织“手拉手一起走，关爱农村留守少年儿童”系列活动，春节期间慰问毕节地区50名农村留守少年儿童。六一期间组织30名留守少年儿童到贵阳开展素质拓展训练，组织了30名少先队员到四川灾区开展了“五？一”爱心天使夏令营活动，开展“手拉手一起走 · 我们都是一家人”活动，组织四川地震灾区30名少先队员到贵阳过“六一”。扎实推进“手拉手红领巾书屋创建活动”，目前全省共建书屋208个，书架736个，书角3927个。开展“中国少年儿童平安行动”，引导广大少年儿童提高自护意识，增强自护本领，全省1000余个少先队大队75万余名少先队员参加了活动。为了让广大市民了解水污染现状及污染治理情况，举办了“关爱两湖一库”少儿环保绘画大赛，赠发两湖一库环保宣传品、开展募捐和水资源环境保护问卷调查等系列活动，组织获奖学生到两湖一库开展了别开生面的夏令营活动。完善“青春互助超市”项目建设，在已经注册的5个试点社区网上开展“青春互助超市”工作。举办“2009高三考生心理调整讲座”，为上万名考生进行心理调整。到紫云苗族布依族自治县格凸小学开展了“欢庆祖国60华诞，共建民族和谐家园”——与紫云县格凸小学苗族布依族少年儿童共度国庆暨中秋佳节慰问演出活动。

4. 做好维护青少年合法权益作用，为青少年健康成长创造良好的发展环境。深入贯彻落实《未成年人保护法》和《预防未成年人犯罪法》。认真承担好协助政府管理青少年事务的职能，进一步完善未成年人保护工作机制，推动制定完善《未成年人保护法》配套法规。充分利用12355青少年服务台加大维权力度，畅通青少年利益诉求渠道，先后接听各种咨询电话300余件，接待上门咨询20人次。同时，注重通过服务了解青少年的权益需求和与青少年权益相关的舆情动态。依托律师事务所或已经成立的农民工维权律师服务机构建立了3个“青年就业创业维权服务站”，组建了“青年就业创业维权服务志愿者”队伍。针对目前贵州省中小学校法制教育师资普遍缺乏的实际情况，选派了4名普法志愿者到各市（州、地）的部分中小学校进行为期两年的青少年法制教育志愿服务。积极关注网络对青少年的影响，防止学生沉迷网络，保障未成年人健康上网，利用学校现有的电教资源，试点建立“校园学习吧”。继续在省内高校开展了以贵州省大学生预防艾滋病知识讲座的系列活动，共散发调查问卷1446余份，宣传资料2500余份，参加讲座的学生达700余人次。开展共青团与人大代表、政协委员“面对面”活动，将3个提案分别报送了省人大和政协。顺利完成了重点青少年群体排查专项行动。开展“汇聚爱心同祝祖国六十华诞”爱心捐赠及帮教活动，筹措资金2万余元购买了生活用品及几千册图书赠送未教所学员，为失足未成年人建立“爱心书屋”。安顺市邀请团中央“知心姐姐”心理学教育专家到市直各中小学校和县（区）进行了为期2周的专题讲座，进一步增强了广大学生家长对青少年家庭教育问题的关注与重视。

五、以改革创新精神推进团的建设，团组织的凝聚力和战斗力不断增强

1. 坚持眼睛向下、重心下移，全面活跃基层团工作。深入9个市（州、地）对农村团的基层组织建设开展了实地调研，印发了共青团贵州省委《关于认真学习贯彻党的十七届三中全会精神在贵州省农村改革发展中充分发挥共青团作用的意见》。坚持眼睛向下、重心下移，有针对性选派驻点干部，合理确定驻点县，确保派驻工作能够取得实实在在的效果，2009 年 3 月，分两批选派了 45 名团干部到 45 个团县（市、区、特区）委指导工作，使派驻工作真正达到了“夯实基础、惠及基层、锻炼干部”的目的。继续实施团省委基层联系点制度，带动全省各级团的领导机关基层联系点制度的全面推行，按照“五个一”（开展一次团干座谈、抓好一项重点工作、组织一次主题活动、整合一种社会资源、解决一个实际困难）的工作要求，建立起联系基层、服务基层的长效机制，促进基层组织的整体活跃。

2. 开展县、乡兼职团干部试点工作，创新团建工作机制。为贯彻落实党的十七届四中全会精神和胡锦涛总书记“力争使团的基层组织网络覆盖全体青年，使团的各项工作和活动影响全体青年”要求，积极探索有效增强基层团组织工作力量、扩大覆盖面和影响力的新方法、新途径，按照团中央关于基层团组织格局创新试点的工作要求和团中央第一书记陆昊同志在贵州调研时的重要指示精神，团省委联合省委组织部，选择部分县（区、市）开展选配县、乡两级团委兼职干部试点工作，探索建立“专、兼职相结合，体制内、外相结合”的基层共青团委员会制度。召开工作推进会，下发了《中共贵州省委组织部、共青团贵州省委关于试点推进县、乡团委兼职团干部选配工作的指导意见》，明确了指导思想，提出了选配标准，按照人口规模规定了县、乡团委可以选配兼职干部的数量范围，统一制定了选配程序。目前，各试点县（区、市）兼职团干选配工作已全部结束，共有 3152 人报名竞聘县级团委兼职干部，最后从中选拔任命了 107 名兼职副书记、83 名兼职常委、16 名兼职委员；所辖 324 个乡镇、46 个街道办事处也都开展了兼职团干选配工作，共有 7271 人报名竞聘，最后从中聘任 1716 人，有力地充实了基层团干部的力量，拓宽了整合社会资源的途径，增加了联系青年的渠道。

3. 大力加强团员队伍和基层团干、少先队辅导员队伍建设。拓宽农村基层团干部来源渠道，选派大学生志愿者、选调生、“一村一名大学生”、村助理等担任或兼任乡（镇）、村团组织负责人，大力开展礼聘春晖使者担任名誉团支部书记。在全省各级团组织深入开展以“五风五气”为主要内容的作风教育活动，不断强化团的服务能力。编制了《近年来共青团工作重要文件 140 问》，供全省各级团干学习，以提升广大团干部基本理论素养和团务知识水平。采取多种形式，依托各级团干部教育培训阵地，组织、选拔团干部参加各种类型、各种层次的培训班，切实加强基层团干部、少先队辅导员和志愿者队伍培训，团校全年举办团干培训、少先队辅导员培训、农民工培训、未成年人思想道德师资培训、志愿者培训等共 21 期，共计培训 2157 人次。认真履行好“全团带队”职责，对《贵州省少先队辅导员管理办法（试行）》的执行进行督促，规范县级总辅导员的配置工作，目前全省 85% 的县配备了县级总辅导员。组织开展了少先队辅导员培训班及远程培训班，累计培训近 2000 余人，不断推动少先队工作发展，为社会主义事业培养合格接班人。

云南团的工作

全省各级团组织深入贯彻落实胡锦涛总书记对共青团提出的"坚持眼睛向下、重心下移,力争使团的基层组织网络覆盖全体青年,使团的各项工作和活动影响全体青年"的重要要求,按照团省委十二届三次全会的各项部署,服务大局、服务青年,着力推进团的各项工作和建设。

一、以服务青年创业就业为重点,积极参与经济建设

紧扣省委、省政府结合云南省实际出台的保增长、保民生、保稳定的各项举措,迅速启动"云南青年创业就业行动计划",以13项措施来全面推进青年创业就业工作。

1. 多措并举,帮助青年转变就业观念。一是选树青年创业典型,点燃创业激情。广泛动员全省各级团组织开展"云南青年创业省长奖"系列评选活动,在全省范围内评选出10名获奖者,20名提名奖。昭通、红河、文山等部分州市团组织也开展了不同层级的评选表彰活动。以讲座、报告会、座谈等形式走进农村、高校和社区,16个州市共举办"创业英雄论坛"307场,56456人次参加。二是开展创业启蒙教育,播撒创业种子。举办"青春彩云南·前程我导航——新东方杯"云南省首届大学生职业生涯导航设计大赛,引导在校学生合理规划职业生涯。联合省属有关部门启动大学生创业教育工作,积极开展大学生KAB创业教育项目,划拨经费20余万元举办了5期KAB师资培训班,共培训来自全省16个州市、60所高校的KAB项目讲师150名。在20所学校开展了KAB创业教育课程,3000多人参加了创业教育课程培训。积极开办"青帆创业夜校",对有创业意向的大学生和社会青年进行强化培训,提供有效指导。在全省设置30个青年创业教育教学点,招募志愿讲师100多名,开办31期培训班,共培训学员4000多名。

2. 注重实效,强化青年创业就业技能。一是广泛开展青年创业就业技能培训。以林业产业专项资金为依托,投入培训资金175万元,在70个核桃种植县培训35000多人次,创建核桃种植示范基地129个。联合人力资源和社会保障厅培训农村青年、返乡农民工、"两后生"、农民工创业者共计88299人次,投入资金500万元。与联想集团在云南省的121个县级经销商对接,完成对3193人次的培训。各州(市)、县(市、区)团委积极发挥主观能动性,拓展领域,整合各类社会资源开展了形式多样,内容丰富的培训。据统计,全省各级团组织共组织了108539人次参加创业就业技能培训。二是不断深化青年就业创业见习工作。启动"百企万岗·云南青年就业创业见习基地"创建工作。全省共创建见习基地268个,征集岗位18134个,所有岗位都已经面向社会公布,报名申请见习的青年10000多名,其中6787名青年上岗见习,3228名见习青年与企业签订就业合同。启动"云南省高校毕业生就业见习基地"工作,创建"云南省高校毕业生就业见习基地"22个,征集岗位1434个,19个见习基地组织737名高校毕业生到岗见习,其中569名高校毕业生被企业正式录用。三是积极筹建云南青年创业孵化基地。充分调动青联委员、青企协会员的积极性,鼓励他们主动承担社会责任,为创业青年免费提供各类园区、规模较大的闲置厂房和场地、专业化市场等,建立云南青年创业孵化基地,为缺乏创业经验和经营场地的创业者提供服务和补助。

3. 有效服务,支持青年投身创业实践。一是认真落实"贷免扶补"政策。经过各级团组

织的努力，全省共有27155名城乡青年向团组织提交了创业计划书和创业申请，各级团组织向农信社推荐创业青年9456名，其中6147名青年获得创业小额贷款，贷款金额达3.0966亿元，共吸纳就业人数16000多人次。注重对创业青年的扶持，聘请成功人士组建了“云南创业青年导师团”，各级团组织为创业青年配备导师1639名，对创业青年进行具体指导，提高创业成功率。二是努力形成“一条龙”创业服务体系。依托“数字云青工程”建设云南省青年创业梦想园，展示优秀创业项目，选树创业典型，交流创业经验，提供创业信息，传递创业政策；联合公安、司法、人力资源和社会保障等部门开展青年创业维权工作。三是成功筹建云南省青年创业就业基金会。在省政府注资200万元，华能澜沧江水电有限公司捐赠200万元的基础上，团省委借鉴“希望工程”的成功运作模式，于2009年12月23日正式成立“云南省青年创业就业基金会”。四是进一步整合各类社会资源，为符合条件的青年创业者提供无息启动资金和“一对一”导师辅导等公益服务。

二、以坚定青少年理想信念为重点，服务政治建设

认真落实省委的要求，努力筑牢各民族青少年共同团结奋斗、共同繁荣发展的思想基础，切实加强云南省青少年思想政治建设，不断坚定各族青少年跟党走中国特色社会主义道路的信念。

1. 坚持用社会主义核心价值体系教育青少年，努力构筑强大的精神支柱。以马克思主义指导思想为灵魂，以中国特色社会主义共同理想为主题，以民族精神和时代精神为精髓，以社会主义荣辱观为基础，坚持用社会主义核心价值体系的丰富内涵和科学理论武装青少年的头脑，坚定青少年的理想信念。深入开展“民族精神代代传”、“知荣辱，树新风”、18岁成人仪式、“手拉手”、“雏鹰争章”、“红领巾与光荣同行”等教育实践活动，组织开展“民族团结进步奖”评选表彰活动。组织青年认真学习《六个“为什么”，对几个重大问题的回答》。大力实施云南省“青年马克思主义者培养工程”，坚持不懈地用马克思主义中国化最新成果武装青年，不断提高大学生骨干、团干部、青年知识分子等青年群体的思想政治素质、政策理论水平。团省委举办“青年马克思主义者培养工程中央党校班”1期，各级团组织共举办培训班45期，共计培训青年骨干1万人次。

2. 以重大纪念活动为契机，加强青少年思想政治建设。一是隆重纪念新中国建国60周年，开展“我与祖国共奋进”主题活动，各级团组织在青少年中广泛开展“唱响国歌、唱红团歌、唱亮队歌”活动，唱响社会主义好、共产党好、改革开放好、民族团结好、祖国母亲好的青春之歌。二是隆重召开全省纪念五四运动90周年大会，全省各级团组织积极响应，特别是在各高校广泛开展了歌咏比赛、诗歌朗诵、博客评比等各类纪念活动，回顾五四运动的光辉历史，缅怀五四先驱，传承五四精神。三是召开全省各族各界青年学生纪念五四运动座谈会，深入学习胡锦涛总书记在中国农业大学的重要讲话精神，号召全省青年按照党中央的要求，坚定信念，立志成才，艰苦奋斗，报效祖国。四是在少先队建队60周年之际，认真学习贯彻胡锦涛总书记致中国少年先锋队建队60周年的贺信精神，普遍开展争当“四个好少年”活动。

3. 广泛组织青年积极参与民主实践活动。充分发挥团内民主，基层团内民主生动活泼。各级团组织在基层民主选举、民主决策、民主管理和民主监督中教育青年依法行使权力，促进基层民主建设。积极向人大、政协反映青年的意愿和呼声；培养青年民主意识，正确行使民主权利；培养青年法律意识，帮助青年学习法律知识，自觉遵守法律，学会依法办事；培养青年公民意识，帮助青年树立正确的权利义务观，增强社会责任感。充分发挥青年在维护社会稳定中的作用，坚决抵制和反对邪教，同各种打着民族宗教旗号分裂祖国、破坏社会稳定的行为作斗争。

三、以丰富青少年文化生活为重点，服务文化建设

围绕建设民族文化强省的目标，着力打造"青春彩云南"文化品牌体系，在农村、社区、高校大力弘扬社会主义和谐文化，挖掘特色民族文化，引导青年在丰富的文化生活中健康成长。一是发挥青少年在文化建设中的生力军作用，以"青春彩云南——弘扬民族文化，建设青春云南"为主题，弘扬和传承中华文化、云南民族优秀文化，打造青年文化品牌项目体系，培养青年文化人才，加强青年文化精品建设。举办"青春彩云南"形象标识及吉祥物设计大赛，"青春彩云南——云青手机报"试行成功，引领健康的青年时尚，不断繁荣具有云南民族特色的青年文化。二是举办高校社团文化节，开展"青春彩云南——大学生原创手机动漫游戏节"，举办"青春彩云南——恐龙谷实战营销创意设计大赛"、大学生风采大赛等活动，以当代大学生感兴趣的文化活动为切入点，培养大学生创新创造能力，丰富大学生业余文化生活，在校园内营造丰富多彩的校园文化氛围。三是开展青少年读书计划、"阳光体育"运动、"青年月"文化活动、青年欢乐节、青年文化广场、乡村青年文化节等活动，推动形成积极向上的青年文化舆论。四是充分发挥青少年宫协会的作用，着力加强青少年活动阵地建设。充分整合《青年与社会》、云南青年信息网、《云南青少年》等资源，不断加强团属文化阵地建设。运用社会化的运作手段，发挥青年文化社团的作用，整合资源，形成合力，努力形成开放多赢的工作格局，实现青年文化的可持续发展。五是组织34名各界优秀青年代表赴英国、德国、日本、韩国、泰国、朝鲜等8个国家和地区开展国际青年友好交流；接待97名日本青年代表，接待国际青年企业家领袖及马来西亚、老挝、缅甸等国103人；推进两岸四地青年文化交流，促进国际青年文化交流。

四、以开展志愿服务为重点，服务社会建设

大力弘扬"奉献、友爱、互助、进步"的志愿精神，开展新时期的"学雷锋，树新风"活动，以解决民生问题中的焦点问题入手，积极参与和谐云南建设。

1. 各类志愿服务活动蓬勃开展。一是深入实施"大学生志愿服务西部计划"，目前全省共有371名全国项目志愿者和1100多名地方项目志愿者服务在法律援助、医疗卫生、支农支教、基层青年工作等各条战线，大学生志愿者在边疆、基层社会建设中发挥着特殊作用。二是充分整合资源，大力开展"三下乡"、"新农村志愿服务行动"。开展"青春彩云南·实践中成长"——2009年云南大中专学生志愿者文化科技卫生"三下乡"暑期社会实践活动。以"高扬爱国主义旗帜，服务科学发展大业"为主题，紧紧围绕"建国60周年成就宣讲"、"实践科学发展观"、"法制宣讲"、"青年创业就业"等10个方面开展了一系列深入有效的实践服务活动。三是围绕现代新昆明建设和"四创两争"工作，动员在昆高校、省属在昆企业以及社区的团员青年开展志愿服务、义务劳动、文明示范承诺等活动。四是禁毒防艾、消防志愿者、交通志愿者、沪滇扶贫接力计划志愿者等志愿服务项目持续有序开展，志愿者工作在项目化、社会化、品牌化建设等方面取得较大进步。

2. 希望工程品牌不断提升。2009年共接受捐款捐物4400万元，援建希望小学95所、"希望工程快乐体育园地"9个、"希望工程图书室"55个、"希望工程音乐教室"6个，资助家庭经济困难中小学生3590名，培训山区小学骨干教师855名。在全国实施希望工程20年之际，以"快乐歌唱，祝福祖国；快乐成长，感恩社会”为主题，举办了“鄂尔多斯杯——云南希望工程快乐音乐歌会”，首次以希望小学学生为主体开展赛歌活动，展现希望小学师生健康向上的精神风貌、综合素质教育成果、希望工程蕴含的公益文化内涵。开展“圆梦行动——2009云南希望工程爱心圆梦大学”行动，全省共筹款930多万元，帮助3800多名家庭经济困难的学子圆梦大学。组织开展“助学长征’09云南行——云南希望工程‘徒步泸沽湖’”公益筹款活动。云南省青少年发展基金会在全省首次基金会评估中，被评为5A级基金会，这是长期不断抓规范、抓品牌、抓实效、抓落实的结果，再次擦亮了共青团工作的这块金字招牌。

3. 维护青少年合法权益工作稳步推进。一是维护青少年合法权益工作取得突破性进展。“共青团与人大代表、政协委员面对面”活动深入开展，在省“两会”期间提交的三个关于维护青少年合法权益的提案均得到采纳。积极参与《云南省预防未成年人犯罪条例》的制定工作，全省各级综治维稳委预防青少年违法犯罪工作领导小组进一步得到充实。二是维护青少年合法权益各项工作和活动深入开展。“平安校园创建”、“净化社会文化环境”、“青少年维权岗在行动”、“大手拉小手——云南省预防未成年人违法犯罪大学生暑期法制宣讲”、“云南省预防未成年人违法犯罪警示教育巡回演讲”等活动的开展，使青少年违法犯罪活动得到有效遏制、青少年违法犯罪问题突出的地区得到有效整治、重点群体的违法犯罪预防工作得到切实加强、青少年健康成长的社会环境进一步净化。

五、以开展青少年环保活动为重点，服务生态建设

围绕“七彩云南保护行动”，组织动员、教育引导云南省广大团员青年积极投身于环境保护工作，建设秀美家园。一是深入开展“保护七彩云南·青春建功行动”。以提升环保理念为着力点，推广环保公益品牌项目，弘扬生态道德，建设生态文明。动员青少年积极参与七彩云南保护行动和节能减排云南在行动。二是深入推进保护母亲河行动。今年2月团省委与省环保厅联合下发了《关于切实做好生态监护进一步推进保护母亲河行动的意见》。在阳宗海砷污染大讨论和“青少年公众示范活动”的基础上，组织开展了“创建青少年绿色家园”活动。三是完善推广“1助1”和“1帮5”环保志愿服务，推进九湖生态监护。以节庆日和重大活动为契机发放宣传资料、张贴宣传画，进一步开展“绿手帕”宣传教育活动。四是不断开辟工作渠道，拓展工作项目，动员青少年参与生态工程建设和景区、景点的生态保护，推进青少年生态环保示范工程建设。宾川“解放军青年林”项目顺利通过验收。中日昆明呈贡生态环保示范林建设工程圆满完成。

六、坚持把创新精神作为不竭动力，加强团的建设

始终坚持“眼睛向下，重心下移”，切实把团的基层组织建设和基层工作作为“生命力工程”和“活力工程”来抓，主动适应青年的特点和变化，不断提升团组织的凝聚力、吸引力和战斗力。

1. 切实加强团的组织建设。全省加强团的基层组织建设和基层工作推进会在开远顺利召开，制定《共青团云南省委关于推进团的基层组织建设和基层工作的意见》。采取“贷免扶补”等工作项目与加强团的基层组织建设紧密结合的方法，努力把团的工作成效转化为组织建设的成果，实现了工作项目对团的基层组织建设的有力带动。基层团建格局创新工作有序推进，全省共确定了33个乡镇和6个街道作为基层团组织格局创新单位，工作开展良好。在省委组织部的关心和指导下，团省委抽调一名同志参与全省村“两委”换届工作，并开展村级团组织换届工作的调查研究，提出了团组织纳入村“两委”统一换届的实施意见。大力推广“数字云青电子团务集成工作平台”

的使用，基层团干部电子团务使用技能进一步提升，团组织管理效率明显提高。对基层的扶持力度进一步加强，及时全额下拨团中央工作经费，为全省129个县级团委配备了笔记本电脑。根据青年喜欢的沟通、交流、联系和聚集新方式来灵活设置团组织，联合建团、区域建团、依托建团、流动建团、网络建团等各种有效的团建新模式彰显活力。"两新"组织团建工作在党建工作的有力带动下取得新进展。青联、学联、青企协的建设得到加强，省学联换届工作顺利完成，为共青团组织凝聚青年的作用进一步强化。切实履行"全团带队"职责，加强少先队的组织建设、制度建设、队伍建设和阵地建设，夯实了少先队工作基础。

2. 切实加强团的队伍建设。一是着力加强团员发展和教育工作。通过满足青年的各种合理诉求来增强团组织对广大青年的凝聚和吸引，积极把符合条件的先进青年及时吸收发展到团组织中。以项目实施带动团建，通过在创业青年中成立团组织等方式，使一批"口袋团员"又回到了团组织的怀抱。加大在农村、中学、社区和"两新"组织等领域发展团员的工作力度，保持了全省团员数量的稳定，团青比例达32%。积极推荐优秀团员青年加入中国共产党，"推优"工作成为发展青年党员的重要渠道。二是继续加强团干部队伍建设。与省委组织部联合印发了《关于加强新时期共青团干部队伍建设的意见》。把用中国特色社会主义理论体系武装团干部作为教育培训的首要任务，通过开展分层、分类的业务培训，各级团、队干部工作水平切实得到提高。实施干部公开选调、竞争上岗，团省委机关选人、用人更加科学、规范。通过深入开展驻点工作、"火炬行动"和选调基层团干部到团省委机关挂职学习，实现了团干部自上而下和自下而上的学习交流，提高了团干部的能力和素质。加强团干部队伍作风建设，深入开展成长观和廉洁自律教育，落实机关工作问责制度，团干部队伍作风建设向经常化、制度化和规范化方向迈进。

西藏团的工作

团西藏区委既坚持全团目标一致、行动一致的原则不动摇，着力推进重点工作，力求在加强共青团基层基础、服务青年就业创业方面有所突破；又坚持从西藏区情实际出发，紧紧扭住青少年思想政治工作主线，把教育引导青少年为维护祖国统一、加强民族团结、促进西藏稳定发展做贡献作为首要政治任务来落实，各项工作有机结合、有序推进，取得了一定成绩。

一、抓教育重引导，带领青年切实维护稳定

把引导青少年深入揭批达赖集团，深入开展反分裂斗争，坚决维护祖国统一和民族团结作为西藏共青团首要政治任务。深入贯彻落实团中央《关于在青少年中深入开展群众性爱国主义教育活动的通知》精神，坚持用马克思主义中国化最新成果武装青年头脑，坚持抓好工作安排、活动指导和引导，切实增强青少年爱国主义教育、民族团结教育的针对性和实效性。

1. 强化宣传引导与指导示范。扎实开展分类引导青年试点。面向大学生、企业青年、农村青年，选择6个单位，开展调查研究，指导撰写思想引导提纲，基本摸清了不同青年群体思想意识的关键点，找到了各类青年思想引导切实可行的途径和方法。先后向全区各级团组织印发了《关于切实做好维护稳定各项工作的通知》和《关于在全区青少年中深入开展“民族团结代代传”主题宣传教育活动的通知》。扎实开展“反对分裂、维护稳定、促进发展”主题教育活动。继续深化青年马克思主义者培养工程。深刻总结爱民固边共和谐活动成功经验，进一步研究探索了加强边境地区青少年爱国主义教育的有效方式和服务载体。认真组织开展了第四届“全区各族青年团结进步奖”表彰活动，既以表彰大会方式隆重表彰了西藏自治区各行业各战线涌现出的民族团结杰出（优秀）个人和先进集体，又同时组织各族青年团结进步奖获得者学习交流座谈会以及进高校宣讲活动。自治区党政军主要领导莅临表彰大会，对活动给予了高度评价。进一步完善并落实西藏高校维护稳定联席会议制度，定期交流高校维护稳定工作，掌握高校学生思想动态。

2. 上下联动形成浓厚教育引导氛围。全区共青团组织紧紧抓住新中国成立60周年、五四运动90周年、西藏民主改革50年等重大契机，广泛开展青少年群众性爱国主义教育活动。举办“西藏记忆·青春首创—纪念改革开放30周年暨发生在西藏青年群体中的第一”征集评选活动、“青春见证——纪念改革开放30周年历届西藏十大优秀青年论坛暨第八届颁奖典礼”、“大时代的物证——西藏社会生活50年物品征集”等活动，发行纪念改革开放30周年《雪莲花开别样红》首张全区少儿合唱专辑。围绕“批达赖、反倒退、我行动”、“我和我的祖国”、“我与祖国共奋进、我与西藏同发展”、“青春与法同行”、“迈入青春门、走好成人路”等主题，广泛开展了“歌唱祖国庆六一”全区少年儿童唱爱国主义歌曲系列活动、“爱国主义歌曲大家唱”群众性歌咏活动、“不忘历史，感受跨越”访谈等活动，举行了“全区各族各界青年纪念西藏百万农奴解放纪念日”座谈会，开展了“纪念西藏百万农奴解放纪念日”演讲比赛，以及表彰先进、专题报告会、演讲（辩论）比赛、文艺演出、“红歌会”、“成人礼”、主题征文等各类活动170多场次，参加青少年35万余人次。特别组织开展了西藏自治区青少年代表赴港参加第三届中华民族文化周活动，协调落实香港青少年代表团在藏参观交流，通过互访交流，开阔了藏港青少年视野，加深了友谊，展示了西藏自治区当代青少年的风采。依托全区各级青年文明号集体，在各族职业青年中广泛开展“推动科学发展、促进和谐稳定——青年文明号在行动”主题教育活动。联合环保部门，以“绿色中国、青年当先”为主题，采取公益短信、宣传展板、义务植树、选树典型等形式，开展了2009年保护母亲河行动——高原绿色希望工程春季活动，增强了全社会的生态文明意识。所有这些活动，都体现了“突出重点、体现特色、面向社会、全面覆盖、形式多样、重在实效”的要求，唱响了共产党好、社会主义好、改革开放好、伟大祖国好、各族人民好的时代主旋律，激发了广大青少年的爱国热情，振奋了民族精神。

二、抓基层打基础，着眼“两个全体青年”

团西藏区委坚持眼睛向下、重心下移，将工作力量、项目资源等向基层倾斜，帮助基层优化环境。各基层团组织积极探索、创新试点，积累经验，不断增强基层组织活力。

1. 积极开展试点工作。继续抓好以学校、农牧区为重点的团组织建设。巩固团支部书记进村居“两委”班子或村居“两委”班子成员兼任团支部书记工作成果。成立自治区试点工作领导机构，加强对基层团队组织试点、组织格局创新试点、分类引导青年试点等工作的统一领导和协调。在西藏自治区农牧区、城市、企业、学校等确定了13个团队组织，开展了为期一年的基层团队组织建设和基层工作试点。抓住全区第三批学习实践活动契机，选择10个单位开展了乡镇、街道组织格局创新试点工作。建立了区、地、县级团委和试点单位分工负责、密切协作、整体推进的工作机制，指导各试点单位细化工作方案，总结提炼了近年来基层团建和基层工作的一些好经验，探索了新时期共青团、少先队增强组织活力的新途径。自治区、各地市、县团委还积极争取筹措资金，利用各种机会，开展了大规模基层团干部和少先队辅导员培训活动，提高了基层团干和少先队辅导员的素质能力。

2. 扎实推进驻点工作。从全区地（市）以上团委抽调团干部两批25人，赴25个县级团委开展为期半年的驻点工作。进一步完善和落实委党组成员联系2—3个驻点县开展调研、指导工作等相关制度，切实加强对驻点工作的指导、督促和检查。加强对驻点干部的培训，团区委党组主要领导专门辅导讲座，并结合西藏实际，编制了地市以上团委干部驻县级团委指导工作参考资料。及时掌握驻点工作动态，总结经验成果和不足。全体驻点干部端正态度、认真履职，积极开展调查研究，争取党政支持，协调各类资源，帮助团县委梳理工作思路、改进工作方法、建立健全制度，做了大量深入细致、富有成效的工作。驻点干部普遍反映，通过驻点工作，了解了基层情况，查找了不足，转变了作风，提高了素质，掌握了基层现实困难和基层工作机制，为下一步扎实推进基层工作探索积累了一定经验。

3. 深化青年志愿服务。加强青年志愿者组织网络建设。结合试点驻点工作，成立20个县级青年志愿者协会，其余各驻点县志愿者组织正抓紧筹建中。加强青年专业志愿服务队伍建设。积极与武警西藏消防总队等部门协调，加大消防志愿者招募、培训、注册力度，共招募消防志愿者700余人，并扎实开展了一系列消防安全和防灾减灾宣传教育和实践活动。圆满完成2009年度西部计划志愿者招募、注册、培训和派遣工作，共招募西部计划志愿者176名，安排到19家区直单位、5地市32个县开展为期1年志愿服务。协调区党委组织部落实志愿者参加公务员考试相关待遇。进一步加强对各地市项目办的指导，建立完善西部计划志愿者自我管理团队。顺利完成第11届研究生支教团的29名志愿者与上一届志愿者的工作交接。利用重大节庆日和假日，开展了“弘扬志愿精神、共创和谐家园”、“参与志愿服务、共享平安生活”、“关爱残疾孩子、发展特殊教育”以及“创建文明青藏铁路线”等一系列主题志愿服务活动，进一步提升了青年志愿服务社会影响力。

4. 加强共青团阵地建设。团区委积极争取相关部门支持，自治区以及林芝、昌都地区青少年活动中心项目正抓紧实施；拉萨市、阿里地区青少年活动中心获准立项。充分利用乡镇、村党员活动室资源，推动实现农村党团活动室一体化。整合希望工程、青年文明号等资源，着力加强农村中小学校团队活动室、红领巾书屋建设。克服种种困难，扎实推进共青团县县上网工程，全区64个团县委开通上网。进一步加强《西藏青年报》、《西藏青年》杂志、西藏共青团网站等团属舆论宣传阵地建设，搭建了指导推动基层共青团工作、服务基层团员青年的有效平台。

5. 圆满召开团西藏八大。在区党委和团中央的坚强领导与高度重视下，6月9日至11日在拉萨胜利召开了共青团西藏自治区第八次代表大会，回顾总结了西藏实行民主改革50年特别是改革开放30年来，全区共青团工作和青年事业所取得的成绩，规划部署了今后一个时期全区共青团的目标任务和工作要求，选举产生了新一届西藏共青团领导班子，为继续推进全区共青团事业实现又好又快发展提供了思想、组织和领导保障。

三、抓服务促民生，促进青年就业创业

把促进青年就业创业作为服务青年的重

中之重，成立专门工作机构加强指导和监督。坚持以转变青年就业创业观念为先导，以提高青年就业创业能力为基础，着力抓好青年就业创业技能培训、青年就业创业见习基地建设、青年创业小额贷款试点和青年就业创业基金扶持四大工作支撑。

1. 着力抓好青年就业创业技能培训。以政策法规、实用技术、职业技能为主要内容，整合劳动、农牧、科技、教育、扶贫等部门政策、项目、资金资源，充分发挥农牧区青年中心、苗圃职训基地、基层党（团）活动室的作用，实施共青团农牧区青年春季培训行动，落实培训资金74万元，建立基地46个，培训5628名类农牧区青年能人；积极协调劳动和社会保障部门政策、资金和项目支持，实施青春建功新农村就业创业培训和进城青年农牧民工"订单式"技能培训项目，协调落实培训资金101.23万元，培训2616名农牧区初高中毕业"两后生"和进城青年农牧民工；实施全区共青团青年农牧民技能培训项目，争取自治区农牧民技能培训专项补助资金43.36万元，地方政府配套和自筹等渠道资金39.2055万元，举办33期培训班，培训青年农牧民982人，其中劳动力转移培训409人，培训合格率为95.3%，实现转移就业300人，转移就业率为73.3%；深化西藏希望工程苗圃职业教育培训计划，按照"基地建设+人员培训+能人选树"的模式，投入公益奖励资金74.5万元，吸纳地方匹配资金73.775万元，在全区8个县建设第二批西藏希望工程苗圃职业教育培训基地，举办培训班11期，培训400余人。以全国青工技能振兴计划试点单位为重点，采取选送区外学习培训、岗位技能竞赛、导师带徒、创建青年安全生产示范岗等形式培训企业青工1600余名。组织开展了第二届"成才杯"西藏大学生创业计划大赛，组织高校参加第十一届"挑战杯"全国大学生课外学术科技作品竞赛。

2. 着力抓好青年就业创业见习基地建设。为帮助应往届高校毕业生、城镇失业青年、青年农牧民工等重点就业群体转变就业观念、积累就业经验、提升就业技能，各级团组织广泛联系企事业单位建立共青团"青年就业创业见习基地"，全年建设见习基地36个，提供见习岗位249个，实际上岗194人，结束见习194人，正式（意向）聘用12人。

3. 着力抓好青年创业小额贷款试点。协调银行业金融机构，通过网络在线视频和以会代训等形式，组织全区7地（市）74个县（区市）和部分乡镇670名专兼职团干部和部分农牧区青年创业带头人代表，进行了农牧区小额信贷基本知识和政策法规培训，进一步增强了各级团干部和农牧区青年获取金融服务和运用金融工具就业创业的意识。

4. 着力抓好青年就业创业基金扶持。按照全团统一要求，立足西藏区情，以开展青年农牧民技能培训，奖励扶持高校毕业生小型创业项目为重点，在积极争取财政等部门支持的同时，动员社会慈善资源，募集社会爱心资金240.859万元设立了"西藏青年创业就业专项基金"。

四、抓机制净环境，维护青少年合法权益

按照青少年维权工作"三个结合、一个制度性安排"的整体思路和工作要求，积极整合资源，狠抓机制建设，强化制度落实，挖掘活动载体，扩大维权成果。

1. 完善维权工作法律和制度保障。承担2009年全区立法工作重点任务之一，修订了《西藏自治区实施〈中华人民共和国未成年人保护法〉办法》，并经自治区九届人大第十二次会议审议通过，进一步完善了青少年维权的法律保障。建立与人大、政府有关部门沟通机制，积极参与自治区人大联合执法检查等活动。继续开展"人大代表、政协委员与青少年面对面"活动，延伸共青团权益工作手臂。修订了《西藏自治区预防青少年违法犯罪工作考核办法》，充实了考核内容，完善了考核流程，确保各地市的工作能够得到全面、客观、公正的评价和反映。

2. 深化青少年法制宣传教育。以“青春与法同行—青少年法律大课堂”为统揽，整合、梳理各项青少年法制宣传教育工作，进一步丰富宣教内容，创新活动形式，加大工作力度，青少年法制宣传教育工作呈现出新局面。活动开展以来，全区共组建志愿者讲师团 4 个，举办各类法制讲座 47 场次，模拟法庭 3 场次，热线咨询 2 次，参与青少年 2 万余人次。

3. 继续推进预防青少年违法犯罪工作。深入实施“为了明天—预防青少年违法犯罪工程”，强化与各成员单位的沟通协调，积极整合资源，帮扶困难群体青少年，参与在押未成年犯的矫治和感化工作，开展多种形式的未成年人自我保护教育活动，开展禁毒和防治艾滋病宣传教育，创建优秀“青少年维权岗”，联合相关部门举办了“预防青少年违法犯罪法制论坛”，强化理论研究，指导全区各县健全预防工作机构，全区预防青少年违法犯罪工作不断迈出新步伐。

4. 积极参与净化社会环境工作。组织开展形式多样、丰富多彩的文体活动，以积极向上的文化和思想充实青少年的精神家园。开展了创建“安全校园”、“禁止未成年人进入网吧、娱乐场所专项整治行动”等活动，整治违规经营网吧，净化青少年健康成长的社会环境。深化优秀“青少年维权岗”创建活动和“青少年维权岗在行动”，使维权工作向基层延伸。不断建立健全机构，指导全区各县成立预防青少年违法犯罪领导小组及办公室，70% 的县成立未成年人保护委员会及其办公室。积极发挥已建 12355 青少年服务台的作用，服务青少年健康成长。

5. 深入推进希望工程。通过开展各项公益活动筹措社会资金 581. 2 万元。新建 6 所希望小学。深化希望工程“圆梦行动”，资助优秀贫困大中小学生 495 名。调整充实了基金会管理机构，理顺了管理运行机制。积极探索希望工程红领巾空间新型公益项目以及高原绿色希望工程、青年就业创业服务项目新途径。

6. 继续深化青少年交流和外事工作。发挥青联组织的积极作用，选派 3 名团干部到北京、上海挂职锻炼，6 名乡镇团干部到北京进行学习考察，1 名青年宗教界委员参加全国青年宗教界代表人士考察团。先后接待 10 余个内地团组织、青联组织赴藏考察交流团，加强了西藏自治区和内地青年组织之间的信息沟通、项目合作与工作交流。成功接待德国联邦议员、主席菲利普・米斯菲尔德为团长的德国青年联盟代表团。先后选派 34 人次随团出访韩国、日本、英国、印度和朝鲜，参加青年双边交流，积极对外宣传社会主义新西藏的经济社会发展成就，展示了西藏青年的精神面貌，考察学习了出访国经济社会、科技管理和青少年工作经验，切实发挥了青年外事工作在涉藏外交方面的积极作用。

陕西团的工作

全省各级团组织以科学发展观为统领，认真学习贯彻党的十七届四中全会、团十六届二中全会和省委十一届三次、四次全会精神，牢牢把握全团工作重点，按照“围绕一个目标，紧扣两大主题，肩负三大使命，发挥四个作用”的工作思路，多措并举，有序推进，奋发而为，不断创新，使团组织的覆盖面不断扩大，服务青年的领域不断拓展，具有陕西特色的活动不断出彩，团的重点工作实现了新突破。

一、努力完成重点工作任务

1. 着眼于打牢青少年的共同思想基础，加强对青少年的分类教育引导。一是以党的先进理论教育青少年。在全省大、中专学校中掀起学习实践活动热潮，参与学生达18万余人次。大力推进青年马克思主义者培养工程，全年培训大学生骨干10966人。二是全面推进青少年分类教育引导工作。开展青少年分类引导试点工作。在中小学生中广泛开展“迈入青春门，走好成人路”、“祖国发展我成长”等主题教育活动，引导青少年树立远大理想；在大学生中，坚持社会实践与社会观察相结合，组织20万大中专学生开展暑期“三下乡”社会实践活动；在农村青年中，围绕社会主义新农村建设，举办了乡村文化节、科技大集等活动，倡导新的生产生活方式；在企业，深化青年文明号活动，创建国家级青年文明号7个，省级青年文明号109个，引导青年职工立足本职建功立业。三是以先进青年典型感召青少年。创新“十大杰出青年”评选方法，利用网络、电话、短信投票平台等现代传媒手段，吸引青年参与，引领时代潮流。开展“寻找身边的青春榜样”、“中学生自强之星”、“陕西省十佳少先队员”等评选活动，激励青少年学习青春榜样。四是以节庆纪念活动激励青少年。全省团组织以纪念五四运动90周年、国庆60周年和建队60周年为契机，开展了“传承五四精神，践行科学发展”、“百万学子颂祖国、青春风采献母亲”、“红领巾心向党”等主题系列活动2000余场次，参与青少年达10万人，进一步坚定了青少年的理想信念。

2. 着眼于增强共青团组织动员能力，带领青年为建设西部强省做贡献。一是积极服务经济社会发展。开展了“百城万店青年文明号信用示范周”活动，在全社会倡导诚信服务。积极开展“为重点工程献青春”活动，围绕铁路、公路、灾后重建等重点工程，组建青年突击队，承担急难险重工作。青年节能减排和安全生产示范岗创建工作蓬勃开展，涌现了一批省级和行业先进典型。设立陕西省青少年绿色项目库，资助了53个青少年生态环保社团自主开展活动。深入开展保护母亲河行动，全省青少年累计植树5.7万亩，参与环保实践活动20.7万人次。二是积极服务和谐陕西建设。不断扩展“手拉手”活动内涵，开展“爱心家庭快乐六一”、“红色夏令营”等活动；创建“手拉手”红领巾书屋685个，书架1870个，图书角6270个。全面深化青年志愿者行动，招募农高会、欧亚经济论坛和公祭轩辕黄帝典礼等大型活动志愿者1140名；青年志愿者注册工作逐步推进，全省注册志愿者已达25万人，50多万名青年志愿者活跃在基层一线。建立完善了维护高校稳定的工作机制和队伍，在应对甲型H1N1等突发事件和维稳敏感时期中发挥了积极作用。三是积极服务社会主义新农村建设。开展青春建功新农村活动，带领农村青年为新农村建设服务。与省委组织部共同选派136名博士生到全省7个市（区）的23个县（区）进行了为期一年的挂职服务，博士团为灾后重建和地方经济社会又好又快发展做出了特殊贡献。

3. 着眼于青少年利益诉求,竭诚服务青少年成长成才。一是关心未成年人健康成长的环境进一步优化。开展"共青团与人大代表、政协委员面对面"活动8场次,提出青少年诉求议案和建议50多条,积极推动立法工作,在全国率先实施了《陕西省实施〈中华人民共和国未成年人保护法〉办法》。发挥"两办"职能,开展青少年法制宣传活动60余场次,散发法制宣传手册8000多册。配合陕西平安创建,完成了重点青少年群体摸排工作。不断加强12355青少年服务台建设。二是希望工程的服务领域和服务水平进一步扩大。举办希望工程20周年成果展,在全国率先发行希望工程20周年纪念邮票,并组织公开义拍。全年筹措资金近2000余万元,实施"圆梦牵手行动",资助6000多名大、中、小学生,为1200名学生提供了勤工助学岗,建设希望小学40所、援建希望爱心书库104个,为80所希望小学捐赠了价值200余万元的体育器材。三是服务青年成长成才的平台进一步拓展。举办了第七届"挑战杯"陕西省大学生课外学术科技作品竞赛和工业设计大赛;深化青工技能振兴计划,举办2009年陕西省青年职业技能大赛,组织上万名青工参加,9人参加了全国大赛;联合省人保厅率先在全国开展首届农民工专项技能大赛,为农民工成长成才搭建了平台。

二、创造性完成目标责任考核任务

1. 深化共青团品牌项目,扩大陕西共青团工作影响力。一是掀起学习熊宁事迹新高潮。"西安最美丽女孩"青年志愿者熊宁为救助身陷冰雪灾害中的藏族同胞,遭遇车祸不幸身亡。团省委坚持追踪熊宁先进事迹,联合多方媒体立体式宣传,大力开展"千万个熊宁在行动"志愿者服务月活动,团中央作为"志愿服务统一行动周"的品牌活动重点推荐;广泛发动社会各界,开展"我们是熊宁——红围巾温暖行动",募集捐款达237万元,帮助解决陕西省贫困山区、地震灾区孩子实际困难,产生了强大的"熊宁效应"。二是深化王敏事迹宣传报道。"5·12"地震中,宁强县大队辅导员王敏为抢救20多位小学生身负重伤,卫华书记冒着余震危险,看望在帐篷中疗伤的王敏同志,推荐王敏荣获"中国青年五四奖章"、"全国道德模范"等称号。在报推、树立典型过程中,团省委深度挖掘先进事迹,号召团员青年向王敏学习,力推王敏参加中宣部、团中央"抗震救灾英模报告团",《人民日报》、中央电视台等多家媒体对其事迹广泛报道。三是扩大钱俊冬典型示范作用。为鼓励大学生创业促就业,团省委指导长安大学贫困学生钱俊冬在校创办"三人行"公司。坚持"扶上马,送一程",特别是金融危机来临之际,团省委为其及时筹措发放200万元青年创业贷款,有效缓解公司困境。2009年该公司被团中央授予"青年就业创业见习基地",年营业额4000多万元,先后为2000多名在校大学生提供实习机会,被中宣部、团中央等单位确立为当代大学生自主创业的榜样在全国巡回报告。被《新闻联播》、《人民日报》等媒体争相报道,成为团组织帮扶青年创业、与创业公司良性互动的典范。四是推广希望卫生室品牌项目。不断拓展希望工程工作领域,率先在全国建设希望卫生室63所、希望卫生院3所。中国青基会将于2010年在陕西省召开希望卫生室全国推广现场会,大力推广陕西捐建希望卫生室项目经验,实现了希望工程从教育到卫生领域的突破性转型。

2. 加强团的基层组织建设和基层工作,不断增强团组织的吸引力和凝聚力。一是不断强化"党建带团建"工作力度。分三次对全省基层"党建带团建"工作进行为期79天的全面检查调研,深入查找各级团组织在自身建设方面存在的突出问题,与省委组织部共同提出整改建议54条,与各市(区)党委充分沟通,协调解决了一批基层团组织在干部配备、经费保障、工作指导等方面的重点、难点问题。不断深化团建“三级联创”活动，积极推报表彰全国、全省五四红旗团委和优秀个人。二是不断创新团、队组织建设的有效载体。分领域推进团建、队建创新，确定26个试点单位。在农村，大力加强乡（镇）团的委员会建设，完成延安“1+1+X”的委员会组织结构模式试点工作，在全省推动乡镇党委委员或乡镇副职兼任乡镇团委书记，受到团中央书记处充分肯定；在企业，延伸团青工作手臂，扩大覆盖面；在社区，依托居委会等机构建团，开展“团组织向社区报到”活动；在学校，积极探索学生社团、公寓等建团模式，实现团组织多重覆盖；在“两新”组织，推动规模以上非公企业建立团组织。三是不断加大扶持基层的力度。积极争取团中央支持，向107个县（区）提供经费支持321万元；选派1330名青年志愿者赴基层工作，60名团干部赴县级团委驻点，并向每个驻点县提供5000元经费支持；吸纳262名选调生、763名大学生“村官”担任基层团干部，积极协调各市（区）落实农村团干部待遇。四是不断扩大团干部培训覆盖面。狠抓团干部的执行力建设，加大团干部分级、分类培训工作力度，组织全体市县（区）团干部参加团中央电视电话会培训，选送46名基层团干部赴团中央培训，各级团组织累计培训基层团干部共3700人（次）。五是不断强化团的外围组织建设。召开省青联、省少工委常委会议和省学联主席团会议，及时增补常委会成员；开通陕西省少先队工作网站，加强了少先队组织信息化建设；恢复了省学联驻会主席制度。

3. 服务党政工作大局，大力实施陕西青年“双就业”示范工程。一是切实加强青年就业创业见习基地建设。联合有关部门下发了《关于实施陕西省青年“双就业”示范工程的指导意见》、《关于共同做好青年就业创业工作的通知》，为青年就业创业提供政策帮助。依托大中型国有企业、青年文明号单位和青企协会员单位企业，共建立青年就业创业见习基地372个，提供就业见习岗位6248个。团省委提出的设立高校毕业生创业基金、建立就业创业见习基地、给予见习人员补助和办理人身意外伤害保险等建议，纳入省政府就业创业相关政策。二是强力推进青年创业小额贷款工作。联合省银监局下发了《关于开展陕西省农村青年创业小额贷款试点工作的实施意见》，在4个市进行青年创业小额贷款试点工作，全年累计向5078名农村青年发放贷款1.6亿余元，帮助一批农村青年成功创业，扶持一批成长型中小企业扩大规模，形成了辐射带动作用，促进青年创业工作良性发展。三是广泛开展青年就业创业技能培训。联合省人保厅下发了《关于开展陕西省农村青年“领头雁”培训活动的通知》和《关于实施进城青年农民工“订单式”技能培训项目的通知》，全省累计培训农村青年2.3万多人（次），争取、自筹农村青年“领头雁”培训资金约880.22万元，建成省、市、县级农村青年培训基地152个。四是不断创新有效工作载体。开展“激扬青春——创业英雄进校园”，组织140名创业典型进校园，开展114场（次）活动；推动农村青年转移就业，提供就业信息2000多条，就业岗位5万多个；筹建陕西青年创业基金会，成立陕西省青年就业创业服务指导中心，加大青年创业帮扶力度。

三、下大力气加强领导班子建设和机关建设

1. 着力提高领导班子驾驭全局能力。认真贯彻民主集中制原则，坚持定期召开书记（党组）办公会和部门工作交流会等制度，坚持重大问题及时沟通、集体决策。领导班子带头履行职责，广泛开展批评与自我批评，带头搞好团结，正确对待利益得失，心无旁骛干工作，形成了团结有力、朝气蓬勃的坚强领导集体，为干部职工做出了表率。

2. 切实加强机关党的建设。充分发挥机关党委、党支部的战斗堡垒作用和党员的先锋模范作用，开展"学习型、创新型、服务型"机关活动，营造良好的工作氛围；扎实推进"固本强基"工程，全委28个支部全部通过了"固本强基"支部达标验收；深入开展"保持先进性、建功十一五"主题实践活动，加强机关文化和作风建设；组织开展丰富多彩的文体活动，丰富机关文化生活；建立党员干部联系点制度，定期到包抓点了解掌握情况，解决实际问题；班子成员带头深入基层开展调研，切实转变工作作风；组织完成机关及直属单位党（总支）支部换届选举工作。

3. 切实加强党风廉政建设。加强反腐倡廉工作组织领导，认真落实领导班子成员"五个一"工作，严格执行党风廉政建设责任制；加强反腐倡廉制度创新，制定和完善了党风廉政建设谈话制度、提醒教育制度、工作报告制度等五项制度；通过领导班子成员讲廉政党课、示范教育、岗位廉政教育和警示教育多种形式，加强党风廉政教育；认真落实领导干部廉洁自律各项规定；严格执行党内监督各项制度，坚持重大事项纪检组全程监督；认真开展治理"小金库"、落实厉行节约八项要求、制止公款出国（境）旅游和规范团省委评比达标表彰等专项工作，加强了团省委内部管理，确保干部队伍清正廉洁。

4. 切实加强团干部队伍建设。分层次组织全体干部学习有关干部任用、选配、监督等方面的法规、文件，开展治理拉票行为专项行动，制定《团省委机关干部综合能力评价体系》、《关于加强团省委干部队伍建设的意见》、《关于团省委事业单位管理、发展的意见》，完善和规范了干部工作的程序、机制。一年来，分七批对机关和直属事业单位班子、干部进行了调整，23人晋升职务，极大地激活了干部队伍活力。加大团干部多岗位锻炼的力度，下派6名机关干部到团县委驻点，上调22名基层团干部到团省委机关挂职，提升了团干部的整体素质。

5. 着力改善机关办公和生活条件。本着勤俭节约、大方得体的原则，多方筹措资金，对建于上世纪80年代的团省委办公楼及院内道路、水电管线和周边环境进行精心规划、集中改造，并加大环境整治力度；加强办公网络建设改造，增添部分办公设备，接入政务内网，引入省政府网络管理平台，极大地优化了机关办公环境。切实关心干部职工生活条件，对机关食堂实行整改，提高服务质量；翻修、新建干部宿舍，为挂职干部、新进人员解决和改善了住宿条件，进一步调动了干部职工的积极性。

甘肃团的工作

全省共青团工作以加强团的基层组织建设为主线，把青少年思想引领、服务青年就业创业、青少年权益维护和青年志愿服务作为为突破口，进一步强化措施，狠抓落实，经过一年的努力，各项工作取得了积极成效，增强了对广大青年的吸引和凝聚，为甘肃省经济社会平稳较快发展做出了积极贡献。

一、团的基层组织建设和基层工作有新进展

与省委组织部共同制定印发了关于进一步加强"两新"组织团建、推优入党、流动团员管理和团干部队伍建设等5个文件，组织督导

组对文件的贯彻落实情况进行了专题督导，优化了基层团组织特别是县级团委的工作环境，为团的建设提供了制度保障。将2万名乡村两级团干部和青年骨干纳入省委组织部农村基层干部培训规划，圆满完成了培训任务。坚持以支部建设为着力点，以团干部队伍建设为关键点，以活动建设为支撑点，以团的领导机关干部驻点工作以及基层团建工作试点和乡镇、街道、非公有制经济组织、新社会组织、中等职业学校、团属新社会组织团建工作试点为抓手，花大力气、下真功夫加强全省基层团组织建设和基层工作。先后三批选拔68名省、市团委机关干部赴65个县区、3个乡镇驻点指导工作。团省委6名党组成员每人每批各确定3—4个驻点县进行工作联系，共72次到到驻点县督查、指导工作。建立"甘肃省驻点工作交流QQ群"，在团省委网站开设"驻点工作专栏"。第二批驻点工作启动了机关、高校、企业团委帮扶团县委的"三助一"结对共建工作。在对所有派驻县进行全面督导检查的基础上，团省委于6月在张掖和平凉分别召开河西片和陇东片驻县工作座谈会，交流驻县工作经验，推动驻县工作。积极部署实施全团基层组织建设和基层工作试点工作，确定5个类别的13个团组织、6个少先队组织为试点单位，并结合甘肃省民族地区基层团建和基层工作实际，与甘南州委于11月联合在夏河县启动了为期一年的团的基层组织建设和藏区青少年思想引领试点工作，以进一步加强甘南藏区团的基层组织建设，增强共青团组织对少数民族地区青少年的吸引和凝聚。目前，团省委各部门和甘南团州委、夏河团县委已经按照任务分工进入试点工作实施阶段。非公经济组织和新社会组织建团取得新突破，建立市县两级基层团建示范点1300多个。区域联动在全省基层团组织中普遍实施，总结并推广了社区联建、青年工作委员会、城乡青年中心、农村产业协会建团、劳务基地建团、"1+3+X"团建、企业动态建团、高校创新建团等多种团建模式。

二、青少年思想政治教育和思想引领有新成效

以建国60周年、"五四"运动90周年、少先队建队60周年等节庆为契机，抓住学校、农村、城市、企业等不同领域青年思想教育的关键点，分类别开展思想政治教育，努力构建团队一体化分层教育体系。全省各级团组织开展了大型宣传图片展、演讲会、报告会庆祝新中国成立60周年，广泛宣传新中国的发展历史、伟大成就及宝贵经验，进一步引导青年坚定走中国特色社会主义道路的理想信念。隆重举行了甘肃省纪念"五四"运动90周年暨先进青年表彰大会，对"甘肃省五四青年奖章"获得者和优秀团干部、优秀共青团员进行了表彰。评选表彰了第九届"甘肃省十大杰出(优秀)青年"。以"我与祖国共奋进"为主题，举办了"青春中国——甘肃省青少年才艺大赛"等一系列教育实践活动，引导全省青少年在时代和社会的发展进步中汲取营养。全省共举办青年马克思主义者培养工程培训班15期，累计培训各级各类学生骨干、入党积极分子2200多名。组织甘肃省大学生参加了第11届全国"挑战杯"竞赛，创下了甘肃省历届参赛入围作品数、获奖作品数和比赛总分的历史最好成绩。全省各级团组织共组织12万余名大学生分赴各地开展了建国60周年成就宣讲、科学发展观宣讲、支教、支农、支医以及灾后重建等为主要内容的"三下乡"社会实践活动。组织开展了"十杰青年、优秀青年进校园"、甘肃优秀大学毕业生建功立业报告会、"自强之旅"甘肃励志系列公益讲座等一系列活动，一大批青年在活动中受到启迪教育。不断加强网络思想政治教育和团属宣传舆论阵地建设，大力创新引导青年的路径和载体，开展了甘肃百万未成年人网络文明工程，省、市州和直属团委普遍建立了工作QQ群，86个县市区"县县上网”专题网页全部开通,成为全省青少年思想引领的网络主阵地。《新一代》杂志扩大了对团青工作的宣传,办刊质量和发行量稳步提升。设立6项委托调研课题,开展了全省团的大调研活动,不断加强对研究成果的转化应用,书记班子成员带头蹲点调研,参与省委甘南基层组织建设调研工作,完成了《甘南藏区青少年思想行为状况调研报告》、《宗教对甘肃青少年思想和行为影响研究》等5个重点调研报告。党的十七届四中全会召开以后,在全省各级团组织和广大团员青年中组织开展了深入广泛的学习交流活动,11月在金昌召开全省共青团学习贯彻党的十七届四中全会精神暨基层团建工作推进会,组织市州和直属团委的团干部集中学习贯彻党的十七届四中全会精神,深入领会了省委十一届七次全委扩大会议精神。

三、服务青年就业创业有新突破

把促进青年就业创业作为共青团组织服务青年的重中之重,积极协调有关方面提供政策、项目、信息、资金支持。今年以来,全省各级团组织大力实施“共青团农村青年培训行动”,探索出了“培训转移一体化服务”等多种培训形式,开展有针对性的信息服务和就业创业培训,累计实名制培训农村青年68081人,落实培训资金181万元,团省委派出工作组深入11个市州、30多个县区的乡镇、村组,对培训情况进行了督导检查。全省建立452个青年就业创业见习基地,提供见习岗位4019个,需求人数达到10518个,有6030名青年走上了见习岗位,见习结束后正式聘用720人。开展了“百企助学促就业行动”,动员青年企业家与60名大学生结成帮扶对子,提供助学资金12万元。启动进城青年农民工“订单式”技能培训项目,培训青年农民工1710人,上岗310人。联合省银监会和邮政储蓄银行甘肃省分行联合实施青年小额贷款项目,促进了青年创业小额贷款项目的有序开展,已协议贷款2668.6万元,798名青年获得贷款。开展小额贷款知识培训70期,培训团干部和农村青年4657名。进一步深化和拓展“两后生”委培就业模式,与山东、新疆、陕西的9所学校达成合作协议,省市两级团组织共输转“两后生”1232名。争取实施“阳光工程”培训项目,在全省范围内分配培训名额4400人,整合培训资金176万元。筹备成立青年就业创业基金会,从省政府争取400万元作为青年就业创业基金会启动资金。争取团中央和中国青年创业就业基金会为全省86个县(市、区)团委各下拨3万元共计258万元,支持基层开展服务青年创业就业工作。全省各地团组织开展的服务青年就业创业工作也蓬勃开展,取得了明显的工作成效。如兰州市安宁团区委联合科技局建立了大学生创业孵化园,金昌市设立了500万元的大学生创业基金,庆阳市财政注资1000万元支持青年创业,等等。

四、维护青少年合法权益有新成果

坚持未保和预防并重的原则,在对全省各市州开展相关青少年工作立法调研的基础上,会同省人大内务司法委员会主持修订《甘肃省实施〈中华人民共和国未成年人保护〉办法》,在11月召开的省十一届人大常委会第十二次会议上被表决通过。进一步探索和完善共青团与各级人大代表、政协委员的沟通协调制度,组织人大代表和政协委员参与青年问题调研和相关活动,在省人代会上提出的《关于加强弱势青少年群体救助的建议》被大会采纳。积极开展青少年思想道德教育,全省各级团组织共举办大型普法宣传活动10余场次,发放《未成年人保护法》和《预防未成年人犯罪法》宣传材料20万份。开展青少年法律知识、自护知识和心理健康教育宣讲活动8场次,参加学生5000人(次)。深入开展“两法”宣传教育活动,继续在甘肃电视台开办《青少年与法》节目。在平凉、庆阳、兰州等地举办青少年心理健康知识讲座和“亲子教育大讲堂”。联合省司法厅等单位举办了以“学法守法用法建设美好祖国”为主题的《希望之光》——甘肃省青少年法律知识电视大赛。12355青少年维权和心理咨询热线作用发挥明显，形成了以12355热线为主，8612999甘肃省青少年心理健康热线和4559539甘肃省方舟成长心理热线为辅，甘肃省青年法律工作者协会和省法律援助中心团省委工作站为支撑的青少年维权和心理健康服务平台，为5200多人次答疑解惑。深入推进“青少年违法犯罪社区预防计划”，促进了学校、家庭、社区三位一体的防护体系的完善。配合有关部门开展网上“扫黄打非”，大力整治互联网低俗之风，开展了青少年上网情况调研活动。启动“中国未成年人网脉工程甘肃行”，兰州市静宁路小学等18所中小学成为全省首批“网脉实践基地”。联合省禁毒办组织开展了甘肃禁毒青年志愿者“传承老区革命精神，禁毒法宣传陇原行”活动。深入实施青少年违法犯罪社区预防计划，积极创建青少年维权岗，在兰州市西固区的学校试点建立青少年维权基地，并逐步向基层、企业、学校延伸，取得积极成效。

五、青年志愿服务活动有新举措

把青年志愿服务纳入到团的建设视野，把青年自组织纳入到团的工作体系，推动全省青年志愿者品牌建设创新，健全完善全省青年志愿服务组织体系和工作机制，青年志愿服务的社会参与面和影响力得到进一步扩大。省、市、高校志愿者协会建设得到加强，青年志愿服务信息平台建设日益重视。建成并开通了“甘肃志愿者网”，开设新闻资讯、专项行动、西部计划交流平台、志愿者岗位招募等多个板块，成为全省青年志愿服务工作的重要工作平台和宣传阵地。全省成立市州级志愿者协会14个，县(区)级志愿者协会50个，高校志愿者协会79个，企业志愿者协会(队、站)284个，志愿者服务队3409支，注册志愿者53.0787万人，部分青年自组织成为省青年志愿者协会直属服务队。按照专业志愿者队伍的建设方向，联合有关部门先后开展心理救助、消防、医疗卫生、助残、禁毒、防灾应急、植树护绿等8项专项志愿行动，100多支各级各类专业志愿者队伍和6万多人专业志愿者参加。开展了“争做志愿者、创造新生活”为主题的志愿服务月活动，启动“残健同行·和谐共享”志愿者助残行动。“西部计划”项目县增至30个，通过招募、选拔、培训，向30个项目县派遣“西部计划”志愿者880人，从事为期1—3年的教育、医疗、法律、农技、扶贫以及党员远程教育等11个方面的志愿服务工作。100名青年志愿者为兰洽会提供优质服务，赢得了社会各界的广泛赞誉。举办两期志愿者工作骨干培训班，来自各市州团委、直属团委、西部计划项目县、省青年志愿者协会直属服务队以及社会各界热心志愿者事业的80余名志愿者工作骨干参加了培训。

除了以上重点工作外，团省委各项常项工作也取得了新的成绩，圆满完成了全年各项工作任务。成功召开了甘肃省青年联合会第九届委员会第一次会议暨甘肃省学生联合会九次代表大会，选举产生了省青联第九届委员会委员、主席、副主席和省学联第九届委员会委员、主席团主席单位、主席团副主席单位。召开团省委机关第五次党员、团员代表大会，选举产生了第五届团省委机关党委、纪委、工会、团委和妇委会。完成了巴基斯坦青年代表团一行104人、日本青少年友好使者代表团69人对甘肃省访问活动的相关接待工作。推荐上报9批次30余名优秀青年参加了中国青年代表团赴日本、韩国、朝鲜进行的友好访问。组织14名青联委员和青年工作干部赴港澳参加了第六期省青联青年管理人才研修班培训。组建了一支覆盖全省14个市州和86个县市区的共青团系统近200名专兼职信息员队伍，对每一位信息员建立工作档案，确保了团内信息的及时快速报送。希望工程全年筹集资金

3088.5万元，建设希望小学54所，资助学生3582名，培训希望小学教师1117名，配备体育器材37套，电脑教室10个，图书室3套，音乐教室4个，拓展新建智障学校1所。

青海团的工作

全省各级团组织紧紧围绕省委提出的经济和社会发展目标，拓展工作领域，创新工作方法，实施品牌战略，加强自身建设，突显优势、奋发进取，引导全省各族团员青年投身富裕文明和谐新青海建设的伟大实践，各项工作保持了良好的发展势头。

一、步调一致，深化全团重点工作取得新成效

1. 积极参与维护社会稳定工作。认真贯彻落实中央和省委关于维护社会稳定的一系列指示精神，广泛组织全省广大团组织和青年群众参与维护社会稳定工作，引导全省青少年与中央和省委保持高度一致。一是积极做好共青团参与维稳工作。年内，多次召开专题会议部署共青团参与维稳工作，下发《共青团组织进一步参与做好维护社会稳定工作的通知》（青团发[2009]31号）。3月3日至19日，下派六个工作组，分赴玉树、果洛、黄南、海南四个藏族自治州和全省各高校适时了解青年思想动态，帮助基层团组织做好参与维稳工作。二是做好教育和引导青年工作。充分利用新闻媒体、团属新闻网站、主流网络媒体，手机等阵地深入宣传党的民族宗教政策，了解青年的思想动态，及时发现有苗头性、倾向性的问题，筑牢青少年维护稳定、团结奋斗的思想道德基础，引导广大青年坚定理想信念。9月期间，在有关部门的大力支持下，深入全省藏区青少年中，通过走访寺院、问卷调查、谈话谈心、与党政领导交流情况等方式调研藏区青少年思想状况，形成了有借鉴作用的《青少年宗教信仰情况的报告》。三是狠抓高校团组织参与维稳工作。年内多次召开高校团委书记专题会议，了解高校维稳动态，研究制定《关于大学生突发事件应急预案》，联合下发《关于进一步做好高校舆情信息采集工作的通知》，通过建立高校舆情观测点、高校团委书记联席会议制度、加强团学骨干队伍建设等，广泛动员高校团学组织积极参与高校维稳工作，并及时向省委编发了《大学生思想动态》等专报信息。同时，举办了团学干部、入党积极分子培训班，大力宣传熊宁、索南东智等维护民族团结的先进典型，用他们的精神感召广大团员青年，增强团员青年维护民族团结和社会稳定的自觉性。

2. 推进基层组织建设和基层工作。认真贯彻落实全团基层组织建设和基层工作研讨会暨全团组织工作会议精神，与团中央在工作部署上保持步调一致，着眼全局、统筹兼顾，推动自身建设，为全面活跃共青团工作奠定坚实基础。一是驻点工作进展顺利。2009年8月底第一、第二批驻点工作顺利结束。9月中旬，第三批驻点工作顺利启动。驻点期间，各驻点干部从抓住和解决派驻地共青团工作面临的突出矛盾及热点、难点问题入手，围绕党政中心大局，立足促进经济发展和社会和谐稳定，帮助派驻地团干部进一步理清开展共青团工作的思路。截至目前，各驻点干部积极深入派驻县乡镇（街道、社区），共开展基层调研55次，深入中小学校50所、乡镇49个、村社85

个，机关事业单位36家，召开座谈会50次，走访青少年490余人次，为基层解决困难5件，为派驻地部分企业、单位等建立健全组织规章制度，挖掘基层团组织典型30余个，提出基层团组织建设方面的建议20余条，形成调研报告10篇。二是“服务基层团建基础工程‘抓百育千’活动”初见成效。通过采取分级抓点的办法，在全省各领域确定了30个省级团建示范点；以城乡互动、校企联建、企村联建、校村共建等方式，为基层组织提供钱物支持43.6万元，帮扶120余个基层团组织提升内在活力；各地采取“请进来、走出去”的方式分别举行了针对基层团干部的培训班40期，培训各层次专兼职团干部1233名。根据《2009年青海团干部培训计划》和《青、京（沪、浙）共青团工作帮扶、交流、合作协议》，先后选派146名基层团干部、少先队辅导员参加团中央及省外培训；在调研的基础上，补充、完善了《关于进一步加强基层党建带团建工作的意见》，制定了《共青团青海省委关于共青团组织发挥作用积极服务和推动青海省大学生村官工作的实施意见》和《关于加强全省新经济、新社会组织团组织建设的意见（征求意见稿）》，先后向全省396个乡镇、1000个村社团支部统一翻译印发了藏汉文《青海省共青团工作手册》和《农牧区团委（团支部）基本规范》挂图，向100个全省团建先进县、五四红旗团委、五四红旗团支部配发了团旗、团章和团内学习资料。活动至今，全省已建立州、县级团委班子成员“基层团建活动”基层团组织联系点75个，州、县级团委班子成员“基层团建活动”两新组织联系点29个，州、县团委机关干部“联系服务基层行动”基层联系点120个，州、县团委机关干部“联系服务基层行动”两新组织联系点33个，直属单位团委负责人“联系服务基层行动”基层联系点22个。三是共青团、少先队基层组织建设和基层工作试点有序推进。在调研的基础上，制定下发《关于做好我省实施共青团、少先队基层组织建设和基层工作试点工作的通知》和《关于做好青海省实施试点工作第一阶段工作的通知》，组织召开“青海省实施共青团、少先队基层组织建设和基层工作试点工作会议”，下拨专项经费，建立试点工作联系点制度和联席会议制度，并根据地区、类别特点，分类引导试点工作开展。

3. 完善青年就业创业服务体系。本着“以创业带动就业、持续有效推动”的工作思路，创新理念，整合资源，引进项目，扩大合作，不断加强社会化、项目化、系统化工作机制，努力构建青海青年就业创业综合服务体系。一是推动“青年就业创业见习基地”建设。2009年全省共创建“青海青年就业创业见习基地”126个，提供青年见习岗位5238个，对接成功2910余人，被聘用人数2437人。其中，各高校团委建立见习基地39个，上岗总数为593人。二是深化青海青年创业小额贷款项目。联合开行青海分行下发《关于青海城乡青年创业小额贷款的实施意见》，成立青海青年创业小额贷款领导小组，共建青海青年创业小额贷款服务办公室，全年共发放贷款832万元，获得贷款人数144人。三是推进大学生创业园、青海青年创业孵化基地建设。联合出台《关于建立青海大学生创业园、青海青年创业孵化基地的实施意见》，创建5000平方米大学生创业园、青年创业孵化基地。2009年，园区共引进27家企业。园区直接扶持创业青年40人，带动青年就业420人，吸引各层次各类专业技术人才270人。四是协调运作YBC项目及青年创业导师团招募。与YBC（中国青年创业国际计划）达成合作意向，挂牌成立了YBC青海项目办公室，积极争取300万财政专项基金，招募组建30余名省内外热心服务青年的青海青年创业导师团，招募104名地方创业导师团队，为全省青年提供就业创业指导。全年各创业导师团队共举办8场创业系列报告会和座谈会，9个创业项目已获得贷款审批。五是努力构建青海青年就业创业综合服务体系。在各州(地、市)、县(区)相应建立了54个基层就业创业服务工作站,配备62名专职服务人员;与江苏万联集团、青海大学合作,投资200万成立青海万联创业教育学院,面向全省广大青年提供免费创业培训;与北京商机在线网络技术有限公司合作,筹集200万创业奖励基金,持续举办大学生创业设计大赛;组织开办“青海青年创业网”、“青年企业家论坛”、“创业知识大讲堂”、“企业管理金融法律培训班”、创业导师见面会等活动;建立“青年人才小高地”,鼓励和支持各类人才积极创新实践。目前已初步形成了青年创业小额贷款项目、YBC项目和大学生创业园、青年创业孵化基地等各项优势资源相结合,集融资平台、专业化组织、创业载体“三位一体”,贯穿项目、资金、政策、担保、网络孵化、导师指导以及办公场地、公司注册等全方位、全程陪伴式服务的青海青年就业创业综合服务体系。

4. 稳步推进分类引导青年试点工作。结合实际,下发了《关于开展分类引导青年试点工作的通知》(青团发〔2009〕20号),选定11家青年试点单位、四类青年群体,分阶段完成《青海省试点单位青年思想意识调查研究报告》、《青海省四类青年群体思想引导大纲》和《青海省青年思想引导试点案例汇编》。以召开青年发展需求座谈会、举办青年培训等形式,深入了解掌握青年对所从事工作的意见建议和现阶段所面对的困难等。同时,联合社会多个部门,有针对性地开展了理论知识、业务知识、法律法规等多方面的青年技能培训。

二、真抓实干,推动各项工作实现新发展

1. 服务党政中心工作。不断增强政治意识、责任意识和大局意识,力求各项工作紧密围绕党政大局,与时代发展合拍同步。一是扎实推进深入学习实践科学发展观活动。全省各级团组织以学习实践科学发展观为主线,坚持不懈地用社会主义核心价值体系教育团员青年,增强广大团员青年学习实践科学发展观的自觉性和坚定性。通过深入学习实践科学发展观活动,全省团员青年理想信念更加坚定,责任意识得到增强,工作作风更加扎实,自信开放创新的青海意识正在成为当代青海青年的思想共识和精神动力。二是深入学习传达贯彻中央十七届四中全会和省委十一届五次、六次全体会议及团中央十六届二中全会精神。及时组织召开团省委常委扩大会议,传达学习中央十七届四中全会精神,认真贯彻落实省委十一届五次、六次全体会议和团中央十六届二中全会精神,并对全省各级团组织学习贯彻会议精神进行了安排部署,同时以会议精神为指导,安排部署团的各项工作。三是组织庆祝新中国成立60周年和五四运动90周年纪念活动。围绕全省新中国成立60周年和青海解放60年庆祝活动,以团属舆论阵地为载体,对祖国60周年来的成就进行了生动宣传。积极主动配合省委举办青海省纪念五四运动90周年暨青年示范群体表彰大会,并以“青春红歌会”等形式隆重纪念五四运动90周年。四是认真完成中央和省委1号文件宣讲工作。高度重视中央和省委1号文件宣讲工作,及时成立了团省委班子成员带队,12名同志参加的宣讲工作组开展宣讲工作。同时,探索成立了全省首支村级注册青年志愿者服务队,发动农村赋闲青少年自觉为村容村貌整治,维护治安秩序贡献力量。五是配合政府做好招商引资工作。联系邀请全国各地共90名青年企业家参加2009“青洽会暨郁金香节”,并组织全国青年企业家30余名参加了“2009中国青海柴达木循环试验区项目推介会暨盐湖城旅游文化节”。

2. 服务青少年各项工作。坚持把以青年为本,竭诚服务青年作为共青团贯彻落实科学发展观的一个基本要求,充分调动各级团组织和广大团干部的积极性、主动性、创造性,不断

提高服务青年的能力和水平。一是坚持用社会主义核心价值体系教育青少年,努力构筑强大的精神支柱。结合建国六十周年、五四运动九十周年等重大节庆和重大活动,深入开展“我与祖国共奋进”系列主题实践活动,坚持用社会主义核心价值体系的丰富内涵和科学理论武装青少年的头脑,坚定青少年的理想信念,激励和引导各行各业青年在平凡岗位上追求理想、奋发有为,为推动科学发展、促进社会和谐做出积极贡献。二是深化“青春建功新农村新牧区行动”。全省各级团组织依托农广校、农村青年中心等各种机构,举办各类职业技能培训班,全年共培训6383人,争取培训资金239.05万元。今年面向全省发起“百名海归连百村”活动,启动实施了35名海归赴青对接大会。三是不断深化青年志愿者行动。2009年“西部计划”招募总人数为336人,其中省内招募180人,山东省项目办派遣156人;“青南计划”志愿者招募人数为400人;扶贫接力计划志愿者44人。“三项计划”招募总人数为780人。目前,在岗的“三项计划”志愿者总数为1387人,在全省30个服务县开展为期1至3年志愿服务。2009年,为进一步规范全省青年志愿者行动,扩大青年志愿者的社会影响,成立了青海省青年志愿者协会。四是稳步推进希望工程。2009年共筹集希望小学建设资金780万元,援建希望小学22所;筹集资助贫困学生资金165.08万元,资助贫困大、中、小学生1083名。五是提高青年文明号创建水平。举办了第六期青年文明号负责人资格培训班,今年有92个青年集体被授予2008年度全省青年文明号,90名同志被授予全省青年岗位能手,有两名个人和一个集体分获全国杰出青年岗位能手、全国青年岗位能手和全国青年安全生产示范岗。六是深入开展预防青少年违法犯罪工作。组织召开了省综治委预防青少年违法犯罪工作领导小组2009年全体会议。配合省人大执法检查组,完成对全省贯彻落实《中华人民共和国未成年人保护法》及青海省实施办法的工作情况进行执法检查和修订调研。同时,在全省范围内组织开展了以“尊重和保护未成年人是每一位公民的责任”、“为了明天——青少年远离毒品行动”、“青春红丝带”——全省青少年预防艾滋病宣传教育、青少年防治艾滋病宣传教育进校园、铁路沿线“少年儿童平安行动”等主题活动,在全社会营造促进青少年健康成长的良好氛围。七是继续做好典型引导推动工作。在“五四”青年节之际,联合评选表彰了77名全省优秀大中小学生和10个全省先进班集体;评选表彰了20名青海省第六届“青海杰出(优秀)青年卫士”;集中表彰了一批在富裕文明和谐新青海建设事业中涌现出来的161名先进个人和75个先进集体;推荐的6名先进个人和5个优秀集体分别荣获全国奖项。八是加大青年活动阵地建设。申请全省团属青少年活动阵地建设项目,落实建设资金100万元。目前,青少年活动阵地建设已覆盖六州一地一市,县级青年活动阵地数已增加到8个。九是青年交流外事工作迈上新台阶。组织成立青港青年交流促进会,省委书记强卫同志、香港中联办主任彭清华同志出任名誉赞助人,省委常委、省总工会主席穆东升同志率青海省青年联合会庆贺团赴香港出席成立庆典。全年共组织选派42名优秀青年赴日本等八个国家开展青年外事访问交流活动。十是做好全团带队工作。在少先队建队60周年之际,认真学习贯彻胡锦涛总书记致中国少年先锋队建队60周年的贺信精神,普遍开展争当“四个好少年”活动。六一儿童节成功举办“歌唱祖国庆六一”主题教育活动,省委书记强卫莅临并参加主题教育活动。以庆祝少先队建队60周年为契机,联合表彰了一批2008年度少先队工作先进集体、先进个人和第四届书信大赛的优秀个人、先进集体。特邀团中央《知心姐姐》全国巡回报告团家庭教育研究资深专家,免费为西宁市近30所中小学、幼儿园和聋哑学校的学生家长举办家庭教育讲座。

宁夏团的工作

团自治区委以青年思想引领、促进青年就业创业、加强基层组织建设为重点，切实加强团的自身建设，在有效组织、有效引导、有效服务上下工夫，力争在重点工作推进上有新的突破，在难点问题破解上有新的探索，在品牌工作深化上有新的成效，团结带领全区广大团员青年积极为“保增长、保民生、保稳定”工作大局做出了积极贡献。

一、加强团的基层组织建设和基层工作

继续选派地市以上团的领导机关干部到县级团委驻点工作，推行驻点干部联系点制度，建立联系点35个。有效开展基层团队建设试点工作，乡镇、街道团的组织格局创新试点工作得到团中央的肯定。继续加大对基层的支持力度，通过争取财政专项和向社会募集资金等方式，为22个县级团委各提供4－5万元工作经费。加强基层团的工作力量，实施了“1＋3＋X”、“三位一体”乡镇和村级团干部配备模式，选派44名西部计划大学生志愿者到县级团委开展1—3年的基层青年工作专项行动，石嘴山市团委还通过召开青年工作会议，解决了村(社区)团支部书记的工作补贴问题。深入开展“下基层、抓基本、打基础”活动，全区所有团的机关干部通过团情大调研、建立联系点等措施，在活跃基层、打牢基础、狠抓落实上取得初步成效。加强团干部培训，开展了宁夏团干部赴闽学习交流活动，举办了全区团干部专题学习班、小额贷款金融知识培训班，全区所有市县团委书记参加了团中央的集中培训，6人参加了全国少数民族团干部培训班。强化目标考核，通过层层签订目标责任书，确保了年初确定的各项目标任务特别是重点工作落到实处、取得实效。

二、深化青少年思想政治教育

加强爱国主义教育，以“我与祖国共奋进、我与宁夏同发展”为主题，成功举办了全区纪念“五四运动”90周年表彰大会暨专题文艺晚会，开展了以“青春的榜样、青春的风采、青春的成长、青春的奉献”为主要内容的“青年月”活动。加强理论武装工作，指导各高校深入实施青年马克思主义者培养工程，组织青年学生认真学习《六个“为什么”——对几个重大问题的回答》，举办了全区各族各界团员青年学习全国“两会”精神座谈会、“团学干部与团员青年共话成长”等活动。加强分类引导青年工作，选取8个试点单位，通过问卷调查和个体访谈，掌握了不同领域青年群体思想意识中的关键点，努力探索了能够广泛吸引青年、生动传递正确思想准则的引导方式和引导载体。加强民族团结教育，依托团属报刊、网站开设“祖国大家庭”教育专栏，引导各族青少年自觉维护民族团结和社会稳定。“7·5”事件发生后，通过建立QQ群、加强舆情信息员队伍建设和信息报送等措施，积极配合教育部门和高校党委做好校园维稳工作。加强思想道德教育，开展了“与健康文化同行、做快乐阳光少年”净化社会文化环境、“缅怀革命先烈、争做时代新人”诗歌朗诵会等活动，座谈学习了胡锦涛总书记致中国少先队建队60周年的贺信精神。联合其他4个自治区开展了“红领巾心向祖国”各族少年儿童庆祝新中国成立60周年主题活动。加强青少年活动场所建设,积极向团中央争取平罗县和隆德县青少年宫建设资金160万元;争取自治区财政100万元,新建青年中心18个。

三、服务青年成长发展

着力促进青年就业创业,实施“百场新型青年农民(返乡农民工)创业技能培训”、“农村青年领头雁培养”等工程,培训各类青年28657人次;加强青年创业平台建设,按照“有创意、出精品、打品牌”的思路,举办了第四届宁夏青年创业大赛,开展了全国青年创业典型宁夏站宣讲活动,积极争取自治区和团中央的资金支持近400万元,筹建宁夏青年创业就业基金会;实施小额贷款项目,全年累计协调发放贷款4583万元,支持987名农村青年创业;实施青年见习行动,建立国家、自治区、地市级“青年就业创业见习基地”152个,提供见习岗位1136个,到岗见习2637人次。着力推进捐资助学活动,希望工程全年筹资3756万元,其中“圆梦行动”筹资1850.18万元,资助3983名家庭经济困难新生圆梦大学,筹资额与资助规模均创历史新高。特别是与黄河农村商业银行合作成立“助学基金会”、在固原试点设立“共青团班”的筹资和助学模式,被团中央评为全团亮点工作。着力推进“服务青少年月”活动,为留校大学生、农村困难青年、城市下岗青年、刑释解教青少年以及农村留守儿童、进城务工人员子女、大学生志愿者送去30万元的慰问品,为5万名青少年发放了“富士康电子语音图书阅读卡”。着力推进青少年权益维护工作,开展了“共青团与人大代表、政协委员面对面”、春季进城务工青年集中维权服务等活动,银川市团委还通过实施“晨晖工程”,有效探索了社区青少年维权和教育管理工作。开展了闽宁两省区共青团交流与合作活动,在希望工程、“电视入户、文化扶贫”援助工作、团干部培训、大学生志愿者、两省区青年企业家交流合作、地市团组织结对帮扶等方面取得新成果。

四、参与经济社会发展

深化青年文明号、青年岗位能手、青年安全生产示范岗等“青”字号品牌工作,举办了“神华宁煤杯”第四届全区青年职业技能大赛,开展了“青春在岗位上闪光”等主题实践活动,引导全区团员青年为“保增长、保民生、保稳定”贡献力量。深化保护母亲河行动,争取220万元资金,启动实施了中日青年中宁县生态绿化示范林项目,规划造林面积300公顷。深化青年志愿者行动,招募派遣540名西部计划大学生志愿者在自治区开展专项志愿服务工作,开展了环境整治志愿服务全区统一行动,参与了“宁洽会”、“回商大会”等大型志愿服务活动。深化引资引智工作,配合做好中央赴宁“博士服务团”工作,通过组织开展“了解区情、服务基层、接受教育”等主题活动,引导博士服务团成员充分发挥专业特长和资源优势,积极为宁夏经济社会发展建言献策。组织自治区青联委员参与香港(宁夏)经贸文化旅游周活动,并与港区企业完成贸易额1980万元。组织开展了全国青联海外学人华侨界别委员赴宁考察以及中央国家机关青联委员宁夏行等活动,在争取水资源政策支持、推动环保领域投资合作等方面取得初步成效。深化青年外事交流工作,成功接待了以日本前首相村山富市为名誉团长的日本国际友好文化中心暨日本“绿色之桥”代表团访宁活动,组织开展了日本内阁府青年代表团、英国青年政治家代表团与自治区青年的友好交流。同时,选派宁夏34名各界青年参加了团中央、全国青联组织的出访活动。

新疆团的工作

团新疆区委围绕中心，服务大局，科学谋划，重点推进，克服金融危机和“7·5”事件的不利影响，确定了青少年民族团结和反分裂教育、促进青年就业创业和加强基层组织建设三项重点工作。全区各级团组织迎难而上、自加压力、狠抓落实，切实发挥生力军作用，使全区团的各项工作在实现路径上、制度设计上、提升全团的执行力上实现了新的突破。

一、以青少年民族团结和反分裂教育为核心，切实做好青少年思想教育引导工作

在引导青年方面，始终坚持把青少年民族团结和反分裂教育作为思想教育的核心内容。特别强调工作的普遍性原则，要求全区各级团组织都要把目光投向广大普通青年，坚决制止那些简单的“眼睛向上”、只有少数人参与、封闭在体系内的活动，把普遍性够不够、广大青年认可不认可、能否形成“面”上的工作态势作为评判工作的重要标准。

1. 注重通过丰富多彩的活动吸引凝聚各族青少年。先后召开了纪念五四运动90周年暨第九届新疆青年五四奖章表彰大会、4700名大学生参加了各级团组织举办的纪念建国60周年暨五四运动90周年歌咏比赛、23000名大学生在网上参加了“红五月”自治区大学生无神论教育及民族团结教育知识竞赛等活动。在全区少先队组织中开展了纪念中国少年先锋队成立60周年活动，组织了“祖国在我心中，同绣一面国旗”活动、“互赠民族团结连心卡”活动，共发出民族团结连心卡40余万张，增强了团队组织对青少年的吸引和凝聚。

2. 用团属宣传媒体引领各族青少年。注重运用艺术、时尚、手机、网络等新兴媒体和手段，先后组织力量编辑出版了《新歌唱新疆》、《新疆好三字经》、《神游中亚》、《团结》、《新疆少年报双语专刊》、《阿凡提带你走进科学世界动漫光碟》等青少年读物；开辟了“‘7·5’事件真相”、“谁是我们的敌人、谁是我们的兄弟姐妹”、“祖国大家庭”等专栏，深刻揭批“7·5”事件的本质，促进各族青少年的团结和睦。为将活动覆盖到普通青年团员，在五四、六一、国庆、建队日等重大节日，面向全体青年通过手机征集和发送短信150余万条，有效扩大了青少年的知晓率和参与率。

3. 积极探索分类引导青年的方式方法。为进一步增强青少年思想教育的针对性和实效性，积极探索分类引导青年的方式方法。在农村青年、进城务工青年、大学生、企业、机关青年等群体中，确定10个单位作为分类引导青年试点单位，发放调查问卷8411份，形成了五类青年群体思想调研报告，制订了分类引导大纲，为今后进一步做好青少年思想教育引导工作打下了坚实的基础。

4. 开展了专项主题实践教育活动。在敌社情较为复杂的南疆四地州试点开展青少年民族团结和反分裂教育工作的基础上，于2009年5月召开自治区加强青少年民族团结和反分裂教育现场推进会，出台了《进一步加强青少年民族团结和反分裂教育的意见》、《加强青少年民族团结和反分裂教育实施方案》，鼓励和倡导各级团组织结合本地区和单位实际，创新教育手段和载体，在全疆全面铺开，强势推进。

二、在区党委的坚强领导下，全力做好“7·5”事件后各项维稳工作

乌鲁木齐市“7·5”事件发生后，在区党委的坚强领导下，团新疆区委把团结带领各族团员青年维护社会政治大局稳定作为当前全部工作的第一要务，全力做好“7·5”事件后各项

维稳工作。

1. 坚决按照区党委的要求，全力抓好本单位、本系统的稳定。及时传达党中央、区党委的一系列指示精神。制定了系统内各单位24小时值班制度，直属单位每天零报告制度。团新疆区委系统384名干部职工中无一人参与“7·5”事件、无一人出现安全事故、无一人上街游行示威。

2. 及时指导各级团组织维护社会政治大局稳定。第一时间向全区各级团组织和团员青年发布了新疆青年维护社会稳定的六条意见及公开信；派出舆情监测工作组，分别向区党委办公厅和团中央书记办报送信息20余条。结合“三下乡”从各高校招募50名大学生志愿者，赴哈密地区开展民族团结教育集中宣讲活动。建立了高校“双百”网络评论员、监督员队伍，及时掌握大学生思想动态。全区各级团组织和团的外围组织也坚决按照同级党委的安排部署，积极参与舆情调查、入户宣讲、巡逻防控、恢复生产等工作，为确保社会政治大局稳定做贡献。

3. 开展了“7·5”事件雪莲花志愿者专项行动。在62小时内招募志愿者3710人，组建了10支专业志愿者队伍，从事心理危机干预、伤员护理、募集捐款、医疗救助等志愿服务，累计服务时间达30623.5小时。选派12名干部赴乌市红雁街道红雁池东社区和红庙子街道嘉和园社区协助社区开展维稳和民族团结宣讲工作。同时，动员各级团组织、青联、学联、青企协会员累计捐款80万元。

三、以全力促进青年就业创业工作为切入点，不断提高服务青年的能力

在服务青年方面，把青年的就业创业问题作为当前青年最关心、最直接、最现实的问题。始终坚持只有通过对青年合理利益诉求的尊重和服务，通过对青年未来职业生涯发展过程中所需要的社会化技能的培养，才能切实增强对青年的吸引和凝聚。针对新疆自治区青年就业创业的实际，在深入调研的基础上，从观念教育、技能培训、政策扶持、综合服务等四个方面，创意设计了21项重点工作，举全团之力抓好落实。

1. 加强观念教育。开展了第三届百名青年创业之星评比表彰活动，组成创业报告团赴地州、高校、社区巡讲27场次；举办“青年创业·中国强”专题活动，邀请全国21名顶尖企业家组成创业导师团赴高校巡讲7场；举办了首届新疆青年创业大赛，527项创业方案通过审核，400余名选手参与了整个大赛的全过程，12名选手的创业方案获得了银行贷款，3名选手获得企业扶持资金140万元并顺利实现创业；共推介第十一届挑战杯大学生课外学术科技作品大赛20件优秀成果入驻大学生创业园进行创业孵化；动员青联委员、青科协会员、杰出青年代表与各高校开展“与你同行”主题创业实践活动，通过一对一，面对面的交流引导，有力地促进了青年创业观念的转变。

2. 争取政策支持。与自治区银监局、邮政银行、农信社等金融机构沟通协调，扶持1872名青年申请到小额创业贷款4744万元。建立了新疆青年创业实训基地，争取财政资金300万元，举办SYB创业培训班23期，培训城镇青年2774人。筹备成立新疆青年创业就业基金并已进入发起成立阶段，阿勒泰地区筹款84万元建立了青年创业扶助金，昌吉州阜康市筹款100万元设立了青年创业担保金。

3. 狠抓技能培训。争取自治区劳动厅6万个免费培训名额，充分发挥共青团组织青年的根本职能，共组织80490名青年赴254个各级培训机构参加培训，共开班1193期，超额完成了年度培训任务。开展了“共青团科技播火专家行”活动，共成立县级以上专家团152个，聘任涉农专家597人，培训农村青年3.6万余人。与联想新疆分公司启动了“青年就业创业培训项目”，全年培训8760人，100名青年走上见习岗位。依托自治区农职院、山东寿光乐义蔬菜培训基地、上海种都种业科技有限公司，举办村团支部书记(青年致富带头人)培训班7期，培训农村青年396人。

4. 拓宽服务领域。全年共建立各级见习基地500家，提供见习岗位7308个，3329名青年参与见习活动，977名青年与见习基地企业签订正式招录合同。开办厨师和餐饮服务培训班2期，培训各族贫困青年450名并全部安排就业。结合重大工程建设、企业用工需求，及时发布用工信息组织青年转移，全区各级团组织共协调转移青年富余劳动力8万余人。同时，积极开展岗位对接，人事代理、档案托管、代缴社保等一系列服务活动，累计服务各族青年5000余人次；开展进城务工、勤工俭学等各类招聘会15场次，提供岗位8900个，帮助4100余名青年达成就业意向。

四、以加强基层组织建设和基层基础工作为根本，切实增强基层团组织对青年的吸引和凝聚

团的基层组织和基层工作是共青团联系广大普通青年最重要、最普遍的路径和载体，团的工作和建设的主要问题和薄弱环节都在基层。一直以来，团新疆区委始终把加强团的基层组织建设和基层工作作为关系共青团履行根本职责、实现各项职能、保持自身活力的"生命力工程"，特别强调团的各级领导机关要把工作注意力放到基层，尽最大努力加强对基层的工作指导和支持。

1. 推动基层组织格局创新试点工作。出台了《新疆共青团基层组织建设规划纲要》，在农村、城市社区、机关企事业单位、学校、"两新组织"、少先队组织等六个领域，分区、地、县三级，实施了"六个一百示范点培育工程"。充分发挥协管职能，以乡镇团委换届、村民委员会换届为契机，构建了由7—9名委员组成的乡镇团委，实现了团委书记进乡镇党委班子，农村能人、企业家成为乡团委委员，由一名28岁以下的青年担任村团支部书记，扩大了基层团组织的影响力，配强了乡镇团组织力量。

2. 为基层工作创造条件。在团中央的支持下，向99个县市区团委提供了495万元的工作经费，为854个乡(镇)团委各提供1台电脑。用以奖代补的方式向基层团委拨付培训经费及物资支持80万元。全年累计向基层拨付资金575万元。全年共举办基层团队干部主体培训班31期，计3523人。

3. 狠抓团干部队伍建设。团新疆区委机关面向全区公推调任了2名处级干部，选派22名干部赴不同领域挂职锻。坚持好人好马上一线的原则，先后派出第二批、第三批共48名干部和56名青年工作志愿者赴基层县市指导工作。

4. 不断巩固和加强学校团组织的基础性战略地位。认真贯彻落实《区党委关于加强高等学校党建工作的意见》(新党发〔2009〕13号)，切实发挥共青团工作和学生组织工作在学校工作中的地位和作用。明确了高校党委每学年至少召开1—2次专题会议研究共青团工作；1万人以下的高校，校团委专职团干部原则上编制不得少于5人；1万—2万人的高校，不少于9人；2万人以上的高校，不少于11人；院(系)团委(团总支)必须配备1名专职团干部；按照在校生每年人均不低于20元的标准划拨校级团委日常工作经费等内容，为进一步规范和加强高校共青团工作提供了组织和制度保障。突出抓好《自治区中学共青团规范化建设工作实施意见》、《关于加强中等职业学校共青团工作的意见》的落实督导，通过理顺关系、健全组织结构、加强业务指导等手段，切实加强中学、高职、中职院校共青团工作。健全了自治区少工委组织机构，全面落实团中央《少先队基层组织建设和基层工作试点实施方案》。开展了第二届辅导员技能技巧大赛，选送250余名优秀辅导员赴广东、广西、上海等地培训。通过党建带团建、团队衔接，有力推进了党、团、队一体化建设。

在做好三项重点工作的同时，积极推进了《新疆维吾尔自治区志愿服务条例》和《新疆维吾尔自治区未成年人保护条例》的立法工作；全年共招募大学生西部计划志愿者1092名，新增项目县9个，累计在疆服务大学生志愿者已达5987人，已正式留疆工作者1350余人；深化了“共青团与人大代表、政协委员面对面”活动，提出了涉及青少年法制教育、就业创业、权益保护等方面的86条意见和建议；召开了自治区预防青少年违法犯罪工作领导小组全体会议，完善了联席会议制度和信息通报制度；召开了12355青少年服务台建设现场推进会，为5个试点城市各配备1万元项目启动资金并全已开通服务热线；全年还选派64名优秀基层团干部、青年企业家赴日、韩等国家及港、台地区参加交流活动，接待国外访华团2批116人。

五、加强机关精神文明建设，团属事业单位健康发展

围绕学习型、创新型、节约型机关建设，发挥机关工会、共青团、妇委会作用，进一步加强了“文明机关”、“文明部室”创建活动的规范化管理，积极开展“五好党支部”创建活动。出台了《关于加强机关党员学习的实施意见》、《党员教育暂行办法》，不断加强党风廉政建设，夯实机关党员干部廉洁从政的制度基础。

团属事业单位以服务青少年成长、服务共青团事业发展为宗旨，坚持正确的舆论导向，积极应对市场的挑战，内强素质、外塑形象，取得经济效益和社会效益的双丰收。新疆青少年出版社进一步加大改革力度，出版了大量青少年喜爱、社会认可的读物，经济效益创出版社成立以来的新纪录。新疆青年杂志社、新疆少年报社适应新形势，狠抓刊物质量建设，发行量稳中有升，进一步扩大了刊物的影响力。新疆团校围绕“三大基地”建设，优化师资结构，狠抓培训质量，在学历教育、团队干部培训、青年创业培训等方面取得了长足的进步。新疆青年就业服务中心遵循扶助创业促就业的思路和理念，多举措为青年创业创造条件，有效服务广大青年创业就业。新疆青少年发展基金会围绕举办希望工程实施20周年纪念活动广泛募集资金，不断扩大社会影响力。中青旅新疆分公司克服金融危机和“7·5”事件的不利影响，不断发掘和开拓市场，为重振新疆旅游业作出了积极贡献。新疆青年网路影视中心积极拓展网络阵地建设，不断丰富引导、教育青少年的手段和载体，为团的事业健康、蓬勃发展提供坚实保障。

新疆生产建设兵团团的工作

新疆生产建设兵团团委围绕党政工作大局，坚持“德育为先、服务为本、突出重点、创新发展”的工作理念，不断加强青少年思想道德建设，扎实推进“四行动两计划一工程”等重点工作，切实加强自身建设有效开展。

一、围绕保稳定，认真贯彻落实中央、自治区和兵团党委的战略部署

1.“7·5”事件后统一思想强化教育。“7·5”事件发生后，兵团团委引导广大青少年迅速把思想统一到党中央、自治区和兵团党委的要求上，积极开展民族团结和反分裂教育，在一线维稳工作中，广大青年成为骨干力量。一是按兵团党委要求，积极开展“拥军爱警”活动，号召兵团各级团组织慰问武警官兵、公安干警、监狱民警和民兵，尤其是针对维稳民兵，及时了解他们的困难和需要，力所能及地帮助他们解决生产生活中的具体困难和问题。二是举办了以“热爱祖国、热爱新疆、热爱兵团，加强民族团结”为主题的知识竞赛，参与人数达106万人，占兵团人口总数的41.7%。为把“三热爱一加强”主题教育活动不断引向深入，举办了同一主题的兵团青少年校园歌手大赛，各级团组织通过红歌会、校园歌手选拔、主题队日等形式，使青少年参与人数达到37.15万人,参与率占在校学生人数的71.9%。三是将“7·5”事件真相、民族团结和反分裂教育作为今年青年马克思主义者培训班和兵团团干部培训班的重点培训内容,在南北疆分别举办了两期青年马克思主义者培训班,培训青年骨干228名。

2. 抓住各种契机加强对青少年的思想引导。一是以深入学习实践科学发展观活动为契机,深入开展“六个为什么”学习教育,研究和探讨加强青少年引导工作中存在的突出问题,深刻分析原因,找出对策;二是以新中国成立60周年为契机,开展了以“维护民族团结促进各民族青少年和睦相处”为主题的民族团结教育活动;三是以纪念“五四运动90周年、共青团建团87周年”为契机,召开兵团各界青年纪念五四运动90周年座谈会,基层各单位普遍举行了“迈入青春门,走好成人路”18岁成人仪式教育活动和团员青年重温入团誓词活动;四是以“与屯垦戍边事业共奋进”主题活动为契机,开展了第十一届团场青少年文化艺术节、志愿服务、青少年艺术作品大赛获奖作品巡展等活动;五是以建队60周年为契机,开展少年儿童民族团结“八个一”主题活动和“祖国在我心中,同绣一面国旗”活动;六是以评优选先为契机,推选表彰了各类先进集体和个人,充分发挥了典型引导示范作用。

3. 认真做好分类分层教育引导工作。为增强教育引导青少年工作的针对性和实效性,按照不同类别青年群体在职业背景、社会阅历及思想意识方面的显著差异,对团场青年、大学生、企业青年、进城务工青年四类群体开展调查研究,了解不同类别青年思想意识的关键点,确定了8个单位作为基层联系试点单位。各级团组织通过开展和谐小康家庭创建、青少年维权工程、志愿服务行动、主题队会录像展评等活动,认真做好分类分层教育引导的研究及试点,切实加强青少年思想教育工作。

二、围绕保增长,组织动员青年为推动兵团经济平稳较快发展做贡献

1. 服务团场青年增收致富。着眼于农业“三大基地”建设,深入推进青春建功新型团场行动和创新创业行动。2009年落实团场青年就业创业小额贷款3133.31万元,累计扶持青年家庭1881户;面向团场、连队青年职工开展了金融知识讲座、团场青年创业小额贷款远程教育培训工作;利用团场冬闲时间,组织团场青年职工参加种植业、养殖业培训;积极与内地企业联系,拓宽培训渠道,选派30名团场优秀青年赴上海免费参加青年就业创业培训。截至目前累计培训青年37662人次。

2. 服务企业青年岗位成才。着眼于工业“六大产业”建设,深入推进青工技能振兴计划。与兵团劳动和社会保障局联合举办职业技能大赛,大赛各项目第一名均为青年。2009年兵团企业完成导师带徒结对数14525对,建立企业培训基地352个,培训各类青工18549人次,参与技能竞赛10640人。通过竞赛、培训及推优等晋升为高级工、技师和高级技师的青工分别为4542人、865人和103人。

3. 服务人才强兵团战略。2009年接收西部计划志愿者和“三支一扶”志愿者532名。自2003年西部计划实施以来,兵团共接收大学生志愿者2286人,截至2009年底,留在新疆、兵团就业744人(2009年109人),其中562人在兵团就业,留疆就业率达46.04%,在兵团就业率达34.78%。举办了兵团“创业杯”大学生课外学术科技作品竞赛,推荐5件优秀作品参加第十一届全国“挑战杯”大学生课外学术科技作品竞赛,其中1件获一等奖、3件获二等奖、1件获三等奖,石河子大学获优秀组织奖,总分位居全国第14名,取得了新疆及兵团历史最好成绩。

三、围绕保民生,最大限度的服务青少年成长需求

1. 就业创业工作初见成效。在高校重点帮助在校大学生转变就业观念，组织了大学生就业创业事迹报告团，举办“大学生就业创业校园励志报告会”；针对受2009年金融危机影响，外出务工团场青年返乡的状况和大学生急需提高就业技能的需求，各级团组织积极和企业联系，共建立各级各类青年就业创业见习基地117个，提供就业见习岗位3250个，实现就业824人。

2. 助学帮困行动成绩显著。积极拓宽筹资渠道，扩大服务范围，全年募集资金895.11万元，募集物资价值262.74万元，其中春节前慰问贫困青少年和因贫滞校大学生的资金和物资达300余万元。全年资助学生1021人，建设希望小学4所，素质教育活动室3个，在团场新建“青年图书室”42个，在全国希望工程实施20周年表彰活动中有6个单位、12名个人获得表彰。

3. 青少年维权工程扎实推进。按照《关于实施“青少年维权工程”的意见》要求，依托专业机构力量，赴基层开展青少年法制维权、心理健康教育师资培训8场，培训578人，增强了基层团干部维护青少年合法权益的能力和水平，推动了社会化青少年维权队伍建设。积极推动有条件的单位与地方共享12355青少年公共服务平台，与兵团司法局联合举办了“青少年普法知识电视大赛”。

4. 志愿服务行动引领新风。进一步弘扬志愿精神，健全组织机构，扩大志愿队伍，拓展服务领域。兵团现有注册志愿者112701人，全年参与志愿服务达292039人次，累计服务1653291小时。加强志愿者协会建设，成功召开了兵团青年志愿者协会第二届理事会。扎实做好西部计划志愿者的培训、岗位对接、管理服务工作，目前在岗大学生志愿者670名。各级团组织利用“3·5”中国青年志愿者日、“12·5”国际志愿者日等契机，广泛组织青少年参与各种形式的志愿服务活动。组织112名大学生志愿者和兵团机关青年参加捐献造血干细胞血样采集活动，有89名志愿者成为造血干细胞志愿捐献者。“7·5”事件后，组织专业志愿者前往医院，探望无辜受害各族群众，并对部分轻伤员及家属进行心理疏导。

四、切实加强团的自身建设，为做好新形势下的共青团工作提供组织保障

1. 成功召开共青团兵团第四次代表大会。在兵团党委的亲切关怀下，2009年6月15—18日成功召开了共青团兵团第四次代表大会，兵团领导聂卫国、华士飞、翟小衡、刘向松、成家竹出席大会开幕式，聂政委作了重要讲话。大会全面总结了三届委员会的工作，明确了当前和今后一个时期的工作目标和任务，选举产生了共青团兵团第四届委员会，一批优秀青年干部选拔到了团的岗位。

2. 加强团员、团干部队伍建设。重视团员意识教育，全年新增团员23482人，目前兵团现有团员164452人，通过业余团校、党校加强对团员青年的培训，全年有4019名团员青年经团组织推优入党。团干部培训工作力度进一步强化，与组织部联合举办第三期兵团共青团干部岗位培训班，培训学员53名，各师级团委培训团干2534人次。选派17名优秀青年分别赴日本、韩国等国家和地区考察交流。举办首届兵团共青团工作理论研讨会。修订了对各师级团委的绩效考核评价实施细则，并对27个师级团委进行了调研考评。首次试行师级团委年终工作述职制度。

3. 重视基层团组织建设和基层工作。坚持面向基层，狠抓基层，工作资源向基层倾斜，团委机关干部深入基层开展调研、培训、指导工作；各级团组织全力推进基层组织的健全巩固、创新发展，基层团组织的活力进一步加强。召开了兵团共青团工作现场推进会，编印了《兵团共青团基层组织建设和基层工作经验交流材料汇编》，向基层配发3000册，促进了基层工作的交流和提高。

军队青年工作

全军青年工作坚持以邓小平理论和“三个代表”重要思想为指导，深入贯彻落实科学发展观，坚决落实胡主席和军委决策指示，着眼大局乘势而为、围绕中心主动作为、改进作风奋发有为，取得了新的成绩和进步，有力促进了部队建设科学发展和各项任务圆满完成。

一、坚持不懈抓好青年官兵理论武装工作

各级始终把用党的创新理论武装和凝聚青年作为根本任务。按照军委关于开展学习实践活动《意见》，总政专门对团员青年开展“科学发展观引领我成长”主题活动作出部署，提出明确要求。在军报和全军政工网等媒体开设专栏，及时宣传报道部队开展主题活动情况，通过全军学习实践活动《简报》和总政《组工情况》，转发15个不同类型单位的经验做法，推动活动扎实有效开展。各大单位在精心抓好基层学习实践活动的同时，紧密结合培育当代革命军人核心价值观工作，对开展主题活动作出具体安排，指导部分师旅团级单位试点先行，探索开展主题活动的方法路子。基层单位广泛采取读书演讲、网上交流、参观见学、文艺表演和编发科学发展观故事集等方式，组织团员青年系统学习中国特色社会主义理论体系，不断加深对科学发展观科学内涵、精神实质和根本要求的认识理解。总参、成都军区自下而上开展“青春的誓言”和“科学发展观引领我成长”主题演讲竞赛，空军、北京军区编发青年官兵理论学习教材和辅导读物，国防大学、国防科技大学开设“科学发展观名师讲台”，沈阳军区组织军师级单位青工干部开展主题活动研讨交流，广州军区组织驻港部队中环机务站女兵群体巡回报告学理论经验体会。这些有力举措，把理论武装工作融入青年官兵喜闻乐见的形式和载体，确保了主题活动的正确方向和扎实有效开展，进一步打牢了青年官兵高举旗帜、听党指挥、履行使命的思想政治基础。

二、充分发挥青年官兵生力军突击队作用

各级紧贴担负重大任务十分繁重的实际，充分发挥共青团和青年工作的特有优势，积极动员青年官兵在完成重大任务中奋力争先、勇挑重担。参加国庆首都阅兵的部队，广泛开展“飘扬的团旗、庄严的敬礼”和“争创优胜方队、争当最佳排面”等展示评比活动，引导青年官兵战高温斗酷暑、苦练过硬基本功，以优异成绩向建国60周年献礼。海军执行亚丁湾索马里海域护航任务的部队，开展“争当护航尖兵”活动，举行“走向深蓝”出征宣誓，强化青年官兵为祖国争光、为军旗添彩的使命感责任感。兰州、成都军区和武警部队执行新疆、西藏和其他藏区维稳任务的部队，普遍成立青年突击队，深入开展“忠诚履行使命、争当维稳先锋”活动，激励广大青年官兵在艰难困苦的环境中锤炼不怕牺牲、坚定果敢、英勇顽强的战斗精神，涌现出“献身使命的忠诚卫士”万金刚等一大批先进人物。济南军区在保障十一届全运会中开展“奉献全运会、安保作贡献”活动，广州军区担负跨区机动演习任务的部队广泛开展“青春飞扬演兵场”活动，培树不怕疲劳、恪尽职守、连续奋战的顽强作风，以实际行动向党和人民交出了合格答卷。

三、推进青年官兵学习成才活动深入发展

2009年是全军开展学习成才活动10周年。各级认真贯彻军委、总政领导有关指示精神，围绕培养造就大批符合“四个新一代”要求的高素质青年军人，系统总结10年来培养教

育青年官兵的成绩和经验，积极探索推动活动创新发展的措施办法，不断加大对学习成才活动的指导力度。组织调研总结的《新形势下军队培养教育青年官兵探索与实践》、《开展学习成才活动的回顾与思考》，受到军委、总政领导和团中央领导的充分肯定，在《求是》杂志、《政治工作通讯》等军内外刊物发表后引起了很好的反响。组织全军历届学习成才先进典型，通过开展经验体会交流、做客全军政工网、与清华大学国防生共话使命、组织参观见学等系列活动，激发青年官兵发奋学习成才、立志献身国防的内在动力。各部队着眼加强核心军事能力建设，不断拓展领域、丰富内容、创新载体，促进活动更好地发挥大规模培养人才、大幅度提升官兵素质的积极作用。总后坚持把强化姓军为战思想和增强科技创新能力作为开展活动的突破口，海军、二炮建立完善学习成才活动组织领导、奖惩激励和服务保障机制，空军紧贴转型建设需要和官兵岗位职责构建人才培养目标体系，南京军区利用“东线青年网”为官兵搭建信息化学习平台，有效提升了学习成才活动的层次和质量。各单位积极改进学习成才先进典型评选办法，通过建立媒体公示、民主评议、群众投票等制度措施，使评选表彰的过程成为推动活动深入开展的过程，学习成才活动呈现出与时俱进、创新发展的良好态势。

四、大力培养宣扬青年官兵先进典型

各级始终把这项工作抓得很紧、力度很大，推出了一大批有说服力影响力的青年官兵和先进单位典型。李峰、何祥美、杨开飞3名同志荣获“中国青年五四奖章”，全军有44个单位和个人被表彰为全国五四红旗团委、团支部和优秀团员、团干部，2名同志荣获中国青少年科技创新奖，4名同志被表彰为全国青年杰出岗位能手。总政通报表彰71个全军学习成才先进单位和个人，30个全军十大红旗团委、团支部和共青团干部标兵，在军内外产生了广泛影响。协调团中央与中宣部、总政联合举办摩步五十四团和蔡一清先进事迹报告会，安排“中国十大杰出青年”向南林到大连市地方院校和部队作事迹报告，集中宣传军队优秀青年的先进事迹，有效发挥了先进典型的示范导向作用。二炮和武警部队进一步规范“十大砺剑尖兵”、“中国武警十大忠诚卫士”评选办法、创新表彰形式，兰州军区等单位广泛开展“走典型成长之路、让青春在军营闪光”活动，济南军区和军事科学院举办首届“十大青年标兵”、“感动军科人物”评选活动，形成了学习典型、争当典型的浓厚氛围。

五、部队团组织建设得到进一步加强

各级认真贯彻新修订的基层建设《纲要》和共青团工作《条例》，在加强基层团组织建设上做了大量扎实有效的工作。以纪念五四运动90周年为契机，组织“学团章、明团史、知团情”主题教育，开展新团员宣誓、重温入团志愿书等系列活动，帮助大家强化团员意识、增强光荣感使命感。结合组织开展第三批学习实践活动，对团组织普遍进行指导帮建，狠抓团的干部骨干培训，着力增强团组织抓团建、带队伍、搞活动的本领。遴选21名优秀团干部参加团中央组织的研讨活动，通过与地方团组织深入交流，进一步拓展了部队共青团工作的思路和途径。总政下发《关于军队共青团交纳团费标准暂作调整的通知》，进一步规范团费交纳的基数和标准，较好解决了军队党、团费交纳不配套的问题。总装对基层团组织每周、每月、每季的工作进行梳理和规范，沈阳军区把团的各项制度制作成光盘下发部队，北京军区开展优质团课评比竞赛，南京军区探索野外驻训部队和小散远直分队组织开展团日活动的方式方法。这些措施和办法，对进一步增强基层团的组织功能起到了很好的促进作用。

武警部队青年工作

2009年，武警部队青年工作坚持以科学发展观为指导，深入贯彻共青团十六大和全军青年工作会议精神，紧紧围绕中心、服务大局，突出抓根本保方向、抓组织强基础、抓活动促活跃、抓创新求发展，引领青年官兵在建设部队和履行使命中发挥生力军突击队作用。

一、团员青年理论武装扎实有效

坚持把用中国特色社会主义理论体系武装青年官兵作为首要政治任务来抓，紧密结合深入学习实践科学发展观活动和培养当代革命军人核心价值观主题教育，指导部队扎实推进党的创新理论进团课、进团的活动、进团员青年思想工作。组织开展“科学发展观引领我成长”活动，指导各级组织团员青年系统学习掌握中国特色社会主义理论体系特别科学发展观的科学内涵、精神实质和根本要求。在武警政工网开设“青春与使命同行、奋斗与光荣相伴”演讲征文网页，近10万名青年官兵参加撰写征文和主题演讲，深情讲述在科学发展观引领下成长成才的真实事迹和感人故事，赞颂伟大成就、憧憬美好未来、畅谈人生感悟，抒发争做党和人民忠诚卫士的真挚情怀。《中国青年》杂志和《人民武警报》摘刊征文近百篇，《解放军报》和新华网专版（页）刊发武警部队开展主题活动启示录，评选表彰获奖征文150篇，激发了广大青年官兵学习党的创新理论热情。坚持用胡主席关于武警部队建设以及青年和青年工作的一系列重要指示统一青年官兵思想，胡主席同中国农业大学师生代表座谈时的重要讲话发表后，及时下发通知对认真学习胡主席重要讲话精神作出部署，指导部队利用局域网、警营广播、橱窗板报和座谈讨论等形式广泛学习宣传，使广大官兵深切领悟胡主席的殷切期望和真情关怀，进一步打牢了高举旗帜、听党指挥、履行使命的思想政治基础。

二、团组织建设不断加强

围绕贯彻落实共青团十六大和全军青年工作会议精神，指导部队运用好武警部队第四期青工干部培训成果，及时做好组织改选、干部骨干培训、严格组织生活制度等工作。按照党建带团建要求，指导各级结合考察帮建基层党支部，有重点地对350多个相对较弱的基层团支部进行帮建，使先进层不断扩大、后进面不断缩小。认真推广上海总队九支队团委开展大团日活动的经验做法，有效提高了部队团日活动的质量。“五四”期间，武警总部政治部对十大红旗团委标兵、十大红旗团支部标兵和51名优秀共青团干部进行表彰，遴选推报了受全国全军表彰的6个团委（支部）和个人，为各级树立了示范标杆。

三、各项青年活动有新的发展

紧贴部队担负维稳和国庆安保等重大任务实际，精心组织开展各类青年活动。深入开展中国武警十大忠诚卫士评选表彰活动。为进一步丰富拓展活动内涵和外延，引导青年官兵自觉践行当代革命军人核心价值观，对2004年颁发的忠诚卫士《誓词》、《守则》作了重新修订颁发，在《人民武警报》全文刊发《誓词》、《守则》和总部首长答记者问，配发评论员文章，总结推广8730部队学习贯彻《誓词》、《守则》的经验做法，进一步掀起了学《誓词》、遵《守则》、唱《组歌》的热潮。协调新华网和武警政工网开辟专栏，开展“我心目中的中国武警十大忠诚卫士”投票活动，组织3名忠诚卫士做客访谈，官兵发表评论2764条，85万网民点击投票、跟帖10.8万余条，较好地实现了报刊网络互动、官兵上下互动、部队内外互动，增强了活动感召力和影响力。坚持把促进任务完成作为评选活动的根本出发点和落脚点，指导各级积极开展配合活动，教育引导青年官兵学忠诚卫士思想、走忠诚卫士道路、创忠诚卫士业绩。组织第十二届“中国武警十大忠诚卫士”先进事迹报告团，赴北京、内蒙古、湖南、湖北总队4个单位作事迹报告7场，865个分会场的64000余名官兵聆听报告，在部队引起强烈反响，达到了鼓舞士气、凝聚力量、激发干劲、促进工作的目的。深入开展学习成才活动。认真贯彻军委、总政领导关于学习成才活动重要指示,抓住学习成才活动10周年有利契机,着力推动活动扎实开展。在深入调研的基础上,对武警部队近年来开展学习成才活动取得的成果和经验进行全面总结,对新形势下推动活动深入开展进行了认真思考,起草形成了专题报告。大力倡导学习在工作中、成才在岗位上的理念,指导部队广泛开展争当科技小行家、知识小状元、革新小能手、成才小标兵、"四会"小教员等活动,激励官兵争当训练尖子、技术能手、工作模范和行业标兵,增强了学习成才的吸引力和感召力。积极参加全军学习成才10周年纪念活动,上海总队、8650部队在座谈会上介绍了经验。按照评选表彰向一线基层官兵倾斜、向执行重大项任务部队倾斜的原则,年底对45名学习成才先进个人和10个人才培养先进单位进行表彰,充分发挥了激励导向作用。深入开展"四联"活动。指导上海总队与上海市团委联手培养"新型农村带头人",鼓励推荐优秀复员退伍战士到农村竞聘上岗,探索了把"四联"活动向农村、社区延伸的路子,涌现了一批建设和谐社区、小康农村的致富带头人。

四、先进青年典型层次逐步攀升

注重把培养、宣传和表彰青年典型作为推动工作的抓手,先后推报全国全军表彰10个集体和21名青年典型,充分展示了武警青年官兵的精神风貌和时代风采。其中,忠诚使命、勇擒毒枭的"中国五四青年奖章"获得者杨开飞,勤奋学习、热心服务青年官兵的全国优秀团干部胡少林,在部队内外产生了良好反响。

铁道系统团的工作

铁道系统各级团组织坚持以科学发展观指导工作实践,按照"高标准、讲科学、不懈怠"的要求,紧紧围绕中心任务,主动服务青年成长成才,不断激发团组织自身活力,在和谐铁路建设的发展进程中努力发挥团组织的生力军和突击队作用。

一、针对金融危机的严重影响,努力增强青年思想政治工作的有效性

1. 以学习实践科学发展观为契机,不断加强青年理论武装。全国铁道团委认真落实学习实践活动中制定的整改措施,努力完善、落实各项制度,加强理论学习和交流,运用科学发展观指导共青团工作,不断增强自身的学习、决策、协作和自律能力。铁路基层团组织充分利用第二批学习实践活动的时机,坚持用马克思主义中国化的最新成果构筑当代铁路青年的精神支柱,引导青年坚定走中国特色社会主义道路的信念,不断增强应对金融危机、建设和谐铁路的信心和决心。全路各级团干部结合《六个"为什么"——对几个重大问题的回答》的内容,深入学习领会十七届四中全会精神,不断加深对新时期加强党建重要意义的认识,进一步增强依托党建带团建的责任意识。按照铁道部政治部的指示,结合深化学习实践科学发展观活动的要求,全国铁道团委在全路团干部中组织开展了"如何做好新形势下铁路基层共青团工作"大讨论活动,通过学习交流、调研摸底、讨论研究、评论引导等措施,帮助团干部进一步认清共青团工作面临的新形势和自身肩负的光荣使命,做到学习领会有所悟、调查研究有所思、专题讨论有共识、成果转化有成效,达到了提高认识、凝聚合力的目的。

2. 以各种纪念活动为契机,不断强化青年爱国主义教育。一是以五四运动90周年和铁路团组织成立60年为契机,大力开展"弘扬五四精神、建功和谐铁路"主题活动。4月29日,全国铁道团委召开全路纪念五四运动90周年电视电话会议,铁道部党组成员、副部长彭开宙同志代表铁道部党组出席会议并作重要讲话。全路各级团组织认真组织团员青年学习领会会议精神,开展了参观动车基地、举办形势与技术团课、召开"五四"座谈会等系列活动,引导青年弘扬五四精神,投身和谐铁路建设,为凝聚青年智慧和力量、积极应对金融危机发挥了有效作用。二是以新中国成立60周年为契机,大力开展爱国主义教育系列活动。全路各级团组织通过"演讲比赛"、"读书活动"、"征文比赛"、"瞻仰革命先烈遗址"、"红歌传唱"等形式,大力开展爱党、爱国、爱路教育,帮助团员青年明确形势任务,激发爱国热情,坚定工作信心。三是以"乘高铁、看发展、迎国庆"主题参观活动为契机,加强青年形势任务教育。按照铁道部政治部的整体部署,8月26至9月16日,全国铁道团委从全路抽调7名局团委负责人和50余名志愿者,为"乘高铁、看发展、迎国庆"主题参观活动提供志愿服务、引导工作,和全路近万名代表共同体验了铁路发展的沧桑巨变,了解了铁路发展的宏伟蓝图,感受了铁路建设在应对金融危机中所肩负的使命。志愿者的热情服务得到了领导和代表的一致好评。在主题活动结束后,各级团组织积极参与开展代表宣讲活动,不断扩大活动影响,鼓舞了一线团员青年的士气,树立了艰苦奋斗的信心,激发了岗位建功的斗志。

3. 以两个新入路青年群体为主要对象,不断加大新形势下青年思想教育工作的研究力度。新形势下,新入路大学生和复退军人是铁路职工队伍的主要来源。为了更好地开展工作,全国铁道团委广泛动员各局团委研究新入路大学生和复退军人的整体情况,积极思考加强思想教育工作的有效措施。7月,全国铁道团委书记岳震一行到沈阳铁路局对复退军人学历教育和学员思想状况进行专题调研,并到沈阳车务段调研基层共青团工作。10月,全国铁道团委副书记张腾到沈阳铁路局大连地区检查调研共青团工作,并就团组织对新入路大学毕业生及复退军人的培训教育情况进行了专题调研。11月11日,全国铁道团委组成调研组到兰州铁路局银川电务段和银川车务段进行调研,与基层团干部和复退军人学员、新入路大学生进行了座谈。在此同时,全国铁道团委联合部人事司、劳卫司、人才服务中心等部门,收集整理了近三年来大学毕业生和复退军人的接收情况及相关资料,组织力量深入基层,通过座谈会、问卷调查、专题讨论及走访等方式,就新入路大学生和复退军人队伍状况进行了广泛调研,努力掌握实际情况,分析结构和特点,总结有效的工作经验,积极征求各方意见,制定有效措施,有针对性地开展工作,取得了积极的成果,为下一步工作决策提供了有效依据。

二、积极融入中心、服务大局,团员青年的生力军作用得到进一步发挥

1. 深化春暑运立功竞赛和"知路·爱路·护路"宣传活动,不断提高团组织保安全的能力。结合团中央关于开展"争做志愿者、创造新生活"主题活动的要求,铁道团委在全路团员青年中广泛开展了春运、暑运立功竞赛活动。各局团委认真总结以往的活动经验,详细策划活动方案,组织广大团员青年立足岗位确保安全、为旅客货主提供优质服务、深入一线送温暖送清凉,得到了广大旅客和职工的好评,也得到了胡亚东副部长的鼓励和肯定。运输一线团组织根据全路运输安全工作会议提出的路外安全关键环节,强化了道口安全宣传,把道口看护人员日常宣传与团日活动突击宣传结合起来,把地方教育与铁路宣传结合起来，抓住学生春（秋）季开学和放假的有利时机，在学校、村庄等集散地集中开展春（秋）季护路宣传活动，达到了“学校与家庭同参与、社会与铁路共维护”的效果。各级团组织坚持把护路活动和建设沿线“绿色屏障工程”相结合，在“五一”劳动节和植树节期间，积极开展“植安全树、护安全路”等活动，使护路活动内容得到了不断充实，在活动过程中提高了团组织服务生产、确保安全的能力。

2. 开展增收节支、创新创效活动，努力展示团组织服务中心工作的作为。面对国际金融危机不断蔓延的严峻形势，各级团组织认真传达贯彻铁路工作会议精神，广泛发动团员青年统一思想认识，凝聚智慧和力量，以实际行动迎接挑战和考验。铁道团委以“与祖国共奋进、和铁路同发展”为主题，发出了开展增收节支、创新创效活动的号召。全路各级团组织结合自身实际，在青年集体、青年班组中组织开展了以“增运增收人人有责，节支降耗从我做起”、“修旧利废、青年先行”等为主题的立功竞赛，在广泛的宣传发动中增强青年增收节支的责任意识，在节约一滴水、一张纸、一度电的实际行动中节支降耗，在开展技术创新、推广革新成果的实践中提高效率，取得了较好的效果，激发了广大青工为实现经营目标贡献智慧和力量的热情。

3. 探索自控型青年班组建设，提升青年班组管理水平。以规范青年文明号管理为着力点，积极落实铁路自控型班组建设三年工程的部署，铁道团委举办了铁路系统全国青年文明号负责人培训班，组织召开青年文明号班组长座谈会，广泛征求意见，研讨部署了创建青年文明号自控型班组建设活动。来自全路的74名全国青年文明号负责人参加了培训学习。7月分，铁道团委下发了《关于动员全路各级青年文明号开展自控型班组创建活动的通知》，对全路各级青年文明号班组深入推进青年文明号自控型班组创建活动进行了部署。各级团组织积极响应，紧密围绕自控型班组“班组长队伍过硬，班组管理制度健全完善，班组自控能力显著增强”的具体要求，认真领会，找准切入点，积极开展活动，为加强自控型青年班组建设进行了大胆的尝试和探索。

4. 坚持开展“圆梦助学”活动，不断完善铁路捐助中心机制建设。2009年，铁路青少年发展捐助中心在帮困助学活动中共资助313人，支出117.15万元；圆梦行动共资助275名困难职工子女圆梦大学，支付圆梦资金110万元。全年共走访资助对象20人。哈尔滨局团委坚持开展好希望工程职业教育助学计划试点工作，丰富了团组织落实部党组“三不让”承诺的手段。南宁局团委开展了第三次“圆梦号”爱心列车开行活动，为1200名贫困生提供了乘车服务。下半年，捐助中心利用中央开展“小金库”清查整顿、民政部对“民办非企业单位”进行等级评估的时机，认真规范了内部机制建设，为今后铁路青年捐助事业的健康发展奠定了坚实的基础。

三、开展引导青年成长成才试点，服务青年水平得到进一步提升

1. 大力开展“铁路青年提素行动”。为了认真落实部党组关于加强重点工种职工队伍素质建设三年工程的要求，4月，全国铁道团委下发《关于组织团员青年深入开展“铁路青年提素行动”的通知》，以“学技术·强业务·提素质”为主题，在全路各级团组织特别是涉及客运专线和动车组开行的团组织和团员青年中深入开展“铁路青年提素行动”。为了有效推进活动开展，铁道团委组织青年动车组司机、机械师和电务信号方面的一线青年业务骨干分两批到北京集中编写青工业务学习材料。目前《客运专线电务基础知识问答》手册已经编印下发到开通客运专线的相关路局，并组织团员青年学习，并将《手册》及时向其他将要开通客运专线的路局推广，不断扩大“铁路青年提素行动”的辐射能力，大力开展青工业务学习活动。

2. 积极建立共青团“青年就业创业见习（实习）基地”。2月，全国铁道团委与相关司局制定出台了《关于铁路系统建立共青团“青年就业创业见习（实习）基地”的实施意见》，铁道部政治部及时给予了转发并提出了明确的要求。文件部署全路创建首批“青年就业创业见习基地”14个，提供见习岗位140个，范围涉及9个铁路局。相关路局团委积极协调对接，制定配套措施，逐项抓好落实。全年，9个铁路局共创建首批共青团“青年就业创业见习基地”14个，顺利完成了143名学员的见习工作。

3. 认真开展引导青年成长成才试点工作。按照团中央要求，结合铁路的实际，全国铁道团委分别在哈尔滨铁路局团委、广铁（集团）公司团委、兰州铁路局团委、呼和浩特铁路局包头西车辆段团委、郑州铁路局郑州北站团委开展了青年成才导航试点工作。各试点单位通过社团组织、新型传媒、“名师带高徒”、青年人才基地建设、青年职业生涯导航等载体和方式，突出青年特点，明确成才方向，注重实践锻炼，开展了丰富有效的引导活动，创造出师徒结对学习管理制度、短信微型团课、网上业务竞赛平台、青年业余文化阵地等一系列成功经验，取得了初步的效果。

四、抓住基层组织建设试点有利契机，努力活跃基层工作，深入推进新形势下团组织建设工作

1. 大力推行联系基层制度，促进团干部作风进一步转变。年初，铁道团委下发了《关于加强铁路团干部联系基层的意见（试行）》，明确了团干部联系基层的范围、对象、周期、方式、要求等内容，着力体现指导性和可操作性。随后，铁道团委率先公布了联系单位，带动全路共129名团干部确定基层联系单位243个。实施过程中，部分铁路局团委明确联系纪律，规定联系任务，统一反馈意见的格式，营造联系基层的氛围，有效加强了团干部和基层的沟通联系，掌握了大量基层工作的实际情况。各级团干部注重创新方式、手段，通过自制青年联系卡、开通QQ群、工作博客等青年喜闻乐见的方式加强沟通交流，建立了与基层青年的日常联系，疏通了交流渠道。

2. 以新媒体运用为切入点，促进团内组织生活制度的落实。为了实现资源共享，丰富团课内容，方便团员学习，铁道团委积极创新形式，将全路纪念五四运动90周年电视电话会议和客运专线技术知识专题讲座等内容编辑刻录成光碟，发放到全路万余个团支部，为团支部创造了举办团课的有利条件，为各级团组织支持基层、活跃基层做出示范。广铁集团团委探索开发了手机微型团课。该团课将形势任务教育、团的知识、安全常识、客专技术、团内特色活动、一线青年精彩言论等融为一体，精心挑选学习重点，并设置“团的知识”、“安全贴士”等10个栏目，每周定时发送一条短信，供广大团干一起互动学习。同时，铁道团委试行新的团费留用比例，将原铁路分局团委留用团费留给基层，直接体现对基层工作的支持，鼓励基层提高自转能力。

3. 体验式培训方式得到广泛欢迎，培训体系趋向完善和成熟。铁道团委于上半年再次组织全路69名团干部参加了广州青年干部学院举办的第九期体验式师资培训及认证班，全部取得了体验式教育辅导师资格证书，有效地充实了铁路系统体验式教育师资队伍。一年中，各级团组织结合团干部、青年工班长、新入路大学生、中青年干部等不同群体有针对性的开发、完善现有教案，并不断探索以改善和加强培训效果。经过各级团组织几年的不懈努力，铁路体验式培训的教材、师资等得到了不断完善和深化，形式和载体得到了不断创新，受到团干部和团员青年的欢迎，其理念也被相关部门所接受，正成为新形势下做好青年群体教育培训工作的有效举措之一。

中直机关团的工作

中央直属机关团工委在中央直属机关工委和共青团中央的领导下，认真学习贯彻党的十七大和十七届三中、四中全会精神，深入贯彻落实科学发展观，以“服务科学发展，向共和国生日献礼”主题实践活动为主线，求真务实，开拓创新，圆满完成国庆群众游行组织任务，深入开展“好书相伴”读书活动，创建“青春家园”文化活动品牌，在创建学习型团组织、加大服务青年力度、加强团的基层组织建设、增强团的活力等方面做了大量工作，团组织的影响力和凝聚力进一步增强。

一、坚持用中国特色社会主义理论体系武装团员青年，引导广大团员青年坚定跟党走中国特色社会主义道路的信念

1. 深入学习贯彻党的十七届四中全会精神。深入开展“贯彻党的十七届四中全会精神，加强中直机关团的建设”系列工作：团工委组织团工委委员专题学习党的十七届四中全会精神；召开中直机关团干部“贯彻四中全会精神、推动学习型团组织建设”座谈会；深入调研，重点研究共青团工作中长期存在、普遍关注的重大问题。中直系统各单位团组织掀起学习四中全会精神的热潮，通过举办辅导讲座、撰写学习体会等方式组织学习四中全会精神。

2. 用中国特色社会主义理论体系武装团员青年。团工委为中直机关各单位团组织订购《中国特色社会主义理论体系学习读本》、《社会主义核心价值体系学习读本》、《六个“为什么”——对几个重大问题的回答》等学习材料；组织中国的政党制度专题讲座；组织如何认识当前的经济形势专题讲座。中国文联机关团委以“推动文艺繁荣、服务科学发展、促进社会和谐”为主题召开团员青年座谈会。中国侨联直属机关团委组织团员青年参加中国特色社会主义理论体系和社会主义核心价值体系知识竞赛活动。

3. 开展“好书相伴”读书活动。依托中国出版集团图书资源，制作推出万余张中直青年图书优惠卡，为读书活动注入新的活力。开展邀请领导同志为团员青年荐书寄语活动，李源潮、王家瑞等领导同志应邀为团员青年推荐学习书目。中央纪委机关团委搞好机关青年读书俱乐部建设。中央办公厅机关团委制作印发学习倡议，组织书评征文、青年论坛、演讲比赛。中央宣传部机关团委围绕经济社会发展大局、宣传思想文化工作全局和当前社会热点难点问题举办两期“青年论坛”。中央对外联络部机关团委设立青年书架，举办7期青年论坛，出版3期《中联青年》报，组织青年读部史活动、青年国情知识竞赛、英语学习趣味活动、青年读书研讨会等。中央编译局机关团总支组织“弘扬五四精神”青年读书会。中国记协机关团委与机关党委、工会和精神文明委联合开展“人人读书”活动。中国外文局团委充实局青年公寓阅览室图书、期刊1500册。

二、扎实做好庆祝新中国成立60周年和纪念五四运动90周年系列活动

1. 圆满完成国庆群众游行组织任务。6月下旬开始，团工委把按照中直工委书记会议要求做好参与国庆群众游行工作作为下半年头等大事来抓，加强与全国总工会、共青团中央、全国妇联、广电总局机关党委的联系沟通，顺利完成212名参与首都国庆60周年“依法治国”方阵群众游行人员的各项筹备工作，并圆满完成国庆当天群众游行任务。全国政协机关团委承担了国庆60周年群众游行政协委员上彩车的服务工作。中央办公厅、全国政协、中央组织部等单位团委组织机关部分青年参加庆祝新中国成立60周年天安门广场联欢晚会集体舞表演。中直工委机关团支部组织部分团员青年为中直机关部级领导参加国庆60周年阅兵和联欢晚会观礼服务。广电总局团委组织参加国庆群众游行彩车展演。

2.深入开展“服务科学发展,向共和国生日献礼”主题活动。团工委组织200多位团员、青联委员开展“播撒绿色迎华诞”植树活动。全国政协机关团委组织团员青年与机关离退休老干部座谈。中央组织部机关团委组织庆祝新中国成立60周年歌咏大会,召开以“读书、责任、思考、奉献”为主题的部机关青年干部座谈会。中央统战部机关团委组织开展了“飞扬青春、献礼祖国”主题活动。中直工委机关团支部承办了工委机关“祖国万岁”歌咏诗歌比赛和工委办公室党总支“爱国歌曲大家唱”活动。中央党校团委组织开展了“为祖国喝彩,与时代同行”主题实践活动。人民日报社团委组织青年编辑记者参加全国新闻战线“三项学习教育”活动办公室开展的国庆60周年征文比赛。全国总工会机关团委举办庆祝新中国成立60周年知识竞赛。团中央直属机关团委组织“我与祖国共奋进”主题演讲比赛。广电总局团委与总局直属机关党委、离退休干部局党委共同举办“我和我的祖国”座谈会。经济日报社机关团委举办“创佳绩,迎国庆”歌咏比赛及“共和国从这里走来”大型采访活动总结和报告会。中国外文局团委在中华世纪坛举办建国60周年图片摄影展,特别策划出版《中华人民共和国大事记》。

3.纪念五四运动90周年,广泛开展系列社会实践活动。团工委依托西柏坡等爱国主义革命传统教育基地持之以恒地开展活动,组织机关青年党团员赴江西考察、赴西柏坡开展党日(团日)活动。中央办公厅机关团委组织部分团干和青年代表赴江苏、上海、浙江开展“感受祖国新成就”调研考察。中央宣传部机关团委组织开展“弘扬五四爱国精神,立足本职报效祖国”主题实践活动。中直工委机关团支部组织召开纪念五四运动90周年建功成才座谈会,并组织机关团员青年到平谷区大华山镇挂甲峪村参观社会主义新农村建设。中央文献研究室机关团委组织召开“耒耜之光杯文献青年知识竞赛”。全国总工会机关团委召开庆祝建党88周年青年党员代表座谈会,精心组织“魅力团日·优秀主题团日评荐”活动。全国妇联机关团委举办“我与祖国共奋进,我与妇联共成长”——全国妇联纪念五四运动90周年青年论坛。中国文联机关团委组织团员青年赴门头沟区斋堂镇宛平抗日烈士纪念园、冀热察挺进军司令部旧址陈列馆等地接受爱国主义教育。光明日报社团委召开“弘扬五四精神·实践科学发展”青年座谈会。中国外文局团委组织团干部和青年记者赴西柏坡开展“受教育、长才干、做贡献——感知当代中国河北行”社会实践活动。中国记协机关团委组织团员青年参观河北冉庄地道战遗址和白洋淀雁翎队纪念馆等。全国台联机关团支部组织全体团员参观了百色起义纪念碑园、中国工农红军第七军军部旧址等。

三、围绕中心、服务大局,组织团员青年为机关中心工作做贡献

1.着力引导团员青年立足本职岗位做贡献。各单位积极开展创建青年文明号活动,经团工委推荐,中央组织部干部一局任免处、新华社经济信息编辑部金融交易服务平台、经济日报社总编室、中国外文局办公室调研处被团中央命名为全国青年文明号。中央办公厅机关团委开展第五届“中办十佳青年”评选表彰并制作事迹材料册和宣传展板。中央组织部机关团委组织“发扬优良传统,立足岗位成才”及“立足新起点,创造新业绩”等系列活动。中央宣传部机关团委举办了第一届青年岗位建功能手评选活动。中央对外联络部机关团委组织“立足岗位、奉献青春”主题座谈会。中央台办机关团委举办以“新青年、新岁月”为主题的青年演讲比赛。人民日报社团委围绕人民日报扩版这一中心工作举办“我为扩版献一计”青年建言会。中央文献研究室机关团委召开“我与全室《五年规划》”座谈会。中国侨联直属机关团委组织“我与侨联共奋进”主题演讲比赛。新华社团委举办“乌鲁木齐‘7·5’事件报道青年论坛”和“如何塑造国际舆论中的中国国家形象”论坛，以“80后成长在新华社”为主题举办青年论坛并开展征文活动。经济日报社机关团委组织“增强政治素质，提升职业道德，做新时代的优秀新闻工作者”演讲比赛和征文比赛。

2. 继续开展青年志愿者活动。团工委组织第12批青年志愿者到革命老区西柏坡支教挂职，中央办公厅、中央统战部和中国外文局团委积极选派青年干部参加。中直工委机关团支部组织走访慰问离休老同志。人民日报社团委开展“慰问新闻前辈，重温开国大典”活动。全国妇联机关团委开展“携手共进，爱心传递——全国妇联青年志愿者四川地震灾区行”活动、“关爱地震灾区妇女·关注美丽悠久羌绣”义卖活动和“爱心奉献促和谐，青春晖映夕阳红”主题活动。新华社团委开展“青年志愿者信息服务咨询”活动，积极参与青春中国俱乐部举办的公益义卖。中央编译局机关团总支与局扶贫办共同组织团员青年赴河北唐县四城涧小学庆“六一”联欢，参加北京人民广播电台策划的为四川什邡市电台捐建“电波书屋”活动，捐赠新书5000册。中国外文局团委为西柏坡中学捐建了“中国外文局希望书库”和爱心电脑室。全国台联机关团支部发起组织“两岸青年悼念汶川地震遇难同胞追思会”。

四、整合资源，拓宽渠道，服务青年工作成效显著

1. 服务青年成长成才。团工委建立中央直属机关大学生社会实践基地，为中直系统四所高校大学生提供就业见习机会。中央办公厅机关团委印发《新入厅青年服务手册》；会同人事局干部三处和电科院成教中心开办第二期聘用青年大专班。全国政协机关团委先后与第七届台湾高校杰出青年大陆参访团、“中国大学生骨干培养学校”访问团座谈交流。中央统战部机关团委积极组织协调团中央“中国大学生骨干培养学校”学员来访。中央对外联络部机关团委邀请社会成功人士结合自身成长经历与青年进行座谈交流。人民日报社团委组织“十杰青年谈学习、实践与成才”活动；举办“青年编辑记者延安行”座谈会。团中央直属机关团委举办了14次年轻干部学习交流会。中国侨联直属机关团委围绕“努力学习、勤奋工作，让青春更加光彩”的主题开展团员青年读书、学习、培训活动。中国外文局团委组织青年100余人参加“影像世界中的三江源”摄影展开展仪式。中国记协机关团委配合机关党委组织新进大学生到新闻单位实习。

2. 创新机关青年文化建设。团工委贴近基层实际，贴近青年需求，创新机关文化生活，成功打造机关文化活动品牌——“青春家园”，举办了《暗恋·桃花源》话剧表演、“青春颂”——中直机关纪念五四运动90周年交响音乐会和“汽车文化与汽车消费主题讲座”等3场活动，受到广大团员青年的欢迎和好评。中央统战部机关团委举办了统战系统青年辩论赛，首次组织开展统战系统青年篮球、足球联赛。中央对外联络部机关团委开办古筝、二胡、民族舞、交谊舞培训班。团中央直属机关团委举办元宵节联谊会、“青春之歌”歌曲大赛。全国妇联机关团委组织青年参加经济形势系列知识名家讲座。中国文联机关团委组织参观爨底下明清古文化村落。新华社团委举办世界新闻摄影比赛（“荷赛”）获奖作品鉴赏会，组织团员青年欣赏音乐会、参观各类文化展览。光明日报社团委成立青年足球队。中国外文局团委组织团员青年参观国家大剧院，组建局文体协会及羽毛球、台球、合唱团等相关分会。

3. 服务青年的具体需求。团工委在人民日报社、广电总局、中国出版集团等单位团组织的支持下，今年陆续推出了中直青年电影卡、中直青年图书优惠卡和中直青年购车咨询热线等服务，直接享受服务的团员青年、干部职工超过2万人次。中央纪委机关团委为团员青年办理团购学车80多人。中央办公厅机关团委代为青年团购首都电影院和青年宫电影院优惠电影券7000多张；组织厅机关团委委员和部分团干部到北京压力管理服务中心进行青年压力管理知识培训。中央组织部机关团委开展“与你同行，温暖同在——服务团员青年月”活动。中央对外联络部机关团委代为青年办理电影卡、健身卡1000余张。人民日报社团委在全社青年中开展青年需求状况问卷调查活动。全国总工会机关团委与工会共同举办“情系祖国·爱在全总”——全总机关首届青年集体婚礼。团中央直属机关团委多次组织挂职干部和机关年轻干部开展联谊活动。广电总局团委开展“真情助困送温暖”活动，建立“广电总局贫困青年档案”，定期对困难青年开展慰问；推出竭诚服务青年电影赏析卡、“政信通”手机套餐和竭诚服务青年健身卡，覆盖团员青年60357人次。中国外文局团委为团员青年团购电影卡、健身卡、石景山游乐园通票、国家大剧院参观票，提供优惠学车、购车信息等服务项目。

五、加强团的基层组织建设，增强共青团工作活力

1. 加强团的基层组织建设。强化基层团委（团总支、支部）换届选举审批工作，指导中央纪委等部委基层团组织进行了换届。重点对《中直工委关于进一步加强和改进新形势下机关共青团工作的意见》贯彻执行情况进行检查，走访了4个单位，召开了5次共27个单位团组织负责人参加的座谈会。

2. 加强团干部队伍建设。坚持团工委班子成员集体学习制度，围绕国际国内形势，组织开展了3次集体学习。建立团干部档案。团工委组织中直机关部分团干部赴江西井冈山、瑞金等地学习考察。选派基层团组织负责人出国考察。全国政协机关团委探索在团委会设立纪律委员，负责团的纪律工作。中央对外联络部机关团委举办团干部培训班。全国总工会机关团委组织团员青年代表赴河南学习考察。广电总局团委组织8次团干部理论学习日活动，与直属机关党委、人事司联合举办团干部专修班。中国外文局团委坚持党组织青年委员和团干部联系会议制度；局团委分层次对团委委员、全局团干部进行培训。

3. 增强共青团工作活力。团工委广泛使用企信通短信平台、飞信等，提高了工作效率。中央办公厅机关团委建成了共青团工作网上办公系统和青年交流平台。中央对外联络部机关团委将团委工作动态、团支部活动、团干部通讯录等信息全部上网。人民日报社机关党委设立了青年工作部，与团委合署办公；团委建立了报社青年之家移动飞信群和MSN群等便捷的沟通渠道。团中央直属机关团委建立了年轻干部QQ群、飞信群，为直属机关团员青年办理青年卡。全国妇联机关团委在新华网开通了主题博客“信心是明灯”，点击量超过31000人次；搭建了以全国妇联共青团网站为面、团干部工作交流飞信群为线、机关青年干部飞信群为点的工作交流平台。广电总局团委建立团员青年动态管理信息库；筹备成立青年联合会；积极推进团组织绩效评估体系的建设。

一年来，一些团组织积极承办团工委组织的活动，在推动中直机关团的事业发展中发挥了重要作用。中办警卫局（团）政治部组织处（科）积极支持团工委国庆群众游行组织工作，选派了5位优秀官兵担任教官。全国政协机关团委、广电总局团委、中国广播艺术团团总支协助团工委组织“青春颂”交响音乐会。人民日报社团委、中央办公厅机关团委承办“青春家园”开园仪式，人民网话剧社演出话剧《暗恋·桃花源》，人民日报社《汽车族》杂志社团支部承办购车咨询热线服务。广电总局团委承办中直青年电影卡服务工作。中国出版集团团委主动设计制作了中直青年图书优惠卡。此外，中央对外联络部、新华社、全国妇联团委也推出了一些青年服务项目如健身、汽车团购等，积极为中直系统青年服务。

中直机关一些团组织受到有关部门表彰。中直团工委和全国总工会、共青团中央、全国妇联、广电总局团委等单位被首都国庆60周年群众游行指挥部授予“首都国庆60周年群众游行优秀组织单位”称号。经团工委推荐，人民日报财经版主编田俊荣获得第十三届“中国青年五四奖章”；中国外文局北京周报社网络版编辑部中文版编辑吕翎被授予“全国优秀共青团员”称号；中央办公厅老干部局机关团委书记徐晓明、全国总工会机关团委书记吴疆、新华通讯社团委副书记毛坚权被授予“全国优秀共青团干部”称号；全国妇联机关团委、中国电影集团公司团委被授予“全国五四红旗团委”称号；中国图书进出口（集团）总公司图书文献事业部团支部、中央纪委信访室团支部、中央办公厅机要局通信中心译电处团支部被授予“全国五四红旗团支部”称号。

中央国家机关团的工作

中央国家机关团工委深入贯彻落实科学发展观，全面贯彻党的十七大、十七届四中全会和全国机关党的建设工作会议精神，按照团十六大和团十六届二中全会的总体部署，坚持服务党政中心工作、服务青年成长成才，切实履行好组织青年、引导青年、服务青年和维护青年合法权益的基本职能，深化理想信念教育，加强团的基层组织建设，团结带领广大团员青年应对挑战、共克时艰，为保持经济平稳较快发展做出了积极贡献。

一、以“根在基层”调研实践为切入点，在保增长、保民生、保稳定中发挥青年生力军作用

1. 扎实打好青年思想基础。坚持把青年理论武装工作有机融入党的理论武装整体部署中，在团员青年中大力开展中国特色社会主义理论体系教育、党的路线方针政策教育和形势任务教育，切实把广大团员青年的思想和行动统一到中央的决策部署上来，增强政治意识、大局意识、忧患意识和责任意识。3—5月，举办了“青年系列知识名家讲座”第十个系列——“经济形势系列”讲座，11次讲座参加人员累计达到8000多人。

2. 深入开展“根在基层”调研实践活动。把调研实践活动，作为中央国家机关各级团组织动员广大团员青年为“保增长、保民生、保稳定”做贡献的重要载体和手段，通过开展青年业务调研、社会实践、国情考察、志愿服务等活动，带领青年走进基层、深入一线，引导青年为完成部门中心任务积极建言献策。全国人大常委会机关、工业和信息化部、交通运输部、中国人民银行、国家税务总局、国家统计局、中国人民对外友好协会、中国银行等部门团委组织了联合调研实践活动。国家发改委直属机关团委组织了4个调研组分赴有关省市就出口退税、民生工程、节能减排、农村消费市场、中小企业融资等政策实施情况进行专项调研，基本摸清了政策实施的真实效果，形成的调研报告作为基础

性材料上报国务院。据不完全统计，中央国家机关各部门结合实际开展了102次调研实践活动，1262名青年行程12.4万公里，足迹几乎遍布全国各省（区市）。上半年，团工委召开了调研实践活动情况交流会，联合国资委人事局和机关党委赴大庆召开现场会，并在10月份评选出了十大优秀“根在基层”调研实践活动成果。

3. 推进共青团“青年就业创业见习基地”建设。促进青年就业创业，是举全团之力推进的一项长期性、战略性任务。4月初，在工委办公室支持下，下发了建立共青团“青年就业创业见习基地”工作的通知。4月17日，召开了中央国家机关共青团“青年就业创业见习基地”建设工作专题会议，部署有关工作，相关代表在会上进行了交流。截至目前，教育部、国家民委、民政部、工商总局等27个部门机关团委组建了118个见习基地，提供了1429个见习岗位。其中，设置在机关的见习岗位17个，科学研究型岗位250个，事业单位岗位1108个，服务型岗位93个。

4. 积极引导青联委员服务地方经济社会发展。在应对金融危机的大背景下，中央国家机关青联开展了以“共克艰难，共谋发展”为主题的社会实践考察活动。公共管理界别组、社会科学教育界别组、财政金融农林牧渔界别组、企业管理界别组分赴河北、重庆、山西、内蒙古、宁夏等地，进行调研考察活动。加强了与各省级青联的交流合作，支持他们在地方经济建设中发挥更大的作用。

二、抓住“五四”运动90周年和建国60周年契机，深化青年理想信念教育，提高青年素质能力

1. 举办纪念“五四”运动90周年活动。“五四”前下发了《关于开展纪念五四运动90周年有关安排的答复意见》，指导团组织认真贯彻胡锦涛总书记等中央领导同志讲话精神。5月4日晚，以“弘扬五四精神，勇于为祖国、为人民、为社会担当”为主题，联合中央国家机关青联、清华大学团委、北京市学联、中国教育电视台等单位，在清华大学举办了“青春同行、创业起航”——纪念五四运动90周年主题晚会。工委副书记俞贵麟、清华大学党委书记胡和平、共青团中央书记处书记卢雍政等领导同志出席晚会。中央国家机关优秀青年、团干部代表，中央国家机关青联委员，清华大学和北京市部分学校学生代表等1000余人参加晚会。晚会上，团工委还与清华大学团委共同为“清华学生中央国家机关就业创业见习基地”揭牌。“五四”期间，各部门机关团委以“青春之歌”为主题，大力弘扬“爱国、进步、民主、科学”的“五四”精神，弘扬以爱国主义为核心的民族精神和以改革创新为核心的时代精神，开展了优秀青年表彰、报告会、征文比赛、辩论赛、演讲比赛、歌咏比赛等丰富多彩的纪念活动，引导青年从实际出发，报效祖国，勇担时代重任。最高人民法院院长王胜俊、最高人民检察院检察长曹建明等15个部门主要领导同志在百忙之中出席了相关活动，并对青年成长成才提出了殷切寄语。据统计，中央国家机关各级团组织在“五四”期间共举办各种青年爱国主义活动达60多场，直接受众达3万多人次。

2. 积极开展庆祝新中国成立60周年活动。按照工委“以庆祝新中国成立60周年为主题，深化和拓展思想教育内容，深入进行爱国主义教育、改革开放教育”的总体安排，结合首都国庆群众游行总指挥部要求，团工委、国青中心承担了群众游行“依法治国”方阵的部分组织工作。团工委把组织群众游行当做党和人民赋予的神圣使命，又作为推动机关共青团和青年工作的有效载体，充分发挥团组织、青年骨干作用，突出科学训练和加强组织纪律性两个重点，着力加强宣传、营造氛围，把青年爱国主义和集体主义教育贯穿始终，带领中央国家机关432名游行队员，圆满完成了队伍组建、集训、合练、彩排、正式游行等各项任务，向祖国60华诞交上了一份满意的答卷。在组织青年参加群众游行过程中，团工委设计了“责任点亮青春、激情奉献祖国”主题实践活动，极大地激发了队员爱国热情。大力推广原创歌曲《当我从天安门前走过》，并制作成彩铃供大家下载。中央电视台《朝闻天下》、中央人民广播电台、北京交通广播对歌曲进行了相关报道。团工委、国青中心被首都国庆60周年群众游行总指挥部评为“优秀组织单位”，荣获“创新成果奖”。各部门团组织以“青春与祖国同行”为主题，组织开展了丰富多彩的庆祝活动，唱响了共产党好、社会主义好、改革开放好、伟大祖国好的主旋律，坚定了青年跟党走中国特色社会主义道路的信念。

3. 开展青年公务员价值观研究。团工委今年承担了团中央委托课题《青年公务员价值观研究》。累计召开专题会议12场，向71个部委和有关部门发放调查问卷2000余份，赴财政部、商务部等部门开展青年公务员座谈会15场。在各省（区、市）直机关团工委和中央国家机关各部门机关团委中开展“青年公务员价值观研究”主题征文活动，收到征文118篇。为准确把握新时期青年公务员群体的特点和思想发展状况，探索青年公务员成长规律，加强机关共青团工作的针对性和实效性提供了依据。配合团中央分类引导青年试点工作，推荐商务部直属机关团委作为团中央试点单位，并把交通部直属机关团委和国务院国资委直属机关团委作为团工委试点单位。

4. 深化“读书·实践·成才”和“树典型·学榜样·赶先进”等品牌活动。继续发挥“走进部委”活动在拓宽视野、增进了解、促进交流方面的作用。组织了“走进工业和信息化部”活动，参观了北京现代汽车制造厂、燕京啤酒厂等相关企业，了解了当前工业和信息化发展形势。组织了“走进新三峡”活动，深入三峡库区参观学习，加深了对三峡工程重大意义、取得成就的认识和理解。各部门机关团委通过开展“与青年公务员谈成长”、“司局长谈业务”、“青年导师制”、“主题学习日”等活动，对青年特别是新进部委的青年进行思想和业务上的指导，引导青年健康成长。

工作中，团工委一直注意培养、发现、树立、宣传优秀青年典型，并积极为优秀青年脱颖而出搭建舞台。2009年共向团中央推荐并荣获全国五四红旗团委2个，全国五四红旗团支部4个，全国青年文明号7个，全国优秀共青团员1名，全国优秀共青团干部3名，中国青年五四奖章3名。国庆60周年群众游行结束后，向指挥部推报优秀组织单位94个、支持贡献单位10个、优秀工作者20名，工委组织部、团工委评选出突出贡献单位18个、优秀组织单位94个、优秀队员118名、嘉奖人员21名。积极推动青年外事工作，推荐中央国家机关25名青年干部参加团中央的青年代表团，到日本、英国、韩国、越南、印度、巴基斯坦、朝鲜和马来西亚等国家进行青年友好交流活动，拓宽了视野、增长了见识，培养了世界眼光。

三、以制度建设为重点，努力加强共青团自身建设，基层团组织活力不断提升

1. 出台了《中央国家机关共青团工作规则（试行）》。团工委在认真总结多年来中央国家机关共青团工作的经验、做法的基础上，进一步把握新形势下共青团工作的特点和规律，研究起草了《中央国家机关共青团工作规则（试行）》，并由工委进行了转发。《规则》坚持党建带团建的工作要求，回答了新形势下团干部关心、团员青年关注的问题，对中央国家机关共青团工作中的基础性工作进行了规范。《规则》的出台对于加强中央国家机关共青团制度建设、提升共青团工作科学化水平具有重要意义。

2. 抓好基层团组织建设。积极推动“共青团基层组织建设和基层工作试点”工作，推荐了外交部团委、国家知识产权局机关团委、国家人口计生委中国人口宣教中心团支部作为团中央试点单位，并努力做好联系、指导和服务工作。继续运用《基层团委工作手册》和《团支部(总支)工作手册》推进基层共青团工作,指导22个部门机关团委开展换届选举工作或届中调整团委书记。完成了2008年度团内统计和团费收缴工作,向团中央报送了《关于团费交纳和管理使用情况的报告》。

3. 继续加强团干部队伍建设。团工委按照"让党放心、让青年满意"的要求,坚持"政治过硬、作风扎实、自律严格"的标准,努力做好团干部队伍建设。转发了团中央《团的领导干部学习大纲》,并以《大纲》内容为主要依据做好团干部培训工作。党的十七届四中全会召开后,团工委认真学习贯彻会议精神,提出了建设学习型团组织的任务。10月28日至30日,举办了中央国家机关基层团干部学习贯彻党的十七届四中全会精神研讨培训班,150余名基层团干部参加培训。

4. 进一步加强团工委自身建设。研究制定《团工委工作手册》,进一步加强和规范团工委内部建设、制度建设。扎实开展学习实践活动,推动中央国家机关共青团工作和国青中心事业科学发展。积极开展"争创学习型支部,争当学习型干部"活动,以素质能力建设为重点开展业务培训,着力提高理论素质、文字能力和活动策划能力,大力倡导勤奋务实的工作作风。

5. 努力做好青联有关工作。努力把握国家机关青联的特点和规律,探索以青联社会性特点为切入点,服务于政府机关履行社会管理职能。与水利部节水办合作,积极开展"落实科学发展观、节约保护水资源"主题活动。推荐20名青联委员作为"节水形象大使",为在全社会强化公民节水意识作出了贡献。加强青联委员爱国主义教育,赴西沙慰问海军驻永兴岛官兵。加强交流学习,增强委员意识,对新委员进行培训,召开了青联中"人大代表、政协委员"座谈会,组织了青联资深委员联谊会,举办了委员沙龙、知识讲座。充分发挥青联委员组织人才优势,在"五四"晚会上以委员的成长轨迹引导大学生和广大青年弘扬五四精神。引导青联委员热心公益事业,服务社会,举办第十九次全国助残日大型宣传活动,联合拍摄《生死时刻》并召开新闻发布会,青联被国务院残疾人工作委员会评为"全国扶残助残先进集体"。加强自身建设,做好《春华秋实》杂志的编辑出版工作,筹备青联三届五次全委会。

中央金融系统团的工作

中央金融系统各级团组织深入贯彻科学发展观,认真落实团十六届二中全会精神,紧紧围绕金融改革发展和全团中心工作,坚持"服务大局、服务青年、服务基层"的方针,扎实开展各项工作,取得了新的成绩。

一、多措并举,引导青年提高政治思想素质

1. 以五四运动90周年为契机,开展纪念活动,增强青年爱国主义和革命传统意识。五四前夕,金融团工委举办"五四运动90周年纪念大会暨2009年中国金融青年论坛"活动。中国银监会主席刘明康、副主席郭利根出席并讲话。来自各金融机构不同年龄段的代表畅谈对我国金融业改革发展的感受。参加"深化改革,防范风险,有效应对国际金融危机"——2009年中国金融青年论坛的获奖代表、论坛评审委员会专家、系统青年代表现场互动学术交流。联合青岛银监局、青岛团市委举办纪念“五四”运动90周年大型合唱汇演活动，系统各单位团委也按照金融团工委要求，开展了形式多样的纪念活动。

2. 认真开展青年思想教育引导工作。一是按照团中央部署，从系统内推荐两家基层团委作为团中央分类引导试点单位，并指导试点单位认真落实相关工作要求，做好调研，总结经验。二是发动系统团组织收集汇总系统青年思想动态，增强思想引导工作的针对性；了解系统青年关心的紧迫问题，及时向党委和有关部门反馈，积极协调解决。

3. 以新中国成立60周年为契机，广泛开展“银行业先进模范人物宣讲”活动。为庆祝新中国成立60周年，展示银行业改革发展的成就，宣扬银行业先进人物模范事迹，金融团工委发动银行业团组织，开展了“银行业先进模范人物宣讲”活动。各地金融机构团委认真落实，组建银行业先进模范人物宣讲团，到当地银行业机构开展宣讲和交流，通过先进人物事迹教育银行业青年。活动得到各银行业机构的热烈欢迎和积极参与。

二、求实创新，服务团中央和金融改革发展工作大局

1. 积极开展农村青年创业小额贷款服务工作。以团中央、银监会名义联合下发《关于实施农村青年创业小额贷款的指导意见》和文件实施指导手册，为农村青年创业提供金融支持；在安徽银监局支持下，与团中央农村部联合举办全国农村青年创业小额贷款知识大讲堂活动；组建青年创业小额贷款专家服务团，为地方团组开展培训。各地银监局、银行业金融机构团委均采取多种有效措施，推动此项工作的深入开展，包括对基层情况深入调研，广泛发动基层金融机构推进小额贷款工作，注重在快速推进的同时防范潜在风险，为地方团干部开展金融知识培训。这项工作得到团中央书记处领导的高度肯定。

2. 认真做好“青年就业创业见习基地”建设工作。按照团中央要求，金融团工委积极行动，克服困难，发动各金融机构推出100多个共青团“青年就业创业见习基地”，提供2000多个青年见习岗位；联合团中央城市部，召开中央金融系统青年就业创业见习基地建设工作经验交流会，总结基地建设、管理先进经验，并在各金融机构推广。团中央城市部对此给予高度评价，认为在中央各行业系统团组织中，金融系统基地建设工作的进度、质量都走在前列。

3. 深入开展“送金融知识下乡”活动。按照中国银监会党委关于加大农村金融支持力度的工作要求，金融团工委协同系统各级团组织继续深化“送金融知识下乡”活动，召开系统“送金融知识下乡”经验交流会，总结推广先进经验。将农村青年创业小额贷款知识宣传与下乡活动相结合，进一步丰富活动内涵。系统各级团组织积极创新工作手段，使工作成效进一步提升，包括督促基层金融机构提高政策水平，认真落实监管要求，开展“促监管政策进基层行”活动；对活动进行板块化运作，规范化管理，增强活动效果；探索激励机制，推动活动的深化；通过与地方政府、地方团组织、地方高校建立长期工作制度，建立网络宣传专栏、固定联系点、宣教基地、志愿者服务团，与地方科技、文化、医疗、法律下乡活动相结合等多种形式，建立长效机制，等等。

4. 组织开展扶贫济困活动，引导系统青年履行社会责任，树立金融业良好社会形象。继续支持地震灾区重建，协同各金融机构团委，共同做好金融希望奖助学金管理、发放；按照中国银监会党委要求，严格资金监控和工程质量把关，在中央各金融机构团委和四川、甘肃银监局的大力支持下，完成了四川、甘肃两所金融希望小学的捐建工作。8月底和9月初，金融团工委组织中央各金融机构团委负责人分赴两地，进行工程验收并参加落成仪式。在西部地区建立两个金融青年爱心活动基地，建立扶贫济困工作长效机制。

三、夯实基础，扎实推进系统团的组织建设

1. 认真开展学习实践科学发展观活动。深入开展学习实践科学发展观活动，多次召开金融系统青年工作联席会议，研究讨论金融团工委和系统青年工作中需要改进、提高的方面，并制订整改、落实措施进行改进，保质、保量完成了整改落实阶段和回头看阶段的各项工作。通过这次活动，团工委干部思想、作风等各方面都得到明显提高。

2. 积极推动系统团委负责人公推直选制度试点工作。在银监会系统、部分金融机构深入开展团委负责人公推直选制度试点工作，推动基层团的民主建设。2009 年，这项制度实施范围进一步扩大，多家银监局、金融机构已经通过公推直选方式产生了新的团委负责人；新任团委负责人谈话和后评价机制逐步建立。公推直选工作使一批党委认可、青年拥护的优秀青年干部走上团的岗位，有效提升了系统团组织的战斗力和影响力。

3. 切实加大系统团干部培训力度。为提高团干部的素质能力，金融团工委举办了金融系统团干部培训班，在详细了解基层团干部需求的基础上，安排了金融知识、公文写作、团务工作等方面的培训内容，培训采取讲座与各单位现场交流经验、案例式研究讨论相结合的方式，效果良好；联合团中央国际青年交流中心，组织了第三届金融系统团干部国际培训团，组织中央各金融机构团干部骨干赴法国进行培训研修；多次组织系统团干部参加团中央举办的各类培训班，提升团干部知识、能力。

4. 大力加强团组织的机制、平台、理论建设。努力发挥好团中央和中央各金融机构的纽带作用，积极理顺金融系统团组织关系；协助团中央在金融系统开展基层组织建设试点工作；启动全国金融青联换届工作，起草工作方案并报全国青联秘书处；完成团中央关于团的组织建设工作委托调研课题；在银监会官方网站创建金融团工委“金融青年工作”宣传交流平台。各金融机构团委也按照团中央和金融团工委要求，在团组织的机制、平台、理论建设方面取得了新的成绩。

此外，金融团工委鼓励各金融机构团委在完成“规定动作”的同时，根据各单位实际情况，自主创新，开展特色活动。各单位团委积极响应，开展了形式多样的工作项目，北京、广东、福建、安徽、宁波、深圳等地金融机构和东方资产公司团委召开青年座谈会，积极解决青年思想问题；广西、青海等地金融机构团委组织青年参与环保志愿公益活动；上海银监局团委联合本地各金融机构举办上海金融服务才艺大赛；等等，均在服务本单位党委中心工作、服务青年实际需求方面取得积极成效。

中央企业系统团的工作

中央企业团工委按照国资委党委和团中央工作部署，全面贯彻落实科学发展观，遵循企业发展规律，履行组织根本职责，凝聚青年迎挑战，服务企业促发展，努力提高团组织对企业核心竞争力的贡献能力，扎实推进共青团和青年工作，为实现中央企业平稳较快发展做出了积极贡献。

一、强化思想引领，用社会主义核心价值体系引导凝聚青年取得了新成效

1. 加强理论引导，提升青年思想素质。中央企业团工委指导中央企业各级团组织积极参与中央企业深入学习实践科学发展观活动，解放青年思想，突出实践特色，促进各项工作科学化、上水平。扎实推进党的十七大和十七届四中全会、全国国有企业党的建设工作会议、团十六届二中全会精神的贯彻落实。重点组织中央企业各级团组织深入学习贯彻团中央第一书记陆昊同志与中央企业部分团干部专题座谈会议讲话精神。中央企业各级团组织根据中央企业团工委的统一部署，因企制宜，通过集中学习、座谈讨论、知识竞赛、上团课、作报告、写心得等多种形式，使党团组织的政治主张、科学理论及指示精神及时在青年中"落地"。

2. 抓住有利契机，弘扬时代主旋律。中央企业团工委充分利用建国60周年、五四运动90周年等重大节日契机，开展了主题宣传、主题团日、主题教育实践和五四评选表彰等活动，成功举办了"青春央企·歌颂祖国"主题晚会。中央企业各级团组织积极开展时代精神、爱国主义教育，组织引导广大青年"与祖国共奋进，与企业同发展"。中国北车在李大钊烈士陵园开展了"秉承五四先驱精神，争做央企青年先锋"主题团日活动。国家电网开展了"诚信、责任、创新、奉献"、"青春光明行"主题团日活动。有研总院举办了"歌唱祖国，唱响有研"歌唱比赛。中国电信组织青年参加了首都国庆60周年城市志愿服务活动。中国国电、国投、武汉邮科院、哈电集团、机械科研总院、中商公司等企业开展了各具特色的纪念五四、国庆、"12·9运动"等青年主题教育实践活动。

3. 开展形势任务教育，统一青年思想行动。中央企业团工委根据经济形势和中央企业改革发展实际，重点开展了"调整优化上水平，我是青年我先行"主题教育实践活动，向央企全体青年发出"展青春风采，担时代重任，在中央企业应对国际金融危机的挑战中发挥生力军作用"的倡议书，引导青年努力做企业改革的支持者和实践者，做企业发展的生力军和突击队，做维护企业稳定的中坚力量。中央企业各级团组织结合实际，通过多种方式对团员青年进行了形势任务教育，引导广大团员青年增强责任意识和使命意识，立足岗位、扎实工作，与企业共迎挑战、共渡难关。

4. 开展分类引导试点，探索引导青年新途径。中央企业团工委根据团中央工作部署，开展了中央企业分类引导青年试点工作，推选了7户企业分别作为团中央、中央企业团工委直接联系的试点单位，并加强工作指导，采取"一帮一、结对子"的方式，由团中央直接联系的试点单位协助指导中央企业团工委联系的试点单位开展工作。先后在中国建材等企业召开了中央企业分类引导青年试点工作座谈会，邀请团中央宣传部领导和专家，与试点单位同志研讨交流，并对部分央企团干部进行了预热辅导。试点单位均完成了针对本企业青年群体的调研报告，协助团中央初步形成了企业青年思想引导大纲。

二、围绕企业中心，组织动员广大团员青年投身企业科学发展做出了新贡献

1. 青年创新创效活动扎实深入。团工委开展了"神华杯"第二届中央企业青年创新奖评选。本届评选在项目申报后增加了公示环节，有利于保证申报项目符合规定，接受公众和舆论监督；由过去的通讯评审，改为全部采取集中会议评审的方式，有利于提高评审效率，确保公开公正。企业参与率比首届提高了19个百分点，申报项目达到517项，营造了鼓励青年创新创效的良好氛围。中央企业青年创新创效活动机制进一步完善、品牌进一步确立、影响进一步扩大，青年创新意识、创新能力

进一步提高，取得了一大批具有较好经济、社会、人才效益的创新成果，为中央企业应对金融危机、实现平稳较快发展做出了积极贡献。

2.“号、手、队”创建活动有声有色。团工委深入推进“我为重点工程做贡献”活动，启动了中央企业“迎世博、展风采”和“迎亚运盛会、展央企风采”优秀服务窗口青年文明号创建活动。中国石化注重“评选和培养相结合”，深入开展了争当青年岗位能手活动。中交集团把“青年文明号”作为海外团建工作的切入点，促进了项目生产进度，提高了管理水平，树立了中国企业形象。中国生物团员青年在甲流疫苗生产过程中，加班加点，无私奉献，保证了甲流疫苗的充分供应。航天科工结合号、手、队活动，创造性地开展了“质量放心团支部”活动。中国水电集团围绕施工生产开展号、手、队活动，在急难险重任务中发挥了积极作用。中海运、中国一重、中国联通、冶金地质总局、彩虹集团、中铁物资、中智公司、中国航信等108户企业组织开展了全系统的号、手、队联动活动，成为展示中央企业良好社会形象的窗口。2009年，在团中央评选的10名全国杰出青年岗位能手中，中央企业占了3名。

3.“安全生产，青年争先”主题活动成效明显。根据中央企业团工委的部署，中央企业各级团组织深入开展青年安全生产示范岗创建活动，为稳定企业安全生产形势发挥了积极作用。神华集团深入开展了“青安岗”创建活动。中煤集团开展了青年安全监督岗考核评比暨“团徽闪闪照安全”系列活动。中国中铁开展了“青年安全生产监督岗岗员徽章”设计征集活动。中广核集团围绕核电安全开展了“安全文化小品”大赛。南方电网利用网络游戏媒介，策划制作了安全警示网络小游戏。中核集团、兵器工业集团、中国化工、中国有色集团、中钢集团、中国西电等企业开展了“安全生产，青年争先”活动，充分发挥了青年在安全生产管理中的积极作用。

三、紧扣青年需求，服务青年成长成才取得了新进展

1. 用“身边的榜样”影响激励青年。中央企业团工委在典型选树工作中，转变观念，创新思维，开展了“寻找身边的榜样”——中央企业青年成长成才典型教育活动，深入挖掘和选树了100名央企青年典型，为中央企业广大青年树立了可亲、可敬、可学的身边榜样。联合《中国青年报》开展的“来自央企共青团和青年工作系列报道”，用鲜活的事例、生动的笔触，将一个个活生生的央企青年和团队展现给国人，宣传了央企青年立足岗位、奉献青春的感人事迹，树立了央企良好的社会形象。在2009年的五四表彰工作中，中央企业团工委增加表彰名额，扩大了覆盖面；引入招投标理念，提高了透明度，增强了激励效果。

2. 在社会化技能培养中服务青年。中央企业团工委采取了社会化动员的方式推动青年就业创业，指导支持中央企业各级团组织加大对青年社会化技能培养力度。中国一重联合工会、人力资源部开展了“职工技术运动会”。中国中铁举办了青年焊工、接触网工、桥梁工等工种技能竞赛活动。兵器装备集团开展了团员青年社会礼仪培训。中化集团、中国钢研、中国化学工程开展了英语风采大赛、集中英语培训等活动。上海医工院参与制定了“青年科研人员能力建设”培训计划。中国移动广东公司将见习基地纳入公司青年工作“彩虹计划”，从单纯的实习升华为实习加培训，从推动就业升华为鼓励创业，从团组织行为升华为企业行为，得到了团中央的充分肯定。

3. 在对青年的人文关怀中赢得青年。中央企业各级团组织充分发挥共青团的组织优势，为广大青年办实事、办好事。鞍钢要求每个团支部为困难青年办一件实事，开展了“一助一”、“多助一”、“真情助困进万家”等活动。中核集团、中航工业、葛洲坝集团等企业组织了“爱在蓝天白云下”、“航空情结，缘分天空”、“春江水

温暖我心”等青年交友联谊活动。中广核、鞍钢、武钢发掘资源、精心策划，分别为199对、99对、60对新人举办了集体婚礼。国机集团等企业为青年组织“房产团购”，节省了购房费用。南航集团编发《青年服务手册》，给青年提供了贴心服务。中国五矿、诚通集团等企业围绕重组改制开展“和谐重组一家亲”活动，增进了青年的沟通交流，促进了企业文化融合。

四、坚持党建带团建，团的自身建设在巩固创新中得到新加强

1. 理论研究取得突破。中央企业团工委坚持理论联系实际，围绕团组织提升企业核心竞争力、团干部胜任力等内容，深入推进规模化、集中化的课题研究工作。中国海油、中国电子、通用技术集团等10户企业团委承担的重点研究课题顺利结题，其中2个课题分别列入了国资委软科学研究课题和团中央2009年度委托研究课题。截至2009年底，10个委托研究课题和13户企业自行申报的20个研究课题评审工作已全部结束。通过理论研究，不仅提高了整个中央企业共青团工作的理论水平，同时也锻炼了一大批善思考、能干事的团干部。该项工作得到了国资委和团中央领导的高度评价。

2. 组织建设不断夯实。中央企业团工委深入贯彻落实三部委59号文件精神，大力推进建立系统团委和落实集团级团干部待遇工作。2009年，中国商飞、邮电器材集团、国家核电等3户企业新成立了系统团委，中国海油、水电顾问等企业系统团委正在筹备组建中，截至2009年底，129户企业中已有95户成立了系统团委。对2008年度新任职的团委书记、副书记进行跟踪回访，促使25户企业的30名集团级团干部待遇得到落实。按照团中央关于加强基层组织建设和基层工作试点的部署，推荐了航天科工二院等8个基层团组织作为试点单位，并及时进行工作跟踪和指导。启动了中央企业团工委委员调整增补程序，会同国资委有关部门组成联合考察组，对现任委员进行留任协商，对增补人选进行考察。优化机关机构设置，建立精干高效队伍，加强公文处理和业务流程培训，严格规范机关会议制度，注重时间管理和工作督导，进一步提高了机关运行效率。继续实施“3331”调研计划，先后走访企业40户，召开了东北、华中、华南三大片区座谈会，与近300名团干部和青年代表进行了深入研讨和广泛交流，有力推动了基层组织建设和基层工作。

3. 队伍建设系统推进。中央企业团工委积极倡导和支持企业通过公开竞聘方式选拔团干部。中粮集团、东航集团、中国铁建、宝钢、中国国电等5户企业完成了集团级团委书记竞聘，中铝公司团委书记人选面向社会进行了公开招聘。部分二级及以下企业也通过公开竞聘方式，选拔了一批有热情、有能力的团干部。中央企业团工委按照“一级抓一级，层层抓落实”的原则，重点加强了对集团级团干部的管理工作。着手研究制订《中央企业集团级团干部管理办法》，该项工作已列入国资委五年立法计划。在中国延安干部学院成功举办了中央企业集团级团委书记培训班，组织团干部赴境外学习考察，选派团干部参加团中央各级各类培训，继续与中央财经大学联合举办“在职研究生+职业资格”复合人才双证班。

4. 舆论阵地得到加强。中央企业团工委对中央企业青年网进行了改版，新设了“中央企业团工委工作动态”等栏目，增设了“电子发文系统”、“网上业务提醒”等功能，开辟了重大活动和重点工作专栏。一年来，中央企业青年网发布信息6168条，编辑《中央企业青年通讯》34期，约36万字。对外投放稿件400余篇，其中在《中国青年报》刊登了13篇“来自央企共青团和青年工作的报道”，在“中国共青团网”刊登了197篇“我的基层团支部”专题稿件。另外，还向《全团要讯》、“全国青联网”和行业报等媒体投放信息200余条，进一步提高了央企共青团在全团的影响力和知名度。

五、发挥共青团在中央企业青联中的核心作用，进一步推动青联事业的发展

中央企业青联二届三次全委会成功召开以来，中央企业青联把握时代脉搏、结合企业实际、紧贴青年需求，开展了丰富多彩的活动，活跃了青联组织，激发了委员活力。一年来，中央企业青联精心打造了“青春央企”和“行动学习”两项品牌活动。先后在天津、北京、上海举办了三期以“货币战争与风险管理”、“信息化与网络安全”、“自主创新与科学发展”为主题的论坛；举办了主题为“低碳经济·青年先锋”、“关心下一代·相约新世纪”、“放飞神剑·收获和平”、“世界在您眼前·东航在您身边”、“产权市场·推动发展”的行动学习活动；举办了“青春央企·歌颂祖国”、“青春央企·扬帆远航”等5场主题晚会，促进了中央企业与地方政府、经济组织及相互之间的交流合作。积极与中国青基会沟通协商，对“扬起希望——汶川大地震专项救助基金”的使用管理达成了一致意见。2009年10月，因为长期以来一直支持“希望工程”事业的发展，获得了“希望工程20年特殊贡献奖”荣誉称号。联合主办了“共创新世界”2009香港大学生暑期实习团活动，中交集团、中粮集团、中国外运等7户企业安排19名香港大学生进行实习，扩大了中央企业的社会影响力。通过这些活动，扩大了青联工作的影响力，增强了青联组织的吸引力和凝聚力，为服务企业改革发展和青年成长成才做出了积极贡献。

附　　录

2009 年工作大事记

2009 年工作大事记

1 月 1 日 陆昊同志出席全国政协新年茶话会。

1 月 3 日 贺军科同志出席共青团全国铁道八届二次全委(扩大)会议并讲话。

1 月 3 日至 5 日 罗梅同志到内蒙古乌海市调研少先队工作。3 日,出席全国少工委等单位在乌海市举办的 2009 年全国少年儿童新春联欢晚会。

1 月 4 日 团中央机关举行第一次年轻干部读书学习交流会,陆昊同志出席,勉励机关年轻干部大兴勤奋学习之风。

1 月 4 日至 5 日 王晓同志出席全国宣传部长会议。

1 月 5 日至 6 日 全国共青团农村工作会议在山东潍坊市召开,研究部署 2009 年农村战线共青团工作。陆昊、汪鸿雁同志出席并讲话。

1 月 6 日 王晓同志出席"2008 北京青年榜样"获得者代表接见活动。

1 月 7 日 王晓同志列席国务院第 45 次常务会议。

1 月 7 日 "全团选派百名优秀团干部赴地震灾区挂职锻炼"总结座谈会在四川成都市召开。卢雍政同志,中共四川省委常委、省总工会主席李登菊出席会议并讲话。

1 月 9 日 陆昊同志主持召开共青团第十六届中央书记处 2009 年第 1 次会议,研究讨论《关于四类青年群体思想状况调查的综合报告》和《关于建立共青团"青年就业创业见习基地"的实施方案》。

1 月 9 日 陆昊同志会见中国国民党"台湾青年领袖大陆参访团"。晚,卢雍政同志宴请参访团。

1 月 9 日 贺军科同志出席国务院安全生产委员会全体会议。

1 月 9 日 第 13 届中国杰出青年农民评审会在北京举行,汪鸿雁同志出席。

1 月 10 日 卢雍政同志出席团北京市委主办的"微笑北京,和谐先锋"2009 年关心服务寒假留校大学生主题活动启动仪式并讲话。

1 月 11 日至 14 日 以青年团主席,社会发展、青年及体育部兼交通部高级政务次长,全国青年理事会主席张思乐为团长的新加坡人民行动党青年团代表团一行来华访问。12 日上午,陆昊同志会见代表团。晚,卢雍政同志宴请代表团。

1 月 12 日 陆昊同志出席中央文明委第二次全体会议。

1 月 12 日 卢雍政同志与上海世博会事务协调局有关负责同志就共青团组织参与世博会有关工作进行会谈。

1 月 12 日至 14 日 贺军科同志列席中纪委第三次全体会议。

1 月 13 日 陆昊同志列席中纪委第三次全体会议。下午,主持召开会议,专题研究共青团"青年就业创业见习基地"有关宣传工作,王晓同志、机关有关部门负责同志出席。

1 月 13 日 全国老龄委办公室、民政部、教育部、国家广电总局、团中央、全国妇联在北京举行第三届全国敬老爱老助老主题教育活动表彰大会，中共中央政治局委员、国务院副总理、全国老龄工作委员会主任回良玉出席会议并颁奖，卢雍政同志出席会议并发言。

1月13日 卢雍政同志会见并宴请“中国青年丰田环境保护奖”组委会委员、丰田汽车公司(中国)投资有限公司执行副总经理野崎松寿一行。

1月14日 陆昊同志主持召开共青团第十六届中央书记处2009年第二次会议，传达学习近期召开的全国政法工作会议、全国组织部长会议、全国宣传部长会议和中纪委第三次全体会议等重要会议精神，研究团中央机关2008年度评选表彰工作和有关人事事项。

1月14日 团中央直属机关召开深入学习实践科学发展观活动分析检查阶段总结大会，陆昊同志讲话，中央第15指导检查组组长王众孚，贺军科、卢雍政、罗梅、汪鸿雁同志出席，机关副处级以上干部参加。

1月14日 王晓同志出席中宣部组织召开的全国报刊管理工作会议。

1月15日 王晓同志出席全国政协社会和法制委员会第二次全体会议并发言。

1月15日 卢雍政同志出席全国安全生产电视电话会议。

1月15日 团中央权益部、中央综治办督导室、公安部宣传局在北京联合发布“2009年寒假青少年自我保护提示”。

1月15日至16日 全国城市战线共青团工作会议在北京召开，陆昊、贺军科同志出席并讲话。14日晚，陆昊、贺军科同志召集参会的部分省级团委负责同志座谈，就有关工作听取意见。

1月16日 陆昊同志主持召开共青团第十六届中央书记处2009年第三次会议，研究共青团“青年就业创业见习基地”等工作。

1月16日 团中央机关举行2008年总结表彰大会，陆昊同志讲话，王晓、贺军科、卢雍政、罗梅、汪鸿雁同志出席，机关全体干部参加。

1月16日 陆昊同志与武警部队副政委吴云峰进行工作会谈。随后，主持召开会议，专题研究共青团“青年就业创业见习基地”有关工作。

1月16日 王晓同志出席中国科协组织召开的《全民科学素质纲要》实施工作会议并发言。

1月16日 罗梅同志出席第22次全国“扫黄打非”电视电话会议。

1月18日 团中央、全国学联、团北京市委在北京科技大学举行2009年首都高校寒假留京经济困难大学生新春联欢会暨2008年度“中国大学生自强之星”颁奖会。卢雍政同志出席并致辞，中共北京市委常委梁伟、全国学联主席刘凯等出席。

1月19日 陆昊同志主持召开共青团第十六届中央书记处2009年第四次会议，研究青年志愿服务工作、共青团干部培训等工作。

1月19日 贺军科同志出席共青团北京市十二届五次全委(扩大)会议并讲话。

1月19日至23日 陆昊、王晓、贺军科、卢雍政、罗梅、汪鸿雁同志分别看望慰问团中央直属机关离休老干部。

1月20日 陆昊同志出席全国精神文明建设工作表彰大会。

1月20日 王晓同志出席全国双拥工作领导小组第21次全体会议并发言。下午，出席中央综治办工作会议。

1月20日 贺军科同志和团中央机关干部职工代表走访慰问北京市崇文区前门社区困难群众和军烈属家庭。

1月20日 卢雍政同志会见英国外交部常务副部长比尔·拉梅尔。

1月21日 王晓同志出席全国维护稳定暨信访工作电视电话会议。晚，出席全国双拥工作领导小组等单位联合主办的军民迎新春文艺晚会。

1月21日 罗梅同志到北京市门头沟区看望慰问优秀少先队辅导员和家庭经济困难的少先队员。

1月22日 书记处全体同志集体走访解放军总政治部，与中央军委委员、总政治部主任李继耐等有关负责同志进行工作会谈。

1月22日至23日 汪鸿雁同志到广东湛江市慰问家庭经济困难的返乡农村青年，并出席"2009年广东返乡农村青年就业创业服务行动"启动仪式。

1月23日 陆昊同志列席十七届中共中央政治局第11次集体学习。

1月24日 陆昊、王晓、罗梅同志和部分共青团、青联界别全国政协委员出席中共中央、国务院在北京举行的2009年春节团拜会。

1月24日 贺军科同志到北京市宣武区大吉片危改工地看望慰问青年农民工。

1月25日 陆昊、卢雍政同志到北京交通大学看望慰问寒假留校大学生，参加"温暖除夕夜"活动，并与大学生一起吃年夜饭。

1月25日 王晓同志到中国青年报社看望慰问春节值班的工作人员。

2月1日 陆昊同志主持召开共青团第十六届中央书记处2009年第五次会议，研究决定书记处成员分工，研究安排近期有关工作。

2月2日 陆昊同志召集专题会议，听取团中央"青年就业创业见习基地"联合工作办公室汇报，就近期做好相关工作进行研究部署。贺军科同志、联合工作办公室有关负责同志参加。

2月3日 团中央直属机关召开深入学习实践科学发展观活动整改落实阶段部署会议，贺军科同志参加并讲话。

2月4日 陆昊同志主持召开共青团第十六届中央书记处2009年第六次会议，学习讨论《2009年政府工作报告(征求意见稿)》，研究青年马克思主义者培养工程、团中央直属机关清理规范评比达标表彰等工作。

2月5日 陆昊、王晓同志出席王兆国同志召集的工青妇负责同志座谈会，汇报有关工作，听取王兆国同志有关工作指示。

2月5日 陆昊同志主持召开会议，专题研究全国青联十届五次常委(扩大)会议有关工作。王晓同志、机关有关部门负责同志参加。

2月5日 卢雍政同志出席中联部组织召开的部分中央直属单位及工青妇外事工作座谈会并发言。下午，出席全国老龄工作委员会全体会议。

2月6日 团十六届中央书记处举行第六次集体学习，陆昊同志主持并讲话，贺军科、卢雍政、罗梅、汪鸿雁、周长奎同志参加，机关副处级以上干部参加。清华大学新媒体传播研究中心主任熊澄宇教授围绕"新媒体的发展及对青年的影响"这一主题进行了专题讲解。

2月6日 团中央组织部召开机关选派参加首批驻县级团委指导工作团干部总结座谈会，听取对驻点工作的意见和建议，贺军科同志参加并讲话。

2月6日 罗梅、周长奎同志召集有关部门负责同志，专题研究民族地区青少年思想教育工作。

2月9日 陆昊同志主持召开共青团第十六届中央书记处2009年第七次会议，传达学习王兆国同志在与工青妇负责同志座谈时的重要讲话要点，研究全国青联十届五次常委(扩大)会议有关安排和五四运动90周年纪念活动筹备工作。

2月9日、11日 陆昊、王晓同志与部分全国青联委员进行座谈。

2月10日 陆昊同志主持召开会议，专题研究全国青联有关工作。王晓同志、机关有关部门负责同志参加。

2月10日 王晓同志出席中央统战部组

织召开的中华基督教青年会、中华基督教女青年会社团登记问题协调会。下午,出席教育部组织召开的中央综治委学校及周边治安综合治理工作领导小组2009年第一次全体会议并发言。晚,宴请在京台籍全国青联常委。

2月11日 陆昊同志列席国务院第49次常务会议。

2月11日 团中央、人力资源和社会保障部联合召开第五届"中国青年创业奖"评审会,贺军科同志主持。

2月11日 贺军科同志召集有关部门负责同志研究共青团、少先队基层组织建设和基层工作试点工作。

2月12日 陆昊同志主持召开共青团第十六届中央书记处2009年第8次会议,研究基层组织建设和基层工作试点事项,研究讨论共青团、青联界别在全国政协十一届二次会议上的发言稿。

2月12日 陆昊同志主持召开专题会议,听取中国青年创业就业基金会筹备工作汇报,研究部署下一阶段工作。王晓同志、筹备工作小组有关负责同志参加。

2月12日 书记处全体同志与第16批到团中央挂职干部见面并座谈。

2月13日 陆昊同志分别主持召开专题会议,研究共青团"青年就业创业见习基地"有关工作和全国青联十届五次常委(扩大)会议有关文件。机关有关部门负责同志参加。

2月13日 团中央直属机关党委举行2008年度理论调研成果奖交流会,贺军科同志参加并讲话。

2月14日 卢雍政同志在江苏南京市出席全国第二届大学生艺术展演活动闭幕式。

2月15日 王晓同志在北京宴请第19届"中国十大杰出青年"。晚,主持召开全国青联十届十次主席会议。

2月16日 全国青联十届五次常委(扩大)会议在北京召开,会议选举王晓同志为全国青联主席,贺军科、卢雍政同志为全国青联副主席。中共中央政治局委员、全国人大常委会副委员长王兆国出席会议并作重要讲话。陆昊同志出席会议并讲话,王晓同志作工作报告。贺军科、卢雍政同志,全国青联常委,全国青联各界别工作委员会秘书长、副秘书长,各省级青联秘书长近300人参加会议。

2月16日 中共中央政治局委员、全国人大常委会副委员长王兆国分别接见第19届"中国十大杰出青年"、第13届"中国十大杰出青年农民"、第5届"中国青年创业奖"获得者,为获奖者颁奖并合影。陆昊、王晓、贺军科、卢雍政、汪鸿雁同志,财政部副部长丁学东、人力资源和社会保障部副部长张小建、农业部总经济师张玉香、国家林业局副局长祝列克等主办单位负责同志分别陪同接见。

2月16日 团中央、全国青联举办"共享成长——中国十大杰出青年进校园"活动,第19届"中国十大杰出青年"走进校园与北京市青少年代表进行交流。

2月16日 陆昊同志就如何推动新时期青联事业实现新发展与参加全国青联十届五次常委(扩大)会议的全国青联副主席进行座谈,王晓、贺军科、卢雍政同志参加。

2月16日 陆昊同志会见全国青联港澳地区特邀常委,王晓同志参加。

2月16日 中国青年志愿者协会二届理事会召开通讯会议,卢雍政同志当选中国青年志愿者协会理事长。

2月17日 共青团统战工作会议在北京召开,研究部署2009年青年统战工作。王晓同志出席并讲话。各省级团委分管书记、统战部长参加会议。

2月17日 汪鸿雁同志主持召开团中央远程教育专题教材制播工作会议。机关有关部门、直属单位负责同志参加。

2月17日至18日 2009年全团青年志愿者工作会议在北京召开,研究部署青年志愿者工作。陆昊、卢雍政同志出席并讲话。

2月18日 贺军科同志出席全国妇女“巾帼建功”活动领导小组第18次会议。

2月18日 团中央农村青年工作部、中国银监会团委、团安徽省委、安徽省银监局在安徽巢湖市举行全国农村青年创业小额贷款知识大讲堂暨培训活动启动仪式。

2月18日至20日 卢雍政同志赴黑龙江哈尔滨市调研。18日晚，出席第24届世界大学生冬季运动会开幕式。

2月18日至23日 陆昊同志赴江苏苏州、南通、无锡等地就促进青年就业创业、探索基层团建新载体等工作进行调研，先后主持召开了江苏青年就业创业工作座谈会、江苏共青团基层组织建设座谈会和江苏少先队工作者座谈会。调研期间，陆昊同志分别与中共江苏省委书记梁保华、省长罗志军就共青团工作进行交流。

2月19日 团中央机关举行第二次年轻干部读书学习交流会，王晓同志出席并讲话。

2月19日 贺军科同志出席全国人力资源和社会保障工作会议。

2月19日 罗梅同志出席2009年中央国家机关共青团工作会议并讲话。

2月20日 周长奎同志主持召开纪念五四运动90周年前期筹备工作协调会。中宣部宣教局、教育部思政司、机关有关部门负责同志参加。

2月20日至21日 中央文明委在北京召开全国净化社会文化环境工作会议。陆昊同志出席20日下午、21日下午有关会议。王晓同志全程参会并作大会发言。

2月23日 王晓同志出席全国维护妇女儿童权益暨平安家庭创建协调组全体会议并发言。

2月23日 文化部、工业和信息化部、团中央、湖南省人民政府、中国移动通信集团公司在湖南长沙市共同主办原创动漫扶持计划(2008)公布仪式暨第三届中国原创手机动漫大赛颁奖晚会。卢雍政同志出席并为获奖者颁奖。

2月23日 周长奎同志出席全国妇联组织召开的2009年度全国五好文明家庭创建活动协调小组和中国小公民道德建设暨全国“双合格”家庭教育宣传实践活动领导小组会议。

2月23日至24日 全国少工委五届五次全委会在江苏无锡市召开，研究部署2009年少先队工作。陆昊、罗梅同志，教育部副部长陈小娅出席并讲话，中共江苏省委副书记、组织部长王国生致辞。会议选举罗梅同志为全国少工委主任。

2月24日 2009年中央综治委预防青少年违法犯罪工作领导小组全体会议在北京召开，总结2008年工作，部署2009年工作。全国人大常委会副委员长兼秘书长、中央综治委副主任、中央综治委预防青少年违法犯罪工作领导小组组长李建国，中央综治委副主任、中央政法委副秘书长、中央综治办主任、中央综治委预防青少年违法犯罪工作领导小组副组长陈冀平出席会议并讲话。陆昊同志主持会议。王晓同志汇报了2008年有关工作情况和2009年工作打算。

2月25日 团中央直属机关召开深入学习实践科学发展观活动总结大会。陆昊同志作总结讲话，中央第15指导检查组副组长、陕西省政协副主席王晓安出席并讲话。王晓、贺军科、罗梅、汪鸿雁同志，机关全体党员干部、各直属单位负责同志参加。

2月25日 周长奎同志出席中纪委组织召开的中央和国家机关贯彻落实2009年反腐倡廉工作任务分工会议。

2月25日至28日 王晓同志出席全国政协十一届四次常委会议。25日中午，王晓同志会见并宴请台湾中国青年创业协会前总会长张晃祥一行。

2月26日 团中央在全国人大会议中心

举行“共青团与全国人大代表、全国政协委员面对面”活动，与25位全国人大代表、全国政协委员就建立共青团与人大代表、政协委员沟通交流机制、促进青年就业创业等进行了交流。陆昊同志出席活动并讲话。王晓同志主持。全国人大、全国政协有关部门负责同志和部分青少年代表参加了交流活动。

2月26日 陆昊同志主持召开专题会议，研究共青团青年就业创业见习基地有关工作。周长奎同志、机关有关部门负责同志参加。

2月26日 王晓同志会见芬兰前总理、诺基亚公司新任执行副总裁埃斯科·阿霍先生一行。

2月26日 贺军科同志主持召开团中央直属机关清理规范评比达标表彰工作领导小组会议，研究部署机关和直属单位清理规范评比表彰工作。

2月26日 汪鸿雁同志出席首都绿化美化总结表彰暨动员大会。

2月27日 卢雍政同志在北京出席KAB创业教育(中国)项目2008年会既首届大学生创业教育论坛开幕式并致辞。

2月27日 汪鸿雁同志出席中宣部、国家信访局和中共辽宁省委在北京举办的潘作良同志先进事迹报告会。

2月27日 周长奎同志出席国家发改委组织召开的中华人民共和国成立60周年成就展筹备委员会会议。

2月27日至28日 贺军科同志出席第一批深入学习实践科学发展观活动总结暨第二批深入学习实践科学发展观活动动员会议。

3月1日至2日 贺军科同志出席中央直属机关党的工作会议。

3月2日 王晓同志主持召开会议，研究中国少年宫建设有关工作，周长奎同志、机关有关部门和直属单位负责同志参加。

3月2日 汪鸿雁同志在北京出席中共河南省委、省政府举办的河南农民工风采展开幕式。

3月2日 全国清理规范评比达标表彰工作领导小组办公室在北京召开会议，团中央有关部门负责同志汇报了有关工作进展情况。

3月3日至12日 王晓、罗梅同志出席全国政协十一届二次会议。8日上午，王晓同志在第三次全体会议上代表团中央作大会发言。

3月5日 陆昊同志与中共江西九江市委、市政府主要负责同志就支持共青城发展工作进行会谈，贺军科同志参加。

3月5日 卢雍政同志与英特尔公司法律与企业事务部全球副总裁艾思莉进行工作会谈。

3月5日 汪鸿雁同志出席中组部组织召开的海外高层次人才引进工作小组第三次会议。

3月5日 周长奎同志出席中华人民共和国成立60周年成就展中国特色社会主义文化建设展区筹展工作领导小组第一次全体会议。

3月6日 陆昊、王晓同志到中国青年创业国际计划(YBC)全国办公室调研。

3月6日 团中央直属机关党委常委会议在机关举行，传达学习中央直属机关党的工作会议精神，研究发展党员等工作，贺军科同志主持会议。

3月6日 卢雍政同志会见并宴请以行政副知事安良镐为团长的韩国京畿道代表团，并出席韩国“京畿道绿色生态园”援建协议签字仪式。下午，会见应中联部邀请来访的柬埔寨人民党青年干部考察团。

3月7日 中共中央政治局常委、全国政协主席贾庆林看望出席全国政协十一届二次会议的工会、共青团、青联、妇联界委员，参加联组讨论，听取委员们的意见和建议，并发表重要讲话。陆昊、王晓、罗梅同志参加。

3月7日 陆昊、王晓、贺军科、卢雍政、罗梅同志看望并宴请出席全国政协十一届二次会议的共青团、青联界委员。晚，陆昊、王晓同志与部分港澳全国人大代表、全国政协委员集体座谈。

3月8日 中国青年报社在北京主办2009全国职业教育发展论坛，周长奎同志出席。

3月9日 陆昊同志主持召开共青团第十六届中央书记处2009年第9次会议，研究促进青年就业创业、加强基层组织建设和基层工作等事项，研究并决定下发《关于进一步完善团中央书记处同志到地方调研接待工作的规定》。

3月9日 卢雍政同志会见巴基斯坦青年领袖考察团主要成员。

3月10日 陆昊同志与可口可乐(中国)饮料有限公司董事长陈奇伟进行工作会谈，中国青基会有关负责同志参加。

3月10日 贺军科同志出席中央直属机关精神文明建设委员会第13次全体会议。

3月10日 团中央农村青年工作部和中组部组织局就建立大学生村官工作长效机制召开专题协调会，汪鸿雁同志主持。

3月11日 王晓同志出席全国政协十一届常委会第五次会议。

3月11日 卢雍政同志会见以日本防空自卫队中校朝仓胜彦为团长的日本自卫队青年军官代表团。

3月12日 团中央定点帮扶工作领导小组第10次全体会议在机关召开，汪鸿雁同志主持，领导小组成员及联络员参加会议。

3月14日 贺军科同志在北京出席"质量和安全年"中国质量万里行出征仪式。

3月15日 中宣部、团中央、商务部等单位启动"百城万店青年文明号信用示范周"活动，贺军科同志出席北京会场有关活动。

3月15日 卢雍政同志出席团北京市委等主办的第五届"挑战杯"首都大学生课外学术科技作品竞赛启动仪式暨首都青年科技创新创业报告会。

3月16日 团中央举行机关首批驻点干部工作情况报告会，贺军科同志出席并讲话，机关处级以下干部参加。下午，贺军科同志出席团中央举行机关第二批驻点干部培训动员会并讲话。

3月17日 团中央召开全团促进青年就业创业工作电视电话会议。陆昊同志出席会议并讲话，强调全团要认真总结前一阶段工作开展过程中的好经验、好做法，全力扎实推进促进青年就业创业工作。王晓同志主持会议，贺军科、卢雍政、罗梅、汪鸿雁、周长奎同志，机关各部门主要负责同志，在京各省级团委主要负责同志在主会场参加了会议。全国各省级团委、地市团委机关全体同志、县级团委负责同志，部分高校、大型企业团委负责同志在全国365个分会场参加了会议。

3月17日 陆昊同志主持召开专题会议，研究部署共青团"青年就业创业见习基地"工作，贺军科、卢雍政、汪鸿雁同志，机关有关部门负责同志参加会议。

3月18日 陆昊同志主持召开共青团第十六届中央书记处2009年第10次会议，传达学习刘云山、刘延东同志在全国净化社会文化环境工作会议上的讲话精神，研究加强驻点团干部管理工作。

3月18日 陆昊同志主持召开专题会议，听取宣传部工作汇报，研究部署青年思想引导工作，周长奎同志、宣传部负责同志参加会议。

3月18日 陆昊同志会见日本三菱商事株式会社中国总代表中原秀人。

3月18日 王晓同志出席中央企业青联二届三次全委会并讲话。

3月18日 团中央机关举办第三次年轻干部学习交流会，贺军科同志出席并讲话。

3月18日至19日 团中央学校部、教育部科技司等在重庆邮电大学举行第11届"挑战杯"全国大学生课外学术科技作品竞赛组织申报工作培训班，各团省(区、市)委学校部和有关高校团委负责同志330余人参加。

3月19日 团十六届中央书记处举行第七次集体学习，陆昊同志主持并讲话，王晓、贺军科、卢雍政、罗梅、汪鸿雁、周长奎同志，机关副处级以上干部参加。上海师范大学历史系萧功秦教授围绕"当代中国社会思潮的演变及影响"这一主题进行了讲解。

3月20日 贺军科同志主持召开会议，研究共青团基层组织建设和基层工作试点实施方案，机关有关部门负责同志参加。

3月20日至21日 罗梅同志赴安徽合肥市调研少先队工作。21日下午，出席华东六省、市团委共同主办的"自主创新与区域合作"泛长三角区域青年论坛开幕式并讲话。

3月20日至27日 2009年第一期全国高校团委书记培训班在中央团校举办，来自全国各地的205所高校团委书记参加。陆昊、卢雍政同志为培训班授课。培训期间，教育部、人力资源和社会保障部、北京大学等有关单位负责同志和专家学者就相关专题作辅导讲座，学员们还通过实地考察、互动交流等方式对高校共青团工作进行了研讨。

3月22日 水利部、全国青联、全国节约用水办公室等在北京共同启动"落实科学发展观，节约保护水资源"主题实践活动，汪鸿雁同志出席。

3月23日 王晓同志会见并宴请第七期香港青年领袖国情研习班学员。

3月23日至25日 全团基层组织建设和基层工作研讨会暨全团组织工作会议在北京召开，会议就做好团的组织工作特别是加强基层组织建设和基层工作进行了深入研讨和交流。陆昊同志出席并讲话，贺军科同志对相关工作作出部署，书记处全体同志出席会议并参加分组讨论。团中央机关有关部门负责同志、部分省级团委书记、各省级团委分管副书记和组织部长、首批驻点团干部代表、驻点县级团委书记代表共200多人参加会议。

3月24日 王晓同志出席国务院第二次廉政工作会议。

3月25日 王晓同志列席国务院第54次常务会议。

3月25日 中国青少年发展基金会在北京举行"完美和谐公益基金启动仪式"暨希望工程20年系列活动首场新闻发布会，贺军科同志出席。

3月25日至26日 2009年大学生志愿服务西部计划招募工作会议在河北石家庄市召开，卢雍政同志出席并讲话，来自全国各省（区、市）的西部计划项目办负责人、信息系统管理员和高校项目办代表参加了会议。

3月26日 王晓同志出席国务院残工委第四次全体会议。

3月26日 教育部、国家体育总局、团中央在北京举行第十届全国中学生运动会新闻发布会，教育部党组成员、纪检组组长王立英，国家体育总局局长助理晓敏，周长奎同志出席。

3月26日至31日 应全国青联邀请，以中央会长朱志洪为团长的韩国青年会议所代表团访华。27日下午，王晓同志会见代表团。27日晚，卢雍政同志宴请代表团。

3月27日 团中央国际部召开访德中国青年代表团团员代表座谈会，陆昊同志出席并讲话。下午，陆昊同志会见霍英东集团公司董事霍震宇先生，有关直属单位负责同志陪同。

3月27日 王晓同志主持召开团中央资产管理领导小组会议，研究团中央实业发展中心有关资产管理工作，贺军科、汪鸿雁同志，机关有关部门负责同志参加。

3月27日 团中央直属机关召开党的工作会议，贺军科同志出席并讲话，机关各部门、各直属单位党组织负责人参加会议。

3月27日 卢雍政同志与安利（中国）公共事务副总裁余放进行工作会谈。

3月28日 王晓、汪鸿雁同志参加全国绿化委员会等单位组织的“共建绿色家园——共和国部长义务植树”活动。

3月29日 卢雍政同志在北京出席第六届“澜沧江——湄公河青年友好交流活动”闭幕式并宴请参加活动的各国代表。

3月30日 陆昊同志会见以韩国民主党国会议员禹济昌为团长的韩国青年政治家代表团。

3月30日 中宣部、教育部、团中央联合召开全国大学生思想政治教育联合调研组工作会议，卢雍政同志主持。晚，卢雍政同志会见并宴请俄联邦体育、旅游和青年政策部副部长奥列格·雷日诺夫。

3月30日 教育部、公安部、团中央、全国少工委、北京市人民政府等单位在北京联合举行第14个“全国中小学生安全教育日”主题启动活动，教育部部长周济，副部长陈小娅，罗梅同志出席。

3月30日 汪鸿雁同志出席全国造林绿化和森林防火工作电视电话会议。

3月30日至31日 陆昊同志出席中组部组织召开的全国培养选拔年轻干部工作座谈会和省部级后备干部集中调整工作部署会。

3月31日 王晓同志出席中央综治委2009年第一次全体会议。

4月1日 第四届“中国青年丰田环境保护奖”颁奖仪式在北京举行。全国政协副主席张梅颖，卢雍政同志，日本丰田公司专务董事佐佐木昭出席颁奖仪式。

4月1日 陆昊同志主持召开共青团第十六届中央书记处2009年第11次会议，传达学习国务院第二次廉政工作会议、全国培养选拔年轻干部座谈会和省部级后备干部集中调整工作部署会有关精神，研究团中央直属机关清理规范评比达标表彰、驻点团干部管理和团干部培训等工作。

4月1日 汪鸿雁同志出席中国扶贫基金会成立20周年纪念表彰大会。

4月2日 团中央召开团中央书记处后备干部人选民主推荐会议，陆昊、王晓、贺军科、卢雍政、罗梅、汪鸿雁、周长奎同志出席，机关正处级以上干部参加。

4月2日 贺军科同志会见并宴请“了解中国”南亚政党青年干部研修班学员。下午，出席国务院召开的全国普通高校毕业生就业工作电视电话会议。

4月2日 团中央联合主办单位召开第四届“母亲河奖”评选表彰活动终评会，汪鸿雁同志出席。

4月2日至3日 卢雍政同志赴内蒙古呼和浩特市就大学生思想政治教育工作进行调研。

4月3日 团中央机关召开驻点工作调查调研组动员会，贺军科同志出席并讲话。

4月7日 陆昊同志与韩国希杰株式会社副会长李美敬进行工作会谈。

4月8日 王晓同志出席中央综治委刑释解教人员安置帮教工作领导小组会议并发言。

4月8日 贺军科同志出席全国安全生产月活动组织委员会和安全生产万里行组织委员会会议。

4月8日 公安部、团中央等单位在北京共同举办“中国消防志愿者普法行动”启动仪式，公安部副部长刘金国，卢雍政同志出席。

4月8日 罗梅同志出席纪念全国妇联成立60周年座谈会。

4月9日 2009年共青团宣传工作会议在北京召开，对全团宣传工作进行研究部署。陆昊、周长奎同志出席并讲话，团中央有关直属单位负责同志、各省级团委分管副书记、宣传部长、团中央直接联系的40家分类引导青年工作试点单位的团委负责同志参加了会议。

4月10日 王晓同志出席国务院台办、福建省人民政府组织召开的海峡论坛组委会在京成员会议。

4月10日 王晓同志会见国际青年商会

台湾总会访问团。晚，贺军科同志宴请该团和国际青年商会香港总会访京团并致辞。

4月10日 团中央、教育部、财政部、人力资源和社会保障部在北京召开2009年大学生志愿服务西部计划电视电话会议。卢雍政同志、财政部副部长李勇和其他主办单位有关负责同志出席会议并讲话。

4月10日 团中央机关举办第四次年轻干部学习交流会，卢雍政同志出席并讲话，机关有关部门负责同志和副处级以下年轻干部参加。

4月10日、11日 陆昊同志主持召开会议，研究纪念五四运动90周年有关工作，王晓、周长奎同志，机关有关部门负责同志参加。

4月10日至17日 以联邦议员、联邦议院外事委员会委员、德国青年联盟主席菲利普·米斯费尔德为团长的德国青年联盟代表团访华。12日中午，卢雍政同志会见并宴请代表团。16日晚，陆昊同志会见并宴请代表团。

4月14日 陆昊同志出席中宣部组织召开的深入开展群众性爱国主义教育活动电视电话会议并发言。下午，主持召开共青团第十六届中央书记处2009年第12次会议，传达学习中央有关文件精神，研究团中央直属机关清理规范评比达标表彰、"中国青年五四奖章"评选表彰、民族地区团干部挂职锻炼和维护青少年权益等工作。

4月14日 贺军科同志出席中央综治委流动人口治安管理工作领导小组2009年第一次全体会议。

4月14日 周长奎同志出席全国爱国卫生运动委员会全体会议。

4月15日 陆昊同志主持召开专题会议，讨论修改少年儿童思想意识状况调查报告，安排部署少先队有关课题研究工作。罗梅、周长奎同志，机关有关部门负责同志参加。

4月15日 王晓同志主持召开会议，研究中国少年宫筹建工作，周长奎同志、有关直属单位负责同志参加。

4月15日 贺军科同志会见香港潮州商会青年委员会访问团。

4月15日 周长奎同志出席中央文明办组织召开的第二届全国道德模范评选表彰活动组委会第一次会议。

4月16日 陆昊同志主持召开会议，专题研究在青少年中深入开展群众性爱国主义教育活动有关工作，周长奎同志、机关有关部门负责同志参加。

4月16日 中宣部、中央文明办、教育部、团中央等单位联合召开"迎国庆讲文明树新风"志愿服务活动视频会议，卢雍政同志出席并讲话。

4月16日 汪鸿雁同志出席中组部组织召开的大学生村官舆论宣传工作座谈会。

4月17日 团中央召开机关全体干部大会，陆昊同志讲话，传达全国培养选拔年轻干部工作座谈会精神，王晓、贺军科、卢雍政、罗梅、汪鸿雁、周长奎同志和机关全体干部参加。

4月17日 贺军科同志主持召开会议，听取驻点工作调查调研组情况汇报。

4月19日至22日 应全国青联邀请，以全国青联常委马志毅为团长的澳门中华总商会青年委员会访问团到北京、河北唐山考察交流。20日晚，罗梅同志在北京会见并宴请访问团。

4月19日至27日 以青年事务部部长沙希德·布托为团长的巴基斯坦青年代表团一行105人访华。27日上午，中共中央政治局委员、全国人大常委会副委员长王兆国接见代表团，陆昊、卢雍政同志参加。26日晚，王晓同志会见并宴请代表团。

4月20日 卢雍政同志会见坦桑尼亚革命党青年团主席马塞乌尼一行。

4月20日至24日 2009年第一期全国团县委书记培训班在中央团校举办，来自全国各省(区、市)的206名团县委书记参加了培训。

陆昊、王晓、贺军科、罗梅、汪鸿雁、周长奎同志分别为培训班学员授课。

4 月 20 日至 26 日 以蒙古国驻华使馆商务参赞恩赫泰旺为团长的蒙古青年代表团访华。20 日晚，卢雍政同志会见代表团主要成员并宴请该团。

4 月 21 日 团中央、全国绿化委员会、环境保护部等单位在人民大会堂共同举办第四届"母亲河奖"颁奖仪式。全国人大常委会副委员长严隽琪出席颁奖仪式并讲话，全国政协副主席孙家正为获奖者颁奖，陆昊同志、全国人大环境与资源保护委员会副主任委员张文台、全国政协人口资源环境委员会副主任江泽慧、环境保护部副部长吴晓青、水利部副部长周英、农业部副部长张桃林、国家林业局总工程师卓榕生、汪鸿雁同志等主办单位负责同志出席。

4 月 21 日 陆昊同志与戴姆勒—克莱斯勒股份公司有关负责人进行工作会谈。

4 月 21 日 贺军科同志出席团北京市委主办的北京青年创业示范园开园仪式。

4 月 21 日至 22 日 卢雍政同志在广东广州市调研。21 日晚，出席第 16 届亚运会广州地区志愿者招募暨青少年迎亚运系列活动动员大会并讲话。

4 月 22 日 陆昊同志主持召开会议，专题研究纪念五四运动 90 周年主题歌会有关安排，王晓、周长奎同志和机关有关部门负责同志参加。

4 月 22 日 陆昊同志主持召开共青团第十六届中央书记处 2009 年第 13 次会议，研究纪念五四运动 90 周年有关安排，研究在青少年中深入开展群众性爱国主义教育活动、加强驻点团干部管理、加强团中央直属机关建设等工作。

4 月 22 日 王晓同志出席诺基亚捐赠中国青年创业国际计划（YBC）地震灾区青年创业项目启动仪式。

4 月 22 日 全国青基会系统秘书长工作会议在北京召开，贺军科同志出席会议并讲话。

4 月 23 日 中组部、中宣部、团中央、教育部、财政部、人力资源和社会保障部在人民大会堂联合召开第六届"奉献者风采——大学生志愿服务西部计划优秀志愿者事迹报告团"座谈会。中共中央政治局委员、全国人大常委会副委员长王兆国会见报告团成员并发表重要讲话。陆昊同志、中组部副部长李智勇、中宣部副部长翟卫华、教育部副部长李卫红、人力资源和社会保障部副部长张小健、卢雍政同志等有关部门负责同志和北京部分高校毕业生代表出席了座谈会。下午，在中国人民大学举行第六届"奉献者风采——大学生志愿服务西部计划优秀志愿者事迹报告团"首场报告会。

4 月 23 日 团十六届中央书记处举行第八次集体学习，陆昊同志主持并讲话，王晓、贺军科、罗梅、汪鸿雁同志，机关副处级以上干部参加。中国社会科学院社会学研究所所长李培林围绕"我国的社会建设和社会转型"的主题进行了讲解。

4 月 23 日 王晓同志在北京出席 2010 年上海世博会组委会第七次会议暨国内参展工作会议。

4 月 23 日 中组部、人力资源和社会保障部、教育部、财政部、团中央等单位在北京联合召开 2009 年高校毕业生"三支一扶"计划实施工作电视电话会，卢雍政同志出席并讲话。

4 月 24 日 2009 年共青团权益工作会议在北京召开，陆昊同志出席会议并讲话，王晓同志对下一阶段共青团权益工作进行了部署。

4 月 24 日 中国青少年研究中心在北京召开纪念《中国青年研究》杂志创刊 20 周年座谈会，汪鸿雁同志出席。

4 月 24 日 周长奎同志出席全国"小金库"治理工作电视电话会议。

4 月 26 日 王晓同志召集会议，研究纪念五四运动90周年有关活动筹备工作,周长奎同志、机关有关部门负责同志参加。

4月26日 贺军科同志在北京出席团河南省委主办的河南籍在京务工团员青年纪念五四运动90周年特别团日活动和河南省驻外团建工作座谈会并讲话。

4月26日 汪鸿雁同志出席团北京市委主办的"我与祖国共奋进"——纪念五四运动90周年主题歌会,并为第23届北京市"五四奖章"获得者颁奖。

4月27日 陆昊同志主持召开共青团第十六届中央书记处2009年第14次会议,研究纪念五四运动90周年有关安排、第13届"中国青年五四奖章"等奖项评选、县级团委书记培训班等工作,研究团中央书记处同志参加地方会议或活动的有关工作原则和关于进一步明确机关干部日常谈话制度的意见。

4月27日 陆昊同志与诺基亚集团全球总裁、首席执行官康培凯进行工作会谈。

4月27日 卢雍政同志在北京出席《汶川特大地震抗震救灾·灾后重建志》编纂委员会成立大会暨第一次全体会议。

4月28日 陆昊同志主持召开会议,专题研究关于在青少年中深入开展群众性爱国主义教育活动有关工作,周长奎同志、机关有关部门负责同志参加。

4月28日 贺军科同志出席全国总工会庆祝"五一"国际劳动节暨"同舟共济保增长、建功立业促发展"劳动竞赛推进大会。

4月28日 卢雍政同志出席并观看文化部等单位主办的第九届"相约北京"联欢活动开幕演出。

4月29日 王晓同志出席国家禁毒委员会全体会议并发言。

4月29日 卢雍政同志出席人民网等单位主办的"2008中国大学生年度人物"评选活动颁奖典礼并为获奖者颁奖。

4月29日至30日 以会头安里繁信为团长的日本青年会议所代表团一行64人访华。30日中午,陆昊、卢雍政同志出席全国青联与日本驻华大使共同举办的中日青年企业家交流午餐会,日本首相麻生太郎出席并发表演讲。29日晚,卢雍政同志会见代表团主要成员,并出席全国青联与日本青年会议所共同举办的交流晚餐会。日本首相麻生太郎到会祝贺。

4月30日 陆昊同志会见应对外友协邀请来访的日本自民党亚非研究会干事长、众议员中马弘毅一行。

4月30日 王晓同志会见台湾青年创业协会总会总会长罗清屏、香港青年工业家协会会长吴太和一行。

4月30日 王晓同志主持召开纪念五四运动90周年大会工作协调会,周长奎同志、纪念大会各工作机构有关负责同志参加。

5月1日 卢雍政同志在北京出席2010年上海世博会倒计时一周年暨计时牌启动仪式。

5月2日 在五四青年节即将到来之际,中共中央总书记、国家主席、中央军委主席胡锦涛来到中国农业大学,同广大师生共迎五四青年节,代表党中央向全国各族各界青年致以节日的祝贺,希望全国广大青年学生把爱国主义作为始终高扬的光辉旗帜,把勤奋学习作为人生进步的重要阶梯,把深入实践作为成长成才的必由之路,把奉献社会作为不懈追求的优良品德,在实现中华民族伟大复兴的历史征程上谱写出更加辉煌的青春乐章。中共中央政治局委员、书记处书记、中宣部部长刘云山,中共中央政治局委员、国务委员刘延东,中共中央书记处书记、中央办公厅主任令计划,中共中央书记处书记、中央政策研究室主任王沪宁,教育部部长周济,陆昊同志等陪同考察。

5月2日至6日 以全国青联副主席申长雨为团长的全国青联内地青年代表人士访问团赴香港、澳门访问。其间,访问团参观了以纪念五四运动90周年为主题的澳门青年图片展和历史文献展，参加了“香港各界青少年庆祝建国60周年系列活动”启动礼等活动。

5月4日 纪念五四运动90周年大会在北京人民大会堂举行。胡锦涛、吴邦国、温家宝、贾庆林、李长春、习近平、李克强、贺国强、周永康同志等党和国家领导人出席大会。中共中央政治局常委李长春在大会上发表重要讲话，中共中央政治局委员、全国人大常委会副委员长王兆国主持大会。青年学生代表、北京大学学生会主席张度，青年职工代表、上海航天局第804研究所高级技师苗俭，青年农民代表、内蒙古自治区奈曼旗白音他拉镇满都拉呼嘎查党支部书记席宝力皋，青年知识分子代表、“星光中国芯工程”总指挥邓中翰先后发言。刘云山、刘延东、李源潮、徐才厚、何勇、令计划、王沪宁、李建国、马凯、钱运录等党和国家领导同志，中央和国家机关有关部门负责同志，各民主党派中央、全国工商联负责人和无党派人士代表，老同志代表，首都各界群众和青年代表等，共约3000人参加大会。团中央书记处全体同志、机关各部门负责同志和直属单位主要负责同志参加了纪念大会。

5月4日 团中央、全国青联在北京人民大会堂举行第13届“中国青年五四奖章”暨2008年度“全国优秀共青团员”、“全国优秀共青团干部”、“全国五四红旗团委(团支部)”颁奖仪式。中共中央政治局委员、全国人大常委会副委员长王兆国为获奖集体和个人代表颁奖，并发表即席讲话。陆昊同志主持颁奖仪式，王晓同志宣读了表彰决定，贺军科、卢雍政、罗梅、汪鸿雁、周长奎同志，机关各部门主要负责同志出席了颁奖仪式。

5月4日 团中央书记处与青年典型代表、基层团干部代表进行座谈，认真学习胡锦涛总书记5月2日在同中国农业大学师生代表座谈时的重要讲话和李长春同志在纪念五四运动90周年大会上的重要讲话精神。陆昊同志主持座谈会并讲话，书记处各同志、5名青年典型和优秀团干部代表分别发言。第13届“中国青年五四奖章”获得者等青年典型代表、基层团干部代表和机关各部门主要负责同志参加。

5月4日 陆昊同志出席中宣部等单位主办的大型诗歌朗诵会《红色箴言》。

5月4日 中宣部、教育部、团中央在北京大学百年纪念讲堂联合举办“我与祖国共奋进——纪念五四运动90周年”主题歌会，通过歌唱五四运动以来中国革命、建设和改革各个时期的爱国歌曲，诠释爱国主义的主题。中宣部副部长翟卫华，王晓、周长奎同志，教育部副部长郝平，中共北京市委常委梁伟，先进青年典型代表，北京大学、清华大学等首都高校的负责同志、师生代表2000多人参加了歌会。

5月4日 卢雍政同志出席中央国家机关团工委等单位举办的“青春同行·创业起航”——纪念五四运动90周年主题晚会。

5月5日 陆昊同志主持召开共青团第十六届中央书记处2009年第15次会议，研究进一步规范中国青年五四奖章等重要奖项评选工作，研究全国共青团系统先进工作者评选、团中央书记处与各省级团委领导班子举行年中工作会谈等工作。

5月5日 卢雍政同志会见并宴请以马来西亚华人公会青年团总团长、教育部副部长魏家祥为团长的马来西亚华人公会青年团代表团一行。

5月5日 汪鸿雁同志出席国务院扶贫办组织召开的完善国家扶贫战略和政策体系领导小组联合调研工作会议。

5月6日 贺军科同志出席中宣部组织召开的支持灾区文化建设协调会。

5月8日 团中央学校部在中国农业大学召开北京市重点联系高校团委书记专题会，研究部署近期高校重点工作，卢雍政同志出席并讲话。

5月8日 周长奎同志出席中央电视台举办的五四青年节特别节目——"我们台里的年轻人"青年主持人风采大赛并为获奖者颁奖。

5月9日 由团中央、国家减灾委、国务院应急办联合主办的"全国防灾减灾志愿服务周"主题活动启动仪式在北京举行,卢雍政同志,国家减灾委副主任、民政部副部长李立国,国务院应急办主任陆俊华出席启动仪式并为"防灾减灾志愿宣传员"颁发证书,卢雍政同志代表主办单位讲话。

5月11日 卢雍政同志会见泰国诗琳通公主御计划办公室大管家基提·坎萨米特一行。

5月11日、13日 陆昊同志主持召开纪念全国青联成立60周年座谈会筹备工作专题会,王晓同志、机关有关部门负责同志参加。

5月11日至14日 2009年第二期全国团县委书记培训班在中央团校举办,来自全国各省(区、市)的310名团县委书记参加了培训。陆昊、王晓、贺军科、卢雍政、罗梅、汪鸿雁、周长奎同志分别为培训班学员授课。

5月12日 陆昊同志赴四川省汶川县映秀镇出席中央举办的纪念四川汶川特大地震一周年活动。

5月12日 卢雍政同志会见老挝青年干部培训班学员。

5月12日至21日 应罗马尼亚社会民主党青年组织和俄罗斯青年联盟邀请,以罗梅同志为团长的中国青年代表团赴罗马尼亚和俄罗斯进行友好访问。

5月13日 陆昊同志主持召开共青团第十六届中央书记处2009年第16次会议,研究团中央直属机关清理规范评比达标表彰、机关各部门组织团干部培训、团中央书记处同志和机关局级干部到基层调研、支持共青城发展等工作。

5月13日至15日 第一期全国农村青年创业小额贷款工作培训班在浙江省团校举办,来自上海等10省(区、市)的省级团委农青(青农)部长、县(市、区)团委书记代表等100人参加了培训。

5月13日至22日 应全国青联邀请,以韩国保健福祉家庭部儿童青少年政策室室长张玉珠为总团长的韩国青年代表团一行140人访华。13日晚,卢雍政同志会见代表团主要成员并宴请代表团。

5月14日 纪念全国青联成立60周年座谈会在北京人民大会堂举行。中共中央政治局委员、全国人大常委会副委员长王兆国出席座谈会并讲话,全国政协副主席、中央统战部部长杜青林,中央组织部副部长李智勇出席座谈会。陆昊同志主持座谈会,王晓同志致辞,徐寅生、白春礼、杨元庆、姜云燕、黄英豪等5位不同时期、不同界别的全国青联委员代表在座谈会上发言。贺军科、卢雍政同志,全国青联新老委员代表,团中央机关各部门、直属单位主要负责同志200余人参加座谈会。座谈会后,新老委员中的部分艺术家即席表演了文艺节目。

5月14日 教育部、国家体育总局、团中央在重庆召开全国亿万学生阳光体育运动推进会,教育部部长周济,国家体育总局副局长冯建中,周长奎同志出席并讲话。教育部副部长陈小娅主持会议。在重庆期间,周长奎同志就青少年社会教育工作进行了调研。

5月14日 王晓同志出席中央人才工作协调小组第21次会议。

5月14日至16日 卢雍政同志赴内蒙古达拉特旗出席"中韩青年防治沙漠化委员会"成立仪式,并考察了中韩、中日青年沙漠绿化合作项目。

5月15日至17日 全国青联主办的海峡论坛·两岸青年社团负责人圆桌会议在厦门举行,来自大陆、台湾及香港地区的48家青年社团组织负责人参加了会议。王晓同志出席会议并讲话。

5 月 15 日至 22 日 国台办、团中央、全国台联和福建省人民政府等单位在福建共同主办以“扩大民间交流、加强两岸合作、促进共同发展”为主题的首届海峡论坛。中共中央政治局常委、全国政协主席贾庆林出席论坛，发表致辞，并会见了出席论坛的两岸各界人士。全国人大常委会副委员长、民革中央主席周铁农，全国政协副主席兼秘书长钱运录，全国政协副主席、台盟中央主席林文漪，王晓同志等主办单位负责同志参加会见并出席论坛。

5 月 16 日 贺军科同志在北京出席 2009 年全国科技活动周开幕式。

5 月 18 日 陆昊、王晓同志在人民大会堂出席全国社会治安综合治理先进集体、先进工作者表彰大会。下午，王晓同志出席中央综治委有关工作会议。

5 月 18 日 王晓同志会见国际青年商会澳门总会访京团。

5 月 18 日 周长奎同志在辽宁沈阳市出席中央军委授予向南林同志“新一代模范士兵”荣誉称号命名大会并讲话。下午，就青少年社会教育工作进行了调研。

5 月 19 日 周长奎同志出席中宣部组织召开的评选 100 位为新中国成立作出突出贡献的英雄模范人物和 100 位新中国成立以来感动中国人物活动组委会第一次全体会议。

5 月 19 日至 21 日 汪鸿雁同志赴河北省青县、沧县、新乐市调研农村共青团基层组织建设和基层工作。

5 月 22 日 “促进农村青年就业创业——四季沐歌太阳能阳光创业行动”在北京启动，汪鸿雁同志出席合作协议签字仪式并讲话。

5 月 23 日 文化部、教育部、团中央等单位在北京共同举办“歌声伴我成长”——庆祝新中国成立 60 周年优秀少儿歌曲音乐晚会，罗梅同志出席。

5 月 26 日 农村青年创业小额贷款工作座谈会在北京召开，汪鸿雁同志出席。

5 月 27 日 卢雍政同志会见应中联部邀请来访的，以巴基斯坦人民党秘书长、参议员穆罕默德·贾汗吉尔·巴达尔为团长的巴基斯坦人民党代表团一行。

5 月 27 日 团中央机关举办第五次年轻干部学习交流会，罗梅同志、机关有关部门负责同志、机关副处级以下年轻干部参加。

5 月 31 日 全国妇联、中央文明办、国务院妇儿工委办公室、团中央等单位在北京联合举办 2009 年“六一”国际儿童节晚会“童心如歌”。中共中央政治局常委李长春，中共中央政治局委员、全国人大常委会副委员长王兆国，中共中央政治局委员、中宣部部长刘云山，中共中央政治局委员、国务委员刘延东，全国人大常委会副委员长、全国妇联主席陈至立，全国政协副主席王志珍和中国关工委主任顾秀莲一同观看演出。陆昊同志参加。

5 月 31 日 中宣部、中央文明办、团中央等单位在北京举行“爱国歌曲大家唱”群众性歌咏活动启动仪式，周长奎同志出席。

5 月 31 日 团中央直属机关深入学习实践科学发展观活动领导小组下发通知，对整改落实“回头看”工作进行部署。

6 月 1 日 贺军科同志出席国务院召开的全国安全生产电视电话会议。

6 月 1 日 按照团中央、全国少工委的统一部署，全国 31 个省(区、市)约 7600 万名少先队员举行“歌唱祖国庆六一”全国统一主题队日活动，同唱爱党、爱国歌曲，共同欢度“六一”国际儿童节。罗梅同志在北京市白家庄小学出席了相关活动。

6 月 1 日 周长奎同志出席团北京市委主办的 2009 首都庆祝“六一”国际儿童节游园会活动。

6 月 2 日 中直机关思想政治工作情况汇报交流会片会在团中央机关召开，中直机关工委副书记赵凯主持会议，中央外宣办、全国总工会、团中央、全国妇联等单位的机关党委负责同志汇报交流了本单位开展思想政治工作情况。会前,陆昊同志会见赵凯同志一行,贺军科同志出席会议并致欢迎词。

6月2日 贺军科同志出席中纪委组织召开的贯彻落实《中共中央纪委关于推进惩治和预防腐败体系建设的检查办法(试行)》电话会议。

6月3日 陆昊同志列席国务院第67次常务会议。

6月3日 卢雍政同志会见应中联部邀请来访的俄罗斯国家杜马议员、统一俄罗斯党青年组织"青年近卫军"协调委员会委员塔季杨娜·根纳季耶夫娜·沃罗诺娃。

6月3日至5日 团中央农村青年工作部在重庆举办第二期全国农村青年创业小额贷款工作培训班,来自11省(区、市)的100多名团干部参加了培训。

6月4日 陆昊同志主持召开共青团第十六届中央书记处2009年第19次会议,研究共青团基层组织建设和基层工作试点、中等职业学校共青团工作、团省(区、市)委向团中央年中述职等事项。

6月4日 卢雍政同志出席庆祝中国与马来西亚建交35周年招待会。

6月5日 陆昊同志会见以韩国国会议员南景弼为团长的韩国国会议员代表团一行。晚,卢雍政同志会见并宴请该团。

6月5日 贺军科同志主持召开会议,研究新生代农民工有关工作,机关有关部门负责同志参加。

6月5日 全国人大环资委、环境保护部、团中央等单位在北京启动中国千名青年环境友好使者行动项目,环境保护部副部长吴晓青,卢雍政同志出席启动仪式。

6月5日 科技部、农业部、团中央等部门在北京共同举办"全国科技特派员工作会议暨农村科技创业行动启动仪式",汪鸿雁同志出席启动仪式。

6月8日 中国大学生骨干培养学校第二期学员结业式在中国青年政治学院举行,陆昊同志出席并讲话,卢雍政同志主持。第二期学员共有207名。

6月8日 团中央在北京举行各界青年学习《六个"为什么"——对几个重大问题的回答》一书座谈会,周长奎同志出席并讲话。

6月8日至9日 全国青联、国际劳工组织、世界银行在北京共同举办青年就业创业国际论坛,来自政府有关部门、国际组织、教育机构和青年组织的国内外专家和相关人员约60人参加了论坛。9日下午,陆昊同志会见出席论坛的外方代表,卢雍政同志参加会见,出席论坛闭幕式并致辞。

6月8日至13日 罗梅同志赴西藏就民族地区青少年思想教育等工作进行调研。9日下午,出席共青团西藏自治区第八次代表大会开幕式并致辞。

6月9日 团中央在北京召开分类引导青年试点工作部署培训会,来自全国12个省(市)、系统的43家试点单位团组织负责人参加会议。陆昊同志出席会议,与试点单位团组织负责人进行座谈交流并讲话,周长奎同志主持会议并作相关部署。

6月9日至10日 贺军科同志赴广西南宁市出席第五届泛珠三角区域合作与发展论坛暨经贸洽谈会系列活动。

6月10日 团十六届中央书记处举行第九次集体学习,陆昊同志主持并讲话,王晓、卢雍政、汪鸿雁、周长奎同志,机关副处级以上干部参加。中国社会科学院学部委员、世界宗教研究所所长卓新平围绕"新时期我国宗教问题及其对青少年的影响"这一主题进行了讲解。

6月10日 陆昊同志与人力资源和社会保障部主要负责同志进行工作会谈。随后,主持召开专题会议,就与人力资源和社会保障部加强合作、进一步推动促进青年就业创业工作进行研究部署,汪鸿雁同志、机关有关部门负责同志参加。

6月11日 陆昊同志主持召开专题会议，研究维护青少年权益工作，王晓同志、机关有关部门负责同志参加。

6月11日 团中央机关举办第六次年轻干部学习交流会，汪鸿雁同志出席并讲话，机关有关部门负责同志和副处级以下年轻干部参加。

6月11日 周长奎同志出席2009中国高校传媒联盟年会暨中国校园文化传播论坛开幕式。

6月12日 陆昊同志主持召开专题会议，听取团中央网络影视中心与青海卫视、新疆生产建设兵团卫视合作情况的汇报，研究有关工作措施，王晓、周长奎同志，机关有关部门负责同志参加。

6月12日 全国青联医药卫生界别在北京举办学习讲坛活动，王晓同志出席并讲话，全国青联各界别秘书长、副秘书长和医药卫生界别委员约50人参加。

6月12日 2010年上海世博会中国馆筹备领导小组和全国少工委联合主办的“祖国发展我成长——畅想新生活，我心目中的未来城市和生活”全国儿童画征集活动新闻发布会暨启动仪式在上海举行。

6月14日 中宣部、国家安监总局、团中央等单位在北京共同主办2009年全国安全生产月宣传咨询日活动，贺军科同志出席。

6月15日 陆昊同志主持召开共青团第十六届中央书记处2009年第20次会议，研究青年马克思主义者培养工程、中国青年企业家协会换届、共青团少先队基层组织建设和基层工作试点等工作。

6月15日 王晓同志会见澳门中联办文化体育部部长一行。随后，与中央电视台有关负责同志商谈工作。

6月15日 贺军科同志出席中国光华科技基金会第四届理事会第四次会议并讲话。

6月15日至19日 团中央直属机关深入学习实践科学发展观活动领导小组派出两个检查组，深入19个直属单位就整改落实“回头看”工作进行检查。

6月15日至20日 陆昊同志赴贵州贵阳、安顺、遵义市就加强共青团基层组织建设和基层工作、促进青年就业创业等工作进行蹲点调研。期间，陆昊同志深入街道、农村、企业、高校了解基层有关工作情况，召开了多次各类基层团干部座谈会，并与中共贵州省委书记石宗源、省委副书记王富玉等负责同志就共青团工作进行了深入交流。

6月15日至24日 应全国青联邀请，以印度青年事务与体育部国务部长阿伦·达夫为团长的印度青年代表团一行90人来华访问。15日下午，中共中央政治局委员、全国人大常委会副委员长王兆国会见代表团主要成员并与全体代表合影，陆昊、卢雍政同志参加会见。晚，卢雍政同志宴请该代表团。

6月16日至18日 全国青联、台湾中华青年交流协会、台湾中国青年创业协会总会在福建福州市共同主办以“创业·应对——挑战与机遇中的青年力量”为主题的第七届海峡青年论坛，来自海峡两岸、港澳地区以及海外的青年代表、企业家近200人出席论坛。中共福建省委常委、宣传部长唐国忠，贺军科同志，福建省人民政府副省长洪捷序等出席。开幕式期间，贺军科同志出席中国·海峡项目成果交易会开幕式和中国青年科技创新馆开馆仪式。

6月16日至19日 王晓同志出席政协第十一届全国委员会常委会第六次会议。

6月16日至19日 汪鸿雁同志赴山西灵丘县调研团中央定点扶贫工作，并先后赴太原、晋中市调研农村共青团工作。

6月16日至20日 应团中央邀请，以宣传部部长申钟铉为团长的朝鲜金日成社会主义青年同盟中央委员会一行访问北京和大连。19日上午，卢雍政同志会见该代表团。

6月18日 卢雍政同志会见应团北京市委邀请来访的河内团市委书记午维晓为团长的越南河内青年代表团。

6月19日 中宣部、教育部、团中央共同组织的大学毕业生建功立业先进事迹报告团在清华大学举行首场报告会。教育部党组成员、副部长李卫红主持报告会,中宣部副部长翟卫华,周长奎同志出席。会后,报告团还将赴天津、上海、武汉、广州、西安、哈尔滨等六个城市的高校作巡回报告。

6月20日 IEF2009国际数字娱乐嘉年华中国总决赛暨中韩电子竞技对抗赛在辽宁大连市开幕,周长奎同志出席并致辞。开幕式前,周长奎同志会见了前来出席活动的韩国国会议员全惠淑。在大连期间,周长奎同志就促进青年就业创业工作进行了调研。

6月20日 中青企协秘书处和中国青年国际创业计划(YBC)全国办公室在北京共同举办"推动社区青春互动,促进青年就业创业"论坛。

6月21日 中宣部、教育部、团中央共同组织的先进模范人物爱国奉献事迹报告团首场报告会在北京航空航天大学举行。周长奎同志主持报告会,中宣部副部长翟卫华,教育部党组成员、副部长李卫红出席。会后,报告团还将赴大连、厦门、南昌、济南、长沙、昆明等6个城市的高校作巡回报告。

6月22日 陆昊同志主持召开会议,研究中国青年创业就业基金会成立筹备工作,王晓同志、相关单位负责同志参加。

6月22日 陆昊同志会见应中联部邀请来访的以卡列塔耶夫第一副主席为团长的哈萨克斯坦"祖国之光"人民民主党代表团。

6月22日 卢雍政同志会见第十五期东盟(越南)青年干部培训班全体学员并合影留念。

6月22日至23日 汪鸿雁同志出席中央林业工作会议。

6月22日至25日 2009年第三期全国县级团委书记培训班在中央团校举办,来自全国各地的405名县级团委书记参加了培训。书记处同志分别为培训班学员授课。

6月23日 王晓同志会见并宴请香港青年工业家协会访京团,香港中联办副主任王志民出席会见活动。

6月25日 陆昊同志在北京出席海关总署召开的全国海关青年工作座谈会并讲话,海关总署党组书记、署长盛光祖及来自全国海关系统的基层团组织负责人和海关系统先进青年代表共80余人参加了座谈会。

6月25日 陆昊同志主持召开团中央机关干部民主推荐会议。会后,主持召开共青团第十六届中央书记处2009年第21次会议,研究加强共青团基层组织建设和基层工作、共青团参与灾后重建等工作。

6月25日 王晓同志主持召开团中央资产管理领导小组会议,贺军科、汪鸿雁同志,机关有关部门负责同志参加。

6月25日至27日 应泰国社会发展与人类安全部邀请,卢雍政同志率中国青年代表团赴泰国参加第三届中国—东盟(10+1)青年事务部长会议和第二届东盟与中日韩(10+3)青年事务部长会议。

6月26日 陆昊同志先后主持召开会议,专题研究中国青年创业就业基金会成立筹备、《预防未成年人犯罪法》颁布10周年座谈会等工作,王晓同志、机关有关部门负责同志参加。

6月26日 团中央召开第二批驻点工作中期座谈会,对第二批驻点工作进行总结和探讨,并对第二批驻点下半段工作进行安排部署。贺军科同志出席并讲话。

6月27日至30日 由教育部、天津市人民政府、人力资源和社会保障部、团中央等单位共同主办的2009年全国职业院校技能大赛在天津举行。中共中央政治局委员、天津市委书记张高丽,全国政协副主席张榕明,教育部部长周济，天津市市长黄兴国，卢雍政同志等出席了30日上午的闭幕式，并为获奖者颁奖。在天津期间，卢雍政同志还出席了“中国·天津海河教育园区”开工奠基仪式，并就大学生创业就业工作进行调研。

6月28日 王晓同志在北京出席中央电视台经济频道和中国青年创业国际计划（YBC）共同主办的《创业课堂：青年创业中国强》公益主题活动。

6月29日 陆昊同志列席中央政治局第14次集体学习。

6月29日 卢雍政同志会见以澳大利亚联邦政府创新、工业与科研部部长办公室主任瑞秋·史蒂芬·史密斯为团长的澳大利亚政治交流理事会代表团。

6月29日 周长奎同志出席解放军总参谋部主办的青年官兵学习践行当代革命军人核心价值观“青春的誓言”主题演讲比赛，并为获奖者颁奖。

6月30日 中国青年创业就业基金会成立仪式在人民大会堂举行。中共中央政治局委员、全国人大常委会副委员长王兆国会见了中国青年创业就业基金会23家原始基金发起人代表，并为代表颁发了捐赠证书。陆昊同志出席成立仪式并讲话，王晓同志主持。29日下午，中国青年创业就业基金会第一届理事会第一次会议在团中央机关召开，陆昊、王晓同志出席会议并讲话，23家原始基金发起人代表参加了会议。会议审议通过了基金会章程、第一届理事会成员名单，通报了监事名单。会议选举王晓同志为基金会理事长。

6月30日 周长奎同志出席中宣部组织召开的全国“双百”评选活动组委会会议。

6月30日至7月1日 教育部、中宣部、中央文明办、人力资源和社会保障部、团中央、全国妇联在天津联合召开全国中等职业学校德育工作会议。中共中央政治局委员、国务委员刘延东向大会致信。教育部部长周济，陆昊同志，中央文明办专职副主任王世明，人力资源和社会保障部副部长王晓初，全国妇联书记处书记赵东花出席会议并讲话。

7月1日至4日 共青团“青年就业创业见习基地”工作交流研讨班在团中央北戴河培训基地举行。贺军科同志出席并讲话，来自全国31个省（区、市）和6个行业、系统的286名团干部围绕该项工作进行了深入研讨。

7月2日 全国人大内司委、中央综治办、团中央在北京联合举办《预防未成年人犯罪法》颁布10周年座谈会。全国人大常委会副委员长兼秘书长、中央综治委副主任、中央综治委预防青少年违法犯罪工作领导小组组长李建国出席会议并讲话。中央综治委副主任、中央政法委副秘书长、中央综治办主任、中央综治委预防青少年违法犯罪工作领导小组副组长陈冀平主持座谈会，陆昊同志出席会议并讲话，王晓同志和领导小组成员单位有关负责同志参加会议。

7月2日 王晓同志出席中央单位“小金库”治理重点检查工作部署会。4日下午，主持召开团中央系统专项治理“小金库”工作领导小组会议，研究部署有关工作，贺军科同志、领导小组成员和相关直属单位负责同志参加。

7月3日 陆昊同志主持召开共青团第十六届中央书记处2009年第22次会议，研究团中央机关及直属事业单位开展“小金库”自查自纠、西部计划基层青年工作专项行动、评选推荐团中央系统全国三八红旗手（集体）等工作。

7月3日 王晓同志出席国务院残工委组织召开的第四次全国自强模范暨扶残助残先进集体和个人表彰大会。会后，会见以全国青联常委陈仲尼为团长的香港青年联会访问团。

7月4日 全国青联科技界别、中科院青联等在北京共同举办“科技与金融”讲座。王晓同志出席活动并讲话。全国青联各界别委员、中青科协会员约200人参加了活动。

7月4日 卢雍政同志在清华大学出席教育部主办的全国高校学生“我爱我的祖国”主题暑期社会实践活动启动仪式。

7月4日 卢雍政同志会见日本JC日中友好之会副会长扬原一行。

7月5日 卢雍政同志在北京出席“走进世博会——中国2010年上海世博会暨世博会历史回顾展览”开幕式。

7月6日至9日 卢雍政同志赴河南郑州就高校共青团工作、志愿者工作等进行调研。

7月6日至10日 陆昊同志赴湖北武汉、仙桃、洪湖、宜昌等地就加强共青团基层组织建设和基层工作、促进青年就业创业、青少年社会教育等工作进行深入调研。调研期间，中共湖北省委书记罗清泉、省长李鸿忠与陆昊同志就共青团工作进行了深入交流。

7月8日至11日 第三期全国农村青年创业小额贷款暨农村基层团建试点工作培训班在团中央北戴河培训基地举办，来自10个省(区、市)的省级团委农青(青农)部长、团县(区)委书记约100人参加了培训。汪鸿雁同志出席并讲话。

7月9日 卢雍政同志会见并宴请应全国青联邀请来访的第二批英国百名青年代表团。10日，代表团与中国青年企业家协会就经贸合作、金融危机背景下的企业发展等问题进行了交流。

7月9日至10日 大学生志愿服务西部计划基层青年工作专项行动推进会议在河南焦作市召开，卢雍政同志出席并讲话。

7月10日 陆昊同志主持召开共青团第十六届中央书记处2009年第23次会议，深入学习7月8日中央政治局常委会议精神、中央有关文件精神和王兆国同志重要指示，研究组织引导广大团员青年贯彻落实中央维护新疆社会稳定工作决策部署。

7月10日 全国清理规范评比达标表彰工作领导小组办公室与团中央交换意见会在团中央机关举行，贺军科同志参加。

7月10日 卢雍政同志会见利比里亚外交部亚非事务部长助理乔治·维斯纳。随后，会见以老挝人民革命青年团中央委员会办公厅主任维拉丰·范萨芳为团长的老挝青年代表团一行。

7月11日 卢雍政同志出席团北京市委等单位联合主办的2009年首都大学生暑期社会实践活动启动仪式，并为2009年首都大学生暑期社会实践团授总团旗。

7月11日 周长奎同志出席“辉煌60年”成就展中国特色社会主义文化建设展区筹展工作领导小组会议。

7月13日 王晓同志出席全国台联举办的2009年台胞青年千人夏令营北京总营欢迎式，为学生交流团授旗。

7月13日 团中央机关举办第七次年轻干部学习交流会。周长奎同志出席，机关有关部门负责同志及副处级以下年轻干部80多人参加。

7月14日 陆昊同志主持召开共青团第十六届中央书记处2009年第24次会议，研究支持新疆共青团组织在各级党委、政府领导下，积极配合做好维护民族团结和社会稳定工作的六项具体措施。会前，与复星集团负责人进行工作会谈。

7月14日 陆昊同志在北京人民大会堂出席第八次全国归侨侨眷代表大会开幕式。

7月14日 周长奎同志出席中央国家机关团工委举办的青年公务员价值观研讨会并讲话。

7月15日 团中央在北京召开统筹城乡、青年自组织和互联网团建试点工作研讨会。陆昊同志讲话，贺军科同志就试点工作进行部署，来自全国各地的41个(对)试点单位的负责人和19个相关省级团委分管书记等70人参加会议。

7月16日 陆昊同志与国家开发银行股

份有限公司党委书记、董事长陈元进行工作会谈。

7月16日、17日 王晓同志主持召开会议，研究建国60周年观礼活动共青团系统先进人物初步推荐方案，机关有关部门负责同志参加。

7月17日 陆昊同志在北京人民大会堂出席纪念中国文联成立60周年大会，代表人民团体致贺词。晚，出席纪念中国文联成立60周年文艺晚会。

7月17日、18日 卢雍政同志在北京列席第十一次驻外使节会议第一次、第二次全体会议。

7月17日至19日 全国优秀共青团干部工作研讨活动在团中央北戴河培训基地举办，136名来自全国各地区、各行业受表彰的2008年度全国优秀团干部参加了活动，贺军科同志代表团中央书记处看望了与会同志。

7月17日至21日 全国青联、福建省人民政府以"青春相约海西·携手共创未来"为主题，在福建福州、厦门等地开展第四届两岸青年联欢节"海峡西岸行"活动，1200多名台湾青年学生和1500多名祖国大陆各界青年代表参加了不同形式的文化交流活动。卢雍政同志出席了"中华文化大讲坛"等活动。

7月17日至21日 全国学联、台湾中华青年交流协会在福建厦门市共同主办第五届两岸大学校园歌手邀请赛，来自两岸46所著名高校的72名大学生歌手参加了邀请赛，卢雍政同志代表主办单位致辞并为获奖歌手颁奖。

7月19日至24日 中国科协、团中央、山东省人民政府等在山东济南市共同主办第24届全国青少年科技创新大赛。中国科协常务副主席、书记处第一书记邓楠，山东省委副书记、省长姜大明，周长奎同志等出席大赛开幕式。其间，周长奎同志就青少年思想引导工作进行调研。

7月20日 罗梅、周长奎同志召集会议，专题研究在青少年中加强民族团结教育工作，机关有关部门负责同志参加。

7月20日至21日 全国青联、欧洲青年论坛在北京联合主办青年组织发展国际论坛，来自世界民主青年联盟、自由党青年国际联盟等国际性青年组织和亚洲、非洲、欧洲的国家级青年组织以及部分省级团委的40余名代表出席了论坛。20日上午，王晓同志会见了部分国外与会代表。21日下午，卢雍政同志出席论坛闭幕式并讲话。

7月21日 卢雍政同志会见并宴请以教育和职业培训部中学教育司司长莱昂纳德·姆萨罗切为团长的坦桑尼亚青年代表团。

7月21日至23日 罗梅同志受书记处委托赴新疆调研，了解乌鲁木齐"7·5"事件以来新疆青少年思想状况等有关情况，指导当地共青团开展工作，机关有关部门负责同志参加。

7月21日至24日 贺军科同志赴黑龙江方正县就驻点工作、两新组织团建和农村基层团组织建设等工作进行蹲点调研。

7月21日至24日 汪鸿雁同志赴重庆出席重庆市委组织部、团重庆市委等举办的2009中国重庆·青年人才论坛主论坛活动。其间，就农村共青团工作进行调研。

7月22日至24日 全国五四红旗团委负责同志工作研讨活动在团中央北戴河培训基地举行，169名来自全国各地、各行业的2008年度全国五四红旗团委负责同志参加。

7月22日至28日 全国青联、辽宁省人民政府等单位以"心心相惜·欢聚辽宁"为主题，在沈阳、大连等地开展第四届两岸青年联欢节辽宁行活动，200多名台湾青年学生与辽宁青年代表参加了有关交流活动。

7月23日 全国青联界别工作会议在北京召开。陆昊同志出席会议并讲话，王晓同志主持会议，部分全国青联副主席、全国青联各界别工作委员会负责同志等30余人参加了会议。

7月24日 陆昊同志主持召开共青团第十六届中央书记处2009年第25次会议，研究部署在青少年中加强民族团结教育工作。

7月24日 陆昊同志参加中央宣传思想工作领导小组会议。会后，与李嘉诚基金会代表进行工作会谈。

7月24日 西部计划全国项目办在中央民族大学举行2009年全国大学生志愿服务西部计划志愿者欢送会。卢雍政同志向志愿者代表授旗并讲话。

7月24日 周长奎同志出席由人力资源和社会保障部组织召开的发展家庭服务业促进就业部际联席会议第一次全体会议。

7月24日 由联合国环境规划署、全国少工委共同主办的2009中国儿童环保绘画大赛颁奖典礼在联合国环境规划署总部肯尼亚首都内罗毕举行，联合国副秘书长、环境规划署执行主任阿齐姆·施泰纳先生为获奖者颁奖。

7月27日至28日 少先队基层组织建设和基层工作试点单位工作交流研讨班在团中央北戴河培训基地举办，各省级团委少年部负责人，来自全国200个试点单位的中小学大队辅导员和团委负责人参加。

7月27日至29日 团省（区、市）委向团中央进行年中工作述职。13个省（区、市）团委主要负责同志来京向团中央书记处汇报了一年来对全团重点工作的推进情况，领导班子在素质、作风等方面的提高和存在的不足以及对团中央的意见和建议，书记处全体同志听取了汇报，与每个省面对面地交流了看法和认识，既充分肯定了工作成绩，又有针对性地提出了省级团委在工作中需要进一步加强和注意的问题。其他各省（区、市）以书面形式进行了述职。

7月29日 贺军科同志会见以总会长沈伯璋为团长的台湾青商总会参访团。30日上午，会见以中国国民党中央评议委员会主席、前台湾省主席赵守博为荣誉团长的台湾中华两岸企业发展协进会考察团。

7月29日 卢雍政同志出席韩国驻华大使辛正承举办的晚餐会。

7月29日至30日 周长奎同志赴湖南长沙市出席“祖国在我心中”全国青少年宫系统文艺汇演活动。其间，就分类引导青年试点工作等进行调研。

7月30日 由司法部、团中央发起，中华全国律师协会、团中央志工部、司法部法律援助中心等单位联合举办的“1+1”中国法律援助志愿者行动启动仪式在北京举行。中国关工委主任、中国法律援助基金会名誉会长顾秀莲，卢雍政同志等出席启动仪式并讲话。

7月30日至8月1日 罗梅同志赴河南出席河南省青年企业家协会第九次会员代表大会暨河南省青年商会成立大会并讲话。其间，在郑州、焦作等地就少先队工作进行调研。

8月1日至2日 国家林业局、团中央、黑龙江省人民政府等单位在黑龙江漠河县联合举办第二届中国生态文明建设高层论坛。全国人大常委会副委员长、民革中央主席周铁农，全国绿化委员会副主任、国家林业局局长贾治邦，汪鸿雁同志等主办单位负责同志参加。

8月1日至14日 应全国青联邀请，由美国青年政治领袖理事会派遣的美国青年领导人代表团访华。12日上午，中共中央政治局委员、书记处书记、中央组织部部长李源潮会见代表团，陆昊、卢雍政同志参加。11日下午，王晓同志会见代表团。12日下午，卢雍政同志出席纪念全国青联与美国青年政治领袖理事会建交30周年中美青年领导人论坛并讲话，当晚出席招待会并致辞。

8月4日 团中央召开各省（区、市）团委年中述职总结电视电话会议，通报各省（区、市）团委向团中央书记处年中述职情况，对下半年各级团组织深入推进全团重点工作进行部署。陆昊同志出席会议并讲话，王晓同志主持。贺军科、卢雍政、罗梅、汪鸿雁、周长奎同志，团中央机关各部门主要负责同志，在京系统团委主要负责同志在主会场参加会议，各省（区、市）团委中层以上干部、地市级团委主要负责同志在各分会场参加会议。

8月4日 陆昊同志会见泰华农民银行首席执行官兼总裁伍万通一行。

8月4日 西部计划全国项目办、中国青年志愿者协会在北京大学举行"参与高尚的时尚，体验时尚的高尚"——易中天教授向西部计划志愿者赠书仪式，卢雍政同志向易中天教授颁发捐赠证书并讲话。

8月4日至7日 团中央、中国农业银行在吉林长春市共同举办"农村青年创业小额贷款项目"试点工作培训班，启动团中央与中国农业银行合作实施的"农村青年创业小额贷款项目"试点工作。汪鸿雁同志，中国农业银行有关负责同志出席并讲话，来自10个省份56个试点县（市、区）的团委书记与农行负责人参加了培训班并进行了工作对接。其间，汪鸿雁同志赴敦化市、安图县、延吉市就农村共青团工作进行调研。

8月5日 王晓同志会见诺基亚公司执行副总裁埃斯科·阿霍一行。

8月6日 周长奎同志出席第二届全国道德模范评选表彰活动组委会会议。

8月8日 团中央、中央人民广播电台、中国青年志愿者协会在北京举行以"争当志愿者，创造新生活"为主题的中国青年志愿者歌曲征集活动启动仪式，卢雍政同志出席并讲话。

8月8日 周长奎同志在北京奥林匹克公园出席国家体育总局、中央文明办、北京市人民政府等单位联合主办的全国"全民健身日"启动仪式。

8月9日 罗梅同志在北京出席中国关工委举办的"机会与梦想"第六届全国关怀艾滋病致孤儿童夏令营活动。

8月10日 陆昊、卢雍政同志在北京八宝山革命公墓参加卓琳同志遗体告别仪式。

8月10日 陆昊同志主持召开书记处会议，学习讨论中央有关文件。

8月11日 陆昊同志主持召开共青团第十六届中央书记处2009年第26次会议，研究部署加强团中央机关编制外工作人员管理、大学生信教问题调研、使用特殊团费支持灾区集中建设青少年活动场所、中国青少年发展基金会理事会换届、加强机关保密等工作。

8月11日 卢雍政同志会见以会长严浩为团长的日本中华总商会访华团一行。

8月12日 王晓同志参加中国青年报社干部大会并讲话。

8月12日 贺军科同志在江西九江市出席支持共青城发展领导小组第四次全体会议并讲话。

8月12日至16日 周长奎同志赴甘肃定西市陇南县、甘南藏族自治州夏河县就加强基层团组织建设和基层工作进行蹲点调研。

8月13日 陆昊同志出席全国维护稳定暨信访工作第二次电视电话会议。

8月14日 由全国青联主办的第三届中非青年联欢节开幕式暨中国援非青年志愿者出征仪式在北京人民大会堂举行。温家宝总理出席出征仪式、致辞并为中国援非青年志愿者服务队授旗。陆昊同志主持仪式，卢雍政同志，非洲驻华使团长、多哥驻华大使阿马分别致辞。49个非洲国家的青年代表、非洲各国驻华使节及中国各界青年代表共750余人参加。当晚，卢雍政同志宴请全体非洲代表。

8月14日 团中央召开2008－2009年度全国学联驻会执行主席座谈会，陆昊同志听取了7位驻会执行主席的工作汇报，并就有关问题进行了座谈。

8月14日 中央综治委预防青少年违法犯罪工作领导小组办公室会议在北京召开，传达学习中央领导同志批示精神，研究部署近期有关工作，各成员单位办公室成员和联络员参加会议。

8月15日至19日 卢雍政同志赴湖南娄底市双峰县就加强共青团基层组织建设和基层工作、中学和中职共青团工作等进行调研。16日晚，在湖南长沙市出席第十届全国中学生运动会开幕式。

8月17日至19日 团中央以召开电视电话会议的方式，在全团大规模集中培训县级团委书记。书记处全体同志分别为学员授课。各地此前未参加今年集中培训的1981名团县(市、区)委书记、1171名地市级团委各部门主要负责同志和2398名省、地、县、乡团组织负责同志在103个分会场参加了培训。

8月18日 贺军科同志在北京出席中华职业教育社第十次全国代表大会开幕式。

8月18日至21日 罗梅同志赴云南昆明市、迪庆藏族自治州就加强共青团基层组织建设和基层工作、加强民族地区青少年思想引导工作等进行调研。

8月19日 陆昊同志列席国务院第77次常务会议。

8月19日 全国青联通过台湾地区红十字总会向台湾灾区捐款100万元人民币，用于台湾灾区紧急救援和灾后重建工作。

8月20日 团十六届中央书记处举行第十次集体学习，北京大学文化产业研究院副院长陈少峰教授围绕"当代流行文化及其对青少年的影响"这一主题进行讲解。陆昊同志主持并讲话，王晓、贺军科、卢雍政、汪鸿雁、周长奎同志，机关副处级以上干部参加。

8月20日 贺军科同志在北京会见台湾少数民族代表团主要成员，团中央有关部门和直属单位负责同志参加。

8月20日至23日 第十一届"挑战杯"全国大学生课外学术科技作品竞赛复赛在北京举行，共评出762件自然科学和发明制作类作品和343件哲学社会科学类作品参加终审决赛。

8月21日 陆昊同志主持召开共青团第十六届中央书记处2009年第27次会议，传达学习中央有关精神，研究共青团组织参与做好维护稳定等工作。

8月21日 团中央农村青年工作部与中组部组织局召开座谈会，专题研究大学生村官工作。

8月24日 陆昊同志主持召开共青团第十六届中央书记处2009年第28次会议，研究共青团"青年就业创业见习基地"、中等职业学校共青团工作、"希望工程20年"系列活动方案等事项。下午，主持召开书记处碰头会，研究部署有关工作。

8月24日 陆昊同志在北京出席中宣部、教育部、国家民委组织召开的深入开展民族团结宣传教育活动电视电话会议。

8月24日 卢雍政同志会见应中联部邀请来访的，由国防部副部长兼议会肯中关系小组主席穆西拉率领的橙色民主运动——肯尼亚代表团。

8月24日 罗梅同志会见并宴请以主席安德烈·普拉托诺夫为团长的俄罗斯青年联盟代表团。

8月24日 周长奎同志出席中宣部组织召开的全国"双百"评选活动组委会第二次会议。

8月25日 贺军科同志主持召开团中央加强共青团基层组织建设和基层工作试点工作例会，通报各类试点工作进展情况，并就下一阶段工作作出部署，机关有关部门负责同志参加。

8月25日 卢雍政同志出席第九届中韩知名人士论坛韩方答谢晚宴。

8月25日至28日 王晓同志赴安徽长丰县，就加强共青团基层组织建设和基层工作蹲点调研。

8月26日 团中央机关举办年轻干部学习交流座谈会，陆昊同志出席座谈会并讲话，机关有关部门负责同志、副处级以下年轻干部70多人参加。

8月26日 陆昊同志就团中央与湖北省委共同推进促进青年就业创业有关工作听取团湖北省委专题汇报。

8月26日 中宣部、中央文明办、团中央、中共北京市委等单位在北京共同主办首都各界“爱国歌曲大家唱”大型演唱会，周长奎同志出席。

8月27日 陆昊同志主持召开会议，研究加强青少年民族团结宣传教育工作，罗梅、周长奎同志、机关有关部门负责同志参加。

8月27日 周长奎同志出席国家发改委组织召开的新中国成立60周年成就展筹委会第二次会议。

8月28日 中宣部、解放军总政治部、团中央、西藏自治区党委在北京共同举办西藏军区某摩步团先进事迹报告会。中共中央政治局委员、中央军委副主席徐才厚在报告会前接见报告团成员并讲话，中央军委委员、总政治部主任李继耐参加会见。中宣部副部长翟卫华、总政治部副主任刘永治、西藏自治区人大常委会主任列确、周长奎同志等参加会见并出席报告会，首都高校师生和驻京部队官兵代表700多人参加了报告会。

8月28日 陆昊同志在北京出席深入学习实践科学发展观活动第二批总结暨第三批动员会议。

8月28日 王晓同志主持召开会议，研究中国青年报发行工作，周长奎同志，机关有关部门和直属单位负责同志参加。

8月28日 卢雍政同志出席外交部有关工作会议。

8月28日 罗梅同志主持召开会议，研究开展青少年民族团结宣传教育活动的具体工作措施，机关有关部门负责同志参加。

8月30日 “全国青联委员活动日”活动在北京举行。陆昊、王晓、贺军科、卢雍政同志出席，来自全国各地的160多名全国青联委员参加了活动。中央财经领导小组办公室主任、国家发改委党组副书记、副主任朱之鑫以“当前我国宏观经济形势”为主题作了专题报告。

8月31日 团中央召开机关驻点工作座谈会，研究部署机关局级干部驻点工作，贺军科同志出席并讲话，机关有关部门负责同志参加。

8月31日至9月2日 陆昊同志赴中央综治委社会治安综合治理工作联系点山东泰安市就预防青少年违法犯罪等工作进行调研。

9月1日 中宣部、中央文明办、教育部、团中央在北京举行2009年“全国中小学弘扬和培育民族精神月”启动仪式。中共中央政治局委员、国务委员刘延东出席并讲话，教育部部长周济，罗梅同志参加。

9月1日至3日 第五届中国吉林·东北亚投资贸易博览会在吉林长春市举行。其间，团中央、中共吉林省委、吉林省人民政府、中国青年企业家协会共同主办了东北亚青年企业家发展论坛。卢雍政同志出席了博览会开幕式和论坛有关活动，并就学校战线就业创业见习基地建设、大学生就业创业等工作进行调研。中国青年企业家协会组团参加了相关活动。

9月3日 陆昊同志主持召开共青团第十六届中央书记处2009年第29次会议，研究部署在青少年中开展爱国主义教育、民族团结宣传教育等工作。

9月4日 中宣部、中央文明办、文化部、团中央等十部委在北京举行“爱国歌曲大家唱”展演晚会。中共中央政治局常委李长春，中共中央政治局委员、中央书记处书记、中宣部部长刘云山，中共中央政治局委员、国务委员刘延东，全国人大常委会副委员长陈至立，全国政协副主席陈奎元和首都各界群众一同观看。陆昊同志参加。9月2日，周长奎同志审看了展演晚会有关节目。

9月4日 卢雍政同志会见并宴请来华参加“日本东京海上中国青少年发展支援项目”启动仪式暨北京捐赠仪式的日本东京海上控股株式会社会长石原邦夫一行。

9月7日 陆昊同志主持召开会议，专题研究中国青年企业家协会换届工作，王晓、贺军科同志，机关有关部门负责同志参加。随后，陆昊同志主持召开会议，专题研究纪念少先队建队60周年有关工作，王晓、罗梅同志，机关有关部门负责同志参加。

9月7日 罗梅同志出席国家新闻出版总署组织召开的中央各部门各单位出版社体制改革工作经验交流会。

9月8日 陆昊同志主持召开共青团第十六届中央书记处2009年第30次会议，传达学习中央领导同志重要批示精神和中央有关文件精神，研究加强共青团基层组织建设和基层工作、在青少年中开展民族团结教育、支持广西共青团等工作，研究支持四川灾区集中建设青少年活动场所有关方案等事项。

9月8日 团中央召开机关副处级干部竞争上岗民主推荐会，王晓、卢雍政、罗梅、汪鸿雁、周长奎同志出席，机关正处级以上干部参加；9日下午，举行竞争上岗面试，陆昊、王晓、卢雍政、罗梅、汪鸿雁、周长奎同志，机关各部门主要负责同志作为考官参加面试。

9月8日 陆昊同志出席中国青年政治学院2009年新生开学典礼并讲话，王晓同志、机关有关部门负责同志参加。

9月8日 卢雍政同志会见第16期东盟（柬埔寨、缅甸、菲律宾、泰国）青年干部培训班全体学员。

9月8日至9日 团中央权益部在北京召开部分省级团委权益部长座谈会，听取各省市预防青少年违法犯罪工作领导小组办公室负责同志做年中述职，研究安排近期重点工作。

9月8日至22日 应全国青联邀请，由日本内阁府派遣，以日本新信息中心会长安藤昌弘为团长的日本青年代表团一行30人访华。8日下午，卢雍政同志会见代表团主要成员。

9月9日 陆昊同志列席中共中央政治局第16次集体学习。

9月10日 全国青联在北京召开社会主义核心价值体系与青年工作研讨会，陆昊、王晓、周长奎同志出席，部分全国青联各界别委员、有关专家参加研讨会。

9月10日 卢雍政同志在北京出席亚洲区域内部协调机制有关工作会议。

9月11日 陆昊同志主持召开共青团第十六届中央书记处2009年第31次会议，研究团中央机关使用编制外工作人员有关管理规定、纪念少先队建队60周年有关安排等工作。

9月11日 陆昊同志召集会议，研究讨论第六届中国公民道德论坛发言稿。

9月11日 卢雍政同志出席中组部组织召开的全国先进离退休干部党支部和离退休干部先进个人表彰大会。下午，出席教育部组织召开的中等职业学校和中小学开展深入学习实践科学发展观活动指导工作视频会。

9月11日 周长奎同志出席国家体育总局组织召开的学习宣传贯彻《全民健身条例》座谈会并发言。

9月14日 中宣部、中组部、人力资源和社会保障部、团中央、解放军总政治部等11家单位在北京共同举行“100位为新中国成立作出突出贡献的英雄模范人物”和“100位新中国成立以来感动中国人物”代表座谈会。胡锦涛、吴邦国、温家宝、贾庆林、李长春、习近平、李克强、贺国强、周永康同志在会前亲切会见了全体与会代表。李长春同志出席座谈会并讲话，刘云山同志主持座谈会。刘延东、李源潮、徐才厚、令计划、马凯、陈奎元同志参加会见和座谈会。部分“双百”人物和亲属代表参加座谈会。陆昊同志参加有关活动。

9月14日 王晓同志召集会议，专题研究中国青年出版社、团中央中国少年儿童新闻出版总社转企改制方案，明确了转制的范围、步骤和有关具体要求。罗梅、周长奎同志，机关有关部门负责同志参加。

9月15日 团中央组织副处级以上干部观看中央政法委、中央维稳办制作的有关录像片，王晓、卢雍政、罗梅、汪鸿雁、周长奎同志参加。

9月15日 卢雍政同志会见日本丸红株式会社社长朝田照男一行。

9月15日 周长奎同志出席新中国成立60周年成就展文化建设展区展前审查活动。16日晚，出席成就展专场活动。19日上午，出席成就展开幕式。

9月15日至18日 陆昊同志列席党的十七届四中全会。

9月16日至22日 应中国政府邀请，由日本政府派遣，以日中友好会馆会长代理、日本前驻华大使谷野作太郎为总团长，以新一届中日友好21世纪委员会日方委员石川好为副总团长的2009年度第一批日本青年友好使者代表团一行500人访华。17日下午，王晓同志会见代表团主要成员。晚，卢雍政同志会见代表团主要成员并宴请代表团全体成员。

9月18日 王晓同志召集会议，进一步研究中国青年出版社、团中央中国少年儿童新闻出版总社转企改制方案，要求两社进一步完善方案，尽快召开职工大会或职工代表大会广泛征求意见。罗梅、周长奎同志，机关有关部门负责同志参加。

9月19日 中国科协、教育部、团中央、中科院和北京市人民政府在中国科学技术馆新馆联合举办2009年全国科普日北京主场活动。习近平、王兆国、刘淇、刘云山、刘延东、李源潮、路甬祥、韩启德等党和国家领导同志同首都各界群众和青少年一起参加了主题活动。陆昊同志参加有关活动。

9月19日 全国青联在北京举办青联之友联谊会交流活动。陆昊同志，青联之友联谊会会长、中国科学院常务副院长白春礼院士出席活动并讲话，王晓同志主持。贺军科、卢雍政同志，全国青联秘书处有关负责同志参加活动。

9月19日 陆昊同志陪同中央领导同志观看新中国成立60周年成就展。

9月20日 中宣部、中央文明办、解放军总政治部、全国总工会、团中央、全国妇联在北京共同举行第二届全国道德模范评选表彰颁奖典礼。李长春、刘云山、刘延东、陈至立、陈奎元同志出席颁奖典礼。陆昊同志参加有关活动。

9月20日 王晓同志出席庆祝中国人民政治协商会议成立60周年大会。

9月21日 陆昊同志主持召开共青团第十六届中央书记处2009年第32次会议，就学习贯彻党的十七届四中全会精神进行研究部署。

9月21日 团中央召开参加《布拉格的回忆》《布达佩斯的回忆》编写工作的老同志座谈会，卢雍政同志出席。中午，陆昊同志宴请与会老同志。

9月21日 团中央召开共青团促进大学生就业创业工作电视电话会议。卢雍政同志出席会议并讲话，各省级团委分管学校工作的负责同志、全国2200多所高校的团委负责同志参加了会议。

9月21日 周长奎同志出席中宣部组织召开的第11届精神文明建设“五个一工程”表彰座谈会。

9月21日至22日 罗梅同志赴黑龙江大庆市出席大庆油田发现50周年庆祝大会。

9月21日至23日 陆昊同志赴河南郑州市出席中宣部主办的第六届中国公民道德论坛并讲话。

9月21日至23日 王晓同志出席政协十

一届全国委员会常务委员会第七次会议。23日至24日，出席中国和平统一促进会第八届理事大会。

9月21日至27日 团中央组织直属机关干部职工约2000人次观看了“辉煌60年——中华人民共和国成立60周年成就展”。

9月22日 国家体育总局、中央文明办、民政部、全国总工会、团中央、全国妇联在山东济南市举行全国全民健身志愿服务活动启动仪式。中共中央政治局委员、国务委员刘延东，国家体育总局局长刘鹏，周长奎同志以及山东省委、省政府主要负责同志等出席启动仪式。

9月22日 王晓同志会见并宴请应中国国际青年交流中心邀请来访的以日本前首相村山富士为名誉团长的日本“绿色之桥”代表团。

9月22日 汪鸿雁同志出席团北京市委主办的庆祝新中国成立60周年大型国庆文艺晚会。晚，出席全国总工会主办的“时代领跑者——新中国成立以来最具影响的劳动模范颁奖盛典”。

9月22日至26日 应团中央邀请，以朝鲜金日成社会主义青年同盟中央委员会国际书记吉哲赫为团长的朝鲜青年友好代表团一行100人访华。22日下午，中共中央政治局委员、全国人大常委会副委员长王兆国会见代表团主要成员，卢雍政同志参加。晚，卢雍政同志宴请代表团全体成员。25日上午，陆昊同志会见代表团主要成员。

9月23日 团中央举办直属机关离退休老同志庆祝新中国成立60周年文艺演出活动。陆昊、贺军科同志，机关有关部门、直属单位负责同志、机关离退休老同志一起观看了演出。

9月24日 王晓同志召集会议，研究中国青年出版(总)社、团中央中国少年儿童新闻出版总社转企改制工作，罗梅、周长奎同志，机关有关部门负责同志参加。随后，王晓同志主持召开团中央资产管理领导小组会议，贺军科、汪鸿雁同志，机关有关部门负责同志参加。

9月24日 卢雍政同志与全国学联驻会执行主席进行座谈。

9月24日 团中央、国庆60周年筹委会在北京举行中华各民族青少年同心营开营式。中共北京市委常委梁伟，罗梅同志出席并讲话，来自全国56个民族的112位各族青少年参加活动。

9月25日 团中央在北京召开常委(扩大)会，认真学习党的十七届四中全会精神，研究部署有关工作。会议审议通过了《关于认真学习贯彻党的十七届四中全会精神，全面加强团的自身建设的决议》。会议由陆昊同志主持，王晓、贺军科、卢雍政、罗梅、汪鸿雁、周长奎同志等十六届团中央常委出席会议，不是常委的团中央机关有关部门主要负责同志列席会议。

9月25日 全国青联海外学人华侨界别庆祝伟大祖国六十华诞主题报告会暨晚宴在北京举行。全国人大外事委员会主任委员、中国人民外交学会名誉会长、中国国际友好联络会会长李肇星作了题为《共和国60年外交和当前国际形势》的报告。陆昊同志出席，王晓同志主持报告会并讲话，来自全国各地的150多名全国青联委员参加了活动。

9月25日 周长奎同志出席中华见义勇为基金会第三届理事会换届暨第十一届理事会。

9月26日 罗梅同志出席中国妇女儿童博物馆揭牌仪式。

9月27日 陆昊、卢雍政同志出席中央深入学习实践科学发展观活动领导小组第11次会议。

9月28日 陆昊同志主持召开共青团第十六届中央书记处2009年第33次会议，传达学习中央深入学习实践科学发展观活动领导小组第 11 次会议精神，通报团中央上报全国清理办的拟保留项目有关情况，研究 2009 年度少先队有关表彰事项等工作。会议还对加强机关部门工作的统筹协调、积极推进近期重点工作、加强国庆期间安全保卫工作等作了安排部署。

9 月 28 日 陆昊同志主持召开会议，专题研究团中央推荐的参加国庆观礼活动人员有关组织工作，王晓、贺军科同志出席，机关有关部门负责同志参加。

9 月 29 日 陆昊、罗梅同志在北京出席国务院第五次全国民族团结进步表彰大会。

9 月 29 日 陆昊、王晓同志会见并宴请参加国庆观礼活动的部分全国青联港澳特邀委员。

9 月 29 日 陆昊同志在北京出席“祖国万岁——庆祝中华人民共和国成立 60 周年大型文艺晚会”。

9 月 29 日 卢雍政同志出席中俄友好、和平与发展委员会中方委员会全体会议并发言。

9 月 29 日 卢雍政同志会见以香港特别行政区政府民政事务局局长曾德成为团长的香港主要青少年团体负责人国庆访京团。

9 月 29 日至 30 日 罗梅同志在北京出席国家民委组织召开的全国民族团结进步创建活动经验交流会。

9 月 30 日 陆昊、王晓、贺军科同志在人民大会堂出席国务院举行的庆祝中华人民共和国成立 60 周年招待会。

9 月 30 日 陆昊同志出席中组部组织的海外人才和优秀留学回国人才代表参加国庆观礼有关活动。

9 月 30 日 王晓同志会见并宴请泰国华人青年商会会长李桂雄一行。

9 月 30 日 卢雍政同志宴请应中国人民对外友好协会邀请来访的日本参议院议员林芳正一行。

10 月 1 日 陆昊、王晓、贺军科、卢雍政、罗梅、汪鸿雁、周长奎同志在北京天安门广场出席首都各界庆祝中华人民共和国成立 60 周年大会并观看阅兵仪式和群众游行。团中央组队参加“依法治国”方阵群众游行。晚，陆昊、王晓同志出席观看首都各界庆祝中华人民共和国成立 60 周年联欢晚会。

10 月 3 日至 7 日 应朝鲜金日成社会主义青年同盟邀请，陆昊同志率中国青年代表团一行 100 人访问朝鲜。其间，对朝鲜进行正式友好访问的温家宝总理亲切接见了代表团全体成员，代表团与两国领导人共同参加了庆祝中朝建交 60 周年活动暨中朝友好年闭幕式等有关活动。朝鲜最高人民会议常任委员会委员长金永南会见了代表团，朝鲜金日成社会主义青年同盟第一书记李勇哲与代表团进行了工作会谈。

10 月 6 日 周长奎同志在北京人民大会堂出席党和国家领导人接见筹办国庆系列活动有关工作机构负责同志和工作人员、演职人员、受阅部队官兵代表有关活动。

10 月 7 日至 13 日 应越南胡志明共产主义青年团和马来西亚青年和体育部邀请，陆昊同志率中国青年代表团访问越南和马来西亚。在越南期间，越共中央书记处书记、中央办公厅主任吴文裕，越共中央对外部部长黄平君分别会见了代表团。胡志明共青团中央第一书记武文赏与代表团进行了工作会谈。在马来西亚期间，马来西亚国民阵线青年团总团长、巫统青年团总团长凯利，马华公会青年团总团长魏家祥，马来西亚青年和体育部副部长黄日昇分别与代表团进行了工作会谈。

10 月 8 日至 16 日 由全国青联与日本国际交流基金会、韩国国际交流财团共同主办的第七届“中日韩青年领导人论坛”先后在中国、韩国、日本举办。8 日至 11 日，应全国青联邀请，中日韩与会代表 24 人访问北京。10 日下午，国务院总理温家宝、日本首相鸠山由纪夫、韩国总统李明博和三国青少年代表合影并共同参观中日韩三国青少年环保创意作品展，卢雍政同志参加有关活动。10日晚，卢雍政同志会见与会代表，并出席论坛招待会。

10月11日　罗梅同志在北京出席团内蒙古区委等主办的内蒙古民族青年文化艺术基金会成立新闻发布会。

10月12日至16日　应英国文化协会邀请，卢雍政同志率中国青年代表团一行97人访问英国，英国财政部首席大臣利亚姆·拜恩等会见了代表团。其间，代表团还参加了中英青年政治家圆桌会议。

10月12日至18日　汪鸿雁同志赴内蒙古、河北参加国务院就业工作部际联席会议就业政策落实专项行动督查活动。

10月13日　团中央、全国少工委在北京人民大会堂召开纪念中国少年先锋队建队60周年座谈会。中共中央总书记、国家主席、中央军委主席胡锦涛发来致中国少年先锋队建队60周年的贺信。中共中央政治局委员、全国人大常委会副委员长王兆国出席座谈会并讲话。陆昊同志主持座谈会并宣读了胡锦涛总书记的贺信。王晓、罗梅同志，全国少工委工作指导委员会成员、全国少工委有关负责同志，2009年度全国优秀少先队员、优秀少先队辅导员和优秀少先队集体代表，资深少先队工作者、老少先队员、首都少先队员代表约200人出席了座谈会。

10月13日　陆昊同志主持召开共青团第十六届中央书记处2009年第34次会议，认真学习胡锦涛总书记致中国少年先锋队建队60周年贺信精神，研究部署共青团、少先队学习贯彻贺信精神有关工作。团中央书记处、全国少工委有关负责同志参加。

10月14日至15日　团中央、全国青联、总政治部歌舞团组织团中央全国青联志愿者艺术团赴河北西柏坡开展慰问活动。14日下午，艺术团在西柏坡纪念馆广场为现场5000多名革命老区群众表演了精彩的文艺节目。陆昊、王晓同志，全国青联副主席彭丽媛、刘志强观看了慰问演出，并在演出结束后带领艺术团分团慰问了平山县光荣院、西柏坡希望小学等单位。15日上午，艺术团一行参观了中共中央旧址和西柏坡纪念馆。其间，河北省委、省政府有关负责同志会见了艺术团一行。

10月15日　团中央机关举办第10次年轻干部学习交流会。机关党委副书记张劲就学习团中央常委会决议有关体会作了主题发言，机关副处级以下年轻干部60多人参加了会议。

10月15日至17日　中国青年企业家协会第十次会员代表大会在北京召开。中共中央政治局委员、全国人大常委会副委员长王兆国出席开幕式并发表重要讲话。陆昊同志出席开幕式并在第一次全体会议上讲话，王晓、贺军科同志出席了相关会议。大会邀请十届全国政协副主席、中国企业联合会会长王忠禹担任中青企协十届名誉会长，选举贺军科同志为中青企协十届会长。中国青年企业家协会会员代表、有关单位及社会团体代表、各省级团委分管青企协工作的副书记等500多人出席了大会。其间，举行了江西共青城产业规划发布暨招商说明会，陆昊同志出席并讲话，贺军科同志主持会议。

10月16日　周长奎同志在山东济南市出席中华人民共和国第11届运动会开幕式。

10月16日至23日　应法国总理府青年事务高级专员署、欧洲委员会和欧洲青年论坛邀请，卢雍政同志率中国青年代表团访问法国和比利时，代表团与两国及有关国际组织负责青年工作的相关人士进行了交流。

10月17日　全国少工委在中国人民革命军事博物馆举行"祖国发展我成长"全国儿童画征集活动优秀作品展开幕式。全国政协副主席李金华，全国人大外事委员会主任委员李肇星，国家行政学院党委书记、常务副院长魏礼群，中国文联党组书记、副主席胡振民，罗梅同志等出席开幕式并为入选作品作者代表颁发证书。

10 月 17 日至 26 日 王晓同志率全国青联代表团赴美国、哥斯达黎加访问。

10 月 18 日至 23 日 第二批全国青联社区干部交流团赴香港进行交流培训，来自全国各地的 34 名基层青年干部参加培训，并就社区青少年工作等与香港有关方面进行了交流。

10 月 19 日 陆昊同志主持召开共青团第十六届中央书记处 2009 年第 35 次会议，研究贯彻落实胡锦涛、李长春、刘云山同志关于中国少年报转企改制有关批示精神和王兆国同志有关指示精神的工作安排，研究讨论团中央书记处向王兆国同志汇报近期有关工作的汇报稿，研究讨论《关于在第三批深入学习实践科学发展观活动中认真学习贯彻党的十七届四中全会精神，进一步加强团的基层组织建设和基层工作的意见》。

10 月 19 日 陆昊同志主持召开会议，专题研究乡镇、街道层级共青团组织格局创新试点工作，明确了有关工作原则，汪鸿雁同志、机关有关部门负责同志参加。

10 月 19 日 中国青少年发展基金会在北京召开第五届理事会第六次会议和第六届理事会第一次会议，贺军科同志当选为第六届理事会理事长。

10 月 20 日 周长奎同志召集会议，听取分类引导青年试点工作推进情况汇报，研究部署近期工作安排，机关有关部门负责同志、各试点工作小组成员参加。

10 月 21 日 罗梅、周长奎同志召集会议，研究团中央中国少年儿童新闻出版总社转企改制有关工作，机关有关部门、直属单位负责同志参加。

10 月 22 日 团中央书记处向王兆国同志汇报团中央贯彻落实党的十七届四中全会精神有关工作和下半年工作部署。

10 月 23 日 贺军科同志列席中央人才工作协调小组第 23 次会议。

10 月 23 日 卢雍政同志出席中联部组织召开的“中国共产党与日本民主党交流机制”第三次会议协调会。

10 月 23 日 卢雍政同志出席全国老龄委组织召开的国家应对人口老龄化战略研究部署会议。

10 月 26 日 陆昊同志主持召开共青团第十六届中央书记处 2009 年第 36 次会议，研究驻点团干部管理、2010 年“共青团与人大代表政协委员面对面”等工作。

10 月 26 日 卢雍政同志会见并宴请以主席因格·维斯为团长的德国青年体育联合会代表团。

10 月 27 日 汪鸿雁同志在北京人民大会堂出席中国红十字会第九次全国会员代表大会开幕式。

10 月 27 日至 31 日 由全国青联和香港青年协会共同主办的香港青年协会青年工作者国情研习班在中国青年政治学院举办。

10 月 28 日 陆昊同志在北京人民大会堂出席纪念李大钊同志诞辰 120 周年座谈会。

10 月 28 日 周长奎同志出席中组部组织召开的全国干部教育培训高校基地暨中央和国家机关司局级干部自主选学试点工作会议。

10 月 28 日至 31 日 第 11 届“挑战杯”全国大学生课外学术科技作品竞赛决赛在北京航空航天大学举行，来自全国 400 多所高校的 4000 多名大学生代表参加了参展交流。28 日下午，陆昊同志，中国科协常务副主席、书记处第一书记邓楠，教育部、工业和信息化部、北京市、全国学联有关负责同志出席开幕式，卢雍政同志代表主办单位致辞。

10 月 29 日 团中央、全国少工委召开座谈会，深入学习贯彻胡锦涛总书记致中国少年先锋队建队 60 周年贺信精神。陆昊同志出席会议并讲话，王晓、罗梅同志，少先队员、少先队辅导员和少先队工作者代表等参加了座谈会。

10月29日 周长奎同志会见香港青年工业家协会北京访问团。

10月30日 陆昊同志出席中央综治委2009年第二次全体会议并就重点青少年群体排查摸底、做好预防青少年违法犯罪工作发言。

10月30日 王晓、卢雍政同志列席中央深入学习实践科学发展观活动领导小组第12次会议。

10月30日 汪鸿雁同志在北京人民大会堂出席中国科学院建院60周年纪念会。

11月1日 教育部、国家体育总局、团中央在北京举行第三届全国亿万学生阳光体育冬季长跑活动起跑仪式。汪鸿雁同志出席。

11月2日 团中央召开第二批机关驻点干部座谈会，陆昊同志出席并讲话，机关有关部门负责同志和17名机关参加第二批驻点工作的同志参加了座谈会。

11月2日 团中央、商务部、中国青年志愿者协会在北京举行中国援非青年志愿者赴博茨瓦纳服务队送行座谈会。卢雍政同志出席座谈会并讲话。12名中国青年志愿者将赴非洲开展为期1年的志愿服务，标志着胡锦涛总书记在2006年“中非合作论坛北京峰会”上宣布的中国政府对非8项承诺中“3年内向非洲派遣300名青年志愿者”有关工作圆满完成。

11月3日 陆昊同志主持召开共青团第十六届中央书记处2009年第37次会议，研究青少年思想引导、团费收缴和管理、中国青年创业就业基金会有关工作。

11月3日 卢雍政同志会见并宴请以釜山市市长许南植为团长的韩国青年代表团。

11月3日 团中央机关举办第11次年轻干部学习交流会。组织部部长万超岐就共青团组织建设工作作了主题发言，并与机关年轻干部进行了互动交流，机关副处级以下年轻干部70多人参加了会议。

11月5日至6日 团中央、江西省支持共青城发展领导小组组织开展了“中国青年企业家共青城投资考察活动”。陆昊同志出席有关活动并讲话，贺军科同志，中国青年企业家协会会员代表、部分省级团委负责同志参加了考察活动。考察期间，江西省委、省政府主要负责同志会见了陆昊同志一行。

11月6日 卢雍政同志会见并宴请第六届中国青少年科技创新奖评审委员会部分成员。

11月7日 周长奎同志召集会议，专题研究分类引导青年试点工作，机关有关部门负责同志参加。

11月8日 王晓同志在北京人民大会堂出席国务院、中央军委追授宋文博同志“爱民模范”荣誉称号命名大会。

11月8日 王晓同志召集会议，专题研究团中央成立新媒体工作机构有关方案，周长奎同志、机关有关部门负责同志参加。

11月8日至12日 卢雍政同志随同以中联部部长王家瑞为团长的中国共产党代表团访问日本。其间，出席“中国共产党与日本民主党交流机制”第三次会议，并就中日青年交流作专题发言。

11月9日 陆昊同志主持召开共青团第十六届中央书记处2009年第38次会议，传达学习中央领导同志批示精神，研究审定团中央在清理规范评比达标表彰工作中拟保留的有关活动项目，研究讨论组建团中央新媒体工作机构、团中央直属机关干部职工思想政治工作分析报告实施办法等工作。

11月9日 团十六届中央书记处举行第11次集体学习，中央党校常务副校长李景田围绕“党的十七届四中全会精神解读”这一主题进行了专题讲解。陆昊同志主持并讲话，王晓、贺军科、罗梅、汪鸿雁、周长奎同志，机关全体干部参加了学习。

11月10日至11日 全团加强基层组织

建设研讨会在北京召开。陆昊、王晓、贺军科、罗梅、汪鸿雁、周长奎同志出席会议并参加分组讨论,陆昊同志在总结大会上讲话,机关各部门主要负责同志、各省级团委分管组织工作的负责同志、第二批驻点团干部代表、驻点县团委书记代表共200余人参加了会议。

11月11日 团中央、全国青联在北京召开宗教与社会主义社会相适应研讨会。陆昊、王晓、罗梅同志,部分全国青联宗教界别委员,部分宗教问题专家就有关问题进行了交流研讨。

11月11日 团中央召开基层团建试点工作座谈会,贺军科同志出席并讲话,机关有关部门负责同志、各省级团委分管组织工作的负责同志和组织部部长共70多人参加会议。

11月11日至15日 罗梅同志赴江西南昌市出席2009·中国(江西)红色旅游博览会开幕式。其间,就贯彻落实胡锦涛总书记致中国少年先锋队建队60周年贺信、加强少先队基层组织建设试点工作等进行了调研。

11月11日至20日 汪鸿雁同志率中国青年代表团出访韩国。

11月12日 中国青年创业就业基金会第一届理事会第二次会议在北京召开,研究原始基金使用方案等工作。陆昊同志出席会议并讲话,王晓同志主持会议并讲话。

11月12日 团中央直属机关党委召开机关各部门党支部书记学习贯彻党的十七届四中全会精神座谈会,贺军科同志出席并讲话。

11月12日 周长奎同志在北京出席上海世博会第七届世博国际论坛。

11月13日 陆昊同志召集会议,听取分类引导青年试点工作情况汇报,周长奎同志、机关有关部门负责同志参加。

11月13日 全团城市战线团建试点工作推进会在北京召开。贺军科同志出席会议并讲话,各省级团委城市青年工作部(青工部)部长、100余家试点单位团委负责人参加会议。会议还就进一步抓好城市青年就业创业工作进行了部署。

11月13日 卢雍政同志会见国际美慈组织首席执行官尼尔·肯尼盖尔和高级副总裁保罗·哈特。

11月13日至14日 中组部、团中央在北京召开"博士服务团"工作10周年纪念座谈会暨第10批"博士服务团"成员培训动员会。13日上午,中共中央政治局委员、中央书记处书记、中组部部长、中央人才工作协调小组组长李源潮接见与会代表并讲话,陆昊同志主持,中组部副部长李智勇、王晓同志参加。陆昊、李智勇、王晓同志,新老"博士服务团"成员约300人参加了座谈会。13日晚,李智勇、王晓同志出席新老"博士服务团"成员联欢晚会。14日上午,王晓同志出席总结会议并讲话。

11月15日至16日 卢雍政同志赴上海出席科技部、团中央等单位支持主办的2009创业周暨全球创业周中国站开幕式。其间,与上海世博会执委会就青年高峰论坛、志愿服务等工作进行了工作交流。

11月15日至17日 陆昊同志赴重庆出席重庆市加强共青团基层组织建设工作会议并讲话。其间,陆昊同志到乡镇、街道、企业、大学、小学就共青团基层组织建设和基层工作及少先队工作进行了调研。中共中央政治局委员、重庆市委书记薄熙来,市长王鸿举分别与陆昊同志进行了工作交流。

11月15日至21日 周长奎同志带队赴云南、广西等地开展中央文明办牵头组织的净化社会文化环境督查工作。

11月16日至22日 全国青联秘书处、香港中联办青年部在中国青年政治学院共同主办香港青年领袖高级研讨班。17日晚,王晓同志会见并宴请研讨班全体学员。

11月17日 团中央直属机关党委召开各直属单位党组织学习贯彻党的十七届四中全会精神座谈会。贺军科同志出席并讲话。

11月17日 卢雍政同志会见应中联部邀请来访的日本众议院议员、自民党国际局局长河野太郎一行。

11月17日、19日 团中央分别在四川成都市、江苏无锡市召开同地域统筹城乡团建试点工作研讨会和青年自组织、互联网团建试点工作研讨会，团中央组织部负责同志，各试点单位负责同志及所在省级团委组织部负责同志参加会议。

11月17日至20日 罗梅同志赴山西太原、晋中市就贯彻落实胡锦涛总书记致中国少年先锋队建队60周年贺信精神、少先队基层组织建设试点工作等进行调研。

11月18日 卢雍政同志出席在北京举行的中俄友好、和平与发展委员会第八次全会，并作为委员会中方青年工作分委会主席发言。下午，陪同中共中央政治局常委、中央书记处书记、国家副主席习近平出席有关会见活动。

11月18日至28日 应印度青年事务与体育部邀请，贺军科同志率中国青年代表团一行100人访问印度。

11月19日 团中央、中国青少年发展基金会在北京人民大会堂举行希望工程20年座谈会。中共中央政治局委员、全国人大常委会副委员长王兆国出席会议并讲话。陆昊同志主持座谈会，王晓、贺军科同志，教育部副部长郝平，民政部副部长姜力，团中央机关有关部门负责同志，各团省（区、市）委分管副书记、青基会负责人，荣获“希望工程20年特殊贡献奖”的单位和个人代表共200余人参加了座谈会。

11月20日 全国学联第二十四届委员会第二次全体会议闭幕式暨中国大学生骨干培养学校第三期开班式在北京举行。陆昊同志出席会议并讲话，卢雍政同志主持会议。下午，陆昊、卢雍政同志与部分与会代表进行了座谈。全国学联委员、全国109所“211”工程高校的学生代表参加了为期一周的培训。

11月23日 中宣部、解放军总政治部、团中央在北京人民大会堂联合举行模范践行当代革命军人核心价值观的优秀指挥员蔡一清同志先进事迹报告会。中共中央政治局委员、中央军委副主席徐才厚在报告会前会见了报告团成员。周长奎同志参加会见并出席报告会。

11月23日 陆昊同志主持召开共青团第十六届中央书记处2009年第39次会议，研究讨论拟向党中央书记处上报的《共青团2009年工作情况和2010年工作思路》等文件。

11月23日 王晓同志召集会议，专题研究中国青年创业促进会筹备工作，筹备工作领导小组有关负责同志参加。

11月23日至24日 全国青联、日本青年会议所、日本每日新闻社在北京共同举办中日青年经济领袖对话暨中日企业家高峰论坛。23日上午，全国人大常委会副委员长兼秘书长李建国会见参加论坛的日方主要人员并出席论坛开幕式，陆昊、卢雍政同志参加。中午，卢雍政同志出席开幕式招待会。

11月24日 陆昊同志主持召开会议，专题研究团中央拟保留的评比达标表彰活动项目有关事宜，王晓、卢雍政、罗梅、汪鸿雁、周长奎同志，机关有关部门负责同志参加。

11月24日 卢雍政同志会见应团北京市委邀请来访的以第一书记李军哲为团长的朝鲜金日成社会主义青年同盟平壤市委员会代表团。

11月24日 国家质检总局、工业和信息化部、团中央等单位在北京共同主办第十六届中国质量高层论坛开幕式，罗梅同志出席并发言。

11月24日至25日 团中央在北京召开分类引导青年试点阶段性工作会议。陆昊同志出席会议并讲话，周长奎同志主持会议并对下一阶段的试点工作进行具体部署，团中央直接联系的44家试点单位团组织和各省级团委宣传部门负责人参加会议。

11月25日 陆昊同志主持召开会议，听取中国国际青年交流中心有关工作汇报，王晓、卢雍政同志参加。

11月25日 王晓同志在中国青年政治学院参加团中央青少年专业教师高级职务评审会并进行工作调研。

11月25日至27日 以名誉会长奥山忠为团长的日本东京青年会议所日中友好之会代表团一行访华。25日下午，卢雍政同志会见代表团。

11月26日 陆昊同志列席中央宣传思想工作领导小组会议。

11月26日 卢雍政同志会见韩国韩中文化青少年协会会长、韩国前驻华大使权丙铉一行。下午，会见英国外交和联邦事务部欧洲和全球化事务总司长尼克·拜尔德一行。

11月26日 周长奎同志出席中国思想政治工作研究会第八届常务理事会第四次会议。下午，出席《中华儿女》改刊座谈会并讲话。

11月27日 王晓同志主持召开会议，专题研究中国青少年新媒体传播中心筹建工作，周长奎同志、机关有关部门负责同志参加。

11月27日 团中央、全国学联在北京举办中国大学生骨干培养学校第三期学员理论学习周总结会。卢雍政同志出席并讲话。

11月28日 王晓同志出席YBC首届年会欢迎宴会并致辞。29日晚，出席年会交流宴会并致辞。

11月28日至30日 陆昊同志赴湖南长沙市出席全国未成年人思想道德建设经验交流会。

11月28日至12月5日 由全国青联支持举办的澳门青年议政能力训练计划2009——北京、河南交流学习团在北京、河南等地学习考察。11月30日下午，卢雍政同志会见交流学习团一行。

11月29日 卢雍政同志出席共青团清华大学第二十二次代表大会并致辞。

11月30日 陆昊同志主持召开共青团第十六届中央书记处2009年第40次会议，传达学习全国未成年人思想道德建设经验交流会会议精神，研究全团局级干部到联系点指导工作督查考核方案、成立团中央新媒体工作机构、加强共青团基层组织建设和基层工作宣传、加强团中央机关工作信息沟通等工作。

11月30日 王晓同志召集会议，专题研究中国青年创业促进会筹备工作，筹备工作领导小组有关负责同志参加。

11月30日 周长奎同志与中宣部新闻局有关负责同志研究共青团基层组织建设和基层工作宣传事宜，机关有关部门负责同志参加。

12月1日 陆昊同志召集会议，研究向党中央书记处上报的有关文件，文件起草组有关同志参加。

12月1日 卢雍政同志会见应中联部邀请来访的英国保守党影子内阁外交大臣黑格。随后，会见第17届东盟青年干部培训班学员。

12月1日 团中央机关举办第12次年轻干部学习交流会。宣传部部长阳向东就青年分类引导工作作了主题发言，机关副处级以下年轻干部参加会议。

12月1日至6日 应韩国青年会议所邀请，周长奎同志率中国青年代表团访问韩国。

12月2日 王晓同志与司法部有关负责同志商谈工作。

12月2日、4日 团中央分别在北京、河北石家庄市召开学校战线基层试点重点课题研讨会和区域工作推进会。

12月3日 王晓同志在北京人民大会堂出席中宣部、司法部等单位主办的2009年"12·4"全国法制宣传日座谈会暨"五五"普法神州行媒体系列宣传活动启动仪式。

12月3日 卢雍政同志出席国务院新闻办组织召开的《国家人权行动计划（2009—

2010)》执行情况中期评估会全体会议。

12月3日 中央综治委预防青少年违法犯罪工作领导小组办公室部分成员会议在北京召开，研究部署重点青少年群体排查摸底专项行动，中央综治办、最高人民法院、最高人民检察院、公安部、司法部等单位有关负责同志参加会议。

12月3日至4日 中国青少年研究会、北京大学、中国青少年研究中心在北京大学共同主办以"科学发展观与青少年和青少年工作"为主题的第五届中国青少年发展论坛(2009)。汪鸿雁同志出席并讲话，来自全国25个省(区、市)及香港的青少年工作者和青少年研究专家、学者近300人参加。

12月4日 贺军科同志出席中国光华科技基金会主办的《农家书屋》杂志创刊发布仪式。

12月4日 卫生部、中央文明办、团中央等八部委在北京大学人民医院联合举行"志愿服务在医院"主题活动启动仪式。卢雍政同志出席。

12月5日 团中央、中国青年志愿者协会在北京宣武区颐寿轩敬老院举行集中志愿服务活动，卢雍政同志参加；下午，与公安部消防局联合举办中国消防志愿者冬季防火百日宣传活动启动仪式，与中央人民广播电台联合举行中国青年志愿者歌曲征集活动颁奖典礼；晚，举办"志愿者·新生活"12·5国际志愿者日主题晚会，卢雍政同志、联合国志愿人员组织总部有关官员参加。

12月5日至7日 陆昊同志出席中央经济工作会议。

12月7日 王晓同志与民政部有关负责同志商谈工作。

12月7日 团中央在北京召开省级团委权益部长座谈会暨2010年"共青团与人大代表、政协委员面对面"活动动员部署会。王晓同志出席会议并讲话，各省级团委权益部负责同志参加了会议。

12月7日至8日 全团农村战线团建试点工作推进会在河南信阳市召开，会议总结了2009年农村团建工作，部署了下一阶段试点工作。汪鸿雁同志出席并讲话，各省(区、市)团委农村青年工作部部长、部分团地(市)委分管书记、农村基层团建试点单位代表共160余人参加了会议。

12月7日至13日 由团中央、全国青联主办的以"推动青年宗教工作、维护民族团结稳定"为主题的第九次全国宗教界青年代表人士学习考察活动在浙江举行。来自佛教、道教、伊斯兰教、天主教、基督教的35名全国宗教界青联委员、部分省级青联委员参加了活动。

12月8日 陆昊同志主持召开共青团第十六届中央书记处2009年第41次会议，传达学习中央经济工作会议精神，研究讨论拟向党中央书记处上报的《共青团2009年工作情况和2010年工作思路》，研究调整团中央书记处成员分工。

12月8日 陆昊、王晓同志会见并宴请国民党籍"立法委员"、两岸发展研究基金会董事长丁守中一行，并就加强两岸青少年情感认同和友谊建设交换意见。

12月9日 团中央、全国青联、全国学联、全国少工委在北京人民大会堂举行第六届中国青少年科技创新奖颁奖大会。中共中央政治局委员、全国人大常委会副委员长王兆国，中共中央政治局委员、国务委员刘延东，全国政协副主席、中国残联名誉主席邓朴方接见了全体获奖学生并为获奖代表颁奖。邓林同志代表邓小平同志亲属讲话，陆昊同志宣读表彰决定，卢雍政同志主持颁奖大会。邓小平同志亲属邓楠、邓榕同志，中央文献研究室、中央党史研究室、中国科协、教育部、科技部、中国科学院、中国工程院等有关方面领导及中国青少年科技创新奖励基金管委会、监委会、评委会部分委员和全国各地大中学生代表共400余人参加了颁奖大会。

12月9日 卢雍政同志出席团北京市委、北京市教委、北京市学联在北京护士学校举办的"精彩中职·绚丽青春"首都优秀中职毕业生系列报告会启动仪式暨首场报告,并就中职学校共青团工作调研。

12月10日 陆昊同志向中共中央政治局委员、全国人大常委会副委员长王兆国汇报有关工作。

12月10日至13日 应中联部和全国青联邀请,由日本民主党及日中至诚基金派遣,以民主党干事长小泽一郎为名誉团长,民主党参议院议员会长舆石东为副名誉团长,民主党国会对策委员长山冈贤次为团长,由143名民主党国会议员和社会各界代表组成的日本民主党代表团暨第16次"长城计划"友好交流使节团一行632人访华。10日下午,中共中央总书记、国家主席胡锦涛在北京人民大会堂会见代表团主要成员,并与全体成员合影留念。陆昊、卢雍政同志参加。晚,中联部、团中央、全国青联举办欢迎宴会,陆昊同志出席并在宴会前会见代表团主要成员,卢雍政同志主持欢迎宴会。12日晚,王晓同志出席日方举办的答谢宴会并致辞。

12月11日 陆昊同志主持召开会议,专题研究全国青少年井冈山革命传统教育基地建设有关工作,周长奎同志、机关有关部门负责同志参加。

12月11日 陆昊同志在北京调研河南省驻京团组织有关工作,并出席河南省驻外团组织建设座谈会。河南省人民政府、团中央机关有关部门、团北京市委、团河南省委等单位负责同志,河南省各省辖市团委书记,河南各级驻外团工委书记等140多人参加了座谈会。

12月11日 王晓同志主持召开中国少年宫建设领导小组会议,周长奎同志、中国青少年宫协会有关负责同志参加。

12月11日 贺军科同志在中央团校出席河南省驻外团工委书记培训班开班式并讲话。

12月11日 汪鸿雁同志出席国务院扶贫开发领导小组全体会议。

12月11日 周长奎同志在北京人民大会堂出席曾宪梓教育基金会第三期"优秀大学生资助奖励计划"2009年度颁奖大会。

12月11日至12日 贺军科同志出席全国组织部长会议。

12月13日 贺军科同志出席中组部组织召开的贯彻落实《2010—2020年深化干部人事制度改革规划纲要》座谈会。

12月14日 陆昊同志主持召开全国青少年井冈山革命传统教育基地工作领导小组会议,专题研究基地筹建工作。中组部副部长王尔乘、周长奎同志、中共江西省委副书记王宪魁,中宣部、中国井冈山干部学院等有关单位负责同志出席会议。

12月14日 陆昊、王晓同志听取中国青年报社有关工作汇报。

12月14日 团中央召开审计署审计进点会。王晓同志出席并讲话,团中央机关、各直属单位主管财务的负责同志和财务部门负责人参加会议。

12月14日至17日 团中央、全国青联、广西壮族自治区人民政府在广西南宁市共同举办"2009中国—东盟青年企业家论坛"。15日上午,卢雍政同志、自治区政府副主席陈章良在开幕式上致辞并为中国—东盟青年企业家协会成立揭牌,来自中国和东盟10国以及东盟秘书处的近300名青年企业家和相关机构的代表参加论坛。15日晚,卢雍政同志宴请出席论坛的各国代表。在广西期间,卢雍政同志还就学校基层团建试点工作进行了调研。

12月14日至20日 团中央在北京举办2009年"培养计划"民族地区乡镇团干部学习考察暨挂职团干部总结培训活动。18日下午,罗梅同志会见参加活动的民族地区团干部,出席座谈会并讲话。

12月15日 陆昊同志参加王照华同志遗体送别仪式。

12月15日 团中央召开共青团基层组织建设和基层工作试点工作第二次例会。贺军科同志出席,机关有关部门负责同志参加。

12月15日 周长奎同志出席中国思想政治工作研究会第九次会员代表大会。

12月16日 陆昊同志主持召开共青团第十六届中央书记处2009年第42次会议,研究讨论团中央书记处向党中央书记处汇报工作简稿、团中央拟保留的评选表彰项目和活动、团中央书记处民主生活会、团十六届三中全会有关安排、机关干部年度考核等工作。

12月16日 陆昊同志主持召开会议,专题研究全国未成年人专属网站建设工作,王晓、罗梅、周长奎同志,机关有关部门负责同志参加。

12月17日 王晓同志与文化部副部长陈晓光就举办纪念人民音乐家施光南诞辰70周年音乐会进行工作商谈。下午,召开专题会议,研究中国少年报社有关工作,罗梅、周长奎同志,机关有关部门负责同志参加。

12月17日 由中国法学会、团中央共同主办的“爱祖国、学法律、创和谐”青少年书画摄影大赛获奖作品展在北京中华世纪坛开展。汪鸿雁同志出席开幕式。

12月18日 陆昊同志会见以日本前首相羽田孜为名誉团长的日本日中国际交流推进协会代表团。晚,卢雍政同志宴请该代表团。

12月18日 王晓同志会见摩洛哥青年与体育大臣曼斯夫·巴拉赫耶特。

12月18日 卢雍政同志出席中联部组织召开的有关工作部际协调机制启动会。

12月18日 团中央学校部组织召开“蚁族”问题工作研讨会。卢雍政同志主持,教育部、公安部、民政部、人力资源和社会保障部、住房和城乡建设部等单位相关部门负责同志参加。

12月18日 汪鸿雁同志出席全国政法工作电视电话会议。

12月19日 王晓同志与财政部、中影集团有关负责同志商谈青少年题材电影拍摄事宜。

12月20日 贺军科同志在江西共青城出席共青城重大项目开工仪式并讲话。

12月20日 汪鸿雁同志出席中央综治委组织召开的全国基层综治干部培训班开班典礼。下午,为培训班授课。

12月21日 中宣部、中央文明办、教育部、团中央、中共湖北省委在北京人民大会堂联合举办全国见义勇为舍己救人大学生英雄集体先进事迹报告会。中共中央政治局常委李长春,中共中央政治局委员、中宣部部长刘云山,中共中央政治局委员、国务委员刘延东等在会前接见报告团成员并合影。中宣部副部长翟卫华、中央文明办副主任王世明、卢雍政同志、教育部副部长陈希陪同接见并参加报告会。在京部分高校师生代表近700人参加了报告会。

12月21日 陆昊同志主持召开会议,专题研究学校战线共青团有关工作,卢雍政同志、机关有关部门负责同志参加。下午,听取团贵州省委关于贵州省农村团建试点工作汇报,汪鸿雁同志、机关有关部门负责同志参加。

12月21日 由团中央、全国青联、欧美同学会、广西壮族自治区人民政府共同主办的“2009海外学人回国创业周”活动在广西南宁市开幕。王晓同志、自治区政府副主席陈章良出席开幕式并讲话,自治区政府副主席、广西留学人员联谊会会长黄日波出席活动。来自美国、英国、日本、德国、法国等14个留学国家的96名海外留学人员参加活动。

12月22日 陆昊同志主持召开共青团第十六届中央书记处2009年第43次会议,研究团中央机关2009年度评选表彰、清理规范评比达标表彰活动后续工作、全团局级干部到联系点指导工作、关于进一步从严管理专职团干部的意见等事项。

12月22日 团十六届中央书记处举行第12次集体学习，中国社会科学院学部委员、中国世界经济学会会长余永定围绕“当前我国宏观经济形势及经济政策”这一主题进行了专题讲解。陆昊同志主持并讲话，王晓、贺军科、卢雍政、罗梅、汪鸿雁、周长奎同志，机关全体干部参加了学习。

12月23日 团中央、全国青联在北京召开“全国青联经济形势专题研讨会”。陆昊、王晓同志出席，部分全国青联金融、工交商贸、企业管理等界别的委员参加了会议。

12月23日至25日 团中央、西部计划全国项目办在云南昆明市举办西部计划基层青年工作专项行动志愿者骨干能力训练第一期研讨班，100余名西部计划志愿者参加了研讨班。

12月24日 王晓同志主持召开会议，专题研究“共青团与人大代表、政协委员面对面”活动筹备工作。汪鸿雁同志、机关有关部门负责同志参加。

12月24日 卢雍政同志出席中组部、中宣部、教育部联合召开的第18次全国高等学校党的建设工作会议。

12月24日 周长奎同志出席中华见义勇为基金会理事长办公会议。

12月24日 团中央机关举办第13次年轻干部学习交流会。城市青年工作部部长徐晓就青年就业创业工作作了主题发言，机关副处级以下年轻干部参加会议。

12月25日 中共中央政治局常委、中央书记处书记、国家副主席习近平主持召开中央书记处办公会议，听取团中央工作汇报。陆昊同志代表团中央书记处作汇报。会议对2009年共青团工作给予肯定，对2010年工作作出重要指示。

12月25日 陆昊同志主持召开共青团第十六届中央书记处2009年第44次（扩大）会议，传达学习党中央书记处重要指示精神，研究部署近期重点工作。

12月25日 卢雍政同志列席中央深入学习实践科学发展观活动领导小组第13次会议。

12月26日 团中央、司法部、全国普法办在北京举行全国青少年法律知识电视大赛决赛。汪鸿雁同志、司法部副部长张苏军等出席并为获奖者颁奖。

12月26日至29日 团中央、人力资源和社会保障部在辽宁沈阳市举行第五届“振兴杯”全国青年职业技能大赛决赛。27日上午，贺军科同志、辽宁省人民政府副省长陈超英出席开幕式并讲话。来自全国29支代表队的209名选手分别参加了涂装工、汽车修理工和多媒体作品制作员3个职业（工种）的比赛。期间，贺军科同志还主持召开了非公企业团建座谈会。

12月27日 周长奎同志出席第二炮兵第四届“十大砺剑尖兵”颁奖典礼。

12月27日至28日 汪鸿雁同志出席中央农村工作会议。

12月28日 罗梅同志代表团中央书记处参加全国政协副主席阿沛·阿旺晋美遗体送别仪式。

12月28日、29日 陆昊同志召集会议，研究共青团十六届三中全会有关文件。

12月28日至29日 周长奎同志赴江西井冈山出席全国青少年井冈山革命传统教育基地选址现场协调会。

12月29日 陆昊同志主持召开会议，专题研究统战部近期重点工作，王晓同志、机关有关部门负责同志参加。

12月29日 王晓同志出席中国青少年研究中心主办的共青团、青联界别政协委员“网络与青少年健康成长”专题调研座谈会并讲话。

12月29日 卢雍政、周长奎同志召集会议,专题研究共青团组织参与2010年上海世博会有关工作,机关有关部门负责同志参加。

12月29日 卢雍政同志在北京人民大会堂出席温家宝总理为尼泊尔总理尼帕尔访华举行的欢迎宴会。

12月29日 团中央在北京大学召开首都部分高校团委书记座谈会,就大学生见习基地建设、对2010年学校战线工作建议等问题进行了研讨。

12月30日 陆昊同志主持召开共青团第十六届中央书记处2009年第45次会议,研究讨论共青团十六届三中全会主要文件。

12月30日 王晓同志出席中央台办组织召开的学习贯彻胡锦涛总书记纪念《告台湾同胞书》30周年讲话座谈会。